U0916116

2019
中国饲料工业年鉴

农业农村部畜牧兽医局
全 国 畜 牧 总 站 编
中国饲料工业协会

中国农业出版社
北　京

《中国饲料工业年鉴》（2019）
编辑委员会

2018 年 4 月 18 ~ 20 日，中国饲料工业协会、全国畜牧总站在湖南省长沙市举办 2018 中国饲料工业展览会。这次展会聚焦饲料工业高质量发展，以“转型升级 绿色发展”为主题，重点展示饲料加工、饲料原料、饲料添加剂、饲料机械等方面的新技术、新产品、新工艺。本届展会规模再创历史新高，来自 20 多个国家及地区的 600 多家农牧企业参展，参展企业数量比去年增加近五成。农业农村部副部长于康震，中国饲料工业协会会长、中国工程院院士李德发等出席展会开幕式并参观展览。

2018 年 4 月 18 日，由中国饲料工业协会、全国畜牧总站主办的中国饲料工业展览会在长沙国际会展中心隆重举行，农业农村部副部长于康震（右 2）视察展会现场。

2018 年 2 月 25 日，农业农村部副部长屈冬玉（前排右 2）调研广西百跃农牧发展有限公司。

2018 年 10 月 17 日，全国畜牧总站站长、中国饲料工业协会秘书长杨振海出席 2018 中国农牧饲料发展高峰论坛，并就“建设现代畜牧业 推进乡村产业振兴”做了主题演讲。

2018 年 3 月 16 日，由中国饲料工业协会主办的 2018 年饲料质量安全管理规范培训班在广州举办。

2018 年 3 月 23 日，海南省在海口举办海南省饲料统计工作培训班。

2018 年 3 月 23 日，陕西省饲料工业工作暨新修订法规培训会在西安召开。会议作了题为《聚焦乡村振兴 奋力追赶超越 进一步推进全省饲料工业转型发展取得新突破》的主题报告，总结了 2017 年全省饲料工业发展工作，深入分析了 2018 年全省饲料行业发展面临的形势和任务；提出了 2018 年全省饲料工业工作的总体思路，并对全年全省饲料工业九大重点工作进行了安排部署。

2018 年 3 月 28 日，福建省在福州举办福建省饲料管理暨行业统计培训班。

2018 年 3 月 31 日，成都旺江饲料有限公司在成都市大邑开展养殖户技术培训和研讨会。

2018 年 4 月 27 日，农业农村部畜牧业司在北京召开粮改饲绩效评价工作总结会。会议听取了 2017 年度粮改饲试点省级绩效评价情况，肯定了 17 个省份的工作成效。会上交流了试点实施经验和存在问题，研究部署了 2018 年粮改饲工作计划。

2018 年 5 月 3 日，广西壮族自治区党委书记鹿心社到广西扬翔股份有限公司视察。

2018 年 5 月 21 ~ 25 日，由农业农村部畜牧业司主办，辽宁省动物卫生监测预警中心、大连市农委承办的 2018 年度畜牧业统计监测及信息化研修班在辽宁省大连市举办。农业农村部畜牧业司副巡视员李维薇、辽宁省畜牧兽医局局长敖凤玲、大连市农委总兽医师孙乾出席开班仪式。

2018 年 5 月 25 日，中国饲料工业协会在西安市举办进口饲料和饲料添加剂产品在华登记注册培训班。培训内容包括进口饲料和饲料添加剂登记管理、注册程序、申报材料等，旨在帮助国内外饲料企业准确理解饲料和饲料添加剂管理法规和要求，提高新产品审评和进口产品登记注册效率。

2018 年 5 月 26 ~ 27 日，全国畜牧总站副站长、中国饲料工业协会副秘书长刘连贵（左 3）一行，在西安部分饲料企业调研畜禽发酵饲料的研发和生产情况。

2018 年 5 月，农业农村部饲料质量异地抽查抽检组在天津开展抽样检查工作。

2018 年 5 月，贵州省贵阳市教育局带领以贵阳一中为代表的 11 所高中负责人，前往富之源集团调研考察生猪养殖扶贫项目，并与富之源集团正式签订万头扶贫猪进校园合作协议。

2018 年 6 月 1 日，江苏省在南京举办全省饲料、生鲜乳和“瘦肉精”管理工作培训班。

2018 年 6 月 4 ～ 6 日，安徽省在合肥举办全省饲料质量安全管理规范暨饲料工业统计工作培训班。

2018年6月4～6日，安徽省举办全省饲料质量安全管理规范暨饲料工业统计工作培训班，并为获得部级《饲料质量安全管理规范》示范的企业举行授牌仪式。

2018年6月12日，内蒙古自治区呼和浩特市副市长黄继刚（左2）一行到内蒙古阜丰生物科技有限公司视察指导工作。

2018 年 7 月 8 日，广西人大常委会副主任危朝安（右 3）等一行到广西百跃农牧发展有限公司开展调研。

2018 年 7 月 12 ~ 14 日，由贵州省饲料工业协会主办的 2018 贵阳国际生态畜牧业暨农畜产品交易会在贵阳国际会议展览中心举办。大会旨在搭建畜牧业产销对接平台，在深入推进农业供给侧结构性改革的当下，推动贵州农牧旅一体化发展。

2018 年 7 月 18 日，农业农村部畜牧业司司长马有祥（左 3）就中美贸易战对饲料行业的发展影响在信丰温氏公司进行调研。

2018 年 7 月 18 日，西藏自治区人大常委会主任洛桑江村（前排右 3）一行到西藏工布江达蕃腾农牧生态实业有限公司进行考察。

2018 年 8 月 2 日，天津市举办天津市《饲料质量安全管理规范》培训班。

2018 年 8 月 16 ～ 17 日，海南省在海口举办海南省饲料兽药行业安全生产管理培训班。全省各市县畜牧兽医局分管安全管理负责人参加了培训。

2018 年 8 月 24 日，福建省在福州举办饲料兽药法规暨安全生产培训班。福建省各市、县（区）饲料管理人员近 140 参加培训。

2018 年 8 月 30 日，海南省组织召开饲草利用机械设备推介会，旨在加快推进海南牛羊产业规模，推广海南牛羊舍饲机械化饲喂技术，促进海南草食畜牧业健康发展。

2018 年 9 月 7 ～ 9 日，由生物饲料开发国家工程研究中心主办、中国农业科学院饲料研究所联合主办的第六届中国生物饲料科技大会在广西桂林召开，围绕“养殖降本、后抗时代、优质畜产品”三大主题方向，共同推动生物饲料技术升级。本次大会为农业农村部生物饲料质量安全预警项目监测站举行了授牌仪式。

2018 年 9 月 10 ～ 11 日，广东省在广州市举办广东省饲料生产许可管理培训班。

2018 年 9 月 10 日，新希望六和与英国诺丁汉大学签署协议，建立校企科研合作伙伴关系，共同创建“新希望六和－诺丁汉精准营养创新平台”。

2018 年 9 月 12 日，由大连商品交易所主办的第十一届国际玉米产业大会在大连举办。本次大会以“衍生工具创新与农业风险管理”为主题，紧紧围绕玉米产业链上下游企业，以及农合组织、种粮大户等的现实需求，详细解读风险管理实务操作，切实帮助实体企业解决生产经营和风险管理中遇到的实际问题。

2018 年 9 月 16 日，辽宁省在大连举办全省宠物饲料管理培训班。培训班对宠物饲料管理办法及相关配套文件进行了细致解读，同时，对比了宠物饲料与畜禽饲料的标签、生产企业许可条件等不同之处，并对行业管理部门的监管要求和对宠物饲料相关企业应做出的应对准备提出建议。

2018 年 9 月 18 日，江西省在南昌举办全省饲料质量安全管理规范及法律法规培训班。

2018 年 9 月 21 ～ 22 日，2018 年广西饲料工业展览会暨动物营养学术年会在南宁召开。会议首次采用学术论坛与产品展览相结合的形式举办，近 500 位代表参会，18 万人次点击观看网络直播，超过 1000 人次参观体验交流。

2018 年 9 月 27 日，陕西省在西安召开全省饲料行业第三季度生产形势分析暨落实全国饲料质量安全监管工作情况通报会。

2018 年 9 月，天津市畜牧兽医局副局长樊航奇调研猪血饲料生产使用情况。

2018 年 10 月 18 日，中国工程院院士李德发与河北省辛集市新安海维农牧科技有限公司签署合作共建院士工作站协议。

2018 年 10 月 19 日，广西扬翔股份有限公司联合广州影子科技有限公司在河南郑州举行“FPF 未来猪场”影子智能引擎系列产品发布会。FPF 未来猪场旨在利用互联网的技术和手段，连接人、猪、物、场，用配套智能设备产生数据计算，打破人工局限性，智能协同提升养猪效率，降低养猪成本。

2018 年 10 月 26 日，中国饲料工业协会批准发布《仔猪、生长育肥猪配合饲料》《蛋鸡、肉鸡配合饲料》两项团体标准。团体标准聚焦降低配合饲料蛋白含量，倡导高效低蛋白日粮体系应用，具有前瞻性和指导性，在饲料行业内有里程碑式意义，并将对绿色发展产生深远影响。这是我国饲料和养殖业贯彻落实绿色发展理念、立足国情大力推进节本降耗和源头减排所采取的重要举措，也是进一步提升产业竞争力的有效措施。

2018 年 10 月 26 日，由全国畜牧总站、中国饲料工业协会主办的 2018 全国饲料工业统计培训班在厦门召开。

2018 年 11 月 5 ～ 7 日，新疆维吾尔自治区畜牧厅在昌吉市举办了 2018 年自治区畜牧厅饲料法规培训班。

2018 年 11 月 6 ～ 9 日，由新疆维吾尔自治区畜牧厅委托自治区饲料工业协会承办的 2018 年自治区饲料检化验员培训班在昌吉市举行。

2018 年 11 月 8 ～ 18 日，广西饲料工业协会组织饲料养殖企业参加德国汉诺威畜牧展并考察当地饲料养殖企业。

2018 年 11 月 8 ～ 9 日，以“绿色、创新、转型”为主题的 2018 年四川省饲料行业年会在成都召开。农业农村部、四川省农业农村厅主管部门领导应邀出席，国内著名专家学者、全国饲料和养殖企业、省内兄弟协会、四川各市、州饲料工业协会和协会会员单位代表近 500 人参加了本次年会。

2018 年 11 月 8 日，在四川省饲料行业年会开幕式上，对成都市饲料工业协会、德阳市饲料工业协会、新希望六和股份有限公司等 12 家“扶贫先进集体”举行了授牌仪式。

2018年11月27日，由全国畜牧总站、中国饲料工业协会主办的饲料法规与评审技术培训班在南宁开班。

2018年11月29日，陕西省饲料工作总站在西安召开全省饲料行业推进千亿级奶山羊全产业链项目暨非洲猪瘟防控工作座谈会。

2018 年 12 月 1 日，由农业农村部畜牧兽医局主办的全国畜牧业生产形势分析会在山东省泰安市举办。会议交流了全年畜牧业生产情况。

2018 年 12 月 4 日，宁夏伊品生物科技股份有限公司与宁夏大北农科技实业有限公司在宁夏大北农牛羊料生产基地，共同签署十年期战略合作协议。

国家科学技术进步奖

证　书

为表彰国家科学技术进步奖获得者，特颁发此证书。

项目名称：猪抗病营养技术体系创建与应用

奖励等级：二等

获 奖 者：通威股份有限公司

中华人民共和国国务院

2018年12月12日

证书号：2018-J-203-2-01-D05

2018 年 12 月 12 日，通威股份的“猪抗病营养技术体系创建与应用”成果获得国家科学技术进步二等奖。通威股份将以此为契机，继续加大技术研发、科技创新方面的投入。

2018 年 12 月 18 日，2018 全国饲料生产形势分析会在北京召开。全国畜牧总站副站长、中国饲料工业协会副秘书长负旭江，农业农村部畜牧兽医局饲料饲草处处长黄庆生，全国畜牧总站、中国饲料工业协会信息中心主任田建华及有关部门、省（市、区）相关负责人出席会议。

2018 年 12 月 20 日，江苏省农业农村厅组织有关厅局召开座谈会，研究加强饲料用粮供应保障、促进饲料产业持续健康发展的相关工作。

2018 年 12 月 23 日，河南省饲料添加剂协会成立。

畜牧兽医局、全国畜牧总站／中国饲料工业协会

<table>
<tr><th colspan="2">单　位</th><th>电　话</th><th>传　真</th><th>地　址</th><th>E-mail</th></tr>
<tr><td rowspan="2">畜牧兽医局</td><td>综合处</td><td>（010）59192844
59192835</td><td>（010）59192869</td><td rowspan="2">北京市朝阳区农展馆南里 11 号（100125）</td><td></td></tr>
<tr><td>饲料饲草处</td><td>（010）59192872
59191800
59193306
59192831</td><td>（010）59192848</td><td>xmjslch@agri.gov.cn</td></tr>
<tr><td rowspan="9">全国畜牧总站／中国饲料工业协会</td><td>办公室</td><td>（010）59194778
59194608
59194760</td><td>（010）59194611</td><td rowspan="9">北京市朝阳区麦子店街 20 号楼（100125）</td><td>bgsh-nahs@agri.gov.cn</td></tr>
<tr><td>人事处（党委办公室）</td><td>（010）59194589</td><td>（010）59194611</td><td>rsch-nahs@agri.gov.cn</td></tr>
<tr><td>财务处</td><td>（010）59194792
59194689</td><td>（010）59194611</td><td>cwch-nahs@agri.gov.cn</td></tr>
<tr><td>项目与资产管理处</td><td>（010）59194581
59195113</td><td>（010）59194611</td><td>xmyzcglch-nahs@agri.gov.cn</td></tr>
<tr><td>国际合作处</td><td>（010）59194753</td><td>（010）59194611</td><td>gjhzch-nahs@agri.gov.cn</td></tr>
<tr><td>行业统计分析处</td><td>（010）59194369
59194643</td><td>（010）59194611</td><td>hytjfxch-nahs@agri.gov.cn</td></tr>
<tr><td>体系建设与推广处</td><td>（010）59194712
59194606
59194618
59194755</td><td>（010）59194611</td><td>txjsytgch-nahs@agri.gov.cn</td></tr>
<tr><td>质量标准与认证处（无公害畜产品认证中心）</td><td>（010）59194657
59194645
59191485</td><td>（010）59194779</td><td>zlbzyrzch-nahs@agri.gov.cn</td></tr>
<tr><td>牧业发展处</td><td>（010）59194610</td><td>（010）59194611</td><td>myfzch-nahs@agri.gov.cn</td></tr>
</table>

（续）

单　位		电　话	传　真	地　址	E-mail
全国畜牧总站/中国饲料工业协会	草业处（全国草品种审定委员会办公室）	（010）59195177 59194616 59194721	（010）59194611	北京市朝阳区麦子店街20号楼（100125）	cych-nahs@agri.gov.cn
	饲料行业指导处	（010）59194709 59194594	（010）59194591		slhyzdch-nahs@agri.gov.cn
	奶业与畜产品加工处	（010）59194420	（010）59194611		nyyxcpjgch-nahs@agri.gov.cn
	协会工作处	（010）59194789 59194586	（010）59194611		xhgzch-nahs@agri.gov.cn
	饲料评审处（全国饲料评审委员会办公室）	（010）59194650 59194438	（010）59194584		slpsch-nahs@agri.gov.cn
	畜禽资源处（国家畜禽遗传资源委员会办公室）	（010）59194754 59194625	（010）59194375		xqzych-nahs@agri.gov.cn
	信息中心	（010）59194761 59194684 59194617 62145462	（010）59194611		xxzx-nahs@agri.gov.cn xxzx427@163.com
	农业农村部全国草业产品质量监督检验测试中心	（010）60481123	（010）60480301		
	农业农村部种畜品质监督检验测试中心	（010）62894845	（010）62894803	北京市海淀区圆明园西路2号中国农科院畜牧所院内（100094）	

前 言

2018 年是我国饲料工业波澜起伏的一年，面对中美贸易摩擦和非洲猪瘟疫情等多重挑战，全行业积极应对，采取有效措施，保持了平稳发展态势。全年工业饲料产值和产量双增长，产品结构适应性调整，行业规模化程度和集中度进一步提升，企业产业链调整重组步伐加快。

全国工业饲料总产量 22 788 万吨，同比增长 2.8%。从饲料产品类别看，表现为“一增两降”。其中，配合饲料 20 529 万 t，同比增长 4.6%；浓缩饲料 1 606 万 t，同比下降 13.4%；添加剂预混合饲料 653 万 t，同比下降 5.1%。2018 年，饲料产量超千万吨的省份达 11 个，比上年新增湖北省。按照产量规模顺序分别是山东、广东、广西、河北、江苏、湖南、辽宁、四川、河南、湖北、江西，合计产量占全国总产量的 75.7%。

根据各省（自治区、直辖市）统计数据，全国饲料工业总产值 8 872 亿元，同比增长 5.7%；总营业收入 8 689 亿元，同比增长 6.0%。其中，饲料产品产值 7 869 亿元、营业收入 7 753 亿元，同比分别增长 5.8%、6.2%，增速与上年相比有较大幅度提高；饲料添加剂产品产值 944 亿元、营业收入 875 亿元，同比分别增长 4.9%、5.3%，增幅比上年大幅收窄；饲料机械产品产值 59 亿元、营业收入 61 亿元，同比分别增长 1.5%、1.1%，发展态势平稳。

《中国饲料工业年鉴（2019）》（以下简称《年鉴》）比较翔实地记录了 2018 年我国饲料工业的发展情况。

《年鉴》全文主要包括六个部分，即综合篇、专题篇、地方篇、企业篇、统计资料、大事记。另外，在正文之前以图文并茂的形式介绍了领导视察、行业发展、企业采风、政务联络等。综合篇包括 2018 年发布实施的政策法规等；专题篇包括 2018 年饲料加工工业概况、主要饲料产品及原料工业情况、饲料添加剂工业、饲料机械制造工业、饲料工业许可证管理、饲料安全管理、饲料质量监督与检测、科技与推广、饲料行业职业技能鉴定、饲料工业标准化、饲料工业质量认证、饲料工业行业信息体系；地方篇包括了除香港、澳门、台湾以外的全国所有省（市、区）饲料工业概况；企业篇包括重点企业经验介绍和企业简介；统计资料包括全国饲料工业统计资料、主要饲料原料进出口情况；大事记包括农业农村部畜牧兽医局饲料饲草处、中国饲料工业协会以及各地饲料工作办公室、饲料工业协会在 2018 年的主要工作及取得的成绩。

《年鉴》图片部分从不同侧面反映了行业的发展情况，文字内容丰富，覆盖面广，史实性强，是饲料行业行政事业单位、检测机构、科研机构等单位必备的工具书。《年鉴》的专题篇和地方篇撰稿人主要是各饲料行业主管部门和行业相关的专家学者。

《年鉴》反映的各省（区、市）和有关企业等文字材料及图片部分，只要涉及排序，都按时间排序；农业农村部畜牧兽医局饲料饲草处、中国饲料工业协会和各省（区、市）提供的大事记，除按全国省份的行政区划排序外，都按时间排序。

《中国饲料工业年鉴》编辑部

2019年6月20日

目 录

地 方 篇

企 业 篇

统 计 资 料

大 事 记

综合篇

2018 年全国饲料工业发展概况

2018 年是我国饲料工业波澜起伏的一年，面对中美贸易摩擦和非洲猪瘟疫情等多重挑战，全行业积极应对，采取有效措施，保持了平稳发展态势。全年工业饲料产值和产量双增长，产品结构适应性调整，行业规模化程度和集中度进一步提升，企业产业链调整重组步伐加快。

一、饲料工业总产值快速增长

全国饲料工业总产值 8 872 亿元，同比增长 5.7%；总营业收入 8 689 亿元，同比增长 6.0%。其中，饲料产品产值 7 869 亿元、营业收入 7 753 亿元，同比分别增长 5.8%、6.2%，增速与 2017 年相比有较大幅度提高；饲料添加剂产品产值 944 亿元、营业收入 875 亿元，同比分别增长 4.9%、5.3%，增幅比 2017 年大幅收窄；饲料机械产品产值 59 亿元、营业收入 61 亿元，同比分别增长 1.5%、1.1%，发展态势平稳。

二、饲料总产量小幅增长

全国饲料总产量 22 788 万 t，同比增长 2.8%，产品类别和品种结构呈现不同涨跌趋势。从类别看，表现为“一增两降”。其中，配合饲料 20 529 万 t，同比增长 4.6%；浓缩饲料 1 606 万 t，同比下降 13.4%；添加剂预混合饲料 653 万 t，同比下降 5.1%。从品种看，表现为“猪弱禽强、水产反刍快涨”。其中，猪饲料 9 720 万 t，同比下降 0.9%；蛋禽饲料 2 984 万 t，同比增长 1.8%；肉禽饲料 6 509 万 t，同比增长 8.2%；水产饲料 2 211 万 t，同比增长 6.3%；反刍动物饲料 1 004 万 t，同比增长 8.9%；其他饲料 360 万 t，同比下降 10.7%。

三、饲料添加剂产量较快增长

全国饲料添加剂产品总量 1 094 万 t，同比增长 5.8%。其中，直接制备饲料添加剂 1 035 万 t，同比增长 5.3%；生产混合型饲料添加剂 59 万 t，同比增长 15.3%。从主要品种看，氨基酸、矿物元素、酶制剂和微生物制剂等产品产量分别达到 285 万 t、567 万 t、17 万 t 和 15 万 t，同比分别增长 21.5%、13.8%、55.8% 和 36.9%，酶制剂和微生物制剂等生物饲料产品呈现强劲上升势头。

四、生产规模化程度进一步提高

全国万吨规模以上饲料生产厂达 3 742 家，比 2017 年增加 196 家，饲料产量占总产量 94.6%，比 2017 年增加 1.6 个百分点。其中，十万吨规模以上厂家数量达 656 家，比 2017 年增加 81 家；饲料产量占总产量 49.7%，比 2017 年增加 5.4 个百分点。全国有 8 家单厂产量超过 50 万 t，单厂产量最大的厂家规模高达 114 万 t。万吨以下厂家饲料产量占比降至 5.4%，比 2017 年减少 1.6 个百分点。

五、产业集中度继续提升

全国工业饲料十强省合计产量占全国比重 71.3%，比 2017 年提高 1.7 个百分点。饲料产量超千万吨的省份达 11 个，比 2017 年新增 1 个；山东和广东的单省产量首次突破 3 000 万 t，总产值分别达 1 353 亿元和 1 187 亿元，总产量和产值均比第二梯队前列的省份多一倍。全国有 4 家企业集团年产量超过 1 000 万 t，比 2017 年增加 2 家，合计产量 4 760 万 t，占全国产量比重为 21%。

六、企业产业链布局出现新变化

受养殖业行情和产业形势变化的影响，饲料企业加快调整产业结构和产业链布局。部分以商品饲料为主的企业加大向下游养殖业发展，部分产能转为生产自用饲料，有 7 家 2017 年产百万吨的企业集团商品饲料产量降幅超过 20%。部分企业面对养殖风险大、行业竞争加剧的挑战，逐步调整经营策略，实施产业转型，发展新的业务板块，个别企业饲料产量锐减一半以上。部分企业为优化产能布局、实现产品结构多样化，扩大市场占有率，加快收购兼并步伐，不断做大做强。

（黄庆生）

政策法规

农业部办公厅关于公布第6批饲料质量安全管理规范示范企业名单的通知

农办牧〔2018〕11号

各省、自治区、直辖市畜牧（农业、农牧）厅（委、局、办）、饲料工作（工业）办公室：

为全面落实《饲料质量安全管理规范》，树立饲料企业质量安全管理标杆，我部于2017年继续组织开展饲料质量安全管理规范示范企业（以下简称“示范企业”）创建活动。经专家组现场审核，北京等26个省（区、市）的72家饲料生产企业通过部级验收，现予公布，有效期3年（2018年2月至2021年2月）。示范企业要珍惜荣誉，充分发挥引领作用，带动行业提升质量安全管理水平。各级饲料管理部门要加强监督检查，发现示范企业存在违法违规行为或不再具备示范作用的，及时通报我部，由我部撤销其示范企业称号。

附件：饲料质量安全管理规范示范企业名单（第6批）

农业部办公厅

2018年2月7日

附件：

饲料质量安全管理规范示范企业名单（第6批）

省（区、市）	企业名称	生产许可证号
北京市	中粮（北京）饲料科技有限公司	京饲证（2015）12116 京饲预（2015）12085
	北京慧农生物科技有限公司	京饲证（2014）12115 京饲预（2014）12048
	北京市华都峪口禽业有限责任公司	京饲证（2014）10013 京饲预（2013）00015
	北京三元禾丰牧业有限公司	京饲证（2013）06003 京饲预（2015）06086
山西省	山西禾丰牧业有限公司	晋饲证（2017）04001
内蒙古自治区	包头市北辰生物技术有限公司	蒙饲证（2014）02182
	内蒙古四季春饲料有限公司	蒙饲证（2013）01032
	兴安盟九州大地饲料有限公司	蒙饲证（2014）11057
辽宁省	沈阳扬翔饲料有限公司	辽饲证（2014）01031
	沈阳伟嘉牧业技术有限公司	辽饲证（2013）01008 辽饲预（2016）01017
	凌源禾丰牧业有限责任公司	辽饲证（2014）13004
	锦州大北农牧业科技有限公司	辽饲证（2014）07031
	辽宁明瑞农牧科技有限公司	辽饲证（2016）12045
	辽宁安佑生物科技有限公司	辽饲证（2014）01030
	辽宁众友饲料有限公司	辽饲证（2017）01010 辽饲预（2015）01011
吉林省	吉林大北农农牧科技有限责任公司	吉饲证（2014）01050
	中牧实业股份有限公司长春华罗分公司	吉饲证（2014）01052 吉饲预（2014）01003
	公主岭禾丰牧业有限责任公司	吉饲证（2013）03004
黑龙江省	黑龙江大牧人牧业有限公司	黑饲证（2013）01008 黑饲预（2017）01089
	杜尔伯特牧泉元兴饲料有限责任公司	黑饲证（2013）05001
上海市	上海光明荷斯坦饲料有限公司	沪饲证（2017）05014 沪饲预（2017）05011
江苏省	亚太星原农牧科技海安有限公司	苏饲证（2015）06052 苏饲预（2016）06029
	溧阳比利美英伟营养饲料有限公司	苏饲证（2016）04026
	江苏大信饲料有限公司	苏饲证（2013）08053
浙江省	江山大北农农牧科技有限公司	浙饲证（2015）08003
	湖州海皇生物科技有限公司	浙饲证（2015）05062
安徽省	蚌埠大北农农牧科技有限公司	皖饲证（2016）03009
	宣城海大生物科技有限公司	皖饲证（2017）14018
福建省	福建大北农水产科技有限公司	闽饲证（2014）06192
	厦门隆励工贸有限公司	闽饲证（2014）02257 闽饲预（2017）02257
山东省	济宁禾丰牧业有限公司	鲁饲证（2014）08027
	青岛禾丰牧业有限公司	鲁饲证（2013）02018
	莱芜邦和希牛饲料有限公司	鲁饲证（2014）12011
	青岛神丰牧业有限公司	鲁饲证（2013）02024

（续）

省（区、市）	企业名称	生产许可证号
河南省	河南全赫饲料有限公司	豫饲证（2015）04008 豫饲预（2017）04283
	南阳大北农农牧科技有限公司	豫饲证（2015）13023
	驻马店盛世大北农农牧科技有限公司	豫饲证（2016）17058
湖北省	武汉家家乐饲料股份有限公司	鄂饲证（2013）01008 鄂饲预（2016）01005
	武汉大北农农牧发展有限公司	鄂饲证（2017）01003 鄂饲预（2017）01005
	武汉大北农水产科技有限公司	鄂饲证（2017）01002
	荆州禾丰农业科技有限公司	鄂饲证（2017）10001
	洪湖海大饲料有限公司	鄂饲证（2016）10004
	浠水晨科饲料科技有限公司	鄂饲证（2014）04012
	正大饲料（潜江）有限公司	鄂饲证（2017）15001
	襄阳安佑生物科技有限公司	鄂饲证（2015）03001
湖南省	湖南普爱生物饲料有限公司	湘饲证（2015）06152
广东省	广东上上生物科技有限公司	粤饲证（2015）15053
	广东凤凰饲料有限公司	粤饲证（2013）15014
	广东粤海饲料集团股份有限公司	粤饲证（2013）15001
	茂名扬翔饲料有限公司	粤饲证（2013）16007
广西壮族自治区	广西商大科技股份有限公司	桂饲证（2015）01070 桂饲预（2015）01012
	贵港市海大饲料有限公司	桂饲证（2014）08003
	南宁绿色巨农生物科技有限公司	桂饲证（2017）01078 桂饲预（2017）01027
海南省	海南远生渔业有限公司	琼饲证（2014）06019
重庆市	重庆生搏饲料有限公司	渝饲证（2014）28002
四川省	峨眉山新希望六和饲料有限公司	川饲证（2014）10013
	渠县特驱饲料有限公司	川饲证（2015）14010
	绵阳大北农农牧科技有限公司	川饲证（2015）06024
	邛崃驰阳农牧科技有限公司	川饲证（2017）01084
	仪陇温氏畜牧有限公司	川饲证（2016）11011
云南省	云南快大多畜牧科技有限公司	滇饲证（2014）03083 滇饲预（2015）03010
陕西省	陕西正能农牧科技有限责任公司	陕饲证（2014）01004 陕饲预（2016）01005
	宝鸡新希望农牧有限公司	陕饲证（2013）03002
	渭南大北农农牧科技有限公司	陕饲证（2013）05009
	陕西杨凌富仕特饲料有限公司	陕饲证（2014）11008
甘肃省	甘肃元生农牧科技有限公司	甘饲证（2017）12001
	甘肃大北农农牧科技有限责任公司	甘饲证（2016）11005
	兰州正大有限公司泾川分公司	甘饲证（2013）06001
青海省	青海黄河畜兴农牧开发有限公司	青饲证（2014）25061 青饲预（2016）25002
宁夏回族自治区	宁夏正旺生物科技股份有限公司	宁饲证（2017）05048
新疆维吾尔自治区	新疆北泉天康饲料科技有限公司	新饲证（2014）90005
	新疆大北农牧业科技有限责任公司	新饲证（2013）01001

农业农村部办公厅关于公布饲料和饲料添加剂检测任务承检机构名单等有关事宜的通知

农办牧〔2018〕23号

各有关检测机构：

为深入贯彻落实行政审批制度改革要求，进一步提高饲料管理工作效率，我部组织开展了饲料和饲料添加剂检测任务承检机构遴选工作。经专家组材料审查和现场核查，北京众检四方检验检测技术有限公司等24家检测机构（见附件）具备承担我部饲料行业管理相关检测任务的能力，现予公布，并将有关事项通知如下。

一、明确工作目标

遴选饲料和饲料添加剂检测机构是通过政府购买服务方式强化公共服务和行业监管能力的积极探索，有关检测机构要充分认识饲料行政审批和监督管理检测任务的重要性，按照我部工作安排，保质保量完成检测工作。

二、强化检测能力

有关检测机构要注重人员培训，积极参加我部组织的检测能力比对考核和能力提升活动，定期对检测人员进行业务培训；对照承检任务需要，扩大资质认定的检测参数范围；优化检测设备配置，确保设备运转正常。

三、加强运行管理

有关检测机构要建立健全管理制度，确保检验、异议处理、结果上报等环节的工作质量；要严格遵守《农产品质量安全法》等法律法规要求和保密纪律，自觉接受我部组织的随机检查。

附件：饲料和饲料添加剂检测任务承检机构遴选名单

农业农村部办公厅
2018年4月13日

附件：

饲料和饲料添加剂检测任务承检任务机构遴选名单

序号	机构名称
1	北京众检四方检验检测技术有限公司
2	谱尼测试集团股份有限公司
3	内蒙古谱尼测试技术有限公司
4	辽宁通正检测有限公司
5	谱尼测试集团上海有限公司
6	通标标准技术服务（上海）有限公司
7	农业部农产品加工监督检验测试中心（南京）
8	江苏省家禽科学研究所［农业部家禽品质监督检验测试中心（扬州）］
9	浙江省兽药饲料监察所
10	浙江省农业科学院
11	浙江国正检测技术有限公司
12	青岛市华测检测技术有限公司
13	通标标准技术服务（青岛）有限公司
14	青岛中维安全检测有限公司
15	山东亚康检测技术有限公司
16	河南海瑞正检测技术有限公司
17	河南三方元泰检测技术有限公司
18	河南中标检测服务有限公司
19	广州汇标检测技术中心
20	广东省农业科学院农产品公共监测中心
21	深圳出入境检验检疫局食品检验检疫技术中心
22	珠海出入境检验检疫局检验检疫技术中心
23	四川威尔检测技术股份有限公司
24	陕西秦云农产品检验检测有限公司

中华人民共和国农业农村部公告

第 20 号

为进一步加强宠物饲料管理，规范宠物饲料市场，促进宠物饲料行业发展，我部在全面梳理《饲料和饲料添加剂管理条例》（以下简称《条例》）及其配套规章适用规定、充分考虑宠物饲料特殊性和管理需要的基础上，制定了《宠物饲料管理办法》《宠物饲料生产企业许可条件》《宠物饲料标签规定》《宠物饲料卫生规定》《宠物配合饲料生产许可申报材料要求》《宠物添加剂预混合饲料生产许可申报材料要求》等规范性文件，现予公布，并就有关事项公告如下。

一、2018 年 6 月 1 日前，已经按照《条例》及其配套规章规定取得饲料生产许可证的宠物配合饲料、宠物添加剂预混合饲料生产企业，可以在生产许可证有效期内继续从事生产经营活动；有效期届满需要继续生产经营的，按照本公告规范性文件的有关规定申请办理饲料生产许可证。

二、根据《宠物饲料管理办法》产品分类规定被纳入生产许可管理，且本公告发布前已经生产宠物配合饲料、宠物添加剂预混合饲料但尚未取得饲料生产许可证的企业，应当在 2019 年 9 月 1 日前按照本公告规范性文件的有关规定申请办理并取得饲料生产许可证。

三、2018 年 6 月 1 日前，已经按照《条例》及其配套规章规定取得进口登记证的进口宠物配合饲料、进口宠物添加剂预混合饲料产品，可以在进口登记证有效期内继续进口销售；有效期届满需要继续进口销售的，按照本公告规范性文件的有关规定申请办理进口登记证。

四、根据《宠物饲料管理办法》产品分类规定被纳入进口登记管理，且本公告发布前已经在中国境内进口销售但未取得进口登记证的进口宠物配合饲料、进口宠物添加剂预混合饲料产品，应当在 2019 年 9 月 1 日前按照本公告规范性文件的有关规定申请办理并取得进口登记证。

五、自 2018 年 6 月 1 日起，申请从事宠物配合饲料、宠物添加剂预混合饲料生产，或者申请办理宠物配合饲料、宠物添加剂预混合饲料进口登记，按照本公告规范性文件的有关规定执行。

六、宠物配合饲料、宠物添加剂预混合饲料生产企业核发饲料生产许可证。根据企业申报情况，饲料生产许可证上的产品类别应当分别标示宠物配合饲料、宠物添加剂预混合饲料；产品品种应当分别标示固态宠物配合饲料、半固态宠物配合饲料、液态宠物配合饲料、固态宠物添加剂预混合饲料、半固态宠物添加剂预混合饲料、液态宠物添加剂预混合饲料。

七、2018 年 6 月 1 日前，已经按照《条例》及其配套规章规定取得供宠物直接食用的混合型饲料添加剂生产许可证和进口登记证的生产企业和进口产品，应当根据《宠物饲料管理办法》产品分类规定，在 2019 年 9 月 1 日前按照本公告规范性文件的有关规定申请办理并取得饲料生产许可证和进口登记证。

八、供宠物饲料生产企业使用的混合型饲料添加剂、添加剂预混合饲料的管理不适用本公告规范性文件的规定，其生产、经营、使用和进口按照《条例》及其配套规章中有关混合型饲料添加剂、添加剂预混合饲料的管理要求执行。

九、宠物饲料生产企业应当按照《宠物饲料标签规定》的要求制定产品标签，2019 年 9 月 1 日以后生产的国产和进口宠物饲料产品所附具的标签，应当符合《宠物饲料标签规定》的要求。

十、宠物饲料生产企业应当切实加强对产品卫生指标的控制，2019 年 1 月 1 日以后生产的国产和进口宠物饲料产品的卫生指标，应当符合《宠物饲料卫生规定》的要求。

十一、根据《宠物饲料管理办法》有关规定，自 2018 年 6 月 1 日起，有关宠物添加剂预混合饲料生产企业已经获得的相关产品的批准文号、其他宠物饲料生产企业已经获得的饲料生产许可证，不再作为宠物饲料检查、执法的依据和内容。

十二、本公告规定的有关管理过渡期结束后，各级饲料管理部门开展宠物饲料监管执法工作，应当按照本公告规范性文件的有关规定执行。

十三、各级饲料管理部门要继续加强宠物饲料监督管理工作，除本公告第二条、第四条规定的情形外，对于其他未取得许可证明文件生产或者进口宠物配合饲料、宠物添加剂预混合饲料的违法行为，应当按照《条例》有关规定从严处罚。

附件：1. 宠物饲料管理办法

2. 宠物饲料生产企业许可条件

3. 宠物饲料标签规定

4. 宠物饲料卫生规定

5. 宠物配合饲料生产许可申报材料要求

6. 宠物添加剂预混合饲料生产许可申报材料要求

农业农村部

2018 年 4 月 27 日

附件 1

宠物饲料管理办法

第一条 为加强宠物饲料管理，保障宠物饲料产品质量安全，促进宠物饲料行业发展，根据《饲料和饲料添加剂管理条例》，制定本办法。

第二条 本办法所称宠物饲料，是指经工业化加工、制作的供宠物直接食用的产品，包括宠物配合饲料、宠物添加剂预混合饲料和其他宠物饲料，也称为宠物食品。

宠物配合饲料，是指为满足宠物不同生命阶段或者特定生理、病理状态下的营养需要，将多种饲料原料和饲料添加剂按照一定比例配制的饲料，单独使用即可满足宠物全面营养需要。

宠物添加剂预混合饲料，是指为满足宠物对氨基酸、维生素、矿物质微量元素、酶制剂等营养性饲料添加剂的需要，由营养性饲料添加剂与载体或者稀释剂按照一定比例配制的饲料。

其他宠物饲料，是指为实现奖励宠物、与宠物互动或者刺激宠物咀嚼、撕咬等目的，将几种饲料原料和饲料添加剂按照一定比例配制的饲料。

第三条 申请从事宠物配合饲料、宠物添加剂预混合饲料生产的企业，应当符合《宠物饲料生产企业许可条件》的要求，向生产地省级人民政府饲料管理部门提出申请，并依法取得饲料生产许可证。

第四条 宠物饲料生产企业应当按照有关规定和标准，对采购的饲料原料、添加剂预混合饲料和饲料添加剂进行查验或者检验；使用饲料添加剂的，应当遵守《饲料添加剂品种目录》《饲料添加剂安全使用规范》等限制性规定。禁止使用《饲料原料目录》《饲料添加剂品种目录》以外的任何物质生产宠物饲料。

宠物饲料生产企业应当如实记录采购的饲料原料、添加剂预混合饲料、饲料添加剂的名称、产地、数量、保质期、许可证明文件编号、质量检验信息、生产企业名称或者供货者名称及其联系方式、进货日期等。记录保存期限不得少于 2 年。

第五条 宠物配合饲料、宠物添加剂预混合饲料生产企业应当按照产品质量标准、《饲料质量安全管理规范》组织生产，对生产过程实施有效控制并实行生产记录和产品留样观察制度。

其他宠物饲料生产企业应当按照产品质量标准组织生产，建立健全采购、生产、检验、销售、仓储等管理制度，对生产过程实施有效控制并实行生产记录和产品留样观察制度。

第六条 宠物饲料生产企业应当对其生产的产品进行质量检验；检验合格的，应当附具产品质量检验合格证。未经产品质量检验、检验不合格或者未附具产品质量检验合格证的，不得出厂销售。

宠物饲料生产企业应当如实记录出厂销售的宠物饲料产品的名称、数量、生产日期、生产批次、质量检验信息、购货者名称及其联系方式、销售日期等。记录保存期限不得少于 2 年。

第七条 出厂销售的宠物饲料产品应当包装，包装应当符合国家有关安全、卫生的规定。

第八条 宠物饲料产品的包装上应当附具标签，标签应当符合《宠物饲料标签规定》的要求。

第九条 宠物饲料生产企业应当采取有效措施保障产品质量安全，宠物饲料产品的卫生指标应当符合《宠物饲料卫生规定》的要求。

第十条 宠物饲料经营者进货时应当查验宠物饲料产品标签、产品质量检验合格证；对宠物配合饲料、宠物添加剂预混合饲料产品，还应当查验饲料生产许可证、进口登记证等许可证明文件。

宠物饲料经营者不得对宠物饲料产品进行拆包、分装，不得对宠物饲料产品进行再加工或者添加任何物质。

禁止经营无产品标签、无产品质量标准、无产品质量检验合格证的宠物饲料。禁止经营标签不符合《宠物饲料标签规定》要求的宠物饲料。禁止经营用《饲料原料目录》《饲料添加剂品种目录》以外的任何物质生产的宠物饲料。

禁止经营无生产许可证的宠物配合饲料、宠物添加剂预混合饲料。禁止经营未取得进口登记证的进口宠物配合饲料、进口宠物添加剂预混合饲料。

第十一条 宠物饲料经营者应当建立产品购销台账，如实记录购销宠物饲料产品的名称、许可证明文件编号、规格、数量、保质期、生产企业名称或者供货者名称及其联系方式、购销时间等。购销台账保存期限不得少于2年。

第十二条 网络宠物饲料产品交易第三方平台提供者，应当对入网的宠物饲料经营者进行实名登记，督促经营者认真履行宠物饲料产品质量安全管理责任和义务，保障平台上销售的宠物饲料产品符合本办法要求。

第十三条 宠物饲料生产企业发现其生产的产品可能对宠物健康有害或者存在其他安全隐患的，应当立即停止生产，通知经营者、使用者，向饲料管理部门报告，主动召回产品，并记录召回和通知情况。召回的产品应当在饲料管理部门的监督下，予以无害化处理或者销毁。

宠物饲料经营者发现其销售的宠物饲料产品有前款规定情形的，应当立即停止销售，通知生产企业、供货者和使用者，向饲料管理部门报告，并记录通知情况。

第十四条 境外宠物饲料生产企业向中国出口宠物配合饲料、宠物添加剂预混合饲料的，应当委托境外企业驻中国境内的办事机构或者中国境内代理机构向国务院农业行政主管部门申请登记，并依法取得进口登记证。

第十五条 向中国境内出口的宠物饲料，应当包装并附具符合《宠物饲料标签规定》要求的中文标签；产品卫生指标应当符合《宠物饲料卫生规定》的要求；宠物配合饲料、宠物添加剂预混合饲料还应当符合进口登记产品的备案标准要求。

生产向中国境内出口的宠物饲料所使用的饲料原料和饲料添加剂应当符合《饲料原料目录》《饲料添加剂品种目录》的要求，并遵守《饲料添加剂品种目录》《饲料添加剂安全使用规范》的规定。

第十六条 国务院农业行政主管部门和县级以上地方人民政府饲料管理部门，应当根据需要定期或者不定期组织实施宠物饲料产品监督抽查。

国务院农业行政主管部门和省级人民政府饲料管理部门应当按照职责权限公布监督抽查结果，并可以公布具有不良记录的宠物饲料生产企业、经营者以及为经营者提供服务的第三方交易平台名单。

第十七条 未取得饲料生产许可证生产宠物配合饲料、宠物添加剂预混合饲料的，依据《饲料和饲料添加剂管理条例》第三十八条进行处罚。

第十八条 宠物饲料生产企业违反本办法规定，使用《饲料原料目录》《饲料添加剂品种目录》以外的物质生产宠物饲料的，或者不遵守国务院农业行政主管部门的限制性规定的，依据《饲料和饲料添加剂管理条例》第三十九条进行处罚。

第十九条 宠物饲料生产企业未对采购的饲料原料、添加剂预混合饲料和饲料添加剂进行查验或者检验的，或者未对生产的宠物饲料进行产品质量检验的，依据《饲料和饲料添加剂管理条例》第四十条进行处罚。

第二十条 宠物配合饲料、宠物添加剂预混合饲料生产企业不遵守《饲料质量安全管理规范》的，依据《饲料和饲料添加剂管理条例》第四十条进行处罚。

第二十一条 宠物饲料生产企业未实行采购、生产、销售记录制度或者产品留样观察制度的，依据《饲料和饲料添加剂管理条例》第四十一条进行处罚。

第二十二条 宠物饲料产品未附具产品质量检验合格证或者包装、标签不符合规定的，依据《饲料和饲料添加剂管理条例》第四十一条进行处罚。

第二十三条 宠物饲料经营者有下列行为之一的，依据《饲料和饲料添加剂管理条例》第四十三条进行处罚：

（一）对经营的宠物饲料产品进行再加工或者添加物质的；

（二）经营无产品标签、无产品质量检验合格证的宠物饲料的；经营无生产许可证的宠物配合饲料、宠物添加剂预混合饲料的；

（三）经营用《饲料原料目录》《饲料添加剂品种目录》以外的物质生产的宠物饲料的；

（四）经营未取得进口登记证的进口宠物配合饲料、进口宠物添加剂预混合饲料的。

第二十四条 宠物饲料经营者有下列行为之一的，依据《饲料和饲料添加剂管理条例》第四十四条进行处罚：

（一）对宠物饲料产品进行拆包、分装的；

（二）未实行产品购销台账制度的；

（三）经营的宠物饲料产品失效、霉变或者超过保质期的。

第二十五条 对本办法第十三条规定的宠物饲料产品，生产企业不主动召回的，依据《饲料和饲料添加剂管理条例》第四十五条进行处罚。

第二十六条 宠物饲料生产企业、经营者有下列行为之一的，依据《饲料和饲料添加剂管理条例》第四十六条进行处罚：

（一）生产、经营无产品质量标准或者不符合产品质量标准的宠物饲料产品的；

（二）生产、经营的宠物饲料产品与标签标示的内容不一致的。

第二十七条 本办法仅适用于宠物犬、宠物猫饲料的管理。其他种类宠物饲料的管理要求另行规定。

第二十八条 本办法自 2018 年 6 月 1 日起施行。

附件 2

宠物饲料生产企业许可条件

第一章　总则

第一条　为加强宠物饲料生产许可管理，保障宠物饲料质量安全，根据《饲料和饲料添加剂管理条例》《饲料和饲料添加剂生产许可管理办法》《宠物饲料管理办法》，制定本条件。

第二条　申请从事宠物配合饲料、宠物添加剂预混合饲料生产的企业，应当符合本条件。

第二章　机构与人员

第三条　企业应当设立技术、生产、质量、销售、采购等管理机构。技术、生产、质量机构应当配备专职负责人，并不得互相兼任。

第四条　技术机构负责人应当具备畜牧、兽医、食品等相关专业大专以上学历或者中级以上技术职称，熟悉饲料法规、动物营养、产品配方设计等专业知识，并通过现场考核。

第五条　生产机构负责人应当具备畜牧、兽医、食品、机械、化工等相关专业大专以上学历或者中级以上技术职称，熟悉饲料法规、饲料加工技术与设备、生产过程控制、生产管理等专业知识，并通过现场考核。

第六条　质量机构负责人应当具备畜牧、兽医、食品、化工、生物等相关专业大专以上学历或者中级以上技术职称，熟悉饲料法规、原料与产品质量控制、原料与产品检验、产品质量管理等专业知识，并通过现场考核。

第七条　销售和采购机构负责人应当熟悉饲料法规，并通过现场考核。

第八条　企业应当配备 2 名以上专职检验化验员，并通过现场操作技能考核。

第三章　厂区、布局与设施

第九条　企业应当独立设置厂区，厂区周围没有影响产品质量安全的污染源。

厂区应当布局合理，生产区与生活、办公等区域分开。厂区应当整洁卫生，道路和作业场所采用混凝土或者沥青硬化，生活、办公等区域有密闭式生活垃圾收集设施。

第十条　生产区应当按照生产工序合理布局，生产区总使用面积应当与生产规模相匹配。

固态的宠物配合饲料、宠物添加剂预混合饲料有相对独立、与生产规模相匹配的原料库、配料间、加工间、成品库和附属物品库房。

半固态的宠物配合饲料、宠物添加剂预混合饲料有相对独立、与生产规模相匹配的原料库、前处理间、配料间、加工间、灌装间（区）、外包装间（区）、成品库和附属物品库房。

液态的宠物配合饲料、宠物添加剂预混合饲料有相对独立、与生产规模相匹配的原料库、前处理间、配料间、加工灌装间、外包装间、成品库和附属物品库房。

同时生产宠物、畜禽等其他动物饲料的，可以共同使用原料库、成品库和附属物品库房。宠物饲料生产设备不得用于生产畜禽等其他动物饲料。

第十一条　生产区建筑物通风和采光良好，自然采光设施应当有防雨功能。

第十二条　厂区内应当配备必要的消防设施或者设备。

第十三条　厂区内应当有完善的排水系统，排水系统入口处有防堵塞装置，出口处有防止动物侵入装置。

第十四条 存在安全风险的设备和设施，应当设置警示标识和防护设施：

（一）配电柜、配电箱有警示标识，易产生或者积存粉尘区域的人工采光灯具、电源开关及插座有防爆功能；

（二）高温设备和设施有隔热层和警示标识；

（三）压力容器有安全防护装置；

（四）设备传动装置有防护罩；

（五）有投料地坑的，入口处有完整的栅栏；

（六）吊物孔有坚固的盖板或者四周有防护栏，所有设备维修平台、操作平台和爬梯有防护栏。

企业应当为生产区作业人员配备劳动保护用品。

第十五条 企业仓储设施应当符合以下条件：

（一）满足原料、成品、包材、备品备件的贮存要求，具有防霉、防潮、防鸟、防鼠等功能；

（二）存放维生素、微生物添加剂和酶制剂等热敏物质的贮存间面积与生产规模相匹配，满足储存温度要求，密闭性能良好；

（三）亚硒酸钠等按危险化学品管理的饲料添加剂，有独立的贮存间或者贮存柜；

（四）使用新鲜或者冷冻动物源性原料的，有与生产规模相匹配的冷藏、冷冻设施或者设备；

（五）有立筒仓的，配备立筒仓通风系统和温度监测装置。

第四章 工艺与设备

第十六条 固态宠物配合饲料生产企业应当符合以下条件：

（一）配备成套加工机组，包括粉碎、配料、提升、混合、调质、膨化、干燥、喷涂、冷却、计量、包装、异物检除等设备，并具有完整的除尘系统和电控系统；

（二）配料、混合工段采用计算机自动化控制系统，配料动态精度不大于3‰，静态精度不大于1‰；

（三）混合机的混合均匀度变异系数不大于7%；

（四）粉碎机、空气压缩机、高压风机采用隔音或者消音装置；

（五）生产线除尘系统使用脉冲式除尘设备，投料口采用单点除尘方式，作业区的粉尘浓度和排放浓度符合国家有关规定；

（六）小料配制和投料复核分别配置电子秤；

（七）有添加剂预混合工艺的，单独配备至少一台混合机及相应的除尘设备，混合机（含混合机缓冲仓）与物料接触部分使用不锈钢制造，混合机的混合均匀度变异系数不大于5%；

（八）有新鲜或者冷冻、冷藏动物源性原料预处理工序的，单独配备除杂、粉碎、均质、水解等设备；

（九）生产车间和作业场所噪音控制符合国家有关规定。

第十七条 半固态宠物配合饲料生产企业应当符合以下条件：

（一）配备成套加工机组，包括粉碎、配料、混合、乳化、蒸煮、冷却、计量、灌装、包装、异物检除等设备，并具有完整的电控系统；

（二）小料配制和投料复核分别配置电子秤；

（三）有添加剂预混合工艺的，单独配备至少一台混合机并配备相应的除尘设备，混合机（含混合机缓冲仓）与物料接触部分使用不锈钢制造，混合机的混合均匀度变异系数不大于5%；

（四）生产罐头等具有商业无菌要求的产品的，配备相应的杀菌设备；

（五）有新鲜或者冷冻、冷藏动物源性原料预处理工序的，单独配备除杂、粉碎、均质、水解等设备；

（六）生产车间和作业场所噪音控制符合国家有关规定。

第十八条 固态宠物添加剂预混合饲料生产企业应当符合以下条件：

（一）配备成套加工机组，包括原料除杂、配料、混合、成型、计量、自动包装等设备，并具有完整的除尘系统和电控系统；

（二）有两台以上混合机，混合机（含混合机缓冲仓）与物料接触部分使用不锈钢制造，混合机的混合均匀度变异系数不大于5%；

（三）生产线除尘系统使用脉冲式除尘设备，投料口采用单点除尘方式，作业区的粉尘浓度和排放浓度符合国家有关规定；

（四）小料配制和投料复核分别配置电子秤；

（五）有粉碎机、空气压缩机的，采用隔音或消音装置；

（六）生产车间和作业场所噪音控制符合国家有关规定。

第十九条 半固态宠物添加剂预混合饲料生产企业应当符合以下条件：

（一）配备成套加工机组，包括称量、加热、配料、搅拌、灌装、包装等设备，并具有完整的电控系统；

（二）生产设备、输送管道及管件使用不锈钢或者性能更好的材料制造；

（三）加热设备有搅拌、温度控制和温度显示装置；

（四）搅拌设备的搅拌速度可控；

（五）小料配制和投料复核分别配置电子秤；

（六）生产车间和作业场所噪音控制符合国家有关规定。

第二十条 液态的宠物配合饲料、宠物添加剂预混合饲料生产企业应当符合以下条件：

（一）配备成套加工机组，包括原料前处理、称量、配液、过滤、灌装等设备，并具有完整的电控系统；

（二）生产设备、输送管道及管件使用不锈钢或者性能更好的材料制造；

（三）有均质工序的，使用高压均质机的工作压力不小于50兆帕，并符合安全生产要求；使用高剪切均质机的均质转速不小于2 800转/分；

（四）配液罐有加热保温功能和温度显示装置；

（五）小料配制和投料复核分别配置电子秤；

（六）生产车间和作业场所噪音控制符合国家有关规定。

第五章 质量检验和质量管理制度

第二十一条 企业应当在厂区内独立设置检验化验室，并与生产车间和仓储区域分离。

第二十二条 宠物配合饲料生产企业检验化验室应当符合以下条件：

（一）生产液态宠物配合饲料的企业，配备常规检验仪器、万分之一分析天平、可见光分光光度计、定氮装置、粗脂肪提取装置；生产半固态宠物配合饲料的企业，还应当在液态宠物配合饲料企业的基础上，配备恒温干燥箱、高温炉、真空泵及抽滤装置、高压灭菌锅、培养箱、显微镜和样品制备设备；生产固态宠物配合饲料的企业，还应当在半固态宠物配合饲料企业的基础上，配备硬度测定仪、容重测定仪、水分活度测定仪、标准筛。

（二）检验化验室至少包括天平室、理化分析室、仪器室、留样观察室；生产固态宠物配合饲料和半固态宠物配合饲料的，还应当设立微生物检验室。各功能室应当满足下列要求：

1. 天平室有满足分析天平放置要求的天平台；

2. 理化分析室有满足样品理化分析和检验要求的通风柜、实验台、器皿柜、试剂柜；同时开展高温或者明火操作和易燃试剂操作的，分别设立独立的操作区和通风柜，并保持一定的安全距离；

3. 仪器室满足分光光度计等仪器的使用要求；

4. 留样观察室有满足原料和产品贮存要求的样品柜或者样品架；

5. 微生物检验室具有符合要求的准备间、缓冲间、无菌间和超净工作台。

第二十三条 宠物添加剂预混合饲料生产企业检验化验室应当符合以下条件：

（一）生产液态宠物添加剂预混合饲料的企业，配备常规检验仪器、万分之一分析天平；生产半固态宠物添加剂预混合饲料的企业，还应当在液态宠物添加剂预混合饲料企业的基础上，配备恒温干燥箱、高温炉和样品制备设备；生产固态宠物添加剂预混合饲料的企业，还应当在半固态宠物添加剂预混合饲料企业的基础上，配备标准筛。

（二）产品中添加维生素的，配备具有紫外检测器的高效液相色谱仪；产品中添加微量元素的，配备具有火焰原子化器和被测项目元素灯的原子吸收分光光度计；产品中添加氨基酸、酶制剂等营养性饲料添加剂的，配备满足添加成分检测要求的检验仪器。

（三）检验化验室至少包括天平室、前处理室、仪器室和留样观察室。各功能室应当满足下列要求：

1. 天平室有满足分析天平放置要求的天平台；

2. 前处理室有能够满足样品前处理和检验要求的通风柜、实验台、器皿柜、试剂柜、气瓶固定装置以及避光、空调等设备或者设施；同时开展高温或者明火操作和易燃试剂操作的，分别设立独立的操作区和通风柜，并保持一定的安全距离；

3. 仪器室满足高效液相色谱仪、原子吸收分光光度计等仪器的使用要求，高效液相色谱仪和原子吸收分光光度计分室存放；

4. 留样观察室有满足原料和产品贮存要求的样品柜或者样品架。

第六章 附则

第二十四条 在满足生产和质量检验要求的前提下，经省级人民政府饲料管理部门组织专家审核同意，企业可以使用性能更好的生产设备和检验仪器替代本条件中的相关生产设备和检验仪器。

第二十五条 本条件规定的成套加工机组中，如企业生产过程中不涉及相关工艺和设备，在申报材料和现场检查过程中可不作要求，但因缺少相关工艺和设备可能影响产品质量安全和安全生产的情况除外。

第二十六条 本条件自 2018 年 6 月 1 起施行。

附件 3

宠物饲料标签规定

第一条 为加强宠物饲料管理，规范宠物饲料标签标示内容，根据《饲料和饲料添加剂管理条例》《宠物饲料管理办法》，制定本规定。

第二条 本规定所称的宠物饲料标签是指以文字、符号、数字、图形等方式粘贴、印刷或者附着在产品包装上用以表示产品信息的说明物的总称。

第三条 在中华人民共和国境内生产、销售的宠物饲料产品的标签应当按照本规定要求标示产品名称、原料组成、产品成分分析保证值、净含量、贮存条件、使用说明、注意事项、生产日期、保质期、生产企业名称及地址、许可证明文件编号和产品标准等信息。

第四条 宠物饲料产品标签应当在醒目位置标示“本产品符合宠物饲料卫生规定”字样，并以粘贴或者印刷等形式附具产品质量检验合格证。

第五条 宠物饲料产品名称应当位于标签的主要展示版面并采用通用名称。通用名称应当使用一致的字体、字号和颜色，不得突出或者强调其中的部分内容。在标示通用名称的同时，可以标示商品名称，但应当放在通用名称之后或者之下，字号不得大于通用名称。

（一）宠物配合饲料的通用名称应当标示“宠物配合饲料”“宠物全价饲料”“全价宠物食品”或者“全价”字样，并标示适用动物种类和生命阶段。适用动物种类可以具体至犬、猫品种或者体型，如不标示则默认为适用于所有品种和体型；生命阶段包括幼年期、成年期、老年期、妊娠期、哺乳期等，如不标示则默认为适用于所有生命阶段。为满足宠物特定生理、病理状态下营养需要生产的宠物配合饲料，其通用名称应当标示“处方”字样。示例见附录 1。

（二）宠物添加剂预混合饲料的通用名称应当标示“宠物添加剂预混合饲料”“补充性宠物食品”或者“宠物营养补充剂”，并标示适用动物种类和生命阶段。适用动物种类可以具体至犬、猫品种或者体型，如不标示则默认为适用于所有品种和体型；生命阶段包括幼年期、成年期、老年期、妊娠期、哺乳期等，如不标示则默认为适用于所有生命阶段。宠物添加剂预混合饲料的通用名称中，也可以标示产品中的氨基酸、维生素、矿物质微量元素、酶制剂等营养性饲料添加剂，标示时可以使用营养性饲料添加剂的品种名称或者类别名称。示例见附录 1。

（三）其他宠物饲料的通用名称应当标示“宠物零食”，并标示适用动物种类和生命阶段。适用动物种类可以具体至犬、猫品种或者体型，如不标示则默认为适用于所有品种和体型；生命阶段包括幼年期、成年期、老年期、妊娠期、哺乳期等，如不标示则默认为适用于所有生命阶段。其他宠物饲料的通用名称中，也可以标示产品的具体呈现形式。示例见附录 1。

第六条 宠物饲料产品标签上应当标示原料组成。原料组成包括饲料原料和饲料添加剂两部分，分别以“原料组成”和“添加剂组成”为引导词。其中，“原料组成”应当标示生产该产品所用的饲料原料品种名称或者类别名称，并按照各类或者各种饲料原料成分加入重量的降序排列；“添加剂组成”应当标示生产该产品所用的饲料添加剂名称，抗氧化剂、着色剂、调味和诱食物质类饲料添加剂可以标示类别名称。

饲料原料品种名称应当与《饲料原料目录》一致，类别名称应当与附录 2 规定一致。饲料添加剂名称应当与《饲料添加剂品种目录》一致。

在产品中使用以《饲料原料目录》中动物水解物为主要原料复配制成的调味产品的，应当在原料组成部分中以“宠物饲料复合调味料”或者“口味增强剂”标示。

原料组成中的某种原料如以品种名称标示，则不应当再以类别名称标示；如以类别名称标示，则不应当再以品种名称标示。

第七条 在中国境内生产的宠物饲料产品标签上应当标示产品所执行的产品标准编号。进口宠物配合饲料、宠物添加剂预混合饲料应当标示进口产品复核检验报告的编号。

第八条 宠物饲料产品标签上应当标示产品成分分析保证值。产品成分分析保证值的计量单位见附录 3。

（一）宠物配合饲料产品成分分析保证值至少应当包括的项目、要求及具体标示方法见附录 4。

为满足宠物特定生理、病理状态下的营养需要生产的宠物配合饲料，其产品成分分析保证值除满足上述要求外，可以进行特殊标示。

（二）宠物添加剂预混合饲料产品成分分析保证值至少应当标示水分和产品中所添加的主要营养性饲料添加剂，标示方法参照附录 4。

（三）其他宠物饲料产品成分分析保证值至少应当标示水分，也可以根据需要标示其他成分的分析保证值，标示方法参照附录 4。

第九条 宠物饲料产品应当标示产品包装单位的净含量。净含量标示由净含量、数字和法定计量单位组成。净含量与产品名称应当位于标签的同一展示版面。

固态产品应当使用质量进行标示，净含量不足 1 千克的，以克或者 g 作为计量单位；净含量超过 1 千克（含 1 千克）的，以千克或者 kg 作为计量单位。

液态产品、半固态产品除可以使用前款规定的质量进行标示外，也可以使用体积标示，以体积标示时，净含量不足 1 升的，以毫升或者 mL 作为计量单位；净含量超过 1 升（含 1 升）的，以升或者 L 作为计量单位。

第十条 宠物饲料产品标签上应当标示产品的贮存条件及贮存方法。

第十一条 宠物饲料产品标签上应当标示产品使用说明。使用说明应当根据宠物的生命阶段、活动量和体型类别标示推荐饲喂量或者饲喂建议。

第十二条 宠物饲料产品标签上应当标示产品使用的注意事项。含动物源性成分（乳和乳制品除外）的产品应当标示“本产品不得饲喂反刍动物”字样。

通用名称标示“处方”字样的宠物配合饲料，应当在注意事项中参照本规定附录 5 中的示例，标示该产品适用的宠物特定生理、病理状态及主要营养特征，并在醒目位置标示“请在执业兽医指导下使用”字样。如其适用的生理、病理状态及主要营养特征未在附录 5 收录范围以内，该产品的生产企业应当参照附录 5，根据产品的实际情况标示注意事项，并能够提供相关证明资料。资料至少应当包括能够验证产品效果的科学试验数据及配方组成。

第十三条 宠物饲料产品标签应当标示完整的年、月、日生产日期信息，标示方法见附录 6。进口产品中文标签标示的生产日期应当与原产地标签上标示的生产日期一致。如生产日期标示采用“见包装物某部位”的形式，应当标示包装物的具体部位。生产日期的标示不得另外加贴或者篡改。

第十四条 宠物饲料产品标签应当标示保质期，标示方法见附录 6。进口宠物饲料产品中文标签标示的保质期应当与原产地标签上标示的保质期一致。如保质期标示采用“见包装物某部位”的形式，应当标示包装物的具体部位。保质期的标示不得另外加贴或者篡改。

第十五条 在中国境内生产的宠物配合饲料和宠物添加剂预混合饲料的产品标签，应当标示与许可证明文件一致的生产许可证编号、企业名称、注册地址、生产地址、联系方式；其他宠物饲料产品，应当标示与生产企业营业执照一致的企业名称、注册地址、生产地址、联系方式。如生产企业的注册地址与生产地址一致，可不重复标示。

进口宠物饲料产品应当以中文标示原产国名或者地区名。进口宠物配合饲料和宠物添加剂预混合饲料产品，应当标示与进口登记证一致的登记证号、生产厂家名称、生产地址，以及该产品在中国境内依法登记注册的销售机构名称、地址和联系方式。其他进口宠物饲料产品，应当标示生产厂家名称、生产地址，以及该产品在中国境内依法登记注册的销售机构名称、地址和联系方式。

联系方式应当标示以下至少一项内容：电话、传真、网络联系方式、通讯地址等。

第十六条 对于内包装不独立销售的宠物饲料产品，外包装应当标示本规定的所有内容，内包装至少标示产品名称、保质期和净含量。对于内包装独立销售的产品，内、外包装均应当标示本规定的所有内容。如内包装已标示本规定的所有内容，且标示内容能透过外包装物清晰、完整地呈现，可不在外包装物上进行重复标示。仅用于宠物饲料产品运输的外包装除外。

对于复合包装产品，外包装应当标示复合包装的净含量和所含独立包装的净含量及件数，或者直接标示所含独立包装的净含量和件数，标示形式见附录 6。外包装上标示的保质期应当按照最早到期的独立包装产品的保质期计算，生产日期应当标示最早生产的独立包装产品的生产日期，也可以在外包装上分别标示各独立包装产品的生产日期和保质期。

第十七条 宠物饲料免费产品，除标示本规定的所有内容外，还应当标示“免费样品”“赠品”“非卖品”或者“试用装”等字样。

第十八条 委托加工的宠物配合饲料、宠物添加剂预混合饲料产品，除标示本规定的所有内容外，还应当标示委托企业的名称、注册地址和生产许可证编号。

第十九条 宠物饲料产品中含有转基因成分的，其标示应当符合相关法律法规的要求。

第二十条 宠物饲料产品标签中可以进行成分、功能和特性声称，声称时应当遵守以下规定：

（一）禁止对宠物饲料作具有预防或者治疗宠物疾病的说明或者宣传。

（二）所有声称应当具备证明材料。证明材料包括公开发表的出版物、教科书、配方组成、检测数据或者试验报告等。

（三）对成分进行声称时，声称的内容应当置于产品名称相邻位置，并与产品名称使用相同的字体和颜色，字号不大于产品名称，不得以任何形式突出或者强调其中部分内容。

1. 宠物饲料如声称使用某种饲料原料，应当在饲料原料组成中标示其名称，并在名称后标示其添加量；如该饲料原料使用所属类别名称标示，应当在类别名称之后以括号的方式标示该饲料原料的品种名称及其在产品中的添加量。示例见附录 1。

2. 经脱水处理的饲料原料，可以依据水分还原后其在产品中的含量进行声称。可以进行水分还原的饲料原料种类及其计算方法见附录 7。如进行水分还原，则附录 7 中涉及的三类饲料原料应当同时还原，计算方法应当按附录 7 执行。

3. 声称“XX 配方”时，产品中的“XX”饲料原料应当达到产品总重的 26% 以上；如对两种或者两种以上饲料原料进行组合声称，其中至少一种饲料原料应当达到产品总重的 26% 以上，其余每种饲料原料均应当达到产品总重的 3% 以上，声称应当按原料的重量百分比降序排列。示例见附录 1。

声称“含 XX 配方”时，产品中的“XX”饲料原料应当达到产品总重的 14% 以上；如对两种或者两种以上饲料原料进行组合声称，其中至少一种饲料原料应当达到产品总重的 14% 以上，其余每种饲料原料均应达到产品总重的 3% 以上，声称应按原料的重量百分比降序排列。示例见附录 1。

声称“含 XX”时，产品中的“XX”饲料原料应当达到产品总重的 4% 以上；如对两种或者两种以上饲料原料进行组合声称，其中至少一种饲料原料应当达到产品总重的 4% 以上，其余每种原料均应当达到产品总重的 3% 以上，声称应当按饲料原料的重量百分比降序排列。示例见附录 1。

4. 如宠物饲料产品使用的饲料原料、宠物饲料复合调味料或者口味增强剂能够赋予产品某种风味，可以对产品的风味进行声称，声称应当使用“XX 味”字样。示例见附录 1。

5. 如宠物饲料产品中的某种饲料原料的添加量足以赋予产品某些特有属性，即使该原料未达到产品总重的4%，也可以对其进行声称，声称应当使用“添加XX”字样。示例见附录1。

6. 宠物饲料产品如声称使用某种维生素、矿物质微量元素等营养素或者使用的某种饲料添加剂可以赋予产品某些特有属性，声称应当使用“含XX”字样。声称涉及的维生素、矿物质微量元素等营养素应当在产品成分分析保证值中列示。声称涉及的饲料添加剂应当在饲料添加剂组成中列示并标示其添加量。示例见附录1。

7. 宠物饲料产品可以声称不含有某种饲料原料或者饲料添加剂，声称应当使用“无XX”或者“不含XX”。除饲料原料和饲料添加剂外，不得对其他任何物质进行不含有声称。对于麸质成分，如其含量不高于20mg/kg时，可以进行“无麸质”或者“不含麸质”的声称。

8. 如对宠物饲料产品中的某种成分含量进行“高”“增高”或者“低”“降低”或者类似的比较性声称，应当以本企业的产品作为参照物且明确列示，增高或者降低的比例应当达到15%以上，对于常量营养素，增高或者降低的百分比应当能够通过配方进行验证。示例见附录1。

（四）对特性进行声称时，应当符合下列要求。

1. 如宠物饲料产品使用的所有饲料原料和饲料添加剂均来自未经加工、非化学工艺加工或者只经过物理加工、热加工、提取、纯化、水解、酶解、发酵或者烟熏等处理工艺的植物、动物或者矿物质微量元素，可对产品进行特性声称，声称应当使用“天然的”“天然粮”或者类似字样。如宠物饲料产品中添加的维生素、氨基酸、矿物质微量元素是化学合成的，也可以对产品进行“天然的”“天然粮”的声称，但应当同时对所使用的维生素、氨基酸、矿物质微量元素进行标示，声称应当使用“天然粮，添加XX”字样；如添加了两种（类）或者两种（类）以上的化学合成的维生素、氨基酸、矿物质微量元素，声称中可以使用饲料添加剂的类别名称。所有声称文字应置于同一展示版面，使用相同的字体、字号和颜色，中间不得插入其他任何内容，不得以任何形式突出或者强调其中某一部分。示例见附录1。

2. 如宠物饲料产品使用的某种饲料原料和饲料添加剂来自未经加工、非化学工艺加工或者只经过物理加工、热加工、提取、纯化、水解、酶解、发酵或者烟熏等处理工艺的植物、动物或者矿物质微量元素，可以对该饲料原料或者饲料添加剂进行特殊声称，声称应当使用“天然”字样。示例见附录1。

3. 如宠物饲料产品使用的某种饲料原料除冷藏外未经蒸煮、干燥、冷冻、水解等类似任何处理过程，且不含有氯化钠、防腐剂或者其他饲料添加剂，可以对该饲料原料进行声称，声称应当使用“新鲜的”“鲜”或者类似字样。示例见附录1。

4. 如犬用宠物饲料产品的水分含量低于20%且脂肪含量不高于9%、水分含量在20%~65%且脂肪含量不高于7%、水分含量大于65%且脂肪含量不高于4%时，可以对犬用宠物饲料进行“低脂肪”的声称。如猫用宠物饲料产品水分含量低于20%且脂肪含量不高于10%、水分含量在20%~65%且脂肪含量不高于8%、水分含量大于65%且脂肪含量不高于5%时，可以对猫用宠物饲料进行“低脂肪”的声称。

5. 如犬用宠物饲料产品的水分含量低于20%且能量值不高于1 296kJ ME/100g、水分含量在20%~65%且能量值不高于1 045kJ ME/100g、水分含量不低于65%且能量值不高于376kJ ME/100g时，可以对该产品进行“低能量”声称并对其能量值进行标示。如猫用宠物饲料产品水分含量低于20%且能量值不高于1 359kJ ME/100g、水分含量在20%~65%且能量值不高于1 108kJ ME/100g、水分含量不低于65%且能量值不高于397kJ ME/100g，可以对该产品进行“低能量”声称并对其能量值进行标示。标示时应当以“能量”或者“能量值”为引导词，并与该声称置于同一展示版面。能量值应当以代谢能（ME）值表示，并以kJ/100g为单位，代谢能可以采用计算值，计算方法见附录8，但应当在代谢能值后以括号的方式标注“计算值”字样。

6. 宠物饲料产品可以使用“新产品”“配方升级”“产品升级”或者类似声称，但声称应当有充分证据，且该声称在产品标签上标示的时间不得超过 18 个月。

7. 如对宠物饲料产品进行符合国际或者国外标准的声称，产品应当符合对应标准的所有要求，且在监管部门要求时应当能提供检测报告或者产品配方等证明材料。

（五）如宠物饲料产品使用的某种饲料原料、饲料添加剂或者饲料原料中含有的某种营养素具有维持、增强宠物生长、发育、生理功能或者机体健康的作用，可以进行功能声称。声称应当符合以下要求。

1. 声称涉及的饲料添加剂应当在饲料添加剂组成或者产品成分分析保证值中按本规定要求标示，声称涉及的饲料原料应当在原料组成中标示其名称，并在名称后标示其添加量，示例见附录 1。

2. 如宠物饲料产品对毛球产生、牙垢积聚等非疾病性问题具有预防性作用，可以进行功能声称，声称可以使用“预防”字样并标示该产品可以预防的非疾病问题，示例见附录 1。

第二十一条 宠物饲料标签应当结实耐用。附签形式的标签不得与包装物分离或者被遮掩，标签内容应当在不打开包装的情况下完整呈现。标签内容应当清晰、醒目、持久，方便消费者辨认和识读。文字应当使用规范的汉字（商标、进口宠物饲料的生产者和地址、国外经营者的名称和地址、网址除外），可以同时使用有对应关系的汉语拼音、少数民族文字或者其他文字，但不得大于相应的汉字（商标除外）。对于印有多语言的包装物，凡使用规范汉字提供的信息均应当符合本规定的要求。

第二十二条 标签的展示面积大于 35cm^2 时，标示内容的文字、符号、数字的高度不得小于 1.8mm。不同包装物或者包装容器上标签最大表面面积计算方法见附录 9。

第二十三条 国务院农业行政主管部门和县级以上地方人民政府饲料管理部门，应当根据需要定期或者不定期组织实施宠物饲料产品标签监督抽查。

第二十四条 宠物饲料产品标签不符合本规定的，依据《饲料和饲料添加剂管理条例》第四十一条进行处罚。

第二十五条 宠物饲料生产企业、经营者生产、经营的宠物饲料与标签标示的内容不一致的，依据《饲料和饲料添加剂管理条例》第四十六条进行处罚。

第二十六条 本规定自 2018 年 6 月 1 日起施行。

附录：1. 宠物饲料标示内容示例
2. 宠物饲料原料分类
3. 产品成分分析保证值常用计量单位
4. 宠物配合饲料产品成分分析保证值至少应当包括的项目及标示要求
5. 宠物配合饲料适用的特定状态及主要营养特征标示示例
6. 生产日期、保质期及净含量的标示
7. 可进行水分还原的原料种类及其计算方法
8. 产品能量值的计算方法
9. 不同包装物或者包装容器上标签最大表面面积计算方法

附录 1

宠物饲料标示内容示例

一、宠物配合饲料通用名称示例

“宠物配合饲料犬粮”或者“宠物全价饲料犬粮”或者“全价犬粮”或者“全价宠物食品犬粮”；

“宠物配合饲料幼年期犬粮”或者“宠物全价饲料幼年期犬粮”或者“全价幼年期犬粮”或者“全价幼年期犬粮”或者“全价宠物食品幼年期犬粮”；

“宠物配合饲料泰迪幼年期犬粮”或者“宠物全价饲料泰迪幼年期犬粮”或者“全价泰迪幼年期犬粮”或者“全价泰迪幼年期犬粮”或者“全价宠物食品泰迪幼年期犬粮”；

“宠物配合饲料大型犬幼年期犬粮”或者“宠物全价饲料大型犬幼年期犬粮”或者“全价大型犬幼年期犬粮”或者“全价大型犬幼年期犬粮”或者“全价宠物食品大型犬幼年期犬粮”；

“宠物配合饲料犬处方粮”或者“宠物全价饲料犬处方粮”或者“全价犬处方粮”或者“全价宠物食品犬处方粮”。

二、宠物添加剂预混合饲料通用名称示例

“宠物添加剂预混合饲料微量元素”或者“补充性宠物食品微量元素”或者“宠物营养补充剂微量元素”；

“宠物添加剂预混合饲料犬幼年期微量元素”或者“补充性宠物食品犬幼年期微量元素”或者“宠物营养补充剂犬幼年期微量元素”；

“宠物添加剂预混合饲料泰迪犬幼年期微量元素”或者“补充性宠物食品泰迪犬幼年期微量元素”或者“宠物营养补充剂泰迪犬幼年期微量元素”；

“宠物添加剂预混合饲料大型犬幼年期微量元素”或者“补充性宠物食品大型犬幼年期微量元素”或者“宠物营养补充剂大型犬幼年期微量元素”。

“宠物添加剂预混合饲料 B 族维生素”或者“补充性宠物食品 B 族维生素”或者“宠物营养补充剂 B 族维生素”；

“宠物添加剂预混合饲料犬幼年期 B 族维生素”或者“补充性宠物食品犬幼年期 B 族维生素”或者“宠物营养补充剂犬幼年期 B 族维生素”；

“宠物添加剂预混合饲料泰迪犬幼年期 B 族维生素”或者“补充性宠物食品泰迪犬幼年期 B 族维生素”或者“宠物营养补充剂泰迪犬幼年期 B 族维生素”；

“宠物添加剂预混合饲料大型犬幼年期 B 族维生素”或者“补充性宠物食品大型犬幼年期 B 族维生素”或者“宠物营养补充剂大型犬幼年期 B 族维生素”。

三、其他宠物饲料通用名称示例

“宠物零食肉棒”；

“宠物零食幼年期饮料”；

“宠物零食幼年期牛肉粒”；

“宠物零食幼年期洁齿磨牙棒”

"宠物零食泰迪犬咬胶"。

四、宠物饲料产品如声称使用某种饲料原料，标示示例

"肉类及制品（鸡肝 3.5%）"；
"果蔬类籽实及其制品（蔓越莓 1.3%）"。

五、成分声称标示示例

（一）宠物饲料产品中某种饲料原料达到产品总重 26% 以上，声称标示示例：
"牛肉配方"；
"鸡肉大米配方"；
"牛肉鸡肉配方"。
（二）宠物饲料产品中某种饲料原料达到产品总重 14% 以上，声称标示示例：
"含牛肉配方"；
"含糙米配方"；
"含牛肉鸡肉配方"；
"含牛肉大米配方"。
（三）宠物饲料产品中某种饲料原料达到产品总重 4% 以上，声称标示示例：
"含牛肉"；
"含糙米"；
"含牛肉鸡肉"；
"含鸡肉大米"。
（四）宠物饲料产品中使用的饲料原料、宠物饲料复合调味料或者口味增强剂能够赋予产品某种风味，声称标示示例：
"牛肉味"；
"鸡肉味"；
"烟熏味"。
（五）宠物饲料产品中某种饲料原料的添加量足以赋予产品某些特有属性，声称标示示例：
"添加燕麦"；
"添加牛初乳"。
（六）宠物饲料产品如声称使用某种维生素、矿物质微量元素等营养素或者使用的某种饲料添加剂可以赋予产品某些特有属性，声称标示示例：
"含 DHA"；
"含共轭亚油酸"。
（七）宠物饲料产品进行比较性声称时，声称标示示例：
高蛋白全价犬粮（与 XX 全价犬粮相比）。

六、特性声称标示示例

（一）声称应当使用"天然的""天然粮"或者类似字样的宠物饲料产品标示示例：
"天然粮，添加维生素"；
"天然粮，添加维生素和氨基酸"。
"天然色素"；
"天然防腐剂"。

（二）声称应当使用“新鲜的”“鲜”或者类似字样的宠物饲料产品标示示例：

“新鲜鸡肉”；

“鲜牛肉”。

七、功能声称标示示例

（一）宠物饲料产品中如使用的某种饲料原料、饲料添加剂或者其中含有的某种营养素具有维持、增强宠物生长、发育、生理功能或者机体健康的作用，声称标示示例：

“含钙促进骨骼发育”；

“含菊苣根粉促进肠道有益菌增殖”。

（二）宠物饲料产品如对非疾病性问题具有预防性作用，声称标示示例：

“预防毛球产生”；

“预防牙垢聚集”。

附录 2

宠物饲料原料分类

序号	类别名称	与《饲料原料目录》对应的原料品种
1	谷物及其制品	“谷物及其加工产品”中的所有原料
2	油料籽实及其制品	“油料籽实及其加工产品”中的所有原料
3	豆科籽实及其制品	“豆科作物籽实及其加工产品”中的所有原料
4	果蔬类籽实及其制品	“块茎、块根及其加工产品”中的所有原料、 “其他籽实、果实类产品及其加工产品”中的所有原料
5	天然植物及其制品	“其他植物、藻类及其加工产品”中的 7.1、7.2、7.3、7.4 的原料
6	饲草类及其制品	“饲草、粗饲料及其加工产品”中的所有原料
7	藻类及其制品	“其他植物、藻类及其加工产品”中的 7.5 的原料
8	乳类及其制品	“乳制品及其副产品”中的所有原料
9	肉类及其制品	“陆生动物产品及其副产品”中 9.1、9.3、9.6 和 9.7 的原料
10	昆虫及其制品	“陆生动物产品及其副产品”中 9.2 和 9.5 的原料
11	蛋类及其制品	“陆生动物产品及其副产品”中 9.4 的原料
12	鱼类等水生生物及其制品	“鱼、其他水生生物及其副产品”中的所有原料
13	矿物质	“矿物质”中的所有原料
14	微生物发酵类制品	“微生物发酵产品及副产品”中的所有原料

附录3

产品成分分析保证值常用计量单位

一、粗蛋白质、粗脂肪、粗纤维、水分、粗灰分、钙、总磷、水溶性氯化物（以 Cl^- 计）、氨基酸含量，以百分含量（%）表示。

二、微量元素含量，以每克、每千克、每毫升、每升、每片、每胶囊、每粒中元素的毫克数表示。

示例：mg/g、mg/kg、mg/mL、mg/L、mg/片、mg/胶囊。

三、维生素含量，以每克、每千克、每毫升、每升、每片、每胶囊、每粒产品中含药物或者维生素的毫克数，或者以表示生物效价的国际单位（IU）表示。

示例：mg/g、mg/kg、mg/mL、mg/L、mg/片、mg/胶囊、mg/粒，或IU/g、IU/kg、IU/mL、IU/L、IU/片、IU/胶囊。

四、酶制剂含量，以每克、每毫升、每片、每胶囊、每粒产品中含酶活性单位表示。

示例：U/g、U/mL、U/片、U/胶囊、U/粒。

五、微生物含量，以每克、每千克、每毫升、每升、每片、每胶囊、每粒产品中含微生物的菌落数或者个数表示。

示例：CFU/g、CFU/kg、CFU/mL、CFU/L、CFU/片、CFU/胶囊、CFU/粒，或者个/g、个/mL、个/片、个/胶囊。

附录 4

宠物配合饲料产品成分分析保证值至少应当包括的项目及标示要求

项目	要求	标示方法
粗蛋白质	最小值	≥，或者不小于，或者至少
粗脂肪	最小值；对于进行低脂肪声称的产品，应当同时标示其最大值	≥，或者不小于，或者至少； 进行低脂肪声称的产品应当标示为： 最小值≤粗脂肪≤最大值，或者粗脂肪不小于，且不大于
粗纤维	最大值	≤，或者不大于，或者至多
水分	最大值	≤，或者不大于，或者至多
粗灰分	最大值	≤，或者不大于，或者至多
钙	最小值	≥，或者不小于，或者至少
总磷	最小值	≥，或者不小于，或者至少
水溶性氯化物（以 Cl^- 计）	最小值	≥，或者不小于，或者至少
赖氨酸，适用于犬粮	最小值	≥，或者不小于，或者至少
牛磺酸，适用于猫粮	最小值	≥，或者不小于，或者至少

附录5

宠物配合饲料适用的特定状态及主要营养特征标示示例

一、改善慢性肾功能不全状态

示例：本产品适用于慢性肾功能不全的犬、猫使用，产品中的磷和蛋白质经过科学调整。

二、帮助溶解鸟粪石

示例：本产品用于促进犬、猫鸟粪石溶解，产品中的镁和蛋白质经过科学调整。

三、减少鸟粪石再生

示例：本产品用于减少犬、猫鸟粪石再生，产品中的镁经过科学调整。

四、减少尿酸盐结石形成

示例：本产品用于减少犬、猫尿酸盐结石形成，产品中的嘌呤和蛋白质经过科学调整。

五、减少草酸盐结石形成

示例：本产品用于减少犬、猫草酸盐结石形成，产品中的钙、维生素D经过科学调整。

六、减少胱氨酸结石形成

示例：本产品用于减少犬、猫胱氨酸结石形成，产品中的蛋白质和含硫氨基酸经过科学调整。

七、降低急性肠道吸收障碍发生

示例：本产品用于降低犬、猫急性肠道吸收障碍发生，产品中的电解质和易消化原料经过科学调整。

八、降低原料和营养素不耐受

示例：本产品用于降低犬、猫原料和营养素的不耐受症，产品中的蛋白质或者碳水化合物经过科学调整。

九、改善消化不良

示例：本产品用于改善犬、猫消化不良，产品中原料的可消化性和脂肪经过科学调整。

十、改善慢性心脏功能不全

示例：本产品用于改善犬、猫慢性心脏功能不全，产品中的钠经过科学调整。

十一、调节葡萄糖供给

示例：本产品用于调节糖尿病犬、猫的葡萄糖供给，产品中的碳水化合物经过科学调整。

十二、改善肝功能不全

示例：本产品用于调节肝功能不全的犬、猫的营养供给，产品中的蛋白质和必需脂肪酸经过科学调整。

十三、改善高脂血症

示例：本产品用于调节犬、猫的脂肪代谢，产品中的脂肪和必需脂肪酸经过科学调整。

十四、改善甲状腺功能亢进

示例：本产品用于改善猫的甲状腺功能亢进状态，产品中的碘经过科学调整。

十五、降低肝脏中的铜含量

示例：本产品用于降低犬肝脏中的铜，产品中的铜经过科学调整。

十六、改善超重状态

示例：本产品用于降低犬、猫的多余体重，产品的能量密度经过科学调整。

十七、营养恢复期

示例：本产品用于犬、猫疾病后的营养恢复，产品的能量密度、必需营养素和易消化原料经过科学调整。

十八、改善皮肤炎症和过度脱毛

示例：本产品用于改善犬、猫皮肤炎症和过度脱毛现象，产品中的必需脂肪酸经过科学调整。

十九、改善关节炎症

示例：本产品用于改善犬、猫的关节炎症，产品中的多不饱和脂肪酸、维生素 E 等经过科学调整。

附录 6

生产日期、保质期及净含量的标示

一、生产日期的标示

生产日期中年、月、日可用空格、斜线、连字符、句点等符号分隔，或者不用分隔符。年代号一般应当标示 4 位数字，小包装食品也可以标示 2 位数字。月、日应当标示 2 位数字。

生产日期标示示例：

“生产日期：2010 年 03 月 20 日”；

“生产日期：20 日 03 月 2010 年”或者“生产日期：03 月 20 日 2010 年”；

“生产日期（年 / 月 / 日）：2010 03 20”或者“生产日期（年 / 月 / 日）：2010/03/20”或者“生产日期（年 / 月 / 日）：20100320”；

“生产日期（月 / 日 / 年）：03 20 2010”或者“生产日期（月 / 日 / 年）：03/20/2010”或者“生产日期（月 / 日 / 年）：03202010”；

“生产日期（日 / 月 / 年）：20 03 2010”或者“生产日期（日 / 月 / 年）：20/03/2010”或者“生产日期（日 / 月 / 年）：20032010”。

二、保质期的标示

示例：

“保质期：×× 个月”或者“×× 日”或者“×× 天”或者“× 年”；

“保质期至 ×××× 年 ×× 月 ×× 日”或者“保质期至 ×× 月 ×× 日 ×××× 年”或者“保质期至 ×× 日 ×× 月 ×××× 年”；

“此日期前最佳……”或者“此日期前食用最佳……”或者“最好在……之前食用”或者“……之前食用最佳”（……）处填写日期。

三、净含量的标示

（一）复合包装中独立包装为同类产品的，净含量标示方式示例：

“净含量：40 克 ×5”或者“净含量：40g×5”；

“净含量：5×40 克”或者“净含量：5×40g”；

“净含量：200 克（5×40 克）”或者“净含量：200g（5×40g）”；

“净含量：200 克（40 克 ×5）”或者“净含量：200g（40g×5）”；

“净含量：200 克（5 件或者 5 袋或者 5 包或者 5 罐或者 5 听）”或者“净含量：200g（5 件或者 5 袋或者 5 包或者 5 罐或者 5 听）”；

“净含量：200 克（100 克 +50 克 ×2）”或者“净含量：200 g（100g+50g×2）”；

“净含量：200 克（80 克 ×2+40 克）”或者“200g（80g×2+40g）”。

（二）复合包装中独立包装为不同类产品的，净含量标示方式示例：

“净含量：200 克（A 产品 40 克 ×3，B 产品 40 克 ×2）或 200g（A 产品 40g×3，B 产品 40g×2）”；

“净含量：200 克（40 克 ×3，40 克 ×2）”或者“净含量：200g（40g×3，40g×2）”；

“净含量：100 克 A 产品，50 克 ×2 B 产品，50 克 C 产品”或者“净含量：100g A 产品，50g×2 B 产品，50g C 产品”；

“净含量：A 产品：100 克，B 产品：50 克 ×2；C 产品：50 克”或者“净含量：A 产品：100g，B 产品：50g×2；C 产品：50g”；

“净含量：100 克（A 产品），50 克 ×2（B 产品），50 克（C 产品）”或者“净含量：100g（A 产品），50g×2（B 产品），50g（C 产品）”；

“净含量：A 产品 100 克，B 产品 50 克 ×2，C 产品 50 克”或者“净含量：A 产品 100g，B 产品 50g×2，C 产品 50g”。

附录 7

可进行水分还原的原料种类及其计算方法

一、可进行水分还原的原料种类及还原后水分还原标准

新鲜水果和蔬菜（不包括由果蔬皮渣制成的副产品）的脱水物：90.0%；
肉类、鱼类（仅包括可食用动物组织）的脱水物：75.0%；
谷物：15.0%。

二、含水原料水分还原示例

（一）固态 / 半固态宠物饲料

原料	配方组成（kg）	原料的水分含量（%）	配方中的干物质含量（kg）	水分还原标准（%）	还原后的配方组成（kg）	还原后的配方组成比例（%）
玉米	66.0	10.0	59.4	15.0	69.9	37.2
鸡肉粉	24.2	10.0	21.8	75.0	87.2	46.4
牛肉粉	1.8	11.1	1.6	75.0	6.4	3.4
胡萝卜粉	2.0	8.0	1.84	90.0	18.4	9.8
添加剂预混合饲料	4.0		4.0		4.0	2.1
油脂	2.0		2.0		2.0	1.1
总计	100.0				187.9	100.0

注：上述示例中，原配方中 24.2kg 的鸡肉粉经水分还原后相当于 87.2kg 的鸡肉，占还原后配方组成比例 46.4%，可以进行“鸡肉配方”的声称；原配方中 2.0kg 的胡萝卜粉经水分还原后相当于 18.4kg 的胡萝卜，占还原后配方组成比例 9.8%，可以进行“含胡萝卜”的声称；原配方中 1.8kg 的牛肉粉经水分还原后相当于 6.4kg 的牛肉，占还原后配方组成比例 3.4%，可以进行“牛肉味”的声称。

（二）液态宠物饲料

原料	配方组成（kg）	原料的水分含量（%）	配方中的干物质含量（kg）	水分还原标准（%）	还原后的配方组成（kg）	还原后的配方组成比例（%）
水	42				35.4	35.4
牛肉	35				35	35
鸡肉	18.2				18.2	18.2
鱼肉	2.0				2	2
添加剂预混合饲料	2.0				2	2
胡萝卜粉	0.8	8.0	0.74	90.0	7.4	7.4
总计	100.0				100.0	100.0

注：1. 上述示例中，配方中 0.8kg 的胡萝卜粉经水分还原后重量增加至 7.4kg，增加的 6.6kg 重量可视为来源于配方中的水分，所以计算还原后的配方组成比例时配方总重量保持 100kg 不变。

2. 配方中 0.8kg 的胡萝卜粉经水分还原后相当于 7.4kg 的胡萝卜，占还原后配方组成比例 7.4%，可以进行“含胡萝卜”的声称。

附录 8

产品能量值的计算方法

一、犬用宠物饲料产品能量值计算方法（每 100g 产品中）

（一）总能（GE）计算

总能（Kcal）=5.7× 粗蛋白质克数 +9.4× 粗脂肪克数 +4.1×（无氮浸出物克数 + 粗纤维克数）

（二）能量消化率（%）计算

能量消化率（%）=91.2−1.43× 干物质中粗纤维所占百分比数

（三）消化能（DE）计算

消化能（Kcal）=GE× 能量消化率（%）

（四）代谢能（ME）计算

代谢能（Kcal）=DE−1.04× 粗蛋白克数

（五）单位换算

1Kcal=4.186kJ

示例：

以 100g 犬用配合饲料产品为例计算其能量值，其中含 80g 水分、7g 粗蛋白质、4g 粗脂肪、3g 粗灰分、1g 粗纤维和 5g 无氮浸出物

GE（Kcal）=5.7×7+9.4×4+4.1×（1+5）=102.1

干物质中粗纤维所占百分比数 $= \frac{1}{100-80} \times 100 = 5$

能量消化率（%）=91.2−（1.43×5）=84.05%

DE（Kcal）=102.1×84.05%=85.8

ME（Kcal）=85.8−1.04×7=78.5

ME（kJ）=78.5×4.186=328.6

二、猫用宠物饲料产品能量值计算方法（每 100g 产品中）

（一）总能（GE）计算

总能（Kcal）=5.7× 粗蛋白质克数 +9.4× 粗脂肪克数 +4.1×（无氮浸出物克数 + 粗纤维克数）

（二）能量消化率（%）计算

能量消化率（%）=87.9−0.88× 干物质中粗纤维所占百分比数

（三）消化能（DE）计算

消化能（Kcal）=GE× 能量消化率（%）

（四）代谢能（ME）计算

代谢能（Kcal）=DE−0.77× 粗蛋白质克数

（五）单位换算

1Kcal=4.186kJ

示例：

以 100g 猫用宠物配合饲料产品为例计算其能量值，其中含 80g 水分、7g 粗蛋白、4g 粗脂肪、

3g 粗灰分、1g 粗纤维和 5g 无氮浸出物

GE（Kcal）=5.7×7+9.4×4+4.1×（1+5）=102.1

干物质中粗纤维所占百分比数 = $\frac{1}{100-80}$ ×100=5

能量消化率（%）=87.9-（0.88×5）=83.5%

DE（Kcal）=102.1×83.5%=85.3

ME（Kcal）=85.3-0.77×7=79.9

ME（kJ）=79.9×4.186=334.5

附录 9

不同包装物或者包装容器上标签最大表面面积计算方法

一、长方体形包装物或者包装容器上的计算方法。

长方体形包装物或者包装容器的最大一个侧面的高度（cm）乘以宽度（cm）。

二、圆柱形包装物或者包装容器、近似圆柱形包装物或者包装容器上的计算方法。

包装物或者包装容器的高度（cm）乘以圆周长（cm）的 40%。

三、其他形状的包装物或者包装容器上的计算方法。

包装物或者包装容器的总表面积的 40%。

四、如果包装物或者包装容器有明显的主要展示版面，应以主要展示版面的面积为最大表面面积。

五、包装袋等计算表面面积时应除去封边所占尺寸。瓶形或者罐形包装计算表面面积时不包括肩部、颈部、顶部和底部的凸缘。

附件 4

宠物饲料卫生规定

一、为加强宠物饲料管理，保障宠物饲料产品质量安全和宠物健康，依据《饲料和饲料添加剂管理条例》《宠物饲料管理办法》，制定本规定。

二、在中华人民共和国境内生产、销售的供宠物犬、宠物猫直接食用的宠物饲料产品的卫生指标，应当符合本规定的要求。

三、国务院农业行政主管部门和县级以上地方人民政府饲料管理部门，应当以卫生指标为重点，根据需要定期或者不定期组织实施宠物饲料产品监督抽查。

四、国务院农业行政主管部门和省级人民政府饲料管理部门应当按照职责权限公布监督抽查结果，并可以公布具有不良记录的宠物饲料生产企业、经营者以及为经营者提供服务的第三方交易平台名单。

五、宠物饲料生产企业、经营者生产、经营的宠物饲料不符合本规定卫生指标要求的，依据《饲料和饲料添加剂管理条例》第四十六条进行处罚。

六、本规定自 2018 年 6 月 1 日起施行。

附录：宠物饲料卫生指标及试验方法

宠物饲料卫生指标及试验方法

类别	序号	卫生指标	产品名称	限量[①]	试验方法	备注
无机污染物和含氮化合物	1	氟，mg/kg	宠物配合饲料	≤ 150	GB/T 13083	—
			宠物添加剂预混合饲料、其他宠物饲料	≤ 500（磷含量≤ 4% 时）		表中磷含量以干物质含量 88% 计
				≤ 125/1% 的磷含量（磷含量＞ 4% 时）[②]		
	2	镉，mg/kg	宠物配合饲料、宠物添加剂预混合饲料、其他宠物饲料	≤ 2	GB/T 13082	—
	3	铬，mg/kg	宠物配合饲料、宠物添加剂预混合饲料、其他宠物饲料	≤ 5	GB/T 13088—2006（原子吸收光谱法）	—
	4	汞，mg/kg	宠物配合饲料、宠物添加剂预混合饲料、其他宠物饲料	≤ 0.3	GB/T 13081	—
	5	铅，mg/kg	宠物配合饲料	≤ 5	GB/T 13080	—
			宠物添加剂预混合饲料、其他宠物饲料	≤ 10		
无机污染物和含氮化合物	6	总砷，mg/kg	含有水生动物及其制品或者藻类及其制品的宠物配合饲料、宠物添加剂预混合饲料和其他宠物饲料	≤ 10	总砷：GB/T 13079 无机砷 GB/T 23372	其中，无机砷含量不超过 2 mg/kg
			不含有水生动物及其制品或者藻类及其制品的宠物配合饲料	≤ 2		—
			不含有水生动物及其制品或者藻类及其制品的宠物添加剂预混合饲料和其他宠物饲料	≤ 4		
	7	三聚氰胺，mg/kg	宠物配合饲料、宠物添加剂预混合饲料、其他宠物饲料	≤ 2.5	NY/T 1372	水分达到或超过 60% 的罐头宠物饲料以原样计
	8	亚硝酸盐（以 $NaNO_2$ 计），mg/kg	水分含量小于 14% 的宠物配合饲料	≤ 15	GB/T 13085	—
真菌毒素	9	黄曲霉毒素 B_1，μg/kg	宠物配合饲料、宠物添加剂预混合饲料、其他宠物饲料	≤ 10	NY/T 2071（适用于水分含量＜ 60% 的宠物饲料）；GB/T 30955（适用于水分含量≥ 60% 的宠物饲料）	—
	10	伏马毒素（B_1+B_2），mg/kg	宠物配合饲料、宠物添加剂预混合饲料、其他宠物饲料	≤ 5	NY/T 1970	—
	11	脱氧雪腐镰刀菌烯醇，mg/kg	宠物配合饲料（猫用）、宠物添加剂预混合饲料（猫用）、其他宠物饲料（猫用）	≤ 5	GB/T 30956	—
			宠物配合饲料（犬用）、宠物添加剂预混合饲料（犬用）、其他宠物饲料（犬用）	≤ 2		

（续）

类别	序号	卫生指标	产品名称	限量①	试验方法	备注
真菌毒素	12	玉米赤霉烯酮，mg/kg	宠物配合饲料（幼年期、妊娠期和哺乳期）、宠物添加剂预混合饲料（幼年期、妊娠期和哺乳期）、其他宠物饲料（幼年期、妊娠期和哺乳期）	≤ 0.15	NY/T 2071	—
			宠物配合饲料（成年期）、宠物添加剂预混合饲料（成年期）、其他宠物饲料（成年期）	≤ 0.25		
	13	赭曲霉毒素 A，mg/kg	宠物配合饲料、宠物添加剂预混合饲料、其他宠物饲料	≤ 0.01	GB/T 30957	—
	14	T-2 和 HT-2，mg/kg	宠物配合饲料（猫用）、宠物添加剂预混合饲料（猫用）、其他宠物饲料（猫用）	≤ 0.05	SN/T 3136	—
天然植物毒素	15	氰化物（以 HCN 计），mg/kg	宠物配合饲料、宠物添加剂预混合饲料、其他宠物饲料	≤ 50	GB/T 13084	—
有机氯污染物	16	滴滴涕（DDT），mg/kg	宠物配合饲料、宠物添加剂预混合饲料、其他宠物饲料	≤ 0.05	GB/T 5009.162	—
	17	多氯联苯（以 PCB28、PCB52、PCB101、PCB138、PCB153、PCB180 总和计），mg/kg	宠物配合饲料、宠物添加剂预混合饲料、其他宠物饲料	≤ 0.04	GB 5009.190	—
	18	六六六（HCH），mg/kg	α-HCH：宠物配合饲料、宠物添加剂预混合饲料、其他宠物饲料	≤ 0.02	GB/T 13090	—
			β-HCH：宠物配合饲料、宠物添加剂预混合饲料、其他宠物饲料	≤ 0.01		
			γ-HCH：宠物配合饲料、宠物添加剂预混合饲料、其他宠物饲料	≤ 0.2		
	19	六氯苯（HCB），mg/kg	宠物配合饲料、宠物添加剂预混合饲料、其他宠物饲料	≤ 0.01	SN/T 0127	—
微生物污染物	20	沙门氏菌，（25g 中）	宠物配合饲料（罐头除外）	不得检出	GB/T 13091	—
			宠物添加剂预混合饲料（罐头除外）、其他宠物饲料（罐头除外）	不得检出		
	21	微生物	宠物配合饲料（罐头）、宠物添加剂预混合饲料（罐头）、其他宠物饲料（罐头）	商业无菌	GB 4789.26	—

说明：①表中所列限量，除特别注明外均以干物质含量 88% 计（微生物污染物指标除外）。②宠物添加剂预混合饲料、其他宠物饲料产品的磷含量大于 4% 时，每增加 1% 的磷，其氟限量在 500mg/kg 的基础上增加 125mg/kg。例如：宠物添加剂预混合饲料、其他宠物饲料的磷含量为 5% 时，其氟限量为 625mg/kg；磷含量为 5.5% 时，其氟限量按比例增加为 687.5mg/kg。

附件 5

宠物配合饲料生产许可申报材料要求

一、许可范围

（一）在中华人民共和国境内生产宠物配合饲料的企业（以下简称企业）。

（二）宠物配合饲料，是指为满足宠物不同生命阶段或者特定生理、病理状态下的营养需要，将多种饲料原料和饲料添加剂按照一定比例配制的饲料，单独使用即可满足宠物全面营养需要。

宠物配合饲料分为：固态宠物配合饲料、半固态宠物配合饲料、液态宠物配合饲料。

（三）本要求适用于以下情形：

1　设立：指企业首次申请生产许可；

2　续展：指企业生产许可有效期满继续生产；

3　增加或者更换生产线：增加生产线指企业在同一厂区增建已获得许可产品的生产线；更换生产线指企业对已有生产线的关键设备或生产工艺进行重大调整；

4　增加产品品种：指企业申请增加生产许可范围以外的产品品种；

5　迁址：指企业迁移出原生产地址，搬迁至新的生产地址；

6　变更：指企业名称变更、法定代表人变更、注册地址或者注册地址名称变更、生产地址名称变更。

二、申报材料格式要求

（一）企业应当按照《宠物配合饲料生产许可申报材料一览表》的要求提供相关材料。

（二）申报材料应当使用 A4 规格纸、小四号宋体字打印，按照《宠物配合饲料生产许可申报材料一览表》顺序编制目录、装订成册并标注页码。表格不足时可加续表。申报材料应当清晰、干净、整洁。

（三）申报材料中企业提供的企业承诺书、宠物配合饲料生产许可申请书、工商营业执照、企业组织机构图、主要机构负责人毕业证书或职称证书、厂区平面布局图、生产工艺流程图和工艺说明、计算机自动化控制系统配料精度证明、混合机混合均匀度检测报告、检验化验室平面布置图、检验仪器购置发票、企业管理制度等证明材料原件或者复印件的首页应当加盖企业公章。

（四）申报材料一式两份（包括纸质文件和电子文档光盘），其中一份报送省级人民政府饲料管理部门，承担具体受理工作的饲料管理部门留存一份。

（五）申报材料电子文档采用 PDF 格式，相关证明文件应为原件扫描件，文件名为企业全称。

（六）增加或更换生产线、增加产品品种的，仅提供与申请事项相关的资料。

（七）对于企业生产过程中不涉及的工艺和设备，申报材料中相关内容可不填写，但应另附文字说明。

三、申报材料内容要求

（一）企业承诺书

（二）宠物配合饲料生产许可申请书

1　封面

1.1 生产许可证编号：已获得生产许可证的企业填写原生产许可证编号，新设立的企业不填写。

1.2 产品类别：根据企业情况，在固态宠物配合饲料、半固态宠物配合饲料、液态宠物配合饲料后面的“□”中打“√”。

1.3 企业名称：填写企业工商营业执照上的注册名称，并加盖企业公章。

1.4 联系人：填写企业负责办理生产许可的工作人员姓名。

1.5 联系方式：填写企业负责办理生产许可的联系人的手机、固定电话（注明区号）、传真等。

1.6 申请事项：根据企业情况分别在选项后面的“□”中打“√”。

1.7 申报日期：填写企业报出材料的日期。

2 企业基本情况

各栏仅填写与申请事项相关的内容。

2.1 企业名称：填写企业工商营业执照上的注册名称。

2.2 生产地址：填写企业生产所在地详细地址，注明省（自治区、直辖市）、市（地）、县（市、区）、乡（镇、街道）、村（社区）、路（街）、号。

2.3 法定代表人、统一社会信用代码、住所（注册地址）、企业类型、注册资本：按照企业工商营业执照填写。

2.4 固定资产：指厂房、设备和设施等资产总值。

2.5 所属法人机构信息：如企业为非法人单位，应当填写所属法人机构信息。

2.6 主要机构设置及人员组成

机构名称按照企业实际情况填写技术、生产、质量、销售、采购等机构。

人员总数填写与企业签订全日制用工劳动合同并缴纳了养老、医疗等保险的人员数量。

专业技术人员填写企业的技术、生产、质量、销售、采购等机构中取得中专以上学历或者初级以上技术职称的人员数量。

2.7 企业简介包括建立时间或者变迁来源、隶属关系、所有权性质、生产产品、生产能力、技术水平、工艺装备、质量管理等内容（1 000字以内）。

3 产品基本情况

3.1 生产线名称：按照产品品种进行命名。如固态宠物配合饲料生产线、半固态宠物配合饲料生产线、液态宠物配合饲料生产线。

3.2 生产能力：固态宠物配合饲料生产线按照膨化设备的设计生产能力（吨 / 小时）填写；半固态宠物配合饲料生产线按照杀菌设备的设计生产能力（立方米）填写；液态宠物配合饲料生产线按照配液设备的生产能力（升）填写。

3.3 产品品种：按照固态宠物配合饲料、半固态宠物配合饲料、液态宠物配合饲料填写。

3.4 产品系列：按照饲喂宠物划分，分别填写犬、猫。

4 生产设备明细表

4.1 企业应当以生产线为单位，填写与生产工艺流程图一致的设备。

4.1.1 固态宠物配合饲料填写粉碎、配料、提升、混合、调质、膨化、干燥、喷涂、冷却、计量、包装、异物检除等设备以及除尘系统和电控系统等辅助设备。

4.1.2 半固态宠物配合饲料填写粉碎、配料、混合、乳化、蒸煮、冷却、计量、灌装、包装、异物检除等设备以及电控系统等辅助设备。

4.1.3 液体宠物配合饲料填写原料前处理、称量、配液、过滤、灌装等设备以及电控系统等辅助设备。有均质工序的还需填写均质设备。

4.1.4 有新鲜或者冷冻动物源性原料预处理工序的，填写除杂、粉碎、均质、水解等设备或者设施。

4.1.5 有添加剂预混合工艺的，填写混合机、除尘器等设备。

4.1.6 生产罐头等具有商业无菌要求的产品的，还需填写杀菌设备或者提供与其他机构签订的处于有效期的产品杀菌委托协议。

4.2 生产线名称及序号：与 3.1 对应，并逐一填写。

4.3 设备名称、型号规格、生产厂家、出厂日期：按照设备说明书或者设备铭牌填写。

4.4 技术性能指标：填写反映生产设备主要特征的技术性能参数。

5 检验仪器明细表

5.1 按照宠物饲料生产企业许可条件规定逐一列出。

5.2 仪器名称、型号规格、生产厂家、出厂日期、出厂编号：按照仪器说明书或者仪器铭牌填写。

5.3 技术性能指标：填写检验仪器主要技术性能参数。

6 主要管理技术人员登记表

填写与企业签订全日制用工劳动合同并缴纳了养老、医疗等保险的人员，包括企业负责人、技术负责人、生产负责人、质量负责人、销售负责人、采购负责人、检验化验员等，其中检验化验员至少 2 名。

（三）工商营业执照

提供本企业的工商营业执照复印件，尚未取得工商注册的企业除外。非法人单位还应当提供所属法人单位的工商营业执照复印件。

（四）企业组织机构图

提供包括技术、生产、质量、销售、采购等机构的企业组织机构图。

（五）主要机构负责人毕业证书或职称证书

提供技术、生产和质量机构负责人的毕业证书或者职称证书复印件。

（六）厂区平面布局图

按比例绘制厂区平面布局图，并注明生产、检化验、生活、办公等功能区。

1 固态宠物配合饲料生产区应当标明原料库、配料间、加工间、成品库和附属物品库房的基本尺寸。

2 半固态宠物配合饲料生产区应当标明原料库、前处理间、配料间、加工间、灌装间（区）、外包装间（区）、成品库和附属物品库房的基本尺寸。

3 液态宠物配合饲料生产区应当标明原料库、前处理间、配料间、加工灌装间、外包装间、成品库和附属物品库房的基本尺寸。

4 使用新鲜或者冷冻动物源性原料的，应当标明冷藏或者冷冻设备或者设施的基本尺寸。

（七）生产工艺流程图和工艺说明

按照企业实际生产线数量逐一提供生产工艺流程图和工艺说明，生产工艺流程图应当使用规范的饲料加工设备图形符号绘制。

工艺说明应当反映主要生产步骤、目的、原理、实施方式、实施效果等内容。使用同一套生产设备生产不同宠物饲料产品的，应当提供防止交叉污染措施。生产区以及生产线中的设备设施如与动物源性成分接触，还应当提供生产区域、生产设备设施的清洗消毒措施。使用化学药品进行清洗消毒的，还应当说明化学药品贮存方式、使用后的处理措施。

（八）计算机自动化控制系统配料精度证明

生产固态宠物配合饲料的，提供计算机自动化控制系统配料精度的自检报告或者专业检验机构出具的检验报告或者系统供应商提供的技术参数证明复印件。

（九）混合机混合均匀度检测报告

生产中使用混合机的，提供所有混合机的混合均匀度自检报告或者专业检验机构出具的检验报告或者供应商提供的技术参数证明复印件。

（十）检验化验室平面布置图

按比例绘制检验化验室平面布置图，图中标明天平室、理化分析室、仪器室和留样观察室等功能室以及功能室的基本尺寸和检验仪器的位置。固态和半固态宠物配合饲料生产企业，还应当标明微生物检验室及其准备间、缓冲间、无菌间的基本尺寸。

（十一）检验仪器购置发票

有检验仪器购置发票的提供发票复印件。无法提供购置发票的，提供检验仪器已列入企业固定资产的证明材料。

（十二）企业管理制度

提供企业按照《饲料质量安全管理规范》制定的主要管理制度的名称、主要内容等。（1 500字以内）

（十三）企业生产许可证

已经取得生产许可证的企业，提供生产许可证复印件。

（十四）相关证明材料

提出变更申请的，提供企业所在地相关管理部门出具的证明材料。

宠物配合饲料生产许可申报材料一览表

序号	申报材料项目	设立	续展	增加或更换生产线	增加产品品种	迁址	变更企业名称	变更企业法定代表人	变更企业注册地址或注册地址名称	变更企业生产地址名称
1	企业承诺书	√	√	√	√	√				
2	宠物配合饲料生产许可申请书	√	√	√	√	√				
3	工商营业执照	√	√			√	√	√	√	√
4	企业组织机构图	√	√			√				
5	主要机构负责人毕业证书或职称证书	√	√			√				
6	厂区平面布局图	√	√	√	√	√				
7	生产工艺流程图和工艺说明	√	√	√	√	√				
8	计算机自动化控制系统配料精度证明	√	√	√	√	√				
9	混合机混合均匀度检测报告	√	√	√	√	√				
10	检验化验室平面布置图	√	√			√				
11	检验仪器购置发票	√	√			√				
12	企业管理制度	√	√			√				
13	企业生产许可证		√	√	√	√	√	√	√	√
14	相关证明材料						√	√	√	√

注：1. 增加或者更换生产线、增加产品品种的，仅提供与申请事项相关的材料。
2. 表中序号 8，仅适用于配料、混合工段采用计算机自动化控制系统的企业。
3. 表中序号 9，不适用于液态宠物配合饲料生产企业。

企业承诺书

一、申报材料真实性承诺

（一）本企业对《饲料和饲料添加剂管理条例》《饲料和饲料添加剂生产许可管理办法》《宠物饲料管理办法》《宠物饲料生产企业许可条件》及其相关要求已经充分理解。

（二）本企业提供的纸质和电子申报材料均真实、完整、一致。申报材料中如有虚假不实信息，自愿承担一切后果及法律责任。

二、遵纪守法承诺

本企业严格遵守《饲料和饲料添加剂管理条例》及其配套规章和规范性文件的规定，严格遵守国家关于计量、环保、安全生产、劳动保护、消防安全、危险化学品使用、实验室管理等相关管理规定。如有违纪违法行为，自愿承担一切后果及法律责任。

法定代表人（负责人）签名

（企业公章）

年 月 日

生产许可证编号：

宠物配合饲料生产许可申请书

产品品种：固态宠物配合饲料□

半固态宠物配合饲料□

液态宠物配合饲料□

企业名称：（公章）

联 系 人：

联系方式：

申请事项：设立□ 续展□ 增加或更换生产线□

增加产品品种□ 迁址□

申报日期： 年 月 日

中华人民共和国农业农村部制

表 1　企业基本情况

<table>
<tr><td colspan="2">企业名称</td><td colspan="8"></td></tr>
<tr><td colspan="2">生产地址</td><td colspan="8"></td></tr>
<tr><td colspan="2">通讯地址及邮编</td><td colspan="8"></td></tr>
<tr><td colspan="2">法定代表人</td><td colspan="8"></td></tr>
<tr><td colspan="2">统一社会信用代码</td><td colspan="8"></td></tr>
<tr><td colspan="2">住所（注册地址）</td><td colspan="8"></td></tr>
<tr><td colspan="2">企业类型</td><td colspan="8"></td></tr>
<tr><td colspan="2">注册资本（万元）</td><td colspan="2"></td><td colspan="3">固定资产（万元）</td><td colspan="3"></td></tr>
<tr><td rowspan="5">所属法人
机构信息</td><td>名称</td><td colspan="8"></td></tr>
<tr><td>住所</td><td colspan="8"></td></tr>
<tr><td>统一社会
信用代码</td><td colspan="2"></td><td colspan="3">法定代表人</td><td colspan="3"></td></tr>
<tr><td>企业类型</td><td colspan="2"></td><td colspan="3">联系人</td><td colspan="3"></td></tr>
<tr><td>联系电话</td><td colspan="2"></td><td colspan="3">传真</td><td colspan="3"></td></tr>
<tr><td colspan="2" rowspan="3">主要机构设置及人员组成</td><td>机构名称</td><td></td><td></td><td></td><td colspan="2"></td><td></td><td></td></tr>
<tr><td>人数</td><td></td><td></td><td></td><td colspan="2"></td><td></td><td></td></tr>
<tr><td>人员总数</td><td></td><td colspan="4">其中专业技术人员</td><td colspan="2"></td></tr>
</table>

企业简介：

表 2　产品基本情况

生产线序号	生产线一	生产线二	生产线三	生产线四
生产线名称				
生产能力（吨 / 小时）（立方米）（升）				
产品品种	产品系列			

表 3　生产设备明细表

生产线名称及序号					
序号	设备名称	型号规格	生产厂家	出厂日期（年月）	技术性能指标

表 4　检验仪器明细表

序号	仪器名称	型号规格	生产厂家	出厂日期（年月）	出厂编号	技术性能指标

表 5　主要管理技术人员登记表

序号	姓名	职务	职称	学历	所学专业	获证书时间、种类及编号	发证机关

注：“证书”指与企业签订了全日制用工劳动合同并缴纳了养老、医疗等保险的管理人员、技术人员的职称证书、最高学历证书。

附件 6

宠物添加剂预混合饲料生产许可申报材料要求

一、许可范围

（一）在中华人民共和国境内生产宠物添加剂预混合饲料的企业（以下简称企业）。

（二）宠物添加剂预混合饲料，是指为满足宠物对氨基酸、维生素、矿物质微量元素、酶制剂等营养性饲料添加剂的需要，由营养性饲料添加剂与载体或者稀释剂按照一定比例配制的饲料。

宠物添加剂预混合饲料分为：固态宠物添加剂预混合饲料、半固态宠物添加剂预混合饲料、液态宠物添加剂预混合饲料。

（三）本要求适用于以下情形：

1　设立：指企业首次申请生产许可；

2　续展：指企业生产许可有效期满继续生产；

3　增加或者更换生产线：增加生产线指企业在同一厂区增建已获得许可产品的生产线；更换生产线指企业对已有生产线的关键设备或者生产工艺进行重大调整；

4　增加产品品种：指企业申请增加生产许可范围以外的产品品种；

5　迁址：指企业迁移出原生产地址，搬迁至新的生产地址；

6　变更：指企业名称变更、法定代表人变更、注册地址或者注册地址名称变更、生产地址名称变更。

二、申报材料格式要求

（一）企业应当按照《宠物添加剂预混合饲料生产许可申报材料一览表》的要求提供相关材料。

（二）申报材料应当使用 A4 规格纸、小四号宋体字打印，按照《宠物添加剂预混合饲料生产许可申报材料一览表》顺序编制目录、装订成册并标注页码。表格不足时可加续表。申报材料应当清晰、干净、整洁。

（三）申报材料中企业提供的企业承诺书、宠物添加剂预混合饲料生产许可申请书、工商营业执照、企业组织机构图、主要机构负责人毕业证书或者职称证书、厂区平面布局图、生产工艺流程图和工艺说明、混合机混合均匀度检测报告、检验化验室平面布置图、检验仪器购置发票、企业管理制度等证明材料原件或者复印件的首页应当加盖企业公章。

（四）申报材料一式两份（包括纸质文件和电子文档光盘），其中一份报送省级人民政府饲料管理部门，承担具体受理工作的机构留存一份。

（五）申报材料电子文档采用 PDF 格式，相关证明文件应为原件扫描件，文件名称为企业全称。

（六）增加或者更换生产线、增加产品品种的，仅提供与申请事项相关的资料。

（七）对于企业生产过程中不涉及的工艺和设备，申报材料中相关内容可不填写，但应另附文字说明。

三、申报材料内容要求

（一）企业承诺书

（二）宠物添加剂预混合饲料生产许可申请书

1 封面

1.1 生产许可证编号：已获得生产许可证的企业填写原生产许可证编号，新设立的企业不填写。

1.2 产品品种：根据企业情况，在固态宠物添加剂预混合饲料、半固态宠物添加剂预混合饲料、液态宠物添加剂预混合饲料后面的“□”中打“√”。

1.3 企业名称：填写企业工商营业执照上的注册名称，并加盖企业公章。

1.4 联系人：填写企业负责办理生产许可的工作人员姓名。

1.5 联系方式：填写企业负责办理生产许可的联系人的手机、固定电话（注明区号）、传真等。

1.6 申请事项：根据企业情况分别在选项后面的“□”中打“√”。

1.7 申报日期：填写企业报出材料的日期。

2 企业基本情况

各栏仅填写与申请事项相关的内容。

2.1 企业名称：填写企业工商营业执照上的注册名称。

2.2 生产地址：填写企业生产所在地详细地址，注明省（自治区、直辖市）、市（地）、县（市、区）、乡（镇、街道）、村（社区）、路（街）、号。

2.3 法定代表人、统一社会信用代码、住所（注册地址）、企业类型、注册资本：按照企业工商营业执照填写。

2.4 固定资产：指厂房、设备和设施等资产总值。

2.5 所属法人机构信息：如企业为非法人单位，应当填写所属法人机构信息。

2.6 主要机构设置及人员组成

机构名称按照企业实际情况填写技术、生产、质量、销售、采购等机构。

人员总数填写与企业签订全日制用工劳动合同并缴纳了养老、医疗等保险的人员数量。

专业技术人员填写企业的技术、生产、质量、销售、采购等机构中取得中专以上学历或者初级以上技术职称的人员数量。

2.7 企业简介包括建立时间或者变迁来源、隶属关系、所有权性质、生产产品、生产能力、技术水平、工艺装备、质量管理等内容（1 000 字以内）。

3 产品基本情况

3.1 生产线名称：按照产品品种进行命名。如固态宠物添加剂预混合饲料生产线、半固态宠物添加剂预混合饲料生产线、液态宠物添加剂预混合饲料生产线等。

3.2 生产能力：固态宠物添加剂预混合饲料生产线按照混合设备的设计生产能力（t/h）填写，计算方法为混合机有效容积 ×0.5 平均容重 ×10 批 /h；半固态宠物添加剂预混合饲料生产线按照灌装设备的设计生产能力（支 /h）填写；液态宠物添加剂预混合饲料生产线按照配液设备的生产能力（升）填写。

3.3 产品品种：按照固态宠物添加剂预混合饲料、半固态宠物添加剂预混合饲料、液态宠物添加剂预混合饲料填写。

3.4 产品系列：按照饲喂宠物划分，分别填写犬、猫。

4 生产设备明细表

4.1 企业应当以生产线为单位，填写与生产工艺流程图一致的设备。

4.1.1 固态宠物添加剂预混合饲料填写原料除杂、配料、混合、成型、计量、自动包装等设备以及除尘系统和电控系统等辅助设备。

4.1.2 半固态宠物添加剂预混合饲料填写称量、加热、配料、搅拌、灌装、包装等设备以及电控系统等辅助设备。

4.1.3 液态宠物添加剂预混合饲料填写原料前处理、称量、配液、过滤、灌装等设备以及电控系统等辅助设备。有均质工序的还需填写均质设备。

4.1.4 有添加剂预混合工艺的，还需填写混合机、除尘器等设备。

4.2 生产线名称及序号：与 3.1 对应，并逐一填写。

4.3 设备名称、型号规格、生产厂家、出厂日期：按照设备说明书或者设备铭牌填写。

4.4 材质：填写生产设备的制造材料名称。

4.5 技术性能指标：填写反映生产设备主要特征的技术性能参数。

5 检验仪器明细表

5.1 按照宠物饲料生产企业许可条件规定逐一列出。

5.2 仪器名称、型号规格、生产厂家、出厂日期、出厂编号：按照仪器说明书或者仪器铭牌填写。

5.3 技术性能指标：填写检验仪器主要技术性能参数。

6 主要管理技术人员登记表

填写与企业签订全日制用工劳动合同并缴纳了养老、医疗等保险的人员，包括企业负责人、技术负责人、生产负责人、质量负责人、销售负责人、采购负责人、检验化验员等，其中检验化验员至少 2 名。

（三）工商营业执照

提供本企业的工商营业执照复印件，尚未取得工商注册的企业除外。非法人单位还应当提供所属法人单位的工商营业执照复印件。

（四）企业组织机构图

提供包括技术、生产、质量、销售、采购等机构的企业组织机构图。

（五）主要机构负责人毕业证书或职称证书

提供技术、生产和质量机构负责人的毕业证书或者职称证书复印件。

（六）厂区平面布局图

按比例绘制厂区平面布局图，并注明生产、检化验、生活、办公等功能区。

1 固态宠物添加剂预混合饲料的生产区应当标明原料库、配料间、加工间、成品库和附属物品库房的基本尺寸。

2 半固态宠物添加剂预混合饲料的生产区应当标明原料库、前处理间、配料间、加工间、灌装间（区）、外包装间（区）、成品库和附属物品库房的基本尺寸。

3 液态宠物添加剂预混合饲料的生产区应当标明原料库、前处理间、配料间、加工罐装间、外包装间、成品库和附属物品库房的基本尺寸。

（七）生产工艺流程图和工艺说明

按照企业实际生产线数量逐一提供生产工艺流程图和工艺说明，生产工艺流程图应当使用规范的饲料加工设备图形符号绘制。

工艺说明应当反映主要生产步骤、目的、原理、实施方式、实施效果等内容。使用同一套生产设备生产不同宠物饲料产品的，还应当提供防止交叉污染措施。

（八）混合机混合均匀度检测报告

生产中使用混合机的，提供所有混合机的混合均匀度自检报告或者专业检验机构出具的检验报告或者供应商提供的技术参数证明复印件。

（九）检验化验室平面布置图

按比例绘制检验化验室平面布置图，图中标明天平室、前处理室、仪器室和留样观察室等功能室以及功能室的基本尺寸和检验仪器的位置。

（十）检验仪器购置发票

有检验仪器购置发票的提供发票复印件。无法提供购置发票的，提供检验仪器已列入企业固定资产的证明材料。

（十一）企业管理制度

提供企业按照《饲料质量安全管理规范》制定的主要管理制度的名称、主要内容等。（1 500字以内）

（十二）企业生产许可证

已经取得生产许可证的企业，提供生产许可证复印件。

（十三）相关证明材料

提出变更申请的，提供企业所在地相关管理部门出具的证明材料。

宠物添加剂预混合饲料生产许可申报材料一览表

序号	申报材料项目	设立	续展	增加或更换生产线	增加产品品种	迁址	变更企业名称	变更企业法定代表人	变更企业注册地址或注册地址名称	变更企业生产地址名称
1	企业承诺书	√	√	√	√	√				
2	宠物添加剂预混合饲料生产许可申请书	√	√	√	√	√				
3	工商营业执照	√	√			√	√	√	√	√
4	企业组织机构图	√	√			√				
5	主要机构负责人毕业证书或职称证书	√	√			√				
6	厂区平面布局图	√	√	√	√	√				
7	生产工艺流程图和工艺说明	√	√	√	√	√				
8	混合机混合均匀度检测报告	√	√	√	√	√				
9	检验化验室平面布置图	√	√		√	√				
10	检验仪器购置发票	√	√		√	√				
11	企业管理制度	√	√			√				
12	企业生产许可证		√	√	√	√	√	√	√	√
13	相关证明材料						√	√	√	√

备注：1. 增加或者更换生产线、增加产品品种的，仅提供与申请事项相关的材料。
2. 表中序号 8，不适用于液态宠物添加剂预混合饲料生产企业。

企业承诺书

一、申报材料真实性承诺

（一）本企业对《饲料和饲料添加剂管理条例》《饲料和饲料添加剂生产许可管理办法》《宠物饲料管理办法》《宠物饲料生产企业许可条件》及其相关要求已经充分理解。

（二）本企业提供的纸质和电子申报材料均真实、完整、一致。申报材料中如有虚假不实信息，自愿承担一切后果及法律责任。

二、遵纪守法承诺

本企业严格遵守《饲料和饲料添加剂管理条例》及其配套规章和规范性文件的规定，严格遵守国家关于计量、环保、安全生产、劳动保护、消防安全、危险化学品使用、实验室管理等相关管理规定。如有违纪违法行为，自愿承担一切后果及法律责任。

法定代表人（负责人）签名

（企业公章）

年　月　日

生产许可证编号：

宠物添加剂预混合饲料生产许可申请书

产品品种：固态宠物添加剂预混合饲料□

半固态宠物添加剂预混合饲料□

液态宠物添加剂预混合饲料□

企业名称：（公章）

联 系 人：

联系方式：

申请事项：设立□ 续展□ 增加或更换生产线□

增加产品品种□ 迁址□

申报日期： 年 月 日

中华人民共和国农业农村部制

表 1　企业基本情况

<table>
<tr><td colspan="2">企业名称</td><td colspan="8"></td></tr>
<tr><td colspan="2">生产地址</td><td colspan="8"></td></tr>
<tr><td colspan="2">通讯地址及邮编</td><td colspan="8"></td></tr>
<tr><td colspan="2">法定代表人</td><td colspan="8"></td></tr>
<tr><td colspan="2">统一社会信用代码</td><td colspan="8"></td></tr>
<tr><td colspan="2">住所（注册地址）</td><td colspan="8"></td></tr>
<tr><td colspan="2">企业类型</td><td colspan="8"></td></tr>
<tr><td colspan="2">注册资本（万元）</td><td colspan="2"></td><td colspan="3">固定资产
（万元）</td><td colspan="3"></td></tr>
<tr><td rowspan="5">所属法人
机构信息</td><td>名称</td><td colspan="8"></td></tr>
<tr><td>住所</td><td colspan="8"></td></tr>
<tr><td>统一社会
信用代码</td><td colspan="2"></td><td colspan="3">法定代表人</td><td colspan="3"></td></tr>
<tr><td>企业类型</td><td colspan="2"></td><td colspan="3">联系人</td><td colspan="3"></td></tr>
<tr><td>联系电话</td><td colspan="2"></td><td colspan="3">传真</td><td colspan="3"></td></tr>
<tr><td colspan="2" rowspan="3">主要机构设置及人员组成</td><td>机构名称</td><td></td><td></td><td></td><td colspan="2"></td><td></td><td></td></tr>
<tr><td>人数</td><td></td><td></td><td></td><td colspan="2"></td><td></td><td></td></tr>
<tr><td>人员总数</td><td></td><td colspan="4">其中专业技术人员</td><td colspan="2"></td></tr>
</table>

企业简介：

表 2　产品基本情况

生产线序号	生产线一	生产线二	生产线三
生产线名称			
生产能力 （吨 / 小时） （支 / 小时）（升）			
产品品种	产品系列		

表 3　生产设备明细表

生产线名称及序号						
序号	设备名称	型号规格	材质	生产厂家	出厂日期（年月）	技术性能指标

表 4　检验仪器明细表

序号	仪器名称	型号规格	生产厂家	出厂日期（年月）	出厂编号	技术性能指标

表 5　主要管理技术人员登记表

序号	姓名	职务	职称	学历	所学专业	获证书时间、种类及编号	发证机关

注："证书"指与企业签订了全日制用工劳动合同并缴纳了养老、医疗等保险的管理人员、技术人员的职称证书、最高学历证书。

中华人民共和国农业农村部公告

第 21 号

为满足宠物饲料生产需要，促进宠物饲料行业发展，根据《饲料和饲料添加剂管理条例》，我部决定增补维生素 K_1 等 78 个饲料添加剂品种进入《饲料添加剂品种目录（2013）》，适用范围为犬、猫；将蛋氨酸羟基类似物等 25 个饲料添加剂品种的适用范围扩大至犬、猫（见附件）。现就有关事项公告如下。

一、自本公告发布之日起，宠物饲料生产企业可根据生产需要，按照相关法律法规的要求采购、使用本公告中的饲料添加剂。

二、宠物饲料生产企业采购、使用本公告增补的 78 种饲料添加剂时，市场上暂无饲料级产品的，可采购、使用食品级或者医药级产品暂时替代。自 2019 年 5 月 1 日起，宠物饲料生产企业使用的饲料添加剂均应当具有相应的饲料许可证明文件。

三、饲料添加剂亚硝酸钠仅限用于水分含量大于等于 20% 的宠物饲料，最高限量为 100mg/kg。超过最高限量值的，属于违反《饲料添加剂安全使用规范》的情形，依据《饲料和饲料添加剂管理条例》第四十条对其生产企业进行处罚。

四、自本公告发布之日起，各级饲料管理部门在办理相关行政审批、开展监督执法工作时，均以本公告为准。

附件:《饲料添加剂品种目录（2013）》修订列表

农业农村部

2018 年 4 月 27 日

附件

《饲料添加剂品种目录（2013）》修订列表

类别	通用名称	英文通用名称（Common name）	适用范围
氨基酸、氨基酸盐及其类似物	蛋氨酸羟基类似物	Methionine Hydroxy Analogue	适用范围扩大至犬、猫
	蛋氨酸羟基类似物钙盐	Methionine Hydroxy Analogue Calcium	适用范围扩大至犬、猫
	L- 半胱氨酸盐酸盐	L–Cysteine Monohydrochloride	犬、猫
维生素及类维生素	维生素 K_1	Vitamin K_1	犬、猫
	酒石酸氢胆碱	Choline Bitartrate	犬、猫
矿物元素及其络（螯）合物	烟酸铬	Chromium Nicotinate	适用范围扩大至犬、猫
	酵母铬	Chromium Yeast Complex	适用范围扩大至犬、猫
	蛋氨酸铬	Chromium Methionine Chelate	适用范围扩大至犬、猫
	吡啶甲酸铬	Chromium Tripicolinate	适用范围扩大至犬、猫
	丙酸铬	Chromium Propionate	适用范围扩大至犬、猫
	甘氨酸锌	Zinc Glycinate	适用范围扩大至犬、猫
	乳酸锌（α－羟基丙酸锌）	Zinc Lactate（α–Hydroxy Propionic Acid Zinc）	适用范围扩大至犬、猫
	葡萄糖酸铜	Copper Gluconate	犬、猫
	葡萄糖酸锰	Manganese Gluconate	犬、猫
	葡萄糖酸锌	Zinc Gluconate	犬、猫
	葡萄糖酸亚铁	Ferrous Gluconate	犬、猫
	焦磷酸铁	Ferric Pyrophosphate	犬、猫
	碳酸镁	Magnesium Carbonate	犬、猫
	甘氨酸钙	Calcium Glycinate	犬、猫
	二氢碘酸乙二胺（EDDI）	Ethylenediamine Dihydriodide（EDDI）	犬、猫
酶制剂	溶菌酶（源自鸡蛋清）	Lysozyme（Source: Egg–whites）	适用范围扩大至犬、猫
	β－半乳糖苷酶（产自黑曲霉）	β–Galactosidase（Source: Aspergillus niger）	犬、猫
	菠萝蛋白酶（源自菠萝）	Bromelain（Source: *Ananas* spp.）	犬、猫
	木瓜蛋白酶（源自木瓜）	Papain（Source: *Carica papaya* L.）	犬、猫
	胃蛋白酶（源自猪、小牛、小羊、禽类的胃组织）	Pepsin（Source: Hog, Calf, Goat（kid）or Poultry Stomach）	犬、猫
	胰蛋白酶（源自猪或牛的胰腺）	Typsin（Source: Porcine or Bovine Pancreas）	犬、猫
微生物	凝结芽孢杆菌	Bacillus coagulans	适用范围扩大至犬、猫
抗氧化剂	硫代二丙酸二月桂酯	Dilauryl Thiodipropionate	犬、猫
	甘草抗氧化物	Antioxidant of Glycyrrhiza	犬、猫
	D- 异抗坏血酸	D–Lsoascorbic Acid	犬、猫
	D- 异抗坏血酸钠	Sodium D–Lsoascorbate	犬、猫
	植酸（肌醇六磷酸）	Phytic Acid（Inositol Hexaphosphoric Acid）	犬、猫
防腐剂、防霉剂和酸度调节剂	亚硝酸钠注	Sodium Nitrite	犬、猫
	氢氧化钙	Calcium Hydroxide	犬、猫
	乙二胺四乙酸二钠	Disodium Ethylene–diamine–tetra–acetate	犬、猫
	乳酸钠	Sodium Lactate	犬、猫

（续）

类别	通用名称	英文通用名称（Common name）	适用范围
防腐剂、防霉剂和酸度调节剂	乳酸钙	Calcium Lactate	犬、猫
	乳酸链球菌素	Nisin	犬、猫
	ε－聚赖氨酸盐酸盐	ε–Polylysine Hydrochloride	犬、猫
	脱氢乙酸	Dehydroacetic Acid	犬、猫
	脱氢乙酸钠	Sodium Dehydroacetate	犬、猫
	琥珀酸	Succinic Acid	犬、猫
	碳酸钾	Potassium Carbonate	犬、猫
	焦磷酸二氢二钠	Disodium Dihydrogen Pyrophosphate	犬、猫
	谷氨酰胺转氨酶	Glutamine Transaminase	犬、猫
	磷酸三钠	Trisodium Orthophosphate	犬、猫
	葡萄糖酸钠	Sodium Gluconate	犬、猫
着色剂	β－胡萝卜素	beta–Carotene	适用范围扩大至犬、猫
	天然叶黄素（源自万寿菊）	Natural Xanthophyll（Marigold Extract）	适用范围扩大至犬、猫
	虾青素	Astaxanthin	适用范围扩大至犬、猫
	胭脂虫红	Carmine Cochineal	犬、猫
	氧化铁红	Iron Oxide Red	犬、猫
	高粱红	Sorghum Red	犬、猫
	红曲红	Monascus Red	犬、猫
	红曲米	Red Kojic Rice	犬、猫
	叶绿素铜钠（钾）盐	Chlorophyllin Copper Complex（Sodium and Potassium Salts）	犬、猫
	栀子蓝	Gardenia Blue	犬、猫
	栀子黄	Gardenia Yellow	犬、猫
	新红	New Red	犬、猫
	酸性红	Carmoisine	犬、猫
	萝卜红	Radish Red	犬、猫
	番茄红素	Lycopene	犬、猫
调味和诱食物质	海藻糖	Trehalose	犬、猫
	琥珀酸二钠	Disodium Succinate	犬、猫
	甜菊糖苷	Steviol Glycosides	犬、猫
	5'－呈味核苷酸二钠	Disodium 5'–Ribonucleotide	犬、猫
黏结剂、抗结块剂、稳定剂和乳化剂	硬脂酸	Stearic Acid	适用范围扩大至犬、猫
	丙三醇	Glycerine	适用范围扩大至犬、猫
	羟丙基纤维素	Hydroxypropylcellulose	犬、猫
	羟丙基甲基纤维素	Hydroxypropylmethylcellulose	犬、猫
	硬脂酸镁	Magnesium Stearate	犬、猫
	不溶性聚乙烯聚吡咯烷酮（PVPP）	Insoluble Polyvinylpolypyrrolidone（PVPP）	犬、猫
	羧甲基淀粉钠	Sodium Carboxy Methyl Starch	犬、猫

（续）

类别	通用名称	英文通用名称（Common name）	适用范围
黏结剂、抗结块剂、稳定剂和乳化剂	结冷胶	Gellan Gum	犬、猫
	醋酸酯淀粉	Starch Acetate	犬、猫
	葡萄糖酸－δ－内酯	Glucono delta-Lactone	犬、猫
	羟丙基二淀粉磷酸酯	Hydroxypropyl Distarch Phosphate	犬、猫
	羟丙基淀粉	Hydroxypropyl Starch	犬、猫
	酪蛋白酸钠	Sodium Caseinate	犬、猫
	丙二醇脂肪酸酯	Propylene Glycol Esters of Fatty Acids	犬、猫
	中链甘油三酯	Medium Chain Triglycerides	犬、猫
	亚麻籽胶	Linseed Gum	犬、猫
	乙酰化二淀粉磷酸酯	Acetylated Distarch Phosphate	犬、猫
	麦芽糖醇	Maltitol	犬、猫
	可得然胶	Curdlan	犬、猫
	聚葡萄糖	Polydextrose	犬、猫
多糖和寡糖	低聚木糖（木寡糖）	Xylo-oligosaccharides	适用范围扩大至犬、猫
	低聚壳聚糖	Low-molecular-weight Chitosan	适用范围扩大至犬、猫
	壳寡糖［寡聚 β－（1-4）-2-氨基-2-脱氧-D-葡萄糖］（n=2～10）	Chitosan-oligosaccharide［oligo β－（1,4）-2-amino-2-deoxy-D-glucose］（n=2~10）	适用范围扩大至犬、猫
	β-1,3-D-葡聚糖（源自酿酒酵母）	β-1,3-D-glucan（Source: Saccharomyces cerevisiae）	适用范围扩大至犬、猫
	低聚异麦芽糖	Isomaltooligosaccharide（IMO）	适用范围扩大至犬、猫
其他	苜蓿提取物（有效成分为苜蓿多糖、苜蓿黄酮、苜蓿皂甙）	Medicago sativa Extract（Active substance: alfalfa polysaccharide, alfalfa flavonoid, alfalfa saponin）	适用范围扩大至犬、猫
	共轭亚油酸	Conjugated Linoleic Acid	适用范围扩大至犬、猫
	紫苏籽提取物（有效成分为 α－亚油酸、亚麻酸、黄酮）	Extrat of Perilla frutescens seed（Active substance: α-Linoleic Acid, Linolenic acid, Flavonoids）	适用范围扩大至犬、猫
	植物甾醇（源于大豆油/菜籽油，有效成分为 β－谷甾醇、菜油甾醇、豆甾醇）	Phytosterol（Originated from soybean oil or rapeseed oil, Active substance: β-Sitosterol, Campesterol, Stigmasterol）	适用范围扩大至犬、猫
	透明质酸	Hyaluronic Acid	犬、猫
	透明质酸钠	Sodium Hyaluronate	犬、猫
	乳铁蛋白	Lactoferrin	犬、猫
	酪蛋白磷酸肽（CPP）	Casein Phosphopeptides（CPP）	犬、猫
	酪蛋白钙肽（CCP）	Casein Calcium Peptide（CCP）	犬、猫
	二十碳五烯酸（EPA）	Eicosapentaenoic Acid（EPA）	犬、猫
	二甲基砜（MSM）	Methylsulfonylmethane（MSM）	犬、猫
	硫酸软骨素钠	Sodium Chondroitin Sulfate	犬、猫

注：亚硝酸钠仅限用于水分含量≥ 20% 的宠物饲料，最高限量为 100 mg/kg。

中华人民共和国农业农村部公告

第 22 号

为丰富饲料原料来源，促进饲料行业发展，根据《饲料和饲料添加剂管理条例》，我部决定增补大麦苗粉等 32 种（类）饲料原料进入《饲料原料目录》，修订“1.2.4 大米”的原料名称和特征描述，修订“5. 其他籽实、果实类产品及其加工产品”的类别名称，修订“9.6.5 明胶”的原料名称和强制性标识要求并将其转至“13. 其他饲料原料”类别（见附件）。自本公告发布之日起，饲料生产企业可以根据生产需要，按照相关法律法规的要求采购、使用本公告中的饲料原料。

附件：《饲料原料目录》修订列表

农业农村部

2018 年 4 月 27 日

附件

《饲料原料目录》修订列表

1. 谷物及其加工产品

原料编号	原料名称	特征描述	强制性标识要求
1.1	大麦及其加工产品		
1.1.19	大麦苗粉	大麦的幼苗经干燥、粉碎后获得的产品	粗蛋白质 粗纤维 水分
1.2	稻谷及其加工产品		
1.2.4	米	稻谷经脱壳并碾去皮层所获得的产品。产品名称可标称大米，可根据类别标明籼米、粳米、糯米，可根据特殊品种标明黑米、红米等	淀粉 粗蛋白质
1.2.23	大米胚芽	大米加工过程中提取的主要含胚芽的产品	粗蛋白质 粗脂肪
1.2.24	大米胚芽粕	大米胚芽经压榨取油后的副产品	粗蛋白质 粗脂肪 粗纤维
1.5	酒糟类		
1.5.9	谷物酒糟糖浆	酿酒生产中谷物发酵蒸馏后的酒糟醪液经蒸发浓缩获得的产品	粗蛋白质 水分
1.11	小麦及其加工产品		
1.11.21	小麦苗粉	小麦的幼苗经干燥、粉碎后获得的产品	粗蛋白质 粗纤维 水分
1.12	燕麦及其加工产品		
1.12.10	燕麦苗粉	燕麦的幼苗经干燥、粉碎后获得的产品	粗蛋白质 粗纤维 水分
1.13	玉米及其加工产品		
1.13.20	玉米糠	加工玉米时脱下的皮层、少量胚和胚乳的混合物	粗脂肪 粗纤维
1.14	其他		
1.14.1	藜麦	藜麦（*Chenopodium quinoa* Willd.）的籽实。种子外皮含有的皂素已去除	
1.14.2	薏米［薏苡仁、苡仁］	禾本科植物薏苡（*Coix chinensis* Tod.）的种仁	淀粉 粗蛋白质

2. 油料籽实及其加工产品

原料编号	原料名称	特征描述	强制性标识要求
2.18	亚麻籽及其加工产品		
2.18.5	亚麻籽粉	亚麻籽经制粉工艺获得的粉状产品	粗蛋白质 粗脂肪 粗纤维
2.24	其他		
2.24.2	琉璃苣籽油	琉璃苣（*Borago officinalis* L.）籽经压榨或浸提制取的油	酸价 过氧化值

3. 豆科作物籽实及其加工产品

原料编号	原料名称	特征描述	强制性标识要求
3.12	兵豆及其加工产品		
3.12.1	兵豆（小扁豆）	豆科兵豆属兵豆（*Lens culinaris*）的籽实	

5. 其他籽实、果实、蔬菜类产品及其加工产品

原料编号	原料名称	特征描述	强制性标识要求
5.2	水果或坚果及其加工产品		
5.2.5	果（汁、泥、片、干、粉）	可食用水果鲜果，或对其进行加工后获得的果汁、果泥、果片、果干、果粉等。不得使用变质原料。产品名称应标明原料来源，如苹果	总糖 水分
5.4	蔬菜及其加工产品		
5.4.1	菜（汁、泥、片、干、粉）	可食用蔬菜鲜菜，或对其进行加工后获得的蔬菜汁、蔬菜泥、蔬菜片、蔬菜干、蔬菜粉等。不得使用变质原料。产品名称应标明原料来源，如菠菜	粗纤维 水分

6. 饲草、粗饲料及其加工产品

原料编号	原料名称	特征描述	强制性标识要求
6.5	其他粗饲料		
6.5.4	构树茎叶	构树［*Broussonetia papyrifera*（Linn.）L'Hér. ex Vent.］新鲜或干燥茎叶	粗蛋白质 中性洗涤纤维 水分
6.5.5	辣木茎叶	辣木（*Moringa*）可饲用品种的新鲜或干燥茎叶	粗蛋白质 中性洗涤纤维 水分

7. 其他植物、藻类及其加工产品

原料编号	原料名称	特征描述	强制性标识要求
7.2	丝兰及其加工产品		
7.2.2	丝兰	百合科丝兰属丝兰（*Yucca schidigera* Roezl.）	粗纤维
7.2.3	丝兰汁	丝兰压榨后的汁液，或汁液经浓缩后获得的产品	
7.4	万寿菊及其加工产品		
7.4.2	万寿菊粉	万寿菊干燥、粉碎后得到的粉状产品	粗纤维 粗灰分 叶黄素
7.5	藻类及其加工产品		
7.5.8	裸藻（绿虫藻）	裸藻（*Euglena*）及其干燥产品	
7.5.9	雨生红球藻粉	以雨生红球藻（*Haematococcus Pluvialis*）种为原料，通过培养、浓缩、干燥等工艺生产的含虾青素的藻粉	粗脂肪 虾青素
7.5.10	藻油	本目录所列的藻类经压榨或浸提制取的油。产品名称应标明原料来源，如裂壶藻油	粗脂肪 酸价 过氧化值
7.6	其他可饲用天然植物（仅指所称植物或植物的特定部位经干燥或粗提或干燥、粉碎获得的产品）		
7.6.116	绿茶	以茶树的新叶或芽为原料，未经发酵，经杀青、整形、烘干等工序制成的产品	
7.6.117	迷迭香	唇形科迷迭香属植物迷迭香（*Rosmarinus officinalis*）的干燥茎叶或花	

10. 鱼、其他水生生物及其副产品

原料编号	原料名称	特征描述	强制性标识要求
10.4	鱼及其副产品		
10.4.14	鱼皮	加工鱼类产品过程中获得的鱼皮经干燥后的产品	粗蛋白质 水分

12. 微生物发酵产品及副产品

原料编号	原料名称	特征描述	强制性标识要求
12.5	其他		
12.5.1	食用乙醇（食用酒精）	以谷物、薯类、糖蜜或其他可食用农作物为原料，经发酵、蒸馏精制而成的，供食用的含水酒精。产品须由有资质的食品生产企业提供	乙醇 甲醇 醛

13. 其他饲料原料

原料编号	原料名称	特征描述	强制性标识要求
13.3	食用菌及其加工产品		
13.3.3	平菇	侧耳科侧耳属食用菌平菇（*Pleurotus ostreatus*）及其干燥产品	
13.3.4	香菇	光茸菌科香菇属食用菌香菇［*Lentinus edodes*（Berk.）Sing］及其干燥产品	
13.3.5	毛柄金钱菌（金针菇）	小皮伞科小火焰菌属食用菌毛柄金钱菌（*F. velutipes*）及其干燥产品	
13.3.6	木耳（黑木耳）	木耳科木耳属食用菌木耳［*Auricularia auricula*（L.ex Hook.）Underwood］及其干燥产品	
13.3.7	银耳	银耳科银耳属食用菌银耳（*Tremella*）及其干燥产品	
13.3.8	双孢蘑菇（白蘑菇）	蘑菇属食用菌双孢蘑菇（*Agaricus bisporus*）及其干燥产品	
13.6	食用动物加工产品		
13.6.1	明胶（胶原蛋白）	以来源于食用动物的皮、骨、韧带、肌腱中的胶原为原料，经水解获得的可溶性蛋白类产品。原料不得使用发生疫病和变质的动物组织，不得使用皮革及鞣革副产品。产品须由有资质的食品或药品生产企业提供	粗蛋白质 粗灰分

中华人民共和国农业农村部公告

第 53 号

依据《饲料和饲料添加剂管理条例》，我部组织全国饲料评审委员会对北京得乃美营养科技有限公司申报的扩大硫酸钾适用范围事项进行评审，决定将硫酸钾的适用范围由反刍动物扩大至畜禽。

上述修订意见至本公告发布之日起执行。各级饲料管理部门在办理有关硫酸钾的行政审批、监督执法事项时，以本公告为准。

农业农村部

2018 年 8 月 17 日

中华人民共和国农业农村部公告

第 91 号

根据《中华人民共和国动物防疫法》《重大动物疫情应急条例》等法律法规规定，为做好非洲猪瘟疫情防控工作，现就进一步强化以猪血为原料的饲用血液制品生产过程管控的有关要求公告如下。

一、生猪定点屠宰企业要完善猪血收集储存设施设备，实行封闭输送和储存。厂区内要配备猪血运输车辆消毒设施，对进出厂运输车辆进行消毒。

二、以猪血为原料生产饲用血液制品的生产企业要优化厂区布局，按要求设立车辆消毒设施设备，对进出厂区的原料运输车辆实施消毒。严格划分原料前处理和成品包装储存区域，严格限制人员和物料区域间流动。要执行原料进厂查验制度，猪血原料必须来自未发现非洲猪瘟疫情的屠宰场（点），猪血来源的同批次猪需经屠宰检疫合格，严格落实生产、留样观察和销售记录制度。产品生产应采用喷雾干燥工艺，喷雾干燥设备进风温度不低于 220℃、出风温度不低于 80℃，喷雾干燥后的物料要在 60℃以上，保持 20min 以上。成品要在成品库（室温维持 20℃以上）存放 20 天以上，并实施产品检验合格和非洲猪瘟检测阴性后方可出厂销售。要按《以猪血为原料的饲用血液制品生产企业设施设备和环境消毒规范》（以下简称《规范》，见附件）要求开展消毒工作。

三、各地畜牧兽医主管部门要进一步强化饲用血液制品生产过程监督管理，对辖区内所有以猪血为原料生产饲用血液制品的获得生产许可证企业，全面开展现场检查并书面告知结果。符合本公告要求的企业可继续生产和销售，所生产的合格饲用血液制品可在饲料中正常使用。对于厂区布局和生产工艺条件不符合要求，消毒设施设备配备不到位，不认真履行原料进厂查验、生产记录、产品留样观察、合格检验和出厂销售记录等制度，不按《规范》要求开展设施设备和环境消毒的企业，责令立即停产，限期整改；整改完成后向省级畜牧兽医部门申请现场核查，确认整改到位后，方可恢复生产和销售。

四、本公告自发布之日起执行。取消此前有关公告中对以猪血为原料的血液制品及相关饲料产品的限制性规定。本公告执行之日前已生产以猪血为原料的血液制品及相关饲料产品，经检测确证非洲猪瘟核酸阳性的，要在当地畜牧兽医主管部门监督下进行无害化处理；检测结果为阴性的相关产品可继续销售和使用。

特此公告。

附件：以猪血为原料的饲用血液制品生产企业设施设备和环境消毒规范

农业农村部
2018 年 12 月 28 日

附件

以猪血为原料的饲用血液制品生产企业设施设备和环境消毒规范

1. 适用范围

本规范适用于以猪血为原料的饲用血液制品生产企业设施设备和环境的消毒工作。

2. 消毒药品和器械

2.1 消毒药品

2.1.1 可选择酚类消毒剂、含氯消毒剂（次氯酸盐、二氧化氯）、过氧乙酸、季铵盐、碱类（氢氧化钠、氢氧化钾等）、酒精和碘化物等消毒药品。

2.1.2 酚类消毒剂、含氯消毒剂、过氧乙酸、季铵盐、碱类适用于建筑物、木质结构、水泥地面、车辆和相关设施设备消毒。

2.1.3 过氧乙酸、含氯消毒剂、季铵盐酒精和碘化物适用于人员消毒。

2.2 消毒器械

可选择喷雾器、高压水枪、火焰喷射枪、臭氧发生器、消毒风机等。

3. 消毒管理

3.1 应建立企业消毒管理制度，明确消毒工作责任人。

3.2 应设有专门存放消毒药品的场所，配备必要的清洗和消毒设备，消毒药品库存充足。

3.3 消毒过程中，应做好个人防护，无关人员不得随意出入消毒区域，不得吸烟、饮食。

3.4 严格区分已消毒和未消毒的设施设备和环境，避免交叉污染。

3.5 消毒后，应及时做好消毒记录，详细记录消毒时间、消毒地点、消毒对象、消毒药品名称、剂量、作用时间、消毒人员、负责人等内容，并妥善保存。

3.6 应及时补充消耗的消毒药品，及时维修或更换损坏的消毒器械。

3.7 应对消毒产生的污水和污物进行无害化处理。

4. 消毒方法

4.1 进出厂消毒

4.1.1 厂区车辆出入口应设置与门同宽，池底长 4m、深 0.3m 以上的消毒池。

4.1.2 消毒池内放置 1%~2% 氢氧化钠溶液或 0.5% 季铵盐溶液，液面深度不小于 0.25m，消毒溶液每日更换。

4.1.3 门口配置消毒喷雾器，对运输车辆使用 0.2%~0.5% 过氧乙酸溶液、0.025%~0.05% 次氯酸钠溶液或 3% 邻苯基苯酚溶液喷雾消毒。

4.2 生产区消毒

4.2.1 生产车间更衣室应合理设置紫外线灯并定期检查更换灯管。有条件的企业宜选用臭氧发生器或消毒风机。

4.2.2 车间入口处应设置与门同宽的鞋底消毒池（内置 0.025%~0.05% 次氯酸钠溶液或 0.1% 季铵盐

溶液）或鞋底消毒垫，并设有洗手、消毒和干手设施，干手设施应采用烘手器或一次性消毒纸巾。

4.2.3 生产车间应每日生产前、后各消毒一次，地面、墙壁以及经常接触的物品表面，用水清洗干净，再用 0.025%~0.05% 次氯酸钠溶液、0.2%~0.5% 过氧乙酸溶液或 0.1% 季铵盐溶液拖擦或喷洒，消毒顺序为先上后下、先左后右，拖擦或喷洒完，保持 30min 后方可冲洗。

4.2.4 每周进行一次彻底消毒，彻底清扫、冲洗地面后，对地面、墙壁用 1%~2% 氢氧化钠溶液、0.1%~0.2% 季铵盐溶液或 2%~3% 次氯酸钠溶液拖擦或喷洒，消毒顺序为先上后下、先左后右，拖擦或喷洒完，保持 30min 后方可冲洗。

4.3 设施设备、工器具消毒

4.3.1 消毒前应清理设施设备、工器具表面附着的有机物质。

4.3.2 不易消毒的设备应放置在阳光下暴晒或使用臭氧发生器消毒。对金属设施设备、工器具的消毒，可采取火焰、熏蒸和冲洗等消毒方式。

4.3.3 生产结束后，对预处理、分离、过滤和干燥工艺中的泵、储存罐、静态过滤器、分离机、过滤膜、高压匀质泵以及管道的内部，至少先用清水冲洗，接着依次用 0.3% 氢氧化钠溶液、0.3% 无机酸溶液和 0.3% 过氧乙酸溶液消毒，再清水冲洗。

4.3.4 生产结束后，对预处理、分离、过滤和干燥工艺中的泵、储存罐、静态过滤器、分离机、过滤膜、高压匀质泵以及管道的外部，用清水冲洗，再用 0.3% 过氧乙酸溶液喷洒消毒。

4.3.5 干燥系统每次开机前，干燥塔内部采用热空气消毒，干燥塔进口风温度设定 100~120℃，出口温度设定 80℃以上，持续至少 10min。

4.3.6 生产结束后，清洗干净工器具，采用 1%~2% 氢氧化钠溶液、0.1%~0.2% 季铵盐溶液或 2%~3% 次氯酸钠溶液浸泡，保持 30min 后冲洗残余消毒液。

4.4 车辆及运输罐消毒

4.4.1 车辆消毒工作应在硬化的地面进行。

4.4.2 清洗消毒时，应清除干净车辆上的污垢，注意车辆隐蔽部位。

4.4.3 用浸有消毒药品的布擦拭方向盘、变速杆、脚踏板、手闸等。

4.4.4 应对运输车辆上的垃圾进行无害化处理。

4.4.5 运输罐每次使用后，用清水冲洗，接着依次用 0.3% 氢氧化钠溶液、0.3% 无机酸溶液和 0.3% 过氧乙酸溶液消毒，再清水冲洗。

4.5 人员消毒

4.5.1 工作人员应保持个人清洁，不应将与生产无关的物品带入车间；进入生产车间前，手部应用 75% 酒精、0.015%~0.02% 次氯酸钠溶液或 0.05% 过氧乙酸溶液擦拭消毒，并更换工作衣帽。有条件的企业可以先淋浴、更衣后进入生产车间。

4.5.2 生产过程离开车间返回时，应重新洗手消毒。

4.5.3 生产结束后应将工器具放入指定地点，更换工作衣帽，双手彻底消毒后方可离开。

5. 发现非洲猪瘟疫情时的紧急消毒

在产品出厂检测发现非洲猪瘟病毒核酸阳性后，应连续 7 日实施以下消毒措施。

5.1 消毒前准备

5.1.1 清理厂区内的废弃物、垃圾等，并集中存放；所有物品消毒前不得移出厂区。

5.1.2 选择合适的消毒药品。

5.1.3 配备喷雾器、火焰喷射枪、消毒防护用品（如口罩、手套、防护靴等）、消毒容器等。

5.2 消毒剂选择

5.2.1 碱类（氢氧化钠、氢氧化钾等）、氯化物和酚类化合物适用于建筑物、木质结构、水泥地面、车辆和相关设施设备消毒，酒精和碘化物适用于人员消毒。

5.2.2 可选用 0.8% 氢氧化钠、0.3% 甲醛、3% 邻苯基苯酚、含 2%~3% 有效氯的次氯酸盐。

5.3 车辆消毒

厂区车辆进出口消毒池内放置 2%~3% 氢氧化钠溶液，液面深度不小于 0.25m，消毒溶液每日更换。对运输车辆使用 0.2%~0.5% 次氯酸钠溶液或 3% 邻苯基苯酚溶液喷雾消毒。

5.4 厂区及设施设备、工器具消毒

5.4.1 对生产车间的地面、墙壁使用 5.2.2 中的消毒药品拖擦或喷洒完毕后，保持至少 30min。

5.4.2 对猪血运输罐，预处理、分离、过滤和干燥工艺中的泵、储存罐、静态过滤器、分离机、过滤膜、高压匀质泵、管道，及其他与产品接触的设施设备的内外部，使用 5.2.2 中的消毒药品进行拖擦或喷洒完毕后，保持至少 30min。

5.4.3 对工器具内、外部，使用 5.2.2 中的消毒药品浸泡，保持至少 30min。

5.5 人员及物品消毒

5.5.1 人员宜采取淋浴方式消毒。

5.5.2 对衣、帽、鞋等可能被污染的物品，可采取消毒液浸泡、高压灭菌等方式消毒。

5.6 道路及环境消毒

厂区进出口道路应用生石灰或氢氧化钠消毒，周边环境可用无人机或人工喷雾消毒。

5.7 消毒频率

每天消毒 3~5 次，连续 7 天，随后每天消毒 1 次，直至解除封锁。

6. 消毒质量监测和记录

6.1 消毒质量的监测

6.1.1 应设专人负责检查消毒效果，并定期进行岗位技能培训。

6.1.2 应根据消毒药品种类，定期监测消毒药品质量，检查消毒药品的浓度、消毒时间和温度，结果应符合消毒药品的质量要求和使用规定。

6.1.3 应定期检测消毒器械的性能参数，结果应符合生产厂家的使用说明或指导手册的要求。

6.1.4 应定期检查消毒药品质量监测材料的质量。

6.1.5 应及时处理监测不合格的消毒物品。

6.2 消毒记录

6.2.1 应建立消毒操作的过程记录。

6.2.2 应留存消毒器运行参数打印资料或记录。

6.2.3 应记录消毒质量监测情况。

6.2.4 消毒记录应具有可追溯性，保存期限不少于 2 年。

饲料行业组织机构

全国各省、自治区、直辖市、计划单列市饲料工业（工作）办公室组织机构一览表

单　位	主　任	副主任	编　制	级别	成立时间	性质	经费来源	隶属关系	隶属关系变更及时间	办公地址	联系人	电话/传真	邮编
北京市农业农村局畜牧处	张毅良	张保延	8	处级	2000.06	行政	—	北京市农业农村局	2000年6月	北京市西城裕民中路6号	张保延	010-82031927 010-82031927（F）	100029
天津市农业农村委畜牧兽医处	张　健	荀桂荣	14	处级	1989.03	行政	财　政	天津市农业农村委员会	1989年3月	天津市河西区荔湾路健强里37号	刘春雨	022-28301388 022-28301388（F）	300384
河北省农业农村厅草原与饲料处	檀苍中	—	8	处级	1990.07	行政	财政拨款	河北省农业农村厅	2005年10月	河北省石家庄裕华东路88号	郭文娟	0311-86256728 0311-86256728（F）	050031
山西省农业农村厅畜牧兽医局	魏振兴	侯晋兰	与畜牧局合署办公	处级	1991.05	行政	无	山西省农业农村厅	1995年6月与省农业厅畜牧兽医局合属	山西省太原市迎泽大街312号	侯晋兰	0351-4044932 0351-4129732（F）	030001
内蒙古自治区农牧厅饲料处	高雪峰	宗玉德	—	正处	2000.05	行政	—	内蒙古自治区农牧厅	2000年5月10日由区经委划归区农牧业厅	呼和浩特市赛罕区乌兰察布东街70号	刘占喜	0471-6652037 0471-6652292（F）	010011
辽宁省畜牧兽医局畜产品安全与兽药饲料处	张建勋	—	6	处级	1983.06	行政	财政拨款	辽宁省畜牧兽医局	1990年前在省经委，1990年后在农村工作办，2004年5月归省畜牧兽医局	辽宁省沈阳市和平区太原北街2号	李　闯	024-23447222 024-23447222（F）	110011
吉林省畜牧业管理局草原饲料处	金亨吉	—	5	处级	2000.09	行政	财政拨款	吉林省畜牧业管理局	2000年09月	吉林省长春市人民大街1486号	韩　铁	0431-88906664 0431-88906875（F）	130051
黑龙江省畜牧兽医局	张毅力	—	4	处级	1986.03	行政	省财政	黑龙江省畜牧兽医局	2000年6月由省农委划归省畜牧局	黑龙江省哈尔滨市香坊区文府街4-1号	周春生	0451-82625668 0451-82650907（F）	150000
上海市农业农村委员会饲料工作办公室	—	施　彬	2	处级	1986	行政	财政拨款	上海市农业农村委员会	2001年1月由市商划归市农委	上海市大沽路100号2006室	何麒麟	021-23113090 021-63580987（F）	200003
江苏省农业农村厅畜牧兽医局	杨　瑛	冯群科	8	处级	2000.10.	事业	全额拨款	江苏省农业农村厅	2000年10月由省农业厅划归省农林厅	江苏省南京市龙江小区月光广场8号农林大厦	冯三令	025-86263917 025-86263057（F）	210036

（续）

单位	主任	副主任	编制	级别	成立时间	性质	经费来源	隶属关系	隶属关系变更及时间	办公地址	联系人	电话 / 传真	邮编
浙江省畜牧兽医局饲料兽药监管处	朱家新	袁国华	8	处级	2000.09	事业	省财政	浙江省畜牧兽医局	2000 年 9 月归属省农业厅，2004 年 3 月归省畜牧局	浙江省杭州市凤起东路 29 号	葛莉莉	0571-86757937 0571-86041245（F）	310020
安徽省农业农村厅畜牧处	董卫星	田文钊	1	局级	1996	行政	政府拨款	安徽省农业农村厅	1995 年前属省粮食局，1996 年后归属省农业厅	安徽省合肥市徽州大道 193 号省畜牧局	杨　林	0551-62616494 0551-62669100（F）	230001
福建省农业农村厅饲料兽药管理处	陈贵英	—	3	处级	1996.06	行政	财　政	福建省农业农村厅	2000 年 12 月底属省农业厅	福建省福州市华林路 123 号	周　健	0591-87851058 0591-87832712（F）	350003
江西省饲料工业办公室	漆文芳	孙　新 徐晓云	10	正处	1986	全额事业	财政拨款	江西省农业农村厅	2002 年 2 月由省计委划归到省农业厅主管	江西省南昌市东湖区省府东二路省农业厅内	李　丹	0791-86211805 0791-86217341（F）	330046
山东省畜牧兽医局饲料兽药处	高捍东	赵洪山	—	处级	2000.04	行政	财政拨款	山东省畜牧兽医局	2000 年 4 月	山东省济南市槐树街 68 号	杨　旻	0531-87198752 0531-87198095（F）	250022
河南省畜牧局饲料处	蔡文军	—	4	处级	1995.10	行政	财政拨款	河南省畜牧局	1993 年由省计委转畜牧局	河南省郑州市经三路 91 号	王　鹏	0371-65778589 0371-65778981（F）	450045
湖北省农业农村厅畜牧兽医处	何年华	李　巍	3	处级	1985.05	行政	财政拨款	湖北省农业农村厅	1995 年 12 月由省经委到省农业厅	湖北省武汉市武昌区雄楚大道 69 号	李　巍	027- 87898040 027-87876982（F）	430064
湖南省畜牧水产局饲料工业办公室	陈志军	赵　明 杨建武	9	正处	1985.10	行政性事业单位	全额拨款	湖南省畜牧水产局	2003 年由省计委变更到省农业厅	长沙市韶山北路 112 号天心电子大厦	陈旭高	0731-84426940 0731-84445743（F）	410011
广东省农业农村厅畜牧处	罗一心	—	3	处级	2000	行政	财政拨款	广东省农业农村厅	2000 年 8 月从省经贸委划归到省农业厅	广州市先烈东路 135 号 2 号楼 409	罗晶璐	020-37288991 020-37288723（F）	510500
广西壮族自治区农业农村厅畜牧与饲料处	梁纪豪	—	—	副局级	2000.04	行政	财政拨款	广西壮族自治区农业农村厅	2000 年 8 月	广西南宁市青山路 8 号广西动物安全保障中心 1113 室	孙旭波	0771-5829809 0771-5829872（F）	530022
海南省农业农村厅饲料兽药处	周世强		2	处级	1992	行政	财政拨款	海南省农业农村厅	—	海南省海口市海府路 59 号省政府海府办公区第一办公楼 13 楼 1302 室	黄云青	0898-65316798 0898-65350395（F）	570204
重庆市农业农村委员会畜牧业发展处（饲料工业办公室）	许会军	向品居	7	处级	1986.08	行政	财政拨款	重庆市农业农村委员会	1997 年由市农委划归市农业局	重庆市北部新区黄山大道中段 186 号	潘　川	023-89133142 023-89133141（F）	401121
四川省饲料工业办公室	周朝华	李宗明	4	正处级	1987.02	行政	财政拨款	四川省农业农村厅	1992 年变更到省畜牧食品办公室（1995 年改为省畜牧食品局）	四川省成都市武侯祠大街 3 号	严　华	028-85545641 028-85580420（F）	610041

（续）

单　位	主　任	副主任	编　制	级别	成立时间	性质	经费来源	隶属关系	隶属关系变更及时间	办公地址	联系人	电话 / 传真	邮编
贵州省草业饲料处	孙玉忠	—	4	正处	1998	行政	全额拨款	贵州省农业农村厅	1996 年从省经贸委变更到省畜牧局	贵州省贵阳市延安中路 62 号	罗玉洁	0851-85280971 0851-85280971（F）	550001
云南省饲料工作办公室	谭鸿明	张存焕	6	处级	2000.11	行政	财政拨款	云南省农业农村厅	2000 年 11 月（云南省饲料办原名为云南省食品饲料工业办公室，成立于 1980 年 9 月）	云南省昆明市万华路 169 号	张　帅	0871-65749524 0871-65749524（F）	650224
陕西省农业农村厅饲料工作总站	—	刘万军 肖红年	17	处级	1986	事业	全额拨款	陕西省农业农村厅	2009 年	陕西省西安市习武园 27 号	刘冬霞	029-87343729 029-87343729（F）	710003
甘肃省饲料工业办公室	瞿惠玲	—	6	正处	1996.06	参公事业单位	财政拨款	甘肃省畜牧兽医局	1989 年前归省计委，1989 年后改挂省畜牧厅	兰州市城关区平凉路 106 号	王秋娟	0931-8179292 0931-8179292（F）	730000
青海省饲料工作办公室	曾植俊	—	1	处级	1987.05	行政	财政拨款	青海省农业农村厅	1995 年 5 月由省经贸委挂靠省畜牧厅，2003 年 5 月挂靠在省农牧厅	西宁市交通巷 4 号	张　茹	0971-3136033 0971-6136031（F）	810003
宁夏回族自治区农业农村厅饲料工作站	席永平	王健林	5	处级	1986.11	事业	行政拨款	宁夏回族自治区农业农村厅	2000 年由区畜牧局划归区农牧厅	宁夏银川市金凤区北京中路 159 号	王建林	0951-5169887 0951-5169887（F）	750002
新疆维吾尔自治区畜产品质量安全监管处	王小民	—	5	处级	1989	行政	财政拨款	新疆维吾尔自治区畜牧局	1992 年末改为新疆区饲料工业领导小组办公室	乌鲁木齐市新华南路 408 号	蒙文贤	0991-8567730 0991-8567730（F）	830000
青岛市饲料工作办公室	闫立良	—	5	副局级	1990.02	行政	财政拨款	青岛市农业农村局	2001 年 5 月 11 日主管部门由经委变更市畜牧服务中心后归市农委	青岛市南区东海中路 2 号环海大厦 24 楼	李建军	0532-66999626 0532-85065530（F）	266071
大连市农业农村局饲料工作办公室	王春到	—	4	处级	2001.12	行政	财政拨款	大连市农业农村局	2001 年 12 月前属市计委	大连市西岗区新开路 87 号金福大厦 2203 房间	刘一帆	0411-83689265 0411-83689265（F）	116000
宁波市畜牧兽医局	葛民乐	余全法	6	正处	—	行政 事业	财政拨款	宁波市农业局	—	宁波市宝善路 220 号	王芬露	0574-87483289 0574-87483286（F）	315012
深圳市饲料管理办公室	杨　平	—	5	处级	2001.11	行政	财政全额	深圳市农业和渔业局	2001 年 11 月	深圳市福中三路市民中心西区一楼 1075 室	张碧华	0755-82001967 0755-82001957（F）	518035
厦门市农业局	涂坚忠	—	3	正处	1999	行政	市财政局	厦门市农业局	2003 年初归市农业局畜牧兽医处	厦门市思明区湖滨北路 67 号 3 号楼	李增尧	0592-2892289 0592-2892290（F）	361002

（李大鹏）

全国各省、自治区、直辖市、计划单列市饲料工业协会组织机构一览表

省别	会长	秘书长	副秘书长	成立时间	换届时间	隶属关系	办公地址	邮编	联系人	电话	传真	电子信箱
北京市	汪秀艳	王文娟	—	1986.02.26	2015.01.14	北京市农业农村局	北京市朝阳区安外北苑路甲十五号506	100107	杨艳艳	010-63518890 010-63512799	010-63543914	bjslxh@126.com
天津市	瞿胜利	孙子宝	郝国强	1991.01.01	2012.09.05	天津市农业农村委员会	天津市静海经济开发区物海道18号	301600	张志宏	022-28301388 022-59529200	022-28301388	13323399179@126.com
河北省	檀苍中	陈宝江	杨　冬	1997.10.06	2013.03.17	河北省农业农村厅	河北省保定市竞秀区大学科技园7A座三层	050021	李　硕	0312-7528367 18331162851	0311-85888039	986616375@qq.com
山西省	吕锐锋	张艳梅	杨春雷 孙治水 雷志虎	1997.04	2012.06	山西省农业农村厅	山西省太原市迎泽大街312号	030001	张艳梅	0351-8395315	0351-4129732	sxslb.zym8888!@163.com
内蒙古自治区	马红刚	杨红东	张连义	2000.02	2013.11.15	—	内蒙古自治区呼和浩特市赛罕区昭乌达南区希望街	010020	张连义	0471-4961659 0471-4910905	0471-4911217	nmgslxh@126.com
辽宁省	金卫东	武长胜	—	1986.11	2014.11.18	辽宁省畜牧兽医局	辽宁省沈阳市沈河区小南街281号	110000	孙　婧	024-23254820	024-23254820	xh23264033@163.com
吉林省	唐志富	朱煜升	—	1991.01.30	2013.01.13	吉林省畜牧业管理局	吉林省长春市宽城区兰家大街1777号	130051	韩　铁	0431-88906664 0431-89875812	0431-88906664	zhuyusheng@borui.com
黑龙江省	殷学中	贺　山	—	1986	2012.12	黑龙江省畜牧兽医局	黑龙江省哈尔滨市道外区景阳街181号	150020	杨　威	13936507949	—	hljslgyxh@163.com
上海市	成国祥	夏来发	—	1984.12	2013.11.22	上海市农业农村委员会	上海市常德路1265号712室	200060	夏来发	021-62981301	021-62980344	972565790@qq.com
江苏省	黄　焱	张呈旭	冯三令	1986.03	2013.10.25	江苏省农业委员会	江苏省南京市草场门大街124号江苏农业检测大楼309室	210036	冯三令	025-86263917	025-86263050	813634743@qq.com
浙江省	蒋晓岳	曹军波	—	1999.11.07	2011.07.11	浙江省农业农村厅	浙江省杭州市江干区御云路111号	310021	董金巧	0571-86490548	0571-86490568	3082943@qq.com
安徽省	季学枫	章礼刚	吴皖榕	1999.09	2012.02.29	安徽省农业委员会	安徽省合肥市徽州大道197号皖西南培训中心6楼	230001	吴皖榕	0551-62626491	0551-62618130	2227276728@163.com
福建省	陈庆堂	王寿昆	陈婉如 林利民 洪　清	1994.12	2013.03.15	福建省民政厅	福建省福州市铜盘路6号农房大厦五楼	350003	洪　清	0591-87808486	0591-87859740	fifeed@163.com

（续）

省别	会长	秘书长	副秘书长	成立时间	换届时间	隶属关系	办公地址	邮编	联系人	电话	传真	电子信箱
江西省	张忠平	兰永清	刘金根 孙 新 黄 潮	1983.09	2002.08	江西省农业农村厅	江西省南昌市省府大院省农业厅2号楼4楼	330046	李丹	0791-86263163 0791-86211805	0791-86217341	slb1813@163.com
山东省	黄炳亮	李祥明	李相树	2013.09	2013.09	—	山东省济南市槐村街68号	250022	李祥明	0531-87198033	0531-87198588	sdfiamail@163.com
河南省	高天增	王志祥	付映新 陈贺庆 王 磊	1996.01	2012.12	河南省畜牧局	郑州市经三路89号院河南省饲料工业协会3楼	450000	付映新	0371-65778885 18903813026	0371-65778885	wzxhau@163.com
湖北省	李汉洲	李志勇	胡 庆	1985.01	2014．05．12	—	湖北省武汉市武昌区丁字桥路25号	430000	胡庆	027-87500069 13098859444	027-87500069	2594147190@qq.com
湖南省	陶一山 周细军 夏壮华 黄逸强 潘长咏	黄 勇	刘智萍 熊宇黄 立 宏	1985.01	2010.12.22	湖南省民政厅	湖南省长沙市韶山北路112号电子大厦507	410011	熊宇	0731-84445743	0731-84445743	—
广东省	林海丹	江青艳	周 洪	1992.03	2015.06.05	广东省农业农村厅	广东省广州市先烈东路135号4号楼609房	510500	李利	020-37288820	020-37287849	gdfeed@vip.163.com
广西壮族自治区	沈水宝	卢丽枝	—	1985.06	2006	广西水产畜牧兽医局	广西壮族自治区南宁市青山路8号广西动物安全保障中心	530022	卢丽枝	0771-5829768	0771-5829872	GXSLB2800023@163.com
海南省	杨小荣	王杏蕃	—	1998.06	—	海南省饲料工作办公室	海南省海口市海府一横路1号海牧大厦5楼502	570203	王杏蕃	0898-65338313 13976591650	0898-65350395	hnslsyxh@163.com
重庆市	唐贻林	彭 晓	—	1986.	2015.07.17	重庆市农业农村委员会	重庆市江北区石马河下花园15号	400021	彭晓	023-67654097 13983748417	023-67651349	1322854834@qq.com
四川省	陈代文	李 云	邹成义 李书伟 吴 德 赵建萍	1987.09	2013.01.15	—	四川省成都市武侯祠大街3号兴牧大厦510室	610041	吴岚	028-85545641	028-85580420	1443564063@qq.com
贵州省	晏秋波	陈 洪	童 江	1991.	2009.07.22	贵州省农委	贵州省贵阳市观山湖区金华镇998号	550003	陈洪	0851-84712156 18212365195	—	601752456@qq.com

（续）

省别	会长	秘书长	副秘书长	成立时间	换届时间	隶属关系	办公地址	邮编	联系人	电话	传真	电子信箱
云南省	杜建勋	陶　冶	—	1987.05	2013.07.09	—	昆明市盘龙区云南农业大学老校区鸡文化博物馆 3 楼	650225	陶冶	0871-65616557 13888521335	0871-65616557	ty521@126.com
陕西省	—	—	—	1989.	—	—	陕西省西安市习武园 27 号	710003	张忠庆	029-87345955 13572502570	029-87321764	13572502570@139.com
甘肃省	—	—	—	1991.12	—	农牧厅	甘肃省兰州市平凉路 106 号	730000	瞿惠玲	13099137616	0931-8179292	921978942@qq.com
青海省	阿旺尖措	白凤奎	刘书杰 武秀云 唐国盛	1987.05	2003.11	省农牧厅	青海省西宁市交通巷 4 号	810001	何长芳	13897201923	0971-6136031	nmttgs0366@126.com
宁夏回族自治区	邢泽光	王　华	—	1986.12	2014.12.30	宁夏回族自治区民政厅	宁夏银川市金凤区北京中路 159 号	750002	席永平	0951-5169661 13259601353	0951-5169887	wh_pmo@163.com
新疆维吾尔自治区	陈如春	—	贾　俊	1999.	2015.02.03	新疆维吾尔自治区畜牧厅	新疆维吾尔自治区乌鲁木齐市天山区新华南路 408 号 12 层	830000	贾俊	0991-8561015 13209980300	0991-8561015	172566431@qq.com
大连市	徐永平	王振刚	—	2004.	2015.03.16	大连市农村经济委员会	大连市开发区双 D 港生命 1 路 58 号 -1	1166200	刘扬	0411-87549455 18698638058	0411-87407133	57235619@qq.com
深圳市	黄邦银	金铁成	董塞新	1988.03	2012.03.26	深圳市民间组织管理局	深圳市福田区深南大道 1006 号深圳国际创新中心 A 幢 18 楼	518000	董塞新	0755-83252125	—	szxm0105@163.com
厦门市	叶根宗	高翠红	—	2000.12.04	2011.10.20	厦门市农业局	厦门市思明区槟榔西里 148 号 B 座 16 楼	361004	杨立	0592-5031918	0592-5062631	1187242973@qq.com

（闫奎友　柏玉琴）

专题篇

饲料加工工业概况

2018年，面对中美贸易摩擦和非洲猪瘟疫情等多重挑战，全行业积极应对，饲料行业继续保持平稳发展态势，产品结构优化调整，转型升级初见成效，全年工业饲料产值、产量增长，产品结构适应性调整，行业规模化程度和集中度进一步提升。

一、2018年饲料加工工业基本情况

2018年，我国饲料工业总产量保持稳步增长，连续4年产量破2亿t，连续8年位居世界第一位，约占全球总产量的1/4。年产千万吨的省份有11个，总产量1.7亿t，占全国总产量约75%，年产百万吨以上饲料企业有32家，产量占比超过57%。

1. 饲料工业总产值稳定增长

全国饲料工业总产值8 872亿元，同比增长5.7%，总营业收入8 689亿元，同比增长6.0%。其中，饲料产品产值7 869亿元、营业收入7 753亿元，同比分别增长5.8%、6.2%。饲料添加剂产品产值944亿元、营业收入875亿元，同比分别增长4.9%、5.3%；饲料机械产品产值59亿元、营业收入61亿元，同比分别增长1.5%、1.1%（图1和图2）。

2. 工业饲料总产量小幅增加

全国工业饲料总产量22 788万t，同比增长2.8%。其中，配合饲料20 529万t、同比增长4.6%，浓缩饲料1 606万t、同比下降13.4%，添加剂预混合饲料653万t、同比下降5.1%（图3）。

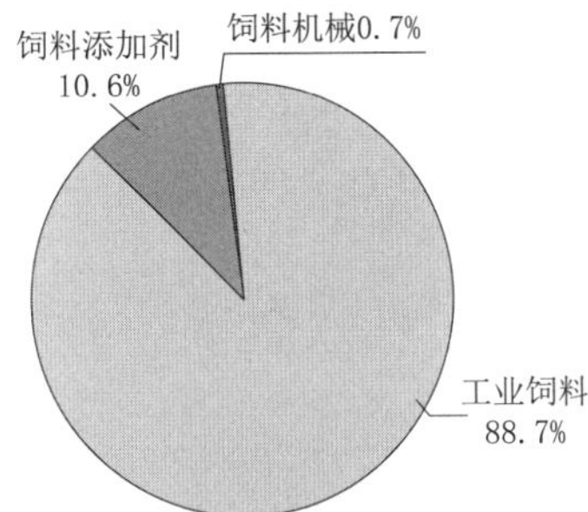

图1 2018年饲料工业总产值结构比重

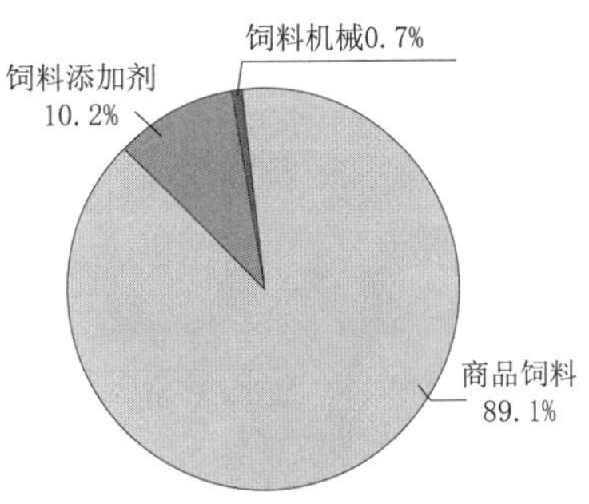

图2 2018年饲料工业总营业收入结构比重

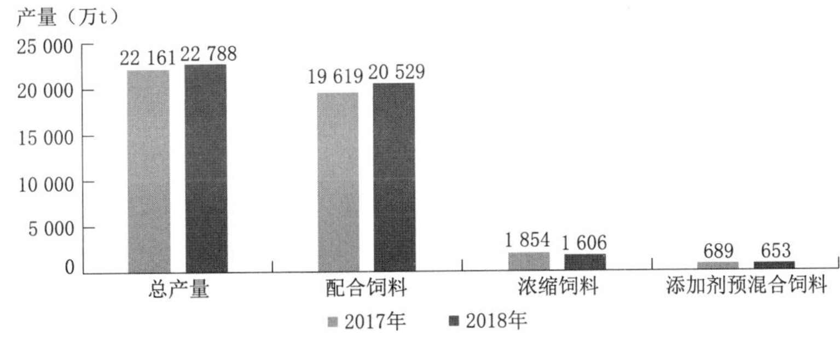

图3 2017—2018年饲料总量类别同比

从不同品种看，猪饲料 9 720 万 t、同比下降 0.9%，蛋禽饲料 2 984 万 t、同比增长 1.8%，肉禽饲料 6 509 万 t、同比增长 8.2%，水产饲料 2 211 万 t、同比增长 6.3%，反刍动物饲料 1 004 万 t、同比增长 8.9%，其他饲料 360 万 t、同比下降 10.7%（图 4 和图 5）。

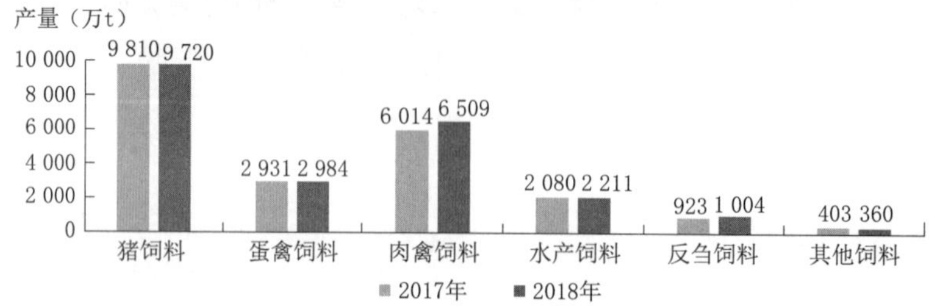

图 4　2017—2018 年畜禽品种同比

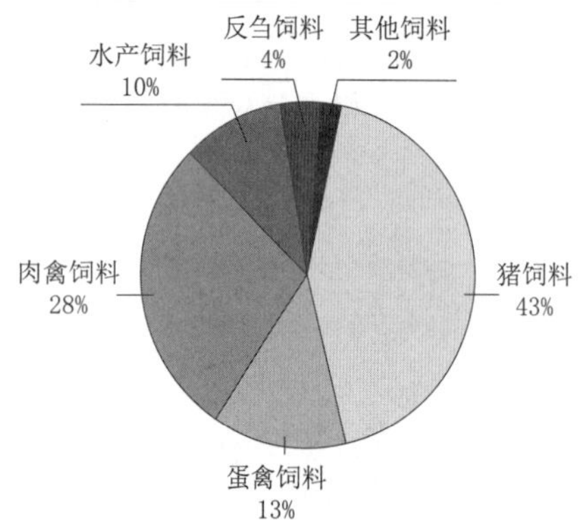

图 5　2018 年各品种占总产量比重

不同类别饲料产品情况，配合饲料中，猪配合饲料 8 328 万 t、同比增长 1.7%，蛋禽配合饲料 2 590 万 t、同比增长 2.7%，肉禽配合饲料 6 319 万 t、同比增长 8.6%，水产配合饲料 2 177 万 t、同比增长 6.3%，反刍配合饲料 779 万 t、同比增长 14.8%，其他配合饲料 335 万 t、同比下降 7.3%（图 6 ）。

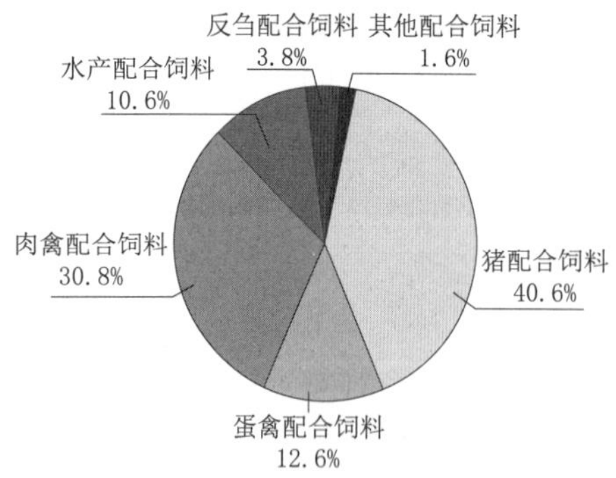

图 6　2018 年配合饲料结构图

浓缩饲料中，猪浓缩饲料 1 002 万 t、同比下降 16.6%，蛋禽浓缩饲料 252 万 t、下降 7.1%，肉禽浓缩饲料 157 万 t、下降 1.3%，水产浓缩饲料 3.5 万 t、增长 29.4%，反刍浓缩饲料 179 万 t、同比下降 10.4%，其他浓缩饲料 13 万 t、同比下降 37.5%（图 7）。

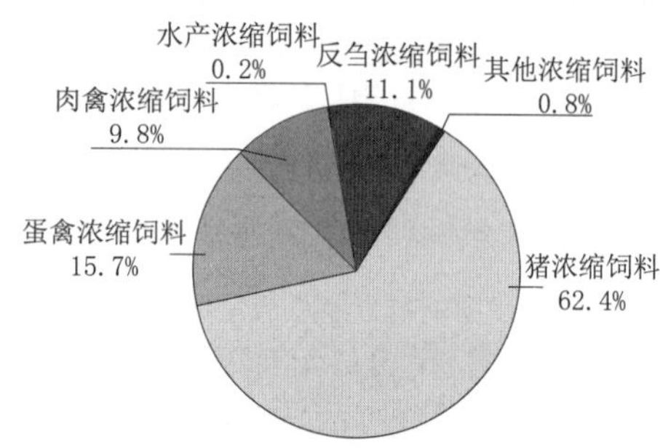

图 7　2018 年浓缩饲料结构图

添加剂预混合饲料中，猪预混合饲料 390 万 t、同比下降 7.2%，蛋禽预混合饲料 142 万 t、同比增长 2.4%，肉禽预混合饲料 33 万 t、同比下降 9.0%，水产预混合饲料 30 万 t、同比增长 6.7%，反刍预混合饲料 46 万 t、增长 5.2%，其他预混合饲料 13 万 t，同比下降 42.7%（图 8）。

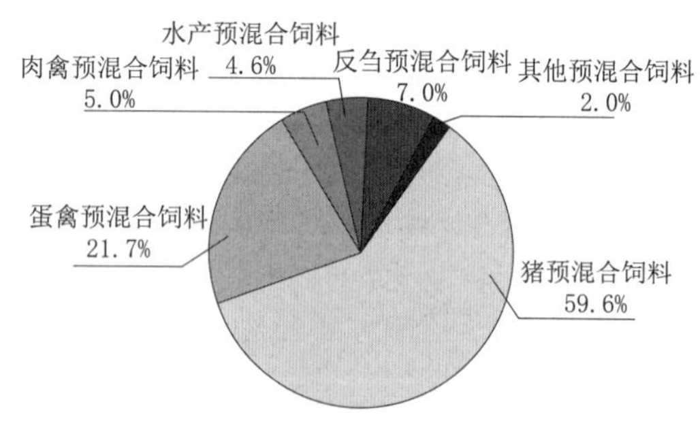

图 8　2018 年添加剂预混合饲料结构图

3. 饲料添加剂产量较快增长

全国饲料添加剂产品总量 1 094.5 万 t、同比增长 5.8%。其中，直接制备饲料添加剂 1 035 万 t、同比增长 5.3%，生产混合型饲料添加剂 59.2 万 t、同比增长 15.3%（表 1 和表 2）。

表 1 2018 年各类饲料添加剂产量

类 别	产量（万 t）	同比（%）
氨基酸	285.3	21.5
维生素	110.9	-12.9
矿物元素及其络合物	567.3	13.8
酶制剂	16.7	55.8
抗氧化剂	7.3	5.6
防腐剂、防霉剂	54.2	412.9
微生物	14.6	36.9
其他类添加剂	38.2	-71.7

表 2 2018 年各产品类型饲料添加剂产量

类 别	饲料添加剂（万 t）	同比（%）	混合型饲料添加剂（万 t）	同比（%）
氨基酸	283.5	21.3	1.8	62.3
维生素	103.3	-10.8	7.7	-34.0
矿物元素及其络合物	561.4	14.3	5.9	-16.5
酶制剂	12.0	98.0	4.7	1.0
抗氧化剂	2.1	-54.0	5.2	119.1
防腐剂、防霉剂	42.5	620.0	11.7	151.5
微生物	5.0	1.6	9.6	67.1
其他类添加剂	25.6	-78.8	12.6	-11.1

4. 产业集中度继续提升

2018 年，饲料总产量过千万吨以上的省（自治区）11 个，比 2017 年新增湖北省。11 省（自治区）合计产量占全国比重 76%，比上年提高 1.6 个百分点（表 3）。

表 3 2018 年饲料产量过千万吨省份产量及比重

排 序	地 区	总产量（万 t）	占全国比重（%）
	全国总计	22 788.2	
1	山 东	3 226.9	14
2	广 东	3 062.2	13
3	广 西	1 533.0	7
4	河 北	1 346.0	6
5	江 苏	1 344.9	6
6	湖 南	1 267.0	6
7	辽 宁	1 235.4	5
8	四 川	1 085.6	5
9	河 南	1 069.9	5
10	湖 北	1 069.1	5
11	江 西	1 014.4	4
	小 计	17 254.4	76

5. 大宗饲料原料消费持续提升

2018 年，部分大宗饲料原料消费总量 20 090 万 t，同比增长 2.3%。其中，玉米消费量 11 314 万 t，同比增长 11.1%；小麦消费量 174 万 t，同比下降 87.4%；鱼粉消费量 252 万 t，同比增长 9.0%；豆粕消费量 3 780 万 t，同比下降 8.6%；棉籽粕消费量 261 万 t，同比下降 29.0%；菜籽粕消费量 380 万 t，同比下降 8.3%；其他饼粕消费量 364 万 t，同比下降 14.1%；磷酸氢钙消费量 267 万 t，同比下降 47.1%；其他消费量 3 299 万 t，同比增长 65.2%。

6. 成套机组大型饲料机械设备增长单机下降

成套机组 2 894 台套，同比增加 1 505 台套，增长 108.4%；单机 32 708 台，同比增加 8 408 台，增长 34.6%。在成套机组中，时产≥ 10t 的设备 787 台套，同比减少 254 台套，下降 24.4%；时产＜ 10t 的设备 2 107 台套，同比增长 1 759 台套，增长 505.5%。

二、2018 年商品饲料变化特点及简析

1. 饲料产品结构调整推动饲料总量温和增长

2013 年以来，饲料总产量年均复合增长率为 3.4%。这个阶段的增长主要是产品结构变化性增长，其中配合饲料年均复合增长率为 4.8%，添加剂预混合饲料年均复合增长 0.6%，浓缩饲料年均复合下降 7.7%，2018 年配合饲料比重首次提高到 90.0%，浓缩饲料继续萎缩，2018 年配合饲料同比增长 4.6%，浓缩饲料、添加剂预混合饲料同比分别下降 13.4%、5.1%（图 9 和图 10）。产品结构的变化与生猪市场散户退出和规模化提升相适应，也与玉米、豆粕价格高位，改变用户饲料产品选项有关（表 4 和表 5）。

表 4　2013—2018 年饲料总产量及年均复合增速

年份	总产量（万 t）	配合饲料（万 t）	浓缩饲料（万 t）	添加剂预混合饲料（万 t）
2013	19 340	16 307.9	2 398.5	633.7
2014	19 727	16 935.3	2 151.2	640.6
2015	20 009	17 396.2	1 960.5	652.5
2016	20 918	18 394.5	1 832.4	690.6
2017	22 161	19 618.6	1 853.7	688.9
2018	22 788	20 528.8	1 605.9	653.5
年均复合增长	3.34%	4.71%	−7.71%	0.62%

表 5　2013—2018 年配合、浓缩、添加预混合饲料占总产量比重

年份	配合饲料占总量比重	浓缩饲料占总量比重	添加剂预混合饲料占总量比重
2013	84.3%	12.4%	3.3%
2014	85.8%	10.9%	3.2%
2015	86.9%	9.8%	3.3%
2016	87.9%	8.8%	3.3%
2017	88.5%	8.4%	3.1%
2018	90.1%	7.0%	2.9%
年均复合增长	1.33%	−10.69%	−2.63%

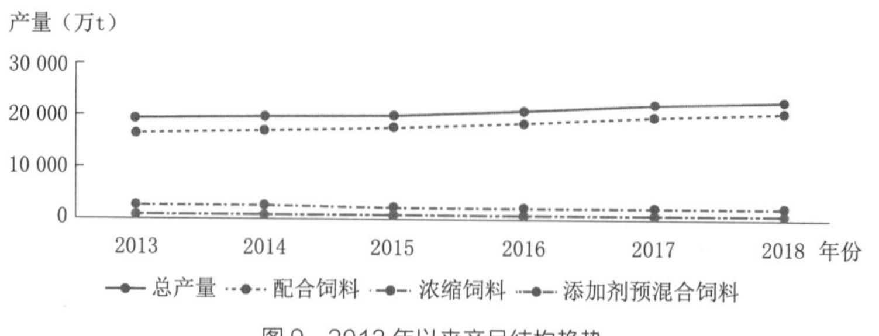

图 9　2013 年以来产品结构趋势

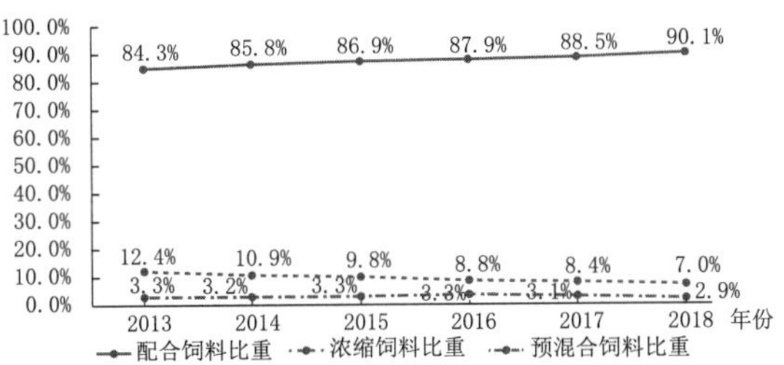

图 10 配合、浓缩、添加剂预混合饲料占比重变化趋势

2. 不同畜禽品种饲料表现“猪弱禽强、水产反刍快涨”

近 5 年，猪饲料年均增长 261.7 万 t，年均复合增长 2.9%。2018 年猪饲料由于“猪周期”叠加疫情因素，导致猪饲料产量下降。生猪养殖周期性下行、疫情、环保、上年释放性增长等因素导致猪饲料呈结构调整性下降。为降低成本，用户减少仔猪前期料，能繁母猪淘汰增加，以及能繁母猪生产效率提升等因素，加剧了猪饲料消费总量的缩减。近 5 年，蛋禽饲料年均下降 10.1 万 t，年均复合下降 0.3%。2018 年，蛋禽饲料受蛋禽养殖快速恢复和产蛋期存栏增长的影响。肉禽饲料年均增长 312.4 万 t，年均复合增长 5.6%。2018 年肉禽养殖受 2017 年产业深度调整的影响，2018 年盈利较好，特别是黄羽肉鸡存栏恢复较快。由于猪瘟疫情，鸡肉、鸭肉产生替代效应，养殖补栏积极性高，饲料需求提振。水产、反刍饲料年均增长率分别为 3.5%、4.8%（表 6 和表 7）。

表 6 2013—2018 年猪、禽饲料占总产量比重

年份	总产量（万 t）	猪饲料（万 t）	比重（%）	蛋禽饲料（万 t）	比重（%）	肉禽饲料（万 t）	比重（%）
2013	19 340	8 411	43.5	3 035	15.7	4 947	25.6
2014	19 727	8 616	43.7	2 902	14.7	5 033	25.5
2015	20 009	8 344	41.7	3 020	15.1	5 515	27.6
2016	20 918	8 726	41.7	3 005	14.4	6 011	28.7
2017	22 161	9 810	44.3	2 931	13.2	6 014	27.1
2018	22 788	9 720	42.7	2 984	13.1	6 509	28.6
年均增长量	690	261.7	37.9	–10.1	–1.5	312.4	45.3
年均增长率	3.40%	2.9%	—	–0.3%	—	5.6%	—

表 7 2013—2018 年水产、反刍饲料占总产量比重

年份	总产量（万 t）	水产饲料（万 t）	比重（%）	反刍饲料（万 t）	比重（%）	其他饲料（万 t）	比重（%）
2013	19 340	1 864	9.6	795	4.1	288	1.5
2014	19 727	1 903	9.6	876	4.4	397	2.0
2015	20 009	1 893	9.5	884	4.4	354	1.8
2016	20 918	1 930	9.2	880	4.2	366	1.8
2017	22 161	2 080	9.4	923	4.2	403	1.8
2018	22 788	2 211	9.7	1 004	4.4	360	1.6
年均增长量	690	69.3	10.0	41.8	6.1	14.5	2.1
年均增长率	3.40%	3.5%	—	4.8%	—	4.6%	—

3. 单产 10 万 t 规模企业快速增长

全国万吨规模以上的饲料生产厂达 3 742 家，比 2017 年增加 196 家，饲料产量占总产量的 94.6%，比 2017 年增加 1.6 个百分点；其中，10 万 t 规模以上的厂家数量达 656 家，比 2017 年增加 81 家，饲料产量占总产量的 49.7%，比 2017 年增加 5.4 个百分点（图 11）。

大型饲料企业（集团）。2018 年年产 50 万 t 以上的有 47 家，占全国饲料总产量 57.2%。其中，2018 年，100 万 t 以上的有 32 家，占全国饲料总产量 53.0%。

4. 饲料加工业带动了相关产业体系的发展

2018 年，饲料企业年底职工人数为 80.3 万人。其中，大学专科及以上学历的职工数为 31.0 万人，占职工总人数的38.6%。其中，博士0.4万人，硕士1.6万人，大学本科11.1万人，大学专科17.8万人，其他学历49.3万人。

饲料产品出口量15万t，同比增长49.6%；饲料添加剂出口量259万t，同比增长75万t；饲料添加剂出口额255亿元，同比增长37.2%；单一饲料出口量143万t，同比增长251.7%；单一饲料出口额38亿元，同比增长292.6%（表8，图12和图13）。

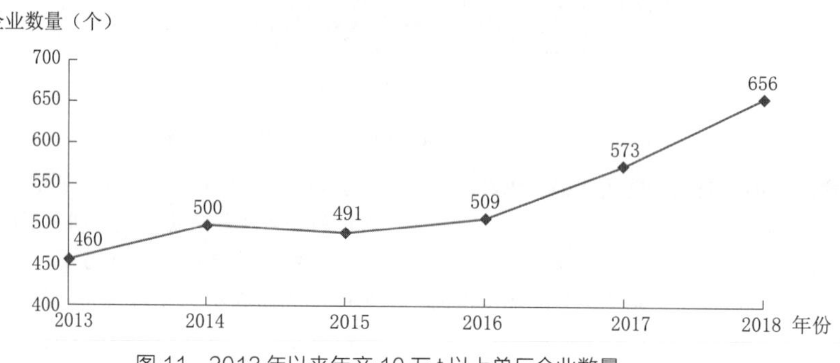

图11 2013年以来年产10万t以上单厂企业数量

表8 2018年加工业体系产量、产值

产品类别	饲料总产量（万t）	总产值（亿元）	营业收入（亿元）
饲料产品	22 788	7 869	7 753
饲料添加剂	1 094	944	875
饲料机械	25 062	59	61
单一饲料	24 075	—	—

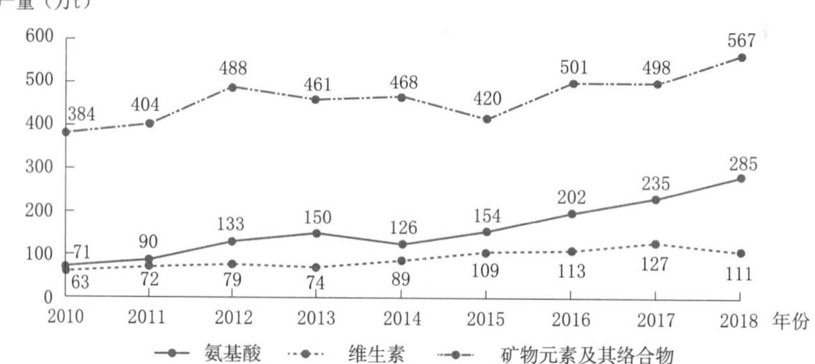

图12 2010—2018年部分主要饲料添加剂产量

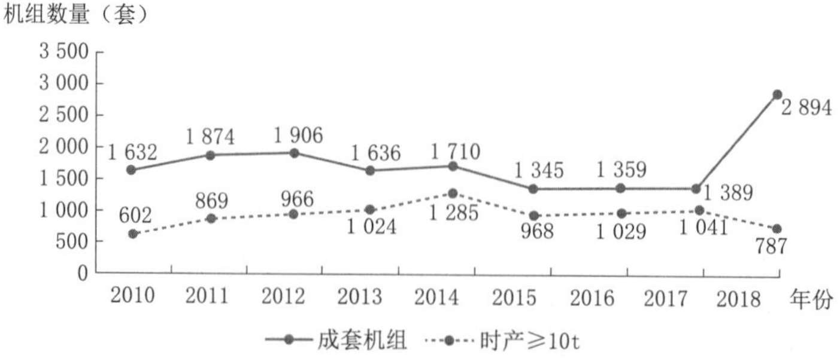

图13 2010—2018年成套机组数量

（刘杰　陆泳霖）

主要饲料产品概述

家禽饲料

一、2018 家禽养殖特点

受 2017 年禽流感疫情影响，2018 年蛋禽及肉禽存栏偏少，禽产品（蛋、肉）市场供应偏紧，加之第三季度开始的“非瘟”疫情影响，禽产品消费增长明显，推动禽产品价格上涨，养殖热情增加。2018 年度家禽养殖无大疫；禽肉产量 1 994 万 t，比 2017 年增加 0.6%；禽蛋产量 3 128 万 t，比 2017 年增加 1.0%。

1. 蛋禽养殖

禽蛋是各种可食用鸟类（包括蛋鸡）所产蛋的统称，包括鸡蛋、鸭蛋、鹌鹑蛋、鹅蛋、鸵鸟蛋、鸽子蛋等十余种。

蛋鸡养殖 2017 年遭受严重禽流感灾难，造成蛋鸡存栏少，2018 年鸡蛋价格较好，蛋鸡存栏逐步回升，养殖盈利较大（商品鸡 27.32 元 / 只）。根据中国畜牧业协会的数据，2018 年度我国引进祖代蛋鸡 18.2 万套，国内生产 37 万套，合计 55.27 万套，祖代存栏 63.46 万套；父母代蛋鸡 580.22 万套，其中进口品种 1 107.56 万套，合计存栏 1 687.78 万套，进口品种祖代每年提供约 61 套父母代，国产品种约 16 套；这些数据仅仅针对高产蛋鸡，而特色蛋鸡、兼用型蛋鸡的品种全部为国产。2018 年存栏商品蛋鸡 10.11 亿只，鸡蛋产量 1 769.05 万 t，该产量因为仅仅考虑了育成品种的蛋鸡，故偏低；根据国家蛋鸡体系的判断，我国蛋鸡存栏 13.5 亿只，鸡蛋产量 2 198.58 万 t（表 1）。

表 1　国家蛋鸡体系预估鸡蛋产量

品种	存栏（亿只）	产蛋（枚 / 年）	产蛋（亿枚）	重量（枚 /kg）	产量（万 t）
高产蛋鸡	10.5	290	3 045	16	1 903.13
特色蛋鸡	2.0	250	500	20	250.00
兼用型蛋鸡	1.0	100	100	22	45.45
合计	13.5		3 645		2 198.58

因市场行情较好，淘汰蛋鸭和鸭蛋价格均较高，在鸭蛋产量（306.91 万 t，−3.80%）下降的情况下，产值还有明显增加。蛋鸭存栏 1.87 亿只（−1.24%）；蛋鸭总产值 423.19 亿元（+37.59%）。传统的水域放牧、半放牧饲养模式，因为鸭蛋和蛋鸭可能受水体污染的影响，其所排泄粪便不能得到资源化利用、污染水域，鸭蛋破损多、脏，单位面积饲养量小等；笼养可实现规模化、集约化、降低劳动力成本、减少破损、减少疾病、增加鸭蛋整洁度，近年来，蛋鸭笼养发展迅速。

世界鹌鹑饲养量约 30 亿只，其中中国 6 亿只，且以蛋鹌鹑为主，鹌鹑蛋产量 219 万 t。鹌鹑的养殖基本上都是笼养。

2. 肉禽养殖

我国饲养肉鸡有白羽和黄羽肉鸡、肉杂鸡、淘汰蛋鸡和种鸡等，以前两者为主；禽肉中白羽肉鸡占 33%、黄羽肉鸡占 19%、鸭肉占 30%，其他禽肉（淘汰蛋禽、鸽子、鹅、火鸡等）18%。经历非洲猪瘟疫情，在猪肉消费占比（30.6%）有所下降的情况下，禽肉消费占比（13.5%）有所提升。

黄羽肉鸡是含有地方鸡种血统的本土品种，通常有比较强的地域特征，价格高于白羽肉鸡；白羽肉鸡为进口品种，价格较低。2018年中国祖代种鸡引种或更新量为74.54万套，较2017年增加5.54万套，种源来自新西兰、波兰；国内（益生）繁育约23万套，国内祖代鸡更新量近100万套。2018年因父母代种鸡疾病，致使可提供健康商品代鸡苗规模减小；商品鸡养殖场因2017年环保拆迁而减少等原因，商品代鸡苗销售量继续减少。中国畜牧业协会统计：2018年全国商品代鸡苗供给量为44.66亿羽［40.69亿羽国内+3.97亿羽国外供给（依据进口数据折算）］，为近4年之最低。2017年白羽肉鸡出栏量42亿羽，黄羽肉鸡出栏量37亿羽。据国家肉鸡产业技术体系预计2018年肉鸡出栏量同比增加2.7%。白羽肉鸡种鸡生产能力缩减，黄羽肉鸡全线产能增加。

我国的鸭饲养量一直居世界首位，鸭肉产量约占世界的七成。中国是最大的鸭养殖国，也是鸭产品生产和消费大国，目前，存栏量约占世界的60%，2018年鸭肉产量和产值双增，2018年商品肉鸭出栏29.13亿只（+6.22%），产值777.39亿元（+16.37%）。樱桃谷鸭长期占据着我国肉鸭市场超八成份额，2017年9月，首农股份与中信农业宣布，收购英国樱桃谷农场有限公司100%股权。

我国鹅的产量约占全世界的85%，饲养量大于7亿只，2018商品鹅出栏5.3亿只（-2.51%），产值465.01亿元（+3.98%），肉鹅产业还有一定上升空间。出栏较多的省份有四川、江苏、山东、吉林等。

二、2018家禽饲料

2018年度，全国饲料总产量22 788万t，同比增长2.8%。其中，蛋禽饲料2 984万t、同比增长1.8%，肉禽饲料6 509万t，同比增长8.2%。禽饲料占饲料总产量的比例有所回升，由2017年度的40.4%增到2018年的41.7%。

1. 蛋禽饲料

高产蛋鸡主要是育成品种的进口和国产蛋鸡，饲料效率较高，料蛋比可按2.2计算（生产中可能更高）；特色蛋鸡，包括绿壳、小型鸡等，产蛋率较低，相对的料蛋比较高，可按2.5计算；兼用型蛋鸡，肉质、口感均较好，开产后食用口感更好，料蛋比较高，可按3.0计算；鸭子因为水面养殖，采食量一般，可按2.0计算；鹌鹑料蛋比按2.5计算，其他禽类料蛋比按照2.0计算。根据禽蛋产量测算蛋禽饲料总需要量6 916万t，除以禽蛋总产蛋3 128万t，总体料蛋比可按照2.21计算。

2 984万t蛋禽饲料中，配合饲料2 590万t，浓缩饲料252万t，添加剂预混合饲料142万t；若按蛋禽浓缩饲料占配合饲料的30%，添加剂预混合饲料占配合饲料的4%计算，折合配合饲料6 980万t，与3 128万t禽蛋产量基本吻合；蛋禽饲料占饲料总产量的比例再次缩小，由2017年的13.23%降为13.10%。上述分析表明，蛋鸡行业的工业饲料普及率较低，养殖规模仍有待提高（表2）。

表2　计算的饲料需要量

存栏		产量（万t）	料蛋比	需要饲料（万t）
鸡蛋	高产蛋鸡	1 903.13	2.20	4 186.89
	特色蛋鸡	250.00	2.50	625.00
	兼用型蛋鸡	45.45	3.00	136.35
鹌鹑蛋		219.00	2.50	547.50
鸭蛋		306.91	2.00	613.82
其他禽蛋		403.51	2.00	807.02
合计		3 128.00	2.21	6 916.58

2. 肉禽饲料

饲料总产量6 509万t，其中配合饲料6 319万t、浓缩饲料157万t、添加剂预混合饲料33万t。国家统计局给的禽肉产量1 994万t，计算的料肉比为3.26。白羽肉鸡和白羽肉鸭几乎均采食配合饲料，但是黄羽肉鸡对颗粒饲料的依赖度较低，因此禽饲料尚有部分浓缩饲料和添加剂预混合饲料。

在环保要求的压力下，肉鸭、蛋鸭、肉鹅由水养转变为室内、离水旱养模式。其饲料产量必然增加。

3. 家禽饲料

禽料低蛋白化。在主要依赖进口的大豆不稳定供给、养殖业环保日益受到重视的大背景下，中国饲料工业协会发布了团体标准《蛋鸡、肉鸡配合饲料》（T/CFIAS 002—2018）对鸡配合饲料中粗蛋白和磷规定了上限。

禽料无抗（抗生素）化。减抗、替抗成为热点，蛋禽本来使用抗生素较少，肉禽遇到的挑战会更大。精准营养（昆虫蛋白）辅以替抗添加剂（植物提取物、益生素、益生元、合生元、抗菌肽、噬菌体、酸化剂、功能性氨基酸、有机微量和酶制剂）；疫苗和生物安全措施、饲养管理措施（喝的、看的、呼吸的）产品将有大的作用。

蛋禽养殖环境正常化。"稳定鸡蛋生产，支持发展鸽蛋、鹌鹑蛋生产，支持发展禽蛋深加工产业。"列入中国畜牧总站 2019 年工作重点。2019 年精准扶贫将进入最后一公里（一些地方可能会提前完成脱贫目标），扶贫工作的结束弊除了一些人"等、靠、要、跑"的思想，使养鸡行业进入了更为公平的竞争环境，中型养殖场户迎来发展壮大的机遇。

玉米贵、鸡蛋贱、盈大利有困难。玉米供给可能偏紧，国家乙醇汽油的使用覆盖了 22 个省份，将消耗 3 000 万 t 陈化玉米；因对进口大豆的过度依赖，国家鼓励大豆种植，玉米的种植面积将降低；进口配额制政策应该不会变。但非洲猪瘟使得猪养殖量减少，节省了玉米的使用。

（武书庚　齐广海）

水产饲料

一、水产饲料行业发展阶段

我国饲料工业发展起于 20 世纪 80 年代，经过 40 余年的发展，目前饲料总量全球第一位。近年来，全国饲料产量稳定，增长放缓，进入了稳定发展和产业结构调整升级的阶段，企业之间竞争加剧，饲料企业数量由 2010 年的 10 000 多家减少到 2015 年的 6 000 多家；预计后期将继续整合，企业数量进一步减少。根据农业部制定的《全国饲料工业"十三五"发展规划（2016—2020）》发展目标，至 2020 年全国饲料产量 2.2 亿 t，较 2015 年的 2 亿 t 增长 10%。

行业将逐渐向规模化和集约化转变，但饲料企业将进一步分化，优势企业多利用行业整合机遇及规模优势，通过兼并和新建扩大产能，或进行产业链的延伸，或发展多元化的业务；中小企业面对资本压力、人才压力、技术压力和服务能力等发展瓶颈，将逐步被优势企业整合并购或退出市场。

优质动物种苗业务市场空间巨大，但多数养殖品类的优质种苗、特别是水产种苗目前供应不足，具有自主知识产品的新品种少，产能小，远不能满足养殖业升级进步的需要，将在较长的周期内都面临要取得研发进步和提高生产供应能力的压力。动保行业市场需求快速增长，特别是随着消费升级，养殖品种升级显著地提升了对健康、安全、绿色养殖的需求，预防重于治疗的理念越来越被广大养殖户所接受，合理的动保产品投入对养殖的帮助主要表现为疫病风险下降、产品健康安全附加值提高、养殖成本可控、养殖效益提升等直接作用，还有劳动强度下降、产业链延伸能力提升等诸多延伸作用。未来动保行业市场容量将在目前的基础上有较大的持续发展空间，优势企业将迎来重大的市场发展机遇。

二、水产饲料行业周期性特点

1. 水产行业的三大显著特点说明水产养殖是真正的朝阳产业

（1）稳健性。为饮食刚性需求、能抗经济危机、抗技术革新。民以食为天，水产产业能满足人民饮食的刚性需求，随着世界人口的不断增加，这种刚性需求也不断增加；水产产业能抗经济危机，这已经被两次世界经济危机所证明；而且，延续了 3 000 年的养鱼技术仍在延续，说明水产产业可抗技术革新。可见，水产养殖产业具有稳健性特点。

（2）先进性。不与人类争抢原粮、饵料转化效率高、氮与磷排放量相对低。相对畜禽饲料，水产饲料配方极少用到原粮，大多数都是一些农作物的副产物，不会出现水产动物同人类争夺粮食的局面，而且与猪肉和牛肉生产相比，鱼类可将食物转化成更多的可消费蛋白质，饲料转化效率高，大量的研究报告和生产数据表明很多水产动物饵料系数基本在 1.0 左右，也就是说 500g 的饲料可以转化成 500g 的高品质的肉类，可以说很多水产动物是个天生的良好造肉器，用料远远低于猪、禽等其他品种，是个高效的产业。不仅如此，水产动物与其他动物蛋白生产系统（如猪肉和牛肉）相比，每单位重量的水产品对全球氮和磷的排放量小于猪肉和牛肉，可减少对气候变化的影响，可见水产养殖更环保。

（3）成长性。更健康的水产，社会更需要。随着养殖技术进步，水产行业成长性巨大。随着社会进步，人民生活水平的提升，终端消费需求也发生了变化，从吃饱到吃好，吃得营养和健康。相对其他动物蛋白，水产品更营养，更健康。养殖技术的进步也带动了水产饲料的使用，而水产饲料的发展潜力巨大，体现在如下几方面。①现有很多区域得水产养殖活动并没有使用工业配合饲料进行喂养；②部分已使用工业配合饲料的区域，投喂量还很低；③水产动物保健产品（水质处理剂，调水剂）等新技术的应用提高了单位水产养殖水面的投喂量，提高了单位生产效率，促进了养殖模式改进和新技术的应用。

水产行业的稳健性、先进性和成长性三大优点说明水产养殖是真正的朝阳产业。我国人口数量众多，耕地资源相对匮乏，耕地面积占世界耕地面积的7%，而人口数量约占全球的20%。由于耕地有限，粮食供给存在“天花板”，因此，在我国，发展水产养殖业具有重要的战略意义。受益与行业的稳健发展，水产饲料也呈现出良好稳健的发展态势。

2. 没有明显的周期性特点，整体处于行业的快速发展期

饲料、动保、种苗等行业的周期性都与养殖行业的周期性相关，养殖行业的周期性主要由供给端（养殖量）所确定。我国是人口大国，居民食品消费需求巨大，在一定时期内保持较为刚性和稳定。所以养殖行业供给端（养殖量）决定了养殖品种的价格、从而决定养殖行业的周期性。

一般来说，饲料行业会滞后于养殖行业的周期，当养殖量小于消费需求，养殖品种终端价格会上升，养殖利润可观，养殖周期景气度较高，但因养殖量的减少，从而造成饲料需求的减少；当养殖量大于消费需求，养殖品种终端价格会下跌，养殖亏损，养殖周期不景气，但因养殖量较多，对饲料需求较大。因为养殖行业景气度，直接影响到养殖户对优质或低档饲料产品的选择、饲料投喂的积极性、饲料产品价格的敏感性及饲料原材料价格波动的有效传递等，所以实际上饲料行业的周期性较为复杂。

优质水产种苗和动保行业因处于快速增长期，没有明显的周期性特点，整体处于行业的快速发展期。部分动保企业凭借成熟的市场团队、健全的销售网络和对水产业的认识，进军水产饲料也是情理之中，优秀的动保企业如果能在资金投入、饲料经营、产品开发、原料采购和加工生产环节加大投入力度，相对于传统的水产饲料企业而言，竞争力也将十分的明显。

三. 水产饲料行业的发展状况

1. 2018年是饲料行业艰难的一年

上半年饲料行情低迷不仅中小企业经营困难，部分大企业也面临增长乏力、甚至销量下降、利润减少的困难情况；叠加国内货币政策紧缩、金融去杠杆令行业内绝大多数企业面临资金短缺、经营性现金流短缺、断裂的巨大压力和风险。下半年的非洲猪瘟疫情的爆发如雪上加霜，给予生猪养殖、饲料行业沉重的打击；且全年中美贸易摩擦导致国内蛋白原材料数次暴涨暴跌，行业风险剧增。饲料行业步入生存为艰时期。

2. 水产品市场行情波动大

水产品价格表现为前高后低，一路大幅下行，全年水产品价格低迷与2017年价格高位运行形成鲜明对比；在养殖品种上表现为特种水产行情好于大宗水产品。2018年初，全国大宗水产品价格延续2017年价格高位运行的良好势头，1～4月价格保持在较高的水平，养殖户养殖热情高涨，投苗、投料大幅增长，但到了4月下旬，大宗水产品（淡水传统养殖品种如草鱼、鲫鱼、罗非鱼等）价格急跌，多地区的大宗水产品养殖盈利快速缩小并出现亏损情况，且价格低、养殖亏损的情况一直持续至年底仍未见起色，养殖户养殖热情转冷，普通水产饲料需求大幅下降。特种水产品（指价格稍高，近几年开始规模养殖品种，如鲈鱼、生鱼、鳜鱼、小龙虾）等因国内居民消费升级拉动，前三季度价格保持稳定，养殖利润可观，对应饲料需求较为强劲。受大宗水产品价格、生猪价格长期持续低迷等因素影响，部分特种水产品价格从第四季度开始急跌，行情的波动都是正常的，此时在谷底，就一定会迎来高峰，水产从业者对于未来的鱼价行情需要保持理性。我国水产品消费的区域化特点非常明显，有的地方喜欢吃海产品，有的地方喜欢吃淡水鱼，有的地方喜欢大闸蟹，还有一些形成局部消费热潮的品种。

3. 环保环保对水产养殖及饲料的影响有限

近年来国家非常重视环保，提出“绿水青山就是金山银山”的口号。杜绝环境污染，在各地方拆除了多处网箱养殖和不合格的水产品加工工厂。而环保无疑对水产养殖及饲料产业会带来影响，那么大水面禁养是否会大大降低水产饲料总量？短期效应来看，对水产饲料总量不会有太大的影响。

（1）大水面养殖所占比例低，也属于粗放养殖。

（2）高鱼价会助推大量土地流转到养殖：一些猪圈等养殖设施被改造成虾塘或精养鱼塘，部分养殖区域由陆地向海洋延伸，海洋养殖品种及产量增加。

（3）同时休渔政策趋严，利好饲料行业：一是行情的利好提升了养殖户养殖积极性，二是由水产捕捞转向水产养殖，扩大对特种水产配合饲料的需求。

（4）技术进步可以不断提高单产，如通过优质饲料、高密度、高增氧，通过水质调节可以大大提升单位产量，先进养殖模式如集装箱养殖、跑道养殖模式、室内工厂化养殖等模式不断涌现，技术进步带来的增量甚至超过因大水面禁养减少的这一部分存量。

（5）不同区域行情不同，养殖产区格局的重新划分，交通、冷链物流、互联网技术越来越发达成熟，部分品种甚至可以全国销售，南北差异缩小。

4. 非瘟对水产饲料行业的影响深远

居民生猪消费需求有望转向禽与水产，禽料和水产饲料业务受益。非瘟预计将导致生猪存栏大幅下降、猪价大幅上升，并使驱使居民消费向禽与水产转移，部分公司有望凭借自身多年在禽与水产饲料上积累的竞争优势抢占更多市场份额，取得高收益。但部分公司不得不面对从猪饲料部分跨界到禽、水产饲料的竞争者，必须不断加强在禽、水产饲料上的竞争优势。非洲猪瘟的爆发必然会加速饲料行业的整合，行业集中度加速提升。非洲猪瘟爆发后，养殖户对饲料的需求发生根本性改变，有产品竞争力、服务能力的企业将得到充分体现。

表1　2018 年全国不同省份水产饲料产量统计

省份	水产饲料产量（t）
广　东	5 986 297
江　苏	3 529 122
湖　北	2 776 149
湖　南	1 578 698
福　建	1 567 323
浙　江	1 076 933
四　川	626 241
广　西	597 625
江　西	593 278
山　东	519 701
河　北	451 610
辽　宁	446 204
河　南	442 254
天　津	394 646
海　南	350 103
云　南	307 305
安　徽	299 638
重　庆	185 641
新　疆	110 686
北　京	56 973
黑龙江	49 223
陕　西	39 497
宁　夏	33 599
上　海	32 739
贵　州	23 425
甘　肃	10 714
吉　林	10 526
内蒙古	9 681
全国总量	22 105 835

华中、华南、华东三大地区约占全国 80% 的水产养殖规模，是主要饲料企业重点布局的市场。从省份角度来看，广东、江苏、湖北位列水产饲料销量前三位，仅这三个省就占据了全国近四成的市场份额（表 1）。

5. 特种品种饲料快速发展

按饲喂品种，水产饲料可分为鱼料、虾蟹料、爬行类和两栖类等。细分来看，普通淡水鱼料销量最大，以草鱼、鲤鱼、鲫鱼、罗非鱼、鳊鱼、青鱼等传统淡水养殖品种为主的市场占有率约占全国水产饲料的 70%，但毛利率较低；特种料约占总量的 30%（包括高档淡水鱼料、海水鱼料和蟹料等）销量较小，但其技术要求较高、毛利率较高，整体增速较高。

部分本土优秀企业通过特种料细分也获得了长足的发展，诸如品种细分、粒径细分、功能性饲料细分、配方细分等打造差异化优势。如加州鲈鱼、黄颡鱼、螃蟹料、小龙虾、河豚等品种，市场总量有限，但在短期内有着优秀的收益表现和市场容量，一些中小本土企业利用其自身灵活或者原料采购、或者技术上的优势抓住机遇，在部分核心市场占据绝对话语权。

不同区域特种品种如雨后春笋一般蓬勃发展，销量整体稳健增长。常规特种品种有黄颡鱼、金鲳、海鲈、生鱼、牛蛙、塘虱、甲鱼、鳗鱼、泥鳅等相对比较成熟整体稳定增长，构成特种品种中的主力，另外，部分新特种品种诸如加州鲈、小龙虾、巴沙鱼、牛蛙、青蛙、大黄鱼、翘嘴红鲌、鳜鱼、石斑鱼总量小，但爆发的增长势头迅猛，大有可为。

如养殖新宠巴沙鱼因为刺少，便捷的供应及餐饮业的大力推动快速发展，2018 年统计数据显示从越南进口巴沙鱼片数量超过 20 万 t，折算成活鱼至少 60 万 t 的总量，因为消费市场的持续暴增，多次出现断货的局面，广阔的空间，良好的成长性，养殖利润空间大，巴沙鱼的中国新时代已提前来到，在广州联鲲、恒兴集团等公司共同努力下，开启了国内养殖元年，2018 年一经局部尝试，便在粤西、广西大部分养殖户处获得饵料系数将近 1.0，亩产 5 000kg，养殖效益 10 000 元的好成绩，2018 年巴沙鱼国内养殖总量近 50 000t，更难得的是最为困扰国内巴沙鱼养殖肉质发黄问题在广州联鲲技术团队攻克下完全得以解决，让国内养殖户高枕无忧地养殖巴沙鱼。巴沙鱼未来几年也将快速发展，某种程度上有取代罗非鱼、草鱼等这些低值的鱼类的趋势，同时更有可能替代传统红肉品种如猪、羊肉等这些品种，保守估计 2019 年国内养殖总量轻松超过 10 万 t，配套产业链将不断完善，几年时间完成像罗非鱼、南美白对虾在国内 20 多年的发展历程。

鳜鱼养殖总量约 30 万 t，其中广东约 10 万 t，我国鳜鱼养殖主要集中在广东、江苏、湖北、江西、湖南和安徽，其他省份如广西、浙江、山东、四川和东北也有少量养殖。据不完全统计，近年来，全国鳜鱼年养殖总量约 30 万 t，其中广东约 10 万 t。苗种方面，全国 80% 比例的鳜鱼苗来自广东，其中约 50% 的广东鳜鱼苗产于阳春市，佛山多为标粗。鳜鱼的高价带来桂花鲮鱼的高价，广东市场去年鲮鱼料销量突破 8 万 t。鳜鱼饲料也是众多企业和科研机构在不断尝试突破的一个新方向，部分区域实现全程投喂饲料的实验，目前已经取得了一些技术上的突破，但在效率、效益及技术手段协同如苗种育种、驯化投喂等方面需要更多探索积累以取得行业性的重大突破。

四、水产饲料行业的发展趋势与展望

产品升级明显、加工品需求暴涨。生产全球化、贸易全球化，电商、冷链物流发展更会带来更多更优质的水产品进出口。而且不同渠道对应的消费需求在变，所以对应的养殖品种及饲料需求也将产生变化，要能够在变化中抓住机会。①消费者的经济水平提高，中国人对营养、健康、安全水产品的需求暴涨，消费需求也在升级。②由于80后新生代的生活经历、消费习惯的改变，使他们对加工、速食水产品的需求在快速增长。③用工成本的增加，进一步推动加工产品暴涨。

在这一消费升级的大背景下，水产养殖及饲料发展表现出以下趋势：

1. 产品升级趋势明显，饲料产品转型势在必行

中国水产饲料的发展方向是高档料、特种料和功能性饲料及生物饲料。产品的转型升级实质上也是企业的一次变革，不仅需要进行经营规划的分析与调整、传统思想的转换与行为方式的转变，还需要配套的技术和人才的支撑。水产饲料产品转型升级路上应该顺应潮流，抓住机会，乘势而上。

（1）颗粒料转膨化料。传统的颗粒料很难满足眼下的发展形势，养殖户、经销商、饲料厂各个层面都难以为继，面对大好行情，颗粒料难带来效益最大化。膨化料代表着先进的生产力，近年来膨化料比例也在不断提升，2018年膨化料比例基本达到总量的30%，膨化草鱼料在部分区域发展较快，广东中山顺德市场的统皖草鱼膨化料比例已经占据70%～80%，遥遥领先于其他市场。

以2017年华中草鱼为例，因为草鱼价格好，普通料1t出550kg草鱼，使用膨化料1t产鱼700kg；使用膨化料比使用颗粒料多产鱼150kg，按照草鱼价格12元/kg计算，每吨料多赚1 800元；但考虑到每吨膨化料的价格相比颗粒料贵1 000～1 200元，这样由颗粒料升级为膨化料养殖草鱼后养殖效益每吨料增加600～800元。

（2）产品档次提升。随着养殖模式的不断升级优化，养殖水平越来越高，大的养殖场和养殖大户不断涌现，他们对饲料的鉴别能力越来越高，把养殖看做是一种投资，追求高产、快速出鱼、资金周转快、低风险，这样传统的产品档次有时候难以适应市场的快速变化，更有甚者在产品上面墨守成规，不立足于市场，表现不尽如人意。

（3）发展特种膨化料。特种品种发展快速，技术上不成熟，但利润空间相对较高。很多品种目前并没有得到大集团公司的重视，稍微花些功夫在特种品种上面反而可以取得不错的收益。

（4）重视功能性饲料的开发。水产功能性饲料是指为了提高饲料品质或增加饲料用途而生产的具有某种特定功能的饲料，它可以调节机体的代谢机能或免疫机能，从而改善养殖动物的生产性能或健康水平，最后达到保证养殖动物快速、健康生长的要求。虽然功能性饲料在21世纪初就被提出，但它在市场上的实际应用及推广情况层次不齐。它受制于理解深度、技术手段、效果评估及专业推广和客户认知几个方面，但因为代表着先进的生产力，越来越被市场认可，部分厂家积极尝试，在生产性能上体现出了意想不到的效果。

安全问题不容忽视，应顺应安全问题设计功能性的饲料来减少鱼虾发病概率，如添加植物提取物添加剂等，使饲料安全无副作用，更顺应当下无抗的饲料主题；通过设计大黄鱼功能性饲料，使大黄鱼成活率提升11%，生长速度提高71%。在水产品加工方面，如巴沙鱼的加工，可使用去除肉质发黄的添加剂来提高巴沙鱼的肉质，也使巴沙鱼在国内可普遍养殖。打造品牌鱼，发展有特色的养殖品种。如辽宁丹东英波饲料公司，通过饲料改良技术，在鲤鱼肉质上花工夫，生产的鲤鱼肉质细腻、口感很好，凭借其优质的质量出口日本、韩国、朝鲜、俄罗斯等多个国家，也直接带动了饲料厂的良好经营。

在功能性产品设计上面，要综合考虑多重因素，如明确功能性饲料的竞品、功能性饲料的种类，掌握各种功能的营养技术方案，分析目前市场上功能性饲料产品不足之处、功能性预混料添加剂的配套、产品设计与营销推广策略等。每一个环节都必不可少，这些因素将决定功能性产品的灵魂和竞争力。

（5）发展生物饲料已成燎原之势。产品的生产技术将由资源消耗型向科技创新型、资源节约型、环境友好型等方面转变，在质量安全、生态建设方面取得新突破。针对消费者和行业发展的核心需求（食品安全、无抗、环保、风味品质、成本），生物发酵饲料发展势头愈发明显；可以改善饲料适口性，促进动物采食、脱毒和抗营养因子去除，提供丰富代谢产物，产生有益的生态效应，对保障动物产品质量安全，获得优质、安全的动物产品有重要意义。大北农神爽水产另辟蹊径，敢于创新，所开发的系列发酵产品已征服了大批用户，体现出良好的效果及效益。

2. 高效益养殖模式需要和饲料配套的升级调水产品

高效益养殖模式需要和饲料配套的升级调水产品来提高用户群的盈利水平，用户群能更好地使用产品，发挥饲料的价值，使产品效果正确表达，真正帮助养殖户创造价值。目前，整个行业动物保健销量在60亿～70亿元，在通威、海大的规划里，动物保健行业的价值被评估到上百亿级别的市场容量。围绕养殖业的发展，饲料业务发展趋势也较大程度上预示着动物保健是未来动物养殖发展的重要趋势性特征，产品需求将快速增长。

饲料厂具备传统动保企业不具备的一些优势，可以更高效地推广技术应用方案。同时借助于动保产品，提高企业的综合服务能力和竞争力水平。2016—2018年江苏淮安大北农服务模式转型升级，2018年水产料10万t，但水产动保从400万t飙升到6 000多万t，毛利近60%。

当前，各大水产饲料企业正在努力打造以动保为工具的高效综合服务能力。所有的企业基本都在同一个起跑线上，这是农牧业新时代的开端，也是企业生存发展、弯道超车的大好时机。未来十年，调水产品会成为决定水产饲料企业发展或者生死的决定因素，调水剂会成为左右中国乃至全球水产饲料竞争格局的核心因素。

3. 技术驱动行业进步更为明显

在饲料行业的分化、整合发展过程中，技术在行业竞争中的作用越来越重要。全球农产品关联度越来越紧密，部分地区天气状况、贸易摩擦等情况都会造成农产品价格的大幅波动；动物营养殖需求、饲料配方调整、原材料替代技术等都是饲料技术竞争的核心领域。其他技术方面，如生物饲料技术蓬勃发展，饲用微生物、酶制剂等产品种类不断增加、功能不断拓展，在促进饲用抗生素减量使用、饲料资源高效利用等方面展现出巨大潜力，都会成为行业新的竞争门槛。

4. 产业整合融合需求更迫切

饲料总量增长放慢，企业竞争激烈，优势企业加快了对产业投资及国外区域投资。部分饲料企业综合实力较强，在资本、管理、技术、人才等方面都有优势，为增强持续发展能力、融入养殖大产业，打造全产业链的步伐将进一步加快。东南亚、东亚、非洲等新兴市场的饲料产业处于快速成长期，“走出去”对我国饲料企业拓展发展空间也日趋重要。

5. 价值链的竞争成为基本竞争模式

企业、员工、销售商、用户都必须得到利润相对最大化，争取利用相同资源创造出更大的价值。饲料企业的竞争是成本和规模的竞争，只有增大企业规模、优化产业结构，企业才能在竞争中获胜，才能实施新的经营战略，向上下游延伸产业链，向安全、优质、高效、低耗、环保、生态等协调全面发展型方向前进。

（彭志东 张 松 杨 勇）

反刍动物饲料

2018年是我国饲料工业波澜起伏的一年，尽管面对多重挑战，我国饲料工业总产量保持稳步增长，连续8年位居世界第一位，约占全球总产量的25%。其中，反刍动物饲料产量增速最快，首次突破千万吨，全年实现产值和产量双增长的好成绩。我国农业供给侧结构性改革的深入推进和反刍动物养殖场规模化、多元化时代的开启，持续推动了反刍动物饲料工业结构的优化调整和饲料生产行业健康有序的发展，反刍企业产业链调整重组步伐加快，保证了反刍动物饲料产量近年来的稳步增长。

一、反刍动物饲料生产情况

2011—2018年，我国反刍动物饲料产量保持平稳发展态势，持续稳步增长。从图1可以看出，2011—2015年，反刍动物饲料产量连续增长，2015年反刍动物饲料产量达到884t，比2011年增产14.06%。整个“十二五”期间，反刍动物饲料产量保持了比较稳健的发展趋势。截至2018年年底，我国反刍动物饲料总产量突破1 000万t大关，已达到1 004万t，分别比2016年和2017年增产14.09%和8.78%。在“十三五”的前3年期间，我国反刍动物饲料总量呈现良好的增长态势。以上结果表明，我国反刍动物饲料生产表现为长期稳定的增长趋势，全产业链发展仍是反刍动物饲料生产的主流发展方向。

二、反刍动物饲料生产特点

1. 我国反刍动物饲料产业集中度持续提升，优势产区产量大、生产区域相对集中，产量将保持稳定增长，结构性调整不断深入

2018年，仅内蒙古、辽宁、吉林、黑龙江、河北、北京和天津地区的反刍动物饲料产量达665万t，占全国总产量的66.24%（表1）。全国反刍动物饲料产量超过200万t的地区有1个（内蒙古），占总产量的22.60%；超过100万t的地区有2个（河北和辽宁），分别占总产量的12.14%和10.57%。反刍动物饲料优势企业对中小型企业整合力度将进一步加大，大型企业打造全产业链步伐将进一步加快，生产效率更高，生产成本更低，反刍饲料企业“走出去”具有广阔空间。

2. 反刍动物饲料产品结构日趋合理、相对稳定

从产品分类来看，表现为“两增一降”。2018年反刍动物配合饲料产量为779万t，同比增长14.73%，较2017年度有较大幅度增长，处于快速增长期；浓缩饲料产量为179万t，同比减少10.50%，较2017年

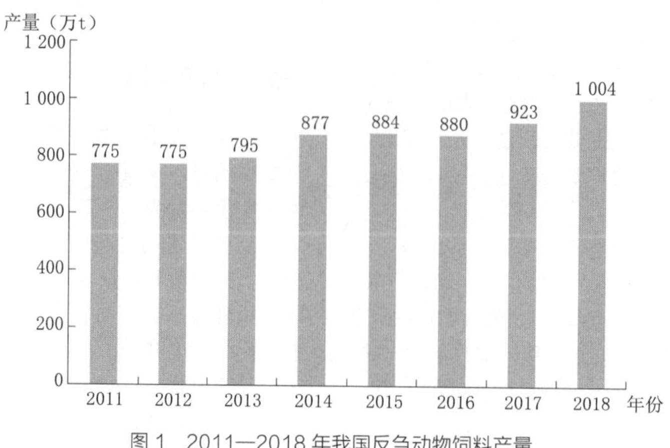

图 1　2011—2018 年我国反刍动物饲料产量

度有所降低；添加剂预混合饲料为 45 万 t，同比增长 4.65%，较 2017 年度有小幅度升高。可见，我国反刍动物配合饲料和添加剂预混合饲料均呈稳步增长趋势，而浓缩饲料呈降低趋势（表 1）。

3. 反刍动物饲料产品质量安全持续向好，反刍饲料工业向高质量发展

农业农村部通过严格实施饲料和饲料添加剂生产许可管理，强化对企业标准制定工作的服务和指导，督促反刍饲料企业建立全程质量安全管理和追溯体系；加大饲料产品经营和使用环节监管检查力度，严肃查处假冒伪劣饲料产品；加强反刍饲料企业信用监管，建立饲料行业诚信体系，及时记录饲料企业诚信状况并向社会公开；通过制定《饲料企业诚信守则》，推进企业自律和诚信建设，加强反刍饲料行业科研伦理建设，在产品研发、生产、使用等环节推动落实科研伦理要求；新版《饲料卫生标准》涵盖 5 类 24 个有毒有害项目、164 个技术指标，其中 80% 达到全球最严的欧盟标准水平，使反刍饲料产品卫生质量有保障；为切实加强饲料添加剂管理，保障饲料和饲料添加剂产品质量安全，促进饲料工业和养殖业持续健康发展，农业农村部 2625 号最新公告，根据《饲料和饲料添加剂管理条例》有关规定对《饲料添加剂质量安全管理规范》进行了修订，并于 2018 年 7 月 1 日起施行；对《饲料添加剂安全使用规范》《饲料原料目录》和《饲料添加剂品种目录》也进行了相关修订，使得反刍动物饲料越来越安全和环保，持续向高质量发展。

表 1　2018 年我国 30 省份反刍动物饲料产量

单位：t

地　区	配合饲料（精补料）	浓缩饲料	添加剂预混合饲料	反刍动物饲料
北　京	223 099	26 473	98 113	347 684
天　津	301 428	60 239	40 714	402 381
河　北	897 964	264 102	57 088	1 219 155
山　西	99 686	19 114	1 367	120 167
内蒙古	1 854 070	399 469	16 483	2 270 022
辽　宁	844 927	207 579	9 420	1 061 926
吉　林	371 733	79 627	29 340	480 700
黑龙江	451 186	389 739	22 752	863 677
上　海	161 163	1 851	20 907	183 921
江　苏	327 282	30 661	14 668	372 611
浙　江	84 558	—	220	84 778
安　徽	53 580	3 286	2 366	59 233
福　建	98	—	—	98
江　西	221	—	140	362

（续）

地 区	配合饲料（精补料）	浓缩饲料	添加剂预混合饲料	反刍动物饲料
山 东	510 828	78 409	79 049	668 286
河 南	210 770	17 125	5 757	233 652
湖 北	13 151	1 206	—	14 356
湖 南	1 364	43	2 723	4 130
广 东	45 719	—	1 820	47 539
广 西	13 191	—	—	13 191
海 南	—	—	—	—
重 庆	19 464	2 269	120	21 853
四 川	86 581	13 711	14 241	114 534
贵 州	70 831	8 711	—	79 542
云 南	25 200	9 154	1 371	35 725
陕 西	148 772	38 770	17 353	204 895
甘 肃	223 534	81 895	6 190	311 619
青 海	74 110	815	2 280	77 205
宁 夏	199 299	39 858	6 013	245 170
新 疆	480 948	17 878	5 657	504 483
全国总计	7 794 755	1 791 983	456 156	10 042 894

三、反刍动物饲料的发展趋势

新时代，反刍饲料企业的竞争不仅仅停留在规模和成本优势的竞争上，而是更加趋向于在生产制造和采购优势基础上对客户需求与产品力对接的能力上。反刍饲料企业通过认知－观念－技术－产品－使用－价值多个环节的不断挖掘，将成为下一步成长的关键点。随着规模化养殖场主导市场时代的到来，必将把反刍动物营养和产品技术引领到一个崭新的时代——动态配方技术时代。定制个性化和多元化的反刍动物饲料产品成为规模化养殖场的首选，反刍动物饲料企业正转向为彻底地服务于养殖业，这种转变引发着一场技术变革和产品变革。动态配方技术结合动态饲喂模式更加遵循动物机体的生物钟，颠覆了目前现行的静态化反刍动物饲养标准，使其由静态化向动态化和精准化等方面进行调整和改进成为可能，以达到精准饲喂、节约成本和高效产出的目的，这必成为反刍动物饲料新的发展趋势。

以《全国饲料工业“十三五”发展规划》、2018 年中央 1 号文件、2019 年中央 1 号文件和《农业绿色发展技术指导 2018—2030》为总纲，重点研发反刍动物饲料营养调控关键技术、低蛋白日粮配制技术、新型调控剂的开发利用技术、饲草料营养价值评价及日粮适合度检测技术及饲料营养调控低碳氮减排技术；应用物联网、云计算、大数据、移动互联网等现代信息技术推动反刍动物精准饲养管理技术升级；实施奶业振兴行动，加强优质奶源基地建设，升级改造中小奶牛养殖场；加强反刍动物饲料工业的建设和质量安全的监管力度，实现生产工艺智能化、精细化，以保障反刍动物饲料的环保、无药和高效精准营养；将反刍动物日粮向幼龄化、母体化、功能化、环保化发展，饲料营养向精准化、动态化、分子化、调控化发展，饲料原料向种类多样化、发酵预处理化、应用区域化、采购国际化发展；优化以质量安全为核心的反刍饲料工业标准体系，加强节本增效技术推广，推动我国反刍动物饲料行业向高质量发展。

（孙海洲　张崇志）

特种动物饲料

随着我国农业产业结构的调整及农业供给侧结构性改革需求的引导，2018 年我国特种动物饲料产业的发展稳中有升，毛皮动物饲料市场规模比 2017 年度有所回升，茸鹿饲料及部分珍禽饲料领域，市场规模与

2017 年度持平，保持相对的稳定。毛皮动物貂、狐、貉为肉食动物，其饲料具有特殊性，动物的营养需求及饲料配制加工有其自身的特点，形成了独特的市场，主要有狐、貉干粉配合饲料、全价饲料及全价鲜饲料，水貂 20% 左右比例配合干粉饲料及全价鲜饲料，各类预混料等产品；梅花鹿和马鹿在东北及新疆等地区饲养比较集中，随着规模化和集约化生产的发展，仔鹿及生茸期公鹿全混合日粮饲养逐渐成为市场趋势，同时，鹿精饲料补充饲料、打包玉米青贮饲料的应用也越来越普及；兔的生产在我国南方较多地区已形成了特色产业，其皮肉兼用型的特点，为产业的发展提供了强大的需求动力，饲料市场在集中饲养区专业化程度逐渐提高；部分珍禽如雉鸡、鹌鹑、肉鸽、野鸭、火鸡、珍珠鸡、大雁等，在局部地区已形成了养殖的优势产业，但其饲料产业还未形成规模和特有市场。

一、特种动物产业发展概况

2018 年毛皮动物受市场皮张价格低位运行的影响，貂、狐、貉饲养量与 2017 年度相比有所下降，为 5 400 万只左右，水貂和狐狸养殖量弱减，貉的养殖量增加幅度较大，饲养量为水貂 2 000 万只，狐 1 800 万只，貉 1 600 万只。受优质水貂皮价格坚挺的影响，水貂品种改良的步伐逐渐加快，大型养殖场进口优质水貂数量成倍增长，促进了我国水貂毛皮品质的改良提升。随着产业的快速发展及人工成本的增加，毛皮动物养殖集约化、机械化程度越来越高，而且大型养殖场逐渐增加，以前以家庭为单位的小型养殖单元逐渐被大型集约化饲养代替，这就为饲料配制及规模化生产提出了很多技术新课题，如水貂鲜饲料的配制、保鲜、配送，貉颗粒饲料配制及自动化加食技术等，都是毛皮动物饲料产业未来发展的新方向。

兔为草食性动物，饲养成本低，饲料来源丰富，主要产品为毛用、肉用或皮肉兼用；在我国的饲养地区主要集中在四川、重庆、山东、江苏、福建、浙江、河南、河北、安徽等省份。兔养殖技术较易掌握，繁殖快，适宜于农户养殖，利用农村闲散劳动力及当地饲草资源进行养殖，市场风险也较低。但随着我国环保要求的提升及执法日益严格，集约化饲养也逐渐增加，2018 年养殖量在 2.3 亿只左右，兔肉价格在 20 元 /kg 左右，皮张价格受国际市场走势的影响略有下行，一般质量的獭兔皮价格在 35 元 / 只左右，特级皮价格保持稳定，在 50 元 / 只左右。兔的毛皮属中低档产品，市场需求广泛，受国际经济走势的影响较小。

我国人工养鹿历史悠久，养殖品种主要是梅花鹿和马鹿，2018 年的饲养量约 65 万头，主要饲养方式为人工圈养，在我国各省份均有饲养，东北三省为主要养殖区，占到全国养殖数量的 90%。梅花鹿、马鹿饲养的主要产品为鹿茸，每年鹿茸产量约 520t、直接鹿茸产值达 10 亿元，带动其产品深加工、制药等相关产业产值达 670 多亿元，提供就业岗位 80 万个左右，在我国农村区域经济的发展中起到了越来越重要的作用。

我国茸鹿养殖的主要产品为鹿茸，其价格的变化带动着鹿价格的变化。2018 年鹿茸价格较 2017 年度略有上涨，仔鹿价格也有上涨。2018 年茸鹿饲料成本有所增长，主要是由于玉米及豆粕价格高位运行导致的；由于人工成本的增加，粗饲料价格逐渐上涨，如果粮改饲步伐加快，为养鹿提供更多优质粗饲料，会进一步提高养鹿的综合效益。当前，部分养殖场公鹿饲养多，平均产茸量较高的饲养场有相对较好的盈利。部分养殖场开展鹿茸深加工及制药的企业为了稳定鹿茸原料的供应及保证鹿茸原料质量，使开展茸鹿的养殖，有很好的综合经济效益。

我国饲养的珍禽品种主要有雉鸡、乌骨鸡、鹌鹑、肉鸽、珍珠鸡、贵妃鸡、火鸡、野鸭、孔雀、鸵鸟、大雁等，2018 年其市场需求随着人们生活水平的提高及消费结构的变化逐渐提高，存栏数达到 5.8 亿只左右，较 2017 年增长率为 4% 左右。目前，珍禽市场需求较为旺盛，人们因消费习惯和生活需求的改变对珍禽情有独钟，但由于当前存在着市场流通与调控能力不强、健康养殖理念不到位、养殖规模小而散等特性，生产效率不高。如果未来开展规模化健康养殖、生态观光养殖、互联网销售模式等，那么控制产业各个环节、提升品牌价值、提高珍禽养殖附加值是必然之路。肉鸽、山鸡等珍禽养殖，在资金、技术、销售信息和渠道上也可以发展专业合作社模式，以适应市场需求的新形势，让珍禽养殖产品真正成为人们寻常健康生活必需品。

二、特种动物饲料生产情况

2018 年毛皮动物貂、狐、貉鲜饲料、干粉及颗粒饲料需求近 450 万 t，毛皮动物饲料企业生产商品狐貉粉料 118 万 t，主要由膨化玉米、豆粕、肉粉、鱼粉、DDGS、麦麸、米糠、豆油、鸡油、预混料等组成，是市场中全价饲料的主体，部分养殖户在使用全价饲料的过程中，会结合当地饲料资源情况，添加部分海杂鱼、鸡架、鸡肠等鲜饲料，一方面可以提高饲料的适口性和采食量，另一方面也可以增加饲料的多样性，补充部分动物性饲料，利用当地屠宰下脚料，降低饲料成本。水貂商品干粉配合饲料年生产 23 万 t 左右，主要由膨化玉米、豆粕、DDGS、米糠粕、预混料等组成，用来代替水貂饲料中熟化植物性饲料，补充氨基酸、微量元素及维生素等成分，一般配比占水貂饲料的 20%～30%。2018 年水貂全价鲜饲料年需求 55 万 t，主要由海杂鱼、鸡骨泥、鸭骨泥、鸡肠、膨化玉米、豆粕、预混料等组成，干物质含量约35%，采取每日配送的形式分派到养殖场，这种集约化的厨房式生产需要在水貂养殖较为集中的区域开展，鲜饲料适口性好、营养全面、动物对营养物质的利用率相对较高，发展有较大潜力；由于鲜饲料的配送专业化程度高、运费高、市场半径有限，目前在水貂养殖较为集中的威海地区、潍坊地区市场需求较为旺盛。毛皮动物各类颗粒饲料年生产35万t左右，当前貉颗粒饲料由于饲喂方便，人工管理简捷，在部分把养殖当第二产业的地方有较好的需求，水貂颗粒饲料在部分地方也有一定的市场。毛皮动物预混料年生产在3.2万t左右，主要为微量元素、维生素、氨基酸、酶制剂、抗生素等的混合物，多为1%或4%的添加产品，部分以预防腹泻、增加毛皮品质等为主的功能性预混料产品也有一定的市场。毛皮动物商品饲料占市场需求将近50%的份额，其中狐貉饲料仅75%为商品饲料，而水貂饲料仅30%为商品饲料，其他均为养殖场自配料。整个毛皮动物饲料市场还有很大的潜力，其市场主要分布在山东、河北、辽宁、吉林、黑龙江等地区。

兔的养殖比较分散，以区域性农户为主，2018年兔专业性精料补充料已形成产业，在西部地区有一定的市场，大型专业化兔饲料公司逐步呈现，目前兔饲料市场约600万t（含自做饲料）。

我国茸鹿的养殖98%为人工圈养，很少部分的鹿被实施草地放牧或围栏放牧，适当人工补饲，而且梅花鹿占茸鹿养殖的90%，饲料主要为梅花鹿精料补充饲料，占饲料市场的80%。因为鹿茸是我国茸鹿养殖的主导产品，所以在养殖生产中，对公鹿生茸期饲料的营养供给考虑得最多，而且精饲料占到日粮干物质总量的60%，其次是仔鹿生长期精饲料。随着人工成本的增加，粗饲料的收购价格提高，而且粗饲料在饲养过程中管理成本也较高，在仔鹿生长期和公鹿的生茸期，人们逐渐接受使用全混合日粮，即把精饲料和优质的粗饲料混合甚至制成颗粒来饲养鹿，以达到仔鹿健康快速生长和公鹿高产茸的目的。目前我国茸鹿的饲养主要以农户家庭圈养为主，大型集约化的养殖场较少，饲料的配制主要是自配精饲料在动物关键生产时期开展补饲，如在仔鹿的生长期、公鹿生茸期、母鹿妊娠期和泌乳期开展补饲，集中饲养的吉林省每年公司化生产的全混合饲料和精料补充饲料的量在10万t左右，已初步形成一定的市场规模。随着鹿这一特色珍贵资源深加工及高附加值科技成果的推广应用、鹿茸价格的走高，茸鹿饲料产业也将在养殖集中区逐步形成稳定的产业。

珍禽养殖的区域非常广泛，相对分散，在局部地区形成了特色养殖优势产业，但其饲料产业还未形成自己的特色和规模市场，其饲料的配制多参考家禽的营养需求及饲料配方，有一定的现实意义，但专业性不强，不能很好地发挥动物的遗传潜力和生产性能。每年珍禽的饲料市场需求在150万t左右，除部分自配饲料外，多被家禽饲料企业直接代替，严重地阻碍了产业的健康高效发展。未来相对专业性的肉鸽饲料、雉鸡饲料、野鸭饲料在大型珍禽养殖企业将形成一定规模，区域性特色养殖也将是未来珍禽产业发展的必然之路。

三、特种动物饲料发展特点

1. 受2017年度皮张价格较低影响，毛皮动物饲料价格竞争激烈，多元化结构增强

2018年毛皮动物全价饲料、配合饲料、颗粒饲料、鲜饲料及预混料等呈现多元化发展趋势，各类饲料市场总额均有不同程度的增长，养殖户自配饲料的比例下降，这表明商品饲料的市场化程度提高，专业化程度增强，更多的养殖户愿意使用商品化饲料开展毛皮动物养殖，从而减少人工成本及提高专业化分工。

受2018年皮张价格低位运行的影响，毛皮动物饲养户在饲料的选择上多选择价位低的饲料，在市场选择压力和利润空间的调节下，低价位毛皮动物饲料销售较好，市场竞争激烈。在多元化结构的变化中，毛皮动物颗粒饲料因其饲喂简单、便捷，在一定程度上降低了人工成本，在部分狐貉集中养殖区应用呈现扩大的趋势。随着产业的发展，越来越多的大型狐貉养殖场倾向于部分使用商品化的干粉饲料，减少饲料原料的购置、贮藏、加工等的繁杂程序及风险。水貂饲料不同于狐貉饲料，水貂是鼬科动物，是对饲料要求更严格的肉食动物，对食物的选择性强，适口性要求高。干粉饲料适口性相对鲜饲料差，而且在蛋白质的利用率上相对低，用完全的干粉饲料饲喂水貂，难以获得较好的生产性能，在体重、皮张延展性、毛皮光泽度等方面都会略逊一筹。水貂养殖场目前一般都选择自配鲜饲料，部分饲养场选购一部分水貂配合饲料，其主要组成为膨化玉米、豆粕及部分微量元素和维生素的添加物，减少了养殖场熟化玉米等谷物饲料的麻烦，而且添加了微量元素和维生素及氨基酸、酶制剂等物质，提高了饲料营养的全价性和功能性，这种饲料的市场需求还在上升过程中。水貂鲜饲料在水貂养殖集中区市场份额逐渐增加，因为中小型水貂养殖场在进行鲜饲料配制时，在鲜饲料采购的质量控制、鲜饲料的保存以及加工等方面，面临着很多困难，所以鲜饲料加工配送公司将是未来水貂养殖集约化发展的必然趋势，他们生产的产品可以直接饲喂，适口性好、新鲜度高、营养的全价性好。

2. 毛皮动物优良品种的推广与扩繁将促进饲料技术的革新

毛皮动物皮张的价格很大程度取决于动物品种。蓝狐的人工授精技术也为体型大、毛质好的芬兰狐扩繁提供了技术支持。这些优良动物品种生产性能的发挥需要优质营养的饲料供给，特种动物优良品种的广泛饲养要求饲料进一步提高质量，特别是营养的全价性和平衡性，以满足动物高产优质的生产性能的发挥。针对新品种的营养需求开展的饲料供给技术研究也在逐步展开。优良品种生产需要高质量的营养饲料，特别是鲜鱼、鲜肉或鱼粉、肉粉等优质蛋白质饲料，这也为鲜饲料配送企业提供了更多的市场机会，继而也会改变我国饲料市场的结构。

3. 自动化技术在毛皮动物生产中的应用，促进了鲜饲料及颗粒饲料配制的标准化进程

随着我国经济的发展和劳动力成本的增加，我国已成为全球毛皮第一进出口大国、加工大国及消费大国，国际毛皮动物养殖逐渐向我国转移，我国也成为毛皮动物的第一养殖大国。毛皮动物养殖的结构和技术发生了很大变化，很多大型毛皮动物养殖场，在动物饲养的品种、饲养模式、机械化程度、管理方式等方面，引进了美国或丹麦的模式开展养殖生产。在新技术的应用上，机械化程度越来越高，自动喂食、自动饮水系统等生产技术的应用大大提高了生产的效益，节省了人工成本；同时，机械化、自动化必须要求饲料均一稳定、颗粒饲料流散性好、鲜饲料干湿合理、推送自如、饲料能挂网、有利于毛皮动物的自由采食等，这就要求饲料配制中原料稳定、水分及黏度适宜等。饲料在生产中要求标准化，才能生产出适宜规模化、机械化喂食的饲料来。

4. 特种动物疾病综合防控及养殖废弃物利用技术的应用，推进了特种动物饲料行业的健康发展

特种动物疾病种类多，危害性大，特别是毛皮动物貂、狐、貉犬瘟热、病毒性肠炎等烈性传染病，各种原因引起的腹泻等，影响着动物饲料的有效利用；同时，养殖废弃物对环境及动物自身健康的影响也很大，对特种动物疾病开展综合防控，减少环境污染，有利于产业的健康良性发展。当前各类疫苗的应用有效地控制了烈性传染病，但环境污染程度大、动物饲养密集、常规性消毒措施不力、动物福利考虑少等都加大了疾病防控失败的风险；饲料中过度添加抗生素形成了病菌耐药性，降低了动物抵御疾病的能力，同时也降低了饲料的有效利用。饲料氨基酸平衡技术的应用降低了氮磷的环境排放，动物疾病综合防控及养殖废弃物综合利用技术的应用越来越受到重视，这些技术推进了特种动物饲料行业的健康发展。

5. 全混合日粮、精料浓缩饲料及预混饲料将成为茸鹿及獭兔饲料市场的主要产品

我国茸鹿及獭兔的养殖分布范围广而分散，但饲料的专业性要求高，饲料远程配送成本较高，高密度建厂市场又有限，这一矛盾需要平衡解决才能有益于特种动物饲料市场的健康发展。对于相对集中的养殖区，茸鹿和獭兔使用全混合日粮饲料较为便利，再以精饲料或浓缩饲料为补充，这种方式或将会成为市场主体。对于养殖分散的区域，浓缩饲料和预混饲料将成为市场主体。

6. 特种动物饲料市场专业化程度将逐渐加强

狐貉干粉或颗粒饲料技术的广泛应用，以及水貂鲜饲料的专业化配送，促进了产业的分工与专业化，让科学技术的应用更加方便快捷。由于特种动物与常规家养动物生理特性及营养要求不同，随着特种动物营养需要研究的深入及饲料加工配制技术的提升，市场的专业化需要将加强。未来我国特种动物的养殖将从重数量到重质量的方向发展，相应饲料专业化程度必须提升，才能更好地发挥动物的生产性能，生产出高质、高价的产品，这是产业健康、持续、稳定发展的方向。

（鲍　坤　李光玉）

饲料原料工业概况

主要饲料原料产量分布与概况

近年来，全球主要饲料原料产量保持高水平，2018年饲料原料供应依旧充足。全球饲料产量从2012年开始保持增长趋势，2016年起突破10亿t，到2018年达到11亿t，同比增长3.2%，较2017年增速放缓0.4个百分点；与2012年相比，增长率达到16%，平均年增长率达2.2%。2018年饲料产量前八位的国家依次为中国、美国、巴西、俄罗斯、印度、墨西哥、西班牙和土耳其，八大饲料生产国产量占全球产量的55%。2018年印度首次超过墨西哥跃居第五位。从不同地区的饲料产量增长情况看，2018年所有地区饲料产量均呈现增长的趋势，其中亚太地区饲料产量最大，约占全球饲料产量的36%。

一、玉米

1. 全球玉米生产情况

据美国农业部12月供需报告预测，2018—2019年度全球玉米产量11.00亿t，比上年度增长2.2%；预计全球玉米期末库存3.09亿t，比上年度减少9.2%；库存消费比27.3%，比上年度下降4.0个百分点。其中，预计2018—2019年度美国玉米产量3.72亿t，比上年度预计数增加56万t；预计巴西产量为9 450万t，比上年度增加1 250万t；预计阿根廷产量为4 250万t，比上年度增加1 050万t。

2. 中国玉米生产情况

自2004年起，我国玉米产量连续12年增长，至2015年高达2.65亿t，玉米库存高企，市场供过于求现象凸显，2016年起我国持续推进农业供给侧结构性改革，玉米产量在2016—2018年连续3年回落。2018年我国玉米产量2.57亿t，较2017年2.59亿t，减产0.7%。2018年中国玉米种植面积4 213万 hm^2，较2017年减少27万 hm^2，同比下降0.6%，自2016年连续第三年下降（图1）。

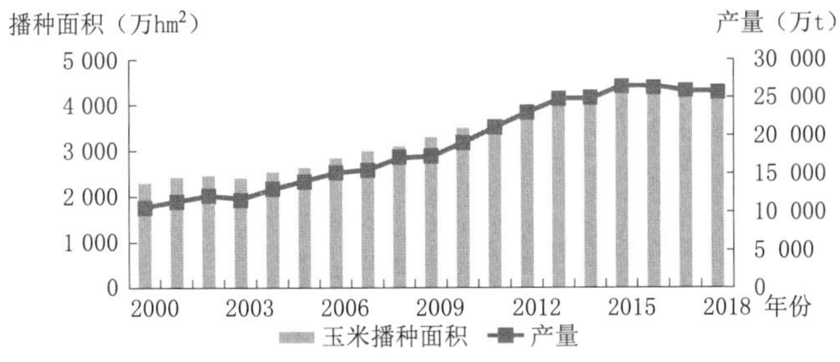

图1 2000—2018年全国玉米播种面积和产量

3. 进出口情况

据海关数据显示，自2010年起，我国玉米进口量明显多于出口量。我国玉米进口量在2012年达到历史最高水平，激增至520.7万t；2015—2017年连续3年下降；2018年进口量再次增长。2018年中国玉米进口量352.4万t，进口额7.9亿美元，同比分别增长24.7%、87.8%；出口量1.2万t，出口额599.2万美元，同比分别下降85.88%、83.5%。净进口量351万t，同比增长28.1%。受中美贸易摩擦影响，2018年从美国进口玉米31.2万t，较2017年减少44.4万t，同比下降58.7%；从乌克兰进口玉米293.0万t，增长110.8万t，同比增长60.8%。从我国主要玉米进口国、出口国占比看，2018

年玉米进口主要来自乌克兰、美国、老挝、缅甸、俄罗斯，分别占总进口量的 83.1%、8.9%、4.0%、2.9%、1.1%；主要出口到加拿大、朝鲜、越南、韩国，分别占总出口量的 42.7%、35.6%、4.5%、4.4%（图 2 至图 4）。

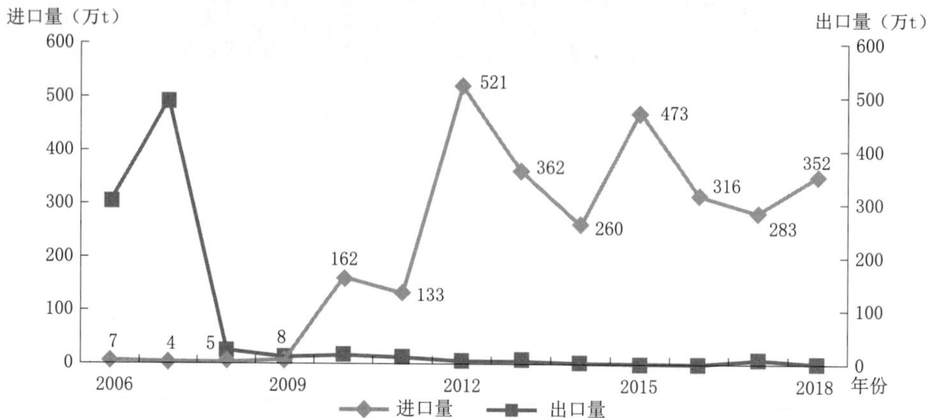

图 2 2006—2018 年中国玉米进出口情况

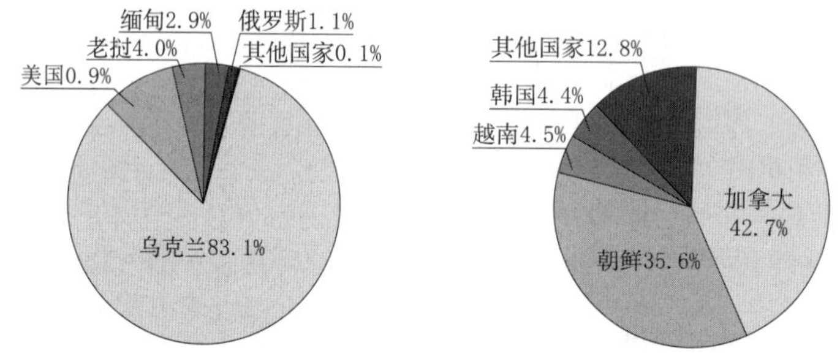

图 3 2018 年中国主要玉米进口国、出口国及占比

二、大豆

1. 全球大豆生产情况

美国农业部供需报告显示，2018—2019 年度全球大豆产量预计为 3.69 亿 t，较 2017—2018 年估算值增加 3 203 万 t。全球大豆消费量预计为 3.53 亿 t，较 2017—2018 年度估算值增加 1 621 万 t。其中，美国大豆产量 46.00 亿 t；巴西大豆产量为 1.22 亿 t；阿根廷大豆受干旱影响，同比减产 2 000 万 t，预测阿根廷 2018—2019 年度大豆产量为 5 500 万 t；中国大豆产量为 1 600 万 t。总体看，2018—2019 年度全球大豆库存在 1.15 亿 t，处于历史同期高位，在巴西增产以及阿根廷恢复到正常产量的情况下，预测全球大豆库存将依然维持宽松格局。

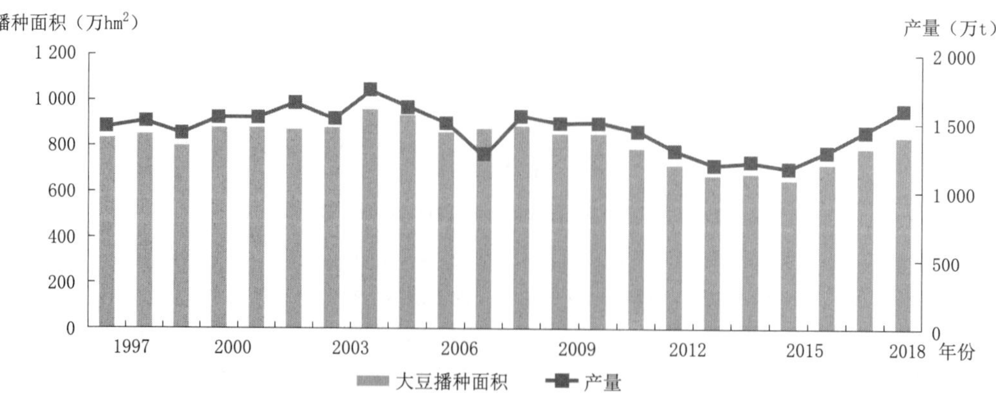

图 4 1997—2018 年全国大豆播种面积和产量

2. 中国大豆生产情况

2018年国内大豆总产量1 600万t，较2017年增加72万t，创2006年以来最高水平。大豆播种面积840万hm^2，较上年增加15.5万hm^2，同比增长1.9%。其中，内蒙古、吉林、河南、山东、安徽等省（区）共增加大豆面积26.8万hm^2。大豆单产1.91t/hm^2，同比增长2.9%。在政策引导、市场供需结构变化下，大豆种植面积持续增加，产量连续第三年增加，三年累计增加365万t，累计增幅为29.4%（图5）。

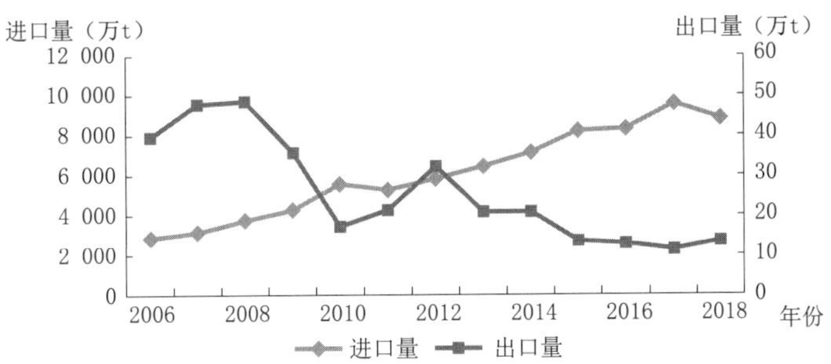

图5 2006—2018年中国大豆进出口情况

3. 进出口情况

据海关数据显示，我国大豆进口量连年递增，2017年达到历史高位，自2011年以来，2018年出现首次下降。2018年我国大豆进口量8 803.1万t，同比下降7.9%；进口额380.6亿美元，同比增长17.6%；出口量13.6万t，同比增长19.5%；出口额1.0亿美元，同比下降3.5%。净进口8 422.5万t，同比下降8.7%。2018年我国大豆进口主要来自巴西、美国、加拿大、阿根廷，分别占总进口量的75.1%、18.9%、2.0%、1.7%；主要出口到韩国、日本、美国、荷兰，分别占总出口量的34.1%、19.6%、9.6%、9.5%（图6）。

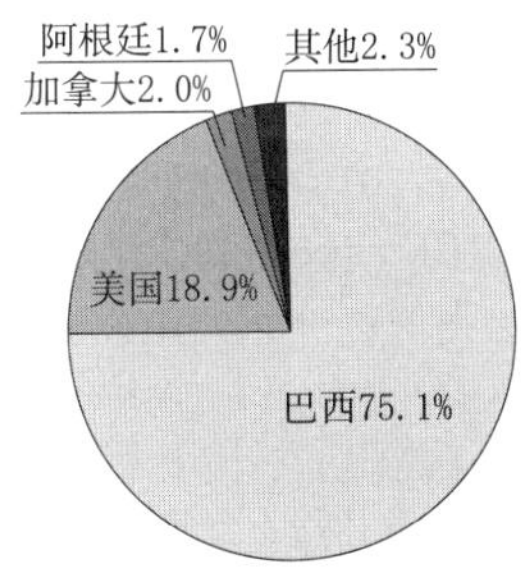

图6 2018年我国主要大豆进口国及进口量占比

三、油菜籽

1. 全球油菜籽生产情况

据美国农业部供需报告预计，2018—2019年度全球油菜籽产量为7 037万t，较上年度减少363万t，同比下降4.9%。主要是受加拿大、欧盟、俄罗斯等油菜籽产量下滑影响。其中加拿大菜籽产量预计2 110万t，较上年度减少23万t，同比下降1.1%。欧盟产量预计为1 960万t，较上年度减少255万t，同比下降11.5%，主要是由于德国、英国、法国单产下降。澳大利亚产量预计为230万t，较上年度减少137万t，同比下降37.3%。

2. 国内油菜籽生产情况

据国家粮油信息中心预计，2018—2019年度国内油菜籽产量为1 300万t，同比下降2.1%，为连续第二年减产，是2011年以来最低水平。我国油菜籽播种面积预计为650万hm^2，比上年减少15万hm^2，同比下降2.3%。单产预计为2.0t/hm^2，比上年增加0.3%，处于近年最高水平（图7）。

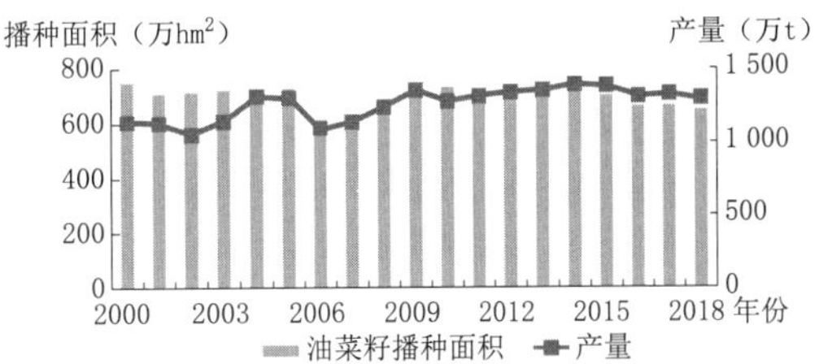

图7 2000—2018年全国油菜种植面积与产量

3. 进出口情况

海关数据显示，2018年我国油菜籽进口量475.6万t，较2017年增加0.93万t，同比增长0.2%。其中，进口的加拿大油菜籽仍高居首位，进口量达444.3万t，同比下降1.5%，占总进口量的93.4%；其次是进口的俄罗斯油菜籽20.5万t，同比增长220.5%，占总进口量的4.3%（图8）。

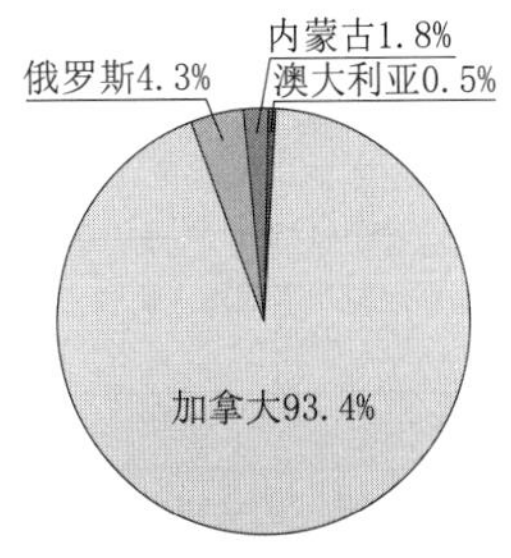

图8 2018年我国主要油菜籽进口国及进口量占比

四、棉花

1. 全球棉花生产情况

根据美国农业部 2018 年 12 月全球棉花供需预测月报显示，2018—2019 年度全球棉花产量预计为 2 585.3 万 t，同比下降 1.5%；消费量预计 2 735.3 万 t，同比下降 1.8%。2018—2019 年度全球棉花期末库存 1 593.6 万 t，较上年度期末库存下降 159.1 万 t。2018—2019 年度全球棉花产量下降，主要是美国棉花主产地遭遇干旱，产量调减了 51 万 t，印度受棉铃虫集中爆发影响产量下调，不过巴西在播种面积增加及天气利好影响下，产量调增 39 万 t；中国棉花种植面积增加，产量上涨。2018—2019 年度全球棉花产量减少，棉花去库存步伐加速，市场供求关系进一步走向平衡。

2. 中国棉花生产情况

国家统计局数据显示，全国棉花种植面积 335.2 万 hm^2，比 2017 年增加 15.8 万 hm^2，同比增长 4.9%。全国棉花单位面积产量 1 818.3kg/hm^2，比 2017 年增加 49.2kg/hm^2，同比增长 2.8%。2018 年全国棉花总产量 609.6 万 t，比 2017 年增加 44.4 万 t，同比增长 7.8%。其中，新疆产量 511.1 万 t，占全国总产量的 83.8%；河北 23.9 万 t，占全国总产量的 3.9%；山东 21.7 万 t，占全国总产量的 3.6%；湖北 14.9 万 t，占全国总产量的 2.4%；安徽、湖南、江西、河南产量分别是 8.9 万 t、8.6 万 t、6.8 万 t、3.8 万 t，分别占全国总产量的 1.5%、1.4%、1.1%、0.6%（图 9）。

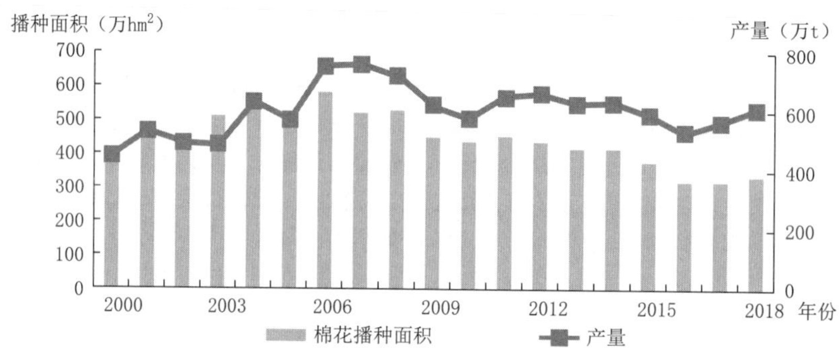

图 9 2000—2018 年全国棉花播种面积和产量

3. 进出口情况

据海关数据显示，2018 年 1～12 月，我国累计进口棉花 162.7 万 t，同比增长 19.4%；进口额 32.0 亿美元，同比增长 35.5%。其中，美国棉花进口量仍居首位，占总进口量的 34%；澳大利亚棉花进口量占总进口量的 27%；巴西棉花进口量占总进口量的 12%；印度棉花进口量占总进口量的 11%（图 10）。

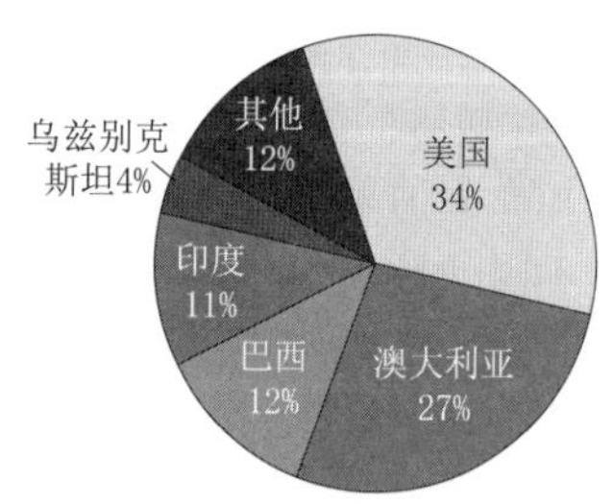

图 10 2018 年我国主要棉花进口国及进口量占比

五、鱼粉

1. 全球鱼粉生产情况

近年来，全球鱼粉供应相对稳定，据国际海洋原料组织 IFFO 预计，2018 年全球鱼粉产量为 540 万 t，较 2017 年的 473 万 t 增长 14%，连续第二年呈增长态势，主要是因为南美鱼粉主产国秘鲁、智利捕鱼量均呈现“丰产”格局。据统计，2018 年秘鲁捕鱼量共计 592.1 万 t，同比增加 89.4%，仅次于 2011 年的 699.4 万 t，是 2012 年以来的新高水平。智利海洋资源捕捞量为 181.7 万 t，同比增加 9.3%。

2. 中国鱼粉生产情况

2018 年国内鱼粉产量大约 60 万 t，生产企业主要分布在浙江、辽宁、山东、广东、广西 5 个省份，这 5 个省份合计占国内生产总量的 93%。其中，浙江、辽宁分别约占 26%、24%（表 1）。

表 1 2018 年国产鱼粉生产情况

单位：万 t、%

主产地	浙江	辽宁	山东	广东	广西	福建	海南	其他
产量	16.3	14.8	13.9	9.6	3.8	1.5	1.3	1.5
占比	26.0%	23.6%	22.2%	15.3%	6.1%	2.4%	2.0%	2.3%

3. 进出口情况

自2013年以来，我国每年鱼粉进口量超过100万t。2018年我国累计进口鱼粉146.1万t，同比下降7.3%；进口额22.2亿美元，同比增长15.9%。其中，秘鲁鱼粉进口量78.4万t，同比下降11.2%，占总进口量的53.7%，依旧占据我国鱼粉进口的主导地位；越南鱼粉进口量13.2万t，同比下降0.3%，占总进口量的9.0%；智利鱼粉进口量9.2万t，同比增长31.2%，占总进口量的6.3%；美国鱼粉进口量7.3万t，同比下降27.5%，占总进口量的5.0%；俄罗斯鱼粉进口量6.6万t，同比增长16.2%，占总进口量的4.5%；墨西哥鱼粉进口量6.5万t，同比增长64.2%，占总进口量的4.5%（图11）。

我国鱼粉需求量远超于国产鱼粉产量，国内鱼粉消费主要依赖进口，出口鱼粉产量较少。2018年我国仅出口鱼粉127t，同比下降67.5%。

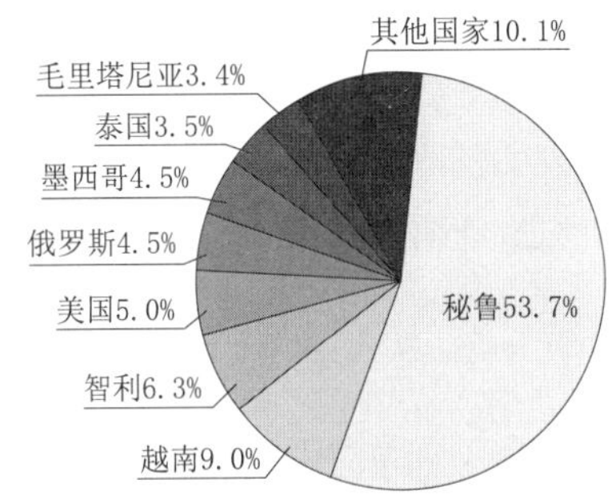

图11 2018年我国主要鱼粉进口国及进口量占比

（陆泳霖 陈亚楠）

玉米生产、贸易与市场情况

一、总体情况

我国玉米市场2～3年一个周期，深加工和饲料企业齐头并进，创下了近年来的消费高峰。同时，我国玉米产量也达到了创纪录的新高点。临储玉米拍卖成为近几年影响玉米价格走势的重要因素。从粮改饲实施以来，玉米面积继续调减，2018年玉米产量同比有所下降。进口玉米和替代品的用量仍处于中等偏下水平。总体来看，2018年玉米供需市场由过去的供过于求到供需平衡状态，玉米已经从低位有所启动。

二、玉米冲高回落 再次回归底部区间

2018年，我国玉米价格全年均价1 925元/t，同比上涨了13.7%，这是2016年来玉米均价回调后首次上涨，但价格仍低于2015年均价的2 260元/t的历史高价。分析2018年玉米市场可以看出，价格走势与2017年的市场价格走势有所类似，上半年玉米价格有启动迹象，随着临储拍卖进入市场，玉米价格有所回调，下半年8月报出首例非洲猪瘟疫情后，玉米价格应声下跌，同时，新年度的产量增幅有限，在第四季度玉米再次上涨，南方销区因非洲猪瘟疫情供货量下降，导致阶段性玉米价格走弱，但总体玉米价格年底达到1 923.5元/t，与年初的1 772.5元/t相比，提高了8.5%。下半年出现玉米市场产销区价差过大迹象，缘于运输不畅，中间检查环节导致物流时间过长且成本提升（图1）。

三、2018年玉米供需情况

1. 供应

（1）2018年玉米产量和播种面积均上调。2018年，国家统计局将我国玉米播种面积和产量均进行大幅的修正。总体来看，我国对“镰刀湾”地区粮改饲的政策仍在继续，转播大豆的玉米播种面积继续增加，另外，华北黄淮地区也有部分玉米转播大豆的现象。到2020年调减“镰刀弯”地区玉米面积5 000多万亩。

统计数据显示，2017年我国玉米产量为2.16亿t，同比下降了1.7%，2017年的播种面积为3 544.5万 hm^2，

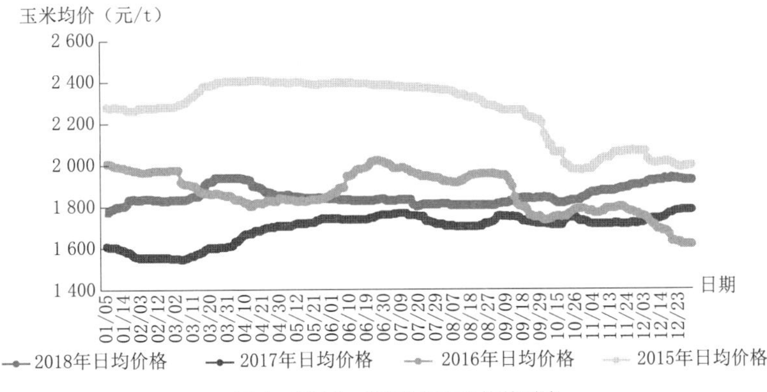

图1 2015—2018年玉米均价对比

同比下降了 3.6%，是 2013 年以来播种面积的低点。2018 年除了部分地区受到旱灾影响外，其他地区光热充足、降雨量充足，玉米单产水平与往年基本持平。2018 年种植和收割的机械化进一步深化，玉米种植成本提升，同时化肥和农药仍是种植玉米的一个重要成本因素，人工成本也在不断调高，2018 年唯一变化不大的就是租地费用。2018 年玉米种植成本为 7 150～7 600 元 /hm^2（图 2）。

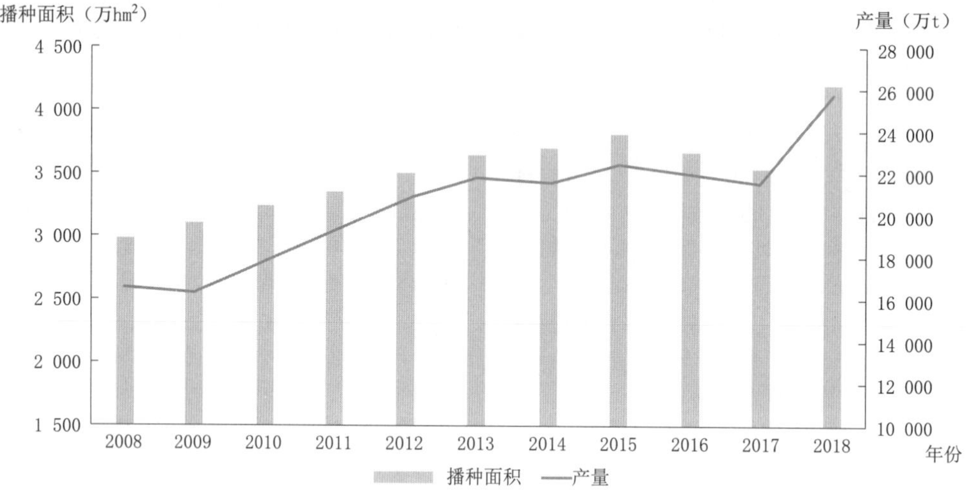

图 2　2008—2018 年我国玉米播种面积及产量对比

（2）2018 年玉米进口量恢复至 2016 年以后的高水平。如图 3、图 4 所示，2018 年，我国进口玉米量为 352.4 万 t，同比上调了 24.7%，下降了 69.7 万 t，走出近两年的进口低谷，开始回升。玉米进口量占我国进口配额近一半的水平，进口高峰出现在第二季度，第三季度出现非洲猪瘟疫情后，对国外玉米进口量开始下降。2018 年我国出口玉米 82.7 万 t，是 2012 年以来我国出口玉米的高峰值，出口国家主要为朝鲜。

如图 5 所示，2017 年，我国进口玉米国家集中在乌克兰、美国和老挝等国家。其中从乌克兰进口玉米 182 万 t，从美国进口 75.6 万 t。从乌克兰、保加利亚和俄罗斯的进口量出现下降。从美国、缅甸、老挝的进口量增加。其中乌克兰进口占比总量达 64.4%，从美国进口 27.7%，与 2017 年同期比提高了 26 个百分点。从乌克兰和美国进口玉米总量达到 91.1%。

（3）主产区收购量同比下降。截至 2018 年 4 月 30 日，我国主产区累计收购秋粮 18 137 万 t，同比减少 1 066 万 t。黑龙江、山东等 11 个主产区累计收购玉米 9 831 万 t，同比减少 2 111 万 t。至此，2017 年秋粮旺季收购全面结束。2017—2018 年，主产区玉米收购进度明显减慢，临储收购的退出和市场化收购机制让玉米价格受市场波动很大，收购的主体也变得多元化，且影响着玉米市场的价格走势。

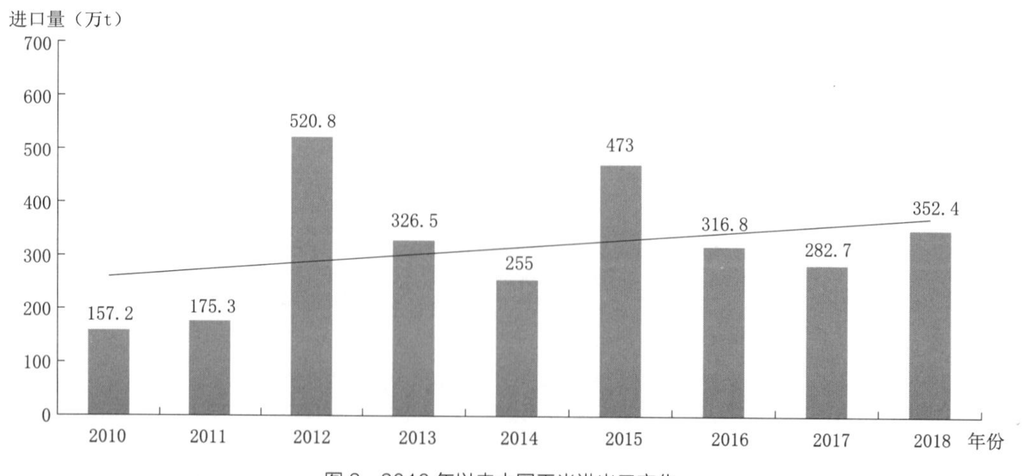

图 3　2010 年以来中国玉米进出口变化

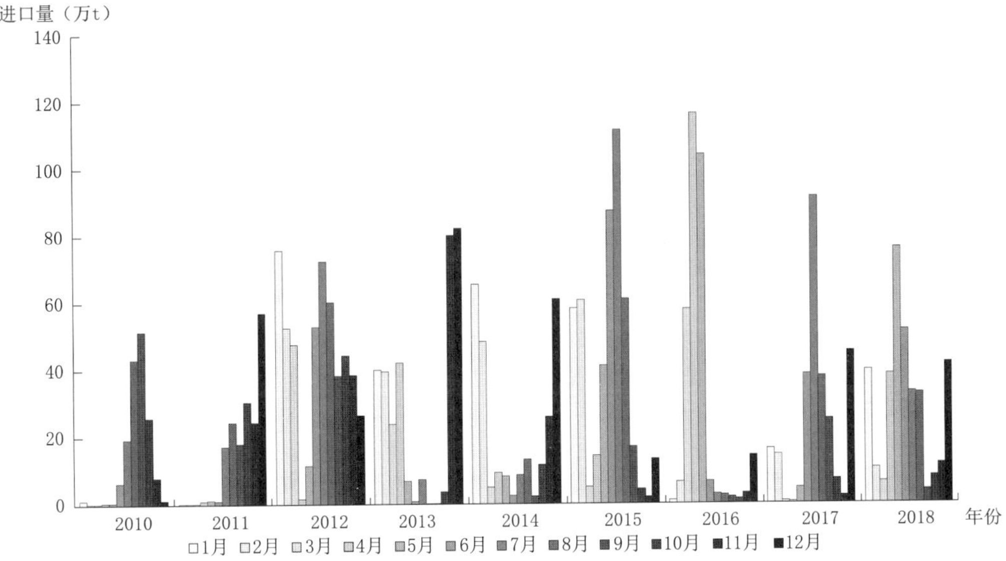

图 4　2010—2018 年中国玉米进口各月份变化情况

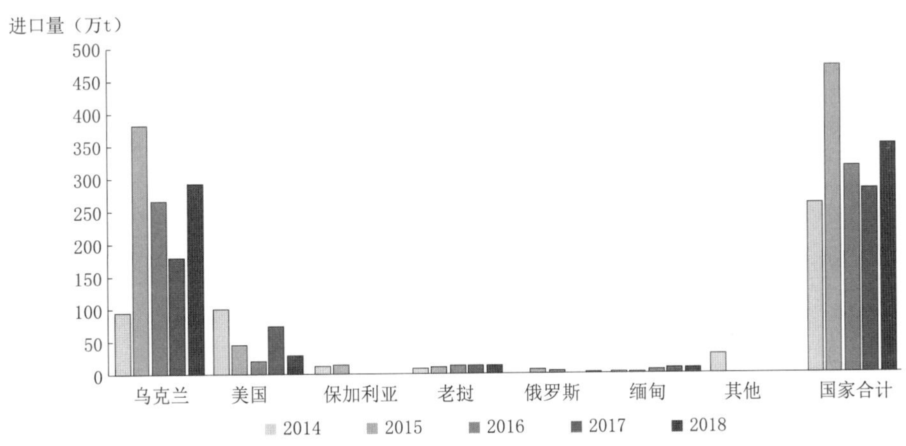

图 5　2014—2018 年各国玉米进口量占比

（4）2018 年上半年临储和进口玉米拍卖情况。临储玉米拍卖成为市场“风向标”。2018 年 4 月 12～13 日，临储正式启动拍卖，投放时间提前、批量增多、底价仅较去年提高 40 元 /t。值得一提的是，国家有关部门首次加入明确销售底价的通知，以及提醒交易会员注意超期存储粮质和规避交易争议问题等元素，体现了国家在政策粮尤其是陈粮去库存的决心和保证市场供给、维护粮价稳定的态度。截至 6 月 29 日，临储玉米累计投放 9 261.5 万 t，成交量 4 957.3 万 t，总成交率 53.5%，而上年最终成交 5 747 万 t。同时，由于今年临储玉米拍卖主体由 1 000～2 000 家增加到 5 000 家，“僧多粥多”的局面令玉米拍卖早期的局面摆脱了“尴尬”，且“道路维修”“装车设备不全出库能力有限”“单位施工改造”等方面在一定程度上反映出 2018 年临储玉米出库难，也客观上限制了临储玉米实际出库进度，为玉米价格下跌提供了缓冲，尽管这些细节并没有阻挡因前期过度上涨引发的风险释放（表 1 和表 2）。

表 1　历年拍卖情况对比

单位：t

年份	累计拍卖量	拍卖成交量	成交率
2014	10 394	2 595	24.97%
2015	11 953	355	2.97%
2016	11 834	2 165	18.29%
2017	9 980	5 748	57.60%
2018	21 991	10 013	45.53%

表 2　国储玉米分年份剩余量统计

单位：万 t

年份	2015 年产	2014 年产	2013 年产	2012 年产	累计
收购量	12 543	8 328	6 919	3 084	20 874
成交量	5 119	7 854	6 880	8 060	20 913
剩余量	7 424	474	39	24	7 961

（5）2018 年临储和进口玉米拍卖情况。自 2018 年 4 月 12 日起，国家临储玉米开始拍卖至 10 月 26 日。我国共进行 29 次的定向销售玉米，累计投放临储玉米 21 988 万 t，实际成交量 10 012 万 t，平均成交率 46%。与此相比，2017 年 5 月 5 日，临储玉米开始拍卖，同期共进行了 22 次拍卖，累计投放量为 8 616 万 t，实际成交量 5 042 万 t，平均成交率 58.5%。

从生产年份来看，2018 年临储玉米拍卖情况各不相同。2013 年玉米累计投放量 55 万 t，成交量 55 万 t，成交率 100%；2014 年玉米累计投放量 9 214 万 t，实际成交量 4 838 万 t，平均成交率 52.5%；2015 年玉米累计投放量 12 720 万 t，实际成交量 5 119 万 t，平均成交率 40.2%。

（6）DDGS、高粱和大麦进口量仍居高位。如图 6 所示，2018 年我国进口 DDGS 创下自 2009 年以来的新低，进口量为 14.8 万 t，同比下降了 62.2%，继续大比例下降。近年来，受国内玉米价格偏低，产量创下历史新高，同时相关替代品的增加，也导致 DDGS 的进口量明显下降，同时，进口玉米差价缩小，当年进口玉米总量有所回升，而 DDGS 却创下新低。进口国家主要是美国，从美国进口达到了 14.7 万 t，占比 99% 以上。美国也是全球 DDGS 的贸易大国，主要出口国家是中国和墨西哥。我国国产 DDGS 产量有所提升，约为 400 万 t。

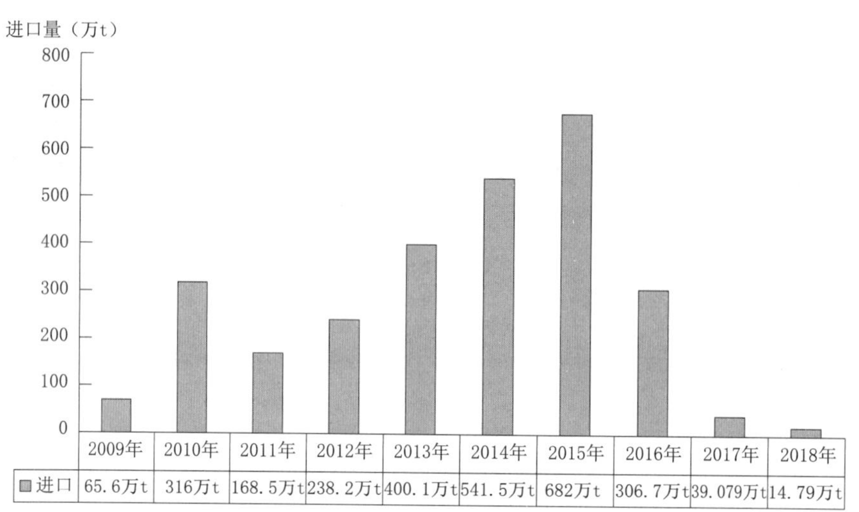

图 6　2009 年以来进口 DDGS 总量对比

如图 7 所示，2018 年，我国累计进口高粱 364.9 万 t，同比下降了 27.8%，已经连续三年大幅下降。我国进口高粱的主要国家是美国、澳大利亚、法国和缅甸，其中来自美国的高粱占据主导，全年进口量达到了 364.6 万 t，占进口总量的 99%。2018 年，我国进口大麦为 681.5t，同比下降 23.1%，进口苜蓿草为 167.8 万 t，DDGS14.5 万 t，小麦为 287.6 万 t，玉米 352.4 万 t。我国全年共进口玉米、高粱、大麦、苜蓿共计为 1 187.2 万 t，为近三年来的进口低点。

2. 需求

非洲猪瘟疫情和中美贸易摩擦的不确定性导致玉米的需求消费提高变数。

2018 年，我国饲料和养殖结构发生巨大变化。两个关键事件分别是非洲猪瘟疫情和中美贸易摩擦问题。对我国饲料养殖业的影响是深远的。这种系统风险对饲用玉米的影响较大，一方面，猪饲料的需求下降导致玉米的采购节奏放缓，另一方面，非洲猪瘟疫情也让饲料企业如履薄冰，在采购原料上异常谨慎。同时，中美贸易摩擦也让进口原料中的玉米和大豆提高了不确定性，而这种摩擦的不确定性也让未来玉米市场的供需格局发生变化。2017 年，我国鱼饲料产量 2.2 万 t，同比提高了 5.9%，预计 2018 年产量增幅

1%～3%，增量还是配合饲料的占比继续提升，2019 年，增量主要来自家禽和水产及反刍饲料的提升。猪饲料在疫情没有可行性办法控制前，不会有大幅的增量（图 8）。

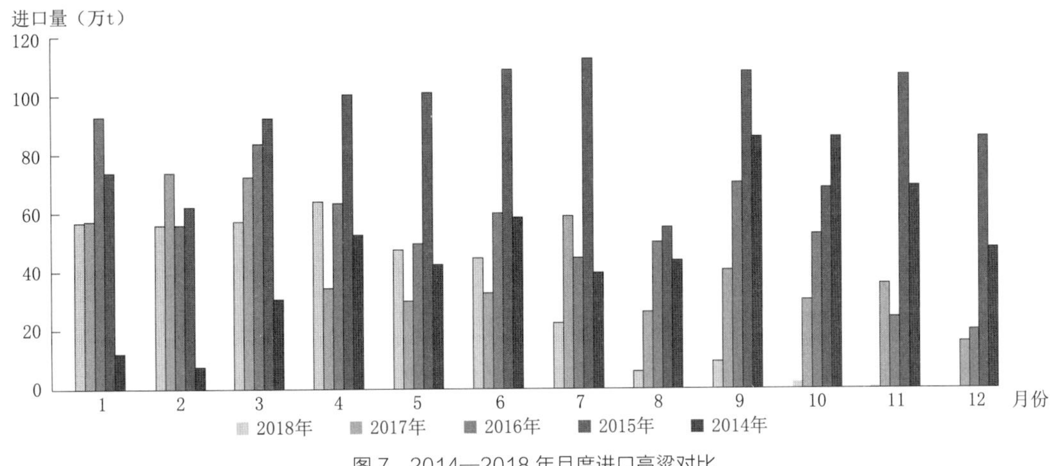

图 7　2014—2018 年月度进口高粱对比

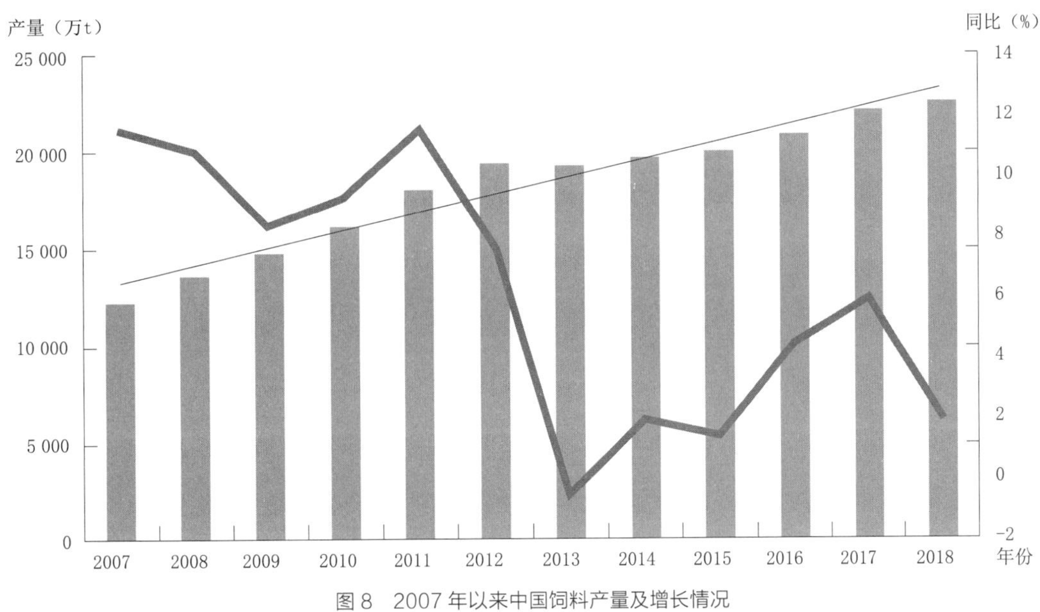

图 8　2007 年以来中国饲料产量及增长情况

（1）2018 年存栏量同时下降，猪粮比虽维持 5:1 但部分地区养殖效益大幅下降。如图 9 所示，2018 年，我国能繁母猪和生猪存栏继续下降，截至年底，生猪存栏和能繁母猪将降至近 5 年来的历史低位，分别下了 4.8% 和 8.3%。下半年受猪粮比持续在 7:0 的高位，养殖积极性还比较高涨。从 8 月农业农村部通报的第一起非洲猪瘟疫情后，生猪存栏和能繁母猪存栏的下降比例扩大。同时，在 2017 年我国生猪养殖新布局放慢，部分集团企业暂停或者推后新上养殖项目。全年规模生猪的养殖效益出现区域性不平衡。截至 2018 年 12 月，全国生猪存栏为 36 620.8 万头，同比减少 3 825.8 万头；能繁母猪存栏 2 973.1 万头，跌破 3 000 万头大关，环比减少 70 万头，同比减少 450.9 万头。生猪存栏的下降极大拖累了猪饲料的需求，也影响了生猪饲料不同类型的比例。

（2）转变玉米深加工行业可持续发展模式，提升玉米消费效率提升。如图 10 所示，过去 10 年，我国深加工玉米消费大幅度增加，从 2007—2008 年度不足 4 000 万 t 增加至 2017—2018 年度的 7 500 万 t；消费占比也从 24% 上升至 31%。但相比之下，美国玉米工业消费量占总消费量之比高达 56%。另外，深加工企业中，国家对粮食燃料乙醇的定位是“适度发展、把握总量”，非粮乙醇才是“大力发展”的方向，这符合我国国情。未来，其他在深加工产业链延伸更长的企业的生存机会更大，在玉米产量增幅有限的情况下，深加工会面临新一轮的调整。

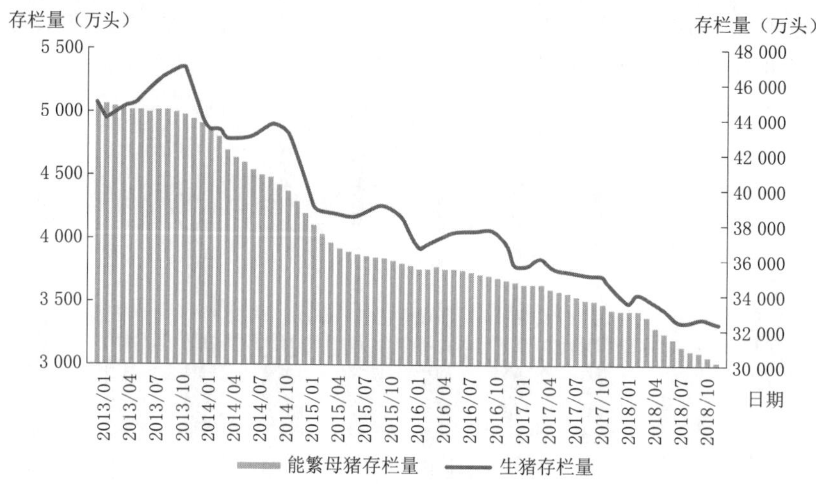

图9　2013—2018 年生猪存栏、能繁母猪产量情况

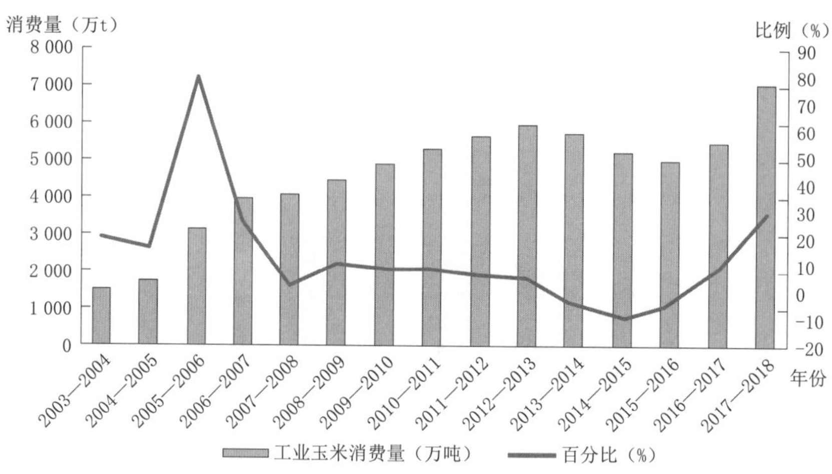

图10　2003—2004 年度至 2017—2018 年度工业玉米消费量及增幅情况

3. 全球饲用玉米供应量下降，消耗一定量 2017—2018 年度的结转库存

（1）全球玉米供需情况。从美国农业部（以下简称 USDA）12 月的报告显示，2017—2018 年度全球玉米产量预估为 10.8 亿 t，同比提高 0.8 亿 t，2017—2018 年度玉米库存预估为 3.4 亿 t，与 2017 年比提高了 1.4 亿 t。总体来看，全球玉米供应宽松的格局依旧，贸易量维持中性水平。

（2）美国供需情况。USDA 数据显示，2017—2018 年度美国玉米产量为 3.7 亿 t，同比提高了 67 万 t，略有提升。预计 2017—2018 年度玉米出口 6 194 万 t，同比提高了 934 万 t，幅度为 26.7%；2017—2018 年度美国玉米期末库存为 6 192 万 t，同比上涨了 13.8%。2017—2018 年度因美国进口玉米节奏继续放缓，拖累美国玉米贸易量下降。

（3）阿根廷和巴西的供需情况。USDA 数据显示，2017—2018 年度阿根廷玉米产量为 3 200 万 t，同比下降了 1 000 万 t，出口玉米量为 2 300 万 t，同比下降了 600 万 t，出口占总产量达到了 71%，同比提高了两个百分点。2017—2018 年度巴西玉米产量为 8 200 万 t，同比下降了 1 370 万 t，出口量为 2 350 万 t，出口量下降。2017—2018 南美产量大幅下滑，对全球市场贸易的贡献率下降。

（王长梅）

大豆和豆粕生产、贸易与市场情况

一、总体情况

2018 年，我国大豆上下游产业的企业来说是最为惊心动魄的一年。市场关于天气、供需的关注度明显减弱，2018 年的两个焦点，一个是中美贸易摩擦带来的系统风险，导致豆粕价格整体大幅震荡，不排除部分企业出现爆仓现象。同时，也让全球大豆市场的贸易格局发生本质性的转变，大豆新兴市场有望在未来一段时间内逐步出现。另一个重要因素是非洲猪瘟疫情的发生，这对国内大豆和豆粕市场来说，市场价格整体以低位震荡为主，豆粕市场在区间内震荡，处于中性偏低位运行。天气炒作、政策因素均没能撼动大豆总供应量增长带来的利空影响。全球大豆市场供过于求的格局压制了大豆价格，难有大的涨幅。2017年，我国玉米转播大豆的播种面积继续提升，而天气升水，国产大豆产量和单产双双提升。2017年，由于我国进口大豆总量继续提升，国内大豆占比下调，自给率继续下降，大豆对外依存度持续高位，国际大豆供需对国内市场影响深化。2017年我国供给侧结构性改革不断深化，是以数量变革转变品质提升的阶段。我国豆粕实行新国标，大连商品交易所调整黄大豆2号期货合约规则，我国严控转基因大豆进口证书发放等，这些都成为影响大豆、豆粕市场走势的主要影响因素。

1. 供需状况

（1）国产大豆生产情况。统计数据显示，2018年我国大豆播种面积为840万 hm^2，总产量为1 600万 t，播种面积和产量较2017年同比分别上涨了6.3%和11.3%。其中内蒙古、吉林、河南、山东、安徽五省（区）共增加大豆面积26.8万 hm^2，黑龙江由于出台政策较晚，播种面积增幅有限（表1）。

表1　2010—2018年国产大豆种植面积、产量及产量同比增幅

年　份	2008	2009	2010	2011	2012	2013	2014	2015	2016	2017	2018
种植面积（万 hm^2）	912.7	919	851.6	788.9	717	679	640	659	715.6	790	840
产量（万 t）	1 555	1 498	1 508	1 449	1 305	1 195	1 150	1 161	1 250	1 440	1 600
产量同比增幅（%）	22.15	−3.67	1.47	−3.91	−9.94	−8.43	−3.77	0.96	7.67	15.2	11.3

（2）大豆、豆粕进出口情况。如图1所示，2018年，我国进口大豆总量为8 803万 t，同比上涨了6.9%，这也是继2011年出现同比下降后的再次回调。其中阿根廷进口146.4万 t，同比减少81.7%。从美国进口大豆1 664万 t，同比下降49%；从巴西进口6 608万 t，同比下降29.74%。2018年，我国从巴西进口量大幅提升，阿根廷和美国进口量下降，进口巴西大豆总量占比超过当地大豆产量。

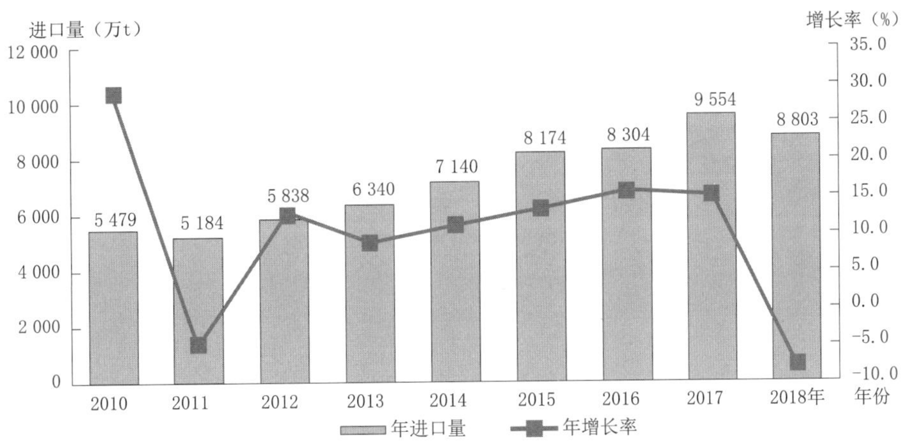

图1　2010—2018年大豆年进口量

根据中国海关数据显示，从大豆进口来源国看，中国进口的大豆来源地主要为巴西、美国、阿根廷。巴西为中国进口大豆的最大来源国，巴西和阿根廷进口占比为76.7%，同比提高了16.7个百分点；美国进口占比为18.9%，同比下降了15.5个百分点。(图2)。

如图3所示，2018年是我国大豆进口变化比较大的一年。受中美贸易摩擦的影响，进口美国大豆总量大幅减少。全年进口大豆最高的月份少有的出现在1月，在需求高峰期的下半年的进口量并没有上涨。特别是第四季度的大豆进口量连续下跌，到12月跌至572万 t，这也是2012年以来，年底的最低进口量。

（3）进口大豆库存量。如图4所示，从近4年我国进口大豆港口库存对比情况来看，2018年，我国大豆港口库存在高位处于一个相对平稳状态。全年库存与2017年同比来说有所提升。正常年份港口库存与当年的大豆产量有最直接的关系，随着极端事件频发，市场会提前预存一定量的库存，从 2018 年全年的港口库存来看，下半年受疫情和中美贸易摩擦的影响，港口库存并没有如预期的下降，外部市场的动荡让大豆购销市场如履薄冰，在库存上都做得非常充足。截至 12 月 30 日，国内主要港口的大豆库存量约在 684 万 t，2017 年同期库存为 697 万 t，同比增长 4.0%。

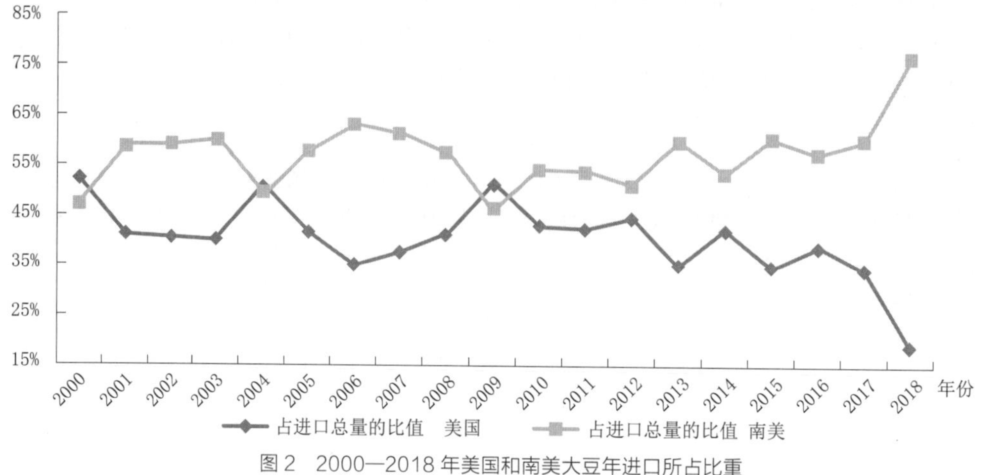

图 2 2000—2018 年美国和南美大豆年进口所占比重

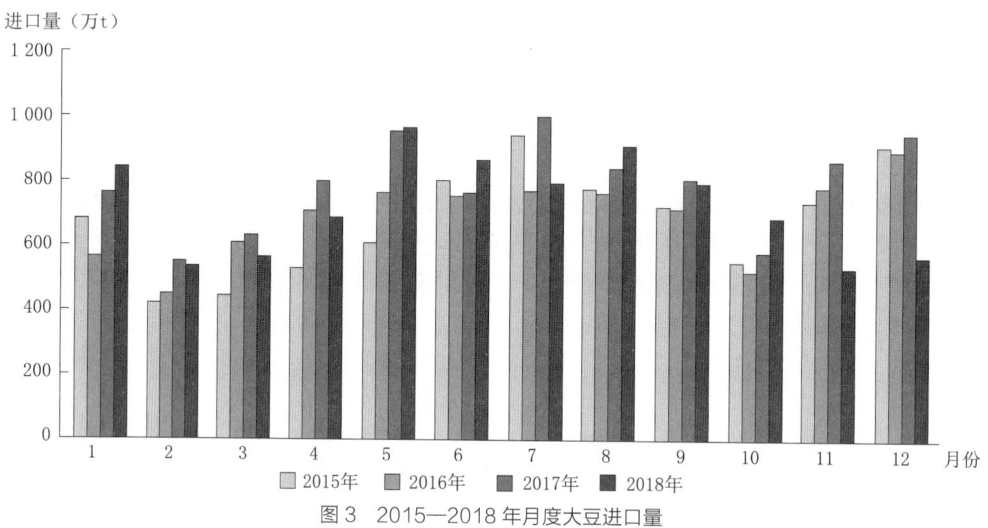

图 3 2015—2018 年月度大豆进口量

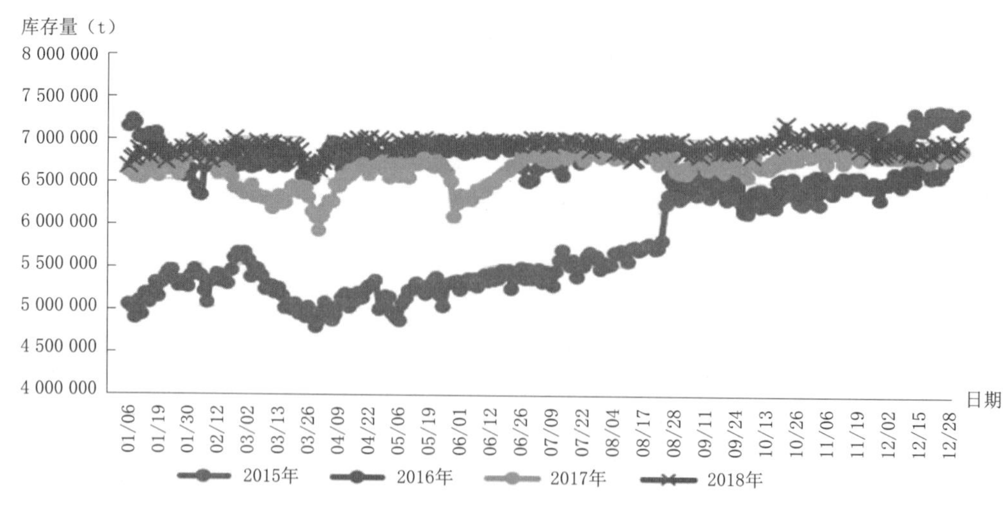

图 4 2015—2018 年进口大豆港口库存对比

（4）大豆出口情况。根据海关数据显示，2018 年我国大豆累计出口为 13.6 万 t，同比 2017 年的 11.4 万 t，上涨了 19.2%。

（5）豆粕进出口情况。如图 5 所示，2018 年我国豆粕进出口又出现反转。但总体豆粕的进出口量不大，不足以影响国内市场整体的供需格局。2018 年我国共进口豆粕 2.3 万 t，同比下降了 62.7%，同时，共出口豆粕 113 万 t，同比上调了 16.1%。2018 年我国进口豆粕的国家主要来自美国、丹麦和新加坡，这三个国家占比超过 90%。主要出口的国家包括日本、韩国、朝鲜、越南、丹麦、英国、法国、意大利、荷兰、西班牙及美国等。

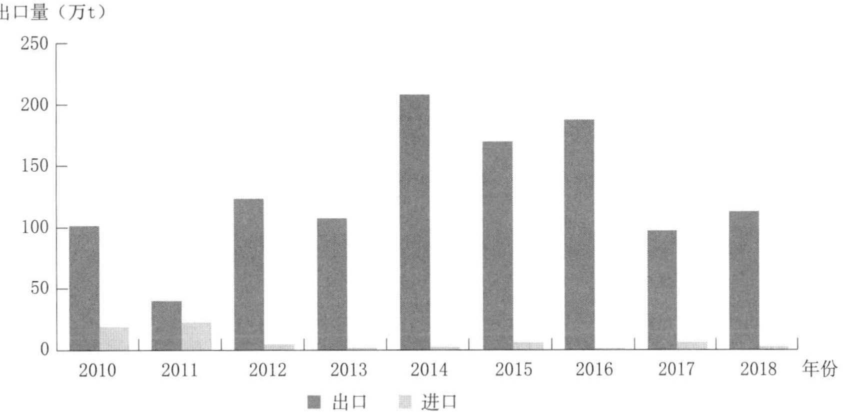

图 5　2008—2018 年豆粕进出口总量

2. 大豆压榨情况

如图 6 所示，2018 年大豆的压榨利润虽然没有如 2016 年的过山车式走势一样，但压力利润偏低、系统风险提升，导致企业对大豆的压榨利润并没有过高的期望，在上半年压榨利润维持在 96～176 元 /t 的利润区间，截至 6 月底，大豆压榨利润 76 元 /t；相对应豆粕的价格维持 2 997 元 /t 的相对低位。油厂压榨对中美贸易摩擦的预判及应对来自汇率等风险成本提升，使压榨利润相对下降，但整体来说，全年压榨利润要略好于 2017 年水平，平均压榨利润为 120 元 /t。但因第四季度非洲猪瘟疫情对豆粕市场迎头一棒，压榨利润持续回调，年底已经跌至亏损 450 元 /t，压榨企业的压榨动力严重不足。

3. 国内豆粕供应量和消费量

如图 7 所示，2018 年国内豆粕供应量为 6 695 万 t，消费量 6 298 万 t，同比 2017 年分别下降了 1.8% 和 2.5%。2018 年生猪存栏量下降，对豆粕市场的整体消费量下降。同时，2018 年新实行的低蛋白日粮团体标准，降低豆粕在饲料中的使用比例，是降低蛋白添加比例的手段之一。2018 年猪饲料产量出现负增长，其他饲料如禽料等难以弥补猪饲料下降带来的缺口。这也是 2018 年豆粕供需纷纷下降的主要原因之一。

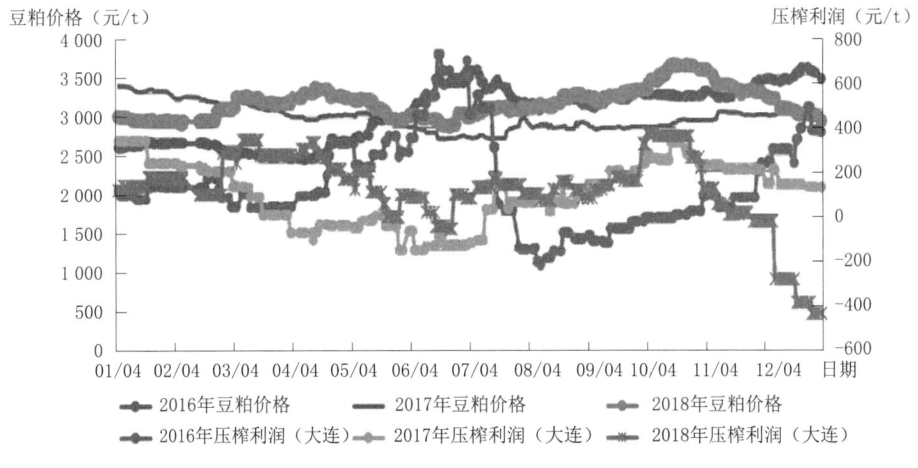

图 6　2016—2018 年大连进口大豆压榨利润与豆粕价格走势

大豆压榨利润数据来源：WIND

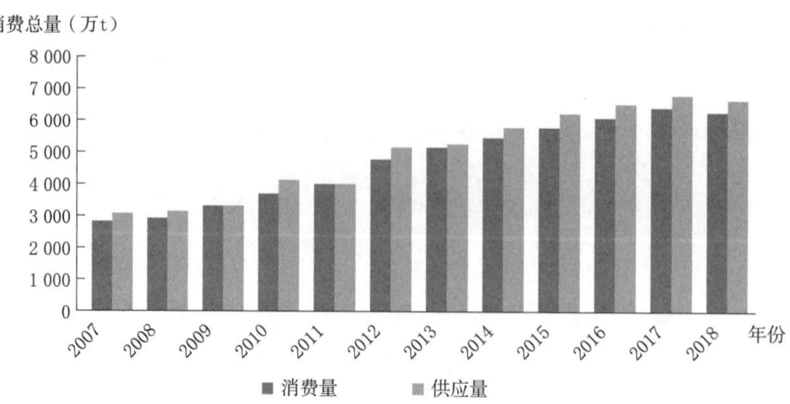

图 7　2007—2018 年国内豆粕供应和消费总量

4. 大豆压榨利润各企业间差异明显

如图 8 所示，2018 年我国压榨利润遭受“黑天鹅”事件影响，大部分企业的压榨利润并不理想。从年初的压力利润 344 元 /t，到年底亏损的 450 元 /t，11 月虽然油厂挺价意愿较强，对豆粕现货价格及基差报价形成一定支撑，但采购巴西大豆的成本偏高，国内油厂压榨陷入巨亏阶段。油脂企业受政策风险加大，价格波动剧烈，加上大部分企业以购买基差锁定利润，一旦超过这个锁定利润，亏损的风险大幅提升。2018 全年平均压榨利润为 64 元 /t。

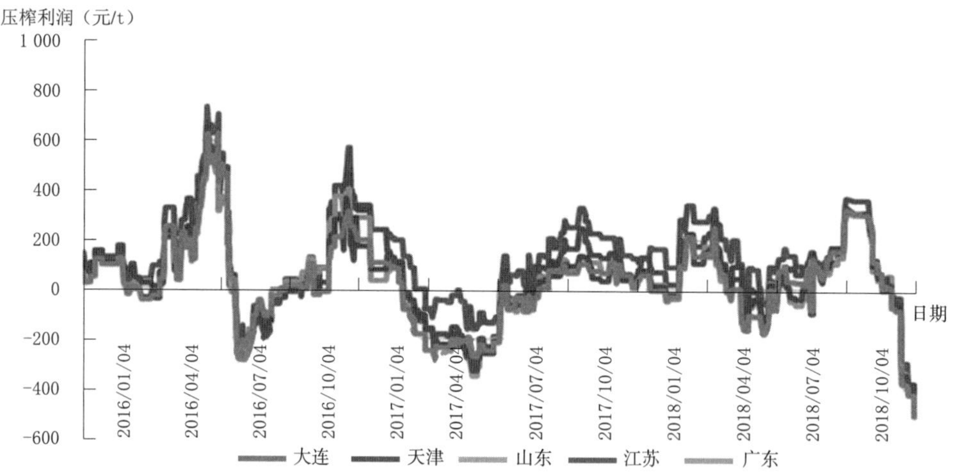

图 8　2016—2018 年不同港口进口大豆压榨利润对比

5. 进口大豆分销价格分析

2018 年，我国进口大豆订单总量提升，而需求增长缓慢，导致进口大豆价格维持相对偏弱的行情，如图 6 所示。上半年，进口大豆价格最高出现在年初，均价为 3 762.5 元 /t，最低价格出现在 8 月下旬，均价为 3 260 元 /t，与年初比下跌了 12.4%，截至年底价格反弹至 3 412.5 元 /t，与 8 月相比上涨了 4.7%，与年初比仍下跌了 9.3%。2017 年前 5 个月的价格与 2016 年的同期水平类似，5 月后随着南美大豆陆续到港，贸易大豆量继续创新高，大豆进口分销价格不断下探。2017 年进口大豆均价为 3 478 元 /t，同比下跌了 6.15%（图 9）。

二、价格情况

1. 国产大豆价格行情

2018 年，国产大豆价格与 2017 年走势形成交叉，基本维持相对偏低价位。2018 年全年国产大豆均价 3 430 元 /t，同比下跌了 48 元 /t。年初国产大豆价格为 3 364 元 /t，最高价格出现在 11 月，价格为 3 555 元 /t，与年初相比，上涨了 6.2%，与 2017 年同比也上涨了 4.9%。随后，新季大豆产量预期再次上涨，国产大豆价格再次回调，年底价格跌至 3 402 元 /t，与近 5 年均值 3 922 元 /t 相比下跌了 13.2%（图 10）。

2. 国内豆粕价格行情

2018 年豆粕价格基本随中美贸易摩擦变动，价格

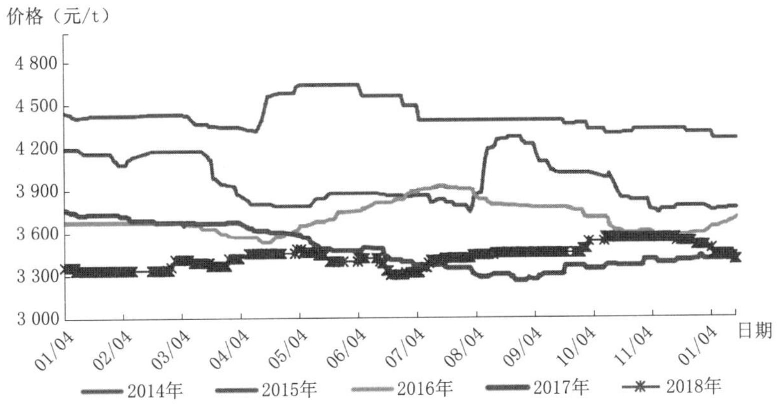

图 9　2013—2018 年港口大豆分销价对比

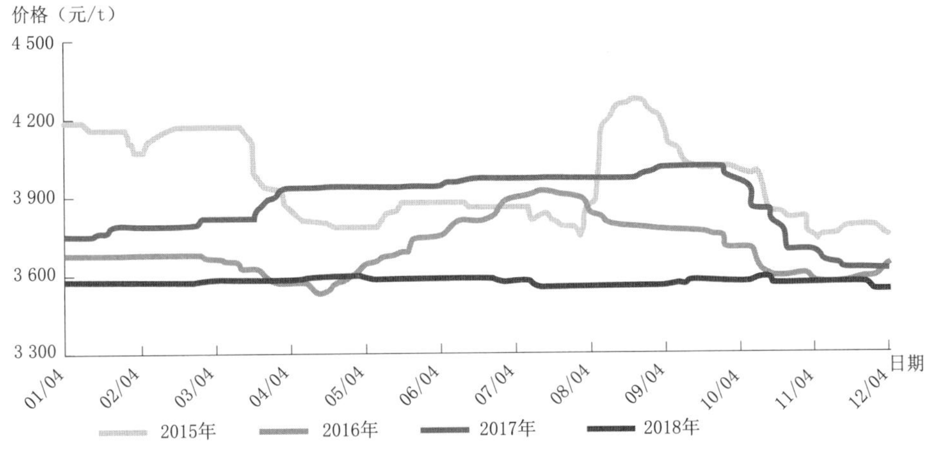

图 10　2015—2018 年国产大豆价格走势

涨跌随着谈判的不断深入，波动幅度和频率都比 2017 年大很多。同时，我们也看到，进口大豆价格已经脱离基本面，随着 G20 峰会和谈的顺利，豆粕价格应声下调，回归到供需基本面上来。上半年还伴随阿根廷极端天气导致大豆产量下滑至 3 700 万 t，较 USDA 年初的预估下调了 2 000 万 t。如图 11 所示，2018 年阿

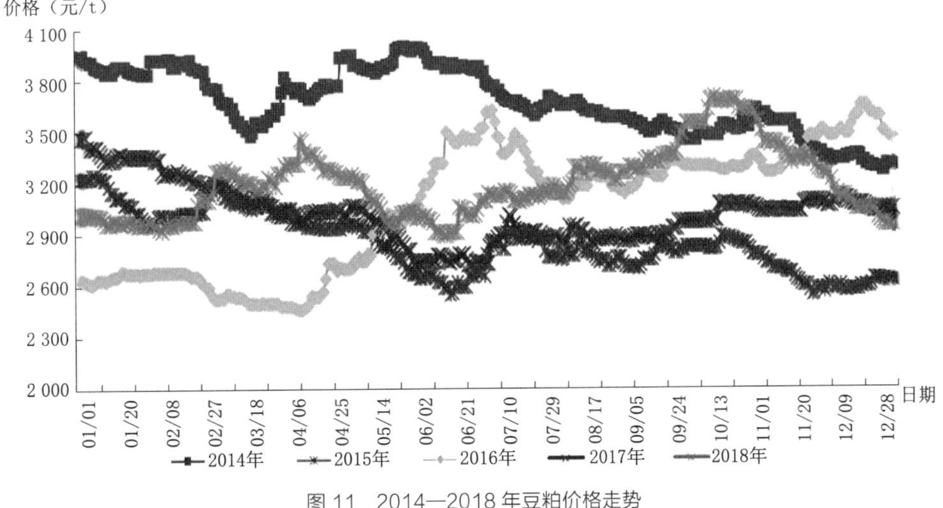

图 11　2014—2018 年豆粕价格走势

根廷出口至中国的大豆大幅下降，这也是主要因素，这行情是在豆粕价格 3 007 元 /t 时，震荡走高，到 4 月初上涨至 3 451 元 /t，涨幅超过 14.8%，最高涨幅在 20% 以上。随后贸易谈判在反复中让豆粕价格不断震荡上行，最高涨至 3 669 元 /t 的高价，也是 2015 年以来的高价。随着美国收割期在新季大豆上市后，受系统风险中国采购美国大豆节奏明显放慢，导致美国当地大豆库存积压，加上美国大豆增产，部分地区出现爆仓现象，随后的中美贸易谈判开启，豆粕价格也从 10 月的高价迅速回调，截至 2018 年年底，价格跌至 2 937 元 /t，同比略有下跌，但与高价比下跌了近 20%。

三、2018 年大豆市场的主要影响因素分析

1. 多国家进口大豆成为常态

国务院 5 月 29 日宣布，中国将自 7 月 1 日起将印度、韩国、孟加拉国、老挝和斯里兰卡大豆进口关税税率从 3% 调降至 0，以刺激更多国家将大豆出口至中国。降低饲用蛋白使用比例，中国饲料工业协会起草了两项协会团体标准，现公开征求意见，设置猪饲料粗蛋白上限。10 月 30 日，近期饲料工业协会发布新的饲料蛋白标准，猪鸡低蛋白配合饲料团体标准等两项标准的出台将有效减少豆粕等蛋白饲料原料用量。“据测算，新标准在全行业全面推行后，养殖业豆粕年消耗量有望降低约 1 100 万 t，带动减少大豆需求约 1 400 万 t，这将影响豆粕需求。据悉从 11 月 1 日起，大型饲料厂开始执行新的低蛋白标准。

中国海关总署表示，中国已取消持续数年的印度菜籽粕进口禁令。由于中国和美国的贸易战持续升级，中国试图减少对美国大豆的依赖性。财政部在 10 月 25 日发布通知称，为进一步简化税制、完善出口退税政策，对部分产品增值税出口退税率进行调整。其中一条就是取消豆粕出口退税。以上的政策出台，在未来预计会打破在中国几十年的玉米 - 豆粕型的饲料配方体系，未来多蛋白饲料使用将成为常态。

2. 2018 年政策因素成为决定大豆、豆粕价格走势的决定因素

我国农历初一，即 2 月 16 日，美国商务部对进口钢铁和铝产品的安全调查报告，建议将对中国等国征收高额关税，并且在 3 月 8 日正式签署了命令，于 3 月 15 日后对美国进口的钢铁和铝分别征收 25% 和 10% 的关税；之后，中美贸易摩擦愈演愈烈，虽然中间有过很多次谈判，但最终美国政府 6 月 15 日晚间，依据“301 调查”单方认定结果，宣布将对原产于中国的 500 亿美元商品加征 25% 的进口关税；8 月底、9 月初美国政府再度拟针对中国进行征收 2 000 亿进口商品关税。而中国方面，在美方一系列的单方面挑起贸易摩擦后，中国政府以对等的条件对美国进行反击，对国内豆粕市场最关键的一条就是，对进口美豆征收 25% 关税。这一政策对中美大豆产业来说都将产生深刻影响，对此，中国一系列政策出台，以应对大豆市场的供应缺口，相应的低蛋白添加，使用其他相关替代品等，都成为 2018 年大豆市场众多不确定的因素。

3. 巴西成为中国大豆市场的第一供应大国

受中美贸易战影响，美国农业部 10 月最新预计数据称，2018—2019 年中国进口大豆数量为 9 400 万 t，较上年度实际进口量下降 154 万 t；而根据中国国家粮油信息预计，2018—2019 年中国进口大豆数量为 8 600 万 t，将较 2017 年度下降近 1 000 万 t。2018 年 1 月到 9 月间，巴西向中国出口了 5 510 万 t 大豆，与 2017 年同期相比增长了 15%，迅速抢占美国大豆在中国市场份额。事实是全年中国进口大豆下降至 8 803 万 t，下降了 751 万 t，下降幅度明显超过美国农业部的预期，而进口巴西大豆大幅提升，部分替换美国大豆削减导致的不足。

4. 非洲猪瘟疫情直接抑制豆粕消费

非洲猪瘟疯狂扩散，对豆粕涨势有所抑制。从 8 月中旬到 12 月底，全国已经发生非洲猪瘟 99 例，疫情区生猪遭到大量扑杀。截至 12 月底，非洲猪瘟疫情已涉及 20 多省市自治区，国内 80% 区域都已遭受到非洲猪瘟疫情影响并限制生猪调运流通，随着云南、湖南、浙江疫情爆发，可以跨省调运地区越来越少，我国不受禁运影响的仅有新疆、青海、重庆、广东和海南。市场担忧情绪不断增加，终端用户及饲料厂观望情绪浓厚，豆粕成交清淡，工厂库存升至 100 万 t 以上，导致 10～12 月国内豆粕行情持续下跌。

5. 取消对大豆目标价格补贴政策采取市场化收购加生产者补贴

2018 年国家将大豆目标价格补贴政策改为市场化收购加生产者补贴，大豆不再出台目标价格，大豆购销市场化，价格完全由市场决定。由于大豆生产者补贴与玉米生产者补贴统筹衔接，便于国家通过生产者补贴来调整品种间的收益。2018 年 11 月 7 日，黑龙江公布了 2018 年该省大豆及玉米的相关补贴信息，计划安排大豆补贴每亩 320 元，而玉米补贴每亩 25 元。大豆补贴大幅增加而玉米补贴明显减少，体现出政府调增大豆种植面积、调减玉米种植面积的意图。2018 年临储大豆拍卖连续举行，由于拍卖次数及成交量较 2017 年明显增加，临储大豆拍卖累计成交超过 200 万 t，对市场价格影响较大。

6. 宏观政策对稳定豆粕市场起到关键作用

2018 年 10 月 26 日，中国饲料工业协会发布《仔猪、生长育肥猪配合饲料》《蛋鸡、肉鸡配合饲料》两

项中国饲料工业协会团体标准。温氏股份、新希望等饲料企业表示将积极执行新的标准，有效降低豆粕在饲料中的添加比例。饲料企业表示将通过研究探索氨基酸供需平衡的新技术，替代原有的玉米豆粕饲料配方模式。据测算，新标准将使猪配合饲料平均蛋白水平下调 1.5 个百分点，蛋鸡、肉鸡配合饲料蛋白水平也将降低约 1 个百分点。新标准在全行业全面推行后，养殖业豆粕年消耗量有望降低约 1 100 万 t，带动大豆需求减少约 1 400 万 t。尽管该标准是团体标准，不是行业标准，执行力度如何还需观察，但当豆粕成本走高，或者养殖利润恶化的情况下，饲料企业会主动调整配方中蛋白添加比例，进而抑制需求。

7. 生猪产能下降，非洲猪瘟疫情成助推器

非洲猪瘟疫情持续发生及限制跨省调运的政策使得产区和销区猪肉价格走势分化，东北三省、河南、湖南等主产省养殖利润大幅下跌，补栏积极性受挫，广东、浙江等销区因环保因素可增加的补栏数量有限，另外，新增大规模养殖场生产进度受到影响，部分已建猪场因无法调运母猪而延缓投产时间。2018 年 12 月 27 日，农业农村部下发《关于规范生猪及生猪产品调运活动的通知》，明确疫区所在县以外的种猪、商品仔猪经非洲猪瘟检测合格和检疫合格后，可调出本省，此举有利于恢复补栏，但生猪养殖整体去产能的趋势没变。

四、总结

总体来看，全球市场在于阿根廷减产的压力，一旦新季产量恢复，全球市场相对来说会比较宽松。从供应层面来说，产量的压力不大，目前在于中美贸易摩擦的系统风险，以及非洲猪瘟疫情对生猪养殖的深度调整后的影响。一方面，禁运政策将加快去产能，中小养殖户也将加速淘汰，规模化养殖仍是大趋势，另外，因小散户和新增规模养殖场没有有效对接，饲料整体的需求较为悲观，对豆粕消费是非常不利的。

鱼粉生产、贸易与市场情况

2018 年，我国蛋白饲料市场价格大战如火如荼，鱼粉作为重要的蛋白补充产品，也不会独善其身。2018 年，鱼粉市场更受到大豆及其他蛋白饲料的影响，价格从年初的高价直接跌至底部，但风险与机遇并存，2018 年，我国进口鱼粉整体价格属于中等偏高价位，部分企业加大对鱼粉的采购力度，且对外采购的国家更加分散。饲料企业对采购原料的把握日益成熟，采购鱼粉的节奏把握得更加精准。整体来看，2018 年鱼粉市场在进口鱼粉居高和国内产鱼粉品质大幅提升的背景下，鱼粉在饲料中仍是一个不二选择，对鱼粉价格形成有力支撑。

1. 鱼粉进口情况

（1）2018 年鱼粉进口情况。如图 1 所示，据海关数据显示，2018 年我国累计进口鱼粉 146.1 万 t，同比下降了 7.3%，其中 2 月、3 月、4 月、5 月和 12 月同比下降，其他月份均同比提高，其中 9 月、10 月和 11 月的提升幅度较大，同比提升了 19.8%、16.2% 和 35.4%。2018 年我国从秘鲁进口鱼粉 78.4 万 t，同比下降了 11.2%，占总进口量的 53.7%，与 2017 年比下降了 2.3 个百分点；从越南进口鱼粉为 13.2 万 t，同比下降了 0.4 万 t，占总量为 9%；从俄罗斯进口为 6.6 万 t，同比提高了 15.8%，占比为 4.5%；从美国进口 7.3 万 t，同比下降了 27.5%；从智利进口 9.2 万 t，同比提高了 31.2%。2018 年，我国从俄罗斯、智利等国家进口量增加，从秘鲁、美国、越南等国家的进口量缩小。

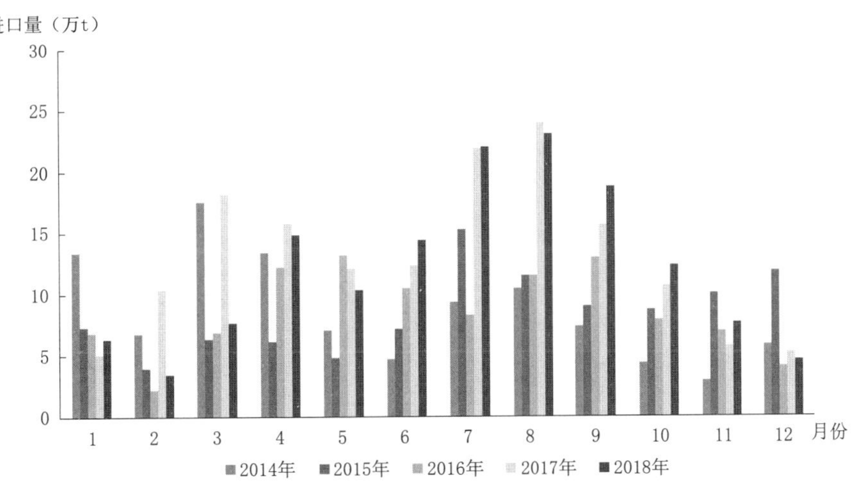

图 1　2014—2018 年各月鱼粉进口情况对比

（2）2017 年与 2018 年鱼粉进口情况比较。如图 2 所示，从 2017 年和 2018 年进口鱼粉对比发现，我国从秘鲁进口总量仍是无法撼动地占据主要地位。进口量仍是占据半壁江山，但进口占比下降了 2 个百分点。从越南、俄罗斯、毛里塔尼亚的进口占比两年持平。从秘鲁、美国、厄瓜多尔进口鱼粉占比下降。2018 年我国从其他国家进口鱼粉占比量继续提升，达到 11%，同比上升了 4 个百分点。说明我国在鱼粉资源方面的进口越来越多元化，以此降低蛋白市场波动对鱼粉市场的风险。

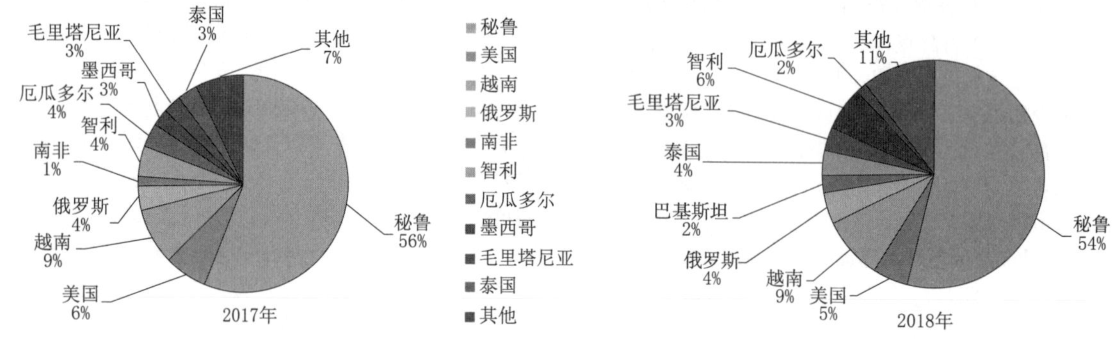

图 2　2017 年与 2018 年各国鱼粉进口量所占比例图

如图 3 所示，2018 年我国各个港口进口鱼粉与 2017 年各不相同，上海和福州港口分别从 2017 年的 27% 和 14%，提高到 43% 和 21%，占比比较大，两个港口占比 64%。2018 年，从大连和广州港口进口量也有小幅提升，均达到了 14%。其他港口在 2018 年的进口占比均偏低。

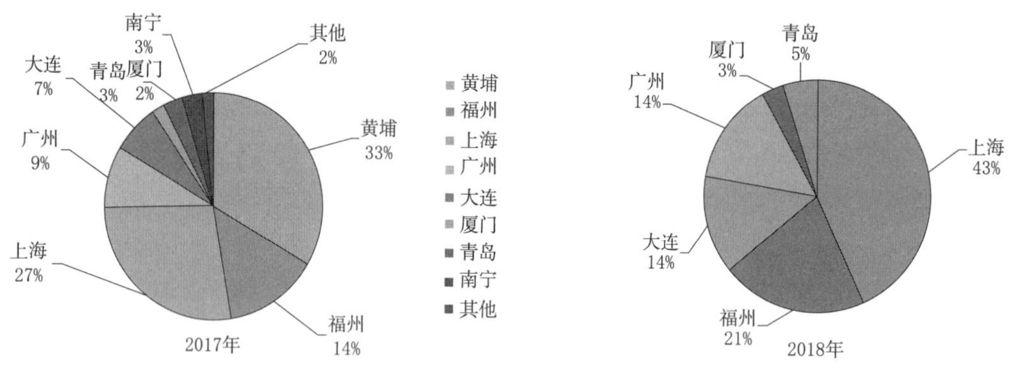

图 3　2017 年与 2018 年各港口鱼粉进口量所占比例图

2. 2018 年我国鱼粉库存情况

2017 年我国港口鱼粉库存达到峰值，而且出现两个库存高峰值，在 2017 年下半年随着鱼粉需求的提升，库存量下降。但 2018 鱼粉库存持续走高，从年初的 7.9 万 t，一路飙升至年底，最高达到 19.4 万 t，差距超过 1.4 倍。第四季度在水产拉动减弱，生猪消费量下降的双重打击下，鱼粉库存持续高位，呈现典型的左肩头向上的走势（图 4）。

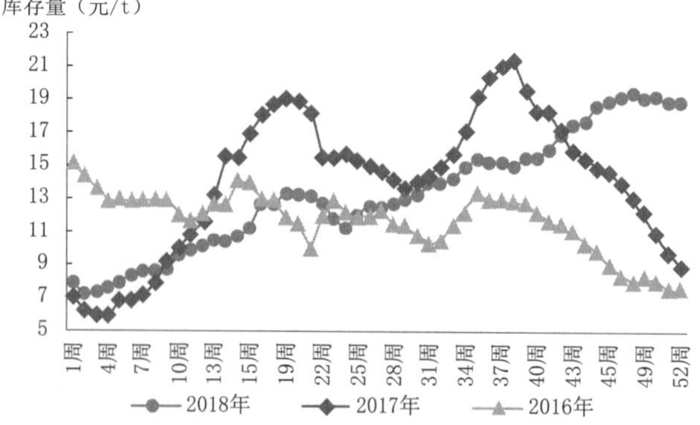

图 4　2016—2018 年我国港口鱼粉库存量变化图

3. 2018 年鱼粉价格行情

（1）秘鲁超级蒸汽鱼粉震荡下降。2018 年我国进口的超级蒸汽级别鱼粉现货报价为 12 288 元 /t，同比上涨了 9.1%，略低于 2016 年的全年水平。2018 年，主要港口均价为 13 925 元 /t，新季捕鱼资源丰富，捕鱼量高于预期，鱼粉震荡下行至 12 000 元 /t，下降了 1 925 元 /t，对此市场终端和部分贸易商开始谨慎出货。随着下半年第二季捕鱼量趋于正常，同时，国内市场因需求不振，受下半年非洲猪瘟疫情影响，鱼粉价格再次震荡下调，到年底下降到 10 725 元 /t，与年初比下降 3 200 元 /t，下降幅度 22.8%（图 5）。

（2）国产鱼粉价格。如图 6 所示，国产鱼粉价格基本与秘鲁鱼粉价格走势趋同。与国外鱼粉相比，国产鱼粉价格的走势相对平滑，鱼粉价格区间从年初最高的 10 800 元 /t，降至年底最低价格 9 250 元 /t，价差在 1 750 元 /t。近几年，随着技术的进步，我国国产鱼粉质量有所提升，但国内鱼粉价格也受国产鱼粉资源短缺的影响。

（3）秘鲁全年捕鱼适中，鱼粉市场外在因素影响偏多。如图 7 所示，2018 年秘鲁中北部第一捕季基本停滞，官方本周仍无正式的停捕公告。根据 Imarpe 公布的捕鱼数据，截至利马 8 月 2 日，该捕季累计捕鱼 314.5t 左右，完成配额的 94.8% 左右，可产鱼粉 73.1 万 t 左右。2018 年秘鲁中北部第二捕季从利马时间 11 月 15 日零时开始，最大捕捞限额为 210 万 t，达到捕捞最高限额或参照 Imarpe 建议结束捕季。根据 Imarpe 官方数据，截至 12 月 27 日，该捕季已累计捕鱼 183.5 万 t 左右，完成配额的 87.4%。秘鲁 2018

价格（元/t）
14 500
14 000
13 500
13 000
12 500
12 000
11 500
11 000
10 500
10 000
1周
4周
7周
10周
13周
16周
19周
22周
25周
28周
31周
34周
37周
40周
43周
46周
49周
52周
2018年
2017年
2016年

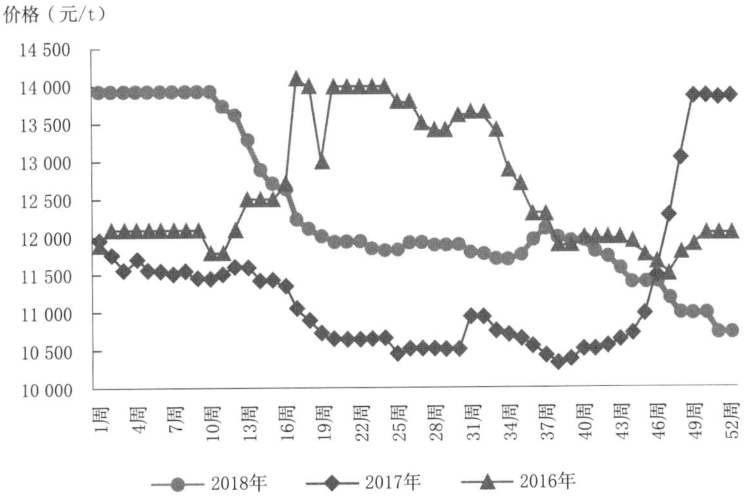

图 5　2016—2018 年秘鲁超级蒸汽级别鱼粉价格变化趋势

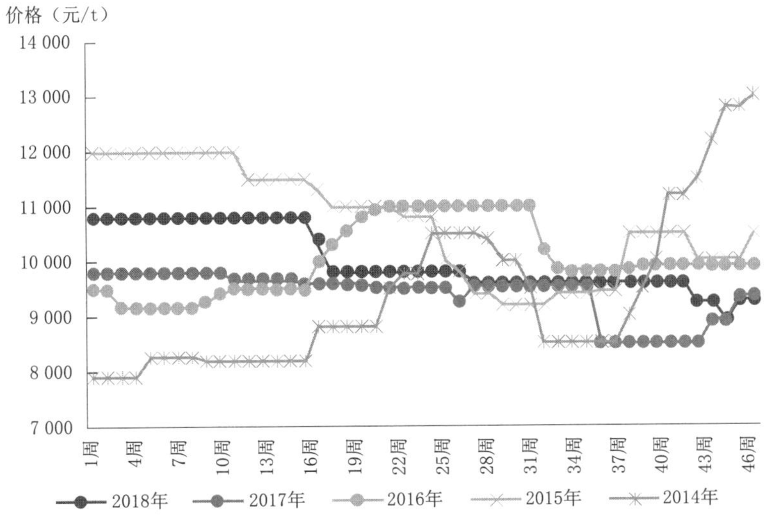

价格（元/t）
14 000
13 000
12 000
11 000
10 000
9 000
8 000
7 000
1周
4周
7周
10周
13周
16周
19周
22周
25周
28周
31周
34周
37周
40周
43周
46周
2018年
2017年
2016年
2015年
2014年

图 6　2018 年山东 65% 脱脂鱼粉价格变化趋势

年中北部第二捕季从利马时间11月15日零时开始，最大捕捞限额为210万t，达到捕捞最高限额或参照Imarpe建议结束捕季。根据Imarpe官方数据，截至12月27日，该捕季已累计捕鱼183.5万t左右，完成配额的87.4%。

秘鲁2018年南部第一捕季于6月底结束。该捕季共捕鱼16万t左右，完成该季配额的30%左右。利马7月1日零时，2018年秘鲁南部第二捕季开始，该季配额为53.5万t，达到最大捕捞限额结束，或根据Imarpe建议调整结束时间，该捕季最晚不会超过12月31日。截至利马8月2日，共捕鱼5.34万t，完成配额10.0%。

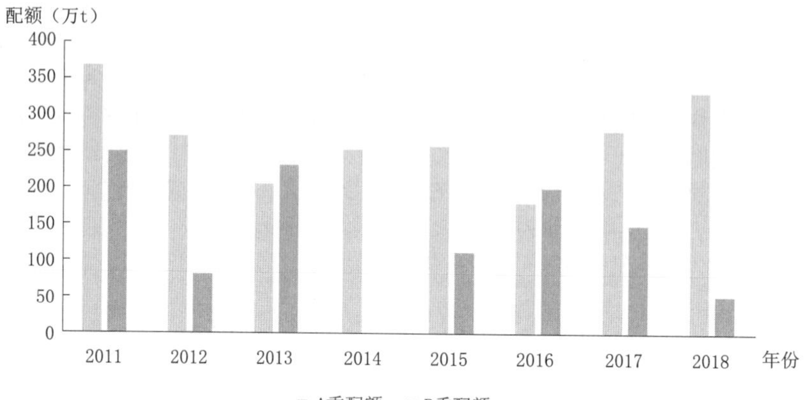

图7 近年我国A季捕鱼配额对比

4. 2018年影响鱼粉市场因素分析

（1）秘鲁工业捕捞恢复鱼粉总量提升。2018年工业捕捞明显恢复，捕捞权利费新规应于2019年推行。2018年秘鲁政府宣布了修改捕捞权利费的提议。根据提议，在年度捕捞量低于340万t的情况下，需缴纳FOB价格的比例在0.3%，但若是年度捕捞量等于或高于340万t时则需缴纳1.3%的费用。秘鲁渔业协会称，该规定应于1月1日生效，且SNP已遵守该规定，考虑了在计算补偿方法上的错误，以及确定一个一次性付款方式。当然对于工业捕捞而言，2018年无疑是前景广阔的一年。据秘鲁渔业协会主席表示，由于鳀鱼生物量比过去25年的平均水平高出35%，年捕捞量预计为600万t。

（2）鱼粉消费旺季不旺。每年6月后就进入鱼粉的消费旺季，由于人民币持续贬值，造成了进口成本不断上升等因素共振，令我国鱼粉持货商销售心态获得支撑，特别是我国台湾鱼粉受青睐更显坚挺。泰国级鱼粉报价在10 600～10 800元/t，涨200～300元/t，日本级鱼粉报价在11 200～11 500元/t，涨100元/t，而秘鲁鱼粉报价稳定，秘鲁超级蒸汽鱼粉报价在11 800～12 000元/t。以上数据显示，我国进口鱼粉的国家日趋分散，其他国家的鱼粉价格与秘鲁鱼粉价格差距也越来越小。

（3）我国国产鱼粉压力重重。2018年，我国鱼粉市场经历了国内史上最严厉的禁渔制度，在禁渔范围、禁渔时间、禁止作业类型严格限制下，国产工厂生产困境重重。同时，国内水产养殖持续受挫，需求长期处低位，秘鲁鱼粉到港量持续增加，供应量充足，市场报价从年初高价一路下跌，超级蒸汽鱼粉现货价格由13 925元/t降至8月中旬的11 900元/t，下调2 025元/t，跌幅14.5%，虽然受到汇率上升影响，进口鱼粉价格有所企稳，对国内鱼粉市场有所支撑。

（4）环境监管常态化对鱼粉市场将产生深远影响。环境监管政策常态化，污染严重的养殖场会被打击并有可能退出市场，同时，2017年的环保风暴直接导致2018年国产鱼粉的供应量大幅下降。随着国家指定停工限产的范围和时间有所调整，不再一刀切式停工停产，利于国产鱼粉工厂恢复开工。环保政策常态化已经是不争事实，未来在增加供应的同时，提高环保的意识也是未来鱼粉加工企业及水产养殖企业必须面对的现实。

5. 总结

2018年，秘鲁中北部第二捕季210万t配额偏高，开捕顺利，对国内外鱼粉市场的利空影响较为长远，而汇率的变化也成为鱼粉价格走势的关键因素。在国产鱼粉未达到进口鱼粉质量水平的情况下，进口鱼粉仍是主要来源。目前，最大的不确定性来自非洲猪瘟疫情，这对生猪存栏的恢复不利，恢复至下降前的存栏水平需要更多时间，同时，水产养殖也在环保政策的监管下，至少在短期内会抑制鱼粉的消费总量，所以水产饲料的增幅会放慢。

（王长梅）

饲料添加剂工业概况

2018 年饲料添加剂产业概况

饲料添加剂作为饲料工业的核心，近几年得到了迅速发展，产品体系逐渐完善，产量不断攀升，对我国饲料工业发展起到了积极的推动作用。2013 年公布新版《饲料添加剂品种目录》，有机矿物元素、酶制剂、微生物、植物提取物等新型饲料添加剂，共计 97 种，比 2008 年版增加 36 种。饲料添加剂生产开发能力稳定提高。截至 2018 年年底，饲料添加剂生产企业 2 024 家，较 2017 年增长 13.4%。

1. 2018 年饲料添加剂产品产值 944 亿元、营业收入 875 亿元，同比分别增长 4.9%、5.3%

2. 2018 年全国饲料添加剂产品总量 1 095 万 t，同比增长 5.8%

其中，直接制备饲料添加剂 1 035 万 t、同比增长 5.3%，生产混合型饲料添加剂 59 万 t、同比增长 15.3%。

氨基酸。2018 年总产量 285.3 万 t，同比增长 21.5%。饲料添加剂中氨基酸 283.5 万 t，同比增长 21.3%；混合型饲料添加剂中氨基酸 1.8 万 t，同比下降 62.3%。其中，饲料添加剂中，赖氨酸 121.9 万 t（含 65% 赖氨酸），同比下降 11.3%；蛋氨酸 26.2 万 t，同比增长 5.3%；苏氨酸 63.0 万 t，同比增长 9.8%；色氨酸 1.7 万 t，同比增长 69.7%。

维生素。2018 年总产量 110.9 万 t，同比下降 12.9%。其中，饲料添加剂中维生素 103.3 万 t，同比下降 10.8%；混合型饲料添加剂中维生素 7.7 万 t，同比下降 34.0%。其中单体维生素中，氯化胆碱产量 57.7 万 t，同比下降 6.7%；维生素 A 0.5 万 t，同比下降 67.7%；维生素 E 8.7 万 t，同比下降 23.1%；维生素 B_{12} 605t，同比下降 13.7%；维生素 B_2 6 113t，同比增长 106.5%；维生素 C 3.5 万 t，同比增长 16.7%。

矿物元素及其络合物。2018 年总产量 567.3 万 t，同比增长 13.8%。其中，饲料添加剂中矿物元素及其络合物 561.4 万 t，同比增长 14.3%；混合型饲料添加剂中矿物元素及其络合物 5.9 万 t，同比下降 16.5%。其中，饲料添加剂中，硫酸铜 2.1 万 t，同比下降 45.3%；硫酸亚铁 11.4 万 t，同比增长 20.1%；硫酸锌 6.2 万 t，同比下降 51.1%；硫酸锰 14.4 万 t，同比增长 21.3%；磷酸氢钙（含磷酸二氢钙）358.0 万 t，同比增长 13.7%。

酶制剂。2018 年总产量 16.7 万 t，同比增长 55.8%。其中，饲料添加剂中酶制剂 12.0 万 t，同比增长 98.0%；混合型饲料添加剂中酶制剂 4.7 万 t，同比增长 1.0%。

抗氧化剂。2018 年总产量 7.3 万 t，同比增长 5.6%。其中，饲料添加剂中抗氧化剂 2.1 万 t，同比下降 54.0%；混合型饲料添加剂抗氧化剂 5.2 万 t，同比增长 119.1%。

防腐剂、防霉剂。2018 年总产量 54.2 万 t，同比增长 412.9%。其中，饲料添加剂中防腐剂、防霉剂 42.5 万 t，同比增长 620.0%；混合型饲料添加剂中防腐、防霉剂 11.7 万 t，同比增长 151.5%。

微生物。2018 年总产量 14.6 万 t，同比增长 36.9%。其中，饲料添加剂中微生物 5.0 万 t，同比增长 1.6%；混合型饲料添加剂中微生物 9.6 万 t，同比增长 67.1%。

其他类添加剂。2018 年总产量 38.2 万 t，同比下降 71.7%。其中，饲料添加剂中其他类 25.6 万 t，同比下降 78.8%；混合型饲料添加剂中其他类 12.6 万 t，同比下降 11.1%。

3. 2018 年工业饲料总产量 22 788 万 t，同比增长 2.8%，近 5 年年均复合增长率 3.3%，2018 年饲料添加剂总产量 1 095 万 t，同比增长 5.8%，年均复合增长率 6.5%

添加剂总产量的增速高于工业饲料年均复合增长率 3.2 个百分点。随着行业的发展，和结构调整加快，我国饲料添加剂品种结构逐步完善，产量结构随着市场调整变化，已经形成了一个较为完善的产业体系，为饲料工业实现提质增效起到了积极的推动作用。同时，随着饲料添加剂科研资金的不断投入，饲料添加剂品种类别和科技含量水平不断提升，饲料添加剂工业保持较好的发展势头。近 5 年，从各类添加剂产品年均复合增长率看，氨基酸，酶制剂，防霉、防腐剂年均复合增长率均在 10% 以上，分别增长 13.7%、12.8% 和 19.9%，其次是维生素，抗氧化剂，年均复合增长分别为 8.5%、9.7%，微生物制剂年均复合增长率 6.2%（表 1 至表 2）。

表 1　2013—2018 年饲料添加剂主要品种产量和年均递增率

单位：万 t

年份	饲料添加剂总量	氨基酸	维生素	矿物元素及其络合物	酶制剂	抗氧化剂	防霉剂、防腐剂	微生物
2018	1 094.5	285.3	110.9	567.3	16.7	7.3	54.2	14.6
2017	1 034.6	234.8	127.4	498.4	10.7	6.9	10.6	10.7
2016	975.9	201.8	113.1	500.5	11.6	5.0	15.7	11.4
2015	816.4	154.5	109.1	420.2	9.8	5.1	25.4	10.9
2014	802.9	125.6	89.2	467.7	10.7	4.0	27.1	11.6
2013	798.9	150.4	73.9	460.6	9.1	4.6	22.6	10.8
年均复合增长	6.50%	13.66%	8.46%	4.25%	12.76%	9.70%	19.09%	6.18%

表 2　2013—2018 年部分单体饲料添加剂产量和年均递增率

单位：万 t

年份	赖氨酸	蛋氨酸	苏氨酸	色氨酸	氯化胆碱	磷酸氢钙
2018	121.9	26.2	63.0	1.70	57.73	358.03
2017	137.3	24.8	57.4	1.03	61.89	315.00
2016	111.7	21.6	52.6	1.58	62.19	354.38
2015	95.8	11.8	37.9	1.01	63.62	326.25
2014	91.8	10.6	24.5	0.48	48.78	359.41
2013	108.5	4.7	21.2	1.90	41.00	363.96
年均复合增长	2.35%	41.21%	24.39%	−1.67%	7.08%	−0.33%

4. 饲料添加剂区域分布特点

一是饲料添加剂产量分布前 10 位的省份，依次是云南、山东、四川、内蒙古、湖北、江苏、贵州、新疆、湖南、宁夏 10 省区市，添加剂总产量为 850.0 万 t，占全国总产量 78%。其中，制备饲料添加剂前 10 位的省产量 821.2 万 t，占全国总产量 79%，混合型饲料添加剂 28.8 万 t，占比 49%（表 3 至表 6）。

二是饲料添加剂的区域分布特点主要集中在几个大省份，按各类添加剂前 5 位排名，分别是山东、江苏、湖北、河北、广东、内蒙古等省区市是我国饲料添加剂综合主产区域，其次是浙江、吉林、云南分别聚焦于添加剂单项优势明显，比如浙江省添加剂重点是维生素、吉林省添加剂重点是赖氨酸、云南省添加剂重点磷酸氢钙等特点。

表 3　2018 年饲料添加剂主要区域排名

单位：t

地　区	饲料添加剂产品总量	饲料添加剂	混合型饲料添加剂
全国总计	10 945 291	10 353 371	591 920
云　南	2 016 569	2 015 476	1 093
山　东	1 852 134	1 760 954	91 179
四　川	906 337	874 991	31 346

（续）

地 区	饲料添加剂产品总量	饲料添加剂	混合型饲料添加剂
内蒙古	780 798	731 338	49 460
湖 北	746 367	716 583	29 784
江 苏	541 585	467 292	74 293
贵 州	513 354	513 354	—
新 疆	383 058	382 926	132
湖 南	382 576	371 441	11 135
宁 夏	377 709	377 709	—
黑龙江	364 974	360 169	4 805
吉 林	325 470	323 714	1 756
广 西	297 661	291 091	6 569
河 北	237 575	213 053	24 522
辽 宁	204 920	160 570	44 350
浙 江	201 549	195 761	5 788
江 西	163 952	142 430	21 522
安 徽	150 240	143 913	6 327
广 东	145 058	60 175	84 883
河 南	107 553	93 755	13 798
福 建	63 099	58 422	4 677
上 海	50 619	10 726	39 893
天 津	37 124	33 509	3 615
北 京	26 211	5 451	20 761
重 庆	23 907	11 039	12 869
山 西	21 533	18 000	3 532
陕 西	21 467	18 146	3 321
甘 肃	988	973	15
海 南	807	411	395
青 海	99	—	99

表 4　2018 年氨基酸产量分布

单位：t

地 区	饲料添加剂	混合型饲料添加剂	小 计
全国总计	2 834 871	18 263	2 853 134
内蒙古	683 124	17 194	700 319
山 东	408 436	46	408 482
新 疆	371 505	—	371 505
黑龙江	354 049	3	354 052
宁 夏	342 290	—	342 290
吉 林	304 211	—	304 211
江 苏	153 261	276	153 537
安 徽	87 512	—	87 512

（续）

地　区	饲料添加剂	混合型饲料添加剂	小　计
辽　宁	77 785	1	77 786
浙　江	21 168	7	21 175
湖　北	17 393	2	17 395
河　南	7 769	128	7 898
河　北	3 605	41	3 646
四　川	1 217	3	1 220

表 5　2018 年维生素产量分布

单位：t

地　区	饲料添加剂	混合型饲料添加剂	小　计
全国总计	1 032 670	76 797	1 109 467
山　东	622 161	18 234	640 395
浙　江	143 520	202	143 722
河　北	79 521	5 906	85 426
江　苏	65 853	163	66 016
湖　北	25 867	197	26 063
宁　夏	16 547	—	16 547
江　西	14 003	21	14 024
吉　林	9 878	5	9 883
湖　南	9 568	41	9 610
安　徽	9 264	20	9 284
上　海	7 845	2 718	10 563
广　东	6 353	4 551	10 904
辽　宁	5 527	39 420	44 946
四　川	4 208	8	4 216
河　南	3 382	567	3 949
福　建	2 885	106	2 991
北　京	2 341	4 129	6 469
内蒙古	1 708	131	1 839
重　庆	1 107	50	1 158
云　南	1 067	—	1 067

表 6　2018 年矿物微量元素产量分布

单位：t

地　区	饲料添加剂	混合型饲料添加剂	小　计
全国总计	5 614 042	58 635	5 672 677
云　南	2 010 457	61	2 010 518

（续）

地 区	饲料添加剂	混合型饲料添加剂	小 计
四 川	861 709	15 675	877 384
湖 北	642 379	496	642 875
贵 州	513 338	—	513 338
山 东	435 599	10 799	446 398
湖 南	309 207	3 023	312 230
广 西	251 330	3 655	254 985
江 西	113 481	522	114 003
江 苏	109 838	306	110 144
河 北	105 763	1 539	107 302
辽 宁	67 000	973	67 973
广 东	36 538	18 586	55 124
河 南	30 898	23	30 921
陕 西	18 064	868	18 933
宁 夏	17 966	—	17 966
内蒙古	17 357	35	17 392
山 西	16 804	3	16 807
浙 江	15 121	112	15 232
安 徽	12 968	224	13 192
重 庆	9 931	120	10 051
吉 林	9 601	—	9 601
新 疆	7 584	131	7 714

5. 饲料添加剂发展趋势。2018 年由中美贸易摩擦主导豆粕及其他饼粕市场走势，为缓解蛋白原料的进口依赖性和环境污染。2018 年 10 月 26 日，中国饲料工业协会发布了《仔猪、生长肥育猪配合饲料》《蛋鸡、肉鸡配合饲料》两项团体标准，自 2018 年 11 月 1 日起实施。低蛋白日粮技术的推广，将有利于饲料添加剂的技术研发和饲料添加剂的需求。特别是氨基酸类，2018 年发酵氨基酸产业保持着旺盛增长势头。随着养殖规模化提高，工业饲料消费需求的稳定增长，包括"限抗禁抗"政策的推进，饲用氨基酸、饲用维生素、酶制剂、微生态制剂、微生物，绿色、生态、环保添加剂的需求将保持较好发展势头。未来绿色、环保、生态是饲料添加剂发展的主旋律。从动物营养需求和食品安全等方面考虑，我国饲料添加剂逐渐朝着天然化、有机化、减量化、无抗化、无痕化和功能化等方向发展。新型安全、绿色、生态、环保、高效必然成为饲料添加剂发展的主要趋势。

（刘 杰）

饲料级氨基酸

2018 年，我国饲用氨基酸总供应量增加，氨基酸原料成本下降，刺激出口市场继续扩大。饲料养殖一体化、规模化加速，对氨基酸特别是小品种的缬氨酸、精氨酸、异亮氨基酸、丙氨酸的市场消费比例迅速提高。2017 年受玉米去库存的刺激，东别玉米深加工企业纷纷投产和扩产，这也包括生产氨基酸产品，氨基酸厂家以价换量，出口市场一片大好，也引发国际贸易保护主义抬头的迹象，出口反倾销和反补贴的风险增加，这也是氨基酸市场一个不确定性的因素。另外，氨基酸生产工艺不断提升对知识产权的重视力度，针对专利问题争端不断，而销售方式也在转变，从战略合作到深度合作的全球销售模式升级，都是氨基酸市场的主要竞争方式。

2017 年，我国饲用氨酸总量为 234.7 万 t，同比上涨了 16.30%，其中饲料添加剂氨基酸总量为 233.7 万 t，同比上涨了 16.62%；混合饲料添加剂中氨基酸产量为 11.6 万 t，同比上涨了 7.28 倍。其中赖氨酸 137.3 万 t（含 65% 赖氨酸），同比增长 22.92%；蛋氨酸 24.8 万 t，同比增长 14.8%；苏氨酸 57.4 万 t，同比增长 9.12%；色氨酸 1.03 万 t，同比下降 35.6%。

一、赖氨酸

2018 年，我国赖氨酸市场经过虽然受 2017 年年底高位影响，开年价格较好，但受养猪周期、环保压力、补贴降低、非洲猪瘟疫情、产能扩增等一系列利空影响下，国内赖氨酸市场价格逐步震荡下行，全年呈 U 型震荡调整。2018 年我国玉米去库存效果显著，临储玉米拍卖超过 1 亿 t，玉米需求量增加、玉米补贴下降导致赖氨酸成本提高。2018 年上半年猪周期及下半年非洲猪瘟导致生猪养殖行业利润走低，饲料需求下滑，赖氨酸市场整体处于供过于求的局面。本文将从赖氨酸的进出口量以及国内外市场行情等方面着手，对 2018 年赖氨酸市场进行回顾，并对 2019 年赖氨酸市场走势进行简单预测，仅供参考。

1. 赖氨酸出口情况分析

（1）年度出口情况。如图 1 所示，据海关最新统计数据显示，2018 年我国赖氨酸出口继续大幅提升。2018 年我国累计出口赖氨酸盐及酯共计为 36.23 万 t，同比下降了 2.87%，是 2011 年以来首次出现回调，与近 5 年的出口量均值相比仍提高了 7.86t，增幅为 27.76%。2018 年，我国赖氨酸出口主要受人民币贬值及国际贸易争端大幅提高的影响。

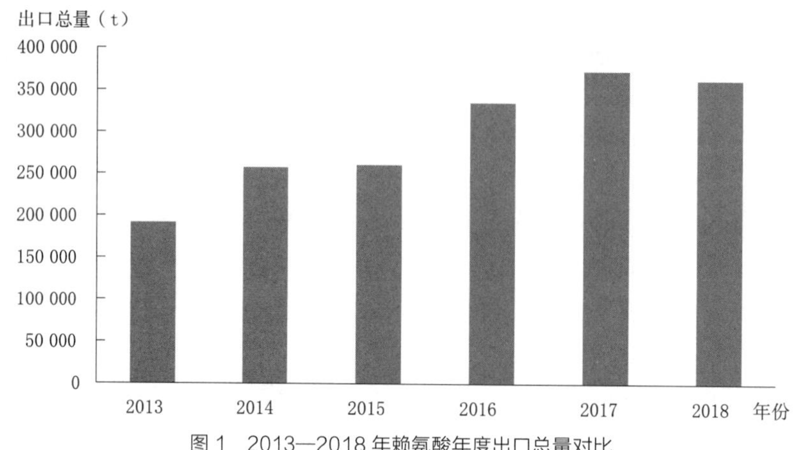

图 1　2013—2018 年赖氨酸年度出口总量对比

（2）月度出口情况。如图 2 所示，据海关最新统计数据显示，2018 年我国赖氨酸月度出口除了 1 月、2 月、4 月同比下降，其他月份均出现不同幅度的增幅。月均出口量超过 3.3 万 t，大幅超过 2017 年的 3.1 万 t 和 2016 年的 2.7 万 t，全年除了 1 月、2 月和 4 月，出口量均超过 3 万 t。

（3）分国别出口情况。2018 年我国赖氨酸出口的国家主要有荷兰（64 050.4t）、德国（33 190.0t）、越南（20 450.7t）、丹麦（18 582.0t）、立陶宛（18 373.5t）、泰国（16 421.8t）、日本（16 058.0t）、南非（10 385.3t）等。近两年，俄罗斯本土赖氨酸企业崛起，自 2017 年 9 月 20 日开始，俄罗斯联邦兽医和

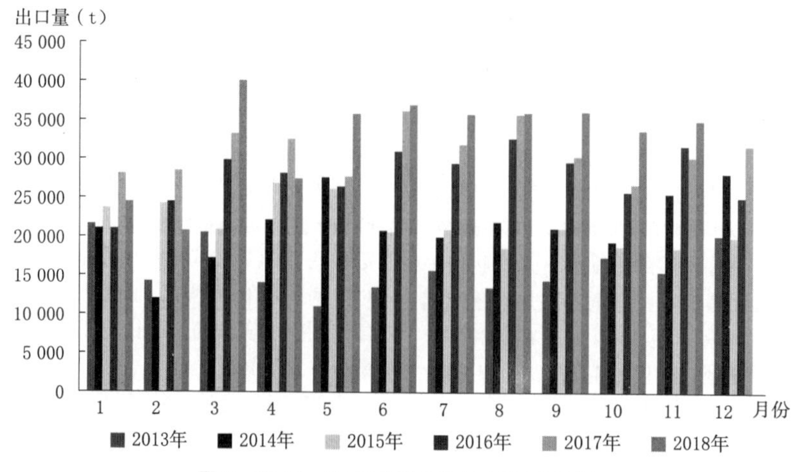

图 2　2013—2018 年赖氨酸月度出口量对比

植物检疫监督处决定，禁止从梅花（通辽、新疆、廊坊）、伊品（宁夏、内蒙古）、金玉米等6个中国赖氨酸工厂进口赖氨酸，主要原因在于工厂检查问题未能达成一致。2018年我国赖氨酸出口俄罗斯由2017年的58 239.65t减少至452.87t，荷兰成为我国赖氨酸第一大出口国。受全球饲料增长、国内企业生产成本偏低、以及国内出口退税率上调、一带一路倡议等政策影响，2018年全球赖氨酸供需继续小幅提升（图3）。

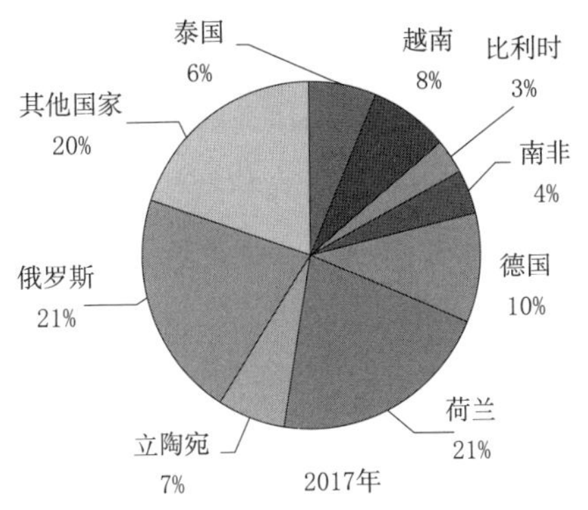

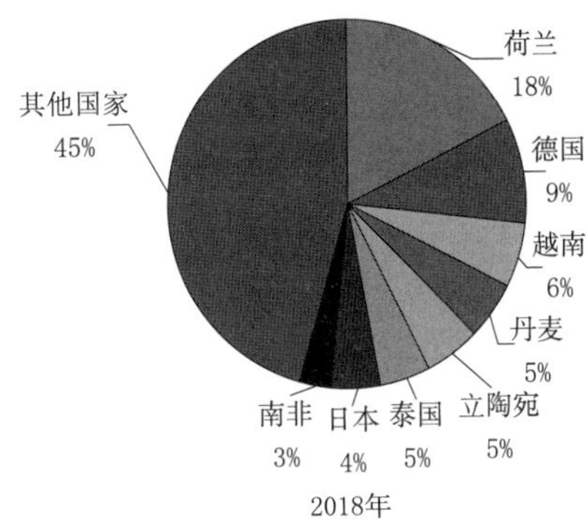

图3 2017及2018年赖氨酸主要出口国家及所占比例对比

（4）主要海关出口情况。2018年我国赖氨酸出口的主要海关有大连海关（62 067.0t）、满洲里海关（2 643.8t）、天津海关（155 141.7t）、青岛海关（59 574.6t）、济南海关（114 092.1t）、乌鲁木齐海关（4 410.9t）等（图4）。2018年，我国赖氨酸出口又有新的变化，其中满洲里的出口量有所下降，其他几个主要海关如天津、大连、青岛、济南海关均出现不同幅度的提升，其中天津海关出口量提升了1.45倍多。

（5）进出口均价情况。如图5所示，截至2018年，我国赖氨酸出口总额为40 684.12万美元，预计全年出口金额为44 465.48万美元，同比2017年增加了4 723.35万美元，增幅为10.62%。赖氨酸出口均价为1.13美元/kg，同比上升了5.31%。由于玉米去库存效果显著，2018年我国赖氨酸生产成本上升，赖氨酸市场交投清淡，出口市场整体向好。全年出口均价最高出现在3月，为1.19美元/kg，而全年最低出口均价出现在年底的10～11月，仅为1.05美元/kg，全年价格高于2017年的价格水平，高出4.46个百分点。

2. 2018年赖氨酸市场价格分析

国内价格分析。如图6所示，2018年，我国赖氨酸市场由于环保、企业竞争及非洲猪瘟压力巨大，赖氨酸整体供应量有所提升，出口量创下历史纪录，庞大的市场供应压制了赖氨酸的价格走势。2018年赖氨酸价格高开低走。从年初的10.5元/kg，下降至年底的7.93元/kg，下跌了24.48%，全年价格波动区间在8.5～7.6元/kg，最高价差达到了28.26%。2018年全年均价8.35元/kg，同比下跌了9.24%。与5年均值比下跌了4.68%。全年价格低点出现第二、第三季度，赖氨酸市场供应充足，导致市场竞争激烈，价格下降。

3. 赖氨酸市场行情主要影响因素

（1）产能回归赖氨酸厂家面临新的格局，新进入者冲击市场。

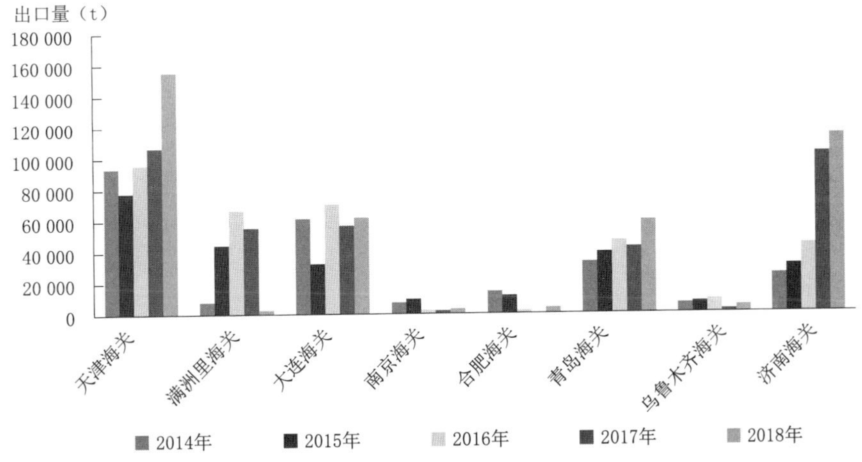

图4 2014—2018年国内主要港口赖氨酸出口量对比

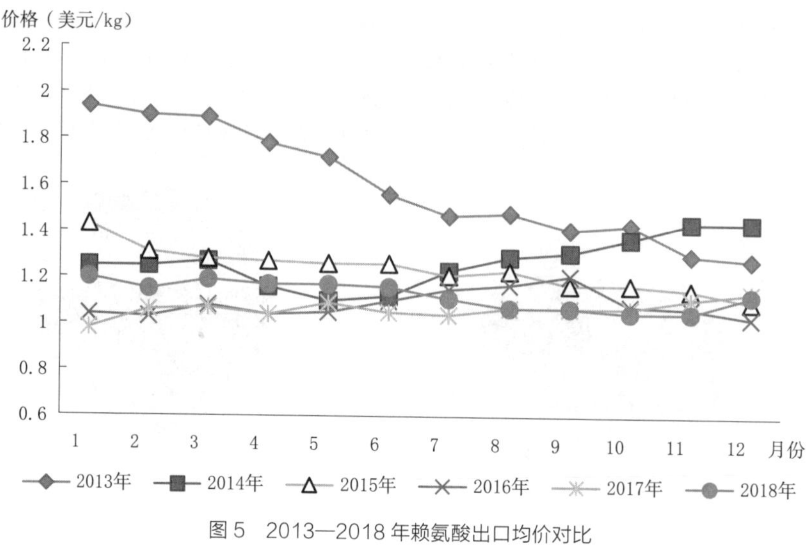

图 5　2013—2018 年赖氨酸出口均价对比

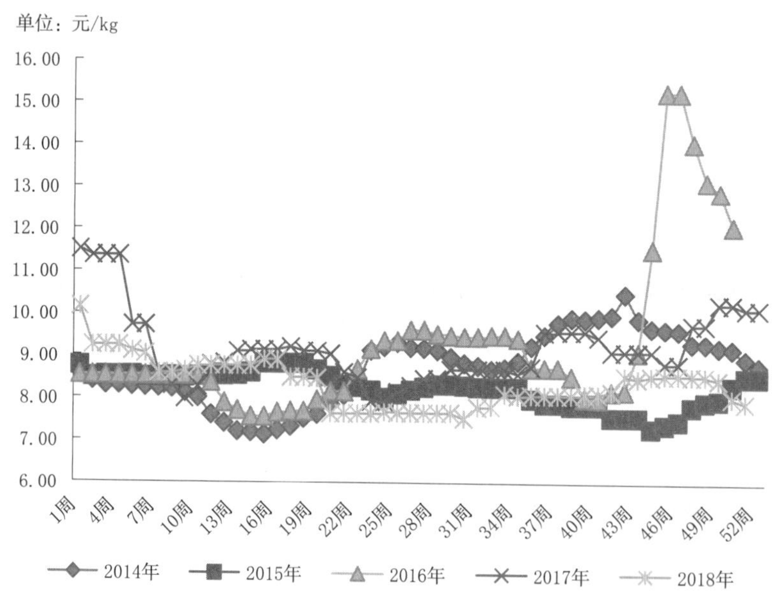

图 6　2014—2018 年国产 98.5% 赖氨酸国内价格走势

我国赖氨酸市场起步于 20 世纪 90 年代中期，历经 10 余年的产能、产量飞速发展，目前，我国是全球赖氨酸最大的生产国和出口国。2018 年，我国赖氨酸产能约占全球总产能的 70%。从近几年的赖氨酸市场来看，我国赖氨酸市场经过调整后，赖氨酸整体格局发生新的变化。国内赖氨酸产能有再次提升的迹象。2018 年全球饲用赖氨酸产能规模为 481.5 万 t，国内赖氨酸厂家产能规模为 331 万 t，同比增长 54%，扩增产能超百万吨，在全球总产能占比高达 70%，同比增长 10%。在产能过剩之下，2018 年我国赖氨酸生产商的整体设备利用率维持在 50% 左右。扩增过后，2018 年国内厂家产能占比改变，其中伊品以 23% 的产能占比跃居至第一位，其次为梅花，产能占比高达 21%，大成产能降至第三位（图 7）。

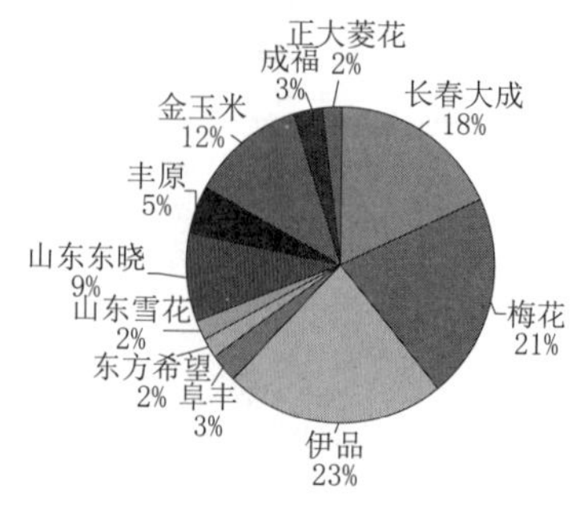

图 7　2018 年国内赖氨酸产能分布（饲料级）

表 1　2018 年新建投 / 扩产氨基酸项目

集团公司名称	时间	投 / 扩产能设计	备　注
安徽丰原	2018 年上半年	赖氨酸 10 万 t	已出产品
山东东晓	2018 年 5 ~ 6 月	98.5% 赖氨酸 7 万 t 70% 赖氨酸 16 万 t	原产能 10 万 t
象屿	2018 年 10 月	年产苏氨酸 10 万 t、色氨酸 1 万 t 的生物工程中心。	累计 42 亿元
黑龙江阜丰	2018 年 10 月	赖氨酸 10 万 t	黑龙江齐齐哈尔
吉林梅花	2018 年 10 月	赖氨酸 40 万 t	吉林白城，一期试生产
黑龙江伊品	2018 年 11 月	98.5% 赖氨酸 13 万 t 70% 赖氨酸 17 万 t 苏氨酸 10 万 t	黑龙江大庆
万里润达	2018 年第四季度	赖氨酸 20 万 t	黑龙江宝清县，过瘤胃氨基酸
东玉集团		赖氨酸 10 万 t	黑龙江齐齐哈尔，一期已签约

我国畜牧养殖业也在快速发展，对赖氨酸的需求增长起到提振作用，但我国目前赖氨酸年需求量在 70 万～80 万 t，由此来看我国赖氨酸产能仍严重过剩。这导致近几年来国内市场价格相对低迷，尤其是 2015 年大部分时间中赖氨酸市场价格均围绕成本线上下运行，部分厂家陷入亏损境地，故转型或压缩、去产能化是为摆脱行业困境的唯一出路。另外，由于行业具有高污染、高耗能、规模效应突出、行业监管严格等特点，在环保压力下，稳固了我国龙头企业垄断特征，也提高了赖氨酸行业的准入壁垒。因此，2015 年以来，赖氨酸行业持续不断进行产业结构性调整，持续进行供给侧改革，加速去产能化，使得 2016 年国内总产能降低至 186.5 万 t。但在全球扩产能及生产技术不断革新的大背景下，2017 年、2018 年两年我国赖氨酸企业持续扩产，导致行业竞争增强，赖氨酸价格较 2016 年下降 10.12%（表 1）。

（2）生猪存栏和能繁母猪存栏降幅缩窄，国内生猪市场进入转折重要节点。如图 8 所示，据农业农村部公布的我国生猪存栏的监测数据显示，2018 年年底我国生猪存栏为 32 467 万头，同比下降了 4.8%；能繁母猪存栏为 3 030 万头，同比下降 8.3%。从数据来看，2018 年我国生产存栏和能繁母猪存栏同比与 2017 年的明显降低。虽然我国生猪和能繁母猪存栏仍在下降的通道中，2018 年我国生猪出栏的体重相对偏高，在 110～130kg 的出栏量占据主导。2018 年前三季度全国生猪出栏 4.96 亿头，同比增长 0.1%，市场供应仍处于相对宽松状态，第四季度的尚未完全统计，预计全年的生猪出栏量仍约 6.8 亿头。2018 年，我国猪饲料产量 7 036.38 万 t，同比增长 0.32%（图 8）。

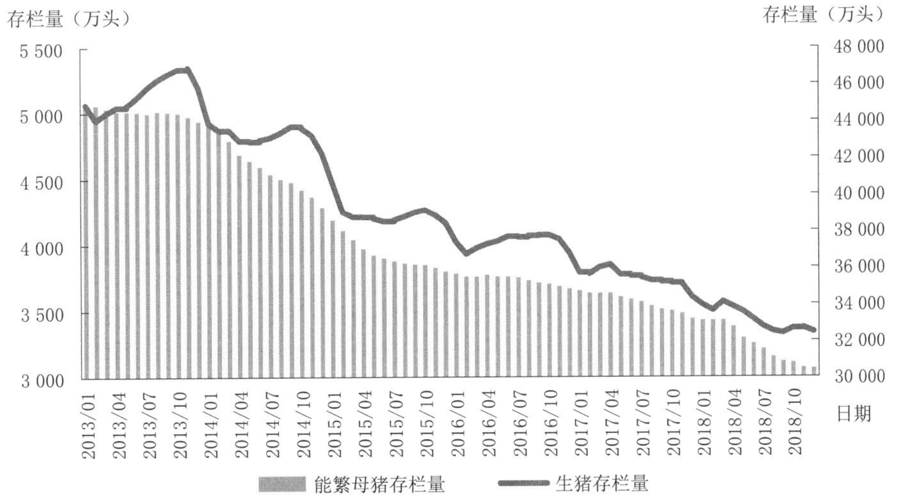

图 8　2013—2018 年我国生猪和能繁母猪存栏量对比

数据来源：农业农村部畜牧业司

（3）非洲猪瘟疫情肆虐，赖氨酸需求量下滑。2018年8月初，辽宁沈阳确诊中国第一例非洲猪瘟疫情后，疫情持续暴发至今，并已涉及23个省市，截至12月底，我国非洲猪瘟疫情已发生98起，约63万头受感染的生猪被扑杀，相邻11个省份暂停跨省调运，生猪调运量大幅度下降，引起产区生猪滞销、母猪淘汰量增加、仔猪补栏清淡、猪料产销量下滑等一系列连锁反应。而赖氨酸在猪料中为第一限制性氨基酸，赖氨酸与猪饲料产量需求关系密切，在猪饲料中用量占比较大，猪瘟疫情肆虐令2018年第四季度赖氨酸国内需求量下降。

（4）推出低蛋白日粮标准，推动氨基酸消费。2018年中美贸易摩擦战火熊熊，7月开始，美国正式向中国输美产品实施惩罚性关税，作为回击，我国对美国大豆等农产品加征25%的关税，国内存有缺豆预期，豆粕价格暴涨，且国内环保压力依存。在此背景下，2018年10月23日，中国饲料工业协会发布《仔猪、生长育肥猪配合饲料》《蛋鸡、肉鸡配合饲料》两项团体标准，自2018年11月1日起实施。

从此次调整总体来看，下调了饲料中粗蛋白的比例下限，同时增设了上限规定，而原来并无上限规定。根据农业农村部测算，猪配合饲料平均蛋白水平下调1.5个百分点；蛋鸡、肉鸡配合饲料蛋白降低约1个百分点。新标准如果在全行业全面推行，养殖业豆粕年消耗量有望降低约1 100万t，利于推动氨基酸消费量的增长。

（5）玉米去库存效果显著，赖氨酸生产成本上升。在种植面积调减，进口替代品下降，玉米深加工产品出口量、产能双增，以及生物燃料乙醇项目大举扩张等因素影响下，2018年我国玉米需求增加，去库存成效显著，临储玉米拍卖成交量超1亿t，同比增加4 309万t，国内玉米供需关系由过剩转向偏紧，价格震荡上行，自8月起，玉米价格上涨，赖氨酸市场受成本影响随之走高，2018年12月，新玉米逐步上量，价格阶段性回落，赖氨酸市场趋弱。

（6）深加工补贴下调压缩赖氨酸利润。相比2017年黑龙江省300元/t的补贴，吉林省200元/t的补贴，2018年黑龙江、吉林对玉米深加工企业及饲料企业加工新玉米补贴减少了一半，并且补贴时间也由2017年的五个月缩水至一个半月。赖氨酸价格低位，成本上涨、政府补贴下降，压缩赖氨酸企业利润。

2018年黑龙江省对于年加工能力10万t以上的玉米深加工企业和产量5万t以上的配合饲料企业，实际收购消耗黑龙江省内新产玉米，每吨给予150元的收购补贴。补贴时间为2018年3月23日至4月30日收购入库，并于6月30日前加工完成。2018年吉林省对于年加工能力10万t以上的玉米深加工企业和配合饲料企业，实际收购消耗吉林省内新产玉米，每吨给予100元的收购补贴。补贴时间为2018年3月15日至2018年4月30日期间收购入库，且2018年6月30日前加工完成。

4. 总结

玉米作为重要的赖氨酸生产原料，在2017年成为降低赖氨酸生产成本的主力，2017年赖氨酸产能再次释放，赖氨酸供应总量提升，出口市场的拉动作用明显。赖氨酸产品的小比例产品提升。总体来看，汇率、环保及相关产业政策等问题对赖氨酸市场形成深远影响。

二、蛋氨酸

2018年，全球蛋氨酸供应整体保持宽松，受下半年非洲猪瘟影响，家禽市场盈利较好，2018年年底，全球原油供应过剩的担忧令油价承压，人民币兑美元汇率走势总体可以概括为先稳后贬、双向波动。从近几年的价格走势来看，除了2014年和2015年经历过两次价格飙升外，2018年蛋氨酸价格维持相对平稳的价格走势。市场供应宽松，特别是中国蛋氨酸产能的释放，在主要供应地区的竞争激烈，导致价格难以出现大的涨跌。虽然受非洲猪瘟影响，家禽市场盈利较好，但蛋氨酸市场需求并未大幅提升，实际成交价格并未达到市场价格。本文将从蛋氨酸的进出口量以及国内外市场行情等方面着手，对2018年蛋氨酸市场进行回顾，并对2019年蛋氨酸市场走势进行简单预测。

1. 2018年国内蛋氨酸市场回顾

（1）进口量分析。如图9所示，据海关最新统计数据显示，2018年我国蛋氨酸进口量出现明显回落。截至2018年11月，我国累计进口蛋氨酸为15.11万t，预计全年17.06万t。同比下滑了13.80%，与前5年的均值比上涨了0.35%，但较前3年下滑趋势明显。2018年，我国蛋氨酸产能继续扩大，亚洲产量供应增多，全球蛋氨酸供应格局不断发生变化。全球蛋氨酸产能继续增加，其中我国新和成在新投产计划中，预计有25万t产能即将释放。安迪苏南京工厂18万t蛋氨酸项目已投产，且由于天气原因，欧洲莱茵河水位过低，运货船只无法运行，导致欧洲蛋氨酸进口量下降。综合来看，尽管市场需求疲软，但产能扩增仍是短期内不可逆转的趋势，厂家低价竞争造成蛋氨酸价格下滑，进口蛋氨酸需求量或在一定程度上下滑，且运输受阻也是进口量下降的重要因素。

如图10所示，从单月来看，2018年，我国蛋氨酸各月进口量略有差异，1月和2月的进口量相对偏低，进口量分别为9 345.58t和6 595.07t，但进口高位是 2018 年 11 月，进口量高达 19 591.76t，同比增加 20.23%，也是近年来单月进口量最高的月份。从季度进口量对比来看，第二季度进口量最高，达到了 5.68 万 t，第一季度进口量最低，为 2.78 万 t。

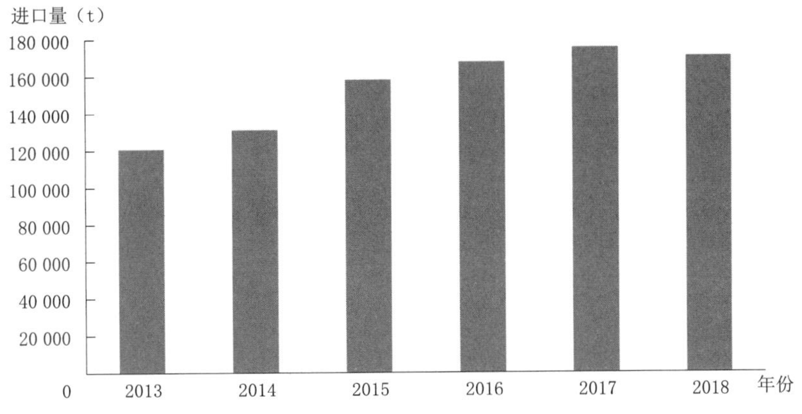

图 9　2013—2018 年份蛋氨酸累计进口总量对比

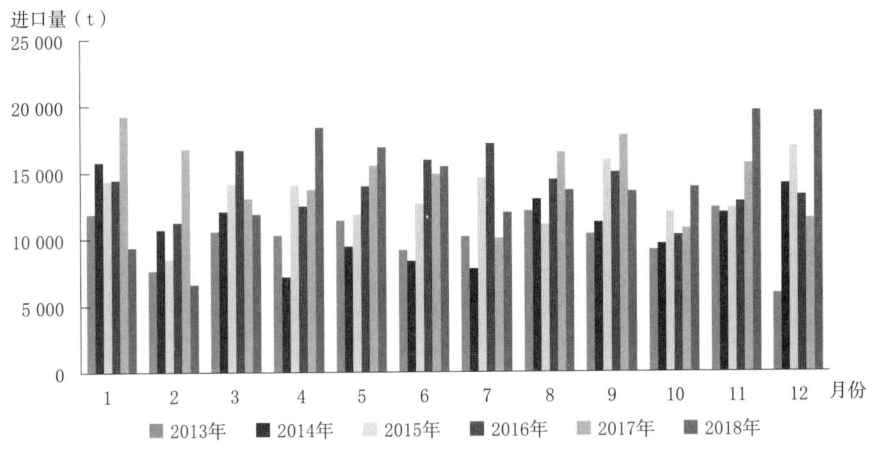

图 10　2013—2018 年各年度蛋氨酸月度进口量

2017 年我国蛋氨酸的主要进口国有新加坡（51 000t）、比利时（25 260t）、日本（25 834.89t）、马来西亚（35 386.14t）、法国（13 680t）、美国（800t）和德国（3 133.51t）。2018 年我国从新加坡和马来西亚的进口量继续提高。进口量占比分别达到了 34%、24%。其中新加坡进口占比上涨了 5 个百分点、马来西亚进口占比上涨了 4 个百分点。从比利时、法国、日本和美国的进口量出现大幅下降，特别是美国，或因中美贸易摩擦影响，2018 年从美国进口量为 0（图 11）。

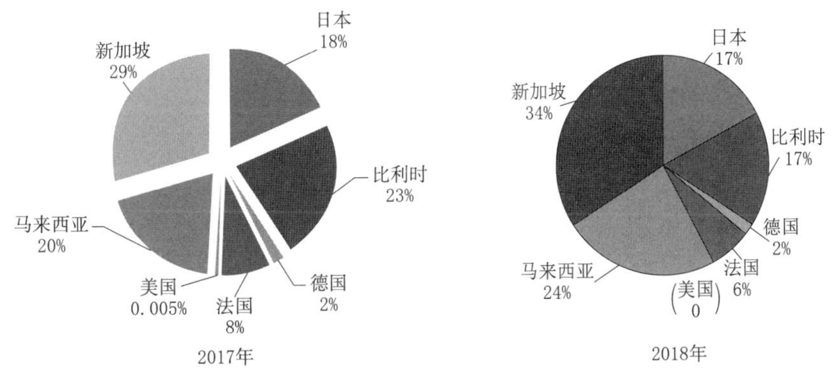

图 11　2017、2018 年蛋氨酸进口国别统计对比

据最新统计数据显示，2018 年我国蛋氨酸进口量有所下滑。从进口厂家来看，赢创德固赛的进口量占据主导，其次是希杰、住友和安迪苏。从进口厂家份额比例来看，赢创德固赛进口量占比为 54%，较 2017 年持平，而住友进口量下降 3 个百分点，安迪苏的进口量下降 1 个百分点，希杰进口量占比增加至 22%，提高了 2 个百分点。如图 12 所示，从蛋氨酸进口量来看，2018 年，赢创德固赛进口量为 99 572.5t，同比上涨了 5.17%；住友进口量为 27 054.91t，同比下降了 16.36%；安迪苏进口量为 17 560t，同比上涨了 28.36%；希杰进口量为 40 959.14t，同比上涨了 19.96%。

（2）基本价格分析。国内市场价格分析。从近几年的价格走势来看，近 3 年，价格仍在一定区间内运行。全球蛋氨酸产能继续扩张，蛋氨酸价格受到压制。如图 13 所示，2017 年全年蛋氨酸均价为 24.88 元 /kg，与 2017 年同比上涨了 8.88%，与近 5 年均值相比，下降了 41.87%。2018 年国内蛋氨酸价格呈现“阶梯”的走势。年初价格为 22.64 元 /kg，为 2018 年前 10 个月以来最高价格。市场长期供过于求，国内采购价格下降，随着进口量下降，蛋氨酸报价随之下调，年内低点是在 8 月下旬，国内蛋氨酸供应过剩，人民币汇率升高，利好于出口，使得国内蛋氨酸持续下调。10 月后，各企业坚持挺价，蛋氨酸价格逐渐回调至 12 月的 20.90 元 /kg，基本为年内均价偏上水平。但同比年初价格下调了 7.69%，比年内的低价比上涨了 18.55%。

（3）市场行情影响因素。

① 2018 年蛋氨酸整体供应提升压制价格走势。如表 2 所示，2018 年全球产能达 186.5 万 t，同比增加 17 万 t，与 2017 年相比，2018 年蛋氨酸厂家产能占比发生变化，赢创（31%）、安迪苏（25%）、诺伟司（17%）和住友（14%）合计占总产能的 87%，属于寡头垄断行业。

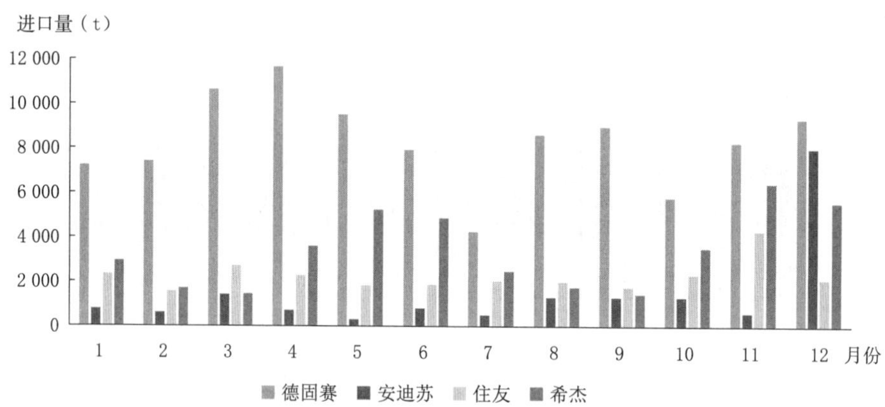

图 12　2018 年主流蛋氨酸品牌进口总量对比

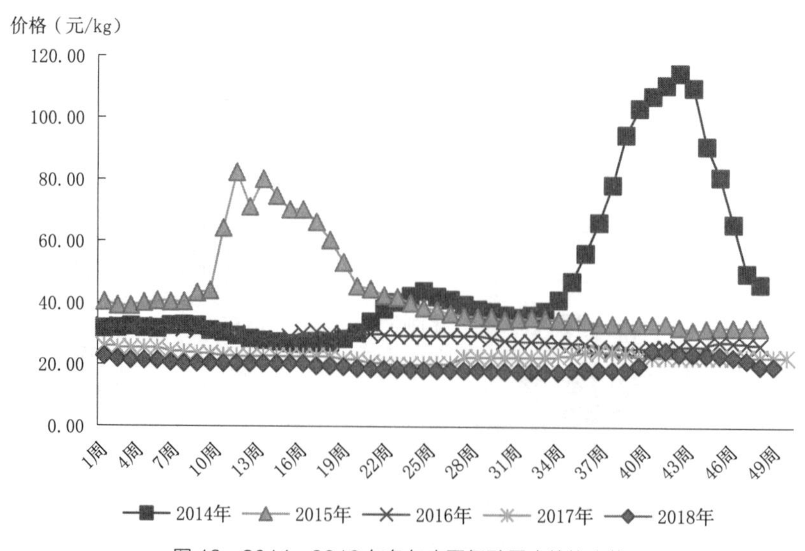

图 13　2014—2018 年各年度蛋氨酸周度价格走势

表 2　2018 年蛋氨酸市场新增产能

厂家	地区	新增产能	备注
安迪苏	欧洲平台	5 万 t	今年产能占比由 23% 提升至 25%
	南京工厂	17 万 t	
住友	日本爱媛县尼山市爱希姆工厂	10 万 t	每年总产能达到 25 万 t，产能占比由 9% 提升至 14%

因安迪苏、住友占比提升，2018 年赢创产能占比降至 31%。目前，国内市场主要品牌是赢创德固赛、希杰、住友、安迪苏、重庆紫光、新和成等主要厂家，我国蛋氨酸市场的供应压力与日俱增，品牌之间的竞价销售也更加激烈。

②鸡蛋价格形势较好。2018 年，我国蛋禽消费市场季节性消费不明显，鸡蛋价格与近 5 年相比，处于中等偏高水平。2018 年鸡蛋价格的低点出现在 4 月初，价格为 6.47 元 /kg，年初比下降了 30.73%，同比 2017 年下跌 19.48%。全国鸡蛋主产区价格震荡运行，主销区走货一般。但 2018 年蛋禽养殖持续维持盈利，养殖户库存不大，同时，看涨形势不减。总体 2018 年的蛋禽存栏量和养殖利润稳定，但对蛋氨酸的需求总体影响不大（图 14）。

③环保压力继续施压氨基酸市场，蛋氨酸压力巨大。自 2016 年 1 月开始，历经两年的全国全覆盖环保督察，对各行各业均有不同程度的影响。发酵氨基酸在生产过程中产生的污水、废气、噪音等问题也备受关注。淘汰环保不达标的落后设备，提升排污标注，远离社区等各项要求也越来越严格，对国内蛋氨酸厂家的生产会有一定的压力，环保问题对我国氨基酸生产也产生阶段性的影响。因此，在后期全球蛋氨酸厂家激烈价格的背景下，环保或是延缓价格过分、过快下跌的一大重要因素。

④人民币汇率利好蛋氨酸出口。2018 年，人民币兑美元先稳后贬，全年累计贬值 5.0%。第一季度受益于美元指数阶段性走弱、国内经济基本面表现稳健等多重利好因素影响，人民币汇率从 2017 年年底的 6.512 一路升至 6.35 左右。4 月中下旬后，美元指数处于相对高位、外贸不确定因素增加、国内经济增长持续承压、中美货币政策边际分化等因素使得人民币兑美元汇率持续承压下挫，至 8 月中旬人民币汇率贬值至约 6.9 左右。进入第四季度，美元指数低位反弹，受叠加中美利差收窄、国内经济基本面转弱等影响，人民币汇率贬值压力再次加大，10 月底跌至 6.98 附近，一度引发市场对汇率破 7 的担忧情绪。11 月初，支持民企多项措施的集中推出以及外贸不确定因素有所缓和，在一定程度上提振了市场信心，人民币汇率有所企稳，年底人民币中间价报收 6.863 2，在岸即期汇率收于 6.865 8。汇率下挫使得蛋氨酸出口利好，国内厂家出口积极。在蛋氨酸市场整体利空的大环境下，出口利好一定程度缓解了我国蛋氨酸产能过剩的压力。

⑤原油跌爆至近 4 年来最低，蛋氨酸价格随之下行。2018 年，前三个季度保持了震荡上行态势的国际油价，国际原油价格在 10 月初触及 4 年来高点

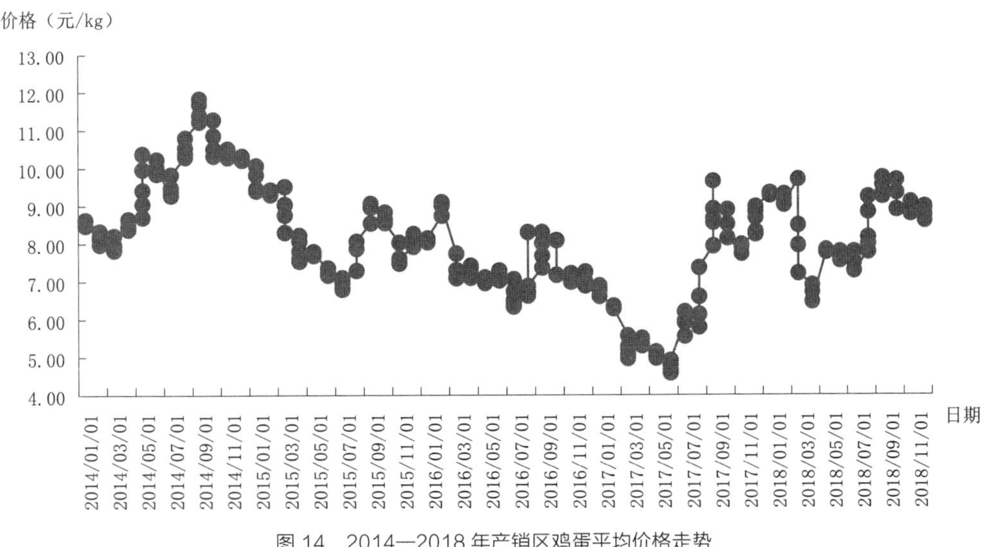

图 14　2014—2018 年产销区鸡蛋平均价格走势

76.90 美元 / 桶，自第四季度起，便犹如过山车一般地从 4 年来的最高点俯冲至熊市区间，仅 60 个交易日内 WTI 和布伦特原油跌幅均超 40%，平均日均下跌近 1%，11 月 24 日，收盘价为 50.15 美元 / 桶，创造了 1960 年自 OPEC 成立以来的最快下跌周期。原油市场的巨大变动很大程度上导致第三季度蛋氨酸价格惨遭“滑铁卢”。

2. 2018 年蛋氨酸影响因素

①新的蛋氨酸产能继续释放，国内蛋氨酸厂家竞争继续激烈。2018—2021 年全球蛋氨酸产能将持续扩增，其中赢创在新加坡投建的第二期蛋氨酸项目，年产能为 15 万 t，计划于 2019 年上半年投产，新厂将使赢创在亚洲的年产能增至 30 万 t，在全球的年产能将提升至 73 万 t。预计 2019 年赢创产能占比将回升。全球蛋氨酸各品牌间价格竞争将进入空前白热阶段，而中国则是最大的“战场”，未来市场价格走势并不容乐观。

②低蛋白日粮逐步落实，利好于蛋氨酸市场行情。贸易摩擦下，我国豆粕价格明显上涨，近日中国饲料工业协会起草《仔猪、生长育肥猪配合饲料》《蛋鸡、肉鸡配合饲料》两项协会团体标准，公开征求意见，协会团体标准明确指出，中国饲料资源短缺，蛋白质饲料长期依赖进口，随着低蛋白日粮配制技术的发展，在合理添加氨基酸和酶制剂的前提下，配合饲料中粗蛋白水平可以显著降低，可减少饲料原料消耗，降低养殖业对环境造成的污染。新标准增设了猪饲料粗蛋白的上限值，低蛋白日粮逐步推广趋势利于增加蛋氨酸需求量。

③蛋禽市场维持盈利，长远蛋氨酸市场消费。在家禽日粮中，蛋氨酸是第一限制性氨基酸，参与机体内肾上腺素、胆碱、肌酸的合成。受近年祖代鸡进口量大幅下滑影响，今年禽类产业链效益可观，而肉鸡市场供需持续改善，国内最大的白羽鸡养殖企业圣农发展上调了前三季度的盈利预期。公告中预计 2018 年 1～9 月归属上市公司股东的净利润为 8 亿～8.1 亿元，较 2017 年同期增长 230.13%～ 234.26%。禽类利润较好利于蛋氨酸需求。

3. 总结

2018 年，我国蛋氨酸市场在供应充裕并缺乏需求利好的背景下，全年蛋氨酸压力明显。在新投产和扩产的供应压力下，蛋氨酸价格基本维持相对偏低走势。

三、苏氨酸

2018 年苏氨酸产量和产能均创历史新高，是全球除了赖氨酸另一大生产和消费产品。苏氨酸厂家主要集中在中国，超过 80% 以上的产能，全球苏氨酸厂家主要包括梅花、阜丰、伊品、成福、ADM、恩贝、希杰、国光等厂家。国际市场包括味之素、希杰和赢创，其中味之素以 OEM 为主。2018 年全球苏氨酸产能达到了 140 万 t，2018 年我国苏氨酸出口总量达到了 45.3 万 t，同比 2017 年提高了 2.30%，是 2015 年的一倍，见图 15。2018 年我国苏氨酸出口平均价格为 1 547 美元 /t，同比下降 7.9%，出口竞争力增强。受益于全球饲料需求持续增长，以及人民币贬值等因素，2018 年我国对欧洲、亚洲、非洲等地区出口量增幅明显，对俄罗斯、荷兰、西班牙、比利时、韩国、日本、菲律宾、墨西哥、巴西、印度尼西亚、南非等欧洲、亚洲、非洲及南美洲国家出口量显著增加。

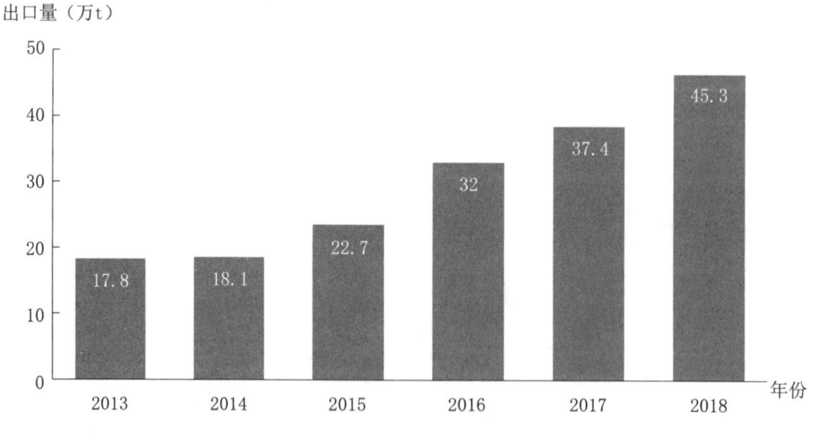

图 15　2013—2018 年以来我国苏氨酸出口量对比

苏氨酸作为一种新型的饲料氨基酸，与赖氨酸交叉使用，其与赖氨酸最佳添加比例在 1 : 2 到 1 : 3 之间。2018 年苏氨酸市场总体来说是以价换量，全年苏氨酸价格从 7.8～12 元 /kg 的价格区间，明显下移。同时由于人民币贬值，苏氨酸在国际市场上的竞争力提升，出口量再继续增加。国内市场仍然面临环保因素包含废水处理，空气污染等问题。另外，欧洲国家对苏氨酸的准入门槛提升，也增加了一些成本。而最大的不确定因素在于贸易争端发生的概率大幅提升，对国内苏氨酸厂家来说，可能也是个调整转型的机会所在。

四、色氨酸

2018年，全球色氨酸厂家又增加新成员，主要集中在梅花、巨龙、鲁抗、梦家园、丰原生物、大成、伊品、拜克、孟成、阜丰等厂家，国外厂家包括味之素、赢创、希杰在全球占据主导。作为重要色氨酸生产国家，主要出口至欧洲国家和北美地区。2018年全球色氨酸产能预计达到9.5万t，同比翻了一倍，其中大部分来自中国的产能。2018年，我国色氨酸产量为1.24万t。同比上涨了20.3%，其中进口5 624t，同比提高了49%，出口9 144t，同比提高了3%。进出口均有提升，2018年色氨酸厂家增多，竞争激烈，希杰和味之素分别在印尼和美国投产，中国的伊品复产，梅花将赖氨酸生产线转产色氨酸，拜克扩产，这些都成为2018年色氨酸供应的主力大军。

2018年，色氨酸市场新增产能的释放，色氨酸厂家进入价格竞争阶段，色氨酸价格从年初的115元/kg，快速下跌至7月的60元/kg，基本接近一半的跌幅。8月由于国内厂家停产检修导致供应减少、人民币贬值导致进口成本上涨等因素，加上非洲猪瘟疫情的影响，色氨酸基本在低位徘徊，年底价格在55～60元/kg价格区间。总体来看，随着蛋白日粮配方的推广，减少豆粕等粗蛋白用量，对氨基酸需求有望提升，利好氨基酸市场。

五、缬氨酸和精氨酸

2018年，我国饲料级小品种氨基酸的供应量相对稳定，增幅有限，供应主要来自希杰，在饲料中的添加比例不到20%，市场关注度不高。近两年，我国饲料养殖一体化加速，畜禽养殖效率提升，同时，2018年非洲猪瘟疫情也导致散户快速退出，饲料养殖企业在提升饲料品质的同时，在仔猪、教槽料及母猪中开始大量使用缬氨酸、精氨酸、异亮氨酸、丙酸等小品种氨基酸。目前，生产小品种氨基酸的厂家包括梅花、希杰、星湖、阜丰、晶海。精氨酸厂家包括星湖、阜丰和希杰等厂家。

饲料级维生素

2018年，维生素市场经历了2017年过山车式的上涨，从2018年开始，普遍震荡回调处于整理年份。同时，国家对环保监管持续提升，饲料养殖深度调整，在非洲猪瘟疫情肆虐的大背景下，维生素市场仍表现得十分坚挺，理性回归后的价格大部分仍高于往年同期水平。值得注意的是，环保监管常态化将倒逼维生素及上游饲料养殖业快速转型，降低因环保压力带来的风险。

总体来看，2018年维生素市场绕不开两个重要的影响因素，一个是中美贸易摩擦带来的系统风险，另外一个是非洲猪瘟疫情对维生素市场的冲击。同时，环境监管的常态化，以及饲料养殖企业的集团化、国际化的加深，都对维生素市场产生深远影响。总体来看，维生素市场趋于理性回归阶段，规范化企业发展和集中度的提升，也将重塑维生素产业新平衡。

2018年，我国维生素出口预计达到35.1万t水平，同比2017年的33.5万t，增长了4.7%。其中维生素E、维生素B_2出口量同比提升，其他维生素B_1、维生素B_6、维生素B_{12}、维生素C、维生素E出口均有所回调，因国内维生素价格大幅上涨，出口市场受到一定限制，同时，人民币贬值对维生素的出口也有一定影响。除了个别品种出口量增加，其他品种均小幅回调。

2017年，维生素总产量为127.4万t，同比上涨了12.56%，其中饲料添加剂中的维生素为115.7万t，同比上涨了20.94%；混合型饲料添加剂中维生素为11.6万t，同比下降了49.14%。其中，氯化胆碱产量61.9万t，同比下降0.48%；维生素A 1.5万t，同比上涨了66.67%；维生素E 11.3万t，同比增长25.5%；维生素B_{12} 702t，同比增长116倍；维生素B_2 2 961t，同比下降了56.4%；维生素C 2.98万t，同比下降44.8%。

一、维生素A、维生素E

1. 维生素A市场及进出口基本概况

2018年，我国维生素A及其衍生物累计出口3 116t（图1），同比下降了8.92%；出口金额为28 832万美元，同比上升了70.5%。维生素A主要出口的国家有德国（787.8t）和美国（870.3t），这两个国家占出口总量的53.2%，同比下降了8.3个百分点。2018年，我国维生素A及其衍生物累计进口1 201.7t，同比下降了8%；进口金额为10 771万美元，同比下降了59%。

2018年全球维生素A的厂家没有变化，没有新加入者，主要是帝斯曼、巴斯夫、安迪苏、新和成、金达威、浙江医药6家具有主导作用的企业。维生素A市场的供需矛盾突出。2018年维生素A的利润率有所提高，受巴斯夫的柠檬醛工厂爆炸影响，国内采购柠檬醛的节奏放慢，维生素A的价格得到提升，维生素的主要原料和β-紫罗兰酮还有上游柠檬醛的生产企业高度集中在德国和日本。一旦上游原料出现供应问题对市场还是有一定影响。同时，近两年，我国也在

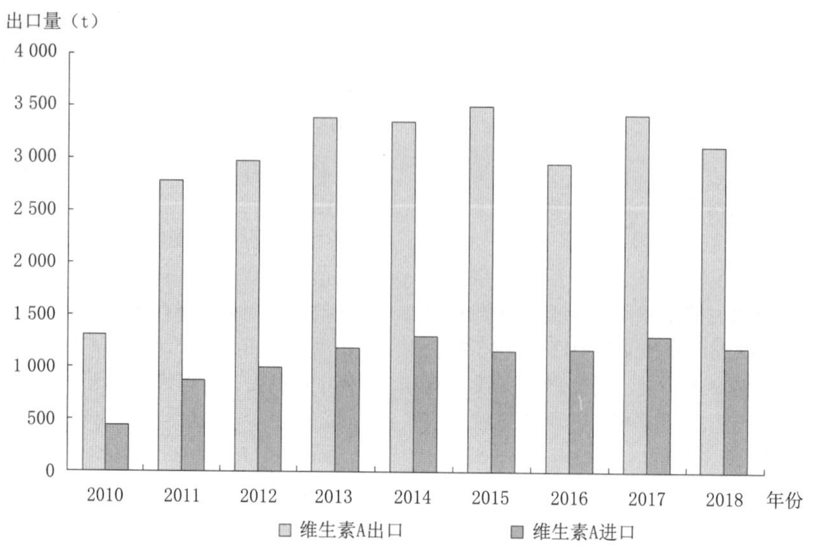

图 1 2010—2018 年我国维生素 A 进出口总量对比

发力维生素 A 和其上游原料的柠檬醛的生产，如浙江医药和浙江新和成，还有新企业如浙江来益以及金达威新增的产维生素 A 的产能，帝斯曼在进行维生素 A 方面的技术改造，德国巴斯夫也在全球柠檬醛的生产布局，这都成为未来影响维生素 A 的重要因素。

如图 2 所示，2018 年维生素 A 出口均价为 92.49 美元 /kg，同比上涨近一倍。2018 年我国维生素 A 进口均价为 89.64 美元 /kg。因环保因素影响，国内维生素 A 价格走势出现阶段性短缺，导致出口价格大幅提升。

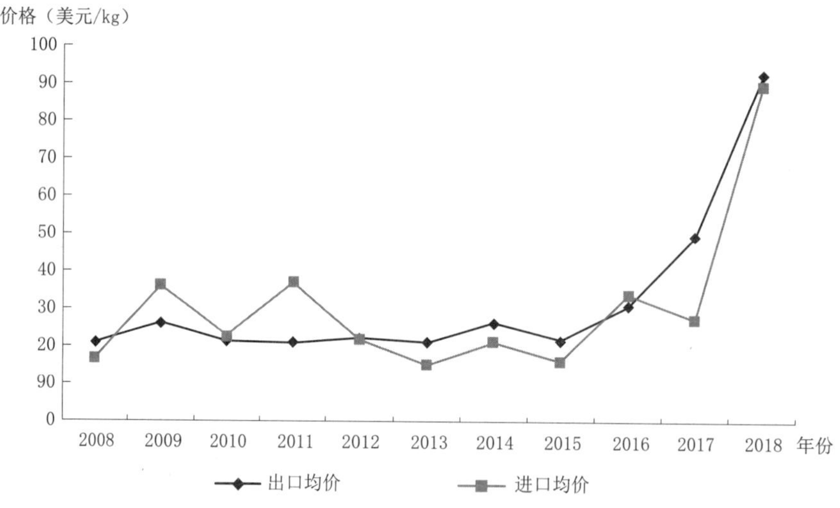

图 2 2008—2018 年我国维生素 A 进出口均价对比

2. 维生素 E 市场及进出口基本概况

我国维生素 E 的生产厂家与维生素 A 厂家基本重合，包括帝斯曼、巴斯夫、新和成、浙江医药等，其他的厂家如能特、海欣药业的占比份额比较小。2018 年维生素 E 在巴斯夫爆炸导致供应量下降，中国维生素 E 的产量和出口量有所提升。新进入企业比较少，能特科技已经开始供应市场，值得关注的是，能特科技在维生素 E 生产属于全球较为先进的创新工艺，生产成本低于行业水平，市场竞争力预计在后期会提升。同时，加上原有的厂家新和成和浙江医药两大饲用维生素 E 的企业，我国维生素 E 的出口量预计会继续扩大。

2018 年，我国维生素 E 及其衍生物累计出口 74 977t，同比上涨了 9%；出口金额 65 122 万美元，同比上涨 43.39%（图 3）。我国维生素 E 主要出口的国家有美国（21 370t）、德国（17 616t）、荷兰（7 453t）、日本（2 934t）、加拿大（1 901t）、泰国（1 856t）、巴西（2 713t）、越南（2 150t），向上述几个国家出口的维生素 E 占总量的 74.81%，同比下调了 1.23 个百分点。我国维生素 E 出口国家日趋分散。

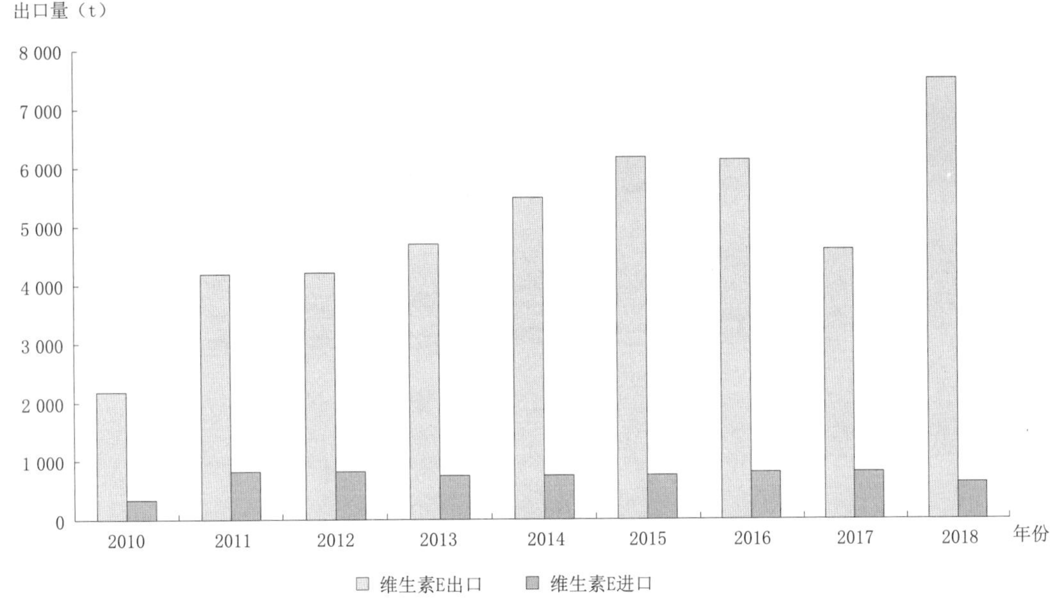

图 3　2010—2018 年我国维生素 E 进出口总量对比

2018 年我国维生素 E 及其衍生物累计进口 6 213t，同比下降了 20.67%，来自巴斯夫的进口量有所下降。进口金额为 86 398 133 万美元，同比下降了 6.22%。2018 年，我国维生素 E 出口均价为 13.9 美元 /kg，同比下降了 6.9%；2018 年，我国维生素 E 的进口均价为 8.69 美元 /kg，同比下降了 9.76%（图 4）。2018 年，我国维生素 E 的进出口价格均不同程度下降，属于理性回归。

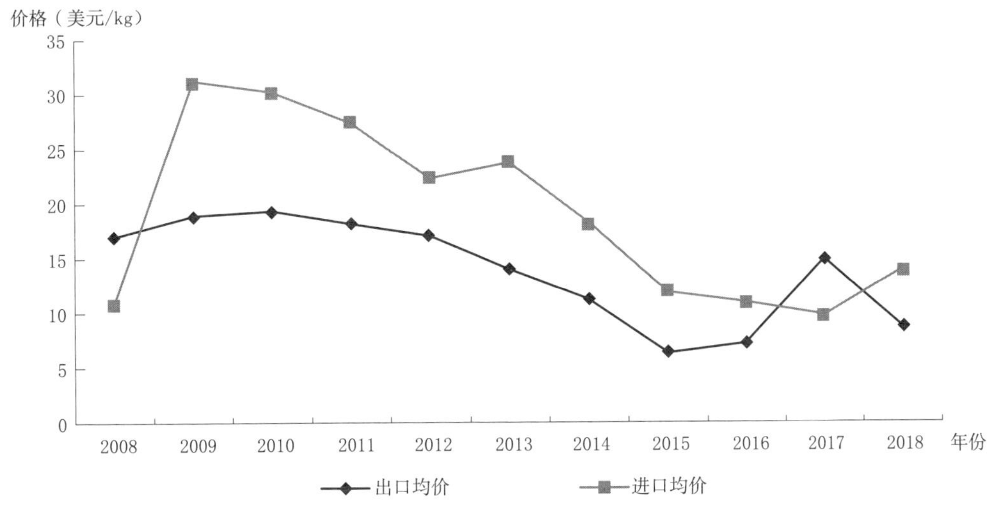

图 4　2008—2018 年我国维生素 E 进出口均价对比

3. 2018 年维生素 A 和维生素 E 的价格走势

①供应下降，维生素 A 大涨后理性回归，利润仍可观。2018 年维生素 A 全年价格震荡回调走势，从年初的高点，一路震荡至 10 月的低点，然后随着厂家控货等因素价格有所回升。2018 年年初，维生素 A 价格达到了历史最高点 1 425 元 /kg，平均报价 1 400 元 /kg，随着在巴斯夫恢复生产后，价格慢慢回落。2018 年 10 月底，降至年内最低的 255.5 元 /kg。跌幅近 81.75%。巴斯夫在全球的维生素 A 市场占据主导，其供应的柠檬醛占据了全球近 80% 的市场。尽管帝斯曼未能掌控核心原料柠檬醛的生产，但其占据了全球维生素 A 产能的 27%。维生素 A 的厂家

基本上集中在全球六大厂家手中。一旦某一个厂家出现问题，对市场一定会造成重要影响。另外，夏季的停产检修也成为价格上涨的一个重要因素，见图5。

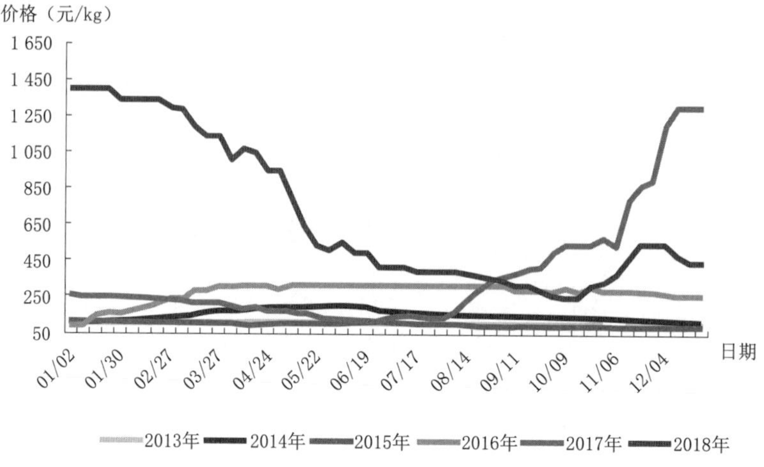

图5　2013—2018年维生素A价格走势

②维生素E。如图6所示，2018年维生素E市场走势与维生素A的走势雷同。维生素的价格因市场竞争激烈，价格相对偏低。近几年随着饲料企业集团化、一体化的提升，维生素E需求量有所提升。2018年年初，维生素E价格为125元/kg，属于2012年以来同比最高价格，同比上涨了71.23%，与近5年均值比，也是上涨超过了77%。随着新增产能释放，巴斯夫也恢复生产，维生素E价格到10月底跌至低位，均价为35元/kg，与年初相比下跌了72%，同比下降了32%。随后厂家挺价和贸易商开始入手抄底采购，维生素E价格反弹，年底反弹至45元/kg，与年内低价相比上涨2.85%，与年初相比仍下跌64%。

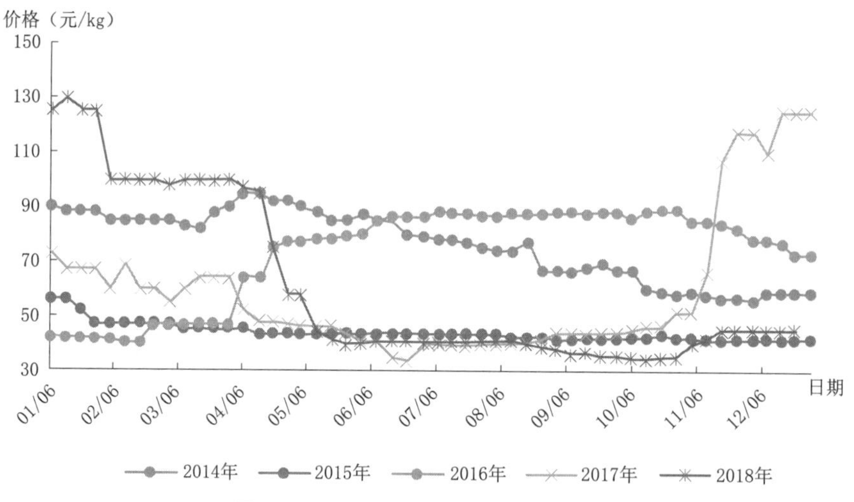

图6　2014—2018年维生素E价格走势

4. 维生素 B_2

2018年我国维生素 B_2 及其衍生物累计出口3 006t，同比上涨了10.48%，出口金额11 453万美元，同比上涨了29.10%。2018年我国维生素 B_2 出口的国家主要集中在美国、荷兰、德国、越南、印度和印度尼西亚、巴西等国家，上述出口国家占总市场份额的54.09%。2018年，我国出口的国家更加分散，其他国家的占比有所提升。

2018年，我国维生素 B_2 全年呈震荡回调寻底的走势，与2017年价格走势形成对称走势。从2018年年初的最高520元/kg，到6月下跌至125元/kg的年内低点，跌幅75.96%，随后，市场挺价意愿浓厚，贸易商控货，价格开始反弹，到年底反弹至190元/kg，与低点相比上涨了60%，与年初的高点比仍下跌了63.46%。2018年环保监管对维生素 B_2 的影响仍在继续发酵，由于大型厂家重视和加强环保方面建设，现有

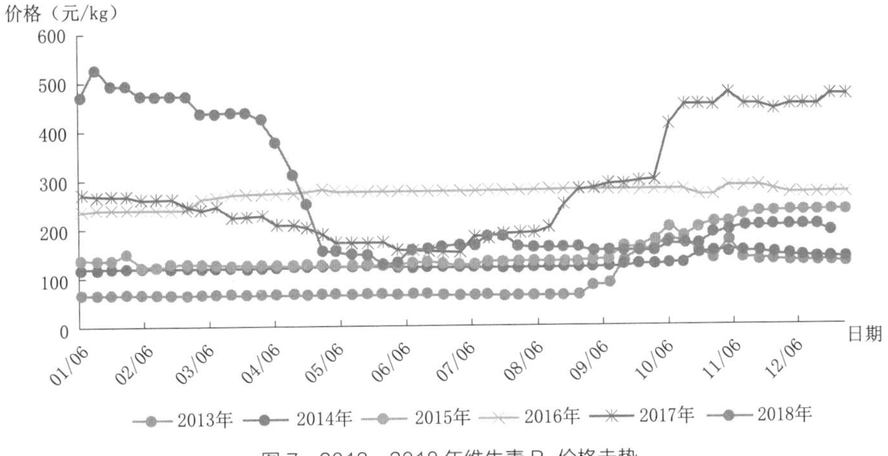

图7 2013—2018 年维生素 B_2 价格走势

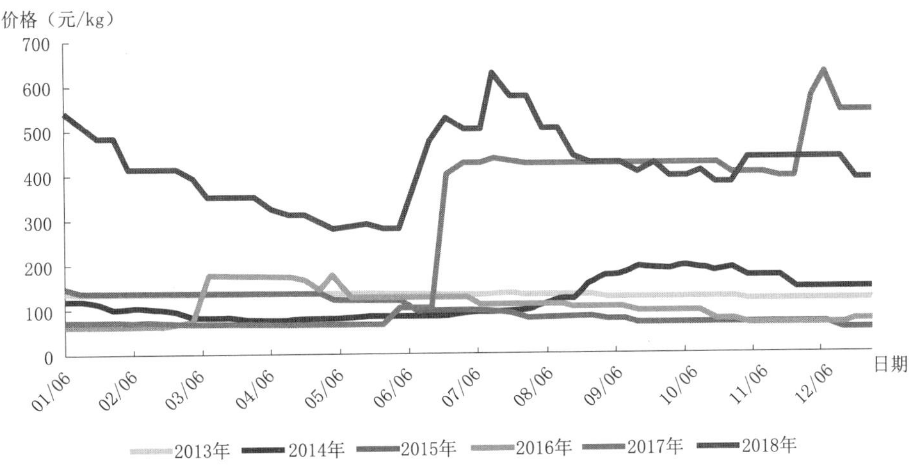

图8 2013—2018 年国内维生素 D_3 价格走势

的维生素 B_2 厂家的市场竞争力大幅提升。目前，维生素 B_2 厂家主要集中在湖北广济、山东新发、山东恩贝及国外的两个厂家帝斯曼和巴斯夫（图 7）。

5. 维生素 D_3

如图 8 所示，维生素 D_3 价格在 2018 年呈现过山车式走势，价格连续出现跳涨，6 月前价格从 530 元 /kg，震荡回调至 280 元 /kg，随后国内厂家连续调价，开启了新一轮上涨。自 6 月 14 日，浙江威仕提高维生素 D_3 报价至 1 000 元 /kg，到 6 月 20 日，花园生物提价至 1 500 元 /kg，出口报价 200 美元 /kg。维生素 D_3 市场报价扶摇直上至 600～650 元 /kg 的高价区间并创历史新高，同时，欧洲市场维生素 D_3 也上涨至 85～90 欧元 /kg。主要是环保政策对维生素 D_3 价格助推，加上夏季停产检修季触发价格走高。下半年随着供应提升和下游需求不振，维生素 D_3 价格开始走低，到年底价格回落至 390 元 /kg。

我国具备生产饲料级维生素 D_3 粉能力的厂家有浙江花园、浙江新和成、厦门金达威、浙江医药、浙江威仕、浙江朗博、东营天润、台州海盛及山东同辉、金冠纳米 D_3 等，其中花园生物维生素 D_3 年产量超过 3 000t，行业占比超过 40%，是国内唯一具有 NF 级胆固醇（维生素 D_3 中间体）生产能力的厂商，也是部分生产企业 NF 级胆固醇原料的主要供应商。故而花园生物厂商原料及维生素 D_3 产品供应状况对市场影响偏大。目前，国外生产维生素 D_3 的厂家主要是帝斯曼和印度一个厂家。我国维生素 D_3 主要出口至美国、德国、荷兰和法国等国家。

6. 泛酸钙

2018 年，泛酸钙市场理性回归，全年价格呈现向右倾斜的“v”型走势。年初和年底价格分别为 365 元 /kg 和 225 元 /kg，年内价格低点是在 6 月初的 70 元 /kg。泛酸钙仍受到环保的深远影响，同时，因近两年利润偏高吸引新进入者也导致市场竞争而拉低价格。但从国内市场来看，亿帆药业、山东华辰、新发药业、兄弟科技、安徽泰格、精晶药业及安力肽等生产企业，新投产的宁夏金维、新乡瑞诺、酒泉中杰及大连龙缘都有投产计划。国外厂家包括帝斯曼和巴斯夫。总体来看，国内厂家越来越分散，市场竞争日趋激烈，但出口市场主要集中在亿帆药业、新发药业。

7. 叶酸

2018 年叶酸价格基本维持在 180～290 元 /kg 的价格区间波动，年中价格跌至低点，为 180 元 /kg，下半年受需求缓慢拉动，叶酸价格有所上升，年底价格上涨至 245 元 /kg。由于叶酸在生产过程中受难以处理的废水制约，影响叶酸市场整体发展，国家对叶酸厂家格外关注，2018 年叶酸厂家集中在新发药业、江苏牛塘化工、江苏康瑞化工及河北冀衡药业，其他厂家在环保监管下，难以生产，部分选择退出或者面临整改情况。2018 年，叶酸相对其他维生素市场来说属于相对较平稳的品种。

8. 胆碱及其盐

2018 年，我国进口氯化胆碱总量略增，但增幅有限。受环保监管和国内需求的放慢，氯化胆碱企业在环保高压下，继续深度调整。

如图 9 所示，2018 年，我国氯化胆碱价格走势与 2017 年走势基本呈现“镜像”的关系。从年初高价 14.5 元 /kg，一路震荡下降至年底的 4.7 元 /kg。2017 年河北、山东环保监管对当地的氯化胆碱企业产生阶段性的影响，导致氯化胆碱的供应阶段性短缺，从而导致氯化胆碱价格上行。2018 年随着整改结束，部分达标的生产企业开工生产，氯化胆碱价格不断回调。但由于氯化胆碱上游产品环氧乙烷和三甲胺的出厂成本提升，对下游氯化胆碱的价格具有一定的决定作用。另外，氯化胆碱的产业链条短，生产企业偏多，市场竞争突出，需要出口来降低国内的竞争压力。2018 年，我国氯化胆碱的主要厂家包括邹平巨佳、奥克特、恩贝集团、汉威集团、河北碧隆、特明科等。

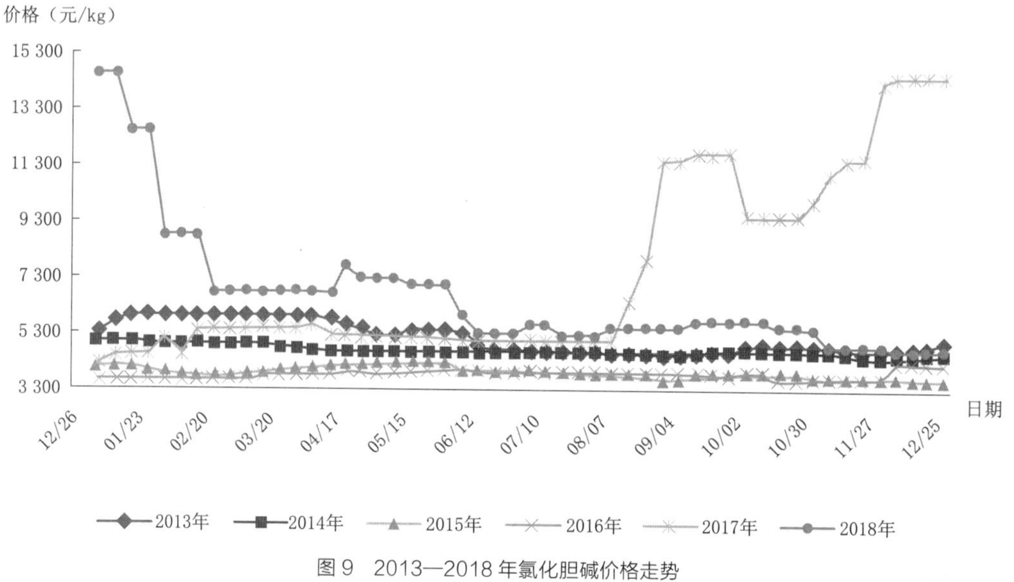

图 9　2013—2018 年氯化胆碱价格走势

9. 维生素 B_1、维生素 B_6、维生素 B_{12}、维生素 K_3

2018 年我国维生素 B_1 出口总量为 6 649t，同比下调了 4.86%；出口金额 29 564 万美元，同比下调 9.94%。维生素 B_6 出口总量为 5 727t，同比下调 6.72%；出口金额 23 704 万美元，同比增加了 21.31%。维生素 B_{12} 出口总量为 338t，同比下调了 2.54%；出口金额 18 822 万美元，同比上涨了 9.05%。

2018 年，维生素市场出口量有所萎缩，B 族维生素价格理性回归，从年初的高价不断回归。其中维生素 B_1 从年初的 515 元 /kg，下降至年底的 205 元 /kg，腰斩了前期的涨幅，下降幅度 58.25%。维生素 B_6 和维生素 B_{12} 的价格走势与维生素 B_1 的走势基本雷同，分别从最高的 530 元 /kg 和 925 元 /kg 的高价，下降至年底的 200 元 /kg 和 315 元 /kg，降幅分别为 62.26% 和 65.94%。维生素 K_3 的价格走势也是一路震荡回调，年初高点 150 元 /kg，下跌至年底的 72.5 元 /kg，跌幅也是超过 50%。

10. 生物素

2018 年，生物素基本维持震荡回调整理的过程。从年初的高价 185 元 /kg，下降至年底的 57.5 元 /kg，不到年初的 1/3 的价格，并且低于 2017 年最低价格。2018 年有望成为生物素一个相对转折点。随着生物素生产工艺不断完善，环保部门对其督查日趋严格，未来生物素厂家的竞争力会不断加强，而且在寻求国外市场的生产能力和资质会更加完善。我国生物素厂家主要包括浙江医药、浙江新和成、浙江圣达、海嘉诺、科兴集团、安徽泰格等。国外厂家以帝斯曼为主。新进入厂家江西唯美等在未来会对市场形成冲击，未来新的竞争格局的形成将迫使企业提高产能来提升效率，总体来说，生物素还需要2～3年的整合调整期（图10）。

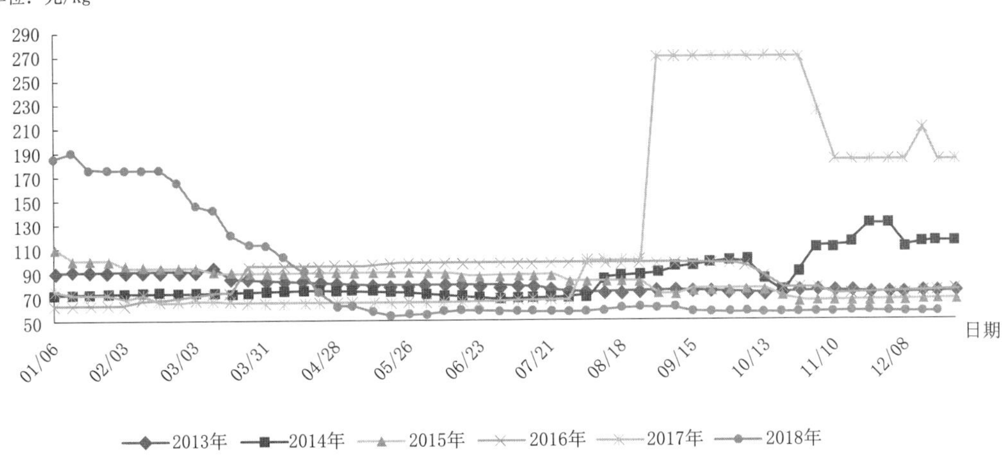

图10　2013—2017年国内生物素价格走势

11. 烟酸与烟酰胺（维生素PP）

2018年，我国烟酸与烟酰胺生产厂家众多仍处于产能释放阶段，厂家竞争激烈。2018年，烟酸与烟酰胺共有10个厂家。包括广东龙沙、山东泓达、安徽瑞邦、爱迪亚、兄弟科技、兰博生物、四川威尼达、瑞士龙沙、印度吉友联、美国凡特鲁斯。

2018年受市场竞争压力，烟酰胺价格从年初的47.5元/kg，一路震荡回调至34.5元/kg，上半年以消化前期库存为主，市场接近亏损边缘，部分厂家已出现实质性亏损。由于上游原料因环保压力价格不断攀升，导致生产烟酰胺的生产成本大幅提升，同时，生产烟酰胺的厂家众多，缺少主导市场的先进技术支撑，在恶性竞争环境下，烟酰胺价格必定会是一场恶战。

12. 维生素C

2018年受维生素C价格上涨的刺激，维生素C闲置厂家纷纷入场，2018年，维生素供应市场较为分散，华北制药仍处于停产状态，新厂还要更多时间才可投产。生产维生素C的厂家集中在石家庄制药、山东天力、江山制药、华药维尔康和鲁维药业，国外市场集中在帝斯曼，主要以医药级别为主。2018年，环保监管的压力仍存在，维生素C出口市场总量略有回调，2018年，维生素C全年出口总量为1 451 781t，同比2017年的148 795t，下降了2.4%；出口总额为83 537万美元，同比上涨5.04%。

2018年，我国维生素C从年初的73元/kg的高价，一路震荡下降，到年底价格跌至31.5元/kg，基本跌回上涨前的价格水平，但整体利润水平还是比较丰厚。2018年，更多厂家延伸产业链纷纷投产上游山梨醇的生产，以此提高企业竞争力，同时，上游的玉米去库存基本接近尾声，深加工产品下行将压缩维生素行业的利润。然后，还面临行业升级等问题，如包被维生素C和维生素C磷酸酯的技术成熟和集中度提升，也会提高产品的竞争力，同时也是下一阶段产品发展的一个重点方向。

二、后市预测

2018年是维生素市场理性回归的一年。面对新的情况，中美贸易摩擦、非洲猪瘟疫情的系统风险提升。同时，饲料养殖结构继续变化，饲料产种生产模式的转变都将影响维生素的市场行情。同时，环境监管常态化也是未来企业必须要面对的一个成本因素。同时，可以看到，食品端对上游的影响日益凸显，市场更加关注品牌的影响力。上述都将成为未来维生素市场发展必须要关注的问题。

（王长梅）

微量元素氨基酸螯合物的研究及应用

在动物营养物质中，由于无机微量元素成本低、容易获得，在畜牧养殖中广泛应用，但无机微量元素易被植酸等抗营养因子结合而降低其生物学有效性，致使畜牧生产中微量元素超量添加。微量元素超量添加不仅给动物带来应激反应和健康问题，造成资源浪费和环境污染问题。微量元素氨基酸螯合物是一种新型有机矿物元素添加剂，具有吸收率高、生物学效价高等优点，被称为第三代微量元素添加剂。我们收集及整理了 2018 年在我国期刊杂志上公开发表的有关微量元素氨基酸螯合物在猪、家禽、反刍动物、水产养殖、经济动物生产中的研究及应用文章，供研究者、生产者、应用者参考。

一、微量元素氨基酸螯合物在家禽生产中的应用研究

（一）微量元素氨基酸螯合物在蛋鸡生产中的应用研究

1. 有机锌锰复合微量元素在蛋种母鸡生产中应用研究

种禽养殖的经济效益在很大程度上取决于其健康状况、生产性能和生殖性能等。试验目的是研究饲粮中添加有机锌和有机锰对蛋种母鸡生产性能、蛋品质、抗氧化能力和免疫功能的影响。郝洋洋等（2018）选取 23 周龄、体重相近的健康海兰褐 D 系祖代蛋种母鸡 576 只，随机分为 3 个组，每组 12 个重复，每个重复 16 只鸡。对照组（A组）分别在基础饲粮中添加 80mg/kg 的硫酸锌、硫酸锰，等量添加组（B组）分别用 40mg/kg 的有机锌、有机锰替换对照组饲粮 40mg/kg 的硫酸锌、硫酸锰，额外添加组（C组）分别在对照组饲粮的基础上额外添加 40mg/kg 的有机锌、有机锰。试验期 32 周。结果如下。

①试验 32 周以前，B组蛋种母鸡的平均蛋重显著高于对照组；试验第 24 周时，C组的产蛋率显著高于对照组；C组的破蛋率显著低于B组，极显著低于对照组。

②试验第 16 周时，B组蛋种母鸡的蛋形指数显著高于其他组，C组蛋黄中的锰含量显著高于对照组；试验第 32 周时，C组的蛋壳亮度显著高于B组，B和C组的蛋壳红度极显著高于对照组，B组蛋黄中的锰含量极显著高于其他组。

③饲粮中添加有机锌和有机锰对蛋种母鸡的血液总超氧化物歧化酶（T-SOD）、锰超氧化物歧化酶（Mn-SOD）、铜锌超氧化物歧化酶（Cu/Zn-SOD）活性，T淋巴细胞亚群比例（CD4、CD8 和 CD4/CD8）和皮肤嗜碱性过敏（CBH）反应均无显著影响。

结论：饲粮中添加有机锌和有机锰能够提高蛋种母鸡的平均蛋重和产蛋率，降低破蛋率，增加蛋壳强度，提高蛋品质，增加蛋黄中锰的沉积量。在本试验条件下，有机锌和有机锰与无机锌和无机锰等量添加效果最佳。

2. 羟基蛋氨酸锌微量元素在产蛋后期蛋鸡生产中应用研究

锌存在于所有的生物体中，其在调控机体代谢，促进生长、发育、蛋白质合成、繁殖和免疫应答过程中起到了重要作用。蛋鸡产蛋后期，生理机能逐渐弱化，产蛋性能下降，在该时期，锌的作用极为重要。目的是研究羟基蛋氨酸锌（MHA-Zn）对产蛋后期蛋鸡生产性能、蛋品质和免疫相关基因表达的影响。齐茜等（2018）选取体重和产蛋率相近的 57 周龄海兰灰蛋鸡 960 只，随机分为 4 个组，每组 8 个重复，每个重复 30 只。参照 NRC（1994）蛋鸡饲养标准和海兰公司推荐的饲粮营养水平配制玉米－豆粕型基础饲粮（锌含量 35.08mg/kg），对照组在基础饲粮中添加 80mg/kg 硫酸锌（以锌计），试验组分别在基础饲粮中添加 20、40、80mg/kg MHA-Zn（以锌计）。预试期 4 周，正试期 12 周，结果如下。

①各组之间蛋鸡的产蛋率、平均蛋重、平均日采食量、料蛋比、日产蛋重均无显著差异。各组之间鸡蛋的蛋白高度、哈夫单位和蛋黄颜色均无显著差异。40 和 80mg/kg MHA-Zn 组鸡蛋的蛋壳厚度和蛋壳强度均显著高于对照组和 20mg/kg MHA-Zn 组，破蛋率显著低于对照组和 20mg/kg MHA-Zn 组。

②各组之间蛋鸡的脾脏免疫相关基因核因子－κB1（NF-κB1）、肿瘤坏死因子－α（TNF-α）和白细胞介素 -10（IL-10）mRNA 的相对表达量均无显著差异。80mg/kg MHA-Zn 组的脾脏白细胞介素－8（IL-8）mRNA 的相对表达量显著低于 40mg/kg MHA-Zn 组，40mg/kg MHA-Zn 组显著低于 20mg/kg MHA-Zn 组。

结论：饲粮中添加 40 和 80mg/kg 的 MHA-Zn 可显著提高蛋壳厚度和蛋壳强度，显著降低破蛋率，并显著降低促炎因子 IL-8 mRNA 的相对表达量。建议产蛋后期，蛋鸡饲粮中 MHA-Zn 适宜添加水平为 40mg/kg。

（二）复合微量元素氨基酸螯合物在肉鸡生产中的应用研究

研究不同水平复合有机微量元素替代无机微量元素对崇仁麻鸡生长性能和粪便中微量元素含量的影响。宋琼莉等（2018）选择 28 日龄、初始体重相近的崇仁麻鸡 256 只（公母各占一半），随机分为 4 组，每组 4 个重复，每个重复 16 只鸡。Ⅰ组为对照组（标准水平无机组），微量元素铁（一水硫酸亚铁）、铜（五水硫酸铜）、锰（一水硫酸锰）、锌（一水硫酸锌）的添加水平分别为 80、8、80 和 60mg/kg（以无机盐形式添加）；Ⅱ～Ⅳ组分别以 50%、75%和 100%复合有机微量元素（蛋氨酸铜，甘氨酸亚铁，蛋氨酸锌，蛋氨酸锰）替代无机微量元素。各组其他营养水平保持一致。预试期 7d，正试期 28d。结果如下。

①各组崇仁麻鸡的平均日增重、平均日采食量和料重比均无显著差异。与对照组相比，Ⅱ、Ⅲ和Ⅳ组崇仁麻鸡的血清尿素氮含量显著降低；Ⅲ和Ⅳ组的血清碱性磷酸酶和 5′－核苷酸酶活性显著增加。

②各组崇仁麻鸡粪便中铜和铁含量无显著差异。与对照组相比，Ⅱ组粪便中锌和锰含量显著降低。

结论：在不影响肉鸡生长性能的情况下，以饲粮中添加50%复合有机微量元素替代无机微量元素对减少粪便中铜、铁、锌、锰含量的效果较好。

二、微量元素氨基酸螯合物在养猪生产中的应用研究

（一）氨基酸螯合物在断奶仔猪生产中的应用研究

1. 复合氨基酸螯合物对断奶仔猪生产性能的影响

为研究有机微量元素对断奶仔猪生产性能和皮毛外观的影响，李艳军等（2018）选择健康的断奶仔猪120头［（35±1）日龄］，随机分为两组，每组3个重复，每个重复20头，公母各半，对照组添加无机微量元素，试验组添加有机复合微量元素（富马酸亚铁，甘氨酸锌，蛋氨酸锰，蛋氨酸铜），试验期28d。试验结果表明，整个保育阶段（35～63日龄），各组平均体重、平均日增重差异不显著。与对照组相比，试验平均日采食量差异显著（$P<0.05$）。在料肉比方面，试验组有明显的降低。皮肤和被毛外观情况比较，有机微量元素对断奶仔猪皮肤的红润度和被毛柔顺度有一定的改善作用。

2. 羟基蛋氨酸锌对断奶仔猪镉损伤的修复作用

探讨日粮添加羟基蛋氨酸锌对镉引起断奶仔猪脏器损伤的修复作用。刘粉粉等（2018）选用24头45日龄的二元阉公猪［长×大，体重（13.22±1.36）kg］。随机分为4个处理组，对照组（Con组）、含镉日粮（30mg/kg，Cd组）组、镉（30mg/kg）＋低浓度羟基蛋氨酸锌（100mg/kg）日粮（LMHZn组）组、镉（30mg/kg）＋高浓度羟基蛋氨酸锌（200mg/kg）日粮（HMHZn组）组。每组6个重复，每个重复1头猪，代谢笼单栏饲养，试验期30d。第31天清晨对仔猪进行前腔静脉采血，空腹称重、屠宰、采样，测定各项指标。结果如下。

①与Con组相比，Cd组仔猪的平均日增重显著降低，料重比显著升高；十二指肠和空肠肠绒毛长度显著降低，十二指肠、空肠的隐窝深度显著加深，十二指肠、空肠绒毛长度/隐窝深度比显著降低；导致肝、肾细胞损伤、变性；肝、肾中的镉含量显著升高；血浆白蛋白含量显著降低。

②当含镉日粮中添加MHZn时，与Cd组相比，仔猪日增重显著升高，料重比显著降低，并且LMHZn和HMHZn组与Con组无显著差异；提高十二指肠和空肠绒毛长度显著，减少仔猪小肠绒毛损伤；HMHZn组肝脏系数显著降低，并接近Con组水平，表明MHZn可有效缓解镉导致的肝肿大。并且，MHZn可有效缓解镉引起的肝细胞颗粒变性和脂肪变性，减少肾小管上皮细胞的变性和损伤，减少淋巴细胞的增生。MHZn（200mg/kg）可显著减少镉在肝、肾中的蓄积，减少镉对血浆白蛋白和总蛋白的影响，表明MHZn对缓解肝、肾、消化道镉损伤有一定的修复作用。

结论：日粮添加100和200mg/kg的MHZn可有效减少含镉饲料对仔猪的影响，提高仔猪的生长性能，减少肝、肾中的镉蓄积及镉的致毒性，显著降低镉对小肠绒毛的损伤。

（二）小肽微量元素螯合物在断奶仔猪生产中的应用研究

1. 小肽螯合铁对仔猪补铁效果的研究

研究小肽螯合铁对仔猪的补铁效果。单春乔等（2018）选用杜长大三元杂交母猪60头，试验周期为56d，研究妊娠母猪饲粮中添加小肽螯合铁以及仔猪口服小肽螯合铁对仔猪血红蛋白（Hb）浓度、血清总铁结合力（TIBC）、血清转铁蛋白（TRF）和血清铁（SI）的影响。结果表明，妊娠母猪饲粮中添加小肽螯合铁可以显著提高仔猪Hb浓度和SI浓度，降低仔猪TIBC浓度和TRF浓度，妊娠后期母猪饲喂小肽螯合铁可以通过胎盘和乳汁增加仔猪体内的铁含量，满足出生仔猪对铁的需求。

2. 小肽微量元素螯合物在断奶仔猪生长性能的影响

研究小肽微量元素螯合物对断奶仔猪生长性能、氧化应激状况和粪便金属元素含量的影响，徐雪等（2018）选用204头健康状况良好、体重相近的21日龄断奶仔公猪（长白×大白二元杂交），随机分成A、B、C和D四组，每组3重复，每重复17头A、B组分别添加低水平和高水平的无机Cu、Fe、Zn、Mn元素；C、D组分别添加低水平和高水平小肽螯合Cu、Fe、Zn、Mn采集血液和粪便样进行相关指标的测定，结果如下。

①平均日采食量（ADFI）和腹泻率均无显著差异。与A、B组相比，D组平均日增重（ADG）升高，料肉比（F/G）显著降低。

②与A、B组相比，D组血清球蛋白（GLB）和铜蓝蛋白（CP）浓度以及总抗氧化能力（T-AOC）显著升高，丙二醛（MDA）含量显著下降。C组AST酶活性比A组降低，比B组升高。

③血清中各组Cu、Zn含量和粪便中各组Fe、Zn的含量均无显著差异，C组粪便中Cu含量显著低于A、B组，D组粪便中Cu含量比A组升高35.1%，比B组降低56.1%。

结论：低水平小肽微量元素螯合物对断奶仔猪生产性能和健康状况无不良影响，但能显著降低粪便中铜的排放量，而高水平小肽微量元素螯合物提高了断奶仔猪的生长性能和健康状况，但对粪便中铜的减排

效果不如低水平小肽微量元素螯合物。

(三)氨基酸螯合锌对肥猪生长及生理生化指标的影响

研究饲粮添加低水平蛋氨酸锌(Zn-Met)或硫酸锌($ZnSO_4$)对生长育肥猪生长性能、血清抗氧化和酶活指标、器官锌和微量元素利用的影响,确定生长育肥猪饲粮中锌的适宜添加量,实现有效利用资源,减少排泄物中锌对环境的影响。牛现秀琇等(2018a,b)选用体重为(33.70±2.76)kg的"杜×长×大"生长育肥猪32头,随机分成4组,每组8个重复,每个重复1头猪。对照组饲喂基础饲粮,试验组在基础饲粮中分别添加40mg/kg Zn-Met、40mg/kg $ZnSO_4$和80mg/kg $ZnSO_4$(以锌元素计)。预试期7d,正试期72d,分生长期和育肥期2个阶段(30~60kg,61~90kg)。结果如下。

①与对照组相比,饲粮添加不同来源和水平锌对生长育肥猪平均日增重、平均日采食量和料重比均无显著影响。

②与对照组相比,饲粮添加不同来源和水平锌能显著提高生长育肥猪血清总超氧化物。

歧化酶(T-SOD)、谷胱甘肽过氧化物酶(GSH-Px)及铜锌超氧化物歧化酶(CuZn-SOD)活性,显著降低血清丙二醛(MDA)含量;40mg/kg Zn-Met组血清T-SOD和GSH-Px活性最高,血清MDA含量最低;而血清CuZn-SOD活性随$ZnSO_4$添加量的增加而升高,以80mg/kg $ZnSO_4$组最高。

③与对照组相比,饲粮添加Zn-Met显著提高锌、铜和锰表观吸收率,而饲粮添加$ZnSO_4$只显著提高锌表观吸收率,且随$ZnSO_4$添加量的增加而降低;40mg/kg Zn-Met组锌表观吸收率最高。

④与对照组相比,饲粮添加40mg/kg Zn-Met显著降低了生长肥育猪血清谷丙转氨酶(ALT)、谷草转氨酶(AST)和乳酸脱氢酶(LDH)活性,显著提高了血清碱性磷酸酶(ALP)活性;饲粮添加40mg/kg $ZnSO_4$显著降低了血清ALT和LDH活性;饲粮添加80mg/kg $ZnSO_4$显著降低了血清ALT活性,显著提高了血清ALP活性。40mg/kg Zn-Met组生长肥育猪血清ALT、AST和LDH活性最低,血清ALP活性最高。

⑤与对照组相比,饲粮添加40mg/kg Zn-Met显著提高了生长肥育猪血清锌含量,40mg/kg Zn-Met组血清锌含量最高。

⑥与对照组相比,饲粮添加40mg/kg Zn-Met或40、80mg/kg $ZnSO_4$对生长肥育猪脾脏、胰脏、毛和肌肉锌沉积量均无显著影响,但显著提高了肝脏和骨锌沉积量。

结论:饲粮添加Zn-Met或$ZnSO_4$没有显著改善生长育肥猪的生长性能,但显著改善了生长育肥猪的血清抗氧化指标和微量元素的表观吸收率;饲粮添加40mg/kg Zn-Met或40、80mg/kg $ZnSO_4$可改善生长肥育猪血清酶活性、血清锌含量及肝脏和骨锌沉积量;本试验条件下,生长育肥猪饲粮中$ZnSO_4$的添加量需低于80mg/kg,建议40mg/kg Zn-Met较为适宜。

三、微量元素氨基酸螯合物在反刍动物生产中的应用研究

1. 不同锌源对山羊生产性能影响

研究不同锌源对湘东黑山羊生长性能及羊奶的成分、氨基酸和脂肪酸含量的影响。郑梦莉等(2018)选取体重(38.1±9.7)kg、胎次相近的21只怀双羔妊娠湘东黑山羊(妊娠日龄在90~100d),随机分为3组,分别在基础饲粮(锌含量22.00mg/kg DM)中添加硫酸锌(对照)、蛋氨酸螯合锌、甘氨酸螯合锌,各组锌添加量均为60mg/kg DM。预试期为7d,正试期为42d。正试期3组妊娠母羊分别饲喂不同锌源饲粮,产后母羊饲喂无添加锌源的饲粮,母羊产后15d采集奶样。结果如下。

①与对照组相比,蛋氨酸螯合锌组和甘氨酸螯合锌组妊娠母羊总增重和平均日增重显著增加;与对照组相比,蛋氨酸螯合锌组和甘氨酸螯合锌组羊奶体细数量、乳脂、乳蛋白、乳糖、尿素氮、去脂干物质含量差异不显著,但蛋氨酸螯合锌组羊奶总干物质含量显著提高。

②与对照组相比,蛋氨酸螯合锌组和甘氨酸螯合锌组羊奶氨基酸含量差异不显著;与对照组相比,蛋氨酸螯合锌组羊奶正己酸、辛酸、月桂酸、十三酸、γ-亚麻酸含量显著提高,甘氨酸螯合锌组羊奶木蜡酸、顺-11-二十烯酸、γ-亚麻酸含量显著提高。

结论:蛋氨酸螯合锌可增加羊奶中的总干物质含量,甘氨酸螯合锌可增加羊奶中单不饱和脂肪酸含量,降低多不饱和脂肪酸含量,且均可提高妊娠母羊总增重和平均日增重,说明饲粮中添加蛋氨酸螯合锌和甘氨酸螯合锌均可提高妊娠母羊的生长性能并改善羊奶品质。

2. 不同锌源对犊牛生长血清激素及免疫指标影响

研究不同锌源对新生犊牛生长性能、血清激素及免疫指标的影响。郝丽媛等(2018)试验选取36头新生荷斯坦母犊牛,随机分成3组袁每组12头。对照组无添加,试验组分别每日每头添加457mg蛋氨酸锌和104mg氧化锌(均相当于80mg锌),蛋氨酸锌和氧化锌混合到牛奶中进行饲喂。试验进行至犊牛生后14d结束。犊牛4日龄时添加开食料,每天记录犊牛采食量和腹泻情况,初生和15日龄晨饲前测量犊牛体高、体斜长、胸围和体重;15日龄晨饲前采集犊牛血液样品,测定血清中免疫球蛋白和激素含量。结果如下。

①与对照组相比,添加蛋氨酸锌显著提高了犊牛

平均日增重，显著降低了犊牛腹泻率。不同锌源对犊牛平均日采食量、体高总增长、体斜长总增长和胸围总增长均无显著影响；与对照组相比，添加氧化锌和蛋氨酸锌均可显著降低犊牛血清中胰岛素的含量。

②与对照组相比，添加氧化锌显著提高了犊牛血清中免疫球蛋白G和免疫球蛋白M含量。各组间犊牛血清中免疫球蛋白A含量差异不显著。

结论：给新生犊牛补充蛋氨酸锌可以有效促进犊牛生长，降低腹泻率；而补充氧化锌则有助于提高犊牛机体免疫功能。

四、微量元素氨基酸螯合物在水产养殖中的应用研究

1. 铬源对鲤生长及生理生化指标的影响

研究饲料中不同铬源对喂食高葡萄糖饲料鲤生长性能、血清生化指标及肝胰脏糖代谢酶活性的影响。崔培等（2018）配制4种纯化饲料，分别为不添加铬的基础饲料（对照组）及基础饲料中分别添加三氧化二铬（Cr_2O_3）、吡啶羧酸铬（CrPic）和蛋氨酸铬（CrMet）的试验饲料，试验饲料中铬添加水平在2.60mg/kg（以三价铬离子计）左右。选择初始体重为（40.95±4.80）g的鲤720尾，随机分为4组，每组设3个重复，每个重复60尾。每组饲喂1种饲料，饲喂基础饲料的为对照组。养殖周期为60d。结果如下。

对照组相比，添加CrPic、CrMet能显著提高鲤的增重率（WGR）、特定生长率（SGR）、饲料效率（FE）以及蛋白质效率（PER）；添加Cr_2O_3能显著提高鲤的WGR、SGR；添加3种铬源对全鱼水分、灰分、蛋白质含量均无显著影响，添加CrPic和CrMet能显著提高全鱼脂肪含量；添加3种铬源均能显著提高肌糖原含量，而肝糖原含量仅在CrMet组得到显著提高；添加CrMet显著降低了血清甘油三酯（TG）和总胆固醇（TC）含量；添加CrMet显著提高了鱼体胰岛素（IRS）、胰岛素受体（ISR）、生长激素（GH）含量以及乳酸脱氢酶（LDH）和肌酸激酶（CK）活性，显著降低了血清葡萄糖和皮质醇（COR）含量；添加3种铬源均显著提高了肝胰脏糖酵解途径丙酮酸激酶（PK）、己糖激酶（HK）活性，添加CrPic和CrMet能显著降低肝胰脏糖异生途径磷酸烯醇式丙酮酸激酶（PEPCK）活性。

结论：对于喂食高葡萄糖饲料的鲤而言，CrMet在促进生长，提高饲料利用以及糖利用能力方面具有最明显的效果，CrPic次之，而Cr_2O_3最差。

2. 复合羟基蛋氨酸螯合物对克氏原螯虾生长及免疫的影响

拟在克氏原螯虾基础日粮中添加羟基蛋氨酸螯合铜、锌、铁、锰，探讨其对克氏原螯虾生长性能、非特异性免疫等的影响，旨为羟基蛋氨酸螯合有机微量元素在水产养殖生产中的应用提供依据。姚红梅（2018）试验所用克氏原螯虾来源于湖南湖鑫水产养殖科技有限公司，羟基蛋氨螯合有机微量元素和其他微量元素均由长沙某生物工程股份有限公司提供。克氏原螯虾购回后，先将其放在30m^3水泥池中暂养2周。试验开始时，选择健康、规格和重量基本一致的克氏原螯虾（平均初体重7.50g左右）360尾，随机分为2个处理组，每个处理组6个重复，于80cm×60cm×75cm的水族箱中饲养，每个水族箱投放30尾虾。1组纯无机组均按照正常水平添加以硫酸盐为主的无机微量元素，2组羟基蛋氨酸螯合物组则以低剂量的羟基蛋氨酸螯合铁、铜、锌、锰，其他微量元素添加量和剂型与1组一致。克氏原螯虾在试验水族箱中驯化7d后投喂试验日粮，试验为期40d。饲养期间水温为（26±4）℃。结果如下。

与1组（纯无机组）相比，2组（羟基蛋氨酸螯合物组）的增重率、饵料系数与成活率均有显著差异，其中，2组的增重率提高19.79%，成活率提高9.65%，饵料系数降低9.93%；2组（羟基蛋氨酸螯合物组）能显著提高克氏原螯虾铜蓝含量和溶菌酶活性，在一定程度上提高总蛋白浓度和碱性磷酸酶活性，但与1组（纯无机组）相比，无显著差异。

结论：在克氏原螯虾饲料中，相比无机微量元素，添加羟基蛋氨酸螯合铜、锌、铁、锰可显著提升克氏原螯虾的生产性能，降低饵料系数，及显著提高克氏原螯虾铜蓝含量和溶菌酶活性，改善血清总蛋白浓度和碱性磷酸酶活性，增强其免疫水平和抗病力，提高成活率。

五、铜对育成期蓝狐生长性能、营养物质消化率及血清指标的影响

研究饲粮中不同铜源及铜水平对育成期蓝狐生长性能、营养物质消化率及血清指标的影响。刘志等（2018）试验选择55日龄健康蓝狐100只，随机分成5个组，每组20个重复，每个重复1只蓝狐。5组蓝狐分别饲喂在基础饲粮中添加0、50、100mg/kg（以铜计）的五水硫酸铜（$CuSO_4 \cdot 5H_2O$）或蛋氨酸铜（Met-Cu）的试验饲粮，2种铜源共用0添加组为对照组。预试期为7d，正试期为60d，结果如下。

饲粮铜水平对育成期蓝狐平均日增重有极显著影响，对育成期蓝狐料重比有显著影响。饲粮铜源对育成期蓝狐平均日采食量、平均日增重和料重比均无显著影响。饲粮铜水平对育成期蓝狐粗蛋白质消化率和粪铜含量有极显著影响，对干物质消化率、粗脂肪消化率有显著影响。饲粮铜源对育成期蓝狐粪铜含量有显著影响，蛋氨酸铜组的粪铜含量显著低于硫酸铜组；饲粮铜源对育成期蓝狐干物质消化率、粗脂肪消化率、粗蛋白质消化率和氮沉积均无显著影响。

饲粮铜源及铜水平对育成期蓝狐血清尿素氮含量有极显著影响，50、100mg/kg 铜添加组的血清尿素氮含量极显著高于对照组，蛋氨酸铜组的血清尿素氮含量极显著高于硫酸铜组。饲粮铜源及铜水平对育成期蓝狐血清总蛋白、白蛋白、球蛋白、铜、铁含量及谷草转氨酶、谷丙转氨酶活性均无显著影响。

结论：育成期蓝狐的饲粮中添加蛋氨酸铜可以获得与硫酸铜相似的促生长效果，此外衰蛋氨酸铜的利用率更高，环境排放低，是蓝狐饲粮更高效、更环保的有机铜源。

（王　安）

黏结剂

黏结剂主要用于加工颗粒饲料，以改善粒料品质（包括粉率、硬度、耐磨度）、增加生产效率及延长铸模寿命，并可减少饲料粉尘，保持颗粒颜色稳定，特别是水产鱼虾、鳖鳗等饵料，需要提高其在水中不散、不沉的特性，从而减少养分流失的添加剂。水产饲料对饲料黏合剂的要求较高，近年来，国内外对水产饲料黏结剂的研究非常活跃，新的黏结剂种类（表 1）不断推出。研制出的黏结剂基本上可满足各种养殖对象的需要。

表 1　黏结剂种类

分类	代表产品	特　点
天然类	树木分泌的胶汁（龙胶、瓜拉胶、果胶等）	易受 pH、湿度、矿物质盐等的影响，降低黏度，故未能得到广泛应用
	稀土、黏土型黏结剂（膨润土、陶土、钠土、凹凸棒等）	黏度较低，占用配方空间较大
	植物淀粉（小麦、玉米、木薯、马铃薯等淀粉或变性淀粉）	其黏结力取决于淀粉类型、饲料加工设备、操作技术等
	海藻类胶质（海藻酸钠、海带胶、琼脂等）	黏结力强，但价格贵，多用于试验研究饲料中
人工合成类	羧甲基纤维素钠（CMC）	白色纤维状或颗粒状粉末，无臭、无味，有吸湿性，水溶液对热不稳定，其黏度随温度升高而降低。饲料中添加量不宜超过 2%
	脲醛树脂	在各种冷、热、湿和化学腐蚀等苛刻的环境中，均有良好的稳定性，且价格低廉，是颗粒饲料黏合剂的较好选择，推荐用量 0.5%
	木质素磺酸盐	不均匀的醚聚合物，暗褐色，固态物吸湿性强，颗粒状饲料成品中含量不可超过 4%
	聚丙烯酸钠	水溶性高分子化合物，具有极强的增稠保水功能，水溶液黏度高，黏度约为 CMC、海藻酸钠等的 15～20 倍，为食品级的黏结剂

畜禽颗粒饲料中一般添加膨润土作黏结剂，制粒效果好、饲料品质稳定。研究表明，稀土对动物具有明显的促生长作用，特别是在哺乳、断奶仔猪的应用效果显著。水产养殖中使用黏土性饲料黏结剂可延长水产饲料在水中耐泡时间，且搬运时不易破损，并对预防鱼病，改善水质都有积极作用。

α-淀粉是目前黏结剂中的佳品，用量最大。中国是全球最大的水产养殖国，随着水产养殖业的不断发展，α-淀粉的生产规模越来越大，全国现有生产企业 50 余家，主要有广西百色华侨实业有限责任公司淀粉厂，德清县康正面筋厂，广西隆安银丰淀粉有限公司，无锡泰花淀粉有限公司，浙江欣欣生化科技有限公司，广西武鸣泰源食品有限公司等。

与 α-淀粉等天然类黏结剂相比，人工合成黏结剂添加量少、成本低、效果好，已占据主流，逐渐被饲料生产厂家所接受，羧甲基纤维素钠（CMC）是其中的代表产品。我国 CMC 自 1956 年研制成功以来，经过几十年的发展，已形成一个有 40 多个骨干企业组成的行业，年产量 5 万 t，主要生产企业有威怡化工（苏州）有限公司，赫克力士化工（江门）有限公司，江苏宜兴市通达化学有限公司等。

目前，我国黏结剂生产能力较强，可为饲料业的生产提供充足的产品。

（武书庚　任　冰）

抗结块剂

也称流散剂，多系无水硅酸盐，颜色不一，比重较大，微小颗粒，流散性好，除防止结块外，饲料中添加抗结块剂还可防止配料仓中结拱，有利于配料的准确性和饲料的混合均匀。目前，国内批准使用的抗结块剂有亚铁氰化钾、硅铝酸钠、磷酸三钙、二氧化硅、微晶纤维素、硬脂酸镁、碳酸镁、滑石粉等，其中亚铁氰化钾在“绿色”标志的食品中禁用。应用较普遍的抗结块剂有二氧化硅（价廉，常用）、硅酸盐、天然矿物等，如膨润土及其钠盐、球土、高岭土、硅藻土、某些黏土，还有硬脂酸钙、硬脂酸钾、硬脂酸钠等。抗结块剂在配合饲料中一般不超过2%。

中国南方地区气候潮湿，饲料易结块，且广东、四川、江西、湖南等省份都是配合饲料和养殖业发达的地区，对抗结块剂的需求量大。国内生产饲用抗结块剂的厂家较多，代表企业（表1）。

抗结块剂在生产中使用量较少，且非必需添加剂，因此，国内生产量完全可以满足饲料行业的需要。

表1 国内主要饲用抗结块剂生产厂家

企业名称	产 品	生产能力（t/年）
青州恒旭化工有限公司	二氧化硅	4 000
重庆建峰工业集团有限公司	二氧化硅	20 000
齐河绿之源动物保健品有限公司	二氧化硅	1 500
广州中琦硅业有限公司	二氧化硅	50 000
晋江富联化工有限公司	二氧化硅	25 000
江西兴鼎科技有限公司	硅铝酸钠	7 000
广州正和生物科技有限公司	二氧化硅、三氧化二铝	30 000
泗县天力生物科技有限公司	二氧化硅、三氧化二铝	2 000

（武书庚 任 冰）

乳化剂

乳化剂是一种表面活性剂，能乳化两种或多种互不相混溶液体中的一种，使其能够均匀地发布于另一种液体中，形成均匀的乳状液。乳化剂普遍应用于食品、医药、化妆品等工业领域，近年来，乳化剂在饲料中的使用也越来越多。

饲料中使用乳化剂的目的是在添加高脂肪饲料中，提高饲料脂肪以及能量的消化率和利用率，促进动物生长；因为饲料脂肪在动物的消化道中，必须首先乳化成乳糜微粒，才能被消化道所吸收，而乳化剂可促进或加速该乳化作用。添加于液体饲料（如各种幼年动物的代乳料）中，以保证液体饲料中各种营养成分（尤其是脂溶性成分）的均匀分布。添加在后喷涂的饲料加工工艺中，可保证脂类物质在喷涂液中的均匀分布，增强雾化效果，提高喷涂质量。其中，尤以提高脂肪消化率为目的的研究较多，应用也普遍。

现阶段使用的乳化剂有数十种，用于饲料工业的有磷脂类、脂肪酸酯、糖苷酯类和胆汁酸盐类乳化剂。商品乳化剂产品，为获得更好的乳化性能，通常将多种乳化剂以一定比例组成复合乳化剂（如美肥、超能等），这样，乳化剂之间互相配合，加强了乳化剂对油脂的乳化能力。国内现有乳化剂生产企业百余家（表1），产品除了用于饲料工业外，还大量用于食品工业中。

表1 国内主要饲用乳化剂生产企业

企业名称	产品名称
九三集团北安大豆制品有限公司	大豆磷脂
广西渤海农业发展有限公司	大豆磷脂
河南正通食品科技有限公司	大豆磷脂
德清麦特生物有限公司	大豆磷脂
泰安市泰山区孚瑞饲料厂	大豆磷脂
中纺粮油（沈阳）有限公司	大豆磷脂
德清县天丰磷脂饲料厂	大豆磷脂
沧州海通生物饲料有限公司	大豆磷脂
潍坊康地恩生物科技有限公司	蔗糖脂肪酸酯、大豆磷脂
潍坊雷曼生物科技有限公司	复合乳化剂（乳能佳）
厦门美尔吉生物科技公司	复合乳化剂（美能）
山东龙昌动物保健品有限公司	饲料级胆汁酸

（武书庚 任 冰）

抗氧化剂

饲料在加工、运输和贮藏过程中易腐败变质，主要是因为饲料的自体氧化和微生物污染。饲料中含有的易氧化物质（如油脂、维生素、酶等）较多，油脂酸败后产生的短链脂肪酸、过氧化物和羟等，具有哈喇、苦涩味，显著降低适口性，还会产生有毒有害物质，甚至造成畜禽中毒死亡，饲料中添加抗氧化剂可防止氧化酸败。

常用的抗氧化剂有乙氧基喹啉（EMQ）、二丁基羟基甲苯（BHT）、丁基羟基茴香醚（BHA）、没食子酸丙酯（PC）和特丁基对苯酚（TBHQ）、茶多酚、维生素E、L-抗坏血酸-6-棕榈酸酯、迷迭香提取物等。有些抗氧化剂主要在动物体内发挥作用，有些在饲料保存过程中起作用，均有助于改善动物健康状况和生产性能。因为性价比较好，饲料中常用EMQ和BHT作为抗氧化剂。

随着动物产品消费的攀升，“禁抗”致使人们对饲料安全和动物健康的关注；随着研究的深入，人们认识到动物健康的第一威胁是抗氧化失衡，为此，开展了大量的现有添加剂的抗氧化作用，如共轭亚油酸（CLA）、植物提取物等，饲料中添加抗氧化剂，可以保护饲料中营养素不被氧化、改善动物健康状况和生产性能，使得动物饲料抗氧化剂市场持续增长。全球动物饲料抗氧化剂市场在2012—2018年实现3.6%的年均复合增长率，总产值约2.2亿美元。家禽产业对于动物饲料抗氧化剂的需求最为旺盛，其需求占全球市场总量的35%，其次是生猪和肉牛行业。

乙氧基喹啉是性能优良的饲料抗氧化剂之一，是最经济的抗氧化剂，适用于预混料、鱼粉及添加脂肪的产品，可防止其中的维生素A、维生素D、维生素E等及脂肪氧分变质天然色素氧化变色，并有一定的防霉和保鲜作用。由于环境风险没有定论，2018年3月31日后，欧洲不允许饲料中有乙氧基喹啉产品添加，我国仍允许使用。

2017年抗氧化剂总产量6.9万t同比2016年增加了38.2%（2016年5.0万t，抗氧化剂2.7万t，混合型饲料添加剂抗氧化剂2.3万t），国内主要饲用抗氧化剂生产企业情况（表1）。

表1　国内主要饲用抗氧化剂生产企业情况

企业名称	产品名称
潍坊加易加生物科技有限公司	EMQ
河南省瑞特利生物技术有限公司	EMQ
无锡大江中盛生物科技有限公司	EMQ、BHT
安徽天浩生物技术有限责任公司	EMQ、BHT、BHA
泰兴瑞泰化工有限公司	EMQ、BHT、BHA
厦门牡丹饲料科技发展有限公司	EMQ
广州立达尔生物科技股份有限公司	EMQ、BHT
上海天昌饲料科技有限公司	EMQ、BHT
泰州市丰润生物科技有限公司	EMQ、BHT
北京昕地美饲料科技有限公司	EMQ
上海向阳化工厂	BHT
广东瑞生科技有限公司	EMQ、PC
诺伟司饲料添加剂（上海）有限公司	EMQ、BHT、PC

（武书庚　任　冰）

防霉剂

饲料富含蛋白质、淀粉、维生素等营养成分，在温度、湿度合适时，易因微生物的繁殖而腐败霉变。霉变饲料不仅影响适口性，降低采食量和饲料报酬，还会造成畜禽中毒，甚至死亡。因此，储存饲料的仓库要通风、阴凉、干燥、清洁、倒库，未发霉饲料应规范堆放，与窗、壁保持一定距离，储存时间长的话还要定期翻动通风。储存饲料要善于利用防霉剂。饲料防霉剂（表1）是指能降低饲料中霉菌的数量，抑制霉菌毒素产生，预防贮存期间饲料营养成分损失，防止饲料发霉变质，延长贮存时间的饲料添加剂。

当今，丙酸盐类防霉剂使用较为普遍，具体用法为密封包装的含水12.5%～13.5%的颗粒料储存1个月以上，应添加 0.3% 的丙酸钙；水分 11.55% ～12.5% 的粉料，储存两个月以上的需加丙酸钙 0.15%。南方夏季因雨水较多，宜添加 0.2% ～0.4% 的丙酸钙或丙酸钠。除丙酸及其盐类外，还可用山梨酸及其盐类、苯甲酸和苯甲酸钠、甲酸和甲酸钠、甲酸钙。目前，国际上多采用复合型的防霉剂。

2017 年防腐、防霉剂产量 10.6 万 t 同比 2016 年减少 32.6%，2018 年度发布的《混合型饲料添加剂防霉剂》（GB/T 36863—2018）罗列了常用防霉剂及其载体，为饲料防霉剂生产企业（表 2）提供了指导。

表 1　常用防霉剂及其特点

分　类	举　　例	特　　点
有机酸	甲酸、乙酸、丙酸、丁酸、乳酸、苯甲酸、山梨酸、富马酸、柠檬酸、酒石酸、苹果酸、磷酸	防霉效果较好，但腐蚀性较强
有机酸盐及其酯	甲酸铵、甲酸钙、二甲酸钾、乙酸钙、双乙酸钠、丙酸铵、丙酸钠、丙酸钙、丁酸钠、苯甲酸钠、山梨酸钠、山梨酸钾、柠檬酸钾、柠檬酸钠、柠檬酸钙，富马酸二甲酯	防霉效果不如有机酸类，但腐蚀性小
复合型防霉剂	有万香保（由丙酸铵、乙酸、富马酸、山梨酸等多种有机酸组成）、克霉霸（由丙酸、乙酸、苯甲酸、氯化钠、磷酸钙等组成），此外还有“克霉灵”“克霉净”“霉敌 101”等	防霉效果好，需要的剂量小、腐蚀性较小

表 2　国内防霉剂主要生产企业

企业名称	产品名称
河南省瑞特利生物技术有限公司、鹤山市南华动物药业有限公司	丙酸
潍坊加易加生物科技有限公司、江西兴鼎科技有限公司、广州立达尔生物科技股份有限公司	丙酸钙
济南品佳科技发展有限公司、厦门牡丹饲料科技发展有限公司	丙酸、丙酸钙
深圳市永鲜宝实业有限公司	丙酸、丙酸铵、苯甲酸
无锡大江中盛生物科技有限公司	丙酸、富马酸、双乙酸钠
齐河绿之源动物保健品有限公司	双乙酸钠、丙酸、丙酸钙
生物源生物技术（深圳）有限公司	丙酸钠、山梨酸钾
北京大北农科技集团股份有限公司	山梨酸、富马酸、柠檬酸
安徽天浩生物技术有限责任公司	双乙酸钠、丙酸钙
诺伟司饲料添加剂（上海）有限公司	甲酸、甲酸铵、丙酸、乳酸

（武书庚　任　冰）

酸度调节剂

酸度调节剂亦称 pH 调节剂，是用以维持或改变饲料和食糜酸碱度的物质。酸度调节剂分为单一和复合酸度调节剂，后者是利用几种特定有机酸和无机酸复合而成（如磷酸 + 乳酸 + 富马酸、乳酸 + 富马酸 + 柠檬酸），能迅速降低饲料 pH，保持良好的缓冲值和生物性能，添加成本较低。不同酸度调节剂间往往有协同作用，如较高浓度的乳酸能增强醋酸对大肠杆菌的毒性作用，将不同酸度调节剂按比例复合使用，酸化能力和预防疾病的效果会更好，优化复合体系是饲料酸度调节剂发展的一种趋势。

我国是工业饲料生产加工大国，生产酸度调节剂的厂家较多，如厦门惠盈动物科技有限公司、广州先至饲料添加剂有限公司、潍坊加易加生物科技有限公司、河南省瑞特利生物技术有限公司、北京大北农科技集团股份有限公司、诺伟司饲料添加剂（上海）有限公司等，有足够的生产能力可满足国内的饲料工业生产需求。

柠檬酸是酸度调节剂中的主要品种，约占总耗量的 2/3。生产方法有生物发酵、化学合成和水果提取，当前以生物发酵为主。我国生产能力为 300 万 t/ 年，实际产量不足 200 万 t/ 年，2013—2017 年中国柠檬酸出口量呈上升趋势，2017 年出口量 92 万 t；同比增长 8%。2018 年 1～7 月出口量 57 万 t，同比增长 7.5%；出口金额 43650 万美元，同比下降 5%。

乳酸是目前国家政策优先扶持和重点发展的产品，我国现在的乳酸生产技术创新后劲十足，品牌在国际上的知名度也迅速提升。近年来，市场形势看好，年需求量增长 5%左右。国内已有多家企业投资建设 L-乳酸生产装置。我国现有乳酸厂家约 40 家，总生产能力超过 20 万 t/ 年，如上海东亚橡胶厂、郸城金丹乳酸实业有限公司、湖南生物化工厂、常德乳酸厂、湖南安化乳酸厂、安徽中粮生化格拉特乳酸有限公司、山东百盛生物科技有限公司、浙江海正生物材料股份有限公司等厂家。全球乳酸生产企业主要集中在美国、中国、泰国及日本等，中国产乳酸约占 30% 的市场份额，其余地区的制造商市场份额约占 10%。

此外，磷酸、碳酸钠等酸度调节剂在国内产量也十分充足，完全可以满足饲料工业的生产需要。

（武书庚　任　冰）

药物饲料添加剂

我国是畜牧大国，畜牧业在我国国民经济中占有重要的地位，随着现代化及工业化的到来，畜牧业的养殖方式也由散养逐渐向集约化转变，养殖规模及效率均显著提高，下游畜牧业的发展拉动了国内兽药行业的成长。同时，监管法规的不断完善也为兽药行业的发展创造了有利条件。随着全球对食品安全的重视程度日益提高，我国政府对兽药的监管力度也日趋严格。社会公众环保健康意识的提高将驱使兽药行业的市场需求从传统追求“高效性”的单一目标逐渐转变为追求“高效性”“低残留”“低毒性”等多元化目标。

农业农村部针对可能存在的兽药质量安全隐患问题，组织修订了《兽药严重违法行为从重处罚情形公告》（农业农村部公告第 97 号），从严从重处罚触及红线、底线的兽药违法行为，特别是主观故意制假、知假售假和知假用假的违法行为，切实提高兽药质量安全水平。一是进一步加大从重处罚力度。二是增加了新的从重处罚情形。三是强化过程违法行为的处罚。四是加大撤销兽药产品批准文号和吊销进口兽药注册证书处罚力度。此外，还加大了违法使用假兽用疫苗处罚力度。该公告的发布实施，为各级畜牧兽医主管部门依法严厉打击兽药违法行为提供了更有针对性、可操作性和坚强有力的执法依据，将更好地维护动物产品质量安全和公共卫生安全。

为了加快推进养殖业绿色发展，大力推进质量兴农绿色兴农品牌强农，《兽用抗菌药使用减量化行动试点工作方案（2018—2021 年）》，力争通过 3 年时间，实施养殖环节兽用抗菌药使用减量化行动试点工作，推广兽用抗菌药使用减量化模式，减少使用抗菌药类药物饲料添加剂，兽用抗菌药使用量实现“零增长”，兽药残留和动物细菌耐药问题得到有效控制。

近年来，农业农村部组织对喹乙醇预混剂、氨苯胂酸预混剂、洛克沙胂预混剂 3 种兽药产品开展了风险评估和安全再评价。评价认为喹乙醇、氨苯胂酸、洛克沙胂 3 种兽药的原料药及各种制剂可能对动物产品质量安全、公共卫生安全和生态安全存在风险隐患。根据《兽药管理条例》第六十九条规定，决定停止在食品动物中使用喹乙醇、氨苯胂酸、洛克沙胂 3 种兽药。

2018 年，在政府监管与市场需求的双重“压力”下，兽药行业发生了积极的变化。一是产业格局调整成效初步显现。企业主动调整生产品种，宠物、奶牛等药物生产有所增多。利用区域特色原材料优势，从大、全、多产品向精、特色产品转移。出口企业日渐增多，“红榜”企业市场认可度提升。二是品牌优势产品渐现。具有自主知识产权的拳头产品市场竞争优势渐现。具有自我技术优势、“匠制”的老产品在市场竞争上显现出明显优势；生产工艺重大改进的品种日渐增多，疫苗悬浮、纯化工艺和佐剂，化药的处方筛选、进口辅料和包材的应用，新设备、新技术、新方法的应用日益增多；国内部分产品的内在质量（药效）可与国外进口产品相媲美。三是非法添加初步遏制。监督抽检结果通报中重点监控企业的数量在下降，非法添加品种的数量也在减少。滥加有关成分、大复方的格局初步得到遏制。四是技术创新体系基础初步确立。科研院所、企业各自发挥各自优势，整体创新技术有所提升；各企业发挥自我人才技术优势，改进原有产品生产技术；新设备购进应用提升生产技术；比对试验研究逐步深入，发现国内外辅料差异明显和原研药存在批间差异等不稳定现象。

2018 年农业农村部批准注册兽药品种：

1．盐酸头孢噻呋乳房注入剂（干乳期）

本品为浅黄素或黄色不透明混悬液。属于 β－内酰胺类抗生素，头孢噻呋为动物专用的第三代头孢类广谱抗菌药物，通过干扰肽聚糖合成酶而抑制细菌细胞壁的合成，达到杀灭细菌的作用。对革兰氏阳性菌和革兰氏阴性菌（包括产 β－内酰胺酶菌）有杀菌活性。用于防治由金黄色葡萄球菌、停乳链球菌和乳腺链球菌引起的干乳期奶牛亚临床型乳腺炎。以本品计，乳管注入，每个乳室注入 1 支。仅用于干乳期奶牛，对 β－内酰胺类抗生素有过敏反应者应避免直接接触本品。当牛群管理和卫生环境不良时，治疗成功的奶牛可能发生重新感染，这时需注意观察可能重新感染的奶牛，防止进一步传染。本品由硕腾公司申请注册获得批准。

2．伊维菌素浇泼溶液

本品为淡蓝色澄清液体。属于大环内酯类抗寄生虫药，伊维菌素对体内外寄生虫特别是节肢动物和体内线虫具有良好驱杀作用，其驱虫作用机理在于促进突触前神经元释放 γ－氨基丁酸（GABA），从而打开 GABA 介导的氯离子通道；对无脊椎动物神经和肌肉细胞位于 GABA 介导位点附近的谷氨酸介导的氯离子通道也具有选择性和高亲和力。氯离子流能降低细胞膜阻抗，引起细胞突触后膜静息电位轻微超极化，从而干扰神经肌肉的信号传递，使虫体松弛麻痹，导致虫体死亡或被排出体外；对线虫的作用部位为抑制性中间神经元和兴奋性运动神经元，对节肢动物的作用部位为神经肌肉接头。本品用于治疗牛体内线虫和虱、螨、蛆等体外寄生虫。外用：一次量，每 1kg 体重注射 0.5mg 伊维菌素，由牛肩部向后，沿背中线浇注。用于治疗牛皮蝇蚴时，如杀死的幼虫在关键部位（如大脑和脊髓），将会引起严重的不良反应；牛在治疗 6 小时内不允许进入湖泊、溪流或池塘；生育年龄的雌性奶牛（包括泌乳期与非泌乳期）禁用；供食用的小牛禁用；当牛的毛发或皮潮湿时不要使用，可能会降低疗效；如使用皮肤部位有奶源结痂或病变，或皮肤病或黏附材料如泥块或粪便，伊维菌素的抗寄生虫活性会降低；禁用于皮肤表面，不可内服或注射给药。本品由内蒙古金河动物药业有限公司、金河生物科技股份有限公司联合申请注册获得批准。

3. 乳酸钠林格注射液

本品为无色澄明液体。体液、电解质、酸碱平衡调节药，用于纠正酸碱失衡、体液丢失和电解质紊乱。电解质 Na^+、K^+、Ca^{2+}、Cl^- 和代谢性乳酸根阴离子，共同维持和纠正体液、电解质平衡和酸平衡，这些物质同时参与正常的生理代谢过程。用于治疗犬脱水和代谢性酸中毒，也可用于胃肠道疾病引起的低血容量性休克。静脉滴注，输液量和输注速度取决于患犬的临床情况，需评估患犬的体液丢失量、循环需求量和体液持续丢失量。本品超剂量使用可导致心血管超负荷和肺水肿，犬出现躁动不安、肺部有湿罗音、心动过速、呼吸急促、流鼻涕、咳嗽、呕吐、腹泻、多尿等，当输注过量时，应迅速降低输注速度或停止输注。禁用于任何原因的碱中毒；禁用于肝源性、肾源性或心源性水肿；禁用于水过多；禁用于高钾血症、高钠血症、高乳酸血症；禁用于肝功能不全的犬。因可能发生钠超负荷，在充血性心衰、严重肾功能不全、使用肾上腺皮质激素治疗的犬中慎用。本品由江苏恒丰强生物技术有限公司申请注册获得批准。

4. 氯前列醇钠注射液

本品为无色澄明液体。属于前列腺素类药。氯前列醇钠是自然存在的前列腺素 PGF2α 的一种功能合成类似物，具有强效溶解黄体作用，引起功能黄体的快速消退，从而导致黄体酮产量的快速下降。黄体溶解后卵巢开始卵泡发育，母畜恢复正常发情与排卵。同时氯前列醇钠能引起子宫平滑肌收缩，对子宫有收缩作用。用于治疗母牛持久黄体，诱导黄体溶解，使母牛恢复正常发情，控制奶牛的同期发情。颈前部肌内注射：一次量，母牛注射 2mL 氯前列醇钠，可重复使用，治疗后 2～4d 内检查到发情。偶见副作用，通常为一次性。牛 5～10 倍于推荐剂量给药时偶见体温升高和唾液分泌增加。不希望流产的母牛禁用；因胎位异常、机械阻力等因素导致难产的母牛禁用；勿用于静脉注射。本品由拜耳新西兰有限公司申请注册获得批准。

5. 烯丙孕素内服溶液

本品为淡黄色或黄色的澄清油状液体。性激素类药。烯丙孕素与天然黄体酮的作用类似。给药期间能够抑制脑垂体分泌促性腺激素，阻止卵泡发育及发情；给药结束后，脑垂体恢复分泌促性腺激素，促进卵泡发育与发情。停药时卵泡发育程度一致，加上促性腺激素的分泌同步恢复，促使所有动物在停药 5～8 日后同期发情。本品用于控制后备母猪同期发情。以烯丙孕素计，直接用 5mL 喷头饲喂或饲料上内服，一次量，后备母猪 20mg（5mL），连用 18d。仅用于至少发情过一次的性成熟母猪；有急性、亚急性、慢性子宫内膜炎的母猪慎用。本品由宁波三生生物科技有限公司、中国农业大学联合申请注册获得批准。此外，获得批准的还有宁波第二激素厂、法国施华动物保健公司、天津市中升挑战生物科技有限公司。

6. 托芬那酸注射液

本品为无色至微黄色的澄明液体。属于甲芬灭酸类非甾体抗炎药，具有抗炎、解热和镇痛作用，其作用机理可能与抑制前列腺素的生物合成有关，通过抑制环氧合酶发挥治疗作用。同时，托芬那酸可抑制由中性粒细胞到白三烯 B_4 的生成。用于治疗犬的骨骼－关节和肌肉－骨骼系统疾病引起的炎症和疼痛。肌内注射：每 1kg 体重，犬注射 4mg 托芬那酸，必要时可在 48h 后重复注射一次。治疗过程中犬有渴感和多尿表现，个别犬可出现呕吐和腹泻，治疗结束症状会自行消失。患有心脏病或肝病犬可能引起胃肠道溃疡或出血、血质不调等病症，应慎用；对本品过敏的犬慎用；6 周龄以下及老年犬、怀孕犬、全麻犬慎用。本品由青岛农业大学、中国农业大学、山东信得科技股份有限公司、河北威远动物药业有限公司、施维雅（青岛）生物制药有限公司、青岛百慧智业生物科技有限公司、新疆农业大学、齐鲁动物保健品有限公司、南京威特动物药品有限公司联合申请注册获得批准。

7. 加米霉素注射液

本品为无色至淡黄色的澄明液体。属于大环内酯类抗生素。加米霉素为 15 元环的半合成氮杂内脂类，主要通过与细菌核糖体 50S 亚基结合，阻止多肽链延长，抑制细菌蛋白质的合成。用于治疗对加米霉素敏感的溶血性曼氏杆菌、多杀性巴氏杆菌和支原体等引起的牛呼吸道疾病；胸膜肺炎放线杆菌、多杀性巴氏杆菌和副猪嗜血杆菌等引起的猪呼吸道疾病。皮下注射：一次量，每1kg体重，牛注射6mg加米霉素，每个注射部位的给药体积不超过10mL；皮内注射：一次量，每1kg体重，猪注射6mg，每个注射部位的给药体积不超过5mL。牛皮下或猪肌内注射本品时，注射部位可能会出现短暂的肿胀，并偶尔伴有轻微疼痛。禁用于对大环内酯类抗生素过敏的动物；禁与其他大环内酯类或林可胺类抗生素同时使用；禁用于泌乳期奶牛；禁用于预产期在2个月内的怀孕母牛。本品由华北制药集团动物保健品有限责任公司、河北精中生物科技有限公司、湖北龙翔药业科技股份有限公司、河北远征药业有限公司、四川恒通动保生物科技有限公司、内蒙古联邦动保药业有限公司、江西新世纪民星动物保健品有限公司联合申请注册获得批准。此外，获得批准的还有齐鲁动物保健品有限公司和齐鲁晟华制药有限公司联合申报的加米霉素注射液；洛阳惠中兽药有限公司、普莱柯生物工程股份有限公司、河南新正好生物工程有限公司联合申报的加米霉素注射液。

8．盐酸贝那普利咀嚼片

本品为黄色至浅褐色片。属于血管紧张素转换酶抑制剂。盐酸贝那普利为一种前体药物，在体内水解为贝那普利拉。贝那普利拉抑制血管紧张素转换酶的功能，从而阻止血管紧张素Ⅰ转化为血管紧张素Ⅱ。盐酸贝那普利咀嚼片可降低所有由血管紧张素Ⅱ所介导的效应，包括动脉与静脉的血管收缩，肾脏水、钠潴留与重吸收。此外，也可通过抑制肾素－血管紧张素－醛固酮系统，减轻由其介导的血管收缩和钠潴留等症状。因此，盐酸贝那普利对心力衰竭的犬具有降压与减轻心脏负荷的作用，改善其临床症状，延长患心力衰竭犬的寿命。用于治疗犬的充血性心力衰竭。内服：一次量，每1kg体重，犬服用0.25～0.5mg盐酸贝那普利，每日一次。少数犬可能出现呕吐、运动失调、短暂性疲劳等症状。禁用于对血管紧张素转换酶抑制剂过敏的犬；禁用于妊娠期或泌乳期母犬；禁用于血压过低、血容量不足、低钠血症或急性肾功能衰竭的犬。本品由河北远征禾木药业有限公司、南京金盾动物药业有限责任公司、江苏恒丰强生物技术有限公司、河北远征药业有限公司联合申请注册获得批准。此外，获得批准的还有来安县仕必得生物技术有限公司、来安县仕必得新兽药研发有限公司、浙江海正动物保健品有限公司、南京威特动物药品有限公司、南京仕必得生物技术有限公司、天津市保灵动物保健品有限公司、南京科灵格动物药业有限公司、南京威嘉仕宠物用品有限公司联合申报的盐酸贝那普利咀嚼片。

9．磺胺氯吡嗪钠二甲氧苄啶混悬液

本品为类白色至淡黄色混悬液，久置分层。属于抗球虫药。磺胺氯吡嗪作用峰期是球虫的第二代裂殖体，对第一代裂殖体也有一定的作用。二甲氧苄啶是二氢叶酸还原酶的竞争性抑制剂，与磺胺类药物具有协同效应，可增强磺胺类药物的作用效果。用于鸡球虫病。以本品计，混饮：每1L水，鸡，0.75～1.5mL，连用3～5d。本品由中牧南京动物药业有限公司、扬州大学、中牧全药（南京）动物药品有限公司、江苏中牧倍康药业有限公司联合申请注册获得批准。

10．阿福拉纳米尔贝肟咀嚼片

本品为淡红色至红褐色圆形片或方形片。阿福拉纳为异噁唑啉类杀虫剂与杀螨剂，通过作用于配体门控氯离子通道，尤其是抑制由神经递质γ－氨基丁酸门控的通道，阻断氯离子从突触前膜到突触后膜的传递，导致昆虫神经元活性增加兴奋过度死亡。米尔贝肟为大环内酯类抗体内寄生虫的驱虫药，其主要包含米尔贝肟A3和A4两种成分，米尔贝肟与无脊椎动物神经和肌肉细胞氯离子通道结合，使谷氨酸控制的氯离子通道开放，增强细胞膜对氯离子的通透性，从而引起神经肌肉细胞膜超极化作用，导致寄生虫麻痹、死亡。用于治疗犬跳蚤、蜱感染，同时，预防犬心丝虫感染和／或治疗胃肠道线虫感染。内服：按体重给药，每月给药一次。临床研究中偶发不良反应包括呕吐、腹泻、无力、食欲下降和瘙痒。这些不良反应一般可自愈，且持续时间短暂。体重2kg以下和／或8周龄以下、妊娠、哺乳期犬需谨慎使用。本品由梅里亚有限公司申请注册获得批准。

11．硫酸头孢喹肟乳房注入剂（泌乳期）

本品为白色至微黄色膏状物。头孢喹肟是动物专用的第四代头孢菌素类抗生素。通过抑制细胞壁的合成达到杀菌效果，具有广谱抗菌活性，对β－内酰胺酶稳定。体外抑菌试验表明头孢喹肟对于常见的革兰氏阳性菌和革兰氏阴性菌都具有抗菌活性，包括大肠杆菌、金黄色葡萄球菌、停乳链球菌、无乳链球菌和乳房链球菌等。主要用于治疗由乳房链球菌、停乳链球菌、金黄色葡萄球菌和大肠杆菌等对头孢喹肟敏感的致病菌引起的泌乳期奶牛的乳腺炎。以本品计，乳管内注入：泌乳期奶牛，几年后每个感染乳区1支，间隔12小时注入1次，连用3次。禁用于对头孢菌素类和其他β－内酰胺类抗生素过敏的动物；仅用于泌乳期乳腺炎奶牛；不得与其他乳房注入剂同时使用。由英特威国际有限公司申请注册获得批准。

12．奥美拉唑内服糊剂

本品为浅黄色至棕黄色半固体糊状物。属于质子泵抑制剂。本品内服后可特异性地分布于胃黏膜壁细胞的分泌小管中，并在此高酸环境下转化为亚磺酰胺的活性形式，通过二硫键与壁细胞分泌膜中H^+-K^+-ATP酶的巯基呈不可逆性结合，生成亚磺酰胺与质子泵的复合物，从而抑制该酶的活性，阻断胃酸分泌的最后步骤。用于治疗成年马和4周龄以上马驹胃溃疡和预防胃溃疡复发。内服：治疗马胃溃疡，每1kg体重服用4mg奥美拉唑，每日一次，连续给药4周；预防马胃溃疡复发，每1kg体重2mg，每日一次，在治疗基础上，再连续给药至少4周。禁用于供人食用的马匹。本品由北京欧博方医药科技有限公司申请注册获得批准。

13. 硫酸头孢喹肟注射液

本品为细微颗粒的混悬油溶液。静置后，细微颗粒下沉，摇匀后成均匀的类白色至淡黄色的混悬液。属于头孢菌素类抗生素。头孢喹肟是第四代头孢菌素类抗生素，通过抑制细菌细胞壁的合成，增加细胞壁渗透性而发挥杀菌作用。头孢喹肟的抗菌作用具有时间依赖性，抗菌谱广，体外抑菌试验表明头孢喹肟能够抑制胸膜肺炎放线杆菌、副猪嗜血杆菌、多杀性巴氏杆菌。用于治疗由胸膜肺炎放线杆菌、副猪嗜血杆菌和多杀性巴氏杆菌引起的猪呼吸道疾病。肌内注射：一次量，每1kg体重，猪注射3mg头孢喹肟，共注射2次，注射间隔48h，同一注射部位不超过3mL。对β-内酰胺类抗生素或者对任何辅料过敏的猪请勿使用本品。本品由齐鲁动保保健品有限公司申请注册获得批准。

14. 丙泊酚注射液

本品为白色均匀乳状液体。丙泊酚是一种用于诱导麻醉和麻醉维持的静脉注射液镇静催眠药，诱导麻醉起效时间为75～120s。给予诱导剂量的丙泊酚后，犬麻醉维持时间平均为6.7min。给予麻醉维持剂量的丙泊酚后，无麻醉前给药的犬麻醉维持时间平均为3.68min，麻醉前给予乙酰丙嗪的犬麻醉维持时间平均为3.8min，麻醉前联合给予乙酰丙嗪/吗啡酮的犬麻醉维持时间平均5.43min。丙泊酚麻醉恢复迅速，一般在20min内动物能完全恢复精神，使用麻醉前给药的动物恢复时间可能延长。用于犬的诱导麻醉。以丙泊酚计，静脉注射，单独使用时，每1kg体重，犬5.5mg，40～60秒注完。当合并麻醉前给药时，给药剂量和给药速率视情况而定。禁用于对丙泊酚辅料过敏的犬；禁用于不适合全身麻醉或镇静的犬。本品由广东嘉博制药有限公司、华南农业大学、沛生医药科技（广州）有限公司、青岛农业大学联合申请注册获得批准。

15. 复方布他磷注射液

本品为粉红色澄明液体。属于磷补充剂，以单纯的物理刺激模式增进机体各部位的同化作用。布他磷可刺激ADP-ATP循环，促进肝脏功能，帮助肌肉运动系统疲劳恢复，降低应激反应。维生素B_{12}具有转甲基作用，参与碳水化合物、脂肪等多种代谢，参与必需氨基酸和蛋白质的生物合成，促进红细胞的发育和成熟。用于猪急、慢性代谢紊乱疾病。以本品计，肌内注射或皮下注射：一次量，新生仔猪2.5～5.0mL/只，仅用1次。本品由青岛蔚蓝生物股份有限公司、河北远征禾木药业有限公司、河北远征药业有限公司、青岛康地恩动物药业有限公司、四川鼎尖动物药业有限责任公司、江西博莱大药厂有限公司、上海申亚动物保健品阜阳有限公司、郑州百瑞动物药业有限公司、江西傲新生物科技有限公司、重庆西农大科信动物药业有限公司、中牧南京动物药业有限公司联合申请注册获得批准。

16. 头孢洛宁乳房注入剂（干乳期）

本品为白色至淡黄色的油状混悬液。属于头孢菌素类抗生素，通过抑制细菌细胞壁的合成达到杀菌效果，具有广谱的抗菌活性，对青霉素与β-内酰胺酶稳定。头孢洛宁对葡萄球菌、链球菌、大肠杆菌、化脓隐秘杆菌等奶牛乳房内感染常见病原菌均有较好的体外抑菌作用。用于治疗干乳期阴性乳腺炎和预防由葡萄球菌、链球菌、大肠杆菌等敏感菌引起的干乳期新发感染。以本品计，乳管注入：干乳期奶牛，每个乳室1支。仅用于干乳期奶牛；对β-内酰胺类抗生素过敏的动物禁用；治疗期间及给药后30d内禁止屠宰食用。本品由华南农业大学、保定阳光本草药业有限公司、广东温氏大华农生物科技有限公司动物保健品厂、福建省福抗药业有限公司、内蒙古金河动物药业有限公司、保定冀中生物科技有限公司、青岛农业大学联合申请注册获得批准。

17. 吡虫啉滴剂

本品为黄色至淡褐色澄清液体。属于抗体外寄生虫药。吡虫啉为氯代烟碱杀虫剂，对昆虫的中枢神经系统突触后烟碱型乙酰胆碱受体具有较高亲和性，可抑制乙酰胆碱活性，导致寄生虫麻痹和死亡。吡虫啉对成年跳蚤和环境中的幼蚤有杀虫作用。由于吡虫啉与哺乳动物烟碱能受体位点的亲和力弱，且吡虫啉通过哺乳类动物血脑屏障的穿透力差，因此，可以推测吡虫啉对哺乳类动物中枢神经系统几乎没有影响。用于预防和治疗犬、猫的跳蚤感染，治疗犬的咬虱感染。外用，分开被毛，将滴管前端抵住皮肤，适当挤出药液到皮肤上。8周龄下未断奶犬、猫禁用；对本品过敏的动物勿用。仅限于局部外用，不得经口给药。本品由拜耳动物保健有限责任公司申请注册获得批准。

18. 匹莫苯丹咀嚼片

本品为带有白点的斑驳棕色长圆形或椭圆形刻痕片。属于非苷类强心药。匹莫苯丹为苯并咪唑哒嗪酮衍生物，是一种非拟交感非苷类正性肌力药物，通过增强心肌纤维对钙离子的敏感性和抑制磷酸二酯酶（Ⅲ型）活性发挥正性肌力作用，同时可通过抑制磷酸二酯酶起到舒张血管的作用。匹莫苯丹与利尿药呋塞米等联合使用，可有效改善扩张型心肌疾病犬或心脏瓣膜关闭不全病犬的生活质量和延长预期寿命。单独使用治疗大型种犬临床前扩张型心肌病（无症状，经超声心动图诊断伴随左心室收缩末期和舒张末期直径加大）时，匹莫苯丹可延迟犬发生心力衰竭或突然死亡的年龄，并延长犬的存活时间。治疗犬临床前黏液瘤性二尖瓣疾病（无症状的心脏收缩期二尖瓣杂音和心脏增大）时，匹莫苯丹可使心脏体积减小。犬发生心力衰竭临床症状或心源性死亡的时间延长约 15 个月，同时心脏体积减小，总生存时间延长约 170d。用于治疗由心脏瓣膜关闭不全（二尖瓣和／或三尖瓣反流）或扩张型心肌病引起的犬充血性心力衰竭；用于大型犬临床前扩张型心肌病（无症状，经超声心动图诊断伴随左心室收缩末期和舒张末期直径加大）的治疗；用于治疗犬临床前黏液瘤性二尖瓣疾病（无症状的心脏收缩期二尖瓣杂音和心脏增大），延缓充血性心力衰竭临床症状的发生。内服：每 1kg 体重，犬服用 0.25mg 匹莫苯丹，一日 2 次。禁用于肥大型心肌病或由临床非功能性或生理性原因（如大动脉狭窄）不宜增加心排血量的患犬；由于本品主要经肝脏代谢，禁用于严重肝功能不全的患犬。本品由德国勃林格殷格翰动物保健有限公司申请注册获得批准。此外，获得批准的还有北京欧博方医药科技有限公司和青岛欧博方医药科技有限公司联合申报的匹莫苯丹咀嚼片。

19. 吡虫啉氟氯苯氰菊酯项圈

本品为灰色塑料项圈。属于抗体外寄生虫药。吡虫啉为氯代烟碱基硝基胍属氯代烟碱类杀虫剂。吡虫啉对各阶段幼蚤、成年蚤和虱均有效，使用本品 48h 内，对跳蚤起效。除对适应证中跳蚤有效外，对致痒蚤也有效。吡虫啉对跳蚤的中枢神经系统突触后烟碱型乙酰胆碱受体具有较高亲和性，可抑制乙酰胆碱活性，导致跳蚤麻痹和死亡。吡虫啉与哺乳动物烟碱能受体的相互作用弱以及对其血脑屏障的穿透力差，因此，它对哺乳动物中枢神经系统几乎没有影响。吡虫啉对哺乳动物的药理活性极弱。氟氯苯氰菊酯属人工合成拟除虫菊酯类杀虫剂。通过干扰虫体神经细胞的钠离子通道活性，导致神经复极化延迟并最终杀死虫体。在对多种拟除虫菊酯的结构－活性关系研究中，可见拟除虫菊酯可干扰某种手性构象受体，从而对体外寄生虫具有选择性活性。拟除虫菊酯无抗胆碱酯酶活性。氟氯苯氰菊酯具有杀蜱活性，也可通过杀死雌性蜱来防止其产卵。猫：预防和治疗跳蚤感染；抑制幼蚤发育；辅助治疗跳蚤引起的过敏性皮炎；对蜱有持续的杀灭作用和趋避作用，对蜱幼虫、若虫和成虫也有效。犬：用于预防和治疗跳蚤感染，抑制幼蚤发育；用于辅助治疗跳蚤引起的过敏性皮炎；对蜱有持续的杀灭作用和驱避作用；对蜱幼虫和成虫也有效；间接预防血红扇头蜱传播的巴贝斯虫和犬埃利希体感染，减少其患病风险；用于治疗犬咬虱或嚼虱感染；减少利什曼原虫的感染风险。外用：将项圈系于猫、犬颈部，每只动物 1 条，持续佩戴 8 个月。勿用于 10 周龄以下的幼猫、7 周龄以下的幼犬；不推荐用于孕期及哺乳期的犬、猫。本品由拜耳动物保健有限责任公司申请注册获得批准。

20. 芪草乳康散

由黄芪、益母草、王不留行（炒）等药味制备而成。具有补气固表，活血通乳之功能，主治奶牛隐性乳腺炎。混饲：奶牛 150g，连用 5d。由青岛蔚蓝生物股份有限公司、华秦源（北京）动物药业有限公司、郑州百瑞动物药业有限公司、河南中亚神鹏医药科技有限公司、青岛康地恩动物药业有限公司联合申请注册获得批准。

21. 鱼腥草芩蓝口服液

由鱼腥草、黄芩、板蓝根、连翘、金银花等药味制备而成。具有清热解毒之功能，主治外感发热。混饮：每 1L 水，鸡 1mL，连用 4d。由河南牧翔动物药业有限公司、石家庄市光华药业有限公司、河北维尔利动物药业集团有限公司、中国农业科学院兰州畜牧与兽药研究所、河南省科高植物天然产物开发工程技术有限公司联合申请注册获得批准。

22. 地黄散

由地黄制备而成。具有增强鸡的免疫力之功能，用于提高鸡对鸡新城疫疫苗即禽流感疫苗的免疫应答。混饮：每 1L 水，鸡 1g，连用 7d。由保定市金诺兽药研究所、保定市冀农动物药业有限公司、河北正合生物制药有限公司、河北农业大学联合申请注册获得批准。

23. 芪参催乳颗粒

由黄芪、党参、白术、升麻、漏芦、丝瓜络、甘草等药味制备而成。具有补中益气，健脾利湿通经下乳之功能，用于改善母猪产后泌乳，促进产后体能恢复。混饲：母猪，每日 50g，连用 7d。由江苏农牧科技职业学院、中国农业大学、烟台绿叶动物保健品有限公司、江西博来大药厂有限公司、济南百鸣生物制药有限公司、山东省农业科学院家禽研究所联合申请注册获得批准。

24. 枣胡散

由酸枣仁、延胡索、川芎、茯苓、知母、六神曲等药味制备而成。具有镇静安神，健脾消食之功能，主要用于缓解仔猪断奶应激。混饲：每 1kg 体重，断奶仔猪 1g，连用 14d。由湖南加农正和生物技术有限公司、河南后羿实业集团有限公司、武汉回盛生物科技股份有限公司、北京农学院、中国农业大学、中悦民安（北京）科技发展有限公司联合申请注册获得批准。

25. 马针颗粒

由马齿苋、三颗针等药味制备而成。具有清热解毒，止痢之功能，主治仔猪黄痢、仔猪白痢。口服：一次量，每1kg体重，仔猪1g，一日1次，连用3日。由成都乾坤动物药业股份有限公司、北京万牧源农业科技有限公司、广东容大生物股份有限公司、华北制药集团动物保健品有限责任公司、中山市天天动物保健科技有限公司联合申请注册获得批准。

26. 归芪益母口服液

由黄芪、益母草、当归等药味制备而成。具有补气养血，活血化瘀之功能，主治产后奶牛气虚血瘀证，证见神疲乏力，食欲减退，阴唇肿胀，恶露不尽，腹痛不安或胎衣不下。灌服：一次量，产后奶牛500mL，一日1次，连用5d。由北京生泰尔科技股份有限公司、爱迪森（北京）生物科技有限公司、北京喜禽药业有限公司、生泰尔（内蒙古）科技有限公司联合申请注册获得批准。

27. 茯苓多糖散

由茯苓经加工制备而成。具有增强免疫之功能，用于提高猪对猪瘟疫苗和猪伪狂犬病疫苗的免疫应答。混饲：每1kg饲料，猪100mg，疫苗面以前3天给药，连用14d。由湖北回盛生物科技有限公司、广东海纳川生物科技股份有限公司、山东迅达康兽药有限公司、湖北中医药大学、武汉回盛生物科技股份有限公司联合申请注册获得批准。

28. 板芩肺热清口服液

由板蓝根、黄芩、石膏、北豆根、桔梗、紫菀、硼砂、冰片等药味制备而成。具有清热解毒，化痰止咳之功能，主治鸡传染性支气管炎。混饮：每1L水，鸡2.5mL，连用3d。用时摇匀。由青岛农业大学、中国农业大学、安徽奥力欣生物科技有限公司、义乌双峰动物药业有限公司、青岛百慧智业生物科技有限公司、山东鲁港福友药业有限公司联合申请注册获得批准。

（以上内容以农业农村部公告为准）

（徐 倩 董义春 段文龙 梁先明）

饲料酶制剂

饲用酶制剂作为一种饲料添加剂，作用在于钝化或降解饲料原料中的抗营养因子，使之能较好地被动物消化利用，利用好酶制剂的添加使用就能减少畜牧业对粮食的需求压力，同时还能促进动物生长，减少污染排放，改善生态环境。近10年，随着以基因工程和蛋白质工程为代表的分子生物学技术的不断进步和成熟，酶制剂产业发展迅猛，前景广阔。具有明显的经济效应和环保价值。

一、饲用酶制剂产量

据不完全统计，2018年我国饲用酶制剂产量14万吨，其中饲用复合酶总产量7万多t，饲用植酸酶总产量6万多t，饲用单酶总产量不到1万t。2018年中国成品饲料年度产量18 131.58万t，同比增长0.31%，但饲用酶制剂的增长超过饲料增长的主要原因是酶制剂的添加量增加，玉米豆粕酶制剂使用增加等。这也与我国酶制剂2018年上半年增长8%及市场研究公司Market sand Markets发布的饲用酶市场报告，2015—2020年的年复合增长率为7.3%等数据相吻合。

饲用植酸酶的应用最为广泛，随着近几年的研究，添加量是原来的2～4倍，但其发酵水平不断提高，产量没有达到翻倍，但也有一定的增长。

饲用复合酶制剂前些年由于玉米豆粕价格上涨，饲料企业加入不同比例的大麦、小麦、棉粕和菜粕等非常规饲料原料，促进了杂粮杂粕酶的使用，也使得市场上对酶制剂的认可度进一步提升。最近两年，玉米价格下降，饲料配方又重新回到玉米-豆粕型日粮，越来越多的研究表明，玉米实际上并不是我们想象的那么容易消化利用，意味着还可以借助一些外源酶，提高玉米、豆粕等原料的消化利用。通过市场检验，玉米豆粕型酶制剂效果非常好。复合酶制剂不仅对于非常规原料有作用，对常规饲料原料来说，也有很好的效果，进而使得复合酶的应用更为广阔。

饲用单酶的应用主要是两个方面：一方面是木聚糖酶、淀粉酶等消化类的酶制剂，进行复配使用，但由于复配效果不稳定等原因，应用范围受到限制；另一方面是葡萄糖氧化酶等功能性酶制剂，这类酶制剂市场推广时间不长，多数处于评估观望阶段。

二、行业发展动态

1. 企业动态

据资料指出，全国酶制剂注册公司有100余家，仅二三十家保持活力，主要有广东溢多利、青岛蔚蓝生物、武汉新华扬、北京挑战集团、北京昕大洋等。

下面分别对2018年这几家企业动态进行列述。广东溢多利获批及挂牌面国家企业技术中心；积极参加行业大型展会、举办多场小型技术沙龙，专注研发打造创新驱动核心竞争力，持续为行业推出价值新品，以强大的实力展现企业推动无抗养殖趋势的决心与担当。青岛蔚蓝生物与世界五百强企业的美国ADM公司合作签约；与赢创开展战略合作；获批院士工作站；2019年1月16日，在上海证券交易所举行上市。武汉新华扬荣获武汉制造业100强；湖北省科技进步三等奖；詹志春董事长获科技创新创业人才。北京挑战集团“特节”牌系列蛋白酶新品上市；国际贸易事业部荣获“中国饲料科技产品国际贸易杰出品牌奖”；组织邀请客户见证“生物科技芯片”之旅。北京昕大洋迎接江苏省兽用抗菌药减量化工作考察组考察，双方就畜牧业减抗替抗工作进行了深入交流。

主要的这几家酶制剂企业积极地参与到行业展会中，专注于研发，关注于减抗、替抗、无抗养殖的产品方案。

2. 中美贸易战促进了蛋白酶、甘露聚糖酶等相关饲用酶制剂的使用

美国是全球第二大的大豆出口国，其总产量近1/3出口中国，中国是最大的大豆进口国，年度进口量约占全球总量的60%左右。2018年中美贸易战对大豆关税的加征，促使加速了饲料配方中减少对豆粕需求的依赖，农业农村部接连发出通知，倡导低氮减排绿色发展，研究饲料中豆粕减量替代方案，降低蛋白日粮等技术应用的可行性。酶制剂企业致力于研究，为减蛋提供可能性，如组合蛋白酶可以提高粗蛋白的消化率降低粗蛋白含量；甘露聚糖、葡聚糖为主的复合酶可以拓宽杂粕、谷物原料等的使用；植酸酶的超量添加可以提高饲料原料中氨基酸的利用率和蛋白质的消化率等。

3. 非洲猪瘟加快了饲用酶制剂拓展饲料原料的研究

同源性畜产品的下脚料长期用于动物养殖，因其加工工艺的制定没有进行生物安全性的评估，偶尔在产品中检测出病毒，工艺流程出现交叉传染的可能性，导致病毒的迅速传播。鉴于疫情对行业生物安全的威胁，特别是近期非洲猪瘟的暴发，中华人民共和国农业农村部公告（2018/09/13）第64号文件规定：暂停猪血制品在饲料中的使用。所以饲料蛋白资源将更加紧张。因此，加速了酶解技术拓宽饲料资源领域，加强非动物型、非粮型饲料资源的开发利用。

三、饲用酶制剂研究新进展

1. 酶制剂在水产膨化料上的突破性研究进展

水产动物因其消化道短，消化系统不健全，消化酶活力远不及畜禽，使用酶制剂的效果尤为明显，因此酶制剂在水产饲料的应用市场潜力非常大。水产动物饲料中常用的酶制剂有蛋白酶、淀粉酶、糖化酶、植酸酶、脂肪酶、几丁质酶、非淀粉多糖酶和复合酶制剂。之前市场上虽然有适合水产动物的酶制剂，但因水产膨化饲料制粒温度过高，在应用上受到了限制。

溢多利独家设计、针对目前水产膨化饲料的制粒工艺，酶油混合系统是利用现有的喷油系统开发的、专门针对液态添加剂产品应用的一套设备。该工作站能够将水溶性水溶性和脂溶性相互混合均匀，这个开创性的酶油混合系统的开发，将大大提高酶制剂产品在水产饲料中的应用。

2. 酶制剂促进肠道健康

肠道健康是大家现在关注比较多的热门话题，通过添加酶制剂的手段可以调节肠道的健康。最典型的具有促进肠道健康功能的酶制剂是非淀粉多糖酶，主要通过两个机制来实现。一个是利用酶制剂的物理作用降低肠道食糜黏性；另一个是利用酶制剂的生化代谢作用，产生的寡糖可促进肠道正常蠕动，寡糖对维系肠道绒毛及整个肠道的健康具有很好的作用，促进有益菌的增殖，抑制有害菌的定植。

3. 酶制剂在饲料原料预处理的应用

2018年3月1日，我国生物饲料领域首部团体标准——《生物饲料产品分类》（T/CSWSL 001—2018）正式实施。最终确定生物饲料核心技术包含发酵、酶解、菌酶协同发酵三大技术工艺。生物饲料添加剂作为生物饲料不可分割的一部分，酶制剂作为三大亚类之一。

酶解饲料具有很多优点。饲料原料在体外进行酶解处理，可破坏植物的细胞壁，促进营养物质的消化吸收，消除饲料中的抗营养因子，降低抗营养作用，有益肠道健康和调节机体免疫，提高饲料的利用效率。目前，酶解技术在我国饲料原料的开发中以酶解羽毛粉为主，也有大豆、大米和玉米等酶解蛋白。羽毛粉是高角蛋白高半胱氨酸含量的蛋白饲料，但由于其多肽链之间的双硫键相当稳固，阻碍了动物对其的消化吸收。酶解是提高羽毛蛋白饲料利用率的主流方法。从技术和经济层面分析，原料处理技术比饲料处理技术更为实用。

4. 酶制剂在替代抗生素中的应用

在众多抗生素替代产品中，酶制剂在无抗饲养的应用中尤为显著，其具有改善营养消化利用的功能、促进肠道健康的功能、生理和免疫调控的功能、抗应激的功能、脱毒解毒的功能、抑菌杀菌的功能、抗氧化功能等。

最典型的具有病原菌杀菌抑菌功能的酶制剂是葡萄糖氧化酶，饲料中添加葡萄糖氧化酶是替抗、减抗的有效手段。在大规模高密度饲养的肉鸡养殖场，使用葡萄糖氧化酶的效果尤为显著。

四、酶制剂发展方向

近年来，酶制剂在饲料养殖中应用技术不断发展，新思路、新理念、新技术不断出现，呈现出横向和纵向发展的趋势。横向方面，拓宽了应用领域，例如葡萄糖氧化酶、过氧化氢酶、溶菌酶等在杀菌、抑菌和替抗的应用，促进了这类新产品的发展，酶制剂的药用价值受到广泛关注，成为饲料酶制剂的一个新增长点。纵向方面，在原有的单酶和复合酶的基础上，出现了针对同一类底物协同作用的组合酶，以及聚焦不同关联底物协同作用的配合酶，以解决饲料日粮复杂性的酶制剂产品。

同时，我们也要看到饲料酶制剂行业存在的问题和不足，产品质量问题、应用技术问题、效果评价问题等仍然突出，需要科研院校、酶制剂企业和饲料养殖行业的多领域协作，共同参与解决，把酶制剂的微细价值挖掘出来，把酶制剂的综合作用和饲料产品及养殖效果稳定性反映出来，更好地把现代生物技术应用到传统的养殖产业中来。

（芦 雪）

饲用酵母源饲料

饲用酵母是一种高效、安全、绿色的功能性蛋白原料，能够高效地将无机氮源转化为有机氮源的规模化工业生产单细胞蛋白。随着酵母类产品的深度开发，使用酵母益生菌进行发酵的生物饲料产品在2018年有了跨越式的增长。

饲料酵母的深加工产品亦是一种纯天然的功能性饲料添加剂，富含核苷酸、免疫多糖和B族维生素，可向动物胃肠道内的微生物提供代谢营养底物，通过滋养微生物和刺激它们的代谢活性维持和改善动物胃肠道内的微生物生态环境，可显著提高动物机体的抗应激能力和机体免疫力，同时可以减少抗生素使用、改善生态环境、保障食品安全、提高产品品质，另外，可以改善饲料的适口性和消化性能，提高饲料利用率和养殖效益。通过近30年的应用研究发展，饲料酵母在畜牧水产业中发挥着越来越重要的作用。

一、饲料酵母产业结构

饲料酵母产业结构有上游原材料供应，中游饲料酵母生产商，下游饲料及动保生产企业，此外还有贯穿产业链的物流配送厂家等。饲料酵母的供应关系和供应链正处于快速发展和不断完善的过程当中（图1）。

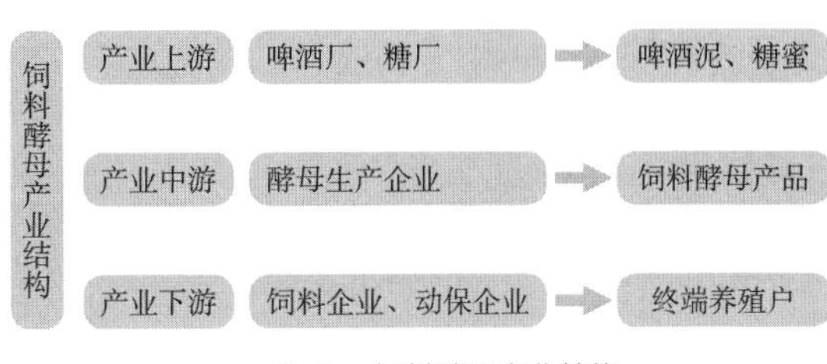

图1 饲料酵母产业结构

1. 上游市场

处于行业上游的企业主要包括啤酒厂和糖厂，主要向产业链中游企业提供啤酒泥、糖蜜等主要原材料。

自2014—2018年，啤酒消费量出现连续5年下滑，对应的啤酒酵母产量也呈现持续下降，据国家统计局数据显示，2018年1～12月全国啤酒产量为3 812.2万t，啤酒酵母泥约占啤酒产量的0.15%（干物质），据此推算，利用啤酒酵母泥生产出来的干态啤酒酵母总量为5.72万t，同比下降13.3%。啤酒酵母泥产量下降而饲料酵母的需求却持续火热，上游啤酒厂强势上涨酵母泥招标价格，啤酒酵母加工原料成本一路走高。因此，未来酵母很可能成为一个资源型产品，价格会升高，这将会导致附加值低的酵母粉的产量越来越低，迫使企业继续向利用价值和附加值更高的破壁型酵母和酵母细胞壁产品转移。

近两年来，糖料收购价格较高激发农户的种植积极性，而甜菜糖大幅扩种则保证了食糖产量的继续增加。2017年国内食糖产量达到1 031万t，较2016年增长约102万t。2018年度继续增产，达到1 554万t。初步预计2019年我国糖产量将与2018年持平。糖蜜作为糖的副产品，其产量将保持在相对稳定的水平，大概率不会出现需求增加较多的情况。

由于上游的啤酒泥和糖蜜等原材料的产量直接制约了中游饲料酵母加工企业的酵母深加工的产能，所以在未来3年内，饲料酵母产品价格仍不会有大幅度的回落，而上升的可能性会更大（图2）。

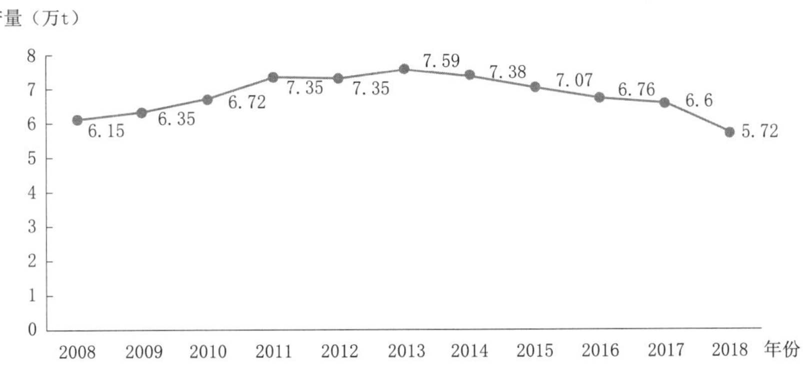

图2 近十年全国啤酒酵母总产量统计

资料来源：国家统计局及中国报告大厅数据中心

2. 中游市场

处于行业中游企业主要包括雅琪在内的酵母及酵母衍生物生产企业。从供求方面看，我国饲料酵母行业的绝大多数产品处于供不应求的强竞争状态，2018年总体生产能力依然小于市场需求，因而供应方依然处于市场强势地位，即卖方市场。

另外，不容忽视的是中游企业生产成本持续增加，一方面煤改气后，天然气价格一路上涨，加工干燥成本持续增加，酵母泥运输成本、人力成本等都不同程度增加；另一方面酵母生产属于高污染行业，环保压力大，环保处理费用高，导致饲料酵母行业生产成本持续走高（图3）。

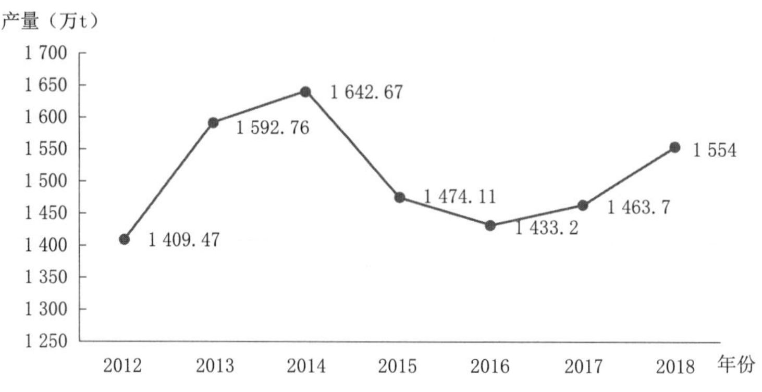

图3　2012—2018年全国成品糖产量及增减情况

资料来源：国家统计局及中国报告大厅数据中心

3. 下游市场

处于行业下游产业主要包括饲料厂、动保厂及养殖终端，目前，我国饲料行业和养殖行业对酵母源生物饲料及添加剂的认知正逐步提高，作为替抗的添加剂，酵母成为广大动物营养专家的新宠，前景广阔，从近年来的消费数据来看，基本呈稳定性增长。

在行业大背景下，饲料酵母销量整体呈现较大幅度增长，其中活性干酵母和酵母硒市场增加5%，酵母水解物增幅高达20%，酵母细胞壁也增幅高达12%，曾一度出现供不应求局面，断货的情况时有发生（表1）。

表1　2018年主要新型酵母源生物饲料产销量统计

产品名称	2018年产销量（t）	2017年产销量（t）	较2017年增长
活性干酵母	6 600	6 300	5.0%
酵母水解物	18 000	15 000	20.0%
酿酒酵母细胞壁	10 000	9 000	12.0%
酵母硒	4 200	4 000	5.0%
合计	38 800	34 500	13.0%

二、饲料酵母发展机遇与挑战

1. 发展机遇

酵母工业属于生物产业中的生物制造业，生物产业是我国七大战略性新兴产业之一。2010年4月，农业部召开的“对中小企业支持方案”研讨会中，再一次明确对酵母类微生态产品的支持力是30年不变，随后中华人民共和国农业部公告（第2038号）公布，将酿酒酵母培养物、酿酒酵母提取物、酵母水解物及酿酒酵母细胞壁4个品种补充至《饲料原料目录》。

随着“滥用”抗生素的危害性越来越受到重视，农业部组织表示，药物饲料添加剂将在2020年全部退出市场，且明确规定了减抗限抗的具体时间。从2015年9月1日到2017年6月22日，农业部罕见高密度连续3次出台抗生素“限／禁用”相关政策与计划，从4种沙星类药物的取缔到硫酸黏杆菌素的禁用，再到《全国遏制动物源细菌耐药行动计划》，国家政府解决水产畜牧业抗生素滥用问题的决心已经彰显无疑，对于饲料酵母企业来讲，这既是挑战更是机遇，饲料酵母功能性替代产品市场空间巨大。

2. 行业挑战

饲料酵母产品众多，饲料酵母行业的标准、国家标准制定相对落后。而欧美等发达国家酵母市场已经比较成熟，在国际市场上应用效果较好。

目前饲料酵母的市场竞争主要体现在高档产品市场和中低档产品市场的竞争。我国饲料酵母创新能力不强和知识产权问题制约了高档饲料酵母的应用和发展，我国饲料酵母的市场竞争的焦点依然是技术、标准和产品质量的竞争。

饲料酵母终端消费成本高，加之上游原料招标价格高涨，中间生产成本高，产品价格不断走高。目前，饲料酵母在市场上的应用主要集中在单胃动物、反刍动物、乳猪教槽料、高档水产料、观赏鱼及宠物饲料中，而在微利经营的禽料企业按照每吨添加 1.2kg，其成本要增加 30 元左右，如何让所有企业都用得起酵母，是饲料酵母行业急需解决的难题。

三、饲料酵母应用

1. 减少鱼粉在饲料水产饲料中使用

中国是世界最大的鱼粉消费国，据估计，年鱼粉消费量约在 130 万 t 左右。全世界鱼粉年产量 600 万 t 左右，贸易量约 400 万 t。中国每年进口鱼粉量约为 100 万 t，消费量和进口量都是世界鱼粉总产量和贸易量的近 1/4。据中国饲料工作办公室不完全统计，中国国内每年的鱼粉生产产量在 40 多万 t，因此，即使考虑豆粕的替代作用，中国市场每年鱼粉供给的缺口仍约有 80 万 t。近年来鱼粉价格上升、资源短缺，饲料企业采取鱼粉替代来降低饲料成本，经大量实验证明，饲料酵母可部分或全部替代鱼粉，且不会造成饲料中蛋白质消化率的下降。

2. 替代血浆蛋白粉

喷雾干燥血浆蛋白粉在中国高档乳仔猪料使用量 4%～5%，按中国近 200 万 t 乳猪教槽料计算，每年将使用 8 万～10 万 t 血浆蛋白粉（平均价格在 28 000 万～35 000 万元 /t），利用酵母等功能性蛋白原料替代血浆蛋白粉使用量，每年销售收入可达 30 亿元以上。

3. 减抗替抗

2017 年 1 月 1 日起欧盟全面禁止使用抗生素将给酵母类产品带来极好机会。作为重要免疫增强剂产品的功能性酵母产品越来越受关注，很多饲料厂将酵母作为常规添加成分，市场需求巨大。印遇龙、麦康森等院士和专家多次在行业大会上向与会人员分享了酵母细胞壁半替代抗生素、酵母水解物代替血浆研究的成果，鼓励行业应多关注酵母源生物饲料，认为酵母源生物饲料在减少抗生素的用量、缓解蛋白质资源短缺等方面具有广泛的应用前景。

四、饲料酵母未来发展思路

1. 组建饲料酵母行业协会

组建行业协会，为行业健康和可持续发展建言献策，抛弃单兵作战模式，资源整合，形成利益共同体。统一制定行业生产、加工以及产品标准，这样才能极大地提高我国饲料酵母生产企业的竞争力。

2. 进一步规范市场行为

政府加大处理力度，规范企业的公平竞争环境，保护市场价格，减少恶意竞争。

3. 加大研发投入

饲料酵母企业一定要与高校或科研院所进行紧密的产学研合作，转化研发成果，提高产品的质量和技术含量，优化生产能力和工艺，加大对酵母源生物饲料产品的投入与研究，促进整个酵母生物饲料业健康、良性、快速发展，为推动饲料和食品安全做出积极贡献。

4. 开发新产品

不断开发新饲料酵母新品种，为饲料酵母持续注入新鲜血液，同时在稳定现有产品产销能力下，拓展酵母在饲料行业中的使用。

5. 销售模式创新

运用互联网和跨界思维，大胆创新，引入粉丝经济、物联经济、资本经济，实现多点盈利、多方共赢的局面。

（陈训银　董爱华）

益生素应用研究进展

抗生素因其具有提高动物生长性能、改善肠道菌群结构，促进机体健康等方面的功效，在畜禽养殖业中得到广泛应用。然而，随着养殖规模的不断扩大，因抗生素在畜禽养殖中滥用所导致的耐药性和药物残留等问题也接踵而至，严重损害了动物和人类健康。因此，如何解决畜牧养殖过程中滥用抗生素带来的食品安全和环境问题，现在已是迫在眉睫。早在 2006 年，欧盟各国已出台全面禁止在饲料中添加任何形式的抗生素这一政策。随后，世界各国也相继限制抗生素的使用。近年来，我国也提出了在 2020 年饲料端全面禁抗的要求。因此，我们急需寻找符合绿色生态畜牧业发展要求的饲用抗生素替代品或是解决这一难题的有效措施。

益生素又称益生菌、微生态制剂等，是指可以直接饲喂动物，并通过调节动物肠道微生态平衡达到预防疾病、促进动物生长和提高饲料转化率的活性微生物或其培养物。作为一种无毒、无副作用的新型绿色饲料添加剂，益生素有望成为有效的抗生素替代品。2018 年，我国关于益生素的研究应用涉及家禽、猪、反刍动物、水产养殖和特种经济动物等领域，为益生素在动物生产中的广泛应用提供了宝贵经验。

一、益生素研究概述

1965 年，Lilley 和 Stillwell 第一次提出益生素

的概念，即由一种微生物分泌的用于刺激另一种微生物的物质。随后，美国学者 R. E. Parker 将益生素定义为维持肠道内微生物平衡的微生物或物质。后来，美国食品与药品管理局（FDA）把益生素定义为可以直接饲喂的微生物制剂。1991 年，我国学者提出饲用微生物添加剂这一概念。总之，益生素是指能通过改变肠道微生态平衡，对宿主产生积极影响，从而有助于减少肠道致病菌有害影响的活的微生物饲料制剂。目前，我国农业农村部《饲料添加剂品种目录（2013）》规定的可以直接饲喂动物的饲料级微生物添加剂菌种共 34 种，其中在畜牧生产中最常用的益生素种类有芽孢杆菌类（芽孢杆菌、枯草芽孢杆菌等）、乳酸菌类（嗜乳酸杆菌、双歧杆菌等）和酵母菌类（酿酒酵母、石油酵母等）。

二、益生素的作用机制

目前，关于益生素在动物体内发挥作用的机制主要有优势菌群学说，生物夺氧理论和竞争排斥理论。益生素进入动物体内后可通过增强有益菌菌群优势和抑制致病菌繁殖来维持肠道微生态平衡。益生素制剂中的需氧菌种，如芽孢杆菌等，以孢子或其他活菌的形式进入畜禽肠道后，可以迅速消耗肠道中的氧气，使肠道处于无氧或少氧的状态，从而抑制机体肠道内大肠杆菌和沙门氏菌等需氧有害病原菌的生长繁殖，促进乳酸杆菌、双歧杆菌等有益菌的生长繁殖。另外，肠道内有益菌可与有害致病菌竞争肠道黏膜上皮的吸附位点，抑制有害致病菌在肠道内的定植和繁殖能力，从而促进动物生长，增强机体免疫能力，改善畜禽产品品质。

三、益生素在畜牧生产中的应用

2018 年，益生素在畜牧生产上的应用研究涉及家禽、猪、反刍动物、水产养殖、特种经济动物等领域。在研究对象方面，研究较多的依旧是家禽和猪；在益生素种类方面，研究较多的是乳酸菌、芽孢杆菌和酵母菌；在益生素应用形式方面，复合益生素及益生素与酶制剂、酸化剂、中草药、植物提取物等配伍使用的研究较多；在益生素应用效果方面，益生素主要起到维持肠道菌群平衡，改善动物肠道健康，提高免疫性能，促进营养物质吸收利用，进而提高生产性能的作用。以下将着重从五个领域总结 2018 年益生素在畜牧生产中的应用研究进展。

1. 益生素在家禽生产中的应用

综述 2018 年我国有关益生素在家禽生产中的应用研究，按照研究对象、益生素组成、添加剂量、试验期、应用效果等方面的内容归纳成表 1。从研究对象来看，2018 年国内关于益生素在家禽上的研究主要集中于肉鸡和蛋鸡，此外，在地方鸡种、鹅和肉鸭上也有少量研究。从益生菌组成来看，益生素在家禽生产中的应用有单一益生素、复合益生素及益生素与酶制剂、中草药、植物提取物和植物精油等配伍等多种形式，其中以复合益生素的应用最为广泛，效果最佳。从添加方式来看，益生素在家禽生产中的应用主要通过添加至饲料中或饮水中，也有少量研究通过喷洒益生素来改善禽舍环境，这为微生态制剂的利用提供了新的思路。从应用效果来看，益生素的使用能够提高家禽抗氧化能力和免疫性能，维持肠道菌群结构，从而促进肠道健康，提高养分消化率，提高生产性能。同时，益生素的添加还可以缓解家禽由于冷应激和免疫应激引起的损伤，维持动物健康。此外，通过添加和喷洒两种形式运用益生素，可以降低禽舍内的氨气、硫化氢和二氧化碳等有害气体的浓度及粉尘的含量，进而维持优良的禽舍环境。

表 1　益生素在家禽生产中的应用

研究对象	益生素组成	添加剂量	试验期	应用效果
AA 肉鸡	复合微生态制剂：包含植物乳杆菌、戊糖片球菌 PP、枯草芽孢 B_7348、丁酸梭菌 Cb 和酵母菌，活菌总数≥ 10×10^8 CFU/g	1‰	4 ~ 38 日龄	提高生长性能，改善肠道菌群平衡和免疫功能
AA 肉鸡	复合微生态制剂：包含植物乳杆菌和枯草芽孢杆菌，活菌总数≥ 3×10^9 CFU/g	1‰	10 ~ 20 日龄	提高冷应激肉鸡免疫机能，减少冷应激对小肠黏膜的损害，促进肠道对营养物质的吸收
AA 肉鸡	复合微生态制剂：包含乳酸菌和芽孢杆菌，活菌总数≥ 1×10^9 CFU/g	1g/kg	7 ~ 35 日龄	改善应激肉鸡的生长性能和免疫功能，消除应激对肉鸡带来的不良反应和危害
AA 肉鸡	复合微生态制剂：包含枯草芽孢杆菌（1×10^6 CFU/g）、地衣芽孢杆菌（1×10^6 CFU/g）和丁酸梭菌（1×10^6 CFU/g）	0.2%（饮水）	1 ~ 20 日龄	改善生长性能，促进免疫器官发育，改善免疫功能，提高抗氧化能力

（续）

研究对象	益生素组成	添加剂量	试验期	应用效果
AA 肉鸡	复合微生态制剂：包含枯草芽孢杆菌、嗜酸乳杆菌和产朊假丝酵母菌	500mg/kg	1～42 日龄	提高肉仔鸡成活率，降低料肉比，增加生产效益，降低鸡舍内有害气体含量
AA 肉鸡	乳酸菌和酵母菌复合制剂：包含乳酸菌（2.5×10^9 CFU/g）和酵母菌（1.3×10^9 CFU/g）	0.1%	1～42 日龄	单独添加乳酸菌和酵母菌复合制剂及其与维吉尼亚霉素联用，均可提高肉仔鸡的抗氧化能力和免疫功能，改善健康状况；添加 0.1% 乳酸菌和酵母菌复合制剂效果最佳
AA 肉鸡	复合益生菌制剂：包含枯草芽孢杆菌（9×10^8 CFU/g）、酿酒酵母（4×10^8 CFU/g）、嗜酸乳杆菌（1×10^{10}CFU/g）和双歧杆菌（1×10^{10} CFU/g）	1 000mg/kg，四种菌的配比分别是 2：1：1：1，1：2：1：1，1：1：1.5：1.5	1～42 日龄	提高肉鸡生长性能和免疫功能，改善肠黏膜形态和微生物组成，其中 4 种菌配比为 1：2：1：1 的复合益生菌制剂效果最好
AA 肉鸡	乳酸菌，活菌数为 1×10^5 CFU/mL；酪酸菌，活菌数为 1×10^4 CFU/mL	使用方式为：用 1d 停 2d，用 3d 停 3d，用 3d 停 7d	1～42 日龄	改善肉鸡日粮的利用率，提高日龄均重，降低死亡率，其中用 3 天停 3 天的方案综合效果最为明显
AA 肉鸡	微生态制剂：包含双歧杆菌、乳酸杆菌、芽孢杆菌、酵母菌和光合菌等	1.5%	30 d	改善肉鸡弱雏的生长，提高脏器指数、胸腺指数和法氏囊指数
AA 肉鸡	地衣芽孢杆菌，活菌总数为 2×10^{10} CFU/g；姜黄素，含量为 10%；抗生素，含 50% 维吉尼霉素	分别添加 200mg/kg 姜黄素，100mg/kg 地衣芽孢杆菌和 100mg/kg 地衣芽孢杆菌 +200mg/kg 姜黄素	1～42 日龄	姜黄素和地衣芽孢杆菌单独使用或联用均能提高肉鸡的生长性能、免疫功能及肠道微生物环境，联用效果优于单独使用且两者之间存在一定的协同作用
AA 肉鸡	含抗菌肽 Cec、Md、3cs 和 3js 的酵母工程菌	4 种菌添加量均为 8mg/L	1～42 日龄	4 种菌均可提高肉仔鸡生长性能和营养物质代谢率，改善肉仔鸡血液生化指标
罗斯 308 肉鸡	枯草芽孢杆菌，活菌总数为 8×10^7 CFU/g	分别添加枯草芽孢杆菌（1.6×10^9CFU/g）和卷心菜浆（20g/kg）+ 枯草芽孢杆菌（1.6×10^9CFU/g）复合物	1～21 日龄	饲粮中添加枯草芽孢杆菌与卷心菜复合物可显著提高肉仔鸡 21 日龄体重，改善肠道发育状况，提高其免疫器官指数
罗斯 308 肉鸡	酵母培养物：酵母菌发酵后的培养物和酵母菌的混合物	5g/kg 和 7.5g/kg	1～59 日龄	提高日采食量和日增重，降低肉鸡的料肉比、发病率和死淘率
罗曼鸡	复合微生态制剂：包含唾液乳酸菌，魏氏乳酸菌和赖氨酸芽孢杆菌，有效活菌数为 1.85×10^8 CFU/mL	饲喂浓度分别是 1.85×10^7 CFU/mL，1.85×10^8 CFU/mL 和 1.85×10^9 CFU/mL	1～42 日龄	饲喂浓度为 1.85×10^7CFU/mL 复合微生态制剂可提高罗曼鸡平均日增重、料重比和免疫器官指数，促进小肠绒毛发育，维持肠道微生态平衡
肉鸡	枯草芽孢杆菌 168 制剂：活菌总数为 1×10^9 CFU/g；重组枯草芽孢杆菌 SE1 制剂，活菌总数为 1×10^9 CFU/g	0.1%	7～42 日龄	重组枯草芽孢杆菌 SE1 与枯草芽孢杆菌 168 均可有效促进肉鸡生长，提高肠道脂肪酶和蛋白酶活性，调节肉鸡肠道菌群，提高肠道菌群稳定性和多样性
快大型竹丝鸡	复合植物精油：包含香芹酚、肉桂醛和百里香酚单体；微生态制剂：成分文中未显示	微生态制剂 500g/t+ 复合植物精油 200g/t	12～61 日龄	提高日均增重，降低料重比，促进十二指肠、回肠绒毛生长，提高抗氧化能力，促进机体总蛋白质的生成和 IGF-1 的产生
淮南麻黄鸡	中草药：猪苓、茯苓和麦芽按 3：3：1 打粉；益生菌：包含短小芽孢杆菌和巨大芽孢杆菌，活菌总数为 1×10^5 CFU/mL	400mL 益生菌菌液；4g/kg 中药粉末	1～42 日龄	中草药配伍益生菌可促进淮南麻黄鸡免疫器官的生长发育，促进 IgG 的分泌
海兰褐蛋鸡	枯草芽孢杆菌菌粉，活菌含量为 1×1 010 CFU/g	200mg/kg，400mg/kg，800mg/kg	52～65 周龄	改善蛋鸡产蛋后期的生产性能，提高蛋壳品质，降低破、软蛋率；该试验中，饲粮中添加 800mg/kg 枯草芽孢杆菌效果最适宜

（续）

研究对象	益生素组成	添加剂量	试验期	应用效果
海兰褐蛋鸡	复合微生物制剂：包含乳酸菌和芽孢杆菌	0.5 g/kg，1.0 g/kg，2.0 g/kg	35 d	添加不同水平的复合微生态制剂均能改善蛋鸡产蛋性能和蛋品质，增强免疫功能，其中最适添加剂量为 1.0 g/kg
海兰褐蛋鸡	产酶益生素：包含高酶活性枯草芽孢杆菌、乳酸片球菌及其代谢产物，活菌总数≥ 5.0×10^8 CFU/g；肽菌素：包含高抑菌活性枯草芽孢杆菌、植物乳杆菌及其代谢产物，活菌总数≥ 5.0×10^8 CFU/g；微生态制剂：包含枯草芽孢杆菌、乳酸片球菌及其代谢产物、葡萄糖等，活菌总数≥ 8.0×10^8 CFU/g	基础日粮中添加产酶益生素、肽菌素各1‰；用微生态制剂稀释 100 ~ 200 倍进行鸡舍的喷雾净化	64 d	在蛋鸡日粮中添加 1‰产酶益生素和 1‰肽菌素的微生态制剂，同时结合微生态制剂喷雾净化，能够降低鸡舍内氨气、二氧化碳及粉尘含量
海兰褐蛋鸡	冻干菌粉：植物乳杆菌 WEI-70，菌粉活菌数≥ 1×10^{11} CFU/g	1×10^6 CFU/g	70 d	改善蛋鸡生产性能和蛋品质，增加肠绒毛高度，且未引起脏器的病理变化
海兰褐蛋鸡	红曲霉中药合生元制剂，乳酸菌制剂	分别添加 0.5% 红曲霉中药合生元制剂和 0.25% 乳酸菌制剂 +0.25% 红曲霉中药合生元制剂	56 d	提高蛋鸡养分消化率，改善鸡蛋品质，且 0.5% 乳酸菌 +0.5% 红曲霉中药合生元制剂效果最佳
海兰褐蛋鸡	枯草芽孢杆菌；菊粉	分别添加 1 g/kg 枯草芽孢杆菌，1 g/kg 菊粉，0.5 g/kg 枯草芽孢杆菌 +0.5 g/kg 菊粉	63 ~ 76 周龄	在产蛋后期，向蛋鸡日粮添加枯草芽孢杆菌对蛋鸡生产性能改善效果最好，而添加菊粉对蛋品质改善效果最好，两者同时添加可以显著降低肠道有害菌数量，提高有益菌含量
海兰灰蛋鸡	复合微生物制剂：包含枯草芽孢杆菌及其代谢产物、木聚糖酶和滑石粉，总有效活菌含量≥ 5.0×10^9 CFU/g，木聚糖≥ 5.5×10^3 U/g，水分≤ 10%	1‰	28 d	提高产蛋后期蛋鸡粗蛋白和磷的表观消化率和免疫球蛋白 IgG 含量，增强机体免疫力，增加盲肠有益菌菌群数量，减少致病菌数量
海兰灰蛋鸡	微生态制剂：屎肠球菌和丁酸梭菌	0 g/t，25 g/t，50 g/t，100 g/t	10 w	不同添加量微生态制剂均可改善蛋鸡生产性能和蛋品质，降低肠道黏膜通透性，上调紧密连接蛋白 mRNA 表达量，提高小肠屏障功能
罗曼褐壳蛋鸡	复合微生态饲料添加剂：包含枯草芽孢杆菌、生物酶、微量元素等辅助颗剂，有效活菌数≥ 1×10^9 CFU/g	每吨全价配合饲料中添加 200 ~ 500g 微生态制剂	130 ~ 256 日龄	改善生产性能，提高产蛋率和蛋壳质量，降低死淘率
罗曼粉壳蛋鸡	枯草芽孢杆菌，活菌数≥ 1×10^9 CFU/g；蒙脱石，钙型 MMT ＞ 70%，无定形水合二氧化硅＞ 15%，其他矿物元素＜ 15%	分别添加 0.5 g/kg 枯草芽孢杆菌，0.5 g/kg 蒙脱石和 0.5 g/kg 枯草芽孢杆菌 +0.5 g/kg 蒙脱石	77 d	饲粮中单独添加枯草芽孢杆菌和蒙脱石及二者联用均能够提高产蛋鸡的产蛋率和日产蛋量，上调产蛋鸡的肠黏膜碱性氨基酸转运载体 1 基因的表达
绿壳蛋鸡	芽孢杆菌及酵母菌，活菌数≥ 2×10^9 CFU/g	0.3%	28 d	提高蛋鸡的产蛋率及蛋清浓度，提高蛋鸡对粗纤维的分解能力；防治绿壳蛋鸡脂肪肝的发生
北京油鸡产蛋鸡	冻干菌粉活菌制剂：凝结芽孢杆菌 Liu-g1，活菌数为 7.35×10^{10} CFU/g	10 mg/kg，100 mg/kg，1 000 mg/kg	10 周	降低蛋鸡血清甘油三酯和肝脏粗脂肪含量，提高蛋鸡抗氧化能力；添加水平为 100 mg/kg 时效果最佳
如皋黄鸡	枯草芽孢杆菌，活菌数为 2×10^{10} CFU/g	0.02%，0.075%，0.20%，0.75%	1 ~ 42 日龄	改善产蛋后期生产性能、蛋品质和血液生化指标，维持肠道菌群环境，提高饲料转化率，降低粪便中氮、磷、氨气和硫化氢的释放

（续）

研究对象	益生素组成	添加剂量	试验期	应用效果
花凤鸡	复合微生物制剂：包含枯草芽孢杆菌（总活菌数≥ 3×10^{12} CFU/kg）、酿酒酵母（总活菌数≥ 1×10^{12} CFU/kg）	0.1% 黄芪多糖 +0.1% 益生菌	90 d	改善蛋鸡生产性能和蛋品质，延缓血清中ND和AI抗体的消除速度，提高其抗体水平，增强机体的抗氧化能力和抗病力
五龙鹅	枯草芽孢杆菌冻干菌粉粉末，活菌数为 2×10^{9} CFU/kg，与铁协同	250 mg/kg	1～4 周龄	枯草芽孢杆菌能够与铁协同促进雏鹅生长发育，改善造血功能、铁代谢和肾脏功能
五龙鹅	枯草芽孢杆菌，与锌协同	250 mg/kg	5～15 周龄	提高生长性能、屠宰性能及粗蛋白质、粗脂肪、粗纤维、锌利用率，减少锌和氮排放量
樱桃谷肉鸭	枯草芽孢杆菌，活菌数量为 1×10^{9} CFU/g；复合芽孢杆菌：包含枯草芽孢杆菌和地衣芽孢杆菌，活菌数量≥ 3×10^{10} CFU/g	分别添加 2 g/kg 枯草芽孢杆菌，1 g/kg 复合芽孢杆菌	1～42 日龄	添加枯草芽孢杆菌可以提高肉鸭生长性能，维持肠道微生物区系平衡，刺激免疫器官发育，改善肠黏膜结构
樱桃谷肉鸭	枯草芽孢杆菌，活菌数量≥ 5×10^{8} CFU/g	2‰	1～35 日龄	提高增重，促进生长发育，改善肠道形态结构，增强免疫能力
樱桃谷肉鸭	凝结芽孢杆菌，有效活菌数为 1×10^{9} CFU/g；粪肠球菌，有效活菌数≥ 4×10^{10} CFU/g	在饲粮中添加 100 mg/kg 的凝结芽孢杆菌，在饮水中添加 625 mg/L 粪肠球菌	1～42 日龄	添加凝结芽孢杆菌和粪肠球菌能有效减少日采食量，降低料重比，提高成活率
天府肉鸭	益生菌发酵复方中药：党参、黄芪、柴胡、板蓝根、紫锥菊和当归按 4∶4∶2∶4∶8∶4 组成复方中药，烘干、粉碎后与活化计数的乳酸杆菌、枯草芽孢杆菌和酵母菌放入发酵罐中发酵 12～24 h	0.5%，1.0%，1.5%	21～42 日龄	在肉鸭的基础日粮中添加 1.0% 益生菌发酵复方中药可以提高肉鸭生长性能和屠宰性能
山麻鸭	微生态制剂 A：包含嗜酸乳杆菌和产朊假丝酵母菌，有效活菌数≥ 5×10^{9} CFU/mL；微生态制剂 B：包含光合细菌、酵母菌、乳酸菌、放线菌和芽孢杆菌，有效活菌数≥ 1.5×10^{10} CFU/mL	饮水中按 1∶1 000 比例添加	30 d	添加微生态制剂 A，可以一定程度上降低栏舍氨气浓度，提高蛋鸭产蛋率；添加微生态制剂 B，可以提高饲料转化率，降低养殖成本，提高经济效益

2. 益生菌在猪生产中的应用

2018 年，我国有关益生素在猪生产中的应用研究见表 2。从研究对象来看，2018 年益生素在断奶仔猪和育肥猪上的研究相对较多，而在哺乳仔猪、母猪和地方猪种上的研究较少。从应用形式来看，益生菌的使用主要集中于复合益生素及益生素与寡糖、中草药、植物多酚和酸化剂等配伍的形式。从菌种组成上来看，乳酸菌、酵母菌、芽孢杆菌和丁酸梭菌等是主要的利用菌种。从应用效果看，益生素能够促进断奶仔猪胃肠道的生长发育，增强肠道物理屏障和免疫屏障，维持肠道微生态区系平衡，从而提高养分消化率，降低腹泻率，促进动物生长。另外，益生素的添加还能改善育肥猪的生长性能、胴体性状和肉品质，从而提高猪生产经济效益。

表 2　益生素在猪生产中的应用

研究对象	益生素组成	添加剂量	试验期	应用效果
哺乳仔猪	复合益生菌制剂：包含乳酸菌、酵母菌和枯草芽孢杆菌，有效活菌含量≥ 3×10^{9}CFU/mL	灌服：2 次 / 天，剂量文中未显示	21 d	提高仔猪的生长性能和免疫水平

（续）

研究对象	益生素组成	添加剂量	试验期	应用效果
杜长大三元杂交断奶仔猪	复合益生菌：包含47%酿酒酵母菌和23%枯草芽孢杆菌，活菌数为5×10^8 CFU/g	0.10%，0.20%，0.30%	21～64日龄	不同含量酿酒酵母菌与枯草芽孢杆菌复合益生菌均可以有效提高断奶仔猪的生长性能，缓解早期断奶仔猪应激反应，增强断奶仔猪的免疫功能
杜长大三元杂交断奶仔猪	复合益生菌制剂：包含植物乳杆菌（$\geqslant1\times10^{10}$ CFU/g）和枯草芽孢杆菌（$\geqslant1\times10^{10}$ CFU/g）	分别添加0.1%复合益生菌制剂和100 mg/kg金霉素	25～53日龄	显著改善仔猪的生长性能，提高养分消化率，调节肠道菌群，具有良好的促生长效果
杜长大三元杂交断奶仔猪	枯草芽孢杆菌和中药提取物复合饲料添加剂：枯草芽孢杆菌，活菌总数$\geqslant3\times10^9$ CFU/g，提取物由黄芩、黄芪、杜仲和甘草组成，投料比例为3∶2∶2∶1	1 000 g/t	35 d	显著提高断奶仔猪的生长性能和降低腹泻率，说明枯草芽孢，其作为抗生素替代物可达到与抗生素相同的抗菌促生长效果
杜长大三元杂交断奶仔猪	果寡糖FOS（纯度≥30%）；复合益生素CPP：包含丁酸梭菌和枯草芽孢杆菌，有效活菌为3×10^9 CFU/g	分别添加0.05%CPP，0.10%FOS，0.20%FOS，0.10%FOS+0.05%CPP	21～63日龄	改善肠道形态，促进肠道修复和发育，增强肠道物理屏障和免疫屏障，维持肠道微生态区系平衡；0.10%FOS和0.05%CPP联用效果最佳
杜长大三元杂交断奶仔猪	复合微生态制剂：包括嗜酸乳杆菌、啤酒酵母、枯草芽孢杆菌、产朊假丝酵母和植物乳杆菌，菌种含量1×10^9 CFU/g	0.1%	30～51日龄	提高日增重，降低料重比，腹泻率和死亡率
三元杂交断奶仔猪	益生菌发酵复方中草药制剂：益生菌主要包括乳酸杆菌、枯草芽孢杆菌和酵母菌；中草药包括党参、黄芪、柴胡、板蓝根、紫锥菊和当归	1.0%，1.5%，2.0%	60 d	育肥猪的基础日粮中添加1.5%益生菌发酵复方中草药制剂可以提高育肥猪的生长性能和胴体品质
松辽黑猪断奶仔猪	复合微生态制剂：包含乳酸菌、地衣芽孢杆菌和枯草芽孢杆菌等，活菌数量$\geqslant1\times10^{10}$ CFU/g	0.2%	35～65日龄	提高日增重，降低腹泻率，改善免疫功能
可乐猪仔猪	中草药组方主要有党参、黄芪、干姜、泽泻、连翘、防风、葛根和陈皮；微生态制剂：包含酵母、嗜酸乳杆酸菌和枯草芽孢杆菌等	0.6%和1.2%	21～61日龄	提高平均日增重，降低料肉比和仔猪腹泻率
三元杂交仔猪	乳球菌微生态制剂：含屎肠球菌，总活菌数$\geqslant2\times10^{10}$ CFU/g；乳酸菌复合微生态制剂：包含屎肠球菌和植物乳杆菌，活菌数$\geqslant1\times10^{10}$ CFU/g、多酚复合添加剂：香芹酚和百里香酚；酵母硒	分别添加0.05g/kg乳球菌微生态制剂，0.25 g/kg乳酸菌复合微生态制剂、0.334 g/kg多酚复合添加剂和0.15 g/kg酵母硒	21～159日龄	改善猪肉的肉色、嫩度和甜味，改善猪肉品质，提高机体抗氧化能力；酵母硒效果最佳，乳酸菌次之，两者效果均好于乳球菌和多酚
杜长大三元杂交育肥猪	乳酸菌制剂干粉和液态菌液：嗜酸性乳酸杆菌和植物性乳酸杆菌，总乳酸菌含量均为1.2×10^9 CFU/g	乳酸菌干粉组：添加0.3%乳酸菌干粉；乳酸菌菌液组：0.3%乳酸菌菌液与水混匀后，按水料比为3∶7的比例与饲料混匀后发酵24 h后饲喂	57 d（体重由5～100 kg）	饲喂乳酸菌制剂对肥育猪生长性能、胴体性状和肉质无显著影响，但可降低肌肉中次黄嘌呤含量，有利于改善猪肉的风味
杜长大三元杂交生长育肥猪	乳酸菌	饲喂乳酸菌发酵饲粮，按照饲料∶水=100∶60进行混合，然后在常温下密闭发酵7 d后开窖取料饲喂	18 w	显著提高生长育肥猪肉的亮度和红度，改善猪肉颜色，降低猪肉剪切力，对pH无显著影响，改善肉质
杜长大三元杂交育肥猪	枯草芽孢杆菌	100 g/t，200 g/t，300 g/t	55 d	在肥育猪饲粮中添加枯草芽孢杆菌可以提高日增重和饲料转化率，减少消化道药物使用；该试验中添加300 g/t枯草芽孢杆菌效果最好

（续）

研究对象	益生素组成	添加剂量	试验期	应用效果
杜长大三元杂交育肥猪	植物甾醇，枯草芽孢杆菌和复合酶制剂	三种物质分别添加 75 g/t，20 g/t，100 g/t；150 g/t，40 g/t，200 g/t；300 g/t，80 g/t，400 g/t	50 d	显著提高育肥猪生长性能，改善肉品质；从效果和经济效益角度饲料中添加 150 g/t 植物甾醇，40 g/t 枯草芽孢杆菌和 200 g/t 复合酶制剂效果最佳
杜长大三元杂交肥育猪	复合微生态制剂：包含乳酸菌、酵母菌、光合菌、革兰氏阳性放线菌、发酵系的丝状菌等，有效菌含量≥ 1×10^{10} CFU/mL；碱性负离子液主要含有硅、镁、锌、硒、硼、锶等多种处于离子态的元素，以及氢离子、氢氧根离子的水溶液	分别添加 2 000 mg/kg 复合微生态制剂和 2 000 mg/kg 复合微生态制剂 +0.5 mg/kg 碱性负离子液	78 d	添加碱性负离子液和复合微生态制剂能达到添加抗生素（杆菌肽锌和硫酸黏菌素）的使用效果或者更优，并可改善舍内环境
杜长大三元杂交育肥猪	复合微生态制剂益生素饮水剂，活菌含量为 5×10^{8} CFU/g	0.1%	67 d	提高育肥猪平均日增重，降低料肉比，改善饲料蛋白质的消化吸收，降低单位增重粪便排放量和圈舍臭味，提高圈舍环境
育肥猪	复合微生态制剂：包含枯草芽孢菌、乳酸菌、丁酸梭菌、活性酵母菌，有效活菌总数≥ 1×10^{9} CFU/g	0.2%	100 d	提高生产性能和免疫力，降低死亡率
大白猪母猪	枯草芽孢杆菌，活菌数量≥ 4×10^{9} CFU/g	250g/t	妊娠第 85 d 至产后第 21 d	调控母猪脂代谢和氮代谢相关血浆生化参数，减少肠道中大肠杆菌数量，增加肠道部分生物胺和乙酸含量，从而改善哺乳仔猪的肠道健康和生长发育
母猪	微生态制剂：包含乳酸菌（1×10^{8} CFU/mL）和酵母菌（8×10^{7} CFU/mL），复合酸化剂主要含有甲酸、乙酸、丙酸、丁酸、乳酸和缓冲体系	分别添加 200mL/d 微生态制剂，0.5% 复合酸化剂和 200mL/d 微生态制剂 +0.5% 复合酸化剂	28d（母猪分娩前 7d 开始）	微生态制剂和酸化剂联用改善血清生化和免疫功能，提高哺乳母猪生产性能、局部改善乳成分

3. 益生素在反刍动物生产中的应用

2018 年，我国有关益生素在反刍动物生产中的应用研究见表 3。与家禽和猪相比，益生素在反刍动物生产中的应用研究较少，其中涉及的菌种主要有地衣芽孢杆菌、枯草芽孢杆菌、乳酸菌和酿酒酵母菌等。从添加方式来看，日粮中添加复合益生素以及加酶益生素的使用方式较为常见。总体来说，日粮中添加益生素能够改善反刍动物瘤胃发酵环境，促进肠道生长发育，维持肠道菌群结构，从而提高营养物质消化吸收能力、增强免疫性能和生产性能。另外，复合益生素及中药微生态制剂添加至饲粮中可提高奶牛的产奶性能和产乳品质，预防乳腺炎，提高肉牛屠宰率和肉品质，从而提高畜牧生产中的经济效益。

表 3 益生素在反刍动物生产中的应用

研究对象	益生素组成	添加剂量	试验期	应用效果
泌乳奶牛	中药微生态制剂：1 000 g 中药浓缩液（杜仲叶、银杏叶、紫苏、白头翁、紫锥菊、葎草、虾壳、黄芪、甘草等）接种至 30 g 乳酸杆菌、红茶菌和酵母菌；微生态制剂：1 000 g 自来水加 15 g 的白糖，加热煮沸降温后，接种至 30 g 乳酸杆菌、红茶菌和酵母菌	3 次 / 天，具体剂量文中未显示	5 d	中药微生态制剂能够降低血液中炎性细胞的数量，增强机体自身免疫力，对奶牛隐性乳腺炎有良好的治疗效果
西门塔尔架子牛	复合微生态制剂，活菌数≥ 2×10^{14} CFU/g	分别添加 100 g/t 复合微生态制剂，100 g/t 复合微生态制剂 +100 g/t 纤维素复合酶制剂（添加比例为占精补料的比例）	176 d	日粮中添加微生态制剂显著提高育肥牛平均日增重；同时添加微生态制剂和复合酶制剂对育肥牛增重效果最佳

（续）

研究对象	益生素组成	添加剂量	试验期	应用效果
肉牛	地衣芽孢杆菌，活菌数为 5×10^9 CFU/g；枯草芽孢杆菌，活菌数为 1×10^9 CFU/g；植物乳酸菌	地衣芽孢杆菌、枯草芽孢杆菌和植物乳酸菌按照 1∶1∶0.5 的比例与 TMR 混合，保证每头牛进食益生菌总数为 5×10^{10} CFU/（头·d）	45 d	显著提高肉牛平均日增重、平均日采食量，显著降低料重比，而对血清生化指标没有显著影响
肉牛	微生态制剂：包含地衣芽孢杆菌、枯草芽孢杆菌和植物乳酸杆菌，比例为 2∶2∶1，活菌量 ≥ 1.35×10^{10} CFU/g	微生态制剂与少量的 TMR 均匀混合后单槽饲喂，保证每头牛食入益生菌总数为 5×10^{10} CFU/（头·d）	37 d	显著提高肉牛干物质表观消化率，改善粗蛋白、粗脂肪、中性洗涤纤维和酸性洗涤纤维的消化能力
湖羊断奶羔羊	枯草芽孢杆菌制剂，有效活菌数为 1×10^{10} CFU/g；富硒酵母，硒含量为 2 000 mg/kg	按照 100g/t 的比例在精料中添加富硒酵母和枯草芽孢杆菌制剂	28 d	在饲粮中添加富硒酵母和枯草芽孢杆菌能够提高羔羊生产性能和抗氧化能力，促进湖羊羔羊小肠各段的发育，增加直肠有益菌群的丰度，降低有害菌群的增殖，从而改善免疫力和消化功能
多浪羊	枯草芽孢杆菌	分别饲喂添加活菌数为 3.2×10^9, 3.2×10^{10}, 3.2×10^{11} CFU/g 的枯草芽孢杆菌的基础日粮	30 d	3 种添加剂量均能提高多浪羊日增重、干物质、粗蛋白、中性洗涤纤维和酸性洗涤纤维的表观消化率，并对瘤胃 pH、总挥发性脂肪酸、丙酸和丁酸含量无显著影响；饲喂添加活菌数为 3.2×10^9 CFU/g 枯草芽孢杆菌基础日粮效果最佳
断奶羔羊	复合微生态制剂：枯草芽孢杆菌（活菌数≥ 4×10^8 CFU/g）和乳酸片菌（活菌数≥ 1×10^8 CFU/g）；枯草芽孢杆菌纯菌粉	分别添加复合微生态制剂 1%，2%，3%；芽孢杆菌纯菌粉 1‰，2‰和 3‰（该比例为占精料补充料的比例）	67 d	添加微生态制剂可以显著提高羔羊日增重及免疫性能；日粮中添加复合微生态制剂的育肥效果优于芽孢杆菌纯菌粉
育肥羊	多酶益生素	多酶益生素与温水按 1∶25 比例混合均匀，喷洒在青稞秸秆上堆积发酵 2 ~ 3 天后直接饲喂	10 ~ 11 月龄	多酶益生素制剂发酵秸秆增加育肥羊采食量，改善饲料转化率
断奶萨寒公羔	枯草芽孢杆菌制剂，有效活菌数 ≥ 5×10^8 CFU/g	100 mg/（kgBW·d）	70 d	显著提高育肥羊营养物质表观消化率和免疫性能，改善肉品质
杜寒杂交肉羊	地衣芽孢杆菌，活菌含量 ≥ 2×10^{11} CFU/g；酿酒酵母菌，活菌含量 1×10^{10} CFU/g；酶菌制剂：地衣芽孢杆菌（活菌含量 ≥ 6×10^9 CFU/g），酿酒酵母菌（活菌含量≥ 4×10^9 CFU/g）和碱性蛋白酶（活性≥ 1 000 U/g）	地衣芽孢杆菌：4×10^9 CFU/kg；酿酒酵母菌：3.2×10^9 CFU/kg；酶菌制剂：1.1 g/kg	12 d	作为益生菌添加剂的地衣芽孢杆菌和酿酒，酵母菌均具有与莫能菌素相同的作用；酶菌制剂显著提高了肉羊营养物质表观消化率、能量代谢和氮代谢，效果优于单一益生菌

4. 益生素在水产养殖中的应用

2018 年，我国益生素在水产养殖中的应用见表 4。从研究对象来看，2018 年我国益生素在水产养殖中的研究不仅涉及了鱼、凡纳滨对虾及南美白对虾等动物个体，在鲤幼鱼肠上皮细胞上也有所研究。从应用菌种来看，有关芽孢杆菌、乳酸菌和光合细菌的研究居多。总体来看，在水产饲料中添加益生素可以提高动物的消化酶活性，增强免疫功能和抗氧化能力，促进机体生长，进而提高水产养殖的经济效益。另外，益生素的使用也可以降低水体中氨态氮、亚硝酸态氮等有害物质的含量，从而改善水质。

表 4　益生素在水产养殖中的应用

研究对象	益生素组成	添加剂量	试验期	应用效果
草鱼	枯草芽孢杆菌，马氏副球菌，乳酸杆菌和蜡样芽孢杆菌	4 种益生素分别添加 1×10^9 CFU/g	8 w	添加 4 种益生素均促进草鱼生长，提高肠道消化酶活性，促进机体糖代谢、脂代谢和蛋白质代谢，提高机体免疫力

（续）

研究对象	益生素组成	添加剂量	试验期	应用效果
鲤鱼	屎肠球菌	1×10^7，1×10^8，1×10^9 CFU/g	6 w	饲料中添加 1×10^8 CFU/g 屎肠球菌可提高鲤鱼非特异性免疫反应，从而提高动物的非特异性免疫力
虎龙斑	芽孢杆菌制剂：包含地衣芽孢杆菌（1.0×10^9 CFU/g）和短小芽孢杆菌（1.0×10^9 CFU/g）按 1∶1 比例混合组成；光合细菌制剂：沼泽红假单胞菌	分别添加 0.1% 的芽孢杆菌制剂，0.5% 的芽孢杆菌制剂，1% 的光合细菌制剂 +5% 的光合细菌制剂，并以 2% 饲料用量的乳化鱼油包裹	60 d	饲料中添加微生态制剂在一定程度上可以提高虎龙斑肠道消化酶活性，改善其肠道、肝脏和头肾结构，从而提高鱼的免疫力
斜带石斑鱼	短小芽孢杆菌及其发酵产物	1×10^8CFU/g	60 d	在本试验条件下，短小芽孢杆菌全细胞壁能显著提高斜带石斑鱼的生长性能、消化酶活性和免疫功能
尼罗罗非鱼	植物乳杆菌	1×10^7CFU/g	70 d	植物乳杆菌对尼罗罗非鱼有显著的黏膜免疫调节能力，在一定程度上能抑制炎症反应，增强机体的免疫应答，因而能显著提高生长性能及抗病力
金鲫幼鱼	枯草芽孢杆菌和嗜酸乳杆菌	1×10^8CFU/g	8 w	活菌饲料提高了鱼体生长性能；活菌发酵饲料对金鲫幼鱼肠道及水体菌群结构影响较显著，但抑制了鱼体生长，这可能与发酵饲料的使用比例有关
杂交鲟幼鱼	巨大芽孢杆菌	1×10^5CFU/g，1×10^6 CFU/g，1×10^7CFU/g	56 d	杂交鲟幼鱼植物蛋白质饲料中添加一定量的巨大芽孢杆菌能够提高组织抗氧化能力并改善血清生化指标；适宜添加量为 $1\times10^5\sim1\times10^6$ CFU/g
大海马幼鱼	AQ 菌：硝化细菌，芽孢杆菌等多种有益菌及复合酶，有效活菌≥ 2×10^9 CFU/g，用时将其加水配置成为 1 ml/m^3 菌液；EM 菌：乳酸菌，酵母菌，放线菌，沼泽红假单胞菌，丝状菌等，有效活菌≥ 3×10^{10} CFU/mL	分别加入 AQ 菌 4.5mL 和 EM 菌 3.0 mL	35 d	AQ 菌和 EM 菌对幼鱼的生长及水质影响效果相差不大，都可促进幼鱼生长和提高成活率，能提高水中的 pH 值，有效降低水中 COD，NH^{4+}–N 和 NO^{2-}–N 含量
凡纳滨对虾	单株芽孢杆菌：解淀粉芽孢杆菌；多株混合芽孢杆菌：包含枯草芽孢杆菌，地衣芽孢杆菌和解淀粉芽孢杆菌	单株芽孢杆菌和多株混合芽孢杆菌添加量均为 1×10^8CFU/g	42 d	添加单株芽孢杆菌和多株混合芽孢杆菌均可提高虾的体重、特定生长率和存活率；添加单株芽孢杆菌改善了虾肝胰腺中消化酶活性；添加多株混合芽孢杆菌提高胰蛋白酶和脂肪酶活性
凡纳滨对虾	产乳酸芽孢杆菌，总活菌数为 2×10^{10} CFU/g	投放芽孢杆菌 0，0.1，1 和 10 g 使投放的芽孢杆菌的密度为 0，10^4，10^5，10^6 CFU/mL	7 d	芽孢杆菌能改善对虾养殖水体水质，可作为益生菌用于对虾养殖中
凡纳滨对虾	嗜酸乳杆菌	以菌液的形式添加 0%，0.1%，0.2%，0.4%，0.6%，0.8% 和 1.0% 的嗜酸乳杆菌	8 w	添加不同比例嗜酸乳杆菌对凡纳滨对虾成活率无显著影响，增重率与特定生长率随添加量的增加呈先上升后下降的趋势；添加 0.23% 嗜酸乳杆菌可促进凡纳滨对虾生长，并提高非特异免疫酶活性
南美白对虾	芽孢杆菌，活菌量为 1.2×10^9 CFU/g；乳酸菌，活菌量为 1.0×10^8 CFU/g	分别添加芽孢杆菌制剂使其密度为 10，15，20 g/m^3，添加乳酸菌制剂使其密度达到 20，25，30 g/m^3	21 d	南美白对虾育苗期间，向育苗水体内适当添加微生态制剂有利于提高虾苗的生长性能和抗逆性，本实验中添加 30 g/m^3 乳酸菌效果较好
南美白对虾	枯草芽孢杆菌和酵母菌	向基础饲料中添加酵母培养物：0，0.07，0.14 g；向养殖水体中添加枯草芽孢杆菌 0，0.1，0.2 g/m^3	50 d	酵母培养物的最适添加量为每 100 g 南美白对虾基础饲料中添加 0.14 g，养殖水体中枯草芽孢杆菌的适宜添加量为 0.1 g/m^3

（续）

研究对象	益生素组成	添加剂量	试验期	应用效果
南美白对虾	凝结芽孢杆菌，芽孢含量为 2×10^{10} CFU/g	5.0×10^{9}，1.0×10^{10}，5.0×10^{10} 和 1.0×10^{11} CFU/g	42 d	饲喂凝结芽孢杆菌可促进凡纳滨对虾生长，提高血清非特异性免疫水平和对副溶血弧菌的抗病力；以特定生长率为评价指标，凝结芽孢杆菌的适宜添加量为 1.0×10^{10} CFU/g
幼参	梅奇酵母 C14，芽孢杆菌 BC26，红酵母 H26	C14 菌株（1×10^{5} 细胞 /g）+H26 菌株（1×10^{5} 细胞 /g)+BC26 菌株（1×10^{7} 细胞 /g）	8 周	饲料中补充混合益生菌可促进幼参生长和消化酶活力，并影响其体壁营养组成
鲤幼鱼肠上皮细胞	枯草芽孢杆菌肽聚糖	0.15 mg/mL，0.30 mg/mL，0.45 mg/mL，0.60 mg/mL	在 26℃、6%CO_2 生化培养箱孵育 12，24 和 36 h	高浓度枯草芽孢杆菌肽聚糖能抑制 β－伴大豆球蛋白诱导的氧化应激，下调致炎细胞因子，上调抗炎细胞因子基因表达，提高细胞抗炎能力

5. 益生素在特种经济动物中的应用

2018 年，我国有关益生素在特种经济动物中的应用较少，主要对象为兔。向凌云等通过研究微生态制剂对幼兔生长期生长性能和疾病预防保健等方面的功效发现，使用微生态制剂幼兔专用预混料可以大大降低幼兔消化系统疾病的发病率，提高了幼兔的成活率。薛云等在断奶仔兔基础日粮中分别添加 0.1%，0.2% 和 0.3% 枯草芽孢杆菌（总活菌数＞ 2×10^{10}CFU/g)，结果表明枯草芽孢杆菌在提高断奶仔兔生长性能和抗腹泻能力方面呈现一定的剂量效应，其中添加 0.2% 枯草芽孢杆菌制剂产生的综合效应最佳。同时，苏可等探讨了日粮中添加 Tu-1 菌剂（由枯草芽孢杆菌 Tu-1 菌株发酵制备，活菌含量为 1×10^{10}CFU/g）与抗生素（20mg/kg 硫酸黏杆菌）对獭兔肠道消化酶活力、盲肠菌群及生长性能的影响。研究发现，在獭兔日粮中添加 0.1%Tu-1 菌剂在提高肠道消化酶活力，维持肠道微生态平衡，降低腹泻率，提高生产性能等方面优于硫酸黏杆菌素。

四、小结

益生素作为一种绿色环保的益生菌制剂，因其无残留、无污染、无耐药性的特点得到了畜牧生产者的广泛关注。目前，益生素在动物养殖中扮演着越来越重要的角色，并有逐步取代抗生素的趋势。无论是单一益生素，复合益生素，还是益生素与植物提取物、中草药、酸化剂、酶制剂等配伍使用，在提高动物生长性能、增强机体免疫力、维持肠道菌群平和改善养殖环境等方面，都具有良好的作用。然而，目前新菌种的开发、菌种的使用剂量和时间、不同菌种之间的配伍以及益生素与其他添加剂的配伍等问题仍制约着益生素在畜禽养殖中的进一步发展。因此，饲用益生素的研究和使用，今后还应侧重以下几个方面：一是进一步加强对益生素作用机理及其应用方式的研究，以保证其发挥出最佳功效；二是选育具有一定耐性和抗性的菌种，以安全性为出发点，利用分子生物学技术，改造已有菌种，开发新菌种；三是合理把握益生素的使用剂量与时间，以确保使用效果；四是加强益生素与酶制剂、中草药制剂等其他制剂之间的科学配伍研究，最大限度地发挥其益生功效。

（王　恬　陈亚楠）

寡糖

现今，食品安全和细菌耐药性问题频发，国内与国外禁止抗生素使用的趋势更加严峻，因此寻找新型绿色饲料添加剂迫在眉睫。寡糖作为一种新型绿色、安全、无残留的功能性糖源，在抗生素的替代领域具有良好的应用前景，被广泛应用在饲料添加剂、食品、医药及农业领域，是生命科学的研究重点。

一、寡糖在畜牧养殖业中的应用进展

寡糖应用于饲料中的主要作用是维护动物肠道健康，提高营养物质表观消化率，增强抗氧化能力和免疫能力，提高动物生长性能。寡糖在动物的应用上比较广泛，在畜禽、水产养殖上都有大量应用。

在饲料的应用中，研究最多的是壳寡糖，其次还有木寡糖、褐藻胶寡糖、果寡糖、甘露寡糖等。

1. 在养猪生产上的应用

刘媛媛等（2018）研究发现 500mg/kg 壳寡糖可有效提高断奶仔猪日增重、饲料转化率、降低腹泻率，同时，可提高血清中总抗氧化能力、谷胱甘肽过氧化物酶与超氧化物歧化酶的活性，增加双歧杆菌数量。

研究发现在杜长大断奶仔猪日粮中添加 50mg/kg 壳寡糖可以显著提高营养物质表观消化率和抗氧化能力；壳寡糖可以显著抑制注射敌草快导致的平均日增重下降，升高血浆 SOD 活性和 T-AOC，显著缓解空肠黏膜二糖酶活性的降低和GLUT2和SGLT1mRNA表达量的下降。表明壳寡糖能够缓解敌草快诱导的氧化应激，提高空肠养分消化和转运能力（田刚，2018）。

党国旗（2018）研究发现添加50、100、150mg/kg壳寡糖显著提高断奶仔猪日增重、显著降低料肉比，提高表观消化率；添加100mg/kg的壳寡糖显著提高磷的表观消化率和成型指数。添加150mg/kg的壳寡糖显著提高血清中伪狂犬和蓝耳抗体效价，显著降低血清GOT水平。壳寡糖提高了生长性能和免疫水平。

还有研究发现添加200、400、800和1 600mg/kg壳寡糖显著提高18～35d断奶仔猪日增重，400mg/kg组显著降低了饲料报酬（张鑫海，2018）。

晁文菊等（2018）研究发现添加200和400mg/kg壳寡糖产品能够显著提高肉猪肥育后期的生长速度和平均日采食量，改善生产性能。

此外，敖翔等（2018）研究发现壳寡糖能够显著降低生长猪粪便中大肠杆菌数，但对生长性能和养分消化率没有显著影响，表明生长猪阶段添加壳寡糖性价比不高。还有研究发现围产期母猪饲粮中添加30mg/kg壳寡糖能够显著改善母猪肠道健康、母猪及初生仔猪的免疫功能，并在一定程度上提高产活仔数（柒启恩等，2018）。

罗满（2018）研究发现添加0.50% MS活性糖（一种新型的功能性寡糖）能够显著或极显著提高大白猪猪0～36d、36～64d、64～100d的平均末体重和日增重，在0～100d，添加MS活性糖组的料肉比极显著降低。说明MS活性糖可以有效增加猪的生长性能。研究还发现0.5% MS活性糖能够显著提高大白猪种公猪（8～10月龄、140kg左右）1～30d、31～60d及整个阶段的精子密度，并显著提高经产母猪（150～170kg）仔猪初生重，极显著提高初生窝重及28日龄断奶重和断奶窝重。说明MS活性糖对提高种猪和母猪的繁殖有效。

李玉欣等（2018）研究发现在妊娠后期和哺乳母猪日粮中添加0.2%毕赤酵母甘露寡糖可以提高仔猪初生重和断奶体重，缩短母猪发情间隔，添加0.1%、0.2%、0.4%的毕赤酵母甘露寡糖均显著提高母猪分娩血清和初乳中IgG的含量。

赵峰等（2018）以21日龄断奶仔猪为研究对象，饲喂添加0.10% ～0.20%果寡糖饲粮35d，发现果寡糖能够有效降低仔猪肠道pH，提高小肠绒毛长度和绒毛高度与隐窝深度的比值，并减少肠道大肠杆菌、沙门氏菌等有害菌数量，增加乳酸杆菌，双歧杆菌等有益菌数量，说明果寡糖能有效维持肠道菌群平衡，增进肠道健康。

李元凤等（2018）研究发现母源性短链果寡糖可以显著提升初乳中IgA和TGFβ1的浓度，激活21日龄仔猪PP和肠系膜淋巴细胞，显著提高IFN-γ分泌，并显著提高未受刺激的PP细胞的分泌型IgA含量；同时，显著提高90日龄仔猪盲肠中总短链脂肪酸水平，说明母猪饲喂短链果寡糖可以促进后代肠道免疫系统发育。

蔡良（2018）研究发现0.5%果寡糖能够显著提高25日龄杜长大断奶仔猪35d的平均日增重，显著降低料肉比。另外，吕金辉等（2018）研究发现0.5%添加量（主要成分为果寡糖）可提高断奶仔猪生长性能，降低腹泻，增加经济效益。

张丽等（2018）研究发现添加20、40、80mg/kg的褐藻寡糖能够显著提高断奶仔猪的平均日增重、日采食量，还发现褐藻寡糖能够提高血清GSH-Px、CAT、T-AOC的含量、血清胰岛素和胰岛素因子的含量、十二指肠和空肠黏膜麦芽糖酶和蔗糖酶活力以及空肠SGLT1和DMT1基因mRNA相对表达量。试验表明褐藻寡糖可以提高断奶仔猪抗氧化能力、消化酶的活力及相关基因的表达水平等，从而改善生长性能。

吴俊等（2018）研究发现日粮添加0.5%异麦芽寡糖能够促进断奶仔猪生长性能和血清免疫功能，调节盲肠微生物菌群。

2. 在养禽生产上的应用

白洁等（2018）研究发现添加100mg/kg壳寡糖能够显著提高AA雄性肉鸡胸肌和腿肌的红度、1～21d和22～42d抗氧化能力、空肠绒毛高度和绒毛高度/隐窝深度，显著降低了回肠大肠杆菌数量。说明壳寡糖提高肉鸡抗氧化能力、改善肉鸡肉品质和肠黏膜组织结构，并在一定程度上改善肠道菌群结构。

宋新磊等（2018）研究发现添加800mg/kg奇力素（甘露寡糖有效浓度为100mg/kg），能够提高1日龄AA雏公鸡42日龄的采食量、日增重和血液中IgA、IgG、IgM、IL-2的含量，在一定程度上能够提高肉鸡生产性能和免疫性性能。

研究发现甘露寡糖（1 000mg/kg）可提高1日龄雄性肉鸡42d的抗氧化能力，改善肉品质（Yefei.C等，2018）。

还有研究发现日粮中添加400mg/kg的果寡糖可以显著提高Cobb公鸡28d和42d对抗绵羊红细胞的抗体反应，改善免疫性能指标（李守杰等，2018）。

杨海峰等（2018）研究发现日粮添加100、200、300、400和500mg/kg木寡糖显著提高蛋壳厚度和蛋壳相对重量、钙的表观消化率，显著降低血清谷丙转氨酶、胆固醇、高密度脂蛋白和极低密度脂蛋白的水平。

3. 在反刍动物中的应用

杨东等（2018）以平均体重为29.0kg的蒙古杂交羊为实验对象，研究发现添加0.05%壳寡糖极显著降低羊尾部脂肪量及其占宰前活重的比例和总脂肪量及其占宰前活重比例，说明添加壳寡糖对肉羊生长发育的主要作用在于显著降低其体脂含量，主要是降低其尾部脂肪的含量，对羊有减脂功效。

谢明欣等（2018）研究发现，在蒙古绵羊饲粮中添加 0.1% 的酵母甘露寡糖能够显著提高高精料饲养模式下的蒙古绵羊的平均日增重、显著降低料重比，表明甘露寡糖显著提高其生长性能；甘露寡糖显著提高 30d 绵羊血清中的 IgM 浓度、LBP 浓度和 T-SOD 活性，表明甘露寡糖显著提高蒙古绵羊的血清免疫功能和抗氧化能力。

梁欢等（2018）研究发现，在肉牛玉米 - 豆粕 - 稻草型饲粮下 1.2% 果寡糖 +1 200mg/kg 烟酸 +0.8% 柠檬酸稀土和 1.2% 果寡糖 +400mg/kg 烟酸 +1.0% 柠檬酸稀土能够较优调控瘤胃。

4. 在水产动物中的应用

胡晓伟等（2018）研究发现，添加 0.6% ～0.8% 的壳寡糖能够提高花鲈的生长性能，显著提高血清总蛋白、密度脂蛋白胆固醇的含量和溶菌酶的活性，促进花鲈肠道健康。

还有研究发现，饲喂 8 周 0.4% ～0.5% 的果寡糖显著增加了奥尼罗非鱼的相对增重率、血清中总蛋白和白蛋白含量、肠道双歧杆菌和乳酸杆菌数量，显著降低饵料系数和肠道大肠杆菌与沙门氏菌的数量（赵峰等，2018）。

陈晓瑛等（2018）研究发现，饲粮中添加 200、400 和 600mg/kg 低聚木糖能够提高凡纳滨对虾幼虾消化酶活力，改善肠道形态，提高肠道总菌和双歧杆菌数量，降低弧菌数量。

二、寡糖在农业生产及食品工业中的应用进展

寡糖生产来源广泛，有特定的生理活性，具有提高农业生产效率，增强动植物的抗病力等功能。农业生产中采用或添加寡糖作为肥料、生长调节剂等，在食品中可以用作添加剂用于防腐等提高食品质量。

1. 在农业生产中的应用

朱潇婷等（2018）研究发现壳寡糖灌根处理可以显著提高葡萄节间粗度，壳寡糖叶面喷雾处理可以有效提高果实的可溶性固形物含量和果实着色水平，说明壳寡糖可被巨峰葡萄叶面及根系直接吸收利用，有利于提高果实品质。

黄雪燕等（2018）研究发现对温岭高橙花前、膨大期、着色期用壳寡糖叶片喷雾和根部浇灌能够显著提高果实膨大、果实横径和单果重。

张运红等（2018）探究不同浓度（2～6g/L）海藻酸钠寡糖灌根处理对小麦的影响，研究发现小麦的株高、旗叶的净光合速率、蒸腾速率、叶片叶绿素含量、胞间 CO_2 浓度、气孔导度显著提高，气孔限制值显著降低；同时，小麦花前同化物积累量增加，花后同化物积累量及积累率降低，最终产量增加。

张琳（2018）研究发现海藻寡糖水溶性好，易于吸收利用，可以在植物生长调节和诱导抗病领域发挥积极的作用。

2. 在食品行业中的应用

丁振中等（2018）通过研究壳寡糖对真空包装烟熏火腿切片的防腐效果发现，1.0g/kg 能有效维持烟熏肉品质，抑制微生物滋生。

刘丽丹等（2018）研究发现 0.5% 壳寡糖溶液浸泡枇杷果实 3min 可有效抑制枇杷果实失水和褐变，显著降低枇杷果实的腐烂指数，保持较高的可溶性固形物、还原型抗坏血酸及还原糖含量，抑制冷藏期多酚氧化酶的活性，说明壳寡糖可以延缓琵琶果实成熟衰老及提高其抗病性，提高冷藏枇杷的贮藏品质。

此外，宋蓉等（2018）研究发现添加 0.8% 的魔芋寡糖显著提高了酸奶贮藏 14d 后乳酸菌的活菌数，并提高酸奶持水力，并使酸奶硬度、稠度、内聚性、黏度等整体质构性能改善。

三、壳寡糖的制备、分离与检测方法

寡糖的制备、分离纯化和检测方法很多，仅以壳寡糖为例。

壳寡糖的制备方法有物理降解法（加热法、超声波和微波法、光降解法）、化学降解法（酸降解法、氧化降解法）、生物降解法等。

生物降解法相比其他方法是最理想的，可在温和条件下反应，得到相对分子量较精确的降解产物，制备高生物活性的低聚壳寡糖，省掉除盐步骤，简化工艺过程，而且对环境友好不会造成污染（秦朋，2018）。

壳寡糖工业上利用生物酶法降解，然后进行分离纯化。

分离纯化方法主要有：膜分离法、凝胶渗透色谱法、离子交换色谱法和薄层色谱法等。

膜分离是根据被分离物质与膜孔径大小的差异实现分离，根据膜孔径的大小，膜分离可分为反渗透、微滤、超滤和纳滤，壳寡糖的分离纯化中应用相对较少；凝胶色谱法是根据被分离组分的分子尺寸大小进行分离的一种方法，壳寡糖目前仅在实验室研究用这种方法；离子交换色谱法是以离子交换树脂或化学键合子交换剂为固定相，根据被分离组分的离子交换能力的差别或选择性系数的差别实现分离的色谱方法，但是该种方法分离成本较高，连续性较差，仅适合实验室研究，难以放大生产；薄层色谱法也是壳寡糖常用的分离分析方法，是根据不同聚合度的寡糖极性不同，在层析液中移动速度不同来进行分离的，该方法操作简便，分离效果好（仲伟伟，2018）。

目前，壳寡糖的检测方法主要有比色法、薄层色谱法、离子色谱法和高效液相色谱法等。

比色法技术简单，设备成本低，但准确性不高；薄层色谱法虽然分辨率高，重现性好，但操作时间长，只能进行小批量检测；离子色谱法结果准确，但设备要求高，价格昂贵。已报道的高效液相色谱法大多需要不同聚合度的壳寡糖标准物质，聚合度越高标准物质越贵，而且多种标准物质同时分析耗时较长，分离度不好，不适用于企业大批量的检测。刘文丽等（2018）应用高效液相色谱 - 示差检测法（HPLC - RID）检测壳寡糖的含量，壳寡糖经浓盐酸水解生成盐酸氨基葡萄糖，选用氨基柱（4.6mm×250mm，5 μm），流动相为乙腈 - 水（体积比 75：25），流量为 1.0mL/min，采用内部温度为 35℃的示差检测器进行检测，方法操作简单，定量准确。

（陈旭东）

丁酸钠对仔猪肠道保健功能的研究进展

断奶仔猪的消化道处于未成熟阶段，此时胃酸及消化酶的分泌量较少，仔猪对营养物质的消化不良，导致养分吸收利用率降低，容易引起腹泻甚至死亡。传统意义上，抗生素作为生长促进剂添加在仔猪饲料中，对仔猪保持肠道菌群平衡、改善消化机能、预防肠道疾病等方面发挥了重要作用，然而公众日益重视抗生素导致食品安全的问题，2006 年欧盟已全面禁止饲料中添加抗生素，2016 年 6 月 22 日我国农业部颁布《全国遏制动物源细菌耐药行动计划（2017—2020 年）》，抗生素作为动物促生长剂逐步退出，因此，研究开发一种促进消化吸收、维持肠道健康和预防腹泻的仔猪功能性饲料添加剂非常必要。目前，丁酸钠因其具有绿色环保、使用安全、可替代抗生素等特点已引起广泛关注。本文拟就丁酸钠在仔猪肠道保健功能中的有关研究做一概述，以期为促进仔猪肠道保健、预防疾病发生及改善生产性能等方面提供依据。

一、丁酸钠的基本特性

丁酸钠是正丁酸的钠盐，分子式为 $C_4H_7O_2Na$，分子量为 110.0869，熔点 250～253℃，一般为白色或类白色绒毛状粉末，具有奶酪酸败的特殊气味，易溶于水，水溶液 pH 呈碱性。在 pH4～6 时丁酸钠不易被分解，丁酸具有水溶性和脂溶性双重特点，饲喂后在水性环境的小肠直接避过而进入盲肠和结肠，在动物体内分解为丁酸根离子（$C_4H_7O_2^-$）和钠离子（Na^+），离子化的丁酸根最终代谢产物为酮体和 CO_2，可为肠黏膜细胞提供约 75% 的能量。丁酸钠在 2006 年被农业部列入《饲料添加剂品种目录》，作为一种生物调节剂，其在改善胃肠道消化功能及提高动物生产性能方面发挥重要作用。

二、丁酸钠对肠道保健功能的作用机制

作为肠道保健剂，丁酸或丁酸钠的作用方式是相似的，其中发挥主要作用的部分为丁酸根［CH_3-CH_2-CH_2-COO^-］。在生理条件下，丁酸钠可提高养分消化率、增加消化酶分泌、调整肠道微生物区系、改善上皮细胞完整性以及增强防御系统功能，预防断奶应激综合征的发生，从而提高动物生长及生产性能。

1. 为肠道上皮细胞提供能量

在哺乳动物中，丁酸氧化后可为结肠黏膜细胞提供近 70% 的能量，是结肠黏膜细胞的主要能量来源，从而促进不同组织尤其是结肠上皮细胞的增殖。研究表明，在反刍动物体内，丁酸作为结肠的首选代谢性燃料，提供结肠黏膜总需能量的 70%，而在非反刍动物，结肠内发酵产生的丁酸等可为结肠上皮提供 60% 以上的能量。在生长猪中，高达 15%的维持能量需要来自丁酸，母猪与生长猪相比有更为发达的后肠和食糜滞留时间更长，可有高达 30% 的维持能量需要来自丁酸，在人类中，约 10% 的日常能量需要来自丁酸，在大鼠，结肠上皮细胞 60%～70% 的能量需要来自丁酸。在对混合 SCFA 产生的 CO_2 的研究中，发现细胞作用的顺序是丁酸第一，丙酸次之，最后是乙酸。培养的游离结肠上皮细胞 75% 的氧消耗来自丁酸盐的氧化，同样可见丁酸的利用度最高。丁酸、乙酸及丙酸在肝脏内的代谢途径不同，丁酸代谢途径主要包括参与糖异生、酮体及脂类的合成等，并间接影响糖类和脂类代谢，乙酸、丙酸通过肠道吸收进入肝静脉系统，促进肝糖异生作用，提供约 30% 的能量为肝脏代谢所利用。丁酸钠主要以非离子弥散性吸收，无须经过肝胆吸收和复杂的三羧酸循环可以直接为肠上皮细胞提供能量，促进肠上皮细胞增生，刺激肠道血液流量，因此，丁酸钠对促进肠道上皮细胞的代谢及增殖中供能作用非常重要。

2. 提高肠道消化酶活性

丁酸作为一种短链脂肪酸，易挥发且具有游离性并能进入盲肠和结肠，对胃肠道的生长发育具有调控作用。仔猪断奶日粮中添加丁酸可增加胃壁细胞的密度，同时，胃酸分泌增加，并对胃蛋白酶原具有激活作用。此外，丁酸经回肠瘘管输注于 8 周龄过夜禁食的仔猪回肠中 30 分钟后，可引起胰蛋白酶和蛋白质输出增加。钟翔等对仔猪断奶后日粮中添加 1g/kg 浓度的丁酸钠研究表明，各肠段淀粉酶活性增高，空肠前段、空肠后段和回肠总蛋白酶活性提高，十二指肠、

空肠后段和回肠中脂肪酶活性提高。钮海华等的研究表明，在断奶仔猪的日粮中添加丁酸钠后，丁酸钠实验组胰蛋白酶、淀粉酶和脂肪酶的活力显著上升。马红艳等研究表明，丁酸钠对不同初生重仔猪肠道酶活性的研究发现，初生重对肠黏膜乳糖酶活性影响差异不显著，但添加丁酸钠对低初生重仔猪显著提高了乳糖酶活性，而麦芽糖酶和蔗糖酶有所升高但不显著。在 28 日龄断奶仔猪饲料中添加包膜丁酸钠，断奶 7d 和 14d 以后空肠后段和回肠的淀粉酶和脂肪酶的活性显著提高，但在十二指肠和空肠前段酶活性差异不显著，经分析认为这与包膜丁酸钠的缓释性有关。

丁酸钠调控胃肠道消化酶活性的机理可能是通过释放的丁酸降低肠道 pH，对蛋白酶原进行激活，并直接促进消化酶活性升高；也可能是丁酸钠通过胰高血糖素及胰岛素的诱导作用，胰岛素能刺激胰淀粉酶的释放，并与胰腺腺泡上的特异受体结合，从而调节消化酶的生物合成。

3. 保持肠道菌群平衡

外界微生物进入初生动物肠道并开始定植，形成稳定的肠道细菌群落是一个复杂的动态过程。新生动物胃肠道首先由肠杆菌、链球菌和葡萄球菌等需氧菌及兼性厌氧菌在肠道定植，并消耗肠道中的氧气，造成 pH 降低和厌氧环境，随后专性厌氧菌如乳酸杆菌和双歧杆菌开始定植，形成以厌氧菌乳酸杆菌等占大多数的复杂而稳定的肠道并维持一定的动态平衡，因此，乳酸杆菌和肠杆菌数量的比值越高，猪对消化道菌群紊乱的抵抗力越高；在仔猪日粮中添加丁酸可提高该比值，乳酸杆菌数量增加，而肠杆菌数量减少。6 周龄仔猪日粮中添加 2g/kg 包被丁酸可降低粪便中的沙门氏菌数，在沙门氏菌攻毒后雏鸡日粮中添加微囊丁酸钠，同样发现盲肠中沙门氏菌显著降低。钮海华等研究发现，丁酸钠对断奶仔猪肠道内有益菌乳酸杆菌等具有促进增殖作用，抑制有害菌大肠埃希氏菌的数量，改善断奶仔猪的肠道微生态平衡。

在仔猪的不同生理阶段，消化道内的环境不断发生变化，摄入的营养成分改变，加上断奶后外部应激环境的影响，导致胃肠道菌群的种类和数量随之产生改变，这种变化存在于动物整个生命过程中，因此，在日粮中添加丁酸钠能够降低胃肠道的 pH，进而可预防肠道杆菌定植和刺激乳杆菌等益生菌的生长，维持肠道菌群平衡。

4. 保护肠道上皮细胞

在消化道内，营养物质降解为氨基酸、葡萄糖、脂肪酸和无机盐等，通过小肠壁进行吸收并进入血液，因此，小肠上皮结构的完整性是保证消化吸收正常进行的前提，肠道上皮结构受损会导致动物消化不良，甚至会导致动物腹泻或死亡等疾病发生。肠道内营养物质通过短链脂肪酸的途径而对肠道上皮细胞发挥供能保护作用，且丁酸的作用最强，乙酸次之，丙酸最弱，摄入丁酸对动物和人类小肠和大肠结构具有修复作用。

有关研究表明，丁酸不仅能为上皮细胞提供能量外，同时还对肠道上皮细胞具有增殖和分化及改善结肠屏障的功能。作为肠道上皮细胞的首选能源物质，丁酸不仅参与细胞膜脂类的合成，促进肠道内上皮细胞的生长，调节基因表达和蛋白质合成，进而减少正常细胞凋亡。在断奶中和断奶后的仔猪日粮中添加丁酸，小肠隐窝深度和绒毛高度可显著增加；通过结肠灌注丁酸时，丁酸对回肠和空肠上皮细胞发挥营养作用，经过间接神经激素机制，进而加速发育期或损伤后修复期的肠黏膜的成熟。由此可见，丁酸是维持肠道上皮细胞内稳定的信号代谢物质，发挥保护动物肠道黏膜完整、促进生长发育及营养物质在肠道内快速吸收等重要功能。

5. 维持肠道形态结构

肠道消化吸收能力的强弱取决于绒毛高度与隐窝深度比值的高低（VH/CD），小肠的绒毛长度和宽度及隐窝深度、黏膜厚度作为小肠消化功能的重要评价指标，其中肠道绒毛上皮细胞主要发挥吸收功能，隐窝上皮细胞主要发挥分泌功能。断奶仔猪小肠发育不健全，肠上皮细胞绒毛较短，隐窝未成熟，容易引起绒毛损伤，导致消化酶分泌减少和消化吸收能力降低，未消化吸收的营养物质在大肠内被有害菌所利用，快速增殖并产生毒素等有害物质，导致断奶仔猪饲料利用率下降，生产性能降低，肠道黏膜损伤，引发断奶应激综合征或腹泻等疾病的发生。

丁酸钠对结肠上皮细胞的增殖与黏膜的生长起主要的营养作用。研究表明，初生仔猪饲喂添加丁酸钠的日粮后，仔猪空肠、回肠绒毛长度和黏膜厚度增加，隐窝变浅，说明丁酸钠可促进小肠黏膜发育及促进消化吸收的功能。在仔猪日粮中添加 1g/kg 丁酸钠，空肠和回肠绒毛高度可提高 10.2%～34.0%，绒毛高度与隐窝深度比值 VH/CD 提高 21.4%～28.6%，电镜下观察空肠和回肠黏膜结构完整，层次清晰，肠绒毛排列整齐，柱状细胞结构清晰，绒毛粗壮。添加丁酸钠 0.1%～0.2% 于断奶仔猪的日粮中，其空肠绒毛长度显著增高，其小肠和大肠黏膜上皮的完整性显著改善，小肠绒毛长度增加以及 VH/CD 值增高。与添加抗生素作为对照相比，使用丁酸钠的断奶仔猪小肠绒毛发育更加粗壮，结构也更加完整。薛萍等在断奶仔猪日粮中添加 1kg/t 丁酸钠，研究其对断奶仔猪断奶后 10d 或 20d 微生物区系及 pH、VFA、肠道黏膜形态的影响，结果表明丁酸钠对以上指标具有正效应，说明丁酸钠对维持肠道消化功能有一定促进作用，并在一定程度上可减轻或缓解因断奶应激造成的仔猪小肠绒毛损伤及空肠菌群失调，对预防仔猪断奶腹泻应激等具有保健作用。肉仔鸡的日粮中添加0.05%～0.1%的丁酸钠，丁酸钠能显著增高肉仔鸡小肠绒毛长度、VH/CD值，增加小肠黏膜层和肌层厚度。肉鸭日粮中添加丁酸钠组与抗生素组相比，回肠肠道绒毛发育较好，隐窝深度显著降低，VH/CD增高，说明丁酸钠可促进和改善肉鸭的肠道黏膜发育。

丁酸钠是提高肠绒毛增殖和隐窝增深的激活剂，丁酸钠具有降低肠腔pH，增加某些细菌产生的抗菌酶，防止肠上皮细胞的破坏和损伤作用，并通过更新中间细胞而刺激受损绒毛膜的修复。受损绒毛膜的完整修复将需耗能增加40%～50%，丁酸钠为肠道上皮细胞提供能源，促进其绒毛膜的生长，使其绒毛长度增长30%，增加的绒毛高度为营养物质的吸收提供了更多的表面积，从而提高其消化吸收的能力，并抑制了病原菌的生长。

6. 抗炎症作用

丁酸钠不仅可作为结肠细胞的重要能量来源外，而且具有作为抗炎症剂的作用，还可直接发挥免疫调节作用。丁酸钠通过抑制核因子（NF-κB）的活化而抑制组蛋白去乙酰化酶（HDAC），从而发挥丁酸盐的抗炎症作用。组蛋白的乙酰化会促进特异基因的表达上调，而去乙酰化会抑制基因表达，丁酸作为HDAC的抑制剂可通过影响特异基因的乙酰化水平，影响炎症因子和抗菌肽的表达。NF-κB作为转录因子，可控制编码促炎细胞因子、趋化因子、诱导型炎症酶如诱导型NO合酶、黏附因子、生长因子及免疫受体的基因表达。除了抑制NF-κB活化外，丁酸盐还可通过抑制干扰素-γ（IFN-γ）的产生，或通过过氧化物酶体增殖物激活受体（PPARγ）的表达及上调而发挥抗炎症活性，PPARγ是一种配体激活的转录因子，丁酸激活PPARγ后，不仅增加紧密连接蛋白的表达量，促进上皮细胞分化，降低肠道上皮细胞的通透性，进而保持肠道黏膜的完整性，而且可以通过与NF-κB分子结合形成复合物，抑制NF-κB信号通路，降低促炎因子的含量。

此外，丁酸盐及其他SCFA还可通过特异性G蛋白偶联受体GPR41和GPR43而发挥作用。短链脂肪酸受体GPR41和GPR43存在于免疫细胞内，丁酸激活GPR受体后不仅抑制了促炎因子的表达，同时，促进了抑炎因子的表达，从而达到缓解炎症的效果，且随着丁酸浓度的增加，对炎症因子的抑制作用就越强。丁酸盐具有与细胞平衡多种重要功能如抗炎症性、抗氧化剂、抗癌功能等，这些功能的发挥与其作为组蛋白去乙酰酶抑制剂的角色有关，丁酸盐具有的抗炎症作用是通过影响免疫细胞的迁移、黏附、细胞因子的表达，以及影响细胞增殖、激活和细胞凋亡等过程来实现的。丁酸钠通过以上多种抗炎症的作用途径，对炎症性疾病和大肠癌等疾病预防及在临床治疗中的作用已日益受到重视。

三、丁酸钠对仔猪生产性能的影响

早期断奶仔猪的消化系统发育不健全，往往导致消化不良、抗病力差、腹泻和生长缓慢等。丁酸钠作为快速、直接的肠道能量来源，不仅能维持肠道上皮细胞及黏膜形态完整，同时可降低肠道pH，提高消化酶活性，并保持肠道菌群平衡、预防腹泻肠炎等疾病发生。有关研究结果表明丁酸钠添加到日粮中能够促进断奶仔猪的生长，可提高平均日采食量达1.8%～16.0%，提高日增重提高5.4%～44.1%，降低料重比2.5%～23.5%，降低平均腹泻率达38.6%左右（表1）。

表1 饲粮中添加丁酸钠对仔猪生产性能的影响

项 目	添加量 g/kg	试验动物	平均日增重	平均采食量	料重比	腹泻率
丁酸钠（98%）	3	28日龄断奶仔猪	+69.9%	+41.5%	−12.5%	−66.6%
丁酸钠	1	21日龄断奶仔猪	+13.4%	NS	−9.5%	/
丁酸钠	0.1	28日龄断奶仔猪	+5.4%	+1.8%	−3.5%	−41.7%
包膜丁酸钠	0.3	28日龄断奶仔猪	+11%	NS	−7.9%	−40.2%
丁酸钠	0.8	28日龄断奶仔猪	+20%	+16.0%	/	/
包膜丁酸钠	1	21日龄断奶仔猪	+4.5%	/	−2.7%	−35.3%
丁酸钠（98%）	0.8	28日龄断奶仔猪	+26.2%	+24.4%	/	−74.5%
微囊包膜丁酸钠	0.5	保育前期仔猪	+6.9%	+4.7%	−2.5%	−0.24%

四、结语

综上所述，丁酸钠由于其独特的使用功能，不仅对仔猪有提高胃肠道消化酶活性、促进上皮细胞增殖和维持肠道形态结构、保护肠道黏膜及调节肠道菌群平衡及抗炎作用等，而且还可提高饲料利用率，促进仔猪生长，并能改善动物胃肠道消化机能和促进生长的作用已被大量研究证实。随着抗生素禁用，无抗养殖理念的日益普及，在今后的畜牧生产中，丁酸钠有望成为替代抗生素的新型绿色添加剂。但是由于丁酸钠具有特殊的奶酪酸败气味，不易直接添加于饲料中，可采用包被微囊缓释技术等不同工艺进行处理，因此，丁酸钠的添加效果受到不同剂型、剂量、日粮组成和动物日龄及其他不可控因素的影响。尽管丁酸钠在仔猪饲料中的应用效果已有大量研究报道，但其在发挥肠道消化保健功能等方面仍有待进一步深入研究，为今后减少抗生素提高动物生产性能等生产实践提供理论依据。

（李　祥）

饲料机械制造工业概况

2018年，对于饲料行业来说是不平凡的一年，由于中美贸易战，原料价格震荡起伏，环保压力倍增，非洲猪瘟疫情的发生及其不确定性，对饲料行业产生了深远的影响。我国饲料工业步入高度竞争、高速整合、深刻变革的时代，饲料工业和养殖业融合发展，饲料产业集中度进一步提高，规模化程度进一步提升，饲料企业加快进行产品结构适应性调整，产业链调整重组步伐加快。根据我国国情，养殖业将呈现规模饲养和分散饲养相结合的局面，饲料加工规模也将大、中、小共存，因此大、中、小型饲料加工机械将有一定的市场。随着饲料产业集中度、规模化程度的提高、市场的激烈竞争，饲料企业充分认识到通过提升饲料加工技术水平和饲料加工装备水平来提升竞争力的重要性，挖掘现有工艺、装备潜力，生产线改造或新建采用自动化和智能化的工艺技术与装备，努力提高饲料生产管理技术水平。

一、饲料加工成套机组生产情况

近3年，饲料加工成套机组生产情况见表1。由表1可以看出，2018年共生产饲料加工成套机组2 894套，生产总数与2016年、2017年相比成倍增加，分别增加了1 535套和1 505套，增长幅度分别为112.95%和108.35%。其中，生产时产10t以上的大型饲料加工成套机组787套，与2016年、2017年相比大幅下降，分别减少了242套和254套，下降幅度分别为23.52%和24.40%；生产时产10t以下的中小饲料加工成套机组2 107套，生产总数与2016年、2017年相比呈现井喷式上升，分别增加了1 777套和1 759套，增长幅度分别为5.38倍和5.05倍。2018年时产10t以上的大型饲料加工成套机组数量大幅减少，主要与饲料需求总量增速放缓、饲料供给侧产能过剩、市场竞争激烈、行业环保压力有关。时产10t以下的中小饲料加工成套机组数量大幅提高，可能与特种饲料生产发展较快有关。

表1　饲料加工成套机组产量

单位：套

年份	产能≥10t/h	产能<10t/h	合计
2016	1 029	330	1 359
2017	1 041	348	1 389
2018	787	2 107	2 894

二、饲料加工机械生产情况

近3年，饲料加工机械单机设备生产情况见表2。由表2中可以看出，2018年共生产单机设备32 708台，与2016年、2017年相比大幅增加，分别增加了6 979台和8 408台，增长幅度分别为27.13%和34.60%。粉碎机、混合机、制粒机等三大主机共生产9 174台，与2016年、2017年相比呈现断崖式下降，分别减少了11 844台和9 224台，下降幅度分别为56.35%和50.14%。其中，粉碎机2 432台，与2016年、2017年相比均大幅下降，分别减少了5 887台和5 695台，下降幅度分别为70.77%和70.08%；混合机2 154台，与2016年、2017年相比也均大幅下降，分别减少了4 367台和4 445台，下降幅度分别为66.97%和67.36%；制粒机4 588台，与2016年相比下降明显，减少了1 590台，下降幅度为25.74%，但与2017年相比又明显增加，增加了916台，增长幅度为24.95%。其他单机设备23 534台，生产总数与2016年、2017年相比呈现井喷式上升，分别增加了18 823台和17 632台，增长幅度分别为4.0倍和2.99倍。2018年出口11 915台，占生产总量的比例为36.43%，与2016年、2017年相比分别减少1 408台和1 094台，下降幅度分别为10.57%和8.41%。与前两年相比，饲料加工三大主机生产量大幅下降，是由于饲料需求总量增速放缓，导致饲料加工企业进行技术改造、设备更新换代的速度有所放缓，也与饲料企业数量的减少有关。其他单机设备生产量呈现井喷式上升，可能是饲料生产线辅助设备老化、需要大量更换。

表 2　饲料加工机械单机产量

单位：台

年度	粉碎机	混合机	制粒机	其他	合计		饲料机械出口量
					三大主机	所有设备	
2016	8 319	6 521	6 178	4 711	21 018	25 729	13 323
2017	8 127	6 599	3 672	5 902	18 398	24 300	13 009
2018	2 432	2 154	4 588	23 534	9 174	32 708	11 915

三、饲料加工机械设备发展特点

随着饲料产业集中度、规模化程度的提高，大型规模化、专业化饲料加工企业产能过剩、市场竞争加剧问题日益凸现，饲料企业充分认识到通过提升饲料加工技术水平和饲料加工装备水平来提升竞争力的重要性，努力挖掘现有工艺装备潜力，提升饲料加工工艺技术水平和饲料加工装备性能，提高饲料生产管理技术水平。同时，为了满足目前养殖业绿色、无抗、环保、特色的发展理念，一些新型饲料产品如发酵饲料、资源利用型饲料的加工机械设备尚处于开发试验研究阶段，该类饲料加工设备的可靠性和经济性还有待开发。2018 年配合饲料加工设备的发展呈现如下特点。

1. 饲料加工工艺不断改进、创新

饲料加工过程的高效热处理技术研究与相应设备开发是优质饲料产品生产的关键，已成为饲料加工及饲料机械制造企业的共识。为了提高饲料生产效率和饲料利用率，有效保护热敏性饲料添加剂，特别是无抗时代的来临，酶制剂、微生态制剂等热敏性抗生素替代品的广泛使用，高熟化、低损失的畜禽饲料制粒新工艺将得到推广应用；为了保护发酵原料生物活性，湿态发酵原料直接用于颗粒饲料生产的预处理工艺，以提高配合饲料水分的均匀性，防止霉变，降低添加湿态发酵原料对颗粒质量和制粒效率的影响。

2. 饲料加工生产线继续向专业化、规模化方向发展

为避免生产过程中的交叉污染，提高生产效率，新建大型饲料厂不同动物饲料产品采用独立混合系统和独立制粒系统，专业化生产线方向已被众多饲料企业所接受。我国饲料行业集中度不断提升，饲料加工企业的集团化、大型化脚步加快，在生产线的建设上，单线小时生产能力在不断增加，生产线更加追求饲料产品的质量与安全控制技术、设备性能及工艺的先进性、环保性和节能性。

3. 饲料加工成套生产线自动化程度逐渐提高

规模化饲料生产线在粉碎、配料混合、液体添加（后喷涂）等工序实现自动控制的基础上，越来越多的生产线在人力投入较多的原料接收工序、微量组分配料工序、包装工序、码垛工序实现了机械化、自动化控制。原料接收采用机械化卸车，大宗原料、粕类原料等采用散装，直接进筒仓，实现原料储存、进料的高度机械化；小料称量配料采用微量组分自动配料系统，基本可以满足饲料企业对小料称量精度的要求，应用企业逐渐增多；成品散装发送，节省包装工序及包装袋费用，减少成品库容及投资；袋装料全自动定量包装、全自动码垛、自助式包装发送，实现成品包装、发运的自动化。这些工序的自动化、机械化，与饲料厂中央控制系统有机组合，实现从原料接收到加工生产，再到成品包装发货，全程自动控制，提高生产效率，降低生产成本，减轻工人劳动强度，解决劳动力短缺问题。

4. 新建饲料生产线更加重视环保和安全

随着环保意识的增强，饲料企业对粉尘、噪声、气味等越来越关注，环保压力倍增。因此，新建饲料厂在总平面规划设计、饲料工艺和设备设计、安装过程中就要同步考虑污染与安全防控措施，包括除尘防爆、气味处理排放、噪声降低、以及雨污水分离排放等，基本落实到位。

5. 高效、节能饲料加工机械发展迅速

随着市场竞争的加剧，饲料生产企业更加注重产品质量及安全，高效、节能饲料加工机械是饲料生产企业设备更新换代的首选。集成组装技术、自动化控制技术等在大型粉碎机、颗粒机、膨化机及大型饲料加工成套设备的设计制造中得到了应用，自动化、信息化程度进一步提高，使饲料生产的工作效率、工作稳定性和产品质量都得到大幅度提高，但其机械操作与工作质量自动监视能力反馈控制程度低，距完全自动化及智能化还有很大差距，有待研发。

6. 膨化设备性能和产品质量有了较大提高

膨化水产饲料的快速发展，促进了水产饲料膨化设备的研发和膨化技术的进步。膨化机经多年研制、开发，其制造技术进步很快，自动控制系统研究方面也取得了较大进展，生产性能和产品质量等得到了较大提升；烘干机的工作性能对饲料产品水分均匀性和能耗影响显著，在烘干原理、水分均匀性、干燥节能技术等方面也取得了较大进展，新型干燥机的研究开发和升级换代逐步加快。

7. 油脂后喷涂工艺和设备得到广泛应用

为了提高饲料的能量水平、改善颗粒饲料的外观质量，提高饲料生产率，越来越多的饲料生产线配置了后喷涂机，对成型后的颗粒饲料进行油脂喷涂，解决了颗粒饲料中高比例油脂添加对颗粒饲料坚实度的影响问题和各种热敏添加剂损失的难题。特别是在肉鸭饲料、水产膨化饲料的生产中，连续卧式液体喷涂机、真空喷涂机等得到了较多应用，是必备设备之一。

8. 新的饲料加工工艺和设备的研制与推广

发酵饲料是一种新型饲料产品，与其配套的专用饲料加工机械及成套设备还不成熟，导致市场上的同类饲料产品的加工机械设备配套标准性差，饲料加工企业选型难。草食性家畜养殖是未来养殖发展的重点领域之一，节能、高效的草食性家畜饲料加工生产机械设备（如高含草粉量的配方饲料加工机械设备）的研制，将是未来饲料加工机械装备研发的重点。对现有饲料机械，要进一步提高产品质量，增加品种和规模，满足不同用户的需要。同时，适当地引进必要的国外先进技术和设备，消化吸收，开发新产品。

9. 饲料机械产品出口量保持稳定

随着国内饲料机械行业的竞争加剧，大型饲料机械生产企业积极拓展国际市场，更加关注国际市场对饲料机械的需求，注重自主品牌和自主创新产品的研发，提高我国饲料机械制造业的创新能力和国际竞争力，许多规格的饲料机械产品和成套设备的主要技术指标已经接近国际先进水平。

（李军国　王红英）

饲草产业发展概况

2018年，在国内需求加快增长和国际贸易形势变化的大背景下，我国饲草产业发展总体上保持了稳中有升的态势，种业基础更加牢固，饲草种植结构进一步优化，单产水平有所提高，商品草产量平稳，生产经营主体发展态势良好，饲草产品进口量结束了持续十多年的持续增长。

一、饲草种业稳步发展

为贯彻落实《国务院关于加快推进现代农作物种业发展的意见》，各地扎实推进饲草种质资源保护利用、新品种选育、良种繁育推广、种子市场监管等工作，饲草种业稳步发展。

一是种业发展基础进一步夯实。2018年，国家继续实施现代种业提升工程饲草项目，各地认真做好种质资源保护、新品种测试与审定等种业发展基础性工作。全国共收集种质资源3 294份，复检入库2 037份，累计保存总量达到5.6万份；开展了45个饲草品种、1 100个小区的区域试验；审定通过新品种26个，累计审定优良饲草品种559个；中央投资1 217万元在黑龙江齐齐哈尔新建国家级饲草新品种区域试验站1座，有力推动了国家饲草品种区域试验网的改造升级。

二是生产种类进一步优化。随着振兴奶业苜蓿发展行动、粮改饲试点等项目逐年实施，国内市场对紫花苜蓿、青贮玉米、燕麦等优质饲草种子的需求量逐年增大。各地对饲草种子生产的重视程度明显提高，不仅加大了资金投入力度，还对生产的种子种类进行了相应调整。2018年，多年生的紫花苜蓿、一年生的燕麦、黑麦草等优质饲草种子生产田面积较2017年明显增加，占全国饲草种子田面积比例有所提高。

三是种子产量增幅明显。2018年，水热匹配较好，开花期、成熟期、收获期等饲草种子生产关键时期气候状况好于2017年，加之现代种业提升工程饲草种子繁育项目实施，甘肃、内蒙古等饲草种子生产重点省区专业化、标准化生产水平提升明显，全国饲草种子总产量预计将达到9万t，但苜蓿、黑麦草等优质饲草种子仍然需要进口一部分进行补充。

四是种子质量监管稳步推进。2018年，全国各级饲草种子质检机构通过对比试验、能力验证、交流研讨、设备更新、技术引进等手段努力提升检测能力和水平。全国47家质检机构共检测饲草种子6 000余份。18家省部级质检机构从饲草种子主要生产和销售地区抽检661批次，其中质量等级三级以上占比71.7%，与2017年持平。

二、饲草种植生产水平进一步提高

随着农业供给侧结构性改革的深入推进和粮经饲三元种植结构调整，2018年，各地大力发展草牧业，优化饲草种植区域和种类。全国种草面积约为2.9亿亩，与2017年基本持平，饲草生产水平进一步提高。

一是单产水平和总产量呈上升趋势。在粮改饲试点和振兴奶业苜蓿发展行动等项目的示范带动下，各地坚持科技兴草强草，大力推广丰产关键技术，增加优良饲草品种比例，扩大规模化、标准化种植，实施机械化作业和病虫杂草防控等综合生产管理措施，种草管理水平提升明显。2018年，全国紫花苜蓿、多花黑麦草、青贮玉米单产水平分别达到480kg/亩、1 200kg/亩、1 600kg/亩，全国种草总产量、多年生牧草产量、一年生牧草产量分别达到1.8亿t、9 100万t、8 600万t。

二是种植结构更加优化。在推进草牧业试验试点、粮改饲试点和振兴奶业苜蓿发展行动等一系列项目的示范带动下，各地主动调整优化饲草种植结构，加之从美国进口的紫花苜蓿等饲草减少，在种草总面积保持稳定的情况下，2018年，全国优质饲草种植比例较2017年有所提高，紫花苜蓿种植面积超过6 200万亩，燕麦超过630万亩，青贮玉米超过3 500万亩。

三是区域布局优化趋向合理。目前，我国饲草生产的“一带两区”格局基本形成，“一带”即北方苜蓿产业带，“两区”即东北羊草生产区和南方饲草生产区。从不同区域看，农区加快打造饲草产业带和规模化养殖基地。北方农区主要种植苜蓿、燕麦、青贮玉米等饲草，南方地区主要种植黑麦草、杂交狼尾草等饲草。108 个牧区县为主的牧区以生态保护优先，适度发展人工种草。160 个半牧区县为主的农牧交错带区为养而种、种养结合，饲草生产以人工种草为主，除满足本区域牲畜饲养外，剩余部分可外调到牧区抗灾保畜和农区养殖企业。

三、商品草生产供给保障能力加快提升

2018 年，随着振兴奶业苜蓿发展行动、粮改饲试点、南方现代草地畜牧业推进行动等项目的持续实施，优质饲草种植比例和规模不断扩大，商品草生产加快由简单数量型向质量效益型转变，商品草产量和质量继续提升，进一步改善了我国长期以来优质饲草供给不足的局面。

一是商品草产量稳中有升。全国商品草生产面积保持在 2 000 万亩以上，单产水平超过 500kg/ 亩，总产量稳中有升，约 1 000 万 t。但从供给质量上看，优等产品自给率仍然较低，质量等级到达二级以上的苜蓿商品草产量仅 75 万～80 万 t，燕麦商品草产量约 65 万 t，自给率不足 40% 和 70%。

二是生产加工企业发展态势良好。国家逐渐加大对草牧龙头企业和新型经营主体扶持培育力度，各地区饲草产品生产加工企业发展态势良好，产品种类丰富，产能持续提升。全国从事饲草生产加工的企业超过 550 家，农牧民专业合作社约 240 家，总产量约 750 万 t。生产加工企业主要集中在甘肃、内蒙古、宁夏、山东、黑龙江等地，企业数量和产量约占全国的七成，产品主要为紫花苜蓿草捆、草块、草颗粒、草粉，青贮玉米裹包和燕麦草捆。

三是进口来源地发生较大变化。2018 年，我国仍主要从美国进口苜蓿草，从澳大利亚进口燕麦草，从蒙古国进口天然饲草。但由于中美贸易摩擦，饲草进口总量出现十多年以来的首次下滑，为 171 万 t，同比减少 8%，但进口价格比较稳定。美国苜蓿草进口占比已由 2017 年的 93% 下降至 84%，西班牙苜蓿草进口占比则由 2017 年的 2% 提高到 12%。此外，我国还增加了从加拿大、苏丹等国的饲草进口。

（黄庆生）

饲料质量安全监管

2018年4月12日，农业农村部办公厅印发《2018年全国饲料质量安全监管工作方案》（农办牧〔2018〕21号），部署在全国30个省（自治区、直辖市）开展商品饲料监督抽检和执行《饲料质量安全管理规范》现场检查，切实保障饲料质量安全。全年抽检各类饲料产品7 424批次，饲料产品总体合格率为93.2%。其中，配合饲料3 717批次，合格率92.5%；浓缩饲料1 138批次，合格率90.5%；精料补充料421批次，合格率96.9%；添加剂预混合饲料1 133批次，合格率93.9%；饲料添加剂383批次，合格率97.1%；混合型饲料添加剂237批次，合格率94.9%；动物源性饲料原料174批次，合格率92.5%；植物性饲料原料168批次，合格率99.4%；其他饲料原料46批次，合格率95.7%；宠物饲料7批次，合格率100%。针对不同产品性质特点，分别进行卫生、禁限用药物和牛羊源成分等指标检测。其中，对7 219批次样品进行卫生指标检测，发现178批次不合格产品，不合格率2.5%；对5 286批次样品进行禁限用药物指标检测，发现118批次不合格产品，不合格率2.2%；对119批次样品进行牛羊源成分指标检测，发现6批次不合格产品，不合格率5.0%。

从监测结果看，2018年采取双随机抽样检测，采样范围进一步扩大，检测指标大幅度增加，导致全国饲料产品抽检总体合格率有所降低，但饲料产品质量安全状况总体仍处于较好水平。从具体指标看，真菌毒素和重金属超标、超量使用药物饲料添加剂、违规添加禁用药物、产品质量控制不严等问题仍然存在。

2018年，继续组织开展饲料中非法添加物摸底筛查工作，强化饲料中新型未知物质检测方法研究。针对行业反馈集中、风险隐患突出的饲料中的病原微生物、矿物原料中重金属污染等潜在安全风险，组织开展隐患排查，持续跟踪监测，进一步完善主动防控风险的技术体系。

（黄庆生）

“瘦肉精”专项监测

2018年5月8日，农业农村部办公厅印发《2018年“瘦肉精”专项监测工作方案》，组织对河北、山西等27个省（自治区、直辖市）的2 250家生猪，3 100家肉牛，2 550家肉羊养殖场（户）开展的养殖环节“瘦肉精”监督抽检，共抽取23 700批次样品，监测合格率100%。对内蒙古等10个重点省区育肥后期的501家肉牛、499家肉羊养殖场（户）开展的β-兴奋剂类违禁物质排查，共抽取3 300批次样品，监测合格率100%。对北京、上海等8省（自治区、直辖市）活畜运输环节“瘦肉精”监督抽检，共抽检2 400辆运输车，抽检7 200批次样品，共发现4头肉牛“瘦肉精”阳性。监测合格率99.8%。

组织国家饲料质量监督检验中心（北京）及11个省级饲料质检机构的技术人员，分别赴河北、内蒙古、辽宁、吉林、山东5个肉牛、肉羊主产省，21个县128家养殖场，飞行抽检牛羊尿液样品466份和牛羊组织样品80份，全部牛羊组织样品均未检出β-受体激动剂类违禁物质，仅吉林省4个肉牛尿液中检出克仑特罗。

（黄庆生）

深入推进粮改饲

为深入推进农业供给侧结构性改革，2018年农业农村部会同财政部安排中央财政资金20亿元，继续在河北、山西、内蒙古、辽宁、吉林、黑龙江（含农垦）、安徽、山东、河南、广西、贵州、云南、陕西、甘肃、青海、宁夏、新疆17个省区实施，覆盖551个县区（含178个国家级贫困县），计划实施80万hm^2，实际完成96.04万hm^2，累计收贮全株青贮玉米、苜蓿等优质饲草料4 007万t。

粮改饲专项资金采取"大专项+任务清单"管理方式下达到各地省级财政，并提出粮改饲面积约束性任务和绩效评价指标。各地按照《粮改饲工作实施方案》要求，由农牧管理部门会同财政部门制定实施方案，按照草食家畜养殖基础好，规模化程度较高，气候、水土条件适宜发展规模化饲草料种植，政府重视种植结构调整和草食畜牧业发展，农民粮改饲积极性高，养殖场户收储条件好的原则要求，组织遴选实施县，细化任务和资金分配。实施县级农牧部门会同财政部门按照部、省有关要求，细化工作方案，按照申报、审查、核实、公示、资金发放等程序，确保将资金落实到补贴对象。据调度，粮改饲资金主要用于开展全株玉米等青贮饲草料收储，补贴标准由各试点县根据自身需要来确定。各地通过粮改饲有效满足了草食家畜养殖的饲草料需求，降低了养殖成本，缓解了玉米收储压力，提高了土地产出效益，减少了秸秆焚烧造成的环境污染，实现了经济、社会和生态效益共赢。

粮改饲使得"种养结合、为养而种"循环发展模式加快形成，实现了"种养双赢"。2018年完成的粮改饲面积中，养殖场流转土地自种、种养一体化经营的比例达到41%，较2017年提高5个百分点，内蒙古、辽宁、青海等省份达到60%以上。养殖场利用一体化经营优势，将牛羊粪便还田用于青贮饲料种植，减少化肥用量40%以上。试点区域专业化生产服务组织发展到3 000余家，由专业收贮企业收贮面积达15%，耕、种、收、贮全程机械化作业水平大幅提高。在政策激励和市场带动的双重作用下，传统农区和农牧交错带区域的农牧民，原有种植籽粒玉米的习惯发生了较大转变。内蒙古兴安盟扎赉特旗雪峰农牧合作社，按照自身养殖规模和市场青贮饲料价格测算，主动调减籽粒玉米种植面积，增加青贮玉米播种面积1.4万亩，比上年多种植4 000亩。农民出售青贮玉米，平均每亩收入1 081元，比出售籽粒玉米每亩增收302元。经过连续四年实施粮改饲，农民种植青贮玉米意愿从"要我改"转变为"我要改"，推动草食畜牧业健康发展的工作机制加快形成。

粮改饲促进了农民增收，推进了产业扶贫。2018年，有178个国家级贫困县参与实施粮改饲。云南曲靖沾益区采取"养殖企业+贫困户"的种养模式，引导18个行政村440户贫困户种植青贮玉米1 364亩，户均增收1 528.67元。宁夏西吉县整合涉农扶贫资金1 500万元，将贫困户收贮全株玉米青贮补贴由每吨60元提高到100元，通过发展牛羊产业激发贫困户脱贫增收的主动性和积极性。中央财政累计用于内蒙古、广西、宁夏、新疆4个自治区和贵州毕节等重点民族地区的粮改饲工作补助资金已经达到124 232.1万元。青海、云南、新疆等省区把粮改饲作为产业扶贫的重要措施，采取"公司+基地+农户""产业园+精准扶贫""土地流转+订单种植+贫困户"等模式，引导企业、养殖大户与建档立卡贫困户建立青贮玉米种收贮一体化利益共享机制。

粮改饲推动了草牧业发展，提高了规模养殖水平。粮改饲省区在落实政策中，将青贮高粱、苜蓿、燕麦、黑麦草和甜高粱等纳入补贴范围，拓展饲草料资源，各地累计收贮全株青贮玉米3 517万t、青贮高粱15万t、苜蓿36万t、燕麦47万t、黑麦草3万t、构树4万t和甜高粱4万t，推动了草牧业发展。内蒙古通辽市种青贮养肉牛的种养结合养殖户（场）达到

17.3万户，占全市肉牛养殖户（场）总数的85%。一亩青贮玉米养一头基础母牛，一头基础母牛一年产一犊成为标配，基础母牛繁殖率由65%提高到85%以上。

粮改饲壮大了农业新型经营主体，促进了一二三产业融合发展。各地通过“政府＋信贷＋合作社”“养殖企业＋种植大户”“养殖企业＋种植合作社”“养殖企业＋合作社＋农户”等合作模式，开展生产、技术、采购、仓储、物流、加工、销售一体化的合作服务，既解决了销售难、收储难的问题，也带动了专业化饲草机械收获、拉运以及农机市场等第三产业的兴起，更促进了规模化生产。试点省区专业化服务组织达801家，养殖合作社达4 210家。

（黄庆生）

进口饲料和饲料添加剂管理

根据《进口饲料和饲料添加剂登记管理办法》有关规定，批准德国 Biochem 添加剂贸易和生产有限公司等生产的 568 种饲料和饲料添加剂产品在我国登记或续展登记，并发给进口登记证（附件 1 和附件 2）。批准美国华达生化科技有限公司等企业换发进口登记证（附件 3）。所登记产品的监督检验，按中华人民共和国国家标准或农业农村部发布的质量标准执行。

附件 1

进口饲料和饲料添加剂产品登记证目录（2018）

登记证号	通用名称	商品名称	产品类别	使用范围	生产厂家	有效期限	备注
（2018）外饲准字 001 号	母猪复合预混合饲料 Premix for Sow	菲特利 Fertility Pack Sow	添加剂预混合饲料 Feed Additive Premix	母猪 Sow	德国 Biochem 添加剂贸易和生产有限公司 Biochem Zusatzstoffe Handels–und Produktionsgesellschaft mbH，Germany	2018.01—2023.01	新办
（2018）外饲准字 002 号	混合型饲料添加剂 酶制剂 Feed Additives Mixture Enzymes	速美肥 PLUS Capsozyme SB	混合型饲料添加剂 Feed Additives Mixture	猪、家禽 Swine、poultry	西班牙埃特亚公司 Industrial Tecnica Pecuaria，S.A.，Spain	2018.01—2023.01	新办
（2018）外饲准字 003 号	混合型饲料添加剂 氯化镁 Feed Additives Mixture–Magnesium Chloride	宝显康 Bio–Chlor	混合型饲料添加剂 Feed Additives Mixture	牛 Cattle	美国切迟 – 杜威公司 Oskaloosa 工厂 Oskaloosa Plant，Church & Dwight Inc.，USA	2018.01—2023.01	新办
（2018）外饲准字 004 号	饲料添加剂 磷脂 Feed Additive Lecithin	利百多（液体） Lipidol L	饲料添加剂 Feed Additive	养殖动物 All species or categories of animals	韩国 Pathway Intermediates International 公司（Ipjang 工厂） Pathway Intermediates International，Inc.（Ipjang plant），Korea	2018.01—2023.01	新办
（2018）外饲准字 005 号	混合型饲料添加剂 香味物质 Feed Additives Mixture–Flavouring substances	欧氧克 AntaOx Aqua	混合型饲料添加剂 Feed Additives Mixture	养殖动物 All species or categories of animals	艾柯博士动物营养有限两合公司 Dr. Eckel Animal Nutrition GmbH & Co. KG，Germany	2018.01—2023.01	新办
（2018）外饲准字 006 号	混合型饲料添加剂 嗜酸乳杆菌 Feed Additives Mixture–Lactobacillus acidophilus	鸡益生 Lactobacillus acidophilus D2/CSL	混合型饲料添加剂 Feed Additives Mixture	鸡 Chicken	意大利 CSL 奶牛试验中心（MI 分厂） Centro Sperimentale del Latte S.r.l.，Italy	2018.01—2023.01	新办
（2018）外饲准字 007 号	饲料添加剂 二氧化硅 Feed Additive Silicon Dioxide	能量硅 Silica+	饲料添加剂 Feed Additive	养殖动物 All species or categories of animals	法国 EURL DIAM–EAU 公司 EURL DIAM–EAU，France	2018.01—2023.01	新办
（2018）外饲准字 008 号	混合型饲料添加剂 植酸酶（产自李氏木霉） Feed Additives Mixture Phytase（by Trichoderma reesei）	爱特康 ™ PHY 5000 L Axtra® PHY 5000 L	混合型饲料添加剂 Feed Additives Mixture	猪、家禽 Swine、poultry	丹尼斯克美国有限公司（Cedar Rapids 工厂） Danisco US Inc.（Cedar Rapids Plant），USA	2018.01—2023.01	新办
（2018）外饲准字 009 号	混合型饲料添加剂丙二醇 Feed Additives Mixture Propylene Glycol	丙二醇 65 Propilenglicol 65	混合型饲料添加剂 Feed Additives Mixture	奶牛、奶绵羊和山羊 Cows、Dairy Sheep and goats	西班牙 Norel 公司（Tarragona）工厂 Norel S.A.，Spain（Plant Tarragona），Spain	2018.01—2023.01	新办
（2018）外饲准字 010 号	混合型饲料添加剂 维生素 A 乙酸酯 Feed Additives Mixture Vitamin A Acetate	维生素 A 乙酸酯 2.1 MIU/g（BHT） Vitamin A Acetate 2.1 MIU/g（BHT）	混合型饲料添加剂 Feed Additives Mixture	养殖动物 All species or categories of animals	瑞士帝斯曼营养产品有限公司 DSM Nutritional Products AG，Switzerland	2018.01—2023.01	新办

（续）

登记证号	通用名称	商品名称	产品类别	使用范围	生产厂家	有效期限	备注
（2018）外饲准字 011 号	混合型饲料添加剂 β－胡萝卜素 Feed Additives Mixture β－carotene	罗维素® β－胡萝卜素 10% P ROVIMIX® β－carotene 10% P	混合型饲料添加剂 Feed Additives Mixture	宠物 Pet	帝斯曼营养产品法国有限公司 DSM Nutritional Products France SAS，France	2018.01—2023.01	新办
（2018）外饲准字 012 号	混合型饲料添加剂 天然类固醇萨洒皂角苷（源自丝兰） Feed Additives Mixture YUCCA（Yucca Schidigera Extract）	诺保灵 XO2 Norponin XO2	混合型饲料添加剂 Feed Additives Mixture	畜禽和水产动物 Livestock and Poultry，Aquaculture Animals	（法国）诺富得公司 NOR－FEED SAS，France	2018.01—2023.01	新办
（2018）外饲准字 013 号	混合型饲料添加剂 天然类固醇萨洒皂角苷（源自丝兰），皂树皮提取物 Feed Additives Mixture YUCCA（Yucca Schidigera Extract），Quillaia（Quillajasaponaria Molina）	去臭灵 Norponin OPTI	混合型饲料添加剂 Feed Additives Mixture	养殖动物 All Species or Categories of Animals	（法国）诺富得公司 NOR－FEED SAS，France	2018.01—2023.01	新办
（2018）外饲准字 014 号	混合型饲料添加剂 葡萄籽提取物 Feed Additives Mixture Grape seed extract	诺葡 PX 100 Nor－Grape PX 100	混合型饲料添加剂 Feed Additives Mixture	养殖动物（犬除外） All species or categories of animals（Not Including Dog）	（法国）诺富得公司 NOR－FEED SAS，France	2018.01—2023.01	新办
（2018）外饲准字 015 号	饲料添加剂 葡萄籽提取物 Feed additive Grape seed extract	诺葡 80 Nor－Grape 80	饲料添加剂 Feed Additive	养殖动物（犬除外） All Species or Categories of Animals（Not Including Dog）	（法国）诺富得公司 NOR－FEED SAS，France	2018.01—2023.01	新办
（2018）外饲准字 016 号	猪肠膜蛋白粉 Porcine soluble protein	莱普乐 Lyzopro	单一饲料 Single Feed	畜禽和水产动物 Livestock and Poultry，Aquaculture Animals	美国华达生化科技有限公司 Vitech Bio－Chem Corporation，USA	2018.01—2023.01	新办
（2018）外饲准字 017 号	酵母水解物 Yeast hydrolysate	乳脉嘉 Rumen Yeast	单一饲料 Single Feed	肉牛和奶牛 Beefs and Dairy Cows	巴西 ICC Industrial Com. Exp. E Imp. Ltda，CNPJ ICC Industrial Com. Exp. E Imp. Ltda，CNPJ Brazil	2018.01—2023.01	新办
（2018）外饲准字 018 号	鱼粉 Fishmeal	红鱼粉（Ⅲ级） Red Fishmeal（Grade Ⅲ）	单一饲料 Single Feed	畜禽和水产动物 Livestock and Poultry，Aquaculture Animals	毛里塔尼亚 Alfa Services Limited（Sarl）公司 Alfa Services Limited（Sarl），Mauritania	2018.01—2023.01	新办
（2018）外饲准字 019 号	鱼粉 Fishmeal	凯瑞达红鱼粉（Ⅲ级） Fishmeal（Grade Ⅲ）	单一饲料 Single Feed	畜禽和水产动物 Livestock and Poultry，Aquaculture Animals	毛里塔尼亚 PROTEIN SEAFOOD SARL 公司 PROTEIN SEAFOOD SARL，Mauritania	2018.01—2023.01	新办

（续）

登记证号	通用名称	商品名称	产品类别	使用范围	生产厂家	有效期限	备注
（2018）外饲准字 020 号	混合型饲料添加剂 天然类固醇萨洒皂角苷（源自丝兰） Feed Additives Mixture YUCCA（Yucca Schidigera Extract）	富兰宝 Micro-Aid	混合型饲料添加剂 Feed Additives Mixture	养殖动物	美国 DPI 配送加工有限公司 Distributors Processing Inc.，USA	2018.01—2023.01	新办
（2018）外饲准字 021 号	白鱼粉 White Fishmeal	白鱼粉（Ⅲ级） White Fishmeal（Grade Ⅲ）	单一饲料 Single Feed	畜禽和水产动物 Livestock and Poultry，Aquaculture Animals	新西兰桑福德有限公司 工船加工，工船名："San Discovery"，工船号 PH464 SANFORD LIMITED，Vessel：San Discovery，official No. PH464，New Zealand	2018.01—2023.01	新办
（2018）外饲准字 022 号	白鱼粉 White Fishmeal	白鱼粉（Ⅲ级） White Fishmeal（Grade Ⅲ）	单一饲料 Single Feed	畜禽和水产动物 Livestock and Poultry，Aquaculture Animals	新西兰桑福德有限公司 工船加工，工船名："San Enterprise"工船号，PH512 SANFORD LIMITED，Vessel：San Enterprise，official No. 512，New Zealand	2018.01—2023.01	新办
（2018）外饲准字 023 号	白鱼粉 White Fishmeal	白鱼粉（Ⅲ级） White Fishmeal（Grade Ⅲ）	单一饲料 Single Feed	畜禽和水产动物 Livestock and Poultry，Aquaculture Animals	新西兰塔利斯集团公司，工船加工，工船名："Amaltal Enterprise"，工船号：PH622 Talley's Group Limited，Vessel：Amaltal Enterprise，Official No. PH622，New Zealand	2018.01—2023.01	新办
（2018）外饲准字 024 号	白鱼粉 White Fishmeal	白鱼粉（Ⅲ级） White Fishmeal（Grade Ⅲ）	单一饲料 Single Feed	畜禽和水产动物 Livestock and Poultry，Aquaculture Animals	新西兰塔利斯集团公司，工船加工，工船名："Amaltal Columbia"，工船号：PH384 Talley's Group Limited，Vessel：Amaltal Columbia，Official No. PH384，New Zealand	2018.01—2023.01	新办
（2018）外饲准字 025 号	白鱼粉 White Fishmeal	白鱼粉（Ⅲ级） White Fishmeal（Grade Ⅲ）	单一饲料 Single Feed	畜禽和水产动物 Livestock and Poultry，Aquaculture Animals	新西兰塔利斯集团公司，工船加工，工船名："Amaltal Atlantis"，工船号：PH475 Talley's Group Limited，Vessel：Amaltal Atlantis，Official No. PH475，New Zealand	2018.01—2023.01	新办
（2018）外饲准字 026 号	鱼粉 Fishmeal	红鱼粉（Ⅲ级） Red Fishmeal（Grade Ⅲ）	单一饲料 Single Feed	畜禽和水产动物 Livestock and Poultry，Aquaculture Animals	独立渔业有限公司 工船加工，工船号：IRVINGA，新西兰注册号：L901187 Independent Fisheries Limited，Vessel：IRVINGA，No. L901187，New Zealand	2018.01—2023.01	新办
（2018）外饲准字 027 号	白鱼粉 White Fishmeal	白鱼粉（Ⅲ级） White Fishmeal（Grade Ⅲ）	单一饲料 Single Feed	畜禽和水产动物 Livestock and Poultry，Aquaculture Animals	独立渔业有限公司 工船加工，工船号：IRVINGA，新西兰注册号：L901187 Independent Fisheries Limited，Vessel：IRVINGA，No. L901187，New Zealand	2018.01—2023.01	新办

（续）

登记证号	通用名称	商品名称	产品类别	使用范围	生产厂家	有效期限	备注
（2018）外饲准字 028 号	鱼油 Fish Oil	鱼油（饲料级） Fish Oil（Feed Grade）	单一饲料 Single Feed	畜禽和水产动物 Livestock and Poultry，Aquaculture Animals	毛里塔尼亚 OMAURCI S.A. 公司 OMAURCI S.A.，Mauritania	2018.01—2023.01	新办
（2018）外饲准字 029 号	白鱼粉 White Fishmeal	白鱼粉（Ⅲ级） White Fishmeal（Grade Ⅲ）	单一饲料 Single Feed	畜禽和水产动物 Livestock and Poultry，Aquaculture Animals	俄罗斯“AKROS”Fishing JSC 公司，工船加工，工船名称“Petr Iljin”工船批准号：CH–17A “AKROS”Fishing JSC Produced on Broad at vessel“Petr Iljin”，Register No. CH–17A，Russia	2018.01—2023.01	新办
（2018）外饲准字 030 号	白鱼粉 White Fishmeal	白鱼粉（Ⅲ级） White Fishmeal（Grade Ⅲ）	单一饲料 Single Feed	畜禽和水产动物 Livestock and Poultry，Aquaculture Animals	俄罗斯“AKROS”Fishing JSC 公司，工船加工，工船名称“Vilyuchinsky”工船批准号：CH–15A “AKROS”Fishing JSC Produced on Broad at vessel“Vilyuchinsky”，Register No. CH–15A，Russia	2018.01—2023.01	新办
（2018）外饲准字 031 号	白鱼粉 White Fishmeal	白鱼粉（Ⅲ级） White Fishmeal（Grade Ⅲ）	单一饲料 Single Feed	畜禽和水产动物 Livestock and Poultry，Aquaculture Animals	俄罗斯“AKROS”Fishing JSC 公司，工船加工，工船名称“Boris Trofimenko”工船批准号：CH–571 “AKROS”Fishing JSC Produced on Broad at vessel“Boris Trofimenko”，Register No. CH–571，Russia	2018.01—2023.01	新办
（2018）外饲准字 032 号	白鱼粉 White Fishmeal	白鱼粉（Ⅲ级） White Fishmeal（Grade Ⅲ）	单一饲料 Single Feed	畜禽和水产动物 Livestock and Poultry，Aquaculture Animals	俄罗斯“AKROS”Fishing JSC 公司，工船加工，工船名称“Victoria–1”工船批准号：CH–18A “AKROS”Fishing JSC Produced on Broad at vessel“Victoria–1”，Register No. CH–18A，Russia	2018.01—2023.01	新办
（2018）外饲准字 033 号	白鱼粉 White Fishmeal	白鱼粉（Ⅲ级） White Fishmeal（Grade Ⅲ）	单一饲料 Single Feed	畜禽和水产动物 Livestock and Poultry，Aquaculture Animals	俄罗斯“AKROS”Fishing JSC 公司，工船加工，工船名称“Aleksey Chirikov”工船批准号：CH–16A “AKROS”Fishing JSC Produced on Broad at vessel“Aleksey Chirikov”，Register No. CH–16A，Russia	2018.01—2023.01	新办

（续）

登记证号	通用名称	商品名称	产品类别	使用范围	生产厂家	有效期限	备注
（2018）外饲准字 034 号	白鱼粉 White Fishmeal	白鱼粉（Ⅰ级） White Fishmeal（Grade Ⅰ）	单一饲料 Single Feed	畜禽和水产动物 Livestock and Poultry，Aquaculture Animals	俄罗斯 PJSC “NBAMR” Public Joint Stock Company “Nakhodka Active Marine Fishery Base”（工船名称 “Aeronavt” 工船号：CH-80A） PJSC “NBAMR” Public Joint Stock Company “Nakhodka Active Marine Fishery Base”（Produced on Broad at vessel “Aeronavt”，Official No. CH-80A），Russia	2018.01—2023.01	新办
（2018）外饲准字 035 号	白鱼粉 White Fishmeal	白鱼粉（Ⅰ级） White Fishmeal（Grade Ⅰ）	单一饲料 Single Feed	畜禽和水产动物 Livestock and Poultry，Aquaculture Animals	俄罗斯 PJSC “NBAMR” Public Joint Stock Company “Nakhodka Active Marine Fishery Base”（工船名称 “Aleksandr Belyakov” 工船号：CH-57K） PJSC “NBAMR” Public Joint Stock Company “Nakhodka Active Marine Fishery Base”（Produced on Broad at vessel “Aleksandr Belyakov”，Official No. CH-57K），Russia	2018.01—2023.01	新办
（2018）外饲准字 036 号	猫配合饲料 Cat Compound Feed	佰芙深海庄园幼猫粮 Pet Froh Selected Ocean Fish Kitten	配合饲料 Compound Feed	猫 Cat	比利时联合宠物食品公司 United Petfood Producers NV，Belgium	2018.01—2023.01	新办
（2018）外饲准字 037 号	犬配合饲料 Dog Compound Feed	嗗达幼犬大型犬犬粮 Woofstard Holistic Puppy Large Breed	配合饲料 Compound Feed	犬 Dog	比利时联合宠物食品公司 United Petfood Producers NV，Belgium	2018.01—2023.01	新办
（2018）外饲准字 038 号	犬配合饲料 Dog Compound Feed	嗗达成犬大型犬犬粮 Woofstard Holistic Adult Large Breed	配合饲料 Compound Feed	犬 Dog	比利时联合宠物食品公司 United Petfood Producers NV，Belgium	2018.01—2023.01	新办
（2018）外饲准字 039 号	犬配合饲料 Dog Compound Feed	嗗达全犬期无谷三文鱼 & 白鱼配方犬粮 Woofstard Holistic Grain Free All Life Stages with Salmon &White Fish	配合饲料 Compound Feed	犬 Dog	比利时联合宠物食品公司 United Petfood Producers NV，Belgium	2018.01—2023.01	新办
（2018）外饲准字 040 号	犬配合饲料 Dog Compound Feed	嗗达全犬期无谷羊肉配方犬粮 Woofstard Holistic Grain Free All Life Stages with Lamb	配合饲料 Compound Feed	犬 Dog	比利时联合宠物食品公司 United Petfood Producers NV，Belgium	2018.01—2023.01	新办

（续）

登记证号	通用名称	商品名称	产品类别	使用范围	生产厂家	有效期限	备注
（2018）外饲准字 041 号	猫配合饲料 Cat Compound Feed	喵达全猫期无谷三文鱼 & 鲱鱼配方猫粮 Meowstard Holistic Grain Free All Life Stages with Salmon & Herring	配合饲料 Compound Feed	猫 Cat	比利时联合宠物食品公司 United Petfood Producers NV，Belgium	2018.01—2023.01	新办
（2018）外饲准字 042 号	羔羊配合饲料 Lambs and Kids Compound Feed	羔乐宝 Denkamilk Capri–Ovi IP	配合饲料 Compound Feed	羔羊 Lambs and Kids	荷兰登卡维特有限公司 Denkavit Nederland B.V.，the Netherlands	2018.01—2023.01	新办
（2018）外饲准字 043 号	犊牛配合饲料 Calves Compound Feed	正大犊牛代乳宝－优乳康 Denkamilk Maxistart IP	配合饲料 Compound Feed	犊牛 Calves	荷兰登卡维特有限公司 Denkavit Nederland B.V.，the Netherlands	2018.01—2023.01	新办
（2018）外饲准字 044 号	犊牛配合饲料 Calves Compound Feed	正大犊牛代乳宝－优乳健 Denkamilk Topstart IP	配合饲料 Compound Feed	犊牛 Calves	荷兰登卡维特有限公司 Denkavit Nederland B.V.，the Netherlands	2018.01—2023.01	新办
（2018）外饲准字 045 号	犊牛配合饲料 Calves Compound Feed	正大犊牛代乳宝－优乳宝 Denkamilk Topmilk IP	配合饲料 Compound Feed	犊牛 Calves	荷兰登卡维特有限公司 Denkavit Nederland B.V.，the Netherlands	2018.01—2023.01	新办
（2018）外饲准字 046 号	羔羊配合饲料 Lambs and Kids Compound Feed	羔羊代乳粉Ⅰ段 KIDS MILK REPLACER PERIOD Ⅰ IP	配合饲料 Compound Feed	羔羊 Lambs and Kids	荷兰登卡维特有限公司 Denkavit Nederland B.V.，the Netherlands	2018.01—2023.01	新办
（2018）外饲准字 047 号	羔羊配合饲料 Lambs and Kids Compound Feed	羔羊代乳粉Ⅲ段 KIDS MILK REPLACER PERIOD Ⅲ IP	配合饲料 Compound Feed	羔羊 Lambs and Kids	荷兰登卡维特有限公司 Denkavit Nederland B.V.，the Netherlands	2018.01—2023.01	新办
（2018）外饲准字 048 号	羔羊配合饲料 Lambs and Kids Compound Feed	羔羊代乳粉Ⅱ段 KIDS MILK REPLACER PERIOD Ⅱ IP	配合饲料 Compound Feed	羔羊 Lambs and kids	荷兰登卡维特有限公司 Denkavit Nederland B.V.，the Netherlands	2018.01—2023.01	新办
（2018）外饲准字 049 号	混合型饲料添加剂 矿物质 Feed Additive Mixture Minerals	妈妈棒 MAMABEN	混合型饲料添加剂 Feed Additives Mixture	母猪 Sow	日本新水株式会社（熊本工厂） Sinsui Inc.（Kumamoto Factory），Japan	2018.01—2023.01	新办
（2018）外饲准字 050 号	混合型饲料添加剂 矿物质 酸度调节剂 Feed Additives Mixture Minerals Acidity Regulator	安宁健 Anigane	混合型饲料添加剂 Feed Additives Mixture	养殖动物 All Species or Categories of Animals	澳洲农业化学有限公司 Rural Chemical Industries（Aust.）Pty. Ltd.，Australia	2018.01—2023.01	新办

（续）

登记证号	通用名称	商品名称	产品类别	使用范围	生产厂家	有效期限	备注
（2018）外饲准字 051 号	鼠配合饲料 Murine Compound Feed	5CJL 优质鼠类饲料 5CJL JL Rat & Mouse Auto 6F C	配合饲料 Compound Feed	鼠 Murine	美国 PMI 营养国际有限责任公司（里士满工厂） PMI Nutrition International，LLC.（plant in Richmond），USA	2018.01—2023.01	新办
（2018）外饲准字 052 号	鼠配合饲料 Murine Compound Feed	5CC4 CR 14%C 优质鼠类饲料 5CC4 Certified CR 14% Protein C Irradiated	配合饲料 Compound Feed	鼠 Murine	美国 PMI 营养国际有限责任公司（里士满工厂） PMI Nutrition International，LLC.（plant in Richmond），USA	2018.01—2023.01	新办
（2018）外饲准字 078 号	混合型饲料添加剂 木聚糖酶（产自长柄木霉） Feed Additives Mixture Xylanase（by Trichoderma longibrachiatum）	超浓缩木聚糖酶 Xylanase 2XP CONC	混合型饲料添加剂 Feed Additives Mixture	猪、家禽 Swine，Poultry	（墨西哥）Enmex，S.A. de C.V Enmex，S.A. de C.V，Mexico	2018.03—2023.03	新办
（2018）外饲准字 079 号	混合型饲料添加剂 植酸酶（产自李氏木霉） Feed Additives Mixture Phytase（by Trichoderma reesei）	爱特康 ™ PHY 25000 G Axtra® PHY 25000 G	混合型饲料添加剂 Feed Additives Mixture	猪、家禽 Swine，Poultry	丹尼斯克美国有限公司（Cedar Rapids 工厂） Danisco US Inc.（Cedar Rapids Plant），USA	2018.03—2023.03	新办
（2018）外饲准字 080 号	混合型饲料添加剂 木聚糖酶（产自李氏木霉）β－葡聚糖酶（产自李氏木霉） Feed Additives Mixture xylanase（by Trichoderma reesei）β－glucanase（by Trichoderma reesei）	爱特康 ™ XB 201 TPT Axtra® XB 201 TPT	混合型饲料添加剂 Feed Additives Mixture	猪、家禽 Swine，Poultry	杰能科国际有限公司（Hanko 工厂） Genencor International Oy（Hanko Plant），Finland	2018.03—2023.03	新办
（2018）外饲准字 081 号	混合型饲料添加剂 酿酒酵母 Feed Additives Mixture Saccharo-myces Cerevisiae	百奥宝 A BIO-BOND A	混合型饲料添加剂 Feed Additives Mixture	养殖动物 All Species or Categories of Animals	美国国际生物营养有限公司 Bio-Nutrition International，Inc.，USA	2018.03—2023.03	新办
（2018）外饲准字 082 号	混合型饲料添加剂 酿酒酵母 Feed Additives Mixture Saccharo-myces Cerevisiae	百奥宝 BIO-BOND	混合型饲料添加剂 Feed Additives Mixture	养殖动物 All Species or Categories of Animals	美国国际生物营养有限公司 Bio-Nutrition International，Inc.，USA	2018.03—2023.03	新办
（2018）外饲准字 083 号	混合型饲料添加剂 酸度调节剂 Feed Additives Mixture Acidity Regulators	赛可新 S Selko®-pH S	混合型饲料添加剂 Feed Additives Mixture	猪、家禽 Swine，Poultry	荷兰赛尔可公司 Selko B.V.，the Netherlands	2018.03—2023.03	新办

（续）

登记证号	通用名称	商品名称	产品类别	使用范围	生产厂家	有效期限	备注
（2018）外饲准字 084 号	混合型饲料添加剂 酸度调节剂 Feed Additives Mixture Acidity Regulators	肥乐酸 Fysal®–MP	混合型饲料添加剂 Feed Additives Mixture	养殖动物 All species or categories of animals	荷兰赛尔可公司 Selko B.V., the Netherlands	2018.03—2023.03	新办
（2018）外饲准字 085 号	混合型饲料添加剂 酶制剂 Feed Additives Mixture Enzymes	钻石强力酶 XB NOPCOZYME XB	混合型饲料添加剂 Feed Additives Mixture	养殖动物 All species or categories of animals	新加坡大祥资源有限公司 Diasham Resources Pte. Ltd., Singapore	2018.03—2023.03	新办
（2018）外饲准字 086 号	混合型饲料添加剂 酶制剂 Feed Additives Mixture Enzymes	钻石强力酶 XAP NOPCOZYME XAP	混合型饲料添加剂 Feed Additives Mixture	养殖动物 All species or categories of animals	新加坡大祥资源有限公司 Diasham Resources Pte. Ltd., Singapore	2018.03—2023.03	新办
（2018）外饲准字 087 号	混合型饲料添加剂 矿物元素 Feed Additives Mixture Minerals	福斯凯 APSA PHOS–CAL	混合型饲料添加剂 Feed Additives Mixture	猪、鸡 Swine, Chicken	西班牙皮特鲁巴公司 ANDR é S PINTALUBA, S.A., Spain	2018.03—2023.03	新办
（2018）外饲准字 088 号	混合型饲料添加剂 氨基酸 Feed Additives Mixture Amino Acids	蜜特好 MET55	混合型饲料添加剂 Feed Additives Mixture	牛 Cattle	加拿大 Jefagro 科技有限公司 Jefagro Technologies Inc., Canada	2018.03—2023.03	新办
（2018）外饲准字 089 号	混合型饲料添加剂 香味物质 Feed Additives Mixture Flavoring Substances	乐培 Respimint Oral	混合型饲料添加剂 Feed Additives Mixture	猪、家禽 Swine, Poultry	荷兰 Interchemie werken “De Adelaar” B.V. 公司 Interchemie werken “De Adelaar” B.V., the Netherlands	2018.03—2023.03	新办
（2018）外饲准字 090 号	混合型饲料添加剂 维生素 氨基酸 Feed Additives Mixture Vitamins Amino acids	强力英乐维 WS Introvit A+ WS	混合型饲料添加剂 Feed Additives Mixture	猪、家禽和反刍动物 Swine, Poultry and Ruminant	荷兰 Interchemie werken “De Adelaar” B.V. 公司 Interchemie werken “De Adelaar” B.V., the Netherlands	2018.03—2023.03	新办
（2018）外饲准字 091 号	混合型饲料添加剂 矿物元素 Feed Additives Mixture Minerals	佳健美 GOODFITE	混合型饲料添加剂 Feed Additives Mixture	猪 Swine	（台湾）贸立实业股份有限公司 More–standing Enterprise Co., Ltd.	2018.03—2023.03	新办
（2018）外饲准字 092 号	混合型饲料添加剂 矿物元素 Feed Additives Mixture Minerals	超灵动 Superflex	混合型饲料添加剂 Feed Additives Mixture	猫、犬 Cat, Dog	新西兰 UBBIO Ltd UBBIO Ltd, New Zealand	2018.03—2023.03	新办
（2018）外饲准字 093 号	混合型饲料添加剂 矿物元素 Feed Additives Mixture Minerals	超灵动 VS Superflex VS	混合型饲料添加剂 Feed Additives Mixture	猫、犬 Cat, Dog	新西兰 UBBIO Ltd UBBIO Ltd, New Zealand	2018.03—2023.03	新办

（续）

登记证号	通用名称	商品名称	产品类别	使用范围	生产厂家	有效期限	备注
（2018）外饲准字094号	混合型饲料添加剂 矿物元素 Feed Additives Mixture Minerals	超灵动V Superflex V	混合型饲料添加剂 Feed Additives Mixture	猫、犬 Cat, Dog	新西兰UBBIO Ltd UBBIO Ltd, New Zealand	2018.03—2023.03	新办
（2018）外饲准字095号	混合型饲料添加剂 果寡糖 Feed Additives Mixture Fructo-oligosaccharides	仔猪黄金 Eco pig	混合型饲料添加剂 Feed Additives Mixture	仔猪 Piglet	韩国AD生物科技有限公司 ADbiotech Co., Ltd., Korea	2018.03—2023.03	新办
（2018）外饲准字096号	混合型饲料添加剂 微生物 Feed Additives Mixture Live Microorganisms	崔普利 Triple P®	混合型饲料添加剂 Feed Additives Mixture	猪、犊牛、家禽和水产养殖动物 Swine, Calves, Poultry and Aquaculture animals	德国Biochem添加剂贸易和生产有限公司 Biochem Zusatzstoffe Handels-und Produktionsgesellschaft mbH, Germany	2018.03—2023.03	新办
（2018）外饲准字097号	混合型饲料添加剂 微生物 Feed Additives Mixture Live Microorganisms	犊泻克 Bimulac® Extra	混合型饲料添加剂 Feed Additives Mixture	犊牛、羔羊、小山羊和马驹 Calves, lambs, Kids and Foals	德国Biochem添加剂贸易和生产有限公司 Biochem Zusatzstoffe Handels-und Produktionsgesellschaft mbH, Germany	2018.03—2023.03	新办
（2018）外饲准字098号	混合型饲料添加剂 枯草芽孢杆菌 地衣芽孢杆菌 Feed Additives Mixture Bacillus Subtilis Bacillus Licheniformis	百奥美—强力宝10 BioPlus® YC10	混合型饲料添加剂 Feed Additives Mixture	猪、犊牛和鸡 Swine, Calves and Chicken	科汉森捷克有限公司 Chr. Hansen Czech Republic, s.r.o., Czech Republic	2018.03—2023.03	新办
（2018）外饲准字099号	混合型饲料添加剂 枯草芽孢杆菌 Feed Additives Mixture Bacillus Subtilis	佳利保10 GalliPro® 10	混合型饲料添加剂 Feed Additives Mixture	肉鸡 Broiler	科汉森捷克有限公司 Chr. Hansen Czech Republic, s.r.o., Czech Republic	2018.03—2023.03	新办
（2018）外饲准字100号	混合型饲料添加剂 矿物元素 Feed Additives Mixture Minerals	Cytozyme™猪饲料营养补充剂（液体） Cytozyme™ for Swine（Liquid）	混合型饲料添加剂 Feed Additives Mixture	猪 Swine	细胞酶实验室有限公司 Cytozyme Laboratories Inc., USA	2018.03—2023.03	新办
（2018）外饲准字101号	混合型饲料添加剂 矿物元素 Feed Additives Mixture Minerals	Cytozyme™家禽饲料营养补充剂（液体） Cytozyme™ for Poultry（Liquid）	混合型饲料添加剂 Feed Additives Mixture	家禽 Poultry	细胞酶实验室有限公司 Cytozyme Laboratories Inc., USA	2018.03—2023.03	新办
（2018）外饲准字102号	混合型饲料添加剂 屎肠球菌 甜菜碱 Feed Additives Mixture Enterococcus Faecium Betaine	彼奥舒 B.I.O.Sol	混合型饲料添加剂 Feed Additives Mixture	鸡 Chicken	德国Biochem添加剂贸易和生产有限公司 Biochem Zusatzstoffe Handels-und Produktionsgesellschaft mbH, Germany	2018.03—2023.03	新办

（续）

登记证号	通用名称	商品名称	产品类别	使用范围	生产厂家	有效期限	备注
（2018）外饲准字 103 号	混合型饲料添加剂 维生素、矿物元素和微生物 Feed Additives Mixture Vitamins Minerals and Live Microorganisms	爱益佳 AviCare SL	混合型饲料添加剂 Feed Additives Mixture	鸡 Chicken	德国 Biochem 添加剂贸易和生产有限公司 Biochem Zusatzstoffe Handels-und Produktionsgesellschaft mbH，Germany	2018.03—2023.03	新办
（2018）外饲准字 104 号	混合型饲料添加剂 天然叶黄素（源自万寿菊） Feed Additives Mixture Natural Xanthophyll（Marigold Extract）	金闪闪 20 粉剂 ORO GLO 20 Dry	混合型饲料添加剂 Feed Additives Mixture	家禽、水产养殖动物 Poultry，Aquaculture Animals	新加坡建明工业（亚洲）私人有限公司 Kemin Industries（Asia）Pte Ltd，Singapore	2018.03—2023.03	新办
（2018）外饲准字 105 号	混合型饲料添加剂 枯草芽孢杆菌 Feed Additives Mixture Bacillus Subtilis	POWERZYME 益生菌 POWERZYME	混合型饲料添加剂 Feed Additives Mixture	养殖动物 All Species or Categories of Animals	韩国 B&B KOREA 公司 B&B KOREA CO.，LTD.，Korea	2018.03—2023.03	新办
（2018）外饲准字 106 号	混合型饲料添加剂 酶制剂 枯草芽孢杆菌 Feed Additives Mixture Enzyme Bacillus Subtilis	洛东 A-90 SUPER RAKUTO A-90	混合型饲料添加剂 Feed Additives Mixture	猪、家禽和牛 Swine，Poultry and Cattle	日本洛东化成工业株式会社 RAKUTO KASEI INDUSTRIAL CO.，LTD.，Japan	2018.03—2023.03	新办
（2018）外饲准字 107 号	混合型饲料添加剂 木聚糖酶（产自李氏木霉） Feed Additives Mixture Xylanase（by Trichoderma Reesei）	丹尼斯克木聚糖酶 8000 L Danisco Xylanase 8000 L	混合型饲料添加剂 Feed Additives Mixture	猪、家禽 Swine，poultry	芬兰杰能科国际有限公司（Jamsankoski 工厂） Genencor International Oy（Jamsankoski Plant），Finland	2018.03—2023.03	新办
（2018）外饲准字 108 号	混合型饲料添加剂 蛋白酶（产自枯草芽孢杆菌） Feed Additives Mixture Protease（by Bacillus Subtilis）	爱特康™ PRO 301 TPT Axtra® PRO 301 TPT	混合型饲料添加剂 Feed Additives Mixture	猪、家禽 Swine，Poultry	丹尼斯克美国有限公司（Cedar Rapids 工厂） Danisco US Inc.（Cedar Rapids Plant），USA	2018.03—2023.03	新办
（2018）外饲准字 109 号	饲料添加剂 木质素磺酸盐 Feed Additive Lignin Sulfonate	赛利格 SA Xylig SA Liquid	饲料添加剂 Feed Additive	养殖动物 All Species or Categories of Animals	鲍利葛木素部南非公司 LIGNOTECH SOUTH AFRICA，South Africa	2018.03—2023.03	新办
（2018）外饲准字 110 号	棉籽粕 Cottonseed Meal	棉籽粕（V 级） Cottonseed Meal（V）	单一饲料 Single Feed	养殖动物 All species or Categories of Animals	坦桑尼亚杰龙控股（坦桑尼亚）有限公司 Jielong Holdings（Tanzania）Limited，Tanzania	2018.03—2023.03	新办
（2018）外饲准字 111 号	酵母水解物 Yeast Hydrolysate	赖斯壮 Lyscell	单一饲料 Single Feed	养殖动物 All Species or Categories of Animals	巴西 ICC Industrial Com. Exp. E Imp. Ltda ICC Industrial Com. Exp. E Imp. Ltda，Brazil	2018.03—2023.03	新办

（续）

登记证号	通用名称	商品名称	产品类别	使用范围	生产厂家	有效期限	备注
（2018）外饲准字 112 号	鱼油 Fish Oil	鱼油（饲料级） Fish Oil（Feed Grade）	单一饲料 Single Feed	畜禽、水产动物 Livestock and Poultry，Aquaculture animals	毛里塔尼亚 MAH EL TURK Sarl 公司 MAH EL TURK Sarl，Mauritania	2018.03—2023.03	新办
（2018）外饲准字 113 号	牛 精料补充料 Cattle Supplementary Concentrate	CVAG 植物源性精料补充料 CVAG Plant-Based Compound Feed	精料补充料 Supplementary Concentrate	牛 Cattle	美国加州农业集团 Central Valley Ag Grinding Inc，USA	2018.03—2023.03	新办
（2018）外饲准字 114 号	奶牛 精料补充料 Dairy Supplementary Concentrate	CVAG 奶牛精料补充料 CVAG Dairy Compound Feed	精料补充料 Supplementary Concentrate	奶牛 Dairy cow	美国加州农业集团 Central Valley Ag Grinding Inc，USA	2018.03—2023.03	新办
（2018）外饲准字 115 号	生长育肥猪配合饲料 Growing-Finishing Swine Compound feed	育肥猪配合饲料 ПЪЛНОЦЕНЕН ФУРАЖ ЗА ПРАСЕТА	配合饲料 Compound Feed	生长育肥猪 Growing-Finishing swine	保加利亚天世农饲料有限公司 BULGARIA TIANSHINONG FEED CO.LTD，Bulgaria	2018.03—2023.03	新办
（2018）外饲准字 116 号	犬配合饲料 Dog Compound Feed	羊肉＆碗豆全犬配方 T26 NutramNumber Total Dog Food Lamb & Split Peas Recipe	配合饲料 Compound Feed	犬 Dog	比利时联合宠物食品公司 United Petfood Producers NV，Belgium	2018.03—2023.03	新办
（2018）外饲准字 117 号	犬配合饲料 Dog Compound Feed	鸡肉＆燕麦幼犬配方 S3 NutramNumber Sound Large Breed Puppy Food Chicken Meal & Oatmeal Recipe	配合饲料 Compound Feed	犬 Dog	比利时联合宠物食品公司 United Petfood Producers NV，Belgium	2018.03—2023.03	新办
（2018）外饲准字 118 号	犬配合饲料 Dog Compound Feed	鳟鱼＆鲑鱼全犬配方 T28 NutramNumber Total Small &Toy Breed Dog Food Trout & Salmon Meal Recipe	配合饲料 Compound Feed	犬 Dog	比利时联合宠物食品公司 United Petfood Producers NV，Belgium	2018.03—2023.03	新办
（2018）外饲准字 119 号	猫配合饲料 Cat Compound Feed	鸡肉＆火鸡肉全猫配方 T22 NutramNumber Total Cat Food Chicken & Turkey Recipe	配合饲料 Compound Feed	猫 Cat	比利时联合宠物食品公司 United Petfood Producers NV，Belgium	2018.03—2023.03	新办

（续）

登记证号	通用名称	商品名称	产品类别	使用范围	生产厂家	有效期限	备注
（2018）外饲准字 120 号	猫配合饲料 Cat Compound Feed	鸡肉&全蛋室内猫配方 I17 NutramNumber Ideal Indoor Cat Food Chicken Meal & Whole Eggs Recipe	配合饲料 Compound Feed	猫 Cat	比利时联合宠物食品公司 United Petfood Producers NV，Belgium	2018.03—2023.03	新办
（2018）外饲准字 121 号	犬配合饲料 Dog Compound Feed	鸡肉&糙米成犬配方 S7 NutramNumber Sound Small Breed Adult Dog Food Chicken Meal & Brown Rice Recipe	配合饲料 Compound Feed	犬 Dog	比利时联合宠物食品公司 United Petfood Producers NV，Belgium	2018.03—2023.03	新办
（2018）外饲准字 122 号	犬配合饲料 Dog Compound Feed	鸡肉&糙米中大型成犬配方 S6 NutramNumber Sound Adult Dog Food Chicken Meal & Brown Rice Recipe	配合饲料 Compound Feed	犬 Dog	比利时联合宠物食品公司 United Petfood Producers NV，Belgium	2018.03—2023.03	新办
（2018）外饲准字 123 号	猫配合饲料 Cat Compound Feed	鸡肉&鲑鱼成猫配方 S5 NutramNumber Sound Adult Senior Cat Food Chicken Meal&Salmon Meal Recipe	配合饲料 Compound Feed	猫 Cat	比利时联合宠物食品公司 United Petfood Producers NV，Belgium	2018.03—2023.03	新办
（2018）外饲准字 124 号	猫配合饲料 Cat Compound Feed	鸡肉&鲑鱼幼猫配方 S1 NutramNumber Sound Kitten Food Chicken Meal & Salmon Meal Recipe	配合饲料 Compound Feed	猫 Cat	比利时联合宠物食品公司 United Petfood Producers NV，Belgium	2018.03—2023.03	新办
（2018）外饲准字 125 号	猫配合饲料 Cat Compound Feed	成猫三文鱼饲料 Adult Cat Salmon	配合饲料 Compound Feed	猫 Cat	比利时联合宠物食品公司 United Petfood Producers NV，Belgium	2018.03—2023.03	新办
（2018）外饲准字 126 号	犬配合饲料 Dog Compound Feed	成犬鸡肉饲料 Adult Dog Chicken	配合饲料 Compound Feed	犬 Dog	比利时联合宠物食品公司 United Petfood Producers NV，Belgium	2018.03—2023.03	新办
（2018）外饲准字 127 号	犬配合饲料 Dog Compound Feed	幼犬鸡肉饲料 Puppy chicken	配合饲料 Compound Feed	犬 Dog	比利时联合宠物食品公司 United Petfood Producers NV，Belgium	2018.03—2023.03	新办
（2018）外饲准字 128 号	犬配合饲料 Dog Compound Feed	成犬三文鱼饲料 Adult Dog Salmon	配合饲料 Compound Feed	犬 Dog	比利时联合宠物食品公司 United Petfood Producers NV，Belgium	2018.03—2023.03	新办

（续）

登记证号	通用名称	商品名称	产品类别	使用范围	生产厂家	有效期限	备注
（2018）外饲准字 129 号	犬配合饲料 Dog Compound Feed	贝王幼犬粮（鸡肉米饭口味） Pet One Puppy Dog Food	配合饲料 Compound Feed	犬 Dog	菲律宾贝王国际有限公司 Pet One，Inc.，Philippines	2018.03—2023.03	新办
（2018）外饲准字 130 号	犬配合饲料 Dog Compound Feed	贝王成犬粮（鸡肉米饭口味） Pet One Adult Dog Food Maintenance	配合饲料 Compound Feed	犬 Dog	菲律宾贝王国际有限公司 Pet One，Inc.，Philippines	2018.03—2023.03	新办
（2018）外饲准字 131 号	混合型饲料添加剂 香味物质 Feed Additives Mixture Flavouring Substances	诺去痢 NSOAB9-D	混合型饲料添加剂 Feed Additives Mixture	养殖动物 All Species or Categories of Animals	（法国）诺富得公司 NOR-FEED SAS，France	2018.03—2023.03	新办
（2018）外饲准字 132 号	混合型饲料添加剂 酿酒酵母 Feed Additives Mixture Saccharomyces cerevisiae	益饲宝 MYXIN-BOND	混合型饲料添加剂 Feed Additives Mixture	养殖动物 All Species or Categories of Animals	美国国际生物营养有限公司 Bio-Nutrition International，Inc.，USA	2018.03—2023.03	新办
（2018）外饲准字 133 号	混合型饲料添加剂 牛至香酚 Feed Additives Mixture Oregano Carvacrol（Origanum aetheroleum）	诺必达®预混剂 + Ropadiar Powder Plus	混合型饲料添加剂 Feed Additives Mixture	养殖动物 All Species or Categories of Animals	荷兰罗帕法姆国际有限公司 Ropapharm International B.V.，the Netherlands	2018.03—2023.03	新办
（2018）外饲准字 134 号	奶牛复合预混合饲料 Dairy Cow Premix	可力可利液体 GLYCOLINE LIQUID	添加剂预混合饲料 Feed Additive Premix	奶牛 Dairy Cow	法国 Vitalac 公司 Vitalac，France	2018.03—2023.03	新办
（2018）外饲准字 135 号	犬配合饲料 Dog compound food	优绅爱斯基摩系列成犬均衡配方 Eskimo pets food-canine maintenance dog food	配合饲料 Compound Feed	犬 Dog	加拿大派斯特饲料服务有限公司（工厂） Spectrum Feed Services LTD，Canada	2018.03—2023.03	新办
（2018）外饲准字 136 号	犬配合饲料 Dog compound food	优绅爱斯基摩系列鸡肉糙米全犬粮 Eskimo pets food-chicken & brown rice dog food	配合饲料 Compound Feed	犬 Dog	加拿大派斯特饲料服务有限公司（工厂） Spectrum Feed Services LTD，Canada	2018.03—2023.03	新办
（2018）外饲准字 137 号	犬配合饲料 Dog compound food	优绅爱斯基摩系列羊饭全犬粮 Eskimo pets food-lamb and rice dog food	配合饲料 Compound Feed	犬 Dog	加拿大派斯特饲料服务有限公司（工厂） Spectrum Feed Services LTD，Canada	2018.03—2023.03	新办

（续）

登记证号	通用名称	商品名称	产品类别	使用范围	生产厂家	有效期限	备注
（2018）外饲准字 138 号	犬配合饲料 Dog Compound Food	优绅爱斯基摩系列高能全犬粮 Eskimo Pets Food-Performance Dog Food	配合饲料 Compound Feed	犬 Dog	加拿大派斯特饲料服务有限公司（工厂） Spectrum Feed Services LTD，Canada	2018.03—2023.03	新办
（2018）外饲准字 139 号	犬配合饲料 Dog Compound Food	优绅爱斯基摩系列优质全犬粮 Eskimo Pets Food-Premium Canine Dog Food	配合饲料 Compound Feed	犬 Dog	加拿大派斯特饲料服务有限公司（工厂） Spectrum Feed Services LTD，Canada	2018.03—2023.03	新办
（2018）外饲准字 140 号	犬配合饲料 Dog Compound Food	优绅爱斯基摩系列成犬粮 Eskimo Pets Food-Country Maintenance Dog Food	配合饲料 Compound Feed	犬 Dog	加拿大派斯特饲料服务有限公司（工厂） Spectrum Feed Services LTD，Canada	2018.03—2023.03	新办
（2018）外饲准字 155 号	混合型饲料添加剂 维生素 A 乙酸酯 Feed Additives Mixture Vitamin A Acetate	罗维素® A 1000 ROVIMIX® A 1000	混合型饲料添加剂 Feed Additives Mixture	养殖动物 All species or categories of animals	瑞士帝斯曼营养产品有限公司 DSM Nutritional Products AG，Switzerland	2018.04—2023.04	新办
（2018）外饲准字 156 号	混合型饲料添加剂 25-羟基维生素 D_3 Feed Additives Mixture 25-Hydroxy Vitamin D_3	罗维素® Hy.D 1.25% ROVIMIX® Hy.D 1.25%	混合型饲料添加剂 Feed Additives Mixture	猪、家禽 Swine，Poultry	帝斯曼营养产品美国有限公司 DSM Nutritional Products Inc.，USA	2018.04—2023.04	新办
（2018）外饲准字 157 号	混合型饲料添加剂 香味物质 Feed Additives Mixture Flavoring Substances	酚多精 S MoreHerb S	混合型饲料添加剂 Feed Additives Mixture	畜禽 Livestock，Poultry	（台湾）贸立实业股份有限公司 More-standing Enterprise Co.，Ltd.	2018.04—2023.04	新办
（2018）外饲准字 158 号	混合型饲料添加剂 香味物质 Feed Additives Mixture Flavoring Substances	安福乐 AFLORIN P L	混合型饲料添加剂 Feed Additives Mixture	家禽 Poultry	比利时 INNOV AD NV 公司 INNOV AD NV，Belgium	2018.04—2023.04	新办
（2018）外饲准字 159 号	混合型饲料添加剂 L-赖氨酸盐酸盐 Feed Additives Mixture L-Lysine Monohydrochloride	乐金瑞 LysiGEM	混合型饲料添加剂 Feed Additives Mixture	反刍动物 Ruminant	美国建明工业有限公司 Kemin Industries，Inc.，USA	2018.04—2023.04	新办

（续）

登记证号	通用名称	商品名称	产品类别	使用范围	生产厂家	有效期限	备注
（2018）外饲准字 160 号	混合型饲料添加剂 磷脂 Feed Additives Mixture Lecithin	利舒宝液剂 LYSOFORTE Liquid	混合型饲料添加剂 Feed Additives Mixture	养殖动物 All Species or Categories of Animals	新加坡建明工业（亚洲）私人有限公司 Kemin Industries（Asia）Pte Ltd，Singapore	2018.04—2023.04	新办
（2018）外饲准字 161 号	混合型饲料添加剂 香味物质 Feed Additives Mixture Flavoring Substance	奥利欧（液体）LX189L3 OLEOBIOTEC® POULTRY L LX189 L3	混合型饲料添加剂 Feed Additives Mixture	养殖动物 All Species or Categories of Animals	法国馥蒂公司 Laboratoires Phode S.A.S.，France	2018.04—2023.04	新办
（2018）外饲准字 162 号	混合型饲料添加剂 香味物质 Feed Additives Mixture Flavoring Substances	欧蒂菲（虾） KX 83 P1 OPTIFEED SHRIMP KX 83 P1	混合型饲料添加剂 Feed Additives Mixture	水产养殖动物 Aquaculture Animals	法国馥蒂公司 Laboratoires Phode S.A.S.，France	2018.04—2023.04	新办
（2018）外饲准字 163 号	混合型饲料添加剂 微生物 Feed Additives Mixture Live Microorganisms	班克 2.0 Sporezyme-Plus	混合型饲料添加剂 Feed Additives Mixture	断奶仔猪、肉仔鸡 Weaning Piglet，Broiler	韩国宇进株式会社 WooGene B & G Co.，Ltd.，Korea	2018.04—2023.04	新办
（2018）外饲准字 164 号	混合型饲料添加剂 枯草芽孢杆菌 酿酒酵母 Feed Additives Mixture Bacillus subtilis Saccharomyces cerevisiae	密可棒 Microbond	混合型饲料添加剂 Feed Additives Mixture	畜禽 Livestock，Poultry	美国新种生物科技公司 Cenzone Tech Inc.，USA	2018.04—2023.04	新办
（2018）外饲准字 165 号	混合型饲料添加剂 DL-蛋氨酸 Feed Additives Mixture DL-Methionine	包蛋酸 Timet	混合型饲料添加剂 Feed Additives Mixture	反刍动物 Ruminant	意大利 Vetagro S.p.A 股份公司 Vetagro S.p.A.，Italy	2018.04—2023.04	新办
（2018）外饲准字 166 号	混合型饲料添加剂 酸度调节剂 矿物质 Feed Additives Mixture Acidity Regulators Minerals	润牧达 RumenStabiliser	混合型饲料添加剂 Feed Additives Mixture	反刍动物 Ruminant	艾柯博士动物营养有限两合公司 Dr. Eckel Animal Nutrition GmbH & Co. KG，Germany	2018.04—2023.04	新办
（2018）外饲准字 167 号	混合型饲料添加剂 甲酸 磷酸 柠檬酸钙 Feed Additives Mixture Formic Acid Phosphoric Acid Calcium Citrate	吉纳斯 Genius Acid	混合型饲料添加剂 Feed Additives Mixture	养殖动物 All Species or Categories of Animals	荷兰 FF Chemicals BV 公司 FF Chemicals BV，the Netherlands	2018.04—2023.04	新办

（续）

登记证号	通用名称	商品名称	产品类别	使用范围	生产厂家	有效期限	备注
（2018）外饲准字 168 号	混合型饲料添加剂 香味物质 Feed Additives Mixture Flavoring Substances	普乐新金金 Cinergy Fit 3S	混合型饲料添加剂 Feed Additives Mixture	猪 Swine	法国普乐维美公司 PROVIMI France，France	2018.04—2023.04	新办
（2018）外饲准字 169 号	混合型饲料添加剂 防腐剂、防霉剂 Feed Additives Mixture Preservatives	保湿宝 Preserve–M	混合型饲料添加剂 Feed Additives Mixture	养殖动物 All species or categories of animals	泰国 PVTM 有限公司 PVTM Company Limited，Thailand	2018.04—2023.04	新办
（2018）外饲准字 170 号	混合型饲料添加剂 枯草芽孢杆菌 Feed Additives Mixture Bacillus Subtilis	净力康 PLUS CleanlyCan PLUS	混合型饲料添加剂 Feed Additives Mixture	畜禽、水产养殖动物 Livestock，Poultry，Aquaculture animals	台湾博尧生物科技股份有限公司 Bioyo Biotech Co.，Ltd.	2018.04—2023.04	新办
（2018）外饲准字 171 号	混合型饲料添加剂 枯草芽孢杆菌 Feed Additives Mixture Bacillus Subtilis	活力旺 Healthy Want	混合型饲料添加剂 Feed Additives Mixture	畜禽、水产养殖动物 Livestock，Poultry，Aquaculture animals	台湾博尧生物科技股份有限公司 Bioyo Biotech Co.，Ltd.	2018.04—2023.04	新办
（2018）外饲准字 172 号	混合型饲料添加剂 植物乳杆菌 Feed Additives Mixture Lactobacillus Plantarum	猪圆满 Full Achievement	混合型饲料添加剂 Feed Additives Mixture	畜禽、水产养殖动物 Livestock，Poultry，Aquaculture animals	台湾博尧生物科技股份有限公司 Bioyo Biotech Co.，Ltd.	2018.04—2023.04	新办
（2018）外饲准字 173 号	混合型饲料添加剂 枯草芽孢杆菌 Feed Additives Mixture Bacillus Subtilis	肌力健 PLUS Peptide Gain PLUS	混合型饲料添加剂 Feed Additives Mixture	畜禽、水产养殖动物 Livestock，Poultry，Aquaculture animals	台湾博尧生物科技股份有限公司 Bioyo Biotech Co.，Ltd.	2018.04—2023.04	新办
（2018）外饲准字 174 号	混合型饲料添加剂 植酸酶（产自李氏木霉） Feed Additives Mixture Phytase（Source: T. reesei）	爱特康 ™ PHY 20000 TPT2 Axtra® PHY 20000 TPT2	混合型饲料添加剂 Feed Additives Mixture	猪、家禽 Swine，Poultry	丹尼斯克美国有限公司（Cedar Rapids 工厂） Danisco US Inc.（Cedar Rapids Plant），USA	2018.04—2023.04	新办
（2018）外饲准字 175 号	混合型饲料添加剂 维生素 A 乙酸酯 维生素 D_3 Feed Additives Mixture Vitamin A Acetate Vitamin D_3	罗维素® AD3 1000/200 ROVIMIX® AD3 1000/200	混合型饲料添加剂 Feed Additives Mixture	养殖动物 All species or categories of animals	瑞士帝斯曼营养产品有限公司 DSM Nutritional Products AG，Switzerland	2018.04—2023.04	新办
（2018）外饲准字 176 号	混合型饲料添加剂 酸度调节剂 Feed Additives Mixture Acidity Regulators	吉克沙 Daasal Liquid®	混合型饲料添加剂 Feed Additives Mixture	猪、家禽 Swine，Poultry	荷兰 Daavision 责任有限公司 Daavision B.V.，the Netherlands	2018.04—2023.04	新办

（续）

登记证号	通用名称	商品名称	产品类别	使用范围	生产厂家	有效期限	备注
（2018）外饲准字 177 号	饲料添加剂 酵母硒 Feed Additive Selenium Yeast Complex	拉曼硒® 3000 Alkosel® 3000	饲料添加剂 Feed Additive	养殖动物 All Species or Categories of Animals	爱沙尼亚 Salutaguse Pärmitehas 工厂 AS Salutaguse Pärmitehas，Estonia	2018.04—2023.04	新办
（2018）外饲准字 178 号	饲料添加剂 丙酸 Feed Additive Propionic Acid	伊士曼（TM）丙酸，饲料级 Eastman（TM）Propionic Acid，Feed Grade	饲料添加剂 Feed Additive	养殖动物 All Species or Categories of Animals	美国德克萨斯州朗维尤伊士曼化工公司 Eastman Chemical Company，Longview，Texas（USA），USA	2018.04—2023.04	新办
（2018）外饲准字 179 号	饲料添加剂 丙酸 Feed Additive Propionic Acid	伊士曼（TM）丙酸，饲料级 Eastman（TM）Propionic Acid，Feed Grade	饲料添加剂 Feed Additive	养殖动物 All Species or Categories of Animals	伊士曼化工公司（美国田纳西州金斯波特） Eastman Chemical Company（Kingsport，Tennessee（USA）），USA	2018.04—2023.04	新办
（2018）外饲准字 180 号	饲料添加剂 DL-蛋氨酸 Feed Additive DL-Methionine	西尔包被蛋氨酸 65% SIL METHIONINE 65% COATED	饲料添加剂 Feed Additive	牛、绵羊、山羊 Cattle，Sheep，Goat	意大利西拉公司 SILA S.r.l.，Italy	2018.04—2023.04	新办
（2018）外饲准字 181 号	犬复合预混合饲料 Dog Premix	Viyo 犬用营养增强剂 Viyo Reinforces for Adult Dogs	添加剂预混合饲料 Feed Additive Premix	犬 Dog	（比利时）Lugi 宠物食品生产公司 Lugi Petfood Production NV，Belgium	2018.04—2023.04	新办
（2018）外饲准字 182 号	猫复合预混合饲料 Cat Premix	Viyo 猫用营养增强剂 Viyo Reinforces for Adult Cats	添加剂预混合饲料 Feed Additive Premix	猫 Cat	（比利时）Lugi 宠物食品生产公司 Lugi Petfood Production NV，Belgium	2018.04—2023.04	新办
（2018）外饲准字 183 号	犬复合预混合饲料 Dog Premix	Viyo 犬用营养补充剂 Viyo Recuperation for Dogs	添加剂预混合饲料 Feed Additive Premix	犬 Dog	（比利时）Lugi 宠物食品生产公司 Lugi Petfood Production NV，Belgium	2018.04—2023.04	新办
（2018）外饲准字 184 号	猫复合预混合饲料 Cat Premix	Viyo 猫用营养补充剂 Viyo Recuperation for Dogs	添加剂预混合饲料 Feed Additive Premix	猫 Cat	（比利时）Lugi 宠物食品生产公司 Lugi Petfood Production NV，Belgium	2018.04—2023.04	新办
（2018）外饲准字 185 号	犊牛精料补充料 Calf Supplementary Concentrate	利宝维犊牛酸奶 Prominend Elite	精料补充料 Concentrate Supplement	犊牛 Calf	荷兰利宝维公司 Liprovit B.V.，the Netherlands	2018.04—2023.04	新办
（2018）外饲准字 186 号	酿酒酵母培养物 Saccharomyces cervisiae Culture	宝利肥 100 THEPAX 100	单一饲料 Single Feed	养殖动物 All Species or Categories of Animals	意大利拓大公司 DOX-AL ITALIA SPA，Italy	2018.04—2023.04	新办

（续）

登记证号	通用名称	商品名称	产品类别	使用范围	生产厂家	有效期限	备注
（2018）外饲准字 187 号	鱼油 Fish Oil	毛里塔尼亚鱼油 Mauritania Fish Oil	单一饲料 Single Feed	畜禽、水产养殖动物 Livestock，Poultry，Aquaculture animals	大陆海洋食品有限公司 CONTINENTAL SEA FOOD SA，Mauritania	2018.04—2023.04	新办
（2018）外饲准字 188 号	鱼油 Fish Oil	毛里塔尼亚鱼油 Mauritania Fish Oil	单一饲料 Single Feed	畜禽、水产养殖动物 Livestock，Poultry，Aquaculture animals	毛里塔尼亚祥和顺海洋渔业开发有限公司 XIANGHESHUN MAURITANIE S.A，Mauritania	2018.04—2023.04	新办
（2018）外饲准字 189 号	双低菜籽粕 Double-low Canola Meal	双低菜籽粕 Double-Low Canola Meal	单一饲料 Single Feed	猪、鱼、家禽 Swine，Fish，Poultry	加拿大 BUNGE 公司，Fort Saskatchewan 工厂 BUNGE Canada，Fort Saskatchewan plant，Canada	2018.04—2023.04	新办
（2018）外饲准字 190 号	双低菜籽粕 Double-low Canola Meal	双低菜籽粕 Double-Low Canola Meal	单一饲料 Single Feed	猪、鱼、家禽 Swine，Fish，Poultry	加拿大 BUNGE 公司，Altona 工厂 BUNGE Canada，Altona plant，Canada	2018.04—2023.04	新办
（2018）外饲准字 191 号	鱼溶浆粉 Fish Soluble Powder	宝肽芬 Peptiva	单一饲料 Single Feed	畜禽、水产养殖动物 Livestock，Poultry，Aquaculture animals	美国华达生化科技有限公司 Vitech Bio-Chem Corporation，USA	2018.04—2023.04	新办
（2018）外饲准字 192 号	猫配合饲料 Cat Compound Feed	优绅爱斯基摩系列全猫粮 Eskimo Pets Food-Country Cat Food	配合饲料 Compound Feed	猫 Cat	加拿大派斯特饲料服务有限公司（工厂） Spectrum Feed Services LTD，Canada	2018.04—2023.04	新办
（2018）外饲准字 193 号	猫配合饲料 Cat Compound Feed	优绅爱斯基摩系列优质全猫粮 Eskimo Pets Food-Premium Country Cat Food	配合饲料 Compound Feed	猫 Cat	加拿大派斯特饲料服务有限公司（工厂） Spectrum Feed Services LTD，Canada	2018.04—2023.04	新办
（2018）外饲准字 194 号	犬配合饲料 Dog Compound Feed	犬超低敏处方粮 Veterinary Diet Anallergenic Canine	配合饲料 Compound Feed	犬 Dog	法国皇家宠物食品有限公司康布雷工厂 Cambrai Factory of Royal Canin S.A.S.，France	2018.04—2023.04	新办
（2018）外饲准字 195 号	猫配合饲料 Cat Compound Feed	猫超低敏处方粮 Veterinary Diet Anallergenic Feline	配合饲料 Compound Feed	猫 Cat	法国皇家宠物食品有限公司康布雷工厂 Cambrai Factory of Royal Canin S.A.S.，Les Rues de Vignes Plant，France	2018.04—2023.04	新办
（2018）外饲准字 196 号	观赏鱼配合饲料 Ornamental Fish Compound Feed	SQ 超色扬 - 鱼饲料 SQ SERIES CHO-IROAGE	配合饲料 Compound Feed	观赏鱼 Ornamental Fish	日本共鳞食品工业株式会社 九州工厂 KYORIN FOOD INDUSTRIES LTD. Kyushu Factory，Japan	2018.04—2023.04	新办

（续）

登记证号	通用名称	商品名称	产品类别	使用范围	生产厂家	有效期限	备注
（2018）外饲准字197号	观赏鱼配合饲料 Ornamental Fish Compound Feed	SQ超增体－鱼饲料 SQ SERIES CHO-ZOUTAI	配合饲料 Compound Feed	观赏鱼 Ornamental Fish	日本共鳞食品工业株式会社 九州工厂 KYORIN FOOD INDUSTRIES LTD. Kyushu Factory, Japan	2018.04—2023.04	新办
（2018）外饲准字198号	观赏鱼配合饲料 Ornamental Fish Compound Feed	Hikari 琵琶威化—鱼饲料 ALGAE WAFERS	配合饲料 Compound Feed	观赏鱼 Ornamental Fish	日本共鳞食品工业株式会社 加西工厂 KYORIN FOOD INDUSTRIES LTD. Kasai Factory, Japan	2018.04—2023.04	新办
（2018）外饲准字199号	观赏鱼配合饲料 Ornamental Fish Compound Feed	Hikari 血鹦鹉—鱼饲料 BLOOD-RED PARROT PLUS	配合饲料 Compound Feed	观赏鱼 Ornamental Fish	日本共鳞食品工业株式会社 九州工厂 KYORIN FOOD INDUSTRIES LTD. Kyushu Factory, Japan	2018.04—2023.04	新办
（2018）外饲准字200号	龟配合饲料 Turtle Compound Feed	Hikari 复合水龟粮 KAME NO ESA	配合饲料 Compound Feed	龟 Turtle	日本共鳞食品工业株式会社 加西工厂 KYORIN FOOD INDUSTRIES LTD. Kasai Factory, Japan	2018.04—2023.04	新办
（2018）外饲准字201号	龟配合饲料 Turtle Compound Feed	Hikari 善玉菌水龟粮 KAMEPROS	配合饲料 Compound Feed	龟 Turtle	日本共鳞食品工业株式会社 九州工厂 KYORIN FOOD INDUSTRIES LTD. Kyushu Factory, Japan	2018.04—2023.04	新办
（2018）外饲准字202号	观赏鱼配合饲料 Ornamental Fish Compound Feed	Hikari 兰寿金鱼用—鱼饲料 LIONHEAD	配合饲料 Compound Feed	观赏鱼 Ornamental Fish	日本共鳞食品工业株式会社 加西工厂 KYORIN FOOD INDUSTRIES LTD. Kasai Factory, Japan	2018.04—2023.04	新办
（2018）外饲准字203号	观赏鱼配合饲料 Ornamental Fish Compound Feed	Hikari 狮头金鱼用—鱼饲料 ORANDA GOLD	配合饲料 Compound Feed	观赏鱼 Ornamental Fish	日本共鳞食品工业株式会社 加西工厂 KYORIN FOOD INDUSTRIES LTD. Kasai Factory, Japan	2018.04—2023.04	新办
（2018）外饲准字204号	观赏鱼配合饲料 Ornamental Fish Compound Feed	Hikari 咲锦鲤饲料育成用—鱼饲料 SAKI-HIKARI BALANCE	配合饲料 Compound Feed	观赏鱼 Ornamental Fish	日本共鳞食品工业株式会社 加西工厂 KYORIN FOOD INDUSTRIES LTD. Kasai Factory, Japan	2018.04—2023.04	新办
（2018）外饲准字205号	观赏鱼配合饲料 Ornamental Fish Compound Feed	Hikari 樱花金鱼饲料色扬用—鱼饲料 SAKI-HIKARI FANCY GOLDFISH COLOR ENHANCING	配合饲料 Compound Feed	观赏鱼 Ornamental Fish	日本共鳞食品工业株式会社 福崎工厂 KYORIN FOOD INDUSTRIES LTD. Fukusaki Factory, Japan	2018.04—2023.04	新办
（2018）外饲准字206号	观赏鱼配合饲料 Ornamental Fish Compound Feed	Hikari 咲锦鲤饲料色扬用—鱼饲料 SAKI-HIKARI COLOR ENHANCING	配合饲料 Compound Feed	观赏鱼 Ornamental Fish	日本共鳞食品工业株式会社 加西工厂 KYORIN FOOD INDUSTRIES LTD. Kasai Factory, Japan	2018.04—2023.04	新办

（续）

登记证号	通用名称	商品名称	产品类别	使用范围	生产厂家	有效期限	备注
（2018）外饲准字 207 号	观赏鱼配合饲料 Ornamental Fish Compound Feed	Hikari 咲锦鲤饲料增体用—鱼饲料 SAKI-HIKARI GROWTH	配合饲料 Compound Feed	观赏鱼 Ornamental Fish	日本共鳞食品工业株式会社 加西工厂 KYORIN FOOD INDUSTRIES LTD. Kasai Factory，Japan	2018.04—2023.04	新办
（2018）外饲准字 208 号	龟配合饲料 Turtle Compound Feed	Hikari 三色水龟粮 TURTLE STICKS	配合饲料 Compound Feed	龟 Turtle	日本共鳞食品工业株式会社 福崎工厂 KYORIN FOOD INDUSTRIES LTD. Fukusaki Factory，Japan	2018.04—2023.04	新办
（2018）外饲准字 209 号	犬配合饲料 Dog Compound Feed	费思美太平洋深海鱼配方 Firstmate Pacific Ocean Fish Meal Formula	配合饲料 Compound Feed	犬 Dog	（加拿大）塔普洛合资有限公司工厂 Taplow Feeds，Canada	2018.04—2023.04	新办
（2018）外饲准字 210 号	兔配合饲料 Rabbit Compound Feed	益格成兔粮 Excel Rabbit Adult	配合饲料 Compound Feed	兔 Rabbit	（英国）博格斯集团公司 Burgess Pet Care，UK	2018.04—2023.04	新办
（2018）外饲准字 211 号	兔配合饲料 Rabbit Compound Feed	益格幼兔侏儒兔粮 Excel Rabbit Junior & Dwarf	配合饲料 Compound Feed	兔 Rabbit	（英国）博格斯集团公司 Burgess Pet Care，UK	2018.04—2023.04	新办
（2018）外饲准字 212 号	兔配合饲料 Rabbit Compound Feed	益格成兔粮（牛至味） Excel Rabbit Adult Oregano	配合饲料 Compound Feed	成年兔 Adult Rabbit	（英国）博格斯集团公司 Burgess Pet Care，UK	2018.04—2023.04	新办
（2018）外饲准字 213 号	犬配合饲料 Dog Compound Feed	优选小型犬幼犬粮 Premium Small Breed Puppy	配合饲料 Compound Feed	犬 Dog	比利时联合宠物食品公司 United Petfood Producers NV，Belgium	2018.04—2023.04	新办
（2018）外饲准字 214 号	犬配合饲料 Dog Compound Feed	优选小型犬成犬粮 Premium Small Breed Adult	配合饲料 Compound Feed	犬 Dog	比利时联合宠物食品公司 United Petfood Producers NV，Belgium	2018.04—2023.04	新办
（2018）外饲准字 215 号	犬配合饲料 Dog Compound Feed	优选中 / 大型犬幼犬粮 Premium Medium/ Large Breed Puppy	配合饲料 Compound Feed	犬 Dog	比利时联合宠物食品公司 United Petfood Producers NV，Belgium	2018.04—2023.04	新办
（2018）外饲准字 216 号	犬配合饲料 Dog Compound Feed	优选中 / 大型犬成犬粮 Premium Medium/ Large Breed Adult	配合饲料 Compound Feed	犬 Dog	比利时联合宠物食品公司 United Petfood Producers NV，Belgium	2018.04—2023.04	新办
（2018）外饲准字 217 号	犬配合饲料 Dog Compound Feed	鸡味成犬粮 Chicken Flavor Dog Food	配合饲料 Compound Feed	犬 Dog	香港卡卡天然贸易有限公司 HK KAKA NATURAL TRADING LIMITED	2018.04—2023.04	新办

（续）

登记证号	通用名称	商品名称	产品类别	使用范围	生产厂家	有效期限	备注
（2018）外饲准字 218 号	猫配合饲料 Cat Compound Feed	鱼味全猫粮 Fish Flavor Cat Food	配合饲料 Compound Feed	猫 Cat	香港卡卡天然贸易有限公司 HK KAKA NATURAL TRADING LIMITED	2018.04—2023.04	新办
（2018）外饲准字 219 号	锦鲤鱼配合饲料 Koi Fish Compound feed	美游 Swimmy Middle Size	配合饲料 Compound Feed	锦鲤鱼 Koi Fish	日本宠物食品株式会社静冈工厂 NIPPON PET FOOD CO., LTD. Shizuoka Plant, Japan	2018.04—2023.04	新办
（2018）外饲准字 220 号	观赏鱼配合饲料 Ornamental Fish Compound Feed	小天使 Angel Color Enhancer	配合饲料 Compound Feed	观赏鱼 Ornamental Fish	日本宠物食品株式会社静冈工厂 NIPPON PET FOOD CO., LTD. Shizuoka Plant, Japan	2018.04—2023.04	新办
（2018）外饲准字 238 号	混合型饲料添加剂 蛋白酶（源自：米曲霉） Feed Additives Mixture Protease (Source: Aspergillus oryzae)	菇勃士® Easy-immune®	混合型饲料添加剂 Feed Additives Mixture	猪、家禽 Swine, Poultry	台湾生百兴业有限公司 Life Rainbow Biotech Co., Ltd.	2018.06—2023.06	新办
（2018）外饲准字 239 号	混合型饲料添加剂 木聚糖酶（产自李氏木霉） Feed Additives Mixture Xylanase (Source: T. reesei)	保安生® 9302 Danisco Xylanase 8000 G	混合型饲料添加剂 Feed Additives Mixture	猪、家禽 Swine, Poultry	芬兰饲料国际有限公司（Vaasa 工厂） Finnfeeds Oy (Vaasa Plant), Finland	2018.06—2023.06	新办
（2018）外饲准字 240 号	混合型饲料添加剂 矿物元素 酸度调节剂 Feed Additives Mixture Minerals Acidity Regulators	海金矿 NUFOCHEL	混合型饲料添加剂 Feed Additives Mixture	猪、鸡 Swine, Chicken	西班牙有福公司 NUFOER S.L., Spain	2018.06—2023.06	新办
（2018）外饲准字 241 号	混合型饲料添加剂 赖氨酸盐酸盐 Feed Additives Mixture L-Lysine Monohydrochloride	赖安司 Easypill L-Lysine	混合型饲料添加剂 Feed Additives Mixture	猫 Cat	法国 Vetinnov 公司 VETINNOV MANUFACTURING, France	2018.06—2023.06	新办
（2018）外饲准字 242 号	混合型饲料添加剂 酸度调节剂 Feed Additive Mixture Acidity Regulators	活力酸 -L（液体） LIQUID VITACID	混合型饲料添加剂 Feed Additives Mixture	养殖动物 All Species or Categories of Animals	法国维达莱公司 VITALAC, France	2018.06—2023.06	新办
（2018）外饲准字 243 号	混合型饲料添加剂 香味物质 Feed Additives Mixture Flavouring Substances	猪利康 - 精油款 PORCINAT	混合型饲料添加剂 Feed Additives Mixture	猪 Swine	加拿大 Jefagro 科技有限公司 Jefagro Technologies Inc., Canada	2018.06—2023.06	新办
（2018）外饲准字 244 号	犬维生素预混合饲料 Dog Vitamin Premix	优而乐 NEUOLAC	添加剂预混合饲料 Feed Additive Premix	犬 Dog	新加坡威发药业（新）私人有限公司 Vetpharm Laboratories (S) Pte.Ltd., Singapore	2018.06—2023.06	新办

（续）

登记证号	通用名称	商品名称	产品类别	使用范围	生产厂家	有效期限	备注
（2018）外饲准字 245 号	仔猪复合预混合饲料 Piglet Premix	益普特 Piglet Protector®	添加剂预混合饲料 Feed Additive Premix	仔猪 Piglet	德国 Biochem 添加剂贸易和生产有限公司 Biochem Zusatzstoffe Handels-und Produktionsgesellschaft mbH，Germany	2018.06—2023.06	新办
（2018）外饲准字 246 号	混合型饲料添加剂 香味物质 Feed Additives Mixture Flavouring Substances	纽埃特沙诺克 GM SANACORE GM	混合型饲料添加剂 Feed Additives Mixture	鱼、虾 Fish，Shrimp	比利时纽蔼迪国际营养公司（Beveren-Waas 工厂）NUTRI-AD International N.V.（Beveren-Waas Plant），Belgium	2018.06—2023.06	新办
（2018）外饲准字 247 号	混合型饲料添加剂 甜菜碱 Feed Additives Mixture Betaine	艾必特 Acti Beet	混合型饲料添加剂 Feed Additives Mixture	养殖动物 All Species or Categories of Animals	奥地利阿果安娜糖业有限责任公司 AGRANA Zucker GmbH，Austria	2018.06—2023.06	新办
（2018）外饲准字 248 号	混合型饲料添加剂 酶制剂 Feed Additives Mixture Enzymes	肠泰酶 加强型 Natuzyme Forte	混合型饲料添加剂 Feed Additives Mixture	猪、家禽、水产养殖动物、反刍动物 Swine，Poultry，Aquaculture Animals，Ruminant	（澳大利亚）Bioproton 有限公司 Bioproton Pty Ltd，Australia	2018.06—2023.06	新办
（2018）外饲准字 249 号	混合型饲料添加剂 酶制剂 Feed Additives Mixture Enzymes	特威宝 FD（浓缩物）ALLZYME FD CONCENTRATE	混合型饲料添加剂 Feed Additives Mixture	养殖动物 All Species or Categories of Animals	美国奥特奇公司 Alltech Inc.，USA	2018.06—2023.06	新办
（2018）外饲准字 250 号	复合预混合饲料 Premix	康特维 Complivit	添加剂预混合饲料 Feed Additive Premix	猫、犬 Cat，Dog	（英国）VetPlus 国际有限公司 VetPlus International Ltd.，UK	2018.06—2023.06	新办
（2018）外饲准字 251 号	马精料补充料 Horse Supplementary Concentrate	好味马饲料 – 运动 13 Hallway Race 13	精料补充料 Supplementary Concentrate	马 Horse	美国大农场主饲料联合公司 Farmers Feed Mill，Inc.，USA	2018.06—2023.06	新办
（2018）外饲准字 252 号	马精料补充料 Horse Supplementary Concentrate	好味马饲料 – 神速 Hallway Tempo	精料补充料 Supplementary Concentrate	马 Horse	美国大农场主饲料联合公司 Farmers Feed Mill，Inc.，USA	2018.06—2023.06	新办
（2018）外饲准字 253 号	马精料补充料 Horse Supplementary Concentrate	好味马饲料 – 纤能 Hallway Fibrenergy	精料补充料 Supplementary Concentrate	马 Horse	美国大农场主饲料联合公司 Farmers Feed Mill，Inc.，USA	2018.06—2023.06	新办

（续）

登记证号	通用名称	商品名称	产品类别	使用范围	生产厂家	有效期限	备注
（2018）外饲准字 254 号	白鱼粉 White Fishmeal	白鱼粉（Ⅲ级） White Fishmeal（Grade Ⅲ）	单一饲料 Single Feed	畜禽、水产养殖动物 Livestock，Poultry，Aquaculture Animals	俄罗斯 PJSC “NBAMR” Public Joint Stock Company（工船名称 “Nikolay Chepik”，工船号：CH–39K） PJSC “NBAMR” Public Joint Stock Company（Produced on Broad at vessel “Nikolay Chepik”，Official No. CH–39K），Russia	2018.06—2023.06	新办
（2018）外饲准字 255 号	白鱼粉 White Fishmeal	白鱼粉（Ⅲ级） White Fishmeal（Grade Ⅲ）	单一饲料 Single Feed	畜禽、水产养殖动物 Livestock，Poultry，Aquaculture Animals	俄罗斯 PJSC “NBAMR” Public Joint Stock Company（工船名称 “Ilya Konovalov”，工船号：CH–65K） PJSC “NBAMR” Public Joint Stock Company（Produced on Broad at vessel “Ilya Konovalov”，Official No. CH–65K），Russia	2018.06—2023.06	新办
（2018）外饲准字 256 号	白鱼粉 White Fishmeal	白鱼粉（Ⅲ级） White Fishmeal（Grade Ⅲ）	单一饲料 Single Feed	畜禽、水产养殖动物 Livestock，Poultry，Aquaculture Animals	俄罗斯 PJSC “NBAMR” Public Joint Stock Company（工船名称 “Pelagial”，工船号：CH–82A） PJSC “NBAMR” Public Joint Stock Company（Produced on Broad at vessel “Pelagial”，Official No. CH–82A），Russia	2018.06—2023.06	新办
（2018）外饲准字 257 号	白鱼粉 White Fishmeal	白鱼粉（Ⅲ级） White Fishmeal（Grade Ⅲ）	单一饲料 Single Feed	畜禽、水产养殖动物 Livestock，Poultry，Aquaculture Animals	俄罗斯 PJSC “NBAMR” Public Joint Stock Company（工船名称 “Kapitan Faleyev”，工船号：CH–58K） PJSC “NBAMR” Public Joint Stock Company（Produced on Broad at vessel “Kapitan Faleyev”，Official No. CH–58K），Russia	2018.06—2023.06	新办
（2018）外饲准字 258 号	白鱼粉 White Fishmeal	白鱼粉（Ⅲ级） White Fishmeal（Grade Ⅲ）	单一饲料 Single Feed	畜禽、水产养殖动物 Livestock，Poultry，Aquaculture Animals	俄罗斯 PJSC “NBAMR” Public Joint Stock Company（工船名称 “Kapitan Maslovets”，工船号：CH–26K） PJSC “NBAMR” Public Joint Stock Company（Produced on Broad at vessel “Kapitan Maslovets”，Official No. CH–26K），Russia	2018.06—2023.06	新办
（2018）外饲准字 259 号	白鱼粉 White Fishmeal	白鱼粉（Ⅲ级） White Fishmeal（Grade Ⅲ）	单一饲料 Single Feed	畜禽、水产养殖动物 Livestock，Poultry，Aquaculture Animals	俄罗斯 PJSC “NBAMR” Public Joint Stock Company（工船名称 “Astronom”，工船号：CH–81A） PJSC “NBAMR” Public Joint Stock Company（Produced on Broad at vessel “Astronom”，Official No. CH–81A），Russia	2018.06—2023.06	新办

（续）

登记证号	通用名称	商品名称	产品类别	使用范围	生产厂家	有效期限	备注
（2018）外饲准字 260 号	白鱼粉 White Fishmeal	白鱼粉（Ⅲ级） White Fishmeal（Grade Ⅲ）	单一饲料 Single Feed	畜禽、水产养殖动物 Livestock, Poultry, Aquaculture Animals	俄罗斯 PJSC "NBAMR" Public Joint Stock Company（工船名称 "Mekhanik Bryzgalin"，工船号：CH-77A） PJSC "NBAMR" Public Joint Stock Company（Produced on Broad at Vessel "Mekhanik Bryzgalin", Official No. CH-77A）, Russia	2018.06—2023.06	新办
（2018）外饲准字 261 号	鱼油 Fish Oil	鱼油 Fish oil	单一饲料 Single Feed	畜禽、水产养殖动物 Livestock, Poultry, Aquaculture Animals	毛里塔尼亚 SINO-RIM SA 公司 SINO-RIM SA, Mauritania	2018.06—2023.06	新办
（2018）外饲准字 262 号	鱼油 Fish Oil	鱼油 Fish oil	单一饲料 Single Feed	畜禽、水产养殖动物 Livestock, Poultry, Aquaculture Animals	毛里塔尼亚 SMPC SARL 公司 SMPC SARL, Mauritania	2018.06—2023.06	新办
（2018）外饲准字 263 号	鱼粉 Fishmeal	红鱼粉（Ⅱ级） Fish meal（Grade Ⅱ）	单一饲料 Single Feed	畜禽、水产养殖动物 Livestock, Poultry, Aquaculture Animals	毛里塔尼亚 COFRIMA PROTEINE SARL 公司 COFRIMA PROTEINE SARL, Mauritania	2018.06—2023.06	新办
（2018）外饲准字 264 号	鱼油 Fish Oil	鱼油 Fish oil	单一饲料 Single Feed	畜禽、水产养殖动物 Livestock, Poultry, Aquaculture Animals	毛里塔尼亚 COFRIMA PROTEINE SARL 公司 COFRIMA PROTEINE SARL, Mauritania	2018.06—2023.06	新办
（2018）外饲准字 265 号	鱼粉 Fishmeal	红鱼粉（Ⅰ级） Fish meal（Grade Ⅰ）	单一饲料 Single Feed	畜禽、水产养殖动物 Livestock, Poultry, Aquaculture Animals	毛里塔尼亚 SMPC SARL 公司 SMPC SARL, Mauritania	2018.06—2023.06	新办
（2018）外饲准字 266 号	大豆浓缩蛋白 Soybean protein concentrate	AX3Digest 大豆浓缩蛋白 AX3Digest	单一饲料 Single Feed	养殖动物 All Species or Categories of Animals	丹麦 TripleA 公司 TripleA A/S, Denmark	2018.06—2023.06	新办
（2018）外饲准字 267 号	鱼粉 Fishmeal	红鱼粉（Ⅲ级） Red Fishmeal（Grade Ⅲ）	单一饲料 Single Feed	畜禽、水产养殖动物 Livestock, Poultry, Aquaculture Animals	智利 LOTA 蛋白质有限公司 LOTA Protein S.A., Chile	2018.06—2023.06	新办
（2018）外饲准字 268 号	鱼粉 Fishmeal	红鱼粉（Ⅲ级） Red Fishmeal（Grade Ⅲ）	单一饲料 Single Feed	畜禽、水产养殖动物 Livestock, Poultry, Aquaculture Animals	智利 Fiordo Austral 渔业公司 Pesquera Fiordo Austral S.A., Chile	2018.06—2023.06	新办
（2018）外饲准字 269 号	菜籽粕 Canola Meal	菜籽粕 Rapeseed Meal	单一饲料 Single Feed	猪、家禽、鱼 Swine, Poultry, Fish	巴基斯坦 Ayesha Solvent Plant Private Limited Ayesha Solvent Plant Private Limited, Pakistan	2018.06—2023.06	新办

（续）

登记证号	通用名称	商品名称	产品类别	使用范围	生产厂家	有效期限	备注
（2018）外饲准字 270 号	菜籽粕 Canola Meal	菜籽粕（加拿大菜籽） Canola Meal（Canadian Seed）	单一饲料 Single Feed	猪、家禽、鱼 Swine, Poultry, Fish	巴基斯坦 Ayesha Solvent Plant Private Limited Ayesha Solvent Plant Private Limited, Pakistan	2018.06—2023.06	新办
（2018）外饲准字 271 号	鱼油 Fish Oil	鱼油 Fish Oil	单一饲料 Single Feed	畜禽、水产养殖动物 Livestock, Poultry, Aquaculture Animals	毛里塔尼亚 MCF SARL 公司 MCF SARL, Mauritania	2018.06—2023.06	新办
（2018）外饲准字 272 号	鱼粉 Fishmeal	红鱼粉（Ⅰ级） Fish Meal（Ⅰ）	单一饲料 Single Feed	畜禽、水产养殖动物 Livestock, Poultry, Aquaculture Animals	毛里塔尼亚 MCF SARL 公司 MCF SARL, Mauritania	2018.06—2023.06	新办
（2018）外饲准字 273 号	犬配合饲料 Dog Compound Feed	营养专家系列减轻/维持理想体重专用功能粮（鸡肉、大米） Calibra Expert Nutrition Light Chicken & Rice	配合饲料 Compound Feed	犬 Dog	捷克万富有限公司 VAFO PRAHA, s.r.o., Czech Republic	2018.06—2023.06	新办
（2018）外饲准字 274 号	犬配合饲料 Dog Compound Feed	营养专家系列敏感体质犬专用功能粮（三文鱼、土豆） Calibra Expert Nutrition Sensitive Salmon & Potato	配合饲料 Compound Feed	犬 Dog	捷克万富有限公司 VAFO PRAHA, s.r.o., Czech Republic	2018.06—2023.06	新办
（2018）外饲准字 275 号	猫配合饲料 Cat Compound Feed	营养专家系列中长毛品种猫专用美毛功能粮（三文鱼、大米） Calibra Expert Nutrition Hair Care Salmon & Rice	配合饲料 Compound Feed	猫 Cat	捷克万富有限公司 VAFO PRAHA, s.r.o., Czech Republic	2018.06—2023.06	新办
（2018）外饲准字 276 号	犬配合饲料 Dog Compound Feed	兽医专家系列犬胃肠道和胰腺专用处方粮 Calibra Veterinary Diets Gastrointestinal and Pancreas Dog	配合饲料 Compound Feed	犬 Dog	捷克万富有限公司 VAFO PRAHA, s.r.o., Czech Republic	2018.06—2023.06	新办
（2018）外饲准字 277 号	犬配合饲料 Dog Compound Feed	兽医专家系列犬肾/心脏专用处方粮 Calibra Veterinary Diets Renal / Cardiac	配合饲料 Compound Feed	犬 Dog	捷克万富有限公司 VAFO PRAHA, s.r.o., Czech Republic	2018.06—2023.06	新办

（续）

登记证号	通用名称	商品名称	产品类别	使用范围	生产厂家	有效期限	备注
（2018）外饲准字 278 号	猫配合饲料 Cat Compound Feed	兽医专家系列猫胃肠道和胰腺专用处方粮 Calibra Veterinary Diets Gastrointestinal and Pancreas Cat	配合饲料 Compound Feed	猫 Cat	捷克万富有限公司 VAFO PRAHA，s.r.o.，Czech Republic	2018.06—2023.06	新办
（2018）外饲准字 279 号	猫配合饲料 Cat Compound Feed	兽医专家系列猫尿结石 / 草酸管理专用处方粮 Calibra Veterinary Diets Struvite / Oxalate Management	配合饲料 Compound Feed	猫 Cat	捷克万富有限公司 VAFO PRAHA，s.r.o.，Czech Republic	2018.06—2023.06	新办
（2018）外饲准字 280 号	犬配合饲料 Dog Compound Feed	营养专家系列多动犬专用功能粮（鸡肉、大米） Calibra Expert Nutrition Mobility Chicken & Rice	配合饲料 Compound Feed	犬 Dog	捷克万富有限公司 VAFO PRAHA，s.r.o.，Czech Republic	2018.06—2023.06	新办
（2018）外饲准字 281 号	犬配合饲料 Dog Compound Feed	低致敏系列大型品种犬成年犬专用粮（鸡肉、大米） Calibra Hypoallergenic Adult Large Breed Chicken & Rice	配合饲料 Compound Feed	犬 Dog	捷克万富有限公司 VAFO PRAHA，s.r.o.，Czech Republic	2018.06—2023.06	新办
（2018）外饲准字 282 号	犬配合饲料 Dog Compound Feed	低致敏系列中型品种犬成年犬专用粮（鸡肉、大米） Calibra Hypoallergenic Adult Medium Breed Chicken & Rice	配合饲料 Compound Feed	犬 Dog	捷克万富有限公司 VAFO PRAHA，s.r.o.，Czech Republic	2018.06—2023.06	新办
（2018）外饲准字 283 号	犬配合饲料 Dog Compound Feed	低致敏系列小型品种犬成年犬专用粮（鸡肉、大米） Calibra Hypoallergenic Adult Small Breed Chicken & Rice	配合饲料 Compound Feed	犬 Dog	捷克万富有限公司 VAFO PRAHA，s.r.o.，Czech Republic	2018.06—2023.06	新办

（续）

登记证号	通用名称	商品名称	产品类别	使用范围	生产厂家	有效期限	备注
（2018）外饲准字 284 号	犬配合饲料 Dog Compound Feed	低致敏系列大型品种犬幼犬专用粮（鸡肉、大米） Calibra Hypoallergenic Junior Large Breed Chicken & Rice	配合饲料 Compound Feed	犬 Dog	捷克万富有限公司 VAFO PRAHA，s.r.o.，Czech Republic	2018.06—2023.06	新办
（2018）外饲准字 285 号	犬配合饲料 Dog Compound Feed	陛宠小型幼犬鸡肉粮 KING'S PET PUPPY SMALL BREED CHICKEN	配合饲料 Compound Feed	犬 Dog	比利时 Fides Petfood Fides Petfood，Belgium	2018.06—2023.06	新办
（2018）外饲准字 286 号	犬配合饲料 Dog Compound Feed	陛宠小型成犬鸡肉粮 KING'S PET ADULT SMALL BREED CHICKEN	配合饲料 Compound Feed	犬 Dog	比利时 Fides Petfood Fides Petfood，Belgium	2018.06—2023.06	新办
（2018）外饲准字 287 号	犬配合饲料 Dog compound feed	诺维泰成犬狗粮（散养羊肉配方） Novate Free Range Lamb for Adult Dogs	配合饲料 Compound Feed	犬 Dog	（新西兰）爱德胜宠物产品有限公司 Addiction Foods NZ Ltd.，New Zealand	2018.06—2023.06	新办
（2018）外饲准字 288 号	犬配合饲料 Dog Compound Feed	森西成犬鸡肉无谷粮 OSENSI ADULT GRAIN FREE CHICKEN	配合饲料 Compound Feed	犬 Dog	比利时 Fides Petfood Fides Petfood，Belgium	2018.06—2023.06	新办
（2018）外饲准字 289 号	犬配合饲料 Dog Compound Feed	森西成犬三文鱼无谷粮 OSENSI ADULT GRAIN FREE SALMON	配合饲料 Compound Feed	犬 Dog	比利时 Fides Petfood Fides Petfood，Belgium	2018.06—2023.06	新办
（2018）外饲准字 290 号	犬配合饲料 Dog Compound Feed	森西幼犬鸡肉低敏粮 OSENSI PUPPY GLUTEN FREE CHICKEN	配合饲料 Compound Feed	犬 Dog	比利时 Fides Petfood Fides Petfood，Belgium	2018.06—2023.06	新办
（2018）外饲准字 291 号	猫配合饲料 Cat Compound Feed	森西幼猫鸡肉低敏粮 OSENSI KITTEN	配合饲料 Compound Feed	猫 Cat	比利时 Fides Petfood Fides Petfood，Belgium	2018.06—2023.06	新办
（2018）外饲准字 292 号	猫配合饲料 Cat Compound Feed	森西成猫鸡肉低敏粮 OSENSI ADULT CAT CHICKEN	配合饲料 Compound Feed	猫 Cat	比利时 Fides Petfood Fides Petfood，Belgium	2018.06—2023.06	新办

（续）

登记证号	通用名称	商品名称	产品类别	使用范围	生产厂家	有效期限	备注
（2018）外饲准字 293 号	猫配合饲料 Cat Compound Feed	森西成猫三文鱼低敏粮 OSENSI ADULT CAT SALMON	配合饲料 Compound Feed	猫 Cat	比利时 Fides Petfood Fides Petfood，Belgium	2018.06—2023.06	新办
（2018）外饲准字 294 号	犬配合饲料 Dog Compound Feed	森西幼犬三文鱼低敏粮 OSENSI PUPPY GLUTEN FREE SALMON	配合饲料 Compound Feed	犬 Dog	比利时 Fides Petfood Fides Petfood，Belgium	2018.06—2023.06	新办
（2018）外饲准字 295 号	犬配合饲料 Dog Compound Feed	黑鹰成犬鱼肉土豆犬粮 Black Hawk Adult Formula Fish & Potato	配合饲料 Compound Feed	犬 Dog	澳大利亚宠物品牌 Australian Pet Brands Pty Ltd，Australia	2018.06—2023.06	新办
（2018）外饲准字 296 号	犬配合饲料 Dog Compound Feed	黑鹰大型犬成犬鸡肉犬粮 Black Hawk Large Breed Adult Formula Chicken & Rice	配合饲料 Compound Feed	犬 Dog	澳大利亚宠物品牌 Australian Pet Brands Pty Ltd，Australia	2018.06—2023.06	新办
（2018）外饲准字 297 号	犬配合饲料 Dog Compound Feed	黑鹰无谷鸡肉犬粮 Black Hawk Dog Formula Grain Free Chicken	配合饲料 Compound Feed	犬 Dog	澳大利亚宠物品牌 Australian Pet Brands Pty Ltd，Australia	2018.06—2023.06	新办
（2018）外饲准字 298 号	犬配合饲料 Dog Compound Feed	黑鹰无谷三文鱼犬粮 Black Hawk Dog Formula Grain Free Salmon	配合饲料 Compound Feed	犬 Dog	澳大利亚宠物品牌 Australian Pet Brands Pty Ltd，Australia	2018.06—2023.06	新办
（2018）外饲准字 299 号	犬配合饲料 Dog Compound Feed	黑鹰无谷羊肉犬粮 Black Hawk Dog Formula Grain Free Lamb	配合饲料 Compound Feed	犬 Dog	澳大利亚宠物品牌 Australian Pet Brands Pty Ltd，Australia	2018.06—2023.06	新办
（2018）外饲准字 300 号	犬配合饲料 Dog Compound Feed	黑鹰无谷袋鼠肉犬粮 Black Hawk Dog Formula Grain Free Kangaroo	配合饲料 Compound Feed	犬 Dog	澳大利亚宠物品牌 Australian Pet Brands Pty Ltd，Australia	2018.06—2023.06	新办
（2018）外饲准字 301 号	犬配合饲料 Dog Compound Feed	加拿大哈士奇，狗粮－羊肉和大米口味 Canadian Husky，Dog food–Lamb&Rice 9586	配合饲料 Compound Feed	犬 Dog	加拿大派斯特饲料服务有限公司（工厂） Spectrum Feed Services LTD，Canada	2018.06—2023.06	新办

（续）

登记证号	通用名称	商品名称	产品类别	使用范围	生产厂家	有效期限	备注
（2018）外饲准字 302 号	犬配合饲料 Dog Compound Feed	加拿大哈士奇，狗粮－三文鱼口味 Canadian Husky，Dog food–Salmon 9303	配合饲料 Compound Feed	犬 Dog	加拿大派斯特饲料服务有限公司（工厂） Spectrum Feed Services LTD，Canada	2018.06—2023.06	新办
（2018）外饲准字 303 号	猫配合饲料 Cat Compound Feed	Kit Cat 吉喵主食猫粮（经典 C32） KIT CAT CLASSIC 32	配合饲料 Compound Feed	猫 Cat	泰国 Nutrix Public 有限公司 Nutrix Public Company Limited，Thailand	2018.06—2023.06	新办
（2018）外饲准字 304 号	猫配合饲料 Cat Compound Feed	Kit Cat 吉喵主食猫粮（混合鱼干） KIT CAT MINI FISH MEDLEY	配合饲料 Compound Feed	猫 Cat	泰国 Nutrix Public 有限公司 Nutrix Public Company Limited，Thailand	2018.06—2023.06	新办
（2018）外饲准字 305 号	猫配合饲料 Cat Compound Feed	Kit Cat 吉喵主食猫粮（呵护泌尿系统） KIT CAT PICK OF THE OCEAN	配合饲料 Compound Feed	猫 Cat	泰国 Nutrix Public 有限公司 Nutrix Public Company Limited，Thailand	2018.06—2023.06	新办
（2018）外饲准字 306 号	猫配合饲料 Cat Compound Feed	Kit Cat 吉喵主食猫粮（三文鱼） KIT CAT SIGNATURE SALMON	配合饲料 Compound Feed	猫 Cat	泰国 Nutrix Public 有限公司 Nutrix Public Company Limited，Thailand	2018.06—2023.06	新办
（2018）外饲准字 307 号	猫配合饲料 Cat Compound Feed	Kit Cat 吉喵主食猫粮（鸡肉干） KIT CAT CHICKEN CUISINE	配合饲料 Compound Feed	猫 Cat	泰国 Nutrix Public 有限公司 Nutrix Public Company Limited，Thailand	2018.06—2023.06	新办
（2018）外饲准字 308 号	猫配合饲料 Cat Compound Feed	Kit Cat 吉喵主食猫粮（柴鱼片） KIT CAT FILLET ‘O’ FLAKES	配合饲料 Compound Feed	猫 Cat	泰国 Nutrix Public 有限公司 Nutrix Public Company Limited，Thailand	2018.06—2023.06	新办
（2018）外饲准字 309 号	仔猪配合饲料 Piglet Compound Feed	安补乐 Nutrilac	配合饲料 Compound Feed	仔猪 Piglet	荷兰 Nukamel Productions B.V. 公司 Nukamel Productions B.V.，the Netherlands	2018.06—2023.06	新办
（2018）外饲准字 310 号	犬配合饲料 Dog Compound Feed	低致敏系列中型品种犬幼犬专用粮（鸡肉、大米） Calibra Hypoallergenic Junior Medium Breed Chicken & Rice	配合饲料 Compound Feed	犬 Dog	捷克万富有限公司 VAFO PRAHA，s.r.o.，Czech Republic	2018.06—2023.06	新办

（续）

登记证号	通用名称	商品名称	产品类别	使用范围	生产厂家	有效期限	备注
（2018）外饲准字 311 号	犬配合饲料 Dog Compound Feed	低致敏系列中型 / 大型品种犬老年犬专用粮（鸡肉、大米） Calibra Hypoallergenic Senior Medium&Large Breed Chicken & Rice	配合饲料 Compound Feed	犬 Dog	捷克万富有限公司 VAFO PRAHA，s.r.o.，Czech Republic	2018.06—2023.06	新办
（2018）外饲准字 312 号	犬配合饲料 Dog Compound Feed	低致敏系列新生犬专用粮（鸡肉、大米） Calibra Hypoallergenic Starter & Puppy Chicken & Rice	配合饲料 Compound Feed	犬 Dog	捷克万富有限公司 VAFO PRAHA，s.r.o.，Czech Republic	2018.06—2023.06	新办
（2018）外饲准字 313 号	猫配合饲料 Cat Compound Feed	低致敏系列成年猫专用粮（鸡肉、大米） Calibra Hypoallergenic Adult Chicken & Rice	配合饲料 Compound Feed	猫 Cat	捷克万富有限公司 VAFO PRAHA，s.r.o.，Czech Republic	2018.06—2023.06	新办
（2018）外饲准字 314 号	猫配合饲料 Cat Compound Feed	低致敏系列幼年猫专用粮（鸡肉、大米） Calibra Hypoallergenic Kitten Chicken & Rice	配合饲料 Compound Feed	猫 Cat	捷克万富有限公司 VAFO PRAHA，s.r.o.，Czech Republic	2018.06—2023.06	新办
（2018）外饲准字 315 号	犬配合饲料 Dog Compound Feed	特级无谷系列小型 / 中型品种犬成年犬专用粮（三文鱼、土豆） Calibra Grain Free Adult Small & Medium Breed Salmon & Potato	配合饲料 Compound Feed	犬 Dog	捷克万富有限公司 VAFO PRAHA，s.r.o.，Czech Republic	2018.06—2023.06	新办
（2018）外饲准字 316 号	犬配合饲料 Dog Compound Feed	特级无谷系列小型品种犬成年犬专用粮（鸭肉、土豆） Calibra Grain Free Adult Small Breed Duck & Potato	配合饲料 Compound Feed	犬 Dog	捷克万富有限公司 VAFO PRAHA，s.r.o.，Czech Republic	2018.06—2023.06	新办
（2018）外饲准字 317 号	猫配合饲料 Cat Compound Feed	特级无谷系列贵族品种猫成年猫专用粮（鸡肉、土豆） Calibra Grain Free Adult Superior Chicken & Potato	配合饲料 Compound Feed	猫 Cat	捷克万富有限公司 VAFO PRAHA，s.r.o.，Czech Republic	2018.06—2023.06	新办

（续）

登记证号	通用名称	商品名称	产品类别	使用范围	生产厂家	有效期限	备注
（2018）外饲准字 318 号	猫配合饲料 Cat Compound Feed	特级无谷系列敏感体质猫成年猫专用粮（三文鱼、土豆） Calibra Grain Free Sensitive Salmon & Potato	配合饲料 Compound Feed	猫 Cat	捷克万富有限公司 VAFO PRAHA，s.r.o.， Czech Republic	2018.06—2023.06	新办
（2018）外饲准字 319 号	猫配合饲料 Cat Compound Feed	营养专家系列室内猫成年猫专用功能粮（鸭肉、大米） Calibra Expert Nutrition House Cat Duck & Rice	配合饲料 Compound Feed	猫 Cat	捷克万富有限公司 VAFO PRAHA，s.r.o.， Czech Republic	2018.06—2023.06	新办
（2018）外饲准字 320 号	犬配合饲料 Dog Compound Feed	黑鹰幼犬羊肉大米犬粮 Black Hawk Puppy Formula Lamb & Rice	配合饲料 Compound Feed	犬 Dog	澳大利亚宠物品牌 Australian Pet Brands Pty Ltd，Australia	2018.06—2023.06	新办
（2018）外饲准字 321 号	犬配合饲料 Dog Compound Feed	黑鹰幼犬鸡肉大米犬粮 Black Hawk Puppy Formula Chicken & Rice	配合饲料 Compound Feed	犬 Dog	澳大利亚宠物品牌 Australian Pet Brands Pty Ltd，Australia	2018.06—2023.06	新办
（2018）外饲准字 322 号	犬配合饲料 Dog Compound Feed	黑鹰大型犬幼犬鸡肉大米犬粮 Black Hawk Large Breed Puppy Formula Chicken & Rice	配合饲料 Compound Feed	犬 Dog	澳大利亚宠物品牌 Australian Pet Brands Pty Ltd，Australia	2018.06—2023.06	新办
（2018）外饲准字 323 号	犬配合饲料 Dog Compound Feed	黑鹰成犬羊肉大米犬粮 Black Hawk Adult Formula Lamb & Rice	配合饲料 Compound Feed	犬 Dog	澳大利亚宠物品牌 Australian Pet Brands Pty Ltd，Australia	2018.06—2023.06	新办
（2018）外饲准字 324 号	犬配合饲料 Dog Compound Feed	黑鹰成犬鸡肉大米犬粮 Black Hawk Adult Formula Chicken & Rice	配合饲料 Compound Feed	犬 Dog	澳大利亚宠物品牌 Australian Pet Brands Pty Ltd，Australia	2018.06—2023.06	新办
（2018）外饲准字 325 号	配合鱼饲料 Fish Compound Feed	三福饲料（鱼饲料 0.2–12mm） Fish Feed	配合饲料 Compound Feed	鱼 Fish	智利唯它公司 VITAPRO CHILE S.A.，Chile	2018.06—2023.06	新办
（2018）外饲准字 336 号	混合型饲料添加剂 酸度调节剂 Feed Additives Mixture Acidity Regulators	巧妙酸（颗粒） SCHAUMACID PROTECT MONO	混合型饲料添加剂 Feed Additives Mixture	猪、鸡 Swine，Chicken	德国里格拉纳有限责任公司（爱尔斯雷本工厂） Ligrana GmbH.（Werk Eilsleben），Germany	2018.07—2023.07	新办

（续）

登记证号	通用名称	商品名称	产品类别	使用范围	生产厂家	有效期限	备注
（2018）外饲准字 337 号	鱼粉 Fishmeal	红鱼粉（Ⅱ级） Fish meal（Grade Ⅱ）	单一饲料 Single Feed	畜禽、水产养殖动物 Livestock，Poultry，Aquaculture animals	毛里塔尼亚 MOUHIT AL BARAKA SA 公司 MOUHIT AL BARAKA SA，Mauritania	2018.07—2023.07	新办
（2018）外饲准字 338 号	鱼粉 Fishmeal	红鱼粉（Ⅲ级） Fish meal（Grade Ⅲ）	单一饲料 Single Feed	畜禽、水产养殖动物 Livestock，Poultry，Aquaculture animals	毛里塔尼亚 INCHIRI ENTREPRENARIAT. Sarl 公司 INCHIRI ENTREPRENARIAT.Sarl，Mauritania	2018.07—2023.07	新办
（2018）外饲准字 339 号	鱼粉 Fishmeal	红鱼粉（Ⅱ级） Fish meal（Grade Ⅱ）	单一饲料 Single Feed	畜禽、水产养殖动物 Livestock，Poultry，Aquaculture animals	毛里塔尼亚 SFHP SARL 公司 SFHP SARL，Mauritania	2018.07—2023.07	新办
（2018）外饲准字 340 号	鱼粉 Fishmeal	红鱼粉（Ⅰ级） Fish meal（Grade Ⅰ）	单一饲料 Single Feed	畜禽、水产养殖动物 Livestock，Poultry，Aquaculture animals	毛里塔尼亚 SINO-RIM SA 公司 SINO-RIM SA，Mauritania	2018.07—2023.07	新办
（2018）外饲准字 341 号	鱼粉 Fishmeal	红鱼粉（Ⅲ级） Fish meal（Grade Ⅲ）	单一饲料 Single Feed	畜禽、水产养殖动物 Livestock，Poultry，Aquaculture animals	毛里塔尼亚 COMAPECHE FARINE sa 公司 COMAPECHE FARINE sa，Mauritania	2018.07—2023.07	新办
（2018）外饲准字 342 号	鱼粉 Fishmeal	蒸汽烘干红鱼粉（Ⅲ级） Steam Dried Sterilized Fishmeal（Ⅲ）	单一饲料 Single Feed	畜禽、水产养殖动物 Livestock，Poultry，Aquaculture animals	毛里塔尼亚 LEMSEAFOOD 公司 LEMSEAFOOD，Mauritania	2018.07—2023.07	新办
（2018）外饲准字 343 号	白鱼粉 White Fishmeal	白鱼粉（Ⅲ级） White Fishmeal（Grade Ⅲ）	单一饲料 Single Feed	畜禽、水产养殖动物 Livestock，Poultry，Aquaculture animals	俄罗斯 JSC “Tralflot” 股份公司（工船加工，工船名称 Petr I，工船批准号：CH-857） JSC “Tralflot”（Produced on Broad at vessel Petr I，Register No. CH-857），Russia	2018.07—2023.07	新办
（2018）外饲准字 344 号	鱼油 Fish Oil	鱼油（饲料级） Fish Oil（Feed Grade）	单一饲料 Single Feed	畜禽、水产养殖动物 Livestock，Poultry，Aquaculture animals	智利 Blumar S.A. 公司 Corral 工厂 Blumar S.A.，Plant in Corral，Chile	2018.07—2023.07	新办
（2018）外饲准字 345 号	花生粕 Peanut meal	花生粕 Peanut meal	单一饲料 Single Feed	畜禽、水产养殖动物 Livestock，Poultry，Aquaculture animals	苏丹 GAILY FOR EXPORT PROMOTION GAILY FOR EXPORT PROMOTION，Sudan	2018.07—2023.07	新办
（2018）外饲准字 346 号	白鱼粉 White Fishmeal	白鱼粉（Ⅰ级） White Fishmeal（Ⅰ）	单一饲料 Single Feed	畜禽、水产养殖动物 Livestock，Poultry，Aquaculture animals	俄罗斯 TRANZIT 有限责任公司（工船加工，工船名 Dersu Uzala，工船号 CH-782） TRANZIT CO. LTD（Produced on Broad at vessel “Dersu Uzala”，Register No. CH-782），Russia	2018.07—2023.07	新办

（续）

登记证号	通用名称	商品名称	产品类别	使用范围	生产厂家	有效期限	备注
（2018）外饲准字 347 号	白鱼粉 White Fishmeal	白鱼粉（Ⅰ级） White Fishmeal（Ⅰ）	单一饲料 Single Feed	畜禽、水产养殖动物 Livestock，Poultry，Aquaculture Animals	俄罗斯 KURILSKIY RYBAK 封闭式股份公司（工船加工，工船名 Ostrov Shikotan，工船号 CH-94P） JSC KURILSKIY RYBAK（Produced on Broad at vessel "Ostrov Shikotan"，Register No. CH-94P），Russia	2018.07—2023.07	新办
（2018）外饲准字 348 号	白鱼粉 White Fishmeal	白鱼粉（Ⅰ级） White Fishmeal（Ⅰ）	单一饲料 Single Feed	畜禽、水产养殖动物 Livestock，Poultry，Aquaculture Animals	俄罗斯 KURILSKIY RYBAK 封闭式股份公司 Krabozavodsk 鱼厂 CH-18G JSC " KURILSKIY RYBAK" Krabozavodsk（fish plant）CH-18G，Russia	2018.07—2023.07	新办
（2018）外饲准字 349 号	牛肉骨粉 Bovine Meat and Bone Meal	牛肉骨粉 Bovine Meat and Bone Meal	单一饲料 Single Feed	畜禽、水产养殖动物 Livestock，Poultry，Aquaculture Animals	澳大利亚 A.J. Bush & Sons（生产者）有限公司 A.J. Bush & Sons（Manufactures）Pty. Ltd.，Australia	2018.07—2023.07	新办
（2018）外饲准字 350 号	犬配合饲料 Dog Compound Feed	Be My Baby 三文鱼甘薯无谷物全犬粮 Be My Baby Salmon & Sweet Potato Formula for Dogs	宠物配合饲料 Pet Compound Feed	犬 Dog	比利时联合宠物食品公司 United Petfood Producers NV，Belgium	2018.07—2023.07	新办
（2018）外饲准字 351 号	犬配合饲料 Dog Compound Feed	Be My Baby 鸭肉甘薯无谷物全犬粮 Be My Baby Duck & Sweet Potato Formula for Dogs	宠物配合饲料 Pet Compound Feed	犬 Dog	比利时联合宠物食品公司 United Petfood Producers NV，Belgium	2018.07—2023.07	新办
（2018）外饲准字 352 号	犬配合饲料 Dog Compound Feed	Be my baby 白鱼甘薯无谷物全犬粮 Be My Baby Whitefish & Sweet Potato Formula for Dogs	宠物配合饲料 Pet Compound Feed	犬 Dog	比利时联合宠物食品公司 United Petfood Producers NV，Belgium	2018.07—2023.07	新办
（2018）外饲准字 353 号	犬配合饲料 Dog Compound Feed	深海鱼幼犬粮 Happy Puppy	宠物配合饲料 Pet Compound Feed	犬 Dog	比利时联合宠物食品公司 United Petfood Producers NV，Belgium	2018.07—2023.07	新办
（2018）外饲准字 354 号	犬配合饲料 Dog Compound Feed	健康成犬粮 Healthy Junior	宠物配合饲料 Pet Compound Feed	犬 Dog	比利时联合宠物食品公司 United Petfood Producers NV，Belgium	2018.07—2023.07	新办
（2018）外饲准字 355 号	犬配合饲料 Dog Compound Feed	营养老年犬粮 Wealthy Senior	宠物配合饲料 Pet Compound Feed	犬 Dog	比利时联合宠物食品公司 United Petfood Producers NV，Belgium	2018.07—2023.07	新办

（续）

登记证号	通用名称	商品名称	产品类别	使用范围	生产厂家	有效期限	备注
（2018）外饲准字 356 号	猫配合饲料 Cat Compound Feed	卡格高级宠物全期猫粮–鹿肉、海洋鱼配方 Kakato Dry Cat Food – Venison and Ocean Fish	宠物配合饲料 Pet Compound Feed	猫 Cat	（新西兰）爱德胜宠物产品有限公司 Addiction Foods NZ Ltd., New Zealand	2018.07—2023.07	新办
（2018）外饲准字 357 号	犬配合饲料 Dog Compound Feed	卡格高级宠物全期犬粮 – 海洋鱼配方 Kakato Dry Dog Food – Ocean Fish	宠物配合饲料 Pet Compound Feed	犬 Dog	（新西兰）爱德胜宠物产品有限公司 Addiction Foods NZ Ltd., New Zealand	2018.07—2023.07	新办
（2018）外饲准字 358 号	犬配合饲料 Dog Compound Feed	卡格高级宠物全期犬粮 – 羊肉配方 Kakato Dry Dog Food – Lamb	宠物配合饲料 Pet Compound Feed	犬 Dog	（新西兰）爱德胜宠物产品有限公司 Addiction Foods NZ Ltd., New Zealand	2018.07—2023.07	新办
（2018）外饲准字 359 号	猫配合饲料 Cat Compound Feed	卡格高级宠物全期猫粮–海洋鱼、鸡肉配方 Kakato Dry Cat Food – Ocean Fish and Chicken	宠物配合饲料 Pet Compound Feed	猫 Cat	（新西兰）爱德胜宠物产品有限公司 Addiction Foods NZ Ltd., New Zealand	2018.07—2023.07	新办
（2018）外饲准字 360 号	犬配合饲料 Dog Compound Feed	枫树大道狗粮（枫糖浆鸡肉鱼味） MAPLESAVENUE DOG FOOD（Chicken Meal with Maple Syrup and Fish）	宠物配合饲料 Pet Compound Feed	犬 Dog	加拿大派斯特饲料服务有限公司（工厂） Spectrum Feed Services LTD, Canada	2018.07—2023.07	新办
（2018）外饲准字 361 号	犬配合饲料 Dog Compound Feed	枫树大道狗粮（枫糖浆马铃薯鱼味） MAPLESAVENUE DOG FOOD（Fishmeal with Maple Syrup and Potato）	宠物配合饲料 Pet Compound Feed	犬 Dog	加拿大派斯特饲料服务有限公司（工厂） Spectrum Feed Services LTD, Canada	2018.07—2023.07	新办
（2018）外饲准字 362 号	犬配合饲料 Dog Compound Feed	枫树大道狗粮（枫糖浆糙米鱼味） MAPLESAVENUE DOG FOOD（Fishmeal with Maple Syrup and Brown Rice）	宠物配合饲料 Pet Compound Feed	犬 Dog	加拿大派斯特饲料服务有限公司（工厂） Spectrum Feed Services LTD, Canada	2018.07—2023.07	新办

（续）

登记证号	通用名称	商品名称	产品类别	使用范围	生产厂家	有效期限	备注
（2018）外饲准字 363 号	猫配合饲料 Cat compound feed	枫树大道猫粮（枫糖浆蔓越莓鸡肉味） MAPLESAVENUE CAT FOOD（Chicken Meal with Maple Syrup and Cranberry）	宠物配合饲料 Pet Compound Feed	猫 Cat	加拿大派斯特饲料服务有限公司（工厂） Spectrum Feed Services LTD，Canada	2018.07—2023.07	新办
（2018）外饲准字 364 号	猫配合饲料 Cat compound feed	枫树大道猫粮（枫糖浆胡萝卜鱼味） MAPLESAVENUE CAT FOOD（Fishmeal with Maple Syrup and Carrot）	宠物配合饲料 Pet Compound Feed	猫 Cat	加拿大派斯特饲料服务有限公司（工厂） Spectrum Feed Services LTD，Canada	2018.07—2023.07	新办
（2018）外饲准字 365 号	猫配合饲料 Cat compound feed	枫树大道猫粮（枫糖浆马铃薯鱼味） MAPLESAVENUE CAT FOOD（Fishmeal with Maple Syrup and Potato）	宠物配合饲料 Pet Compound Feed	猫 Cat	加拿大派斯特饲料服务有限公司（工厂） Spectrum Feed Services LTD，Canada	2018.07—2023.07	新办
（2018）外饲准字 366 号	犬配合饲料 Dog Compound Feed	贝肯多无谷海洋鱼成犬粮 BELCANDO® Adult GF Ocean	宠物配合饲料 Pet Compound Feed	犬 Dog	德国 BEWITAL petfood Gmbh & Co. KG 公司 BEWITAL petfood Gmbh & Co. KG，Germany	2018.07—2023.07	新办
（2018）外饲准字 367 号	犬配合饲料 Dog Compound Feed	贝肯多无谷三文鱼成犬粮 BELCANDO® Finest GF Salmon	宠物配合饲料 Pet Compound Feed	犬 Dog	德国 BEWITAL petfood Gmbh & Co. KG 公司 BEWITAL petfood Gmbh & Co. KG，Germany	2018.07—2023.07	新办
（2018）外饲准字 368 号	犬配合饲料 Dog Compound Feed	佰芙成犬田园无谷鸭肉粮 Pet Froh Adult Nature Balance Duck	宠物配合饲料 Pet Compound Feed	犬 Dog	比利时联合宠物食品公司 United Petfood Producers NV，Belgium	2018.07—2023.07	新办
（2018）外饲准字 369 号	犬配合饲料 Dog Compound Feed	佰芙成犬田园无谷鸡肉粮 Pet Froh Adult Nature Balance Chicken	宠物配合饲料 Pet Compound Feed	犬 Dog	比利时联合宠物食品公司 United Petfood Producers NV，Belgium	2018.07—2023.07	新办

（续）

登记证号	通用名称	商品名称	产品类别	使用范围	生产厂家	有效期限	备注
（2018）外饲准字 370 号	犬配合饲料 Dog Compound Feed	佰芙幼犬田园无谷鸭肉粮 Pet Froh Puppy Nature Balance Duck	宠物配合饲料 Pet Compound Feed	犬 Dog	比利时联合宠物食品公司 United Petfood Producers NV，Belgium	2018.07—2023.07	新办
（2018）外饲准字 371 号	犬配合饲料 Dog Compound Feed	佰芙幼犬田园无谷鸡肉粮 Pet Froh Puppy Nature Balance Chicken	宠物配合饲料 Pet Compound Feed	犬 Dog	比利时联合宠物食品公司 United Petfood Producers NV，Belgium	2018.07—2023.07	新办
（2018）外饲准字 372 号	犬配合饲料 Dog Compound Feed	佰芙幼犬三文鱼无谷粮 Puppy Salmon Grain Free	宠物配合饲料 Pet Compound Feed	犬 Dog	比利时联合宠物食品公司 United Petfood Producers NV，Belgium	2018.07—2023.07	新办
（2018）外饲准字 373 号	猫配合饲料 Cat Compound Feed	苏格兰三文鱼（全猫粮） Scottish Salmon for Cats	宠物配合饲料 Pet Compound Feed	猫 Cat	比利时联合宠物食品公司 United Petfood Producers NV，Belgium	2018.07—2023.07	新办
（2018）外饲准字 374 号	猫配合饲料 Cat Compound Feed	田园野味（全猫粮） Country Game for Cats	宠物配合饲料 Pet Compound Feed	猫 Cat	比利时联合宠物食品公司 United Petfood Producers NV，Belgium	2018.07—2023.07	新办
（2018）外饲准字 386 号	饲料添加剂 天然类固醇萨洒皂角苷（源自丝兰） Feed Additive YUCCA（Yucca Schidigera Extract）	皂苷宝 BIO-YUCCA	饲料添加剂 Feed Additive	养殖动物 All Species or Categories of Animals	美国国际生物营养有限公司 Bio-Nutrition International，Inc.，USA	2018.08—2023.08	新办
（2018）外饲准字 387 号	饲料添加剂 碘酸钙 Feed Additive Calcium Iodate	一水碘酸钙 Calcium Iodate Monohydrate	饲料添加剂 Feed Additive	养殖动物 All Species or Categories of Animals	印度 Calibre Chemicals Pvt. Ltd. 公司（工厂） Calibre Chemicals Pvt. Ltd.，India	2018.08—2023.08	新办
（2018）外饲准字 388 号	饲料添加剂 碘酸钾 Feed Additive Potassium Iodate	碘酸钾 Potassium Iodate	饲料添加剂 Feed Additive	养殖动物 All Species or Categories of Animals	印度 Calibre Chemicals Pvt. Ltd. 公司（工厂） Calibre Chemicals Pvt. Ltd.，India	2018.08—2023.08	新办
（2018）外饲准字 389 号	饲料添加剂 丙酸钙 Feed Additive Calcium Propionate	丙酸钙 NIACET CALPRONA CP	饲料添加剂 Feed Additive	养殖动物 All Species or Categories of Animals	（荷兰）耐赛特公司 Niacet b.v.，the Netherlands	2018.08—2023.08	新办
（2018）外饲准字 390 号	饲料添加剂 丙酸钠 Feed Additive Sodium Propionate	丙酸钠 NIACET CALPRONA SP	饲料添加剂 Feed Additive	养殖动物 All Species or Categories of Animals	（荷兰）耐赛特公司 Niacet b.v.，the Netherlands	2018.08—2023.08	新办
（2018）外饲准字 391 号	饲料添加剂 丙二醇 Feed Additive Propylene glycol	丙二醇 GLYCO-PLUS	饲料添加剂 Feed Additive	畜禽 Livestock，Poultry	意大利新饲料团队责任有限公司 New Feed Team srl，Italy	2018.08—2023.08	新办

（续）

登记证号	通用名称	商品名称	产品类别	使用范围	生产厂家	有效期限	备注
（2018）外饲准字 392 号	饲料添加剂 L- 精氨酸 Feed Additive L–Arginine	饲料级 L- 精氨酸 L–Arginine Feed Grade	饲料添加剂 Feed Additive	养殖动物 All Species or Categories of Animals	韩国大象株式会社 Daesang Corporation，Korea	2018.08—2023.08	新办
（2018）外饲准字 393 号	饲料添加剂 L- 缬氨酸 Feed Additive L–Valine	饲料级 L- 缬氨酸 L–Valine Feed Grade	饲料添加剂 Feed Additive	养殖动物 All Species or Categories of Animals	韩国大象株式会社 Daesang Corporation，Korea	2018.08—2023.08	新办
（2018）外饲准字 394 号	混合型饲料添加剂 L- 赖氨酸盐酸盐 Feed Additives Mixture L- Lysine Monohydrochloride	过瘤胃赖氨酸 AjiPro–L	混合型饲料添加剂 Feed Additives Mixture	反刍动物 Ruminant	味之素（美国）哈特兰德公司（工厂） AJINOMOTO HEARTLAND，INC（PLANT），USA	2018.08—2023.08	新办
（2018）外饲准字 395 号	混合型饲料添加剂 酶制剂 Feed Additives Mixture Enzymes	百胜酶 Biozyme	混合型饲料添加剂 Feed Additives Mixture	养殖动物 All Species or Categories of Animals	（澳大利亚）Bioproton 有限公司 Bioproton Pty Ltd，Australia	2018.08—2023.08	新办
（2018）外饲准字 396 号	混合型饲料添加剂 矿物元素 维生素 Feed Additives Mixture Minerals Vitamins	全时钙 24 RumiLife Cal24 Nutritional Supplement	混合型饲料添加剂 Feed Additives Mixture	奶牛 Cow	（美国）Genex Cooperative Inc（工厂）. Genex Cooperative Inc.，USA	2018.08—2023.08	新办
（2018）外饲准字 397 号	混合型饲料添加剂 矿物元素 Feed Additives Mixture Minerals	妙产安 Tonipart CH	混合型饲料添加剂 Feed Additives Mixture	母猪 Sow	法国 Mg2mix 有限公司 Mg2mix，France	2018.08—2023.08	新办
（2018）外饲准字 398 号	混合型饲料添加剂 枯草芽孢杆菌 Feed Additives Mixture Bacillus subtilis	常齐益 Baymix Grobig BS	混合型饲料添加剂 Feed Additives Mixture	家禽、育肥猪 Poultry，Fattening Pig	拜耳（墨西哥）有限公司 Bayer de M é xico，S.A. de C.V.，Mexico	2018.08—2023.08	新办
（2018）外饲准字 399 号	混合型饲料添加剂 酶制剂 Feed Additives Mixture Enzymes	钮莱思酶 Nutrase Xyla	混合型饲料添加剂 Feed Additives Mixture	单胃动物 Monogastric Animals	（荷兰）Mondial Nutrition B.V. Mondial Nutrition B.V.，the Netherlands	2018.08—2023.08	新办
（2018）外饲准字 400 号	混合型饲料添加剂 酶制剂 Feed Additives Mixture Enzymes	钮莱思酶 Nutrase Xyla	混合型饲料添加剂 Feed Additives Mixture	单胃动物 Monogastric Animals	（比利时）NUTREX NV NUTREX NV，Belgium	2018.08—2023.08	新办
（2018）外饲准字 401 号	混合型饲料添加剂 酶制剂 Feed Additives Mixture Enzymes	特威宝 PT（浓缩物）） ALLZYME PT CONCENTRATE	混合型饲料添加剂 Feed Additives Mixture	养殖动物 All Species or Categories of Animals	美国奥特奇公司 Alltech Inc.，USA	2018.08—2023.08	新办
（2018）外饲准字 402 号	饲料添加剂 二十二碳六烯酸（DHA） Feed Additive Doco–sahexaenoic Acid（DHA）	DHAgold S17–B DHAgold S17–B	饲料添加剂 Feed Additive	养殖动物 All Species or Categories of Animals	帝斯曼营养产品公司 DSM Nutritional Products，USA	2018.08—2023.08	新办

（续）

登记证号	通用名称	商品名称	产品类别	使用范围	生产厂家	有效期限	备注
（2018）外饲准字 403 号	混合型饲料添加剂 香味物质 Feed Additive Mixture Flavouring Substances	欧乐宝－精油款 GALLINAT	混合型饲料添加剂 Feed Additives Mixture	家禽 Poultry	加拿大 Jefagro 科技有限公司 Jefagro Technologies Inc.，Canada	2018.08—2023.08	新办
（2018）外饲准字 404 号	混合型饲料添加剂 香味物质 Feed Additives Mixture Flavouring Substance	椒力素 ID PHYT CAPCIN P2T 02.50	混合型饲料添加剂 Feed Additives Mixture	养殖动物 All Species or Categories of Animals	（瑞士）Erbo Spraytec AG 股份公司 Erbo Spraytec AG，Switzerland	2018.08—2023.08	新办
（2018）外饲准字 405 号	混合型饲料添加剂 枯草芽孢杆菌 Feed Additives Mixture Bacillus Subtilis	立净洁 BioFast	混合型饲料添加剂 Feed Additives Mixture	养殖动物 All Species or Categories of Animals	台湾博尧生物科技股份有限公司 Bioyo Biotech Co.，Ltd.	2018.08—2023.08	新办
（2018）外饲准字 406 号	混合型饲料添加剂 维生素 矿物元素 Feed Additives Mixture Vitamins Minerals	好妈咪－1000 BIOSOW PREMIX	混合型饲料添加剂 Feed Additives Mixture	母猪 Sow	新加坡威发药业有限公司 Vetpharm Laboratories（S）Pte.Ltd.，Singapore	2018.08—2023.08	新办
（2018）外饲准字 407 号	混合型饲料添加剂 枯草芽孢杆菌 Feed Additives Mixture Bacillus Subtilis	依润 400 MORI–MAX AQ	混合型饲料添加剂 Feed Additives Mixture	鱼、虾 Fish，Shrimp	韩国 Biotopia 株式会社 Korea Biotopia Co.，Ltd.，Korea	2018.08—2023.08	新办
（2018）外饲准字 408 号	混合型饲料添加剂 枯草芽孢杆菌 乳酸片球菌 Feed Additives Mixture Bacillus Subtilis Pediococcus Acidilactici	依润 300 PLA	混合型饲料添加剂 Feed Additives Mixture	猪 Swine	韩国 Biotopia 株式会社 Korea Biotopia Co.，Ltd.，Korea	2018.08—2023.08	新办
（2018）外饲准字 409 号	混合型饲料添加剂 枯草芽孢杆菌 植物乳杆菌 Feed Additives Mixture Bacillus Subtilis Lactobacillus Plantarum	依润 200 MORI–MAX	混合型饲料添加剂 Feed Additives Mixture	猪 Swine	韩国 Biotopia 株式会社 Korea Biotopia Co.，Ltd.，Korea	2018.08—2023.08	新办
（2018）外饲准字 410 号	混合型饲料添加剂 枯草芽孢杆菌 酿酒酵母 Feed Additives Mixture Bacillus Subtilis Saccharomyces Cerevisiae	依润 100 TAM–100	混合型饲料添加剂 Feed Additives Mixture	牛、绵羊、山羊 Cattle，Sheep，Goat	韩国 Biotopia 株式会社 Korea Biotopia Co.，Ltd.，Korea	2018.08—2023.08	新办
（2018）外饲准字 411 号	混合型饲料添加剂 香味物质 Feed Additives Mixture Flavouring Substances	泰瑞宝－粉体 Mix–Oil Powder	混合型饲料添加剂 Feed Additives Mixture	养殖动物 All Species or Categories of Animals	意大利 A.W.P. 有限公司（工厂） A.W.P. s.r.l.，Italy	2018.08—2023.08	新办
（2018）外饲准字 412 号	混合型饲料添加剂 香味物质 Feed Additives Mixture Flavouring Substances	泰瑞宝－液体 Mix–Oil Liquid	混合型饲料添加剂 Feed Additives Mixture	养殖动物 All Species or Categories of Animals	意大利 A.W.P. 有限公司（工厂） A.W.P. s.r.l.，Italy	2018.08—2023.08	新办

（续）

登记证号	通用名称	商品名称	产品类别	使用范围	生产厂家	有效期限	备注
（2018）外饲准字 413 号	混合型饲料添加剂 苹果酸 氨基酸 维生素 Feed Additives Mixture Malic Acid Amino Acids Vitamins	百舒泰（液体） VIUSID VET（Liquid）	混合型饲料添加剂 Feed Additives Mixture	畜禽、水产养殖动物 Livestock, Poultry, Aquaculture Animals	凯塔斯（西班牙）有限公司 CATALYSIS, S.L., Spain	2018.08—2023.08	新办
（2018）外饲准字 414 号	混合型饲料添加剂 地衣芽孢杆菌 枯草芽孢杆菌 Feed Additive Mixture Bacillus licheniformis Bacillus subtilis	倍益生 Biopro	混合型饲料添加剂 Feed Additives Mixture	畜禽、水产养殖动物 Livestock, Poultry, Aquaculture animals	（澳大利亚）Bioproton 有限公司 Bioproton Pty Ltd, Australia	2018.08—2023.08	新办
（2018）外饲准字 415 号	混合型饲料添加剂 柠檬酸 甲酸钙 Feed Additives Mixture Citric acid Calcium formate	赛弗 HT SAFE HT	混合型饲料添加剂 Feed Additives Mixture	猪、牛、家禽 Swine, Cattle, Poultry	意大利新饲料团队责任有限公司 New Feed Team srl, Italy	2018.08—2023.08	新办
（2018）外饲准字 416 号	混合型饲料添加剂 柠檬酸 甲酸钙 Feed Additives Mixture Citric acid Calcium formate	赛瑞特 HT Salute HT	混合型饲料添加剂 Feed Additives Mixture	猪、牛、家禽 Swine, Cattle, Poultry	意大利新饲料团队责任有限公司 New Feed Team srl, Italy	2018.08—2023.08	新办
（2018）外饲准字 417 号	混合型饲料添加剂 维生素 Feed Additives Mixture Vitamins	威力素 Biolact Premix	混合型饲料添加剂 Feed Additives Mixture	蛋鸡 Layers	新加坡威发药业有限公司 Vetpharm Laboratories（S）Pte.Ltd., Singapore	2018.08—2023.08	新办
（2018）外饲准字 418 号	混合型饲料添加剂 防霉剂 Feed Additives Mixture Preservatives	霉可办 Mycoban	混合型饲料添加剂 Feed Additives Mixture	畜禽、水产养殖动物 Livestock, Poultry, Aquaculture Animals	（意大利）Eurofeed Technologies spa Eurofeed Technologies Spa, Italy	2018.08—2023.08	新办
（2018）外饲准字 419 号	混合型饲料添加剂 碘酸钾 Feed Additives Mixture Potassium Iodate	碘酸钾 Premix Potassium Iodate Premix	混合型饲料添加剂 Feed Additives Mixture	养殖动物 All Species or Categories of Animals	印度 Calibre Chemicals Pvt. Ltd. 公司（工厂） Calibre Chemicals Pvt. Ltd., India	2018.08—2023.08	新办
（2018）外饲准字 420 号	马精料补充料 Horse Supplementary Concentrate	荷沃乐草本混合 Hoveler Herbal Mix	精料补充料 Supplementary Concentrate	马 Horse	荷兰万迪杰克有限公司 Van Dijck B.V., the Netherlands	2018.08—2023.08	新办
（2018）外饲准字 421 号	公猪复合预混合饲料 Premix for Boar	公猪营养粉 Levamix Nucleus	添加剂预混合饲料 Feed Additive Premix	公猪 Boar	西班牙 KUBUS, S.A. 公司 KUBUS, S.A., Spain	2018.08—2023.08	新办
（2018）外饲准字 422 号	菜籽粕 Canola Meal	菜籽粕（菜籽来源加拿大） Canola meal（Canadian Seeds）	单一饲料 Single Feed	猪、家禽、鱼 Swine, Poultry, Fish	巴基斯坦 MAPAK EDIBLE OILS（PRIVATE）LIMITED 公司 MAPAK EDIBLE OILS（PRIVATE）LIMITED, Pakistan	2018.08—2023.08	新办

（续）

登记证号	通用名称	商品名称	产品类别	使用范围	生产厂家	有效期限	备注
（2018）外饲准字 423 号	啤酒酵母粉 Brewer's Yeast Powder	熙补乐 Maxi Cell Pro 350	单一饲料 Single Feed	养殖动物 All Species or Categories of Animals	巴西 ICC Industrial Com. Exp. E Imp. Ltda ICC Industrial Com. Exp. E Imp. Ltda，Brazil	2018.08—2023.08	新办
（2018）外饲准字 424 号	鱼油 Fish Oil	鱼油 Fish Oil	单一饲料 Single Feed	畜禽、水产养殖动物 Livestock，Poultry，Aquaculture Animals	毛里塔尼亚 LEMSEAFOOD 公司 LEMSEAFOOD，Mauritania	2018.08—2023.08	新办
（2018）外饲准字 425 号	鱼油 Fish Oil	鱼油 Fish Oil	单一饲料 Single Feed	畜禽、水产养殖动物 Livestock，Poultry，Aquaculture Animals	毛里塔尼亚 SFHP SARL 公司 SFHP SARL，Mauritania	2018.08—2023.08	新办
（2018）外饲准字 426 号	鱼油 Fish Oil	鱼油 Fish Oil	单一饲料 Single Feed	畜禽、水产养殖动物 Livestock，Poultry，Aquaculture Animals	毛里塔尼亚 MOUHIT AL BARAKA SA 公司 MOUHIT AL BARAKA SA，Mauritania	2018.08—2023.08	新办
（2018）外饲准字 427 号	鱼油 Fish Oil	鱼油 Fish Oil	单一饲料 Single Feed	畜禽、水产养殖动物 Livestock，Poultry，Aquaculture Animals	毛里塔尼亚 COMAPECHE FARINE sa 公司 COMAPECHE FARINE sa，Mauritania	2018.08—2023.08	新办
（2018）外饲准字 428 号	啤酒酵母粉 Brewer's Yeast Powder	啤酒酵母粉 Dried Brewer's Yeast	单一饲料 Single Feed	养殖动物 All Species or Categories of Animals	越南宏方股份有限公司 Hop Phat Ferment Joint Stock Company，Vietnam	2018.08—2023.08	新办
（2018）外饲准字 429 号	鱼粉 Fishmeal	全利高品质蒸汽红鱼粉（Ⅲ级） QL Prime Grade Steam Dried Fishmeal（Grade Ⅲ）	单一饲料 Single Feed	畜禽、水产养殖动物 Livestock，Poultry，Aquaculture Animals	马来西亚全利兴楼鱼粉厂有限公司（工厂） QL Endau Fishmeal Sdn.Bhd.，Malaysia	2018.08—2023.08	新办
（2018）外饲准字 430 号	淡水鱼粉 Fresh water Fishmeal	鱼粉（Ⅰ级） Fishmeal（Ⅰ级）	单一饲料 Single Feed	畜禽、水产养殖动物 Livestock，Poultry，Aquaculture Animals	毛里塔尼亚金壮渔业有限公司 JIN-ZHUANGFISHING COMPANY SARL，Mauritania	2018.08—2023.08	新办
（2018）外饲准字 431 号	犬配合饲料 Dog Compound Feed	FUSO Pets 豪门素食爱犬食品 FUSO Pets Premium Vegetarian	配合饲料 Compound Feed	犬 Dog	（台湾）福寿实业股份有限公司总厂 FWUSOW INDUSTRY CO.，LTD.（general plant）	2018.08—2023.08	新办
（2018）外饲准字 432 号	犬配合饲料 Dog Compound Feed	APLUS 牌 无谷狗粮—羊肉及梅子配方 A+ Grain-free dog food-lamb &berry formula	配合饲料 Compound Feed	犬 Dog	（新西兰）爱德胜宠物产品有限公司 Addiction Foods NZ Ltd.，New Zealand	2018.08—2023.08	新办

（续）

登记证号	通用名称	商品名称	产品类别	使用范围	生产厂家	有效期限	备注
（2018）外饲准字 433 号	宠物配合饲料犬粮 Pet Compound Feed–Dog food	雅思 ARTEMIS 无谷火鸡鹰嘴豆配方全价犬粮 Artemis Osopure Grain Free Turkey and Garbanzo	宠物配合饲料 Pet Compound Feed	犬 Dog	（美国）飒天宠物营养有限责任公司 Southern Tier Pet Nutrition，LLC，USA	2018.08—2023.08	新办
（2018）外饲准字 434 号	宠物配合饲料犬粮 Pet Compound Feed–Dog food	雅思 ARTEMIS 无谷鸭肉鹰嘴豆配方全价犬粮 Artemis Osopure Grain Free Duck and Garbanzo	宠物配合饲料 Pet Compound Feed	犬 Dog	（美国）飒天宠物营养有限责任公司 Southern Tier Pet Nutrition，LLC，USA	2018.08—2023.08	新办
（2018）外饲准字 435 号	犬配合饲料 Dog Compound Feed	益之选高龄犬粮 1ST CHOICE/ DOG FOOD / SENIOR / MATURE OR LESS ACTIVE / ALL BREEDS / SENSITIVE SKIN & COAT – LAMB, FISH & BROWN RICE FORMULA	配合饲料 Compound Feed	犬 Dog	加拿大 PLB 国际公司 PLB INTERNATIONAL INC.，Canada	2018.08—2023.08	新办
（2018）外饲准字 436 号	犬配合饲料 Dog Compound Feed	益之选成犬粮 1ST CHOICE/ DOG FOOD / ADULT / MAINTENANCE / ALL BREEDS / SENSITIVE SKIN & COAT – LAMB, FISH & BROWN RICE FORMULA	配合饲料 Compound Feed	犬 Dog	加拿大 PLB 国际公司 PLB INTERNATIONAL INC.，Canada	2018.08—2023.08	新办
（2018）外饲准字 437 号	犬配合饲料 Dog Compound Feed	益之选美毛配方迷你小型成犬粮 1ST CHOICE /DOG FOOD / ADULT / TOY & SMALL BREEDS / HEALTHY SKIN & COAT – LAMB & FISH FORMULA	配合饲料 Compound Feed	犬 Dog	加拿大 PLB 国际公司 PLB INTERNATIONAL INC.，Canada	2018.08—2023.08	新办

（续）

登记证号	通用名称	商品名称	产品类别	使用范围	生产厂家	有效期限	备注
（2018）外饲准字 438 号	犬配合饲料 Dog Compound Feed	益之选迷你小型高龄犬粮 1ST CHOICE /DOG FOOD / SENIOR / MATURE OR LESS ACTIVE / TOY & SMALL BREEDS	配合饲料 Compound Feed	犬 Dog	加拿大 PLB 国际公司 PLB INTERNATIONAL INC.，Canada	2018.08—2023.08	新办
（2018）外饲准字 439 号	犬配合饲料 Dog Compound Feed	益之选迷你小型成犬粮 1ST CHOICE /DOG FOOD / ADULT / MAINTENANCE / TOY & SMALL BREEDS	配合饲料 Compound Feed	犬 Dog	加拿大 PLB 国际公司 PLB INTERNATIONAL INC.，Canada	2018.08—2023.08	新办
（2018）外饲准字 440 号	猫配合饲料 Cat Compound Feed	益之选三文鱼配方成猫粮 1ST CHOICE /CAT FOOD / ADULT/ HEALTHY SKIN & COAT – SALMON FORMULA	配合饲料 Compound Feed	猫 Cat	加拿大 PLB 国际公司 PLB INTERNATIONAL INC.，Canada	2018.08—2023.08	新办
（2018）外饲准字 441 号	犬配合饲料 Dog Compound Feed	益之选幼犬粮 1ST CHOICE /PUPPY FOOD/ GROWTH / TOY & SMALL BREEDS	配合饲料 Compound Feed	犬 Dog	加拿大 PLB 国际公司 PLB INTERNATIONAL INC.，Canada	2018.08—2023.08	新办
（2018）外饲准字 458 号	混合型饲料添加剂 低聚壳聚糖 Feed Additives Mixture Low–molecular–weight Chitosan	太仆体键素 GD	混合型饲料添加剂 Feed Additives Mixture	鸡、猪、水产养殖动物 Chicken，Swine，Aquaculture Animals	韩国 ECOBIO 株式会社 ECOBIO INC.，Korea	2018.10—2023.10	新办
（2018）外饲准字 459 号	混合型饲料添加剂 甘油脂肪酸酯 Feed Additives Mixture Glycerine Fatty Acid Ester	柏迪康 D Butipower™ EBT D	混合型饲料添加剂 Feed Additives Mixture	鸡、仔猪、鱼 Chicken，Piglet，Fish	（荷兰）AHV International B.V. AHV International B.V.，the Netherlands	2018.10—2023.10	新办
（2018）外饲准字 460 号	混合型饲料添加剂 甘油脂肪酸酯 Feed Additives Mixture Glycerine Fatty Acid Ester	柏迪健 L Butipower™ EBM L	混合型饲料添加剂 Feed Additives Mixture	鸡、仔猪、鱼 Chicken，Piglet，Fish	（荷兰）AHV International B.V. AHV International B.V.，the Netherlands	2018.10—2023.10	新办

（续）

登记证号	通用名称	商品名称	产品类别	使用范围	生产厂家	有效期限	备注
（2018）外饲准字 461 号	混合型饲料添加剂 甘油脂肪酸酯 Feed Additives Mixture Glycerine Fatty Acid Ester	柏迪康 L Butipower™ EBT L	混合型饲料添加剂 Feed Additives Mixture	鸡、仔猪、鱼 Chicken，Piglet，Fish	（荷兰）AHV International B.V. AHV International B.V.，the Netherlands	2018.10—2023.10	新办
（2018）外饲准字 462 号	混合型饲料添加剂 甘油脂肪酸酯 Feed Additives Mixture Glycerine Fatty Acid Ester	柏迪健 D Butipower™ EBM D	混合型饲料添加剂 Feed Additives Mixture	鸡、仔猪、鱼 Chicken，Piglet，Fish	（荷兰）AHV International B.V. AHV International B.V.，the Netherlands	2018.10—2023.10	新办
（2018）外饲准字 463 号	混合型饲料添加剂 氯化胆碱 Feed Additives Mixture Choline chloride	斯多利佳 STA-CHOL Premium	混合型饲料添加剂 Feed Additives Mixture	反刍动物 Ruminant	意大利贝科瑞化工大药厂 Bioscreen Technologies Srl，Italy	2018.10—2023.10	新办
（2018）外饲准字 464 号	混合型饲料添加剂 壳寡糖 Feed Additives Mixture Chitosan oligosaccharide	新狮饲料添加剂 COS FEED ADDITIVE	混合型饲料添加剂 Feed Additives Mixture	猪、鸡、肉鸭、虹鳟鱼 Swine，Chicken，Duck for fattening，Rainbow trout	（新加坡）安瑞基有限公司 Areteon Pte. Ltd，Singapore	2018.10—2023.10	新办
（2018）外饲准字 465 号	混合型饲料添加剂 丙酸 丙酸铵 Feed Additives Mixture Propionic acid Ammonium propionate	艾迪酸 ADIMYC	混合型饲料添加剂 Feed Additives Mixture	养殖动物 All Species or Categories of Animals	西班牙 ADIVETER S.L. 公司 ADIVETER S.L.，Spain	2018.10—2023.10	新办
（2018）外饲准字 466 号	混合型饲料添加剂 调味剂 Feed Additives Mixture Flavouring Agent	艾可替 Activo	混合型饲料添加剂 Feed Additives Mixture	养殖动物 All Species or Categories of Animals	益威益营养科技（巴西）有限公司 Grasp Industria E Comercio Ltda，Brazil	2018.10—2023.10	新办
（2018）外饲准字 467 号	混合型饲料添加剂 牛至香酚 果寡糖 维生素 C Feed Additives Mixture Oregano Carvacrol Fructo-oligosacharides Vitamin C	葆益多 By-O-Reg+	混合型饲料添加剂 Feed Additives Mixture	猪、家禽 Swine，Poultry	美国 BioMatrix 国际公司 BioMatrix International，USA	2018.10—2023.10	新办
（2018）外饲准字 468 号	混合型饲料添加剂 香味物质 Feed Additives Mixture Flavouring Substances	喀泰宝 20 CARVOTHYME 20	混合型饲料添加剂 Feed Additives Mixture	养殖动物 All Species or Categories of Animals	（西班牙）DESTILACIONES BORDAS CHINCHURRETA 股份有限公司 DESTILACIONES BORDAS CHINCHURRETA，S.A.，Spain	2018.10—2023.10	新办
（2018）外饲准字 469 号	混合型饲料添加剂 植物乳杆菌植酸酶（产自黑曲霉） Feed Additives Mixture Lactobacillus Plantarum Phytase（Source: Aspergillus Niger）	喜多佳 SEACA	混合型饲料添加剂 Feed Additives Mixture	养殖动物 All Species or Categories of Animals	台湾贸晖实业股份有限公司 MORE WSEE ENTERPRISE CO.，LTD.	2018.10—2023.10	新办

（续）

登记证号	通用名称	商品名称	产品类别	使用范围	生产厂家	有效期限	备注
（2018）外饲准字 470 号	混合型饲料添加剂 维生素 矿物元素 Feed Additives Mixture Vitamins Minerals	多产素 Multi Mix	混合型饲料添加剂 Feed Additives Mixture	母猪 Sow	台湾新健南股份有限公司 Taiwan Xinjiannan Co., Ltd.	2018.10—2023.10	新办
（2018）外饲准字 471 号	混合型饲料添加剂 丙酸 壬酸 2-己烯醛 Feed Additives Mixture Propionic Acid Nonanoic Acid 2-hexenal	斐妙 FINIO	混合型饲料添加剂 Feed Additives Mixture	养殖动物 All species or categories of animals	（英国）新赛公司 Synthite Ltd, UK	2018.10—2023.10	新办
（2018）外饲准字 472 号	马精料补充料 Horse Supplementary Concentrate	荷沃乐强力饲料 Hoveler Power Feed	精料补充料 Supplementary Concentrate	马 Horse	荷兰万迪杰克有限公司 Van Dijck B.V., the Netherlands	2018.10—2023.10	新办
（2018）外饲准字 473 号	马精料补充料 Horse Supplementary Concentrate	荷沃乐创新矿物质颗粒 Hoveler Original Reformin Plus	精料补充料 Supplementary Concentrate	马 Horse	荷兰万迪杰克有限公司 Van Dijck B.V., the Netherlands	2018.10—2023.10	新办
（2018）外饲准字 474 号	肉牛精料补充料 Beef Cattle Supplementary Concentrate	易养牛 EASYBEEF	精料补充料 Supplementary Concentrate	肉牛 Beef cattle	米尔（澳大利亚）饲料加工厂 Milne Feeds, Australia	2018.10—2023.10	新办
（2018）外饲准字 475 号	水产养殖动物用维生素预混合饲料 Vitamin Premix for Aquaculture animals	鱼安 Dr.OIL OK	添加剂预混合饲料 Feed Additive Premix	水产养殖动物 Aquaculture animals	日本生命科学株式会社 BIOSCIENCE CO., LTD., Japan	2018.10—2023.10	新办
（2018）外饲准字 476 号	肉仔鸡复合预混合饲料 Broiler Starter Premix	源佳乐小鸡预混料 Yenmix Broiler Starter	添加剂预混合饲料 Feed Additive Premix	肉仔鸡 Broiler	马来西亚源和农业产品有限公司 Yenher agro-products SDN.BHD., Malaysia	2018.10—2023.10	新办
（2018）外饲准字 477 号	复合预混合饲料反刍动物用 Premix for Ruminant	派克多 Pectolit 2010	添加剂预混合饲料 Feed Additive Premix	反刍动物 Ruminant	德国麦尔威股份有限公司 Miavit GmbH, Germany	2018.10—2023.10	新办
（2018）外饲准字 478 号	犊牛羔羊用复预混合饲料 Premix for Calves and Lambs	犊益康 Calf protector	添加剂预混合饲料 Premix	犊牛、羔羊、小山羊 Calves, Lamb, Kid	德国 Biochem 添加剂贸易和生产有限公司 Biochem Zusatzstoffe Handels-und Produktionsgesellschaft mbH, Germany	2018.10—2023.10	新办
（2018）外饲准字 479 号	酿酒酵母培养物 Saccharomyces Cerevisiae Yeast Culture	益康 XP（有机） XP Green	单一饲料 Single Feed	养殖动物 All species or categories of animals	美国达农威公司 Diamond V Mills, Inc., USA	2018.10—2023.10	新办

（续）

登记证号	通用名称	商品名称	产品类别	使用范围	生产厂家	有效期限	备注
（2018）外饲准字 480 号	鸡肉粉 Poultry by-product Meal	鸡肉粉 Poultry by-product meal	单一饲料 Single Feed	鸡、猪、宠物、水产养殖动物 Chicken，Swine，Pet，Aquaculture Animals	美国 Mountain View 公司 Mountain View Rendering Co .LLC，USA	2018.10—2023.10	新办
（2018）外饲准字 481 号	鱼油 Fish Oil	鱼油 Fish oil	单一饲料 Single Feed	畜禽、水产养殖动物 Livestock，Poultry，Aquaculture Animals	毛里塔尼亚 INCHIRI ENTREPRENARIAT. Sarl 公司 INCHIRI ENTREPRENARIAT. Sarl，Mauritania	2018.10—2023.10	新办
（2018）外饲准字 482 号	白鱼粉 White Fishmeal	阿拉斯加白鱼粉（Ⅰ级） ALASKA WHITE FISHMEAL（Ⅰ）	单一饲料 Single Feed	畜禽、水产养殖动物 Livestock，Poultry，Aquaculture Animals	美国 Starbound LLC-C/P Starbound USCG #944658（渔船） Starbound LLC-C/P Starbound USCG #944658（Fishing Vessel），USA	2018.10—2023.10	新办
（2018）外饲准字 483 号	鱼粉 Fishmeal	红鱼粉（Ⅲ级） Red Fishmeal（Grade Ⅲ）	单一饲料 Single Feed	畜禽、水产养殖动物 Livestock，Poultry，Aquaculture Animals	智利 ALIMENTOS PESQUEROS SPA 公司 ALIMENTOS PESQUEROS SPA，Chile	2018.10—2023.10	新办
（2018）外饲准字 484 号	白鱼粉 White Fishmeal	白鱼粉（Ⅲ级） White Fishmeal（grade Ⅲ）	单一饲料 Single Feed	畜禽、水产养殖动物 Livestock，Poultry，Aquaculture Animals	丹麦 FF SKAGEN A/S 公司 FF Skagen A/S，Denmark	2018.10—2023.10	新办
（2018）外饲准字 485 号	白鱼粉 White Fishmeal	白鱼粉（Ⅲ级） White Fishmeal（Grade Ⅲ）	单一饲料 Single Feed	畜禽、水产养殖动物 Livestock，Poultry，Aquaculture Animals	俄罗斯 OKEANRYBFLOT 开放式股份公司（工船加工，工船名称："ANATOLIY PONOMAREV"，工船号：CH-15F） JSC "OKEANRYBFLOT"，Russia（Produced on Board at vessel "ANATOLIY PONOMAREV"，Register No. CH-15F），Russia	2018.10—2023.10	新办
（2018）外饲准字 486 号	白鱼粉 White Fishmeal	白鱼粉（Ⅲ级） White Fishmeal（Grade Ⅲ）	单一饲料 Single Feed	畜禽、水产养殖动物 Livestock，Poultry，Aquaculture Animals	俄罗斯 OKEANRYBFLOT 开放式股份公司（工船加工，工船名称："POLLUKS"，工船号：CH-16F） JSC "OKEANRYBFLOT"，Russia（Produced on Broad at vessel "POLLUKS"，Register No. CH-16F），Russia	2018.10—2023.10	新办
（2018）外饲准字 487 号	鱼粉 Fishmeal	红鱼粉（Ⅲ级） Red Fishmeal（grade Ⅲ）	单一饲料 Single Feed	畜禽、水产养殖动物 Livestock，Poultry，Aquaculture Animals	南非 West Point Processors（Pty）Ltd. 公司 West Point Processors（Pty）Ltd，South Africa	2018.10—2023.10	新办

（续）

登记证号	通用名称	商品名称	产品类别	使用范围	生产厂家	有效期限	备注
（2018）外饲准字 488 号	白鱼粉 White Fishmeal	白鱼粉（Ⅲ级） White Fishmeal（Grade Ⅲ）	单一饲料 Single Feed	畜禽、水产养殖动物 Livestock， Poultry， Aquaculture Animals	俄罗斯 OKEANRYBFLOT 开放式股份公司（工船加工，工船名称“Matvey Kuzmin”，工船号：CH-60A） JSC “OKEANRYBFLOT”（Produced on Broad at vessel “Matvey Kuzmin”，Register No. CH-60A），Russia	2018.10—2023.10	新办
（2018）外饲准字 500 号	混合型饲料添加剂 维生素 C Feed Additives Mixture Vitamin C	超级 -C Big vita-C	混合型饲料添加剂 Feed Additives Mixture	家禽、水产养殖动物 Poultry， Aquaculture Animals	韩国佰奥杰有限公司 Biogenoci Co.，Ltd.，Korea	2018.11—2023.11	新办
（2018）外饲准字 501 号	混合型饲料添加剂 微生物 Feed Additives Mixture Live Microorganisms	迈沃旺 NEW-BIOKING	混合型饲料添加剂 Feed Additives Mixture	养殖动物 All species or categories of Animals	韩国新星 Bio 有限公司 Sinsungbio.CO.，Korea	2018.11—2023.11	新办
（2018）外饲准字 502 号	混合型饲料添加剂 微生物 Feed Additives Mixture Live Microorganisms	百亿塔 Vital Feed	混合型饲料添加剂 Feed Additives Mixture	猪、家禽、奶牛 Swine，Poultry，Dairy cow	韩国 Chebigen 公司 Chebigen Inc.，Korea	2018.11—2023.11	新办
（2018）外饲准字 503 号	混合型饲料添加剂 微生物 Feed Additives Mixture Live Microorganisms	活清®（粉剂） Active Cleaner	混合型饲料添加剂 Feed Additives Mixture	畜禽 Livestock and Poultry	（台湾）崧育生物科技股份有限公司二厂 SUN YEAST BIOTECH CO.，LTD.	2018.11—2023.11	新办
（2018）外饲准字 504 号	混合型饲料添加剂 酸度调节剂 Feed Additives Mixture Acidity Regulators	诺酸宝 AFG ACIDOMIX® AFG	混合型饲料添加剂 Feed Additives Mixture	养殖动物 All Species or Categories of Animals	诺伟司德国公司 Novus Deutschland GmbH，Germany	2018.11—2023.11	新办
（2018）外饲准字 505 号	混合型饲料添加剂 柠檬酸 乳酸 Feed Additives Mixture Citric acid lactic acid	思倍斯 Citrobex	混合型饲料添加剂 Feed Additives Mixture	养殖动物 All Species or Categories of Animals	威隆（意大利）大药厂 V é toquinol Italia S.R.L.，Italy	2018.11—2023.11	新办
（2018）外饲准字 506 号	混合型饲料添加剂 氧化镁 Feed Additives Mixture Magnesium Oxide	加强爱胃宝 Acid Buf 10	混合型饲料添加剂 Feed Additives Mixture	反刍动物 Ruminant	爱尔兰马里戈特有限公司 Marigot Ltd.，Ireland	2018.11—2023.11	新办
（2018）外饲准字 507 号	混合型饲料添加剂 酸度调节剂 Feed Additives Mixture Acidity Regulators	绿海 Hay Green	混合型饲料添加剂 Feed Additives Mixture	反刍动物 Ruminant	美国沃索化学公司 WAUSAU CHEMICAL CORPORATION，USA	2018.11—2023.11	新办
（2018）外饲准字 508 号	饲料添加剂 酿酒酵母 Feed Additive Saccharomyces cerevisiae	维赛奥 Vistacell	饲料添加剂 Feed Additive	猪、马、反刍动物 Swine，Horse，Ruminant	英联 Calsa 有限公司（英联马利墨西哥） AB Calsa，S.A. de C.V.（AB Mauri Mexico），Mexico	2018.11—2023.11	新办

（续）

登记证号	通用名称	商品名称	产品类别	使用范围	生产厂家	有效期限	备注
（2018）外饲准字 509 号	鱼用维生素预混合饲料 Vitamin Premix for fish	鱼悦 Buri Kong	添加剂预混合饲料 Feed Additive Premix	鱼 Fish	日本生命科学株式会社 BIOSCIENCE CO., LTD., Japan	2018.11—2023.11	新办
（2018）外饲准字 510 号	妊娠母猪维生素预混合饲料 Pregnant Sow Vitamin premix	美迪特 MEIDITE	添加剂预混合饲料 Feed Additive Premix	妊娠母猪 Pregnant Sow	法国 Mg2mix 有限公司 Mg2mix, France	2018.11—2023.11	新办
（2018）外饲准字 511 号	鱼油 Fish Oil	鱼油 Fish oil	单一饲料 Single Feed	畜禽、水产养殖动物 Livestock and Poultry, Aquaculture Animals	毛里塔尼亚日昇海洋资源开发有限公司 Sunrise Oceanic Ressources Exploitation Company S.A, Mauritania	2018.11—2023.11	新办
（2018）外饲准字 512 号	磷虾粉 Krill Meal	磷虾粉 Krill Meal	单一饲料 Single Feed	畜禽、水产养殖动物、宠物 Livestock and Poultry, Aquaculture Animals, Pet	中国水产有限公司（渔船加工，渔船名称：龙腾船，渔船编码：1300001990100002） China National Fisheries Corp.（Produced on Board at Fishing Vessel Long Teng, Vessel Code: 1300001990100002）, China	2018.11—2023.11	新办
（2018）外饲准字 513 号	磷虾粉 KRILL MEAL	磷虾粉 KRILL MEAL	单一饲料 Single Feed	畜禽、水产养殖动物、宠物 Livestock and Poultry, Aquaculture Animals, Pet	辽宁远洋渔业有限公司"福荣海"轮（渔船编号：2102111972120001） LIAONING PELAGIC FISHERIES CO., LTD. F/V FU RONG HAI（NO. 2102111972120001）, China	2018.11—2023.11	新办
（2018）外饲准字 514 号	白鱼粉 White Fishmeal	白鱼粉（Ⅲ级） White Fishmeal（Ⅲ）	单一饲料 Single Feed	畜禽、水产养殖动物 Livestock and Poultry, Aquaculture Animals	新西兰独立渔业公司（工船加工，工船名 Independent，工船号 L901316） Independent Fisheries Limited, New Zealand（Produced on board at vessel "Independent", official No.L901316）, New Zealand	2018.11—2023.11	新办
（2018）外饲准字 515 号	鱼粉 Fishmeal	红鱼粉（Ⅲ级） Red Fishmeal（Ⅲ）	单一饲料 Single Feed	畜禽、水产养殖动物 Livestock and Poultry, Aquaculture Animals	新西兰独立渔业公司（工船加工，工船名 Independent，工船号 L901316） Independent Fisheries Limited, New Zealand（Produced on board at vessel "Independent", official No.L901316）, New Zealand	2018.11—2023.11	新办
（2018）外饲准字 516 号	白鱼粉 White Fishmeal	白鱼粉（Ⅲ级） White Fishmeal（Ⅲ）	单一饲料 Single Feed	畜禽、水产养殖动物 Livestock and Poultry, Aquaculture Animals	新西兰独立渔业公司（工船加工，工船名 Mainstream，工船号 L62914） Independent Fisheries Limited（Produced on Board at Vessel "Mainstream", Official No. L62914）, New Zealand	2018.11—2023.11	新办
（2018）外饲准字 517 号	鱼粉 Fishmeal	红鱼粉（Ⅲ级） Fishmeal（Ⅲ）	单一饲料 Single Feed	畜禽、水产养殖动物 Livestock and Poultry, Aquaculture Animals	毛里塔尼亚日昇海洋资源开发有限公司 Sunrise Oceanic Ressources Exploitation Company S.A, Mauritania	2018.11—2023.11	新办

（续）

登记证号	通用名称	商品名称	产品类别	使用范围	生产厂家	有效期限	备注
（2018）外饲准字 518 号	鱼粉 Fishmeal	鱼粉（Ⅲ级） Fishmeal（Ⅲ）	单一饲料 Single Feed	畜禽、水产养殖动物 Livestock and Poultry, Aquaculture Animals	越南智兴进出口生产贸易有限责任公司 TRIHUNG PRODUCING TRADING IM-EXPORT COMPANY LIMITED, Vietnam	2018.11—2023.11	新办
（2018）外饲准字 519 号	虾苗配合饲料 Shrimp Larvae Compound Feed	蚤状微胶囊饲料 ENCAP Zoeal feed	配合饲料 Compound Feed	虾苗 Shrimp Larvae	（马来西亚）金钱生物科技有限公司 Gold Coin Biotechnologies Sdn Bhd, Malaysia	2018.11—2023.11	新办
（2018）外饲准字 520 号	虾苗配合饲料 Shrimp Larvae Compound Feed	MPF 仔虾晚期 PL6 至 PL12 MPF Late Post Larval Feed（PL 6–12）	配合饲料 Compound Feed	虾苗 Shrimp Larvae	（马来西亚）金钱生物科技有限公司 Gold Coin Biotechnologies Sdn Bhd, Malaysia	2018.11—2023.11	新办
（2018）外饲准字 521 号	虾苗配合饲料 Shrimp Larvae Compound Feed	MPF 仔虾早期 PL1 至 PL5 MPF Early Post Larval Feed（PL 1–5）	配合饲料 Compound Feed	虾苗 Shrimp Larvae	（马来西亚）金钱生物科技有限公司 Gold Coin Biotechnologies Sdn Bhd, Malaysia	2018.11—2023.11	新办
（2018）外饲准字 522 号	虾苗配合饲料 Shrimp Larvae Compound Feed	HIPRO 仔虾晚期 PL6 至 PL12 HIPRO Late Post Larval Feed（PL 6–12）	配合饲料 Compound Feed	虾苗 Shrimp Larvae	（马来西亚）金钱生物科技有限公司 Gold Coin Biotechnologies Sdn Bhd, Malaysia	2018.11—2023.11	新办
（2018）外饲准字 523 号	虾苗配合饲料 Shrimp Larvae Compound Feed	HIPRO 仔虾早期 PL1 至 PL5 HIPRO Early Post Larval Feed（PL 1–5）	配合饲料 Compound Feed	虾苗 Shrimp Larvae	（马来西亚）金钱生物科技有限公司 Gold Coin Biotechnologies Sdn Bhd, Malaysia	2018.11—2023.11	新办
（2018）外饲准字 524 号	虾苗配合饲料 Shrimp Larvae Compound Feed	ENCAP 仔虾晚期 PL6 至 PL12 ENCAP Late Post Larval Feed（PL 6–12）	配合饲料 Compound Feed	虾苗 Shrimp Larvae	（马来西亚）金钱生物科技有限公司 Gold Coin Biotechnologies Sdn Bhd, Malaysia	2018.11—2023.11	新办
（2018）外饲准字 525 号	虾苗配合饲料 Shrimp Larvae Compound Feed	ENCAP 仔虾早期 PL1 至 PL5 ENCAP Early Post Larval Feed（PL 1–5）	配合饲料 Compound Feed	虾苗 Shrimp Larvae	（马来西亚）金钱生物科技有限公司 Gold Coin Biotechnologies Sdn Bhd, Malaysia	2018.11—2023.11	新办
（2018）外饲准字 526 号	虾苗配合饲料 Shrimp Larvae Compound Feed	糠虾微胶囊饲料 ENCAP Mysis Feed	配合饲料 Compound Feed	虾苗 Shrimp Larvae	（马来西亚）金钱生物科技有限公司 Gold Coin Biotechnologies Sdn Bhd, Malaysia	2018.11—2023.11	新办

（续）

登记证号	通用名称	商品名称	产品类别	使用范围	生产厂家	有效期限	备注
（2018）外饲准字 527 号	鱼粉 Fishmeal	双马海鱼粉（Ⅲ级）™ Double Horse Sea Fishmeal	单一饲料 Single Feed	畜禽、水产养殖动物 Livestock and Poultry, Aquaculture Animals	越南禾瑞康水产物料加工有限公司 Honoroad Vietnam Aquatic Feed Ingredient Processing Co., Ltd., Vietnam	2018.11—2023.11	新办
（2018）外饲准字 546 号	混合型饲料添加剂 微生物 氨基酸 Feed Additives Mixture Live Microorganisms Amino Acid	肠圣 Bio-Boss	混合型饲料添加剂 Feed Additives Mixture	家禽 Poultry	韩国佰奥杰有限公司 Biogenoci Co., Ltd., Korea	2018.12—2023.12	新办
（2018）外饲准字 547 号	白鱼粉 White Fishmeal	白鱼粉（Ⅲ级） White Fishmeal（Grade Ⅲ）	单一饲料 Single Feed	畜禽、水产养殖动物 Livestock and Poultry, Aquaculture Animals	俄罗斯 Nakhodka Active Marine Fishery Base 开放式股份有限公司（工船加工，工船名称 “Ardatov” 工船批准号：CH-26M） PJSC “NBAMR” Public Joint Stock Company “Nakhodka Active Marine Fishery Base”（Produced on Board at vessel “Ardatov”, Official No. CH-26M）, Russia	2018.12—2023.12	新办
（2018）外饲准字 548 号	鱼粉 Fishmeal	红鱼粉（Ⅲ级） Red Fishmeal（Grade Ⅲ）	单一饲料 Single Feed	畜禽、水产养殖动物 Livestock and Poultry, Aquaculture Animals	泰国 Sirisaengarumpee 有限公司 Sirisaengarumpee Company Limited, Thailand	2018.12—2023.12	新办
（2018）外饲准字 549 号	白鱼粉 White Fishmeal	白鱼粉（Ⅲ级） White Fishmeal（Grade Ⅲ）	单一饲料 Single Feed	畜禽、水产养殖动物 Livestock and Poultry, Aquaculture Animals	俄罗斯 OKEANRYBFLOT 开放式股份公司（工船加工，工船名称 “Vladimir Babich” 工船号：CH-74G） JSC “OKEANRYBFLOT”（Produced on Board at vessel “Vladimir Babich”, Register No. CH-74G）, Russia	2018.12—2023.12	新办
（2018）外饲准字 550 号	白鱼粉 White Fishmeal	白鱼粉（Ⅲ级） White Fishmeal（Grade Ⅲ）	单一饲料 Single Feed	畜禽、水产养殖动物 Livestock and Poultry, Aquaculture Animals	俄罗斯 OKEANRYBFLOT 开放式股份公司（工船加工，工船名称 “IRTYSHSK” 工船号：CH-77G） JSC “OKEANRYBFLOT”（Produced on Board at vessel “IRTYSHSK”, Register No. CH-77G）, Russia	2018.12—2023.12	新办
（2018）外饲准字 551 号	白鱼粉 White Fishmeal	白鱼粉（Ⅲ级） White Fishmeal（Grade Ⅲ）	单一饲料 Single Feed	畜禽、水产养殖动物 Livestock and Poultry, Aquaculture Animals	俄罗斯 OKEANRYBFLOT 开放式股份公司（工船加工，工船名称 “KHOTIN” 工船号：CH-78G） JSC “OKEANRYBFLOT”（Produced on Board at vessel “KHOTIN”, Register No. CH-78G）, Russia	2018.12—2023.12	新办

（续）

登记证号	通用名称	商品名称	产品类别	使用范围	生产厂家	有效期限	备注
（2018）外饲准字 552 号	白鱼粉 White Fishmeal	白鱼粉（Ⅲ级） White Fishmeal（Grade Ⅲ）	单一饲料 Single Feed	畜禽、水产养殖动物 Livestock and Poultry，Aquaculture Animals	俄罗斯 OKEANRYBFLOT 开放式股份公司（工船加工，工船名称“ALEKSANDR KSENOFONTOV”工船号：CH-36L） JSC “OKEANRYBFLOT”（Produced on Board at vessel “ALEKSANDR KSENOFONTOV”，Register No. CH-36L），Russia	2018.12—2023.12	新办
（2018）外饲准字 553 号	白鱼粉 White Fishmeal	白鱼粉（Ⅲ级） White Fishmeal（Grade Ⅲ）	单一饲料 Single Feed	畜禽、水产养殖动物 Livestock and Poultry，Aquaculture Animals	俄罗斯 OKEANRYBFLOT 开放式股份公司（工船加工，工船名称“BAKLANOVO”工船号：CH-12L） JSC “OKEANRYBFLOT”（Produced on Board at vessel “BAKLANOVO”，Register No. CH-12L），Russia	2018.12—2023.12	新办
（2018）外饲准字 554 号	鱼溶浆 Fish Soluble	渔肽泰Ⅰ型 ScanPro 35/4	单一饲料 Single Feed	畜禽、宠物和鱼（鲑鱼除外） Livestock and Poultry，Pet，Fish（not including salmon）	挪威 Scanbio Ingredients AS 公司 Scanbio Ingredients AS，Norway	2018.12—2023.12	新办
（2018）外饲准字 555 号	宠物配合饲料犬粮 Pet Compound Feed for Dog	欧斯恩全生命阶段含羊肉配方犬粮 Oceanique All Life Stage Lamb Delice for Dogs	宠物配合饲料 Pet Compound Feed	犬 Dog	（新西兰）爱德胜宠物产品有限公司 Addiction Foods NZ Ltd.，New Zealand	2018.12—2023.12	新办
（2018）外饲准字 556 号	宠物配合饲料犬粮 Pet Compound Feed for Dog	欧斯恩全生命阶段鲑鱼配方犬粮 Oceanique All Life Stage Salmon Delice for Dogs	宠物配合饲料 Pet Compound Feed	犬 Dog	（新西兰）爱德胜宠物产品有限公司 Addiction Foods NZ Ltd.，New Zealand	2018.12—2023.12	新办
（2018）外饲准字 557 号	宠物配合饲料猫粮 Pet Compound Feed for Cat	欧斯恩全生命阶段田园猫粮 Oceanique All Life Stage Taika Farmyard Cat	宠物配合饲料 Pet Compound Feed	猫 Cat	（新西兰）爱德胜宠物产品有限公司 Addiction Foods NZ Ltd.，New Zealand	2018.12—2023.12	新办
（2018）外饲准字 558 号	宠物配合饲料猫粮 Pet Compound Feed for Cat	欧斯恩全生命阶段饲草猫粮 Oceanique All Life Stage Taika Grassland Cat	宠物配合饲料 Pet Compound Feed	猫 Cat	（新西兰）爱德胜宠物产品有限公司 Addiction Foods NZ Ltd.，New Zealand	2018.12—2023.12	新办

附件 2

进口饲料和饲料添加剂产品续展登记证目录（2018）

登记证号	通用名称	商品名称	产品类别	使用范围	生产厂家	有效期限	备注
（2018）外饲准字 053 号	犬配合饲料 Dog Compound Feed	力派（中大型犬）幼犬配方 Equilibrio Caes Filhotes	配合饲料 Compound Feed	犬 Dog	巴西达拓宠物食品有限公司 Total Alimentos Ltda., Brazil	2018.01—2023.01	续展
（2018）外饲准字 054 号	猫配合饲料 Cat Compound Feed	力派成猫粮 Equilibrio Gatos Adultos	配合饲料 Compound Feed	猫 Cat	巴西达拓宠物食品有限公司 Total Alimentos Ltda., Brazil	2018.01—2023.01	续展
（2018）外饲准字 055 号	猫配合饲料 Cat Compound Feed	力派幼猫粮 Equilibrio Gatos Filhotes	配合饲料 Compound Feed	猫 Cat	巴西达拓宠物食品有限公司 Total Alimentos Ltda., Brazil	2018.01—2023.01	续展
（2018）外饲准字 056 号	犬配合饲料 Dog Compound Feed	力派小型犬老年犬活力配方 Equilibrio Mature Active Racas Pequenas	配合饲料 Compound Feed	犬 Dog	巴西达拓宠物食品有限公司 Total Alimentos Ltda., Brazil	2018.01—2023.01	续展
（2018）外饲准字 057 号	犬配合饲料 Dog Compound Feed	力派小型犬幼犬配方 Equilibrio Caes Filhotes Racas Pequenas	配合饲料 Compound Feed	犬 Dog	巴西达拓宠物食品有限公司 Total Alimentos Ltda., Brazil	2018.01—2023.01	续展
（2018）外饲准字 058 号	犬配合饲料 Dog Compound Feed	力派小型犬成犬配方 Equilibrio Caes Adultos Racas Pequenas	配合饲料 Compound Feed	犬 Dog	巴西达拓宠物食品有限公司 Total Alimentos Ltda., Brazil	2018.01—2023.01	续展
（2018）外饲准字 059 号	犬配合饲料 Dog Compound Feed	真果中大型犬幼犬配方 Naturalis Caes Filhotes	配合饲料 Compound Feed	犬 Dog	巴西达拓宠物食品有限公司 Total Alimentos Ltda., Brazil	2018.01—2023.01	续展
（2018）外饲准字 060 号	犬配合饲料 Dog Compound Feed	真果中大型犬成犬配方 Naturalis Caes Adultos	配合饲料 Compound Feed	犬 Dog	巴西达拓宠物食品有限公司 Total Alimentos Ltda., Brazil	2018.01—2023.01	续展
（2018）外饲准字 061 号	犬配合饲料 Dog Compound Feed	力派（中大型犬）成犬配方 Equilibrio Caes Adultos	配合饲料 Compound Feed	犬 Dog	巴西达拓宠物食品有限公司 Total Alimentos Ltda., Brazil	2018.01—2023.01	续展
（2018）外饲准字 062 号	犬配合饲料 Dog Compound Feed	真果小型犬成犬配方 Naturalis Caes Adultos Pequeno Porte	配合饲料 Compound Feed	犬 Dog	巴西达拓宠物食品有限公司 Total Alimentos Ltda., Brazil	2018.01—2023.01	续展
（2018）外饲准字 063 号	发酵豆粕 Fermentation Defatted Soybean Meal	速益肽 SOYTIDE	单一饲料 Single Feed	养殖动物 All species or categories of animals	韩国希杰第一制糖仁川 2 工厂 CJ CheilJedang Corporation, Incheon 2 Plant, Korea	2018.01—2023.01	续展
（2018）外饲准字 064 号	喷雾干燥猪血浆蛋白粉 Spray-dried Porcine Plasma Powder	Innomax 喷雾干燥猪血浆蛋白粉 Innomax Spary-dried Porcine Plasma Powder	单一饲料 Single Feed	仔猪、鸡 Piglet、Chicken	美国索纳克有限公司 Sonac USA LLC, USA	2018.01—2023.01	续展
（2018）外饲准字 065 号	虾苗配合饲料 Shrimp Fry Compound Feed	丰年虾片 Brine Shrimp Flake	配合饲料 Compound Feed	虾苗 Shrimp	美国海星国际有限公司 Ocean Star International, Inc., USA	2018.01—2023.01	续展

（续）

登记证号	通用名称	商品名称	产品类别	使用范围	生产厂家	有效期限	备注
（2018）外饲准字 066 号	混合型饲料添加剂 维生素 E 维生素 C Feed Additives Mixture Vitamin E Vitamin C	圆环克® Circolin®	混合型饲料添加剂 Feed Additives Mixture	猪 Swine	德国麦尔威股份有限公司 Miavit GmbH，Germany	2018.01—2023.01	续展
（2018）外饲准字 067 号	含可溶物的玉米干酒精糟 Dried Distillers Grains with Soubles（DDGS）	马奎斯威斯康星 DDGS Marquis Energy– Wisconsin DDGS	单一饲料 Single Feed	畜禽和水产动物 Livestock and Poultry，Aquaculture Animals	美国马奎斯能源－威斯康星有限公司 Marquis Energy – Wisconsin LLC，USA	2018.01—2023.01	续展
（2018）外饲准字 068 号	混合型饲料添加剂 酸度调节剂 Feed Additives Mixture Acidity Regulators	优酸 BioAcid	混合型饲料添加剂 Feed Additives Mixture	猪、家禽和牛 Swine、Poultry and Cattle	韩国 DAEHO 株式会社 DAEHO Co.，Ltd.，Korea	2018.01—2023.01	续展
（2018）外饲准字 069 号	饲料添加剂 DL– 蛋氨酸 Feed Additive DL–methionine	速牧美®–P Sumimet®–P	饲料添加剂 Feed Additive	猪、家禽 Swine、Poultry	日本住友化学株式会社 Sumitomo Chemical Co.，Ltd. Japan	2018.01—2023.01	续展
（2018）外饲准字 070 号	饲料添加剂 酿酒酵母 枯草芽孢杆菌 Feed Addtitve Saccharomyces Cerevisiae Bacillus Subtilis	新生素 Livebios	饲料添加剂 Feed Addtitve	养殖动物 All Species or Categories of Animals	美国若斯生物科技公司 Biofeed RAS，USA	2018.01—2023.01	续展
（2018）外饲准字 071 号	鱼油 Fish Oil	秘鲁鱼油（饲料级） Peruvian Fish Oil（Feed Grade）	单一饲料 Single Feed	畜禽和水产动物 Livestock and Poultry，Aquaculture Animals	秘鲁 CFG Investment S.A.C. 公司 Paracas 工厂 CFG Investment S.A.C.，Plant Paracas，Peru	2018.01—2023.01	续展
（2018）外饲准字 072 号	饲料添加剂 乳酸 Feed Additive Lactic Acid	普拉克 LAFEED 80 PURAC LAFEED 80	饲料添加剂 Feed Additive	养殖动物 All species or Categories of Animals	普拉克（泰国）有限公司 PURAC（Thailand）Ltd.，Thailand	2018.01—2023.01	续展
（2018）外饲准字 073 号	饲料添加剂 L– 色氨酸 Feed Additive L–Tryptophan	饲料级 L– 色氨酸 L–Tryptophan Feed Grade（TrypAMINO®）	饲料添加剂 Feed Additive	养殖动物 All Species or Categories of Animals	斯洛伐克赢创斐尔玛斯公司 EVONIK Fermas s.r.o.，Slovakia	2018.01—2023.01	续展
（2018）外饲准字 074 号	白鱼粉 White Fishmeal	阿拉斯加牌白鱼粉（Ⅱ级） Alaska Brands White Fishmeal（Ⅱ）	单一饲料 Single Feed	畜禽和水产动物 Livestock and Poultry，Aquaculture Animals	美国 Golden 阿拉斯加海鲜有限公司（工船加工，工船名：M/V Golden Alaska，工船号：1607） Golden Alaska Seafoods，LLC.（Produced on Board at Vessel M/V Golden Alaska，Official No. 1607），USA	2018.01—2023.01	续展

（续）

登记证号	通用名称	商品名称	产品类别	使用范围	生产厂家	有效期限	备注
（2018）外饲准字075号	混合型饲料添加剂 枯草芽孢杆菌 Feed Additives Mixture Bacillus Subtilis	酵益密码（液体） Ferment Cryptogram（Liquid）	混合型饲料添加剂 Feed Additives Mixture	畜禽和水产动物 Livestock and Poultry，Aquaculture Animals	台湾歌美时企业股份有限公司 Commex Biotechnology Co.，Ltd.	2018.01—2023.01	续展
（2018）外饲准字076号	混合型饲料添加剂 枯草芽孢杆菌 Feed Additives Mixture Bacillus Subtilis	酵益密码（粉末） Ferment Cryptogram（Powder）	混合型饲料添加剂 Feed Additives Mixture	畜禽和水产动物 Livestock and Poultry，Aquaculture Animals	台湾歌美时企业股份有限公司 Commex Biotechnology Co.，Ltd.	2018.01—2023.01	续展
（2018）外饲准字077号	犊牛精料补充料 Calves Concentrate Supplement	喜利康 Kalvolac	精料补充料 Concentrate Supplement	犊牛 Calves	荷兰纽维德公司 Nutrifeed，the Netherlands	2018.01—2023.01	续展
（2018）外饲准字141号	混合型饲料添加剂 D-生物素 Feed Additives Mixture D-Biotin	罗维素®生物素 HP ROVIMIX® Biotin HP	混合型饲料添加剂 Feed Additives Mixture	养殖动物 All species or Categories of Animals	帝斯曼营养产品法国有限公司 DSM Nutritional Products France SAS，France	2018.03—2023.03	续展
（2018）外饲准字142号	混合型饲料添加剂 维生素 B_{12} Feed Additives Mixture Vitamin B_{12}	维生素 B_{12} 1% 饲料级 Vitamin B_{12} 1% Feed Grade	混合型饲料添加剂 Feed Additives Mixture	养殖动物 All Species or Categories of Animals	法国塞诺菲公司 SANOFI Chimie，France	2018.03—2023.03	续展
（2018）外饲准字143号	混合型饲料添加剂 植物乳杆菌 乳酸肠球菌 Feed Additives Mixture Lactobacillus Plantarum Enterococcus Lactis	酪多精 Lactozyme	混合型饲料添加剂 Feed Additives Mixture	养殖动物 All Species or Categories of Animals	台湾酪多精生物科技股份有限公司 Lactozyme Biotechnology Co.，Ltd.	2018.03—2023.03	续展
（2018）外饲准字144号	混合型饲料添加剂 植物乳杆菌 乳酸肠球菌 Feed Additives Mixture Lactobacillus Plantarum Enterococcus Lactis	富畜美 Ferozyme	混合型饲料添加剂 Feed Additives Mixture	养殖动物 All Species or Categories of Animals	台湾酪多精生物科技股份有限公司 Lactozyme Biotechnology Co.，Ltd.	2018.03—2023.03	续展
（2018）外饲准字145号	混合型饲料添加剂 植物乳杆菌 乳酸肠球菌 Feed Additives Mixture Lactobacillus Plantarum Enterococcus Lactis	育佳 YOCA	混合型饲料添加剂 Feed Additives Mixture	养殖动物 All Species or Categories of Animals	台湾酪多精生物科技股份有限公司 Lactozyme Biotechnology Co.，Ltd.	2018.03—2023.03	续展

（续）

登记证号	通用名称	商品名称	产品类别	使用范围	生产厂家	有效期限	备注
（2018）外饲准字146号	混合型饲料添加剂 香味物质 Feed Additives Mixture Flavoring substances	亚各灵（猪） Agolin Pig	混合型饲料添加剂 Feed Additives Mixture	猪 Swine	瑞士 AGOLIN 股份有限公司 AGOLIN SA，Switzerland	2018.03—2023.03	续展
（2018）外饲准字147号	混合型饲料添加剂 香味物质 Feed Additives Mixture Flavoring substances	亚各灵（家禽） Agolin Poultry	混合型饲料添加剂 Feed Additives Mixture	家禽 Poultry	瑞士 AGOLIN 股份有限公司 AGOLIN SA，Switzerland	2018.03—2023.03	续展
（2018）外饲准字148号	混合型饲料添加剂 矿物元素 Feed Additives Mixture Minerals	得乃美 DYNAMATE	Feed Additives Mixture	养殖动物 All Species or Categories of Animals	美国 Mosaic Potash Carlsbad 公司 Mosaic Potash Carlsbad Inc.，USA	2018.03—2023.03	续展
（2018）外饲准字149号	混合型饲料添加剂 矿物元素 Feed Additives Mixture Minerals	爱胃宝 Acid Buf	混合型饲料添加剂 Feed Additives Mixture	畜禽 Livestock，Poultry	爱尔兰马里戈特有限公司 Marigot Ltd.，Ireland	2018.03—2023.03	续展
（2018）外饲准字150号	饲料添加剂 聚乙二醇甘油蓖麻酸酯 Feed Additive Glyceryl Polyethylenglycol Ricinoleate	布利多 694 Bredol 694	饲料添加剂 Feed Additive	养殖动物 All Species or Categories of Animals	瑞典阿克苏诺贝尔表面化学有限公司 Akzo Nobel Surface Chemistry AB，Sweden	2018.03—2023.03	续展
（2018）外饲准字151号	饲料添加剂 聚乙二醇甘油蓖麻酸酯 Feed Additive Glyceryl Polyethylenglycol Ricinoleate	布利多 683 Bredol 683	饲料添加剂 Feed Additive	养殖动物 All Species or Categories of Animals	瑞典阿克苏诺贝尔表面化学有限公司 Akzo Nobel Surface Chemistry AB，Sweden	2018.03—2023.03	续展
（2018）外饲准字152号	饲料添加剂 聚乙二醇甘油蓖麻酸酯 Feed Additive Glyceryl Polyethylenglycol Ricinoleate	布利多 693 Bredol 693	饲料添加剂 Feed Additive	养殖动物 All Species or Categories of animals	瑞典阿克苏诺贝尔表面化学有限公司 Akzo Nobel Surface Chemistry AB，Sweden	2018.03—2023.03	续展
（2018）外饲准字153号	饲料添加剂 酵母硒 Feed Additive Selenium Yeast	赛乐硒 TM2000 SEL-PLEX® 2000	饲料添加剂 Feed Additive	养殖动物 All Species or Categories of Animals	巴西奥特奇公司（São Pedro do Ivaí 工厂） Alltech do Brasil Agroindustrial Ltda.，Brazil	2018.03—2023.03	续展
（2018）外饲准字154号	鱼油 Fish Oil	秘鲁鱼油（饲料级） Peruvian Fish Oil（Feed Grade）	单一饲料 Single Feed	畜禽、水产动物 Livestock and Poultry，Aquaculture Animals	秘鲁 Pesquera Hayduk S.A. 公司 Tambo De Mora 工厂 Pesquera Hayduk S.A.，Plant Tambo De Mora，Peru	2018.03—2023.03	续展

（续）

登记证号	通用名称	商品名称	产品类别	使用范围	生产厂家	有效期限	备注
(2018)外饲准字221号	混合型饲料添加剂 角蛋白酶(产自地衣芽孢杆菌) Feed Additives Mixture Keratinase (Source: Bacillus licheniformis)	赛和素 DP100 Cibenza® DP100	混合型饲料添加剂 Feed Additives Mixture	猪、家禽、水产养殖动物 Swine, Poultry, Aquaculture Animals	诺伟司国际公司 Novus International, Inc., USA	2018.04—2023.04	续展
(2018)外饲准字222号	混合型饲料添加剂 香味物质 Feed Additives Mixture Flavoring Substances	普乐新金金(浓缩型) Cinergy FIT 3S(cc)	混合型饲料添加剂 Feed Additives Mixture	猪 Swine	法国普乐维美公司 PROVIMI France, France	2018.04—2023.04	续展
(2018)外饲准字223号	混合型饲料添加剂 丙酸 丙酸铵 Feed Additives Mixture Propionic Acid Ammonium Propionate	宜可富迈可 MICOBAN PREMIX	混合型饲料添加剂 Feed Additives Mixture	养殖动物 All Species or Categories of Animals	西班牙诺伟司科泰色素有限公司 Novus Carotenoid Technologies, S.A., Spain	2018.04—2023.04	续展
(2018)外饲准字224号	混合型饲料添加剂 苯甲酸钠 丙酸钠 Feed Additives Mixture Sodium Benzoate Sodium Propionate	康富青玉米青贮剂 Maize Kofasil Liquid	混合型饲料添加剂 Feed Additives Mixture	养殖动物 All Species or Categories of Animals	爱德康欧洲有限公司 ADDCON Europe GmbH, Germany	2018.04—2023.04	续展
(2018)外饲准字225号	混合型饲料添加剂 防腐剂、防霉剂 Feed Additives Mixture Preservatives	纽埃特霉净剂 Toxy-Nil® Dry	混合型饲料添加剂 Feed Additives Mixture	养殖动物 All Species or Categories of Animals	比利时纽埃特国际营养公司(Kasterlee 工厂) Nutri-AD International N.V., Plant in Kasterlee, Belgium	2018.04—2023.04	续展
(2018)外饲准字226号	饲料添加剂 包被丁酸钠 Feed Additive Coated Sodium Butyrate	谷饲妥 70 GUSTOR BP 70	饲料添加剂 Feed Additive	养殖动物 All Species or Categories of Animals	西班牙 Norel 公司 Norel S.A., Spain	2018.04—2023.04	续展
(2018)外饲准字227号	饲料添加剂 酵母硒 Feed Additive Selenium Yeast Complex	赛乐硒 2000 SEL-PLEX 2000	饲料添加剂 Feed Additive	养殖动物 All Species or Categories of Animals	美国奥特奇公司 Alltech Inc., USA	2018.04—2023.04	续展
(2018)外饲准字228号	饲料添加剂 果寡糖 Feed Additive Fructo-oligosaccharides	奥利康明治 Oligo SI	饲料添加剂 Feed Additive	猪、牛、家禽 Swine, Cattle, Poultry	日本 Nichiku 药品工业株式会社 Nichiku Yakuhin Kogyo Corporation, Japan	2018.04—2023.04	续展

（续）

登记证号	通用名称	商品名称	产品类别	使用范围	生产厂家	有效期限	备注
（2018）外饲准字 229 号	饲料添加剂 L– 赖氨酸盐酸盐 Feed Additive L–Lysine Monohydrochloride	Sewon 牌饲料级 99%L– 赖氨酸盐酸盐 Sewon L–Lysine HCl 99% Feed Grade	饲料添加剂 Feed Additive	养殖动物 All Species or Categories of Animals	韩国大象株式会社 Daesang Corporation，Korea	2018.04—2023.04	续展
（2018）外饲准字 230 号	鱼粉 Fishmeal	红鱼粉（Ⅲ级） Red Fishmeal（Grade Ⅲ）	单一饲料 Single Feed	畜禽、水产养殖动物 Livestock，Poultry，Aquaculture Animals	毛里塔尼亚 MAH EL TURK–SARL 公司 MAH EL TURK–SARL，Mauritania	2018.04—2023.04	续展
（2018）外饲准字 231 号	白鱼粉 White Fishmeal	白鱼粉（Ⅲ级） White Fishmeal（Grade Ⅲ）	单一饲料 Single Feed	畜禽、水产养殖动物 Livestock，Poultry，Aquaculture Animals	俄罗斯 LLC "ROLIZ" 公司（工船加工，工船名 F/V "Vladimir . Starzhinsky"，工船号 CH–05M） LLC "ROLIZ" Produced on Board at Vessle F/V "Vladimir Starzhinsky"（Official No CH–05M），Russia	2018.04—2023.04	续展
（2018）外饲准字 232 号	鱼粉 Fishemal	红鱼粉（Ⅲ级） Red Fishmeal（Grade Ⅲ）	单一饲料 Single Feed	畜禽、水产养殖动物 Livestock，Poultry，Aquaculture Animals	智利 Blumar S.A. 公司 Corral 工厂 Blumar S.A.，Plant in Corral，Chile	2018.04—2023.04	续展
（2018）外饲准字 233 号	白鱼粉 White Fishmeal	白鱼粉（Ⅲ级至Ⅰ级） White Fishmeal（Grade Ⅲ to Ⅰ）	单一饲料 Single Feed	畜禽、水产养殖动物 Livestock，Poultry，Aquaculture Animals	俄罗斯 "OKEANRYBFLOT" 开放式股份公司（工船加工，工船名：f/v "XX Ⅶ SYEZD KPSS"），工船号：CH–62A JSC "OKEANRYBFLOT"，Produced on Board at Vessel f/v "XX Ⅶ SYEZD KPSS"（Official No. CH–62A），Russia	2018.04—2023.04	续展
（2018）外饲准字 234 号	白鱼粉 White Fishmeal	白鱼粉（Ⅲ级至Ⅰ级） White Fishmeal（Grade Ⅲ to Ⅰ）	单一饲料 Single Feed	畜禽、水产养殖动物 Livestock，Poultry，Aquaculture Animals	俄罗斯 "OKEANRYBFLOT" 开放式股份公司（工船加工，工船名：f/v "XX SYEZD VLKSM"，工船号：CH–71G） JSC "OKEANRYBFLOT"，Produced on Board at Vessel f/v "XX SYEZD VLKSM"（Official No. CH–71G），Russia	2018.04—2023.04	续展
（2018）外饲准字 235 号	犬配合饲料 Dog Compound Feed	派斯宝成犬粮（小型 / 中型犬） Legacy Valuing Tradition（Small / Medium Breed Adult）	配合饲料 Compound Feed	犬 Dog	加拿大派斯特饲料服务有限公司（工厂） Spectrum Feed Services LTD，Canada	2018.04—2023.04	续展

（续）

登记证号	通用名称	商品名称	产品类别	使用范围	生产厂家	有效期限	备注
（2018）外饲准字236号	鱼粉 Fishmeal	秘鲁红鱼粉（Ⅲ级） Peruvian Red Fishmeal（Ⅲ）	单一饲料 Single Feed	畜禽、水产养殖动物 Livestock，Poultry，Aquaculture animals	秘鲁 CFG Investment S.A.C. 公司 PARACAS 工厂 CFG Investment S.A.C.，Plant PARACAS，Peru	2018.04—2023.04	续展
（2018）外饲准字237号	混合型饲料添加剂 香味物质 Feed Additives Mixture Flavoring Substances	亚各灵（牛） Agolin Ruminant	混合型饲料添加剂 Feed Additives Mixture	牛 Cattle	瑞士 AGOLIN 股份有限公司 AGOLIN SA，Switzerland	2018.04—2023.04	续展
（2018）外饲准字326号	混合型饲料添加剂 姜黄浸膏 Feed Additives Mixture Curcuma Longa L	馥力康（猪）FX 602 P1 FORCE 6 PORC–FX 602 P1	混合型饲料添加剂 Feed Additives Mixture	猪 Swine	法国馥蒂公司 Laboratoires Phode S.A.S.，France	2018.06—2023.06	续展
（2018）外饲准字327号	鱼粉 Fishmeal	红鱼粉（Ⅲ级） Red Fishmeal（Ⅲ）	单一饲料 Single Feed	畜禽、水产养殖动物 Livestock and Poultry，Aquaculture animals	厄瓜多尔 POLAR 渔业公司 Empresa Pesquera Polar S.A.，Ecuador	2018.06—2023.06	续展
（2018）外饲准字328号	鱼油 Fish Oil	粗鱼油 Crude Fish Oil	单一饲料 Single Feed	畜禽、水产养殖动物 Livestock and Poultry，Aquaculture animals	长运国际集团（越南）有限公司 RunLong International Group（Vietnam）Co.，Ltd，Vietnam	2018.06—2023.06	续展
（2018）外饲准字329号	鱼粉 Fishmeal	红鱼粉（Ⅲ级） Red Fishmeal（Ⅲ）	单一饲料 Single Feed	畜禽、水产养殖动物 Livestock and Poultry，Aquaculture animals	马来西亚亚洲鱼粉厂有限公司 Syarikat Kilang Serbok Ikan（Asia）Sdn. Bhd.，Malaysia	2018.06—2023.06	续展
（2018）外饲准字330号	混合型饲料添加剂 酿酒酵母 Feed Additives Mixture Saccharomyces cerevisiae	泰富展® PolyEnrich®	混合型饲料添加剂 Feed Additives Mixture	猪、鸡、牛 Swine，Chicken，Cattle	台湾丰展生物科技股份有限公司 Enriching Innovation Biotech Co.，Ltd.	2018.06—2023.06	续展
（2018）外饲准字331号	鱼粉 Fishmeal	蒸汽烘干红鱼粉（Ⅲ级） Steam Dried Sterilized Fishmeal（Ⅲ）	单一饲料 Single Feed	畜禽、水产养殖动物 Livestock and Poultry，Aquaculture animals	印度罗杰鱼粉 & 鱼油公司 Raj Fishmeal & Oil Co.，India	2018.06—2023.06	续展
（2018）外饲准字332号	混合型饲料添加剂 矿物元素 Feed Additives Mixture Minerals	艾依 IRON PIG PLUS	混合型饲料添加剂 Feed Additives Mixture	猪 Swine	威隆（意大利）大药厂 Vétoquinol Italia S.r.l.，Italy	2018.06—2023.06	续展
（2018）外饲准字333号	淡水鱼粉 Freshwater Fishmeal	红鱼粉（Ⅲ级） Red Fishmeal（Ⅲ）	单一饲料 Single Feed	畜禽、水产养殖动物 Livestock and Poultry，Aquaculture animals	越南旅游投资与水产发展股份公司 Travel Investment and Seafood Development Corporation，Vietnam	2018.06—2023.06	续展

（续）

登记证号	通用名称	商品名称	产品类别	使用范围	生产厂家	有效期限	备注
（2018）外饲准字334号	混合型饲料添加剂 酸度调节剂 Feed Additives Mixture Acidity Regulators	欧酸肥S Acidofac S	混合型饲料添加剂 Feed Additives Mixture	育肥猪 Fattening Pig	台湾永鸿国际生技股份有限公司（新竹厂） Vetnostrum Animal Health Co., Ltd.（Hsin Chu Plant）	2018.06—2023.06	续展
（2018）外饲准字335号	混合型饲料添加剂 酶制剂 Feed Additives Mixture Enzymes	明新灵 Mingfix	混合型饲料添加剂 Feed Additives Mixture	养殖动物 All Species or Categories of Animals	美国若斯生物科技有限公司 Biofeed RAS， USA	2018.06—2023.06	续展
（2018）外饲准字375号	混合型饲料添加剂 氯化胆碱 Feed Additives Mixture Choline Chloride	福尔邦 FIBRASE	混合型饲料添加剂 Feed Additives Mixture	反刍动物 Ruminant	意大利贝科瑞化工大药厂 Bioscreen Technologies Srl, Italy	2018.07—2023.07	续展
（2018）外饲准字376号	混合型饲料添加剂 DL-蛋氨酸 Feed Additives Mixture DL-Methionine	普美特 PRO-MET	混合型饲料添加剂 Feed Additives Mixture	反刍动物 Ruminant	意大利贝科瑞化工大药厂 Bioscreen Technologies Srl, Italy	2018.07—2023.07	续展
（2018）外饲准字377号	鱼粉 Fishmeal	红鱼粉（Ⅲ级） Red Fishmeal（Ⅲ）	单一饲料 Single Feed	畜禽、水产养殖动物 Livestock, Poultry, Aquaculture Animals	智利三文鱼油公司（工厂位于Calbuco） Salmonoil S.A., Plant in Calbuco, Chile	2018.07—2023.07	续展
（2018）外饲准字378号	复合预混合饲料 Premix	阿梅诺 Aminovitamin Super	添加剂预混合饲料 Feed Additive Premix	养殖动物 All Species or Categories of Animals	威隆（意大利）大药厂 Vétoquinol Italia S.r.l., Italy	2018.07—2023.07	续展
（2018）外饲准字379号	复合预混合饲料 Premix	雅士勇 ASCOREQUIL	添加剂预混合饲料 Feed Additive Premix	养殖动物 All Species or Categories of Animals	威隆（意大利）大药厂 Vétoquinol Italia S.r.l., Italy	2018.07—2023.07	续展
（2018）外饲准字380号	混合型饲料添加剂 美国栗树叶提取物 Feed Additives Mixture Chestnut Leaves Extract	丹宁诺 TANNINO 50	混合型饲料添加剂 Feed Additives Mixture	猪、家禽 Swine, Poultry	意大利贝科瑞化工大药厂 Bioscreen Technologies Srl, Italy	2018.07—2023.07	续展
（2018）外饲准字381号	混合型饲料添加剂 L-赖氨酸盐酸盐 Feed Additives Mixture L-Lysine Monohydrochloride	乳美特 RUMASTER	混合型饲料添加剂 Feed Additives Mixture	反刍动物 Ruminant	意大利贝科瑞化工大药厂 Bioscreen Technologies Srl, Italy	2018.07—2023.07	续展

（续）

登记证号	通用名称	商品名称	产品类别	使用范围	生产厂家	有效期限	备注
（2018）外饲准字 382 号	混合型饲料添加剂 氯化胆碱 Feed Additives Mixture Choline Chloride	贝易升 Bioyeast	混合型饲料添加剂 Feed Additives Mixture	养殖动物 All Species or Categories of Animals	意大利贝科瑞化工大药厂 Bioscreen Technologies Srl，Via Caduti di Via Fani，830-47032，Bertinoro（FC），Italy	2018.07—2023.07	续展
（2018）外饲准字 383 号	酵母水解物 Saccharomyces cerevisiae Yeast Hydrolysis	核力素 HILYSES	单一饲料 Single Feed	养殖动物 All Species or Categories of Animals	巴西 Usina Sao Luiz S/A 公司 Usina Sao Luiz S/A，Brazil	2018.07—2023.07	续展
（2018）外饲准字 384 号	混合型饲料添加剂 微生物 Feed Additives Mixture Live Microorganisms	AquaStar® 百成宝 AquaStar® Growout	混合型饲料添加剂 Feed Additives Mixture	温水鱼、虾 Warm Water Fish，Shrimp	百奥明新加坡私人有限公司 BIOMIN Singapore Pte. Ltd，Singapore	2018.07—2023.07	续展
（2018）外饲准字 385 号	混合型饲料添加剂 微生物 Feed Additives Mixture Live Microorganisms	AquaStar® 百苗宝 AquaStar® Hatchery	混合型饲料添加剂 Feed Additives Mixture	温水鱼、虾 Warm Water Fish，Shrimp	百奥明新加坡私人有限公司 BIOMIN Singapore Pte. Ltd，Singapore	2018.07—2023.07	续展
（2018）外饲准字 442 号	豆粕（过瘤胃保护）Soybean Meal（Rumen Bypass Processed）	利乳宝 BIO-PASS	单一饲料 Single Feed	养殖动物 All Species or Categories of Animals	美国国际生物营养有限公司 Bio-Nutrition International，Inc.，USA	2018.08—2023.08	续展
（2018）外饲准字 443 号		阿拉斯加白鱼粉（Ⅱ级）Alaskan White fishmeal（Ⅱ）	单一饲料 Single Feed	畜禽、水产养殖动物 Livestock，Poultry，Aquaculture Animals	美国 Kodiak 鱼粉公司 Kodiak 工厂 Kodiak Fishmeal Company，Kodiak Plant，USA	2018.08—2023.08	续展
（2018）外饲准字 444 号	鱼粉 Fishmeal	Las Perlas 牌红鱼粉（Ⅲ级）Las Perlas Brand Red Fishmeal（Ⅲ）	单一饲料 Single Feed	畜禽、水产养殖动物 Livestock，Poultry，Aquaculture Animals	巴拿马 Promarina S.A. 公司 Promarina S.A.，Panama	2018.08—2023.08	续展
（2018）外饲准字 445 号	鱼粉 Fishmeal	双马鱼粉（Ⅱ级到Ⅲ级）Double Horse Fishmeal（Ⅱ to Ⅲ）	单一饲料 Single Feed	畜禽、水产养殖动物 Livestock，Poultry，Aquaculture Animals	越南禾瑞康水产物料加工有限公司 Honoroad Vietnam Aquatic Feed Ingredient Processing Co.，Ltd.，Vietnam	2018.08—2023.08	续展
（2018）外饲准字 446 号	鱼粉 Fishmeal	红鱼粉（Ⅲ级）Red Fishmeal（Ⅲ）	单一饲料 Single Feed	畜禽、水产养殖动物 Livestock，Poultry，Aquaculture Animals	新西兰独立渔业公司（工船加工，工船名 Mainstream，工船号 L62914）Independent. Fisheries Limited（Produced on Board at Vessel “Mainstream”，Official No. L62914），New Zealand	2018.08—2023.08	续展

（续）

登记证号	通用名称	商品名称	产品类别	使用范围	生产厂家	有效期限	备注
（2018）外饲准字447号	饲料添加剂 可食脂肪酸钙盐 Feed Additive Calcium Salt of Edible Fatty Acid	乳加多 Palmifat Plus	饲料添加剂 Feed Additive	家畜 Livestock	马来西亚 Ecolex Sdn. Bhd. 公司 Ecolex Sdn. Bhd., Malaysia	2018.08—2023.08	续展
（2018）外饲准字448号	鱼粉 Fishmeal	智利红鱼粉（Ⅲ级） Chilean Red Fishmeal（Ⅲ）	单一饲料 Single Feed	畜禽、水产养殖动物 Livestock，Poultry，Aquaculture animals	智利 Camanchaca Pesca Sur S.A. 渔业公司 Talcahuano 工厂（No.08130） Camanchaca Pesca Sur S.A., Talcahuano Plant（No.08130），Chile	2018.08—2023.08	续展
（2018）外饲准字449号	观赏鱼配合饲料 Ornamental Fish Compound Feed	海丰宝赠红增色极品饲料（超细微粒、小粒、中粒） Hai Feng Boh Chern Hong Fish Food（Mini Granules，Small Pellet，Medium Pellet）	配合饲料 Compound Feed	观赏鱼 Ornamental fish	台湾海丰饲料股份有限公司 Hai Feng Feeds Co., Ltd.	2018.08—2023.08	续展
（2018）外饲准字450号	混合型饲料添加剂 大蒜素 蛋白酶 Feed Additives Mixture Garlicin Protease	艾可特肠佳 Alquernat Nebsui	混合型饲料添加剂 Feed Additives Mixture	猪、家禽 Swine，Poultry	西班牙 Biovet，SA，有限公司 Biovet，SA，Spain	2018.08—2023.08	续展
（2018）外饲准字451号	混合型饲料添加剂 大蒜素 香芹酚 Feed Additives Mixture Garlicin Carvacrol	艾可特肠康 Alquernat Zycox	混合型饲料添加剂 Feed Additives Mixture	猪、家禽 Swine，Poultry	西班牙 Biovet，SA，有限公司 Biovet，SA，Spain	2018.08—2023.08	续展
（2018）外饲准字452号	混合型饲料添加剂 维生素 矿物元素 Feed Additives Mixture Vitamins Minerals	艾可肥蛋佳 Alquefeed Layers	混合型饲料添加剂 Feed Additives Mixture	家禽 Poultry	西班牙 Biovet，SA，有限公司 Biovet，SA，Spain	2018.08—2023.08	续展
（2018）外饲准字453号	柠檬酸糟 Extracted Citric Acid Presscake	饲益美 CitriStim	单一饲料 Single Feed	畜禽、宠物 Livestock，Poultry，Pet	美国 ADM 动物营养 ADM Animal Nutrition，USA	2018.08—2023.08	续展
（2018）外饲准字454号	混合型饲料添加剂 姜黄浸膏 Feed Additives Mixture Curcuma Longa L	馥力康（禽）FX 601 P1 FORCE 6 VOLAILLE-FX 601 P1	混合型饲料添加剂 Feed Additives Mixture	家禽 Poultry	法国馥蒂公司 Laboratoires Phode S.A.S.，France	2018.08—2023.08	续展

（续）

登记证号	通用名称	商品名称	产品类别	使用范围	生产厂家	有效期限	备注
（2018）外饲准字 455 号	牛肉骨粉 Bovine Meat and Bone Meal	牛肉骨粉 Bovine Meat and Bone Meal	单一饲料 Single Feed	猪、家禽、水产养殖动物 Swine，Poultry，Aquaculture Animals	乌拉圭 Cardama 公司 Cardama S.A.，Uruguay	2018.08—2023.08	续展
（2018）外饲准字 456 号	混合型饲料添加剂 乳酸片球菌 Feed Additives Mixture Pediococcus acidilactici	倍特赛 Bactocell	混合型饲料添加剂 Feed Additives Mixture	猪、家禽、水产养殖动物 Swine，Poultry，Aquaculture Animals	法国拉曼股份公司 Lallemand S.A.S.，France	2018.08—2023.08	续展
（2018）外饲准字 457 号	饲料添加剂 二甲酸钾 Feed Additive Potassium Diformate	爱康美 FORMI®	饲料添加剂 Feed Additive	猪 Swine	爱德康挪威公司 ADDCON Nordic AS，Norway	2014.01—2019.01	续展
（2018）外饲准字 489 号	酿酒酵母培养物 Saccharomyces Cerevisiae Yeast Culture	达农威 XPC Diamond V Original XPC	单一饲料 Single Feed	养殖动物 All species or categories of Animals	美国达农威公司 Diamond V Mills，Inc.，USA	2018.10—2023.10	续展
（2018）外饲准字 490 号	饲料添加剂 丙三醇 Feed Additive Glycerin	Superol K 甘油，USP*/FCC Superol K Glycerin，USP*/ FCC	饲料添加剂 Feed Additive	宠物 Pet	马来西亚 FPG Oleochemicals 私人有限公司 FPG Oleochemicals Sdn. Bhd.，Malaysia	2018.10—2023.10	续展
（2018）外饲准字 491 号	饲料添加剂 烟酸 Feed Additive Niacin	烟酸 Niacin	饲料添加剂 Feed Additive	养殖动物 All Species or Categories of Animals	瑞士龙沙有限公司 Lonza Ltd.，Switzerland	2018.10—2023.10	续展
（2018）外饲准字 492 号	啤酒酵母粉 Brewer's Yeast	永利康 BIOTAMIN AQUA	单一饲料 Single Feedl	水产养殖动物 Aquaculture Animals	瑞士凯摩福玛股份有限公司 Chemoforma AG，Switzerland	2018.10—2023.10	续展
（2018）外饲准字 493 号	啤酒酵母粉 Brewer's Yeast	爱世康 BIOTAMIN	单一饲料 Single Feed	猪、鸡、牛 Swine，Chicken，Cattle	瑞士凯摩福玛股份有限公司 Chemoforma AG，Switzerland	2018.10—2023.10	续展
（2018）外饲准字 494 号	猪肉骨粉 Porcine Meat and Bone Meal	猪肉骨粉 Porcine Meat and Bone Meal	单一饲料 Single Feed	猪、家禽、水产养殖动物 Swine，Poultry，Aquaculture Animals	美国史密斯费尔德鲜肉公司克林顿工厂 SMITHFIELD FRESH MEATS CORP. CLINTON PLANT，USA	2018.10—2023.10	续展
（2018）外饲准字 495 号	酿酒酵母细胞壁 Cell Wall of Saccharomyces cerevisiae	爱特蒙 Active MOS	单一饲料 Single Feed	猪、家禽 Swine，Poultry	巴西库塔糖业公司（USJ 工厂） Acucareira Quata，S.A.（Plant USJ），Brazil	2018.10—2023.10	续展

（续）

登记证号	通用名称	商品名称	产品类别	使用范围	生产厂家	有效期限	备注
（2018）外饲准字 496 号	水解鱼蛋白粉 Powder of Hydrolysis Fish Protein	海之珍 Perfect Digest TM FPI-SD	单一饲料 Single Feed	养殖动物（反刍动物除外） All Species or Categories of Animals, Not Including Ruminant	厄瓜多尔海洋蛋白公司 Marine Protein Marprot S.A., Ecuador	2018.10—2023.10	续展
（2018）外饲准字 497 号	鱼粉 Fishmeal	红鱼粉（Ⅲ级） Red Fishmeal（Ⅲ）	单一饲料 Single Feed	畜禽、水产养殖动物 Livestock, Poultry, Aquaculture Animals	墨西哥 Selecta de Guaymas, S.A. de C.V. 公司 Selecta de Guaymas, S.A. de C.V., Mexico	2018.10—2023.10	续展
（2018）外饲准字 498 号	鱼粉 Fishmeal	红鱼粉（Ⅲ级） Red Fishmeal（Ⅲ）	单一饲料 Single Feed	畜禽、水产养殖动物 Livestock, Poultry, Aquaculture Animals	墨西哥 Maz Industrial, S.A. de C.V., 公司 Maz Industrial, S.A. de C.V., Mexico	2018.10—2023.10	续展
（2018）外饲准字 499 号	鱼粉 Fishmeal	红鱼粉（Ⅰ级） Red Fishmeal（Ⅰ）	单一饲料 Single Feed	畜禽、水产养殖动物 Livestock, Poultry, Aquaculture Animals	越南清化越河股份公司 Song Viet Thanh Hoa Joint Stock Company, Vietnam	2018.10—2023.10	续展
（2018）外饲准字 528 号	畜禽维生素预混合饲料 Vitamin Premix Feed for Livestock and Poultry	维乐多 80 口服液 Vitol-80 C Oral	添加剂预混合饲料 Feed Additive Premix	畜禽 Livestock and Poultry	荷兰 Interchemie werken "De Adelaar" B.V. 公司 Interchemie werken "De Adelaar" B.V., the Netherlands	2018.11—2023.11	续展
（2018）外饲准字 529 号	畜禽复合预混合饲料 Premix for Livestock and Poultry	英乐维 A+ 口服液 Introvit A+Oral	添加剂预混合饲料 Feed Additive Premix	畜禽 Livestock and Poultry	荷兰 Interchemie werken "De Adelaar" B.V. 公司 Interchemie werken "De Adelaar" B.V., the Netherlands	2018.11—2023.11	续展
（2018）外饲准字 530 号	混合型饲料添加剂防霉剂 Feed Additives Mixture Preservatives	司润保 Fylax® Flow	混合型饲料添加剂 Feed Additives Mixture	养殖动物 All Species or Categories of Animals	荷兰赛尔可公司 Selko B.V., the Netherlands	2018.11—2023.11	续展
（2018）外饲准字 531 号	混合型饲料添加剂防霉剂 Feed Additives Mixture Preservatives	加强菲乐斯 Fylax® Forte-HC Liquid	混合型饲料添加剂 Feed Additives Mixture	养殖动物 All Species or Categories of Animals	荷兰赛尔可公司 Selko B.V., the Netherlands	2018.11—2023.11	续展
（2018）外饲准字 532 号	混合型饲料添加剂防腐防霉剂 Feed Additives Mixture Preservatives	康富青苜蓿青贮剂 KOFASIL® ALFA	混合型饲料添加剂 Feed Additives Mixture	青贮饲料 Silage	德国爱德康欧洲有限公司 ADDCON Europe GmbH, Germany	2018.11—2023.11	续展

（续）

登记证号	通用名称	商品名称	产品类别	使用范围	生产厂家	有效期限	备注
（2018）外饲准字533号	混合型饲料添加剂 枯草芽孢杆菌 地衣芽孢杆菌 Feed Additives Mixture Bacillus subtilis Bacillus licheniformis	百奥美－强力宝 BioPlus® YC	混合型饲料添加剂 Feed Additives Mixture	猪、牛、火鸡 Swine，Cattle，Turkey	科·汉森捷克共和国有限公司（CH分公司） Chr. Hansen Czech Republic，s.r.o.，Czech Republic	2018.11—2023.11	续展
（2018）外饲准字534号	混合型饲料添加剂枯草芽孢杆菌 Feed Additives Mixture Bacillus subtilis	佳利保 GalliPro®	混合型饲料添加剂 Feed Additives Mixture	鸡 Chicken	科·汉森捷克共和国有限公司（CH分公司） Chr. Hansen Czech Repubilc，s.r.o.，Czech Republic	2018.11—2023.11	续展
（2018）外饲准字535号	白鱼粉 White Fishmeal	白鱼粉（Ⅲ级至Ⅰ级） White Fishmeal（Grade Ⅲ－Ⅰ）	单一饲料 Single Feed	畜禽、水产养殖动物 Livestock and Poultry，Aquaculture Animals	俄罗斯 JSC “Sakhalin Leasing Flot”（工船加工，工船名 f/v “Mys Kruzenshterna”，工船号 CH-37A） JSC “Sakhalin Leasing Flot”（Produced on Board at Vessel f/v “Mys Kruzenshterna”，Official No.CH-37A），Russia	2018.11—2023.11	续展
（2018）外饲准字536号	酿酒酵母提取物 Saccharomyces cerevisiae Extract	新普乐 NUPRO	单一饲料 Single Feed	养殖动物 All Species or Categories of Animals	美国奥特奇公司 Alltech Inc.，USA	2018.11—2023.11	续展
（2018）外饲准字537号	白鱼粉 White Fishmeal	白鱼粉（Ⅰ级） White Fishmeal（Ⅰ）	单一饲料 Single Feed	养殖动物（反刍动物除外） All Species or Categories of Animals，Not Including Ruminant	俄罗斯 Ostrov Sakhalin 有限公司（工船加工，工船名 “Aniva”，工船号 CH-15H） Ostrov Sakhalin Closed Joint-stock Company（Produced on Board at Vessel “Aniva”，Official No.CH-15H），Russia	2018.11—2023.11	续展
（2018）外饲准字538号	白鱼粉 White Fishmeal	白鱼粉（Ⅰ级） White Fishmeal（Ⅰ）	单一饲料 Single Feed	养殖动物（反刍动物除外） All Species or Categories of Animals，Not Including Ruminant	俄罗斯 Ostrov Sakhalin 有限公司（工船加工，工船名 “Ostrov Sakhalin”，工船号 CH-14H） Ostrov Sakhalin Closed Joint-stock Company（Produced on Board at Vessel “Ostrov Sakhalin”，Official No.CH-14H），Russia	2018.11—2023.11	续展

（续）

登记证号	通用名称	商品名称	产品类别	使用范围	生产厂家	有效期限	备注
（2018）外饲准字 539 号	白鱼粉 White Fishmeal	白鱼粉（Ⅰ级） White Fishmeal（Ⅰ）	单一饲料 Single Feed	养殖动物（反刍动物除外） All Species or Categories of Animals, Not Including Ruminant	俄罗斯 Poronay 有限公司（工船加工，工船名“Mys Datta”，工船号 CH-47A） Poronay Limited Liability Company Factory（Produced on Board at Vessel “Mys Datta”, Official No.CH-47A）, Russia	2018.11—2023.11	续展
（2018）外饲准字 540 号	白鱼粉 White Fishmeal	白鱼粉（Ⅰ级） White Fishmeal（Ⅰ）	单一饲料 Single Feed	养殖动物（反刍动物除外） All Species or Categories of Animals, Not Including Ruminant	俄罗斯 Ostrov Sakhalin 有限公司（工船加工，工船名“Altair”，工船号 CH-69L） Ostrov Sakhalin Closed Joint-stock Company（Produced on Board at Vessel “Altair”, Official No.CH-69L）, Russia	2018.11—2023.11	续展
（2018）外饲准字 541 号	白鱼粉 White Fishmeal	白鱼粉（Ⅰ级） White Fishmeal（Ⅰ）	单一饲料 Single Feed	养殖动物（反刍动物除外） All Species or Categories of Animals, Not Including Ruminant	俄罗斯“Production Association Sakhalinrybaksoyuz”有限公司（工船加工，工船名“Mys Levenorna”，工船号 CH-46A） “Production Association Sakhalinrybaksoyuz” Limited Liability Company（Produced on Board at Vessel “Mys Levenorna”, Official No.CH-46A）, Russia	2018.11—2023.11	续展
（2018）外饲准字 542 号	白鱼粉 White Fishmeal	白鱼粉（Ⅰ级） White Fishmeal（Ⅰ）	单一饲料 Single Feed	养殖动物（反刍动物除外） All Species or Categories of Animals, Not Including Ruminant	俄罗斯“Production Association Sakhalinrybaksoyuz”有限公司（工船加工，工船名“Mys Dokuchaeva”，工船号 CH-45A） “Production Association Sakhalinrybaksoyuz” Limited Liability Company（Produced on Board at Vessel “Mys Dokuchaeva”, Official No.CH-45A）, Russia	2018.11—2023.11	续展

（续）

登记证号	通用名称	商品名称	产品类别	使用范围	生产厂家	有效期限	备注
（2018）外饲准字 543 号	白鱼粉 White Fishmeal	白鱼粉（Ⅰ级） White Fishmeal（Ⅰ）	单一饲料 Single Feed	养殖动物（反刍动物除外） All Species or Categories of Animals, Not Including Ruminant	俄罗斯“Production Association Sakhalinrybaksoyuz”有限公司（工船加工，工船名“Mys Menshikova”，工船号 CH-48A） “Production Association Sakhalinrybaksoyuz” Limited Liability Company（Produced on Board at Vessel “Mys Menshikova”, Official No.CH-48A）, Russia	2018.11—2023.11	续展
（2018）外饲准字 544 号	维生素预混合饲料 Vitamin Premix	博力特 Promotor L	添加剂预混合饲料 Feed Additive Premix	养殖动物 All Species or Categories of Animals	西班牙 Calier 实验室有限公司 Laboratorios Calier, S.A., Spain	2018.11—2023.11	续展
（2018）外饲准字 545 号	饲料添加剂 氧化锌 Feed Additive Zinc Oxide	汇锌 HiZox	饲料添加剂 Feed Additive	猪、家禽 Swine, Poultry	法国 SILAR 公司 SILAR SAS, France	2018.11—2023.11	续展
（2018）外饲准字 559 号	鸡肉粉 Chicken By-Product Meal	鸡肉粉 Chicken By-Product Meal	单一饲料 Single Feed	鸡、猪、鱼、宠物 Chicken, Swine, Fish, Pet	美国泰森食品公司 Tyson Foods, Inc., USA	2018.12—2023.12	续展
（2018）外饲准字 560 号	鱼粉 Fishmeal	红鱼粉（Ⅲ级） Red Fishmeal（Ⅲ）	单一饲料 Single Feed	畜禽、水产养殖动物 Livestock and Poultry, Aquaculture Animals	墨西哥 Industrias Barda S.A. De C.V 公司 Industrias Barda S.A. De C.V, Mexico	2018.12—2023.12	续展
（2018）外饲准字 561 号	饲料添加剂 酿酒酵母 Feed Additive Saccharomyces Cerevisiae	瘤胃康® Levucell®SC 20	饲料添加剂 Feed Additive	牛、羊、马 Cattle, Sheep, Goat, Lamb, Horse	丹麦 De Danske Gærfabrikker A/S 公司 De Danske Gærfabrikker A/S, Denmark	2018.12—2023.12	续展
（2018）外饲准字 562 号	饲料添加剂 酿酒酵母 Feed Additive Saccharomyces Cerevisiae	布拉迪® Levucell®SB 20	饲料添加剂 Feed Additive	猪、家禽 Swine, Poultry	丹麦 De Danske Gærfabrikker A/S 公司 De Danske Gærfabrikker A/S, Denmark	2018.12—2023.12	续展

（续）

登记证号	通用名称	商品名称	产品类别	使用范围	生产厂家	有效期限	备注
（2018）外饲准字 563 号	混合型饲料添加剂 桉叶油 Feed Additives Mixture Eucalyptus Essential Oil	美福露 Menflu	混合型饲料添加剂 Feed Additives Mixture	养殖动物 All Species or Categories of Animals	台湾信逢股份有限公司 New Well Power Co. Ltd.	2018.12—2023.12	续展
（2018）外饲准字 564 号	酿酒酵母提取物 Saccharomyces cerevisiae Extract	新普乐 NUPRO	单一饲料 Single Feed	养殖动物 All Species or Categories of Animals	巴西奥特奇公司（São Pedro do Ivaí 工厂） Alltech do Brasil Agroindustrial Ltda., Brazil	2018.12—2023.12	续展
（2018）外饲准字 565 号	混合型饲料添加剂 布氏乳杆菌 Feed Additives Mixture Lactobacillus buchneri	康富青乳酸菌青贮剂 KOFASIL® S	混合型饲料添加剂 Feed Additives Mixture	青贮饲料 Silage	爱德康欧洲有限公司 ADDCON Europe GmbH, Germany	2018.12—2023.12	续展
（2018）外饲准字 566 号	混合型饲料添加剂 植物乳杆菌 Feed Additives Mixture Lactobacillus plantarum	康富青 LAC 乳酸菌青贮剂 KOFASIL® LAC	混合型饲料添加剂 Feed Additives Mixture	青贮饲料 Silage	爱德康欧洲有限公司 ADDCON Europe GmbH, Germany	2018.12—2023.12	续展
（2018）外饲准字 567 号	白鱼粉 White Fishmeal	白鱼粉（Ⅲ级） White Fishmeal（Ⅲ）	单一饲料 Single Feed	畜禽、水产养殖动物 Livestock and Poultry, Aquaculture Animals	俄罗斯国际渔业船队有限责任公司（工船加工，工船名 F/V "ANTUR"，工船号 CH-549） Interrybflot Co., Ltd,（Produced on Board at Vessel F/V "ANTUR", Official No.CH-549）, Russia	2018.12—2023.12	续展
（2018）外饲准字 568 号	混合型饲料添加剂 虾青素 Feed Additives Mixture Astaxanthin	加丽素®粉红 10%-CWS CAROPHYLL® Pink 10%-CWS	混合型饲料添加剂 Feed Additives Mixture	鱼、甲壳动物、观赏鱼 Fish, Crustacean, Ornamental Fish	帝斯曼营养产品法国有限公司 DSM Nutritional Products France SAS, France	2018.12—2023.12	续展

附件 3

换发进口饲料和饲料添加剂产品登记证目录（2018）

登记证号	商品名称	通用名称	变更内容	原名称	变更名称
（2018）外饲准字 016 号	百特普 Peptop 50	肠膜蛋白粉 Mucosa Protein Powder	中文和外文商品名称	莱普乐 Lyzopro	百特普 Peptop 50
（2018）外饲准字 058 号	力派小型犬成犬配方 Equilibrio Caes Adultos Racas Pequenas	犬配合饲料 Dog Compound Feed	申请企业名称	巴西达拓宠物食品有限公司 Total Alimentos Ltda., Brazil	巴西纽维雅动物营养与保健有限公司 NEOVIA NUTRICAO e SAUDE ANIMAL LTDA.,Brazil
			生产厂家名称	巴西达拓宠物食品有限公司 Total Alimentos Ltda., Brazil	巴西纽维雅动物营养与保健有限公司 NEOVIA NUTRICAO e SAUDE ANIMAL LTDA.,Brazil
（2018）外饲准字 059 号	真果中大型犬幼犬配方 Naturalis Caes Filhotes	犬配合饲料 Dog Compound Feed	申请企业名称	巴西达拓宠物食品有限公司 Total Alimentos Ltda., Brazil	巴西纽维雅动物营养与保健有限公司 NEOVIA NUTRICAO e SAUDE ANIMAL LTDA.,Brazil
			生产厂家名称	巴西达拓宠物食品有限公司 Total Alimentos Ltda., Brazil	巴西纽维雅动物营养与保健有限公司 NEOVIA NUTRICAO e SAUDE ANIMAL LTDA.,Brazil
（2018）外饲准字 060 号	真果中大型犬成犬配方 Naturalis Caes Adultos	犬配合饲料 Dog Compound Feed	申请企业名称	巴西达拓宠物食品有限公司 Total Alimentos Ltda., Brazil	巴西纽维雅动物营养与保健有限公司 NEOVIA NUTRICAO e SAUDE ANIMAL LTDA.,Brazil
			生产厂家名称	巴西达拓宠物食品有限公司 Total Alimentos Ltda., Brazil	巴西纽维雅动物营养与保健有限公司 NEOVIA NUTRICAO e SAUDE ANIMAL LTDA.,Brazil
（2018）外饲准字 061 号	力派（中大型犬）成犬配方 Equilibrio Caes Adultos	犬配合饲料 Dog Compound Feed	申请企业名称	巴西达拓宠物食品有限公司 Total Alimentos Ltda., Brazil	巴西纽维雅动物营养与保健有限公司 NEOVIA NUTRICAO e SAUDE ANIMAL LTDA.,Brazil
			生产厂家名称	巴西达拓宠物食品有限公司 Total Alimentos Ltda., Brazil	巴西纽维雅动物营养与保健有限公司 NEOVIA NUTRICAO e SAUDE ANIMAL LTDA.,Brazil
（2018）外饲准字 062 号	真果小型犬成犬配方 Naturalis Caes Adultos Pequeno Porte	犬配合饲料 Dog Compound Feed	申请企业名称	巴西达拓宠物食品有限公司 Total Alimentos Ltda., Brazil	巴西纽维雅动物营养与保健有限公司 NEOVIA NUTRICAO e SAUDE ANIMAL LTDA.,Brazil
			生产厂家名称	巴西达拓宠物食品有限公司 Total Alimentos Ltda., Brazil	巴西纽维雅动物营养与保健有限公司 NEOVIA NUTRICAO e SAUDE ANIMAL LTDA.,Brazil
（2018）外饲准字 084 号	肥酸宝 Fysal®–MP	混合型饲料添加剂 酸度调节剂 Feed Additives Mixture Acidity Regulators	中文商品名称	肥乐酸	肥酸宝
（2014）外饲准字 331 号	普乐新吉吉 Biacid Nucleus	混合型饲料添加剂 香味物质 Feed Additives Mixture Flavouring Substances	外文商品名称	Biacid Nucleus	Intella Fit（cc）

（续）

登记证号	商品名称	通用名称	变更内容	原名称	变更名称
（2017）外饲准字 218 号	普乐吉吉酸 biacid	混合型饲料添加剂 酸度调节剂 香味剂 Feed Additives Mixture Acidity regulators flavors	外文商品名称	biacid	Intella Fit Plus
（2017）外饲准字 217 号	普乐吉吉酸 500 biacid 500	混合型饲料添加剂 酸度调节剂 香味剂 Feed Additives Mixture Acidity regulators flavors	外文商品名称	biacid 500	Intella Fit Plus（cc）
（2016）外饲准字 320 号	未来 ML–F2 ML–F2	枯草芽孢杆菌 Bacillus subtilis	申请企业名称	韩国未来资源 ML 株式会社 Milae Resources ML Co.,Ltd., Korea	（株）未来生命资源 Milae Bioresources Co.,Ltd., Korea
			生产厂家名称	韩国未来资源 ML 株式会社 Milae Resources ML Co.,Ltd., Korea	（株）未来生命资源 Milae Bioresources Co.,Ltd., Korea
（2016）外饲准字 150 号	万饲特活性酵母培养物 Western Yeast Culture 2x–2–2–5 Plus	酿酒酵母培养物 Yeast Culture	申请企业名称	美国西方酵母股份有限公司 Western Yeast Company, USA	美国王子农产品公司 Prince Agri Products,Inc.,USA
			生产厂家名称	美国西方酵母股份有限公司 Western Yeast Company, USA	美国王子农产品公司 Prince Agri Products,Inc.,USA
（2018）外饲准字 165 号	包蛋酸 Timet	混合型饲料添加剂 DL– 蛋氨酸 Feed Additives Mixture DL–Methionine	中文商品名称	包蛋酸	维乳乐
（2018）外饲准字 273 号	营养专家系列减轻 / 维持理想体重专用功能粮（鸡肉、大米） Calibra Expert Nutrition Light Chicken & Rice	犬配合饲料 Dog Compound Feed	中文商品名称	营养专家系列减轻 / 维持理想体重专用功能粮（鸡肉、大米）	卡里布拉特级营养专家系列减脂粮（鸡肉 & 大米配方）
			通用名称	犬配合饲料 Dog Compound Feed	全价宠物食品成年期犬粮 Pet Compound Feed for Adult Dog
			产品类别	配合饲料 Compound Feed	宠物配合饲料 Pet Compound Feed
（2018）外饲准字 274 号	营养专家系列敏感体质犬专用功能粮（三文鱼、土豆） Calibra Expert Nutrition Sensitive Salmon & Potato	犬配合饲料 Dog Compound Feed	中文商品名称	营养专家系列敏感体质犬专用功能粮（三文鱼、土豆）	卡里布拉特级营养专家系列敏感体质犬粮（三文鱼 & 土豆配方）
			通用名称	犬配合饲料 Dog Compound Feed	全价宠物食品成年期犬粮 Pet Compound Feed for Adult Dog
			产品类别	配合饲料 Compound Feed	宠物配合饲料 Pet Compound Feed

（续）

登记证号	商品名称	通用名称	变更内容	原名称	变更名称
（2018）外饲准字 275 号	营养专家系列中长毛品种猫专用美毛功能粮（三文鱼、大米） Calibra Expert Nutrition Hair Care Salmon & Rice	猫配合饲料 Cat Compound Feed	中文商品名称	营养专家系列中长毛品种猫专用美毛功能粮（三文鱼、大米）	卡里布拉特级营养专家系列美毛粮（三文鱼 & 大米配方）
			通用名称	猫配合饲料 Cat Compound Feed	全价宠物食品成年期猫粮 Pet Compound Feed for Adult Cat
			产品类别	配合饲料 Compound Feed	宠物配合饲料 Pet Compound Feed
（2018）外饲准字 276 号	兽医专家系列犬胃肠道和胰腺专用处方粮 Calibra Veterinary Diets Gastrointestinal and Pancreas Dog	犬配合饲料 Dog Compound Feed	中文商品名称	兽医专家系列犬胃肠道和胰腺专用处方粮	卡里布拉兽医专家系列犬胃肠道和胰腺处方粮
			通用名称	犬配合饲料 Dog Compound Feed	全价宠物食品犬处方粮 Pet Compound Feed for Dog Veterinary Diets
			产品类别	配合饲料 Compound Feed	宠物配合饲料 Pet Compound Feed
（2018）外饲准字 277 号	兽医专家系列犬肾 / 心脏专用处方粮 Calibra Veterinary Diets Renal / Cardiac	犬配合饲料 Dog Compound Feed	中文商品名称	兽医专家系列犬肾 / 心脏专用处方粮	卡里布拉兽医专家系列犬肾 / 心脏处方粮
			通用名称	犬配合饲料 Dog Compound Feed	全价宠物食品犬处方粮 Pet Compound Feed for Dog Veterinary Diets
			产品类别	配合饲料 Compound Feed	宠物配合饲料 Pet Compound Feed
（2018）外饲准字 278 号	兽医专家系列猫胃肠道和胰腺专用处方粮 Calibra Veterinary Diets Gastrointestinal and Pancreas Cat	猫配合饲料 Cat Compound Feed	中文商品名称	兽医专家系列猫胃肠道和胰腺专用处方粮	卡里布拉兽医专家系列猫胃肠道和胰腺处方粮
			通用名称	猫配合饲料 Cat Compound Feed	全价宠物食品猫处方粮 Pet Compound Feed for Cat Veterinary Diets
			产品类别	配合饲料 Compound Feed	宠物配合饲料 Pet Compound Feed
（2018）外饲准字 279 号	兽医专家系列猫尿结石 / 草酸管理专用处方粮 Calibra Veterinary Diets Struvite / Oxalate Management	猫配合饲料 Cat Compound Feed	中文商品名称	兽医专家系列猫尿结石 / 草酸管理专用处方粮	卡里布拉兽医专家系列猫泌尿道处方粮
			通用名称	猫配合饲料 Cat Compound Feed	全价宠物食品猫处方粮 Pet Compound Feed for Cat Veterinary Diets
			产品类别	配合饲料 Compound Feed	宠物配合饲料 Pet Compound Feed

（续）

登记证号	商品名称	通用名称	变更内容	原名称	变更名称
（2018）外饲准字 280 号	营养专家系列多动犬专用功能粮（鸡肉、大米） Calibra Expert Nutrition Mobility Chicken & Rice	犬配合饲料 Dog Compound Feed	中文商品名称	营养专家系列多动犬专用功能粮（鸡肉、大米）	卡里布拉特级营养专家系列健骨粮（鸡肉 & 大米配方）
			通用名称	犬配合饲料 Dog Compound Feed	全价宠物食品成年期犬粮 Pet Compound Feed for Adult Dog
			产品类别	配合饲料 Compound Feed	宠物配合饲料 Pet Compound Feed
（2018）外饲准字 281 号	低致敏系列大型品种犬成年犬专用粮（鸡肉、大米） Calibra Hypoallergenic Adult Large Breed Chicken & Rice	犬配合饲料 Dog Compound Feed	中文商品名称	低致敏系列大型品种犬成年犬专用粮（鸡肉、大米）	卡里布拉特级低敏系列大型成犬粮（鸡肉 & 大米配方）
			通用名称	犬配合饲料 Dog Compound Feed	全价宠物食品大型犬成年期犬粮 Pet Compound Feed for Adult Large Breed Dog
			产品类别	配合饲料 Compound Feed	宠物配合饲料 Pet Compound Feed
（2018）外饲准字 282 号	低致敏系列中型品种犬成年犬专用粮（鸡肉、大米） Calibra Hypoallergenic Adult Medium Breed Chicken & Rice	犬配合饲料 Dog Compound Feed	中文商品名称	低致敏系列中型品种犬成年犬专用粮（鸡肉、大米）	卡里布拉特级低敏系列中型成犬粮（鸡肉 & 大米配方）
			通用名称	犬配合饲料 Dog Compound Feed	全价宠物食品中型犬成年期犬粮 Pet Compound Feed for Adult Medium Breed Dog
			产品类别	配合饲料 Compound Feed	宠物配合饲料 Pet Compound Feed
（2018）外饲准字 283 号	低致敏系列小型品种犬成年犬专用粮（鸡肉、大米） Calibra Hypoallergenic Adult Small Breed Chicken & Rice	犬配合饲料 Dog Compound Feed	中文商品名称	低致敏系列小型品种犬成年犬专用粮（鸡肉、大米）	卡里布拉特级低敏系列小型成犬粮（鸡肉 & 大米配方）
			通用名称	犬配合饲料 Dog Compound Feed	全价宠物食品小型犬成年期犬粮 Pet Compound Feed for Adult Small Breed Dog
			产品类别	配合饲料 Compound Feed	宠物配合饲料 Pet Compound Feed
（2018）外饲准字 284 号	低致敏系列大型品种犬幼犬专用粮（鸡肉、大米） Calibra Hypoallergenic Junior Large Breed Chicken & Rice	犬配合饲料 Dog Compound Feed	中文商品名称	低致敏系列大型品种犬幼犬专用粮（鸡肉、大米）	卡里布拉特级低敏系列大型幼犬粮（鸡肉 & 大米配方）
			通用名称	犬配合饲料 Dog Compound Feed	全价宠物食品大型犬幼年期犬粮 Pet Compound Feed for Junior Large Breed Dog
			产品类别	配合饲料 Compound Feed	宠物配合饲料 Pet Compound Feed

（续）

登记证号	商品名称	通用名称	变更内容	原名称	变更名称
（2018）外饲准字 310 号	低致敏系列中型品种犬幼犬专用粮（鸡肉、大米） Calibra Hypoallergenic Junior Medium Breed Chicken & Rice	犬配合饲料 Dog Compound Feed	中文商品名称	低致敏系列中型品种犬幼犬专用粮（鸡肉、大米）	卡里布拉特级低敏系列中型幼犬粮（鸡肉 & 大米配方）
			通用名称	犬配合饲料 Dog Compound Feed	全价宠物食品中型犬幼年期犬粮 Pet Compound Feed for Junior Medium Breed Dog
			产品类别	配合饲料 Compound Feed	宠物配合饲料 Pet Compound Feed
（2018）外饲准字 311 号	低致敏系列中型 / 大型品种犬老年犬专用粮（鸡肉、大米） Calibra Hypoallergenic Senior Medium&Large Breed Chicken & Rice	犬配合饲料 Dog Compound Feed	中文商品名称	低致敏系列中型 / 大型品种犬老年犬专用粮（鸡肉、大米）	卡里布拉特级低敏系列中 / 大型老年犬粮（鸡肉 & 大米配方）
			通用名称	犬配合饲料 Dog Compound Feed	全价宠物食品中 / 大型犬老年期犬粮 Pet Compound Feed for Senior Medium&Large Breed Dog
			产品类别	配合饲料 Compound Feed	宠物配合饲料 Pet Compound Feed
（2018）外饲准字 312 号	低致敏系列新生犬专用粮（鸡肉、大米） Calibra Hypoallergenic Starter & Puppy Chicken & Rice	犬配合饲料 Dog Compound Feed	中文商品名称	低致敏系列新生犬专用粮（鸡肉、大米）	卡里布拉特级低敏系列奶糕（鸡肉 & 大米配方）
			通用名称	犬配合饲料 Dog Compound Feed	全价宠物食品哺乳期 / 妊娠期 / 幼年期犬粮 Pet Compound Feed for Lactation Period / Gestation Period/ Puppy
			产品类别	配合饲料 Compound Feed	宠物配合饲料 Pet Compound Feed
（2018）外饲准字 313 号	低致敏系列成年猫专用粮（鸡肉、大米） Calibra Hypoallergenic Adult Chicken & Rice	猫配合饲料 Cat Compound Feed	中文商品名称	低致敏系列成年猫专用粮（鸡肉、大米）	卡里布拉特级低敏系列成猫粮（鸡肉 & 大米配方）
			通用名称	猫配合饲料 Cat Compound Feed	全价宠物食品成年期猫粮 Pet Compound Feed for Adult Cat
			产品类别	配合饲料 Compound Feed	宠物配合饲料 Pet Compound Feed
（2018）外饲准字 314 号	低致敏系列幼年猫专用粮（鸡肉、大米） Calibra Hypoallergenic Kitten Chicken & Rice	猫配合饲料 Cat Compound Feed	中文商品名称	低致敏系列幼年猫专用粮（鸡肉、大米）	卡里布拉特级低敏系列幼猫粮（鸡肉 & 大米配方）
			通用名称	猫配合饲料 Cat Compound Feed	全价宠物食品幼年期猫粮 Pet Compound Feed for Kitten
			产品类别	配合饲料 Compound Feed	宠物配合饲料 Pet Compound Feed

（续）

登记证号	商品名称	通用名称	变更内容	原名称	变更名称
（2018）外饲准字 315 号	特级无谷系列小型 / 中型品种犬成年犬专用粮（三文鱼、土豆）Calibra Grain Free Adult Small & Medium Breed Salmon & Potato	犬配合饲料 Dog Compound Feed	中文商品名称	特级无谷系列小型 / 中型品种犬成年犬专用粮（三文鱼、土豆）	卡里布拉特级无谷系列小 / 中型成犬粮（三文鱼 & 土豆配方）
			通用名称	犬配合饲料 Dog Compound Feed	全价宠物食品小 / 中型犬成年期犬粮 Pet Compound Feed for Adult Small & Medium Breed Dog
			产品类别	配合饲料 Compound Feed	宠物配合饲料 Pet Compound Feed
（2018）外饲准字 316 号	特级无谷系列小型品种犬成年犬专用粮（鸭肉、土豆）Calibra Grain Free Adult Small Breed Duck & Potato	犬配合饲料 Dog Compound Feed	中文商品名称	特级无谷系列小型品种犬成年犬专用粮（鸭肉、土豆）	卡里布拉特级无谷系列小型成犬粮（鸭肉 & 土豆配方）
			通用名称	犬配合饲料 Dog Compound Feed	全价宠物食品小型犬成年期犬粮 Pet Compound Feed for Small Breed Dog
			产品类别	配合饲料 Compound Feed	宠物配合饲料 Pet Compound Feed
（2018）外饲准字 317 号	特级无谷系列贵族品种猫成年猫专用粮（鸡肉、土豆）Calibra Grain Free Adult Superior Chicken & Potato	猫配合饲料 Cat Compound Feed	中文商品名称	特级无谷系列贵族品种猫成年猫专用粮（鸡肉、土豆）	卡里布拉特级无谷系列至臻成猫粮（鸡肉 & 土豆配方）
			通用名称	猫配合饲料 Cat Compound Feed	全价宠物食品成年期猫粮 Pet Compound Feed for Adult Cat
			产品类别	配合饲料 Compound Feed	宠物配合饲料 Pet Compound Feed
（2018）号	特级无谷系列敏感体质猫成年猫专用粮（三文鱼、土豆）Calibra Grain Free Sensitive Salmon & Potato 外饲准字 318	猫配合饲料 Cat Compound Feed	中文商品名称	特级无谷系列敏感体质猫成年猫专用粮（三文鱼、土豆）	卡里布拉特级无谷系列敏感体质猫粮（三文鱼 & 土豆配方）
			通用名称	猫配合饲料 Cat Compound Feed	全价宠物食品成年期猫粮 Pet Compound Feed for Adult Cat
			产品类别	配合饲料 Compound Feed	宠物配合饲料 Pet Compound Feed
（2018）外饲准字 319 号	营养专家系列室内猫成年猫专用功能粮（鸭肉、大米）Calibra Expert Nutrition House Cat Duck & Rice	猫配合饲料 Cat Compound Feed	中文商品名称	营养专家系列室内猫成年猫专用功能粮（鸭肉、大米）	卡里布拉特级营养专家系列家猫粮（鸭肉 & 大米配方）
			通用名称	猫配合饲料 Cat Compound Feed	全价宠物食品成年期猫粮 Pet Compound Feed for Adult Cat
			产品类别	配合饲料 Compound Feed	宠物配合饲料 Pet Compound Feed

（续）

登记证号	商品名称	通用名称	变更内容	原名称	变更名称
（2017）外饲准字 352 号	索麦 SOLMAX®	混合型饲料添加剂 甘油脂肪酸酯 Feed Additives Mixture Glycerine Fatty Acid Ester	生产厂家名称	日新唯尔斯有限公司 ILSHIINWELLS CO.,LTD, Korea	日新唯尔斯有限公司 ILSHINWELLS CO.,LTD, Korea
			申请企业名称	日新唯尔斯有限公司 ILSHIINWELLS CO.,LTD, Korea	日新唯尔斯有限公司 ILSHINWELLS CO.,LTD, Korea
（2018）外饲准字 244 号	优而乐 NEUOLAC	犬维生素预混合饲料 Dog Vitamin Premix	生产厂家名称	新加坡威发药业（新）私人有限公司 Vetpharm Laboratories（S）Pte. Ltd, Singapore	新加坡威发药业有限公司 Vetpharm Laboratories（S）Pte. Ltd., Singapore
			申请企业名称	新加坡威发药业（新）私人有限公司 Vetpharm Laboratories（S）Pte. Ltd, Singapore	新加坡威发药业有限公司 Vetpharm Laboratories（S）Pte. Ltd., Singapore
（2018）外饲准字 269 号	菜籽粕 Rapeseed Meal	菜籽粕 Canola Meal	生产厂家名称	巴基斯坦 Ayesha Solvent Plant Private Limited Ayesha Solvent Plant Private Limited, Pakistan	巴基斯坦 Unity Foods Limited 公司 Unity Foods Limited., Pakistan
			申请企业名称	巴基斯坦 Ayesha Solvent Plant Private Limited Ayesha Solvent Plant Private Limited, Pakistan	巴基斯坦 Unity Foods Limited 公司 Unity Foods Limited., Pakistan
（2018）外饲准字 270 号	菜籽粕（加拿大菜籽） Canola Meal（Canadian Seed）	菜籽粕 Canola Meal	生产厂家名称	巴基斯坦 Ayesha Solvent Plant Private Limited Ayesha Solvent Plant Private Limited, Pakistan	巴基斯坦 Unity Foods Limited 公司 Unity Foods Limited., Pakistan
			申请企业名称	巴基斯坦 Ayesha Solvent Plant Private Limited Ayesha Solvent Plant Private Limited, Pakistan	巴基斯坦 Unity Foods Limited 公司 Unity Foods Limited., Pakistan
（2016）外饲准字 061 号	鳌普美 铜 15% Optimin Copper 15%	氨基酸铜络合物 Copper Amino Acid Complex	生产厂家名称	美国 FIEDLER ENTERPRISES INC DBA GREAT PLAINS PROCESSING 公司 FIEDLER ENTERPRISES INC DBA GREAT PLAINS PROCESSING, USA	美国 GPP INC DBA GREAT PLAINS PROCESSING 公司 GPP INC DBA GREAT PLAINS PROCESSING, USA
			申请企业名称	美国 FIEDLER ENTERPRISES INC DBA GREAT PLAINS PROCESSING 公司 FIEDLER ENTERPRISES INC DBA GREAT PLAINS PROCESSING, USA	美国 GPP INC DBA GREAT PLAINS PROCESSING 公司 GPP INC DBA GREAT PLAINS PROCESSING, USA

（续）

登记证号	商品名称	通用名称	变更内容	原名称	变更名称
（2016）外饲准字 062 号	螯普美 铁 15% Optimin Iron 15%	氨基酸铁络合物 Iron Amino Acid Complex	生产厂家名称	美国 FIEDLER ENTERPRISES INC DBA GREAT PLAINS PROCESSING 公司 FIEDLER ENTERPRISES INC DBA GREAT PLAINS PROCESSING, USA	美国 GPP INC DBA GREAT PLAINS PROCESSING 公司 GPP INC DBA GREAT PLAINS PROCESSING, USA
			申请企业名称	美国 FIEDLER ENTERPRISES INC DBA GREAT PLAINS PROCESSING 公司 FIEDLER ENTERPRISES INC DBA GREAT PLAINS PROCESSING, USA	美国 GPP INC DBA GREAT PLAINS PROCESSING 公司 GPP INC DBA GREAT PLAINS PROCESSING, USA
（2016）外饲准字 063 号	螯普美 锰 15% Optimin Manganese 15%	氨基酸锰络合物 Manganese Amino Acid Complex	生产厂家名称	美国 FIEDLER ENTERPRISES INC DBA GREAT PLAINS PROCESSING 公司 FIEDLER ENTERPRISES INC DBA GREAT PLAINS PROCESSING, USA	美国 GPP INC DBA GREAT PLAINS PROCESSING 公司 GPP INC DBA GREAT PLAINS PROCESSING, USA
			申请企业名称	美国 FIEDLER ENTERPRISES INC DBA GREAT PLAINS PROCESSING 公司 FIEDLER ENTERPRISES INC DBA GREAT PLAINS PROCESSING, USA	美国 GPP INC DBA GREAT PLAINS PROCESSING 公司 GPP INC DBA GREAT PLAINS PROCESSING, USA
（2016）外饲准字 060 号	螯普美 锌 15% Optimin Zinc 15%	氨基酸锌络合物 Zinc Amino Acid Complex	生产厂家名称	美国 FIEDLER ENTERPRISES INC DBA GREAT PLAINS PROCESSING 公司 FIEDLER ENTERPRISES INC DBA GREAT PLAINS PROCESSING, USA	美国 GPP INC DBA GREAT PLAINS PROCESSING 公司 GPP INC DBA GREAT PLAINS PROCESSING, USA
			申请企业名称	美国 FIEDLER ENTERPRISES INC DBA GREAT PLAINS PROCESSING 公司 FIEDLER ENTERPRISES INC DBA GREAT PLAINS PROCESSING, USA	美国 GPP INC DBA GREAT PLAINS PROCESSING 公司 GPP INC DBA GREAT PLAINS PROCESSING, USA
（2015）外饲准字 250 号	保卫菌 B-Act	混合型饲料添加剂 地衣芽孢杆菌 Feed Additives Mixture Bacillus licheniformis	中外文商品名称	保卫菌 B-Act	保卫菌 500 B-Act 500
（2018）外饲准字 412 号	泰瑞宝 – 液体 Mix-Oil Liquid	混合型饲料添加剂 香味物质 Feed Additives Mixture Flavouring Substances	中文商品名称	泰瑞宝 – 液体	六油精 – 液体
（2018）外饲准字 411 号	泰瑞宝 – 粉体 Mix-Oil Powder	混合型饲料添加剂 香味物质 Feed Additives Mixture Flavouring Substances	中文商品名称	泰瑞宝 – 粉体	六油精 – 粉体

（续）

登记证号	商品名称	通用名称	变更内容	原名称	变更名称
（2018）外饲准字 394 号	过瘤胃赖氨酸 AjiPro-L	饲料添加剂 L- 赖氨酸盐酸盐 Feed Additives L- Lysine Monohydrochloride	生产厂家名称	味之素（美国）哈特兰德公司（工厂） AJINOMOTO HEARTLAND, INC（PLANT）	味之素动物营养北美公司（工厂） Ajinomoto Animal Nutrition North America, Inc.（Plant）
			申请企业名称	味之素（美国）哈特兰德公司（总公司） AJINOMOTO HEARTLAND, INC（HEAD OFFICE），USA	味之素动物营养北美公司（总公司） Ajinomoto Animal Nutrition North America, Inc.（Head Office）
（2017）外饲准字 019 号	露康定红 NXT Lucantin Red NXT	β，β- 胡萝卜素 -4，4- 二酮（斑蝥黄） β，β-Carotene-4, 4-Diketone（Canthaxanthin）	产品中外文商品名称	露康定红 NX Lucantin Red NXT	露康定红 10% NXT Lucantin Red 10% NXT
（2018）外饲准字 470 号	多产素 Multi Mix	混合型饲料添加剂 维生素 矿物元素 Feed Additives Mixture Vitamins Minerals	申请企业名称	台湾新健南股份有限公司 Taiwan Xinjiannan Co.,Ltd.	台湾新健南股份有限公司 GOLDEN JOHN ENTERPRISE INC.
			生产厂家名称	台湾新健南股份有限公司 Taiwan Xinjiannan Co.,Ltd.	台湾新健南股份有限公司 GOLDEN JOHN ENTERPRISE INC.
			生产地址名称	云林县褒忠乡新湖村新湖路 100 号 No. 100 new Lake Road in the new Lake Village of Yunlin County Baozhong Township, Taiwan	云林县褒忠乡新湖村新湖路 100 号 #100 Xinhu Rd., Xinhu Village, Baozhong Xiang, Yunlin County
（2016）外饲准字 033 号	克补®软膏 Nutri Plus Gel	混合性饲料添加剂 维生素 矿物质元素 Feed Additives Mixture Vitamins Minerals	通用名称	混合性饲料添加剂 维生素 矿物质元素 Feed Additives Mixture Vitamins Minerals	宠物添加剂预混合饲料 Pet Feed Additive Premix
			产品类别	混合性饲料添加剂 Feed Additives Mixture	宠物添加剂预混合饲料 Pet Feed Additive Premix

科学评审　助力行业绿色发展

——全国饲料评审委员会2018主要工作

2018年，全国饲料评审委员会（以下简称“评审委”）以绿色发展为导向，紧密围绕部中心任务和行业重点工作，以“优供给、强安全、保生态”为宗旨，科学公正公平开展新饲料技术评审，积极参与行业法规制度建设，充分发挥技术支撑作用。

一、科学开展新饲料评审工作

严格按照新产品评审流程，科学开展评审工作。全年组织召开专家评审会6次，对15个（次）产品进行了评审，2个产品通过材料评审进入质量复核程序，2个产品通过扩大适用范围评审。创新工作方式，着力加强行政许可事前服务，对富马酸锌等多项新饲料添加剂产品开展申报咨询研讨，给企业新产品申报提出合理化意见和建议，提高新饲料行政许可效率。落实“放管服”新要求，开展行政许可改革事项调研，研究提出饲料评审和许可改革思路和建议。

二、完善行业配套规章

根据行业实际生产需要，保持对《饲料原料目录》《饲料添加剂品种目录》的动态更新。对海滨锦葵根粉饲料原料增补等目录修订意见进行全面评价，科学提出修订意见。启动第三批《饲料添加剂安全使用规范》编制工作。

三、加强基础技术研究

为进一步健全饲料评审及评价技术规程体系建，开展欧盟饲料许可及评价相关制度研究，对欧盟饲料和饲料添加剂法规动态进行跟踪，委托相关单位对欧盟技术指南进行翻译及解析，为饲料评审工作提供技术储备和支持。

四、加强法规宣贯培训

举办一期进口饲料和饲料添加剂产品在华登记注册培训班，为进口产品和新产品申报提供技术指导服务，80余位国内外企业代表参加培训。为进一步加强评审能力建设，提高评审人员的理论与实践水平，组织召开饲料法规与评审技术培训班，从饲料法规体系、评审纪律要求、评审要点以及评价规程等方面对80余名评审与评价骨干人员进行系统培训。

（胡广东）

饲料质量监督与检测

为加强饲料质量安全监管，严厉打击饲料生产、经营和使用中的违法行为，规范饲料生产经营秩序，保障饲料和养殖产品安全，2018 年农业农村部制定并实施了《全国饲料质量安全监管工作方案》，采取指定对象、抽检分离、引入第三方检测的工作方式，在全国 30 个省（自治区、直辖市）开展了饲料产品监督抽检，对饲料产品质量卫生、禁限用药物和违禁物质等项目指标实施监测。现将结果通报如下。

一、监测结果

（一）饲料产品监测结果

2018 年共抽检各类饲料产品 7 424 批次，饲料产品总体合格率为 93.2%。其中，配合饲料 3 717 批次，合格率 92.5%；浓缩饲料 1 138 批次，合格率 90.5%；精料补充料 421 批次，合格率 96.9%；添加剂预混合饲料 1 133 批次，合格率 93.9%；饲料添加剂 383 批次，合格率 97.1%；混合型饲料添加剂 237 批次，合格率 94.9%；动物源性饲料原料 174 批次，合格率 92.5%；植物性饲料原料 168 批次，合格率 99.4%；其他饲料原料 46 批次，合格率 95.7%；宠物饲料 7 批次，合格率 100%。

（二）重要指标监测结果

针对不同产品性质特点，2018 年分别进行卫生指标和禁限用药物等指标的检测。其中，对 7 219 批次样品进行卫生指标检测，发现 178 批次不合格产品（见附件 1），不合格率 2.5%；对 5 286 批次样品进行禁限用药物指标检测，发现 118 批次不合格产品（见附件 2），不合格率 2.2%。

二、有关要求

从监测结果看，由于 2018 年采取双随机抽样检测，采样范围进一步扩大，检测指标大幅度增加，导致全国饲料产品抽检总体合格率有所降低，但饲料产品质量安全状况总体仍处于较好水平。从具体指标看，真菌毒素和重金属超标、超量使用药物饲料添加剂、违规添加禁用药物、产品质量控制不严等问题仍然存在。农业农村部要求各级畜牧兽医管理部门要高度重视饲料质量安全问题，落实属地管理责任，强化监管措施，督促企业依法依规生产，努力确保不出现重大质量安全事件。

一是按照《饲料和饲料添加剂管理条例》规定，严肃处理本通报中的不合格产品及其生产企业，于 2019 年 6 月 1 日前，将查处结果报农业农村部畜牧兽医局。

二是根据全国饲料质量安全监督抽检和地方抽检结果，对涉嫌售假冒伪劣产品、产品连续出现不合格情况的生产企业实施重点监控，建立“黑名单”制度；对抽检中发现问题的生产企业采取约谈、限期整改、行政处罚等措施，督促生产企业落实质量安全主体责任。

三是加大饲料生产企业日常巡查力度，以《饲料质量安全管理规范》实施情况为重点开展执法检查，对管理混乱、存在严重质量安全风险隐患的企业依法予以处罚。

附件：

1．2018 年饲料质量安全监督抽检不合格产品列表（卫生指标）

2．2018 年饲料质量安全监督抽检不合格产品列表（禁限用药物指标）

附件 1

2018 年饲料质量安全监督抽检不合格产品列表（卫生指标）

省市	生产企业	产品名称	不合格项目
北京	北京奇耀天成工贸有限公司	猪肉粉	沙门氏菌
		鸡肉粉	沙门氏菌
	北京科瑞饲料有限公司	商品猪浓缩饲料 6188H	铬
	北京市金海伟业生物饲料厂	猪用浓缩料 128	铬
天津	天津津门赛普科技有限公司	仔猪用浓缩饲料	总砷
河北	饶阳县新发饲料有限责任公司	103B 产蛋鸡配合饲料	铬
	石家庄昌鹌达饲料有限公司	鹌鹑配合饲料（产蛋期）	铬
	石家庄田牛正大牧业有限公司	产蛋鸡配合饲料	黄曲霉毒素 B_1
	衡水壬昊饲料有限公司	产蛋鸡配合饲料	铬
	辛集市昕富饲料有限公司	产蛋鸡高峰期配合饲料	黄曲霉毒素 B_1
			玉米赤霉烯酮
	石家庄坤升饲料有限公司	仔猪配合饲料	玉米赤霉烯酮
山西	临汾市八方通达饲料有限公司	雏鸡浓缩饲料 T211	黄曲霉毒素 B_1
	山西晋龙集团临汾饲料有限公司	产蛋鸡产蛋高峰期浓缩饲料 JL-126	铬
	山西万年青饲料有限公司	蛋鸡雏期配合饲料 621A	玉米赤霉烯酮
		蛋鸡产蛋期浓缩饲料 668	黄曲霉毒素 B_1
			伏马毒素
	运城市风陵渡北方饲料有限公司	553 大猪颗粒料	脱氧雪腐镰刀菌烯醇（呕吐毒素）
			玉米赤霉烯酮
	山西晋龙集团饲料有限公司	产蛋鸡产蛋高峰期浓缩饲料 JL-126	铬
	新绛县鑫龙饲料有限公司	蛋鸡浓缩饲料	铬
		蛋鸡产蛋期配合饲料	铬
	山西晋强牧业科技发展有限公司	特制产蛋鸡配合饲料	铬
	稷山县昌宏饲料养殖农民专业合作社	产蛋鸡全价饲料	铬
内蒙古	巴彦淖尔市蒙源生物科技有限公司	喷雾干燥血球蛋白粉	沙门氏菌
辽宁	辽宁神舟农牧发展集团有限公司	肉用仔鸡中期浓缩饲料	铬
	大连渤海饲料有限公司	鱼粉	铬
吉林	德惠市德佳牧业专业合作社	C3112 肉仔鸡中期配合饲料	铅
	吉林省金雨牧业科技有限公司	奶牛精料补充料 8810	脱氧雪腐镰刀菌烯醇（呕吐毒素）
	四平市久禾饲料有限公司	蛋鸡产蛋期浓缩饲料 738	铬
江苏	常州大江饲料有限公司	产蛋鸭高峰期配合饲料（845）	铬
		产蛋鸭高峰期配合饲料（533）	铬
	南通大正牧业有限公司	5% 蛋鸡育雏期复合预混料 YY61	铅
	溧阳市全盛生物科技有限公司	猪油渣	沙门氏菌
	江苏耀东饲料科技有限公司	猪油渣粉	沙门氏菌
	南通宝乐饲料有限公司	鸡油渣粉	铬

（续）

省市	生产企业	产品名称	不合格项目
江苏	徐州利民饲料科技有限公司	哺乳母猪配合饲料	脱氧雪腐镰刀菌烯醇（呕吐毒素）
			玉米赤霉烯酮
	连云港三江渔饲料有限公司	鲤鱼配合饲料 910	黄曲霉毒素 B_1
	江苏天福莱集团有限公司	淡水混养育成鱼配合饲料 6222S	黄曲霉毒素 B_1
		南美白对虾幼虾配合饲料　6010AΦ1.0	黄曲霉毒素 B_1
	连云港河海饲料有限公司	精养虾 1 号配合饲料	黄曲霉毒素 B_1
		友邦犊牛精料补充料 8810	黄曲霉毒素 B_1
	连云港市雨顺饲料有限公司	河蟹 2A 号颗粒配合饲料	黄曲霉毒素 B_1
		龙虾 0 号颗粒配合饲料	黄曲霉毒素 B_1
		南美白对虾 1 号颗粒配合饲料	黄曲霉毒素 B_1
	连云港韩德饲料有限公司	南美白对虾配合饲料	黄曲霉毒素 B_1
		龙虾配合饲料	黄曲霉毒素 B_1
		河蟹配合饲料（0 号料）	黄曲霉毒素 B_1
	连云港赣榆汇康牧业有限公司	鲤鱼配合饲料（083）	黄曲霉毒素 B_1
		淡水混养鱼配合饲料（042）	黄曲霉毒素 B_1
	江苏苏南饲料有限公司	淡水鱼膨化料 5#	黄曲霉毒素 B_1
		中华绒螯蟹配合饲料（蟹种饲料）3#	玉米赤霉烯酮
	常州市万叶饲料科技有限公司	虾蟹颗粒配合饲料 E2（620#）	黄曲霉毒素 B_1
	江苏盛大生物科技有限公司	淡水鱼膨化配合饲料 8083	黄曲霉毒素 B_1
		淡水鱼颗粒配合饲料 6081	黄曲霉毒素 B_1
		青鱼膨化配合饲料 9581	黄曲霉毒素 B_1
	江苏友辰饲料科技有限公司	蛋鸡产蛋期配合饲料	黄曲霉毒素 B_1
	常州市寨桥滆湖饲料有限公司	青鱼成鱼配合饲料 300#	黄曲霉毒素 B_1
	常州市灵丰饲料有限公司	河蟹配合饲料 8912	黄曲霉毒素 B_1
	宿迁中慧农牧科技有限公司	混养鱼配合饲料 042	玉米赤霉烯酮
	徐州海阔六和饲料有限公司	肉小鸡配合饲料 510	黄曲霉毒素 B_1
	徐州天意动物药业股份有限公司	混合型饲料添加剂 枯草芽孢杆菌＋酿酒酵母	总砷
	宜兴市天石饲料有限公司	氯化钠＋甜菜碱 90 型	重金属（以 Pb 计）
	徐州德诚饲料有限责任公司	仔猪配合饲料 552S	总砷
	徐州腾隆中慧饲料有限公司	乳猪配合饲料	伏马毒素
	连云港华兴饲料有限公司	南美白对虾配合饲料 818	黄曲霉毒素 B_1
		龙虾配合饲料（幼虾料）850–1	黄曲霉毒素 B_1
		河蟹配合饲料（幼蟹料）802	黄曲霉毒素 B_1
	徐州丰华饲料有限公司	仔猪配合饲料 952	玉米赤霉烯酮
			伏马毒素
安徽	阜阳九鼎饲料科技有限公司	高档猪用复合浓缩饲料	铬
	安徽极速时代动物营养有限公司	生长育肥猪浓缩饲料 育肥宝	铬

（续）

省市	生产企业	产品名称	不合格项目
山东	济南富田本富达饲料有限公司	肉中鸡配合饲料 511A（适用期 22~42 日龄）	铬
		肉中鸡配合饲料 511（适用期 22~42 日龄）	铬
	临沂市河东区众维饲料有限公司	猪肉粉	沙门氏菌
	临沂市河东区大通饲料有限公司	饲料级鸡肉粉	沙门氏菌
	山东华义玉米科技有限公司	饲料原料 玉米蛋白粉	玉米赤霉烯酮
	德州传奇饲料有限公司	仔猪配合饲料育肥 1 号	玉米赤霉烯酮
	平原翔宇饲料有限公司	蛋小鸡配合饲料 321 颗粒	黄曲霉毒素 B_1
	平原汇和农牧有限公司	生长肥育猪前期饲料	脱氧雪腐镰刀菌烯醇（呕吐毒素）
	德州大北农中慧饲料有限公司	杂交肉中鸡配合饲料	黄曲霉毒素 B_1
	山东阳谷华典饲料科技有限公司	鸡配合饲料 817–0 号	黄曲霉毒素 B_1
	莘县三磊饲料有限公司	1# 肉鸡颗粒配合饲料	铬
		0# 肉鸡颗粒配合饲料	铬
	莘县鑫利农生物科技有限公司	肉小鸡配合饲料 510	铬
		肉中鸡配合饲料 511	铬
		肉小鸭配合饲料 548	铬
	山东聊城昌立饲料科技有限公司	肉中鸭配合饲料 7011	黄曲霉毒素 B_1
		肉中鸭配合饲料 7012	黄曲霉毒素 B_1
	沂南民乐饲料有限公司	仔猪配合饲料	玉米赤霉烯酮
	临沂金迈农农业科技有限公司	肉中鸭配合饲料	黄曲霉毒素 B_1
	沂南天合饲料有限公司	肉仔猪配合饲料	玉米赤霉烯酮
	临沂济泰饲料有限公司	银狐颗粒配合饲料	黄曲霉毒素 B_1
		狐狸颗粒配合饲料	黄曲霉毒素 B_1
		蓝狐膨化配合饲料	黄曲霉毒素 B_1
		貉子颗粒配合饲料	黄曲霉毒素 B_1
		貉子膨化配合饲料	黄曲霉毒素 B_1
		貉子颗粒配合饲料	黄曲霉毒素 B_1
		银狐膨化配合饲料	黄曲霉毒素 B_1
	山东海牧生物科技有限公司	肉中鸡配合饲料	黄曲霉毒素 B_1
			玉米赤霉烯酮
		肉小鸡配合饲料	黄曲霉毒素 B_1
	青岛品品好粮油有限公司	花生粕	黄曲霉毒素 B_1
	青岛玖瑞大海跃饲料科技有限公司	南美白对虾配合饲料 3 号	黄曲霉毒素 B_1
		对虾配合饲料 1 号	黄曲霉毒素 B_1
	日照市福润德生物科技有限公司	肉小鸡配合饲料 510	黄曲霉毒素 B_1
	潍坊天合饲料有限公司嘉祥分公司	肉用仔鸡前期配合饲料（1011）	黄曲霉毒素 B_1
	山东京良饲料科技有限公司	肉小鹅配合饲料	黄曲霉毒素 B_1
	成武中慧饲料有限公司	生长育肥猪前期（小猪）配合饲料成长快乐 1 号	伏马毒素
		哺乳母猪配合饲料 557	伏马毒素

（续）

省市	生产企业	产品名称	不合格项目
山东	寿光天成饲料有限公司	肉小鸡配合饲料	黄曲霉毒素 B_1
		肉小鸭配合饲料	黄曲霉毒素 B_1
	泰安鸿运阳光饲料有限公司	552 仔猪配合饲料	玉米赤霉烯酮
	泰安盛基饲料有限公司	仔猪浓缩饲料	黄曲霉毒素 B_1
	东平吉利中慧饲料有限公司	草鱼大鱼料 562B	黄曲霉毒素 B_1
	山东海威生物科技有限公司	鲟鱼沉性膨化配合饲料	黄曲霉毒素 B_1
		大黄鱼配合饲料 608	黄曲霉毒素 B_1
			伏马毒素
		虾膨化配合饲料	黄曲霉毒素 B_1
河南	济源市农大饲料有限公司	仔猪前期配合饲料（6252）	黄曲霉毒素 B_1
	河南神州华帝生物科技有限公司	怀孕母猪配合饲料 556	脱氧雪腐镰刀菌烯醇（呕吐毒素）
	洛阳科鸣饲料有限公司	仔猪后期配合饲料 科鸣 552	黄曲霉毒素 B_1
	洛阳绿禾饲料有限公司	仔猪后期配合饲料 552	黄曲霉毒素 B_1
	偃师万事兴农牧有限公司	小猪配合饲料 552	黄曲霉毒素 B_1
	洛阳福状元饲料有限公司	乳猪配合饲料 550	玉米赤霉烯酮
	河南陈州华英禽业有限公司	肉用仔鸡后期配合饲料 513	黄曲霉毒素 B_1
		肉用仔鸡中期配合饲料 511	黄曲霉毒素 B_1
	周口恒昌饲料有限公司	肉鸡中期配合饲料	黄曲霉毒素 B_1
	汝州济生康生物技术有限公司	混合型饲料添加剂 L- 赖氨酸盐酸盐（Ⅰ型）	总砷
	河南巨龙生物工程股份有限公司	玉米蛋白粉	玉米赤霉烯酮
	南阳正大康地饲料有限公司	高档乳猪全价配合饲料（营养快线 550）	脱氧雪腐镰刀菌烯醇（呕吐毒素）
	南阳市牧黄金饲料有限公司	生长育肥猪前期配合饲料（552）	脱氧雪腐镰刀菌烯醇（呕吐毒素）
湖北	武汉万年青饲料有限公司	混养成鱼配合饲料	黄曲霉毒素 B_1
	湖北联裕生物科技有限公司	混养鱼配合饲料 830	黄曲霉毒素 B_1
	汉川市恒兴饲料有限公司	虾蟹混养配合饲料 8151	铬
广东	江门市新辉饲料厂有限公司	罗氏沼虾配合饲料（312 幼虾料）	黄曲霉毒素 B_1
	江门市新会区大同创业饲料有限公司	鱼配合饲料（903 快大罗非鱼料）	黄曲霉毒素 B_1
	江门市新会区大华饲料有限公司	对虾料	黄曲霉毒素 B_1
		虾配合饲料	黄曲霉毒素 B_1
	江门市新会区万华饲料有限公司	对虾配合饲料（斑节对虾 1 号）	黄曲霉毒素 B_1
		对虾配合饲料（斑节对虾 2 号）	黄曲霉毒素 B_1
		南美白对虾配合饲料 2 号料	黄曲霉毒素 B_1
	江门市绿源饲料有限公司	南美白对虾配合饲料 1 号料	黄曲霉毒素 B_1
		虾配合饲料 2 号料	黄曲霉毒素 B_1
		叉尾鮰鱼膨化配合饲料（333#）	黄曲霉毒素 B_1
	江门市新会新威饲料有限公司	罗氏沼虾配合饲料（幼虾 2 号料）	黄曲霉毒素 B_1
		南美白对虾配合饲料（幼虾 0 号料）	黄曲霉毒素 B_1
		罗氏沼虾配合饲料（幼虾 1 号料）	黄曲霉毒素 B_1

（续）

省市	生产企业	产品名称	不合格项目
广东	江门市海众饲料有限公司	南美白对虾配合饲料（幼虾 2 号料）	黄曲霉毒素 B_1
	江门市昊昌生物科技有限公司	鲮鱼颗粒配合饲料（431K 鲮鱼料）	黄曲霉毒素 B_1
	江门市江海区南强油脂有限公司	猪油渣（饲料用）	沙门氏菌
	台山市大北农水产科技有限公司	淡水鱼苗膨化配合饲料（神爽鱼宝宝 2#）	黄曲霉毒素 B_1
重庆	重庆大农科技集团有限公司	乳猪浓缩饲料－Ⅳ型	总砷
		仔猪配合饲料－Ⅰ型	黄曲霉毒素 B_1
	重庆市润德饲料有限公司	生长肥育猪配合饲料 806	总砷
	重庆川牧饲料有限公司	肉牛精料补充料 3609	黄曲霉毒素 B_1
	重庆大农科技集团有限公司	肉小鸭配合饲料－Ⅳ型	黄曲霉毒素 B_1
	重庆市正丰饲料厂	淡水鱼配合饲料	铬
	重庆今天饲料有限公司	生长猪配合饲料（小猪料）③	黄曲霉毒素 B_1
四川	宜宾力信饲料有限责任公司	仔猪配合饲料Ⅵ型力信 B	玉米赤霉烯酮
云南	云南瑞稼饲料有限公司	仔猪浓缩饲料 110S	铬
	云南省陆良县海丰饲料有限公司	海丰 –310S 仔猪前期配合饲料	玉米赤霉烯酮
	云南荣强饲料有限公司	肉用仔鸡后期配合饲料	铬
	昆明东方希望动物营养食品有限公司	肉用仔鸭中期配合饲料（831）	玉米赤霉烯酮
	昆明金广卫饲料加工有限公司	生长肥育猪前期颗粒配合饲料	玉米赤霉烯酮
		产蛋鹌鹑配合饲料	玉米赤霉烯酮
	云南佳仕达实业有限公司	生长肥育猪后期配合饲料（2005）	玉米赤霉烯酮
	大理双兴科技开发有限公司千村红饲料厂	奶牛泌乳期精料补充料Ⅲ型 6666	脱氧雪腐镰刀菌烯醇（呕吐毒素）
			玉米赤霉烯酮
陕西	陕西汉宝科技发展（集团）有限公司西安饲料分公司	肉杂小鸡配合饲料 818	铬
			铅
	西安永康饲料有限公司	肉仔鸡浓缩饲料 806A	铬
	泾阳科友饲料有限责任公司	产蛋鸡高峰期浓缩饲料 904	铬
	陕西三旺农牧有限公司	小猪配合饲料 113	脱氧雪腐镰刀菌烯醇（呕吐毒素）
	杨凌高远生物科技有限公司	产蛋鸡高峰期浓缩饲料 308	铬
	陕西三原中农希望饲料科技有限公司	生长育肥猪浓缩饲料 6088	铬
	西安市高陵区达利饲料有限公司	产蛋鸡浓缩饲料 504	铬
	杨凌佰世康牧业科技有限公司	泌乳牛浓缩饲料 –509	黄曲霉毒素 B_1
	陕西金科生物科技有限公司	肉用仔鸡前期配合饲料	铬
		蛋鸡产蛋期浓缩饲料	铬
	富平县天唯源农牧有限公司	产蛋鸡浓缩饲料 308	铬
		高产蛋鸡配合饲料 330	铬
		产蛋鸡浓缩饲料 305	铬
新疆	新疆嘉嘉旺饲料有限公司	乳猪配合饲料 500	总砷
		乳猪浓缩饲料 5400	总砷
	昌吉市昌鼎工贸有限公司	仔猪配合饲料 552	总砷

附件 2

2018 饲料质量安全监督抽检不合格产品列表（禁限用药物指标）

<table>
<tr><th>省市</th><th>生产企业</th><th>产品名称</th><th>不合格项目</th></tr>
<tr><td>北京</td><td>北京市金海伟业生物饲料厂</td><td>猪用浓缩料 128</td><td>金霉素</td></tr>
<tr><td rowspan="2">天津</td><td>天津爱利达科技有限公司</td><td>猪浓缩饲料 AS509</td><td>金霉素</td></tr>
<tr><td>天津市圆鼎饲料有限公司</td><td>仔猪浓缩饲料</td><td>金霉素</td></tr>
<tr><td>河北</td><td>深州金粮饲料科技有限公司</td><td>6010 犊牛精料补充料（Ⅰ型）</td><td>土霉素</td></tr>
<tr><td rowspan="3">山西</td><td>翼城县长汇农牧开发有限公司饲料分公司</td><td>猪浓缩饲料</td><td>喹乙醇</td></tr>
<tr><td>夏县起瑞农牧发展有限公司</td><td>生长猪浓缩饲料</td><td>金霉素</td></tr>
<tr><td>山西晋强牧业科技发展有限公司</td><td>生长育肥猪浓缩饲料</td><td>金霉素</td></tr>
<tr><td rowspan="11">辽宁</td><td rowspan="2">沈阳金米生物科技有限公司</td><td>貉生长期配合饲料（278S）</td><td>金霉素</td></tr>
<tr><td>貉生长期配合饲料</td><td>金霉素</td></tr>
<tr><td rowspan="2">沈阳市于洪区金大饲料厂</td><td>生长肥育猪浓缩饲料</td><td>喹烯酮</td></tr>
<tr><td>仔猪配合颗粒饲料</td><td>金霉素</td></tr>
<tr><td>沈阳市海德威牧业有限公司</td><td>貉配合饲料 9010</td><td>金霉素</td></tr>
<tr><td rowspan="2">铁岭九星集团饲料有限公司</td><td rowspan="2">仔猪浓缩饲料</td><td>金霉素</td></tr>
<tr><td>喹烯酮</td></tr>
<tr><td>沈阳泰尔兰牧业有限公司</td><td>大猪配合饲料</td><td>金霉素</td></tr>
<tr><td>锦州市添禾饲料厂</td><td>2005 产蛋鸡全价配合饲料</td><td>喹乙醇</td></tr>
<tr><td rowspan="2">沈阳市牧益饲料厂</td><td>狐生长期配合全价饲料 661</td><td>喹烯酮</td></tr>
<tr><td>貉生长期配合全价饲料 661</td><td>喹烯酮</td></tr>
<tr><td rowspan="7">吉林</td><td rowspan="2">长春市博微饲料厂</td><td>158–1 猪肥育期浓缩饲料</td><td>金霉素</td></tr>
<tr><td>H564 貉泌乳期配合膨化饲料</td><td>金霉素</td></tr>
<tr><td>吉林荣大牧业有限公司</td><td>肥猪美 H801 大猪浓缩料</td><td>喹烯酮</td></tr>
<tr><td rowspan="3">四平市久禾饲料有限公司</td><td rowspan="2">生长育肥猪浓缩饲料 8138</td><td>金霉素</td></tr>
<tr><td>喹烯酮</td></tr>
<tr><td>仔猪配合饲料 H2018</td><td>喹烯酮</td></tr>
<tr><td>四平市华泰饲料有限责任公司</td><td>KST–40 猪用浓缩饲料</td><td>喹烯酮</td></tr>
<tr><td rowspan="5">黑龙江</td><td>哈尔滨联诚饲料有限公司</td><td>犊牛羔羊精料补充料 7708</td><td>喹乙醇</td></tr>
<tr><td>哈尔滨市领先饲料有限公司</td><td>肉小鸡颗粒饲料 510</td><td>喹烯酮</td></tr>
<tr><td>黑龙江省三禾饲料有限公司</td><td>肉小鸡颗粒饲料 2 511</td><td>喹烯酮</td></tr>
<tr><td>哈尔滨鑫通胜牧业有限公司</td><td>肉小鸡配合饲料 3–510</td><td>喹乙醇</td></tr>
<tr><td>哈尔滨比利美英伟饲料有限公司</td><td>妊娠母猪配合饲料 GS–6–100</td><td>土霉素</td></tr>
<tr><td rowspan="3">江苏</td><td>徐州智信农牧科技有限公司</td><td>肉鸡中期配合饲料</td><td>喹烯酮</td></tr>
<tr><td>徐州海阔六和饲料有限公司</td><td>小猪配合饲料</td><td>金霉素</td></tr>
<tr><td>徐州腾隆中慧饲料有限公司</td><td>草鸡配合饲料</td><td>喹乙醇</td></tr>
<tr><td rowspan="2">安徽</td><td>安徽皇佳生物工程技术有限公司</td><td>肉用仔鸡中期配合饲料 511S</td><td>金霉素</td></tr>
<tr><td>安徽金牧饲料有限公司</td><td>中猪配合饲料猪场专用 2 号</td><td>喹烯酮</td></tr>
</table>

（续）

省市	生产企业	产品名称	不合格项目
安徽	安徽广大饲料有限公司	肉用仔鸡配合饲料 195	金霉素
	淮北骆驼神华饲料有限公司	仔猪配合饲料 骆驼 -112	金霉素
	安徽省淮北市富华饲料有限公司	仔猪前期配合饲料 551	金霉素
福建	福建光华天成饲料科技有限公司	哺乳母猪用浓缩饲料 -1226	土霉素
	福州天鹏饲料有限公司	肉鸭中期用配合饲料 882	喹烯酮
江西	南昌大佑农生物科技有限公司	乳猪教槽配合饲料	土霉素
山东	滨州和美绿色畜牧有限公司	怀孕母猪浓缩饲料	土霉素
	东营和美饲料有限公司	肉小鸭配合饲料（548）	金霉素
	德州传奇饲料有限公司	高档猪用浓缩饲料猪肥 -39	金霉素
			土霉素
	平原县庆丰饲料有限公司	中大猪浓缩饲料	土霉素
	平原汇和农牧有限公司	生长育肥猪浓缩饲料	土霉素
	乐陵市鑫浩饲料有限公司	中猪配合饲料	金霉素
		肉鹅 2# 配合饲料	土霉素
	山东盛大饲料有限公司	肉小鸭配合饲料（548）	金霉素
	莘县鑫利农生物科技有限公司	肉中鸡配合饲料 511	金霉素
		肉小鸭配合饲料 548	金霉素
	临沂宏牧饲料有限公司	猪配合饲料	金霉素
		哺乳母猪配合饲料	金霉素
	山东金红利饲料有限公司	妊娠母猪配合饲料	金霉素
	临沂吉旺达饲料有限公司	小猪配合饲料（2018 年 6 月 16 日）	金霉素
		小猪配合饲料（2018 年 6 月 20 日）	金霉素
		母兔配合饲料	金霉素
	日照汇丰如意饲料有限公司	小猪配合饲料	喹乙醇
	日照富基饲料有限公司	高档仔猪配合饲料	金霉素
		高档仔猪配合饲料	金霉素
	菏泽天普阳光饲料有限公司	小猪配合饲料（商品名称：552）	金霉素
		小猪配合饲料（商品名称：552A）	金霉素
	泰安新科饲料有限公司	高档育肥羊精补料 9300B	氯丙那林
		育肥牛精补料 8300	氯丙那林
	烟台东来宏盛饲料有限公司	156 高档母猪浓缩料	土霉素
河南	济源市金裕饲料有限公司	肉羊配合饲料（903）	金霉素
		种兔配合饲料（573）	金霉素
	洛阳福状元饲料有限公司	乳猪配合饲料 550	金霉素
	周口唐人神湘大骆驼饲料有限公司	猪用浓缩饲料 新一代骆驼 -800	金霉素
	周口永欣饲料有限公司	生长肥育猪配合饲料 313	金霉素
		生长肥育猪浓缩饲料 808	金霉素

（续）

省市	生产企业	产品名称	不合格项目
河南	周口恒昌饲料有限公司	肉鸡中期配合饲料	金霉素
		肉用仔鸡前期配合饲料	金霉素
	河南正辉饲料科技有限公司	草鱼配合饲料 231	喹烯酮
	南阳正大康地饲料有限公司	高档乳猪全价配合饲料（营养快线 550）	金霉素
	河南新联农饲料有限公司	生长肥育猪前期配合饲料 602	喹烯酮
湖北	武汉温氏畜禽有限公司	114 黄肉鸡料配合饲料	金霉素
		115 黄肥鸡料配合饲料	金霉素
湖南	长沙华普饲料有限公司	40% 乳猪浓缩饲料	土霉素
	湖南汇大生物饲料有限责任公司	乳猪配合饲料	金霉素
		仔猪配合饲料	金霉素
	浏阳市湘宏生物科技饲料有限公司	宝宝壮高级乳猪饲料	喹乙醇
	长沙湘如意生物科技有限公司	10% 小猪浓缩料 10312	喹烯酮
广东	佛山市华洋动物营养品有限公司	乳猪配合饲料（贝贝佳人工乳）	喹烯酮
		猪用配合饲料（宝宝乐 1100）	喹烯酮
	佛山市大智生物科技有限公司	A812 瘦肉型小猪配合饲料	金霉素
		A292 中鸡配合饲料	金霉素
		A312 瘦肉型小猪配合饲料	金霉素
	广州漓源饲料有限公司	中大鸭配合饲料（5497）	金霉素
	广州市得农饲料有限公司	瘦肉型小猪配合饲料 812	金霉素
	广东英维饲料有限公司	小猪配合饲料（332）	土霉素
	佛山市高明区温氏家禽有限公司	116 优质配合饲料	金霉素
		114 黄肉配合饲料	金霉素
	江门嘉年华饲料实业有限公司	肥鸭颗粒配合饲料（203 出口肥鸭料）	金霉素
	鹤山市广佛饲料有限公司	小鹅配合饲料（111）	金霉素
	鹤山市星威饲料有限公司	小猪配合饲料（300 瘦肉型小猪配合饲料）	喹烯酮
		肥猪配合饲料（星威 303 肥猪配合饲料）	喹烯酮
		怀孕母猪配合饲料（327 怀孕母猪配合饲料）	土霉素
			喹烯酮
	开平市顺昌饲料实业有限公司	281 小鹅料	金霉素
		205 中鹅料	金霉素
	佛山市顺德区喜德宝企业有限公司	强化大猪配合饲料（3355）	喹烯酮
广西	广西防城港岳泰股份有限公司	生长肥育猪粉状浓缩饲料 岳泰 998	喹烯酮
重庆	重庆大农科技集团有限公司	肉小鸭配合饲料 – Ⅳ型	金霉素
	重庆市正丰饲料厂	淡水鱼配合饲料	金霉素
	重庆金来饲料有限公司	金来 311 仔猪配合饲料	金霉素
	重庆全自博饲料有限公司	肉小鸭配合饲料 全自博 310	金霉素
贵州	贵州鑫瑞农业科技发展有限公司	乳猪浓缩饲料	金霉素

（续）

省市	生产企业	产品名称	不合格项目
贵州	贵州华龙饲料有限公司	乳猪浓缩饲料	喹乙醇
	贵阳龙凤胎饲料有限公司	膨化乳猪配合饲料	金霉素
		肉鸡浓缩饲料	金霉素
	贵州省顺民饲料有限公司	仔猪前期配合饲料	金霉素
陕西	杨凌科旺牧业科技有限公司	肉杂鸡后期浓缩饲料 212	金霉素
	陕西正大有限公司	151 育肥猪浓缩饲料	金霉素
	西安市百富饲料有限公司	肉仔鸡配合饲料 301	喹烯酮
	西安市高陵区达利饲料有限公司	产蛋后备鸡配合（颗粒）饲料 101	金霉素
	汉中市沣钰农业发展有限公司	丰育 生长育肥猪浓缩饲料 929	喹烯酮
	宝鸡智慧饲料有限公司	生长肥育猪浓缩饲料 938	金霉素
甘肃	武威铁骑力士饲料有限公司	仔猪前期配合饲料	喹乙醇
	武威新正大饲料有限公司	小猪配合饲料	喹乙醇
	武威金康地饲料有限责任公司	仔猪配合饲料	金霉素
		肉鸡浓缩饲料	金霉素
	新疆天康饲料科技有限公司武威分公司	仔猪配合饲料	金霉素
			喹乙醇
	武威昌荣饲料有限公司	育成鸡浓缩饲料	金霉素

（樊　霞　李　俊）

信息化平台建设与饲料统计监测

按照农业农村部，关于落实畜牧行业“监管监测一体化，精准监测”的总部署，自2018年2月1日正式开始全面施行饲料工业统计全覆盖监测工作一年多来，在农业农村部畜牧业司、总站、协会领导的指导下，在信息中心的努力推进下，在各省饲料管理部门的大力支持和配合下，全口径统计工作取得了较好的进展和成效。

一、《全国饲料工业统计调查制度》与工作流程优化

1. 关于新修订《全国饲料工业统计调查制度》(以下简称《调查制度》)背景

新修订《调查制度》以2015—2016年《全国饲料工业统计报表制度》为基础，按照《农业部办公厅关于饲料和饲料添加剂生产许可证核发范围和标示方法的通知》(农办牧〔2012〕42号)的规定，结合征求相关省级单位、企业、专家建议，完成修订的2017—2018年《报表制度》以及现行2019—2021年《全国饲料工业统计调查制度》。《调查制度》共12张报表，2 133个指标，统计频度：月报、辅以年报（表1）。

表1　2019—2021《年全国饲料工业统计调查制度》报表目录

表　号	表　名	报告期别	填报范围	报送单位	报送日期及方式	指标数
饲综11表	综合年报表	年报	饲料、饲料添加剂、单一饲料、饲料机械生产单位	各级饲料管理部门	次年1月31日前，通过中国饲料工业统计信息系统报送	495
饲综12表	集团年报表	年报	饲料、饲料添加剂、单一饲料、饲料机械生产单位	集团企业总部	次年1月31日前，通过中国饲料工业统计信息系统报送	485
饲基11表	配合饲料、浓缩饲料、添加剂预混合饲料基层年报表	年报	配合饲料、浓缩饲料、添加剂预混合饲料生产单位	配合饲料、浓缩饲料、添加剂预混合饲料生产单位	次年1月15日前，通过中国饲料工业统计信息系统报送	272
饲基11表——宠物饲料	宠物饲料基层年报表	年报	宠物饲料生产单位	宠物饲料生产单位	次年1月15日前，通过中国饲料工业统计信息系统报送	49
饲基12表	饲料添加剂和混合型饲料添加剂基层年报表	年报	饲料添加剂和混合型饲料添加剂生产单位	饲料添加剂和混合型饲料添加剂生产单位	次年1月15日前，通过中国饲料工业统计信息系统报送	72
饲基13表	单一饲料基层年报表	年报	单一饲料生产单位	单一饲料生产单位	次年1月15日前，通过中国饲料工业统计信息系统报送	120
饲基14表	饲料机械基层年报表	年报	饲料机械生产单位	饲料机械生产单位	次年1月15日前，通过中国饲料工业统计信息系统报送	24

（续）

表　号	表　名	报告期别	填报范围	报送单位	报送日期及方式	指标数
饲基 31 表	配合饲料、浓缩饲料、添加剂预混合饲料基层月报表	月报	配合饲料、浓缩饲料、添加剂预混合饲料生产单位	配合饲料、浓缩饲料、添加剂预混合饲料生产单位	次月初 3 个工作日内，通过中国饲料工业统计信息系统报送	282
饲基 31 表——宠物饲料	宠物饲料基层月报表	月报	宠物饲料生产单位	宠物饲料生产单位	次月初 3 个工作日内，通过中国饲料工业统计信息系统报送	45
饲基 32 表	饲料添加剂和混合型饲料添加剂基层月报表	月报	饲料添加剂和混合型饲料添加剂生产单位	饲料添加剂和混合型饲料添加剂生产单位	次月初 3 个工作日内，通过中国饲料工业统计信息系统报送	142
饲基 33 表	单一饲料基层月报表	月报	单一饲料生产单位	单一饲料生产单位	次月初 3 个工作日内，通过中国饲料工业统计信息系统报送	130
饲基 34 表	饲料机械基层月报表	月报	饲料机械生产单位	饲料机械生产单位	次月初 3 个工作日内，通过中国饲料工业统计信息系统报送	17

2. 对统计系统进行了重新构建

在此次系统整合构建的过程中，饲料统计系统与饲料和饲料添加剂生产许可系统进行了数据对接，实现了将所有监管对象纳入监测范围，为政策调整和制定提供最准确、最全面的基础性数据，也为将来实现数据资源共享打基础。

3. 工作流程的优化

在行政管理方面，对原有的统计报送机制进行了改革，饲料行业管理部门只负责催报，核数和用数。回归到以管理为主上来，提高行政管理的效能。

在企业运行方面，明确报表完全由企业填报，企业对自身的生产、储运、销售等进行全面的信息化，让企业全面履行报表填报的主体责任，从而对企业的完全信息化管理也提出了要求，最大限度地发挥信息对产业发展的引导作用，从而不断提升行业企业的管理水平。

4. 在数据审核方面，按照县级、市级、省级、部级等四级逐级审核的工作机制

行业管理与企业互动方面，要求所有企业按时、认真填报数据；管理部门要认真把关与核查。

目前，全覆盖统计监测工作已经形成了以《全国饲料工业统计调查制度》为依据，以中国饲料工业信息系统新为平台，以饲料和饲料添加剂生产许可证为门槛，从上到下一支完整的饲料统计监测队伍，实现了完整、规范的中国饲料工业监测体系，实现凡监管即监测，监管监测一体化的总体目标。

二、饲料全覆盖统计监测基础工作进展

新系统实现的功能。新系统自 2017 年 11 月份上线以来，通过不断地功能完善，已实现报表上报、报表审核、数据导出；可以清晰的统计各类型饲料企业数量、报表数量、许可证数量；产品产量、产值、原料采购、消费、库存、产品价格情况；导出未报企业名单；短信催报；统计集团企业及各下属分子公司数量、产量等功能。

许可证对接情况。截至 2018 年 12 月，新系统对接导入许可证共 14 853 条（有效期内），涉及企业 12 059 家。

企业登陆情况。截至 2018 年 12 月，新系统已登陆企业 11 580 家（包括饲料生产企业、添加剂生产企业、单一饲料生产企业），占全部企业数量 12 059 家的 96%。

报表上报情况。2018 年企业平均上报率 89%。其中，饲基 31 表平均上报率 91%、饲基 32 表上报率 88%、饲基 33 表上报率 86%。未报企业占 11%（包含许可证有限但停产、半停产等状态企业）。

全口径与点调统计的对比。饲料全口径与之前的饲料统计相比，一是全面摸底饲料企业数量；二是建立集团企业和其下属分公司的联系，记录饲料产业规模化进程，龙头企业发展趋势等；三是更精确统计饲料产量、产品结构、部分饲料原料的变化；四是细致掌握饲料行业月度运行情况，为预测预警后市，提供更有力的支持；五是以统计工作推动监管工作。

三、全覆盖饲料统计监测企业及报表上报情况

1. 企业上报情况

2018 年，全国平均上报企业 10 747 家，占全部企业的 89%。其中，饲料加工企业（饲基 31 表）平均上报率 90.7%；饲料添加剂企业（饲基 32 表）平均上报率 88%；单一饲料（饲基 33 表）平均上报率 86%（表 2）。

表 2　2018 年 1 ~ 12 月饲料企业上报情况

项 目	已报企业（个）	占比（%）	饲料加工企业（饲基 31 表）		饲料添加剂（饲基 32 表）		单一饲料（饲基 33 表）	
			已报（个）	占比（%）	已报	占比（%）	已报	占比（%）
1 月	10 738	89.0	7 787	90.7	1 899	87.6	1 898	85.6
2 月	10 804	89.6	7 820	91.1	1 918	88.4	1 921	86.6
3 月	10 699	88.7	7 745	90.3	1 906	87.9	1 894	85.4
1 ~ 3 月平均	10 747	89.1	7 784	90.7	1 908	88.0	1 904	85.9

2. 报表上报情况

2018 年 1～12 月，饲料企业平均上报报表 11 600 张，报表平均上报率达 89%。其中，饲料加工企业（饲基 31 表）上报率最高，达 91%；饲料添加剂企业（饲基 32 表）平均上报率 88%；单一饲料（饲基 33 表）平均上报率 86%（表 3）。

表 3　2018 年 1 ~ 12 月全国饲料企业上报报表数量

地区	合计报表数量		饲料加工企业（饲基 31 表）		饲料添加剂（饲基 32 表）		单一饲料（饲基 33 表）	
	已报（个）	占比（%）	已报（个）	占比（%）	已报（个）	占比（%）	已报（个）	占比（%）
1 月	11 588	89.2	7 787	90.7	1 899	87.6	1 898	85.6
2 月	11 663	89.8	7 820	91.1	1 918	88.4	1 921	86.6
3 月	11 548	88.9	7 745	90.3	1 906	87.9	1 894	85.4
1 ~ 3 月平均	11 600	89.3	7 784	90.7	1 908	88.0	1 904	85.9

3. 75% 企业按照报表规定时间上报

以次月前 3 个工作日内上报为标准，衡量企业上报及时性。除去受春节假期影响的 1 月的报表上报情况，其他月份企业上报及时率在 75% 左右。以 3 月为例，3 个工作日内饲基 31 表上报及时率 76%，饲基 32 表及时率 78%，饲基 33 表及时率 74%。

四、统计监测工作存在的问题

饲料全口径推行以来总体情况良好，但仍存在很多问题亟待解决。最根本的问题是观念理念的转变。需要想办法找方法提高全行业对饲料统计监测这项基础性工作的重视度，从观念上认知到数据量化，精准监测对行业监管和发展的重要意义和价值。从报表报送质量和审核情况方面看：一是月度报表数据核查工作仍待强化，确保各项数据质量的提高。二是部分企业上报数据质量、完整性均待进一步提高。特别是饲料总产值和营业收入两项出入仍然较大；三是各省上报率还需再度提高，包括饲料机械企业的报送等，需要各级管理部门推进。从统计监测工作方面看，一是数据审核问题，数据审核不及时是最大的问题。统计系统的审核功能不完善，数据审核工作需要人工审核，审核工作时间较长等具体日常例行性工作问题。二是统计系统的问题和功能完善问题。系统仍存在不同功能模块数据不一致的问题。

五、如何推进统计监测工作的思考与建议

一是认真开展饲料统计监测工作，提高统计数据质量。继续优化饲料统计信息系统，加强统计数据核查力度，不断提升统计数据的准确性和及时性。二是加强调研和对各省的培训工作力度。培训力度包括新制度的理解、新系统的使用以及月度数据核查方法。举办新系统培训班和召开年度饲料生产形势分析会。三是尽快开展饲料统计工作量化评分评定体系，提高各级工作的的重视度和约束力。四是开展从部级到各省之间的统计数据实地交叉核查工作，通过核查等手段提高对统计工作的重视程度。建议定期清理统计工作发现的属实僵尸企业，便于更新科学评定上报率。五是加强调研和对疑问数据及当前行业关注的热点、新的变化趋势开展专题性调研，以便多角度更为深度的判断行业发展形势。六是充分挖掘统计数据价值，制定统计分析报告季度或年度公布机制，及时公布季度监测情况，把统计监测工作结果及时向行业反馈，提高行业管理部门、企业对统计工作的积极性和重视程度。

饲料行业技术支撑工作

2018 年，围绕饲料行业的技术服务和技术支撑重点做了以下工作。

一、组织开展 2018 中国饲料工业协会先进集体和先进个人评选活动

为配合国际合作、脱贫攻坚、创新驱动等重大国家发展战略，根据《关于开展 2018 中国饲料工业协会先进集体和先进个人评选活动的通知》［中饲协（饲）〔2018〕16 号］要求，本着公正、公平、公开的原则，分类制定评选细则，按照自愿申报、行业协会推荐、评奖单位资格审查、专家评审、秘书长办公会审核、公示公告的评选工作的工作程序，评选出了 30 家 2018 饲料行业扶贫工作先进集体、20 家“一带一路”国际合作先进饲料企业和 100 名 2018 全国饲料科技工作先进个人，进一步提高了我协会在行业中的影响力。

二、饲料生产许可技术服务工作

升级完善了“饲料和饲料添加剂生产许可管理信息和查询系统”；扩充了宠物饲料许可管理的有关内容。2018 年，全国通过系统共发放饲料生产许可证 3 636 个，其中浓配料 1 774 个，预混料 573 个，饲料添加剂 278 个，混合型饲料添加剂 448 个，单一饲料 563 个。宠物配合饲料 36 个，宠物预混合饲料 7 个。据初步统计，截至 2018 年年底，我国有饲料生产企业 12 175 家，其中浓配料 7 113 家，预混料 2 626 家，饲料添加剂 1 079 家，混合型饲料添加剂 1 338 家，单一饲料 2 185 家。

科技与推广

2018年，由四川农业大学陈代文教授主持完成的“猪抗病营养技术体系创建与应用”获国家科技进步二等奖，项目参加单位包括浙江大学、四川铁骑力士实业有限公司、新希望六和股份有限公司、通威股份有限公司、重庆优宝生物技术股份有限公司、福建傲农生物科技集团股份有限公司。长期以来，我国养猪业面临各种疫病的威胁和困扰，营养是动物生长和健康的物质基础，以提高抗病力为目标的动物营养理论和技术体系在国内外尚属空白。项目组在国际上率先提出“抗病营养”概念，通过营养技术改善猪抗病力，缓解疾病危害，减少生猪养殖用药，通过20年的研究与应用，实现了理论突破和技术创新。研究成果提出的“抗病营养”概念，在国际上首创基于营养-微生物-宿主互作、以营养与免疫为核心的猪抗病营养理论，率先构建了抗病营养研究范畴，围绕营养与肠道健康、病原性和饲料源性致病因子互作规律开展系统研究，从整体、组织、细胞及分子水平探明了营养的抗病功效及机制，揭示了营养-肠道微生物-宿主免疫之间的互作关系，构建了以肠道保健为关键、营养结构平衡为核心的抗病营养技术体系，包括免疫调控营养技术、肠道保健营养技术、抗应激营养技术、防霉抗霉营养技术、病原感染干预营养技术。定义营养结构新概念，发展了饲料配制和营养平衡技术。抗病营养技术成为当前禁抗减抗确保生猪健康的核心技术。项目获知识产权50件（其中国际发明专利7件、国内发明专利36件、国标1件）；出版专著及教材7部，发表论文227篇（其中SCI论文106篇），总被引2 109次；建立抗病营养参数51个，开发抗病饲料产品30个，获国家重点新产品1个；累计生产抗病饲料2 931万t，出栏生猪1 854万头，新增产值1 168.3亿元，利润72.9亿元；少用抗生素6 000t，少死亡猪200万头，少排粪污400万t，社会经济生态效益显著。

由中国农业科学院农业环境与可持续发展研究所董红敏研究员牵头完成的“畜禽粪便污染监测核算方法和减排增效关键技术研发与应用”获国家科技进步二等奖，项目参加单位包括江苏省农业科学院、华南农业大学、中国科学院生态环境研究中心、广东温氏食品集团股份有限公司、全国畜牧总站、农业农村部农业生态与资源保护总站。项目首创了我国畜禽粪便污染核算方法，创建了污水源头减量工艺，发明了污水沼液再生利用、堆肥臭气减排与氨氮回收利用关键技术与装备，集成创建了种养结合、清洁回用、集中处理3个系列的技术模式并大面积推广应用，为国家政策制定和重大行动实施提供了科技支撑。项目针对畜禽废弃物排放规律不明、监测核算方法处于空白、减排与利用技术效率低、经济适用模式缺乏，造成污染底数不清、大量粪便没有得到有效处理和利用，资源浪费和污染严重等影响农业绿色发展的难题，在国家科技攻关计划和科技支撑计划等项目的支持下，历经18年的持续攻关，在畜禽粪便污染监测核算方法、畜禽粪污处理利用减排增效关键技术和资源化利用典型模式等方面取得了创新性成果。创建了畜禽养殖污染核算方法，摸清污染底数和成因，积累了我国唯一粪便污染监测数据资源，建立了我国第一套畜禽养殖业污染物产生系数和排污系数，明确生猪和奶牛排放贡献大，成为治理的重点。突破粪污减量化、无害化和资源化关键技术，针对生猪和奶牛场污水量大且浓度高、处理利用难的问题，创建了改饮水、改清粪和改输送，粪尿和雨污自动分离的“三改两分”工艺，研发了配套装备，大幅度降低了污水产生量，猪场日污水排放量降低30%～65%。针对好氧堆肥过程氮损失大、空气污染重、抗生素残留隐患多的问题，发明了粪便堆肥过程中养分保留与氨气减排技术，仓式生物基氨氮回收技术，臭气强度降低90%。集成创建处理利用模式，推动畜禽粪污资源化利用水平，结合饲养方式、配套农田等诸多因素，集成创建了种养结合、清洁回用、集中处理3个系列的技术模式，种养结合考虑了土地承载力，清洁回用通过减量和深度处理实现安全回用，含固率和运输半径为定价依据的收储运合作机制促进了养殖企业节水和降低运输成本，实现资源增值和商业化持续运行。技术和模式已经在全国得到大规模应用，成果被《国务院办公厅关于加快推进畜禽养殖废弃物资源化利用的意见》《农业环境突出问题治理规划（2014—2018）》《畜禽粪污资源化利用行动方案（2017—2020）》等国家政策和重大行动采用，为解决畜禽养殖环境问题，发挥了重要作用。

2018年，国家重点研发计划“畜禽重大疫病防控与高效安全养殖综合技术研发”重点专项中，两个饲料项目启动。“畜禽养殖绿色安全饲料饲养新技术研发”项目由中国农业大学牵头，首席科学家为张日俊教授。该项目主要针对我国畜禽饲养过程中饲养效率不高，动物机体免疫力低，抗生素、微量元素、促生长剂过度使用等问题，研发提高畜禽饲养效率的饲料新型生产工艺和配制技术；研发健康养殖免疫（氧化应激）调节的功能性饲料成分和调控技术；研发免疫防御肽、功能性氨基酸和植物提取物等安全高效防病抗病生物活性因子；研究调控畜禽肠道健康的生物饲料生产和饲喂关键技术；研发饲料矿物质微量元素减量供给关键技术及畜禽无抗饲养关键技术，构建畜禽养殖绿色安全饲料饲养应用技术体系。“日粮组成与饲养体制对畜禽健康优质肉形成的调控及机制”项目由中国农业大学牵头，首席科学家为尹靖东教授。该项目围绕生产健康、安全、优质畜禽肉的需求，针对我国畜禽肉品质不高、滴水损失严重、氧化酸败速度较快、白肌肉（PSE）和黑干肉（DFD）肉时有发生的现状，研究畜禽肌肉糖原代谢、肌纤维类型组成及肌肉脂肪沉积的规律；研究以生产优质肉为目标的畜禽营养需求特点；研究日粮结构对畜禽肉品质的调控及其机理；研究母子一体化营养、饲养周期等饲养体制对肉品质形成的影响及机制；研究多不饱和脂肪酸、功能性氨基酸及其衍生物、碳水化合物、植物提取物、微生物制剂等功能性营养组分对畜禽肉品质形成的影响及机制。

2018年立项启动的与饲料相关的重点研发计划项目

序号	项目名称	承担单位	负责人
1	畜禽养殖绿色安全饲料饲养新技术研发	中国农业大学	张日俊
2	日粮组成与饲养体制对畜禽健康优质肉形成的调控及机制	中国农业大学	尹靖东
3	高产种猪高效安全养殖技术应用与示范	四川农业大学	吴德
4	优质商品猪高效安全养殖技术应用与示范	广东省农业科学院动物科学研究所	蒋宗勇
5	特色地方猪高效安全养殖技术应用与示范	中山大学	刘小红
6	高产蛋鸡高效安全养殖技术应用与示范	北京市华都峪口禽业有限责任公司	周宝贵
7	优质肉鸡高效安全养殖技术应用与示范	山东益生种畜禽股份有限公司	尹燕博
8	现代奶牛高效安全养殖技术应用与示范	中国农业大学	李胜利
9	优质肉牛高效安全养殖技术应用与示范	西北农林科技大学	昝林森
10	优质肉牛高效安全养殖技术应用与示范	山东省农业科学院畜牧兽医研究所	万发春
11	山羊高效安全养殖技术应用与示范	南京农业大学	王锋
12	山羊高效安全养殖技术应用与示范	安徽农业大学	张子军
13	绵羊高效安全养殖技术应用与示范	河北农业大学	张英杰
14	经济动物高效安全养殖技术应用与示范	东北林业大学	徐艳春
15	青藏高原牦牛高效安全养殖技术应用与示范	青海省畜牧兽医科学院	刘书杰
16	青藏高原社区生态畜牧业技术研究与集成示范	西藏自治区农牧科学院畜牧兽医研究所	姬秋梅
17	畜禽养殖智能装备与信息化技术研发	中国农业大学	李保明
18	畜禽养殖废弃物生物降解与资源转化调控机制	中国农业科学院农业资源与农业区划研究所	李兆君

（吴子林）

饲料工业标准化

2018年，全国饲料工业标准化技术委员会（以下简称“标委会”）在国家标准化管理委员会和农业农村部农产品质量安全监管司、畜牧兽医局等主管司局的领导和支持下，以“优供给、强安全、保生态”为中心，结合饲料工业发展的形势需求和重点工作，大力推进标准制修订工作，为促进行业高质量发展、监督执法和公平贸易提供了有力的技术支撑。

一是围绕强制性国家标准，组织制修订了一批饲料卫生指标、饲料中禁限用物质和药物饲料添加剂检测方法标准以及一批重要饲料添加剂产品标准，筑牢安全底线；选择具有出口优势的饲料添加剂产品，制定一批国家标准外文版，推动我国饲料工业标准带动产品“走出去”。2018年，推动标准立项39项，其中《饲料中汞的测定》等国家标准2项，《饲料中呋喃丹、杀虫脒、双甲脒等杀虫剂的测定》等农业行业标准29项，《饲料添加剂 L-赖氨酸盐酸盐》等国家标准外文版8项。召开审查会9次，审查标准95项。报批标准51项，其中《饲料添加剂 甜菜碱盐酸盐》等强制性国家标准9项，《饲料中可乐定等7种 α-受体激动剂的测定》等推荐性标准42项。推动发布标准41项，其中《饲料中氟的测定》《饲料添加剂 D-生物素》等国家标准33项，《饲料中苏丹红等8种脂溶性色素的测定》等农业行业标准8项。《天然植物饲料原料通用要求》作为世界标准日的重点标准，在10月10日国标委新闻发布会上重点推介。协助畜牧兽医局制定完成宠物饲料卫生规定和标签规范，指导宠物行业健康发展。

二是以养殖业源头减排为重点，培育发展一批团体标准，规范引领饲料行业创新发展，有效缓解中美贸易摩擦造成的大豆短缺矛盾。联合国内大专院校和大型饲料企业，结合行业新技术新成果，聚焦降低配合饲料蛋白含量，倡导高效低蛋白日粮体系应用，共同制定了《仔猪、生长育肥猪配合饲料》和《蛋鸡、肉鸡配合饲料》2项团体标准，并于10月26日在京召开发布会，新希望六和代表29家大型饲料企业和养殖企业郑重承诺积极执行团体标准。新华社、人民日报、中央电视台等多家国内主流媒体进行了报道，受到社会的广泛关注，全网报道2 331条。行业一致认为这是我国饲料和养殖业贯彻落实绿色发展理念，立足国情大力推进节本降耗和源头减排所采取的重要举措，也是进一步提升产业竞争力的有效措施，在我国饲料行业内有里程碑式意义，对绿色发展必将产生深远影响。

三是开展标准体系梳理和标准复审，重新构建符合高质量发展要求的饲料工业标准体系。按照部党组实施“农业质量年”的统一部署，以绿色、安全、优质为导向，制定标准体系梳理和标准复审工作方案，组织40多位专家组成5个专家组，对800余项现行饲料工业国家标准、行业标准及已立项标准制修订计划，逐项进行系统评估，提出了继续有效、修订、废止和整合等相关建议，以及今后一个时期标准制修订的优先序，优化形成了新的饲料工业标准体系表。

四是全力做好《饲料卫生标准》《标准化工作导则》等重要基础标准宣贯，提升行业质量安全和标准化水平。3月在海口举办2018年饲料工业标准宣贯培训班，邀请起草专家权威解读《饲料卫生标准》以及30项饲料添加剂强制性国家标准，近200名来自饲料企业、检测和监督机构代表参加培训。6月在北京举办一期饲料畜牧标准编制培训班，围绕新修订的《标准化法》以及标准化工作导则和标准制修订程序要求，对130余位标准起草和审核专家进行了培训。派员参加吉林、山东等多个省级《饲料卫生标准》宣贯培训班授课，培训人员千余人。指导国家饲料质检中心举办检测方法标准培训班，对《饲料中维生素 B_1 的测定》等20项新发布标准进行解读，28个省级质检机构和18个第三方检测机构的150余位代表参加了培训。

五是强化标委会管理，顺利通过国家标准化管理委员会的评估。针对标委会未完成标准较多的情况，采取了一系列措施提高项目完成率。①督促清旧账。全面梳理2006年以来立项标准，年初印发了关于加快推进标准制修订项目执行的通知，要求项目承担单位逐项清理在研项目。②避免欠新账。2018年行标计划下达后立即召开项目启动会，要求项目承担单位签订标准项目执行承诺书，按时保质保量完成任务。③提高标准制修订过程的公开性和透明度，对基础通用类标准和重要产品标准，预审通过后，增加公开征求意见的环节，在中国畜牧兽医信息网和中国饲料工业信息网等行业网站公示1个月。④11月在广西召开标委会年会，总结交流2018年工作，研究2019年重点任务，邀请权威专家对委员进行业务培训。⑤修订标委会章程和秘书处工作细则，年会上经专家审议通过后，印发全体委员。在国标委组织的对全国专业标准化技术委员会的考核中，克服了时间紧、任务重、困难大的不利因素，全力以赴，成功扭转前期的不利形势，考评顺利过关。

2018年发布国家标准目录

序号	标准号	标准名称	代替标准号	实施日期
1	GB 36897—2018	饲料添加剂 L-精氨酸		2020/1/1
2	GB 36898—2018	饲料添加剂 D-生物素		2020/1/1
3	GB 7295—2018	饲料添加剂 盐酸硫胺(维生素 B_1)	GB/T 7295—2008	2020/1/1
4	GB 7296—2018	饲料添加剂 硝酸硫胺(维生素 B_1)	GB/T 7296—2008	2020/1/1
5	GB 7302—2018	饲料添加剂 叶酸	GB/T 7302—2008	2020/1/1
6	GB 7303—2018	饲料添加剂 L-抗坏血酸（维生素 C）	GB/T 7303—2006	2020/1/1
7	GB/T 13080—2018	饲料中铅的测定 原子吸收光谱法	GB/T 13080—2004	2019/4/1
8	GB/T 13083—2018	饲料中氟的测定 离子选择性电极法	GB/T 13083—2002	2018/12/1
9	GB/T 13085—2018	饲料中亚硝酸盐的测定 比色法	GB/T 13085—2005	2019/4/1
10	GB/T 13091—2018	饲料中沙门氏菌的测定	GB/T 13091—2002	2019/4/1
11	GB/T 13884—2018	饲料中钴的测定 原子吸收光谱法	GB/T 13884—2003	2018/12/1
12	GB/T 14700—2018	饲料中维生素 B_1 的测定	GB/T 14700—2002	2018/12/1
13	GB/T 14702—2018	添加剂预混合饲料中维生素 B_6 的测定 高效液相色谱法	GB/T 14702—2002	2019/4/1
14	GB/T 15399—2018	饲料中含硫氨基酸的测定 离子交换色谱法	GB/T 15399—1994	2019/4/1
15	GB/T 15400—2018	饲料中色氨酸的测定	GB/T 15400—1994	2019/4/1
16	GB/T 17813—2018	添加剂预混合饲料中烟酸与叶酸的测定 高效液相色谱法	GB/T 17813—1999	2019/4/1
17	GB/T 17815—2018	饲料中丙酸、丙酸盐的测定	GB/T 17815—1999	2019/4/1
18	GB/T 18633—2018	饲料中钾的测定 火焰光度法	GB/T 18633—2002	2018/12/1
19	GB/T 19424—2018	天然植物饲料原料通用要求	GB/T 19424—2003	2019/5/1
20	GB/T 20194—2018	动物饲料中淀粉含量的测定 - 旋光法	GB/T 20194—2006	2018/12/1
21	GB/T 22141—2018	混合型饲料添加剂酸化剂通用要求	GB/T 22141—2008	2019/4/1
22	GB/T 36205—2018	草鱼配合饲料		2018/12/1
23	GB/T 36206—2018	大黄鱼配合饲料		2018/12/1
24	GB/T 36782—2018	鲤鱼配合饲料		2019/4/1
25	GB/T 36858—2018	饲料中黄曲霉毒素 B_1 的测定 高效液相色谱法		2019/4/1
26	GB/T 36859—2018	饲料中尿素含量的测定		2019/4/1
27	GB/T 36860—2018	饲料原料 干黄酒糟		2019/4/1
28	GB/T 36861—2018	饲料添加剂 β-甘露聚糖酶活力的测定 分光光度法		2019/4/1
29	GB/T 36862—2018	青鱼配合饲料		2019/4/1
30	GB/T 36863—2018	混合型饲料添加剂防霉剂通用要求		2019/4/1
31	GB/T 6432—2018	饲料中粗蛋白的测定 凯氏定氮法	GB/T 6432—1994	2019/4/1
32	GB/T 6436—2018	饲料中钙的测定	GB/T 6436—2002	2018/12/1
33	GB/T 6437—2018	饲料中总磷的测定 分光光度法	GB/T 6437—2002	2019/4/1

2018 年发布农业行业标准目录

序号	标准号	标准名称	代替标准号	实施日期
1	NY/T 3315—2018	饲料原料 骨源磷酸氢钙		2019/6/1
2	NY/T 3316—2018	饲料原料 酿酒酵母提取物		2019/6/1
3	NY/T 3317—2018	饲料原料 甜菜粕颗粒		2019/6/1
4	NY/T 3318—2018	饲料中钙、钠、磷、镁、钾、铁、锌、铜、锰、钴和钼的测定 原子发射光谱法		2019/6/1
5	NY/T 3320—2018	植物性饲料原料中镉的测定 直接进样原子荧光法		2019/6/1
6	NY/T 3322—2018	饲料中苏丹红等 8 种脂溶性色素的测定 液相色谱—串联质谱法		2019/6/1
7	NY/T 3323—2018	饲料中 L- 肉碱的测定		2019/6/1
8	NY/T 3324—2018	饲料中柠檬黄等 7 种水溶性色素的测定 高效液相色谱法		2019/6/1

（王黎文　李竞前　张雅惠）

饲料行业质量鉴定

一、认证行业工作概述

2018年，是全面深化改革、推动经济高质量发展的一年。党中央、国务院对认证认可检验检测工作高度重视，做出改革市场监管体系的重大决策及一系列重要部署。

2018年1月，国务院专门印发《关于加强质量认证体系建设促进全面质量管理的意见》（国发〔2018〕3号），将质量认证作为推进供给侧结构性改革和“放管服”改革的重要抓手。认证认可行业深入宣传贯彻国务院3号文件，统筹推进质量认证体系建设；加大“放管服”改革力度，优化市场营商环境；提高认证检测供给质量，服务经济社会发展；开展认证检测市场专项整治，大力整治行业乱象；深化国际合作互认，服务国际贸易便利化。

（一）认证行业规模

截至2018年年底，我国经中国国家认证认可监督管理委员（CNCA）会批准的认证机构达到481家，获得认可资格的认证机构171家，获得认可资格的检验检测机构10 439家。

截至2018年年底，累计颁发各类有效认证证书193.7万张，其中，强制性产品认证64.3万张，自愿性认证证书129.4万张。证书总数比2017年年底增长10.5%。我国累计颁发认证认可检验检测证书、获证组织数量连续十五年位居世界第一位。

（二）2018年主要工作回顾

1. 深入宣传贯彻国务院3号文件，统筹推进质量认证体系建设

各地市场监管部门发挥牵头作用，积极制定贯彻实施方案，全国已有27个省（自治区、直辖市）出台具体实施意见。

2. 加大“放管服”改革力度，优化市场营商环境

2018年，全国共批准新增认证机构101家，市场活力显著增强；进一步优化认证检测市场准入环境；大力推进强制性产品认证制度改革，以必要性和最少化为原则，推动“目录瘦身”，转变认证方式，将31种产品调出认证目录，对24种产品采取企业自我声明方式替代第三方认证；与海关总署在全国口岸实现CCC证书电子数据的联网核查，每月核查14万批次进口的CCC产品，有效缩减了通关时限；加大统一绿色产品认证整合力度，发布首批12种绿色产品评价标准清单和认证目录；积极推行“两检合一”“三检合一”改革，公布首批3 267家货运车辆检验检测机构名单。

3. 提高认证检测供给质量，服务经济社会发展

开展百万企业认证提升行动，推动完成45万家企业的ISO 9001认证换版工作；开展高端认证品质惠民行动，着力推进有机产品认证示范区建设，获得认证的有机产品生产企业达1.2万家，有机产品销售额突破600亿元；在服务业领域，大力推动母婴护理、养老、教育、金融等服务认证的快速发展，服务认证颁证数量达1.2万余张，比2017年增长2倍；开展认证服务地方和行业行动；强化公共服务能力建设，加强合格评定标准体系建设，审查并发布认证认可行业标准50项；组织开展14项国家级科研项目，组织实施国家级能力验证计划，共实施实验室能力验证计划37项，有效验证和考核检验检测机构6 575家（次）。

4. 开展认证检测市场专项整治，大力整治行业乱象

针对认证机构，曝光3家非法机构，撤销10家、注销4家机构从业资质，对29家机构予以警告，对13家机构责令限期整改，对1家机构予以风险预警；责成认证机构撤销、暂停761张存在问题的证书，涉及企业562家；查处无证制售CCC产品违法行为648起、涉及1 367批次产品；向电商平台通报小家电等产品的专项抽查不合格结果，督促下架不合格产品256万件；撤销1家机构、暂停2家机构的认可资格，对5家机构缩小认可范围；针对检验检测机构，共计撤销、注销 207 家机构从业资质；并撤销 8 家机构、暂停 16 家机构的认可资格，对 79 家机构缩小认可范围；针对认证人员，撤销 189 名违规人员的注册资格。

5. 深化国际合作互认，服务国际贸易便利化

双边合作机制不断深化，“深化中德认证及合格评定合作”写入第五轮中德政府磋商联合声明；多边合作机制的国际影响持续提升，牵头承担 2019 年上海第 83 届 IEC 大会初期筹备工作；中国代表成功当选国际电工委员会理事局（IEC-CB）、合格评定局（IEC-CAB）成员，连任国际认可论坛（IAF）主席；认证认可服务“一带一路”建设进一步推进，围绕高铁配套设备等 7 类产品组织开展 25 项检验检测认证技术对比分析，推动我国检验检测认证机构“走出去”。

二、饲料行业质量安全管理工作概述

（一）行业发展概况

2018 年是我国饲料工业波澜起伏的一年，面对中美贸易摩擦和非洲猪瘟疫情等多重挑战，全行业积极应对，采取有效措施，保持了平稳发展态势。全年工业饲料产值和产量双增长，产品结构适应性调整，行业规模化程度和集中度进一步提升，企业产业链调整重组步伐加快。

1. 饲料工业总产值快速增长

全国饲料工业总产值 8 872 亿元，同比增长 5.7%；总营业收入 8 689 亿元，同比增长 6.0%。其中，饲料产品产值 7 869 亿元、营业收入 7 753 亿元，同比分别增长 5.8%、6.2%，增速与 2017 年相比有较大幅度提高；饲料添加剂产品产值 944 亿元、营业收入 875 亿元，同比分别增长 4.9%、5.3%，增幅比 2017 年大幅收窄；饲料机械产品产值 59 亿元、营业收入 61 亿元，同比分别增长 1.5%、1.1%，发展态势平稳。

2. 饲料总产量小幅增长

全国饲料总产量 22 788 万 t，同比增长 2.8%，产品类别和品种结构呈现不同涨跌趋势。从类别看，表现为“一增两降”。其中，配合饲料 20 529 万 t、同比增长 4.6%，浓缩饲料 1 606 万 t、同比下降 13.4%，添加剂预混合饲料 653 万 t、同比下降 5.1%。从品种看，表现为“猪弱禽强、水产反刍快涨”。其中，猪饲料 9 720 万 t、同比下降 0.9%，蛋禽饲料 2 984 万 t、同比增长 1.8%，肉禽饲料 6 509 万 t、同比增长 8.2%，水产饲料 2 211 万 t、同比增长 6.3%，反刍动物饲料 1 004 万 t、同比增长 8.9%，其他饲料 360 万 t、同比下降 10.7%。

3. 饲料添加剂产量较快增长

全国饲料添加剂产品总量 1 094 万 t，同比增长 5.8%；其中，直接制备饲料添加剂 1 035 万 t、同比增长 5.3%，生产混合型饲料添加剂 59 万 t、同比增长 15.3%。从主要品种看，氨基酸、矿物元素、酶制剂和微生物制剂等产品产量分别达 285 万 t、567 万 t、17 万 t 和 15 万 t，同比分别增长 21.5%、13.8%、55.8% 和 36.9%，酶制剂和微生物制剂等生物饲料产品呈现强劲上升势头。

4. 生产规模化程度进一步提高

全国万吨规模以上饲料生产厂达 3 742 家，比 2017 年增加 196 家，饲料产量占总产量 94.6%，比 2017 年增加 1.6 个百分点；其中，10 万 t 规模以上厂家数量达 656 家，比 2017 年增加 81 家，饲料产量占总产量 49.7%，比 2017 年增加 5.4 个百分点。全国有 8 家单厂产量超过 50 万 t，单厂产量最大的厂家规模达 114 万 t。万吨以下厂家饲料产量占比降至 5.4%，比 2017 年减少 1.6 个百分点。

5. 产业集中度继续提升

全国工业饲料十强省合计产量占全国比重 71.3%，比 2017 年提高 1.7 个百分点。饲料产量超千万吨的省份达 11 个，比 2017 年新增 1 个；山东和广东的单省产量首次突破 3 000 万 t，总产值分别达 1 353 亿元和 1 187 亿元，总产量和产值均比第二梯队前列的省份多一倍。全国有 4 家企业集团年产量超过 1 000 万 t，比 2017 年增加 2 家，合计产量 4 760 万 t，占全国产量比重为 21%。

6. 企业产业链布局出现新变化

受养殖业行情和产业形势变化影响，饲料企业加快调整产业结构和产业链布局。部分以商品饲料为主的企业加大向下游养殖业发展，部分产能转为生产自用饲料，有 7 家 2017 年产百万吨的企业集团商品饲料产量降幅超过 20%。部分企业面对养殖风险大、行业竞争加剧的挑战，逐步调整经营策略，实施产业转型，发展新的业务板块，个别企业饲料产量锐减一半以上。部分企业为优化产能布局，实现产品结构多样化，扩大市场占有率，加快收购兼并步伐，不断做大做强。

（二）行业质量安全管理

作为畜禽养殖的重要投入品，饲料原料污染、饲料添加剂使用不当等因素都可能影响畜产品质量安全。随着消费者对食品安全、环境保护越来越关注，饲料安全也越来越受到重视。目前，我国各级政府对饲料安全监管持续强化，为保障畜产品安全奠定了基础。

1. 继续推进《饲料质量安全管理规范》的全面实施

农业农村部出台的《饲料质量安全管理规范》等多项规定，对饲料原料采购与管理、生产过程控制、产品质量控制、产品贮存与运输、产品投诉与召回等多个方面进行了严格的规范，以保障饲料产品质量安全。

2018 年各省、市畜牧管理部门牵头组织了对本地区饲料生产企业《饲料质量安全管理规范》示范企业的验收工作，相关数据较分散，难以完全统计。

2. 实施新的饲料卫生标准，对饲料原料和产品管理更加细化

2018 年 5 月 1 日起，饲料行业执行 GB 130780—2017《饲料卫生标准》。调整后的饲料卫生标准扩大了适用饲料和饲料原料的种类，对一些新型饲料原料和饲料实现了覆盖，细化了各项目在不同饲料原料以及不同动物类别和不同生长阶段饲料产品中的限量值；控制了 5 类有毒有害污染物，24 个污染项目；增加了 1 种真菌毒素和 2 种有机氯污染物的限量规定；对污染物执行了更严格的限量要求，很多污染物限量值被调低，如玉米赤霉烯酮在青年母猪配合饲料中的限量由旧标准中的 0.5mg/kg 调整为 0.1mg/kg，降幅达 80%。

3. 饲料添加剂使用规定更加严格

2018 年 7 月 1 日，饲料生产企业执行农业农村部修订发布的《饲料添加剂安全使用规范》。新的饲料添加剂安全使用规范全面下调饲料添加剂使用最高限量，与世界上最严格的欧盟标准接轨，铜、锌等限量指标还严于欧美发达国家；将抗氧化剂等类别中重要品种纳入管理范围，由原《规范》涉及的 4 类 73 个品种扩大到目前的 8 类 120 个品种，社会关注度高、风险较大的饲料添加剂品种基本都纳入《饲料添加剂安全使用规范》管理。

修订后的《饲料添加剂安全使用规范》，聚焦社会最关心的环境保护问题，适应养殖业绿色发展要求，大幅下调饲料中铜、锌限量值，倒逼养殖场转型升级，提高管理水平，在满足养殖需求基础上有效降低铜、锌排放量。预计执行新的限量规定后，我国养殖业每年可减排铜元素 0.8 万 t、锌元素 1.65 万 t，分别减量 50% 和 34% 以上。

三、行业质量认证工作开展情况

（一）行业开展认证情况简述

饲料及饲料添加剂行业开展的国内认证主要有 GB/T 19001 质量管理体系认证、GB/T 22000 食品安全管理体系认证、GB/T 14001—2016 环境管理体系认证、ISO 45001:2018 职业健康安全管理体系认证，国际认证有欧洲饲料添加剂和添加剂预混合饲料质量体系（FAMI-QS）认证。

通过统计国内认证机构给饲料企业颁发的 GB/T 22000 食品安全管理体系证书数量，显示出近三年饲料企业开展食品安全管理体系认证的企业数量基本稳定，保持在 500 家左右。

近三年，饲料行业开展欧洲饲料添加剂和添加剂预混合饲料质量体系（FAMI-QS）认证的企业数量逐年增加。据统计，2018 年全球颁发 FAMI-QS 认证证书 1 250 张，其中中国颁发了 450 张，全球占比 36%，全球发证数量保持第一位。

随着国家环保政策日趋严格，饲料行业环保意识的加强，行业开展 GB/T 24001 环境管理体系认证的企业开始增加。

（二）北京华思联认证中心认证工作开展情况

2018 年，北京华思联认证中心（以下简称“中心”），作为畜牧行业专业的第三方认证机构，开展了如下工作。

1. 聚焦饲料及饲料添加剂行业，开展国内外认证业务

中心的发展宗旨是立足养殖和饲料行业，提供专业化认证服务，打造初级农产品加工产业链的专业认证机构。截至 2018 年年底，中心获证客户涵盖了国内开展认证的质量管理体系（GB/T 19001）、食品安全管理体系（GB/T 22000）、良好农业规范（GB/T 24001）、环境管理体系（GB/T 14001）、职业健康安全管理体系（ISO 45001）五大专业领域；涵盖了国际欧洲饲料添加剂和添加剂预混合饲料质量体系（FAMI-QS）、动物饲料生产中的良好生产规范（GMP+）、全球食品安全标准（BRC）等细分的专业认证领域。从行业分布看，聚焦在畜牧行业的饲料生产企业、养殖企业、屠宰加工企业、食品生产企业及化工行业的饲料添加剂生产企业，上述获证企业占到中心总获证企业 75% 以上，其中，饲料及饲料添加剂生产企业获证企业占比达到 85% 以上，充分体现了中心聚焦战略的经营理念。

从中心各领域颁发证书数量与组织规模分析来看，获证客户中企业集团、大中型企业比例超过 50%，这些企业既有国有企业，亦有民营企业。通过为相关行业内领先企业提供认证、二方审核等服务，强化了中心具有的饲料及饲料添加剂、养殖、屠宰加工、食品及食品添加剂等领域认证的独特优势。

2. 国际合作认证业务稳定发展

2018 年，中心开展的欧盟 FAMI-QS 认证业务持续增长，颁发的 FAMI-QS 证书占到全国颁发量的 70%，占到全球颁发量的 26%。为促进行业质量和安全管理能力的不断提升，中心翻译了 FAMI-QS 新的认证标准，供中国区获得 FAMI-QS 认可的认证机构使用。

BRC 分包业务 2018 年稳定发展，新增认证客户 20% 以上。

中心作为荷兰 GMP+ International 授权可从事 GMP+ 认证的唯一中国认证机构，在为企业提供了 GMP+ 认证和增值服务的同时，持续对 GMP+、英国 FEMAS 等饲料认证标准进行了跟踪研究，拟吸收其成熟有效的管控经验，为中国饲料行业质量和安全管理提供借鉴。

3. 服务社会，为行业质量安全发挥专业作用

作为聚焦畜牧、饲料和食品添加剂行业的专业认证机构，为确保食品链条的安全，为行业质量安全发挥专业作用，是我们的社会责任。2018 年我们主要开展了如下工作。

（1）在“一带一路”贸易交往中发挥中心的专业作用。国家的“一带一路”倡议推动了饲料添加剂、添加剂预混合饲料对欧盟的出口，出口的企业必须通过 FAMI-QS（欧洲饲料添加剂和添加剂预混合饲料质量体系）认证，它是对全球进入欧盟的饲料添加剂和添加剂预混合饲料开展的强制认证。

中心作为欧盟唯一授权在中国合法从事 FAMI-QS 认证的合作伙伴，聚焦并转化企业需求，2018 年全年为获证企业、准备开展认证的企业举办了两期 FAMI-QS 新版认证标准培训，为企业满足欧盟的相关要求提供了专业服务。

（2）为客户提供增值服务。持续开展《饲料质量安全管理规范》专项指导。中心深刻认识到推动《饲料质量安全管理规范》的全面落地是完成行业“十三五”规划的重要举措之一，是建立饲料产品大安全格局的重要保障，清楚自身作为行业认证机构，在推动《规范》执行工作中的使命和责任。2018 年度，中心对通威、禾丰等饲料企业集团开展了“认证 +《规范》”的专项培训，帮助企业集团将认证标准与《饲料质量安全管理规范》整合成为协同一致的过程体系，达到质量管理的提升。

2018 年，中心接受中粮饲料、中粮肉食、天邦集团、博瑞集团等企业集团的委托，组织了对其兽药供方、主要原料供应商二方审核，对其旗下工厂的一方检查，为这些企业集团打造安全完整的产业链发挥出中心的专业作用。

（3）服务行业监管部门，提供专业支持。近年农业农村部对饲料行业监管力度增加，行业内法律法规、标准变化较大，地方行业主管部门专业学习的需求增加。中心应一些地方行业主管部门的要求，派出专家对其执法部门人员进行法律法规的培训，为行业质量安全发挥出专业作用。

（4）通过与客户的沟通平台，解读监管要求。中心建立了网站专栏、微信公众号、季刊发布机制，通过上述平台向客户传递监管部门规定和行业信息，讲解认证标准，探讨管理之道，解读国家的法律法规。

2018 年度，中心通过上述沟通平台，先后详细解读了农业农村部 2625 号公告（饲料添加剂安全使用规范）；猪鸡低蛋白配合饲料团体标准；国家实施的食品及饲料相关标准；常用环境保护法律、法规、标准及要求；饲料加工企业常见的安全风险识别；进口饲料和饲料添加剂法律法规等与行业相关的内容。

四、饲料行业认证活动的发展趋势

大型企业集团、非集团化的大中型企业仍有开展质量及食品安全管理体系认证的需求，这些企业按照 GB/T 19001、GB/T 22000 标准的要求建立起的质量和安全管理体系，实现了从原料采购、配方设计、产品加工到产品销售的全程质量控制。

“建设生态文明关系人民福祉，关系民族未来的大计”已成为全社会的共识，行业内大型企业集团在践行“绿水青山就是金山银山”的行动中，已把生态环境保护摆在了突出的位置，进行环境管理体系认证的企业逐年增加。

国家的“一带一路”倡议推动了饲料添加剂、添加剂预混合饲料对欧盟的出口，因出口的企业必须通过 FAMI-QS（欧洲饲料添加剂和添加剂预混合饲料质量体系）认证，故 FAMI-QS 认证有增长空间。

我国宠物食品行业处于高速发展期，宠物食品的认证是未来新的增长点。

附件：2018 年北京华思联认证中心部分获证企业名单

附件：

2018 年北京华思联认证中心部分获证企业名单

序号	企业名称
1	唐人神集团股份有限公司
2	北京三元禾丰牧业有限公司
3	唐山禾丰饲料有限公司
4	甘肃禾丰牧业有限公司
5	西安禾丰饲料科技有限公司
6	凌源禾丰牧业有限责任公司
7	淮安禾丰饲料有限公司
8	西安禾丰饲料科技有限公司
9	沈阳禾丰牧业有限公司

（续）

序号	企业名称
10	台安禾丰饲料有限责任公司
11	沈阳正大畜牧有限公司
12	广汉正大饲料科技有限公司
13	长沙正大有限公司
14	天津正大饲料科技有限公司
15	正大预混料（柳州）有限公司
16	赤峰大北农农牧科技有限公司
17	常德大北农饲料有限公司
18	梁平大北农饲料科技有限责任公司
19	饶阳大北农农牧科技有限责任公司
20	通辽大北农牧业科技有限公司
21	哈尔滨大北农牧业科技有限公司
22	吉林大北农农牧科技有限责任公司
23	江西大北农科技有限责任公司
24	浙江大北农农牧科技有限公司
25	中粮饲料（佛山）有限公司
26	中粮饲料（茂名）有限公司
27	中粮天科生物工程（天津）有限公司
28	中粮饲料（新沂）有限公司
29	中粮饲料（沛县）有限公司
30	中粮粮油工业（黄冈）有限公司
31	中粮饲料（东台）有限公司
32	中粮饲料（黄石）有限公司
33	中粮饲料（唐山）有限公司
34	中粮家佳康（吉林）有限公司
35	中粮家佳康（张家口）有限公司
36	安徽天邦饲料科技有限公司
37	湖北天邦饲料有限公司
38	盐城天邦饲料科技有限公司
39	广东天邦饲料科技有限公司
40	内蒙古草原天邦饲料有限公司
41	淮安通威饲料有限公司
42	通威（大丰）饲料有限公司
43	西安通威饲料有限公司
44	通威股份有限公司无锡分公司
45	通威股份有限公司海南分公司
46	连云港通威饲料有限公司
47	天津通威饲料有限公司
48	佛山市高明通威饲料有限公司
49	宁夏银川通威饲料有限公司
50	广东通威饲料有限公司
51	嘉吉饲料（新疆）有限公司

（续）

序号	企业名称
52	嘉吉饲料（陕西）有限公司
53	嘉吉动物营养（郑州）有限公司
54	邦基玖瑞（德州）农牧有限公司
55	邦基（唐山）饲料有限公司
56	泰高营养科技（北京）有限公司
57	泰高营养科技（湖南）有限公司
58	内蒙古博瑞饲料有限公司
59	山东博瑞饲料有限公司
60	上海延华饲料有限公司天津分公司
61	辽宁九州生物科技有限公司
62	北京九州大地生物技术集团股份有限公司
63	张家口九州大地饲料有限公司
64	北京科兴大地饲料有限公司
65	北京康华远景科技股份有限公司
66	北京英惠尔生物技术有限公司
67	北京科为博生物科技有限公司
68	北京首农畜牧发展有限公司饲料分公司
69	北京三元种业科技股份有限公司滦平饲料分公司
70	北京菲迪饲料科技有限责任公司
71	北京亚禾营养高新技术有限责任公司
72	天津市圆鼎饲料有限公司
73	天津北英伟生物技术饲料有限公司
74	全能生物科技（天津）有限公司
75	天津昌农科技有限责任公司
76	天津光明荷斯坦牧业有限公司
77	天津硕普饲料有限公司
78	天津通和饲料有限公司宝坻分公司
79	天津瑞孚饲料有限公司
80	廊坊瑞康饲料有限公司
81	谷实农牧集团股份有限公司
82	沈阳谷实饲料有限公司
83	长春谷实饲料有限公司
84	唐山天康饲料有限公司
85	黑龙江九三农垦科菲特饲料有限公司
86	黑龙江省荣耀牧业有限公司
87	英赉动物营养（吉林）有限公司
88	沈阳英大科技发展有限公司
89	锦州双胞胎饲料有限公司
90	山东佑润生物技术股份有限公司
91	山东和达农牧有限公司
92	潍坊硕昌中慧饲料有限公司

（续）

序号	企业名称
93	山东惠康饲料有限公司
94	诸城中慧饲料有限公司
95	青岛明慧饲料有限公司
96	临沂市环山饲料有限公司
97	山东龙昌动物保健品有限公司
98	赤峰家育饲料有限公司
99	青岛大信饲料有限公司
100	青岛和美饲料有限公司
101	宇星饲料（德州）有限公司
102	烟台大韩饲料有限公司
103	河南大陆农牧技术股份有限公司
104	河南普爱饲料股份有限公司
105	河南广安生物科技股份有限公司
106	河南雄峰科技有限公司新郑分公司
107	河南聚丰饲料科技有限公司
108	安徽申亚农牧科技股份有限公司
109	固安君德同创生物工程有限公司
110	武汉安佑饲料科技有限公司
111	衡阳市中宝饲料科技有限公司
112	湖南旺大生物科技有限公司
113	深圳康达尔（邵阳）饲料有限公司
114	江苏天成科技集团有限公司
115	江苏比利美英伟营养饲料有限公司
116	盐城恒兴饲料有限公司
117	太仓安佑生物科技有限公司
118	金朝生物科技（上海）有限公司
119	上海黑马饲料有限公司
120	诺伟司饲料添加剂（上海）有限公司
121	上海创博生态工程有限公司
122	上海朝翔生物技术有限公司
123	广东希普生物科技股份有限公司
124	广东科邦饲料科技有限公司
125	广东兴腾科生物科技有限公司
126	广东雅琪生物科技有限公司
127	广东海因特生物技术集团有限公司
128	广州市番禺区大川饲料有限公司
129	广州南宝饲料有限公司
130	广州市海维饲料有限公司
131	广州市众望饲料有限公司
132	广州市骏宝饲料有限公司
133	江门珊瑚饲料有限公司

（续）

序号	企业名称
134	广州绿安康饲料科技有限公司
135	广州市联鲲生物科技有限公司
136	广东君有饲料有限公司
137	茂名君有饲料有限公司
138	漳州日高饲料有限公司
139	厦门汇盛生物有限公司
140	海南海壹水产饲料有限公司
141	柳州亿万饲料科技有限公司
142	广西旺大饲料有限公司
143	南宁市泽威尔饲料有限责任公司
144	南宁艾格菲饲料有限公司
145	南昌比利美英伟营养饲料有限公司
146	大理东道农业产业有限公司
147	云南东道饲料有限公司
148	成都蜀星饲料有限公司
149	康地饲料（银川）有限公司
150	陕西正立乳业有限责任公司泾阳饲料厂
151	中粮饲料（张家港）有限公司
152	中粮饲料（巢湖）有限公司
153	南平中粮华港饲料有限公司
154	漳州中粮华港饲料有限公司
155	中粮饲料（荆州）有限公司
156	中粮饲料（成都）有限公司
157	中粮东大（黑龙江）饲料科技有限公司
158	中粮家佳康（赤峰）有限公司
159	盐城双胞胎饲料有限公司
160	鄂州双胞胎饲料有限公司
161	松原兴和饲料有限公司
162	安徽大北农农牧科技有限公司
163	蚌埠大北农农牧科技有限公司
164	山东大北农农牧科技有限公司
165	齐齐哈尔大北农农牧科技有限公司
166	英联普美欣科技（江西）有限公司
167	江西万年华农恒青农牧有限公司
168	辽宁菲迪饲料科技有限责任公司
169	辽宁亚禾营养科技有限责任公司
170	公主岭禾丰牧业有限责任公司
171	湖南金霞九鼎农牧有限公司
172	安徽喜乐佳生物科技有限公司

（雷学锋）

国际交流与合作

——参加海洋原料组织年会情况

海洋原料组织（The Marine Ingredients Organization，IFFO）是全球鱼粉鱼油行业最具影响力的国际组织，中国是世界第一鱼粉进口大国，在国际鱼粉贸易中具有特殊地位。为了解世界海洋原料的生产、贸易最新信息，跟踪新技术、新产品、新法规发展趋势，回应国际鱼粉鱼油业对中国饲料行业及其法规、标准的关注，2018年10月15～17日，我国代表团赴罗马参加了IFFO 2018年年会。

海洋原料组织，也称国际鱼粉鱼油协会，是一个国际性非官方行业组织，拥有50多年发展历史，致力于推动海洋原料产业发展，在联合国粮农组织（FAO）、欧盟委员会和欧洲议会中持有观察员身份。IFFO会员分布在41个国家和地区，包括生产商、贸易商等，会员总数235个，其鱼粉鱼油产量占全球生产总产的53%，贸易量占全球的80%。

一、全球鱼粉鱼油生产、贸易状况

1. 总体情况

据FAO统计数据显示，近20年来，全球鱼粉产量呈波动下滑态势，其中美洲的产量与全球总产量走势基本一致，亚洲的产量缓慢增加，欧洲的产量则下滑，但2017年全球产量有所上升，鱼粉产量约500万t，鱼油产量近100万t。鱼粉中65%来自全鱼，35%来自鱼类加工副产品，随着深加工行业的发展以及海洋资源的下降，来自鱼类加工副产品的产量呈上升趋势。鱼粉消费中，69%用于水产饲料，23%用于猪饲料，5%用于家禽饲料；鱼油消费则78%用于水产饲料，16%用于人类消费，5%用于宠物食品。

2. 南美情况

秘鲁是全球最大的鱼粉生产国和出口国，主要以捕捞鳀鱼为原料，因而生产受气候影响较大。2017年，鳀鱼捕捞量313万t，鱼粉产量73万t，只相当峰值年份2011年的45%，比历史低点的2014年增长35%。2018年秘鲁鱼粉生产形势较好，截至9月底，捕捞量和鱼粉产量同比分别增长近30%。2017年出口量100万t，是2012年以来的最高点，其中80%销往中国，13%销往越南、日本等除中国以外的其他亚洲国家。中国自秘鲁进口量常年维持在40万～50万t，在总进口量中占比40% ～50%，2017年从秘鲁进口量创历史新高，但由于进口总量大幅上升，因此，来自秘鲁的进口量占比变化不大，为56%。

智利也是鱼粉重要生产国，来自捕捞鱼类的鱼粉生产呈下滑趋势，但2015年以来一直维持在20万～30万t的水平，2017年产量25.5万t，智利北部以鳀鱼为原料，南部以马鲛鱼、沙丁鱼为原料；智利鱼粉年进口量为2万～3万t，主要来自秘鲁，年出口量15万～20万t，主要销往中国、其他亚洲国家和欧洲国家。智利鱼粉总供应量中60%供出口，40%自用。智利自用鱼粉主要用来支撑本国三文鱼生产。智利是世界主要三文鱼生产国，2017年三文鱼产量79万t，三文鱼饲料120万t，鱼粉和鱼油的添加量分别为10%和7%。三文鱼加工副产物也是鱼粉鱼油的另一个主要原料，2017年这部分鱼粉和鱼油产量分别为4.5万t和6万t，90%用于出口，自用量仅占10%。

3. 欧洲情况

欧洲是世界鱼粉重要的生产和消费市场，近年来生产相对稳定，2017年，鱼粉产量80万t，消费量74万t，除满足自用外，略有出口。丹麦是全球第二大鱼粉出口国，主要销往挪威、希腊、意大利等欧洲国家。欧洲是三文鱼的重要生产地，鱼粉在三文鱼饲料中的比例直接影响其消费量，2017年这一比例约为16%，2018年下降到14%。欧洲三文鱼行业正在寻求新的原料，逐渐减少对鱼粉鱼油的依赖，例如使用美国已经批准的转基因欧米伽3菜籽油。

4. 亚洲情况

2017年中国进口鱼粉158万t，同比增长52%，主要来自秘鲁 56%、越南 9%、美国 7%、智利 4%、厄瓜多尔 4% 和俄罗斯 4%，2018 年进口量同比下降。中国鱼粉产量 2013 年达到峰值 56 万 t，此后逐年下降，2017 年只有 38 万 t。鱼油的峰值也在 2013 年，年产 8 万 t，2017 年降至 5 万 t。中国白鱼粉进口量 12 万 t，其中俄罗斯 5.7 万 t，美国 5 万 t，新西兰 1.1 万 t。在中国鱼粉消费结构中，58% 用于水产饲料，33% 猪饲料，6% 家禽饲料，3% 宠物和其他饲料。小龙虾是明星品种，2017 年产量达 113 万 t，排名前三位的省份分别为湖北 56%，安徽、湖南各 12%，小龙虾饲料产量 20 万 t，鱼粉占比 2%～5%，消费鱼粉 1 万 t。鲟鱼产量 9 万 t，鱼粉在饲料中占比 30%～40%，但是受野生动物保护的影响，产量稳定，鱼粉也有被植物蛋白取代的趋势。蛙类鱼粉消费约 3 万 t。2017 年中国鱼油进口 5.5 万 t，同比增长 61%，其中秘鲁 3 万 t，越南 1 万 t。

泰国和越南是东南亚地区主要的鱼粉生产国。东南亚地区水产养殖业过渡发展，2014 年，亚洲在全球水产养殖业中占比达 91%，由于行业管理不善，生态环境濒临崩溃，未来供应将出现危机。泰国鱼粉鱼油生产，随着养虾业和捕捞业的发展而发展，泰国湾地区鱼粉由于质量提升出口逐渐扩大，相当一部分出口到了中国、日本和越南。泰国鱼粉产量在 2012 年达到 50 万 t 的峰值后产量下降，2017 年降至 34 万 t，其原因既有行业主动控制，也有来自邻国的非法捕捞导致国内捕捞量下降。泰国鱼粉原料捕捞全鱼和加工副产物各占一半。越南鱼粉产量逐年上升，2017 年超过 60 万 t，包括了来自越南境外的产量，越南鱼粉一部分原料是巴沙鱼加工副产物。越南鱼粉产能也远远超过鱼的产量。上述两国鱼粉原料以小杂鱼为主，两国鱼油产量都很有限。

二、国际鱼粉鱼油行业关注重点

1. 行业可持续发展问题

最近 20 年来，受过度捕捞、气候变化、用于生产鱼粉的鱼类更多被加工为供人类食用的产品等因素影响，全球鱼粉鱼油产量总体呈下降趋势，已引起鱼粉鱼油行业高度重视并采取积极措施防范和化解风险。IFFO 在其成员内实施“负责任的生产体系”（RS）认证，促使鱼粉鱼油产业向社会保证生产企业将负责任地选用合格原料，并能证明其原料来源安全、合法。2017 年，通过 RS 认证的鱼粉鱼油产量约占全球总产量的 50%。另外，水产养殖和人类保健品行业也在寻找新的原料，部分替代鱼粉鱼油。

2. 抗氧化剂使用

由于鱼粉中脂肪含量较高，而且国际贸易中需要长途运输，为防止其氧化，一般在产品中都会添加抗氧化剂，乙氧基喹啉因抗氧化效果好是最常使用的抗氧化剂品种。欧盟在 20 世纪 70 年代就批准其使用，国际上已有数十年的使用历史。根据欧盟法规，乙氧基喹啉在 2011 年进行复审，2015 年欧洲食品安全局发布的评估报告称，产品中的杂质——对氨苯乙醚有致癌性，2017 年 6 月 7 日欧盟委员会发布 2017/962 号条例，分阶段暂停乙氧基喹啉作为饲料添加剂使用。截至目前，饲料添加剂和饲料产品中均已停用，只有鱼粉等水产饲料原料和海藻粉允许在 2019 年 12 月 31 日前继续使用。欧盟最迟于 2020 年 12 月 31 日发布最终决定。针对上述规定，鱼粉鱼油行业高度重视，抗氧化剂及其替代产品成为本次年会的热议话题，IFFO 牵头开展了替代产品的试验研究，天然维生素 E 和迷迭香最有可能成为替代品，北美地区今年第四季度出口到欧洲的鱼粉已经可以完全不添加乙氧基喹啉。虽然允许使用的抗氧化剂还有 BHA、BHT 等，但是由于添加量要高出乙氧基喹啉 2～3 倍，所以业内并不看好。

3. 产品质量标准

IFFO 并无鱼粉鱼油产品标准，目前只有国际食品法典委员会制定了人类食用鱼油的质量标准，但是，国际鱼粉鱼油行业对于中国鱼粉、鱼油的质量标准修订情况极为关注。除盐分、挥发性盐基氮、生物胺和组胺等理化指标外，由于环境条件恶化，鱼粉鱼油中砷、汞、二噁英的蓄积日趋严重，因此，卫生指标也广受关注。为全面掌握国际鱼粉产品质量信息，IFFO 在英国 Stirling 大学水产学院建立了鱼粉参考实验室，面向全球范围收集样品并进行指标分析。此外，鱼粉中塑料污染的情况有加剧的趋势，IFFO 也在采取措施控制上述情况的发生和发展。

三、收获体会

参加本次会议，达到了预期目的，收获很大；同时，对我国做好鱼粉标准等相关工作很有启发。现提出以下建议。

1. 组建鱼粉标准工作组，统筹鱼粉及其相关产品标准制修订工作

中国是全球最大的鱼粉进口国，年进口量超过全球产量的 30%，消费量占全球产量的 40%，鱼粉标准在全球鱼粉行业具有风向标作用，在该行业没有全球统一标准的情况下，中国国家标准实际上也是国际标准。由于标准制定广受国际关注，并且可能影响中国饲料企业的切身利益，我国《饲料原料目录》批准使用的鱼粉相关原料共计 14 种，立项原料 6 种，尚未立项原料 8 种，各品种之间也需要相互协调，因此，建议组建由权威专家、生产企业和饲料企业等利益相关方组成的专家工作组，在技术内容设置和起草单位确定以及标准进程方面统筹相关标准制修订，提高标准的系统性和协调性。

2. 密切关注国际上关于乙氧基喹啉的法规动态，研究决定我国饲料添加剂乙氧基喹啉产品质量标准的处理意见

虽然除欧盟以外的其他国家尚未发布乙氧基喹啉停用的规定，但是从会议上反馈的情况看，欧美很有可能采取一致的态度禁止其使用。我国允许其作为食品添加剂使用，《食品安全国家标准 乙氧基喹啉》(GB 1886.225—2016) 规定乙氧基喹啉不得小于 98%，对氨基苯乙醚不得大于 0.2%。作为强制性国家标准，饲料添加剂乙氧基喹啉产品标准已经立项并且完成审查，但是，致癌性杂质对氨基苯乙醚的限量为 1%，远高于欧盟评估报告安全性关注的水平，建议起草单位密切关注国际动态，提出该标准的处理建议，由标委会组织相关专家研究决定。

3. 积极参与国际组织的活动，广泛了解行业最新信息

虽是首次参加 IFFO 年会，感觉会议内容丰富，信息量大，聚焦行业发展热点问题，会议有分析、有观点，对于了解全球行业情况很有帮助。希望在可能的前提下，选派专业处室更多参与此类活动，开阔视野，增进与国外同行的沟通交流，以利于做好国内相关工作。另外，国外企业非常重视法规标准信息，包括制修订动态，必要时我们也要借助相关平台向国际社会积极发声。

（毕颖慧）

2018 中国饲料工业展览会

在中国改革开放 40 周年、畜牧饲料业转型升级的关键时期，2018 中国饲料工业展览会于 4 月 15～20 日在长沙举办。本届展会以“转型升级、绿色发展”为主题，展示了行业最新成果，擘画了行业发展的美好未来，受到了业界的普遍好评。部畜牧业司、市场与经济信息司等司局对展会给予了高度重视和大力支持。本年度展会呈现以下四个特点。

领导重视规格高。于康震副部长亲临大会并在论坛上作重要讲话；农业部原副部长、中国饲料工业协会高鸿宾顾问到会指导，中国工程院院士、中国饲料工业协会李德发会长，畜牧业司、兽医局、种植业管理司、渔业渔政管理局，湖南省政府和长沙市有关领导莅临大会；中国畜牧业协会等多家兄弟单位，行业知名院士、专家学者，20 余位协会副会长及副会长单位代表参加大会；地方饲料管理部门和行业协会负责人参加大会，搭建了政、商、产、学、研共同参加的高端交流议事平台。

“一主两副”规模大。本届展览会吸引了 20 多个国家和地区的企业参展，在 5 个展馆设置了大型饲料企业展区、饲料机械展区、饲料添加剂展区、饲料原料展区、饲料和饲料添加剂综合展区、国外饲料企业展区、行业宣传媒体等 12 大功能展区，以及 2018 中国饲料工业展览会两个专题展——“2018 畜牧环保专题展”和“2018 猪业展览会”。本届展览会展览面积 6.75 万 m^2，其中特装面积 90%，参展企业 594 家、展位数达 2 577 个，分别比 2017 年增长 47.8% 和 23.4%，参展企业和展位数量双创历史新高，参展人数突破 4 万人次，彰显了行业力量和人气。

展会学术活动多。展览会以“转型升级、绿色发展”为主题，利用一周时间，围绕大会主题在展前、展中设置了精彩纷呈的论坛交流系列活动。一是举办 2018 中国饲料发展论坛。围绕实施乡村振兴战略和建设美丽中国的新任务、新要求，聚焦饲料工业及上下游产业前沿和热点，国务院发展研究中心和农业农村部行业主管司局的有关负责同志、“三农”专家、企业家以及互联网专家等 9 位嘉宾，分别以乡村振兴、绿色兴牧、兽药管理、科技创新、形势研判、结构调整、风险管理、“互联网 +”以及产业融合等为主题，报告了大政策、大科技、大趋势，为解决饲料行业面临问题，建设饲料工业强国提供了智力支撑。来自畜牧饲料行业和相关技术推广单位、企业代表、行业专家共计 600 余人参加了论坛。二是举办中国饲料发展专题论坛——首届畜牧业现代化暨畜禽粪污资源化利用论坛。于康震副部长作了《扎实推进粪污资源化利用　促进畜牧业绿色发展》的主旨报告，中国科学院院士黄路生、中国工程院院士陈焕春等专家和企业家共 11 位嘉宾就畜牧饲料行业关注的热点问题进行了交流研讨，吸引了 1 500 余人参加，在线听众达 8 万余人。三是组织饲料专题技术论坛和畜禽粪污资源化利用技术讲座。举办以企业为主体的专题技术讲座 9 场和畜禽粪污资源化利用技术讲座 6 场，推介新技术、新产品、新工艺，与会代表们积极提问、交流互鉴，取得了良好效果。

精心组织效果好。协会主要领导牵头成立大会筹备领导小组，并设立多个专项工作组。从会议地点选址、主场服务商招标、参展商招展、主题活动设计至展览会及各项活动召开、行业媒体宣传等，全程精心谋划、有序组织、有力协调，纪检、财务全程跟进监督，确保了大会成功召开、阳光运行。

本届展览会在各方的共同努力下成功举办，取得了丰硕成果，在行业内产生了强烈反响，得到了各界人士的高度评价和充分肯定，主要体现在以下三个方面。

一是成为促进行业转型升级的有力平台。精心设计了大会主题——“转型升级、绿色发展”，并紧扣主题设置了技术交流、论坛等多个各具特色、主题鲜明的交流活动，通过行业领导的政策解读和形势分析，企业经营和产业链整合的案例剖析和战略研究，业内专家前沿新科技的探索和交流，为行业绿色、创新、可持续发展提供了强有力的导向作用，使展览会真正成为畜牧饲料业“优供给、强安全、保生态”的高端智力支持平台、成为推进“质量兴牧、绿色兴牧、品牌强牧”的有力抓手。

二是成为行业交流合作的重要窗口。本届展览会深入挖掘饲料工业连接种植养殖上下游、延长产业链的中枢和纽带功能，今年推出“一主两副”办展模式，“一主”就是“2018 中国饲料工业展览会”，“两副”就是“2018 畜牧环保专题展览会”和“2018 猪业展览会”。“一主两副”的办展模式，创新了办展形式和服务内容，打通了饲料工业上下游产业链，丰富了 2018 饲料展的展览展示内容。

三是成为服务产业和会员的重要舞台。做好“两个服务”是协会的天职。本届展览会从筹备开始，就从服务产业转型升级、绿色发展、提质增效的大局出发，多次深入基层调研、组织召开企业座谈会和各省协会秘书长会议，了解行业发展状况，听取企业诉求，在此基础上有针对性的对展览会及各项活动进行了精心组织、周密安排、认真实施，为更好服务行业发展提供了有力抓手。

（闫奎友　赵之阳）

全国饲料工业协会秘书长工作座谈会

在庆祝中国改革开放40周年之际，为深入学习贯彻十九大精神，充分发挥协会的桥梁纽带作用，积极推进饲料工业可持续发展，加快推进饲料工业转型升级，总结交流地方协会工作经验和做法。中国饲料工业协会于2018年12月18日在北京召开了全国饲料工业协会秘书长工作座谈会。

中国工程院院士、中国饲料工业协会会长李德发，全国畜牧总站站长、中国饲料工业协会秘书长杨振海，农业农村部巡视组组长刘连贵，以及中国饲料工业协会相关处室负责人，来自全国各省（市、区）的饲料工业（行业）协会秘书长，受邀的5家企业代表参加了会议。

李德发院士首先致辞。他主要从2018年饲料产业技术作了重要讲话。2018年随着猪、鸡低蛋白配合饲料团体标准的推出，饲料企业在低蛋白日粮配合人工合成的氨基酸使用净能体系的效果明显，有效降低了豆粕的使用量。尽管正在开发杂粕等其他蛋白质饲料，但目前除了赖氨酸外，其他氨基酸的进口依赖形势也不能忽视，这预计会推升其他蛋白类饲料需求量和价格。同时，历经14年新的猪饲料标准即将面世，其中增加了很多国内饲料与原料营养价值，这是2012年的NRC里面没有的。另外，关于禁抗问题，他预计到2020年全面禁止在饲料中添加抗生素后，抗生素主要替代品为微生态制剂和植物提取物，这些都是需要探讨和解决的问题。

正大集团北京总部副董事长薛增一、中牧事业股份有限公司副总经理王水华、中粮饲料有限公司总监赵楠、新希望六和饲料研究员高级营养师刘天骥、禾丰关内区总裁王永杰分别就企业在2018年的发展情况和面临的问题及建议，各自进行了分享。随后来自各个省（市、区）饲料协会的秘书长及代表分别作了发言，内容聚焦在2018年的工作内容，协会秉承“走出去，请进来”战略思维，为企业搭建国内外多维度平台，继续完成协会脱钩，组织企业参加2018中国饲料工业展览会等工作。

农业农村部巡视组组长刘连贵在发言中指出，通过座谈会而搭建的平台，让大家能够互相交流、学习，同时增强了协会的凝聚力。2018年受中美贸易摩擦和非洲猪瘟以及环保的影响，饲料工业保持一个平稳发展的态势，畜产品供给基本平衡、结构进一步优化。据对180家企业监测结果显示，1～11月饲料总产量略减，同比下降2.3%。2018年协会主要围绕政府、行业、企业这三方面开展工作。一是搭建大平台，促进饲料工业高质量的发展。重点工作是4月在长沙举办的中国饲料工业展览会，本次展会特点突出，主要表现在参展企业多、主题突出、采取了“一主两副”的办展创新模式，使展会在行业内的影响力越来越大，2018年参展展位数达到2 577个，同比提高了23.4%。二是全力配合农业农村部畜牧兽医局推动了“粮改饲”工作的落实。超额完成了国务院下达的1 200万亩指标任务，实际完成了1 400万亩“粮改饲”的工作任务并提高了青贮饲料的质量。三是举行三项饲料行业评选工作。四是加强宠物饲料的管理，积极配合做好法规的起草工作。五是推进标准化工作迈上了新的台阶。两项团体标准的发布对中国饲料工业发展具有里程碑意义。六是积极参与扶贫工作，到新疆、河北和西藏等省（自治区）进行精准扶贫活动。七是积极推进党建工作。他指出，2019年的工作重点，一是全力做好2019中国饲料工业展览会的筹备工作。二是做好法律法规和标准的相关工作。三是进一步加强协会“脱钩”之后的管理。四是组织企业参与产业扶贫。五是要加强协会的党建工作。六是不断提升协会的自身建设的能力。

座谈会最后，杨振海秘书长作了总结发言。他指出，2018年是深化机构改革重要一年。协会取得的成绩一方面是依靠市场，另一方面也靠政策支持和企业的奋斗。他介绍了 2018 年我国饲料工业所面临的五大变化和出现的新形势。一是上游的服务环境发生变化。饲料工业上游的种植业调整较大，种植业供给侧结构性改革如火如荼，如玉米种植面积调减。二是下游的畜牧业生产方式发生变化。散养户快速退出市场，规模化程度在不断提升，2018 年畜牧业综合规模化率在提高，预计达到 60%。水产养殖业在提倡健康养殖、减量增效。三是企业本身在发生变化。除了添加剂饲料这种专业性比较强的企业，饲料加工企业都在向上下游延伸。企业的数量在减少，从 1 万多家饲料加工企业减少到现在 7 000 多家，虽然服务对象变少，但工作量大、要求更高。四是服务的对象在发生变化。2017 年我国的肉蛋奶产量达到 1.53 亿 t，预计 2018 年继续提高。五是饲料从业管理人员在发生变化。各省协会变化大，管理人员减少，工作要求更加严格，实现减量增效。对于 2019 年的主要工作杨振海秘书长提出了七点要求。一是从国家角度看，协会核心是推动自律、服务、维权，更好地发挥桥梁和纽带作用。能够把企业的诉求认真的收集整理，转化成政府支持的政策，变成企业正常运行的保障；能够把政府的意志第一时间高效地传达到企业之间；能够帮政府解决问题，为政府参谋。二是推进“放管服”改革。帮助企业尤其畜牧饲料企业，加速发展，让企业发展得更优、更火。三是加强行业诚信自律。完善法律、制定司法解释、搞专项行动，同时，做好宣传工作，整体行业打包式向主流媒体包括新媒体的宣传有待加强。四是继续发挥方向沟通桥梁工作。主要是标准的执行力度，5 月随着《饲料卫生标准》的实施，铜锌减排取得很大成绩，铜减少了 8 000t，锌减少了 1.6 万 t，这些都是通过协会制标、企业采标实现的。五是继续推动猪、鸡低蛋白日粮的团体标准。农业农村部领导和院士、教授、专家都做了解读。这项团标的实施预计减少豆粕使用量 1 100 万 t、折算成大豆 1 400 万 t，这对促进氮磷的减排、绿色发展功不可没。畜禽粪污处理资源化利用取得了很大成绩，预计 2020 年基本解决 38 亿 t 畜禽粪污资源化利用的问题。六是积极参与风险预警教育。预防产业风险非常重要，如产业开始启动反倾销程序。质量安全风险、疫病风险对市场影响都很大，不容小觑。七是做好宣传工作。包括正向宣传和辟谣，饲料工业是一个完整的体系，不仅让我们自己知道，还要让百姓知道。每年“两会”期间涉及各种宣传，在主流媒体搞专项宣传，策划大的活动，真正做到活动前要预热，活动中要有高潮，结束后要追踪。随着中国饲料工业展览会的参展规模不断扩大，还需要系统的宣传并不断创新。他最后强调，协会一定要内强素质，外树形象，通过征求问题、建议和思考并整理分类，为行业解决问题。

（闫奎友　赵之阳）

地方篇

北京市饲料工业

【饲料工业发展概况】

2018年，北京市饲料生产企业共157家，企业职工总人数为8 608人，本科以上学历2 522人，包括博士117人，硕士451，比2017年的2 262人增加11.5%。全年饲料工业总产值和营业收入分别为106.3亿元、107.6亿元，同比分别下降20.4%、2.4%。商品饲料总产量183.3万t，同比下降14.4%；其中配合饲料108.4万t，同比下降13.7%；浓缩饲料28.6万t，同比下降21.3%；添加剂预混合饲料46.2万t，同比下降11.1%；商品饲料中配合饲料、浓缩饲料、添加剂预混合饲料产量占比分别为59.1%、15.6%、25.2%。与2017年相比，配合饲料、添加剂预混合饲料占比有所增加，浓缩饲料占比略有减少。

【组织结构】

2018年11月8日，根据《北京市机构改革方案》，北京市农业农村局挂牌成立，作为北京市的饲料行政管理部门，依法负责北京市饲料的行政许可、行业监督管理、质量安全监管工作。

【主要工作内容】

(一) 规范行政许可工作，严把准入关

依法依归严把行政许可审批程序，组织行业专家做好企业申报材料和现场审核工作，把好准入关，严格执行行业标准，提升行业整体素质。全年核发单一饲料、浓缩饲料、配合饲料、精料补充料和添加剂预混合饲料生产许可证47家次；饲料添加剂生产许可证9家次；饲料添加剂和添加剂预混合饲料生产批准文号88家次。

(二) 强化行业监督管理，优化产业环境

落实全市饲料年度监测计划，开展饲料质量安全专项整治工作，坚持“检打联动”，严厉打击各种违法行为。

全年完成饲料监督抽检1 475批次，包括国家级检测任务164批次，市级检测任务1 311批次。抽检范围涉及顺义、大兴、通州、平谷、昌平、海淀、朝阳、丰台、怀柔、密云、延庆、房山共12个区，实现了北京市饲料生产企业100%全覆盖的目标，检测项目包括营养指标、微量元素、维生素、重金属、微生物、霉菌毒素、违禁添加物等近40个参数，样品合格率为98.8%。开展全国两会、北京市两会、中非论坛等重大活动保障性检测3次，完成包括生猪、肉牛、肉羊、淡水鱼共4大类供应企业的7家养殖基地的饲料质量安全专项监测抽检工作，检测项目包括重金属、违禁添加物、霉菌毒素、致病菌等20个参数，检测结果全部合格。

全年共出动执法人员5 330人次，监督检查监管对象2 051个次，查处案件40起，其中饲料生产环节案件23起，饲料经营环节案件17起；畜禽饲料案件28起，宠物饲料案件12起，罚没款总金额173万元，没收不合格饲料11.4余t。

(三) 推进饲料产业结构调整，逐步实现转型升级

围绕产业转型工作，整顿全市饲料生产企业，重点针对长期处于停产停业状态的企业，全年分4批，对54家涉及搬迁、腾退、自主退出和已不具备生产能力的饲料生产企业进行了注销处理。

（北京市农业农村局）

天津市饲料工业

【饲料工业发展概况】

2018年，天津市饲料生产行业在中美贸易战和非洲猪瘟暴发的双重压力下，砥砺前行，全年饲料工业总产量、总产值稳中有增，保持了饲料工业平稳发展。全市共有各类饲料生产企业195家，其中配合饲料、浓缩饲料和精料补充料获证企业140家，预混合饲料获证企业75家，饲料添加剂和混合饲料添加剂获证企业22家，生产的企业14家，单一饲料获证企业17家。全年饲料总产量215.5万t，同比增长3.0%，总产值98.7亿元，同比增长14.3%。其中配合料143.9万t，同比增长3.6%，浓缩料47.5万t，同比增长2.0%，预混料24.1万t，同比增长1.2%，添加剂和混合型添加剂产量为3.7万t，同比下降2.9%。单一饲料总产量383万t，同比基本持平。

【组织机构】

2018年，天津市畜牧兽医局为天津市饲料行政主管部门，质量监管处负责具体管理工作，市农委审批处负责饲料企业行政许可审批工作。2019年1月，天津市行政机构改革后，天津市饲料行政主管部门调整为天津市农业农村委，审批处负责饲料企业行政许可审批工作，畜牧兽医处负责事中事后监管工作。

【主要工作】

（一）实施饲料质量年行动，强化饲料质量安全监管

一是根据2018年天津市“畜牧业质量年”行动指南，制定印发了《2018年天津市饲料质量安全监管工作实施方案》和《天津市饲料质量安全监督检测计划》，对全年饲料质量安全监管工作、饲料质量安全专项监测工作进行全面部署。二是落实企业主体责任，严格源头管理。加强持证企业监管，组织开展签订《生产企业质量安全责任书》《经营企业质量安全承诺书》工作，以签订责任书、承诺书工作为抓手，贯彻落实法规制度，明确企业责任义务。全市签订企业生产质量安全责任书188份，经营企业质量安全承诺书69份。三是落实属地管理责任，实施月巡查制度。严格落实月巡查制度和经营门店登记备案制度，强化对生产企业和经营门店日常监管。全市区级饲料管理部门共巡查饲料生产企业、经营场所2 388余场次，出动执法人员4 600人次，排除安全隐患60余处。四是突出重点节点，强化专项治理。集中开展春、秋季饲料和饲料添加剂产品打假专项行动，全市检查各类饲料生产企业895个次，出动检查人员2 442余人次，排除安全隐患60余处，立案查处2起，处罚金额3.6万元。五是配合非洲猪瘟防控工作，开展以猪血为原料的血液制品生产的猪用饲料产品排查和监测工作。对2家猪血浆蛋白粉饲料生产企业和11个使用猪血制品为原料进行猪饲料、水产饲料生产企业全部库存产品进行就地封存，登记造册，抽样送检，抽检饲料样品350余批次，检测结果全部为阴性。截至2018年年底，排查生猪养殖村651个（累计排查58 829个次）、规模饲养场165家（累计排查18 211场次）、散养户2 600家（累计排查234 889场次）、饲料生产企业195家（排查2 650场次），抽检饲料样品350余批次。排查未发现饲料中含有非洲猪瘟疑似病毒。六是加强督导检查，推动监管措施落到实处。为切实落实常规监管和各项专项整治任务、措施落到实处，加强市级督导抽查力度，由局领导带队，每季度开展一次督导检查，对区级监管部门和企业进行督查检查。具体监管部门不定期开展抽查、检查，督促区级监管部门落实监管责任，监督取证企业依法生产、经营，严格查处“三无”饲料产品等违法生产、经营行为。全年市级饲料管理部门共出动执法人员100余人次，督导检查区级监管部门全覆盖，抽查饲料生产、经营企业30余

个次，有力推动了饲料质量安全依法监管工作任务的落实。

（二）加强质量监测，实施检打联动

一是加强饲料质量监测，全面开展饲料质量安全专项监测，监测范围覆盖全市饲料生产企业及经营和使用环节全年抽检饲料产品 3 797 批次，其中饲料质量安全指标检测 785 批次，饲料违禁添加物 1 064 批次，反刍动物饲料中牛羊源成分 68 批次。其中有 2 批次预混合饲料中维生素 A 含量超标不合格，总合格率为 99.7%。饲料质量安全水平保持平稳势态。二是开展专项检测，提高风险掌控能力。组织开展了药物饲料添加剂专项突击监督抽检，共抽检样品 37 批次。配合净土工程治理，开展饲料及饲料添加剂重金属专项检测，全年完成饲料及饲料添加剂重金属检测 500 批次，合格率 100%。三是配合农业农村部抽查、抽检工作，全年完成对静海区、滨海新区、西青区和武清区 44 家饲料和饲料添加剂生产企业进行执法检查并抽样 89 批，对存在问题的企业和产品饲料产品依法进行了整改处罚。

（三）加强法规宣传培训，开展交流学习

一是为推动《饲料质量安全管理规范》（以下简称《规范》）全面执行。天津市加大《规范》执行力度，强化宣传培训。各区组织开展《规范》培训班 18 次，市级组织法律法规培训班 2 次，全年培训行业从业人员 630 余人次，达到生产企业培训全覆盖。二是组织开展了区级饲料行业管理工作互查互学活动，加强区级交流学习，推动天津市饲料行业依法行政规范化水平不断提升。

【存在问题】

（一）区级监管执法体制机制不适应各种要求

监管执法人员不足、体制不顺、受公车制度改革影响，普遍存在执法设备不能满足工作需要的问题。

（二）饲料经营企业监管工作难度大

目前饲料经营企业规模小，布局分散，兼营情况突出，因为没有经营许可证制度，缺乏有效的监管手段和质量控制措施，存在很大的安全监管风险。

（三）各级饲料监管部门人员配置有限，养殖环节饲料安全使用监管能力不足，存在监管风险

【2019 年工作思路】

落实《饲料和饲料添加剂管理条例》《规范》，强化饲料质量安全监管，组织开展专项风险监测，提高风险预警能力，开展饲料生产信息统计，加强生产情况监测预警，强化法律法规宣贯培训，提高法律法规普及水平。

（天津市农业农村委畜牧兽医处）

河北省饲料工业

【发展概况】

河北省饲料行业围绕饲料生产和饲料质量“两个安全”进行监管，监管与服务并重，致力于打造良好的营商环境，饲料工作有序开展。2018 年饲料总产量达到 1 346 万 t，基本与去年持平。饲料行业联合、重组、兼并步伐加快，生产经营方式转变呈现新格局，2018 年产量 10 万 t 以上的企业数量稳定在 30 家，年产万 t 以上企业比例达到 90% 以上。饲料产品质量抽检合格率稳定在 96% 以上。饲料案件查处率达到 100%。全年未发生安全生产事故，实现了饲料质量、饲料生产“两个安全”。2018 年，全省宠物饲料总产量达到 55 万 t，较上年增长 30%，占全国总产量的 60% 以上。建设粮改饲试点市 2 个、试点县 23 个，完成青贮收获面积 189.7 万亩，青贮 499.5 万 t，超国家下达任务的 45%。青贮玉米种植户较同期籽粒玉米种植户亩增收 20% 以上。

【组织机构】

河北省饲料管理和质检机构均为省农业农村厅内设机构。管理部门为河北省农业农村厅草原与饲料处，负责饲料行政许可、日常监管、行政执法、饲料统计等工作，质检机构为河北省饲料监察所，负责产品质量监督、监测、抽检等工作。河北省饲料工业协会秘书处原来为省级自收自支事业单位，2018 年注销，人员进行了厅内划转。目前，河北省饲料工业协会事务全部改制为企业化运营。

【主要工作】

（一）开展河北省 2018 年饲料和饲料添加剂专项治理行动

深入贯彻落实省委 1 号文件《规范饲料添加剂使用》要求，制定并印发《河北省 2018 年饲料和饲料添加剂专项治理行动实施方案》，分安排部署、宣传发动、集中治理、交叉互查、督导检查五个阶段，对全省饲料生产、经营、使用环节进行了全面治理。全省共出动执法人员 22 527 人次，检查生产企业 2 429 个次，经营单位 2 507 个次、养殖场（户）6 811 个次，查处问题企业 45 个，取缔非法企业 9 个，抽取样品 3 617 批次，检出不合格样品 2 批，查处违法饲料产品 6t，立案调查违规企业 7 个，涉案金额 7.15 万元，处罚金额 9.3 万元。较大程度地净化了饲料市场，对饲料行业不法生产经营行为起到了较大的震慑作用。

（二）组织开展饲料质量安全监管监测工作

一是制定了《2018 年度河北省饲料质量安全监管工作实施方案》，并组成 5 个检查组，分别于 2018 年 5 月 28 日至 6 月 1 日、9 月 5 日至 9 日对石家庄市、邢台市、衡水市、辛集市所有受检企业进行了监督检查，同时按照农业农村部要求对受检企业抽检样品送第三方检测，共检查 342 家饲料和饲料添加剂生产企业，抽取样品 366 批次。二是制定并组织实施 2018 年饲料监测计划。三是开展了宠物饲料监督抽检工作。组织唐山市畜牧水产品质量监测中心开展了宠物饲料监督抽检工作，全省共抽检 43 家宠物饲料生产企业，抽检样品 125 批次，检出不合格样品 2 批，不合格标签 7 份。

（三）印发《河北省畜牧兽医局关于加强饲料和饲料添加剂生产企业管理的通知》

针对 2018 年上半年饲料质量安全监管现场检查过程中发现的主要问题，印发了《河北省畜牧兽医局关于加强饲料和饲料添加剂生产企业管理的通知》，对饲料和饲料添加剂生产许可证管理、统计信息报送、新修订的饲料法规规章的落实以及深入实施《饲料质量安全管理规范》等重点工作进行了再次部署，通过强化管理，核实检查，注销不具备饲料和饲料添加剂生产许可条件的企业 73 家。

（四）开展饲料法规、统计、安全生产培训

按照年初的计划安排，于2018年9月3～4日在石家庄市举办了饲料法规、统计、安全生产培训班。重点对新颁布的《宠物饲料管理办法》、新修订的《饲料卫生标准》《饲料添加剂安全使用规范》进行了宣贯；对新的饲料统计报表制度和统计系统运行中存在的突出问题进行了研讨；同时对饲料安全生产相关知识进行了培训。各市饲料办主任、负责统计、安全生产人员、重点饲料和饲料添加剂生产企业负责人、省局草原与饲料处、饲料工业协会、饲料监察所相关人员等共160余人参加了培训。本次培训邀请了农业农村部畜牧业司、中国饲料工业协会相关专家、河北省安全生产专家进行授课，收到了良好的效果。

（五）饲料行业安全生产有效开展

一是年初就将饲料安全生产责任落实、制度建设、专项整治和执法、监督检查、基础管理、教育培训、职业病防治、事故报告和调查处理等内容进行了安排部署，并与各市签订了饲料安全生产目标管理责任状。二是制定了《河北省饲料安全生产突发事件应急预案》。三是开展了安全生产大检查，重点抓好饲料生产安全隐患“大排查、大治理”工作。2018年，省级共检查企业41家，市级共检查企业223家。县级基本上达到了全覆盖，排除各类安全隐患42条。四是组织制定《河北省饲料行业安全生产风险辨识分级管控指南（试行）》。

（六）全力做好非洲猪瘟防控工作

非洲猪瘟在辽宁省发生疫情后，按照农业农村部电视电话会议精神、64号公告以及农业农村部畜牧业司35号文件《关于做好以猪血为原料的血液制品非洲猪瘟检测工作的通知》要求迅速开展非洲猪瘟防控工作。一是对猪血液制品生产企业开展了拉网式排查，对非洲猪瘟核酸阳性产品进行了封存和无害化处理；二是开展猪用饲料集中专项整治活动，对饲料生产环节、经营环节、养殖环节整治提出了具体要求，对辖区内相关饲料生产企业、生猪养殖场（户）开展了拉网式检查，对秦皇岛、承德、保定、廊坊、邢台、衡水、邯郸等重点市进行重点督查。

（七）超额完成粮改饲试点任务

一是完成对2018年粮改饲试点评审、入库工作，春播前将任务计划和绩效考核目标分解到各市和试点县，并联合省财政厅及时印发《2018年河北省“粮改饲”试点工作实施方案》。二是通过试点单位预拨付部分补贴资金，创新农业金融产品和服务，建立信贷担保、“青贮贷”等金融产品，缓解养殖户收贮资金压力。三是对各地涌现的一批好经验、好做法及时推广。四是充分发挥河北省草业创新团队在粮改饲试点工作推进过程中的科技支撑作用，积极开展适宜当地种植的优质牧草与饲料作物品种引种试验、创建全株青贮玉米应用示范。2018年各级项目管理部门累计举办各种类型培训班57次，培训人员3 268人次，编辑印发青贮技术资料4 300多本，制作“粮改饲”技术指导光盘近5 200余张，充分利用电视、广播、报刊杂志、互联网等媒体，开展主题突出、形式多样的宣传报道。

【存在问题】

（一）企业做强做大的步伐需要加快

（二）产业链需要延伸，抗风险能力需要增强

（三）研发力度需要加大，核心竞争力需要提升

（四）监管队伍需要充实，检测能力需要提高

【下一步工作思路】

（一）推广低蛋白日粮技术，降低饲料中蛋白质含量

重点推广低蛋白日粮配制技术发展，引导饲料生产企业站在行业可持续发展的高度，提高技术水平，及时调整饲料配方，主动推广应用低蛋白质日粮。通过合理添加氨基酸和酶制剂，力争将猪料粗蛋白质水平降低2个百分点，将蛋鸡料粗蛋白质水平降低0.5～1个百分点，减少饲料原料消耗尤其是减少对进口大豆的依赖。同时支持有条件的饲料企业大力开发生物饲料和单细胞蛋白资源的开发利用，降低饲养成本，提高饲料的转化率。

（二）引导企业集团化发展

帮助和引导企业负责人解放思想，开拓思路，建立和完善现代饲料企业制度。为企业联合发展，及时提供税收等相关的政策信息，引导企业并购、合资、合作，提高产业集中度，培育饲料企业集团化发展，整合和优化存量，提高饲料生产规模化、集约化水平。

（三）推广饲料、饲养、加工一体化产业模式

鼓励饲料生产企业与粮食种植户、养殖户开展深度合作，建立稳定的产销关系、技术合作关系，延长和拓展饲料企业的产业链。鼓励大型饲料企业走种、养、加一条龙模式，提高企业抵御风险能力和营利能力。开展饲料生产企业与养殖场厂场对接，采取“代建”“共建”等方式，加快推进饲料散装散运和机械化作业，降低人工费用和生产成本，提高企业竞争力。鼓励和支持饲料生产企业争创饲料知名品牌，加大宣传力度，努力提高名牌产品的社会知名度和市场占有率。

（四）强化日常监管，建立长效机制

按照“属地管理、分级负责”的监管原则，加大对饲料生产企业的检查力度，加大对例行监测和群众举报问题的检查力度。有针对性地开展饲料专项整治，严厉打击违规生产饲料和饲料添加剂行为。加强运行机制研究，完善行政管理、检验检测、监督执法三位

一体的监管体系，进一步明确行政管理、检验检测、监督执法各自职责，建立相互配合、互为补充的检打联动制度。建立完善饲料质量安全风险分析预警机制。实施一岗双责，狠抓安全生产，实行安全生产“一票否决”制。

（五）鼓励大型企业建立和完善技术研发队伍

鼓励大中型饲料生产企业研制、开发和生产安全、高效、环保、低成本的饲料及饲料添加剂，提高竞争力。鼓励科研机构、大专院校与企业开展多种形式的联合与合作，建成一批新型的“产学研”联合体，加大重大科技项目的开发与实施力度。积极引导科研单位、大专院校、企业紧密结合，建立饲料科技产业联盟。推动饲料科技创新，将现有技术进行系统集成、组装、转化，促进科技成果的推广应用。

（六）加强监测制度和分析预警制度

提高省级和重点区域饲料质检机构的质量检测和风险分析预警能力，改善检验检测仪器设备，全面满足按照国际国内技术标准开展饲料安全监测的工作需求。支持大中型饲料生产企业加强检测实验室建设，提高装备、人员和管理水平，鼓励有条件的地区建立第三方饲料检测机构，提高分析预警能力。要运用现代网络通讯技术，建设饲料和饲料添加剂重点生产企业管理信息平台，被纳入监测范围的重点企业，及时报送采购、加工、销售、库存、价格等情况，通过数据库及时发现问题，解决问题、从而及时准确掌握市场信息。

（河北省农业厅草原与饲料处）

山西省饲料工业

2018年，山西省认真贯彻落实《饲料和饲料添加剂管理条例》《饲料质量安全管理规范》等法律法规，进一步加强饲料质量安全管理工作，强化源头管理，抓好规范创建，加强执法监管。全省饲料工业稳中求进、不断发展，为山西省畜牧养殖发展提供了坚实的保障。

【基本情况】

截至2018年年底，全省共有各类饲料生产企业205家，其中单一饲料生产企业23家，预混合饲料生产企业44家，浓缩、配合、精补料生产企业141家。2018年，全省饲料总产量共305.3万t，饲料行业生产总值102亿元，饲料添加剂产品总量2.1万t，总产值5 952万元。全省饲料质量监管水平不断提高，有效防范了饲料质量安全及生产安全事件发生。

【主要做法】

（一）加强组织领导

2018年山西省始终把落实饲料质量安全管理规范工作作为重要抓手，切实增强责任感和紧迫感，明确职责，落实任务，制定了全省饲料质量安全工作要点和实施方案，并将监管工作责任和任务分解到各部门和各市、县，确保监管工作到位，形成了一级抓一级、层层抓落实的良好局面。

（二）加强监管工作

按照“坚持问题导向、加强日常监管、健全长效机制”的工作思路，和“标本兼治、重在治本”的原则，围绕饲料质量安全工作中存在的突出问题和关键环节，进一步加强了各项监管工作。

1. 强化监督执法

山西省把实施《饲料质量安全管理规范》（以下简称《规范》）作为重点工作，采取有力措施加快推进。一是规范监管工作。进一步完善饲料监管档案，落实监督记录制度，对日常巡查、监督检查和飞行检查工作实施“痕迹管理”。二是强化饲料督查工作。将“双随机、一公开”作为基本手段和方式，组织对全省饲料企业进行摸底检查，全面掌握企业对《规范》的执行情况。对于实施进度滞后的企业进行约谈，明确提出整改要求和整改期限，并进行跟踪回访，确保整改到位。

2. 加强监测抽样

强化对生产企业抽查检测、经营单位备案、养殖场饲料抽查等有效措施，全面提升饲料产品质量。2018年全省共采样116批次，对不合格的企业全部进行了立案查处。

3. 签订质量安全承诺书

组织各市、县分别与辖区内饲料生产企业签订《质量安全责任书》，明确企业是质量安全主体。与重点规模养殖场和饲料生产企业签订《饲料中严禁添加使用违禁物质承诺书》。

（三）开展宣传培训，营造良好氛围

省农业农村厅举办了市县监管人员和45个企业参加的饲料政策法规培训班，使饲料生产者、管理者充分认识、理解、实施《规范》的重要意义和基本要求，在监管和企业两个层面都培养一支熟法规、懂《规范》、善管理的队伍。

（四）规范行政审批，做好换证工作

省农业农村厅对饲料生产许可证申请等行政审批工作进行梳理，重新制定办事指南，简化办事程序，规范审批行为。同时制作并发放企业告知书，发放至每一家生产企业，对换证时限、要求和后果进行了告知和说明，深入企业做好指导和服务工作。2018年，全省共对50家企业换发新的饲料生产许可证，饲料企业硬件设施明显改善，饲料质量安全保障能力明显提升。

【下一步工作】

（一）建立饲料行业分类监管制度

制定饲料生产企业分类监管制度，确定监管等次、

评定标准和组织实施方案，下发各市组织开展评定工作，汇总评定结果，公布企业分类等次，加大对等级评定较低和未评级企业的监管力度，提高监管精细化水平。

（二）健全质量安全风险管控和治理制度

继续开展“瘦肉精”专项整治，全面落实“双随机、一公开”监管检查与监督抽检联动机制，开展饲料质量安全“全覆盖”监测，推进落实饲料质量安全管理规范，不断提升质量安全控制能力。深入推进检打联动，对监督抽检过程中发现的非法企业和违法违规行为，有案必查，查必到底，保持高压严打态势。

（三）强化重大活动畜产品质量保障制度

制定畜产品质量和饲料使用安全保障工作方案，加强对养殖场饲料等畜牧业投入品规范使用的技术指导，杜绝违禁添加物的使用。完善突发事件应急机制，提高应急处理能力。

（四）严格饲料安全生产监管制度

牢固树立“管行业必须管安全、管业务必须管安全”的责任理念，加强行业安全生产监管，督促企业严格落实全员安全生产主体责任，制定印发《饲料行业安全生产规范》，真正把安全意识、安全责任落实到工作规程、具体操作上，维护行业发展安全。深入开展安全生产隐患的排查治理，强化安全生产措施，堵塞安全监管漏洞。

（山西省农业农村厅畜牧兽医局）

内蒙古自治区饲料工业

【饲料生产】

2018年，内蒙古自治区饲料总产量为350.9万t，同比增长7.3%；总产值96.7亿元，同比增长13.4%，营业收入96.5亿元，同比增长14.2%。按产品类别分：配合饲料产量289.8万t，同比增长12.7%；浓缩饲料产量58万t，同比下降12.6%；添加剂预混合饲料产量3.1万t，同比下降8.4%。按产品品种分：猪饲料产量67.1万t，同比增长34.3%；蛋禽饲料产量23.9万t，同比增长4%；肉禽饲料产量26.6万t，同比增长1.5%；反刍饲料产量227万t，同比增长5.6%。

饲料添加剂产量为78.1万t，同比增长30.7%，营业收入44.6亿元，同比下降31.1%，总产值48.6亿元，同比下降25.7%。

全区饲料生产企业加工能力单班达到400万t以上，从业人数达到了3.4万人；年实际产量超过5万t企业达到了13家，产量占到总产量的50%。

【饲料行政许可】

截至2018年年底，内蒙古自治区饲料生产企业有334家，获得生产许可证385个。其中双证企业31家，3证企业7家，4证企业2家。所获生产许可证中饲料添加剂生产许可证39个，混合型饲料添加剂生产许可证28个，添加剂预混合饲料生产许可证30个，单一饲料生产许可证63个，配合饲料、浓缩饲料、精料补充料生产许可证225个。

【饲料质量安全管理规范示范企业创建】

截至2018年，内蒙古自治区创建部级《饲料质量安全管理规范》示范企业6家、自治区级《饲料质量安全管理规范》示范企业21家。

【饲料质量安全监管】

依法依规实施生产许可，不断完善饲料生产行政许可审批制度、程序，全面增强审核的科学性、规范性。

全面落实《饲料质量安全管理规范》，稳步推进饲料生产全过程质量安全管理制度的落实和法定职责义务的履行。

采取积极有效措施开展检打联动。2018年各类饲料样品抽检3 651批次，平均合格率93.7%。组织进行了2次饲料企业全覆盖监测抽检，1次第三方随机抽检，1次农业农村部异地抽检，有力地打击了不合格产品，保障了饲料产品质量安全。

实行制度化、踪迹化日常监管。三级饲料监管部门按照“212”巡查制度，对饲料生产、使用和经营环节进行全覆盖检查，日常监管形成了“常态化、踪迹化、统一化”模式。累计巡查12 028余次，检查饲料生产经营使用企业4 643个次。排查猪用饲料生产企业106家，猪用饲料经营门店2 308个，猪养殖场19 969个。

【“瘦肉精”专项整治】

强化上下、区域、部门联动机制，采取积极措施坚决遏制牛羊“瘦肉精”问题，2018年累计检查饲料生产、经营企业和养殖场（户）4 821个（次）；养殖环节“瘦肉精”及“β-兴奋剂类违禁物质”监测共3 791家养殖场（户），抽检活畜尿样17 262批次，合格率99.9%。为加大随机检测排查力度，通过公开招投标形式购买了第三方检测机构进行监测抽检，养殖环节育肥牛羊“瘦肉精”专项监测抽检尿样500批次，全部上机检测均未发现疑似阳性。

【非洲猪瘟防控排查情况】

按照9月13日非洲猪瘟防控厅务会议部署，依据农业农村部第 64 号公告，9 月 14 日下发了《关于加强猪用饲料监管做好非洲猪瘟疫情防控工作的通知》（内农牧饲发〔2018〕334 号）。截至 10 月 30 日，排查猪用饲料生产企业 106 家，猪用饲料经营门店 2 308 个，猪养殖场 19 969 个，封存、送检与猪血液有关的制品及猪用饲料 43.64t。对问题产品按照农业农村部 64 号公告的要求及时进行了处置，消除了隐患，保障了养殖业饲料安全。先后两次参加自治区政府和我厅组织的非洲猪瘟防控督查，认真贯彻落实国家和自治区关于防控非洲猪瘟的部署。

【存在主要问题】

一是饲料生产企业整体素质不高，饲料产品同质化问题突出，部分企业处于停产、半停产状态。中小型生产企业《饲料质量安全管理规范》实施较差，企业规范制度、记录、规程等执行不力。检查中发现有的企业生产条件发生改变已不具备许可要求，个别企业存在违规生产行为，虽然对这些企业进行了相应的处罚，但反映出来的这些方面问题不容忽视，必须认真督查才能发现和排除。

二是经营、使用环节“三无”、假冒饲料添加剂和添加剂预混料产品仍然存在，特别是兽药经销店经营不合格饲料添加剂现象比较严重。经营市场大部分存在经营者查验义务不履行、证明材料不留存、购销台帐不完善现象。养殖场（户）自配料生产安全隐患大，监管形势依然严峻。

三是从上半年组织巡查情况来看，个别盟、市（兴安盟、巴彦淖尔市、乌海市、阿拉善盟）对巡查通报反馈问题清单的整改落实行动缓慢，重视程度不够。部分地区监管部门存在落实巡查、抽检、案件查处（案件查处方面主要是乌兰察布市、呼伦贝尔市、乌海市）等制度措施不严不实的现象，甚至有的环节看不到属地巡查抽检等痕迹记录。饲料生产、经营和使用环节部分从业人员对饲料行业管理的法律法规不熟悉，对行业的要求和规范不了解，给饲料质量安全埋下隐患。

四是全方位监管能力弱，特别是基层监督执法体制不完善，加之监督监测技术支撑机构的人才、装备建设滞后，风险监测、管控能力不强。盟、市级对旗、县、区监管督导不深入，旗、县、区监管履职尽责不到位，以致出现对监督抽检出的不合格产品、监管检查出的不合规行为等问题的查处存在执行条例法规不严的现象。

五是养殖环节质量安全监管不到位，各相关部门配合协调不密切，旗、县一级“瘦肉精”监管主体责任落实不到位，发动群众、宣传群众、依靠群众不够。属地监督抽检仅仅是为了完成上级下达的任务，没有真正确立监管主体责任的地位。

六是各级对饲料生产企业政策扶持力度弱，饲料生产企业在应对大宗原料价格波动、采用新技术新装备、加工与养殖对接等方面缺乏政策支持，政策优惠受限，抗风险和持续发展能力不强。

【下一步工作重点及措施】

下一步以落实十大行动计划为主要目标，针对存在的问题，积极采取措施，重点加强以下几项工作。

（一）农牧业行政执法行动计划方面

严格按照制定的申报、审核、审批饲料生产行政许可规范程序进行饲料生产许可证审批，在实施行政许可的过程中，把责任意识和风险意识摆在前面，严格生产许可证和产品批准文号审核。许可审核公开、透明，许可审批按规定时限完成。

在监管力量、经费、手段十分有限的条件下，突出重点问题、找准关键环节。突出重点监管非法添加“三个目录”以外的物质、超范围超量使用添加剂和标签标识不符等关键环节，对检查中发现的违规行为依法进行查处。

聚焦 10 大行动计划，按照“瘦肉精”整治方案，进一步强化上下、区域、部门联动机制，针对牛羊养殖重点地区加大突击监管抽检频率，不定期进行拉网式排查，突出重点，督促责任主体落实责任。重点加大第三方检测机构随机检测排查力度，检打联动做好“瘦肉精”整治工作。

以落实《饲料和饲料添加剂管理条例》及其配套规章为重点，提升监管监测能力，严格落实“212”巡查制度，3 级饲料管理部门年、月巡查全部达到 2 次、1 次和 2 次以上。重点实行产品抽样与日常监管相结合，监督管理部门与质检机构协同行动，在抽样的同时对各环节进行监督检查。

（二）农牧业生产标准化行动计划方面

严格执行《饲料标签标准》和《饲料卫生标准》。针对企业素质低问题，抓重点企业搞示范，全力推进《饲料质量安全管理规范》。进一步强化监督执法、服务指导和宣传培训。对于不执行规范的企业，约谈主要负责人，明确提出整改要求和时限，对于经督促仍不改正的，一律按照条例规定严肃处理。

依据十大行动计划，采取分片集中、分类指导等方式对基层监管队伍和饲料从业人员进行强化培训，进一步提升饲料标准化程度，全面提高监管能力。

（三）质量安全监测和追溯管理行动计划

做到获证饲料生产企业监测抽检率达到 100%，饲料生产、经营和使用环节普法、执法检查率达到 100%。

（内蒙古自治区农牧业厅饲料处）

辽宁省饲料工业

【饲料工业基本情况】

饲料工业：据统计，2018 年饲料产品总产量 1 235.4 万 t，较上年同比增长 3.5%；其中配合饲料 994.2 万 t，同比增长 9.2%；浓缩饲料 224.9 万 t，同比减少 14.5%；添加剂预混合饲料 16.3 万 t，同比减少 17.3%。全年实现饲料工业总产值 393.6 亿元，同比减少 0.8%。

饲料原料业：据统计，单一饲料总产量 443.3 万 t，同比减少 10.2%。其中，豆粕产量为 348.3 万 t，同比减少 13.0%；鱼粉产量为 14.8 万 t，同比增长 57.4%。实现产值 508.6 亿元，同比增长 307.9%。

饲料添加剂业：饲料添加剂产量稳步增长。据统计，2018 年饲料添加剂总产量为 20.5 万 t，同比增长 14.4%。其中氨基酸 7.8 万 t，同比增长 9.0%；维生素 4.5 万 t，同比增长 14.8%；矿物元素及络合物 6.8 万 t，同比增长 52.0%。实现产值 19.5 亿元，同比增长 4.1%。

【组织机构】

辽宁省农业农村厅兽药饲料处（省饲料工作办公室）行政编制 5 名，负责拟订全省饲料行业发展规划和计划，承担饲料和饲料添加剂研制、生产、经营的监督管理工作，组织实施《饲料行业质量管理规范》。辽宁省农业发展服务中心畜产品安全与深加工部协助厅机关开展饲料生产经营和使用监管等事务性工作。

【主要工作内容】

（一）开展质量年活动，全力保障产品安全

制定 2018 年畜牧业质量年行动方案，围绕“质量兴牧、绿色兴牧、品牌强牧”主题，深化开展饲料质量安全专项行动。制定饲料质量安全监测计划，修订并完善了检打联动运行管理制度，加大监测与执法联动效能。

召开辽宁省兽用抗菌药使用减量化行动暨辽宁省畜禽无抗养殖产业技术创新战略联盟启动会议，并向农业农村部推荐全省 3 家企业为第一批兽用抗菌药使用减量化行动试点养殖企业，以点带面，全面启动兽用抗菌药量化使用行动。

强化监测和监督办案工作。上半年全省共监测兽药饲料畜产品 2 552 批次，合格 2 519 批次，合格率 98.7%。查处饲料质量安全违法违规案件 19 件，罚没款 16 万元。配合山西省对全省近 200 家饲料生产企业进行现场抽样检查，发现的问题全部交由市级饲料主管理部门监督整改。

（二）做好泔水和含猪血制品饲料的监管

1. 及早部署，严格落实相关监管举措

一是制定《关于暂停泔水和餐余垃圾饲喂生猪的紧急通知》，从 8 月 8 日起全省暂停泔水和餐余垃圾饲喂生猪，并要求各地迅速开展拉网式检查工作，全面检查泔水和餐余垃圾饲喂生猪违规行为。二是制定《关于开展禁止使用泔水饲喂生猪及暂停使用含猪血原料饲料专项清理行动的通知》，从 9 月 13 日起，全省开展禁止使用泔水饲喂生猪、暂停使用以猪血为原料的血液制品作为猪饲料的专项清理行动。三是制定《关于对加强泔水管理工作进行宣传和案件查处的通知》，要求各地各司其职、各守其责，全力做好泔水监管工作。

2. 强化监测，排查隐患

按照农业农村部《关于做好以猪血为原料的血液制品非洲猪瘟检测工作的通知》要求，对全省猪血制品单一饲料生产企业产品进行了抽样检测。检出 12 份黑山雨润生物蛋白制品有限公司生产的猪血制品非洲猪瘟病毒核酸阳性，经中国动物卫生与流行病学中心确诊为非洲猪瘟病毒核酸阳性后，一是下发《关于对相关血液制品和屠宰场等开展排查的通知》，立即开展

溯源工作。成立联合调查组赴黑山雨润公司进行详细调查，并追溯猪血原料来源及成品去向。立即责令黑山雨润公司暂停生产，封存库存产品，对企业相关生产设施、场所、运载工具等进行全面消毒，责令黑山雨润公司对销售出的产品进行召回。二是开展对猪血制品使用企业的排查。对使用黑山雨润公司产品的沈阳富士大通科技有限公司和营口瑞丰科技有限公司，分别由沈阳市和营口市饲料管理部门责令立即停止使用。对饲料生产企业库存黑山雨润公司的猪血制品原料要立即封存，由锦州市饲料管理部门监督黑山雨润公司全部召回进行无害化处理。

（三）进一步优化企业服务

与省国税局协调解决饲料生产企业免征增值税政策执行中与检测相关的事项。制定下发了《省畜牧局关于对饲料产品免征增值税政策执行中有关检测事项的函》，最大幅度地减少了企业免征增值税环节的检验工作，每年至少为全省饲料企业减少检验经费支出近2 000万。制定下发了《关于饲料和饲料添加剂产品批准文号申报不再进行复核检验的通告》，方便了企业办理饲料批准文号审批业务，提升了办事效率。组织审核确定了41家2016年度符合加工收购新产玉米补贴政策条件的饲料生产企业（集团）。全年共核发饲料生产许可证285个，完成1 953个饲料和饲料添加剂批准文号申请的审核和核发工作。举办全省饲料评审专家培训班，部署饲料生产企业许可换证及饲料管理改进工作。举办全省宠物饲料法规培训班，宣贯宠物饲料相关法规。

（辽宁省畜牧兽医局畜产品安全与兽药饲料处）

吉林省饲料工业

2018年，在局党组的正确领导下，在主管局长的亲自带领下，吉林省草原饲料处圆满完成了年度工作任务。

【主要工作内容】

（一）开展饲料行业安全大检查活动

为强化饲料行业两个安全监管工作，印发了《关于开展饲料质量安全和生产安全工作专项督查的通知》（吉牧饲发〔2018〕301号），对6家饲料企业开展饲料质量安全和生产安全监督检查活动。根据省政府统一要求，从全省饲料生产企业中，随机抽取30家企业，开展了“双随机、一公开”检查活动。

（二）开展饲料产品抽样监测工作

印发了《关于开展饲料质量安全抽样检测工作的通知》（吉牧饲发〔2018〕92号），全年完成饲料产品抽样检测任务3 500批次。完成了农业农村部下达到吉林省的饲料抽样检测任务274批次。为把脉企业发展动态，采取月报采购和销售数据的方式加强企业动态监测，做好全省饲料市场情况预测，为企业良性发展提供支持。2018年饲料产品检测合格95%率以上。

（三）加强猪用饲料监管工作

按照农业农村部64号公告和农业农村部畜牧兽医局《关于做好以猪血为原料的血液制品非洲猪瘟检测工作的通知》要求，印发了《关于加强猪用饲料监管工作的紧急通知》（吉牧饲发〔2018〕300号），加强猪用饲料原料产品监管。组织对全省以猪血为原料生产喷雾干燥猪血浆蛋白粉和喷雾干燥猪血球蛋白粉饲料的2家企业开展了抽样监测。共抽取7月1日以后生产的产品163批次，有76个样品为非洲猪瘟核酸疑似阳性，多局立即采取暂时封存、召回问题产品、追溯原料来源和停止收购问题猪血等处置措施，加强猪用饲料监管。

（四）做好饲料行业行政的核发工作

2018年共受理政务大厅行政审批件129个。其中，受理饲料和饲料添加剂生产许可件105个，退办6个，办结99个；办结新核发饲料和饲料添加剂生产许可证28个，续展39个，新增生产线3个，企业法定代表人变更、企业名称变更、增加产品品种等许可项目28个；受理饲料添加剂、添加剂预混合饲料产品批准文号审批件24个，退办2个，办结22个。在办理行政许可过程中，没有超过审批时限现象，确保了办事时效。

（五）加强服务企业能力建设

认真落实省政府“放管服”有关文件精神，制定了《饲料添加剂、添加剂预混合饲料许可审批事中事后监管方案》，完成《饲料添加剂、添加剂预混合饲料行政许可办事指南》的编制工作。为提高草原征占用审批效率，制定完成了在线审批监管平台《草原征占用审核审批服务指南》。对标浙江省“最多跑一次”事项清单，将草原10项行政审批项目进行认真梳理简化，实现了服务对象到政府办事只跑一次目标。

（六）稳步推进秸秆饲料开发利用工作

2018年安排秸秆饲料开发利用项目资金1 000万元，支持秸秆饲料开发项目212个，饲料加工利用秸秆为530万t，其中青贮275万t、黄贮255万t。目前全省累计保留贮窖1 010万m^3，秸秆饲料加工机械累计保留6.9万台。2018年秸秆饲料化利用率15%，同比增长1.7个百分点。

一是落实秸秆饲料化利用任务清单。为打好污染防治攻坚战，根据《吉林省环境突出问题集中攻坚行动方案》任务要求，下发了《关于报送秸秆饲料化利用任务清单的通知》（吉牧饲发〔2018〕68号），开展全年秆杆饲料生产情况调度统计工作，将“十三五”时期，全省完成的饲料利用秸秆700万t的任务分解到全省49个县（市、区）。

二是开发建设省级新型秸秆饲料利用项目。2018年安排240万元，作为秸秆饲料开发利用示范场建设项目科研经费。印发了《2018年吉林省畜牧业发展专项资金项目指南的通知》（吉牧联发〔2017〕15号）。通过项目申报和评审，最终确定省农科院等6个单位为项目实施单位，目前资金已经拨付到位，项目正在按计划有序推进中。2018年，全省共补助贮窖155个，容积24.53万m^3，补助秸秆饲料加工机械54台，补助专用青贮玉米种植2 435 hm^2。

三是答复人大和政协提案。分别对《关于吉林省农作物秸秆转化的建议》《关于对推进秸秆“五化”利用打赢蓝天保卫战的建议》《关于加强农作物秸秆综合利用解决露天焚烧农作物秸秆问题的建议》和《关于科学规划秸秆资源利用保护东北黑土地资源的建议》中有关秸秆饲料化利用方面的内容进行了答复。

【存在问题】

一是饲料行业管理水平不高。在行业监管的实际工作中，无论是监管部门对企业的监管，还是企业自身管理自律能力，都与复杂的质量安全形势不相适应，仍然有非法使用违禁添加物、制售假冒伪劣饲料的风险发生，个别企业的生产车间粉尘浓度过高，给安全带来了极大隐患。

二是秸秆饲料化开发利用产业化水平不高。在秸秆饲料开发利用上，全省大型加工企业不多，未形成规模化经营发展格局，加工能力有限，制约产业发展。

【2019年工作安排】

（一）完善优化饲料行政审批

进一步落实行政审批“放管服”和“只跑一次”要求，优化准入服务，精简审批材料，公示审批事项程序，压缩审批时限。按照“谁审批、谁监管，谁主管、谁监管”原则，强化事中事后监管，明确监管标准，明确监管方式，明确监管措施。

（二）持续加强饲料监督检查

建立饲料执法检查日常巡视制度，规范检查内容，制定检查标准，明确检查程序。设立省、市（州）、县（市）三级举报电话，建立饲料违法违规线索举报受理机制。开展饲料执法监督专项考核，进一步压实地方监管责任。继续开展饲料质量安全和生产安全专项检查。继续加强“双随机、一公开”执法检查。

（三）组织开展饲料质量安全监测检验

组织开展主要饲料原料、违禁添加物质、饲料药物添加剂、动物血液制品单一饲料等重点产品检测预警。继续开展饲料质量安全监督抽查，定期公布抽查结果，实施“检打联动”，及时查处违法违规行为。

（四）不断加大饲料违法案件查处力度

进一步加大饲料违法违规案件查办力度，建立规范的饲料违法违规案件受理、立案、查处、处罚、结案和案卷归档、案件上报制度。进一步加大案件查处培训，组织开展案件卷宗点评活动，加强案件卷宗规范化管理。

（五）继续实施秸秆饲料化利用

按照《吉林省人民政府办公厅关于推进农作物秸秆综合利用工作的指导意见》（吉政办发〔2016〕25号）和《吉林省人民政府关于印发吉林省打赢蓝天保卫战三年行动计划实施方案》要求，制定秸秆饲料化利用规划。发挥项目资金的拉动示范效应，重点支持大型贮窖建设，支持裹包收储加工技术，支持大中型秸秆加工机械购置。积极推进秸秆饲料开发利用标准化示范场建设实验示范项目，推进秸秆饲料技术研发和推广，支持以秸秆膨化饲料为主的新技术推广应用。

（吉林省饲料工作办公室）

黑龙江省饲料工业

【饲料工业发展概况】

2018年，黑龙江省通过制定出台相关政策措施，以“粮头食尾”“农头工尾”为抓手，通过“两牛一猪”标准化规模养殖场建设，实现粮变肉、草变乳。各级饲料管理部门通过培训宣贯、监督检查、精准管理等方式，扎实抓好饲料各项监管工作，确保行业安全。2018年全省饲料总产量为346万t，同比下降37.6%，总产值138.45亿元。

（一）全省饲料生产企业获证情况

2018年黑龙江省饲料生产企业有407家，获得生产许可522个。其中双证企业15家，三证企业80家，四证企业2家。所获生产许可证中饲料添加剂生产许可证23个，混合型饲料添加剂生产许可证 75个，添加剂预混合饲料生产许可证85个，单一饲料生产许可证90个，配合饲料、浓缩饲料、精料补充料生产许可证249个。

（二）全省饲料生产情况

按产品类别分类，2018年共生产配合饲料128.2万t，其中猪料51.7万t，蛋禽料7.4万t，肉禽料3.1万t，水产料4.0万t，反刍料45.1万t，狐貉等其他料16.6万t。浓缩饲料211.5万t，其中猪料96.0万t，蛋禽料21.4万t，肉禽料54.1万t，水产饲料0.8万t，反刍料39.0万t，狐貉等其他饲料0.1万t。添加剂预混合饲料6.8万t，其中猪料1.9万t，蛋禽料2.5万t，肉禽料0.1万t，反刍料2.3万t，其他狐貉等料0.1万t。

（三）生产形势分析

一是猪用饲料受非洲猪瘟暴发和环保督查影响较大，猪饲料产量下降。自2018年8月以来，受全国非洲猪瘟疫情频发、全国范围内禁止活猪调运等因素影响，生猪存栏出现大幅下降，养殖户补栏不积极，厌养情绪加大。同时受环保因素影响，部分中小养殖场和散养户，因环保不达标退出养殖市场。生猪养殖收益下降，养殖户为降低亏损，加大玉米使用量，减少猪饲料使用；大体重猪减少，小规模散户快速挑栏退出，导致第四季度猪饲料产量明显下降，中小企业产量普遍降幅达30%～50%。

二是中小型反刍料生产企业形势艰难。一方面是由于大型奶牛养殖企业采取招标采购，而规模较大的牛料生产企业为了中标，不惜压低价格，赊账销售，使得无资金优势的中小饲料企业市场空间越来越小，产量直线下降；另一方面是受非洲猪瘟影响，近1/3的生产企业增加了牛羊生产设备，竞争严峻。

三是肉禽和蛋禽料出现小幅增长。2018年，黑龙江省肉鸡饲料产量略有增加，肉鸡产业集中化程度继续提升。全省肉鸡产业屠宰能力不足，制约了肉禽养殖业的发展。尤其是受后期非洲猪瘟影响，蛋价上升较快，行情看好，蛋鸡料呈现小幅增长。

四是饲料企业整体规模较小，竞争力不强。黑龙江省饲料生产企业中，大型生产企业数量较少，年产量在3万t以上的企业不足10%，产品同质化严重，品牌不强，市场竞争力弱。在成本压力下和激烈市场竞争中，大型饲料生产企业产量、效益与历年相比保持持平或略有增长，部分中小企业生产经营愈发艰难，小企业退出市场速度加快。

五是地方环保政策影响饲料产量下降。如燃煤锅炉改成油、气锅炉，饲料成本每吨平均增加50元。再如，国家连续两年对大型饲料生产企业使用玉米给予补贴，对年产量在5万t以上的企业补贴，而部分省份则由省级财政出资，对中小企业使用玉米给予补贴，这就造成部分省份饲料生产企业得到补贴后，降低市场售价，抢占市场，使全省饲料生产企业（中小企业）的市场占有率迅速下降。

六是氨基酸类饲料添加剂产能增长较快。随着绥化象屿金谷生化科技有限公司、龙江阜丰生物有限公司和大庆伊品生物科技公司的陆续投产，黑龙江成福食品集团有限公司也新近增加了产品品种，全省赖氨酸、苏氨酸、色氨酸的产能有了巨大的增长。

【组织机构】

黑龙江省农业农村厅畜牧处负责起草畜牧业、饲料业发展政策建议和规划，监督管理饲料及其饲料添加剂质量安全。

【主要工作】

继续开展饲料生产企业安全生产照单检查。督促市、县级履行行业管理责任，建立健全行业安全生产责任体系；加强检查、指导、考核，督促企业认真执行安全生产法律法规，建立和落实安全生产各项制度措施。

进一步做好中国饲料工业统计信息系统填报工作。督促各市（地）、县（市）畜牧兽医管理部门按时督促辖区内所有获证饲料和饲料添加剂生产企业在新系统中填报数据，使信息填报工作常态化。要求各市、县确保信息填报的持续性，调查、摸清停产企业数量，总结问题并及时沟通。

加强猪用饲料监管。按照《中华人民共和国农业农村部公告》（第 64 号）精神，要求全省饲料生产企业暂停使用以猪血为原料的血液制品生产猪用饲料。对以猪血为原料的血液制品饲料生产企业进行排查。安排部署对企业按批次进行库存血液制品抽样，并送黑龙江省动物疫病预防与控制中心检测。养殖场（户）暂停使用相关饲料产品饲喂生猪，并要求各地畜牧兽医部门加强监督管理，组织做好辖区内饲料生产及销售企业相关猪用饲料产品的抽样检测工作。

开展饲料质量安全监督检查。印发了《关于开展饲料质量安全监督检查工作的通知》（黑牧饲〔2018〕148 号）。要求各市（地）畜牧兽医管理部门组织企业所在地的市、县畜牧兽医管理部门，按照“双随机、一公开”的工作方式，对饲料和饲料添加剂生产企业开展一次现场监督检查。在监督检查过程中，发现问题后应督促企业立即进行整改。对拒不整改、逾期未整改或整改不合格的、情节严重的，依据《饲料和饲料添加剂管理条例》及相关规定进行处罚。

继续开展饲料质量安全监督抽查和预警监测工作，印发了《关于印发 2018 年省本级饲料质量安全监督抽查和预警监测计划的通知》（黑牧饲〔2018〕84 号），制定抽样实施方案，科学安排抽样，原则上保证辖区内饲料生产企业抽样全覆盖；省兽药饲料监察所及时向受检单位发送纸质检测报告，跟踪确认检测报告送达情况，严格执行异议处理程序，保证监督抽查结果的合法性，并及时向省畜牧兽医局报送监督抽查及预警监测结果。

切实提升服务质量和工作效率，优化营商环境。缩短审批时限，制定审批流程图、一次性告知单，提高办事效率。严格按照程序依法依规审批，保证在规定的时限内完成审批工作，并力争在实际工作中提高审批效率，压缩审批时间。坚持以人民为中心、优化服务、依法办事、公开公正、诚实守信、廉洁高效和权责一致，以做好服务为出发点，做好各项审批工作。提高行政效能，依法平等保护市场主体合法权益，维护市场秩序，承诺办事不求人，最多跑一次。

（黑龙江省农业农村厅畜牧处）

上海市饲料工业

2018 年，上海市各级畜牧兽医部门，监督、监测机构和行业协会采取各种有效措施，围绕投入品安全监管和畜产品质量安全，以保障饲料质量安全为目标，以推进《饲料质量安全管理规范》实施为抓手，严格准入，强化监管，努力规范饲料生产、经营和使用行为，促进饲料行业不断向规模化、标准化、集约化方向发展，形成“行业监管严格、安全风险可控、发展稳定向好”的良好局面。

【稳步发展，创新制度，做好 2018 年各项监管工作】

（一）行业结构调整，生产稳定发展

上海市饲料工业呈现总体健康发展、结构不断优化的趋势。2018 年年底，全市共有 99 家饲料和饲料添加剂获证企业，其中：配合饲料、浓缩饲料、精料补充料生产企业和单一饲料生产企业饲料生产许可证生产企业 53 家（包括专业宠物饲料生产企业 9 家、单一饲料生产企业 3 家），饲料添加剂生产企业 6 家，混合型饲料添加剂生产企业 25 家，添加剂预混合饲料生产企业 62 家，行业发展保持稳定良好态势。伴随着饲料监管趋严，以及长三角地区禁养力度的加大，加上城市拆迁等因素，全市一些生产管理水平较差的企业陆续退出饲料行业。通过优胜劣汰，全市饲料生产企业软硬件水平均有了显著提高。2018 年，全市饲料加工产品总产量 132.7 万 t，同比减少 19.0%，其中：配合饲料 101.7 万 t，同比减少 18.8%；浓缩饲料 10.1 万 t，同比减少 32.7%；添加剂预混合饲料 20.9 万 t，同比减少 11.4%；饲料添加剂和混合型饲料添加剂 5.1 万 t，同比减少 15.3%。2018 年全市饲料总产值达到 71.9 亿元，同比减少 12.6%。

（二）健全管理制度，强化准入监管

全市以许可审核为抓手，以贯彻落实《饲料和饲料添加剂管理条例》及其配套规章为要求，不断强化许可监管力度，严格行业准入门槛，确保行政许可的公开、公正、公平。一是健全许可管理制度。继续推进全市饲料和饲料添加剂生产许可审核专家队伍建设，不断完善专家审核制度，加强专家审核队伍培训，足额保障许可专家审核专项经费，严格评审要求，统一评审尺度，严把行业准入关。2018 年，全年共完成审核发证 40 张，其中饲料生产许可证 27 张，饲料添加剂生产许可证 13 张，注销饲料和饲料添加剂生产许可证 41 张，促进全市饲料企业增强了生产安全防护设施，降低了生产安全隐患，在人员、场地与设施、生产工艺与设备、检化验仪器和功能室设立等软硬件方面的综合水平大幅度提升。二是完善行政审批制度。按照《国务院关于上海市进一步推进“证照分离”改革试点工作方案的批复》（国函〔2018〕12 号）要求，紧紧围绕深化简政放权、放管结合、优化服务改革，将“设立饲料添加剂、添加剂预混合饲料生产企业审批”列入试行告知承诺事项。采取措施落实好《上海市行政审批告知承诺办法》的各项具体要求，积极参与新版《上海市行政审批告知承诺办法》的相关修订工作；制定了行政审批告知承诺实施办法以及“设立饲料添加剂、添加剂预混合饲料生产企业审批”事项相配套的告知承诺书和办理流程，明确了告知承诺事项的法律依据、设立条件、技术要求、承诺时限和法律效力；召开数次专题研讨会，重点研究和调研在实施告知承诺审批制度的新形势下，可能在生产、质量、安全、诚信和处罚等环节出现的各类现象，研讨相关的后续监管措施，不断推进和完善饲料生产企业双随机监督抽查机制，强化对获证企业的事中事后监管。三是完善批准文号管理制度。建立并完善批准文号电子管理档案，定期公示批准文号办理结果。2018 年全年共核发产品批准文号 749 个，并按季度公示审核结果，不断提高批准文号审批许可事项的透明与公开程度。

（三）严格监督抽检，强化过程监管

1. 实施上海市饲料监督抽检工作

根据农业农村部和上海市饲料质量安全监测计划，依据各区生产实际，编制和下达了饲料产品质量、饲料中违禁添加物、饲料中有毒有害物质的抽检和生猪出栏前“瘦肉精”及其替代品等各项监测任务，对抽检不合

格的获证企业，做到有案必查，使监管措施规范化、系统化、常态化。2018 年全市计划抽检饲料样品 200 批，实际完成检测 204 批，其中配合、浓缩饲料 84 批，饲料原料 20 批，添加剂 10 批，添加剂预混合饲料 90 批，任务完成率为 102.0%，检测合格样品 199 批，合格率为 97.5%。全年共计各类检测项目 1 120 项目批次，合格 1 114 项目批次，项目合格率为 99.5%。

2. 实施瘦肉精及其替代品产地监测工作

加强对地产生猪的残留安全管理，重点加强对出栏前生猪的检测，强化源头管理和生产监控，及时掌控上海市出栏生猪的质量情况，2018 年全年共完成对生猪出栏前瘦肉精及其替代品产地监测 20 081 批次，飞行监测 4 878 批，检测项目包括盐酸克仑特罗、沙丁胺醇、莱克多巴胺、齐帕特罗、赛庚啶等，检测结果均为未检出。

3. 实施国家饲料抽检各项工作

根据农业农村部制定的《2018 年全国饲料质量安全监管工作方案》要求，上海市印发了《关于印发上海市饲料质量安全监管工作方案的通知》，通过饲料企业监督检查和产品抽样检测联动、省际间见证监督抽样、引入第三方配合协同检测等创新模式，不断健全完善权责清晰、运行高效、监督有力的饲料质量安全监管机制，规范饲料生产经营和使用、打击违禁添加行为，全面提升全市动物性产品质量安全水平。上海市分上下半年实施了两轮监督抽检行动，按照农业农村部指定企业、指定产品、指定项目的三定要求，在农业农村部委派的陕西省畜牧技术推广总站的全程见证监督下，顺利完成全年的饲料质量安全监管抽样、检测、复核和现场检查等各项工作，共检查抽检各类饲料和饲料添加剂生产企业 42 家，抽取饲料样品 121 批，所有抽取样品均交由陕西省畜牧技术推广总站进行了检测，合格率 98.1%。

4. 实施以猪血为原料的血液制品非洲猪瘟专项检测工作

为做好非洲猪瘟防控工作，落实农业农村部公告第 64 号要求，按照农业农村部畜牧兽医局《关于做好以猪血为原料的血液制品非洲猪瘟检测工作的通知》的部署，上海市组织开展了以猪血为原料的血液制品生产企业的抽样检测工作，共抽取样品 76 批，所有样品送市动物疫病预防控制中心进行了检验，有 2 批为核酸阳性，相关产品已追回封存，相关屠宰场已清洗消毒，对可能涉及养殖场（户）的 132 份样品开展追溯检测，结果均为阴性，相关情况均及时上报了农业农村部畜牧兽医局。

（四）注重多措并举，强化监督执法

1. 强化制度建设

进一步强化获证企业后续监管力度，继续实行“双告知”和“双随机”抽查工作机制，不断完善饲料执法程序。继续实施诚信评级，开展企业分级监督管理制度，根据质量安全、生产运行、违规情况等项目完成对辖区内饲料生产企业的评级，引导全市饲料行业进入自律、规范的良好发展状态。

2. 强化监督检查

上海市依托行政审批、质量安全监测、案件查处三方联动机制，推行告知承诺制度，强化饲料安全责任，严肃查处违法违规企业，坚决查销无生产许可证、无产品批准文号、无产品标签的“三无”产品，严格规范饲料安全用药，对获证企业的年度检查覆盖率达到 300% 以上。2018 年上海市累计出动执法人员 11 537 人次，检查企业和养殖场 2 402 家次，其中涉及 1 767 家次养殖场（含 196 家次奶牛养殖场 / 户），562 家次饲料生产企业和 73 家次饲料经营企业，查处饲料案件 6 起，罚没金额 6 万元，维护和净化了上海市饲料市场秩序。

3. 强化专项检查

结合农业农村部全国饲料质量安全监管工作部署，对上海市获证饲料生产企业开展规范专项督导检查。全年共对 43 家饲料和饲料添加剂生产企业，重点围绕安全生产、许可条件、生产过程、质量控制和标签标识开展了专项检查。通过饲料企业监督检查和产品抽样检测联动，健全完善权责清晰、运行高效、监督有力的饲料质量安全监管机制，规范饲料生产经营和使用，打击违禁添加行为，切实保障饲料质量安全，全面提升动物性产品质量安全水平。

（五）严格行业监管，引导有序发展

1. 继续《饲料质量安全管理规范》的推进实施

一是加强各区属地化监管职能，督促引导辖区内饲料生产企业达到规范的各项各项标准条件，继续稳步推进《饲料质量安全管理规范》（以下简称《规范》）各项措施的顺利实施；二是继续实施《规范》标准与生产许可条件的现场并轨审核，从准入的层面，推进《规范》实现从原料入厂到成品出厂的全过程质量安全控制，及时发现并消除各种风险隐患；三是《规范》的推进实施继续采取督促引导和处罚制约同步实施的方式，并向强化处罚制约方式逐步转变，注重对不符合项目的整改指导，对于排斥抵触、拒不整改的企业按照《饲料和饲料添加剂管理条例》有关规定予以查处。

2. 推进宠物饲料管理新规的实施

为深入贯彻落实《宠物饲料管理办法》等规范性文件，依法推进饲料行业管理工作，全市配合农业农村部在上海奉贤举行全国宠物饲料管理培训班，并按期保质完成各项会务任务。农业农村部畜牧业司孔亮副司长出席了会议并讲话，农业农村部畜牧业司、全国畜牧总站、国家饲料质检中心相关领导以及各省、重点市饲料监管许可负责同志共 120 人参加了会议。为确保饲料行业各项新政在上海市的顺利实施，使饲料从业人员能尽快熟悉、掌握和落实各项相关措施要求，组织举办了全市饲料生产企业法规培训班，各区饲料行政执法部门和饲料生产企业负责同志共 150 人参加了会议。

3. 推进饲料统计新系统实施

为落实农业农村部关于饲料行业信息统计新系统的要求，上海市组织召开了全市饲料统计培训班，邀请了中国饲料工业协会专家介绍新系统的应用和数据填报要求，进一步明确上海市饲料信息统计上报要求，并在全国率先实现了行业内新老统计系统的顺利更替和全面运行。

【强化监管，保障安全，落实 2019 年各项管理措施】

2019 年，上海市将按照农业农村部的统一部署，在市农委的正确领导下，以饲料质量安全整治为重点，在长效管理上下工夫，确保畜牧业投入品的质量安全，重点做好以下几方面的工作。

（一）加强饲料获证企业监督力度

继续以《饲料质量安全管理规范》实施为抓手，加强各区属地化监管职能，以督促引导和处罚制约同步实施的方式，推进《规范》实施各项举措；强化获证企业后续监管，监督检查做到全覆盖，实施饲料生产企业诚信评级制度和分级监管制度，完善企业监管信息档案，并实行“双告知”和“双随机”抽查工作机制，完善饲料执法程序。

（二）进一步强化饲料许可审核各项工作

继续落实饲料和饲料添加剂生产许可专家审核制度，完善饲料许可审核专家库，加强专家审核队伍建设，不断提升审核水平，规范审核程序，注重审批时效，保障饲料各项许可审核工作顺利、有序、公正的开展；按照农业农村部关于《规范》实施的有关指导意见，继续完善《规范》纳入许可审核相关工作，并加强对示范企业的后续监督，开展定期回访和检查；落实好饲料行政审批事项关于优化服务、一网通办和事中事后监管等各项制度改革措施的具体实施。

（三）进一步加强饲料安全监测工作

一是继续加强饲料预警监测工作力度，开展饲料中药物和未知风险物质排查，将抽检工作和日常监督检查相结合，及早发现质量安全隐患，并通过优化调整抽检方案进一步提高监测的针对性和有效性。二是结合农业农村部全国饲料质量安全监管工作部署，继续开展饲料质量安全监管工作，并重点围绕安全生产、许可条件、生产过程、质量控制和标签标识同步实施专项督导检查，督查覆盖率达到 30% 以上。三是进一步强化企业自检能力，开展精密仪器、主成分监测和卫生指标检测等方面的专项培训。

（上海市农业农村委员会）

江苏省饲料工业

【饲料工业发展概况】

2018年，全省饲料总产量1 344.9万t，同比增长8.7%。从产品结构来看，配合饲料1 254.3万t，同比增长9.3%；浓缩饲料48.7万t，同比下降2.2%；添加剂预混合饲料41.9万t，同比增长4.3%。配合饲料、浓缩饲料、添加剂预混合饲料产量占总产量比重分别为93.3%、3.6%、3.1%。与上年比，配合饲料占比增长0.53个百分点，浓缩饲料、添加剂预混合饲料占比分别下降0.40、0.13个百分点。按养殖动物品种分，猪料435.7万t，同比增长6.7%；蛋禽料174.9万t，同比增长17.0%；肉禽料337.8万t，同比增长6.9%；水产料352.9万t，同比增长8.7%；反刍料37.3万t，同比增长86.8%。

（一）工业门类齐全

2018年，全省饲料、饲料添加剂、饲料机械和饲料原料等产业全面发展。全省饲料工业总产值和总营业收入分别为582亿元和574亿元，位居全国第三；商品饲料总产量1 345万t，跃居全国第五；饲料添加剂总产值和总营业收入分别为59.9亿元和53.9亿元，位居全国第三；饲料机械设备总产值和总营业收入分别为57.7亿元和60.1亿元，稳居全国第一；饲料原料豆粕年产量1 277.9万t，位居全国前列。

（二）产业结构合理

企业规模结构上，年产量超过5万t的中大型企业90家，占全省饲料总产量的70.0%；产品结构上配合饲料产量占饲料总产量比重为93.3%，充分适应和推动规模养殖快速发展；产品种类上畜、禽、水产三大类饲料产量占比分别为32.4%、38.1%、26.2%，促进畜禽和水产养殖均衡发展，充分保障畜禽产品和水产品的市场供应。

（三）产品特色鲜明

饲料机械设备领跑全国，为提升饲料加工技术水平和装备水平，推动饲料工业向标准化、自动化、智能化、精细化发展；2018年，饲料添加剂总产量54.2万t，同比增长11.1%。其中饲料添加剂液体蛋氨酸14.6万t，维生素6.6万t，矿物元素11.0万t，酶制剂6.1万t，抗氧化剂5.1万t，防腐剂、防霉剂3.6万t。乙氧基喹啉、液态蛋氨酸、甜菜碱、叶酸、丙酸、维生素C等饲料添加剂产量稳居全国首位，占据国内乃至全球绝大部分市场。

【主要工作】

（一）优化服务措施，提高饲料行业管理水平

认真贯彻落实“放管服”改革的要求，进一步加大简政放权力度，除饲料添加剂外，其他饲料生产许可审批项目全部委托设区市农业主管部门实施，全省形成了饲料、饲料添加剂生产许可证“分类管理、分级审批”的许可模式，简化了许可程序，提高了许可效率，减轻了企业负担。根据《国务院关于在全国推开“证照分离”改革的通知》，积极推进饲料生产许可“证照分离”改革，通过精简审批材料、压缩审批时限、加快审批进度、提高审批效率等，进一步完善措施、优化准入服务，加强事中事后监管。

（二）规范行政审批，加强饲料行业准入管理

2018年，全省共受理饲料和饲料添加剂生产许可证申请事项205项，其中新设立和续展131项，变更74项。共计核发饲料添加剂生产许可证26个，混合型饲料添加剂生产许可证25个，配合、浓缩饲料、精料补充料生产许可证88个，添加剂预混合饲料生产许可证43个，单一饲料生产许可证33个。共计注销饲料和饲料添加剂生产许可证19个。2018年，全省共核发产品批准文号2 272个，其中饲料添加剂和添加剂预混合饲料产品分别为198个、2 074个。到2018年年底，全省有饲料和饲料添加剂生产企业754家，有效饲料和饲料添加剂生产许可证886个。

（三）强化监管监测，保障饲料质量安全水平

全省各级饲料管理部门进一步创新监管方式、强化日常监管监测，规范企业生产经营行为，保障饲料质量安全。全面推行现场监督检查和产品抽样检测联动的监管机制，从安全生产、许可条件、原料使用、生产过程、产品质量、《规范》执行、标签标识等方面进行现场监督检查，同时对被检查单位进行抽样检测。全年部、省两级饲料质量安全现场监测检查饲料和饲料添加剂生产企业共计 411 个，抽检各类饲料、饲料原料、饲料添加剂产品 1 011 批次，在采样范围进一步扩大、检测指标大幅度增加的情况下，产品抽检合格率 93.6%，瘦肉精、三聚氰胺等违禁添加物抽检合格率继续保持 100%，饲料产品质量安全状况总体处于较好水平。

（四）开展整治排查，防范非洲猪瘟疫情风险

为加强非洲猪瘟疫情防控，减少非洲猪瘟传播风险，组织开展泔水等餐厨废弃物饲喂生猪专项排查和定点清除行动，全省共排查出使用泔水等餐厨废弃物饲喂生猪养殖场户 8 391 家，涉及存栏生猪 108.9 万头，其中停止饲喂 8 152 家，取缔关停 298 家，对拒不整改的立案查处 54 家。组织对猪血液制品及相关饲料产品的摸底调查和抽样检测工作，抽检猪血液制品 175 批次，对阳性样品进行无害化处理。

（江苏省农业农村厅畜牧兽医局）

浙江省饲料工业

【饲料产业发展情况】

2018年，全省饲料产业发展围绕畜牧业绿色发展示范省创建工作部署和要求，积极引导行业加快转型升级步伐，严格行业准入，强化行政许可事后监管，严厉打击饲料生产经营违法违规行为，切实保障饲料产品质量安全，努力推进饲料产业健康发展。

据统计，全省共有各类生产许可证420个，其中配合饲料、浓缩饲料、精料补充料生产许可证200个，单一饲料生产许可证61个，预混料生产许可证56个，饲料添加剂生产许可证103个。2018年，全省饲料和饲料添加剂总产量604.7万t，其中饲料产品（配合饲料、浓缩饲料、预混料）407.1万t，单一饲料177.4万t，饲料添加剂20.2万t，较去年分别下降4.2%、3.2%、11.0%。饲料和饲料添加剂总产值389.4亿元，同比增长1.3%，其中饲料添加剂产值为141.6亿元，同比增长1.1%。

【饲料管理工作情况】

2018年，全省认真践行新发展理念，紧紧围绕畜牧业绿色发展示范省创建、"最多跑一次"改革等重大决策部署，紧扣"防风险、保安全、促发展"工作目标，着力产业转型升级与质量安全统筹抓，进一步规范行业生产秩序，有效防范质量安全风险，饲料兽药生产经营秩序总体规范平稳。

（一）深化"最多跑一次"改革，严格做好行政许可工作

根据省委省政府"最多跑一次"改革部署，对部分企业关注度高、诉求大的行政审批事项进行再次梳理，进一步精简优化相关审批流程。切实增强以人民为中心的服务理念，提高服务意识，强化对饲料许可现场审验的服务指导，营造热情、负责、高效、廉洁的服务氛围。一是继续推动落实饲料行政审批改革举措。进一步梳理现行饲料行政许可审批事项，就基层企业高度关注的部分行政审批事项办理流程，再做调整和优化。其中，对如何进一步优化"饲料添加剂和添加剂预混合饲料产品文号核发须提交复核检测报告"行政审批流程，组织召开饲料行政审批改革研讨会，邀请农业农村部饲料处领导、各市管理人员代表和企业代表参会，听取各方意见，共同商讨进一步推进饲料行政审批改革的新举措，在前期"最多跑一次"改革删减材料、简化流程的基础上，报请厅常务会议审议通过，取消了预混料产品的复核检验要求，进一步缩短和简化了企业申报产品批准文号的时间和程序。二是继续严格做好行业行政许可业务审查审验工作。认真贯彻落实饲料管理法规规章，严格执行行政许可管理制度、工作纪律和党风廉政责任制，依法依规做好相关行政许可业务的审核和现场审验等工作，严把企业准入关。全年完成饲料行政许可业务审查业务739件，其中饲料添加剂和预混料生产许可审核事项57个（新发28、变更17、注销12），审核饲料添加剂和预混料产品批准文号682个，审核饲料产品自由销售证明近200份，审查办理饲料生产委托备案材料20余件。并完成了相关许可信息的录入和上报。

（二）开展法规培训，指导企业调整适应新规

2018年，农业农村部新颁布的《宠物饲料管理办法》《宠物饲料标签规定》《宠物饲料卫生规定》以及新修订的《饲料卫生标准》《饲料添加剂安全使用规范》（以下简称《规范》）等饲料管理规范性文件和技术性文件陆续施行。为指导企业尽快适应新的饲料管理法规规定，举办了全省饲料管理法规培训班，邀请农业农村部相关领导专家就上述规定文件进行了详细解读，培训省内饲料生产企业负责人100余人，督促要求企业严格按照新规要求调整规范企业生产经营行为，进一步提升饲料行业规范化管理水平；此次培训期间，还专门组织参训代表参观了平阳县的“宠物小镇”，向业界展示了宠物饲料行业发展现状及行业前景。

（三）深入推进《规范》实施，开展专项检查，提升企业生产经营水平

一是以省农业农村厅行文对《规范》实施作了进一步部署。针对目前全省饲料生产行业规范化水平参差不齐的问题，在将企业《规范》实施情况纳入行业准入许可范围的同时，积极推进饲料行业质量安全管理规范化示范创建行动，以期通过以点带面的方式，全面提升饲料生产规范化水平。按照农业农村部工作部署，前期通过企业自荐和部门推荐的方式，确定省内 13 家基础较好的饲料生产企业作为省级饲料质量安全规范示范创建单位。协同各级饲料管理部门，进一步加强对上述企业的现场指导和日常检查，加大了对企业产品质量安全的抽检监测，倒逼企业严格按要求落实示范创建工作举措。此外，积极争取财政经费 40 余万元，对示范企业进行工作补助。目前，全省已有 4 家饲料生产企业获得部级示范称号、6 家企业获得省级示范称号。二是根据全国饲料质量安全监管工作部署，开展监督检查。积极争取省执法总队、省兽药饲料监察所等部门力量，联合开展全省饲料和饲料添加剂生产企业监督检查，抽查杭州、湖州、宁波、舟山、绍兴等地共 120 家饲料和饲料添加剂生产企业，现场对企业安全生产、许可条件实施、产品质量管控以及《规范》实施等情况开展了一次全面检查，抽检相关饲料产品 222 批次，对企业存在的安全生产隐患、质量管控不符合要求等问题立即进行督促整改。

（四）研究畜禽绿色养殖技术方案，推广使用绿色环保饲料

一是针对当前畜禽排泄物矿物质元素超标、影响绿色还田的问题，组织有关技术单位、饲料生产企业、部分养殖企业开展生猪低矿物元素环保型猪饲料减排试验以及异位发酵床养殖模式下矿物元素低排技术比对试验，积极探索生猪养殖矿物质元素减量技术标准和应用方案。目前，上述项目已按要求完成，根据试验结果，将组织专家对《环保节约型猪配合饲料》推荐标准进行调整优化，并优先在美丽牧场、兽药减量化试点单位进行推广。二是参与举办兽药减量化试点专题研讨班，邀请农业农村部兽医局、浙江大学等单位的领导和专家、11 家试点单位及相关兽药饲料生产企业围绕兽药减量技术应用、“减抗”兽药产品、环保型饲料和饲料添加剂产品研发情况以及应用、如何落实试点工作等内容进行了交流探讨。三是推广使用中国饲料工业协会发布的《仔猪、生产肥育猪配合饲料》和《蛋鸡、肉鸡配合饲料》两个低蛋白日粮团体标准，达到节能减排的目的。四充分利用集中培训、日常检查指导等途径，加大散装饲料“厂场对接”配送模式的宣传推广，让广大养殖场户切实了解使用散装饲料的好处，调动其积极性和主动性，不断扩大散装饲料使用规模。

【存在问题】

一是《规范》的实施还是未全面落地。虽然采取了一系列措施推进《规范》实施，但由于浙江省养殖政策的调整和猪瘟疫情的发生，畜禽养殖量锐减，造成饲料生产企业产销量下滑严重，不少中小规模企业都处于停产和半停产状态，企业生存尚有问题，《规范》的真正实施更是无从谈起。二是环保型饲料和散装饲料推广难度大。虽然国家发布了《仔猪、生产肥育猪配合饲料》和《蛋鸡、肉鸡配合饲料》两个低蛋白日粮团体标准，浙江省也有低矿物元素含量的《环保节约型猪配合型饲料》标准，但养殖企业对环保型饲料和散装饲料使用的意义和优势认识不到位，积极性不够，再加上推广使用无有力抓手，推进难度大，推进速度慢。三是自配饲料的监管难度大。自配饲料的生产随意性大，安全隐患较多，但缺乏有效监管手段，监管难度大，影响畜产品质量安全。建议尽快出台《自行配制饲料使用规范》，探索有效监管机制。

【下一步工作思路】

2019 年的总体思路是认真贯彻落实国家饲料监管法规及配套规章，围绕省委、省政府和省农业农村厅加快畜牧业转型升级的一系列决策部署，强化饲料行业许可服务，加强饲料生产全过程质量安全监管，保障产品质量安全，完善行业绿色发展管控机制，努力提升绿色发展水平。

（一）进一步深化“最多跑一次”改革

按照“最多跑一次”改革“领跑者”的要求为抓手，继续深化饲料行政审批“最多跑一次”改革，重点是加强省、市、县三级饲料行政审批、现场审验队伍能力建设，完善现场审验机制，提高专业、高效、规范审验能力，更好地优化服务措施。

（二）提升饲料质量安全监管能力

按照“全链条”监管要求，顺应农业综合执法体制改革的新趋势，统筹加强对市、县农业综合执法机构的指导，完善饲料生产经营使用“全链条”质量安全监管工作机制，提高执法监管能力。

（三）加快推广使用绿色环保饲料

随着农业农村部抗生素减量化使用行动的加快推进，积极做好引导和服务工作，鼓励支持饲料添加剂企业加大绿色、环保、高效产品研发生产，加快推动饲料生产企业使用“减抗”“替抗”型饲料添加剂，提高饲料企业科技创新能力和绿色发展水平，促进产业转型升级。

（四）强化“检打联动”机制

针对兽饲料产品大流通，大市场新格局、新特点，突出强化省内省外联防联控协作，强化部门沟通协作，进一步完善联动机制，提升监管效能。突出加强饲料经营使用环节省外产品的质量安全监督抽检，严厉打击违法行为。

（浙江省农业农村厅畜牧兽医处）

安徽省饲料工业

【饲料工业发展概况】

2018 年，安徽省各级饲料管理部门围绕农业农村部提出的“农业质量年”的中心思想，继续深入贯彻《饲料质量安全管理规范》（以下简称《规范》）、《饲料卫生标准》和《饲料添加剂安全使用规范》等相关政策法规，在全省范围内大力推进饲料质量安全管理规范工作，提升了全省饲料行业管理和质量安全水平，促进了全省饲料工业提质增效，取得了显著成绩。

截至 2018 年 12 月，安徽省依法依规发放《饲料生产许可证》和《饲料添加剂生产许可证》共 376 份，其中《饲料生产许可证》325 份，《饲料添加剂生产许可证》51 份。2018 年安徽省饲料总产量为 614 万 t，同比增长 0.2%。其中，配合料 571 万 t，同比增长 0.4%；浓缩料 28 万 t，同比增长 9.1%；预混料 15 万 t，同比下降 19.7%，各类单一饲料产量 109 万 t。畜禽饲料品种上，猪料 205 万 t，同比增长 2%；蛋禽料 93 万 t，同比增长 10.1%；肉禽料 268 万 t，同比下降 5.2%；水产料 30 万 t，同比增长 8.2%；反刍料 6 万 t，同比增长 37.8%；其他料 12 万 t，同比下降 5.2%。全省饲料生产总产值 205 亿元，同比下降 3.3%，推动养殖业创造产值超过 1 387 多亿元。同时带动上游种植业的粮食转化 320 多万 t、农作物秸秆饲料化利用超过 640 多万 t。

【组织机构】

安徽省农业农村厅畜牧处负责全省饲料和饲料添加剂行政管理工作；省兽药饲料监察所负责饲料产品质量监测工作；行政主管部门为安徽省农业农村厅。

安徽省饲料与健康养殖行业协会主要调查研究行业发展动态，协助饲料主管部门做好行业管理，宣传、普及饲料工业的新知识和新技术，承接相关的政府购买服务，推介最新饲料与健康养殖科技成果的转化或先进经验，帮助企业改善经营管理，组织企业经营贸易合作与科学技术交流，编辑出版饲料行业有关书籍、资料、期刊，做好宣传报道工作。

【主要工作】

（一）强化获证企业监管，规范饲料生产行为

依据《饲料和饲料添加剂生产许可管理办法》的要求，规范了程序，制定了标准，明确了责任，建立了制度。一是严把准入关。依照《饲料和饲料生产许可证管理办法》要求，完善了饲料专家评审委员会，增添了部分专家，完善了专家库，对申报或续展的饲料生产企业，抽取专家进行现场核实检查。2018 年共抽取专家 22 批次，共 44 人次，全部完成了现场审核工作。二是全年共审核申报生产企业 203 家，核发饲料和饲料添加剂生产许可证 157 份，其中换证企业达到 92 家，占审核数量的 45%。三是结合农业农村部部署的统一行动，省、市、县饲料管理部门统一行动，对皖北地区共检查获证企业 151 家，基本涵盖了皖北地区所有饲料生产企业。四是在全行业通报“徐州远方中汇生物科技有限公司违法添加人用药”案件，开展了饲料产品质量安全典型案例的警示教育活动。

（二）《规范》实施工作稳步推进

2018 年 8 月组织召开了《饲料质量安全管理规范》监管培训班，共培训市、县级饲料监管人员 267 人。9 月组织召开了饲料生产企业负责人《饲料质量安全管理规范》实施培训班，共培训企业人员 324 人，通过示范创建工作，提升了企业管理水平，培养了一支理论与实践相结合的专业人才，先后有七家企业荣获农业农村部“饲料质量安全管理规范企业”称号，为各地树立了一批可供学习借鉴的样本企业。

（三）科技创新能力不断提高

2018 年安徽省有 14 家企业获省、市高新技术企业；有 2 家企业获省级科技进步三等奖，1 家企业获

市级科技进步二等奖；企业共获得自主知识产权的发明专利和实用新型发明专利30余项。

（四）加强流通环节监管，严厉打击饲料“三无”产品

用最严谨的标准、最严格的监管、最严厉的处罚、最严肃的问责，查处一批饲料非法添加标准外成分及禁用物质的违法案件。一是结合省农业农村厅“农资打假和专项治理”活动，狠抓执法办案。全年查处饲料各类案件15起，立案8起，罚款4.5万元，维护了养殖户的合法权益。二是采取饲料企业监督检查和产品抽样相结合、委托重庆兽药饲料监察所为异地质检机构检测等方式，扩大监督抽查范围，提高饲料质量安全监测监管效率。全年共组织执法人员125人次，抽检样品249批次，合格率达到93.2%。对抽检结果不合格的产品信息，做到及时上报公布，按照“五不放过”原则，要求辖区内饲料管理部门依法进行查处，规范和净化了饲料市场经营行为。

（五）强化饲料行业统计及监测工作

饲料统计工作是饲料行业《饲料和饲料添加剂管理条例》和《规范》中的要求，是饲料生产企业的应尽责任。农业农村部自2016年起大力推行畜牧行业监管监测一体化工作，打造“监测—分析—预警”一体化平台，推动数据共建共享，饲料工业统计是一体化工作的重要的基础支撑，特别是2018年2月新版“中国饲料工作统计信息系统”的启用。各级饲料主管领导高度重视，指派专人负责，全省饲料统计工作委托安徽省饲料与健康养殖行业协会承担，6月召开了“全省饲料统计人员培训班”，共计120余人参会，2018年在系统上报饲料统计报表有251家企业，比2017年的167家大幅提高，持证企业上报率达到70%以上。同时开展哺乳仔猪和妊娠母猪饲料产品调查活动，并将全省95家相关饲料企业的生产情况，汇总上报农业农村部行业监测处。同时启动了重点监测饲料企业周报工作。对一些虚构数据、瞒报数据、捏造数据进行了严格审核，及时督促改正，确保上报数据的准确性。全省饲料工业协会获农业农村部“饲料统计先进单位”，管殿彪等人获“饲料统计先进个人”光荣称号。

（六）继续做好地方标准工作

安徽省饲料与健康养殖行业协会成立了安徽省饲料标准化技术委员会，组织报送了两批安徽省饲料行业地方标准制修订计划，经过省标准化管理部门初审、复审，已有6项申报标准获得了今年地方标准立项。

（七）多次举办行业培训及交流活动

成功举办了饲料及畜产品中有毒有害成分快速检测技术培训班，共有150余人参加了本次培训，提高了检测人员职业技能水平，实现了职业技能鉴定工作向职业培训工作的转变。此外，还成功举办了饲料行业质量标准技术培训班、饲料原料行情研讨班及行业交流活动等。

（八）开展联合产业调研活动

省畜牧技术推广总站、省家禽产业技术体系和省饲料与健康养殖行业协会联合，对安徽省特色产业皖西白鹅与朗德鹅肥肝产业发展现状进行了调研，编写《安徽省鹅肝产业情况调研报告》，已收录在安徽省农业农村厅编印的《2018年度调研报告汇编》。

【存在问题】

主要表现：执法人员力量薄弱，专业队伍不稳，需进一步重视；大型饲料生产企业冲击中小型饲料生产企业，生产中出现脱钩现象；科技创新仍然不足；活力不够；饲料行业缺乏品牌企业和品牌饲料；饲料原料价格上涨过快，增加了饲料生产企业负担；饲料质量安全仍然存在潜在风险。

【下一步工作思路】

继续组织开展饲料行业监督检查，严厉打击违禁违法物质添加。有序推进《规范》实施，进一步提高饲料生产企业管理水平。大力推广《仔猪、生长育肥猪配合饲料》《蛋鸡、肉鸡配合饲料》等标准，引导企业调整优化饲料配方，降低蛋白日粮的使用。有效推动大型饲料生产企业完善饲料原料营养价值数据库建设，鼓励研发成果转化，激励争创知名品牌。持续提高饲料生产信息统计工作质量，抓好档案建设，做好行业统计分析，继续举办饲料质量安全管理规范以及饲料产品新技术、新工艺和原料行情分析等方面的培训班或研讨活动。

（安徽省农业农村厅畜牧处）

福建省饲料工业

【发展概况】

2018 年，福建省共有饲料和饲料添加剂生产企业 346 家（其中双证企业 63 家、三证企业 3 家、四证企业 1 家），419 张饲料或饲料添加剂生产许可证（添加剂预混合饲料 77 张、配合饲料 233 张、饲料添加剂 28 张、混合型饲料添加剂 24 张、单一饲料 57 张）。

2018 年饲料总产量 822.4 万 t，同比减少 4.0%，其中按产品类别分，配合饲料 788.8 万 t，同比减少 4.1%；浓缩饲料 14.1 万 t，同比增加 11.0%；添加剂预混合饲料 19.5t，同比减少 7.0%。按饲喂对象分，猪饲料 322.3 万 t，同比减少 11.5%；蛋禽饲料 87.5 万 t，同比减少 3.4%；肉禽饲料 254.7 万 t，同比增长 1.1%；水产饲料 156.7 万 t，同比增长 13.7%；其他饲料 1.2 万 t。其中年产 10 万 t 以上企业 18 家，其产量占到全省产量的 43.1%。

饲料添加剂产量 6.3 万 t，产值 16.9 亿元，主要产品有酶制剂、维生素 A、维生素 D_3、维生素 E、抗氧化剂、二氧化硅、微生物制剂等。

饲料原料（单一饲料）产量 449.9 万 t，产值 153.6 亿元，其中鱼油 2.5 万 t，鱼粉 1.5 万 t，豆粕 401.4 万 t，菜籽粕 14.4 万 t，发酵豆粕 2.3 万 t。

【组织机构】

福建省农业农村厅，各市、县（区）农业农村局和平潭综合实验区农村发展局为饲料主管部门，厅内设饲料兽药管理处，负责全省饲料行政管理日常工作，福建省动物卫生监督所承担饲料行政执法职能；福建省农产品质量安全检验检测中心（福建省兽药饲料监察所）负责饲料质量检测工作。

【主要工作】

2018 年，福建省各级饲料管理部门认真贯彻落实党中央、国务院和省委、省政府关于农产品质量安全工作和安全生产的决策部署，以确保“两个安全”为目标，加强组织领导，强化督促检查，狠抓落实，大力推进饲料监管有关工作，保证饲料产品质量安全和生产安全形势持续稳定向好，促进全省饲料产业健康发展。

（一）大力抓好饲料监管工作

1. 严格许可准入

根据《国务院关于在全国推开“证照分离”改革的通知》（国发〔2018〕35 号），按照“优化准入服务”的原则，进一步精简“饲料和饲料添加剂生产许可”和“饲料添加剂和添加剂预混合饲料产品批准文号核发”2 个许可事项的审批材料，并明确受理条件和办理标准，增强饲料许可审批透明度和可预期性，保证饲料行政许可严格按照法律法规要求公平、公正开展。2018 年依法核发 55 家企业饲料和饲料添加剂许可证；核发 35 家企业饲料添加剂或添加剂预混合饲料产品批准文号。

2. 认真把好饲料质量安全关

根据“全国饲料质量安全监管工作”任务安排，认真部署组织实施，要求各地在饲料和饲料添加剂生产、经营和使用环节开展检查。2018 年组织 7 个检查组对福州、莆田共 80 家饲料生产企业开展现场监督检查、抽样送检等工作，共排查发现 253 个问题，已经全部整改完毕；共抽取 211 个样品送至上海市兽药饲料检测所检测，其中 3 个样品不合格，合格率 98.6%，已及时将不合格产品相关材料移送至省动物卫生监督所依法处罚。

3. 加强猪用饲料监管

为做好非洲猪瘟疫情防控工作，根据农业农村部第 64 号公告精神，制定下发了《关于做好以猪血为原料的血液制品非洲猪瘟检测工作的通知》（闽农综明传〔2018〕305 号），就加强猪用饲料监管工作提出明确要求，并组织在全省范围内开展以猪血为原料的血液制品抽样送检和排查摸底工作。全省共抽取 137 个批次血液制品样品送检，检测结果均为阴性。为进一步强化抓好非洲猪瘟疫情防控工作，按照农业农村部第 91 号公告要求，制定下发了《福建省农业农村厅关于加强猪源性单一饲料生产企业监管工作的通知》（闽农综明传〔2019〕13 号），加强对猪源性单一饲料生产企业的监管，确保猪用饲料质量安全。

4. 饲料违法案件查处

实行“检打联动”，制定了《福建省农业厅办公室关于做好饲料和饲料添加剂监督检查工作的通知》（闽农综明传〔2018〕99 号），结合“双随机、一公开”制度，组织开展监督抽检，抽检对象为饲料生产、经营企业和养殖场（户），抽检的品种涵盖生猪和禽类不同生长阶段所需的饲料及生产经营环节的水产饲料。2018 年共抽检饲料产品 285 批次，19 批次不合格，合格率 93%，立案查处饲料产品案件 29 起，罚没款 32.19 万元。

5. 扎实做好饲料统计工作

为全面贯彻落实畜牧行业“监管监测一体化”的总体布署，实现饲料工业全口径监测。省农业农村厅认真按照农业农村部要求，及时对饲料统计工作进行部署，通过培训宣贯、答疑解难、监督检查等多种方式，稳步推进（新版）中国饲料工业统计信息系统启用，逐月做好各地报表的催报、审核工作，力求实现饲料行业精准管理。2018 年共答复各类统计问题 200 余次，累计审核 4 115 家次报表。全省统计报表上报率、准确率均达到 90% 以上，有 7 位饲料统计监管人员工作表现突出，得到农业农村部畜牧兽医局通报表扬。

（二）大力抓好安全生产工作

1. 认真开展饲料行业安全检查和督查

积极开展饲料行业安全生产大检查和粉尘防爆专项整治行动。组织企业按照“4 个 100%”要求开展自查，市、县全覆盖检查，全省共出动 3 480 人次，排查 1 232 家次饲料生产企业，排查 718 个隐患，并全部整改完毕。积极组织开展省级季度督查。组织 8 个检查组对福州市、厦门市、莆田市、漳州市和南平市的 58 家饲料企业开展实地检查，共排查发现 170 个隐患，并全部整改完毕。

2. 大力推进双重预防机制

根据《福建省实施遏制重特大事故工作指南构建双重预防机制方案》的要求，组织编写了《福建省饲料生产企业安全风险分级管控和隐患排查治理规范》，并以手册的形式向全省、市、县管理部门和各饲料和饲料添加剂生产企业发放，让企业掌握“双预防”做什么、怎么做。在全省范围开展饲料行业双重预防机制试点工作，以 30 家部、省、市级饲料质量安全示范企业为重点，大力推进双重预防机制，引领全省饲料行业安全生产形势稳定向好。

3. 督促企业落实主体责任

通过组织企业签署承诺书、企业自查、市县检查等方式督促企业落实全员岗位安全生产责任制、安全风险分级管控和隐患排查治理制度，开展安全生产标准化建设，建立健全安全生产各项规章制度。2018 年共组织 774 家次饲料和饲料添加剂生产企业签署《2018 年饲料和饲料添加剂生产企业主要负责人安全生产承诺书》《企业安全生产大检查自查自改承诺书》，强化了企业落实主体责任的意识。

4. 建立完善动态监管机制

督促各级饲料管理部门对照《工贸行业重点可燃性粉尘目录（2015 版）》对辖区内涉粉饲料企业定期进行排查摸底，及时更新数据，建立动态监管名录，不断完善全省粉尘涉爆饲料企业基础台账。要求县级全覆盖检查，市级粉尘作业人数 10～30 人的企业为重点进行抽查，省级以粉尘作业人数 30 人以上的企业为重点进行督查。目前全省粉尘涉爆饲料企业数量为 333 家，其中粉尘作业人数 10～30 人的企业数量为 74 家，30 人以上的企业数量为 11 家。

（三）大力做好饲料法规及安全生产宣贯工作

1. 开展“安全生产月”活动

采购安全生产挂图 370 套，要求全省饲料兽药企业在醒目位置张贴，组织员工安全生产知识培训。同时通过省政府三农服务网、微信群、下乡检查等途径宣贯饲料及安全生产相关法律法规，及时将饲料行业新规知识向全社会公开，做好政策解读，提高饲料兽药企业安全生产意识。

2. 开展法规安全培训

举办 2 期培训班，全省近 220 名饲料管理人员参加培训。培训班主要围绕饲料管理暨安全生产监管展开，并对饲料全口径监测、构建双重预防机制推进工作进行部署，提升全省饲料管理部门监管水平，推动饲料行业健康发展。

【存在问题】

（一）企业主体责任落实不足

1. 产品质量责任落实不到位

部分饲料和饲料添加剂生产经营企业和养殖场生产经营记录不规范、不健全，自我管理能力不足，在饲料生产经营和养殖环节存在超量添加和超范围添加药物饲料添加剂的现象。

2. 安全生产责任落实不到位

部分饲料企业对爆炸粉尘危害性认识不足，对涉爆粉尘的辨识、管理不到位、自查自改工作落实不到位，存在不少安全隐患。

（二）安全事故隐患判定标准不一

目前农业农村部饲料生产许可条件与应急管理部对安全事故隐患判定标准的要求不完全一致，造成饲料行业安全生产监管判断难的问题。比如除尘系统防爆措施、厂区布局、饲料设备的电机等方面对安全要求都存在不同标准。

（三）基层监管能力不足

除了市局有相对的饲料管理部门，县级因受编制的局限，绝大多数没有专门的饲料行政管理部门，一般为畜牧站、动物卫生监督所或执法大队人员兼职，监管任务重，人员又偏少，且变动快，造成监管难以到位。

【下一步工作思路】

2019 年，全省将进一步创新工作思路，以产品质量和生产安全为目标，不断加强饲料监管，努力提高管理水平，确保饲料生产安全和质量安全再上新水平，促进乡村振兴战略和健康中国战略高效实施。

（一）着力提升饲料监管

1. 提高“双随机”监督检查比率

2019 年将扩大省级抽查比例至 7%，提高省级检查的覆盖面。同时组织各级饲料管理部门对饲料和饲料添加剂生产、经营、使用活动的日常巡查，强化检查的靶向性，重点检查企业生产许可条件、《饲料质量安全管理规范》（以下简称《规范》）执行情况、产品标签及包装、添加违禁物质、违法拆包或分装、违反限制性使用规定等内容。

2. 提升饲料全口径监测准确率

通过现场检查、微信群、电话等方式督促、指导企业和市、县管理部门严格按照《全国饲料工业统计调查制度》要求，做到企业及时准确填报和市、县两级按时审核上报饲料统计月报表，并督促市、县对数据填报异常企业应及时做好现场核查，强化日常监管，确保企业上报信息真实、有效。

（二）着力提升安全监管

1. 持续开展安全隐患排查治理

根据年初制定的《关于认真组织开展饲料企业安全隐患排查治理专项行动的通知》，下阶段在企业安全隐患排查治理重点做到“三个突出”：一是突出辖区管理部门监管。要求各地突出粉尘涉爆企业和关键部位，对辖区内饲料企业进行全覆盖检查，逐家填写《安全隐患排查治理专项行动排查表》，对检查发现的突出问题，做好跟踪，督促企业完成整改。二是突出饲料企业落实主体责任。与饲料企业签订安全责任书，同时要求企业对照标准开展安全风险辨识和隐患排查治理，对存在的风险隐患要列出问题清单、责任清单、销号清单，做到“闭环”管理。三是突出省级检查督查。我们将成立督查组按季度对各地安全隐患排查治理专项行动工作开展情况进行督查，其中每个设区市至少督查 1 个县（市、区），并对该设区市问题企业开展安全隐患排查治理“回头看”，坚持做到问题全部销号，不断巩固专项行动的成效。

2. 持续推进双重预防机制

一是抓实试点工作。将组织协调省饲料工业协会及相关专家加强对全省 30 家试点企业的指导和帮助，强化企业对《规范》的理解和把握，制定符合企业实际的安全风险辨识程序和方法。二是抓实对标活动。要求试点企业对照《规范》开展对标活动，全面开展安全风险辨识，科学评定安全风险等级，有效管控安全风险，实施安全风险公告警示，认真做好隐患排查治理。三是抓实经验总结推广。省农业农村厅饲料兽药管理处将及时跟进了解掌握试点企业构建双重预防机制的运行情况，结合安全管理的需求和全省饲料行业实际，修改、完善《规范》，并及时总结经验，推广可复制的经验做法，为全面推进双重预防机制奠定基础。

（三）着力抓好宣传教育

1. 举办培训班

通过举办培训班，重点做好《饲料和饲料添加剂管理条例》《福建省安全生产管理条例》《饲料质量安全管理规范》《饲料卫生标准》（GB 13078—2017）和《饲料添加剂安全使用规范》等法律法规的学习，切实提高全省饲料管理人员依法办事的能力。

2. 开展安全生产宣贯工作

一是抓好教育培训。结合安全隐患排查治理专项行动，以“安全生产月”等活动为载体，在饲料行业开展安全生产培训和宣传教育工作，不断提高从业人员安全技能和安全意识。二是抓好监督曝光。充分利用社会监督和网络监督作用，及时组织报道安全隐患排查治理专项行动工作亮点，对检查走过场、隐患排查治理不力、存在重大隐患问题和严重违法违规行为的企业给予公开曝光或列入失信名单，形成有力震慑。

（福建省农业农村厅饲料兽药管理处）

江西省饲料工业

【发展概况】

2018年是江西省饲料质量安全年，江西省以实施《全省饲料质量安全整治专项实施方案》为抓手，进一步完善监管机制，大力推进现代企业制度建设，着力构建企业管理规范、产品优质安全、资源高效利用的现代化饲料工业体系，为全省畜牧水产养殖业持续健康发展提供可靠物质保障。2018年全省通过开展饲料质量安全专项整治行动，加强对饲料生产和经营企业的监督、管理，切实做好指导、协调和服务工作，圆满实现了全省饲料工业目标任务。

2018年饲料产品产量1 014万t，同比增长0.9%；产值294亿元，同比减少8.7%。其中配合饲料944万t，同比增长2.0%；浓缩料13万t，同比减少28.9%；预混料57万t，同比减少6.5%。其中猪料750万t，同比减少2.2%；蛋禽料80万t，同比增长5.0%；肉禽料121万t，同比增长18.7%；水产料59万t，同比增长6.0%，反刍饲料362t，同比增长97.0%。

（一）禽料占比明显提高

受2017年禽流感疫情影响，2018年蛋禽及肉禽存栏偏少，鸡蛋和肉禽产品市场供应偏紧，同时受第三季度开始的“非瘟”疫情影响，居民肉类消费结构适度转移，家禽产品消费适度增长，进一步推动家禽产品价格上涨，主要原因有三：一是江西省家禽价格高位运行，家禽生产恢复性增长。家禽出栏4.6亿只、存栏1.9亿只，分别增长4.1%、5.7%。2018年江西省禽料占比的产量大幅提高。二是一些大公司，如双胞胎（集团）股份有限公司、江西加大集团有限公司、正邦集团等，2018年以前只生产猪饲料，现在都加大了禽饲料的生产和销售。三是传统的禽饲料生产企业产量大幅增加。如赣州裕丰大成饲料有限公司2018年禽料同比增加了1.13万t，增长28.5%，高安市漓源饲料有限公司、2家温氏公司、2018年新增企业樟树农好农业发展有限公司（家禽饲料生产）的禽料年产量都超过10万t，南昌华达饲料有限公司、江西金苹果实业有限公司等4～5家公司也在年产量4万～5万t，大幅增长。

（二）猪料略有减少：受非洲猪瘟疫情、禁养拆迁等因素影响，生猪生产出现下降

南昌市是全省最大的饲料产业基地，产销量均占全省饲料工业的40%以上，但随着南昌市城市布局的优化和环保要求升级，部分饲料企业面临巨大挑战。2018年南昌市经济技术开发区的5家大型饲料企业于7月起全面停产，造成猪饲料产量的小幅减少。

（三）预混料进入下降通道

环保风暴的到来对养殖业进行了新一轮的洗礼，全省关停一些不符合环保要求的养殖场，导致中小猪场数量减少；中美贸易战又导致饲料原料价格持续上涨从而导致饲料原料成本增加，对养殖户采购大宗饲料原料玉米、豆粕均有不利影响，用预混料自配配合饲料养猪比用商品配合饲料成本更高，所以赣州朱师傅预混饲料事业有限公司、江西播恩生物集团有限公司、赣州澳德科技饲料有限公司、江西佳腾丰生物科技有限公司等预混料生产企业产量继续呈现下跌趋势。

【组织机构】

机构：江西省饲料工业办公室为全额拨款事业单位，编制12人。内设机构3个，名称分别是综合科、监督管理科、行业指导科。

职能：受饲料行政主管部门委托，负责全省饲料工业的行业管理工作。负责提出和编制全省饲料行业发展规划，并组织实施；负责组织全省饲料和饲料添加剂产品在生产环节、养殖环节、流通环节的质量安全监管；负责饲料添加剂和添加剂预混料生产许可证审核发放、产品批准文号的核准发放；负责饲料企业的培训、饲料行业职业技能鉴定、饲料标准化技术工作；牵头负责畜产品质量安全监督管理工作。

【主要工作】

（一）认真做好行政审批工作

全省饲料生产行政许可分二个层级实施：各设区市负责单一饲料、浓缩饲料、配合饲料、精料补充料生产许可证核发，省级负责饲料添加剂、添加剂预混合饲料生产许可证核发，饲料添加剂和预混合饲料产品批准文号的核发，截至目前，全省饲料企业达到328家，在有效期内的饲料、饲料添加剂生产许可证370张。添加剂预混合饲料生产许可证87张，饲料添加剂生产许可证31张和混合型饲料添加剂生产许可证45张。配合饲料、浓缩饲料、精料补充料、单一饲料生产许可证共207张。

（二）2018年着力在“放管服”三个字上下工夫

放，放权不放责。按照国务院、省委、省政府简政放权的要求，做到政策不截留，将配合饲料、浓缩饲料、单一饲料、精料补充料的行政审批权下放到设区市饲料管理部门，赣州市、南昌市成立了行政审批局，实行了一站式审批，大大简化了办事流程，提高了办事效率。但省级饲料管理部门放权不放责，上半年组织专家深入到11个设区市、42县（市、区），对饲料行业管理部门行政审批工作进行了督导检查，并深入企业征求意见，发现问题现场指导、整改，进一步规范了办证行为。从6月起组织设区市、县（市、区）饲料管理部门对全省饲料企业就安全生产进行了拉网式检查，特别是粉尘防爆、高压锅炉、用电用气等进行了重点排查，发现问题及时整改，一般问题限时整改，确保全省饲料企业不发生安全事故。

管，到位不缺位。一是围绕农业农村部“农业质量年”主题，年初下发了《江西省2018年饲料质量安全年实施方案》，5月在泰和县举办了全省“饲料质量安全年启动仪式”，下达了《江西省饲料质量安全目标责任书》，落实了企业的主体责任、地方政府的属地责任、管理部门的监管责任。二是完成了农业农村部2018年对江西省26个县、市、区，95个企业、311个批次产品的抽检任务，下一步将跟踪检测结果，并按照省厅的“双随机、一公开”的统一部署，加强监督检查。同时制定和出台《全省饲料生产企业质量安全监管规则》，进一步规范管理行为，确保饲料质量安全管理落到实处。三是制定并下发了针对各级饲料管理部门的《饲料和饲料添加剂生产企业现场监督检查表》和针对企业的《饲料和饲料添加剂生产企业自查表》，表中包含了安全生产、许可条件、原料使用、生产过程、产品质量、《饲料质量安全管理规范》执行、标签标示、其他八个方面，较好的规范了监管部门和企业的行为。

服，帮忙不添乱。一是为了更好的服务企业，及时解决企业遇到的问题和困难，建立了全省饲料管理人员微信群，实行点对点、一对一的服务。二是坚持以问题为导向，面对全省各级饲料管理部门和企业督查中存在和发现的问题及新出台的法律法规的新变化，加大宣传力度，举办了一期300余人参加的饲料质量安全管理规范及饲料法律法规培训班。三是针对中美贸易战引起的国际豆粕市场的新变化，省饲料办及时和省发改委联合举办了《豆粕及饲料产品价格形势调研分析座谈会》，邀请饲料生产和经营企业、科研单位共同研判饲料生产企业发生的新变化，发展新动向，引导企业创新发展新思路，加大科研和产品研发投入力度，实现企业转型升级，推动一二三产业融合发展，确保江西省饲料工业稳步发展。

（三）江西省2019年工作计划

一是制定一个标准。组织省饲料标委会、省级专家、大型企业共同合作，制定切合全省实际的《江西省饲料企业安全生产地方标准》。

二是做到两个规范。规范行政许可的管理，进一步开展“双随机、一公开”活动；规范自律行为，同时进一步做好统计工作。

三是强化三个服务。服务一是推荐一个配方。面对中美贸易战，针对中小企业自配饲料的养殖场，结合江西构建绿色有机大省的目标，根据国家团体标准，组织专家、企业技术研发人员，制定具有江西特色的、绿色的、有机的养猪、养禽饲料配方；服务二是针对企业、管理人员开展一次培训；服务三是为促进饲料行业发展，由大型企业领头，筹建饲料行业协会。不断把江西饲料推向一个新台阶，确保江西省畜牧业持续、健康发展。

（江西省饲料工业办公室）

山东省饲料工业

【山东饲料工业展概况】

全省 2018 年工业饲料总产量 3 227 万 t，同比增长 9.8%，占全国饲料总产量的 14.2%；实现总产值约 1 062 亿元，同比增长 14.0%，占全国的 13.5%；其中肉禽饲料产量 1 927 万 t，占全国的 29.6%；饲料添加剂产量 185 万 t、产值 291 亿元，分别占全国的 16.9%、30.8%，上述指标均居全国第一位。截至 2018 年年底，全省共有饲料生产企业 1 824 家，比 2017 年减少 66 家，企业数量减少 3.5%，显示饲料行业转型升级取得明显成效。饲料企业从业人员 11 万人，与之相关的设备制造、物流经销、技术服务等约 30 万人，服务近 200 万个养殖场（户）。

（一）配合饲料持续增长，大省地位确立

山东省工业饲料总产量，2004 年超过 1 000 万 t，2011 年超过 2 000 万 t，2018 年超过 3 000 万 t，每 7 年跃上一个大台阶（图 1）。2018 年山东省配合饲料产量 3 028 万 t，占全国的 14.7%；浓缩饲料产量 115 万 t，占全国的 7.1%；添加剂预混合饲料产量 84 万 t，占全国的 12.8%。

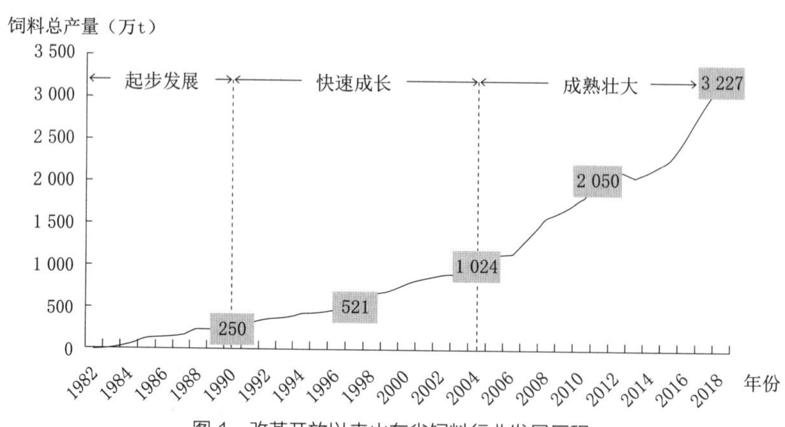

图 1　改革开放以来山东省饲料行业发展历程

（二）单一饲料原料资源丰富，供给便利

据国家粮油信息中心数据，2018 年山东谷物产量 5 178 万 t，其中玉米产量 2 630 万 t，位于黑龙江和吉林之后，全国排名第三；玉米饲料消费需求在 2 150 万 t，深加工等用量为 2 309 万 t，年度玉米供需缺口在 1 769 万 t，大部分需要从东北调入，少量通过进口谷物及副产品（玉米、高粱、大麦、DDGS 等）来补充。山东省内有 37 家玉米蛋白粉生产企业，主要分布在滨州、临沂、潍坊等地，生产玉米蛋白粉 78 万 t、喷浆玉米皮 120 万 t。

据统计，2018 年山东大豆压榨能力 2 800 万 t 左右，位于江苏之后，全国排名第二；2018 年从青岛和济南海关进口大豆 1 506 万 t，年产豆粕 1 200 万 t，除满足省内饲料消费，还有大量用于省外饲料市场。除此之外，山东省年产花生粕、棉粕等约 60 万 t，鱼粉、肉骨粉等动物性蛋白原料 60 万 t 左右，用于蛋白原料的补充。饲料生产需要庞大的原料吞吐，山东饲料原料量的供应虽然整体偏紧，但得益于地理上的优势，运输供给十分便利。潍坊、临沂作为全国知名的畜牧业大市，已经成为全国最大的饲料原料生产集散地。

（三）饲料添加剂品种全、市场占有率高

饲料添加剂是衡量饲料行业发展水平的一个重要标志。山东在维生素、赖氨酸、蛋氨酸等产品方面生产规模逐步扩大，2015 年山东省饲料添加剂产值突破 100 亿元，达到 119 亿元，超越浙江，在饲料添加剂领域开始领跑全国。2018 年山东饲料添加剂产值达到 291 亿元，占全国比重 30.8%；出口额超 50 亿元。防霉防腐剂产量占全国比重 47%，酶制剂产量占全国比重 16%，微生态制剂产量占全国比重 21%，氨基酸产量占全国比重 14%。在维生素中，氯化胆碱产量占全国比重 85%，泛酸钙产量占全国比重 47%，维生素 B_2 产量占全国比重 38%，维生素 C 产量占全国比重 9%；除此之外，维生素 B_1、维生素 B_6、烟酰胺、叶酸、维生素 K_3、维生素 D_3 等产品也占据一定份额（图 2）。随着潍坊新和成维生素 E、维生素 B_6 等项目的投产，山东在全国维生素生产的地位将更加突出。

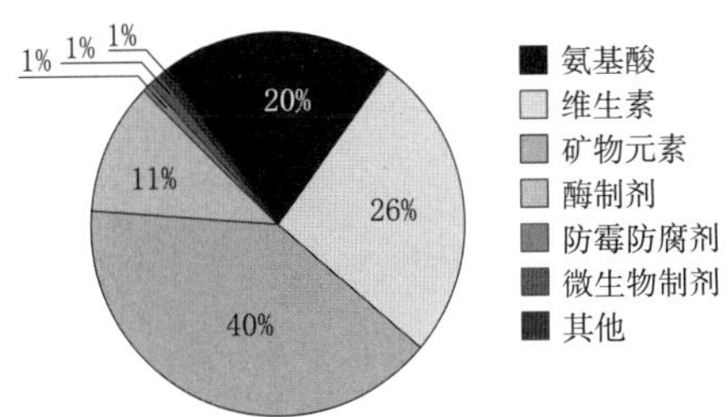

图 2　2018 年山东省饲料添加剂产品构成

（四）肉禽饲料独占 2/3，节粮型饲料产品结构突出

山东省肉禽饲料长期占据主导地位，2018 年达到 1 927 万 t，占总产量的 60%。2010 年后，猪料占比逐年提高，2018 年达到 786 万 t，占总产量的 24%。2018 年蛋禽饲料 302 万 t，占总产量的 9%。牛羊饲料、水产饲料产量近几年的增幅比较稳定。此外，全省有宠物饲料（含宠物零食等）生产企业 400 多家，主要分布在青岛、烟台、聊城、潍坊、临沂等市，2018 年宠物饲料总产量 8.1 万 t、总产值占全国的 10% 以上（图 3，图 4，图 5）。

（五）饲料集团化经营、产业链闭环模式逐步推广

2018 年山东省饲料总产量大于 100 万 t 的集团企业 6 家：山东新希望六和集团有限公司、山东亚太中慧集团有限公司、山东布恩农牧科技集团有限公司、山东天普阳光生物科技有限公司、山东和美集团有限公司、山东海鼎农牧有限公司；年产 30～100 万 t 的饲料企业 10 家：山东玖瑞农牧有限公司、东方希望集团、山东仙坛股份有限公司、环山集团股份有限公司、山东诸城金鸡饲料有限公司、青岛正大有限公司、山东凤祥股份有限公司、潍坊中基集团有限公司、金锣牧业有限公司、山东邦基饲料有限公司。

新希望六和、亚太中慧、威海环山农牧有限公司等大型饲料企业，以饲料为基础，纷纷建立自己的标准化养殖场，甚至向食品加工端延伸，实施战略转型，营造新的发展优势；一些大型的养殖企业，也纷纷建立自己的饲料厂。通过“一条龙”生产和与上下游行业延伸、联盟协作经营等模式，实现了资源的最优配置，降低了市场风险和交易成本，形成了较强的市场竞争力。肉鸡料年产 10 万 t 以上集团企业 22 家，饲料产量占全省肉鸡料产量的 75%，其中 2/3 的企业是“种禽—饲料—养殖—屠宰—食品”一体化经营，有 1/3 的企业产业链条已经延伸至肉食品消费端；肉鸭料年产 10 万 t 以上集团企业 14 家，饲料产量占全省肉鸭料产量的 80%，其中 40% 的企业开展“种禽—饲料—养殖—屠宰—食品”一体化经营；猪料年产 10 万 t 以上集团企业 18 家，饲料产量占全省猪料产量的 53%，超过一半的企业是“种猪—饲料—养殖—屠宰—食品”一体化经营。

据数据监测，2018 年山东省饲料总产量超过 100 万 t 的集团饲料企业，饲料产量占全省比重 43%，

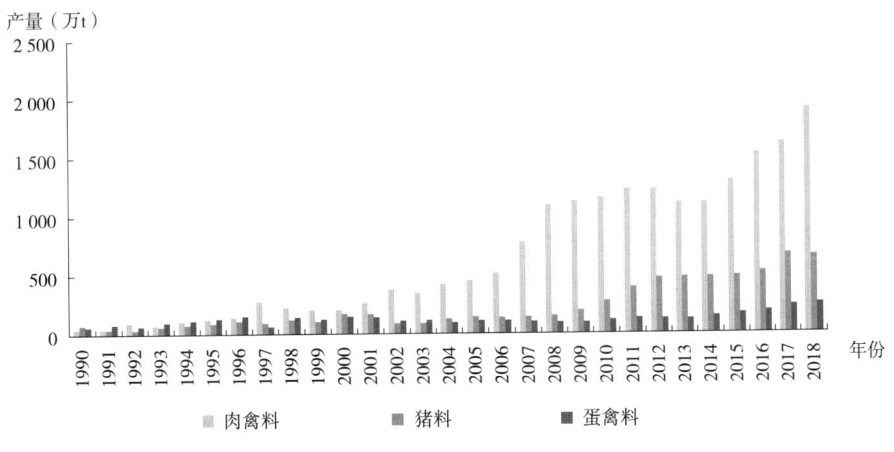

图 3　1990—2018 年山东省猪、肉禽、蛋禽配合料产量变化

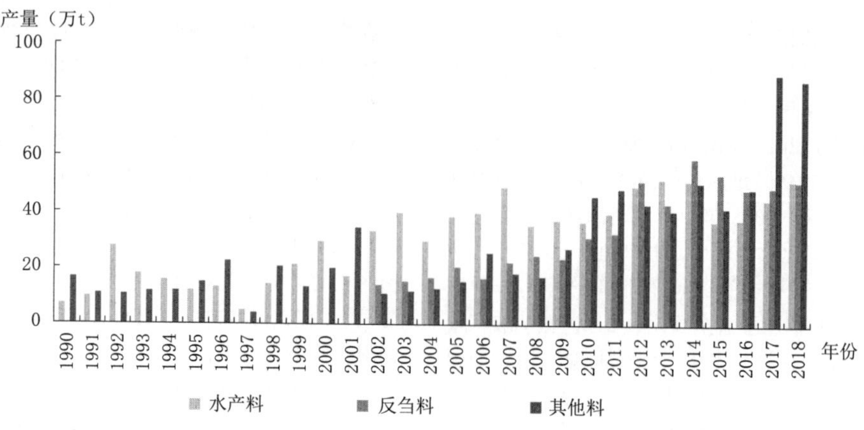

图 4　1990—2018 年山东省反刍精补料和水产及其他配合饲料产量变化

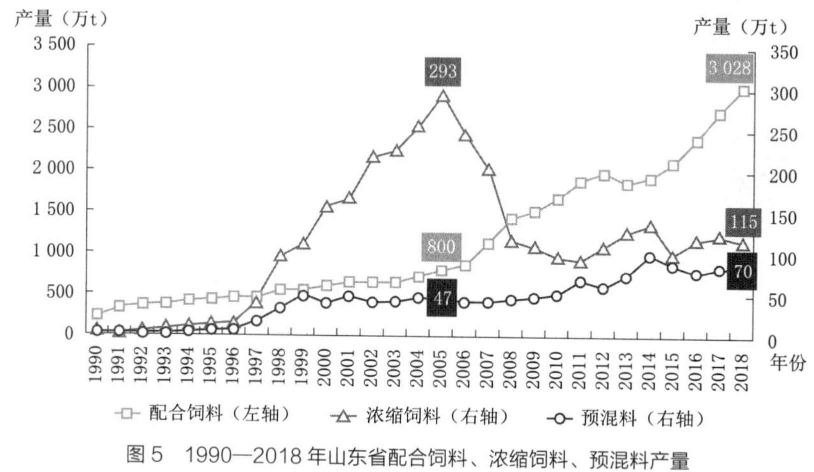

图 5　1990—2018 年山东省配合饲料、浓缩饲料、预混料产量

下辖饲料厂 200 余家，职工总数 10 000 余人。平均单厂饲料产量 9.8 万 t，人均产值 386 万元，人均工业化饲料产量 1 409t。平均单厂饲料产量、人均产值、人均工业化饲料产量分别比全省平均水平高出 206%、9.7% 和 94%；分别比 2015 年提高 34%、9% 和 62%。

【山东饲料监管能力和水平明显提升】

2018 年以来，山东省饲料监管工作坚持生产、经营、使用三环节同时发力，既打好治理组合拳，又坚持突出问题导向，狠抓薄弱环节，通过各级畜牧兽医主管部门和广大企业的共同努力，进一步提升了饲料等畜禽投入品质量安全保障水平，为维护养殖业生产安全、动物源性食品安全、公共卫生安全提供了较好支撑。

（一）积极贯彻落实新的饲料法规，推动饲料产品质量提升

一是举办 3 次全省规模培训班，落实新《饲料卫生标准》《宠物饲料管理办法》《添加剂安全使用规范》等法规，督促企业及时修订产品质量标准和产品标签。配合省饲料所农民培训项目，有针对性地开展了中控工、配方师、化验员等专项培训活动，累计培训 2 000 多人次。二是落实中央、省简政放权要求，进一步深化“放管服”改革，对饲料和饲料添加剂设立许可部分事项进行调整，简化饲料行政审批程序，减轻企业负担。三是继续开展《饲料质量安全管理规范》（以下简称《规范》）省级示范企业创建，新增 20 家省级示范企业，省级以上规范示范企业总数达到 58 家。将《规范》实施与生产许可审批挂钩，对实施《规范》不合格企业，不受理其审批申请；对示范企业一年内换证等可以免于专家现场验收。四是服务行业，与省饲料协会共同发起成立山东省绿色无抗饲料联盟，与广东省协作举办“东东论坛”，组织企业走出去进行饲料技术交流活动。

（二）加大“双随机、一公开”、不合格产品查处力度，案件督办、省级飞检效果明显

在“双随机、一公开”方面，省局超额完成 2018 年省级 87 个企业的检查任务，及时在网站公布检查结果。农业农村部下达全省 450 家饲料生产企业、1 415

批产品的监督检查和抽样任务。省局按照部里要求，会同江苏省畜产品质量检测中心，采取市地交互检查方式，积极组织检查、抽样工作。在不合格产品查处方面，印发《关于2018年上半年省级饲料产品监督抽检结果的通报》。在案件查办方面，通过跨省通报、媒体曝光、主动监测等手段，省局相继督导查处了枣庄、聊城、东营三市瘦肉精阳性案件，均得到较好处置。其中，对查处进度慢、综合执法协调困难的聊城冠县案件，省局下发公开挂牌督办函到县政府，引起当地党委政府高度重视，推动了查处工作落到实处。9月、10月，省局联合省公安、食药三部门对10个重点县（市、区）养殖、屠宰、流通三环节养殖活畜和畜产品进行了160批次飞行抽检。

（三）启动宠物饲料生产管理

开展宠物饲料生产摸底调查。省局带队到烟台中宠食品股份有限公司、多格漫食品（青岛）有限公司等企业进行调研。摸清行业基本情况。截至目前，全省约有宠物饲料生产企业400多家，主要分布在青岛、烟台、聊城、潍坊、临沂等市，宠物饲料总产值约60亿～80亿元，占全国的10%以上。8月在青岛举办全省宠物饲料生产质量安全管理规范培训班，落实《宠物饲料管理办法》《添加剂安全使用规范》等法规，督促宠物饲料生产企业及时修订产品质量标准和产品标签。

（四）积极参与非洲猪瘟防控工作

积极落实农业农村部64号公告，组织开展猪源性饲料的检查抽检，全省上报样品3 400余份，协助省动物疫控中心对7月以后生产的800多分样品进行检测，对疑似阳性样品进行现场核查，确认1批阳性产品，对源头和去向进行了追溯，均未发现异常，对德州、临沂等5家生产企业和7家屠宰厂进行核查督导，下发查处文件，责令临沂处罚一家违法违规企业。

（五）在全国率先实施饲料兽药生产企业分级管理

为应对全省饲料兽药生产企业监管对象众多（截至2018年上半年，全省共有饲料生产企业1 900家，约占全国的1/8，兽药生产企业300家，约占全国的1/6）和监管执法力量薄弱矛盾日益突出问题，创新监管模式，提高对饲料兽药生产企业监管执法的有效性、精准性，山东省畜牧兽医局起草了《山东省饲料兽药生产企业分级管理办法》（试行稿），通过报省法制办备案、省政府办公厅审定后，于9月初正式印发，决定自2018年10月6日起在全省饲料、兽药生产企业实施分级管理。分级办法依照饲料兽药生产企业生产管理状况，分为优秀、良好、一般三个等级。分级评定工作由县级畜牧兽医行政管理部门组织，市级畜牧兽医行政管理部门主要根据评价分数按辖区内所有饲料、兽药生产企业数量的不高于30%比例评定为优秀企业、不低于10%比例评定为一般企业、其他60%为良好企业，各市分出级别后报省局会商确定最后级别。通过分级实施，实现饲料兽药生产企业监管执法的有效性、精准性的目标。2019年4月省局发布23号公告，公布了年度分级评价结果，并于4月19日在《齐鲁晚报》公开刊登公告，曝光了未评定的企业名单，使所有企业置于社会监督之下，将更好推动企业增强社会责任和质量安全意识，促进行业转型升级。

【存在问题】

整体仍是大而不强，全国龙头企业、世界级企业少，缺少各行业评选的“独角兽”企业，缺乏国外对创新研发执著的工匠精神、南方企业对统领世界市场的野心。

【下一步工作】

围绕省委、省政府提出的“两个走在前列，一个全面开创”的奋斗目标，研究分析在新旧动能转换、乡村振兴战略实施、机构改革等形势下，如何加强监管，如何更好地为企业服务，采取什么措施促进饲料兽药行业高质量发展，实现走在世界前列的目标。

（山东省畜牧兽医局饲料兽药处）

河南省饲料工业

【饲料工业发展概况】

2018年，河南省饲料工业在中美贸易战、非洲猪瘟疫情、环保治理等多重因素的影响下，喜忧参半。喜的是前三季度商品饲料总产量同比增幅较大，产品质量稳步提升，产业转型加速，竞争力不断增强；忧的是原料成本上涨，效益减薄，市场竞争激烈，环保压力增大，部分中小厂处于停产或半停产状态。截至2018年年底，全省共有饲料和饲料添加剂生产企业844家，生产许可证1 157个，其中浓配饲料570个、单一饲料151个、添加剂预混合饲料272个、饲料添加剂35个、混合型饲料添加剂129个。据饲料工业统计系统统计数据显示，前三季度河南省商品饲料总产量848.1万t，同比增长54.7%。其中：配合饲料763.2万t、浓缩饲料53.4万t、添加剂预混合饲料31.5万t，分别增长64.9%、24.2%、81%。其中：猪饲料499.2万t、蛋禽饲料82.9万t、肉禽饲料204.2万t、水产饲料31.9万t，分别增长7.7%、28.8%、64.3%、83.3%。随着非洲猪瘟疫情的发展，第四季度饲料产量大幅下降。全年河南省商品饲料总产量1070万t，同比增长0.9%。其中配合饲料产量926.2万t，同比增长2.0%，浓缩饲料80.4万t，同比下降11.6%，添加剂预混合饲料63.3万t，同比增长2.2%。

主要呈现如下几个特点：

（一）前三季度饲料产量增幅较大

主要原因：一是河南省发生两起非洲猪瘟疫情，受疫情影响，生猪出栏不畅，虽然部分养殖厂生猪养到几百斤但不能出栏，必须喂养，随着生猪的长大，采食量增加，使用饲料量不减反增。二是受禽产品价高利好的影响，家禽补栏积极，养殖量增大，饲料需求量大幅增长。

（二）主要蛋白及能量原料价格上涨明显

受中美贸易战的影响，蛋白及能量原料价格同比大幅上涨，豆粕供应一度偏紧，花生粕等杂粕供求两旺，饲料生产成本增加，饲料产品价格屡次提升。

（三）行业转型速度加快

加强合作，抱团取暖成为新趋势，产业化、规模化水平不断提升，产业集中度明显提高。虽然受环保整治的影响，中小饲料企业处于时停时产的状态，但全省饲料总产量不减反升。全省产量达20万t的企业5家，10万t以上企业13家。全省前25家饲料总产量占全省饲料总产量的48.2%。

（四）散装饲料发展迅速

据统计，前三季度，全省散装饲料总量达272.9万t，占全省饲料总量的32.2%。目前集团化的养殖企业自产自用饲料基本实现了饲料的散装散运、散装化，如牧原食品股份有限公司、雏鹰农牧集团、河南永达食业集团等企业集团。大型的饲料生产企业已与部分客户普遍实现了饲料散装化，如河南宏展农牧集团、正大集团、河南广安集团、新乡大北农集团等企业，不但与部分客户实现了饲料散装化，而且也在推进饲料散装化方面积累了丰富的经验。

（五）环保、无抗、微生物发酵等新型饲料产品研发成为行业新热点

替代抗生素的饲料产品、环保减排饲料产品、微精微囊提高利用率的饲料添加剂产品、微生物发酵、膨化饲料产品等不断出现。

【主要工作】

（一）定期组织召开形势分析会

河南省畜牧局分别于4月1日、7月7日、10月14日，组织召开了第一季度、第二季、第三季度全省饲料原料行情形势分析会，分析行业发展形势，研判饲料原料价格行情，积极引导饲料生产企业探索联合采购、降低成本、抱团取暖的新模式。

（二）积极应对中美贸易战

为了及时规避中美贸易摩擦带来的不良影响，及时研究发展对策，按照局领导指示精神，省畜牧局饲料处对全省饲料主要原料供需情况和全省饲料工业发展情况进行了认真调研，并于4月28日上午在局二楼会议室组织召开了由省饲料工业协会、省饲料商会、花生油脂生产商、大豆油脂生产商、DDGS（干酒精糟）生产商、饲料原料期货贸易商等方面相关负责人和动物营养专家参加的形势分析座谈会，就中美贸易摩擦对河南省饲料行业影响和对策进行了座谈和分析。并撰写了《河南省大宗饲料原料供需现状和中美贸易摩擦对我省饲料行业的影响及对策》，为领导决策当好参谋，为企业健康发展提供参考。

（三）积极协调开展饲料行业对接交流活动

依托河南省饲料工业协会，饲料处先后举办了一系列行业对接交流活动。2月23日，组织召开了共享“饲路”对接会，推动资源共享，技术合作，发展联合，抱团取暖。举行了河南广安生物科技股份有限公司和河南后羿实业集团现场签约仪式，两个公司实现了饲料板块的有效合作。5月16日，成功举办了中原饲料科技论坛，全省饲料生产企业负责人、技术总监等260人参加了论坛，论坛就如何转变思路，创新发展等进行了深入研讨。6月22日，组织全省饲料企业举行了农信互联参观对接活动，先后参观了农信集团“猪联网”“蛋联网”“田联网”和“企联网”等大数据共享平台，深入了解了农信金融和农信保险等。全省饲料企业与北京九州大地生物技术集团股份有限公司、北京挑战集团等公司还进行了对接座谈。

（四）积极落实“走出去战略”

积极组织全省饲料企业参加全国饲料工业展会。4月及时组织饲料企业参加了在湖南长沙举办的2018年全国饲料工业展会。林州中农颖泰生物肽有限公司、河南亿万中元生物技术有限公司等10多家饲料添加剂企业参加了展览，200多家饲料生产企业共计400多人参加了展会，展示了形象，开阔了眼界，学习了先进技术和前沿的发展理念。

（五）积极开展饲料行业调研

为了有效指导行业健康发展，饲料处紧紧围绕行业热点、难点深入开展行业调研，先后开展了全省主要原料供需情况和全省饲料工业发展情况调研、企业发展情况调研、饲料企业扶贫带贫情况调研、饲料中兽用抗菌药使用情况调研、饲料中重金属添加情况调研、低氮饲料产品情况调研等，为正确指导行业发展奠定了基础。

（六）积极推动“放管服”改革

切实按照国家和全省关于“放管服”的相关要求，能放尽放，能减尽减，减少了不必要的申报材料，压缩了办结时限。全年共梳理、删减各项申报材料21项，审批时间由原来的20天分别压缩到13天。同时，为实现让企业零跑腿，全省又积极投资开发了河南省饲料信息化管理系统，全省饲料生产行政许可实现了从材料申报、材料受理、材料审查、验收专家随机选派、专家现场审核、人员法律法规考试到综合评审、许可证发放等环节全过程在网上运行、网上查阅和监督，全程记录，全程留痕。整个过程申请人可以足不出户一站式完成服务，增加了饲料生产行政许可的公开性、公正性、公平性和规范性，提高了工作效率，得到了广大饲料生产企业的高度赞扬。

（七）严格饲料生产许可和草种生产经营行政许可

一是积极修订完善饲料生产行政许可相关的程序和制度。修订印发了《河南省饲料和饲料添加剂生产行政许可审批工作程序》和现场审核纪律，进一步完善了草种现场审核表和审核程序。二是积极组织专家开展饲料生产许可现场审核。严格按照饲料生产行政许可审核程序和纪律要求，及时抽派专家开展饲料生产企业行政许可现场审核工作。全年全省共计现场审核饲料生产企业337家次，不予许可33家次。共核发草种经营许可证3家，草种生产许可证2家。三是认真开展饲料产品批准文号审核工作。全年全省共审核下发批准文号5 632个。

（八）深入推进《饲料质量安全管理规范》落实

积极通过宣传培训、专家指导、检查督促等方式，促进《饲料质量安全管理规范》的落实。在示范创建中，全省共审核验收通过部级示范企业13家、省级示范企业41家，为全省全面推进《饲料质量安全管理规范》的实施树立了标杆。在全省春季畜产品质量安全巡查和上半年全省饲料质量安全监督检查中都把《饲料质量安全管理规范》落实情况作为监督检查的主要内容，有效地促进了《饲料质量安全管理规范》的落实。

（九）强化饲料质量安全监督检查

一是开展了春季监督巡查。按照全局的统一部署，3月5日至3月14日全省分7个组，采取“双随机、一公开”原则，对18个省辖市和10个直管县（市）的饲料质量管理工作开展情况和饲料生产企业《饲料质量安全管理规范》落实情况、药物饲料添加剂使用情况、饲料法律法规落实情况等进行了检查，并对被检查企业生产的饲料产品进行了现场抽样。全省共抽查饲料生产企业148个，抽检饲料样品335批次，对抽查存在问题的企业责令其进行了整改，对抽检不合格饲料产品的企业责令当地管理部门依法进行了处罚。二是按照农业农村部《2018年全国饲料质量安全监管工作方案》要求，开展了上半年和下半年全省饲料质量安全监督检查。共检查饲料生产企业 287 家，抽检饲料产品 629 批。现场检查发现的问题进行了及时反馈和责令整改，对发现的违法行为责令当地给予依法查处，对抽检不合格的饲料产品生产企业进行了依法查处。

（十）强化饲料质量安全监测工作

全省饲料质量安全监督抽检共完成 430 批，合格 412 批，合格率 95.8%。其中，饲料原料和饲料产品质量安全监测 238 批，合格 220 批，合格率 92.4%；饲料中苯乙醇胺 A 等违禁药物专项监测 50 批，合格 50 批，合格率 100%；反刍饲料专项监测 51 批，合格 51 批，合格率 100%，饲料中重金属专项监测 91 批，合格 91 批，合格率 100%。从监测结果看，不合格产品共 18 个，涉及 15 个公司，其中，黄曲霉毒素 B_1 超标占不合格产品 13 个。对监测饲料产品不合格的 15 家企业进行了全省通报并责成相关省辖市和省直管县（市）给予立案查处。同时，积极开展饲料原料预警监测，共预警监测饲料原料样品 109 批，其中，玉米及其副产物 29 批，合格率 75.9%；小麦及其副产物 24 批合格率 100%；饼粕 56 批，合格率均为 100%。不合格项目主要集中在玉米赤霉烯酮和伏马毒素。

（十一）强化饲料质量案件查处工作

积极依托畜牧兽医综合执法，对违法违规饲料生产、经营企业，建立“黑名单”制度并实施跟踪监管，严厉打击未取得生产许可证生产饲料、饲料添加剂的行为，严厉打击非法添加违禁物质和超范围添加、超剂量添加饲料添加剂和滥用药物饲料添加剂等的不法行为。同时，充分发挥“检打联动”机制作用，严厉打击不合格饲料产品生产厂家，对农业农村部和河南省监督检测中发现的不合格产品厂家进行了通报查处。今年以来，全省饲料共立案 124 起，处罚金额 61 万多元，取缔非法生产黑窝点 2 个，涉案物品 21 万千克，移交公安机关 3 起，切实达到“发现一起，严打一起，警示一片”的效果。

（十二）积极开展扶贫工作

一是开展行业扶贫督导。切实按照省畜牧局印发的《重点工作定点联系指导制度》《畜牧产业扶贫工作整改方案》和王承启局长在全局畜牧产业扶贫总攻战动员会上的讲话精神，积极深入饲料处联系点濮阳市开展扶贫督导，并深入濮阳县、台前县、范县等县的带贫扶贫企业调研了解扶贫带贫作。濮阳市做得较好的扶贫带贫企业有：汇源（濮阳）羊业有限公司、濮阳市国兴生物质能源养殖有限公司、河南花麒生物科技有限公司、台前县玉皇岭鸭业基地、台前县辛鑫畜牧业开发有限公司、台前县中天养殖种植专业合作社、范县牧原第二养殖基地、范县兴旺农民养殖专业合作社、范县鼎盛农牧发展有限公司等，并大多建立有公示栏、扶贫档案、帮扶协议书、带贫情况统计台账等。今年一季度，濮阳市有 21 家畜牧企业实现企业带贫 2 037 户，带动贫困人口 7 840 人，安排贫困人口就业 724 人。全市针对提高畜禽养殖户的养殖技能共进行了 9 期培训，培训 520 人。二是宣传发动饲料企业扶贫带贫。一方面，借助农业农村部饲料质量监督检查活动，积极向 150 家被检查饲料企业开展扶贫带贫工作的宣传和调研，动员饲料企业积极参与扶贫带贫工作，取得明显成效，经过动员一部分没有参与的企业已开始计划开展扶贫带贫活动。另一方面，依托河南省饲料工业协会积极向全省饲料企业宣传动员扶贫带贫工作。三是认真做好扶贫脱贫工作。按照局党组要求，认真开展好封丘县应举镇东大村联系扶贫脱贫工作，建立了明白卡，落实了定期看望制度，制定落实了扶贫措施。

（十三）认真做好畜禽粪污治理等重点工作的督导

一是开展了涉牧民生实事的督导。濮阳市共有规模化养殖场 1 035 个，其中有 895 个规模化养殖场完善配套了处理设施，配套率 86.5%；畜禽粪污综合利用率 63.4%。二是开展了畜禽养殖污染源二次普查督导。濮阳市建立了畜禽养殖污染源普查机构，落实了人员和办公条件，市财政截至目前没有落实普查经费，但濮阳市畜牧局仍在争取，因市财政困难，落实的难度很大；制定了普查工作方案，选聘了畜禽养殖污染源普查员和普查指导员，污染源普查清查建库、污染源普查数据审核汇总等工作正在按照省局和市普查办要求努力推进。三是开展了改善农村人居环境督导。濮阳市在改善农村人居环境方面，制订任务台账和责任清单，建立部门协调联动工作机制和例会制度，定期研判工作情况，把改善农村人居环境涉牧工作纳入年度目标管理考核体系，层层签订目标责任书，确保工作任务落实到位。7 个县区政府先后印发了畜禽养殖禁养区划分调整方案、畜禽规模养殖场（户）清理整治方案，对禁养区内需关闭的 107 家畜禽规模养殖场，制定工作台账，明确推进计划和时间节点，并在各县区政府门户网站进行了公示。

（十四）扎实开展饲料行业非洲猪瘟防控工作

一是及时下发了《河南省畜牧局关于加强猪用饲料监管工作的通知》《河南省畜牧局关于加强以猪血为原料的动物源性单一饲料生产企业监管的通知》，发布了《致全省饲料生产企业的公开信》。二是开展了全省生产猪血制品的排查检测。按照农业农村部第 64 号公告和农业农村畜牧兽医局《关于做好以猪血为原料的血液制品非洲猪瘟检测工作的通知》要求，对全省所有以猪血为原料的血液制品企业进行了摸底排查，全省共有 7 家，其中有 4 家生产企业因环保及转产等原因，于 2018 年 4 月前已停止以猪血为原料的产品生产。对焦作、新乡和漯河的 3 家企业生产的猪血制品进行了抽检，共抽检样品 134 批，其中抽检库存产品样品 93 批，抽检留样产品样品 37 批。经检测确诊有 2 批次猪血球蛋白粉为核酸阳性。联合屠宰办赴焦作和新乡进行追根溯源，根据追溯情况责令焦作和新乡进行了处置，并及时按程序进行了报告。三是开展了全省饲料生产企业猪血制品使用情况排查。经全省排查原有使用猪血制品生产饲料的企业共 19 家，其中生产猪饲料的有 7 家，已全部停止使用，对库存的产品进行了封存。四是开展了饲料行业非洲猪瘟防控排查和暗访。分 3 个组先后分赴信阳、漯河、驻马店、洛阳等省辖市进行了饲料生产企业防控情况暗访。

（河南省畜牧局饲料处）

湖北省饲料工业

2018 年是农业农村部创新饲料监管方式的第一年，在上级饲料主管部门正确领导下，湖北省饲料工作紧紧围绕推进农业供给侧结构性改革主线，坚持一手抓非洲猪瘟防控，一手抓生产供给，着力培育新动能、打造新业态、扶持新主体、拓宽新渠道，加快推进饲料产业转型升级，全省饲料行业稳步发展。

【饲料生产基本情况】

2018 年全省饲料总产量 1 069.1 万 t；总产值 408.6 亿元。按类别分，配合料产量 1 016.5 万 t，预混料产量 18.6 万 t，浓缩料产量 34.0 万 t。按养殖品种划分，猪料 455.3 万 t，禽料 333.5 万 t，水产料 277.6 万 t，反刍及其他料 2.7 万 t。

【主要工作】

（一）从严监管，饲料质量安全总体向好

根据农业农村部饲料监管工作新要求，2018 年采取指定受检地区、指定具体企业、指定检测机构的方式，实行现场检查与抽样同步进行。湖北省做到了三个覆盖：检查对象覆盖到受检地区所有企业、抽样覆盖到受检企业所有品种类别、检测项目覆盖到所有指标。分别于 6 月和 8 月集中 2 周时间，从省饲料监察所、武汉市、孝感市及所属县（市、区）抽调了 38 名饲料管理执法人员，在贵州省兽药饲料监察所派出 10 人次专业骨干的实地见证下，对武汉市和孝感市 110 家饲料企业进行了检查和抽样。现场检查中共发现问题和隐患 592 个，下达整改意见 470 条，对 1 起违法行为移交当地执法部门进行立案查处。结合现场检查共抽样 411 批，分别由部指定的贵州省饲料兽药监察所和青岛华测检测技术有限公司进行检测，合格 398 批，不合格 13 批，合格率 96.8%。按照省厅“双随机、一公开”监管要求，全年共开展了 2 批“双随机、一公开”检查，抽检了除武汉市和孝感市以外的 12 家企业。针对检查中发现的问题和隐患下达了书面整改意见，对发现的 1 起违法行为移交给当地执法部门进行立案查处。

（二）持续推进，《饲料质量安全管理规范》全面实施

下发文件将《饲料质量安全管理规范》（以下简称《规范》）内容纳入生产许可条件同步进行审核，按《规范》要求制定了《饲料质量安全管理规范现场验收细目表》。专家组到企业进行现场审核时，对新设立的饲料生产企业须提供《规范》要求的所有管理制度、操作规程和记录表单；对续展的饲料生产企业还须提供 1 年以上执行《规范》的记录情况。凡未按照《规范》要求提供相关材料或材料不符合《规范》要求的，按专家组提出的整改意见进行整改，达到要求后方可提交生产许可申报材料。全年共核发饲料生产许可证 95 个；核发饲料添加剂产品批准文号 1 130 个，所有许可事项全部在规定时限内办结。

（三）加强培训，基层监管能力不断提高

结合全省饲料工作会议和饲料工业协会年会，邀请专家就饲料管理法规修改的内容进行释义解读，对农业农村部新颁布的《宠物饲料管理办法》《宠物饲料生产企业许可条件》《宠物饲料标签规定》等规范性文件进行了重点辅导培训，提高了基层监管人员对宠物饲料的监管能力。

（四）严格排查，动物源性饲料防控措施落实到位

对湖北省 1 家生产猪血制品的饲料企业进行重点监测，对 9 月 1 日以来生产的猪血产品进行批批抽样，共抽检猪血浆蛋白粉 71 批，检测结果全部为阴性。11 月 7 日印发了《关于进一步加强动物源性（猪类）饲料原料安全监管的通知》，要求全省饲料企业全部停止以猪类动物源性饲料原料生产猪饲料，对所有饲料生产企业进行了排查，对专一生产猪饲料的企业现有猪类动物源性饲料原料进行封存，要求共线生产水产饲

料和畜禽饲料的企业严格落实生产线清洗制度，加强清洗料管理，防止发生交叉污染。

（五）饲料行业存在的主要问题

一是饲料生产增速放缓。2018 年受中美贸易摩擦、饲料原料价格上涨、部分地区禁养或限养以及非洲猪瘟等不利因素影响，全省饲料工业生产增速放缓，总体可控。二是原料价格大幅上涨。受中美贸易摩擦影响，大宗饲料原料涨价幅度较大，饲料行业经营困难，中小企业普遍亏损严重。三是自配料市场监管难度增大。部分无法取得饲料生产许可的小型饲料生产企业以生产自配料的名义，变相从事商品饲料生产，质量安全隐患较多，查处难度较大。四是违法添加药物的风险难以防范。一些饲料生产企业为迎合养殖场需求，在生产中超量超范围使用饲料药物添加剂，监管难度较大。随着打击违法添加的力度加大，一些违法添加的现象时有翻新，隐性添加物质难检测、难发现。五是基层监管力量薄弱。部分市、州饲料管理部门只有 1 名工作人员，而且身兼数职；有的县（市、区）饲料管理人员无编制，经费无保障，工作难开展。六是全产业链发展较少，抵御风险能力低。在非洲猪瘟防控压力不断加大的情况下，仅有少量全产业链企业的产值产能影响不大，但是中小型猪料生产企业的生存变得举步维艰。七是畜禽产业面临的环境污染问题。畜禽养殖中，种养脱节，畜禽粪便不合理排放对环境造成严重污染，畜禽产业面临环境安全问题备受关注。

【2019 年饲料工作思路】

受非洲猪瘟疫情、蛋白原料供应紧缺、价格高涨和环保压力的叠加影响，2019 年饲料行业发展将面临前所未有的困难。国务院办公厅于 2018 年 10 月 10 日印发了《加强饲料用粮供应保障，促进饲料产业持续健康发展的意见》（以下简称《意见》），从国家层面上对饲料产业有了更加科学的定位，对饲料原料供应保障、饲料行业科技创新、产业调整、优化重组进行了宏观指导，对加大税收优惠政策支持有了更加明确的要求。《意见》的实施，更有利于加强粮、经、饲统筹，促进种、养、加协调发展。总体来看，2019 年饲料行业困难与希望同在、挑战与机遇并存。湖北省将紧紧围绕打赢防控非洲猪瘟攻坚战的大局，抢抓国家给予饲料行业大力支持的良好机遇，按照抓服务、强监管、促生产、保供给的工作思路，坚持绿色环保、高效节能原则，以建设饲料强省为目标，以转变发展方式为主线，以科技创新为支撑，以规范管理为抓手，进一步推动全省饲料产业转型升级。2019 年的发展目标是饲料总产量 1 200 万 t、总产值 450 亿元，抽检合格率 95% 以上，确保不发生较大质量安全事件。主要工作如下：

一是全力做好动物源性饲料排查。按照农业农村部《全国非洲猪瘟防控工作方案（2019 年）》指导原则，巩固防控成效，进一步完善全省生物安全防控长效机制，有效落实防控措施，提升全省疫情防控处置能力。深入开展猪类动物源性饲料原料排查，督促饲料生产企业严格落实生产线清洗制度，加强饲料运输车辆消毒，管住疫区饲料外运，切断病毒从饲料中传播途径。同时，稳定生猪基础产能，确保肉品市场供给，及时化解生猪产业系统性风险，最大程度降低疫情对经济社会其他领域的影响。

二是持续推进《规范》实施。将生产许可申报和贯彻落实《饲料质量安全管理规范》工作紧密结合起来，要求与饲料生产许可条件同步审核，提高企业的重视度，进而全面提高饲料生产企业质量安全管理水平。

三是强化监督执法。用好《饲料和饲料添加剂管理条例》及配套规章赋予监管部门的职责，认真按照农业农村部统一部署和要求，加强饲料行业管理，继续深入开展治理质量安全整治，建立监督抽检与行政执法联动的长效机制，加大对不合格产品和违法案件查处力度，确保饲料产品质量安全和使用安全。在全省进一步加强自配料的监管，重点开展药物筛查，严厉查处在饲料中违法添加兽药、人药和其他非法添加物的行为，加快推进全省饲料工业稳定发展。

四是从严实施行政许可。按照行政许可条件进行生产许可审核，从源头上把好生产准入关。对符合许可条件的企业审核持续做到“四个坚持”：坚持挂网进行清单审核、坚持行业准入门槛、坚持专家现场审核、坚持在规定时限内办结。

五是完善信息统计制度。按新的饲料信息统计要求，认真落实饲料统计报表制度。实现企业月度数据及时、准确的直接填报，提高统计数据的时效性和准确度。对企业填报数据分析，认真做好生产形势分析研判，为饲料行业生产形势分析提供更有力的数据支撑，提高饲料监管部门对饲料市场和行业发展做出预测的前瞻性和科学性。

六是提升监管能力。加强各级监管队伍建设，开展业务技能培训，全面提高基层监管执法水平。通过创新监管方式来提升管理水平。一方面明确企业在“两个安全”即安全生产和产品质量安全中的主体责任，另一方面牢固树立农产品质量安全源头控制的监管理念，强调企业是畜牧产业链最前端，加强自律，确保行业健康持续发展。

七是推动种养结合农牧循环发展。绿水青山就是金山银山，环境安全成了全民共识。充分发挥现代科技条件下的“种养结合”模式，扩大“青贮饲”“粮改饲”规模。经过将种植养殖有机结合起来，构成完好的农业链，不仅能处理禽畜粪便净化、减少燃烧作物秸秆等，还能进一步提高种养殖经济效益，是可持续农业力推的种养一体化模式。

八是鼓励企业科技创新，推动企业进一步开发抗生素替代技术，保障畜禽产品质量安全。通过改善养殖环境、创新饲料加工工艺（如开发发酵饲料等）、添加功能性添加剂来减少抗生素的使用，保障畜产品安全。

九是积极深化供给侧结构性改革，降低生产成本，提高猪肉品质，改善养殖环境，促进农民养殖增收，实现产业转型升级。

（湖北省农业农村厅畜牧兽医处）

湖南省饲料工业

【饲料工业发展概况】

2018 年，全省饲料加工企业总产量 1 267.0 万 t，同比增长 2.1%，全省饲料工业总产值 479.7 亿元，同比增长 0.2%。

饲料加工企业总产量中：配合饲料 1 185.8 万 t，同比增长 2.2%（其中散装饲料 243.0 万 t，委托加工饲料 41 万 t）；浓缩料 33.6 万 t，同比减少 1.6%；预混料 47.5 万 t，同比增长 1.2%。猪料 885.8t，同比减少 2.1%；蛋禽料 107.1 万 t，同比增长 5.0%；肉禽料 112.2 万 t，同比增长 28.0%；水产料 157.9 万 t，同比增长 10.1%。

全省饲料工业总产值中，饲料产品（即配合饲料、浓缩饲料、预混合饲料）总产值 462.9 亿元，同比增长 0.5%，饲料添加剂产值 16.3 亿元，同比减少 8.1%；饲料机械产值 0.5 亿元，同比增长 13.4%；单一饲料产值 23.8 亿元，同比增长 66.0%。不包含单一饲料在内的饲料工业总产值（即配合、浓缩料、预混料、添加剂、混添、饲料机械）479.7 亿，同比增长 0.2%。

全省有饲料企业 412 家，持证 506 个，其中浓配料企业 249 个、预混料企业 115 个、添加剂企业 58 个、混合型添加剂企业 42 个、单一饲料企业 42 个。全省饲料企业数较 2017 年年底新增 15 家。

【主要工作】

2018 年，全省各级饲料管理部门以推进《饲料质量安全管理规范》契机，狠抓饲料质量安全监管，主要做了以下几方面工作：

（一）大力推进质量安全年活动

2018 年，全省高度重视农产品质量安全工作，省农委将 2018 年确定为农业质量安全年，制定了《全省推进质量强农行动方案》。省畜牧水产局也将 2018 年确定为牧渔质量年，成立了牧渔质量年工作领导小组，在宁乡市召开了全省牧渔质量年工作推进会议，制定了《2018 年全省牧渔质量年工作方案》《2018 年湖南省饲料质量安全监测方案》《2018 年湖南省养殖环节“瘦肉精”监测方案》等 5 个方案，明确牧渔质量年工作重点是实施“八大行动”。各市、县也高度重视牧渔质量安全年工作，切实加强组织领导和统筹规划，强化政策措施，严格责任落实，确保各项行动落到实处、取得实效。

（二）认真组织实施部里下达湖南省的饲料质量安全监管工作任务

根据农业农村部《2018 年全国饲料质量安全监管工作方案》，部里下达湖南省饲料受检企业 106 家，受检产品 328 批次的饲料质量安全监管与抽样工作任务。省畜牧水产局下发了《关于做好饲料质量安全监督检查和产品抽样工作的通知》，制定了《饲料质量安全监督检查和产品抽样工作方案》，印制的一批饲料和饲料添加剂生产企业现场监督检查表，并及时与承检机构安徽省兽药饲料监察所取得联系，于 5 月 28 日至 30 日，10 月 9 日至 11 日，分两批对长沙市的 103 家企业 318 批次产品进行了现场监督检查与抽样，待农业农村部检测结果公布后，湖南省饲料工业办公室将对不合格产品进行立案查处。

（三）着力加强行政执法管理，扎实开展专项整治行动

全省各级饲料管理部门共出动执法人员 2.3 万人次，检查饲料生产企业 958 个次，检查饲料经销门店 5 823 个次，检查养殖场（户）8 973 个次，下达整改通知 1 824 份，查处违法违规案件 98 起，查获违法违规饲料 97t，涉案金额 26.5 万元。4 月下旬，省局组织开展了全省春季养殖业农资打假省市县联合行动，共检查饲料生产企业 35 家、饲料经营门店 17 家、规模养殖场户 8 家，完成饲料产品抽检 60 批次，经省兽药饲料监察所检测，59 批次合格，1 批次不合格，饲

料工业办公室及时对不合格产品生产企业进行约谈和依法查处并结案。

（四）着力深化“放管服”改革，规范行政许可管理

切实贯彻国务院“证照分离”改革要求，推行行政许可现场审核程序改革，现场审核工作改革以前由饲料管理部门的工作人员为审核专家，成立了饲料和饲料添加剂生产许可技术评审专家委员会和专家库，进一步规范了生产许可现场技术评审工作。2018 年，饲料工业办公室对 85 个饲料企业的生产许可申证和换证申请进行了材料审查与现场审核发证工作，办理了 75 个饲料添加剂和添加剂预混合饲料生产企业的产品批准文号 1 352 个。各个环节未出现超时亮红灯事故，办结率 100%，群众满意率 100%。

（五）着力加强质量安全监管，全面推行《饲料质量安全管理规范》实施工作

为了全面推进《饲料质量安全管理规范》（以下简称《规范》）实施工作，饲料工业办公室首先是强化组织领导、制定实施方案。成立了规范推进工作小组。将规范推进工作作为《2018 年全省饲料管理工作方案》的工作重点。其次是加强规范的执法检查。5 月上旬，省畜牧水产局派出 4 个检查组对全省 12 个市 24 个县的 60 家饲料企业安全生产及规范实施情况进行了现场执法检查，查阅了企业规范体系文件资料，对企业实施规范过程中存在的不规范问题和隐患下达了整改通知书，并要求市、县饲料管理部门督促整改落实到位。

【存在问题和下一步工作思路】

当前全省饲料产业正处在转型升级的关键期，饲料行业还面临许多突出问题。面对错综复杂的质量安全形势，监管工作仍然面临严峻挑战。一是执法监管的工作积极性和违法案件的查处力度有待进一步加强。随着省市、县机构改革和公车等方面的改革及人员调整，部分地方的饲料管理人员由于对饲料法规专业知识掌握程度不够，交通工具不便，对生产企业、经营门店和自配料加工点检查的积极性不高，工作力度不大，特别是对实施《规范》不到位的企业和违法违规案件查处不及时，监管责任没有完全落实到位。二是饲料生产企业超标准添加兽用药物和微量元素现象仍然存在。虽然农业农村部新修订了《饲料卫生标准》和《药物饲料添加剂使用规范》，从用法、用量和适应范围等方面对兽用药物和微量元素的使用作出了新的规定，但一些企业，为迎合养殖场需求，在生产过程中超量超范围使用现象仍然存在，监管难度较大。三是兽药饲料双证企业的饲料标签不规范。饲料工业办公室对兽药饲料双证企业专项检查中发现，所有双证企业的饲料标签全部不规范，产品标签标示商品名称大，通用名称小，而且有促生长、防病、抗病、杀菌消毒等治疗作用以及使用“肥”“快”“壮”等名称。四是饲料油脂生产企业监管难度大，隐患较多。饲料油脂安全一直以来是个敏感的话题，其安全性政府关注、社会关切、新闻媒体关注、老百姓关心，湖南省新闻媒体每年都有这方面的负面报道，近几年来，虽然饲料工业办公室先后多次发文，要求饲用油脂生产企业加强生产管理，控制生产环节，严禁添加任何有毒有害物质，严禁将其产品销售给饲料企业以外的任何单位和个人。各地饲料管理部门也联合工商、质监、公安等部门，对非法加工生产饲用油脂的黑窝点、地下加工厂进行了多次严厉打击，但饲用油脂生产企业为了谋取不正当利益，违法违规收购使用病死猪肉和半成品原料现象仍然存在，管理部门监管难度大。

（湖南省饲料工业办公室）

广东省饲料工业

【饲料工业发展概况】

2018年，广东省各级饲料管理部门认真落实农业农村部和省委省政府的决策部署，紧紧围绕乡村振兴战略总要求，深化“放管服”改革，加强质量安全监管，加快饲料产业转型升级，坚持质量第一、绿色发展、效益优先，有力推动了饲料产业高质量发展，为畜牧业兴旺发展提供了坚实保障。主要有如下特点：

（一）产量产值稳步增长

全省共有饲料和饲料添加剂企业918家，共持证1 107个，其中浓配饲料526个、单一饲料121个、添加剂预混料248个、饲料添加剂72个、混合型饲料添加剂140个。2018年，全省饲料业克服原料价格上涨、生猪补栏下降、中美贸易摩擦、非洲猪瘟等困难，总体保持平稳发展势头。全省饲料工业总产值1 187亿元，其中饲料产品总产值1 165亿元，饲料添加剂总产值22亿元；饲料工业总产量3 247.2万t，其中饲料产品3 062万t，饲料添加剂185.2万t。饲料产品总产值和总产量同比分别增长3.8%和7.3%。

在饲料产品总产量中，按饲料类型分，配合饲料2 954.21万t，同比增长4.3%；浓缩饲料40.26万t，同比下降12.9%；添加剂预混合饲料67.69万t，同比下降7.5%。按养殖品种分，猪饲料1410.63万t，同比增长1.0%；蛋禽饲料173.32万t，同比下降4.0%；肉禽饲料854.56万t，同比增长2.9%；水产饲料598.63万t，同比增长15.8%；反刍饲料4.75万t，同比增长23.5%；其他饲料20.28万t，同比下降7.6%。

（二）产业集中度不断提高

饲料生产集团化、规模化水平不断提升，产业集中度不断提高。全省现有上市饲料企业19家，其中企业总部在广东的有14家。年产100万t以上企业5家；年产50万t以上企业11家，比2018年增加2家；年产10万t以上的生产厂128个，比2018年增加6个，产量约占总产量的72%，比2018年提高3个百分点。

（三）产品质量保持高水平

全省饲料产品质量持续保持较高水平，未发生重大饲料产品质量安全事件。饲料中“瘦肉精”等违禁添加物保持“零检出”，生猪养殖环节“瘦肉精”监测合格率100%，保障了畜禽水产产品质量安全。创建了一批名牌饲料产品，全省现有省名牌饲料产品182个。

（四）创新动力不断增强

不少大型企业建立研发中心，积极研发新型饲料产品，构建精准配方技术体系，提高饲料利用效率。不少企业积极开展低蛋白配方研究，推广低蛋白日粮。一些企业和科研单位积极开展微生物发酵、膨化、“替抗”等新技术研究，加快发展高效、安全、环保饲料产品。

（五）走出去能力不断提升

部分企业利用国家畜牧业产业布局调整的机遇，在东北等养殖优势区域投资办厂。一些企业实施“走出去”战略，拓展国际发展空间，已在东南亚和南美等国家投资办厂。2018年，全省共有40多家企业的400多个产品，销往亚洲、欧洲、非洲和美洲的40多个国家和地区。

【组织机构】

广东省农业农村厅内设畜牧与饲料处，负责饲料和饲料添加剂的监督管理工作。

【主要工作】

（一）着力推动饲料产业转型升级，提升行业竞争力，积极鼓励企业改造、升级加工装备，淘汰落后产能，提升专业化、集约化和智能化水平

积极推行饲料生产与畜禽养殖“厂场对接”经营模式，降低生产成本。积极引导企业和科研单位开展新配方、新产品、新技术研究，大力发展绿色安全高效饲料产品。深入推行《饲料质量安全管理规范》，加

强饲料生产全过程质量控制。开展广东农业名牌产品评选，打造一批品质好、品牌响的广东饲料产品。

（二）着力深化“放管服”改革，激发企业活力

切实贯彻国务院“证照分离”改革要求，制定《饲料生产许可优化准入服务实施方案》，全面推行行政许可网上办理，实行“不见面审批”；压缩办理时间，将法定审批时间 20 个工作日压缩至 10 个工作日；精简申请材料 10 种，减少申请材料近 50%。认真落实《广东省人民政府关于将一批省级行政职权事项调整由各地级以上市实施的决定》，将饲料生产许可证核发和饲料产品批准文号核准两项行政许可事项委托地级以上市饲料管理部门实施，提升行政许可效率、优化服务。委托 3 家第三方检测机构承担行政审批所需的检测任务，送检企业不再承担检测费用，样品送检时间大幅缩短。编印饲料管理法规文件汇编免费赠送每个生产企业，建立饲料管理服务 QQ 群和微信群，及时宣传有关法律法规、技术规范和技术标准，解答企业咨询问题。

（三）着力强化行政许可管理，规范生产行为

调整全省饲料和饲料添加剂生产许可专家审核委员会成员，公开遴选 100 名生产许可现场审核专家，制定《饲料和饲料添加剂生产许可现场审核专家管理办法（试行）》，规范生产许可现场审核工作，确保现场审核工作公平、公正。严格生产许可审批和批准文号核准，对不符合条件的一律不予许可，从源头上规范企业生产行为。

（四）着力加强质量安全监管，提升饲料产品质量

健全日常监督检查制度，督促企业严格落实《饲料和饲料添加剂管理条例》《饲料质量安全管理规范》等法规、规章及有关技术规范。开展饲料质量安全监管专项行动，建立监督检查和产品抽检联动、产品抽检和第三方检测联动的监管新模式，组织对饲料生产企业分 3 年实行全覆盖监管；省级监督检查企业 162 家、抽检各类饲料产品 440 批次，地级监督抽查企业 558 家，抽检产品 1 363 批次。开展饲料产品质量安全预警监测，重点监测重金属、霉菌毒素等有毒有害物质，筛查非法添加物和违禁药物，省级监测生产、经营、养殖企业 288 家、各类饲料产品 486 批次。开展“瘦肉精”专项整治行动，省级抽检养殖场（户）411 个、样品 822 个，各地抽检养殖场（户）48 196 个、样品 285 824 个，检测结果均为阴性。对监管中发现的违法违规行为和产品质量问题，严肃约谈相关生产企业负责人落实整改措施，并依法严肃查处，各地共查处饲料违法案件 30 宗。

（五）着力应对非洲猪瘟和中美贸易摩擦，防范风险

切实贯彻农业农村部第 64 号公告，督促饲料生产企业暂停使用以猪血为原料的血液制品生产猪用饲料，养殖场（户）暂停使用含有猪血液制品的饲料产品饲喂生猪。组织对猪血液制品进行全覆盖抽检，非洲猪瘟检测结果均为阴性。深入开展调查研究，听取重点饲料企业、养殖企业、有关专家和行业协会等多方意见，分析研判中美贸易摩擦对饲料业和养殖业的影响，引导企业采取使用低蛋白日粮、优化饲料配方、开拓杂粕来源等应对措施。

【存在问题】

全省饲料产业在产业规模、产业集中度、科技创新能力、走出去能力等方面全国领先，但也存在一些短板，面临一些新的挑战：一是饲料原料对外依存度高，受市场波动的影响大；二是产业链不够长，上游新型高端原料产品的研发能力相对较弱，与下游养殖产业的对接还不够充分；三是产品质量不平衡，少数企业忽视产品质量安全的问题仍然存在；四是饲料产能过剩，市场竞争进一步加剧；五是受资源环境约束，全省畜禽养殖量将会下降，饲料需求也将随之下降。饲料产业总体上已进入降产能、降成本、重质量、重环保的新阶段。加快饲料产业转型升级，推动饲料产业高质量发展，已成为饲料产业发展的迫切要求。

【下一步工作思路】

（一）加快产业转型升级

积极引导饲料企业调整优化结构，提升规模化、集约化水平，推动企业延伸拓展产业链；鼓励企业实施走出去战略，拓展市场空间。支持创建广东饲料名牌产品和饲料引领养殖产业的龙头企业。

（二）加快发展绿色安全高效产品

引导企业实施配合饲料团体标准，推广低蛋白日粮，构建精准配方技术体系。加快研发绿色新型饲料产品和“替抗”技术产品，推广低氮、低磷和低矿物质饲料，推进药物添加剂减量使用。

（三）加快推动科技创新

鼓励企业建立技术研发机构，与科研机构建立战略合作关系。充分发挥省饲料、生猪、家禽等创新团队的作用，健全产学研合作机制，支持开展“替抗”、微生物发酵等新技术、新产品研究。

（四）加强质量安全监管

深入开展饲料质量安全监管专项整治行动，开展饲料质量安全、违禁物质、药物饲料添加剂专项监测和风险预警，开展“瘦肉精”专项监测，严厉打击违法违规行为。

（五）深化“放管服”改革

严格落实“证照分离”改革要求，优化办理流程，提升办理效率；加强培训指导，确保省级委托行政许可事项顺利实施；严格生产许可和批准文号审核，规范饲料和饲料添加剂生产行为。

（广东省农业农村厅）

广西壮族自治区饲料工业

【发展概况】

2018年全区共有饲料和饲料添加剂生产企业278家，同比持平，全区饲料产品产量1 533.0万t，产值510.3亿元，同比分别增长13.9%、21.2%。全区饲料产品抽检合格率99.3%，同比基本持平，商品饲料和生猪尿样“瘦肉精”等违禁药物检出率为零。

【发展特点】

（一）产品结构进一步优化

猪料、禽料持续增长，配合饲料、浓缩饲料、添加剂预混合饲料也都呈现增长模式，供给产品与养殖需求趋向一致。全区饲料产品产量1 533.0万t，同比增长13.9%。配合饲料1 491.7t，同比增长13.7%；浓缩料20.2万t，同比增长9.5%；预混料21.1万t，同比增长33.1%。其中猪料823.1万t，同比增长11.3%；蛋禽料68.3万t，同比增长6.2%；肉禽料580.5万t，同比增长21.6%；水产料59.8万t，同比减少8.6%。

（二）饲料生产集中度持续提高

全区年产量10万t以上的企业有56家，比上年增加6家，占同类企业数178家的31.5%，产量1 283.5万t，同比增长26.6%，占全区饲料总产量的76.9%，大型企业、集团企业所占份额越来越大。全区年产量50万t以上的集团企业有4家，产量960.2万t，同比增长18.3%，占全区饲料总产量的57.5%，比上一年减少2.8个百分点。

（三）区位集聚优势一进步凸显

2018年，广西进口大豆、油菜籽分别占全国的一成和四成，大型粮油加工企业看好广西沿海港口的区位优势和海运成本低廉优势，相继落户钦州、北海和防城港聚集发展，广西已成为全国重要的进口粮油加工产业基地和饲料工业基地。全区豆粕、菜粕等植物蛋白原料生产企业9家，全年豆粕、菜粕、大豆浓缩蛋白产量776.0万t。

【主要工作】

（一）落实监管资金，确保饲料监管任务顺利完成

2018年共落实饲料质量安全监管经费351.6万元（其中自治区财政265万元、农业农村部86.6万元），用于全区饲料质量监测体系建设，饲料和饲料添加剂生产许可评审，2018年全国饲料质量安全监管等工作，有效确保了饲料监管等各项任务顺利完成。

（二）开展2018年广西饲料质量安全监管工作

根据农业农村部办公厅《关于印发2018年全国饲料质量安全监管工作方案的通知》（农办牧〔2018〕21号）要求，广西壮族自治区农业农村厅制定了《2018年广西饲料质量安全监管工作实施方案》，组织检查组分上下半年两次对农业农村部指定全区的91家饲料和饲料添加剂生产企业进行检查，对检查的91家企业204个样品进行抽检，由江西省饲料监察所开展检测工作。

（三）狠抓关键环节监管重点，确保饲料质量安全

一是严格资格审核，从源头把关，对不符合条件的一律不予许可，全年共受理54家饲料和饲料添加剂生产企业许可申请；共核发产品批准文号338个。二是加大对获证生产企业日常监管力度，结合安全生产工作，各市对辖区内饲料生产企业实行全覆盖现场检查，对存在的问题及时查处溯源。三是强化检打联动，落实对不合格产品及企业的追踪溯源。2018年，全区饲料和饲料添加剂质量安全监测共抽检饲料和饲料添加剂样品1 895批次，合格1 883批，合格率为99.37%。加强对不合格产品的追踪溯源，及时消除质量安全隐患。四是将监测不合格及被投诉、被举报企业作为重点监控对象进行认真排查，重点突击检查原料库房和使用记录，督促企业质量安全制度的落实。

（四）开展以猪血为原料的血液制品非洲猪瘟监管检测工作检测

根据农业农村部第64号公告和农业农村部畜牧兽医局《关于做好以猪血为原料的血液制品非洲猪瘟检测工作的通知》（农牧便函〔2018〕35号）要求，抽检3家以猪血为原料的血液制品生产企业共130批血液制品样品，检测结果均为阴性；组织人员对辖区范围内以猪血为原料的三家血液制品生产企业的猪血来源、血液制品的生产、销售、库存情况进行检查，掌握血液制品使用情况，确保全区养猪业健康发展。

（五）深入开展饲料和饲料添加剂生产企业防范粉尘爆炸安全专项整治工作

根据自治区安委会统一部署，自治区安监局牵头，自治区水产畜牧兽医局、公安厅、自治区工商局等多部门配合，继续在全区深入开展涉粉尘爆炸企业安全生产专项整治活动，努力防范和遏制重特大生产安全事故发生。截至10月，全区组织检查组147个，出动检查人员737人次，检查企业383家次，排查一般隐患共400余处，目前整改379处，整改率94.70%。组织饲料企业负责人签订《安全承诺书》352份，进一步强化企业安全生产主体责任，加强事故防范和源头治理。

（六）抓好饲料行业的基础性及服务工作

一是9月20日召开全区饲料工业统计培训班落实所有企业从2018年起执行月报表制度，实现全口径上报统计数据；二是积极主动与国税、粮食、质检部门沟通、联系，做好协调工作，确保饲料企业能公平享受优惠政策，特别是2018年自治区与国家税务局沟通饲料生产企业免征增值税，基本达成旧企业不用每年抽检，取得检验报告后方可免征增值税，从政策角度减少企业成本，营造良好营商环境；三是组织饲料生产经营养殖企业参加自治区饲料工业协会组织的各种形式的电商研讨会、技术讲座、法规培训，积极为桂林力源集团、海大集团、大北农集团等大型饲料企业在省内外的扩张，寻求合作伙伴牵线搭桥，积极为区外饲料企业在全区的发展提供帮助。

【存在问题】

（一）企业质量安全主体责任的落实仍是薄弱环节

养殖户、饲料和饲料添加剂经营企业生产经营档案仍不规范、不健全，自我管理能力不足，发生产品质量安全问题后难以追溯，养殖环节不按规定使用药物，流通环节制售假冒伪劣饲料、无证生产饲料等问题依然无法杜绝。

（二）部分市畜牧兽医综合执法工作还没有全部整体推进，饲料执法人员依法监管的能力和水平仍然有待提高

部分市的畜牧兽医综合执法工作还没有全部整体推进，饲料执法仅靠几个行政管理人员，监管工作难以落到实处。一些市虽然将饲料执法委托给动物卫生监督所，但对委托执法情况未加强指导和监管，执法人员仍存在有案不会办、不敢办、不想办的现象。特别是《饲料质量安全管理规范》的实施，对企业执行规范的监管主要由县级执法人员承担，基层监管人员的监管能力迫切需要提升。

（三）自配料监管难度大

目前《饲料与饲料添加剂管理条例》对自配料侧重于对违禁品和限制性物质的使用管理，没有出台自配料使用规范，自配料仍是监管难点和薄弱环节。

（四）饲料添加剂和单一饲料缺乏规范管理依据

《饲料质量安全管理规范》只适用于添加剂预混合饲料、浓缩饲料、配合饲料和精料补充料生产企业，而不适用于饲料添加剂和单一饲料生产企业，造成前类企业有相应条款规范企业生产，而后类企业除了按许可要求及规范中共性的问题执行外，目前没有一套针对此类企业的使用规范。建议农业农村部出台针对饲料添加剂和单一饲料生产企业的许可条件及相应的使用规范。

（五）各市对饲料统计工作不重视，质量不高

一是部分市饲料管理部门、企业统计人员对统计报表理解不透、概念不清，工作不重视、不负责，迟报、虚报、错报的现象时有发生，特别是未经认真核对就上报；二是管理部门没有将统计工作与日常监管相结合，且企业上报数据时，各市只求上报率，不求上报质量，或者存在业务不熟练，建议今后多开展统计工作业务培训。

【下一步工作思路】

全面落实农业农村部决策部署，突出抓好饲料监管工作。一是落实农业农村部饲料监测计划和自治区本级监测计划；二是加大力度开展饲料法规宣传和饲料生产许可专家培训；三是加强饲料监管和执法体系建设，提高监管和执法水平；四是严格资格审核，加强生产企业的准入管理和证后监管，依法淘汰不合格企业；五是全面实施《饲料生产企业质量安全管理规范》，落实监管职责；六是加强日常监管和执法监督，对违法违规行为保持高压严打态势；七是强化饲料和饲料添加剂生产企业安全生产专项整治；八是强化饲料信息统计工作，实现全口径上报统计数据，确保统计数据时效性、准确性、完整性和真实性。

（广西壮族自治区饲料工业办公室）

海南省饲料工业

【发展概况】

2018年上半年受生猪规模养殖效益凸显挤压，生猪价格低迷触底，养殖企业亏损，下半年受全国非洲猪瘟影响，猪价有所升温，猪饲料生产处于震荡回升，全年猪饲料产量总体上升；全年中禽肉、蛋价格一直保持稳定向好，牵引禽料生产增长较快；水产养殖受到环保压力，养殖水面大大减少，叠加罗非鱼出口不畅，价格震荡起伏，一些养鱼企业转行退出，但大中规模淡水养殖企业转型向海水养殖，开发海上牧场，水产饲料生产略有增长。据饲料统计综合报表显示，全省全年生产饲料2 804 370t，总产值1 084 017万元，总营业收入1 020 939万元，分别同比增长7.7%、38.8%、37%。其中配合饲料2 798 736t，同比增长7.7%；添加剂预混合饲料5 634t，同比下降7.2%。分品种统计：生猪饲料1 188 343t，同比增长2.5%，蛋禽饲料164 302t，同比增长9.2%，肉禽饲料1 101 622t，同比增长16.1%，水产饲料350 103t，同比增长1.3%。

全省全年生产饲料添加剂总产量807t，总产值680万元，总营业收入684万元，分别同比增长31.9%、24.1%、30%。

全省全年饲料工业总产值1 084 697万元，总营业收入1 021 622万元，分别同比增长38.7%和37%。

另外，单一饲料总产量27 397t，总产值19 483万元。

【组织机构】

2006年，海南省农业厅内设海南省畜牧兽医局，畜牧兽医局内设兽医处、畜牧处，海南省饲料工作办公室附属于畜牧处，2009年7月经海南省编委批准，海南省农业厅增设饲料兽药管理处（加挂“海南省饲料工作办公室”牌子），现定编人员5人，主要承担全省饲料兽药质量及饲料兽药行业监督管理职能。

海南省兽药饲料监察所主要承担农业农村部和省农业厅下达的各类产品抽样监测计划和海南省兽药饲料产品质量安全监督、检验、委托检验、技术仲裁及提供监管技术支撑等工作职能。

全省18个市、县畜牧兽医局分别负责辖区内的违禁药物查处、兽药饲料生产、经营和使用环节的监督执法管理和配合省饲料检测机构做好各类产品抽样送样等工作。

【工作措施】

（一）认真抓实饲料行业准入工作

2018年注重加强饲料事前管理工作，将《饲料质量安全管理规范》（以下简称《规范》）纳入生产许可现场评审条件，督促企业对饲料原料采购管理、规范标准执行、产品质量控制、生产过程和销售台账记录等环节实行全过程管控，把好产品质量安全关。同时严格执行《饲料和饲料添加剂管理条例》规定，严把行业准入条件，确保全行业的整体素质。全年全省按照行政许可新增饲料企业3家，换证企业3家，注销饲料企业4家，企业信息更新5家，核发饲料添加剂批准文号1个。

（二）扎实做好饲料监管工作

为创新监管方式，增强饲料监管针对性、有效性，提高饲料质量安全监管工作创新机制提高效能，采取监督检查与抽样检测同步开展，确保全省饲料质量安全。根据农业农村部的要求，结合全省实际，制定印发了《海南省农业厅办公室关于印发2018年全省饲料质量安全监管工作方案的通知》（琼农办〔2018〕33号），对全省所有饲料生产企业实施监督检查和抽样检测，抽样检测由农业农村部指定省份负责；同时对经营环节和使用环节进行抽检，做到全省饲料生产经营使用三大环节全覆盖、饲料种类品种全覆盖。2018年在全省38家饲料生产企业抽样80批次，在饲料经营和使用环节抽样206批次，进行质量监督检验和风险监测，总合格率为99%。

（三）注重加强服务指导工作

为适应饲料行业大数据管理的新要求，全面提升全省饲料行业统计管理水平，更加科学地服务指导饲料生产经营。3月23日举办海南省饲料统计工作培训班，培训饲料统计管理人员50多人，进一步提高全省饲料统计人员业务能力。同时，还为全省、市、县饲料管理部门及饲料企业发放饲料法规宣传资料400多册。

（四）努力强化饲料监督执法工作

按照农业农村部和省农业厅农资打假的部署要求，进一步强化饲料监督执法力度，在重要时机重点市、县开展主要环节执法督查，从元旦、春节到全国两会及博鳌亚洲论坛年会期间，开展全省饲料质量安全监督执法大检查，重点对海口、文昌、澄迈等市、县饲料生产企业，突出饲料添加剂企业，检查非法添加违禁药物等问题，发现违规严厉查处；同时，对东方、乐东两市、县进行执法督查，按照“四严”要求，严厉打击违法违规行为。据统计，全年全省出动执法人员300多人次，检查饲料生产企业30家次，8家饲料添加剂（含混合型）企业全覆盖，饲料经营销售企业196家，规模自配料养殖企业30家，查处案件3起，罚没金额4 000多元，查扣违法饲料产品300包。

（五）下力抓好饲料行业安全生产

根据国家、省安委会以及省农业厅关于做好安全生产一系列文件精神，周密部署2018年饲料行业安全生产工作，先后制定下发了《海南省农业厅关于扎实做好2018年全省饲料行业安全生产工作的通知》《海南省农业厅关于印发持续深入开展全省饲料行业粉尘防爆专项治理工作实施方案的通知》（琼农字〔2018〕66号）等文件，积极开展饲料安全生产监督检查工作，重点检查了海口、澄迈、儋州、琼海等市、县饲料生产企业，及时排查隐患，进一步强化饲料行业安全生产工作措施，建立企业安全基础台账，确保全省饲料企业安全生产。同时举办了全省饲料兽药行业培训班，专门邀请全国粉尘防爆权威专家讲授饲料粉尘防爆防范知识，同时组织参训人员观摩海南恒兴饲料企业消防应急演练，进一步提高全省饲料安全员的管理能力。同时培训全省饲料行业安全管理人员共100多人。

（六）积极推动饲草青贮料发展工作

2018年围绕“稳猪、促禽、增牛羊”畜牧养殖发展要求，进一步摸清全省牛羊养殖用草料利用，推进玉米秸秆饲料化利用工作。先后到东方、儋州、万宁、三亚、澄迈等市、县开展青贮饲料加工调研，为牵引种植业、支撑牛羊养殖业发展，做好循环农业中间环节工作奠定基础。同时，加大TMR养殖技术推广工作，牵引青贮饲料生产发展，以示范基地引领带动，推开周边农作物秸秆饲料化利用工作，进一步提高秸秆饲料化率。全年生产玉米秸秆青贮饲料4.5万元。同时积极配合相关部门做好循环农业相关工作，推进饲料行业绿色发展。

（七）较好完成全省猪饲料生产监测工作

严格按照农业农村部畜牧兽医局工作要求，专门安排人员，以兢业态度、严谨作风、敬业精神，抓实抓细全省猪饲料统计工作，较好地完成了各项工作任务，为全国畜牧统计与定点监测工作及时提供翔实准确的数据，有力地支撑和保障了畜牧业大数据的宏观调控引导生产，得到了上级机关的充分肯定，2名同志受到了农业农村部畜牧兽医局的表扬。

【存在问题】

一是饲料监管队伍偏弱，难以实施有效管控。各级由于机构体制改革在即，加上扶贫任务重等因素叠加，饲料监管存在弱化。

二是推进《规范》不平衡不充分。各市县各饲料生产企业全面实施推进《规范》工作不平衡不充分，有待于进一步加加强。

【下一步工作思路】

（一）坚持标准条件，始终抓好饲料监管工作

积极适应国家“放管服”改革形势，坚持落实好监管制度，做到监管工作形成制度化、常态化、标准化，进一步规范行业秩序，进一步提升全省饲料行业管理水平。

（二）坚持示范引领，大力推进《规范》实施工作

在现有示范创建基础上，加强《规范》培训工作，增强现场检查指导，切实规范饲料生产企业行为，实现饲料产品质量可控可追溯，提升饲料质量安全水平。

（三）坚持问题导向，不断强化饲料监督执法工作

按照省部农资打假工作部署，认真开展饲料执法工作，严厉打击非法添加违禁药物行为，确保全省饲料质量安全。

（四）坚持综合治理，认真抓实饲料行业安全生产工作

继续开展饲料企业粉尘防爆专项治理和危险化学综合治理工作，确保全省饲料行业生产安全。

（五）坚持循环连接，加快推动饲草青贮料发展工作

按照畜牧养殖业发展规划，实施以草换肉工程，以饲料业上下游的种植、养殖业循环连接牵引，以项目带动、以企业示范引领饲草业发展，提高农业作物秸秆利用率，保障草食动物的饲料供给。

（海南省饲料工作办公室）

重庆市饲料工业

【发展概况】

2018年，重庆饲料工业坚持“严审批，保质量；调结构，增效益；优生产，保生态”的总体思路，严格行政审批、狠抓产品质量安全、淘汰落后产能、落实环保管理措施，进一步提高了饲料行业从业人员素质和管理水平，饲料质量安全得到有效保障，有力支撑了重庆畜牧业健康有序发展。

全市共有饲料生产企业165家，其中：配合饲料、浓缩饲料生产企业108家；预混合饲料生产企业20家；饲料添加剂生产企业10家；混合型饲料添加剂生产企业19家；单一饲料生产企业8家。2018年全市饲料工业总产量298.13万t。其中，配合饲料272.69万t；浓缩饲料24.63万t；添加剂预混合饲料0.80万t。各类饲料添加剂总产量2.4万t，单一饲料45.9万t。不同品种饲料产量有增有降，总体产量增加。全市饲料工业总产值100.24亿元。

【组织机构】

重庆市饲料工业办公室于1986年正式成立，挂靠市委农村工作领导小组办公室。1996年转到市农业局后改为市农业局内设机构。2000年机构改革时不再是市农业局单独的内设机构，改为挂靠重庆市农业局畜牧兽医处。2005年重庆畜牧兽医体制改革，畜牧兽医处分为畜牧处和兽医处，重庆市饲料工业办公室挂靠在畜牧处。2008年成立市农委后，又挂靠在重庆市农委畜牧业发展处。2018年机构改革成立重庆市农业农村委员会，相关职能并入畜牧业处。

【主要工作】

（一）优化审批服务，严格审批条件

为进一步推进“证照分离”改革工作顺利实施，按照《重庆市人民政府关于印发重庆市推进“证照”分离改革试点方案的通知》（渝府发〔2017〕44号）要求，饲料工业办公室提高了审批事项的透明度和可预期性，使办证更加便捷高效。对申请饲料生产许可严格把关，按许可条件进行现场审核，并将企业执行《饲料质量安全规范》情况作为重要考核依据，坚决依法淘汰环评不达标、生产设备落后、存在重大安全隐患的企业，着力提升重庆饲料业规模化、标准化程度，提高饲料行业整体水平。

（二）加强行业管理，开展技能培训

2018年5月，饲料工业办公室举办了饲料生产许可暨饲料工业统计信息系统应用培训班，全市饲料行政管理、监督执法以及饲料生产企业相关人员参加了培训。邀请了行业专家，着重对饲料生产许可厂区布局及生产工艺设备、质量检验和管理制度、饲料监督执法工作要点、饲料生产许可申报材料审查要点、饲料工业信息统计系统应用等进行了讲解。通过培训，有效提高了区（县）饲料行政许可审批水平，提升了企业检化验人员检测能力。

（三）联动监管，确保饲料产品质量安全

根据农业农村部《2018年全国饲料质量安全监管工作方案》（农办牧〔2018〕21号）的统一安排，重庆市农业农村委抽调市、区（县）管理人员组成检查组，对渝北区、北碚区、南岸区、巴南区、璧山区、梁平区、开州区有关饲料和饲料添加剂生产企业进行专项检查，对发现的问题要求企业立即整改。2018年1～11月，全市共出动执法人员3 258人次，出动执法车辆1 356台次，对104个饲料生产企业、1 487个饲料经营门市、856个规模化养殖场进行了执法检查。全市共办理饲料案件12件，罚没金额2.58万元，没收不合格饲料3 562.4kg。其中，市级接到12316举报投诉电话8起，交办区（县）案件线索5起，督办6起，约谈饲料生产企业9家。

（四）组织开展饲料质量安全监测行动

2018 年，组织开展了饲料质量安全专项监测和“瘦肉精”专项监测，根据实际情况并结合对重点地区、重点企业和重点产品安排了 500 批次饲料质量安全和 500 个样品的“瘦肉精”监测任务。2018 年养殖环节违禁添加物监测共抽查 35 个区（县），139 家使用企业和养殖场（户）的 170 批次样品，合格率 100%；饲料产品质量安全监测共抽查 31 个区（县），生产、经营和使用环节饲料产品 505 批次，合格 500 批次，产品合格率 99%；反刍动物饲料中牛羊源性成分监测共抽查 23 个区（县），55 家反刍动物饲料、动物源性饲料使用企业和养殖场（户）90 批次样品，合格率 100%；“瘦肉精”专项监测共抽查了 24 个区（县），456 家养殖场（户）980 批次尿液，合格率 100%。

（五）开展饲料行业安全专项整治

坚持“安全第一、预防为主、综合治理”的方针，严格落实“管行业必须管安全、管生产经营必须管安全”的要求，切实加强组织领导，狠抓监管责任和防范措施的落实。2018 年在抓好饲料产品质量安全的基础上，突出抓好饲料企业安全生产工作。对生产重点区域、重点环节、重点部位认真梳理、分类排查，把事故隐患找到、查清、消灭在萌芽状态。查出的问题要求企业限期整改，对整改不力、落实不到位的，要依法运用行政处罚，责令停产、查封扣押、吊销生产许可证等法律法规赋予的权力，确保安全隐患得到彻底整治。

【存在问题】

一是饲料产品质量仍不容乐观，超范围、超剂量添加时有发生。二是基层执法力度和执法条件有待加强。三是中小型饲料企业执行《饲料质量安全管理规范》不到位，相关制度、记录记载不全。四是饲料行业整体素质不高，企业安全生产意识有待加强。

【下一步工作打算】

为促进全市的饲料工业健康有序发展，2019 年全市将着重开展以下工作：一是加快推广饲料低蛋白日粮技术；二是进一步加强对获证企业的监管，规范生产经营行为；三是鼓励饲料企业与养殖场（户）加强合作，有效推进饲料散装散运示范工作；四是加大监督抽检力度，严厉查处生产经营和使用不合格饲料、超范围超计量添加药物和添加剂以及添加违禁药物的行为；五是引导地方小型饲料企业开展兼并重组，整合优化生产能力，进一步提高全市饲料生产规模化、集约化水平。

（重庆市饲料工业办公室）

四川省饲料工业

【发展概况】

截至2018年12月底，全省共有饲料和饲料添加剂生产企业522家，其中取得预混料生产许可证的企业104家，添加剂生产许可证企业61家，混合型添加剂生产许可证企业48家，配合、浓缩、精料补充料生产许可证企业275家，单一饲料生产许可证企业106家。

2018年，全省工业饲料总产量1 085.6万t，同比减少1.8%，饲料工业总产值410.0亿元，同比减少1.7%。从饲料种类来看，配合饲料1 003.2万t，同比减少0.5%；浓缩饲料54.2万t，同比减少19.7%；添加剂预混合饲料28.2万t，同比减少4.4%。从饲料品种来看，猪饲料744.8万t，同比增长1.0%；禽饲料253.7万t，同比减少5.8%，其中肉禽料161.1万t，同比减少4.9%，蛋禽料92.6万t，同比减少7.5%；水产料62.6万t，同比减少7.4%；反刍料11.5万t，同比增长0.6%；其他13.0万t，同比减少31.7%。

2018年全省共抽检饲料样品1 663批，产品质量合格率99.4%。未检出“瘦肉精”、三聚氰胺等违禁物质，全省饲料质量安全保持较高水平。

【主要工作】

（一）《饲料质量安全管理规范》推进有力

在《饲料质量安全管理规范》（以下简称《规范》）示范创建和推进年活动基础上，印发了《关于加快推进〈规范〉实施的意见》，进一步加强组织领导，加大服务指导和执法办案力度，全力推进《规范》实施。从监督检查情况来看，总体效果较好。

（二）行业监管进一步强化

一是严格源头监管。针对饲料生产许可技术评审中需要明确的有关问题，制定了《四川省饲料和饲料添加剂生产许可技术评审指导意见》，将《规范》、安全生产和环境保护等行业管理要求纳入许可评审内容。据统计，2018年共开展许可书面评审325个次，现场审核167个次，合格率分别为79.4%和85.0%。依法注销40家饲料生产企业的生产许可证。二是强化行业安全生产。印发了《四川省农业厅关于切实加强饲料行业安全生产工作的通知》，下达了年度监督检查计划，印制了《饲料安全生产检查表》，将行业安全生产工作融入行业日常监管工作中。各级管理部门认真组织开展安全生产检查，省级抽查了65家饲料生产企业安全生产情况，对发现的问题责成当地饲料管理部门督促整改，有效防范安全事故，全年行业没有安全生产事故发生。三是组织开展行业监督检查。结合农业农村部开展的2018年全国饲料质量安全监管年活动，组织3个监督检查组对宜宾、乐山、眉山、成都4个市119家饲料生产企业安全生产、环境保护、《规范》推进、产品质量控制和许可符合性等内容进行全覆盖现场检查，对存在的问题责成当地饲料管理部门督促整改。四是实行“检打联动”。对“全覆盖”监测中检测出的10批不合格产品及其生产、经营和使用单位进行通报并严肃查处。

（三）应急事件处置快速高效

按照农业农村部公告第64号和农业农村部畜牧兽医局《关于做好以猪血为原料的血液制品非洲猪瘟检测工作的通知》要求，在省非洲猪瘟防控应急指挥部的统一安排下，积极开展饲料行业非洲猪瘟防控应急处置。一是及时对全省生产猪血液制品及使用猪血液制品生产猪用饲料情况开展统计和排查。二是组织对全省所有猪血液制品生产企业开展“全覆盖”监督检查，全面掌握血液制品生产原料来源情况，摸清猪血液制品生产企业生产及销售等情况。三是组织对猪血液制品生产企业产品进行“全覆盖”监督抽样，共抽取样品180批次，送省动物疫病预防控制中心检测，检测结果全部为阴性。四是召开加强以猪血为原料的饲用血液制品生产过程管控工作座谈会，对农业农村部 91 号公告进行详细解读，对贯彻 91 号公告提出明确要求。对全省所有以猪血为原料的饲用血液制品生产企业进行现场检查，对不符合 91 号公告要求的责令企业立即整改。

（四）行业大调研活动取得实效

积极开展四川省饲料工业发展及市场情况的专题调研，通过问卷调查、查阅统计资料、座谈交流、现场走访等方式，深入了解四川省饲料生产发展及市场运用现状，分析存在问题，并提出对策建议，形成了《四川省饲料工业发展及市场研究》调研报告。

（四川省农业农村厅）

贵州省饲料工业

【发展概况】

2018年，贵州省饲料行业积极贯彻《饲料和饲料添加剂管理条例》及配套法规，加大饲料质量安全监管监测力度，按时完成统计报表审核工作，多措并举，全力促进饲料行业持续、健康发展，全省工业饲料产销量快速增长，行业整体生产技术、质量水平持续提高。全省饲料生产企业80家，其中，配合（浓缩）饲料生产企业61家，添加剂生产企业10家，饲料原料（单一饲料）生产企业9家。2018年全省工业饲料产量为167万t，同比增长7.3%，其中配合饲料产量127万t，同比增长8.7%，浓缩饲料产量41万t，同比增长3.2%。

【组织机构】

贵州省饲料工作办公室为贵州省农业委员会内设机构，与草业饲料处合署办公，正处级行政单位，编制4人，在编2人。主要负责全省饲料监管与服务工作。全省9个市（州）农业行政管理部门均设立了饲料工作办公室。

【主要工作】

（一）加大宣传培训，提升饲料行业管理水平

一是邀请饲料生产企业参与全省“放心农资下乡进村宣传”活动。企业通过免费发放饲料产品，优惠销售饲料产品，发放各类宣传资料等举措，带动养殖场（户）、农户增收增益。同时，督促各市州饲料管理部门开展各类宣传。二是为规范饲料监管和产品抽样行为，组织举办全省饲料质量安全监管培训班1期，解读农业农村部《2018年全国饲料质量安全监管工作方案》，培训饲料和饲料添加剂生产企业现场监督检查要点和饲料产品抽样技术。全面提升全省饲料管理部门和企业对饲料质量安全法规的执行能力和监管水平。

（二）严格行政审批，严把企业准入关

依法严格审核。指导各市、州成立行政审批专家组、制定规范的审批程序，把《饲料质量安全管理规范》纳入许可的必要条件，并对各地行政许可工作情况进行督查，严格要求各市、州饲料管理部门按要求进行严格审核许可，确保程序合法、企业合格。2018年按时完成了福泉温氏畜牧有限公司、毕节双胞胎饲料有限公司、贵州利丰达实业有限公等8家企业生产许可证核发和3个批准文号核发；贵州越都化工有限公司、贵州湘大骆驼饲料有限公司、贵阳海大智海饲料有限公司等21家生产企业续展、变更、注销等工作。

（三）加强饲料监管监测，确保产品质量安全

一是安排部署全省饲料质量安全监管工作。印发《2018年全省饲料质量安全监管工作计划》及《2018年养殖环节“瘦肉精”专项监测计划》，安排各市、州任务“瘦肉精”等违禁药物专项抽检10 000批，饲料产品质量检测800批；安排抽检猪牛羊养殖场（户）300个。各地已完成检测任务，“瘦肉精”等违禁药物抽检均为阴性。二是开展饲料生产企业现场监督检查。完成贵阳市、安顺市、黔西南州27个饲料生产企业现场监督检查，对照农业农村部《饲料和饲料添加剂生产企业现场监督检查表》逐条检查，特别是重点检查了用电安全、粉尘爆炸、压力容器等隐患，对检查中发现问题要求企业彻底整改，确保饲料生产企业生产安全；按照农业农村部统一要求，配合青海省兽药饲料监察所抽样58批次，不合格产品通知当地饲料管理部门进行立案处罚。三是开展饲料生产环节饲料药物添加剂专项检查，完成全省饲料生产企业大检查，检查中未发现有违法违规使用饲料药物添加剂行为。并开展“两节”“两会”期间饲料侵权假冒专项整治和2018年全省饲料侵权假冒专项整治，且在专项检查中未收到饲料侵权假冒案件的报告。四是完成2017年下半年饲料产品质量安全监测不合格产品处理。根据

《农业部办公厅关于2017年下半年全国饲料质量安全监测结果的通报》要求，全省责成相关部门和市（州）农（牧）部门对不合格饲料产品进行查处。五是按照农业农村部第64号要求，为做好非洲猪瘟疫情防控，切断饲料环节传播途径，下发《关于做好生猪饲料和餐厨剩余物监管工作的通知》，在全省开展生猪饲料专项排查，发现生产、经营、使用环节的猪血制品及含猪血原料的饲料产品必须送检，经检测，送检的6个样品为非洲猪瘟病毒核酸阴性。六是印发《关于落实饲料和饲料添加剂生产企业审批“证照分离”改革要求的通知》《关于开展饲料质量安全典型案例警示教育活动的通知》。要求各地务必严格按照《国务院关于全国推开“证照分离”改革的通知》（国发〔2018〕35号）落实好“证照分离”改革；高度重视2017年3月15日徐州远方中汇生物科技有限公司饲料生产违法事件，要求各地组织各县（市）管理部门对辖区内饲料和饲料添加剂生产企业开展全覆盖警示教育活动，确保每个企业负责人和技术、品控管理人员了解违规添加的危害和由此产生的严重后果。

（四）按时完成饲料工业统计填报

2018年开始，新修订的饲料统计报表系统将正式启用，所有企业每月上报、全口径监测，数据要求更加严格，要求各市、县饲料办及饲料生产企业明确安排专人负责统计报表，实行“省—市—县—企业”逐级负责制，逐级上报、逐级负责，便于管理部门对企业的日常监管，又明确管理部门工作责任。加强全省新饲料统计报表系统培训，为管理审核部门和企业填报人员提供专业技术支撑，以便按时完成新修订的饲料统计报表系统填报。按时完成中国饲料工业信息统计系统报表月报、年报核查及审核工作，企业上报率95%左右。根据农业农村部统一安排部署，11月开始，按时完成贵阳新希望农业科技有限公司、贵州湘大骆驼饲料有限公司纳入全国重点监测饲料生产企业周报上报及审核工作。

【存在问题】

一是饲料经营环节监管执法困难。由于饲料经营没有入门审核、没有具体条件要求，在偏远乡村有很多杂货店兼营饲料，没有技术鉴别能力，经营的产品量小且混乱，对饲料产品资质核查不严，经营假冒产品的可能性大。小包装添加剂预混料大多不规范，禽料开包销售比较普遍。执法监管难度大，查出问题处罚困难多。二是企业布局不合理。全省一半饲料企业主要集中在贵阳周边，加工能力相对较强，而在其他市（州）则较少，制约了全省饲料行业、养殖业的协调发展。三是部分饲料生产企业上报数据不及时，把饲料统计工作看作是可有可无的工作，没有认真对待，且部分企业的统计工作不是由专门的统计人员填报，业务不熟悉，影响数据的质量和时效。

【下步打算】

一是合理引导行业发展。紧密结合贵州省委、省政府建设生态畜牧业大省的目标，积极引导饲料企业加快转型升级，延伸产业链。加大对饲料高新技术的开发、引进和推广，促进全省饲料行业加快发展。二是加强饲料质量安全监管。严格行政审批，严把企业准入关，加强现场审核和复核力度，强化日常监督检查和检测力度，将日常监管与专项整治相结合，明确省、市、县检查频次和覆盖面。在中央及省级专项资金的支持下，继续完成农业农村部安排有关饲料产品质量安全监测任务，安排全省任务“瘦肉精”等违禁药物专项监测10 000批，饲料产品质量检测800批；协助省兽药饲料监察所饲料产品抽检760批。继续加大监管执法力度，严厉打击饲料生产、经营、使用环节中违法违规行为，确保全省饲料产品质量安全。三是按时完成饲料工业统计信息系统报表月报、年报工作。

（贵州省饲料工作办公室）

云南省饲料工业

2018 年，云南省饲料工业以加快产业转型升级，狠抓饲料产品质量安全管理为目标，严格准入，强化监管，从严执法，积极引导饲料企业做大做强，努力保障饲料和饲料添加剂产品质量安全。全省饲料工业生产克服了多重困难，呈现稳中有升的良好态势，为云南养殖业和经济社会发展提供了有力支撑。

【饲料工业发展概况】

（一）饲料企业发展良好

目前，云南省共有饲料生产企业 294 家，其中配合饲料、浓缩饲料、精料补充料生产企业 208 家，单一饲料生产企业 22 家，添加剂预混合饲料生产企业 28 家，饲料添加剂生产企业 36 家。

（二）饲料产量稳定增长

据统计，全年饲料总产量达 379.5 万 t，同比下降 7.9%，其中配合饲料总产量 284.5 万 t，同比下降 1.8%；浓缩饲料总产量 90.06 万 t，同比下降 22.3%；添加剂预混合饲料总产量 4.9 万 t，同比下降 24.4%。猪料 207.5 万 t（2017 年 214.9 万 t），同比下降 3.5%；蛋禽料 33.4 万 t（2017 年 37.3 万 t），同比下降 10.4%；肉禽料 104.0 万 t（2017 年 105.0 万 t），同比下降 0.9%；水产料 30.7 万 t（2017 年 46.9 万 t），同比下降 34.4%；精料补充料 3.6 万 t（2017 年 6.6 万 t），同比下降 46.1%。饲料添加剂工业实现同步增长，饲料添加剂总产量 201.7 万 t，基本持平，其中磷酸氢钙总产量为 197 万 t，同比增长 22.9%。

（三）竞争激烈，大型企业产业化优势明显

饲料行业受原料价格、养殖业波动较大，随着省内养殖业规模化、集约化、专业化程度的提升，散养户数量的减少，饲料生产企业数量将逐步减少，单个饲料生产企业产量增加。

【组织机构】

云南省饲料工作办公室隶属云南省农业农村厅，与厅畜牧兽医处合署办公，畜牧兽医处处长兼任饲料办主任。

【主要工作】

（一）高度重视，切实加大监管工作投入

省农业农村厅高度重视饲料行业监管工作，2018 年，省级财政安排专项经费 152.3 万元，用于完成农业农村部和省级安排的州市饲料抽检任务，把辖区内的饲料生产经营企业 100% 纳入监管范围，贯彻落实饲料质量安全管理规范示范创建工作。

（二）严把行业准入关

严格按照“提高门槛、减少数量、转变方式、增加效益、加强监管、保证安全”的总体要求，严把饲料生产企业准入关。2018 年，云南省共组织审查饲料生产企业并发证 23 家。组织审查企业标准 270 份，标签 1 900 个，饲料标准标签管理进一步规范。

（三）把管理规范纳入日常监管，建立监督管理长效机制

开展形式多样的监督管理工作，由省级饲料主管部门牵头，重点对饲料生产企业集中的地区进行重点督查，做到查一点带一面的方式开展工作。各级饲料主管部门对辖区内的饲料生产企业、经营门店进行全覆盖检查。重点督查和日常监管有机结合，建立健全日常巡查和监督检查制度，规范企业生产经营行为，完善各项记录、台账。

（四）强化执法队伍建设、提升监管水平

组织畜产品安全知识及畜牧业投入品监管培训。把畜产品安全知识及“瘦肉精”快速检测技术培训纳入常规工作，定期组织全省基层监管人员开展培训工作，普及法律法规，传授识假辨假知识。正确认识畜

产品安全知识，正确指导养殖户科学、合理使用兽药、饲料添加剂等畜牧业投入品及“瘦肉精”快速等相关检测知识的培训、轮训工作。加强与公安、质检、食药监等部门的沟通协调，形成监管合力。根据2018年全国饲料质量安全监管工作方案，制定了全省2018年饲料质量安全监管工作方案，下达了2018年饲料质量安全监测计划和养殖环节“瘦肉精”专项监测计划，并印发全省组织实施。以卫生指标、禁用物质为重点，组织实施全省饲料质量安全监测计划。2018年，全省下达饲料质量安全抽检计划1 216批（次）、瘦肉精抽检计划380批（次），配合农业农村部异地抽检饲料生产企业113家、411批（次）。截至2018年12月31日，全面完成抽检任务。

（五）广泛宣传，严格饲料生产安全监管

一是全省各地广泛宣传《饲料及饲料添加剂管理条例》等饲料法律法规知识，增强企业规范、安全生产意识。二是加大督查指导、抽检和巡查工作力度，督促企业建立健全生产管理制度，严格执行饲料质量标准；三是认真组织实施饲料质量抽检计划，加大饲料质量安全监管力度，扩大抽检范围和频率。

【存在问题】

（一）畜牧兽医综合执法工作还没有全部整体推进，执法人员依法监管的能力和水平仍然有待提高

饲料执法仅靠几个行政管理人员，监管工作难以落到实处。一些市虽然将饲料执法委托给动物卫生监督所，但对委托执法情况未加强指导和监管，执法人员仍存《饲料质量安全管理规范》的实施，对企业执行规范的监管主要由县级执法人员承担，基层监管人员的监管能力迫切需要提升。

（二）工作经费投入不足

对饲料生产、经营、使用环节的产品进行检测，需要相应的工作经费，特别是三聚氰胺、瘦肉精等化学物质的检测费用特别高。而从目前的情况看，各级财政特别是区（县）一级对饲料检测的经费投入不足，从而影响饲料质量安全监管工作的效果。

（云南省饲料工作办公室）

西藏自治区饲料工业

【基本情况】

西藏自治区畜禽养殖业的发展，饲料来源做到三个方面的同步发展。

一是合理利用天然草场。全区可利用天然草场面积 10 亿亩，其中围栏丰育 2.78 亿亩，划区轮牧 8 亿亩。全区天然草原鲜草产量 8 635.8 万 t，载畜量为 3 482.23 万只羊单位。通过草原生态补助奖励机制政策的实施，天然草原基本达到草畜平衡。

二是大力发展人工饲草料基地；截至目前，全区已发展人工饲草料基地 157 万亩，以多年生禾本科和豆科牧草、饲料玉米为主，年产青干草 392 万 t。

三是稳步推进饲草料加工工业。全区有已取得饲料生产经营许可证的饲料加工企业 6 家，主要生产牛羊抗灾饲料、蛋鸡、肉鸡、育肥猪配合饲料等十多类产品，年产各类饲料 10 万多 t，从业人员 150 人。还有两个正在申请生产经营许可证，年生产能力 15 万 t 的饲料加工厂。

【组织机构】

西藏的饲料加工业起步晚，2001 年机构改革后，在西藏自治区农牧厅畜牧水产处设置全区饲料办公室，负责全省的饲料企业年审，生产经营许可证颁证，质量监督和执法工作。7 个地市负责本辖区饲料加工业工作，县农牧局负责本辖区饲料加工业工作。自治区兽药监察所负责组织开展全区饲料质量安全监测。

【主要工作】

2018 年，一是对申请办证的 2 家饲料加企业，组织专家实施审核颁证工作；二是起草了《关于加快推进饲草料产业发展的指导意见》，进一步加速饲料生产产业进程；三是按照农业农村部要求，开展本辖区内“瘦肉精”专项监督抽查工作；四是请第三方检测机构，对全区饲料进行成分检测；五是引进 GT 智能牧草工厂进行试点，拓宽饲料原料来源渠道。

【存在的问题】

全区畜牧业规模化、集约化发展滞后，经营主体单一，绝大部分处于传统的“散而全”的养殖模式，农副产品、农作物秸秆利用率不高，阻碍了饲料市场的发育。

饲料加工企业由于原料不足，生产成本高，价格也很贵，设备不能实现全负荷运作，与区外饲料相比没有价格优势。养殖场（户）更愿意从临近省、市购买饲料，严重制约了饲料企业发展信心。

饲料企业规模小，不适应今后传统畜牧业向现代化转变的需要。

（西藏自治区饲料工作办公室）

陕西省饲料工业

【饲料工业发展概况】

2018年，陕西省饲料工业总产量262.1万t，饲料工业总产值89.1亿元，同比分别增长0.1%和下降10.0%。其中，配合饲料198.8万t，比2017年190.7万t增长了4.2%；浓缩饲料53.2万t，比去年61.3万t下降了13.1%；添加剂预混合饲料10.0万t，比去年9.5万t增长了5.4%。按饲料品种分，猪料137.8万t，比去年140.6万t下降了2.0%；蛋禽料68.1万t，比去年64.6万t增长了5.3%；肉禽料31.3万t，比去年28.2万t增长了11.2%；水产料4.0万t，比去年5.1万t下降了21.9%；反刍料20.5万t，比去年22.0万t下降了6.8%；其他料0.5万t，比去年1.0万t下降了53.2%。在总产量中，猪料比重52.6%，蛋禽料比重26.0%，肉禽料比重12.0%，水产料比重1.5%，反刍料比重7.8%，其他料比重0.2%。从饲料类别看，配合料比重75.9%，浓缩料比重20.3%，添加剂预混合饲料比重3.8%。

截至2018年年底，全省共有获证饲料企业247个。其中：浓配料加工企业122个，单一饲料企业45个（其中动物源单一饲料企业12个），添加剂预混料等企业80个。2018年，全省生产能力50万～10万t饲料企业7个，年产量89.3万t，产值28.4亿元；生产能力10万～5万t饲料企业8个，年产量48.9万t，产值17.7亿元；生产能力1万～5万t饲料企业40个，年产量99.6万t，产值33.1亿元；1万t以下饲料企业97个产量24.1万t，产值9.9亿元。

【组织机构情况】

根据省机构编制委员会办公室《关于印发陕西省农业厅所属事业单位整合机构精简编制规范管理方案》（陕编办发〔2016〕118号）文件精神，以及陕西省农业农村厅有关厅属事业单位改革的安排，自2018年8月13日起，陕西省饲料工业办公室更名为陕西省饲料工作总站，为正处级公益一类全额拨款事业单位，核定编制20名，站领导职数3名（1正2副）。主要职责是拟定饲料工业地方性法规、政策和质量标准；协助开展全省饲料工业行业政策规划、管理和质量监督工作；承担开发利用饲料资源、开发新产品、推广新技术定工作。

【2018年重点工作】

一是安排部署全省饲料工业工作。认真组织全省饲料企业和管理部门贯彻落实重点会议精神。传达学习中央1号文件，全省农村、农业工作会议等重要会议精神，为切实抓好落实工作，印发了《2018年全省饲料工业工作要点》，召开了全省饲料工业工作暨新修订法规培训会，会议围绕年度工作目标任务，对2018年全省饲料工业重点工作进行了安排。与各市区饲料管理部门负责人签订了《2018年度饲料质量安全监管责任书》，与各饲料生产企业负责人签订了《2018年度饲料企业生产质量安全责任书》。会上举行了全省饲料行业诚信联盟企业宣誓活动，对2017年评选出的先进单位和个人进行表彰，并对参加会议的200多人进行了新修订的法律法规培训。

二是开展饲料质量安全监管工作。组织实施农业农村部安排的饲料质量安全监管工作，从7个方面检查152家饲料生产企业、抽样检测241个批次饲料产品，完成了农业农村部下达任务的92.3%，超额完成了农业农村部规定的不低于85%抽样任务。印发《2018年全省饲料质量安全监测计划》和《2018年陕西省饲料质量安全监测工作实施方案》，安排省级财政资金，委托陕西秦云农产品检验检测有限公司对铜川市、榆林市、延安市、安康市、商洛市和韩城市6市辖区的饲料生产、经营和使用环节开展300批次抽检，实际抽取样品313批。创新监管方式，组织实施首次全省饲料企业“双随机、一公开”检查，结果在专用网站进行了公开，通过检查，对10余家不具备许可条件的饲料生产企业责令按规定注销，对检查出的违法行为，责令属地饲料管理部门依法查处。组织全省100余人参加了在西安举办的全省饲料行业第三季度生产形势分析暨落实全国饲料质量安全监管工作情况通报会，进一步落实行业各项监管工作，全省饲料产品质量安全水平进一步提高。

三是抓好饲料行业安全生产工作。制定下发了《2018年陕西省饲料质量安全专项整治行动实施方案》，对全年饲料质量安全监管工作进行了全面部署。印发了《关于在全省饲料行业开展夏季和汛期安全生产自查工作的通知》《关于进一步加强冬季饲料行业安全生产工作的通知》《关于全省饲料行业配合开展安全生产集中执法行动和企业安全生产重大隐患治理“双报告”的通知》，不断强化饲料行业安全和监管工作，2018年全省饲料行业未发生一起安全生产责任事故。

四是严格行业准入与实施“放管服”工作。对生产许可证现场审核进行改革，实现行业管理部门工作人员退出许可专家审核委员会，推进现场审核规范化、专业化。进一步落实“放管服”要求，改革现行饲料行政许可为“互联网+”行政审批新机制，对标苏浙沪完成了饲料和饲料添加剂行政许可流程再造。认真做好新旧程序与相关申报表格变更衔接工作，顺利实现“互联网+行政审批”改革顺利过渡。全年受理审批核发相关饲料和饲料添加剂生产企业行政许可事项92个，办结91个，核发饲料添加剂批准文号1 835个。积极协助省国税局出台《陕西省国家税务局关于加强饲料产品免征增值税管理的公告》，简化免税办理程序，调整扩大饲料企业免税检测机构，服务饲料企业。

五是开展行业精神文明建设活动。印发了《2018年全省饲料行业精神文明建设工作实施方案》，开展了全省饲料行业诚信农企创建、行业精神文明创建活动以及致全省饲料生产经营企业的一封信等活动，在全省饲料工业工作会上举行了全省饲料行业诚信联盟企业宣誓活动，组织开展了2018年度精神文明建设先进单位评选、饲料行业“诚信农企”评选活动。鼓励企业开展丰富多彩的群众性精神文明创建活动，并积极做好宣传。在杨凌成功举办了2018年全省饲料行业（金石牧业杯）羽毛球比赛，通过以上活动的开展，不断在行业树立和谐、诚信的良好风气。

六是抓好饲料工业统计和信息监测预警工作。为进一步核实统计数据，推行了由市级统计人员轮流复核全省饲料企业统计上报数据的新举措，饲料企业统计数据上报率和准确率大幅提升。按期完成2018年全省饲料行业信息监测预警工作，及时采集跟踪企业监测数据，上报监测预警信息12次，提供生产形势分析报告12期。

七是组织开展形式多样宣传和交流工作。全年在陕西农业信息网发布信息共计13篇，在省畜牧兽医网发布重大活动和信息9篇，在陕西饲料和陕西饲料工业信息网发布政务动态26篇，市区动态12篇，企业动态68篇，更新更换宣传栏4期。出版发行《陕西饲料》24期、陕西饲料特刊一期。与铁骑力士集团开展对口饲料工业发展考察交流，协调参与同农业农村部、中国饲料工业协会相关领导，在西安部分饲料企业调研畜禽发酵饲料的研发和生产情况。积极组织省内饲料企业参加长沙中国饲料工业展览会，年初制定预算，申购展位，免费分给省内有代表性饲料企业，鼓励支持饲料企业宣传，扩大影响，促进企业走出去，树形象，促发展。积极参与建设“3+X”现代农业、以千亿级奶山羊为主的畜牧业等全省农业重点工作，在西安召开了全省饲料行业推进千亿级奶山羊全产业链项目暨非洲猪瘟防控工作座谈会。座谈研究全省饲料行业切实保障和推进千亿元奶山羊全产业链项目和非洲猪瘟防控两项工作的具体任务与路径，开展广泛交流。对全省22个反刍饲料生产企业加强指导，全年生产牛羊用精料补充饲料20.5万t，有力保障千亿元奶山羊产业链发展。

【2019年工作思路】

一是加强指导反刍动物饲料生产。指导和服务示范带动能力强的反刍动物饲料生产企业发展，以反刍动物饲料有效供给推动全省以千亿级羊乳产业为重点的畜牧业发展。二是衔接做好饲料行政许可改革配套工作。按照“放管服”要求，落实“互联网+”行政审批新机制，实现省级饲料行政许可在线办理，数字化管理，指导支持委托各市区饲料行政许可实施工作，实现新旧审批工作机制顺利转换。三是进一步强化饲料风险管控。严格落实“双随机、一公开”监管机制，开展饲料产品监督抽检和饲料企业现场监督检查，为饲料执法监管工作提供支撑。四是着力实施新产品研发推广。修订《仔猪、生长育肥猪配合饲料》《蛋鸡、肉鸡配合饲料》等地方标准，引导饲料企业加快推广应用低蛋白日粮技术体系，指导饲料企业开展新产品研发与推广，保证饲料产品有效供给。五是强化非洲猪瘟疫情防控与环保政策执行。精心指导，将非洲猪瘟防控的各项规定落实在饲料生产企业的各个环节。同时，与省生态环境厅进一步强化衔接，确保环保政策成为饲料企业发展的动力。六是开展好饲料工业统计监测。进一步贯彻执行好统计监测制度，持续做好全省饲料工业各项统计监测工作，加强数据分析与研判，及时完成饲料工业发展形势分析月报。

（陕西省饲料工作总站）

甘肃省饲料工业

【饲料生产经营情况】

（一）饲料生产企业情况

2018年全省有各类饲料生产企业88家，生产许可证94个，比去年减少5家。将企业按生产产品类别划分，配合饲料、浓缩饲料、精料补充料64家，添加剂预混合饲料生产企业18家，饲料添加剂企业4家，单一饲料生产企业8家。在88家企业中拥有3条线的企业有6家，有畜禽、反刍饲料生产线的企业24家，仅有畜禽线的企业24家，仅有反刍线的企业14家。企业从业人数3 600余人，其中博士生24人，硕士生70人，大专以上1 600余人。

（二）产业集中度较高

饲料企业集中分布在全省14个市（州）中的武威市、张掖市、白银市和兰州市，其中：武威市32家，占企业总数的37%；张掖市15家，占企业总数的15%；白银市10家，占企业总数的10%；兰州市7家，占企业总数的7%。

（三）饲料产量保持平稳

全省饲料产量连续多年维持在100万t左右，2015年产量87万t，2016年92.6万t，2017年92万t。2018年饲料产量95万t，同比增长3%。其中配合饲料74万t，比去年同期增长2.5%；浓缩饲料20万t，比去年同期增长5.4%；添加剂预混合饲料1万t，与去年持平；总产值34亿元，与去年同期下降4.4%。

（四）产品质量稳定

全省饲料质量安全监测合格率稳定在94%以上，反刍动物饲料中牛羊源性成分例行监测合格率100%；瘦肉精、三聚氰胺等违禁药物专项监测合格率100%，养殖环节“瘦肉精”专项监测合格率100%。

（五）生产能力不断加大

按照饲料生产企业生产条件规定，全省企业全部进行了生产厂区和设备改造。2018年有配合饲料、浓缩饲料、精料补充料和添加剂预混合饲料企业76家，其中25家拥有畜禽和反刍饲料两条生产线，每条生产线能力达10t/h以上，生产设备全部为电脑控制、自动配料的成套设备。目前生产能力达到430万t，比2014年增加100万t。

【主要工作】

（一）严格饲料行政许可行为

一是深入推进“放管服”工作，开展“减政便民”行动，按照农业农村部要求，及时修订了饲料行政许可办事指南，取消了饲料生产企业年度备案，简化了饲料行政许可流程。制定了《饲料和饲料添加剂生产许可事项证照分离监管方案》，加强饲料生产企业事中事后监管。二是严把企业材料审核关，对企业现场审核工作实行专家审核制，并进行证前公示和证后公告，确保行政许可工作程序合法。三是完成了市（州）上报饲料生产企业的许可审核工作，核发饲料生产许可证16家，变更信息换发许可证5家，饲料添加剂和添加剂预混合饲料批准文号24个，注销2家。及时对发证企业进行网上公示、公告。

（二）开展饲料行业监督执法工作

一是深入实施《饲料质量安全管理规范》，对全省饲料生产企业开展监督检查工作，依法查处规范落实不到位企业。二是制定了《2018年全省饲料质量安全监管监测工作方案》和《2018年全省饲料生产企业“双随机”抽查方案》，对武威市、张掖市、兰州市和白银市的47家饲料生产企业进行安全生产、许可条件及规范执行等情况的监督检查，填写了《饲料和饲料添加剂生产企业现场监督检查表》，同时抽取样品65批，合格58批，及时通报了监管检测情况。三是组织开展了2017年下半年、2018年第一批省级配套饲料质量安全监测及2018年全省饲料质量安全监管监测不合格产品的查处工作，依法查处饲料生产、经营企业

28家，不合格产品32批。四是下发了《关于加强以猪血为饲料原料的血液制品监管的通知》（甘兽医函〔2018〕148号），加强了以猪血为原料的血液制品监管，切实做好非洲猪瘟疫情防控工作，严防非洲猪瘟病毒经饲料传播。

（三）强化饲料企业安全生产监管

一是制订下发了《甘肃省饲料生产企业粉尘防爆安全专项整治方案》，要求企业切实落实《饲料加工系统粉尘防爆安全规程》（GB 9081—2008）、《严防企业粉尘爆炸五条规定》及企业安全生产主体责任，建立健全粉尘防爆安全生产管理制度，开展安全生产应急演练，彻底消除生产企业安全隐患，遏制粉尘爆炸事故发生。二是组织制订了《甘肃省兽药饲料畜禽屠宰行业安全生产排查整治工作方案》，在全省开展兽药饲料、屠宰行业安全生产大检查，严格落实安全防范责任和措施，坚决遏制重特大事故发生。三是加大安全生产宣传培训力度，组织企业学习饲料法律法规和《饲料安全生产手册》，并在全省饲料执法人员培训班上，选取生产企业代表宣读《甘肃省饲料企业安全生产管理承诺书》，并督促企业签订承诺书。

（四）开展饲料经营使用和“瘦肉精”专项整治行动

一是制定印发了《2018年甘肃省饲料经营使用环节专项整治工作方案》，在全省开展饲料经营市场专项整治。1～5月宣传告知，4～10月清理整顿，6～12月监督抽查，严厉查处经营条件达不到要求、无进销台账、记录不完整、拆包、分装、再加工以及在饲料、动物饮用水中添加违禁物质、擅自销售自配料等违法行为。二是制定了《2018年甘肃省“瘦肉精”专项整治实施方案》，加强了全省养殖和活畜收购贩运、屠宰、饲料生产经营环节“瘦肉精”监管工作，严厉打击了生产、销售和使用“瘦肉精”违法犯罪行为，确保畜产品质量安全。

（五）加大饲料宣传培训力度

一是在金昌市举办了全省饲料行政许可专家和“双随机”抽查执法培训班，培训人员150余人，进一步提高了执法能力和业务水平。二是进一步完善了饲料生产企业负责人12316短信息平台，及时宣传发布饲料行业各类信息。

（六）开展饲料信息统计和预警工作

一是指导企业按时完成了2018年饲料全口径统计监测新系统上报工作，及时上报了全年生产数据和11月以来重点企业监测周报，上报率达到100%，实现了全口径行业精准管理。二是结合饲料行业和养殖业形势，做出统计分析报告。三是开展饲料行业舆情监测，及时发布饲料监测预警信息，充分发挥监测预警在监督管理中的作用，进一步指导饲料和养殖生产。

（七）开展饲料安全生产分级管控试点工作

按照“统一领导，分级负责，质量安全并重，预防为主”的原则，制定《饲料生产企业安全生产风险分级管控试点工作方案》，选取金昌市开展饲料企业安全风险分级管控试点，实施饲料安全生产分级管控，明确监管责任和工作要求，有效消除安全生产隐患。

【存在的问题】

（一）部分生产企业规范落实不到位

检查中发现，部分中小企业仍然存在规程和制度执行不到位，记录表单填写不规范或缺失，原料和成品检验达不到要求，原料库不整洁等问题。

（二）经营环节存在质量隐患

2018年查处的饲料质量安全16批不合格产品，14批为经营环节外省的预混料产品。同时由于饲料经营部（点）从业人员专业素质低，对假劣饲料的辨别能力差，经营环节安全隐患较大。

（三）饲料生产企业产能过剩

全省饲料生产企业有30余家拥有畜禽和反刍饲料两条生产线，每条生产线的年生产能力达2万t以上，大部分企业实际产量不足1/3，致使设备长期闲置。

（四）饲料检验机构不足

目前全省仅有一家饲料检验机构，加之抽检经费不足，每年开展的饲料抽检数量和范围有限，致使一些假劣饲料不能及时发现和查处。

（甘肃省饲料工业办公室）

青海省饲料工业

【青海省饲料工业发展概况】

2018 年，全省饲料获证生产企业 20 家，年单班加工能力达到 72.7 万 t。全省年实际生产各类饲料和饲料添加剂 9.5 万 t，其中：配合饲料类 8.3 万 t。单一饲料 0.9 万 t，其他饲料 0.7 万 t。

【组织机构】

青海省饲料工作办公室隶属于青海省农业农村厅，与厅畜牧业处合署办公，畜牧业处处长兼任饲料办主任。

【2018 年主要工作内容】

（一）做好饲料产品质量安全监管工作

为进一步规范饲料生产经营和使用，加强饲料质量安全监管工作，分别制定下发《关于开展 2018 年度青海省饲料质量监管监测工作的通知》，转发《农业农村部畜牧兽医局关于做好以猪血为原料的血液制品非洲猪瘟监测工作的通知》，为进一步切实保障全省饲料质量安全，加强全省饲料监管力度，促进饲料和养殖业持续健康发展提供了保障。

（二）认真组织开展饲料和草种相关法律法规宣贯工作，提升从业人员能力水平

上半年，青海省饲料工作办公室举办了全省饲料工业统计培训班。通过此次培训，共培训 100 余人次。同时，发放饲料宣传资料 5 000 份。通过对基层行业监管人员和饲料企业管理人员进行相关配套法规宣贯，进一步提高了基层各级监管人员的监管能力，增强了企业管理人员的法律意识和质量安全意识，为今后统一思想认识，规范全省饲料生产、经营企业行为，提高行政许可门槛，加强行政许可工作，推动畜牧业投入品质量安全奠定了坚实基础。

（三）依法履行饲料生产行政许可职责，严格实行饲料和牧草种子生产经营许可制度

按照《饲料和饲料添加剂管理条例》《饲料和饲料添加剂生产许可管理办法》等规章规定，严格按照许可要求，依法履行生产许可职责。截至目前，完成全省 4 家饲料生产企业生产许可工作，并及时发布公告。

（四）继续做好饲料质量安全监测工作，保障养殖产品安全

根据农业农村部关于印发《2018 年全国饲料质量安全监管工作方案的通知》要求，2018 年，下达全省饲料生产企业共计 34 批次抽样任务，并实行异地监测。全省结合实际，制定下发《关于开展 2018 年度青海省饲料质量监管监测工作的通知》，全年共安排饲料抽样任务 784 批次，包括农业农村部下达监测任务 34 批次，省级配套饲料抽样任务 200 批次，兽药饲料监察所开展饲料质量安全监测 150 批次，“瘦肉精”筛查 400 批次。其中，农业农村部下达青海省 34 批监测任务，分别对海南藏族自治州、海北藏族自治州、西宁市、海东市 12 家饲料生产企业 34 批次饲料产品进行抽样检测，经检测，34 批次样品全部合格。在省级配套 200 批次监测任务中，一是安排质量安全监测任务 150 批次，分别对西宁、海东、海北、海南 4 个市（州）12 个县（区）63 家饲料生产企业、经营企业、饲料加工点和养殖企业（户）开展抽样检测任务，完成全年工作计划检测任务量的 100%，产品合格率为 98.1%。二是青南地区牲畜越冬饲料产品质量检测 50 批次，合格 50 批次。

按照农业农村部关于印发《2018 年全国饲料质量安全监管工作方案的通知》精神，2018 年下达青海省“瘦肉精”现场筛查任务 200 户，400 批次。已完成全省 4 个市（州）6 县的现场筛查工作，监测结果均为阴性，合格率为 100%。

（五）加强日常监管，组织开展饲料生产经营环节专项检查工作

按照省农牧厅《关于印发2018年农畜产品质量安全专项整治方案的通知》要求，结合《饲料质量安全管理规范》专项检查工作。全年共监督检查西宁、海东、海西、海北、海南5个市（州）的饲料生产经营企业（门店）32家，其中，饲料生产企业监督检查12家，覆盖率达到100%，实现“双随机、一公开”监管全覆盖。通过专项检查，有效的规范了饲料生产经营秩序，企业第一责任人意识得到了进一步提高。

【存在的问题】

（一）基层监管体系不健全，饲料行业从业人员水平普遍较低

一是市（州）、县（区）监管体系不健全，监管力量较为薄弱。大多数都为兼职；人员流动较快导致专业人员缺乏，致使基层监管力量薄弱，监管难度很大；二是检测体系薄弱。全省质检机构只有省级1家，人员较少，检测任务繁重，导致产生饲料检测与饲料工业发展要求和落实监管、许可不相称的问题；三是基层监管经费不足，经营和使用环节监管乏力。

（二）经营和养殖环节监管薄弱

生产企业有生产许可证和《饲料质量安全管理规范》来约束，但对经营企业和养殖环节，因受法规权限等因素，加之青海省区域广，基层人员缺少，故对经营和养殖环节监管难度较大，无法实施有效监管。

（三）宣传工作还需加强

在监督和抽样监测工作中发现，各级农牧饲料主管部门和养殖场（户）从业人员对饲料法律法规及违禁添加物的认识不足，部分饲料从业人员思想认识淡薄，监督和抽样监测中工作难度较大，需加大宣传和培训力度。

【下一步工作思路】

（一）严格行业准入，提升产业水平

通过强化许可管理和日常监管，引导企业通过兼并重组、整合合作，扩大生产规模，提高产业集中度，提升产业档次和产品质量，其中年产能在20万t以上的饲料生产企业保持在2家以上。

（二）继续做好饲料质量安全监测工作

根据农业农村部安排部署，组织协调有关部门做好全省饲料质量安全检测工作，对各生产、经营和使用单位的饲料产品进行质量安全检测。

（三）开展饲料和饲料添加剂生产企业生产许可

按照《饲料和饲料添加剂管理条例》《饲料和饲料添加剂生产许可管理办法》等配套法规，继续组织有关部门完成全省饲料和饲料添加剂生产许可工作，对符合要求的企业发放生产许可证。

（四）深化专项整治，严处违法行为

坚持问题导向，深入开展饲料中添加禁用物质等专项整治和监督抽检，开展质量安全风险隐患排查，开展饲料生产经营企业“双随机、一公开”监督检查。针对性地抓好整顿与规范，防范系统性、区域性风险。全面落实质量安全主体责任，完善饲料质量安全违法信息管理，构建守信激励、失信惩戒机制，依法及时查处各类违法违规行为，做到饲料生产、经营和使用环节违法行为案件查处率100%，不合格案件查处率100%，饲料生产企业100%纳入监管范围，从源头消除畜产品质量安全隐患，促进饲料行业健康发展。

（青海省饲料工作办公室）

宁夏回族自治区饲料工业

2018年，宁夏全区饲料生产企业68家，其中，配合饲料40家、饲料添加剂8家、单一饲料20家；全年全区商品饲料总产量49.7万t，同比增长1.8%（配合饲料38.1万t，同比增长7.1%，浓缩饲料10.4万t，同比下降11.1%，添加剂预混合饲料1.3万t，同比下降21.0%），营业收入17.3亿元；饲料添加剂产量37.8万t，营业收入47.7亿元；单一饲料产量23.3万t，营业收入7.8亿元。饲料质量安全监测合格率达到99.6%。为全区畜牧水产业持续健康发展提供了坚实物质支撑，已成为推动农村一二三产业融合发展的重要力量。

【机构职责】

自治区饲料工作站（编制5名、现有3人）协助厅畜牧局做好饲料和饲料添加剂生产许可审批；负责依法开展饲料和饲料添加剂产品质量安全监督管理工作；组织全区饲料产业发展规划、政策意见、技术标准制定和实施；负责饲料资源的保护及合理开发利用工作；组织开展饲料行业普法及专业知识培训、信息宣传；负责饲料行业装备工艺、高新技术的引进和试验；负责全区饲料生产经营统计和质量安全追溯体系建设；组织饲料企业开展种养加一体化经营和饲草料加工调制试验推广；完成自治区农业农村厅交办的其他工作任务。

【主要任务】

紧紧围绕“确保饲料质量安全”这一核心，健全“饲料属地管理责任，饲料市场‘检打联动’监管”两项机制；紧盯饲料“生产、经营、养殖”三个环节；抓好“许可、规范、监测、服务”四项工作，坚决杜绝饲料生产、经营、使用环节违禁添加物的使用。

【主要工作内容】

一是严格生产许可审核，全面贯彻落实饲料法规。在全区贯彻实施国务院新修订的《饲料和饲料添加剂管理条例》及农业农村部各项饲料法规，进一步完善了饲料生产、经营环节质量安全管理制度，建立了政策法规、行政许可、产品质量、技术信息、违法查处公开公示制度。把贯彻饲料法规与行政许可、质量监测等工作结合起来，在新（换）发生产许可证时，按规定要求新建配合饲料厂每小时加工能力达到10t以上，年产能10万t以上（全区年总产能达295万t），配备符合要求的检化验仪器。要求高标准建厂、严要求化验，避免低层次重复建设。2018年生产反刍料24.5万t（年产能86万t），占总产量的49.3%；8家企业产销散装饲料6.3万t，占总量的10.7%。促进了企业设备更新和技术改造，提升了饲料安全生产能力。2018年现场审核新换证24件、核发批准文号58件。实现网上申报网上审批，做到把关严格、程序合法、内容规范、运行高效，加快了“放管服”改革步伐。

二是推进《饲料质量安全管理规范》实施，提升企业全程质量管控水平。实施《饲料质量安全管理规范》《饲料添加剂安全使用规范》《饲料卫生标准》全覆盖，由县级饲料管理部门组织推进、生产经营企业主体实施、自治区组织专家验收，促使企业实现从原料入厂到成品出厂的全过程质量安全控制。以宁夏大北农等6家部级和青铜峡国雄饲料有限公司等5家自治区级饲料质量安全管理规范示范企业为标杆，在所有配合饲料企业推进实施《饲料质量安全管理规范》全覆盖，促进降本增效、转型升级，形成了行业学规范、用规范的良好氛围。

三是压实“两个责任”，以执法监管推动工作落实。自治区要求各市、县（区）设立饲料执法监管机构，由农牧局确定一个事业单位承办饲料监管业务。坚持按制度办事，明确年度重点任务、监管目标、检测责任等，突出法规、规划、技术、监测四个引导，制定办事流程，提高了基层办事效率。落实市、县饲料属地管理主体责任和企业产品质量安全第一责任，按照“双随机、一公开”要求，认真开展日常监管巡查，推行饲料生产企业和经销店检查登记记录、“经销店公示栏”制度，采取联合执法、专项整治等方式，加强质量安全和生产安全监管，对检查出的问题，限期跟踪整改。持续开展全覆盖饲料产品质量卫生、违禁添加物、反刍动物饲料中牛羊源性成分及黄曲霉毒素 B_1、玉米赤霉烯酮、呕吐毒素等质量监测，从市场上发现问题，倒逼企业严控产品质量。2018 年共完成饲料质量安全监测 466 批次，其中配合农业农村部开展异地抽样监测 96 份，安排预警和常规检测 260 份，实现了生产企业抽检全覆盖，饲料监测合格率达 99.6%。按照农业农村部第 64 号公告精神，对使用以猪血为原料的血液制品的猪用饲料进行抽样检测 110 份，未检出非洲猪瘟病毒核酸阳性样品。严厉打击查处违法违规行为，2018 年查处 2 起经营无生产许可证饲料添加剂案，罚款 0.4 万元，查扣违法产品 0.274t。

四是强化服务意识，创新监管工作机制。自治区饲料工作站着力抓好市县饲料监管人员、企业技术人员、自治区饲料审核专家和饲料技术服务组 4 支队伍，支持研发试验推广饲料新工艺、新技术、新产品。全站坚持细化服务内容、下移服务重心，印制了《申报指南》，提供各新建申报企业参考，既方便了企业，又确保了建厂质量。2018 年分别举办市、县监管人员、企业管理人员参加的法规专业知识培训班 2 期；4 月中旬组织全区 6 家企业参加全国饲料工业博览会。实现了企业饲料统计数据网上按月报送全覆盖。

【存在问题及影响因素】

当前，我区饲料产业存在着利用率总体不高、技术研发与创新不足、产品质量维护和绿色环保生产亟待加强等突出问题，呈现出需要消化过剩产能，优化饲料结构、加速内部整合，与互联网结合、进行资本运作等特点。一是饲料产品同质化趋势加剧，受成本价格挤压，行业竞争激烈，转型升级的压力越来越大。二是能量饲料原料立足本区自给有保障，蛋白饲料原料主要依靠国内外市场购进，推进能量原料多元化和农副资源饲料化利用势在必行。三是养殖业环保压力日益严重，缺少完整的饲料源性养殖业污染减排方案。四是质量安全隐患仍然存在，饲料生产企业自订、公布的“企业标准”“产品标签”不规范、不严谨；对饲料药物依赖严重；全区个别企业被检测出饲料产品中有铜、锌等微量元素超标。五是基层饲料监管执法机制不健全，个别地方出现监管空白；养殖环节饲料安全使用标准还有“空白”，自配料监管还有“死角”等。

【下一步工作思路】

以习近平新时代中国特色社会主义思想为指导，树牢新发展理念，认真贯彻中央 2019 年中央 1 号文件和自治区“三农”工作文件精神，强化饲料科技创新、质量提升和绿色环保，加强饲料和饲料用粮的供应保障，推动豆粕减量替代，严格饲料原料等投入品的监督管理，坚持最严谨的配方、最严格的监管、最严厉的处罚、最严肃的问责，严防、严管、严控饲料产品质量安全风险，饲料产品监测合格率达到 97% 以上，实现饲料产业带动种植业和促进养殖业发展、保障消费安全和提高人民生活质量的目标。一是切实落实市、县饲料属地管理责任。采取联合执法、专项整治等方式，严厉打击掺杂使假、偷减含量、添加禁用药品等违法行为，维护市场公平竞争秩序。二是严格饲料生产许可审核，把责任意识和风险意识摆在前面，把实施法规、质量检测与行政许可结合起来，引导饲料企业加快更新智能化加工设备、研发精准化绿色产品配方、加强全程质量控制、促进饲料企业延伸产业链。三是完善“检打联动”工作机制，持续开展饲料产品质量安全等 4 项监测，对检测不合格样品，依法进行处罚和限期跟踪整改。四是加强饲料法规和专业知识的培训宣传，完善饲料工业统计月报体系，组织宁夏企业参加国内饲料博览会、经洽会等。五是发挥饲料专家技术服务组的作用，开展低蛋白质和无抗饲料应用试验研究，推广新技术新工艺新产品，及时补充完善标准，推进产业提档升级。

（宁夏回族自治区饲料工作站）

新疆维吾尔自治区饲料工业

【饲料工业】

截至2018年年底，全区已审核发放且在有效期内的饲料、饲料添加剂生产许可证有186份，饲料生产企业176家。

2018年全区饲料总产量192.5万t，同比减少0.3%。其中，配合饲料178.5万t，同比增长1.7%；浓缩饲料11.5万t，同比减少15.7%；添加剂预混料2.6万t，同比减少35.3%。各类饲料中配合饲料占饲料总量的92.7%，浓缩饲料占6.0%，添加剂预混合饲料占1.3%。饲料添加剂总产量38.3万t。2018年饲料工业总产值84.5亿元。

【饲料行业管理】

饲料生产许可证管理工作。2018年，新疆成立了饲料生产许可证审核委员会，建立了自治区饲料行业专家库。饲料生产许可证管理实行地州饲料管理部门提前预审，自治区组织进行现场终审，有效地把住了饲料生产企业准入关。全年共审核发放饲料生产许可证29份，审核变更许可证信息13家，注销饲料生产许可35家。

饲料质量安全监管工作。2018年6月和10月，自治区畜牧厅会同农业农村部指定的检测机构（广东省农产品质量安全中心）和自治区兽药饲料监察所在乌鲁木齐市、昌吉州、五家渠市、石河子市、塔城地区对101家饲料生产企业开展了现场监督检查和抽样工作，完成抽检饲料企业45家、抽样91批次（因注销、拟注销和停产的饲料企业达56家）。

饲料生产企业监督检查工作。2018年8月至9月，自治区畜牧厅组织自治区兽药饲料监察所，对伊犁哈萨克自治州、巴音郭楞蒙古自治州、阿克苏地区、喀什地区的36家饲料生产企业进行了现场监督检查。10月，安排地州饲料管理机构对辖区内的饲料生产企业继续开展监督检查工作，共检查饲料生产企业74家。建立健全了自治区级、地（州、市）级、县（市）级和企业的饲料监管档案。截至2018年年底，共现场督查了自治区境内饲料生产企业211家，基本覆盖了所有饲料生产企业，对4家饲料企业做出了停产整顿和行政罚款处罚。

饲料法规培训工作。2018年，全区共举办饲料法规、饲料工业统计、饲料检（化）验员培训班3期，共培训学员367人次。其中，举办全区饲料法规培训班，培训饲料监管人员、饲料企业技术骨干132人；举办全区饲料工业统计培训班，培训饲料管理部门和饲料生产企业统计人员150名；举办全区饲料检（化）验员培训班，培训饲料企业学员85名。

【饲料质量监测】

2018年，新疆完成饲料生产、经营、使用环节饲料产品监督抽查341批次。其中，饲料质量安全监测49批次，饲料安全专项监测、反刍动物监测项目292批次。接收饲料报批检验样品17批次、委托检验34批次、免税检验48批次。

（新疆维吾尔自治区畜牧厅）

大连市饲料工业

2018年，大连市以饲料产品质量安全和饲料生产安全为重点，深入贯彻实施《饲料和饲料添加剂管理条例》，按照“提高门槛、减少数量，转变方式、增加效益，加强监管、保证安全”的要求，全面加强饲料产品质量和生产安全监管。在全行业人员的共同努力下，行业秩序更加规范，产品质量进一步提高。

【发展概况】

2018年，全市共有各类饲料生产企业124家，新增饲料企业5家。按产品分类，其中配合饲料生产企业52家，浓缩饲料生产企业20家，添加剂预混合饲料生产企业8家，饲料添加剂生产企业11家，单一饲料生产企业46家。各类饲料产品产量367.5万t，其中配合饲料174.1万t，浓缩饲料6.8万t，添加剂预混合饲料1.3万t，饲料添加剂0.5万t，鱼粉等单一动物源性饲料7.7万t，豆粕192.9万t。累计饲料工业产值105.3亿元。

【组织机构】

大连市政府对饲料工业发展十分重视，全市形成了监管、执法、检测三位一体的监管体系。在大连市农村经济委员会设立了大连市饲料工作办公室，主管全市的饲料行业行政监管工作。10个涉农区、市、县由负责畜牧相关处室主管饲料工作。市、县两级分别成立了执法机构，负责饲料行业行政执法和处罚。由大连市农产品质量安全监测中心承担饲料检测工作。监检分离，形成检打联动的监管合力。

大连市饲料工业协会是独立法人的社团组织，是联系政府与企业的桥梁与纽带，对饲料行业发展起到了应有的作用。全市企业职工总数6 430人，其中博士11人、硕士58人、大学学历600人、大专学历791人，分别从事着企业管理、产品开发、产品生产、产品检验、产品销售及售后技术指导等工作，在饲料行业发展、产品质量提高等方面发挥了重要作用。

【主要工作】

（一）加强宣传培训提高行业整体素质

一是开展了《饲料和饲料添加剂管理条例》《饲料质量安全管理规范》等法律法规的宣传，引导行业自律，提高企业依法生产经营意识。全面贯彻《饲料和饲料添加剂安全使用规范》，杜绝生产企业在饲料中非法添加违禁物质。督促企业完善各项生产管理制度、记录表单以及设备、工艺等档案，规范了企业生产管理行为。二是为适应2018年饲料信息统计系统升级，保证各企业顺利完成统计数据申报，开展培训工作。分别对甘井子区、瓦房店市、普兰店区饲料管理部门信息管理员和全市124家饲料生产企业信息员开展了新版中国饲料工业统计信息系统培训，提高了饲料工业信息统计报送的及时性和准确性，为市级饲料信息统计月报表和年报表的审核上报工作奠定了基础。

（二）加强饲料产品质量监测

为掌握全市饲料产品质量安全状况，提高风险预警应对能力，编制《2018年大连市饲料产品质量安全监测方案》，并组织区、市、县和市农产品质量安全监测中心，在全市范围内开展了生产、经营和使用环节饲料产品质量监测工作。全年共监测饲料产品501批次，合格率为95.6%。对不合格产品按照属地化管理原则下达督办单，要求各地执法部门按照条例要求进行查处。同时，圆满完成农业农村部对大连市饲料企业监督抽检工作。

（三）加强执法监管

一是组织开展春季打假活动，对全市饲料生产、经营企业进行了全面检查，重点加大对三聚氰胺、瘦肉精等违禁物质及饲料原料的清理检查力度，坚决取缔无产品质量标准、无产品批准文号、无产品标签的“三无”饲料生产企业，依法坚决取缔无生产许可证行为。打假活动期间，市饲料办会同市农业行政执法中队对普兰店区及庄河市5家饲料生产企业进行现场检查。二是以监督监测为依据，强化风险预警，落实“检打联动”工作机制，加强饲料产品质量安全监管。对检测的不合格饲料产品企业下达了督办单，要求相关区市县按照属地管理原则，依法查处。做到了检测不合格样品发现一起查处一起，对违法违规者予以打击，产生了较强的震慑力。三是在非洲猪瘟防控期间，按照农业农村部和省局要求，对全市饲料企业加强监管和清理，下发了《关于加强饲料和饲料添加剂生产经营监管工作的通知》，禁止在猪饲料中使用猪血粉制品。与此同时，加强对饲料生产经营及自配料的监管，完善采购和销售记录，加强与养殖户的信息沟通，防止病毒通过饲料途径传播。

（四）加强饲料生产企业安全监管

按照“管行业必须管安全，管业务必须管安全，管生产经营必须管安全”的要求，加强饲料生产企业安全生产监管。一是聘请省级专家对全市各区、市、县50余名监管执法人员进行饲料生产粉尘防爆安全监管专业培训。二是按照属地管理原则，组织各区、市、县开展了饲料企业安全生产大检查活动，重点对生产现场粉尘防爆、生产设备以及消防等安全生产隐患排查，全市共检查饲料生产企业236家次，覆盖率达100%。各区、市、县对辖区内饲料生产企业安全生产管理制度进行了逐一核实，并与其签订了《安全生产承诺书》，按照《大连市饲料生产企业安全管理体系建设实施方案》，积极组织开展安全管理体系建设，据统计，已有大连盐化集团等9家饲料生产企业完成了安全生产标准化达标工作。

（五）积极落实扶持政策

通过企业申报、县级初审、市级统一公示，对2016年度配合饲料产量达5万t以上饲料生产企业进行了统计上报，全市共有10家饲料生产企业符合玉米收购补贴资格。

【存在的问题】

（一）监管能力有待于进一步提升

由于基层受编制所限，监管人员不足，且人员流动频繁，部分人员对《饲料和饲料添加剂管理条例》《饲料质量安全管理规范》《饲料添加剂目录》《饲料原料目录》以及相关标准等一系列文件政策学习不够、了解不透、掌握不全，致使在监管过程中发现问题、解决问题能力不足，监督管理难以到位。

（二）饲料经营环节监管难度较大

由于饲料经营环节在饲料管理部门不许可、不备案、不登记，且经营店点多面广，虽然采取向工商部门查询营业执照，利用乡镇动物卫生监督所、村防疫员巡查等措施对饲料经营店进行调查摸底，但受人员数量、交通工具、业务经费及经营者素质等因素影响，真正有效监管存在较大困难。

（三）饲料安全生产形势严峻

全市大型饲料生产企业较少，中小微型企业偏多，普遍存在生产工人文化水平及技术水平低，整体素质差，针对安全生产方面，存在管理水平偏低，安全生产责任落实不够的情况。

【下一步工作思路】

一是进一步加强饲料生产经营监管。强化饲料产品质量安全监管，认真落实“检打联动”机制，严厉查处制售不合格饲料产品违法行为，严厉打击违规使用药物饲料添加剂或违法添加违禁物质的行为，确保动物源性食品源头安全。

二是推进饲料生产企业安全生产管理体系建设，抓好饲料行业安全生产管理工作。

（大连市饲料工作办公室）

青岛市饲料工业

【发展概况】

2018年，受全国范围内非洲猪瘟疫情的影响，青岛市饲料行业生产产能过剩严重，饲料产量下滑较大；2018年全年饲料产品（配合饲料、浓缩饲料、添加剂预混合饲料类）总产量191.2万t，同比下降25.23%；由于物价上涨因素，总营业收入和总产值均大幅增加，分别达131.1亿元、150.1亿元，同比提高38%和52%；饲料添加剂总产量近1.9t，单一饲料原料类产品达221万t。从业人数6 500余人，比2017年增加36.3%，其中博士学位38人，比2017年增加31.6%。饲料生产企业供给侧改革、转型升级、优胜劣汰局面日趋明显，新设立规模化企业比例增加，小规模、竞争力较弱的企业逐步退出市场。截至2018年12月31日，全市共有饲料生产企业133家，持证171个，其中，浓缩、配合饲料、精料补充料许可证68个，添加剂预混合饲料许可证34个，饲料添加剂14个，混合型饲料添加剂22个，单一饲料许可证33个。拥有中国驰名商标、国家级名牌、省级名牌、市级名牌12个，有40多家饲料生产企业通过了ISO 9000、ISO 14000、HACCP和产品认证等系列质量认证。

【行业特点】

（一）总产量同比降幅较大

2018年，受全国非洲猪瘟疫情的影响，生猪存栏量减少幅度过大，导致饲料市场疲软，全市饲料总产量下降25.23%，其中，配合饲料下降26.8%，浓缩饲料下降20.98%，下降幅度最大的平度市配合饲料产量下降达86%；与此不同的是饲料添加剂产量呈现上升趋势，上升幅度达12%。

（二）供给侧结构调整效果明显

2018年，全市饲料行业受供给侧结构调整政策的影响和市场规律的调节，部分企业转型升级，一批小型企业相继退出市场，较大规模企业、非传统、高附加值高端特色饲料产品企业设立；随着宠物饲料管理办法及相关配套法规的出台，一批固态、半固态宠物配合物饲料生产企业先后设立；受环保形势的影响，有4家动物源性单一饲料生产企业因达不到环保条件被责令停产；有1家生产企业靠近保护水源地而被责令关停；有5家企业因市场因素处于半停产状态。全年新建饲料生产企业12家，注销生产资质23家。

（三）交叉污染问题突出

2018年，全市按照问题导向科学制定抽检方案，有针对性地增加往年问题产品较多的重点企业和经信息化监管发现的问题企业的抽检频次，全年监督抽检饲料产品221批次，不合格17批次，合格率92.3%。主要问题是个别生产企业添加剂预混合饲料中检出氟苯尼。

（四）安全生产意识增强

2018年，在全市范围内开展饲料行业安全生产培训，提高了从业人员的生产安全意识。根据“管行业要安全，管业务要管安全，管生产经营要管安全”总要求，全市各级饲料管理部门多次进行安全生产隐患排查，强化了从业人员的安全生产意识，通过消防验收的企业逐年增加。

（五）示范带动作用明显

实行分级管理并充分发挥示范企业的带动作用全市饲料生产企业质量安全管理规范意识明显增加，通过部级示范企业验收的有2家，通过省级示范企业验收的有4家；按照省局统一部署，在全市范围内对所有生产企业实行ABC（优秀、良好、一般）量化分级管理，并实行挂牌贴标，加强社会监督，促使生产企业自觉提升自律意识。经评定，A级38家，B级62家，C级12家，有9家企业获证不满3个月未评定等级，其他12家因迁建处于停产或半停产状态未进行评级。

（六）监管与许可边界明晰

2018 年，按照山东省人民政府令第 320 号文件要求，饲料和饲料添加剂生产许可事项委托市级畜牧兽医管理部门实施，所有饲料行政许可事项全部通过市行政审批大厅统一进行材料审查、现场审核，优化了审查的程序，缩短了办理时限，提高了行政许可效率，进一步明确了监管、执法、检测各部门的职责边界。

【监督管理】

2018 年，全市饲料行业管理工作以行政许可、专项整治和案件查办为抓手，深入推进“农业质量年”活动，狠抓“四项”制度的落实；强化属地监管和网格化监管责任，加强源头治理和市场秩序整治，强化企业安全生产主体责任，监管工作扎实有效，市场秩序进一步规范。

（一）落实《饲料质量安全管理规范》

指导全市配合饲料、浓缩饲料、精料补充料和添加剂预混合饲料生产企业积极参加《饲料质量安全管理规范》示范企业创建活动。鼓励对单一饲料、饲料添加剂、混合型饲料添加剂生产企业进行《饲料质量安全管理规范》检查评定。开展饲料行业规范提升行动，取缔一批、规范一批、提高一批饲料生产经营企业。

（二）建立健全养殖档案

监督养殖场（户）进一步落实《青岛市畜禽养殖一本通》的相关要求，加强对养殖场（户）科学用料培训指导，建立健全用料记录，依法查处在饲料及饮用水中添加违禁物质和使用“四无”（无产品标签、无生产许可证、无产品质量标准、无产品质量检验合格证）饲料、饲料添加剂的行为。

（三）组织开展“检打联动”

坚持问题导向，提高对抗生素、重金属等产品抽样检测比例，对上一年度抽检出现畜产品质量安全问题的养殖场（户）所使用饲料和料槽料全部跟踪抽样检测。强化抽检结果运用，对抽检发现的 17 个问题企业和问题产品全部进行查处。

（四）组织开展非洲猪瘟防控专项检查

落实农业农村部 64 号、91 号公告要求，加大对猪源性饲料产品生产企业和使用环节的排查和抽样检测，落实饲料生产环节生熟区域分开和防止交叉污染的相关要求；所有猪饲料生产企业加大防控力度，人员、车辆出入口均设置消毒通道，严防非洲猪瘟疫情的发生和传播。

（五）全面落实安全生产监管责任

按照“管行业必须管安全，管业务必须管安全，管生产经营必须管安全”的总要求，按照属地化管理的原则，定期开展安全隐患大检查和专项整治，同时邀请第三方安全生产机构对部分重点企业进行安全生产评估，发现问题及时整改，保证了饲料企业生产安全。对仍未整改到位和未通过消防验收的及时函告安监、消防等部门。监管部门与生产、经营企业、养殖场（户）逐个签定责任书、承诺书，签定率达到 100%，企业安全生产意识不断提高。

（六）落实企业信息公示制度

为提高全市饲料质量安全监管水平，促进企业建立完善诚信体系，对全市饲料生产企业全部建立了信息档案，做到了“一企一档”；按照分级管理评定结果制作 A、B、C 三级标识，悬挂于各企业相对显眼的位置，让企业清楚自己等级，明确努力方向，让用户清楚企业等级，便于选择更好的企业、更好的产品。

（七）强化行业遵纪守法意识

全市各级畜牧兽医主管部门通过举办培训班、张贴公告、发放明白纸等媒介宣传、咨询活动，强化对饲料生产、经营和养殖环节的指导，使生产企业、经销商、养殖户都能了解、熟悉、掌握饲料行业有关政策、法律法规。监管部门与生产、经营企业、养殖场（户）逐个签订责任书、承诺书，签订率达到 100%。企业自律意识不断提高，饲料生产、经营和养殖环节都能够合法生产、守法经营、规范使用。

（八）集中收缴不合格饲料产品

建立健全假冒伪劣饲料产品集中收缴销毁制度，每两年对全市范围内收缴假冒伪劣饲料以及假劣兽用生物制品、化药制剂、原料药等一起集中销毁，并公开曝光典型案例，通过各种媒体渠道广泛宣传，有力打击了制售假劣饲料产品的违法违规行为，规范了全市饲料市场秩序。

（青岛市农业农村局）

宁波市饲料工业

【饲料工业发展概况】

2018年，受国内非洲猪瘟疫情影响，宁波市严抓饲料生产管理，严把饲料源头控制，确保饲料产品质量安全。继续深入贯彻实施《饲料质量安全管理规范》，依据《饲料和饲料添加剂生产许可管理条例》和《饲料和饲料添加剂生产许可管理办法》，按照“提高门槛、减少数量，加强监管、保证安全”的要求严把饲料行业行政许可准入关，全面加强饲料产品质量和生产安全监管。

2018年，通过转变发展方式和产业结构调整，全市新增饲料生产企业3家。目前全市共有饲料和饲料添加剂生产企业32家，生产许可证34张，产品遍及畜禽、水产系列，饲料种类较为齐全。其中浓缩饲料、配合饲料生产企业13家，饲料添加剂和预混料企业9家，单一饲料企业10家。各类饲料加工产品总产量81.1万t，饲料工业总产值37.4亿元。其中配合饲料31.2万t，浓缩饲料产量849t，添加剂预混合饲料产量1 532t，饲料添加剂和混合型饲料添加剂总产量4 010t。单一饲料总产量49.3万t，其中鱼粉及其水生制品总产量6.2万t，豆粕产量43.1万t。

目前，全市饲料待业从业人员总数1 513人，其中博士学历7人，硕士学历62人，本科学历288人，大专学历302人，其他854人。其中特有工种人员161人，检化验人员84人，维修工77人。饲料行业人员队伍素质不断提升，在饲料产品生产、技术指导、品质控制、产品研发、监测化验等不同岗位上发挥了重要作用，为宁波市饲料行业发展做出了积极贡献。

【组织机构】

2018年，宁波市饲料工作管理职能暂时保持不变，仍由宁波市畜牧兽医局（宁波市农业综合执法支队）负责全市的饲料和饲料添加剂管理工作。宁波辖区内10个涉农区、县、市也分别设立了相应的饲料管理部门，负责日常的饲料生产监督管理工作。

【主要工作】

（一）全面深入推进《饲料质量安全管理规范》实施

全市通过采用专家指导、集中培训、学习考察、示范创建等各种措施来引领企业全面实施《饲料质量安全管理规范》。目前，全市涉及的18家浓配料和预混料企业已基本实现规范管理，积极完善各项管理制度，健全各种岗位操作规程，制订详细记录表单，严格按照《饲料质量安全管理规范》规定的各项要求从事饲料生产。

（二）严格把控饲料生产许可准入关

根据《饲料质量安全管理规范》和《饲料和饲料添加剂行政许可管理办法》等法律法规有关规定，按照“提高门槛、减少数量，转变方式、增加效益”的要求，对申请饲料生产经营许可证的企业进行严格审查、分类指导，按照审批条件，严格把好准入关。2018年，全市新获饲料生产许可证企业3家，变更生产许可证2家，注销生产许可证1家。

（三）全面加强饲料质量安全监管

根据农业农村部《2018年全国饲料质量安全监管工作方案》要求部署，全市于9月初，在全市范围内开展了饲料质量安全现场大检查，并配合由国家饲料质量监督检验中心（北京）、甘肃省兽药饲料监察所、浙江省畜牧兽医局等有关领导和专家组成的联合检查组，先后赴鄞州区、宁海县、象山县、北仑区、余姚市等18家饲料和饲料添加剂企业开展现场监督抽检，对企业原料使用是否合规、生产过程管控是否规范、产品质量安全保障是否到位、安全生产措施是否健全等重点内容逐场逐项进行对照。通过现场检查未发现超范围生产、违规添加等违法行为。同时，为做好非洲猪瘟防控工作，还对猪血制品生产生猪饲料情况进行了全面排查，未发现饲料生产企业使用猪血制品生产生猪饲料的行为。

（四）全面启动“绿剑”执法专项行动

为全力打击违法犯罪行为，全市于2018年3月和7月分别启动了“绿剑”春季集中执法和“绿剑”夏季交叉检查等专项行动。对全市各区、县（市）饲料和饲料添加剂生产企业及经营单位进行全面执法检查，重点检查了饲料企业饲料原料的进货、把关情况，查看原辅料及成品仓库情况，查阅饲料生产企业进出库台账、生产记录等。通过检查，发现饲料和饲料添加剂生产企业及经营单位均能够规范生产守法经营。同时为做好扫黑除恶专项斗争，还会同市场监管、公安、供销等相关部门对重点区域、重点主体开展联合执法检查，形成合力，共同打击制售假冒伪劣农资等违法犯罪行为，确保不发生饲料质量安全事件。

（五）强化饲料产品监测抽检

为保障饲料和畜产品质量安全，提高风险预警应对能力，在全市范围内开展了生产、经营和使用环节饲料产品质量监测工作。2018年共计监测抽检饲料产品66批次，涉及30余家养殖企业、20余家饲料企业及10多家农贸市场。通过例行监测和监督抽检，尤其是对重点场（户）、重点环节的抽检，来严格杜绝饲料生产企业违规生产行为，确保饲料产品质量安生。

（六）大力推进典型模式创建

2018年，全市两家饲料企业入选全国农产品及加工副产物综合利用典型模式。为贯彻落实党中央、国务院坚持走绿色发展道路、构建绿色生产体系的重大战略决策，加大农产品及加工副产物的开发力度，形成变废为宝、化害为利的资源节约型和环境友好型产业，全市不断扶持农产品及加工副产物综合利用加工企业。2018年，宁波裕祥海洋生物科技有限公司和宁波宁兴涌优饲料有限公司凭借先进的生产工艺、广阔的生产前景，较强的市场竞争力，获评农业农村部办公厅第二批全国农产品及加工副产物综合利用典型模式。全市将继续加大产业扶持力度，总结推广先进生产模式，带动企业不断优化生产工艺，改进技术装备，为农业增效、农村增绿、农民增收做出更大贡献。

（七）积极组织开展培训

为规范饲料生产企业经营行为，提高饲料产品质量安全水平，熟练运用新版中国饲料工业统计信息系统，2018年，全市组织召开了饲料行业统计暨《饲料质量安全管理规范》（以下简称《规范》）培训会议。重点解读了《规范》的知识要点，介绍了新修订的《全国饲料工业统计调查制度》及新系统在操作使用过程中存在的问题及注意事项。通过培训来促使企业和从业人员对《规范》具有更加深刻的认识和理解，为今后企业自身的生产管理和发展起到了良好的促进作用。同时，为贯彻落实省政府“最多跑一次”改革精神，积极开展饲料生产行政许可事项网上申报操作流程培训，全面实施“网上办事+快递送到”的模式，让群众实现一次都不跑。

（八）加强学习互动交流

为提升饲料企业管理水平和从业人员素质，学习先进的生产管理经验，全市与多地饲料管理部门开展互动交流活动。2018年1月，江苏省动物卫生监督所及饲料行业代表来宁波市宁兴涌优饲料企业考察交流反刍动物发酵配合料生产情况；了解TMF奶牛饲料的原料采购加工、生物发酵过程、压实打包技术、贮存运输管理等方面内容。此次交流对江苏省今后反刍动物配合料生产也起到了良好的指导作用。同时通过互动交流，也听取了江苏省在饲料行业管理中的许多宝贵经验，了解了江苏省在反刍动物饲料生产许可现场审验环节采取的有效措施，双方互相借鉴，受益匪浅。

【存在问题】

目前，宁波市饲料行业发展仍存在一些问题亟待解决。如饲料质量安全形势更加复杂、《规范》实施不够深入全面、从业人员守法意识不强、监管力度仍然不足等诸多问题。

【下一步工作思路】

（一）继续加强饲料质量安全监督监管

以创新行业管理方式为抓手，着力构建事前事中事后全程监管机制，全面加强饲料质量安全监督监管工作，切实保障饲料质量安全。一是加强源头管控，以“准入”为重点强化事前监管；二是加强过程管理，以“规范”为重点强化事中监管；三是加强监测预警，以“执法”为重点强化事后监管。

（二）继续加强《规范》贯彻实施

一是继续开展《规范》示范创建工作。组织优秀企业积极参与省级《饲料质量安全管理规范》示范创建，督促企业全面实施规范化管理、标准化生产，切实提升企业管理水平。二是结合日常检查督促企业严格落实《规范》要求。将生产许可现场审查与规范实施情况检查相结合，指导企业落实规范要求，全面推进规范实施，提升饲料行业管理水平。

（三）继续加强从业人员队伍素质培训

继续加强饲料法规及其新政的宣贯培训，提升从业人员的守法意识、安全意识和责任意识。一是对饲料从业人员开展多层次培训，针对负责人进行法规培训，明晰管理要求，提高守法意识。二是针对饲料行业特有工种人员，组织开展专业培训和职业技能考核，提升操作能力。三是针对质检人员，开展实验室检测能力比武培训，提升其检验监测水平。

（宁波市畜牧兽医局）

厦门市饲料工业

根据中国饲料工业统计信息系统数据，截至2018年12月31日，全市共有饲料生产企业44家。其中：湖里区1家，海沧区7家，集美区7家，同安区24家，翔安区5家。

全市2018年饲料和饲料添加剂年总产量达117.5万t，比上年同期152.7万t相比减少23.0%，其中配合饲料45.4万t，比上年47.1万t减少3.7%；浓缩料1.1万t，添加剂预混料3.3万t；混合型饲料添加剂0.4万t；单一饲料67.4万t，比上年105.2万t减少36.0%；累计营业收入62.1亿元，较上年55.8亿元增长11.4%；工业总产值62.0亿元，较上年56.7亿元增长9.3%。

（厦门市农业农村局畜牧兽医处）

深圳市饲料工业

【饲料工业发展概况】

截至2018年年底，深圳市饲料生产企业有28家，饲料生产总量54.4万t，比2017年减少19.2万t，同比下降26.1%；总产值28.6亿元，比2017年减少1.4亿元，同比略降4.8%。其中配合料16.2万t、浓缩料2.2万t、预混料4.3万t，三种饲料总产值合计13.7亿元，同比下降10%。

【主要工作】

为加强深圳市饲料质量监管，有效保障养殖业生产安全和动物产品质量安全，根据省农业厅《关于印发2018年饲料产品质量安全预警监测计划的通知》（粤农办〔2018〕436号）的有关要求，为保证完成省农业厅下达的监督抽样任务，深圳市饲料管理办公室制定了《2018年饲料产品质量安全预警监测抽样计划》，有计划组织各区开展监督抽样工作，全市共抽取饲料样品20份，样品包括配合料、浓缩料、预混料、添加剂及饲料原料，经检测全部样品合格。另外，根据省农业厅《关于开展饲料质量安全监管工作的通知》（粤农办〔2018〕437号的要求，深圳市饲料管理办公室制定了《深圳市2018年饲料和饲料添加剂监管工作方案》，提出年内对辖区内饲料和饲料添加剂生产企业实现监管全覆盖，对饲料经营和使用环节进行有效监管，并在全市10家饲料生产企业中抽取27个样品进行检测，检测项目包括产品主要成分、卫生指标、药物和违禁化学物，经检测未发现产品有违法添加药物或违禁药物。对于在监管过程中发现企业存在的一些问题，通过责令整改和约谈方式，限期完成整改。

【存在问题】

（一）非洲猪瘟疫情持续暴发，严重影响饲料行业的发展，甚至生存

（二）贸易摩擦造成原料价格上升，行业困景进一步加剧

（三）生产安全和环保监管趋严，传统的生产企业被迫迁移

近年来，传统配合料、浓缩料生产企业，特别是饲料粉尘较大的饲料生产企业，因设备陈旧、原有的厂区布局不合理，不符合生产安全和环保新政策要求，企业又无法改造或改造成本高，陆续出现迁移的状态。

（四）饲料行业出现前所未有的困难

因上述等因素，行业产能下降、部分企业关闭。

（深圳市饲料管理办公室）

企业篇

重点企业经验介绍

打造替抗产品 共享资源创富“三农”

——北京九州大地生物技术集团股份有限公司

一、公司简介

北京九州大地生物技术集团股份有限公司（以下简称“公司”）始创1995年，2008年10月28日挂牌新三板，是一家以饲料研产销、牛产业链为主体的农牧业集团公司。多年来，公司致力于饲料产品的研发与创新，拥有国家专利119项，通过质量体系ISO 9001和食品安全管理体系HACCP认证，被评为国家级高新技术企业、北京市农业产业化重点龙头企业。饲料作为公司经营近20年的主营产业，当下聚焦于研发、生产、推广“无抗、营养、保健”饲料和生物发酵饲料，且取得较大进展，产销量处于行业领先地位，现已与多家中小型牧场企业合资，向下游养殖端延伸，形成了牛产业链布局。公司与有需求、有共识的牧场深度合作，创建“平台”协同发展“草原和牛”。饲料板块，公司现拥有营销子公司40多家，生产基地14家；养殖板块，拥有牧场子公司40余家。饲料产品的销售区域重点集中在内蒙古中部、京津冀地区、东三省、河南、山东、陕西、宁夏、福建、四川等省市，辐射区域遍布全国各地。

20多年的发展中，在全体员工的不懈努力下，集团屡获各界好评。曾荣获全国饲料行业百强企业、北京市饲料行业先进集体、北京市饲料行业先进企业、北京市著名商标、全国饲料工业科技进步奖、优秀企业奖、企业社会公益奖、全国饲料行业履行社会责任先进企业、北京市农业产业化重点龙头企业、荣获首都饲料行业突出成就奖。

二、公司发展

荣誉，是对九州大地过去成绩的肯定，在荣誉的鞭策下，九州大地更加牢记使命，坚定信念，不断推陈出新，为客户效益、为社会发展做出贡献。2018年，非洲猪瘟的突然爆发对畜牧养殖行业带来了极大打击，作为上游的饲料企业同样受到重创，然而九州大地凭借优质的产品质量，精准的营养体系，周到的服务指导，在如此艰难的市场环境中，过去一年的销售额增幅仍然达到13%。

逆势增长，有赖于九州大地的聚焦定位，以及优秀的企业经营模式。公司坚持突出主业、强化优势，走专业化的发展战略，多年来致力于“打造中国反刍饲料第一品牌”，在集团核心市场内蒙古中部和京津冀地区、东三省布局了以生产反刍料为主的12个生产基地，形成了该地区布局最密集、生产能力最大、品牌影响力最强的企业集群。

三、热卖产品

结合行业发展要求，紧跟行业前进步伐，九州大地的产品策略始终保持先进性，走在行业前端。随着环保、无抗政策的先后出台，养殖对饲料的要求颇为严格，九州大地推出的菌酶协同发酵饲料系列产品“大地肽宝”，一经问世，广受青睐。

“大地肽宝”是北京九州大地生物技术集团股份公司与生物饲料开发国家工程研究中心联合研发的畜禽及反刍系列生物饲料。“大地肽宝”可以替代畜禽5%～15%的常规饲料，与常规饲料配合使用，能提高饲料适口性，提高消化率5%，改善料肉比，饲料成本降低5%。生长速度提高8%；畜禽对饲料蛋白利用效率得到明显改善，圈舍氨浓度降低70%，减少粪便臭味，减少环境污染，减少并消除体内毒素和有害物质；含有的大量有机酸和小分子抑菌物质，抑制大肠杆菌、沙门氏菌、金黄色葡萄球菌等有害菌的生长，对溃疡、消化不良、腹泻、便秘有显著预防效果；提高畜禽免疫力，降低发病率和死淘率；不含抗生素，不产生抗药性，群体发病率全面下降。“大地肽宝”系列产品作为常规饲料的补充或部分替代品，是畜禽养殖端减抗替抗的有效手段，为生产优质畜禽产品提供了必要条件。

四、创富三农

在企业经营过程中，公司十分重视“公司 + 农户”的发展方式，在公司核心市场形成了以下几种带动农牧民的发展模式：

1. “公司 + 合作社 + 养殖场”的模式

为更好地和养殖企业共享养殖技术与经营管理的最新成果，公司于 2013 年发起设立了北京同心惠农养殖专业合作社（以下简称“同心惠农合作社”）通过“公司 + 合作社 + 养殖场”的模式，通过合作社推广公司研发或社会前沿的养殖技术，努力从养殖的品种、营养、防疫、环境及管理机制五个方面提高客户的经营效益，把合作社作为养殖技术的推广平台、服务平台、资源共享平台，综合解决方案落地实施的平台。

2. “公司 + 牧场”合作模式

公司着力于适度规模、最佳效益的优质牧场合作，解决牧场发展三大痛点（提质增效、金融杠杆和资本杠杆），突破企业和牧场发展瓶颈并不断突破天花板。公司目前与牧场合作的方式，主要有通过控股牧场和把牛委托牧场代养两种方式。

3. “公司 + 基地 + 农户”联结生产模式

公司生产基地的主要原料为玉米、小麦、大豆等农产品，采用签订合同的方式与当地农户利益联结，玉米、大豆、小麦等原料种植是当地农户的主要收入来源，公司及下设的子公司为所在地区的重要产业，在增加地方财政收入的同时为社会提供了新的就业机会，同时，也带动了相关产业发展，对发展当地经济具有积极推动作用，公司依托当地有利资源，结合大开发的有利形势，结合当地的资源优势、劳动力优势、政策优势及产品市场优势应运而生，受到当地各级组织的大力支持。

九州大地自成立以来，抓生产，促销售，带动地方农民、养殖户增收，经济效益稳步增长，社会效益显著提升。公司的主要产品有饲料、原奶、牛肉。多年来，九州大地以自身的发展，带动员工的发展，促进“三农”的前进发展。据统计，九州大地过去一年中，可消化农产品及农副产品 30 万 t 以上，直接带动种植农户 14 000 家、农牧民专业养殖户 3 000 家、规模化养殖场 1 400 家。在销售产品的同时，公司 1 000 多人的专业化技术服务团队以及客户管理团队，致力于为养殖户提供全方位的服务。

五、乡村振兴，产业兴旺是基础

乡村产业是根植于乡村，以农业农村资源为依托，九州大地通与农户、合作社、家庭农场、家庭牧场深度合作，建立了利益联结紧密的产业体系。

1. 建立利益联结机制

公司发展企农契约型合作模式，公司与农户签订收购订单，签约农户经营收入显著增长。通过模式创新，探索股份合作型模式，形成分工明确、优势互补、风险共担、利益共享的农业产业化联合体。

2. 产业扶贫扎实推进

公司积极响应多地政府脱贫攻坚的号召，参与“百企帮百村”精准扶贫行动，在贫困地区培育多个农民合作社，有力带动建档立卡贫困户脱贫致富，资助因病致贫的贫困学生多名，资助危房改造农户几十户。

3. 农户、牧场、农场和企业紧密合作

农户以供应原料为主，公司将农产品精深加工为饲料，饲料销售给农场、牧场、养殖户，产业高度融合，发挥乡村价值，农户和企业间的利益联结更紧密。

4. 大力推进了产业融合发展

公司与合作社、家庭农场、家庭牧场及小农户开展生产经营合作，解决其痛点，满足其需求，构建紧密联结机制，带动其发展，实现抱团发展。

近几年，九州大地发展迅速，产量和销量以及合作牧场持续增高，与农户合作是原材料采购的保障，生产的产品直接面对养殖场、经销商，为了保障饲料的下游用户的效益，公司拥有强大的技术团队，通过举办多种类型的讲座，驻场服务，传授养殖新技术，提供综合解决方案，为养殖户及时解决遇到的问题，实现了养殖户增收的良好效果。

公司带动农户致富、振兴农村经济、推进新型工业化建设，依靠广大农民，不断发展壮大，成为推动农业加快发展的中坚力量。由此可见，对农产品进行深加工并销售给养殖户、养殖场、牧场，对带动本地农业化及相关产业化发展具有积极作用。

公司持续宣传贯彻和推动“共享”文化，进一步增强团队及客户凝聚力，同时还围绕“帮客户创造效益，为社会积累财富”的企业价值观，通过创立行业独有的商业模式，帮助员工和客户创造财富和实现财富倍增。未来，大地股份将继续践行“根植大地，共享成长”的企业理念，致力于打造中国反刍饲料第一品牌，打造高端牛肉第一品牌，实现“一供一链”战略大发展，成为一家全球范围内具备较高创新能力的农业高科技企业集团，并最终发展成为世界一流的中国农牧企业。

助推转型升级　续写产业梦想
——北京大伟嘉生物技术股份有限公司

北京大伟嘉生物技术股份有限公司注册成立于1997年，是一家以畜禽养殖及健康养殖服务、保健型预混料、生物兽药为核心业务，集畜禽养殖及健康养殖服务、生物饲料、生物兽药、生物酵解工程、产业互联网于一体，专注农牧业科技产品制造及畜禽健康养殖全服务链经营的现代服务型农牧业高科技企业集团。

大伟嘉股份是农业产业化国家重点龙头企业、全国30强饲料企业、全国兽药企业10强、国家认定企业技术中心、国家博士后科研工作站、国家科技进步二等奖获奖企业，印遇龙院士无抗养殖院士工作站、中关村首批十百千重点培育企业，系中国畜牧业协会副会长单位、中国兽药协会副会长单位。大伟嘉股份是中国农牧企业中仅有的几家产业服务型的大型民营企业之一，被评为“中国十大行业隐形冠军企业”。

大伟嘉股份总部坐落于中关村国家自主创新示范区核心区海淀园，拥有员工3 500人，设有产业技术创新研究院，在全国各地设有35家分子公司，在北京、沈阳、葫芦岛、沧州、大同、周口、宿迁、开封、青岛、武汉、长沙等地拥有7个现代化的产业园和11个制造基地，其中国家级《饲料质量安全管理规范》示范企业4个，农业农村部批准的生物兽药GMP生产企业3个，并在全国建有17家畜禽健康检测与评价云中心。

多年来，大伟嘉一直勇担社会责任，践行公益。2016—2017年，大伟嘉立足行业倡导公益。独家冠名了中国影响力鸡场发现之旅公益活动，该活动被中国畜牧业协会列为三届理事会的一项突出成绩。近几年，大伟嘉股份坚决响应中央扶贫开发工作会议精神的号召，利用自身在猪和蛋鸡产业价值链的巨大优势，启动并实施大伟嘉股份“嘉海产业扶贫计划”。该计划发挥大伟嘉自身优势，蛋鸡产业采用“公司+基地+合作社+贫困户+互联网+保险”的模式；生猪产业采用“公司+家庭农场+贫困户”模式、“1118扶贫工程”等扶贫模式，成为大伟嘉产业扶贫的强用力支撑。其中扶贫效果最好，最被认可的是“1118模式”，主要是通过1个养猪户年出栏1 000头生猪，收益20万元，增加14万元净收益，带动18个贫困户。养殖过程中种猪繁育、仔猪生产、饲料配送、药品配送、饲养管理、疫病防治、商品猪销售等环节，由大伟嘉专业养殖管理服务公司全程负责并跟踪服务，养猪户只负责建设猪舍和提供人工，这种扶贫模式最大的好处是做到稳赚不赔，使贫困户能享受到切实利益。目前生猪产业扶贫已先后在辽宁、河北、山西、河南等建立了多家扶贫示范基地，在辽宁、河北、山西等地放养生猪近百万头，并在10多个省协管、托管、租赁经营320多家规模猪场，养殖母猪8万多头，已帮扶3 610户贫困户实现脱贫。蛋鸡产业扶贫工作方面，从河南、河北、山西、内蒙古、湖北五省中优选五家规模蛋鸡场作为扶贫示范场，帮扶5 210户贫困户实现脱贫。

2018年8月，首例非洲猪瘟疫情确证后，作为农业产业化国家重点龙头企业、国家认定企业技术中心、国家博士后科研工作站的大伟嘉股份在第一时间做出反应，成立生物安全小组，保证伟嘉用户畜禽饲料的安全。大伟嘉是以产品质量为生命的，站在用户的角度提出解决方案，帮助用户永续经营。大伟嘉时刻绷紧全面安全生产，落实安全责任制，建立严格生物安全防控措施，开展安全知识教育，确保大伟嘉全面安全顺利运营。大伟嘉股份种猪事业部还成立了以中国农业科学院王立贤研究员为首的专家团队，承担全基因组选育、四区四流防控，最终只培育用户想要的种猪。

大伟嘉股份五年来全力向养殖端发力，在辽宁、河北、河南、湖南、山西和黑龙江建立了多家种猪和蛋鸡现代化示范场，在河北和辽宁等地养殖并放养生猪近100万头，并在10多个省协管、托管、租赁经营320多家规模猪场；自养、协管和托管180多家规模蛋鸡场，近2 000万只蛋鸡，大伟嘉养殖事业将致力于促进中国畜禽健康养殖事业迈向新高度。

未来五年，大伟嘉股份将加快现代养殖技术、互联网和物联网的技术应用，实现“优良种群+精准营养+标准化养殖+种养结合生态循环+健康食品+金融服务+产业扶贫+互联网及数据平台”的发展模式，发展绿色生猪500万头，蛋鸡6 000万只；继续保持生物饲料、生物兽药在产业的领先地位，成为一家具备国际影响力，专注农牧业科技产品制造及畜禽健康养殖及全服务链经营的现代产业服务型农牧业高科技企业集团。

领航新时代
铸造动物营养品领域的领先企业
——北京英惠尔生物技术有限公司

伟大时代，需要思想引导；伟大事业，需要核心领航。

党的十九大报告中指出，经过长期努力，中国特色社会主义进入了新时代，英惠尔公司紧跟党的步伐，跨进新时代。

进入新时代，英惠尔实现，持续快速发展，人均创造毛利超过 100 万元。

诞生于中国农业科学院饲料研究所的北京英惠尔生物技术有限公司，自 2000 年成立之日起，聚焦动物营养，紧密围绕动物健康需求，倾力开发预混料、稳定化维生素 C 和酵母培养物等动物营养品，服务客户遍及全球 70 多个国家和地区，覆盖了国内饲料企业 100 强的 50%，全球饲料企业 100 强的 58%，涉及规模养殖场 1 万家以上。

公司先后获得“一带一路”国际合作先进饲料企业、国家高新技术企业、饲料质量安全管理规范示范企业、北京市级企业技术研究开发机构、中国林牧渔业十佳绿色产品企业等荣誉和称号，系中国饲料工业协会常务理事单位、中国小康建设研究会三农经济发展促进委员会副会长单位、北京市饲料工业协会常务副会长单位。

创新是引领发展的第一动力。

英惠尔生物技术研究院，下设五个研究室，即水产动物营养研究室、单胃动物营养研究室、反刍动物营养研究室、微生态研究室和精益生产研究室；聚集了一大批动物营养与饲料科学、生物技术、食品工程等专业背景的知名专家，科研人员比例占公司总人数的 11%，科研投入占公司收入的 4%～5%。

英惠尔在行业内率先引入精益生产，对产品质量、成本和交货期持续改善；开创性实施质量控制与可追溯系统管理，实现产品全程可追溯，产品合格率达到 99.99%。

针对我国畜牧养殖过程中大量应用抗生素造成的微生物耐药、药物残留、环境污染等问题，英惠尔率先调整发展战略，以健康环保养殖新理念为引领，瞄准替代抗生素的“微生态制剂”，倾力开发无抗、绿色、环保的新型饲料添加剂产品。

英惠尔不仅在北京城市副中心投资建立了微生态实验室及微生物发酵生产线，还与中科院微生物研究所合作开发优质高效的饲用酵母类产品，成功获得具有自主知识产权的酿酒酵母菌种和发酵技术，成功开发了自主研发的酿酒酵母培养物。

2016 年，英惠尔酵母培养物完成国际注册，成功推向国际市场。

2017 年，该产品在菲律宾、越南、印尼、马来西亚等国家取得了优异成绩。

2018 年，英惠尔酵母培养物成功打开欧洲市场。

品质铸就品牌，英惠尔以创新科技打造世界级动物营养企业。立足科技创新，助力健康养殖，铸造动物营养品领域的领先企业。

随着“高效、健康、绿色、环保”养殖大时代的到来，英惠尔公司产品将赢得全球越来越多市场和客户的认可。

展望未来，英惠尔将大力开展国际化品牌战略，发挥公司的人才、品牌、技术优势，把握机遇，开拓创新，以卓越的产品品质引领行业发展新高度，为推动健康养殖、改善人类生活品质而不懈努力。

苦炼内功　蓄力发展　砥砺前行

——九三集团天津大豆科技有限公司

九三集团天津大豆科技有限公司坐落于天津滨海新区保税区内，地处环渤海经济带，毗邻天津港码头，公路、铁路、水路四通八达，具有得天独厚的地理、交通和环境优势。公司总占地面积约 15 万 m^2，总投资额 6 亿元人民币（含油脂库）。是一家由九三粮油工业集团有限公司控股，兴隆粮油（香港）有限公司参股的合资企业。

公司年设计加工大豆能力为 150 万 t、日处理大豆 5 000t，日精炼大豆原油 1 400t，日分提棕榈油能力 1 000t，日灌装包装油能力 600t。年生产一级大豆油 27 万 t、豆粕 120 万 t、粗磷脂 2.1 万 t，主要设备均为美国、德国、意大利、丹麦等国的进口设备，在国内属领先地位。公司大豆仓储能力 8.5 万 t，豆粕储存能力 3.2 万 t，油品储存量为 7.5 万 t，是大连商品交易所指定的豆油、豆粕交割厂库，国家指定的中央储备粮代储资格库，原北京军区食用油入库企业，具备国家和地方储备粮轮储交易资格。

公司坚持以安全、健康、营养为生产目标，精选优质进口大豆为原料，主要生产“鸿鹤”“盛宴”“津乐”牌大豆油、“津乐”牌豆粕单一饲料等产品，其中“鸿鹤”牌大豆油、“津乐”牌饲料豆粕均为“天津市名牌产品”，产品品质达到国际先进水平。尤其是单一饲料豆粕产品，根据市场的不同需求，提供优质蛋白供给。产品主要覆盖天津、北京、河北、山东、河南、山西、新疆等省市。

随着中国粮油业的飞速发展，公司在强化核心业务的同时，注重科技发展，积极导入先进管理体系，坚持安全生产，重视循环经济、能源综合利用与环境保护共同协调发展，加大技术创新，推行新技术专利，构筑诚信企业，使公司生产能力与核心竞争能力得到了进一步增强，彰显出强大的发展后劲。

自投产以来，获得天津保税区“百强企业”“安全生产先进单位”；天津市“节水型企业”“优秀设备管理企业”“卫生先进单位”“天津市节能减排先进集体”“天津市食品安全示范企业”“天津市食品工业 50 强”“天津市优秀外商投资企业”“国家优秀设备管理先进单位”“全国轻工业卓越绩效先进企业”“中国对外贸易500强企业”“中国轻工业百强企业”“全国轻工业卓越绩效先进企业特别奖”等荣誉，为保证食用油市场供应做出了重要贡献，并被中国粮油学会树立为“节能减排标兵”。企业在取得了良好的经济效益的同时，取得了较好的社会效益。

2018年，天津公司加工大豆126.5万t，生产豆粕99.0万t，生产脱胶油24.1万t，生产成品油21.9万t，生产各规格包装油226.4万箱。实现工业总产值39.8亿元，营业总收入40.5亿元，上缴税金1.2亿元，实现利润3 000万元。主要做法如下。

1. 抓管理，进一步推进内控体系建设

2018年是大豆行业面临极大挑战的一年，面对新形势，公司苦练内功，完成组织机构优化改革，建立完成大部制机制，并完善改革后部门职责和考核方案调整等配套工作。结合公司实际，高层管理人员管理下沉兼任部门正职，缩减管理半径，提升管理质量。考核把握向生产和营销一线倾斜，向工作强度大、重要岗位倾斜导向。加强内控管理体系建设，开展管理大提升活动，按照公司整体业务条线遵循科学严谨、简单高效原则，规范应用抓好制度、流程的修订再造，年度修订63项，新建26项，废止55项，现行制度128项。通过实地走流程，模拟流程执行，完成大豆进厂到产品出厂的过程业务流程和业务衔接，为进一步实现信息化建设奠定基础。

2. 抓“四个安全”，安全生产管理持续推进

生产安全方面落实隐患排查治理与安全风险分级管控“双控”工作机制，开展公司级检查和日常检查整改1 388项，专项检查整改139项，提升安全检查质量，梳理习惯性违章行为33种，开展5个事故类型9次应急救援演练。建立特种设备档案台账107册，完成特种设备管理工作。发挥安全活动月的辐射作用，提高员工安全意识和本质安全观念。

环保安全方面重点加强污水、外排物第三方监测，降低颗粒物排放浓度，规范化废弃物处置。修订《转基因生物安全制度汇编》，建立转基因生物安全管控照片影像资料汇编，通过能源审计，能源管理体系审核，级粮食质量安全检查、转基因大豆仓储情况现场审查、食品相关产品专项检查，农业农村部及市农委农业转基因生物安全证书现场审核、市农委和新区农委组织的转基因生物加工安全联合检查等多项现场审核和检查，实现环保安全、食品安全和转基因安全“零事故”。获得天津市“放心油企业”“食品安全示范企业”称号，蝉联天津市“食品安全与质量优秀企业”荣誉。

3. 抓技改，生产管理大提升持续推进

加强产销协调，根据市场需货量合理安排生产，加强生产管理，稳定生产，故障停机次数比2017年同期降低10次，故障时间减少594h。预浸和精炼工段达产率较同期分别提高3.5%和6.2%。推进品控前移管理，对工段岗位操作人员进行检验项目培训，实现对自行管控工位的过程产品通过自行检测即时调整工艺，确保后续终端成品的质量控制。开展生产技术现场培训13次。完成26项从节电、消除重大生产和环保安全隐患，到保证中间产品的质量、降低生产消耗的技改项目。完成粕库原装车计数系统升级提升自控系统，中控系统整合实现各工段数据融合，生产环节自动化和信息化进步明显。

4. 抓营销，进一步强化产品营销新模式

2018年华北市场处于历史艰难的环境，面对整体大豆高位库存压力及终端养殖不景气的双重影响，率先开展豆粕转单业务，缓解提货压力，促进了豆粕产品的流通和变现。克服东北市场豆粕回流压力，尝试开展散油和豆粕一票制配送业务，开启新疆火运移库业务，进一步提升西北市场的占有率。召开年度经销商大会，建立激励与约束机制，划分客户等级，评选核心代理商，促进发挥示范引领作用，缓解了工厂的库存压力。开发自配料渠道，增加50kg高脂自配料专用豆粕，设置两个样本点城市，增加了市场占有率和影响力。

惟其艰难，才更显勇毅；惟其笃行，才弥足珍贵。天津公司正处在改革发展的关键阶段，责任容不得公司推卸，机遇容不得我们耽搁，考验容不得公司回避，公司有决心、有能力收获属于自己的梦想与荣光。公司将因势而动、顺势而为、乘势而上，凝聚全体员工的智慧和力量，同心同德，苦干实干，决战决胜，蓄力发展，砥砺前行，为坚决打赢保态势增效益攻坚战而努力奋斗！

甘为农牧人的孺子牛

——天津通和饲料有限公司

天津通和饲料有限公司地处京津走廊的核心区域天津市武清区，是专注反刍、畜禽饲料生产的民营企业。公司成立于2004年12月，并于2014年投资建立宝坻分公司。经过15年的发展，以公司总部、分公司、研发中心三位一体并依托科研院校，成为集产、学、研、销为一体的综合性企业。公司整体运营按照职能类别划分，由天津通和饲料公司、天津通和饲料有限公司宝坻分公司、津牧通和（天津）饲料技术开发中心三个实体组成，在武清区政府所在地设有办事处，与总厂共同承接销售及业务职能；分公司作为生产基地承载全部产品的生产任务；研发中心与科研院所等单位开展密切合作，承担饲料研发和项目课题研究工作。

2018年，通和公司全年生产饲料总量3.7万t，销售收入1.3亿元，全年生产无质量问题、无安全事故、无违法行为。

一、锤炼一支高素质的人才队伍

企业经营，人才是第一要素。通和公司目前员工52人，中专及以上学历占员工总数的60%。另外科研人员、服务团队40人，公司2018年建立博士后工作站，进站博士1名，所属技术开发中心具有高级职称人员12名。服务团队中畜牧兽医专科学历技能人员所占比例达到100%。

人才是第一生产力，培养人才、用好人才是通和公司的用人理念。公司从不放过让员工掌握知识、学习本领的机会，采取“走出去、请进来”的模式提高员工素质和业务水平。与辅音大学、华思联认证中心等单位分别建立业务关系，各个部门轮流参加业务岗位技能培训，定期参加培训。内勤岗、采购岗、中控岗、品控岗、质检员岗、大客户营销、行政总监、总经理等全部进行了系统的学习深造，持证人员超过半数，从而带动员工整体能力和业务水平飞速提升；内部的安全、操作、消防等知识，请专业机构的讲师到公司组织统一授课，三级教育、质量培训普及率100%。

公司以“诚实、守信、感恩、回报”的企业精神为主题，开展企业文化建设，弘扬主旋律、正能量。一年里，公司及员工为新疆、青海贫困地区和失学儿童等捐款超过20万元，不仅是回馈社会的使命，更是一种打造团队意识、培养感恩精神的践行。只有依靠高素质的人才队伍，才能让企业走得更长更远。

二、为企业打造质量安全体系，做良心企业

做良心企业，就要把产品质量作为首要目标。在饲料生产和加工环节中，原材料的好坏和生产工艺决定饲料品质的稳定和好坏。为给消费者提供安全、优质的畜产品，通和公司严把上游质量关，从原料采购入手，加强生产流程管控，将采用优质原料和好的生产工艺视为企业生存的保障。

第一，严格按照规范对生产环节进行管控。公司生产基地现有畜禽配合饲料、反刍饲料、预混合饲料3条自动化生产线，专线生产饲料，保证每种产品生产的独立性。针对有着6万吨产能的自动设备机组，公司投资200万元建立了实验室，保证从原料采购到成品出库，每个质量控制点都经过严格细致的检测。采购环节是公司的重中之重，品控部专门设计了高于国标的原料标准，玉米、棉粕等大宗原料和小料的采购，质量和价格，排在首位的是质量标准，进入公司采购名录的企业必需原料过硬。每个月，都有因质量问题被退回的整车原料，公司在原料品质上和供应商没有协调余地。生产流程中，从原料保管、配方执行、生产工艺到成品收发的每个控制点，更是毫不含糊。在市区两级行业主管部门的指导和帮助下，公司成为“天津市饲料质量安全管理示范单位”。

第二，建立质量保障体系。通过省级饲料质量安全管理验收，通和公司乘势而上，在2018年先后为企业量身定做了“资源计划管理信息系统”ERP和“核心料配料称重管理系统”。这两套系统，从根本上解决了生产流程的可控性和小料精确配比度的提升，为规范化生产发挥举足轻重的作用；2018年6月，在进行ISO 9000换证工作的同时，公司一举通过了ISO 9001质量管理体系和ISO 22000食品安全管理体系验收，成为双体系认证企业。

第三，完善服务，做农牧人的贴心朋友。企业运营中，凭着先进的生产设备、严格的品控体系、严谨的生产工艺和过硬的产品质量还是不够的。通和公司根据区域和养殖结构组建了畜禽、反刍、预混料等近十支服务团队，长期活跃在遍布西北、华北和东北的广大养殖单位中。服务团队包括有着几十年畜牧兽医经验的专家权威，也有专业毕业的投身于养殖事业的众多年轻人。除了每月固定汇报工作要返回总部，这些人都是工作、生活在各个养殖牧场、猪场，用专业的知识、先进的理念指导众多农牧人饲喂方式和技术，解决养殖中发现的问题。并且斥资为大型牧场购买了CPMC-Dairy软件用于养殖服务，为猪场配置了多功能B超仪，每年的服务投入都在300万元以上。通和公司也由此被养殖企业、农户称为“贴心人”。通过与大型养殖企业和农户结成长期合作关系，通和产品市场占有量在天津市同类企业产品销量中位居前列，与伊利、梦德集团旗下等大型牧场建立长期的合作伙伴关系。

三、修炼保障生产运营的“金钟罩、铁布衫”

公司不但注重产品质量，同时更加认识到履行社会责任的重要性。民以食为天，食以安为先。食品安全和生产安全，是通和公司勇于承担的责任和使命。

首先，杜绝无原则的使用添加剂和添加违禁药物。产品配方中，掺加违禁东西在品控部成为一票否决机制。公司不但自己审核，还外聘专家对企业产品标准共同把关，即便在网上申报的前提下请工商标准化管理人员再次审核，力求严谨，格式都要符合国标。

其次，狠抓安全生产管理。不论是特种设备还是生产机械，逐一完善档案进行管理；每月固定安全会议和隐患排查丝毫不敢懈怠。各项危险源识别和应急预案全部深入车间班组、部门；预防粉尘爆炸、检修保养记录、重污染天气应急预案、消防演练等方方面

面工作都是真抓实干。对于安监、消防、工信委和行业主管部门的安全检查积极配合，全力打造安全放心的工作生产氛围。截至目前，公司已经完成了环评、安评、安全标准化、职业健康等各项工作，从未发生生产安全责任事故。所有这些，为生产、销售等顺利开展奠定了基石，成为公司生产运营的“金钟罩、铁布衫”。

四、为企业插上科技的翅膀助力腾飞

以科技为支撑一直是通和公司的发展理念。通和公司在 2018 年 5 月再次承接科技发展计划项目的新课题——仔猪动态蛋白保育料的研究及示范推广。这样，通和公司就承担着天津市农委科技成果推广项目“非常规饲料资源利用技术推广与示范”项目和科委两项课题的推进工作。其中，科委项目“种母猪用中草药功能性保健研究与推广”在 2018 年 12 月结题，公司在此项科研课题项目中，2017—2018 年母猪中草药保健添加剂饲料的推广规模达到 6 000t，在武清、宝坻、宁河设立了 40 家示范猪场，累计推广母猪 2 万头；带动养殖户产生间接经济效益 320 万元。同时，为公司的销售网络的稳定注入了科技含量保障。2018 年年底，公司又申报使用发明专利 14 项，总体专利达到 33 项，并且在 2018 年 7 月“畜禽健康养殖抗生素替代关键技术研究与应用”获得天津市科学技术成果证书。

食品安全是我国需要急于解决的重大问题。饲料添加剂的过度添加，甚至出现使用禁用的激素等有害添加剂的现象，这都直接威胁着我国的食品安全。通和公司将引进技术进行研发再创新，着眼优化国民食品安全、减少养殖业粮食消耗、保护生态环境，作为饲料行业发展的前沿方向。2018 年，公司立项“TMF 微生物发酵剂”和“菌肽酶微生物深度发酵”两项新技术项目，准备在生物饲料方面开始创新之路。

TMF 微生物发酵剂的使用，是将农作物秸秆转化成反刍动物饲料，可以提高牲畜的免疫功能，预防疾病的发生，逐渐杜绝饲料添加剂的过度添加，减少治疗药物的使用，降低药物残留；可以提高肉料比，可大幅度降低饲料成本，提高养殖经济效益。公司投资 120 万元购买韩国设备及配套机组，利用稻草、果渣等农作物下脚料生产了肉奶牛的饲料，通过自己的实验牧场进行饲喂实验，目前取得阶段性成果。

菌肽酶微生物深度发酵主要作用，是提高营养物质消化吸收利用率，改善肠道内环境，提高动物机体免疫力。产品应用到畜禽、反刍动物的饲料中，产生的蛋白酶和淀粉酶及大量微生物代谢产物，来提高营养物质的消化吸收，从而提高动物机体免疫力。现在，公司整合生产结构布局，准备把这一技术付诸实施。

这些成果，将全部应用于公司 13 大系列，136 个品种，并将科技成果推广到千家万户的养殖者中。

五、走出去，到援疆一线发展，把“通和”品牌做大做强

“有麝自来香”，通和人埋头苦干、实干的作风和在农牧界的口碑得到了天津市相关部门的认可。

为了切实做好东西部扶贫协作对口支援工作，全力助推受援地打好精准脱贫攻坚战，为新疆地方畜牧业发展产业配套，天津市政府在新疆和田地区作为援疆项目的产业链（提供羊只－供应饲料－屠宰加工）全面展开。2018 年年初，通和公司响应市政府号召，与天津市食品集团合作，共同出资 3 000 万元，在新疆维吾尔自治区和田地区于田县“天津工业园区”内，成立新疆津垦通和农牧业有限公司。既能发挥通和公司技术、人才、生产优势，推动当地实现脱贫目标，又可以把通和品牌做大做强，让更多的农牧人了解通和。

预计 2019 年 7 月，六栋标准化厂房和饲料生产车间建成，原料存储区、产品存储区、草颗粒加工区和办公区四大板块将属地资源中的芦苇、苜蓿充分发掘利用，为当地牧业发展提供源源不断的饲粮。项目设计产能为 12 万 t 饲料，经营范围包括动物营养技术研究推广、饲料生产、加工、销售，预计年产值 2.4 亿元，辐射带动扶贫养殖户 12 000 余户，直接解决就业岗位 60 余人，相关产业人员就业 500 余人。

通过建立技术辅导培训体系，打造“产、学、研”饲料技术研发中心，为新疆属地培训养殖方面的技术人才，造就一支与饲料产业相匹配的技术队伍，为当地畜牧发展积蓄动力。美好的蓝图正在变成现实，通和将继续在扶贫攻坚的道路上稳步前行！

公司在经营过程中以市场为导向，以客户为中心，注重产品质量、关注社会责任、不断取得了社会各阶层的认可，先后获得了“天津市著名商标”“天津市守合同重信用企业”“天津市（省级）农业产业化经营市级重点龙头企业”“天津市饲料质量安全管理规范示范单位”“天津市饲料工业协会副会长单位”“天津市奶业协会副会长单位”“天津市养猪业协会副秘书长单位”“企业信用评价 AAA 级信用企业”等荣誉；并荣幸地成为“国家高新技术企业”和中国奶业协会常务理事单位；“天津通和饲料有限公司博士后工作站”已经开始课题研究工作。

做好企业、做大事业、做好品牌、做百年公司。怀着为中国农业发展做出贡献的赤子之心，专心务农、政通人和，聚焦起一支年轻热情、理念一致、勤奋敬业、专业精湛的团队，以科技创新、以人为本、尊重知识、永续发展的要求，书写企业发展的璀璨篇章。

通时达变，和衷共济！通和公司甘做一头孺子牛，继续为农牧人耕耘收获的田野！

致力让天下爱宠享受健康美食

——华兴宠物食品有限公司

华兴宠物食品有限公司坐落于河北省南和县宠物产业园区，是邢台市邢东新区的重要组成部分，发展潜力巨大。公司是一家集研发，生产，销售于一体的现代化企业，注册资本 5 000 万元。公司的发展可以追溯到 1996 年，最初从事蛋鸡饲料加工与销售，1998 年新增猪浓缩饲料的加工与销售，2000 年引入鱼饲料的加工与销售，2006 年转型宠物食品的研发、生产和销售。

为了进一步提升产品品质，公司不断地改进生产工艺和产品配方，从 2006 年转型开始，生产线由原来的年产 4 000t，到 2010 年年产 3 万 t 生产线投产，短短四年，完成了现代化生产工艺升级转型。产品品质不断提升，产品种类得到丰富，奥丁、迪尤克、力狼、朗仕、冠邦、爵加品牌陆续上市，市场份额进一步巩固。

公司始终注重品牌形象的塑造，转型之初就与邢台学院赵金东老师进行全方位品牌形象战略合作，使产品的品牌形象和知名度不断提升，市场销量持续增长。多年来我们公司一直坚持包装的外在形象与内在品质的统一，依据品牌定位，为每一款产品量身打造属于自己的品牌形象，并且十年如一日坚持采用统一的视觉形象，使品牌逐步形成了自己的视觉风格，在众多品牌中独树一帜。旗下“奥丁”“迪尤克”“力狼”“朗仕”“冠邦”“爵加”已经成为国内市场上知名品牌，其中“奥丁”商标被认定为中国驰名商标。产品遍布全国各地、拥有较高的知名度和美誉度！

不间断培训和学习，增强员工素质是日常工作的一部分，公司成立华兴宠物营养学院，聘请多位专家讲座授课，设计企业管理、品牌运营、宠物营养、宠物门店经营、生产安全等各方面，每周都对区域业务经理进行培训学习，生产线工人也有定期学习培训，通过一系列培训学习、绩效考核，不断增强 700 多员工的工作动力和创新精神。

公司核心竞争力不断增强。目前已通过 ISO 9001：2015 质量管理体系认证和 ISO 22000：2005 食品安全管理体系认证。荣获“文明诚信经营先进单位”“2016 年全国十强宠物饲料企业”“河北省农业产业化龙头企业”“2018 年度河北省饲料行业科技创新企业”“市级研发中心”等荣誉称号。

为了让产品更适合宠物，公司每年拿出销售额的 1% 的资金用于研发，公司 2008 年就建成自己的研发中心和宠物试验基地，由最初的几名研发人员，发展到现在博士、研究生共计 30 多人的研发团队，试验基地由原来的几十只犬猫，发展到了目前 1 100 余只犬猫的国内规模较大的宠物实验基地，2015 年与中国农科院合作成立“中国宠物食品产业研究院”和“中国农科院科研基地”，2017 年与河北农业大学成功对接，进一步加深宠物食品营养方面研究，逐步建立公司宠物食品标准体系。2019 年 2 月在北京中国农科院成立华兴宠物营养（北京）研究中心。有力支撑了产品的研发、创新和升级，进一步提升得公司的产品成果转化和竞争力。

公司秉承为宠物提供营养、健康、安全的食品为己任，致力于让天下爱宠享受健康美食！如何实现这个愿景是公司一直在思考的问题，首先要能控制住原料这个环节，公司对原材料建有严格的检验和品控体制，同时，还购置了玉米色选机等一系列设备，确保原料安全第一关。但是市面上原料质量参差不齐，特别是在肉粉采购方面，很容易出现劣质肉粉的掺人，如何能够得到优质有保障的肉粉，公司决定探索自己加工肉粉，并与 2012 年 10 月年产 2 万 t 饲料用肉粉生产线投产，保障了肉粉原料的质量；2014 年 4 月公司掌握了产品的风味剂生产技术，为产品品种的进一步拓展奠定的坚实的基础，因为有严格的质量把控，才能保障出厂的每一粒粮食品质如一，才能让爱宠吃上放心、健康、美味的食品。

随着国内消费者对产品需求不断升级，2016 年公司与瑞士布勒公司达成设备购置协议，公司二期工程全部采用国际一流的宠物食品生产设备，并于 2017 年 10 月年产 18 万 t 的现代化生产线投入使用。公司在零食、保健品、湿粮等方面已经有技术储备，后续将建设高标准生产厂房，引进先进设备，全面拓展产品品类，不断提升公司综合实力。现代化、节能型研发办公大楼将与 2019 年开始建设，华兴将以崭新的姿态，展现在世人面前，做一个让世人尊敬的企业，是我们奋斗的目标，华兴人凭借踏实勤奋、锐意进取精神，不断创造新的奇迹。我们相信，华兴的明天将更加美好！

以过硬的产品质量　营造良好口碑

——石家庄正诚饲料机械有限公司

石家庄正诚饲料机械有限公司成立于 2008 年 3 月，位于河北省无极县经济开发区北区，占地面积 40 余亩，固定资产投入 8 000 多万元，是专业生产饲料机械、畜牧机械、波纹装配式钢板仓及计算机网络控制设备的私营股份制企业。公司建有20 000m²的生产加工车间，以及3 000m²的办公、餐饮等配套设施，拥有大型激光切割机、装配式钢板仓全自动流水线加工设备、专用油漆涂装生产线，数控冲床、大型龙门刨铣床、重型压力机、车床等先进的机加工设备，同时，公司也拥了较为先进的检验和检测设备，为全面满足国内外客户的需求奠定了夯实的基础，是华北地区规模较大的饲料机械制造企业。

公司的产品以市场为导向，时刻关注市场动态，了解客户需求，将潜在的市场需求与企业科技创新相结合。在这种方向的指引下，公司一大批多年从事饲料机械设备及电气化设计工程师、工程技术人员和经验丰富的技术工人，通过与石家庄铁道大学、河北科技师范学院等高等院校的技术合作，在科技创新方面具有雄厚实力，公司拥有称量式钢板仓、差速调质器、犊牛料生产线等一系列在饲料加工行业得到广泛应用的专利，为客户创造了良好的社会效益巨大的经济价值。

公司现有职工百余人，其中拥有国家级专家3名，高级工程师2名，专科以上毕业生30人（引进外地人才10人）。建立了科学的人才引进培养体系，通过不断打造企业硬件和软件设施，确定合理的薪酬制度，建立健全的人才培养体系及晋升通道，吸引社会上优秀的人才，同时注重应届毕业生的引进。2018年与河北科技师范学院达成校企产、学、研合作协议，挂牌校企合作基地，每年将有一大批优秀毕业生加入正诚的队伍中来，为后续高校在公司建立“硕士工作站”打下了坚实的基础。公司以“严谨、务实、开拓、创新、高效、团队、敬业、奉献”的正诚精神要求正诚每一位员工，通过自身的努力和企业的培养，为公司的建设和发展做出自己应有的贡献。在人才培养上，根据各类人才的不同特点和成长规律，建立严格的师带徒制度进行分类指导和培养，对于优秀人才不仅要吸引来，还要留得住，用得好，使人才各尽其能，为企业发展和经济社会建设作出应有的贡献。

精心的设计、精湛的制造、精细的施工、全方位的服务赢得了用户的长期认可和良好的社会信誉。公司产品销往东北、华北、华中、西南等全国大部份省市自治区，并出口阿根廷、埃塞俄比亚等南美洲、非洲国家；目前跟正大集团、希望集团、博瑞集团、铁骑力士、河北鲲鹏、河北兴达、山西象丰、普瑞纳等众多国内外著名企业集团建立长期合作伙伴，为他们承建了上百座饲料成套工程、仓储工程、粮食工程，实现了双方的共同发展。公司是河北省饲料机械生产制造龙头企业，公司始终秉承“以正为本，诚信经营”的理念，以“时时不忘质量，事事讲究质量，竞争围绕质量，生存依靠质量”为方针，主抓产品质量，因为只有过硬的产品质量，才能在客户中营造良好的口碑，才能为企业创造更高的价值。每年都邀请国家农机具质量监督检验中心对公司产品，如锤片粉碎机、饲料混合机等进行检验验收认定，以此来保证公司产品质量符合国家标准。公司曾获得：河北省中小企业质量信得过产品称号；通过了国家ISO 9001：2008质量管理体系认证；河北省名牌产品称号；公司的“正盛”商标荣获河北省著名商标等省内多项荣耀称号，并被河北省饲料工业协会评为优秀团体会员，多年来产品的市场占有率在河北省同行业中始终名列前茅。

企业建有健全的售后服务体系，不仅保证了公司产品在客户现场的正常使用，同时提高了在客户心中的信誉度。为了更好地服务用户，企业确定了“用户的需求是我们的动力；用户的满意是我们的追求”服务方针，并对客户做出以下承诺：1. 凡公司产品实行终身服务；2. 凡在合同规定质保期内，如果存在产品质量问题，公司愿承担一切售后服务费用。3. 客户如果发现质量问题，公司售后服务人员在2小时内做出响应，如需到现场处理问题，公司会在24小时之内安排相关专业人员到指定地点进行维修或指导，并通过优质的售后服务质量达到客户满意。

时代在变革，行业在快速发展，作为河北省饲料机械的专业制造企业，和国内知名饲料机械制造商还有一定的差距，这就要求在企业生产经营、质量保证、品牌建设、管理与科技创新、整合联合融合、人才队伍建设、企业文化建设、产品售后服务等诸多方面学先进、赶先进、奋起直追！

以质量求生存　以市场为导向
打造高档猪料领军企业

——山西省晋中市大北农农牧科技有限公司

大北农集团是以邵根伙博士为代表的青年学农知识分子创业的农业高科技企业。自1993年创建以来，大北农始终秉承“报国兴农，争创第一、共同发展”的企业理念，致力于以科创新推动我国现代农业发展。

集团产业涵盖饲料、动保、疫苗、种猪、生物饲料、种业、植保等方向，拥有员工2万余人、1 500多人的核心研发团队、100多家生产基地和160多家分子公司，在全国建有10 000多个基层科技推广服务网点。自2010年在深圳证券交易所挂牌上市以来，集团实现了飞速发展，成为中国农牧行业上市公司中市值最高的农业高科技企业之一。

晋中大北农农牧科技有限公司坐落于风景秀丽、

气候宜人的祁县省级经济开发区，总占地面积40亩，年生产能力18万t，形成了集配合料、浓缩料、高档乳猪料的生产、科研、示范、培训于一体的农业现代化科技园，并与2015年12月通过农业部《饲料质量安全管理规范》示范企业验收，成为山西省首家通过《饲料质量安全管理规范》的饲料企业。

企业在生产经营中，重抓优秀人才，引进先进技术，强化经营管理，注重产品质量，通过与大型养殖企业和农户结成长期合作关系，产品市场占有量在全县同类企业产品销量中位居前列。上设总经办，下设生产、市场、技术、品管、行政、财务等六大职能部门。晋中大北农农牧科技有限公司自成立以来，一直推行“以人为本”的企业文化精神，注重人力资源的培养，把人力资源作为最宝贵的财富。公司实行电算化管理，有一批高素质的管理队伍，大、中专学历以上，经济管理、畜牧兽医、动物营养、财务管理、电子等专业人才40余人。

在各级党政部门的亲切关怀和社会各界朋友的广泛支持下，公司本着“爱岗敬业”的企业精神，坚持“诚信、发展”的经营理念和“以质量求生存，以市场为导向”的经营宗旨，发展至今，总资产已达8 000万元，现有员工106人，公司主营猪饲料产业。猪用系列全价配合饲料10种；猪用系列浓缩饲料6种。饲料上市以来，充分满足了广大用户对猪不同生长阶段、不同层次和不同需求的营养需要。

公司依托山西农业大学、山西省农业科学院等省内专业院校及科研院所的先进技术优势，应用国内外科研最新成果，依靠以动物营养学博士为核心的高新技术人才，将猪的营养需求和饲料技术有机结合。以发展优质、专业、高效的产品为市场定位，创立“一流企业，一流品质”的企业品牌形象。公司采用国内最先进的生产工艺，选择全套“牧羊”高精度电子配料称、高均匀度无残留混合机等先进饲料生产设备，利用最优质的原料，生产全过程实现了电脑监控。

晋中大北农农是山西省饲料工业协会副会长单位，山西省农业产业化重点龙头企业，公司秉承大北农集团“报国兴农、争创第一、共同发展”的核心理念，致力于以高科技发展山西农牧事业，坚持“晋中大北农，专做好猪料”的经营思路，同时承接大北农集团研发生产的国内一流的高档教槽料、预混料产品，服务于广大养殖户，努力在山西省建立以产品为载体、服务为内容、培训为手段、服务人才为主体的无处不到、无时不在的知识型服务网络。

晋中大北农立志发展成为山西省一流的饲料科技企业，成为山西省高档猪料领军企业，为山西经济和农业大发展作出新的更大贡献。

专业从事有机微量元素产品研发、生产、销售

——山西北正农生物工程有限公司

一、企业简介

山西北正农生物工程有限公司成立于1998年，专业从事有机微量元素产品研发、生产、销售及微量元素整体解决方案。北正农生物是国内最早研发、生产有机微量元素的企业之一。

2014年4月，北正农获得国内第一张蛋白盐生产许可证，是国内首家蛋白盐生产企业。

2016年10月，公司与南京农业大学进行“产、学、研”校企合作，设立“南农动科院北正农奖学金”。

公司目前主导产品为“百肽铜、百肽铁、百肽锌、百肽锰”有机微量元素小肽螯合物单体系列；以及“百肽微奇”全有机微量元素预混料系列。

“百肽”系列产品利用完整、优先的吸收和运转通道，不仅提高了微量元素的利用效率，而且加快营养物质的运输、交换及能量代谢，稳定、有效地提高动物生产、生长性能。

北正农公司目前为国内外300多家饲料企业及数千家养殖企业提供优质产品和应用方案，助力合作企业在市场竞争中获得主导优势。

二、2018年企业经营概况

2018年度公司生产蛋白盐饲料添加剂（蛋白铜、蛋白铁、蛋白锌、蛋白锰）130.5t，添加剂预混合饲料157.0t。预混合饲料中，猪饲料86.3t，其中乳仔猪预混合饲料31.0t，母猪预混合饲料31.6t，生长猪预混合饲料23.7t。禽饲料70.7t，蛋禽预混合饲料38.7t，肉禽预混合饲料32.1t.

三、主要工作内容

1. 2018年4月18～20日，北正农公司参加了在湖南长沙举办的中国饲料工业展览会。

会上，山东布恩、北京伟嘉、河南牧原、江西正邦、四川铁骑力士等国内诸多行业技术总监与采购总监与北正农技术总监汇聚一堂，畅谈北正农公司百肽系列产品的产品性能、吸收机理及运用实践。

2. 2018年5月10～11日，北正农公司技术团队应邀分别到访牧原和正邦总部，就畜禽微量元素应用研发与技术创新，与上述两家集团公司技术团队进行深入交流。

河南牧原、正邦集团均属国内知名上市农牧企业，

生产规模和技术影响力在行业内举足轻重，北正农公司拥有微量元素应用研发核心技术，及“百肽铁、百肽锌、百肽锰、百肽铜”创新产品，双方的深入交流及合作，不仅为双方带来可观的经济效益和发展机会，更重要的是，它将有利于新技术在传统行业的应用推广，改变行业内相对保守的习惯思维，积极应用和推广新技术和新产品，提升行业整体发展水平和层级，从而进一步鼓励和带动持续创新，引导形成尊重技术的良好氛围，和求真务实的产品理念。双方的交流坦诚、深入，从微量元素基础理论到实践应用，从成本模型到经济效益分析，无不体现出双方的专业与严谨。牧原、正邦均拥有强大的技术团队以及严格的配方要求，产品准入标准非常严苛；而北正农“百肽”系列产品拥有出色的应用效果，标准化的工艺控制，规范化的质量保证，充分满足了上述两个集团公司对产品的高标准、严要求，双方经过充分交流，就产品应用达成高度共识，两场交流活动均取得预期成果。

3. 以“安全绿色与开放共享”为主题的山西省饲料工业协会第二届高峰论坛于2018年6月19～20日在北正农公司胜利召开。

4. 北正农公司于2018年9月14～16日参加了在江苏南京举办的两场畜牧街行业盛会——“MOKO• 国际动物营养免疫与健康大会”和“颐和论坛”第六届母仔猪大会”。

5. 2018年8月18～19日，四川饲料企业技术总监论坛（闭门会议）在四川成都青城豪生国际酒店举行，北正农受邀参加本次论坛。

6. 2018年10月17日，由三位环保专家组成验收小组对北正农公司环保设施升级改造项目进行现场验收。

7. 2018年11月20日，北正农生物顺利通过蛋白盐饲料添加剂生产许可证续展现场验收。

本次续展验收涉及的产品包括蛋白铁、蛋白锌、蛋白锰、蛋白铜、蛋氨酸铜、甘氨酸铁等六个品种。

作为国内蛋白盐生产企业以及本区域为数不多的科创型饲料添加剂企业，北正农蛋白盐生产许可证续展受到省农业厅高度重视，在完成送审资料初步审核后，立即组织高规格验收专家组进行本次现场验收。

专家组在听取了公司基本情况汇报之后，对公司管理文件、技术文件、操作规程、质量文件、销售文件、资质文件、记录台账等软件内容进行认真查阅审核，并对生产设施、检化验设施、仓储设施、安全环保设施、消防设施、原料、成品留样室等硬件设施进行合规性、一致性检查。

验收工作最后，进行了指定项目的化验实操考核和法律法规笔试。

四、存在的问题

1. 市场对公司产品认知度不够，导致公司产品在市场上推广比较困难。尤其是现在受外部环境“非瘟”的影响，企业销售更是步履维艰；

2. 资金困难。现在企业发展完全是个人出资，没有任何贷款。政府没有给到企业任何切实可行的、有效地帮助；

3. 天然气单价太高，直接导致企业产品成本增加，缩减企业利润，企业发展更加困难。

五、发展规划

随着市场对公司产品认可度的提高，市场销售规模逐步扩大，公司品牌度、影响力日益加深，公司对外将继续不遗余力地在全国市场上推广公司产品，对内扩大生产规模，安全生产，保障公司产品优质、高效、稳定。

用安全原料　造放心饲料

——中粮饲料（茂名）有限公司临汾分公司

中粮集团是中国最大的粮油食品进出口公司和实力雄厚的食品生产商。作为与新中国同龄的国有企业，中粮集团历经60余年发展，成为以粮、油、糖、棉为核心主业的农业及粮油食品企业，主业涉及食品、金融、地产行业，在中国市场上占据领先优势，并开启了布局世界、打造国际大粮商的历程。中粮饲料有限公司是中粮集团的全资子公司，主要从事饲料加工和原料贸易。中粮饲料（茂名）有限公司临汾分公司隶属于中粮饲料华北大区，是中粮饲料在山西成立的第一家饲料加工厂。

中粮饲料（茂名）有限公司临汾分公司成立于2015年5月，工厂占地12亩，现有猪料及反刍料生产线各一条，设计产能12万t/年，现年产量6万t。公司现有员工70余人，主要经营项目：配合饲料、浓缩饲料、精料补充料的生产、销售及饲料原料的销售，饲料产品有“五谷丰登”系列猪饲料、奶牛饲料、肉牛肉羊饲料等。

公司依托中粮集团先进的生产工艺及技术管理模型，同时投入一百余万元购入最先进的检化验设备，公司于2016年9月顺利通过ISO 22000食品安全体系和ISO 9000质量管理体系双认证。

作为是世界500强中粮集团旗下专业从事饲料研发、生产、销售和原料贸易的业务单元，中粮饲料始终把促进农民规模养殖、推动农牧产业化进程作为企业追求的崇高目标，确立了中粮饲料长久的使命定位：

“中粮集团产业链上下游间的连接器与助推器”“中国饲料行业进步的促进者”，这是中粮饲料庄严的承诺，也是企业的发展方向，成为企业管理体系的价值取向。为了实现企业长久的使命，公司确立了“用安全原料，造放心饲料”的企业经营理念。

公司2018年全年地方性收购玉米14 550t，合计金额2 828万元，为当地农产品销售提供有力保障。公司2018年全年销售额达到9 740万元，全年缴纳地税税费212 828.4元，其中印花税59 698.9元，个人所得税152 210.8元；城市建设维护、教育附加918.8元。

致力成为世界领先氨基酸企业
——通辽梅花生物科技有限公司

通辽梅花生物科技有限公司是梅花集团于2003年9月在通辽市投资建设的全资控股子公司，坐落于通辽市科尔沁区木里图工业区内，现有员工6 700多人。公司先后投资100多亿元，产业横跨基础化工、农产品深加工、高端生物技术三大领域。十余年来，公司先后投资120多亿元，分期建设，现已形成占地7 000余亩，员工7 000余人，年加工玉米180万t、味精50万t、各种氨基酸产品26万t、副产品36万t、生物复合肥40万t的规模，产业横跨基础化工、农产品深加工、高端生物技术三大领域，形成了研、产、销一条龙的庞大的产业集群。梅花已发展成为世界最大的小品种氨基酸生产基地，产品辐射全国，远销亚、非、欧，是全球最大的氨基酸制造企业之一，同时也是出口超亿美元的企业。2006年，“梅花”被评为中国驰名商标并获“最具竞争力品牌”称号，梅花牌味精被农业农村部认定为“绿色产品”，梅花产品辐射全国，远销亚洲、非洲、欧洲，是全球最大的氨基酸制造企业之一。

一、发展循环经济科学提升环保治理水平

公司科学设计，遵循环保“三同时”原则，在行业内率先创新生产要素配置模式，建设了合成氨、供热站、硫酸厂，形成了高度关联的产业链条，充分发挥了产品制造的集群优势，提高资源综合利用和循环使用率。配套环保设施，以“预防污染、节能减排”为环境管理方针，贯彻执行国家和地方各项法律法规及政策，引进开发了很多国际领先技术。仅近5年内的环保投入资金已逾10亿元，环保投入和治理效果一直走在国内国际同行业的领先地位。

二、依托科技力量不断创新行业发展新成果

新工艺和新菌种的研发应用为公司效益再创新高。在提取工艺上，打破目前氨基酸生产企业均摆脱不了的传统的离交工艺、成功运用膜过滤+多效蒸发浓缩的无离交工艺，获得成功，使产品的废水废液实现了零排放，这一工艺突破使公司实现了环境和成本效益的双丰收；在新菌种研发应用上，2010公司以温度敏感突变株谷氨酸菌种代替传统的谷氨棒杆菌，并在生产中获得成功，这一新菌种研发成功使用与传统菌种相比平均产酸和糖转化率大幅提高，吨产品消耗资源能源大幅降低，提高了产能和效益。

三、探索科学管理模式塑造企业文化发展新优势

公司以科学规范的体系化管理模式指导生产运营，注重品牌建设，自2007年以来每年顺利通过ISO 14001环境管理体系、ISO 9001质量管理体系、ISO 22000食品安全管理体系和ISO 18000职业健康安全管理体系的国家级权威认证审核。公司不断提升行业差异化管理的竞争优势，投巨资大力推进信息化管理建设，向大工业系统化管理要效益、要成果，成功使EBS、EKP、HER、DCS集散式控制系统等信息化管理项目投入运行。以科学的精益管理理念与智能化管理成功融合导入传统制造业，大大增强了企业软实力，占据行业发展管理的制高点，推动了公司发展方式的转变，探索形成独有的商业运行管理模式，在创建资源节约型、环境友好型，科技创新型、质量保证型企业征程中，坚持科技强企，以实业报国为己任，担当责任、务实奉献，快速走在行业发展的前列。质量是企业的生命之本，通辽梅花生物科技有限公司在生产运行过程中建立和严格实施了GB/T 14001环境管理体系、GB/T 9001质量管理体系、GB/T 22000食品安全管理体系、OHSAS18001职业健康安全管理体系，BRC体系，公司还同步实施了GMP管理模式。发展的同时，制定了公司的质量目标，即：终产品一次交验合格率100%，国家质量技术监督部门产品抽查合格率100%，顾客满意率≥90%。2011年通辽梅花生物科技有限公司被评为“内蒙古自治区质量管理先进集体”。2013年公司通过建立卓越绩效管理，并有效实施，2014年获得自治区主席质量奖。良好的质量管理，造就了卓越的产品品种，公司生产的饲料添加剂：苏氨酸、色氨酸；单一饲料：玉米蛋白粉、味精渣等出口10多个国家，在国内和国际市场上均起着重要作用。

四、以人为本 强化培训 提升素质 创新组织建设

树立“员工是企业发展的源动力”的思想。企业员工教育培训和人才培养工作扎实推进：首先，为使员工培训教育管理工作规范化、制度化、有所依循，

有效提高员工的岗位技能、专业知识、丰富理论和操作常识，公司制定了《员工培训教育制度》，明确职责，切实落实，组织员工参加有关工艺、设备、操作规程、安环质以及企业发展历程、企业文化、国家法律法规等方面的培训。公司员工入职后必经三级教育方可正式上岗，员工上岗后还要经历岗位安全消防教育，质量、工艺、环保和安全专工培训、班组长安全教育、工段长以上领导干部安全教育、管理提升培训以及特殊岗位人员教育培训等在职再教育培训工作。

培训教育不仅提高了员工的技能、员工的综合素质和生产效率，而且使员工明确了对自身价值的认识，促进了企业与员工、管理层与员工层的双向沟通，增强企业向心力和凝聚力，塑造了优秀的企业文化，增强了企业竞争能力和员工的质量意识、创新意识，敬业精神和社会责任感。

五、加快发展回报社会

公司建成至今得到地方政府及社会各界的大力支持得以快速发展，也带动了地方经济的发展、稳定增加了农民收入、促进了当地产业结构调整、不断提高员工待遇，并实现员工吃、穿、住、行全免费，达到企业与员工的双赢发展；在国家实施新农合以来为木里图全镇农民投保医疗保险，支援农村建设送肥下乡支援农耕、扶危济困、捐资助学捐资助教，400 名贫困学生受到资助，得以顺利完成学业。当汶川玉树以及科左后旗发生地震，公司累计捐款 500 多万元抗震救灾、奉献爱心。公司入驻以来，社会公益款项已达 1 000 万以上，践行厚德载业，惠及民生的誓言，承诺履行企业的社会责任。

通辽梅花，是中国发酵行业“循环经济示范企业”国家工信部命名的“国家技术创新示范企业”“国家高新技术企业”“全国轻工行业先进集体”“信息化科技工程示范企业”“发酵行业清洁生产的先进企业”“中国质量诚信企业”“内蒙古自治区主席质量奖”企业、国家“节能环保示范企业”“制造业信息化科技工程先进推广应用企业”……2010 年，梅花再度启程，确立了“双领先”战略目标，即致力于“成为世界领先的氨基酸企业和中国领先的调味品企业”。未来，勤劳智慧的梅花人将豪情满怀、积极响应国家产业政策，大力发展新型的氨基酸产品和绿色健康的调味品，拓展终端消费市场，为消费者打造美好生活；在奔向“双领先”的道路上，公司靠崇本守德的继承创新，靠追求卓越的持续改进，靠勇往直前的奋进精神，靠勇于担当的事业理念，靠团结有为积极向上的企业文化，更加自信、更多创新、更多谋划，塑造新优势，在人才、管理、科技、资本等方面同时发力，加快推进产业升级，为实现“一品梅花中国人家”的品牌愿景，为促进国家和地区经济发展做出更大贡献。

以生物发酵生产为主线
走循环经济发展道路

——内蒙古阜丰生物科技有限公司

一、公司发展

内蒙古阜丰生物科技有限公司是阜丰集团的核心企业，坐落于呼和浩特经济技术开发区金川南区，2006 年成立，当年开工，当年投产。2007 年，阜丰集团在香港联交所主板上市。2011 年，公司进入全国民营企业制造业 500 强，系自治区重点培育建设的营业收入超百亿元的大型骨干企业。公司目前是全球第一大味精生产商和全球第一大黄原胶生产商，是呼市重点招商引资企业。

公司成立 13 年来，紧紧围绕着生物发酵生产这个主线，通过强化企业管理、实施可持续发展战略，目前已形成了以谷氨酸发酵为主，以味精、黄原胶、肥料等为主营产品，以黄原胶高科技生物发酵制品为发展重点的主业突出、多业并举的多元化发展格局，走出了一条科学发展和循环经济的发展道路。主导产品味精、黄原胶销往全国二十多个省市，并出口世界四十多个国家和地区。

公司先后通过 ISO 9001 质量管理体系、ISO 22000 食品安全管理体系、ISO 14001 环境管理体系、OHSAS 18001 职业健康安全管理体系、FIMA-QS 认证、IP 认证、BRC 认证以及美国 Kosher 认证和 Halal 认证。公司先后被授予“内蒙古自治区农牧业产业化重点龙头企业”，被中国发酵行业协会认定为“全国发酵行业循环经济示范企业”，被国家科技部等四部委认定为“国家级高新技术企业”，2015 年被认定为国家级企业技术中心，目前正在争创生物工程国家实验室、博士后工作站等。

二、科技技术创新

自 2006 年以来，公司先后承担及参与国家和省级项目多项，主要包括：国家 863 计划重大项目——大宗发酵产品的先进发酵工艺技术；“十一五”国家科技支撑计划——传统调味品（味精、酱油）制造业关键技术与应用；国家高技术产业化重大专项——味精行业高浓度废水处理关键技术高技术产业化示范工程；2015 年公司参与中国林业科学院主持的“十二五”国家科技支撑项目“非粮生物质多元胺及聚氨基酸生产关键技术研究”，并承担“非粮生物量生物化学偶联高产聚氨基酸关键研究与中试示范”子课题研究任务。

公司现已获取国家专利27项；公司先后参与国家标准《食品添加剂——黄原胶》、国家轻工行业标准《生物发酵肥》（QB/T 2849—2007）等4项国标行标的制定；公司先后参与《氨基酸发酵生产技术》《氨基酸工艺学》《味精制造工》《味精工业手册》等高校教材和学术专著的缩写。

三、市场营销

公司一直把引领整个行业健康和可持续发展作为自己的责任和使命，建立了以“减量化、再利用、资源化”为基本特征的企业发展模式，形成了“农产品→生物发酵→氨基酸→肥料→农产品”的绿色循环经济产业链，在节约资源、综合利用、节能减排、环境保护方面做出了显著成绩，被中国发酵行业认定为“全国发酵行业循环经济示范企业”。经过几年的发展，公司已经建成了遍布全国的市场营销网络和物流系统，在全国各省份都建立了办事处和产品中转库，实施以中转库为核心的区域营销战略，密切了与客户的联系，保证了产品与服务能够及时满足全国各地客户需求，使营销能力和营销层次不断提升。同时，公司产品还出口到全球50多个国家，在北美、南美、中亚、欧洲和俄罗斯建立了五个海外代表处，在新加坡设立了销售公司，从而以优质的产品和良好的服务赢得了全球客户的信任和认可。

四、品牌、员工文化

阜丰品牌创立于2010年，集团一直把品牌建设作为公司重点工作，特别是2013年被工信部列为品牌培育示范企业后，集团领导高度重视，成立了集团总经理任组长的品牌培育领导小组和市场部牵头、各部门骨干成员参加的品牌培育工作推进组，积极参加工信部组织的相关培训交流活动，组织品牌管理体系内部宣贯，策划建立了品牌培育管理体系并有效运行。阜丰集团各项品牌工作更加系统化、规范化，尤其在品牌传播方面，通过制度策划创新，使得品牌传播活动更加精确有效，并以高性价比的方式不断提升阜丰品牌的知名度和美誉度，从最初不为人所知到走进千家万户，在这一过程中逐渐形成了以“绿色产品”和“文化内涵”为重点的品牌特色。

公司始终坚持以人为本的发展理念，关注员工的工作和生活。为了打造和谐的内部环境，公司建设家属楼、宿舍楼为员工的住宿问题提供了保障。公司每年都组织员工外出旅游，“沙子会唱歌”的响沙湾、美丽的辉腾锡勒、希拉穆仁大草原、神泉等名风景名胜之地都留下了阜丰员工的足迹。公司还开办幼儿园，为员工的子女提供了良好的教育环境。

为丰富员工的业余文化生活，公司定期、不定期地组织各类文体活动，除传统的篮球、乒乓球、羽毛球、台球四大球类比赛和趣味游戏之外，还有各类文艺晚会、阜丰达人秀、演讲比赛、企业文化知识竞赛、劳动技能大比武等，受到了员工的广泛欢迎。

五、社会贡献

随着公司的生产规模不断扩张、产品类别不断丰富及市场区域不断扩大，为呼和浩特市周边经济社会的和谐发展做出了积极的贡献同时也带动了物流发展。公司还增加了当地农民和学生的就业问题，并且解决了当地农民卖粮难的问题，大大提高了当地农民的收入。因此，公司被授予“内蒙古自治区农牧业产业化重点龙头企业”。近年来，公司发展不忘回报社会，积极支持社会公益事业，先后向灾区和学校捐款100余万元，得到了社会各界的一致好评，2012年9月获得呼和浩特市慈善总会颁发的“支持慈善事业贡献奖”荣誉称号2013—2014年，公司连续出席山东商会年会并捐资助学，树立了慈善助学、积极履行社会责任的良好企业形象。还以国防建设为己任，积极参加预备役建设，于2011年成立了内蒙古陆军预备役步兵第30师高炮团57高炮营。自成立以来，企业的预备役建设多次受到师团首长的表彰，并先后参加了预备役师组织的换装阅兵和内蒙古军区组织的授旗仪式，得到了军区领导的充分肯定。

六、企业愿景

公司致力成为全球著名的生物发酵企业，同时成为一个多元化、高价值的投资控股集团。回顾过去，十多年的发展激情飞扬，展望未来，阜丰信心百倍。伴随豪迈有力的发展步伐，新的发展蓝图已经跃然于前。

企业将围绕集团确定的“膨胀主体，展开两翼，发动两力，快速腾飞”的发展战略和实现588工程（十年内销售收入达到500亿，市值800亿，利润80亿）的发展目标，通过实现由单纯依赖资源发展向资源和技术发展相结合转变，高效调配和利用各种优势资源，全面提升企业的科技创新能力，把公司建设成为全球知名的高科技玉米生化企业。过去是历史，希望在未来！在自治区、呼和浩特市和开发区等各级领导的大力支持下，拼搏、奋进的阜丰人一定会创造新的阜丰速度，书写新的发展奇迹，阜丰的明天一定更加美好！

依托精准营养数字化评估体系为养殖户提供一体化综合服务

——辽宁禾丰牧业股份有限公司

辽宁禾丰牧业股份有限公司是国家级农业产业化

重点龙头企业，是中国饲料工业协会、中国畜牧业协会副会长单位，“禾丰”商标为中国驰名商标。禾丰牧业于1995年4月，由以金卫东先生为核心的七位创始人共同发起创立，目前已发展成为全国十强的畜牧企业。业务范围以饲料复合预混料、浓缩料、配合料为主，并涉猎国际贸易、生物制药、养殖设备、畜产品屠宰、食品加工等相关领域。

截至2018年年底，禾丰牧业旗下已拥有140余家企业，其中在俄罗斯、尼泊尔、印度、印度尼西亚、菲律宾等7个国家投资建设11家工厂。2006年10月，禾丰牧业与拥有百年历史的荷兰德赫斯公司正式合资，德赫斯公司深厚的历史底蕴和强大的技术研发实力与禾丰牧业自身技术积累碰撞融合，禾丰牧业的整体技术水平在短时间内跃入世界顶尖之列。2013年禾丰牧业研发中心被评为“国家认定企业技术中心”，2014年禾丰牧业检测中心通过CNAS认证。2014年8月8日，禾丰牧业在上海证券交易所成功上市，股票代码：603609。

2018年，禾丰牧业业绩逆势而上，尤其是白羽肉鸡产业化发展迅猛，2018年禾丰以及合作伙伴完成白羽肉鸡屠宰量4.55亿只，为市场提供了113万t安全健康的肉品。

2018年禾丰再次入围了中国民营企业500强，此次排名提升至267名。中国轻工业百强中位列第29名，同年获评上交所上市公司信披质量A级企业。

公司生产销售猪、禽、反刍、水产和皮毛动物五大动物用复合预混合饲料、浓缩饲料和配合饲料，遵循“不断开发新产品，绝不因循守旧”的理念，精准规划不同阶段的产品，2006年与荷兰皇家De Heus公司合作后，依托其全球先进资源、领先技术和百年管理经验，结合公司多年对营养技术和原料研究积累而形成的精准营养数字化评估体系，不断推出满足本地市场和客户需求的饲料产品，同时为养殖户提供养殖、疫病防治、运营管理等一体化综合服务，帮助养殖户实现最佳经济效益。公司下属贸易公司主要销售鱼粉、豆粕、玉米副产品等大宗饲料原料及氨基酸、抗氧化剂、防霉剂、维生素等饲料添加剂产品，并与多家知名跨国动保企业结成战略联盟，代理销售疫苗、兽药等动保产品。

一、白羽肉鸡产业一体化

饲料及饲料原料贸易依托公司雄厚的技术研发、人才以及市场品牌基础，形成了科工贸一体化经营模式，通过共享、协同、联动达到全面服务客户与市场的目的。公司肉禽产业化板块拥有30余家控股及参股公司，主要分布于辽宁、河北、河南、吉林、山东等省，业务划分为养殖、加工、深加工三大事业群，涵盖肉种鸡养殖、孵化、饲料生产、商品代肉鸡养殖、肉鸡屠宰与加工、调理品与熟食深加工产业链各业务环节。

禾丰牧业肉鸡产业化板块孵化养殖事业群的业务涵盖种鸡养殖、种蛋孵化、商品代肉鸡养殖、饲料生产等环节。集团选育国际知名品牌父母代种鸡，配合科学合理的饲喂程序、光照程序以及综合防疫规范等，为孵化厂输送合格种蛋。孵化厂采用完善的孵化生产管理制度，配置世界一流库卡机械手臂和AI（人工智能）选蛋系统，实现智能选蛋、节能孵化、高效出雏和精益环控，为商品代肉鸡养殖提供健康鸡雏。集团商品代肉鸡养殖采取“公司+规模化农场”的经营模式，严格执行科学饲养标准，全程使用无抗绿色饲料，100%采用三层笼养模式，从上料、给水、控温和控湿等各个环节实现全程自动化。商品代肉鸡的出栏均重为2.9～3.0kg，居国际领先水平，受到养殖合作伙伴的广泛认可。目前，已规划10余个业务区域，建有近500个养殖小区，每个养殖小区可提供白羽肉鸡20万～30万羽，主要布局在辽宁、吉林、河南、河北，2018年养殖量为3.1亿羽。未来将在山东、山西等地建设养殖小区，2019年养殖量预计超过3.5亿羽。同时养殖事业线拥有自己的肉禽饲料生产线，2018年旗下饲料销量达196万t。

公司拥有15家控股、参股屠宰企业，分布于辽宁、吉林、河南等地，年屠宰能力达到5.5亿羽，健康、营养、绿色的优质肉品，居全国首位。集团实施全过程食品安全控制，采用国内先进的禽类自动化专业生产流水线，通过标准化管理实现安全可追溯。集团不断提升精细化分割水平，实施系统的员工岗前培训、屠宰技术培训，结合6S精细化管理不断提升整体屠宰加工水平，向市场提供鸡胸、鸡腿、鸡翅、鸡爪等百余种产品，屠宰肉品出成率位居行业前列。集团积极开拓市场分销渠道，下游客户包括双汇集团、金锣集团、雨润集团、大润发超市、百胜、吉野家等多家知名肉食品加工企业、商超快餐企业，以及大型配餐公司、生鲜市场等渠道，同时远销香港、澳门、马来西亚、蒙古、巴林等国家和地区。禾丰牧业肉鸡产业化屠宰加工事业群致力于为百姓餐桌提供优质安全可追溯的白羽肉鸡产品。

禾丰牧业食品深加工事业群以产业链屠宰的优质鸡肉产品作为原料，采用欧盟、日本出口国标准设计建设生产线，可生产炭烤、蒸煮、油炸三大系列产品，目前已有100多种禽肉类熟制品加工产品，主要为大型商超、中西快餐连锁企业、熟食经销商提供服务。目前，熟食产品已开始向日本、韩国等多个国家市场销售。

二、生猪产业化业务

公司目前通过自建、合资的方式已在辽宁、河南、河北、黑龙江、安徽布局了生猪养殖业务，2019 年辽宁抚顺 50 万头生猪养殖项目一期工程已经完成，四月份开始正式运营，吉林公主岭生猪项目也将在 2019 年年底竣工并投入使用。

公司生猪养殖业务采用种猪自养、育肥猪放养（公司 + 家庭农场）的运营模式，生猪项目中辽宁凌源种猪场是国家生猪产业体系综合试验站单位，2019 年投产的抚顺生猪项目更是以成为一流的现代化种猪场为目标，由国内知名的养猪专家和清华设计院联合设计，采用行业先进的生产工艺和养殖设备，并特别针对生物安全方面做了审慎规划与设计。公司把握优良种猪源头，提升向社会提供优良商品仔猪、育肥猪的能力。同时通过“公司 + 家庭农场”的育肥模式促进周边地区农民增加收入，助力当地农村经济发展，并以科学完备的环保技术，实现种养结合的生态循环农业。

三、智能化预混料工厂

2018 年位于沈北新区的禾丰牧业智能化预混料工厂已经运行投产，总建筑面积 26 601m²，总投资 8 000 万元。设计年双班生产能力 20 万 t，是目前亚洲单个工厂产能最大、设备设施配置最先进的预混料工厂，智能化、自动化程度国内领先。通过采用世界先进的生产 AID 控制系统，从原料入厂、生产加工、成品出厂三个阶段进行精准把控，确保产品质量，实现全程可追溯。2018 年禾丰牧业在信息化领域进展迅猛，多个板块推进 ERP 项目建设，全员实现移动 OA 办公，打造从产品研发到生产制造全流程数字化管理平台，高效运营、联动迅捷、管理清晰、决策精准，加速推动企业转型升级。

公司经过多年的发展，已经形成了日渐完善、引领发展、上下认同的企业价值观，以“永远从客户的需要出发，不断开发新产品，决不因循守旧”“永远诚实经营”“永远以服务社会为宗旨，靠科学技术和创造性劳动来发展自己”为核心的《禾丰宣言》和以“节省资源，保护环境，实现食品安全，造福人类社会”为核心的《禾丰企业宗旨》为代表的企业核心文化，是公司管理运营基本原则和保证公司长久发展的源动力。随着公司变革的深入，公司进一步总结确定了“诚信、责任、共赢”的核心价值观和“创新、高效、自律”的经营文化。

未来，锐意进取的禾丰团队将继续向着“成为世界顶级农牧企业”的宏伟目标阔步前进。

致力成为中国领先的反刍动物养殖系统化解决方案提供者

——杜尔伯特牧泉元兴饲料有限责任公司

杜尔伯特牧泉元兴饲料有限责任公司属于内蒙古牧泉元兴饲料有限责任公司的全资子公司，位于黑龙江省大庆市杜尔伯特蒙古族自治县德力戈尔民族经济开发区（一心乡前锋村），于 2003 年 6 月 13 日在杜尔伯特蒙古族自治县工商行政管理局注册成立，注册资本为 540 万元，是一家以生产反刍动物饲料，特别是以生产反刍动物饲料的大型饲料加工企业。

公司的愿景是成为中国领先的反刍动物养殖系统化解决方案提供者；现拥有员工 140 余人，年生产能力达到 12 万 t，近三年销售额达 14 亿元，累计纳税 0.45 亿元。

企业引进国内最先进的饲料生产设备和工艺，整体流程全部采用微机操作控制。生产设备为国内著名饲料机械供应商江苏牧羊集团成套全自动化加工机组，并制定先进的生产工艺流程。生产全过程受 ISO 9001 质量管理体系和 ISO 22000 食品安全管理体系监控，产品质量稳定、安全、高效。采用北京赛佰特 CYB-90 自动码垛机器手臂、柳工 3.5t 叉车，实现全过程为自动化、机械化操作。公司拥有一条时产 18t 的生产线，主要生产反刍动物浓缩饲料、精补饲料，适合不同地区、不同生长阶段的奶牛、肉牛的需要；在公司发展壮大的 16 年里，始终为客户提供好的产品和技术支持、健全的售后服务，产品占领着黑龙江地区过半的市场份额，并畅销内蒙古东部、吉林、辽宁省等地区，深受广大养殖户的青睐。

公司技术力量雄厚，现有动物营养、饲料加工、兽医专业技术人员 50 余人，同时与中国农大、内蒙古农大、黑龙江八一农垦大学等多家科研院所建立了长期的技术合作关系，引进国内外最新科研成果，结合当地的资源优势，不断研制开发市场需求的新产品，具有国内一流水平的奶牛营养配合技术及饲料生产技术。

公司以“专注奶牛养殖服务，成就一流合作伙伴”为经营宗旨；以“安全、优质、高效”为产品特色，努力提高地区奶牛养殖业的科学饲养水平，为成为全方位、一站式的服务平台而持续前行，为中国乳业的发展做出贡献。

元兴饲料还搭建了具有特色的电子商务平台，包含奶牛超市、成品饲料和原料贸易三支业务。

一、研发能力

公司与加拿大国际奶牛开发署、中国农科院畜牧所、内蒙古农业大学、黑龙江八一农垦大学等多家科研院所建立了长期的技术合作关系，不断引进国内外最新科研成果，研制开发符合市场需求的新产品。通过引入国外先进的BestMix配方软件，结合配方数据库模型，以原料组合的优化配比、新原料引入应用等方式，降低元兴饲料配方成本。同时将BestMix配方软件推广至合作牧场，由奶牛营养专家设计个性化的奶牛营养配方方案，帮助牧场改善日粮配比，有效提升奶牛单产。预混料业务与全球预混料巨头荷兰皇家帝斯曼战略合作，共同推出1%及5%适应不同市场需求的产品。

公司具备专业的技术研发团队，由动物营养及动物医学专业的博士8人和160硕士多人及若干行业内业务骨干组成，公司具备自有牧场，所有新产品需要多个牧场的饲养试验后才能上市推广。伴随着奶牛养殖模式的转型和粗饲料结构的变化，公司研发团队秉承着“理念差异化、技术差异化、外观差异化、使用差异化、效果差异化”的理念，持续打造核心竞争力的产品，最大限度地满足客户需求。确保客户用到国际化高标准、高性价比的产品。

二、质量体系建设

2010年8月元兴顺利通过了ISO 9001、ISO 22000食品安全管理体系认证，以“全员、全方位、全过程”三全质量管理理念，从产品设计、原辅料管理进货质量验收、生产过程质量控制及上市产品质量跟踪等四大环节建立全程可追溯体系，实现专业质量保障；依据企业标准、国家饲料卫生标准、欧盟标准，开展了饲料一般营养性指标、维生素、微量元素、饲料卫生指标等53个检测项目的质量安全自检工作。如原料营养指标有粗蛋白、粗灰分、钙、磷、粗纤维、RFV等和卫生指标包括黄曲霉毒素B_1、玉米赤霉烯酮、呕吐毒素、伏马毒素、铅、砷、汞等进行检测。所有成品主成分为粗灰分、钙、磷、氯化钠、粗蛋白、粗纤维，卫生指标包括黄曲霉毒素B_1、玉米赤霉烯酮、呕吐毒素、铅、砷等检测合格后方可出厂，且所有检验项目的检测方法均执行国家标准或行业标准。引入新原料进行风险评估后才投入使用；原料卫生指标符合国家标准；同时建立产品风险预警制，卫生指标达预警值时进行不予销售，进行原因分析，消除预警。

三、打造独特的渠道优势

饲料公司借助独特的渠道优势，具有完整的客户信息、快捷、全面的乳业“大数据库”，与黑龙江地区各大牧场紧密合作，业务覆盖黑龙江、吉林等牧场，形成饲料业务独特的销售渠道。

四、饲料业务精益运营

为支撑愿景的实现，通过学习与对标，引入持续改善的管理系统——全面生产运营管理，推动TPM项目，实现精益运营。通过推动TPM项目，生产效率持续提升，减少产品换型时间，实现小批量多批次生产，能够快速适应客户多元化产品需求。

五、安全管理体系

在公司领导的正确带领下及各车间科室员工的大力支持和努力配合下，通过认真落实“安全第一，预防为主，综合治理”的安全生产方针，扎实推进安全生产标准化，着力于完善安全规章制度，安全教育培训，安全检查，隐患排查治理等工作。本年度未出现重特大安全生产事故，公司安全生产形势整体稳定，实现了安全生产的既定目标。

六、精益式服务、系统化方案

公司拥有三级技术服务体系打造全方位服务团队，以独特性和差异化为服务理念，以优然牧业自营牧场为后盾，提供以营养服务为核心，全层次、全系统的服务，以区别于其他饲料厂家的“理论”知识、“营养”服务。全层次：技术、管理、运营；全系统：以营养为中心，兼顾保健、繁育、奶厅、后备牛等。自营牧场紧跟国际发展，学习最先进的养牛知识，再通过饲料业务，将最新、得到验证、成熟的系统化方案植入社会牧场。立足精准营养，从全方位营养服务、修蹄服务、犊牛饲料管理、奶厅检测等几方面为您提供“奶牛饲养一站式成套解决方案”。

公司牧场的基础设施建设采用美国博美特、瑞典利拉伐、德国GEA等国际顶级公司所生产的转盘式、并列式挤奶设备及技术，意大利司达特、法国库恩饲喂设备。为实现绿色环保、能源节约，公司采用自动化的刮板清粪+管道输送工艺。通过先进的两轮压榨固液分离设备进行固液分离，同时，将多余的牛粪制成有机肥，用来种植无公害牧草、青贮或将牛粪还草，进而形成奶牛—肥料—种植青贮—饲料—奶牛的产业链，真正实现经济与环保双重效益。

七、电子商务平台搭建

进入21世纪，是电子商务时代，元兴饲料公司高瞻远瞩，为维护整个渠道体系的价格稳定与和谐共存，搭建起具有元兴特色的电子商务平台，电子商务网站平台经营各类奶牛养殖所需产品，养殖业主通过元兴电子商务平台方便快捷实现所需物资采购，在线解决客户在养殖中遇到的实际问题，真正实现“一站式”服务平台，为客户提供个性化定制等增值服务，同时，通过电子商务平台，有效地将元兴和谐共赢的经营理念传递出去，让客户与企业共成长。

通过元兴人不断努力，公司也获得党和政府的高度认可，也给予了企业很多荣誉，连续十二年荣获了黑龙江省名牌产品、黑龙江省饲料行业十强、大庆市农业产业化龙头企业等荣誉称号。

脚踏实地，精益求精是元兴人的风范，兼收并蓄、勇于担当是优然元兴人的襟怀。公司将以一流的产品和服务，努力提高奶牛养殖、饲料研发，全面提升质量，打造优质奶源，为中国乳业的发展做出更加辉煌的贡献。

从畜产业价值链出发 贡献价值驱动产业链接

——科菲特饲料（齐齐哈尔）有限公司

畜产业的产业化竞争正在急速发生，并以价值链贯穿产业链。农牧企业的价值贡献将决定能否融入新的畜产业格局中。作为中国饲料行业北方地区最具影响力的企业之一——科菲特饲料集团公司积极参与产业链并致力于成为畜产业中最佳合作伙伴。

科菲特饲料集团是一家通过 ISO 9001 和 ISO 22000 认证的高新技术韩国独资企业，隶属于韩国 CJ（希杰）集团第一制糖生物资源事业部。

CJ（希杰）集团成立于 1953 年 11 月，是韩国最大的食品公司，以韩国第一制糖工业株式会社起步，60 年来，希杰集团凭借优秀的产品和服务，和与众不同的 OnlyOne 精神，快速发展成以“食品与餐饮服务、生物与科技、物流与新流通、娱乐与传媒”的四大核心事业群。2018 年希杰集团位列世界 500 强 493 位。

科菲特饲料集团公司 2003 年登录中国，致力于发挥公司技术、资金、管理优势在中国发展畜产行业，并参与畜产行业的产业链建设。经过多年发展，目前在吉林省长春、黑龙江齐齐哈尔、天津、黑龙江九三等地，分别成立科菲特饲料（长春）有限公司、科菲特饲料（齐齐哈尔）有限公司、科菲特饲料（天津）有限公司、黑龙江九三农垦科菲特饲料有限公司、科菲特牧业（富裕）有限公司、科菲特牧业（九三）有限公司，形成以饲料和养殖两大核心事业群。一直秉承以“安全食品源于安全饲料”和“市场为先，为客户创造价值”的经营理念，通过实际行动帮助客户创造更高价值，得到合作伙伴认可和高度评价，科菲特已经成为北方地区最具有影响力的反刍饲料生产企业。

科菲特饲料（齐齐哈尔）有限公司，成立于 2009 年 7 月，注册资金 150 万美元，投资 400 万美元。2010 年 1 月投产，同年公司通过 ISO 9001 质量管理体系和 ISO 22000 食品安全管理体系双认证。2011 年投资成立黑龙江九三农垦科菲特饲料有限公司，2013 年齐齐哈尔公司第二车间建立，2015 年投资科菲特牧业（富裕）有限公司，建立科菲特奶牛示范牧场和科菲特反刍培训中心，2017 年齐齐哈尔公司第三生产车间建立，实现饲料年产能 20 万 t。荣获高新技术企业、黑龙江名牌产品荣誉证书、齐齐哈尔诚信经营示范企业、齐齐哈尔市重点龙头企业荣誉称号。

在过去一年，畜产业已经进入全新的发展阶段。一方面产业分工越来越明确，另一方面上下游之间的联系前所未有的紧密。作为产业链的参与者和利益攸关方，科菲特要做畜产业的最佳合作伙伴。

养殖业是畜产业的核心环节，养殖业面对的是五个主要课题：营养、疾病、管理、品种和现代化牧场管理人才。

营养占据了养殖业 70% 的成本。科菲特建设了 CALSRI“科菲特农业和生命科学研究所”，不断探究生命科学，并持续向中国引进先进技术。DFSS 配方团队开展大量的原料营养分析，指导采购部门为客户选购最具价值的原料。基于动物生长、生产模型为动物设计最优的饲料配方。针对大型客户 DFSS 配方团队还可以为其量身定制饲料产品。

疾病，是养殖业面对的最大威胁，为帮助牧场有效管理疾病风险，科菲特建设了 COVET 兽医服务中心。为牧场提供：环境监控、防疫设计、抗体检测、临床诊断、致病分析、代谢判定、药敏实验等多项服务。

现代化的养殖业需要现代化的管理技术人才，优秀的现代化牧场管理技术人才已经成为一种稀缺资源。为培养建设科菲特一流的技术服务团队，科菲特建设反刍培训中心和奶牛示范牧场。科菲特培训中心和奶牛示范牧场坐落在黑龙江省齐齐哈尔富裕龙安桥镇，反刍培训中心涵盖两个分别存栏 600 头和 3 500 头奶牛示范基地、检测中心、培训教室、研发中心等。培训导师团队由科菲特韩国和中国核心技术人员组成，培训导师团队全部拥有国内外牧场现场运营管理经验，并制定初级、中级和高级的现场 + 理论培训课程。培训周期分为一个月、六个月和一年，学习内容包含牧场运营的所有项目，科菲特技术服务团队每一名成员都要在反刍培训中心参加所有培训课程，保证每一名毕业科菲特反刍培训中心的技术服务人员全部拥有牧场系统性解决问题的能力。

科菲特多年深耕行业积累的专长与养殖经验相结合，通过专业技术服务团队持续帮助客户提升牧场管理和生产效率，增加牧场收益。得到合作伙伴高度认可和评价。同时，科菲特完整的现代化牧场人才培训、培养体系实现牧场技术人才输出、技术托管、承包经营等创新的合作模式，创造拥有国内外众多知名优质的产业链企业战略合作伙伴。在未来的发展中，科菲特将与战略合作伙伴在畜产业各自战略布局中，会有更多的深入战略合作，从而实现完善各自的产业链布局。

价值贡献决定产业化融合，产业化的竞争将驱动畜产业新的格局，不断在创造价值和提升创造价值的能力是科菲特强劲核心竞争力。优质的伙伴更决定了事业的未来。展望未来畜产业将面对诸多已经存在和将要出现的课题，食品安全问题，消费者信任危机，环境友好型畜牧业等。科菲特愿与合作伙伴共同面对。公司将与产业链企业开展战略合作致力于畜产品质量提升；将引入观光农业等创新商业模式；也将积极参与“新型公司与牧场共生关系”的探讨。科菲特将以更专业的解决问题的能力，更具开放性的合作心态，在畜产业新格局中，贡献价值驱动产业链接。科菲特饲料集团公司，畜产业最佳合作伙伴！

调整营销模式　深化服务理念

——黑龙江大牧人牧业有限公司

黑龙江大牧人牧业有限公司（以下简称“大牧人牧业”）创立于2005年，坐落于哈尔滨市南岗区王岗镇。历经几年的风雨兼程，于2011年将总部迁址至哈尔滨牛家工业园区。现已发展为集饲料研发、生产、销售、养殖于一体的现代化科技型农牧企业，已拥有饲料企业4家、实验猪场2家、直营店1 000余家、员工1 200余人，主营业务涵盖全系猪用、反刍用饲料的研产销，业务市场遍布东北三省、内蒙古及河北等地。

公司着眼未来，为保障可持续发展，组建了一支高学历、优素质、懂理论、重实践的研发团队，共同致力于原料价值评估、加工参数改进、营养标准优化、终端动物验证，以保证产品研发的科学化、系统化和精准化，从而为客户提供高性价比的产品和服务。大牧人牧业的每一个产品在上市前，均要经过实验场的全面试验验证，不断打磨和优化，直至达到理想状态，充分为客户创造价值。

在发展过程中，公司打造了一支“敢打硬仗，能打胜仗”的专业营销团队。截至目前已建立了千余个销售网点，采用移动CRM客户管理系统，实现了生产人员、管理人员、销售人员与终端客户之间信息的快速传递、处理、反馈，为客户提供方便、优质和快捷的服务。

“诚信、务实、高效、简单”是大牧人牧业企业文化的核心价值观，全体员工以此来规范自我，坚持打造高品质产品，服务于每一位客户。

大牧人牧业通过营销模式、管理模式及技术水平的不断升级和创新，大牧人牧业一直在持续向上发展中，自2012年起，每年以高于43%的发展速度在增长，2018年销量为33万t，销售额3.8亿元。在成长过程中，逐步完善了人才梯队搭建、研发团队建设、外部资源整合等事项。

一、采用“直营快销化”的营销与组织模式，颠覆了过去的传统模式，让利于养殖者，促进农户走上养殖致富的道路

这一在营销模式上的创新之举，改变了传统厂家+代理商+经销商+养殖者的销售模式，直接变为厂家+养殖者模式，砍掉了中间层层的环节，让利于养殖者。业务人员统一由企业进行管理，实施个人边际贡献审查，对于完成既定目标，按分红机制奖励。每种产品推出之时，员工与用户形成一个创造价值、传递价值、协调一致的体系和机制。持续和用户交流互动，根据用户体验不断迭代，形成共享的生态社群，进而产生产品之外的生态收入。

二、针对传统的养殖模式效率低、造肉成本高、饲养水平低下，饲养混乱等问题，大牧人牧业提出了“养殖简单化”这一饲养管理理念

“养殖简单化”就是要教会养殖者学会养殖和管理，教会养殖者按动物生长规律、营养需要、管理要求进行养殖。建立服务型团队，对客户进行细分化，服务细分化。明确每位营销人员的“服务责任田”。规模化猪场，进行定制式服务，找出客户养殖的问题和痛点，进行细分，提出解决方案，根据用户反馈结合行业新技术，动态更新产品配方及工艺，保障产品稳定且持续的改进迭代，源源不断地为用户创造价值。此举的实施，大大增加了养殖者与公司的黏合度，稳定了客户群体，在提升企业竞争力和盈利能力的同时帮助养殖者走上养殖致富的专业化道路。

三、采用制度化管理与人性化管理相结合的方式，解决单一的管理模式中存在的弊端

制度化管理是管理者的依据，强调责任和担当，人性化管理是管理者的方法，强调人的思想认识问题，二者相辅相成，缺一不可。在团队建设中，开展批评与自我批评，员工和管理者可以开诚布公地进行相互评价，指出对方需改进的地方和不足之处。使参与者认识到自身的盲点和弱点，通过这一活动的实施，增加了部门之间沟通、协作的效率。

四、强化质量安全意识，提高从业人员综合素质

从产品的配方设计、原料的验收到生产过程的把

控都严格按照企业内控标准执行，以确保产品的质量安全。企业定期组织培训，强化全员的质量安全管理意识，为员工提供个人成长与专业技能提升的平台。

五、加强企业文化建设，始终以诚信为本

“诚信、务实、高效、简单”是大牧人牧业企业文化集中的体现。大牧人牧业成立至今，全体员工始终秉持这一核心思想，奉行“诚信”的做人准则、“务实”的工作态度、“高效”的工作方法、“简单”的处事原则来要求和完善自我，为企业、为自身构建发展之路。

大牧人牧业未来仍将继续秉持“全员创业化、企业平台化、养殖简单化”的经营理念，站在养殖者的角度致力于把饲养致富变得更加简单化。倡导“农户+养殖”模式，加强与农户的合作，帮助农户解决养殖过程中遇到的难题，实现企业和养殖户的合作共赢。

深化服务理念，并落实到具体工作中，在与用户的交互过程中做到主动服务、定点服务、深度服务、科学化服务、个性化服务、全员服务。在将产品做到极致的同时，强化服务，产品与服务融为一体，共同打造大牧人牧业的品牌力量和影响力。

在环保大趋势下，大牧人牧业也要担负起社会责任，不断加大产品研发力度，通过开发非粮饲料原料，研发出绿色健康的饲料配方，以期减少养殖业对环境的污染和广大用户共同致力打造一个“安全的产品、健康的动物、绿色的环境”和谐共享的生态圈。

大牧人牧业将不负客户重托、不辱行业使命，继续保持诚信为本、做人为先的经营理念，为帮助广大养殖户朋友增收致富，为现代畜牧业的发展，为饲料工业美好的明天，为促进社会文明和谐而不懈奋斗！

为客户提供优质的饲料产品和服务

——上海光明荷斯坦饲料有限公司

上海光明荷斯坦饲料有限公司是光明牧业有限公司的下属子公司，坐落于上海市金山区枫泾镇工业园区建定路118号，2016年9月23日成立，注册资金1 000万元人民币。2017年年底完成厂区土建及设备安装。厂区占地面积11 856m^2（17.78亩），主车间面积2 600m^2，共拥有原料筒仓5个，总仓容量约6 000t；开放式原料仓库2000m^2，仓容4 000t；成品仓库面积1 000m^2，仓容约2 000t；成品散装仓14个，总仓容量约200t。

母公司光明牧业有限公司，为光明乳业股份有限公司控股子公司，隶属于光明（食品）集团有限公司。公司始终以做“中国奶牛行业的领导者”为使命，立足牧业，成为中国规模化牧场的领导者；做强种业，成为中国奶牛育种的领导者；发展饲料，成为中国奶牛饲料的第一品牌。始终秉承“专业、高效、可信赖”的品牌理念，将技术、管理、服务、产品与价格融为一体，以开放、友好、专业、竞合的崭新姿态立足于中国奶业。

依托母公司光明牧业有限公司60多年奶牛养殖、牛奶质量安全研发与管理经验，秉承“专业、高效、可信赖”的品牌理念，引进全套牧羊软硬件设备，依据反刍饲料的特性设计工艺流程，上海光明荷斯坦饲料有限公司打造出专业生产反刍饲料的精料补充料与预混合饲料生产线各一条。公司饲料产品为反刍动物用精料补充料、浓缩饲料、复合预混合饲料。公司在饲料生产上拥有二条饲料生产线，精料补充料、浓缩饲料一条生产线，单班年产精料补充料/浓缩饲料10万t；复合预混合饲料一条生产线，单班年产预混料2万t。

精料补充料生产线可满足犊牛颗粒料、精料补充料、浓缩饲料的生产要求。从原料进仓到粉碎配料，经过多道磁选、筛选工艺，剔除杂质，确保原料质量。散粮筒仓配备有粮温分层检测装置，实时监控仓容粮食情况，配合鼓风通风设施确保仓内粮食安全；设置反向出仓刮板，保障日常方便快捷的进行散粮清仓、倒仓操作。原料进仓、粉碎、配料、混合，全程电脑参与，实现精准高效的生产过程控制。制粒系统采用牧羊风尚唯美自动控制系统，实时监控温度、蒸汽压力、电机电流的变化，调节蒸汽与喂料速度，确保整改制粒生产过程完全按照设定工艺参数进行。14个散装成品仓的配置，能够满足区域内规模牧场需求，降低包装费用，减少资源浪费，同时也降低了工厂及客户的人工成本。

预混合饲料生产线设备布局采用垂直设计，车间主楼高42m，依靠高度落差进行配料、混合、包装等工段的物料输送，减少层层提升，既降低了生产能耗，又减少了生产过程中的残留。车间从原料进仓到成品包装，设备多选型不锈钢材质，减少设备腐蚀锈蚀。预混合饲料生产线使用WEM4000生产控制系统，从原料管控识别、设备控制、任务连锁、人机互动、实时记录分析等方面对生产过程进行管控，确保产品质量。WEM4000系统内置追溯功能更提供了从原料到成品、从成品到原料的双向追溯功能。原料入库建立批次追溯条码，建立身份信息。原料进仓由中控下达任务指令，投料工扫描条码，确认物料正确后，系统自动启动，分配器自动旋转至目标仓，这种方式能够很好地降低投料出错率，扫描的条码信息又给生产追溯带来数据源。配料混合工艺采用全程电脑控制，配料前电脑系统会对配方、库存原料、设备状况等进行自动分析，确认正常后开始配料。采用载体、大料、微配、人工添加四秤模式进行配料，充分考虑物料特性、单

一品种配料量、秤的量程与精度的关系等因素，提高配料准确度。人工配料采用梅特勒托利多研发生产的18位旋转配料装置，配合扫描枪，做到位置管控与条码确认两道把控关，确保人工配料的准确性。

公司品控部有专业化验室，化验室主要分为粉碎登记室、留样室、仪器室、理化分析室、前处理室、高温室、精密仪器室、试剂室。其中配备有高效液相色谱仪、原子吸收分光光度计、近红外分析仪、定氮仪、粗纤维测定仪、粗脂肪测定仪等专业检测设备。2018年化验室检测样品数总计4 600个，年检测项目总计22 000项，产品出厂检测合格率达到100%。现开展饲料检测项目30余项，每年新增饲料检测项目2项。品控部2018年投入金额40万元，包括产品的送检、新设备的添置和更新、化验室试剂的采购等方面，对送检的指标公司一年两次开展化验室的能力验证、每季度进行公司间盲样比对工作，保证化验室数据的可靠性。严格执行原料、成品检测制度，原料、成品批批检测，为公司产品质量保驾护航。

公司于2017年9月1日正式建工完成并着手全面生产。在取得生产许可证后，为了将饲料厂走向规范化，公司领导带领员工一起努力筹备推进创建国家规范示范企业。在创建小组的通力协作下，不折不扣贯彻执行“示范企业创建小组”的各项决策，在此过程中，成立了示范项目小组，公司员工分工明确、有条不紊地完成各项任务。为了确保通过国家示范企业验收，公司员工在有限的时间内争分夺秒、全力以赴地认真完成自己岗位职责的精神值得学习和发扬。2017年12月26日饲料公司顺利通过国家示范项目专家组的验收评估。公司将在今后的工作中一如既往的严格执行规范要求，进一步优化和规范各项管理制度及操作规程。

2018年10月，公司启动双体系建设项目，历经体系的建立、现场的审核、建议的整改，终于在2019年1月8日顺利取得质量管理体系认证证书和食品安全管理体系认证证书。此次双体系认证的顺利通过，充分展示了公司全体员工团结一致的精神，各部门作为一个整体，齐心协力完成体系的建立和完善。公司将在以后工作中不断提高体系运行的有效性，不断进行积极探索，努力使公司双体系工作上升到新高度。公司始终以“为客户提供优质的饲料产品和服务”为目标，用心做好每一批饲料。

作为光明牧业有限公司的下属公司，担负起上海及周边片区牧场的供应任务，通过多次光明乳业及国内知名乳业公司奶源评审审核，以质量为立厂之本。同时加大研发投入，在光明牧业有限公司包括6名博士在内的62人专业研发团队的带领下，不断优化产品，研发新产品，目前精料补充料、浓缩饲料等产品深受客户好评，预混料产品远销全国各地。反刍动物饲料销量在上海地区领先，乃至华东地区市场占有量处于优势地位。预混料产线更是有优异的设备，高效的管理，稳定产品质量成为光明牧业旗下多家饲料厂的核心产线，为光明牧业旗下饲料厂提供核心预混料，保证公司旗下所有饲料厂的产品稳定可靠。

上海光明荷斯坦人高举“坚持做中国奶牛业的领导者、客户至上为客户提供全面的解决方案、为员工创造健康成长的环境、倡导社会公德，致力于奶牛业的可持续发展”的企业使命与远景目标。公司配备有专业的生产、质量、技术等专业技术人才，均为国内各大知名专业院校毕业。总公司通过人才梯队建设和全国销售网络体系的完善，公司已成为中国奶牛业中极具有影响力的企业，“光明荷斯坦”品牌的各类产品已覆盖全国，在中国市场有着极高的知名度和美誉度。

展望未来，公司始终秉承集团公司“专业、高效、可信赖”的核心理念，相关领域不断追求卓越，臻于至善。公司将以科技为依托，集聚人才，聚焦行业发展，做强做大公司在奶牛养殖业、饲料业、育种产业、牧业相关产品等业务，实现跨越式发展，努力成为中国奶牛业的领导者。

坚持提升产品质量　带动农户发展

——上海农好饲料股份有限公司

上海农好饲料股份有限公司是一家专业从事开发、研究、生产、销售、养殖为一体的农业产业化上海市重点龙头企业，坐落于上海枫泾工业区，占地约50 000m²。公司成立于2003年，2004年初正式投产，主打农好牌蛋鸭系列配合饲料。

截至2018年年底，公司总资产2.28亿元，拥有6条目前国内最先进的微机控制生产流水线，1 000t级的自动装卸码头，设计年产量40万t，生产规模居上海第一，自公司成立以来，销量连年上涨，2018年生产销售各类配合饲料21.4万t，销售额49 778万元，利税3 245万元。

上海农好饲料股份有限公司发展于江西，壮大于上海，拥有一支专业化、高素质、懂管理的队伍，有博士、硕士以及高、中级职称的各类专业人才40多名，专门从事研发、品控、服务及各项管理工作。基于人力资源、技术与开发、销售管理、专业技术服务等方面的优势，公司从2003年创办至今全资创办了樟树农好农业发展有限公司、吉安农好农业发展有限公司、浙江农好禽蛋制品有限公司、湛江农好水产科技有限公司、上海农好生物技术有限公司，上海农好水产养殖专业合作社等，生产经营项目已涵盖了生物研究，饲料生产销售、畜禽养殖及水产养殖等多个方面，公司于 2017 年年底在新三板挂牌上市，目前公司正向主板挂牌大目标奋勇迈进。

2008 年上海农好饲料股份有限公司与上海海洋大学建立了产、学、研基地，合作研究虾、海水鱼类等特种水产养殖技术及饲料生产加工工艺，目前取得了令行业为之一振的突破性成就；通过研究，发现了制约大黄鱼的重要生长素，采用多种动物副产品及植物蛋白代替现有使用昂贵鱼粉和冰鲜杂鱼的饲料，采用油脂真空喷涂技术解决了高油脂的添加难题，油脂添加量可以达到 15% 以上，实现了饲料成本投入最少化、效益最大化，解决了养殖成本高、对鱼粉依赖性强的问题，突破了生态养殖大黄鱼、石斑鱼膨化人工配合饲料不能全程饲喂大黄鱼、石斑鱼等海水肉食性鱼类的技术难题，饵料系数分别达到 1：1.5～1：1.6、1：0.85～1：1，迅速占领福建、海南的市场份额的 30%。

上海农好饲料股份有限公司坚持提升产品质量、带动农户发展。积极实践农好公司宗旨。公司的拳头产品非常规日粮蛋鸭配合饲料，经过董事长潘明官先生多年的配方及工艺优化，全程采用无抗技术生产，利用非常规原料组合使用替代常规日粮原料，大幅降低养殖成本，蛋料比由 2.65 降至 2.3～2.45，即消耗 1 包饲料可多产 3 斤[①]蛋，按蛋价每斤 4 元计算每吨可增收 300 元，目前年销 14 万 t（350 万包）蛋鸭料可实现为农户增收 4 200 万元，公司始终把农户的利益摆在首位，长期组织专业服务人员无偿为农户提供技术咨询、技术指导，2018 年上门服务 121 人次。

上海农好饲料股份有限公司遵循“质量为本、科技创新、稳定发展”的经营方针，以“品牌兴业”为战略，大力开展“科技创新”，不断提高饲料产品的科技含量。到目前为止共申报专利 39 项，其中发明专利授权 14 项，实用新型授权 3 项，外观专利授权 5 项。特别是全程采用无抗技术生产蛋鸭配合饲料及其制作方法专利已获得发明专利授权，并荣获金山区科学技术三等奖，2015 年度上海市高新技术成果转化项目百佳。

2008 年公司便通过了 ISO 9001：2000 质量管理体系和 HACCP 食品安全管理体系的认证，由于企业的技术实力和经营业绩较为突出，公司荣获了“农业产业化上海市重点龙头企业”“上海市高新技术企业”“上海市守合同重信用企业”“上海市专利工作示范单位”等荣誉称号，被国家市场监督管理总局推荐为 2010—2011 年度、2012—2013 年度、2014—2015 年度“守合同重信用”企业，2012 年还被推荐为上海市饲料兽药行业协会副会长单位。“农好”商标连续三届被上海市工商行政管理局认定为上海市著名商标，连续四届被上海市名牌推荐委员会推荐为上海名牌，在行业和公众中获得了广泛的知名度和影响力。

公司将继续以“质量求得生存，价值传递感情”经营理念，实行公司 + 农户 + 基地的安全、绿色、环保型产业链模式经营模式，向集团化方向奋勇迈进。

立足产品谋创新　精细管理强服务

——淮安天参农牧水产有限公司

江苏淮安天参农牧水产有限公司是一家集水产饲料研发与制造、苗种繁育和水产养殖为一体的大型农牧企业，是农业产业化国家重点龙头企业，年产值 20 亿元，拥有完全独资经营高效水产养殖试验示范基地 3.1 万亩。

天参现有三个工厂，占地面积 380 亩，下设江苏天参有限公司、淮安天参有限公司两大子公司，拥有 18 条制粒、膨化饲料生产线，其中膨化生产线主要设备以丹麦安德里茨时产 15t/ 条膨化生产线和瑞士布勒时产 10t/ 条膨化机组为主，化验室配有多台丹麦 FS 近红外检测仪和德国 ZM200 超粉碎研磨仪等先进检测设备。产品以淡水水产膨化饲料为主，有四大家鱼、泥鳅、黄颡鱼、鮰鱼、螃蟹、南美白对虾、罗氏沼虾、小龙虾和青虾系列饲料。

公司现有职工 500 余人，其中各类专业技术人才 136 人，具有高级、中级职称的技术人员 32 人，博士硕士 11 人。天参与中国科学院水生生物研究所曹文宣院士建立了院士工作站，还与中国水产科学院南海研究所、南京农业大学等多所专业院校建立了长期战略合作关系。公司还承担了江苏省科技成果转化项目《异育银鲫中科 3 号的研发与产业化》，以及科技部支撑计划、省科技厅重大项目支撑计划、苏北专用计划、富民强县计划和农业农村部及省农委系统的农业产业化项目实施。

天参是农业农村部颁发的“全国农产品加工创业基地”和农业农村部首批饲料质量安全管理规范试点示范单位，是江苏省农业科技型企业、江苏省农产品加工二十强企业、江苏省两化融合示范单位、江苏省首批出口动物饲用饲料生产企业、全国饲料优秀创新企业和江苏省饲料行业讲诚信重质量树品牌优胜企业，是中国科学院水生生物研究所在江苏饲料行业建立的唯一企业院士工作站。公司建有江苏省级企业技术中心、淮安市水产饲料工程技术研究中心，天参商标是江苏省著名商标，主产品“天参”水产饲料是江苏省名牌产品，2018 年 41.4 万 t，饲料销售收入总额 16

① 斤为非法定计量单位，1 斤 = 500g。——编者注

亿元，年平均增长率达20%。

作为华东地区水产饲料行业中的佼佼者，淮安天参正是通过及时调整战略，创新经营体制和机制，以精细管理和极致服务，走出了一条具有自身特色的现代农业发展之路：

一是战略调整及时，以超前产品制胜市场。

在加强产品优势的基础上，天参全面为养殖户提供解决方案，提供整个养殖流程的服务支持，公司的竞争策略瞄准到追求养殖户的价值最大化上，打破过去以经销商为主的销售理念，实行终端用户为主的全新服务模式，使市场运作扁平化，实现养殖户与产业化龙头企业共赢的局面。

随着水产养殖业迎来规模化、现代化和专业化，公司制定了技术领先的战略定位，强化采购、技术、生产、服务等互联融合能力，并于2011年引进瑞士著名品牌“布勒”饲料加工生产线，生产具有风味好、诱食性强、发病率低、消化利用率高、水体污染小等显著领先优势的膨化饲料。目前，膨化料服务的养殖户已覆盖到江苏、山东、安徽、河南、上海、浙江、江西等十几个省市区，膨化料在市场上拥有绝对优势，摆脱了行业同质化竞争的泥潭。同时，通过一个个标杆示范塘口的成功展示，以成功的数据、强有力的事实来征服每一个养殖户，让他们看的到、可效仿、可推广，把客户体验真正落到实处。天参水产膨化饲料用户认可度高，销量快速增长，为满足市场需求，2014年伊始，天参投资5亿元选址200亩，引进国际一流先进设备，打造国内单厂规模最大的水产饲料加工基地。一期工程8条生产线现已竣工投产，年产能25万t，使得公司获得良好效益的同时，也为广大养殖户降低了生产成本。

2017年，天参本着为养殖户解决技术难题、创造更高效益，为消费者提供健康安全的水产品，专门成立了水质监测和产品研发中心，引进荷兰skalar水质分析仪，为广大养殖户的塘口水质进行精准检测（氨氮、亚硝酸盐、总氮、总磷、pH等多项指标），从而指导精准水质调控。同时研究开发小球藻、菌藻旺等近十项生物调水产品，为广大养殖户提供了更有效更廉价的生产材料，提供更高价值服务。

二是产学研紧密集合，以人才优势驱动创新。

天参积极开展产品研制，储备基础上还充分主动与中国科学院水生物研究所、中国水产科学院南海水产研究所、南京农业大学和苏州大学等各大科研院校开展多种形式的合同制战略合作，引进最新科技并将其产业化。与中国科学院合作，共建曹文宣院士工作站，和以桂建芳院士领衔的科研团队联合攻关科技部支撑计划（《“中科3号”异育银鲫的研发和产业化》）和江苏省重大科技成果转化工程，加速推进产品赶超世界领先水平的进程。

天参重视人才的培养，将人才视为最珍贵的资源。从科研院所、大专院校等引进博士、硕士等高级人才11人，不断培养并充实公司人才队伍100余人。有计划地请进中国人民大学、苏州大学等教授来公司做专题培训，全面提升员工的综合素质。天参人有共同的理想和奋斗目标，有强烈的归属感和成就感，天参因人才的集聚而得到快速稳健的发展。目前，天参已拥有146人的科研服务团队。

三是内部管理科学化，以整体联动打牢根基。

天参管理秉持“和诚干学”的企业精神，导入阿米巴经营模式，推行精细化、科学化运作，以规范化管理推行议事、办事流程的制度化，规范经营行为，狠抓细节管理，强调部门之间的协调配合，对不合理的流程进行流程再造，持续改进、完善，让流程更优化，让制度更科学，使公司管理标准化逐步加深，整体联动性稳步提升。同时，为迅速适应公司快速发展的迫切需要，天参聘请国内知名的管理咨询公司开展咨询项目合作，建立完善的管控模式，健全公司治理结构。聘请高级网络工程师为公司搭建电子办公平台，实现业务协同，优化管理流程，提升管理效率，为企业持续健康发展打下了坚实的基础。

四是推行极致服务，以天参模式改造传统农业。

天参以“做良心产品、服务零距离”为经营理念，通过“天参模式”为客户创造价值，并为实现客户价值最大化，提供了放养布局模式、现代程序式管理模式、资本金优化模式以及商品信息化模式。公司将ISO 9001质量管理体系和ISO 22000食品安全管理体系与推行TOC和PDCA管理法则进行有机结合并有效延伸，把传统的商业模式与新兴的商业模式有机融合，创造了以科技创新、客户需求、客户价值体现为主要内容的零距离服务模式。深度开发天参信息化平台，搭建水产品大中城市信息网，发布大中城市水产品信息，给养殖户提供实时交易信息，与客户共享资源，实现价值交互。

公司在洪泽西顺河、涟水、盱眙、响水等地建立了水产养殖试验示范基地31 000亩，对水产养殖全过程进行联合技术攻关，研究成果无偿推广给养殖户，提升养殖户科学养殖的能力，带动养殖户增收，为水产养殖业的可持续发展尽绵薄之力。成立淮安天参水产农民专业合作社和江苏天参渔业联合体，帮助引导养殖户创品牌、建基地、促销售，适应市场经济发展的需要。同时，通过与多家银行合作，天参公司担保，每年为养殖户提供无偿融资担保贷款3亿元，为养殖户解决资金周转困难。

天参人正秉持“以客户为中心，为员工谋幸福”的发展理念，坚持全心全意经营水产饲料，做大做优膨化料，探索“饲料—养殖”一体化的经营模式，努力做长做宽产业链，以促进农民增收为根本，引导农户由分散养殖向规模化、集团化、智能化养殖转型，为现代农业发展、全国饲料工业繁荣、农民持续增收致富不断贡献新力量。

打造全球最优秀的霉菌毒素解决方案
——江苏奥迈生物科技有限公司

江苏奥迈生物科技有限公司（Jiangsu Aomai Bio-Technology）成立于2011年，位于南京溧水白马现代农业高新技术产业园区，是一家集科研、贸易、生产及技术服务为一体的高科技饲料添加剂企业。公司以“成为全球最优秀的霉菌毒素解决方案专家”为企业的愿景，致力于霉菌毒素脱毒剂产品及动物肠道健康产品的研发、生产、服务。

公司拥有独立的研发中心和专业的服务团队，目前拥有多项自主知识产权，为客户提供完善的解决方案。公司设有研究生工作站，现有员工近百人，其中博士1人、硕士4人，90%以上具有大专以上文化。公司拥有多项发明专利和实用新型专利，多个产品获高新技术产品称号，也是南京市新兴产业重点推广产品。

一、坚持技术创新，增强企业核心竞争力

近年来，随着对霉菌毒素认知的不断加深，饲料及养殖企业的防控水平也不断提高。江苏奥迈生物科技有限公司与南京农业大学刘强教授等合作的霉菌毒素脱毒剂，通过对硅铝酸盐层间插层及表面修饰工艺，拉大层间距，改进基质表面特性，有效提高了对吸附霉菌毒素的吸附及结合能力，同时避免了对饲料中营养物的吸附，配合霉菌毒素分解、解毒技术，极大降低了霉菌毒素对动物生长及生产带来的危害。

动物肠道健康产品肠倍康，与南京农业大学王恬教授合作，通过对多种动物肠道健康产品研究、试验、复合配伍，精选出安全、无抗、抗腹泻、增采食、促生长的高效产品，可有效替代饲料中的抗生素，保障动物生产和食品安全。

公司精选有机酸和有机酸盐组合，开发酸度调节剂产品“肥酸素”，通过原料选择及加工工艺控制，达到缓释及在肠道内分段作用，有效提高了饲料产品消化利用率，促进动物健康生长。

2018年通过收购上海天昌，生产销售天然复合抗氧化剂产品。上海天昌饲料科技有限公司从事饲料抗氧化剂研发、生产近20年，李候根高级工程师是饲料抗氧化剂国家标准起草人员，研发生产的天然复合饲料抗氧化剂茶多酚系列获发明专利，实现饲料体外抗氧化，动物体内抗氧化。有效保障饲料产品安全，改善动物生长及抗应激能力。茶鲜宝应用于水产饲料，有效提高了水生动物运输及离水成活率。为多家专业水产饲料生产企业所采用。

二、坚持质量建设，提高企业管理规范性

公司拥有4条独立产品生产线（霉菌毒素脱毒剂生产线、饲料抗氧化剂生产线、独立混合生产线、酸度调节剂生产线），采用布勒等专业生产设备，配套专业特殊的专利生产工艺，从原料、生产过程控制、产品、客户，全程条形码可追溯。最大限度降低了人为操作错误的影响，保证产品质量稳定、安全可靠。

公司通过了ISO 22000食品安全管理体系认证，严格按照《饲料质量安全管理规范》执行落实和实施，2015年9月，顺利通过农业部“饲料质量安全管理规范示范企业”专家组验收，成为农业部部级“饲料质量安全管理规范”示范企业、2016年成为“高新技术企业”“江苏省科技型中小企业”“江苏省农业科技型企业”“江苏省研究生工作站”“南京市博士后创新实践基地”、南京市霉菌毒素“工程技术研究中心”等。齐全的检测设备及全面的分析能力，满足原料及产品质量检验需要。关注奥迈微信公众号，输入产品批号，秒取产品出厂检验报告。

三、坚持品牌发展，提升企业行业知名度

经过几年的发展，江苏奥迈已经成为霉菌毒素脱毒剂行业知名品牌。霉菌毒素脱毒剂产品经客户评估、试验被饲料行业多家饲料集团企业及养殖一条龙企业所采用。公司与南京农业大学、中国农业科学院、四川农业大学、华中农业大学、华南农业大学、湖南水产研究所等多家国内知名院校建立紧密的合作关系，取得了丰硕的成果，并与美国密苏里大学、加拿大圭尔夫大学、美国北达科达州立大学等国外院校合作，积极研发、改进产品，确保公司产品质量优于其他同类产品。

公司将秉承“德尚至诚、敬业进取、协作互助、务实创新”的企业价值观！以优良的品质、完善的服务、提供更安全、优质的产品，为客户创造美好的未来！

以质量为中心　追求产品信誉
——浙江大北农农牧科技有限公司

浙江大北农农牧科技有限公司是大北农集团的全资子公司，坐落于浙江省金华市经济技术开发区，是专业从事预混合饲料、高档乳猪浓缩料以及畜禽全价料的生产、研发、营销与服务的农业高科技企业，是

国家饲料质量安全管理规范企业。

一、公司概况

公司占地 50 亩，总投资 8 500 万元，一期工程于 2008 年 5 月完成，二期工程于 2012 年 11 月建成投产，全厂包括科研区、生产加工区、产品仓储装货区、开票服务区、办公区、生活区等六个功能区域，设有生产部、技术部、品管部、采购部、财务部、行政人力等部门。目前，公司拥有 136 名员工，其中：硕士 3 名，本科 24 名，年生产能力为预混料 6 万 t，全价配合饲料、浓缩饲料 18 万 t。

二、设施装备先进齐全

公司立足科技兴牧，重视基础投入，构建了各类各种先进齐全的生产加工、产品质量检测设施设备。配置江苏牧羊集团提供的全套生产设备，配备安装 6 条生产线，包括 2 条预混料生产线，2 条配合料生产线及 2 条浓缩料生产线。配备凯氏定氮仪、粗脂肪测定仪、粗纤维测定仪、高温马弗炉、电热鼓风干燥箱等仪器设备检测水分、粗蛋白质、粗脂肪、粗纤维、粗灰分；运用电子分析天平、分光光度计、酶标仪等先进的化验设备，准确分析钙、磷、食盐、毒素等项目；配备 LC-15C 高效液相色谱仪及 AA-6300C 原子吸收分光光度计，分析多种维生素、微量元素和重金属等成分。应用高精度的微量配料系统进行矿物质微量元素、维生素、氨基酸、酶制剂等小料的配制，使小料配置过程实现了自动、准确。投料口和接料口等部位均安装了单点除尘设备；计量装置严格定期检定，混合机定期检测混合均匀度变异系数，自动定量包装秤称量后进行计量抽检。配备了进口机器人和先进的生产控制系统，成套设备各机组间性能匹配、稳定，生产人员熟悉各生产设备的操作与维护，生产能力达到设计值。

三、生产管理制度完善

生产过程的控制是企业发展和产品质量控制的核心环节，是确保生产安全、饲料产品质量安全、有效、稳定的关键。公司依据《安全生产法》《饲料质量安全管理规范》对生产过程中安全与质量进行控制，设立了生产安全管理委员会，认真贯彻安全第一、预防为主、综合治理、全员参与、规范操作、持续改善的方针，建立健全安全管理制度及安全操作规程，按计划进行安全教育培训，从“三违”行为、危险作业管理、生产设备、特种设备、消防、职业病危害预防、粉尘爆炸预防、危险源辨识评价、隐患排查、应急救援等方面设立安全管理制度，对各岗位和主要设备建立了安全操作规程。定期对消防、突发应急事件进行演练，每月排查隐患，及时总结分析，确保安全机制有效运行。浙江大北农以质量为中心，追求产品信誉，成立了质量管理小组，从原料采购与管理、生产过程控制、产品质量安全、产品贮存与运输、产品投诉与召回、培训和记录管理六个方面加强全面管理。同时，建立各岗位作业指导与设备操作规程，人员培训后上岗。公司结合实际设计了原料采购、原料入库、库存控制、原料使用的流程，各流程间采用物联网系统、ERP 系统进行管理，制定了严格的原料验收标准，除了对原料的营养指标加以控制外，还对原料卫生指标进行严格控制，确保了饲料产品安全。为保证饲料产品的稳定，制定严格的生产工艺参数标准、产品质量标准，并组织力量反复试验、论证，依据产品类别、季节因素、设备性能等因素制定了详细、完善的产品生产工艺参数、质量标准，并严格执行，做到产品质量安全稳定。

四、重视产品研发

公司拥有较强的技术与质量管控能力，重视产品研发和服务能力建设，依托中国农业大学、浙江大学、江西农业大学等高等院校的先进技术优势，应用国内外科研最新成果，以动物营养学博士为核心的高新技术人才，结合猪的营养需求，发展绿色、优质、高效的产品。瞄准市场定位，加强研发，先后研究开发出了无抗饲料、发酵饲料产品。目前公司有发明专利两项，实用新型专利三项，2017 年 3 月，公司与南昌大学食品学院、武义厚德牧业有限公司三方协作，进行无抗饲料及无抗养殖的研究，利用公司研发的无抗饲料，结合江西南昌大学中德食品工程中心研发的复合微生态制剂饲养生猪，在育肥猪阶段不使用兽药、激素等物质，实现生猪的无抗饲养，提高猪肉的安全。应用该技术培育注册的“北极猪”富硒无抗品牌猪肉，已经在金华地区、杭州等地聚集了一定的消费群体，产品受到当地群众的欢迎。公司依托集团“饲用微生物工程国家重点实验室”实施生物发酵饲料战略，联合江西、福建等兄弟公司共同研究开发生物发酵饲料，有效开发不能利用或难以利用的饲料（原料）资源，一定程度上解决部分饲料资源短缺的难题，同时实现养殖过程中不使用或降低使用抗生素目标。

五、发展企业文化

大北农自创建以来一直坚持“奉献社会、服务农民”的企业理念，通过设立“大北农科技奖”鼓励科技创新，“大北农励志助学金”捐资助学，“大北农金榜题名奖励”，鼓舞员工、事业伙伴子女奋发向上，“大北农爱心基金”扶助困难员工创建和谐企业。

为全球养殖者提供更好效果的动物保健产品

——浙江惠嘉生物科技股份有限公司

浙江惠嘉生物科技股份有限公司始创于2003年，注册资本9 330万。公司总部坐落于浙江安吉，厂区环境优美，交通便利，是一家拥有多家子公司和战略联盟企业的集团型企业，主要从事饲用益生菌制剂，绿色安全饲料添加剂等产品的研发、生产与服务；是集研发、生产、销售以及技术服务于一体的多元化高新技术企业。企业经过多年的发展，在益生菌、饲料添加剂等领域实现了新的突破，得到了多方认可，于2016年成功在新三板挂牌，股票代码836781（惠嘉生物）。

浙江惠嘉生物科技股份有限公司一直致力于生物发酵工程技术、绿色安全饲料添加剂制剂的研发与工艺创新，希望将绿色科技的理念融入全新的生物技术和创新的制剂工艺之中，并创新式地开辟了大研发、大生产、大分销的商业模式，树立了成为全球最具竞争力的动物保健服务商的企业愿景，致力于为全球养殖者提供更好效果的动物保健产品，更高效率的服务，创造更大的效益，从而促进养殖业可持续健康发展。

企业目前在册员工600余人，建立了由董事长刘金松先生（国家创新创业人才、万人计划、浙江大学动物营养学硕士、药物制剂学硕士）和研发总监杨彩梅博士（留美学者、浙江农林大学教授、浙江省千人计划创新人才）为核心的高层管理团队，拥有科技人员近百人，其中包括博士8人，硕士32人，特聘专家5人，设立了包括行政管理中心、研发管理中心、生产管理中心、销售管理中心、采购管理中心、质量管理中心等在内的组织机构，建立了完善的从研发到生产、质检、以及销售的流程，确保公司制度的有效执行与规范化管理。基于企业的规范化管理，公司先后通过了欧盟FAMI-QS、GMP+、ISO 9001：2015等国内外权威质量体系认证。

作为集团总公司，浙江惠嘉生物科技股份有限公司下辖三大生产基地：惠嘉一厂区（基地一，10 000t植物提取物生产基地），惠嘉二厂区（基地二，5 000t液体益生菌发酵，20 000t固体益生菌发酵生产基地），浙江万方生物科技有限公司（基地三，6万t绿色饲料添加剂生产基地）；并与浙江华尔成生物科技股份有限公司、上海美嘉饲料科技有限公司、重庆布尔动物药业有限公司等形成了强大产业联盟，称之为“惠嘉大动保”。

惠嘉大动保是一家以效制胜的动物保健服务商，基于“用户至上、物美价廉”的商业思维，以浙江惠嘉生物科技股份有限公司提供的优势资源为基础，与同行业成员优秀企业结成互相协作和资源整合的联盟体，为全球养殖者提供更好的动保产品和服务，通过“大研发、大生产、大分销”的模式，帮助客户全面降低动物养殖成本，实现更好的养殖效益，最终成为全球养殖者的第一选择。

大研发保证产品的使用效果。浙江惠嘉生物科技股份有限公司以产品的生物利用度为根本，从用户需求出发，研发提高产品的使用性能。一方面，浙江惠嘉生物科技股份有限公司一直致力于微生物领域的研究，在丁酸梭菌、地衣芽孢杆菌、枯草芽孢杆菌等益生菌的发酵和菌种选择方面进行了深入的研究，积累了宝贵的经验，并获得了农业农村部颁发关于丁酸梭菌和地衣芽孢杆菌的新产品证书。同时，拥有国际领先水平的微生物发酵生产车间，配备先进的发酵设备如液体发酵罐、固体发酵罐、碟式离心机、陶瓷膜过滤系统、纳滤膜过滤系统、喷雾干燥塔等，在益生菌的发酵工艺方面取得了长足的进展。另一方面，浙江惠嘉生物科技股份有限公司专注于绿色安全饲料添加剂制剂工艺技术的研究，探索研发科学的制剂工艺，包括分子包被、固体分散、均质速溶、缓释包被、颗粒包被、微丸微球等高标准的制剂生产工艺，提升产品的生物利用度，即以科学的制剂工艺提升原有产品的使用效果，做到有效添加，减少用量，节约资源，健康养殖。

大生产提高系统的运行效率。一厂一系是公司在大生产方面的体现，是大动保整体思路下的生产布局，一个工厂一个产品方向。浙江惠嘉生物科技股份有限公司旗下拥有8个生产基地（含合作企业），每个基地工厂生产一个系列的产品。每个工厂由于产品生产技术与工艺接近，方便做深做精做大规模。

一品一线是公司在动保生产方面的创举。根据研发的要求，公司设计最合理的专属产品工艺，一方面保证了产品的质量，一方面通过专用生产线，大幅度提高产品的生产效率。

大分销提高客户的使用效益。浙江惠嘉生物科技股份有限公司深度服务于客户的需求，并为满足客户的需求提供更具性价比的产品与方案；创新产品通路，以公司平台直接服务于中大型客户与县域联盟商，最大限度节约通路成本。和规模集团客户达成战略合作，用定制或委托及备案模式全面服务于集团生产企业，深度降低销售价格及养殖成本。

目前，浙江惠嘉生物科技股份有限公司已在全国建立28个分销平台，数百个联盟商，已经构建了较为完整的平台通路。同时，公司也在全球进行平台大分销布局，在欧洲、东南亚、美洲等地建立了自己的销售体系，并与全球大部分国家建立了业务联系。在动保添加剂制剂方面，已经成为全球最具规模且最具科技实力的企业之一。

浙江惠嘉生物科技股份有限公司一直关注产学研结合，推动企业原始创新，与浙江大学、浙江农林大学、浙江省农科院、华中农业大学、美国北卡罗来纳州立大学（NCSU）等国内外高校建立长期紧密的合作关系，是国家产学研合作的示范基地。公司在科研方面的投入与技术创新也得到了认可，收获了多项成果与荣誉，拥有43项专利，8个注册商标。同时，也是国家高新技术企业、国家产学研合作示范企业、浙江省农业科技企业、国家发改委高新技术产业化示范工程单位、浙江省饲料产业科技创新服务平台成员单位，拥有浙江省高新技术企业研究开发中心、浙江省农业企业科技研发中心、湖州市企业技术中心等多种创新平台，建有浙江省省级饲料科技研究院、院士专家工作站、博士后工作站，主持科技部星火计划项目、科技部农业成果转化基金项目、浙江省重大科技攻关项目、浙江省重点研发项目等省部级重点项目10多项，先后获得浙江省科技进步一等奖、农业农村部神农中华农业科技一等奖、浙江省科技进步二等奖、大北农科技奖、湖州市科技进步奖等多项荣誉。

以人为本　珍视生命　关爱健康

——浙江医药股份有限公司昌海生物分公司

一、企业简介

浙江医药股份有公司昌海生物分公司（以下简称“昌海生物”）系浙江医药股份有限公司（以下简称“浙江医药”）的分公司，坐落于绍兴滨海新城畅和路58号，创建于2011年3月，截至2018年年底，拥有员工1 500余人，占地约573亩，为浙江医药的核心生产基地，营业范围包括生产、销售：食品添加剂、饲料添加剂、化工产品（不含危险化学品及易制毒化学品）；销售：卫生材料、制药机械、消字号产品、化妆品、化学试剂（不含危险品）、医疗器械（限国产一类）；生产：危险化学品［详见（ZJ）WH安许证字〔2017〕-D-2229安全生产许可证有效期至2020年10月9日］；技术开发；企业管理。

昌海生物秉持浙江医药“关爱人类健康”的企业宗旨，保持了生产经营的平稳较快发展，主要生产高含量合成维生素E、天然维生素E、生物素、维生素A及其衍生物、维生素D_3、β-胡萝卜素等生命营养类产品已成为中国脂溶性维生素类产品的生产基地，已通过了FAMI-QS质量体系认证、GMP+认证，为浙江省重点建设、重大工业项目，省“411”重大项目，浙江重点工程立功竞赛示范单位。

二、企业理念

企业兴衰在于管理，管理优劣在于文化。卓越的企业家倡行卓越的企业文化；卓越的企业文化培育卓越的团队；卓越的团队成就卓越的企业！

20世纪80年代以来，浙江医药在大力发展企业生产的同时，不断加强企业文化建设，逐渐形成了以药业报国为己任、践行“关爱人类健康”的企业宗旨，大力弘扬“团结、拼搏、创新、奉献”的企业精神，建设“品质标准化、管理国际化、研发原创化、资本市场化”的现代化药业集团为企业目标的企业文化体系，形成了先进的管理制度和行为规范，达到内求团结、外求发展，激发员工积极进取，为实现浙江医药可持续发展提供了强大动力。企业的发展、制度的健全，同时也营造了员工忠于企业、勇于创新的良好氛围。企业文化成了创新发展的巨大动力和宝贵的精神财富。

三、质量理念

质量是企业的灵魂，是企业的生命，是可持续发展的核心。“质量第一，信誉至上”是公司长期坚持的理念。

四、HSE理念

1. 以人为本，珍视生命，关爱健康

“人”“生命”“健康”是全人类共同关注的主题。公司几十年来，秉持“关爱人类健康”的企业宗旨，大力发展民族药业，坚持做强做大主业不动摇，保持了生产经营的平稳较快发展。企业不断壮大的同时，我们的社会责任也越来越大。“以人为本，珍视生命，关爱健康”作为公司HSE理念的核心，公司将围绕这个核心，以人为根本点与出发点，做好各项职业健康、安全和环保工作。

2. 安全与健康高于一切

安全是人们健康和家庭幸福的基础，企业将人的安全与健康放在首要位置考虑，竭尽全力为员工营造良好的工作环境、安全稳定的工作氛围，为社会树立安全的企业形象，为人类提供有益健康的产品。

3. 依靠科技进步，提升本质安全

始终坚持科学发展观，依靠科技安全，提升工艺、装备本质安全水平，走科技兴安之路。通过加大安全生产的有效投入，积极引进先进技术手段，积极开展工艺改进与技术改造工作，积极创建更先进、更专业化的安全管理体系，不断提升本质安全水平。

4. 责任心是安全之魂，标准化是安全之本

坚定安全信念，心存安全、心系企业，担负起自己的责任，时刻牢记“安全责任重于泰山”，决不辜负企业与亲人的重托。标准化是培养员工良好职业习惯和规范现场操作的重要手段，通过持续推进企业安全标准化建设，使企业生产经营各环节均符合法律法规和标准规范的要求。

5. 明确安全职责，共担安全责任

只有明确划分职责，共担安全风险，才能共享成果。通过层层落实安全生产责任制，严格遵循“党政同责、一岗双责、齐抓共管”的原则，健全机构，完善机制，用目标引领方向，用责任引领落实，努力实现安全工作的有效管控。

6. 人人重视安全，事事强调安全，处处保证安全

贯彻落实国家安全生产方针、政策及法律法规标准，建立健全全员安全生产责任制，把安全工作落实到每一个人、每一件事、每一个区域。安全工作容不得一丝麻痹、容不得留下死角，必须抓紧、抓细、抓实。

7. 安全与环境是企业生存的基石

安全与环境是每一个企业生存与发展的前提，是企业赖以生存的基石，给了企业发展的空间和有利的条件。良好的企业发展离不开安全环保的保障，千里之堤毁于蚁穴。只有夯实安全环保这块基石，企业才有更好的未来。

8. 追求效益绝不以牺牲安全环保为代价

坚守“发展决不能以牺牲安全为代价”这条不可逾越的红线，在利益面前决不放松安全这根弦。牢记法律红线不可逾越、底线不可触碰，严格遵守国家有关安全生产的法律法规，规范企业安全管理，做到有法必依。

9. 废物是放错地方的有用之物

世界上本无垃圾，放对位置是宝物，放错位置便是废物，公司的物资亦是如此。我们应积极创造条件，使事物向有利于公司的方向发展，实现“废物”与“资源”的良好转换，同时响应公司“改革、规范、创新、节约”的方针，做好三废管理以及废物回收、资源循环再利用等工作。

10. 保护环境就是保护生产力

环境没有替代品，用之不觉，失之难存。要牢固树立习近平总书记提出的“青山绿水就是金山银山”的理念，把追求绿色发展、创建绿色企业作为最高价值目标，精心打造良好的公众形象，不断提升企业的美誉度，为创建美丽中国、美丽浙药而不懈努力。

五、人才理念

1. 国以才立，政以才治，业以才兴

公司牢固树立科技是第一生产力、人力资源是企业第一资源的理念，奉行“来去自由”“养用结合”的人才政策，在企业内形成了尊重知识、尊重人才的良好氛围。

2. 成功了，荣誉属于你们；失败了，责任由企业承担

着力以人为本的人才战略，宽容失败的用人理念，有的放矢的人才激励机制。自1992年起，率先试行技术要素参与收益分配的分配制度改革，有多个课题组参与了产品的入股分红，并多次公开重奖有突出贡献的科技人员，有效地吸引人才，激发人才的积极性、创造性，形成了科技兴企、专家治厂的局面。

3. 健全员工终身教育制度，鼓励员工不断深造

员工是企业的第一资本，是企业发展的力量之源。企业鼓励员工积极参加有益于自身业务素质、职业技能、职业发展规划和企业利益的培训，为青年员工创造接受再提高、再教育的机会，符合条件的员工到高等院校进修深造，企业支付全额学习费用，并发给全额工资奖金。另外公司通过送出去深造和实战锻炼相结合的方法，培养技术骨干，已先后选送20多名科技及管理人员赴美、英、法、德等国外著名大学和科研机构深造，使企业技术创新具备了雄厚的人才基础，营造出生生不息的创新氛围。

昌海生物按照“高科技含量、高附加值、高市场占有率，低污染、低消耗，优势药品上规模、特色制剂创品牌”的发展战略。通过“机器换人”，推进产业转型升级，引入DCS系统，实现自动化生产，有效推进了产业升级，为企业发展腾出了更广阔的空间；与哈尔滨工业大学任南琪院士合作，建立浙江省首家以环保资源化为目标的环保院士专家工作站，化废为宝，以废养废，求循环经济新方式，走生态文明新路子。昌海生物将被打造成一个符合国际标准的生物制药、出口制剂以及全球著名的生命营养类产品出口基地，成为环境友好型、科技领先型的现代国际化高科技大型制药企业。

致力产品科技创新　促进企业发展

——合肥华仁农牧集团有限公司

一、企业基本概况

合肥华仁农牧集团有限公司成立于2002年6月，现有员工1 000余人。首个公司始建于1999年9月29日。二十年来，在董事长张新的带领下，全体员工不懈奋斗，经过十多年来努力拼搏，企业从无到有，从小到大，稳步发展。华仁从当初简陋的车间走向今天的高楼林立，从当初的默默无闻到今天的声誉鹊起。华仁的兴旺是从平凡做起，脚踏实地，逐渐走向卓越，实现跨越式发展。到现在已包含“安徽百信饲料有限公司、安徽华诚饲料科技有限公司、合肥华盟生物技术有限公司、宿州华仁饲料科技有限公司、六安华仁现代牧场、六安天业新华食品有限公司、合肥华泉饲料有限公司、合肥华仁农牧集团有限公司巢湖分公司、郎溪分公司、铜陵华仁农牧有限公司、皖西白鹅原种场有限公司”等十余家核心企业组成，是专门从事动物营养、保健与畜禽、水产饲料和饲料添加剂生产、销售、畜禽养殖和技术服务的大型农牧企业。2018年共产销（含内用）各类饲料30多万t，年创产值9.65亿元，实现利税近2 300万元。

集团是“省、市农业产业化龙头企业”；“合肥市科技创新型示范试点企业”、中国饲料工业协会常务理事单位、安徽省渔业协会副会长单位、安徽省猪业协会副会长单位、安徽省饲料与健康养殖行业协会会长单位。

安徽新华畜牧科技有限公司是“国家级农业产业化重点龙头企业”，被省工商局评为“省级守合同、重信用企业”；被金安区政府授予“突出贡献企业”称号；被六安市农村工作领导小组授予“粮油加工十强企业”称号，2016年被评定为“农业产业化国家重点龙头企业”。

合肥华盟生物技术有限公司于2006年被授予“安徽省高新技术企业”，2009年被授予“合肥市科技创新型企业”，2016年顺利通过ISO 9001行业先进质量管理体系、ISO 14001环境管理体系、OHSAS18001职业安全健康管理体系认证。

集团2011年被中国饲料工业协会评为“履行社会责任先进企业”，2012年被评为“安徽省饲料创新型企业”等荣誉称号。2010年、2012年11月两次被授予“安徽省粮食产业化龙头企业”、2012年12月、2015年再次被授予“安徽省农业产业化龙头企业”称号，2014年4月被合肥市认定为“企业技术中心”。

二、创新与发展

加强科技队伍建设与创新研发，集团现有技术合作正、副教授5人、博士2人、硕士5人，在职自有博士1人、硕士2人，农业推广研究员1名，高级畜牧（兽医）师2人，其他各类技术人员100多人。

企业在飞速发展的过程中，科技创新结出了累累硕果。企业以自建的全省首家“饲料科技研发中心”为依托，致力于产品的科技创新，有力地促进了企业发展。研发中心拥有近600m²的试验室，分为原料检验室、成品检验室、重大项目检验室、新品开发试验室、菌种培植实验室等。配合国际上先进水平的近红外分析仪、气相色谱仪、液相色谱仪等现代化的仪器，保持了各类科研项目的需要。先进的研发条件，大大促进了“华仁”的产品科技创新能力，2015年再次被合肥市经信委（合经信科技〔2014〕111号）等7部门联合认定为合肥市“企业技术中心”称号。

多年来，为加大科技创新力度，华仁农牧集团公司联合安徽省农业科学院、安徽农业大学的畜牧方面的专家教授，承担完成的省、市重大科技攻关科研项目《肉鹅集约化饲养关键技术研究》等十余项，均取得重大科技成果并有效转化为企业生产力，提高了产业在市场的竞争力。集团作为第二位参加单位的“安徽地方母鸡营养调控及专用饲料生产”项目于2011年3月通过安徽省科技厅组织验收和技术鉴定为国内研究领先水平，并列为科技部农业科技成果转化项目，项目已组织实施完毕验收通过，该项目已获得农业部丰收奖二等奖（证书号FCG-2013-2-033-02D）。作为重要单位参加的“绿茶提高蛋鸡产品品质的饲用化技术研究及示范应用”项目，通过安徽省级鉴定为国际先进水平（13-440-02）。此外还获得国家专利如“一种用于防治鱼类肝胆综合征的复合饲料添加剂”（专利号ZL201010134911.5，证书号第1139556）、“一种用于改善禽肉风味并延长其货架寿命的饲料添加剂”（ZL 201010203958.2）、安徽省科技成果三等奖（2017年“虫草培养物发酵工艺研究及其产业化应用”）等多项科技成果。

此外，集团与安徽农业大学、安徽省农业科学院加强合作，并作为公司的科研后盾和人才培养基地，同时将公司作为教学实践基地，互相配合，互相促进。华仁在加快与各高校、科研院所合作步伐的同时，并以战略性思想，将科技支撑企业竞争实力，旨在随着经济技术日益全球化，面对快速兴起的科技浪潮，时刻保持市场竞争优势。

三、产业化发展情况

1. 企业在巩固成熟市场的同时、加大对新市场的开发力度，目的是为了使饲料主业继续在我省市场形成竞争优势，保持市场额度。尤其是家禽饲料版块，从2013年起，每年均与600多家肉鸡养殖户（公司、场）签订常年供给合同，确保养鸡户饲料优先供给和价格优惠制度，在形式上也采取多种多样，如：养殖合同、实行保价、保本盈利、代养等多种养殖方式，共签订养殖合同300万只，结果运行状态良好，此做法在2014年之后大面积推广，并实行一地一策、多种产业合作模式并存的方式，目的是保障企业与养殖户在规避市场风险的同时，全年养殖前提下实现盈利，达到扩大再生产的可持续生产循环为最终目标。集团力争在饲料厂布局各所在地区，全年实现带动养殖户不低于8 500户或从事养殖人数不少于16 000人，人均养殖家禽48 000～50 000只，每只家禽全年平均盈利0.6～0.8元，年人均实现收入28 000～35 000元，每年人均递增2 500元以上。

2. 由于集团所属的企业位于不同的区域，产品结构和特点均有区别，受到的国家政策支持力度也有不同。2018年集团完成饲料产销30余万t。由此推算，需要消化主要农产品如玉米11.5万t、小麦11.5万t、其他粮食加工副产物7万余万t。除用作生产乳猪饲料的玉米有10%来自东北外，其他基本上是本省农产品，据统计分析，带动地方种植业农户（贸易商、合作社或粮库等）数近10 900户，人均增收3 000元，合计增收在2 060万元。对于消化当地农民的，尤其是粮食主产区的农产品起到积极作用，对于合同订购的农产品全部按合同回收，维护了农民的种植权益。和地方农户、粮食加工企业、农民专业合作经济组织建立了长期的、良好的、双赢关系，较好地带动了地方农业持续发展。

在加强与粮食种植产区不同的组织合作时候，尤其是粮食收购开始，始终本着优质优价，不论大小客户，一视同仁，敞开收购，现款收购，对农户等终端小客户，从不打一分钱白条。其次严格配合政府对粮食托市收购或实行保护价收购的要求，充分保障农户的种植利益，体现他们的劳动价值，受到各地政府或农户好评。据2018年不完全统计，已合同种植玉米、小麦主要农产品面积分别为14 100亩、15 600亩，总29 700亩，带动农户数9 000人以上，人均增收2 800元以上。

3. 2013年7月始，华仁已正式实施“二次”创业中的一期规划，华盟二期高档乳猪饲料专用线如期动工并于2013年12月份设备安装结束，2014年正式生产，并很快投入良好运营状态，产品投放市场后客户反映良好，完善了集团的产品结构。在铜陵现代农业产业园的“20万t高档饲料项目”如期奠基开工，2015年年底正式投产。2018年，在六安市金安区木厂镇潘新村的“3 000头基础母猪项目”正在如火如荼地推进中，以朗德鹅饲养填肥肝项目自2018年10月有序开展，截至2019年3月底，已完成填肥肝5万余只，平均单个填肥肝重达到1 000克以上，在安徽省鹅肥肝填饲处于领先水平。与安徽省最大的种鹅养殖企业蚌埠华信禽业有限公司合作的“三花鹅、泰州鹅（包括反季节种鹅饲养）”种鹅养殖，经过一年的合作，种鹅规模近2万只，已向提供商品鹅苗逾100万只，有力的解决安徽省淮河流域肉鹅养殖鹅苗不足的状况，带动了一方养殖产业。集团养殖板块的积极推动标志着华仁一个矫健的步伐坚强的迈出，产业板块布局更加合理，企业支撑力和竞争力进一步加强。

四、未来企业发展设想

力争在3～5年实现年饲料产量50万t、家禽养殖年出栏400万只，肉猪养殖10万头，肉禽屠宰2 000万只、可生产冰鲜家禽制品4 000t，种（蛋）鸭饲养12万只、皖西白鹅（国家级原种场）年养殖量达到5万只规模，原料贸易额2.6亿，产值达到50亿。努力打造并实现“百人”人才战略规划，把华仁集团做大做强，为安徽畜牧业的产业化发展起到助推作用。

加快转型升级步伐
加强产品技术创新

——安徽正正饲料科技有限公司

安徽正正饲料科技有限公司（以下简称“安徽正正公司”）是一家集研发、生产、贸易为一体的饲料添加剂高新技术企业。公司创建于1997年，以推广使用绿色饲料添加剂为己任，自主开发和研制饲料酸化剂和酵母类等产品。

2018年来，安徽正正公司围绕主业，在拓展产业链和培育新业态方面扎实推进，现已形成“研发、生产、销售”三大业务版块，面对新的市场形势，安徽正正公司将进一步加快转型升级步伐，重点加强在产品技术创新以及销售业务上的持续突破。

2017年至2018年度大事件

1. 参加2017年中国饲料工业展览会

2017年4月18日上午，由中国饲料工业协会、全国畜牧总站主办的2017中国饲料工业展览会在福州海峡国际会展中心隆重开幕。

安徽正正公司参加了2017年饲料展览会。当前，在科学技术水平的快速进步大前提下，农户养殖观念与养殖方式转变，规模化、标准化、专业化养殖模式快速增长，土地、人力、粮食的产出率逐步提高，促使了工业饲料普及率迅速提高，为我国饲料工业的发展提供了广阔的空间，更是为安徽正正公司的创新发展提供了舞台；国家一系列与饲料行业管理有关政策法规相继出台，不仅规范了行业行为，更有利于一批规模实力较强的大型饲料企业聚集性发展，从而促进安徽正正公司的持续健康稳定发展。在饲料产品方面，根据农业农村部关于饲料工业发展目标的要求，配合饲料年产能将达到1.7亿t左右，实际产量达到9 500万t，浓缩饲料产量达到3 000万t，预混合饲料产量达到600万t；饲料产品总体合格率达95%以上，创新添加剂及其预混合饲料总体合格率达90%以上；饲料科技成果转化率总体水平达55%，个别领域达 65%。国内饲料产品市场将呈不断扩大态势。总之，无论政策还是市场，均对提升饲料行业整体竞争力前景利好，这也促使安徽正正公司迎来更大的发展空间。

2. 金富康牧业携手安徽正正公司，共同寻找真正酸

2017 年 4 月 21 日，黑龙江金富康牧业集团技术总监一行四人莅临公司生产基地参观考察。此次考察，金富康公司从原料评估、研发进展和生产工艺改进等方面听取了公司相关部门的详细汇报，双方的深入交流与分享，为今后全面战略合作打下了坚实基础。

交流中，双方对复合酸在饲料中的应用原则、配方优化和应用效果等进行深入探讨，并且提出了很多酸化剂应用中的要求和期望效果，为公司复合酸化剂的研发提出了更多思路。

金富康集团的莅临指导，对正正公司研发、生产、管理方面的认同给了公司鼓舞和动力！公司将持续在产品、技术及服务上创新，不断完善公司的产品，以期为更多合作伙伴的腾飞贡献力量。

3. 2018 年上海正正参加了中国饲料博览会

展会以创新，发展，绿色共享为主题，以服务华中畜牧业为宗旨，组委会在秉承上届成功经验的同时，将加大组织和宣传力度，广泛邀请和组织国内外知名企业参展，更全面的展示畜牧业生产中应用的新技术、新产品、新设备、新工艺、新模式，和加强行业中的交流合作。

上海正正生物科技有限公司是一家集研发，生产，贸易为一体的饲料添加剂高新技术企业，公司创建于 1997 年，以推广和使用绿色添加剂为己任，自主开发和研制饲料酸化剂和酵母类产品。

4. 2018 年 5 月九鼎集团一行莅临公司考察

2018 年 5 月 17 日，湖南九鼎集团一行三人莅临公司考察，此次考察双方深入交流与分享，会上就什么是真正意义上的定制产品以及公司研发成果发表重要阐述，为今后全面战略合作打下坚实的基础。

品控以及研发经理汇报了公司的产品质量把控，质量追溯体系以及产品，并带领友商参观了新一代的正正研发实验室以及厂区。

5. 成都枫岚科技有限公司参观考察安徽正正公司

2018 年 3 月 10 日成都枫岚科技有限公司苏总一行莅临公司参观和考察，此次考察双方深入交流与分享，会上就产品以及研发成果发表重要阐述，为今后全面战略合作打下坚实的基础。

安徽正正公司秉承“正直、创新、务实、回报”的理念，凭着敏锐的市场触觉，高瞻远瞩，以技术创新和营销创新为动力，不断提高企业核心竞争力，以一流的品质、一流的管理、一流的服务竭诚为广大客户服务。

一心一意服务所有客户
专心致志做好一种产品

——安徽五粮泰生物工程股份有限公司

安徽五粮泰生物工程股份有限公司是一家专业从事高档饲料生物原料研制的国家级高新技术企业、安徽省专精特新中小企业和安徽省知识产权转化优势企业，建有 1 家院士工作站和 1 家安徽省级饲料生物技术工程研究中心。现有员工 268 人，总资产 5.19 亿元，已建成巢湖、六安和合肥三大生物发酵基地，主产饲用生物预消化产品：“五粮肽”“五粮酸”“五谷肽”“五酸肽”“五脂肽”和“五糖肽”。

巢湖发酵基地位于中国安徽巢湖居巢经开区内，占地 150 亩，建有 6 000m^2 办公楼、3 000m^2 科技楼、85 000m^2 生产车间，总投资 2.8 亿元，其中发酵设备投资 1.8 亿元。六安发酵基地位于中国安徽六安国家级经开区内，占地 50 亩，建有 5 000m^2 办公楼、1 800m^2 科技楼、29 000m^2 生产车间，总投资 9 000 多万元，其中发酵设备投资 5 000 多万元。目前，安徽五粮泰生物工程股份有限公司是中国知名的乳仔猪和哺乳母猪高档饲料生物原料研制商之一。

五粮泰公司奉行“一心一意服务所有客户、专心致志做好一种产品”。利用自行选育的超高耐糖耐酸耐渗产酸菌种，采用玉米、碎米、豆粕、植物油和秘鲁蒸汽鱼粉（玉米蛋白粉 / 苜蓿草粉）5 种饲粮科学配制，灭菌冷却接种一体化搅龙，浓浆差温异步酶解，植物油糖基均质乳化和混菌高糖浓浆同步发酵酸化 5 项国家发明专利先进工艺技术，整体酵解预消化研制生产出高档生物预消化产品“五粮肽”“五粮酸”“五谷肽”“五酸肽”“五脂肽”和“五糖肽”，开创中国高档饲料原料“生物预消化”诸多技术先河。目前，“五粮肽”“五粮酸”“五谷肽”“五酸肽”“五脂肽”和“五糖肽”产品已销往全国 20 多个省、市、自治区以及美国、丹麦、越南、泰国、缅甸和菲律宾等国家，主要用于乳猪、仔猪和泌乳母猪饲料中，效果明显、确切。为了提高饲料适口性和竞争力，“五粮肽”“五粮酸”“五谷肽”“五酸肽”“五脂肽”和“五糖肽”也可用于羔羊、犊牛、幼犬、鱼虾、仔鸡、中大猪和水产饲料中。2018 年安徽五粮泰公司实现销售收入 6.8 亿元，出口创汇 500 多万美元。

香出风味，甜出效果。乳化脂肪粉一定要“香出风味，甜出效果”。五粮泰公司利用自行选育的超高耐糖菌种，采用玉米、碎米、豆粕、植物油和秘鲁蒸汽鱼粉（玉米蛋白粉 / 苜蓿草粉）5 种饲粮科学配制，灭菌冷却接种一体化搅龙，浓浆差温异步酶解，植物油糖基均质乳化和混菌浓浆同步发酵 5 项国家发明专利先进工艺技术，实现淀粉多糖化、脂肪微乳化、蛋白质小肽化和产物功能化，混菌酵解和乳化生产出高档糖脂肽产品——“五粮肽”。“五粮肽”富含乳化脂肪、麦芽糊精、果糖、葡萄糖、低聚糖、乳酸、小肽等养分，口感纯正、既酸又甜、香浓可口，真正完美地实现了乳化脂肪、复合多糖与酶解发酵饲料的互作增效。简言之，“五粮肽”的主要营养成分就是“一酸二菌三乳油四糖十八蛋白”。其中，“一酸”就是1t“五粮肽”产品中含有30kg乳酸；“二菌”就是1g“五粮肽”产品中含有10×10^4CFU/g以上的枯草芽孢杆菌和凝结芽孢杆菌两种活菌；“三乳油”就是1t“五粮肽”产品中含有60kg乳化椰子油、40kg乳化大豆油和20kg改性大豆卵磷脂+蔗糖酯；“四糖”就是1t“五粮肽”产品含有50kg果糖、150kg麦芽糖和麦芽糊精、250kg葡萄糖和50kg低聚糖；“十八蛋白”就是“五粮肽”产品中含有18%以上的发酵蛋白。“喜欢吃、奶水多、长得快、不换料”是“五粮肽”的四大功效。“五粮肽”是一种真正实现“香出风味，甜出效果”的乳化脂肪粉。某种意义上说，“五粮肽”完美地将乳化脂肪、复合多糖与酶解发酵饲料组合起来，也是一种载体为复合多糖和酶解发酵饲料的乳化脂肪粉。

酸出风味，酸出效果。饲用酸化剂一定要“酸出风味，酸出效果”，酸化剂将成为一种小比例饲料原料乃是大势所趋、历史潮流。五粮泰公司利用自行选育的超高耐酸菌种，采用玉米、碎米、豆粕、植物油和玉米蛋白粉5种饲粮科学配制，灭菌冷却接种一体化搅龙，浓浆差温异步酶解，植物油糖基均质乳化和混菌高糖浓浆同步发酵酸化5项国家发明专利先进工艺技术，实现淀粉多酸化、脂肪微乳化、蛋白质小肽化和产物功能化，混菌酵解和乳化生产出酸化酵解产品——“五粮酸”。“五粮酸”富含柠檬酸、乳酸、乙酸、丙酸、丁酸、乳化脂肪、抗菌肽和低聚糖等养分，口感纯正、既酸又甜、香浓可口，真正完美地实现了酸化剂与酶解发酵饲料和乳化脂肪的互作增效。简言之，“五粮酸”的主要营养成分就是“五酸二菌十二蛋白六脂肪”。其中，“五酸”就是1t“五粮酸”产品中富含350～400kg柠檬酸、50～100kg乳酸、50～80kg乙酸、丙酸和丁酸等五种有机酸；“二菌”就是1g“五粮酸”产品中富含100×10^4CFU/g以上枯草芽孢杆菌和凝结芽孢杆菌两种活菌；“十二蛋白”就是“五粮酸”产品中含有12%以上的发酵蛋白。“喜欢吃、抗腹泻、奶水多、长得快、治过料、产蛋多、抗应激、健肠净水”是其八大功效。“五粮酸”是一种真正实现“酸出风味，酸出效果”的饲用酸化剂。某种意义上说，“五粮酸”完美地将酸化剂与酶解发酵饲料和乳化脂肪组合后刻蚀包被起来，也是一种载体为酶解发酵饲料和乳化脂肪的刻蚀包被型复合有机酸酸化剂。

质量是企业的生命。五粮泰公司十分注重产品质量，组建了企业质量控制中心，购置了有机酸分析仪、气相色谱分析仪、液相色谱分析仪、显微镜、培养箱、水浴锅、超净工作台、原子吸收仪、氨基酸分析仪、酶标仪、TCO-1S食用油检测仪等分析仪器设备，可对原料入厂、生产、成品出厂及售后服务进行全程质量控制，能够对原料、中间品、成品检测检验。

制度是质量的保证，落实是制度的抓手，责任是落实的根本。五粮泰公司层层落实责任，逐级制定制度，先后通过了ISO 9001和ISO 22000质量体系认证，严格按照原料采购作业指导书、原料保管作业指导书、生产作业指导书、品控作业指导书和成品保管作业指导书，来开展采购、生产和品控工作。

科学技术是第一生产力。五粮泰公司注重科技投入和高新技术研发，以江南大学、中国科学院微生物研究所和安徽农业大学为技术依托，拥有1位工程院院士、5位博士生导师和12位博士组成的产品研发团队，组建了1家院士工作站、1家安徽省级企业工程技术研究中心和1个博士后工作站，先后主持国家“863”“973”等国家级课题20多项，累计科研经费1800多万元，相继获得国家发明专利28项、安徽省科技进步二等奖1项。

2014年11月，由印遇龙院士为组长的国内知名同行专家鉴定认为公司产品技术达到国际先进水平。2018年8月，在安徽省，包括电子信息、新材料、新能源及节能环保、生物医药、先进制造、互联网六大领域，1 204家参赛项目中，公司“五粮肽”产品项目荣登第七届中国创新创业大赛安徽总决赛第二名，获得二等奖。2018年11月，获得第七届中国创新创业大赛生物医药行业总决赛优秀奖，晋级成为第七届中国创新创业大赛生物医药行业14强（获第十名）。2018年10月，中国工程院院士、中国饲料工业协会会长和中国农业大学教授李德发先生视察安徽五粮泰公司，认为安徽五粮泰公司的发酵规模和技术均处于国内领先水平，并题词:“五粮泰！生物饲料的引领者！”

展望未来，畅想明天。五粮泰公司将立足饲料原料，专于生物发酵与乳化，把人类营养领域的新技术、新产品引入到动物营养中，做安全、经济、高效的饲料生物原料先行者，旨在成为中国养殖业饲料生物原料之基石。

科技筑梦　品质筑金

——厦门金达威维生素有限公司

海以其博大，纳百川而成其浩瀚；山以其厚重，历沧桑而为之雄浑。

自成立以来，金达威励精图治，奋勇拼搏，凭借突出的市场地位、浑厚的研发实力、有效的成本控制、多元化的产品组合及享誉行业的品牌知名度和美誉度等优势，在动物营养强化剂领域占有一席之地，并取得了令人瞩目的经营业绩。2018 年度公司维生素总产量 2 200t，实现总产值达 11 亿元。

一、砥砺前行

1997 年金达威注册成立。1998 年第一个生产基地开工建设，当年实现维生素 A 规模化生产。1999 年维生素 D_3 产品国内首家实现规模化生产，填补国内空白。2004 年内蒙古基地开工建设，陆续实现辅酶 Q10、DHA、ARA 产品规模化生产。2011 年成功登陆资本市场，深圳证券交易所挂牌上市。2015 年成立美国 Kingdomway Nutrition，并进行相应并购活动，2016 年成立新加坡 Kingdomway PTE 并进行相应并购，正式开启全球化发展阶段。

稳固地前行，夯实了金达威的市场地位，金达威是行业中少数具备多种营养强化剂产品生产能力的企业之一。

公司以提高人类健康生活品质为宗旨，致力成为大健康领域广受赞誉的全产业链集团。坚持“相关技术、相关产品、相关领域多元化”的发展战略，已形成一个覆盖面广、相关性强、技术与功能相辅相成、具有自主知识产权的产品组合体系。目前主导产品包括辅酶 Q10、DHA、ARA、维生素 A、维生素 D_3 五大系列产品，以及数百种营养强化剂终端产品，被广泛应用于医药、保健品、食品、化妆品和饲料等领域，远销全球数十个国家和地区。公司的辅酶 Q10 市场占比超过 50%。

二、品牌力量

在不断提高企业和产品品牌知名度和美誉度的同时，金达威产品已远销全球数十个国家和地区，并已成为行业中不可或缺的知名品牌。公司先后获得福建省著名商标、福建省名牌产品、福建省企业知名字号、福建省创新性试点企业、福建省守合同重信用企业、福布斯中国最佳潜力企业、福建省战略新兴骨干企业、厦门市纳税大户、厦门市重点工业企业、厦门市金融资信 AAA 级、厦门市知识产权试点企业、厦门市资源节约先进企业。

三、科技筑梦

作为技术驱动型营养强化剂全球供应商，持续创新并保持技术领先是公司生存和发展的核心动力。公司目前已形成了微生物发酵、化学合成、分离提取、胶囊制备四大核心技术。

公司研发实力雄厚，拥有“国家企业技术中心”“福建省营养强化剂企业工程研究中心”研发平台；并与福州大学、厦门大学、国家海洋局第三研究所、华东理工大学、福建师范大学等高校、科研院所建立了长期的产学研合作关系。通过自主创新和产学研相结合，持续进行现有产品的优化升级和新产品的研究开发。近年共承担国家火炬计划项目、国家“863 计划”项目、国家海洋区域示范项目等国家和地方科技计划项目 30 余项。申请专利 106 件，包括 4 件美国专利和 8 件 PCT 国际专利，其中发明专利占比近 90%，授权专利 52 件，含 3 件美国专利。荣获“中国专利奖优秀奖”“厦门市专利奖一等奖”“福建省优秀新产品奖二等奖”等十余次科技奖项殊荣。

四、品质筑金

以创新的产品引导市场，以过硬的品质赢得市场。为保证产品质量的稳定和安全，已建立健全从原料采购、生产过程控制、关键控制点复核管理、成品检验、产品包装、销售及售后服务支持等全过程质量管理体系。

公司现已通过 ISO 9001、FSSC22000、FAMI-QS 等质量管理体系认证、ISO 14001 环境管理体系认证及犹太认证（KOSHER）、伊斯兰认证（HALAL）等针对特殊人群的认证，并在生产经营中严格执行。

发展永无止境，金达威人每天都致力于改善人类生活品质，并为此而深感自豪！质量安全管理只有起点，没有终点。金达威将按照 PDCA 的运行模式持续改进提升！

五、服务共赢

合作共赢是竞争与发展的时代最正确的方向，客户的满意一直成为公司的追求。在不断提高企业和产品的知名度和美誉度的同时，公司建立了完善的客户服务信息系统，并通过加强对客户售前、售中及售后服务，不断满足客户需求，使公司服务质量不断提高，进一步提升公司服务客户的能力和效率。金达威产品已远销全球数十个国家和地区，并已成为行业中不可或缺的知名品牌。

近几年，公司在稳固现有业务的同时，借助国家发展大健康产业的契机，站在未来产业发展的高度，围绕生物医药相关领域，整合已有业务和资源，积极涉足相关产业，加快大健康的产业布局，稳步推进企业的转型升级。以科学营养、运动活力、健康魅力作为企业的新使命，构建着大健康体育领域全产业链的未来发展蓝图。

风起潮涌，自当扬帆破浪；任重道远，更需策马扬鞭。金达威将继续以客户为导向，以人才为根本，以技术为支撑，以资本为纽带，进一步提升“自主创新”的核心竞争优势。打造名族工业品牌，树立行业典范，将企业做强、做大。

打造受人敬重的高科技农牧企业

——福建新正阳饲料科技有限公司

福建新正阳饲料科技有限公司是一家专业研发、生产和销售高档乳猪料、猪用浓缩料、复合预混料的高新技术企业。

福建新正阳饲料科技有限公司（以下简称“新正阳”）占地37亩，引进了瑞士布勒公司成套设备，年产能12万t，生产能力和自动化程度及质检设备和品控能力处于同行业领先水平。公司是福建省《饲料质量安全管理规范》示范企业、农业农村部《饲料质量安全管理规范》示范企业、福建省科技小巨人领军企业、国家高新技术企业，并于2014年建立了李德发院士福建省专家工作站。

新正阳自成立以来，注重职工队伍建设，以诚信行天下，做好长远规划，以技术为公司的核心竞争力，技术创新，顺应时代及客户需求不断更新换代，打造特色化、差异化产品，持续改进，完善企业规范化管理，为客户提供安全、稳定、优质产品，为客户创造更多价值。同时带动行业共同发展、共同进步、造福社会，打造受人敬重的高科技农牧企业。

一、注重职工队伍建设

公司十分注重职工队伍建设，把职工队伍建设摆在日常工作的首位，在职工的录取、使用上严格把关，选择能吃苦耐劳，有上进心的员工加入，对新员工进行岗前培训、安全知识教育，使每一个职工在思想上行为上有一个标准，确保了员工的思想素质。根据企业的经营情况，不断改善职工的报酬福利待遇，为员工提供多条职业发展通道，并根据每个员工的特点为其制定职业生涯规划，培养出有激情、梦想、敢当、坚持的综合性人才。同时严格执行绩效考核制度，根据态度和绩效确定激励程度，而且各种激励方式与关键员工长期利益紧密结合，保持员工队伍的活力、创造力及稳定性。

二、以诚信行天下

企业不讲诚信，在社会上将举步维艰，早早被市场所淘汰。企业成功的前提是传递信任给合作伙伴，比如销售，销售最核心的不完全是产品的价值，第一步即是传递信任，只有先得到客户的信任，才有可能进一步合作；对供应商也是一样，只有做到诚信，做到资金按时回笼，并且善待供应商，才能够长久合作，提供优质、稳定的原料。对员工也是同样道理，绩效考核要说到做到，如若言而无信，则有可能分崩离析。企业做大做强，需要有良好的客户关系、供应关系、内部人士关系，所有维护这种关系最核心的要求即是信任，归其本质就是诚信。而诚信，最终需要很多方面来衡量，商业中具体表现为价值。创造价值，帮客户获得更多的利润，教会客户盈利的方法，比单纯买卖产品更为重要，更容易得到客户信任。

三、科学规划企业发展

新正阳从创建初期就制订了公司发展规划：前5年做技术科技型企业，后5年做有技术和营销能力的企业，再用5年时间使之获得重大发展。新正阳明白：企业想生存，只能通过前期的沉淀，花更多的时间去做企业最本质的技术——技术是企业的核心竞争力。第一个5年新正阳基本完成了产品的系统性研发，产品从普通到高档，基本实现了特色化、差异化。未来，新正阳也会一直坚持走产品的特色化、差异化、高效化道路。

四、致力于技术创新

1. 引进布勒公司全套生产设备：保证工艺的先进性和产品的稳定性

超微粉碎机：原料玉米超微粉碎，提高饲料消化率；单轴高效混合机：混合均匀度变异系数＜3%，混合更均匀，保证产品的稳定；特殊的环模制粒、稳定的温度设置，提高乳猪料的采食量。

2. 先进的品控设备：保证原料和成品的质量稳定

先进的品控设备（酶标仪：可检测原料毒素；waters高效液相色谱仪：可检测维生素、氨基酸、药物等指标；多功能近红外分析仪：可检测饲料中大部分成分，可对原料、成品实时品控），可快速、全面测定原料、成品的各项指标，可针对性的检测原料的关键指标，选用安全、性价比高的原料；也可快速检测竞争对手的各项指标，知己知彼，选取对方的优点，再发挥自己的长处，开发出差异化产品。

3. 研发基地升级：保证产品的技术领先

2016年收购连江金妹农业综合开发有限公司，作为公司的研发基地，相比于以往同客户终端合作测试的方式，现在测试更方便、快捷，加快研发进程，缩短产品升级周期，从而保证新正阳公司产品的技术领先。

4. 技术研发团队升级：保证产品的创新性和技术领先

新正阳研发团队与院士团队合作，建立院士工作站，并与高校、科研院所合作，加大在产品研发的投入，开发产品新功能，保证产品的创新性和技术领先，为客户创造更多价值。

五、打造特色化差异化产品

打造特色化、差异化产品，切入市场，抢占市场制高点，为客户创造更多价值，互惠互利，合作共赢。

1. 特色教槽料（赢在起跑线）

（1）下痢比例低于5%，彻底解决诱食问题，高采食。

（2）断奶后3天总采食量达500～700g/头。

2. 特色母猪料（猪场管理技术关键点）

（1）产程缩短60min以上，难产减少，每胎多产一头活仔猪，每窝初生重达2kg以上。

（2）改善乳汁品质20%，提高采食量10%，提高28天断奶重，乳猪断奶重达10kg。

3. 特色大猪料（决胜终端）

（1）日增重同比多长150～200g/天，料肉比同比下降0.3～0.5，利用率提高15%～20%。

（2）提高瘦肉率5%～8%，屠宰率2%～5%；胴体肉色鲜红，无滴水现象。

六、推进企业规范化管理

没有规矩，不成方圆。公司依据建立现代企业管理制度要求，制定了本企业的管理规章，落实各种岗位责任制，因管设岗，因岗定人，以责定酬，做到职责明确，奖罚分明，各司其职，各就各位，合理管理层次，实行分级管理，统分结合的企业管理模式，使企业在规模、产值日益壮大的情况下，始终保持良好的运作状态。

2016年1月，新正阳荣获农业部《饲料质量安全管理规范》示范企业荣誉称号，在管理体系运行中，企业要继续发现运行中的不足，持续改进，完善企业规范化管理，实现从原料采购到产品销售全程质量安全控制，为客户提供安全、稳定产品。

新正阳第一个5年所有精力都放在研发上，下个5年不仅会继续做好研发，而且会投入更多的人力、物力，强化原先的短板——营销，寻找更好的营销模式，来服务于客户。林登峰总经理非常愿意将自身20余年从市场磨砺中探索出的经营、发展经验分享给同行、上下游，同时也将带领团队孜孜不倦地努力，将资本、营销同技术研发成果完美结合。新正阳一直坚持自己的理念，相信新正阳未来的5年有一个飞跃的突进，同时希望能带动行业共同发展、共同进步、造福社会，打造受人敬重的高科技农牧企业。

创新养殖方案　创造美好生活

——江西柯恩牧业集团

一、企业篇

“中国的饲料，世界的柯恩”是集团的企业愿景。柯恩以振兴民族农牧业为己任，立足全球视野和世界领先的养殖理念，用前瞻性的战略眼光结合国际最新动物营养研究成果及国内养殖实际投资兴建，是一家集饲料科研开发、生产经营和规模养殖、原料贸易为一体的全国科技型农牧企业，全国饲料企业30强、农业部生猪标准化示范场、全国上规模民营企业、江西民营企业100强、江西民营制造企业100强，中国饲料工业协会理事单位、中国林牧渔业经济学会饲料经济专业委员会常务理事单位、中国粮食商业协会会员单位、江西饲料工业协会副会长单位、江西省商标品牌协会副会长单位、江西省动物营养及饲料专业委员会副主任委员单位、江西省企业联合会常务理事单位、江西省企业家协会常务理事单位、江西省名牌战略促进会会员单位，赣州市饲料工业协会副会长兼秘书长单位、赣州市企业联合会副会长单位、赣州市企业家协会副会长单位、赣州市食品工业协会副会长单位、赣州市章贡区粮油协会副会长单位。

集团致力于成为华南地区养殖整体解决方案服务（提供）商，打造百万吨级猪用饲料企业，进军全国饲料企业20强，旗下产业包括八家大型饲料企业、一家原料贸易公司、一家畜禽养殖试验基地、两家大型种猪场、一家东北精品粮基地，已基本形成“原料贸易+饲料+种猪”的三轮驱动发展模式。

2016年、2017年，柯恩连续蝉联江西省优秀企业。2018年，被新华网、《环球时报》和中国亚洲经济发展协会联合评选为“新时代中国经济创新企业”。

二、发展篇

江西柯恩牧业集团（以下简称“柯恩”）的前身为江西省赣南三利饲料有限公司，始创于1993年成立的三利饲料销售门市部，沿着“全市—全省—全国—全球”的发展战略和运动轨迹逐渐做大做强，并把一个名不见经传的立足赣南老区的本地品牌打造成闻名全国的饲料名牌，成为中国饲料赣军的主力军团。

1996年11月7日，成立江西省赣南三利饲料有限公司，完成了由个体户经营向公司化运作的华丽转身，为深耕赣州市场夯实了基础。

2005年5月19日，成立中外合资江西柯恩科技有限公司，由江西省赣南三利饲料有限公司、澳大利亚金业国际贸易有限公司以及香港柯恩投资有限公司共同投资兴建，引进澳大利亚高级营养专家的最新科技成果并创建了柯恩品牌。

2005 年 12 月 15 日，成立南昌柯恩生物技术有限公司，实现了由全市向全省发展的企业战略，为柯恩饲料进一步拓展北方市场提供了有力保障。同时，也可以很好地利用省会在人才、政策、交通、资讯等方面的资源优势，确保企业的可持续发展。

2009 年 5 月 31 日，成立上犹柯恩陡水湖水产开发有限公司，主要进行水产品的网箱养殖，用于集团实用新型专利——鳙鱼网箱养殖给料袋的技术推广。充分利用上游 5A 级风景区的优质水资源，为库区渔民提供一个良好的科学养殖实验示范平台，起到很好的示范作用。

2011 年 5 月 13 日，成立漳州柯恩饲料有限公司，布局东南市场，正式开启由全省向全国发展的企业战略。

2013 年 7 月 19 日，成立常德柯恩饲料有限公司，深耕华中市场，并为拓展西南市场和开发云贵川地区建造“桥头堡”。

2014 年 3 月 17 日，成立清远柯恩饲料有限公司，与立足赣州及周边地区的江西柯恩科技有限公司形成呼应，聚焦资源对粤北地区进行精深细作。

2014 年 12 月 22 日，成立茂名柯恩饲料有限公司，积极拓展粤西南地区，辐射海南和广西市场，成为柯恩布局粤、琼、桂三省的重要棋子。

2017 年 12 月，柯恩投资 2 亿元在国家级经济技术开发区——赣州经济技术开发区购地近百亩，筹建赣州柯百微科技有限公司暨集团赣州新总部，建有预混料、生物原料、微生态制剂高档自动化生产线，年产饲料 20 万 t，有助于柯恩在预混料板块、生物原料板块、微生态制剂板块的发力和深耕细作。

三、产品篇

柯恩是江西省著名商标，江西省名牌产品，江西省重点保护产品。

（一）饲料销售

截止目前，集团成功地研制和开发出了新一代具有高科技含量、无公害的“柯恩”“帅利”“帅大”“阿加西”“益加士”等品牌的鱼、猪、鸡、鸭系列饲料、预混料，基本形成了以赣州、南昌、常德、漳州、清远、茂名等生产基地为核心的根据地市场，营销网络全面覆盖长江以南地区，成为华南地区最具竞争力的强势饲料品牌之一。

2017 年被授予“赣州食品产业优秀品牌”；2018 年被授予“赣州市食品产业赣南好产品”。2016 年、2017、2018 年，集团被江西省畜牧兽医学会养猪专业委员会、江西省生猪产业技术体系、南方农村报社联合推选为“2016 最受江西养户信赖饲料企业”“2017 江西市场最具影响力饲料品牌”和“2018 江西猪业最受养户信任饲料企业”。2017 年、2018 年，在中国畜牧兽医学会养猪学分会、国家饲料工程技术研究中心主办的中国好猪料系列评选活动中，柯恩 A 系列母猪料荣获“第五季母猪料类匠心产品”，柯恩 100ABC 乳猪奶粉荣获“第六季全国十大经典仔猪料品牌”。

（二）种猪养殖

2016 年 4 月，集团董事长表示：要在赣州要养万头母猪。

2015 年 7 月 14 日，柯恩收购赣县宝丰畜牧科技有限公司，正式进军种猪养殖产业，并初步存栏母猪 1 100 头的稳定规模

2016 年，赣县宝丰畜牧科技有限公司 4 500 头猪场养殖新建工程建设项目获得有关部门的正式批复，设计规模为 2 000 头母猪（原种猪 800～1 000 头，二元母猪存栏 1 000 头）。另外，柯恩还计划在赣州征地 600 多亩启动 5 000 头母猪自繁自养的建设项目。

（三）原料贸易

2017 年 9 月 19 日，柯恩控股昌图义丰粮贸有限公司，在世界著名的黄金玉米带昌图县设立东北粮精品基地，正式启动原料贸易战略。基地实际可全年中转玉米 100 万 t 以上。目前，成品仓库共有 7 200m^2，可存干粮 2 万余 t；潮粮堆场共有 7 000m^2，可堆潮粮 2 万余 t；筒仓有 6 个，可存干粮 4 800t。另外，基地烘干塔的容量为 300t，基地配有筒筛、装箱机、多个传送机，烘干炉和中控室。并且，基地的各关键点设有十几个摄像头，数据与集团总部联网，实时传输，实现了远程监控，确保了原料品质。

四、科技篇

柯恩在赣州新总部建有面积 1 000 多 m^2 试验大楼，积极筹建饲料营养及检测研究院，配备博士生、硕士生以及本科生，研究团队将达到 30 人以上，每年研发投入不少于 1 000 万元。

2018 年 7 月，柯恩与江西理工大学正式签订产学研合作协议，并成立江西理工大学产学研合作基地、江西理工大学校企合作基地、江西理工大学创新创业基地。

截至目前，柯恩拥有注册商标 50 余件，其中：省著名商标 1 件，市知名商标 4 件；拥有 3 项发明专利、9 项实用新型专利、2 项外观设计专利和 8 项著作权登记。

2018 年，柯恩 100ABC 乳猪奶粉和 200ABC 保育奶粉，被江西省工业和信息化厅列入江西省 2018 年省级新产品试制计划。

柯恩高度重视微生态制剂和发酵饲料的研究，与留美博士进行深度合作，成立了江西微冠生物技术有限公司，并于 2017 年 8 月 23 日荣获国家级高新技术

企业，独创了具有自主知识产权的仿生固体发酵系统（成套设备）——全自动深层液体发酵系统和好氧厌氧菌组合的封闭式全自动仿生固体发酵系统。

科技领先　品质稳定
高效运营　用心服务

——新余众望饲料科技有限公司

一、企业简介

新余众望饲料科技有限公司是广州市饲料有限公司下属子公司，面向江西从事高档猪全价料的研发、生产与销售。公司位于江西省新余市高新开发区，于2013年申请注册，注册资金为2 500万元，占地面积58 057平方米，拥有先进的技术研发体系、严格的品质管理体系和完善的技术服务体系，通过独有的GDC工艺和教乳料前沿核心技术，公司自2015年成立以来，与饲料研究所、华南农业大学等研发机构合作，现已开发拥有“肽开心”“广康利”“广畜宝”“接猪宝”“广众望”饲料品牌，并打破传统生产工艺局限，自行研发GDC（二次熟化）工艺，生产出更安全、高效、绿色的优质产品。公司现已通过了ISO 9001和HACCP质量安全双认证，获得出口食用动物饲用饲料生产企业登记备案证。

新余众望饲料科技有限公司作为广州市众望饲料有限公司的子公司之一，沿用母公司的规范管理，借助母公司积累的丰富经验不断提高技术实力，拥有一支专业从事动物营养、经营管理的高素质人才队伍，并聘请知名专家做技术指导，以确保产品科技的领先。凭借领先的科技和优良品质，新余众望饲料科技有限公司的主打产品——肽开心、接猪宝、广康利等在市场上供不应求，深受广大用户好评，是饲料行业近年成长最快的企业之一。

投产至2018年销量达近3万t，业已成为区域强势品牌。组成近80人的众望技术服务团队，真正以品质为主决胜于终端。牵头组建新余市养殖协会，总经理薛有恒为副会长，为当地养殖业贡献企业的力量，也为当地环保工作不断探索新的方法。

科技领先、品质稳定高效、运营用心服务十六真言为公司经营理念并持续专注于猪饲料研发，厚积薄发，使众望技术始终处于行业领先地位。打造一流软、硬生产、检测设施，确保品质始终如一，诚心诚意为广大用户解决养殖问题，不忽悠、不敷衍、用心服务。秉承诚信、务实、激情共享的工作作风，众望人为实现客户价值最大化而不懈努力，不但踏踏实实做好产品品质，而且全心全意做好技术服务，立志做客户满意的百年品牌企业。

二、企业文化情况

企业文化是一个公司的价值观的直观体现，是对公司所有员工集体价值观的一种塑造。2017年6月公司在高新产业园工会的领导指导下完成了工会的组建工作，与工业园区的内的“双胞胎饲料厂”等几家企业共同参与了工会活动。厂内由厂里的共产党员的带领下创建了员工工会，并完善了工会办公室，建立了职工之家用于员工日常交流娱乐的场所;“诚信、务实、激情、共享”也是众望的价值观；员工工会成立后，工会主席薛有恒提出加强员工对企业归属感和企业价值观的认同，把公司里的先进事迹讲给与会的员工；并对公司困难员工嘘寒问暖，使众望是我家成长靠大家的观念更加深入广大员工的内心；公司组织培训员工培训工会各项活动，近期还组织各部门前往凯光植物园集体活动，并且企业党员和公司骨干参加了本次活动。近年来在工会领导的帮助和建议下，为了丰富员工的业余生活，公司多次组织篮球比赛活动，并在职工之家等活动室购买了杂志和书籍供员工工作之余，学习、娱乐、交流之用；市场是企业生存和发展的基础，面对瞬息万变的市场，只有不断地加强交流学习，才能让企业在快速变化的市场中脱颖而出，完成“做客户满意的百年品牌企业”的企业愿景，公司每月都会组织一线员工学习交流，总结得失，奖励先进员工，形成了不断向前的，不断学习的良好氛围；每年公司都会举行叉车技能大赛，鼓励员工加强自身的技术提高起到了良好的督促作用；并且每年公司根据各部门评选结果给予优秀员工，在物质和精神上都给予先进员工的奖励，并倡导其他的员工向先进的个人学习；“诚信”是我们企业价值观放在第一位的，公司建信只有质量上乘的产品才能有市场，才能给客户最好的体验，才能形成品牌效应，是从激烈的市场竞争中脱颖而出制胜的法宝，公司从上到下，“诚信经营，质量第一”的观念已经升入了每一名众望员工的内心。

三、产业化经营情况

公司在农业产业化经营发展过程中，采用“科技领先、品质稳定、高效运营、用心服务”的经营理念，2016年通过组建新余市养猪行业协会，公司采用养猪协+经销商+农户的模式和公司+协会+农户等模式，在行业中形成了良好的口碑。

近三年销售收入达172 366万元，饲料产品占营业额的100%，生产技术已经自成体系。2018年，销售额达到82 628万余元，利润1 381万余元。在新余乃至全省范围内市场占有率是后起之秀。2018年企业资产总额达到18 294万元，其中固定资产4 157万元，公司建成了较成熟的生产系统和研发试验、检测、办公场地和食宿用地，是国内最大的猪料生产基地之一。企业具有良好的持续经营能力，相比同等规模的同行业企业，新余众望有着很强的经营能力。

新余众望在吸纳和转移农村劳动力方面表现突出，带动农民增收效果显著：其一，带动合作社农户，吸纳闲置劳动力，农户务工创收；其二，优质的产品直接带动签约农户大规模的高效养殖，创收增收。目前，新余众望在全省范围内对接农民合作社 28 个，直接或间接扶持基地及农户资金约 1 500 万元，直接或者间接带动养殖数大约牲畜 60 万头，直接或者间接带动农户数约 1 028 余户，其中通过农民合作社带动农户 485 户，合同制带动农户数量 100 户，合作制带动农户 15 户，平均每户增收 5 万余元，增加了农户的收入，为地方经济的发展和农民致富发挥了积极的作用。

新余众望有着较强的市场竞争力。一是公司按照现代化企业运营，各项制度规范并与合作社和农户签订了良好的合作协议；二是具有较完备的质检和研发人员，有集团总部做强大的后盾；三是肽开心，广康利等主打产品生产生产经营符合国家质量管理标准。生产全过程的“三废”排放均达到环保部门的要求；四是已肽开心为代表的饲料产品科技含量高、质量好，广受客户喜爱。五是注重产品质量和产品创新，以原料新鲜、全程受控、产品为质量让路品管三大原则，坚持车车必检、坚持不用不合格原料、坚持不回掺筛下物，并且于 2017 年成立东北采购办事处，从源头确保产品质量。期间推出了 1210 大保育模式、劲能 4+4 产品模式、众望 2+4 保育模式、创新产品模式形成以猪熟化浓缩 S400、接猪宝、S810 等高档教保拳头产品。六是由于产品质量上乘，产品产销率达到 100%，供不应求。

四、获奖情况

2015 年度加快推进新型工业化，被中共新余市委、新余市人民政府评选为“发展贡献奖”。

2016 年度全面推进新型工业化，被新余市人民政府评选为“项目推进奖”。

2016 年度现场管理工作被中共新余高新技术产业开发区工委、新余高新技术产业开发区管委会评选为“三等奖”。

2016 年度环境保护工作被中共新余高新技术产业开发区工委、新余高新技术产业开发区管委会评选为“三等奖”。

2017 年荣获高新区技术企业。

2018 年安全生产标准化荣获标准化三级企业。

并连续三年参加了江西猪业博览会，三年连续分别获得如下荣誉。

“2016”年荣获江西猪业博览会最受江西养户信赖饲料企业”。

“2017”年荣获江西猪业博览会江西市场最具影响力饲料品牌”。

“2017”年荣获江西省养猪行业协会优秀企业”。

“2018”年江西猪业最受养户信任饲料企业”，并于 2018 年获得了“江西省农业产业化省级龙头企业”。

争做中国肉鸡饲料第一品牌

——布恩农牧科技集团公司

布恩农牧科技集团公司始建于 1995 年，是一家集饲料生产、健康养殖、肉食加工、原料贸易、生物发酵为一体的大型农牧业集团企业，现下属企业 27 家，员工 3 000 多人，集团年产值 87 亿元人民币，被评为全国饲料三十强，山东十大领军饲料企业、山东肉禽饲料企业十强、山东省饲料企业 50 强等荣誉称号，是中国饲料工业协会副会长单位、山东省饲料工业协会副会长单位、山东省畜牧协会副会长单位、山东畜牧兽医学会动物微生态专业委员会副理事长单位、中国饲用抗生物替代品产业创新战略联盟副理事长单位、山东畜牧兽医学会饲料科技专业委员会常务理事单位。

布恩拥有专业的技术和研发团队，畜禽饲料技术与市场份额均处于国内领先水平，在应用技术、储备技术和科研技术上均有成熟体系，在添加剂、预混料和配合饲料、替代原料等方面拥有多项技术革新和大量的科研成果，目前，集团饲料年生产能力 435 万 t，肉禽食品年产量 18 万 t。布恩注重打造产品和服务品牌，有效地促进了产业发展，经营业绩、经营效率在行业中表现突出，先后取得 ISO 9001 质量管理体系认证和 HACCP 食品安全管理体系认证。为了满足日益增长的市场需求和保障动保事业的平衡发展，布恩集团公司将依托科技创新机制，利用资金和人力资源的优势，建立起以市场为导向的经营管理体制和高速营销通道，拓宽主营业务，形成以企业为主体的技术创新体制，倡导绿色产业，发展循环经济，加大现有产业的科技投入与技术改造力度，优化产品结构和转变经营机制，布恩集团必将成为农牧行业的开拓者和领航人。

布恩集团作为养殖户的好伙伴好朋友，致力于与养殖户共同富裕。其实集团在主营饲料产品之外，还涉及原料贸易、生物发酵、健康养殖以及肉食产业。布恩集团下设两家贸易公司，充分利用集团公司现有的规模化采购和网络化市场，结合布恩集团在行业内的资源和渠道，建立原料基地、优化物流网络、拓展新的贸易市场。其贸易职能主要是服务于广大饲料生产企业、各大小养殖户及饲料原料批发商。这些年来，集团一直致力于生物发酵产品的研发、生产和销售，在生物发酵方面有着丰富的生产经验和人才、技术、管理优势，公司拥有自主产权的生物发酵和生物转化关键技术及设备，通过利用微生物发酵和物理强化方法，进行深加工农林天然产物而制成高安全性、高功能性及高附加值的优质原料产品。通过深耕农牧行业，集团积累多年养殖经验，开展科学技术研究，在提高抗病力、降低耗能量、研发新品种、公母鉴别以及疫苗接种等各项研究中都获得重大收获，公司遵循市场需求为导向，科技创新为根本的发展理念，建立生态养殖小区生产绿色肉食产品，为社会发展做出自己的贡献。肉食产业主营白条鸭、鸭苗等各种鸭产品，本着立足沂蒙，遍布山东，辐射全国的战略思维，经过10年的努力，公司现已成为一家集饲料加工，种禽养殖，种禽孵化，肉禽饲养，肉禽屠宰加工与销售，熟食制品加工与销售为一体的全国知名农产品龙头企业。

布恩集团作为山东省绿色无抗饲料联盟肉禽分盟的理事长单位，这些年来一直致力于绿色无抗事业的发展。布恩饲料走在绿色无抗饲料产品的研发前列，集团开发研制微生态系列产品，替代抗生素，使得布恩饲料的肉鸡饲料早早实现了绿色无抗。未来无抗化是规范养殖业健康发展，保障畜产品安全的利器。无抗是大趋势，是全世界的热潮。抗生素虽然具有促生长预防疾病的作用，但其耐药性和残留环境污染已成为政府和民众关注和重视的大事。当前，肉禽饲料大都能够通过技术手段实现无抗。对布恩集团来说，我们通过以下几个方面来实现肉禽饲料的无抗。

首先，完善饲料配方。通过低蛋白日粮、氨基酸合理使用等技术，控制有害菌群在肠道内的定植、繁殖，减少动物感染疾病的机会。比如在响应国家低蛋白日粮技术上，主动降低3个蛋白，保持了饲料的品质不变。

其次，寻求抗生素替代品。布恩集团微生物事业部积极研发微生态制剂，培育生产枯草芽孢杆菌、地衣芽孢杆菌、乳酸菌等，添加到肉禽饲料中。同时，协同使用酸化剂、植物精油、酶等新型饲料添加剂产品及其控制技术，起到很好的抗生素替代效果。

再次，布恩集团加强饲料企业自身对于饲料原料、营养平衡、生产管理以及质量品控等方面的把控，真正意义上做到饲料的高品质。

最后，对养殖户进行无抗知识的宣传，让其了解无抗产品的更好价值，帮助养殖户逐步摆脱对于抗生素的依赖心理。

一、以人为本，共同发展

创业初期，为帮助养殖户扩大养殖规模，实现现代化的笼养，布恩集团先期拿出资金，帮助他们改善养殖设备和养殖环境，等到养殖户有利润后，再帮助其升级养殖规模，使得很多养殖户从最初的养殖几千只鸡到养殖几万只鸡，养殖场（户）的规模扩大了，布恩的饲料销量自然就上去了。这些年来，布恩集团的养殖场（户）增加的不是很多，但饲料销量却成倍的增长。

对待原料供应商，坚持“以人为本”。在要求原料质量优质的基础上，不会一味地追求价格的低廉，以稳定可靠为根本，要求可原料品质的持续性。同时，布恩的采购人员，首先要求人品好，作风正，坚决杜绝采购的不正之风，本着先做人后做事的原则，洁身自好、相互坦诚，替他人着想，以最大的真诚对待供应商，与供应商共把原料关。

对待员工，坚持“以人为本”。多替员工着想，理清人与钱的重要性，鼓励员工发挥最大潜能，多赚钱，与员工共成长。布恩集团的很多业务员大都从集团创业初期就进入公司，一点一点和布恩集团共同成长起来的，具有很强的共生性。

2018年，布恩集团肉鸡全价配合饲料总产量280多万 t，产品远销江苏等山东周边省份，大约有7.4亿只鸡是吃了布恩集团的饲料产品后进入百姓餐桌的。布恩集团肉鸡饲料产品产量迅猛发展的背后，是布恩与养殖户的共同成长。

二、仁爱诚信，协作共赢

文化说到底是企业内涵的东西，是企业多年发展来约定俗成的东西，是外人对企业的一种认知。企业文化不是贴在墙上的，是实实在在做出来的。

“仁爱”是指企业要有爱心，无论是对员工还是客户乃至合作伙伴，多替他人着想。一般说来，企业大了之后，会出现各种明争暗斗，这样的企业通常会出现这样或那样的问题。如果企业和个人都抱有“仁爱”之心，人的斗争就不会出现，企业就会良性发展。

“诚信”是企业持续发展的脉搏。诚信比生命还重要，如果一个企业不够诚信了，那距离破产也就不远了。诚信要求企业做到公平公正、无私正义，坚守职业规范，信守承诺。2018年豆粕价格可谓起伏不定，无论价格如何波动下跌，始终坚守合同价格，比如有一段时间豆粕每吨下跌500多元，对于用量甚大的饲料企业来说，每批饲料的生产都是一个很大的变动。布恩饲料所做的就是就是以最快的速度用完合同协议的数量，重新进行采购。

“协作”是企业发展的关键。一个企业要想发展壮大，离不开相互协作。在协作过程中，最为重要就是沟通。人都是好的，出问题一定是沟通出了问题，只要沟通顺畅了，就能减少内耗，更好的发展。

"共赢"是企业发展的目的。员工的发展最终还是企业的发展，企业发展的终极目的就是与员工实现共同富裕。

企业的发展就是从供货商到客户，从公司到员工共同发展，企业的发展壮大才有价值，才称得上发展。让客户健康发展，让员工快乐工作、幸福生活，为消费者提供安全的食品。对客户提供合适合格的优质饲料产品和优质安全的畜产品，对员工提供合理的薪酬和福利待遇，与供应商创造融洽的合作关系。通俗点说就是"大家好，才是真的好"。

三、乡村振兴，布恩有责

当前的新旧动能转换就是饲料企业的创新发展绿色无抗饲料产业，打破旧有的小、散、乱的形势，走规范化生产、现代化生产之路。布恩集团一直坚持规范化生产，相继通过了 ISO 9000 认证、HACCP 认证。同时作为中国饲料工业协会和山东省饲料行业协会以及山东省畜牧协会的副会长单位，认真贯彻国家的大政方针，帮助养殖户走健康养殖之路。

乡村振兴需要饲料企业参与进来，尤其是规模性大型饲料生产企业。饲料企业可以利用资本、技术、科研等优势助力于农民致富。坐落于红色革命圣地，山东省临沂市莒南县的布恩集团禽业有限公司，遵循市场需求为导向，科技创新为根本的发展理念，与农民合作建立生态养殖小区生产绿色肉食产品，为社会发展做出自己的贡献。布恩集团旗下健康食品产业，吸纳当地农民参与到生产中来，采用优质原料，通过先进加工工艺和技术，生产美味健康的肉制品。

四、布恩饲料，争做中国肉鸡饲料第一品牌

未来的饲料行业，将进一步规模化发展，饲料企业的数量将会减少，饲料产品不再追求高蛋白，高氮磷，走绿色环保之路，生产绿色无抗饲料产品，让动物健康成长，保障人类的生命安全。布恩集团将会立足中国、辐射全球，目前已启动上市工作，力争三年内上市成功，持续走稳健扩张的发展模式，争做中国肉鸡饲料第一品牌，打造以健康食品为核心的国内一流、国际知名的全产业链企业。

科技创新是企业发展的原动力

——山东和美集团有限公司

科技创新是企业发展的原动力，2009 年山东和美集团有限公司在原技术质检部的基础上组建了山东和美集团有限公司技术中心，2010 年被认定为市级企业技术中心，2013 年被认定为省级企业技术中心。山东和美集团有限公司技术创新体系以企业技术中心和产学研联合创新服务平台为主要载体，以市场为导向，以提高企业自主创新能力和产业竞争力为主要目标，坚持企业主体和政府推动相结合，完善创新投入、运行和激励机制为重点，加快技术产业化提升，实现传统产业改造升级和结构调整，推动企业技术进步，实现企业可持续发展。近年来，和美集团公司在环保型饲料研发、无抗生素饲料研发、饲料质量与安全、综合利用与环境保护、饲料产业节能工艺等研究领域，达到国内先进水平，形成一批拥有自主知识产权的关键技术和主导产品，企业研发费用占产品销售收入的 3% 以上，新产品销售收入占产品销售收入的 20% 以上，形成和美知名品牌，成为山东省饲料行业领军企业和科技创新基地。

技术中心成立以来，围绕"饲料资源开发利用，无抗饲料研发，新产品生产工艺改造，动物营养基础研究"组织实施研发项目 100 余项，覆盖基础研究和新产品，新工艺，新技术；重视人才培养和引进，建立了滨州学院产学研合作教育培训基地，对表现突出的研发人员进行选派出访美国、加拿大、新加坡等地进行技术考察和学习。技术中心全体成员精诚合作，稳步推进技术创新活动的开展，开发利用新资源，形成关键技术和产品的自主创新，节能降耗和清洁生产。

技术中心先后承担市级以上科研项目 4 项，包括抗氧化剂对维生素保护率及肉鸡抗氧化性能影响的科学研究（山东省科学技术发展计划项目），新型饲料加工流程在生产过程中的应用（滨州市专利实施项目）。

研发项目"碎米替代玉米在肉鸡饲料中的应用效果研究（项目编号 201410116004）"和"无抗生素禽用生物饲料的研制与示范（项目编号 201421916009）"分别进入山东省 2014 第一批和第二批技术创新项目名单；其中，抗氧化剂对维生素保护率及肉鸡抗氧化性能影响的科学研究和谷物脱霉技术的研究与应用作为自主研发项目已得到山东省科技计划项目验收，并获得滨州市科技进步奖。

集团公司获得拥有"乳仔猪的饲喂模式""提高蛋鸡骨骼及蛋壳质量的饲料配方及其制备方法""粮食除杂装置"3 项发明专利、"配制饲料用空气净化装置""新型包装袋封口机""轴承分离器""半自动配料设备""饲料冷却系统""颗粒饲料成品检验筛""粮食除杂装置""饲料手推车""压辊更换装置""鸡壳分割设备"10 项实用新型专利及"包装袋（猪用复合预混料）""包装袋（高档乳猪教槽料）"2 项外观设计专利及受理发明专利 5 项。其中"粮食除杂装置"获"滨州市专利一等奖"。新增软著"简易移动自动配方系统的 V1.0"和"新型配合饲料全自动配料系统

V1.0”“新型预混合饲料自动配料系统V1.0”；开发利用新原料糖蜜、芝麻粕、花椒籽、血粉和玉米胚芽粕，添加剂丁酸甘油酯，氨基酸螯合铁、锌，γ-氨基丁酸，微生态制剂；新增油脂后喷工艺技术；获得新产品包括“营养强化系列猪饲料”“新型无抗生素肉鸡系列配合饲料”“改善肉质提高生产性能的新型肉鸭配合饲料”“环保型营养强化蛋鸡配合饲料”“高蛋高钙型蛋种鸭配合饲料”“混养鱼成鱼前期配合饲料”等系列关联产品10多项。

2009年，投资200万元研究低磷饲料的开发，使商品肉鸡前期有效磷降低10%，中期降低15%，后期降低20%，饲养效果无差异。

2012年，在低蛋白日粮的试验开发中，通过添加多种游离氨基酸及复合酶，日粮蛋白质水平可降低5%。

2014年，研究中心研究早期鸡花料（0～7日龄）对肉鸡性能的影响，研发出符合雏鸡消化系统和内分泌系统功能特点的鸡花料，填补我国肉雏鸡阶段鸡花料缺乏的空白，有效提高饲料利用效率，减少饲料浪费，降低环境污染，减少雏鸡发病率与死亡率。

2018年，在新型无抗生素肉鸡系列配合饲料的研发中，以酶制剂、酸化剂、功能性氨基酸，有机微量元素形成组合型饲料添加剂，通过营养调控技术及复配技术代替饲料中的抗菌药物，能明显改善肉鸡的饲料报酬，且在增强肉鸡免疫力方面，优于常规抗生素添加剂；同时也表明酸化剂、有机铬、甜菜碱、小肽之间具有明显的增效性。本研究成果为提高养禽生产效益，保障禽类产品安全指明了方向，提高了产品在市场上的占有率和品牌形象。

新技术、新工艺和新产品的开发与应用为和美节省了大量人力，财力和物力，同时更好地保障了饲料的产品质量，提高产品价值和生产效率，建立了良好的市场口碑和企业形象。

创新打造现代企业神话

——山东和美华集团有限公司

2004年5月16日，总投资1.2亿元，具有雄厚的科技、人才等资源优势的和美华集团成立，“共创、共建、共赢、共享”的企业核心价值观的创新和“资质股份化，生产基地化，营销公司化，经营网络化”的经营机制的创新，开创了“从经营产品到经营网络，从经营企业到经营社会”的两个革命性转变。

和美华集团是中国最大、最专业的饲料企业之一，目前集团在全国拥有30余家独资、中外合资生产企业，专业科技公司数百个；拥有专业营销及服务人员5000余人。已全面通过ISO 9001国际质量管理体系和HACCP食品安全管理体系认证，是国家农业产业化重点龙头企业。

和美华把科技创新作为企业发展最大的动力，以中国农科院、山东农科院、中国农业大学、山东农业大学等农业科研院校为依托，汇集生物工程、动物营养、饲料加工、畜禽、水产养殖、畜牧兽医等方面近百名博士、专家，专业从事动物营养的研究与开发，专业研究添加剂及生物技术在动物营养、饲料技术上的应用和推广。和美华的初级目标是矢志成为全球最大、最专业的饲料制造商和养殖服务供应商，最终目标是打造世界级农牧企业。

2005年8月，“和美华”牌饲料被济南市工商部门和消费者协会评为“消费者信得过产品”，成为著名饲料品牌。和美华创新产品“发情王”技术荣获国家专利技术发明二等奖和国家科学技术进步奖。

公司先后被评为:“山东省畜牧业五十强企业”“山东省文明诚信民营企业”“济南市文明诚信民营企业”“济南市守合同重信用企业”“济南市文明诚信标兵”等。公司现任中国饲料工业协会常务理事单位、中国预混料协会副会长单位、山东省畜牧协会饲料分会常务理事单位、山东省畜牧协会生猪产销分会副会长单位、山东兽药协会常务理事单位、济南家禽协会常务理事单位、济南市饲料协会副会长单位等。

一、秉承“替政府分忧，为人民造福”的企业宗旨，肩负起“情系三农，造福民生”的使命

天下兴亡，匹夫有责。这是一个中华民族伟大复兴的时代，连续六年的中央1号文件及十一五发展规划已经清楚地表明，“三农”问题是全党工作的重中之重！“替政府分忧，为人民造福”的企业宗旨就是把企业置于社会这个大的系统里，顺应天下大势，服务于社会的需要，就是把和美华企业的发展同这个行业、这个民族、这个国家的命运结合起来，成为各级政府“帮农富农”的得力助手，带动农牧业全面与国际接轨。

“共创、共建、共赢、共享”的企业文化是和美华事业发展的第一原动力，有强烈使命感和责任感的和美华人，怀着对三农的深厚感情，在提高农民收入，提高农业综合生产能力，建设新农村的大潮中，理应肩负起“情系三农，造福民生”的伟大历史使命。积极引导农民打破传统的思想观念，超越传统的思维方式，教育广大的农民，更新观念，提高素质，推动标准化养殖，主动与国际接轨。情系三农，心系百姓，科教兴农是最光荣、最有意义的事业，是和美华的永久事业。

二、内部充分授权的自主创业机制是和美华事业发展最重要的动力

“资质股份化、生产基地化、营销公司化、经营网络化”是和美华经营机制的创新，形成了内部充分授权的自主创业机制是和美华事业跨越式发展的最重要动力。

资质股份化，反映的是企业员工共同的追求，和美华的事业是大家的事业，是以人为本，开放相融，合作发展成就每一个人的生命价值。生产基地化是企业治理结构的创新，是企业低成本、无成本运营和专业化能力的体现。营销公司化是实现二级股权下沉资质股份化的具体体现，划小经营单位，实现服务营销人员本土化、专业化、服务化、合作化，实现内部充分授权自主创业的发展机制。经营网络化，是为优秀人才提供舞台，将农业形成有序化组织，同广大农民形成利益钩牵，网络结构的共赢发展的关系；实现企业、员工、用户、社会“共创、共建、共赢、共享”的企业核心价值观，情系三农，造福民生的体现。

三、和美华信守“科技占市场，服务得天下”的经营理念

和美华集团开创之初，在“以人才为根本以科技为先导”的方针的指导下，制定了“人才第一战略、科技领先战略、深度整合战略”三大基本战略，确立了“科技占市场，服务得天下”的经营理念，把科技创新作为企业发展最大的动力，把高科技产品和高水平的技术服务作为为用户创造价值的基础。和美华企业价值的创造，和美华视产品的品质是企业的生命，永远根据用户利益需求确定一切工作的质量标准，不断提高科技创新能力，达到技术领先提高产品的技术含量；持续推动内外部精细化管理水平，控制产品的成本、费用，产品拥有十二项专项技术和八道复合工序，通过 ISO 9000 国际质量认证体系和 HACCP 食品危害分析和关键控制点认证，建立起了完整的质量控制体系。

技术创新是和美华保持高速发展和竞争优势的最大动力，广泛整合技术资源，与国内外的科研机构广泛合作，技术引进、委托开发、合作开发、自主研发等多种方式，逐步形成世界一流的技术创新能力。

产品有限，服务无限，为用户创造价值带来利益是和美华人永恒的追求。以用户价值最大化为导向，将各项资源配置在围绕养殖效益的方向上，实施深度整合营销模式，以乡镇级营销公司平台建设由各类专家组成的服务团队，实施提供优良品种、质优价廉的饲料、饲养管理技术、原料兽药、饲养信息、畜产品销售等六项综合服务，积极推行科教兴农计划，帮助养殖户解决养殖难题。

开展技术营销，充分运用和美华的科技研发技术、动物营养技术、养殖生产技术、畜牧兽医技术、专业服务技术等方面的专业技术；运用企业对养殖业的品质控制、财务管理、生产运营管理、成本控制、人才培训、专家资源、文化建设、品牌建设、市场营销以及经营管理等方面的系统能力，运用“专业技术 + 系统能力”为养殖场创造价值。

四、建设养殖合作社，积极推动标准化养殖，带动农民致富

和美华集团秉承“替政府分忧，为人民造福”的宗旨，肩负“情系三农，造福民生”的使命，顺应国家大势，积极组建成立“山东和美华养殖合作社”，把广大的养殖户有序地组织起来，集中采购生产资料，推动标准化养殖，共同打造品牌，对接大市场，带动中国农牧业全面与国际接轨，造福民生。

成立“山东和美华养殖合作社”的主体是广大的畜禽养殖户，以畜禽养殖户为主要服务对象，谋求全体成员的共同利益为宗旨。

主要提供以下几个方面的服务：

①根据畜禽加工市场的需求，向养殖户提供优良畜禽品种。

②搞好饲养技术培训，提高养殖户的养殖水平。

③制定规范统一的防疫程序，搞好疫病防治，提高产品出品率。

④联合购进饲料添加剂、兽药和大宗饲料原料，降低饲养成本。

⑤对接畜禽加工厂，搞好畜禽产品销售。

⑥制定统一环境卫生标准，搞好饲养环境卫生。

⑦搞好与当地政府和社会有关部门的沟通，特别是与金融、财政等部门的沟通，建立起良好的关系，得到他们的支持。

⑧积极争取政府支持资金，扩大区域养殖规模，建设标准化畜禽养殖设施，推进标准化养殖进程，加快与国内外两大市场接轨。

总社积极组织在山东各地筹建区域养殖合作分社，把饲养户最大限度地组织起来，积极为全体成员谋取共同利益，推动标准化养殖，对接大市场，为我国畜禽养殖业的大发展做出贡献。

2009 年和美华集团进入二次创业阶段，继续坚定不移地走专业化路线，在做专、做强预混料的同时，充分整合上下游优秀资源，上游全面进入种畜禽、原料领域，下游全面进军全价料、肉食品加工、销售领域，共同打造强势产业价值链，确定了 3 年内实现年产销量全价料 100 万 t、预混料 30 万 t、销售收入

100 亿元的经营目标。

企业存在的唯一理由是为社会创造价值，为他人带来利益，为用户创造价值带来利益是和美华人永恒的追求。和美华集团信守“科技占市场，服务得天下”的经营理念，坚定不移地走专业化路线，通过高科技型的产品和系统的服务能力作为为用户创造价值的基础，形成企业的核心专长与技能，形成持续的竞争优势和核心竞争力。

和美华集团坚持“科技占市场，服务得天下”的经营理念，全面实施“人才第一、科技领先、深度整合”三大基本战略，为优秀人才提供舞台，为上下游客户创造价值，致力于饲料行业的专业、规范与高科技，共同打造国际化标准，带动农牧业全面与国际接轨；为实现企业、员工、用户、社会“共创、共建、共赢、共享”的核心价值观而奋斗！为实现中华民族的伟大复兴而奋斗！

专业铸品质　服务创价值

——山东亚太中慧集团有限公司

作为山东省饲料领军企业，山东亚太中慧集团（以下简称“中慧农牧”）旗下拥有饲料企业 50 余家，设有昌乐、安丘、鲁南、胶东、鲁西、河南 6 大聚落及预混料事业部，产品包括鸡料、鸭料、猪料、牛料及水产料等配方饲料、预混料六大系列 60 多个品种，市场以山东为核心，辐射河南、河北、东北、江苏等省市。

中慧农牧以安全健康为导向，以规模化、专业化、合作化、标准化为手段，立志成为中国农牧产业发展和提升的倡导者和推动者。自成立以来，中慧农牧始终秉承集团“用户价值最大化”经营理念，坚持专业生产，品质第一，凭借优质稳定的原料供应、中美联合的配方设计、行业一流的生产工艺、严格健全的质量管控、一站式的价值服务，引领产品研发创新前沿，铸就领先行业的卓越品质，成为用户、行业公认的最具价值饲料品牌。

公司先后荣获山东十大领军饲料企业、山东猪料暨禽料企业十强等荣誉称号，“亚太中慧”饲料被评为山东省著名商标。

一、专注饲料研发创新

中慧农牧专注于饲料研发创新，先后投入资金 5 000 多万元，打造了设施一流的研发中心，形成了集动物营养、饲料配方、养殖管理等一体的研发体系，研发中心引入了以留美博士为主体的专业研发团队，拥有博士及硕士以上学历的专业研发队伍 300 多名，公司还积极与中国农科院、山东畜牧研究所、清华大学、中国农大等多家国内著名畜牧业科研、教学单位展开深入合作，保证了集团技术和产品开发的前沿性。

中慧推出的饲料科研项目数次入选农业科技成果转化项目、星火火炬项目等国家、省级成果项目，被授予“工程研究中心”等荣誉称号。中慧享誉行业的权威饲料配方，便是集团产品及技术研发中心数十位留美博士多年的营养研究成果，科学独特、营养全面，能够精确满足不同品种、各个生长阶段、甚至不同季节气候下畜禽的营养需求，全方位呵护畜禽健康成长，保障养殖效益。

二、价值采购保障原料源头

安全优质的原料，是生产稳定健康饲料产品的前提与保证。依托专业化的原料采购平台，公司打造了原料价值采购体系，与众多国内外优秀原料供应商建立了长期合作关系，通过海外采购、统一集采、分级采购等立体化采购网络，持续推动原料采购向统一化、集中化与专业化升级，形成了统分结合、专采专用的采购格局，从源头保证了原料的优质安全。在各种新、特原料的开发与使用上，中慧也进行了积极创新与尝试，进一步降低了生产成本，为用户创造了实惠，取得良好效果。

三、先进工艺确保生产安全

在生产加工制成上，公司配备了国内最先进的饲料加工设备，采用领先行业的先进生产工艺流程，全部实现现代化、标准化、自动化生产。饲料加工工序，采用无差错的计算机配料技术，保证配料精确无误；在制粒工序，采用国际最先进的一次性膨化制粒工艺，颗粒均匀，适口性好。液体酶后喷涂技术保障酶活不降低，更有利于消化吸收。生产管理上，公司引入丰田精益管理模式，像制造汽车一样生产饲料，实施精益制造，不断提升生产效率。车间一律实行 6S 管理，为产品质量打下了良好基础。

四、严格检测打造最优品质

为提高原料和成品检验化验水平，公司打造了由集团质检中心、片区化验室、分公司化验室组成的三级品质控制体系。其中，亚太中慧投资近千万元，按照国家实验室认可委员会 CNAS 认证的要求建立的高标准中心化验室，配备行业最优秀的专业检验人员和最先进的检测设备，可集中对大宗原料和产品进行权威检测。检测结果受到国内，以及美国、欧盟、日本等全球 72 个国家的认可。

各片区，分、子公司以专业化验室为依托，打造了专业的质量品控队伍，公司每年在产品品质检测和化验设备上的投入高达数百万元，与公司质检中心一起，共同搭建了全方位、立体化、系统化的品质监控体系，实现了从原料进厂到产品出厂，产前、产中、产后的系统检测，保证不合格的原料绝不进厂，不合格的产品绝不出厂，保证了饲料品质的稳定、高效。

五、一站服务创造最大创值

为实现“用户价值最大化”，公司以质优价廉的产品为基础，充分利用中慧的平台聚合优势，整合上下游优质产业资源，为用户搭建集管理技术、资金支持、产销服务等为一体的综合性服务平台，提供整体养殖解决方案，以价值服务推动用户、企业联盟发展，共同成长。

公司组建了技术过硬、经验丰富的养殖服务专家队伍，可为大中型养殖场场提供从建设规划、标准化管理、精确检测化验，到营养健康控制、疾病诊断和免疫程序制定等全方位、全过程的整体解决方案。

为解决用户的资金难题，中慧农牧通过自有担保公司、加强金融合作等方式，积极为广大用户和养殖场拓展融资渠道。据统计，中慧担保公司自成立以来，已累计为养殖户提供担保贷款 20 亿元。公司还与中国银行、中国农业银行、邮政储蓄银行等建立了稳定合作关系，利用中慧优质资信，将银行资金及服务引入到中慧金融大平台之中，为众多养殖场稳定发展提供了资金保障。

公司在为用户提供优质产品与服务的同时，以养殖端为中心，积极寻找、整合行业上下游各类优质资源，为广大用户搭建价值服务链条和平台。最终通过市场人员，将设备设施、优质种苗、管理技术、疫苗药物、销售渠道等各类服务，直接送到养殖场，为用户提供一站式的整体解决方案。

一枝独秀不是春　百花齐放春满园

——天普阳光生物科技有限公司

天普阳光集团作为一家致力于无抗饲料生产、生态养殖和绿色畜禽食品打造等一体化运营的畜牧业企业，近年来致力于推动新型经营主体的建设，帮助广大客户构建新型农村合作社，开展合作金融、养殖保险、种猪供应、生猪收购、养殖器械、动保药品、营养方案、数据管理八大服务项目，在此基础上引导广大社员建设新型生态农场，实现价值创造与合作共赢，将新型农合社的春风雨露播洒到广袤的农村大地。

一、克服传统农合社的弊端，充分发挥龙头企业“+”的力量，合纵连横，构建起新型农合社的发展模式

天普阳光集团顺势而为，克服传统农合社流于形式、服务方式单一、资源整合力度弱，没有分红、没有品牌溢价能力等弊端，明确战略布局，构建新型商业模式——龙头企业 + 新型农合社 + 家庭农场，致力于平台搭建，将新型农合社作为推进新型商业模式的总抓手和突破口。在合作社运营中，开展合作金融、养殖保险、种猪供应、生猪收购、养殖器械、动保药品、营养方案、数据管理八大服务项目，实现价值创造与合作共赢。

为了帮助合作社理事长更好地开展“八大平台”服务内容，天普阳光专门抽调年轻化、专业化营销人员成立专门的支持队伍，帮助理事长做好各项工作。集团专门成立了阳光联盟畜牧服务公司，服务公司作为天普阳光集团的养猪服务平台，组织技术服务专家进驻合作社，为合作社的广大社员提供质优价廉的兽药、疫苗、设备，以及种猪、苗猪、生猪销售服务。

为了提高广大社员猪场的养殖水平和经济效益，天普阳光通过推出“阳光行动”服务，专注于猪场管理与培训、技术托管与服务、合同猪放养、抗体检测、药敏试验、猪病诊断、品种改良、设备升级。通过这种差异化的服务，最终达到养殖效益最大化。为保障合作社有序运营管理，组织天普阳光农合社参观，举办天普阳光首届家庭农场公益论坛；优质家庭农场参观；组织合作社推广会（社员日、分红大会）。

二、合作社成功的关键在于理事长“利他”的经营理念，与社员构建起真正的合作共赢关系

合作社成功的关键，理事长要拥有事业长远追求和正确的经营管理理念；理事长与社员的关系由买卖关系转变为合作共赢关系；信誉诚信为本，走出短期利益关系，注重长远发展。有利他思维和合作共赢意识；认同合作社经营理念和运营模式；具有一定的经营管理能力和技术服务能力；有一定的社会资源；有自身的门店。

三、齐头并进，新型农合社成长迅猛，实现了企业、合作社、社员的三赢

桃李不言，下自成蹊。通过合作社的运营，一是在客户层面：由传统饲料经销商成为做“八大服务”公司化运营平台的角色转换。截至 2018 年年底，共帮扶广大客户朋友在山东省、河北省建立合作社 80 家。二是在社员层面：由传统散户向规模化节本增效和种

养结合家庭农场的角色转换。据统计，全体合作社目前共发展社员 6 000 人。三是在饲料产业层面，致力于由单一的生产加工服务想价值链组织和整合、提高农户的组织化程度转型；四是公司战略层面，做产业链优化完善的提升者，畜牧业升级转型的引领者——推进山东新型养殖综合体模式。

一枝独秀不是春，百花齐放春满园。天普阳光通过构建新型农合社服务平台，致力于做山东家庭农场养殖模式的引领者，计划五年内精心打造 500 家合作社、5 000 家优质家庭农场、50 万亩种植土地生态平衡、500 万头年生猪出栏，走出一条与广大农户共谋发展的转型升级之路，力挺乡村振兴战略和新农村建设。天普阳光践行绿色发展理念，依托合作社平台，引导广大养殖场打造新型种养结合、生态循环、环境友好的家庭农场，实现提质增效和转型升级，让越来越多的社员和用户朋友走向发家致富的快车道。

行业正在发生巨变，新的挑战与机遇并存。在农牧业提质增效、绿色生产、开拓创新的大背景下，广大天普阳光人顺势而为，与新时代同频共振，为新三农奉献价值，发扬“奋斗为本、诚信利他、求精务实、创新超越”的企业精神，在构建新型经营主体和创新企业发展模式的道路上大踏步努力奋斗着，承载新时代的责任担当，有效助力畜牧产业结构调整和乡村振兴!

科技驱动　高质增长

——山东新希望六和集团有限公司

山东新希望六和集团有限公司成立于 1995 年，主营业务是饲料生产、食品加工、种畜禽繁育、畜禽养殖、进出口贸易等。2018 年拥有下属企业 300 家，员工 3 万人，销售收入超过 400 亿元，是农业产业化国家重点龙头企业。

饲料产业是集团的核心产业之一，年饲料加工能力达到 2 000 多万 t，拥有饲料分子公司 150 多家。产品涉及畜禽、水产类 10 大系列、100 多个品种，饲料产销量过千万 t，规模位居同行业之首。饲料技术水平达到国际先进，“六和”品牌饲料在国内市场上，以品质优良、质量稳定、技术含量高等特点深受市场欢迎。

在“打造世界级农牧企业和美好公司”的愿景下，公司秉持“科技驱动、高质增长”战略要点，保持了饲料产业的持续健康稳定发展，2017 年，销售各类饲料产品 1 100 多万 t，产品结构得到进一步优化，其中猪料销量近 280 万 t，同比增长 20%；禽料销量为 700 多万 t，全年实现营业收入超过 310 亿元。

一、科技先行，持续打强技术实力

集团的饲料产业持续打造科技创新平台，建立了 16 处研发基地、26 处中试基地，拥有研究与试验开发人员 1 850 人，其中博士 45 人，硕士 563 人，设立了博士后科研工作站，与国内、外农牧业知名大学开展了合作研发；拥有领先的近红外检测技术，建立了 30 种饲料原料、100 余种饲料成品的近 400 个预测模型；公司的技术中心被国家发改委等五部委评为“国家认定企业技术中心”；质检中心也通过了中国合格评定国家认可委员会（CNAS）认证。有“饲料安全与高效利用国家地方联合工程研究中心”“农业农村部饲料研发分中心”“国家创新型试点企业”；“院士专家工作站”、“山东省饲料安全工程研究中心”“青岛市动物饲料安全重点实验室”等十余个创新平台，为生产高品质饲料奠定了科技和人才基础。

集团持续加大研发投入力度，每年保持销售收入 3% 以上的比例。承担国家、省市级重大课题及项目 90 余项，其中国家研发重点计划 2 项，国家“十一五”科技支撑计划 1 项，国家“十二五”科技支撑计划 2 项，国家星火计划 2 项，国家 863 计划 1 项，山东省泰山产业领军人才专项 1 项等国家级科研课题 18 项，完成科技成果评价鉴定 40 余项；截至目前，申请国家专利 1 137 项，拥有授权专利 715 项，其中授权发明专利 279 项。60 多项技术成果获得国家、省市级科技奖励，其中国家科技进步二等奖 3 项、教育部科技进步一等奖 1 项、山东省科技进步一等奖 1 项、山东省科技进步二等奖 2 项、山东省科技进步三等奖 2 项、青岛市科技进步一等奖 4 项等。

“猪禽饲料安全高效关键技术创新与产业化”项目，荣获 2015 年度山东省科技进步二等奖，“功能性饲料关键性技术研究与开发”项目，荣获 2016 年国家科技进步二等奖；“鸡饲料质量快速评价与营养调控关键技术研究与应用”项目，于 2018 年 11 月获得山东省科技进步一等奖。

集团是全国饲料工业标准化技术委员会委员位列单位，拥有中国饲料标准化委员会委员 3 人，中国饲料工业标准技术咨询专家 2 人。近年来，主持及参与制定国家、行业标准 20 余项；在国内外核心期刊发表文章 60 余篇，研发实力和装备水平居国内同行业前列。

二、专业引领，倾力打造匠心产品

集团注重打强专业水平，持续打强产品力、采购力、制造力，不断提升饲料产品品质。

(一) 打强产品力，创造领先品质。

集团在饲料生产上，重点突出了绿色、健康、环保的主题。曾重点开发了在饲料中使用酶制剂技术，

提高了养分的利用率，减低了对环境的污染，可提高饲料转化率 2%，减少磷排放 5%。此项技术获得 2008 年省级科技进步一等奖。

自 2016 年以来，推出的系列生物环保饲料获得市场好评。公司优化了研发体系，在各个涉及饲料业务的分子公司也加强了产品开发能力的配置，着重推动产品技术与生产工艺的升级。着重推动以微生物发酵技术为核心的生物环保型饲料的发展，水产料由沉性颗粒料向浮性膨化料的升级，母猪料推出了“月子餐”等创新型系列产品，不仅得到了市场的认可与好评，也为饲料产品的体系化和品牌形象的塑造打下了良好基础。

（二）打强采购力，提升供应链管理。

公司对原料采购体系进行了重组优化，通过新的管理平台，积极开展供应商体系梳理，与中粮、中储粮、吉林酒业、象屿、嘉吉、邦基、益海、大成等多家国内外优秀原料供应商建立战略合作伙伴关系，并积极开展多种形式的供应链融资，优化采购成本及相关财务费用；同时还加强采购体系科技与信息化建设，一条联通养殖户饲料需求与供应商原料供货计划的供应链互联网共享系统，已于 2018 年全面推广应用。

（三）打强制造力，精益生产提效率。

集团继续推动饲料工厂布局与产能的优化升级，通过新旧动能转换，不断淘汰落后产能，使得饲料单厂技术水平和产销量进一步提升。同时在饲料厂内部持续继续加强生产标准化升级，推动精益生产升级，持续提高生产效率，使饲料生产的吨均费用持续下降，保持了同行业领先水平。并且，从原料控制、配方制定、生产制程管理和指导用户等方面，狠下功夫，确保的安全优质生产。

1. 控制源头

饲料产业坚持用“饲料安全等于食品安全”的理念组织生产，投入巨资，购置了大量国际先进的仪器设备，在检测方面汇聚行业内优秀人才，积极探索原料质量安全问题的控制方法，积极参与国家相应标准的制定、修订及审定工作，使原料控制的技术手段达到了行业领先水平，得到了业内认可和好评。

2. 科学配方

在配方系统中使用理想氨基酸模型和净能体系，进一步减少了能量、蛋白质浪费。在原料选择上把安全指标放在第一位，营养指标放在第二位，不但杜绝对畜禽机体健康可能带来伤害的物质，而且杜绝任何可能在畜禽产品中蓄积，进而对消费者健康造成潜在影响的物质。同时，严格遵守国家法律法规，自觉使用各种新型绿色添加剂，如酶制剂、微生态、植物提取素等。

3. 规范制程

集团所有分子公司均通过了集团 HACCP 考核小组的内审与外审。并且做到了内审经常化，外审机构定期例检。

4. 完善体系

有分工明确的管理体系、标准体系、饲料安全评估体系形成和饲料安全监测检验体系。集团构建的协调统一、分工明确、运行高效的集团质量安全检测中心、片区中心化验室、分公司化验室等三级检测体系，适应了饲料生产、流通、使用全过程监管的需要。

三、共创共享，不断创新升级服务

公司以“基地 + 终端”模式，布局从饲料加工、畜禽养殖、屠宰加工、食品深加工和终端销售于一体的大食品产业链，经过几十年的探索和努力，实现了农牧食品的全程追溯，并推动了农牧产业链向数字化转型。自主开发的食品安全可追溯信息平台，已与企业 EBS 等信息平台实现联调、共享，实现了“一物一码”向消费者展示每件肉食产品的来龙去脉。为此，在服务养殖基地上，集团不断创新技术模式，推动商品养殖，希望为传统产业链装上腾飞的翅膀。

在禽料服务方面，坚定地推动禽旺养殖服务，与原有的“禽福达”信息管理系统对接，并升级为“云禽旺”系统，已覆盖养殖户超过 1 万户，覆盖商品鸡、鸭超过 5 亿只。

在猪料服务方面，通过新好、新六育肥猪放养促进猪料销售，将原有的“九方农场”管理系统升级成“云放养”系统，已覆盖养殖户 1 900 余户，覆盖育肥猪 190 万头。

在金融服务方面，公司依托普惠担保公司，为上万名养殖户提供担保贷款服务，已能覆盖公司约 15% 的鸡苗用户、鸭苗用户和 23% 的生猪养殖户。

集团还加大商品代自养的投入力度，新建技术领先、符合现代环保标准要求的白羽肉鸡、白羽肉鸭自养示范基地，同时，积极推动合作养殖户快速转型为环保达标、效率领先的家庭农场。2017 年，集团推出的新型肉鸭多层网养技术，不仅大幅提高了养殖效率，而且还降低了粪污处理难度，使棚舍达到环保要求。该技术的推出快速吸引更多养殖户加入了集团公司的合作体系。

今后，在各级领导的支持下，山东新希望六和集团有限公司将以“打造世界级农牧食品企业和美好公司”为愿景，以“为耕者谋利、为食者造福的”为使命，以“战略引领、科技驱动、共创共享、高质增长”为策略要点，不断推进饲料产业的健康可持续成长，为打造安全健康的大食品产业链，为促进行业发展和社会进步，不断做出新的更大贡献。

广纳英才 安邦富民
——河南广安生物科技股份有限公司

河南广安生物科技股份有限公司（以下简称“广安生物”）成立于1996年6月28日。总部位于郑州高新技术产业开发区檀香路3号，2008年被评为河南省饲料行业第一家农业产业化国家重点龙头企业。2014年12月15日在新三板挂牌上市（股票代码：831503）。注册资金15 000万元。

广安生物以“中国健康猪肉产业链标准制定者”为目标，以直接或间接地为人类提供安全健康的食品及服务为宗旨，以“广纳英才，安邦富民”为己任，致力于农业产业链的打造，通过20多年的努力，形成了“九月香”健康猪肉、生猪饲养、饲料生产（配合料、预混料）、原料贸易的产业链运营体系，从饲料、原料源头到养殖、防疫、终端销售，全程把控，基本实现了全程可追溯。目前拥有20多家“九月香”销售门店、10多个规模化猪场、1个预混料基地、4个配合料基地。

广安生物始终坚持“科学技术是第一生产力”，持续加大科研投入力度，现有员工960余人，其中博士6人，硕士20人，科技活动人员305人。并建设有省、市两级企业技术中心，省、市两级生物预混料工程技术研究中心，省、市两级院士工作站，博士后科研工作分站等研发平台。2015年首次认定为高新技术企业，先后荣获河南省创新型企业，全国饲料50强企业，农业部“饲料质量安全管理规范示范企业”，河南省民营企业100强、河南省综合实力十强、全国优秀创新型企业、“中国驰名商标”等三十多项荣誉称号。

本着优势互补，资源共享的原则，自2015年以来，广安生物与中国科学院亚热带农业生态研究所、农业部饲料工业中心、河南工业大学、河南农业大学等科研机构和高等院校紧密合作，承担了国家火炬计划、国家农业科技成果转化、国家创新基金、省、市重大科技攻关等项目，先后研发了“功能性饲料及添加剂的优化组合与动态应用关键技术研究”“饲料加工过程药物、微生物交叉污染防控关键技术研究与示范”“无抗风味猪肉生产关键技术集成与示范”“功能性乳猪饲料关键技术研究与示范”等多项国内领先科技成果，其中2017年，公司的“无抗风味猪肉生产关键技术集成与示范”成果通过了中国工程院院士李德发等院士、专家的鉴定，经鉴定达到国际先进标准。目前共有12项国家专利，其中发明专利5项，获得省、市科技进步奖18项。

2016年，广安生物制定了“五五规划”发展战略（2016—2020年），立足于打造并实施“一条产业链、一条资本链、一个创新平台、一套管理机制、一所商学院”的五个一系统工程。从产业链、资本市场、管理研发机制上制定了详细的规划。在产品研发上立志于全面形成与业务配套的完善研发机制。建立一条集配合料、预混料、养猪、食品为一体的发展战略，围绕饲料猪肉线联动，整合内外部资源，实现饲料做大、养猪做强、食品做精，资金做通。

为实现“从源头到餐桌”全过程控制，切实履行农业产业化重点龙头企业的社会责任，广安生物按照以饲料业为基础，以养猪业为增值，以订单种植和屠宰加工为突破的产业链发展思路，将在郑州、濮阳、南阳、周口、驻马店等河南省畜牧重点县市，全面推进“双百”工程，实现“年产饲料100万t，年出栏生猪100万头”的百万头生猪产业链一体化工程项目，实现企业持续健康发展。

2019年广安生物将继续坚持以习近平新时代中国特色社会主义思想为指导，全面贯彻党的中央经济工作会议精神，统筹推进“六位一体”工作法；重点落实“13681”工程，坚持一套完善的经营目标体系，坚持深化改革发展，有效推进母子公司运营机制，深入开展三大攻坚战；重点建设六大工程，抓好八大项目落实，重点推进全体员工执行力（强化全员践行执行力），争取做到为员工谋福利，为客户创价值，为国家做贡献，为全面实现百年广安梦而努力奋斗。

以技术研发为动力 不断创新发展
——河南亿万中元生物技术有限公司

河南亿万中元生物技术有限公司成立于1996年，总部位于郑州新郑龙湖镇，现有新郑、荥阳、商丘宁陵三个生产基地，总占地面积260亩，是一家集饲料、生物降解霉菌毒素添加剂研发、生产，原料贸易于一体的现代化民营股份制企业。公司拥有各类饲料生产线七条，年产能51万t；拥有生物发酵车间一座，用于新型霉菌毒素降解剂“霉立解”的生产，年产能3 000t。近年来，不断加强技术研发，有力推动了企业健康发展。

拥有实验室三座，配备有行业内先进的近红外分析仪、高效液相色谱仪等仪器设备，拥有高素质的品管员、化验员二十余名。公司是国家级高新技术企业、中国饲料工业协会常务理事单位、河南省饲料工业协会常务副会长单位、河南省饲料行业“综合实力十强企业”、全国饲料优秀创新企业，荥阳公司被评为部级饲料质量安全管理规范示范企业。公司始终秉承“质量是生命，用户是上帝，科学技术是第一生产力，人才是企业源动力”的企业警训，坚持诚实守信、开放创新的经营理念，为广大用户提供优质高效的饲料和霉立解。

公司与中国农业大学、河南农业大学、河南牧业经济学院等知名高校开展广泛的技术合作，聘请饲料、生物技术等领域的专家担任技术顾问。公司注重引进、培养各类专业技术人才，使饲料配方技术水平不断提高，产品创新力不断增强。公司不但有技术上的优势，同时还有采购和设备优势，公司运用价值分析理论，做战略采购，使产品具有成本优势；公司引进的全套牧羊设备，使生产实现了自动化，特殊的生产工艺，有力地保证产品质量，在市场上具有竞争优势。技术精湛的售后服务人员，能够为客户提供全方位的技术服务。

霉立解是公司独家转让的由中国农业大学研发的可高效降解霉菌毒素黄曲酶毒素、玉米赤霉烯酮、呕吐毒素的新型霉菌毒素解毒酶。该产品已获得多项国家专利，具有独立知识产权，达到国际领先水平，获农业农村部科技进步一等奖。

公司目前拥有国家发明专利 4 项，并成功转化为霉菌毒素生物降解剂产品，另拥有实用新型专利 7 项。

公司研发中心获批为郑州市霉菌毒素生物降解工程技术研究中心，不断打造科研平台，持续推动企业创新。

公司一直致力于产品的研发和更新换代，根据霉菌毒素来源广、种类多的特性，以及动物养殖过程中生产性能低、疾病多、经济效益不理想的问题，公司适时推出相应的新产品。肉鸡专用新产品“518”“520”有效提高饲料转化率和生产性能，每只肉鸡可增收 0.5 元效益。蛋鸡专用新产品“蛋多多”“蛋多鲜”提高产蛋率 1.5% 左右、降低料蛋比，每只蛋鸡到淘率时，可增加 3.8 元收益。母猪专用新产品“仔多宝”“猪仔多”增加产仔数、提高仔猪初生重和均匀度，每头母猪每年平均多产 1.9 头仔猪。肌胃炎、腺胃炎专用新产品“肌腺宝”“肌腺康”可有效解决家禽养殖过程中出现的肌胃炎、腺胃炎问题，减少饲料便现象，新产品的推出，极大丰富了产品结构，使公司服务行业的能力更加立体。

公司不断进行生产工艺改进，提高生产效率的同时，开发出 30 倍浓缩的喷粉，适合越来越多的动保企业进行霉菌毒素脱毒制剂产品的开发与推广应用，通过动保企业固有的销售网络和力量，让更多的饲料与养殖同行免受霉菌毒素带来的困扰，从而造福畜牧业，提高养殖效益。

公司牵头制定的《添加霉菌毒素生物降解剂的饲料中黄曲霉毒素 B_1 的测定方法》《添加霉菌毒素生物降解剂的饲料中玉米赤霉烯酮的测定方法》及《霉菌毒素生物降解剂对饲料中玉米赤霉烯酮的降解率的测定》3 个河南省地方标准，获得河南省质量技术监督局审批立项，目前正在建设期。标准的制定将为行业提供霉菌毒素生物降解剂的评估方法和标准，为监管部门评价、规范和监督脱霉剂市场提供理论依据。

公司热衷公益活动，主动承担社会责任。每年投入大量的人力、财力对全国饲料和饲料原料霉菌毒素污染情况进行普查，并分上半年、下半年一年两次在国内核心期刊杂志上发表霉菌毒素污染分布数据。为饲料企业进行原料采购提供研判信息，为政府部门掌控霉菌毒素污染情况提供数据来源。

积极应对新形势 加大技术研发力度 推动产业快速发展

——新乡市大北农农牧有限责任公司

新乡市大北农农牧有限责任公司是伴随着我国饲料工业的诞生而同步发展起来的农牧科技企业，创建于 1984 年，30 多年的发展，已经成为一个从事饲料、生态养殖、绿色种植、动保、养殖设备制造、农产品、特色餐饮、文艺文化、培训教育等于一体的综合性农牧龙头企业。现有员工 1 000 余人，年销售收入 6.4 亿元。饲料作为企业主导产业，近年来大力实施“创建全球最大的养猪服务企业”战略，拥有“北农”“胜信”“百泉”“九千”四大品牌，在新乡、驻马店、焦作等地先后建成了中原地区最大的猪饲料生产基地，年饲料生产能力超过百万 t，大北农猪料已经成为规模化养殖场的首选品牌。

企业在农业产业化道路上，形成了完整的循环经济产业链；企业先后通过国际质量管理体系认证、食品安全体系认证、环境管理体系认证、职业健康安全认证。是农业产业化国家重点龙头企业、农业农村部授予“饲料质量安全管理规范示范企业”、国家循环经济教育示范基地、河南省生猪产业化示范集群企业、省农业产业化重点龙头企业、省饲料十强企业、省国防教育基地、省新农村建设先进单位、省农产品深加工示范企业、省五一劳动奖状、省级卫生先进单位、省民营企业现代农业 100 强等。

一、不断加大饲料技术研发力度

新乡大北农以高品质、环保、健康、高效为产品设计核心理念，现有母猪、教槽、保育、育肥四大系列猪饲料产品，特色产品有液态饲喂无抗教槽料“金乳王”、乳猪液态发酵饲料“酸酸乳”、高档保育料“乳宝 3 号”、解决母猪肠道健康问题的功能性母猪料、生长速度快和养殖效益高的育肥料。

新乡大北农的教保料是公司的拳头产品，从2008年开始在市场上就已经有较好的影响力，最近几年公司又在教保料上下了更多的工夫，推出了新的教保料产品和液体饲喂模式，大大提高了养殖户仔猪的成活率和生长速度。

金乳王就是一个专门用来进行液体饲喂的教槽料，该产品不添加任何抗生素，通过在哺乳期给仔猪液态补饲金乳王，可以提高哺乳仔猪的成活率，促进肠道发育，减少仔猪断奶应激。

2017年公司引入了饲料发酵工艺，在2018年就研制出了乳猪液态发酵饲料“酸酸乳”，不仅提高了乳仔猪的采食量和日增重，而且通过发酵产生了有益的代谢产物能够维持乳仔猪肠绒毛生长，改善肠道健康。

在母猪的营养上，公司在2016年推出了功能性母猪料，着重解决母猪的肠道健康问题。尤其是在妊娠母猪阶段，养殖户缺乏重视，大部分使用预混料，不能给妊娠母猪提供足够的纤维营养，母猪存在便秘、泪斑、产程过长等一系列问题。公司为了解决这些问题，推出了40%的母猪浓缩料，提供了足够的纤维营养，解决母猪肠道健康问题，提高了母猪的健康度和繁殖效率，得到了养殖户的普遍认可。

二、积极推行规范生产

在饲料规范生产方面，公司走在了河南饲料行业的前列，是河南省最早通过ISO 9000质量认证的饲料企业之一。公司建立之初，就对产品质量和规范生产非常重视，一直以来也致力于不断提高产品质量和生产规范，先后通过国际质量管理体系认证、食品安全体系认证、环境管理体系认证、职业健康安全认证。这也为公司通过部级饲料质量安全管理规范示范企业验收打下了良好的基础。自从《饲料质量安全管理规范》实施以来，公司就开始全体学习《规范》，并在生产中进行落实，按《规范》要求的执行，并在2015年12月顺利通过了农业部规范验收，是河南省首家通过农业部规范验收的企业。

三、积极抗击非洲猪瘟

2018年非洲猪瘟给中国养猪业带来了巨大的损失和风险，新乡大北农饲料生产基地充分考虑客户的养殖风险，做了严密的非洲猪瘟防控措施，以确保公司的饲料产品是安全的，坚决不做非洲猪瘟的传播者。

入厂区消毒。基地设置了两个自动化消毒通道，确保所有进入厂区的人员、物品、车辆都进行严格的消毒。所有在生产基地工作的人员做到厂区内外服装严格区分，所换下的衣物都在更衣室进行紫外线消毒。公司建设了可以全部密闭的超高压喷淋雾化车辆消毒通道，车辆进入消毒通道后进行彻底360°无死角消毒，把可能存在的细菌和病毒风险消灭在厂区外。

厂区环境控制。基地围墙外10m以内设立隔离净化区，定期对隔离区、厂区进行消毒，包括原料、成品仓库、装车通道。老鼠和鸟类也会成为细菌和病毒的携带者，防鼠和防鸟工作势在必行，基地所有仓库设有挡鼠板和防鸟网，确保仓库内无鼠鸟存在。

产品安全。基地对进入厂区的包装物进行熏蒸消毒，确保包装物的生物安全。原料采购方面，全部选择规模化、集团化的优质原料供应商，这些集团有能力保证足够的生物安全措施以确保原料的安全，不接受任何小商小贩提供的原料。基地生产的饲料产品所用的原料都进行了高温熟化（教保料95℃以上，大猪料85℃以上，调质3min）、膨化的预处理措施。

四、强化市场服务

在国家乡村振兴战略的指引下，新乡大北农积极响应党中央的号召，立足中原，服务三农，扛起报国兴农的大旗，实施企业转型与养猪服务平台建设，从养猪人才的培养到智能设备升级改造，再到关键技术的导入，把饲料原来的销售员培养成养猪服务专员，让每一个服务专员都能够亲临猪场一线，帮助猪场在关键环节与养猪生产技术方面实现改善与提升。

进入2018年，养猪行业在周期发展过程中，使整个行业进入到了最低谷，特别是非洲猪瘟的到来，对我国养猪业来说就是一场灾难，新乡大北农针对市场现状投入了上亿元的扶持资金，实现与客户风险共担、利益共享，与养猪事业伙伴有机结合，致力于打造与养猪事业伙伴的事业利益共同体机制，力求为客户提供更多更高附加值的服务，。

1. 数据化管理服务

通过使用猪联网 / 蛋联网管理平台，帮助养殖户实现养殖场大数据管理，准确定位养殖场生产管理过程中的薄弱点，让用户随时随地掌握猪场的生产信息；让养猪殖户变得更加轻松、便捷。

2. P2背膘服务

母猪背膘检测，做到母猪精准饲喂，最大化的发挥饲料效能，通过背膘检测服务可以根据母猪背膘厚度，调整母猪采食量，让母猪发挥最佳生产性能，实现母猪在产仔数量、仔猪初生均重达到有效提升，背膘服务是保证母猪高效生产的有效途径之一。

3. 液体饲喂服务

新乡大北农专利产品“液体饲喂器”实现哺乳期、保育期液体粥料饲喂，避免断奶仔猪应激，提升仔猪生长速度，为仔猪前期健康和全期的生长速度打下了坚实的基础，可实现仔猪多吃、多活、多长。

4. 生物安全服务

生物安全就是猪场的生命线，为了保护养殖户群健康、保证猪场正常生产发展，发挥最大生产优势市场服务人员帮助养殖户完善生物安全防控，协助猪场建立严格、全面的生物安全管理体系，从人员进场、外来车辆进场、卖猪管理、病死猪无害化处理、物资进场、餐厨管理、灭虫害、引种隔离、饮水管理等防控非瘟入侵的九大保护措施，加强养殖户对生物安全意识，保障猪场的生物安全和可持续发展。

5. 联采服务

降低成本就是增加利润，新乡大北农投资近千万余元建立多层面检测平台，从原料贸易、疫苗、动保、微生态到器械等一系列的联合采购，帮助家庭农场把握好质量关，降低问题的发生率，同时借此平台可让 100 头母猪场享受到 10 000 头母猪场的采购优势。

6. 资源共享服务

新乡大北农结合自身优势在行业中整合到更多的能够为家庭农场服务的优质资源平台，包含有种猪，养殖设备、自动料线等，公司为家庭农场先投资，让家庭农场先受益，分期还款，零利率，“为用户降低养猪保本点”。

7. 养猪金融服务

在养猪行业规范发展时期，新乡大北农为家庭农场提供了便捷的金融服务，解决家庭农场的发展资金需求。加快资金周转利用率，为用户提供秒贷放款，养多少、贷多少。随贷随还、随还随贷。

8. 养猪创业人才培育服务

新乡大北农创业养猪大学——养猪专业人才的黄埔军校，针对家庭农场老板、技术专员、接班人设有不同的模式培训课程，为帮助家庭农场接班人培养和员工的技能提高奠定坚实的基础。

9. 智能化设备改造服务

面临当前行业用人难，用人成本不断增加，新的自动化、智能化管理会成为行业的发展趋势，利用芯片植入科技，实现每头母猪的个性化、智能化管理，做到根据每头母猪背膘检测值确定每天饲喂量的精准投喂。可实现对家庭农场的散装散运对接，有效减少交叉污染，降低包装成本和人工成本，杜绝鼠啃鸟啄造成的浪费。

10. 养殖环保模式服务

随着国家大形势发展，确定了建设美丽乡村的大战略，农村养殖环保已成为当前国家的重点主抓工作，新乡大北农经过对欧洲、美国以及国内多个省市的学习考察，最后确定下了适合中国家庭农场最新种养结合模式，投资小，零技术，公司包回收，实现粪水达标、零排放的环保标准。

新乡大北农作为农业产业化国家重点龙头企业，将始终不渝地扎根农村、服务三农，完善产业链，走好一体化道路，充分发挥饲料养殖等产业循环经济优势和龙头带动作用，为带动更多农民致富、为推动新农村建设、为我国农业崛起做出更大的贡献。

用生物技术改变人类的现在和未来

——武汉新华扬生物股份有限公司

新华扬是应用现代生物技术进行研发、生产和销售生物酶制剂和微生态制剂并向客户提供安全、高效、环保整体解决方案的高新技术企业。自 2000 年成立以来，公司秉承“以技术创新为先导，以核心产品为基础，以营销网络和品牌建设为保障”的发展理念，一直从事生物酶制剂及微生态制剂的研发、生产和销售，已成为我国最具竞争力的生物酶制剂和微生态制剂的专业服务商之一。

2006 年公司投资 7 000 万元，打造亚洲地区规模最大的饲用酶制剂液体深层发酵基地，该基地投产后最低产能达 2.5 万 t/年，可同时生产植酸酶、木聚糖酶、β-葡聚糖酶、甘露聚糖酶和半乳糖苷酶等十余种单酶及复合酶产品，工艺独特，设备先进，技术成熟稳定。

2009 年，为积极响应国家生物城建设，公司在光谷生物园成功购地 120 亩，预计总投资近 3.15 亿元兴建新型酶制剂研发大楼及生产基地。2016 年 6 月，新华扬九龙酶制剂基地一期正式投产。在光谷生物城新增用地 120 亩，主要建设发酵车间、后处理车间、动力车间、仓库、循环水池、堆场、污水处理站等各类服务、辅助及公用设施。目前已购置了 300 余台套生产设备。另外公司投资 1 000 余万元对工业三废进行全面处理。该基地可实现年生产酶制剂 3.5 万 t。

秉承“以善为本、以行为实、以学致用、以成为真”的核心价值理念，公司愿为饲料行业提供安全、高效的饲料添加剂产品，并提供更完美的解决方案和服务。卓越的产品质量，高效的生产性能，显著的经济效益，这是全体新华扬人对您的承诺！

经过十多年的发展，武汉新华扬生物股份有限公司已成为国内著名的饲料添加剂生产商，形成了自己独有的核心竞争力。公司的优势主要表现在：

一、领先的技术和雄厚的研发实力

（一）生产技术先进

新华扬从酶制剂“发酵菌种-发酵工艺-后处理”各个环节的技术均具有国内领先甚至国际先进的水平。新华扬建立了饲用酶研制新技术，获得高效生产菌株，优化了规模化生产关键技术，利用高浓酶技术和降热导材料优化了饲用酶的剂型，降低了生产和运输成本，为我国饲用酶的自主、高效生产奠定了坚实的核心技术基础，实现了饲用酶制剂的规模化、低成本生产。

（二）广泛而深入的产品应用技术研发

围绕酶制剂在饲料中的复配问题，通过研究畜禽的消化生理、饲料配方结构、不同原料中抗营养因子组分与含量的分析，建立了底物抗营养因子－酶－MV动态数据库，包含30多种中国、东南亚、东欧和南美市场常规与非常规饲料原料信息。通过此数据库可准确分析复合不同原料组成的全价配合饲料中，抗营养因子谱及含量，建立精准用酶方案，计算出可替代的能量和蛋白量；再利用仿生消化评估和目标动物评估，建立起底物－酶－潜在营养价值之间的数据模型，有效地指导了饲料配方优化，提高生产性能。

产品的应用研究主要通过如下途径：

1. 自主研究

由“新华扬生物酶研究院”独立完成，为酶制剂的生产、技术推广及研发提供帮助。对产品酶学性质研究，充分了解跟应用相关特性，反馈评价菌种和工艺，进行改进和调控，从而使得产品更加适宜于靶动物，提高实际应用效果。通过体外试验筛选、评定产品配方，结合动物试验评定酶制剂的应用效果。动物饲养试验，主要目的是效果评价及极端试验。

2. 与大学及科研院所的合作研究

主要进行深层次的产品性质评定、对饲料养分消化率的影响、典型饲粮应用效果、区域性饲粮应用效果的研究。与复旦大学、华中农大、江南大学、华南理工、华东理工、中科院天津工业生物技术研究所、中国农科院饲料研究院等7个科研院所建立联合研发中心。并且与武汉工业学院、美国明尼苏达州立大学生命动力研究院、泰国曼谷研究中心、澳大利亚昆士兰州家禽研发中心、加拿大哥伦比亚大学等也开展了合作研究。

3. 与饲料公司、养殖公司进行的合作研究

主要进行效果对比试验、验证试验及大规模应用试验。这些合作研究单位包括新希望集团、安佑集团、大成集团、扬翔集团等。

（三）专业的研发团队

2012年，公司投资建立了具国际一流水平的“新华扬生物酶制剂研究院”，并打造了一支高素质的具有研究开发与产业化转化双重能力的技术团队。研究院以技术创新为依托，是公司技术创新的核心机构，主要负责酶制剂产品的菌种改良、发酵工艺研究、产品理化性质评定、体外试验、产品应用方法和效果研究、产品技术服务等工作。

研究院积极自主研发，在不断引进国内外先进技术基础上，消化吸收、自主创新，研究院先后获得国家科技进步二等奖3项，获得其他国家级、省市科技奖17项；获得国家火炬计划项目3项；获得国家授权专利72项，其中授权发明专利49项，通过成果鉴定17项；参与制定了10项国家标准和10项行业标准；参与了国家863计划项目3项；承担并完成了多项国家、省市重大科技专项项目。

研究院下设6个研究室（菌种研究室、发酵工艺研究室、后处理工艺研究室、理化性质研究室、饲料酶应用研究室、工业酶应用研究室）和1个动物试验基地；并建立了快速产业化转化的制度体系：饲料酶制剂、食品酶制剂、纺织酶制剂三个中试车间平台。研究院现拥有气相色谱仪、原子吸收分光光度计、液相色谱仪、高速冷冻离心机、凝胶成像仪、PCR仪、定氮仪等主要大型仪器设备50多台套，以及17套（7～100L）智能发酵罐、2套干燥设备、系列制粒和包衣设备、过滤设备和中国式电炉等工艺设备50多台套。

研究院通过创新体系建设和技术创新积累，在酶制剂源头技术、关键共性技术、产品研发、产业化转化等方面形成了技术优势；建立了涵盖酶制剂研发上游、中游、下游的完整的研发体系。未来，研究院将在我国酶制剂行业建立一个具有集成国内科技成果、消化吸收国内外先进技术的综合创新平台；成为国内生物酶制剂科研开发、人才培养、试验检测和成果转化基地，使研究院科技成果和经济效益总体水平达到国内一流水平，并在部分技术领域达到国际领先或先进水平。

二、成为国内首家通过欧盟注册酶制剂企业

经过多年的发展，公司已经建立起完善的营销网络，90%以上的业务人员都具有本科以上学历或3年以上市场营销经验。国内设有二十多个销售公司或办事处，拥有专业用户4 000多家。目前公司产品远销东欧、拉美、东南亚等多个国家和地区，并是国内首家欧盟注册酶制剂企业。

三、展望未来

新华扬专注于生物技术创新，并在较短的时间里迈出了“专业化、规模化、集团化、国际化”的坚实步伐。展望未来，新华扬将不断整合资源，积极拓展国际市场，提高国际竞争力，力争成为全球一流的专业酶制剂和微生态制剂服务商。作为专业酶制剂和微生态制剂服务商，未来一定能够给全人类带来更健康、更低碳、更环保的美好生活。

“天道酬勤，佳境渐入”话天佳

——荆州市天佳饲料有限公司

天道酬勤，佳境渐入。荆州市天佳饲料有限公司的天佳二字由此而来。天佳是一家专业从事水产配合饲料生产销售，水产品养殖及粮食农副产品收购销售的湖北省农业产业化重点龙头企业。

自2004年1月创建至今，公司饲料产销量已跻身于湖北省饲料行业前列，成为湖北水产饲料研发、生产、销售骨干企业之一，被湖北省农业农村厅、湖北省饲料工业协会评选为“湖北省十佳行业领军企业”。

天佳公司总部位于湖北省荆州市沙市开发区锣场工业园，占地面积45 000m²，现有饲料生产线9条，水产饲料年产能可达36万t。另外拥有子公司一家，位于湖南省益阳市大通湖管理区，现有生产线2条，年产能可达3万t。

公司及其产品曾先后获得荆州市明星饲料企业、湖北省畅销地产商品、湖北市场行业双十佳企业、湖北省著名商标、湖北省饲料十佳品牌、湖北省最受欢迎饲料产品、湖北省重信用守合同企业、湖北省十佳行业领军企业等荣誉称号，被政府认定为湖北省农业产业化重点龙头企业，被行业推选为中国饲料工业协会理事单位、湖北省饲料工业协会副会长单位、荆州市饲料工业协会会长单位、中国十大最具成长潜力水产饲料企业等。

一、发展历程

1. 起步阶段（2004—2009年）

公司从“六缺”起步，缺人才、缺技术、缺资金、缺市场、缺设备、缺经验，占地16亩，是名副其实的作坊式企业。凭着良好的信誉和扎实的作风，硬是在这个行业打拼出一条出路，得到广大用户的认可。

2. 发展阶段（2010—2013年）

通过不断努力，公司已逐步建立一定的市场网络，原有的厂房、设备已经远远满足不了日益增长的市场需求。2011年，公司在荆州市沙市开发区筹建新厂，占地45 000m²，并于2012年投产，从此大步前进。

3. 壮大阶段（2014年—）

2014年，天佳水产饲料单厂销量突破10万t，迅速成为行业瞩目的焦点。与此同时，天佳领导凭借独到的战略眼光和对市场的前瞻性，悄悄布局转型升级和产品优化，引导用户向特种养殖、膨化饲料方向发展，取得了很好的效果。

2018年，天佳益阳分公司的成立，标志着天佳已经走出了湖北，向走向全国迈出了第一步。

二、产品质量

公司严格执行《饲料质量安全管理规范》，有健全的质量管理体系和严格的过程控制措施，产品质量稳定，从未出现质量、安全、环保等重大事故。公司还拥有先进的厂房设施和工艺生产线，注重内部质量管理和生产成本控制，奉行客户至上的原则，真心诚意为客户着想，产品五大品牌“天佳宏元”“天佳进财”“天佳荆华”“创达““将旺”满足各类水产养殖市场需求，深受广大客户认可和好评，饲料养殖效果处同类产品前列。

三、技术创新

公司拥有与中国农科院饲料研究所、华中农业大学、中山大学等国内顶尖农业科研院所紧密合作的技术背景，注重科技创新，研发能力强。从2013年到2018年，陆续增加了3条膨化饲料生产线，同时对公司原有的设备不断进行改造，对公司的产品结构进行转型升级，通过饲料产品结合养殖品种及模式的优化，引导客户向特种养殖、膨化饲料方向发展，帮助用户创造更大的效益。截至目前，公司在黄颡鱼和淡水小龙虾等品种的养殖模式研究及配套饲料的设计上取得了很好的效果，获得了非常好的市场口碑。

四、服务理念

天佳的服务理念是：以“服务三农”为先导，以水产养殖为依托，充分发挥自身的优势和实力，始终把推动水产养殖产业化的建设，作为义务、责任、理念来规划发展，采取以点带面的方式逐步推进，引导农民向水产养殖产业化方向发展。近几年，公司大力开展服务营销，组建了专业的服务团队，从养殖水面开挖、水质管理、苗种投放、养殖模式、消毒杀菌、疾病防治、科学合理捕捞等环节全程跟踪服务。根据水产养殖的特点、规律，分月分季编发宣传指导资料，采取现场指导和集中授课等方式不定期组织培训。另外通过微信群和微信公众平台，及时告知养殖户注意事项和技术要点，通过公司坚持不懈的努力，养殖户的观念明显改变，养殖水平逐步提高，养殖效益不断增强。

五、市场布局

公司市场网络建设日臻完善。饲料经销客户从2004年的不足50户，发展到1 000多户。产品销售辐射范围由2004年的仅限于周边地区不足50km，发展到东至武汉、黄州、黄石，南至湖南长沙、常德、益阳、岳阳，西至宜昌、恩施、宜都、长阳及清江库区，北至襄阳、宜城、钟祥、荆门、京山等地区，辐射半径超过 400km，市场布局广泛合理。继 2018 年在湖南益阳建立分公司后，产品销量更加突飞猛进，目前正在筹划武汉分公司的布局工作，力争三五年内成为专注于水产饲料的集团公司。

六、团队建设

天佳拥有一支干劲十足、协作性强，有战斗力、有凝聚力的专业团队，并一直致力于发现人才、培养人才，努力改善员工队伍结构，不断提高员工队伍素质，为推进天佳的持续发展奠定了坚实的思想基础。大力培养技术骨干和专业人才队伍，是天佳实施发展战略的一个重要支点。公司曾先后派出 100 多人次前往华中农业大学、湖北工业大学、中国农科院饲料研究所等单位，进修学习企业管理、饲料配方、化验检验、设备操作维护等方面的专业知识与实际操作技能。同时加大内部培训力度，分期分批开展各项专业技能培训，经常邀请相关专家及学者走进来对员工进行技术和技能培训讲座。天佳立足长远发展，广纳贤达，高薪招聘高级管理和专业技术人才 60 多人，基本形成了管理、研发、生产、营销于一体的人才体系。

百尺竿头更思进，策马扬鞭再奋蹄。天佳公司经过这么多年的努力，已建立了良好的品牌效应，在广大养殖户中树立了良好的口碑，公司产销量正稳步增长。天佳人用勤奋彰显了天佳奋进的成就，用智慧诠释着天佳发展的历程，用质量品牌树立了“中国淡水渔业第一市”淡水鱼配合饲料行业的卓越丰碑。

构筑产品核心竞争力
养殖全产业链迈向新里程

——广东海大集团股份有限公司

广东海大集团股份有限公司（以下简称“海大集团”股票代码：002311）是一家以水产、畜禽饲料的研发、生产、销售为基础，并向动保、优质苗种、畜禽养殖、健康食品等全产业链发展，为养殖户提供技术服务一体化解决方案的农牧业高科技企业集团。2018 年，面对非洲猪瘟、猪蓝耳病毒、对虾养殖的 EMS 疫病和禽的 H7N9 禽流感等病害影响，以及主要原材料价格大幅波动、畜禽养殖业污染的治理力度加大、国际多币种汇率波动等因素影响，海大集团依然在饲料、苗种、动保、养殖、贸易等各个板块业务规模均实现了稳定、可持续增长，其中饲料销量破千万 t，同比增长 26%，在行业中独树一帜。2018 年海大集团实现营业收入 421.57 亿元，较 2017 年 325.57 亿元增长 29.49%。净利润方面，海大集团 2018 年归属于上市公司股东的净利润为 14.37 亿元，较 2017 年增长 19.06%。可喜的业绩背后，是海大集团多年来依靠科研实力，系统构建育种、防疫、营养、养殖技术等各个环节技术和专业体系，打造养殖全产业链，构筑产品核心竞争力。

一、加大研发投入，构建以核心技术驱动的农牧业企业

2018 年，海大集团研发投入为 3.1 亿元，同比增长 21.76%，占公司当期归属母公司净利润的 21.06%。海大集团自成立之初便将科研放在首位，并持续加大在养殖领域的研发投入力度。目前，海大集团已经构建起包括育种、防疫、营养、养殖技术等各个环节在内的技术和专业体系，确保企业在水产苗种、饲料、动保、养殖模式上的产业链占据行业领先优势。

通过持续多年的高强度科研投入，围绕“办世界一流的农牧企业”的目标，如今海大集团已经建成一个研究院、三大研究中心、十余个研发中试基地，汇集了包含博士 70 人、硕士近 600 人的千人高精尖研发队伍，围绕产业链各个环节进行研发，从育种、防疫、养殖到饲料，涵盖了猪、鸡、鸭、鱼、虾等多个品种。根据研究养殖品种不同养殖阶段的营养需求和问题，通过生长性能、养殖全周期实验，建立起了“动物营养需求数据库”和“原料利用数据库”。经过多年的积累，企业储备了大量的新型原料的开发利用、功能性饲料添加剂的应用、水产畜禽节能环保饲料配方及制备、水产畜禽动物病害防治等核心技术与应用能力。

在掌握核心技术基础上，海大集团也注重应用研发及研发成果的转化落地。目前，集团研发技术的转化新品有针对草鱼种的功能膨化饲料苗健乐、针对鲫鱼鳃出血的鲫鱼功能饲料、针对替代冰鲜养殖的大黄鱼高效保健料等、针对蛋鸭的功能性饲料蛋多宝等，均取得很好的市场效果和产品效益。

海大集团将继续加大研发投入，聚焦动物营养、繁殖选育、养殖模式等方面的研究，围绕市场需求打造出专业化、差异化终端产品，进一步提升产品力，构建以核心技术驱动的农牧业企业。

二、应对市场波动，研发产品加速落地契合市场需求

凭借过硬的研发技术和全面的产业布局优势，海大集团近年来在养殖产业方面已具备产业链多环节综合发展的能力，日益显著的产业综合优势，直接体现在 2018 年销售业绩上。

目前，海大集团经营的饲料产品包括畜禽饲料、水产饲料等全系列的饲料产品。2018 年海大集团实现饲料对外销售 1 070 万 t，同比增长 26%，带来销售

收入349.65亿元，同比增长31.77%。齐全的产品线，加之产品紧抓市场需求，令企业在面对市场波动时，不仅具有较强的抗风险能力，还能获得高于行业一般水平的毛利率，较好地控制了养殖动物疫病和供求失衡带来的市场运营风险，确保饲料产品销售收入稳定且保持远高于行业增速的快速增长。

在具体产品销量上，水产饲料产品结构优化明显，鲈鱼、生鱼、黄颡鱼、金鲳鱼等特种水产品鱼饲料销量同比增长近40%，已经多年持续实现高增长。猪饲料销量232万t，同比增长53%，远超行业平均水平，随着猪料质量体系的搭建和完善，新市场的研发落地并与市场需求紧密结合，猪饲料产品力进一步提升，核心区域广东、湖北等市场增长超过30%，新开拓区域销量快速扩大，新品牌口碑不断提升，获得养殖户认可。禽饲料销量527万t，同比增长19%，不仅保持了蛋禽、肉鸭料等传统优势品种的稳健增长，同时肉鸡料增长近40%，鹅料突飞猛进，都成为公司禽料的新增长点。

值得一提的是，海大集团近年来推出的消费爆品小龙虾饲料销量增长超过100%。2018年夏季恰逢世界杯，体育赛事拉动了市场对小龙虾庞大的需求。事实上，市场上对小龙虾生产仍缺乏统一标准，亟须行业龙头企业填补市场空白。海大集团依靠科研团队围绕小龙虾饲料开展研发，目前已经对育种、营养需求、养殖技术、养殖模式等各方面加大研发投入，小龙虾饲料已成为近年来市场增长最快的一个水产品种。

三、创新企业模式，打造养殖全流程闭环体系

如今，制造业与服务业融合所形成的服务型制造业，也就是所谓“2.5产业”成为新兴业态。事实上，作为深耕第一产业的海大集团，早在2006年便在行业中便在行业中率先提出“向养殖户提供全面的技术服务”，将企业定位为服务型企率先提出“向养殖户提供全面的技术服务”，将企业定位为服务型企业、向养殖户提供整体养殖解决方案的企业。

目前，海大集团通过向养殖户提供“苗种－放养模式－环境控制－疫病防治－饲料－行情信息”等全流程的产品和技术服务支持，确保了养殖户能使用到最先进的养殖技术，助力养殖户养殖成功和盈利。海大集团拥有超过5 000多名服务人员，他们结合当地特点积累多种先进的养殖模式，已在全国养殖密集区设有数百个高效运作的服务站，同时为几万户养殖户提供专业技术服务。“企业在行业中具备完善的服务体系，能充分发挥产品力优势。为养殖户提供养殖全程技术服务，也能有效地放大客户收益，从而增加客户的黏性。”全面的养殖技术服务已经成为海大集团重要的品牌标签，是获取客户和提高客户黏度的重要抓手。

以生猪养殖为例。2018年海大集团生猪出栏70万头，同比增长52%，其中约20万为自繁自育肥猪和仔猪，约50万头为“公司＋农户”模式养殖的肥猪。如今，企业生猪养殖板块人员超过800人，在“成本控制”“养殖技术”和“人力资源储备”三大体系上初具规模，使得生猪养殖全年实现收入8.93亿元，占农产品业务销售总收入的51.26%。

“海大集团的发展战略是成为中国领先、具有持续发展能力的高科技农牧业企业。”集团以饲料产品为核心业务，积极发展原料、动保、苗种、养殖、流通和食品加工等业务，培养公司全产业链条上的专业能力，不断构建起产业链上综合的核心竞争能力。

安全　可靠　专业　高效

——广西参皇养殖集团有限公司

广西参皇养殖集团有限公司成立于2000年，总部位于广西玉林，是一家集科研、饲料生产、种鸡繁育、肉鸡养殖、肉猪养殖、农牧设备生产、粮食贸易为一体的大型现代化农牧企业集团。员工1 300多人，20多家分子公司，业务遍布华南地区，通过发展标准化生态养殖助力精准扶贫，构建了较为完善的农牧产业链和循环经济链。

参皇集团是“农业产业化国家重点龙头企业”“广西科技型重点龙头企业”“广西企业100强”“广西民营企业50强”“广西优秀企业”“参皇”商标被认定为“广西著名商标”，经权威部门测定“参皇”品牌价值3.77亿元。集团年饲料产能100万t；年存栏种鸡250万套，年产鸡苗1.8亿羽，年出栏肉鸡8 000万羽；规划在建年出栏20万头肉猪生产基地，集团年产值达30亿元。

一、加强内部管控，生产标准化规范化

公司签约金蝶国际软件，投入三千多万元建设了覆盖整个产业链ERP信息化系统，实现了物流、资金流、数据流的同步一致，实时反馈并有效监控所有分支机构的运营状况。建立了集团企业数据中心，实现了对所有分支机构生产经营数据的集中管理。在饲料各生产环节搭建物联网，实现数据自动采集、设备智能控制、现场视频监控、生产过程监控等。通过信息化建设，实现饲料生产过程的标准化、规范化管理。参皇集团饲料信息化建设水平方面行业领先，被评为“广西信息化与工业化融合示范企业”“广西信息化和工业化深度融合标杆企业”。

二、严格的质量管控，加强饲料稳定性

参皇集团自2005年已连续十多年通过ISO 9001系列国际质量体系认证。在原料上精挑细选，指标远高于国标、使用环保型饲料添加剂（植酸酶、复合酶制剂、微生态制剂、益生菌等），提高饲料转化率和畜禽生产性能。玉米、大麦等原料使用前要进行清杂、除粉尘、除破损粒处理。集团质量检测中心开设了7个大项80多个小项的项目检测，对原料、成品、养殖场检测均实现了全方位的精准检测。比如玉米在产地、品种、口感、水分、毒素等方面，检测指标就高达16项之多，每年单玉米样品的检测就超过5 000多份。

同时为加强保障饲料的品质，在东北成立了辽阳分公司，就近专门检测东北的饲料原料，挑选优质原料。还涉足进出口贸易，挑选优质的进口大豆等原材料。并自主研发饲料生产环节中二维码投料追溯管理系统，以达到原料使用准确率100%，记录可实时和长期追溯，确保产品的生产质量。

三、升级生产设备，提高生产工艺

参皇集团在玉林投入2.5亿元，建成年产能100万t的超大型现代化饲料厂已投产，这是国内自动化、现代化、智能化程度最高的超大型饲料生产基地。饲料厂按照欧美行业标准，采用全套先进生产工艺流程和控制程序，生产设备选用全球领先的饲料设备厂商整套机组。原料从液压翻板自动卸料，刮板自动输送提升到矗立云天的20多个大型圆筒仓，再到中央智能控制系统配料出成品，成品自动打包，智能型机器人码包转运，成品输送带装车，整个流程实现机械化、标准化作业。现拥有2个生产区12条生产线，猪、鸡、鸭产品分专线生产，原料储存能力两万多t，成品饲料仓容一万多t。

四、注重科技创新，推动产业发展

集团组建了动物营养与饲料、生物技术、动物育种、防疫防病等全面的研发团队和体系，并与华南农业大学、广西大学展开企院合作。集团技术研究中心，开设了原料检测室、动物营养实验室、细胞培养室、病毒检测、血清、微生物、ELISA、PCR等实验室。通过保送进修、引进等渠道招揽人才，形成高水准的集团技术智库，拥有博士、硕士20多人的科研队伍。经过不懈的努力与攻关，集团技术研究中心在品种选育、饲料科研成果获得具自主知识产权的核心技术10多项，行业先进水平的核心产品30多项。其中，参皇集团自主研制的生态环保型饲料，确定鸡群各个饲养阶段的植酸酶、复合酶制剂、微生态制剂等绿色环保型添加剂的最佳使用量，技术成果获得2014—2016年全国渔牧丰收农业技术推广成果奖二等奖；通过在饲料生产环节规模应用机械化、自动化装备设施技术，提升生产产能、提高劳动效率、减低生产成本，促进畜牧业产业转型，获得2018年广西渔牧丰收广西养殖业提质增收贡献奖。目前，与广西畜牧研究所共同实施广西重大创新驱动项目“畜禽生态养殖模式及关键技术创新示范”重点进行微生物+广西特色农产品开展家禽生物饲料方面研究，进一步推进饲料生产技术水平。

技术中心先后被认定为“广西优质肉鸡养殖工程技术中心”和“广西壮族自治区企业技术中心”。参皇集团还被认定为“国家高新技术企业”“广西瞪羚企业”“广西创新型企业”。

五、饲料产业蓬勃发展，产销两旺

参皇饲料通过“超大规模+专线生产+集中采购”组合优势，使管理、制造、生产三项费用成本以及采购成本控制处于行业领先水平，并把降低的费用全部让利给客户，同时还提供“技术支持、销售支持、金融支持”的组合服务，让用户赚钱。参皇旗下的名优品牌饲料“参皇”“唐伯伯”“富满家”“百仕达”成为两广市场，鸡、猪、鸭饲料一线品牌。

参皇饲料在市场上一路高歌猛进，得益于匠心质造，生产上精益求精，真正做到了安全、可靠、专业、高效。一方面，生产上精益求精，从原料产区、原料入库到成品出库，80余项检验全程品控；关键生产流程数据到岗、数据到人，确保配方零误差执行；设备实行专线生产，无交叉污染；超大型集中生产管理，效率高，成本低。另一方面，得益于不改初心，与客户共担风险，共同成长，为解决贫困户养殖资金短缺问题，集团大力推行“产业+金融”精准帮扶，累计提供8 000多万元资金，带动1 000多户贫困户养殖脱贫致富。

未来几年，参皇集团将继续聚焦养殖主业，着力推进“一纵二横三平台四化六零”目标的“12346”工程，即以种苗产业、饲料产业、肉鸡肉猪养殖产业为核心的纵向发展，以商贸、物流、食品加工、果蔬种植为辅的横向延伸，打造集团化管控平台、产业化发展平台和专业化技术平台，建立专业化、标准化、资本化和品牌化的发展模式。集团实现总产值60亿元。

以农为本　以猪为业　以猪富农

——广西扬翔股份有限公司

一、公司概况

广西扬翔股份有限公司成立于1998年，是农业产业化国家重点龙头企业，旗下39家分、子公司，员工

5 000余名。

公司主营猪产业，拥有自养猪和服务养猪两大板块，是集种猪、猪精、肉猪、猪饲料、养猪设备为一体的全产业链科技型农牧企业，致力于打造“基因＋产品＋服务＋互联网”的综合模式。

2018年扬翔股份生猪出栏量200万头，生产成绩上，PSY达到了28.7，MSY27.47，全程成活率达到92.1%，所有成本计算在内，肉猪出栏成本为10.62元/kg（剔除原料上涨因素9.96元/kg），成本控制处于国内行业较领先水平。

2018年10月，扬翔成功通过博士后科研工作站的申请；2018年11月，扬翔被遴选为“2018全国生猪遗传改良计划种公猪站”，公司的育种能力得到了进一步的认可。

二、以农为本，以猪为业，以猪富农

扬翔扎根农牧行业20余载，专注养猪业，不断提升专业养猪能力，这些年的发展与“农”字紧紧联系在一起。

秉承着“存于社会，回报社会”的企业经营理念，扬翔通过“公司＋农户”的模式帮助230万农民养殖致富增收（2018年数据）。此外，公司通过“一十百千万”精准扶贫养殖小区模式，帮扶贫困户。该扶贫模式运行2年多以来，已从贵港市辐射至广西南宁、百色、崇左、河池等6个地级市，带动2.3万贫困人口有了稳定收入，实现脱贫。

在社会公益方面，扬翔坚持“福往者福来，爱出者爱返”的核心价值观，积极参与抗震、抗洪、助学、扶贫等社会公益，2017年，广西扬翔慈善基金会成立，是扬翔在公益事业上迈出的又一步。

三、打造低成本养猪能力

扬翔一直致力于打造低成本养猪能力，坚持“科技改变养猪业”的理念，这些年通过实践、摸索，充分挖掘出了低成本养猪的5大要素：基因遗传、精准营养、生产管理、环境控制、生物安全，五个环节有机联动，最终实现了“高效降本”的目标。

经过10多年对猪的投入研究，公司先后引进美国、丹麦等优质顶级种猪，通过科学测定、准确评估、严格选种选配，加强与国际间的交流，建立了庞大的良种基因库。

同时，公司建立的生态养殖基地，运营着先进的种公猪站——亚计山猪人工授精中心，通过各个环节的严格把控，致力于优质猪精的生产。

通过努力，扬翔的养猪成本从6元降到了5元，紧紧围绕“3028四元五角”的战略发展目标，将来在生产成绩上还要“更上一层楼”，PSY做到30，MSY做到28，成本做到4.5元。

四、立志服务养猪业

“不忘初心，继续前行，为中国成为养猪强国竭尽所能”，扬翔一方面不断打造自己专业的养猪能力，另一方面也在通过各种途径向外输出这样的能力，帮助广大养户低成本养猪。

公司为养殖户提供猪精、猪饲料、养猪设备，配套强大的技术服务体系，通过基因遗传、精准营养、生物安全、环境控制、生产管理五大关键要素，帮助养殖户提高效率，降低养猪成本。

同时大力发展“公司＋基地＋农户（农场）”的合同肉猪代养共享经济模式，这一共享经济模式已成为公司持续发展猪产业，解决土地、环保、成本等问题的有效模式。

2018年，公司发展正式转向服务养猪业，调整组织架构，成立了服务养猪事业部。

面对非瘟，不忘服务初心。在严峻的非瘟形势下，扬翔以企业应有的责任与担当，与行业同呼吸共命运，积极探索对抗非瘟的方法，通过实战总结出了防非的经验与方法，打造了饲料厂、猪场结构化流程化的防非体系。

五、顺应时代趋势，打造集群式楼房养猪新模式

近几年，许多传统行业已经纷纷搭上了互联网的“快车”实现转型升级，得到了更好的发展，时代也给养猪业带来了新的机会；

但与此同时，在国家大力建设社会主义现代化强国的背景之下，养猪业的发展也面临着土地资源有限、生态环保要求等瓶颈；

面对新时代的挑战和机会，扬翔乘势而上，打造集群式楼房养猪新模式，实施猪场智能化管理。

2018年10月，扬翔联合广州影子科技有限公司在河南郑州举行“FPF未来猪场”影子智能引擎系列产品发布会，开启了“互联网养猪”的新时代，获得行业广泛关注与认可。FPF未来猪场利用互联网的技术和手段，连接人、猪、物、场，“把猪搬上互联网”，配套智能设备产生数据计算，打破人工局限性，智能协同提升养猪效率，降低养猪成本。未来，扬翔将要通过FPF未来猪场，深入服务养猪行业，最终实现“共创共享降1元”的目标。

面对非瘟威胁、土地资源有限、环保要求、安全肉消费需求等难题，扬翔打造了集群式楼房养猪新模式，楼房设计节约土地资源，降低噪音污染；全封闭、内循环式的养殖能够切断外来引种风险，具有更到强度的生物安全防控；通过除臭系统、排污系统等创新

技术，实现污水零排放、臭气废气集中处理达标排放，实现更彻底的绿色环保；干净无臭的养殖环境生产出来的无抗猪肉，能够进一步满足消费者对于安全猪肉的需求。

逆水行舟　不进则退

——南宁漓源粮油饲料有限公司

一、企业基本情况

南宁漓源粮油饲料有限公司创建于2003年，由荣获农业产业化国家重点龙头企业、全国饲料企业前10强的桂林力源粮油食品集团有限公司投资近亿人民币兴建。公司位于国家级南宁经济技术开发区金凯路25号，占地面积88亩。一期工程于2003年7月建成投产，二期工程于2009年3月建成投产，三期工程于2015年5月年建成投产。设计加工猪、鸡、鸭系列配合饲料及浓缩料80万t，生产的产品有猪、鸡、鸭系列配合饲料及猪、鸡浓缩饲料，目前猪料占销售市场33%左右，鸡料占27%，鸭料占40%。

公司具备完善的企业制度和以人为本的企业文化理念，并拥有雄厚的人力资源、先进的生产设备。有数十名企业管理优秀人才和高级技术专业人才，70%左右大、中专以上学历的高素质员工，共同为企业的发展一起努力；饲料生产线均为美国CPM公司的成套设备以及江苏牧羊集团的饲料加工设备。公司采用现代化企业管理，完善的质量保障体系。并不断根据市场需求，提升老产品，开发新产品，现有“漓源”“金漓源”“金凯福”“山水”牌猪、鸡、鸭系列等100多个品种。产品品质优良，具有生长快、肉质好、抗病能力强、性价比高等特点，产品畅销区内外，深受广大养殖朋友的欢迎和好评。

公司秉承“合作、创造、共赢”的核心价值理念，把做“养殖企业的饲料加工车间”贯彻到底，深受养殖企业的欢迎，养殖企业的生产成本大幅降低，与公司合作更加紧密。公司通过大量的养殖数据对比，均达行业前列，诠释作为企业带给客户优质产品的决心。

二、2018年企业经营状况

2018年饲料行业竞争越发的激烈，各大饲料企业纷纷发力，抢占市场份额。全年取得较好的成绩，2018年全年销售量突破80万t，实现销售收入24亿元，纳税总额3 600万元。

三、质量先行，产品品质的保障

“产品质量”作为企业持续发展的动力，赖以成长的源泉，无论什么时候都是我们企业工作中的重中之重。2018年公司首先通过主抓人员的质量思想认识，并通过不定期组织员工共同学习相关的饲料质量常识、质量标准。内部通过开展员工岗位技能竞赛，提高岗位员工的质量意识、安全意识等。同时，以往都是由品管员下市场处理投诉，现改由岗位员工自己下市场处理，市场上有投诉，如是缝包线未缝好，由当班缝包工跟生产经理、业务员一起下市场处理，让岗位员工切身体会，由于自己工作上的不足，造成的一系列问题，给养殖户、公司带来的影响，从而使员工在工作上更加认真仔细，确保每一个环节质量更有保障。

四、增强队伍，强化服务能力

2018年通过参加高校招聘会，扩大人员规模，优化人才组成，调整组织结构，从2017年末的65人，增加到了120人。入职的技术员每个月都安排一定的时间来培训相关业务知识，通过各个时期各个阶段鸡、猪、鸭常见的疾病等进行系统的培训，坚持每期输送3～4人参加集团培训班，聘请专业老师培训。同时鼓励技术员抱团学习，每日坚持打卡学习，考取专业执业资格证书，提高业务员理论水平和动手能力，逐步成为综合性技术性人才。

另外，根据市场需求成立一个禽料技术团队和猪料技术团队，安排业务能力强，专业性高的技术员，驻场，专门一对一服务于养殖户。

五、布局区域，稳步发展

2018年，是力源集团稳步发展的一年，同时也是以南宁为中心的桂南漓源饲料板块逐渐布局完善发展的一年，以南宁、隆安、田阳、武鸣及即将投产的横县漓源，共同完成桂南片区的饲料板块区域全覆盖，实现片区大战略，对桂南区域的饲料板块生产经验服务统筹划分，充分发挥地域优势，为养殖户提供更便捷、更快速的服务。近年来，集团还重点布局种猪、肉猪饲养领域，2018年9月投资4亿建立大型养猪示范厂，计划在2020年前，实现年出栏100万头的目标。

六、组织工作下沉，直面养殖户

客户的需求随市场变化而变化，为适应市场，公司主动进行工作下沉，进行老总负责制，进入终端市场，直面养殖户。第一，建立更强的感知顾客需求的触角；第二，理解满足顾客对产品力要求，找出最影响产品竞争力的工作和要点，保持产品的价值持续体现；第三，加强对终端需求的重视，掌握制定最符合公司发展的策略，以客户利益为导向。保证产品在终端市场的稳步推广，在满足不同类型客户需求上所表现出来的综合竞争力。公司每月专门定量定性讨论评价产品力的联席会议，把掌握敌我双方的产品力表现上升到组织层面；投诉处理老总负责制，就算是假投诉也是机会；生产经理、内务负责人和配方师加入公司业务员每日工作汇报群，关注公司的市场表现。

公司适应市场推出APP下单服务，为客户提供更便利的产品下单结算业务；整合资源，帮助经销商转型，成立养殖合作社；设立专职驻厂技术人员，实现技术服务深入终端养殖；以上种种，凸显公司不断适应社会发展，以顾客需求导向，不断进取的表现。

七、并肩作战

2018年在国家环保政策及非洲猪瘟双重影响下，部分养殖户损失惨重。公司努力学习国家环保法律法规，通过技术和资金帮扶，支持养殖户转型升级，实现绿色发展。公司高层领导高度重视，多次开会讨论，下市场研讨，及时自己的战略问题，和养殖户、经销商一起做好防非措施，通过不断用心去解决，达到共赢的目的。

在经历了2017的挫折低谷后，2018全体员工知耻后勇打起精神进攻，进攻，再进攻，取得了应得的收获。然而，环顾四周，2019定将是一个更具挑战的一年，过去的经验反复地告诉我们逆水行舟不进则退，在新的一年里，公司不但要继续保持过去的斗志，进攻、进攻再进攻，公司还必须在进攻的同时，实现新的不断的突破。

在团队建设上，公司要把“合作、创造、共赢”的力源理念内化于心，以此提高公司的站位，拓宽经营思路，找到工作具有的超越物质的意义，使整个团队的思想素质上一个新的台阶，实现新突破。

在业务上，公司更要努力地将力源理念外化于形，转化为一个又一个具体的经营和管理行为，为力源的利益相关者创造更大价值。公司各个线条板块都要不断提高对自己所在线条板块的业务本质和行业现状的认知，在此基础上找到有效应对措施，实现业绩上的不断突破。

恒兴品牌　永恒之兴

——海南恒兴饲料实业有限公司

海南恒兴饲料实业有限公司位于海南省海口国家高新技术产业开发区狮子岭工业园内，成立于1997年，注册资本1 800万人民币。主要从事禽畜、水产饲料加工销售、饲料产品研发等生产经营活动。公司配备有多条畜禽料生产线、虾料生产线、水产膨化料生产线和原料膨化生产线，年生产能力30万t。主要产品有水产类的虾料、鱼料（部分为膨化料）、蛙料以及家禽类的鸡料、鸭料及猪饲料等。

21年来，公司秉承“质量第一，顾客至上”的宗旨，发扬团结、拼搏、求实、创新精神，取得了长足的发展，2018年是最不平凡的一年。海南建设自由贸易区（港），环保压力进一步加大，行业市场竞争十分激烈情况下，公司全体员工按照总部提出的“扩市场、提产能、降成本、用杠杆、补短板、创利润”的总体指导思想及“稳中求进”“稳中求精”的总基调要求，加强环保的投入和创新改造，上下一致，同心协力，攻坚克难，取得了优异的成绩。2018年公司全年销量突破23万t，比2017年度的增长了18%，特别是鸭料、猪料及膨化罗非鱼料的增长幅度超过20%。

一、正确实施经营管理策略

公司自1997年成立以来，在“质量第一，顾客至上”这一宗旨的指引下，在经营理念上以品质稳定、价格合理、优质服务于广大客户。特别是近几年来，公司坚定不移地执行总公司“三个集中”的管理制度，认真做到技术集中、资金集中、原料采购集中，充分发挥大集团资金、技术、采购雄厚的专业优势，在此基础上加强内外部的生产经营管理和服务，从各个方面确保了产品质量的稳定。

虽然在2018年度原料市场价格、质量波动较大，但海南恒兴公司仍然发挥出自己的经营管理优势。在年初就主动出击进行摸底，做好市场需求预测和原料采购计划，稳定大宗原材的采购价格和供应需求量，从而保障了生产原料的正常供应。在生产质量、安全管理方面，做好《饲料质量安全管理规范》的常态化工作，各部门按规范的操作规程组织生产，实现从原料采购到产品销售的全过程质量监控，公司严格按照新颁布的饲料卫生标准、农业农村部2625公告等法律法规的要求进行生产经营，做守法经营的实证者，保证生产安全、产品质量安全，使产品定期外检、国家抽查不合格次数为0，受到省农业农村厅、海口市农业局对公司饲料规范工作的回访工作的肯定。做好各项安全防范工作，加强安全、职业健康培训教育，加强安全隐患检查整改，杜绝了安全事故发生。加强员工技术技能、质量培训与积极开展劳动技能竞赛活动，加强各个生产环节的控制，稳定产品质量，也保障了广大客户的需求和稳定的销售渠道。“恒兴”品牌饲料得到了广大客户的广泛认可，产品销量保持逐年上升的态势。

二、严格管理创造效益

虽然依托总公司的专业化职能优势，但外因还是要通过内因才能发挥出最大的作用。2018年度，公司全体员工不断加强和深化企业内部管理，挖掘企业潜力，在管理方面做了很多工作，除保证产品质量安全稳定外，认真执行国家出台的各项相关政策和法律法规，如积极开展企业安全生产标准化建设；企业健康标准化建设及加强环保建设；强化企业内部“6S”管理；并关注技术创新，关注细节管理，挖掘潜力，节能降耗，进一步提高企业的经济效益。对外积极开展服务营销，不断开发新客户，并做好技术指导，服务终端，取得了广大客户的信赖，不断拓宽公司产品的销售渠道，并在服务“三农”方面也取得了广泛的社会效益。

第一，开发新产品，加大市场开发能力及营销团队建设。强化服务营销，形成“产品 + 服务”“团队 + 个人”营销模式，2018 年新开发罗非鱼料、东星斑鱼料、猪料等 16 个品种，新开客户 70 户，累计销量占总销量 25%。特别是对罗非鱼料进行重新定位与规划，使罗非鱼料在市场上重新然起了希望，逐渐形成了影响力，在未来将会重新占领市场。

第二，加大营销团队建设，技术服务型业务员在维护客户的能力方面还是远强于业务型，这也是恒兴虾料在海南经过正大虾苗、海大虾苗冲击还能保持销量前列的原因。2017 年公司又通过顾问式营销的培训，更进一步提高了业务员与客户沟通与解决问题的能力与方法。以老带新，有经验的带动没有经验的，加强对销售人员的业务能力培训，有效促进新人的进步，同时也加强了业务员的组织、协调、配合及团队协作能力。

第三，加大人才培养，2018 年公司总计完成各种内、外培训 35 场，累计课时长达约 134.75h，主要开展了公司文化、技术、技能、安全、职业健康培训教育方面，新员工三级培训及转岗培训已完成 15 场，累计课时长达 159h。目前，公司拥有“恒才工程”人员 5 名，“三鹰工程”人员 6 名，专业技术人才共 13 名。同时利用“恒兴商学院”平台，定期组织员工培训，不断夯实公司技术人才基础。

第四，抓安全促发展，公司始终把安全生产放在第一位，严格做到“五落实五到位”，加强日常巡查检查，及时消除各种安全隐患，同时建立了消防应急分队，制定应急方案，做到了拉得动用得上起作用，2018 年 8 月为海南省饲料行业应急管理现场会进行示范表演，在行业中引起了不同凡响。

三、攻坚克难渡难关

公司经营效益除了受到原料价格波动的因素影响外，还受到“环保”严峻影响和考验。2017 年公司接连遭受了多起“环保”投诉并停产整改，造成客户流失，销量下降。面对此突如其来的“环保”压力，2018 年公司整个管理团队及全体员工，勇于直面，大家积极行动起来，同心协力，攻坚克难，共渡难关。按照环保要求，制定技改方案，加大环保的投入和创新改造，在环保设施建设没有非常成熟的标准方案情况下，唯有摸着石头过河，不怕失败，勇于担当，不断地摸索和总结，走出一条适合本公司的环保治理方案。对膨化、制粒区域的废气收集集中排放，明显改善岗位作业环境；环保除臭技改增加二台 GK-200 除臭消毒机，主要用在处理车间内尾气排放，通过增加臭氧处理对外排放气体的气味浓度明显下降；解决一号生产线尘降屋布袋除尘，避免浪费，同时增加喷淋筒，为今后技改提供相应的经验基础；对净化池采有生物净化组合方式。减少环保的投诉。同时加强各部门的常态化管理巡查和厂区周边巡逻，从而使公司的环保工作取得了较大的改善，保证了生产经营的正常开展。

2018 年，海南恒兴公司虽然从不平凡中走了出来，并且也取得了一定的业绩，受到了上级主管部门和管理总部的认可，也受到同行的尊重，“恒兴”牌饲料及其他产品已覆盖海南全岛，产销量连续多年来位居海南饲料前列，但在服务“三农”这条道路上，仍然任重而道远。海南恒兴公司的全体员工必将不懈努力，勤奋工作，服务到位，为海南的养殖业发展和国际旅游岛建设做出积极的贡献。

抓质量　创品牌　促发展

——重庆市蜀达饲料有限公司

一、企业基本情况

重庆市蜀达饲料有限公司创建于 1995 年，位于重庆市梁平工业园区 318 国道旁，是渝东地区技术设备先进、管理科学、专业从事饲料生产、经营、研发的民营企业。公司占地 60 余亩，资产逾 5 000 余万元，公司现有三条生产线，生产能力 30t/h。年产量近 4 万 t，产值近 2 亿元、销售额近 2 亿元。公司现有职工 120 余人，其中大、中专学历人员占管理、营销人员的 40%，各类中级以上技术人才 30 余人，占职工总数的 25%。从事技术、质量、生产管理工作岗位人员均具备畜牧兽医及相关专业或中高级技术职称。

公司先后荣获“重庆市饲料工业十强企业”“重庆市农业产业化龙头企业”“重庆市农业综合开发重点龙头企业”“重庆市诚信民营企业”“守合同重信用单位”“重庆市用户三满意企业”等荣誉称号。叉尾鮰鱼饲料料获重庆市中小企业局“科技进步三等奖”，蜀达牌饲料荣获“重庆名牌产品”称号，蜀达商标获“重庆市著名商标”称号。公司生产的蜀达、渝珠等品牌 10 余个系列产品畅销于重庆、四川、湖北、贵州等省市 60 多个区县市。

二、抓质量、创品牌、促进企业生产经营上台阶

（一）制定发展战略、发展规划

当今市场不仅是质量之战，更体现在品牌之战，公司确定了“抓质量、创品牌、做重庆竞争力第一”的发展战略，将名牌战略作为企业的一个方针战略，通过各项工作的有效开展，使名牌发展战略深入人心，并转化为员工的思想动力。

（二）抓基础管理，夯实发展战略基础

1. “以人为本”、强化培训、提高人员素质

人员是企业发展的决定性因素，为此公司确定了“以人为本”的理念。一方面强化人员技能培训，每年除公司内部各项管理培训外，还根据实际需要送外及参加各项工作培训，特别针对营销服务人员，每月定期约一周时间的强化训练，使营销员明确了做市场就要做好服务质量，让顾客满意，从而将质量和服务意识牢固树立在心中，并不断强化“以质取胜，创名牌战略”这一概念。据统计每月培训达 100 人次之多，通过这一有效举措，不仅对顾客需求能很好地予以识别和满足，通过人员技能、意识的提升，提升了服务的有效性、及时性、确保了战略目标的实现。

2. 实施质量管理体系建设，严格按照《饲料质量管理规范》提升产品质量

企业的发展必须以质量管理为基础，否则经营发展就只是空谈，经不起市场的考验。几年来，公司先后采取了一系列有效措施，保证了企业的健康发展。首先是在企业内部推行“5S”管理，开展 QC 活动，然后是于 2003 年开始推行 ISO 9001 国际质量管理体系认证，并结合企业生产许可条件和《饲料质量管理规范》要求，确立了“全员参与，确保饲料产品满足要求；持续改进，提高顾客满意度；及时服务，构建良好合作关系”这一质量方针，并在此基础上明确了质量目标，而且层层分解到相应部门、岗位上，通过质量方针，目标的实现，保障了质量管理体系的有效运行和《饲料质量管理规范》的实施。通过质量管理体系的有效运行，不仅规范了员工的行动，而且让质量这一主题深入人心，明确了肩上的责任，工作有了目标，行动有了方向，思想有了动力，企业有了凝聚力，由于扎实的质量管理，产品经农业农村部及市饲料监督管理部门抽检年年合格。

3. 提升科技含量、创新求发展

随着科技的飞速发展，新技术的引用已成为提升质量，实施企业发展战略的有效途径，公司经过近二十年的发展，无论在技术引用，还是质量管理水平提高上取得了一些成绩，但公司仍然决定加大在这方面的投入，聘请技术顾问，并与四川农业大学动物营养研究所建立了博士工作站，及时运用科研成果开发新产品，从而促进了品质的提升和主导产品销量的猛增，主导产品增幅均达 20% 以上。

4. 强化各项基础设施建设，保障生产优质产品

随着市场竞争的加剧及产品结构调整，以及品质的提升和销量的提升，旧的设备和厂区已不能完全满足要求，为此公司 2009—2014 年投资 2 000 余万元增加生产设备等基础设施以解决品质、节能降耗和环境保护为主，坚持以技术改造和设备更新为重点，以市场为导向，以改善品种结构，提高产品质量为中心引进先进生产线等技改项目。同时参照国内同行业先进水平和先进质量指标，以稳定提高产品实物质量，增加了产品附加值，增加市场竞争力为目的，改善工艺技术装备和工序结构，完善生产过程工艺控制手段，始终保持质量品牌优势，维护产品质量信誉，提高产品知名度和美誉度，奉献更多的优质产品。

5. 实施用户满意工程，提高顾客满意度

公司以客服部为主体，全面负责与顾客质量为关的过程，建立健全了质量服务保障体系，做到了及时收集客户意见，及时处理客户投诉，指导用户喂料，解决喂养中存在的技术问题等等。这样不仅会赢得顾客的满意，而且能形成较好的口碑，同时也利于品牌的形成。而且在为顾客服务中应用统一的方法，统一的理念沟通，公司将供方、组织、顾客用“一家人”的观念予以关注、对待，体现了公司对客户的态度，这样不仅赢得顾客的赞同，更是赢得了客户。同时针对顾客需求，公司每年都会通过走访、调查、反馈等多种形式获取其满意度，并形成持续改进机制，在企业内部树立了“下道工序是上道工序的用户”，“基层是上级及职能部门的用户”，以及部门之间互为客户，同事之间互为客户，形成了“互为客户”的网络体系，而且对顾客投诉规定了在 24h 内予以解决，并以总经理电话为投诉电话，质监部负责调查处理，确保了投诉处理的及时性和有效性，使“用户满意”成为全体职工的工作理念和工作目标。据公司自行调查统计，顾客满意度由 2013 年的 90% 上升到 2014 年的 92%。

6. 落实了质量奖惩制，杜绝质量事故发生

公司专门设立了不同形式的质量奖（如生产过程中发现不合格原料采取的按量和单价奖励，全月无质量投诉和质量事故的月质量奖等）既是对日常工作质量的考察，又是对推进名牌建设，质量攻关，产品质量获奖，提高质量管理水平和实物水平等方面有显著成绩的行为的奖励，在奖惩过程中，严格质量考核，实施“质量否定权”为主的分配方式，倡导“质量是生产出来的，不是检验出来的”的质量理念。变被动的质量关心为主动的我要做好质量，在过程控制上收到了较好的效益，质量投诉大大降低，产品质量稳步

上升，市场口碑日益响亮，客户数量和忠诚度日益提升。

7. 实施生产过程全程监控，做到了生产有据可查，及时发现和纠正违规行为

在公司的全新厂区和生产的关键点均安装了监控录像，监控点120余个，投资50余万元，做到了适时监督，避免了生产中的随意性，确保了过程受控，保障了生产过程的一致性和产品质量的稳定性。

8. 强化进出厂管理，有效扼制不合格原料的流入和不合格产品的流出

公司检验室不仅能对常规指标检测，而且于2009年增设了原子吸收分光光度计，对微量元素和重金属也能有效控制，2014年引进了丹麦福斯公司生产的近红外分析仪，快速准确地检测各项指标，提高了供货及时率和检验及时性，检验室共投资100余万元，满足了质量监督的需要。不仅从源头上把好进口关，而且生产的每批产品均要经过“三检”（自检、互检、专检）合格后才能出厂，确保了出厂产品的质量，产品质量受到了用户的好评，得到了管理部门的认同和表彰。

总之，通过发展战略的实施，公司得到了快速发展，不仅提升了产品品质，而且增强了产品的市场竞争力，形成了较好的品牌优势。产销量大幅上涨，给企业带来较好的效益，公司将以此为契机和动力，将质量、品牌、发展始终放在战略高度，进一步扩大规模和提高产品质量，形成一批具有优势竞争力的自主品牌，为饲料行业作出更大的贡献。

科技创新保质量　落实管理提实效

——重庆巨星农牧有限公司

重庆巨星农牧有限公司是四川巨星企业集团有限公司下属的一个子公司，建于2003年，占地面积70亩。经过十多年的发展，凭借科学的管理模式，灵活多变的市场营销策略，良好的企业文化和独特的企业经营理念，形成了自我积累，自我发展的良性循环，使企业得到了飞速的发展。

公司创业伊始，始终坚持“科技创造巨星”的理念，广泛吸收世界最新研究成果，创造性发展自己的核心技术，成功地研发出“巨星”“永祥”牌猪、鸡、鸭、鱼等系列饲料产品。

公司配合饲料浓料生产线：生产量达30～60t/h。年生产能力可达20万t以上。配合饲料浓料生产车间总面积6 608m^2，其中主车间面积2 000m^2、原料库面积2 304m^2、成品库面积2 304m^2。办公室区域总面积576m^2、其中化验室96m^2。

配合饲料浓料线包含超微粉碎机和专业生产设备，为市场提供更为完善稳定的产品。公司生产的鱼料粉碎细度好，生产出的产品质量稳定，易消化吸收，饲料浪费少，饲料报酬高，对水质污染小。

为了最大化地满足顾客利益，公司长期以严格的管理、先进的技术为社会奉献最优质的产品和服务，“使用巨星料，稳定高回报”已深深植入广大用户心中。目前公司拥有先进的检测设备及严格的质量管理体系，从原料购进、产品生产再到员工培训等建立了一整套质量保证体系。在全省首家通过并获得ISO 9001：2000质量体系认证，从而确保了巨星产品质量的稳步提高，使得企业得到了稳定而持续的发展。

公司检化验设施齐全，不但能随时进行常规的饲料成分分析，还能进行对动物危害最大的三大毒素：黄曲霉、呕吐毒素、赤霉烯酮的定量检测，通过多年的检验方法的积累，公司掌握了组胺、丙二醛、湿面筋值、挥发性盐基氮、胃蛋白消化率等专业检测方法，对进入公司的原料和公司生产出的产品进行全方位的判断。

公司拥有专业的技术人员，集团公司技术总监为博士学位，其下属的技术部全体人员全部为硕士研究生以上的学历，为公司产品开发提供了先进的技术保障。公司拥有猪、鸡、鸭、鱼试验场，每年进行上百次的试验，公司的产品配方都是先经过试验场进行动物，确保产品质量正常才下发执行配方，保证公司顺利产品进入市场。

公司质量管理人员工作经验丰富，全程监控，从原料进厂到产品出厂都能监控到位，原料进入公司先进行抽样检验，再进行理化指标化验，确保全部符合原料质量验收标准之后方能投入使用。生产出的产品在进行取样化验之后才能进入市场，确保了产品质量的万无一失。

凭借长期稳定的产品质量，“巨星商标”获得“中国驰名商标”“四川省群众喜爱产品”等荣誉；“四川省农业产业化龙头企业”“四川省星火科技示范企业”“重庆市名牌产品”等称号。

立足农牧食品产业　注重稳健发展

——新希望六和股份有限公司

新希望六和股份有限公司创立于1998年并于1998年3月11日在深圳证券交易所发行上市。公司立足农牧食品产业、注重稳健发展，业务涉及饲料、养殖、肉制品及金融投资等，公司业务遍及全国并在越南、菲律宾、孟加拉国、印度尼西亚、柬埔寨、斯里兰卡、新加坡、埃及等国家建成或在建50余家分子公司。截至目前，公司的饲料年生产能力达 2 600 万 t，年家禽屠宰能力达 10 亿只，控股的分、子公司 500 余家，员工达 6 万人。

公司获农业产业化国家重点龙头企业、全国食品放心企业、中国畜牧饲料行业十大时代企业、全国十大领军饲料企业、主体信用等级 AAA、中国肉类食品安全信用体系建设示范项目企业、2017 福布斯全球 2 000 强等荣誉称号。

企业技术中心获得“国家认定企业技术中心”称号，2 个检测中心均通过国家实验室 CNAS 认可。60 多项技术成果获得省级以上奖励，其中 6 项创新技术获国家科学技术进步二等奖。

2018 年，公司实现营业收入 690.63 亿元，同比增长 10.38%；实现毛利润 60.3 亿元，同比增长 18.26%。在饲料和白羽肉禽主营业务上，公司延续稳增长的态势，毛利均创近年来新高。在食品端业务上，公司继续关注产品结构和渠道结构上的持续优化，而在猪养殖业务上，则取得了重大突破，销量逆势增长近 50%。

一、生猪销量逆势增长近 50%，大环境不改坚定扩张

猪养殖作为新希望六和战略转型的重大举措，自 2016 年起开始公司加大对养猪业务的投入，在近两年来面对猪价下行、非洲猪瘟的不利环境下，公司仍然坚定不移地按照战略规划进行投资发展猪养殖行业，同时持续提升已有产能的生产效率，使养猪业务在中长期将成为公司新的增长极。

2018 年，公司共销售种猪、仔猪、肥猪 255.37 万头，同比增加 83.45 万头，增幅为 48.54%。公司在 2018 年末已投入运营项目产能约 400 万头，新竣工项目产能达 120 万头，在建项目产能达 440 万头，另有已完成土地签约或储备的项目产能超 1 800 万头，合计已超过 2 700 万头产能。在人才储备上，公司目前已经完成了约 1 000 万头生产规模的人才储备，通过后续培训已可满足 2019 年度养殖生产的需求。

在坚定推进养猪业务发展的同时，公司持续提升效率降低成本此外。公司全年平均 PSY 保持在 24 以上，保持行业领先水平。对养猪投资项目提出“两个 180 天”的挑战目标，并在 2018 年实现了 8 个项目中 180 天内完成手续办理，4 个项目 180 天内完成工程建设。

二、传统主营保持稳定增长，毛利创近年来新高

饲料和白羽肉禽作为公司的主营业务，稳居行业领先地位。2018 年，两者稳定增长，毛利均创下近年来新高。

公司饲料业务经过长期发展，已经在国内饲料行业多年保持规模第一的地位，其中禽料全国第一，猪料、水产料及反刍料也位列全国三甲。2018 年，公司共销售各类饲料产品 1 704 万 t，创历史新高。实现营业收入 394.19 亿元，同比增加 38.52 亿元，饲料整体毛利率水平也得到同步提升，实现毛利润 30 亿元，创公司成立以来的历史新高，同比增加 3.6 亿元，增幅为 13.63%。

白羽肉禽业务实现营业收入 186.47 亿元，同比增加 16.11 亿元，增幅为 9.46%；实现毛利润 15.92 亿元，创近 7 年以来的历史新高，同比增加 5.41 亿元，增幅为 51.48%。在禽屠宰环节，公司凭借每年约 7 亿只的禽屠宰量，约 200 万 t 的禽肉产销量，多年来一直高居行业第一位。

在食品端，公司继续关注产品结构和渠道结构上的持续优化。保持稳定投资，持续升级产能。同时在品牌方面，全新打造母子品牌优势组合，以“新希望食品”作为母品牌，千喜鹤、六和美食、美好及嘉和一品作为子品牌，均受到了业界及合作伙伴的认同。在 2018 上海合作组织青岛峰会期间，新希望六和作为峰会的禽肉指定供应商，独家供应了宴会使用的全部鸭肉产品，和 70% 以上的鸡肉产品。

三、科技创新成新发力点，实现产业转型升级

公司始终把科技创新作为企业发展的动力源，坚持创新驱动战略，实现农牧传统产业发展的转型升级。2018 年公司全面推动“科技引领”战略，让科技成为公司发展核心驱动力，持续加大研发投入，依托完整的农牧产业链条，在饲料、猪产业、禽产业、信息技术、食品加工五个领域，构建了五大产业技术研究院。

公司目前已建立了集产业技术、产品技术、工艺技术等“多位一体”的技术研发队伍，为公司研发创新和稳步发展打下了坚实的基础。同时，公司与中国农业大学、南京农业大学、中国农科院等大专院校、科研院所以及美国联合饲料、法国科普利信集团等开展了广泛、深度的交流与合作，还与中国工程院李德发、印遇龙 2 位院士、国家产业体系 3 位首席科学家建立紧密的产、学、研合作关系。

2018 年，饲料研究院进一步加强了产品迭代升级开发，产品结构也进一步优化，高毛利的水产料增幅领先于猪禽料增幅，占比进一步提升。同时一批新产品取得了大幅增长，其率先在全国推广以生物发酵技术为核心的生物环保饲料，销量已累计突破 100 万 t，小龙虾料等特种水产料和功能性水产料销量同比增长超过了 80%。

禽产业研究院与中国农科院联合培育的、具有完全知识产权的“中新瘦肉型北京鸭”已于 2018 年年底

经国家畜禽遗传资源委员会审定通过，打破了国外肉鸭品种垄断我国肉鸭的现状，新品种已在公司现有业务内全面推广，并将于2019年正式上市，今后将会大大增强公司白羽肉鸭业务的竞争力。同时，公司独创新型三层立体网养模式。与目前行业新推出的立体笼养技术相比，新型三层立体网养模式养殖有效面积高出30%以上，养殖面积利用率优于笼养20%，每平方米存养量已接近肉鸡的养殖水平。

养猪研究院围绕工程与设备、环保、遗传育种、饲料营养、猪群健康、养猪新技术及经营管理等七大研发内容，通过系列研究，提升了公司精准个体管理及智能化水平，有利于快速解决猪场环保问题，提高疫病防控能力。

信息研究院开展"智慧养猪SaaS系统"等2项重点研究项目，支撑了猪养殖业务的数字化要求，提升了公司组织管理能力、资产管控能力和成本管控能力。其中用于自营猪场管理的"慧养猪"系统已覆盖67个猪场，用于合作放养户管理的"云端放养系统"已覆盖约2 300户放养户。

通过搭平台、重创新、引人才、强投入，公司有效地整合了国内外技术资源，优势互补，强强合作，在解决农牧行业发展共性技术问题上实现了较大的突破，同时，借助公司的产业布局，推动了技术创新和科技成果更好地转化为生产力，继续推动公司从传统生产型企业转型为科技创新型企业战略落地。

未来，公司将以"打造世界级农牧食品企业和美好公司"为愿景，以"为耕者谋利、为食者造福"为使命，以"新、和、实、谦"为核心价值观，着重发挥农业产业化重点龙头企业的辐射带动效应，整合全球资源，打造安全健康的大食品产业链，为帮助农民增收致富，为满足消费者对安全肉食品的需求，为促进社会文明进步，不断做出更大贡献。

为人类提供安全健康的生命元素

——吉隆达集团

吉隆达集团是一家创新型的生物科技企业，追求"精细化工与动植物营养技术的完美结合"，为动植物提供安全健康生长的必需生命元素。

集团母公司——广汉隆达饲料有限公司成立于1997年，经历20多年的打拼和沉淀，已成为饲料产业链上的细分市场——微量元素添加剂领域的龙头企业，打通了微量元素上下游产业价值链。上游自主精细化工生产基地有"氨基酸螯合物"合成车间；"活性氧化锌"和"碱式氯化锌"生产基地；"硫酸锰"生产基地；"硫酸铜"和"超微铜"生产基地。下游单矿深加工和多矿预混料公司有：广汉隆达饲料有限公司、四川隆达畜牧科技有限公司、广州隆达饲料有限公司、山东隆信饲料有限公司、沈阳吉隆达农牧科技有限公司。并建有与添加剂预混料配套的专用载体——"稳载硅"生产基地。

集团现拥有2 000多家国内外优质客户，年销售微量元素系列产品达10万余t，年销售额超过4.2亿元，国内市场占有率达20%以上，集团子公司——四川隆达畜牧科技有限公司是四川省饲料工业协会副会长单位。

集团与四川大学化学工程学院进行精细化工技术合作，成立"有机螯合盐联合实验室"；与四川农业大学动物营养研究所合作成立了国内唯一一家微矿研究机构——中国微量元素营养研究中心，并建有"四川省动植物微量元素安全应用工程研究中心"；与兰州大学合作成立"饲草添加剂与反刍动物营养联合研究中心"；与四川省畜牧科学研究院合作成立"中国生态养殖系统营养研究中心"；与四川农业大学共同组建"中国植物微营养研究中心"。

2018年，集团技术成果如专利等不断涌现，成果转化有序进行。

1. 获得四川省人民政府颁发的"四川省科学进步奖二等奖"的"微量元素减量增效技术研究与应用"项目的成果转化与应用——"微量元素减排模型"正式发布试用。

2. 获农业农村部"全国农牧渔业丰收奖"一等奖的"牛高效健康养殖关键技术研究与集成推广"项目的成果转化与应用开始全面推广。

3. 仅2018年申请且已登记公示的专利技术就有21项，其中已经获得证书的发明专利1项（饲料用氧化锌的生产方法）、实用新型专利1项（液压机用饲料砖压制模具）。

4. 技术中心在SCI上发表科研论文2篇以上。

（1）《添加乳酸菌和有机酸制剂对全株玉米青贮品质、微生物数量及有氧稳定性的影响》作者尉小强；发表刊物《第二届中国反刍动物营养与饲养技术研究暨乌蒙山片区产业扶贫培训会》。

（2）《丙酸类防霉保鲜添加剂在青贮饲料上的应用研究进展》作者尉小强，发表刊物为《草学》。

《饲料用氧化锌的生产方法》的成果转化增强了公司在矿物质金属化工方面的经验和优势，深化提纯、除杂生产作业工艺及生产方法等技术的运用，优化了上游矿物质金属化工企业加工中的各个流程和环节的作业规程，进一步在源头上提高了矿物质金属的纯净度和安全性，带动了整个微量元素行业的精细化提纯与除杂技术的全面提升和技术进步。

"微量元素减量增效技术研究与应用"项目的成果

转化与应用——“微量元素减排模型”正式发布使用，使行业的“精细化工与土壤改良、动植物营养完美结合”的产品设计理念得以实现：严格控制产品中所含的对人类有害的重金属含量，以此研发出减量增效的复合微量元素预混料、微肥配伍技术，为下游肥料企业、饲料企业提供了微量元素配方技术的使用标准，从而帮助了行业下游企业的良性发展，进而保护了资源和环境。

在产品生产方面，完成了土壤改良微肥、滴灌肥、缓控肥、水溶性肥料、纳米级活性氧化锌、复合多矿、氨基酸微量元素络（螯）合物、小肽微量元素络（螯）合物的关键技术开发，取得了 21 项专利技术成果并应用到产品中如莲花锌等。其中集团研发生产的国内新型有机微量元素络（螯）合物的开发——氨基酸微量元素络（螯）合物，被称为动植物微量元素的第四代微量元素，其高效安全得到市场认可，正逐步代替无机盐类微量元素，成为微量元素市场的主角。

在合作交流方面，2018 年集团承担联合中国饲料工业协会、中国畜牧业协会、四川省饲料工业协会、德阳市饲料工业会等单位组织的技术交流与参观考察活动 8 次、与以色列、德国等国家的行业专家交流 2 次、采用去现场交流或在本集团开展专场交流或组织技术沙龙等方式为国内同行业共计 2 750 余家饲料企业提供微量元素安全应用技术交流 59 次，从而为提高国内微量元素添加剂的整体研究开发水平和应用水平起到了应有的引领作用。

吉隆达集团控股子公司“四川爱客信生物科技有限公司”已于 2017 年 8 月 1 日成功挂牌“新三板”，母公司广汉隆达饲料有限公司也自 2013 年开始进行企业内部规范，准备在创业板 IPO，目前已进入辅导期，争取 2020 年前能正式上市。

吉隆达集团，作为新一代有机微量元素添加剂市场的领先者，致力于将精细化工与动物营养技术完美结合，专注于动植物生长全程护理，以安全为己任，为人类提供安全健康的生命元素！

进军西南第一　创造物质精神双幸福

——四川大北农农牧科技有限责任公司

四川大北农农牧科技有限责任公司位于四川新津工业园区，是北京大北农集团全资建设的子公司，于 2005 年 9 月注册成立，总投资 6 000 万元，占地 48 亩，现有员工 300 余人。目前，四川大北农是四川省饲料工业协会副会长单位、四川省畜牧业协会执行会长单位，是《饲料质量安全管理规范》农业农村部级示范企业。

一、生产经营

作为四川高端母仔猪营养提供者，公司主营高档猪饲料的研发、生产与销售，产品品类包括高档乳猪教槽料、高档保育料、精品母猪料、高端猪预混料等等，年设计生产能力 18 万 t。2018 年，公司饲料总产量 14.6 万 t。

公司目前拥有经销客户 500 余名，分布在四川省各个地区的乡镇村庄。针对经营业绩好、信誉度高、发展潜力大的客户，公司主导成立了大北农事业财富共同体以及“超级伙伴培育工程”，设置了主任、副主任等职位，带领广大客户互通有无，学习先进经验，推动经营升级，储备未来发展能量。

二、质量管理

四川大北农一直秉承“品质第一、第一品质”的质量观。公司投资数百万元建立了品管化验中心，领先行业的高档检验设备一应俱全，保障进厂原料和出厂产品 100% 合格。

作为《饲料质量安全管理规范》农业农村部级示范企业，公司每月召开质量分析会，对产品质量管理工作进行持续强化，对相关工作法规、要求进行反复培训并考试。2018 年 10 月，四川大北农通过了四川省生产许可证现场验收专家组的检查验收，取得了新版生产许可证。

三、品牌建设与社会责任

一直以来，公司坚定“锻造王者之师、引领行业发展、疯狂超速行动、进军西南第一”的发展方向，着眼整个行业，着眼未来改变现状，尤其要推动四川养猪事业发展。在团队建设、产品研发、服务创新等工作中，公司无一不体现着进军第一的信心。

产品品牌方面，四川大北农的教槽料贝贝乳、贝贝爽，保育料，母猪料乳多多、仔多多，猪预混料等优势产品都已深入养殖户的内心，广大客户认可，甚至行业竞友也都交口称赞。

在四川省饲料工作总站的指导下，公司与四川阿坝黑水县建立精准扶贫工作关系，向黑水县捐赠猪饲料，支持当地农民养猪。在新津县“两新”党工委的指导下，公司党支部与新津县方兴镇白鹤村总支部结对子，2018 年入冬时节，给部分困难群众带去了温暖与关怀。由于在扶贫工作方面不懈努力，四川大北农荣获“四川省饲料工业协会扶贫先进集体”称号。

四、管理探索与创新

四川大北农快速发展的重要原因之一，就是充分信任、充分授权的文化管理。

为了提升员工心性，挖掘员工潜能，公司组织干部员工学习稻盛和夫经营管理体系，发动全体员工学习哲学经典，促进传统文化和大北农文化融合落地，激发员工以不亚于任何人的努力去对待生活中的每一件事，对待工作中的每一个环节。

2018 年，公司总经办、党支部、工会联合落实了一系列职工关怀行动：5 月，公司领导深入劳模家庭和工作岗位，向劳模及其家属送上慰问和祝福；生产部有一位员工，家中多位亲属遭遇恶性肿瘤，6 月，公司爱心基金委员会向该员工捐赠了 5 万元；年底，一位生产工人突发罕见重病，公司带动员工伸出友爱之手。

通过一系列工作的开展，员工精神面貌和工作状态普遍得到了改善，一岗多能、一专多能的人才越来越多，无私奉献善举和团结互助的事迹会常常看到，公司也逐步实现了高收益，员工物质与精神双幸福的根基越来越扎实。

五、团队建设

公司现有员工 300 余位，为了保障持续生产力和战斗力，公司强力推进员工年轻化、知识化进程。通过近几年的努力，公司拥有博士 2 人、硕士 12 人，大专及以上学历员工达到 69%，市场一线员工中相关专业背景占比已超过 80%；相比两年前，全体员工平均年龄下降了 2 岁。

当前，公司专职从事养猪技术服务的已有 60 多人，在市场推广服务大团队中占比 32%，包括幸福农场服务部、阳光猪场服务部、猪场托管服务部等，他们以专业的服务践行着大北农理念，保障了养猪经营安全，改善了养殖生产指标，提升了养猪效益。

2018 年，公司继续推进战狼工程——养猪服务人才培养工程，针对非相关专业背景的推广服务人员，以及有专业背景但缺乏实际操作经验的员工，展开养猪场实战培训，精准帮扶，教考结合，目前已有 40 人通过了培训考核，有效提升了养猪服务能力。

六、文化建设

大北农文化培训，是公司开设次数最多的一堂课。在新员工培训、季度大会、年会、干部熔炼、共同体事业伙伴培训等活动中，都要安排文化培训课。在持续不断的文化熏陶下，全体干部员工以及事业伙伴报国兴农理念越来越坚定，奋斗的目标愿景越来越清晰，价值观越来越端正，战胜困难的勇气和前进的能量越来越充足。

为了促进优秀企业文化的践行落地，公司向全体员工印发了《大北农文化践行手册》，发动大家学习并在工作和生活中践行；公司在后勤各部门推行班组文化建设活动，一些职能相近、业务相关的部门或岗位组合成了全新的班组，在工作中积极顶岗、协作帮助，在生活中互相鼓励、无私关怀。

七、安全管理

大北农文化讲“安全第一保障”，公司历来非常重视安全管理工作，并已经通过了安全生产标准化三级达标。健全的安全管理制度、生产操作规程、事故应急预案等，形成了第一道安全屏障；每月 20 号进行的安全大检查，对隐患整改“五定”工作的落实，是安全生产的有力保障。2018 年 10 月份，新津县工贸企业粉尘涉爆工作会召开，会址就设在四川大北农。

2018 年下半年，非洲猪瘟疫情进入中国并且快速蔓延，四川省也发生多例疫情，严重危及农牧企业运营安全，以及事业伙伴经营安全。9 月份，公司在饲料企业中率先行动，快速配置生物安全防护设施，全面实施人员、车辆进厂消毒；11 月，公司召集全体干部和事业伙伴代表开会，部署市场前线疫情防控工作；接着，公司对工厂生物安全防控设施全面升级，对防控制度进一步细化，设立了专职的生物安全员岗位；2018 年年底，公司成立了非洲猪瘟防控工作小组，由公司总经理担任工作小组组长；公司编制了《非洲猪瘟防控工作手册》，向全体员工、事业伙伴及养殖户发放，强化整体防控战线。

八、结语

创建西南第一养猪综合服务企业，实现全体员工与伙伴物质与精神双幸福，四川大北农还有很长的路要走。只要肩负报国兴农的使命，坚定信念，在大北农集团强大的文化、品牌、技术助推下，在全体员工的团结拼搏下，四川大北农一定能为四川现代养猪业发展贡献应有的力量。

聚焦养殖终端
强化内部管控和终端服务

——贵阳新希望农业科技有限公司

一、企业简介及发展战略

1. 企业简介

贵阳新希望农业科技有限公司（以下简称“公司”）是新希望六和股份有限公司借西部大开发东风，为满足贵州广大养殖户的需求，先后分批投资 1 亿元在贵州兴建的饲料生产及农业开发的综合型现代化企业；公司位于贵阳市观山湖区金华镇 998 号，总共占地 40 余亩，紧邻 321 国道和贵黄高速公路，距贵阳市城区 17km，距清镇市 10km，交通十分便利。

公司于 2002 年建成投产，现有职工 180 余人，环境优雅，设备一流，具有年产 30 万 t 优质畜、禽、反刍动物饲料生产能力，是贵州省目前最大的饲料生产企业，同时也是贵州饲料行业唯一获得中国饲料行业“信得过产品”称号的企业；公司拥有一支高素质、高技术、高执行力的管理团队，长期坚持：“质量第一、服务第一”；对经销商、合作者和用户以诚相待，讲求信誉；在产品与管理上博采众家之长，努力为客户提供优质的产品和服务，为“兴黔富民”做贡献。

贵阳新希望通过了 ISO 9001 国际质量管理体系认证，并获得饲料行业“信得过产品”称号，2001—2014 年连续 14 年荣获市级“守合同、重信誉”企业，还荣获“贵州民营 50 强企业、最具 100 强潜力企业、重点龙头企业、贵州省高新技术企业、贵州省饲料行业十强企业、贵州绿色生态标杆企业等称号；公司于 2016 年 1 月贵州首家通过农业部《质量安全规范管理》示范企业验收，标志着贵州省饲料企业质量安全管理水平又上新台阶。

2. 发展战略

面对养殖市场的变革和改变，饲料行业的快速转型和变革尤为关键。

公司秉承依靠政策、发展事业、服务人民、回馈社会、报效祖国的企业宗旨，不懈追求“农业创造价值，农民分享价值、价值留在农村、城乡和谐发展”的社会目标。以农牧产业龙头企业优势带动农村经济发展，带领广大农民增收致富，积极与相关各级部门、经销商及养殖户建立长期、可持续发展的真诚合作关系为纽带，在面对养殖市场环境快速变革、发展的趋势下，切实根据贵州养殖市场变化情况，结合贵州养殖实际需求，制定了以“聚焦养殖终端，强化内部管控和终端服务”的发展战略主题，以“强内控，塑品牌；建基地、创模式、促发展”“三改一防一提高”的养殖帮扶方案，三大平台建设的系列举措，帮助养殖户解决了困难，提高终端养殖效益为目标，同时也为公司市场发展奠定坚实的基础。

二、企业发展模式

随着市场环境的变化发展，过去的发展模式已不在适应当今市场环境变化发展趋势，为了使公司发展顺应环境需求，同时也为了快速地实现转型，2017—2018 年，公司以“聚焦养殖终端，深化产业合作”为发展战略主题，通过强化内部管控和终端服务，以持续强化“三改”工作的落地执行。“三大平台建设”的持续拓展，切实结合贵州畜牧发展及需求情况，以“强内控、塑品牌；建基地、创模式、促发展”的系列举措，帮助养殖户解决了困难，同时也为公司市场发展奠定坚实的基础。

1. 三改一防一提高

三改。改温控、改栏舍、改自动喂料。由于贵州受环境气候因素影响，时节温差较大，在不同的时节要做好舍内温湿度调节，以舍内温湿度环境达到养殖需求，减少因温湿度环境不符合要求影响动物生长。改自动采食，使用专门自动采食桶一是改变过去的地喂或槽喂方式带来的浪费、卫生安全等问题，二是可以在一定程度上解轻养殖劳动强度，降低劳动使用成本。一防。主要是指要严格按照免疫流程做好防疫的管控监测，有效地杜绝因防疫原因导致的疾病多发的情况发生。一提高。指在以上基础上提高养殖效益。2018 年，公司累计斥资 40 余万元帮助 430 户养殖户做好养殖环境的“三改”工作。

2. 三大平台建设

融资平台。公司引进中国最大的普惠、保理担保公司，中国邮储银行、建设等银行合作，帮客户办理小额信用贷款及信用卡等模式，解决客户融资难的问题；同时，在集团总部的帮扶下，率先在贵州开展“猪旺”养殖融资模式，切实为养殖户做好资金支持和帮扶。2018 年累计为养殖客户融资 4 500 万元，切实为养殖客户做好养殖过程中的资金保障，进而助推养殖发展。

技术平台。通过养猪大学、新农培训、动保中心等来提高养殖户的技术知识。

2018 年，共计帮助养殖客户抽取检测样品 4 269 份，提供血清抗体、病原、微生物等检测 10 742 项，及时有效的帮助养殖户解决好饲养过程中的技术难题。

2018 年，根据集团总部扶贫帮扶战略规划，公司积极在贵州组织开展实施，全年共计在贵州相关市、县开展新型职业农民培训 73 场，培训人次达 42 170 人次，增加农村职业转型的机会及转型成功的概率，为农村经济及农民收入增加奠定了坚实的基础。

信息平台。公司通过福达计划、互联网 + 云养殖的方式，为养殖场提供提高养殖效率的工具，提高养殖户的养殖水平。

3. 强内控、塑品牌；建基地、创模式、促发展

强内控，塑品牌。从 2015 年开始，公司积极响应国家法律法规文件要求，通过《饲料质量安全管理规范》的实施运行来进一步强化公司内部管理，从采购源头到销售终端，建立有效的管理追踪机制，确保产品质量安全、稳定，塑造良好的市场口碑。

2018 年，公司紧跟行业发展变化步伐，积极参与国家关于低蛋白日粮技术的推广使用，结合以贵州畜牧发展“生态、环保”的导向，大力推广生物发酵产品，以实现养殖过程的低氮、低磷、低重金属、低排放的生态畜牧养殖，同时，提升产品动物消化吸收率，降低养殖成本，提升养殖费用。

建基地、创模式、促发展。采取公司＋基地，协会＋农户的模式，在贵州建立养殖示范基地，并严格按照动物各阶段生长营养需求，设定生产阶段配方产品，形成阶段产品组合饲喂模式，如：猪场精准营养饲喂模式；蛋鸡精准营养“4+2+1”饲喂模式等，以达成低成本、高效率的目标，从而进一步提升养殖户的养殖效益。

三、企业成效

1. 公司近年来所获荣誉

公司从2001—2018年，连续18年荣获市级“守合同、重信誉”企业，还荣获“贵州民营50强企业、最具100强潜力企业、重点龙头企业、贵州省高新技术企业、贵州省饲料行业十强企业、贵州绿色生态标杆企业等称号；通过了ISO 9001国际质量管理体系认证；公司于2016年1月贵州首家通过农业部《质量安全规范管理》示范企业验收，标志着贵州省饲料企业质量安全管理水平又上新台阶。

2. 企业发展成效

2017—2018年，公司以“聚焦养殖终端，深化产业合作”为发展战略主题，通过强化内部管控和终端服务，以持续强化“三改”工作的落地执行；“三大平台建设”的持续拓展；切实结合贵州畜牧发展及需求情况，以“强内控、塑品牌；建基地、创模式、促发展”的系列举措，帮助养殖户解决了困难，同时也为公司市场发展奠定坚实的基础。公司单年平均销量累计达到17万多t，年均产值达5.4亿多元，累计销售收入为4.9亿元，纳税600余万元；销售、服务网络覆盖到了贵州省的100多个区、县、市及上千个乡镇。

“三改一防一提高”。2018年耗资40余万元，以帮助养殖户提升养殖效益为目的，从品种、环境、防疫等方面帮助养殖户进行改造，累计帮扶养户430多户，同时为公司带来产品销售数量2万余t。

三大平台。通过引进中国最大的普惠担保公司与银行合作，帮客户办理小额信用贷款及信用卡等模式，2017年度累计为养殖户解决资金达4 500多万元，有效的解决客户融资难的问题。

通过养猪大学、新型农民培训、动保中心等来提高养殖户的技术知识，至2018年年底，公司耗资60多万元累计为养殖户提供养殖技术知识培训70多场；防疫、环境水质检测等动保检测服务269多批次，有效为养户提供技术支撑和服务，确保养殖健康有效发展。

通过福达计划、互联网＋云养殖的方式，为养殖场提供提高养殖效率的工具，采取公司＋基地，协会＋农户的模式，提高养殖户的养殖水平，累计带动养殖和经销客户1 200余户，帮助客户新增创收人均1 100多元／年，同时也增加了公司产品直销比例，目前直销比例达750%左右。

四、市场分析

1. 贵州饲料企业目前的经营现状

（1）目前，贵州的饲料企业主要以产品销售为主，以产品为导向，通过控制成本和努力增加产品销售数量来实现企业盈利，维持发展。

（2）营销手段主要以价格和促销为主要营销手段，终端掌控和服务客户结构简单，研发与服务等环节相对较薄弱。

（3）区域发展为主，受产品利润限制产品销售半径受限。

（4）受目前种植业和养殖业的影响，在面对行业转型的速度较为缓慢，产业延伸发展速度和进展不佳。

（5）由于养殖行业受技术和资金的限制，行业发展缓慢；终端掌控能力较弱，市场风险有效预防掌控难度系数加大；从而影响饲料产业的发展。

2. 未来的发展趋势

（1）大鱼吃小鱼、快鱼吃慢鱼、群鱼吃散鱼。

（2）产业一体化模式将成为产业融合的体现。

（3）产业之间的融合与渗透，创造价值链的有效传递，促进生产业间的共赢与和谐发展。

3. 未来的发展举措

（1）产业精耕细作，创造差异优势。

（2）做好市场信息研究，提高市场预测能力；换位思维做上下游共赢之举。

（3）营销创新，做好产品战略定位，做强区域优势，引领区域市场。

（4）延伸产业，做产业化经营；即延伸发展了产业链，有提高了产品附加值，同时还能带动相关产业的发展，增强企业竞争力。

（5）抱团取暖，跨界合作，联合发展。

以客户为中心
加强品牌营销与品牌建设

——贵阳富源饲料有限公司

2018年，贵阳富源饲料有限公司，投资建设的黔东生产基地新厂建成并正式投产，投资扩建的安顺生产基地扩建工程也即将竣工；投资的食品公司生鲜产品也正式上市，并与贵阳市教育局签署合作协议。贵州省委常委、常务副省长李再勇；省委常委、市委书记赵德明；市委副书记、市长陈晏；黔南州周围副书记、州长吴胜华等领导在调研公司实施的长顺产业扶贫项目情况时，也对公司发展和对大扶贫产业的带动，给予了高度肯定。

2018年，经历猪价低迷、非洲猪瘟等各种困难因素，公司不断增强危机意识，严控经营风险，克服了重重困难和挑战，依然屹立于贵州农牧行业的潮头！

2018年，公司更是以客户为中心，加强品牌营销与品牌建设，全面启动了“5312”工程，不断提升了养殖客户的养殖水平与效益，从而为养殖客户创造了新的价值。

2018年，公司投资建设的四大饲料营销中心又创造了历史新的产销量水平。黔东全新的饲料生产基地全面投产，以崭新的形象、品质与服务傲立黔东；安顺同正基地进行了二期扩建，工程即将竣工投入使用。

2018年，公司与贵阳银行合作的息烽养殖基地也建成投产，将对息烽脱贫攻坚工作做出新的贡献。食品公司与贵阳市教育局共建了万头扶贫猪基地，10 000头扶贫猪进入了贵阳市高中校园，让学校师生吃上放心肉。

2018年，公司全面启动开展员工文化建设、拓展训练、演讲比赛、创先争优、岗位拜师、培训学习等活动，不断提升中级主管与骨干员工的素养与能力。

2018年，公司与四川农业大学动物营养研究所签订了博士工作站合作协议，并正式挂牌“四川农业大学动物营养研究所”“贵州富之源集团博士工作站”。

2018年，公司销售量得到较快增长，2017年富源公司饲料销售总量：7.3万t，2018年总量：9.3万t，同比增长达27%。

2018年，公司投资建设的三大养殖基地修文、贞丰、长顺。累计建设家庭农场245个，累计投苗155 323头，累计出栏107 583头，农户累计分红达3 200万余元。

科技兴企　诚信立业

——昆明川金诺化工股份有限公司

昆明川金诺化工股份有限公司是专业从事磷化工的股份制企业，始建于2005年6月2日，于2016年在深交所发行上市，股票代码：SZ.300505。

生产基地位于素有“千年铜都”之称的昆明市东川区四方地工业园区，占地面积400余亩，注册资本100 526 122元，现拥有总资产10亿元，员工1 300余人，以生产肥料、饲料级磷酸盐产品为主。现阶段公司建设有硫酸生产装置2套，规模共22万t/年；磨选系统，年处理磷矿石原矿能力200万t/年；湿法磷酸生产装置2套，规模共25万t/年；浓缩磷酸装置1套，年处理能力12万t P_2O_5；饲料添加剂磷酸钙盐生产装置3套，规模共40万t/年；石灰生产装置1套，规模10万t/年；重过磷酸钙生产装置1套，规模15万t/年；肥料级磷酸氢钙生产装置1套，规模10万t/年；工业氟硅酸钠生产装置1套，规模1万t/年；余热发电装置1套，机组功率3 000千瓦。

一、科技兴企

昆明川金诺化工股份有限公司不断加强专业人才团队建设和技术创新，构建“资源综合利用、发展循环经济”的可持续经营模式。

公司立足于当地丰富的磷、硫、钙资源，按照低碳、节能、降耗、减排的要求，遵循循环经济理念，经过十多年的发展，打造出一条完整的湿法磷酸分级利用的产品链，通过对产品链上下游技术的研发创新，从而控制产品链的关键环节，不断研制新的分级产品，挖掘每个环节利润，充分降低了公司成本。

公司的发展历程，就是一段追求技术创新、结构优化的过程。2005年，公司成立之初，仅有硫酸生产装置一套。2006年，结合云南省丰富的磷资源，公司开始饲料添加剂磷酸氢钙生产装置建设，并于2007年正式进入饲料工业行业，产销饲料添加剂磷酸钙盐，完成了硫磷资源的合理利用。2009年，美国次贷危机寒流还未消散，面对经济下行的疑虑，公司冷静思考，果断决定建设第二套硫酸生产装置，为公司扩大规模奠定基础。2011年，公司成功攻克磷酸浓缩净化关键技术，并开始饲料添加剂磷酸二氢钙生产，丰富产品种类，提高市场风险抵御能力。2013年，随着磷酸二氢钙规模扩大，浓缩磷酸分级利用提上日程，当年开始修建重过磷酸钙项目，并于2014年开始了化肥重过磷酸钙的生产，解决了磷酸净化中饲料级磷酸与肥料级磷酸的合理分配利用。2014年，为了解决磷矿石富矿储量减少而中低品位磷矿石量大的难题，公司经历多次试验，上马磷矿石磨选系统，成功将中低品位磷矿石通过选矿达到湿法磷酸生产质量要求，极大拓宽了原料来源，并对最终产品的质量稳定起到关键作用。2018年，公司技术团队再创佳绩，解决了中低品位磷矿石经选矿后用于半水磷酸工艺的各种难题，半水磷酸生产项目在使用本地大量中低品位磷矿石的情况下顺利投产达标，为公司扩大磷化工生产规模同时，在节能减排方面做出卓越贡献。同年，公司成功研制饲料添加剂磷酸氢钙（Ⅲ型），颗粒饲料添加剂磷酸二氢钙，为饲料行业提供更多选择，并举行了新产品推介会。

“科学技术是第一生产力”，公司技术中心2013年被认定为云南省企业技术中心，截至2018年，公司申报并获得30余项发明和使用新型专利；2019

年年初，通过高新技术企业认定，获得由云南省科学技术厅、云南省财政厅和国家税务总局云南省税务局联合颁发的《高新技术企业证书》，证书编号：GR201853000163。公司已经掌握中低胶质品位磷矿石浮选、硫铁矿制酸的附加功能延伸、能量梯级利用、湿法磷酸的分级利用、湿法磷酸浓缩萃取净化制精细磷酸盐、副产品制磷石膏建材和氟化工再衍生环保产品等核心关键技术，顺应了国际磷化工多联产、一体化和循环化发展新趋势，实现磷资源的高效低碳利用，节能减排；形成了适合川金诺自身发展的无机、有机、盐肥联合生产的生态模式，保证企业的可持续发展。

二、诚信立业

昆明川金诺化工股份有限公司从创始以来，不断诠释着这一核心企业文化，以“言出必行”的态度对待合作伙伴，并坚持求真务实的经营风格。多年来建立了各种稳定的社会资源渠道，与川金诺形成了密不可分的战略合作关系，携手并进、共同发展。

公司饲料添加剂磷酸钙盐产品，取得质量管理体系认证证书，质量管理体系符合 GB/T 19001—2016/ISO 9001：2015 标准，并且通过 FAMI-QS（欧洲饲料添加剂和预混合饲料质量体系）认证。因其产品质量优质，成本优势明显，得到了客户的一致认可，经过十多年的积累，公司在业界已树立较好的品牌美誉度，具有一定的品牌优势，通过长期的市场开发，公司不仅在行业树立了良好的信誉和企业形象，同时在国内也积累了新希望集团、正大集团、温氏集团、双胞胎集团、正邦科技、唐人神、正虹饲料、通威集团、海大饲料等一批规模大、信誉好、忠诚度高的客户群。长期稳定的客户合作关系，为公司保持在磷化工市场的领先地位奠定了牢固的基础。丰富的客户资源和强大的销售网络为公司业绩的持续增长、市场份额的不断扩大提供了保障。

公司饲料添加剂磷酸钙盐产品，是目前我国主要采用的一种“钙＋磷”类添加剂，在饲料中的添加量一般为 1%～3%，主要功效是为畜禽配合饲料提供磷、钙等矿物质营养，具有易于消化吸收的特性，可加速畜禽生长发育，缩短育肥期，快速增重，能提高畜禽的配种率及成活率，具有增强畜禽抗病耐寒能力，对畜禽的软骨症、白痢症、瘫痪症有防治作用。2018 年，公司饲料添加剂磷酸氢钙（Ⅰ型）、饲料添加剂磷酸氢钙（Ⅲ型）、饲料添加剂磷酸二氢钙（粉状）、饲料添加剂磷酸二氢钙（颗粒状），均全额满产，为饲料行业供应各类饲料添加剂磷酸钙盐共计数十万吨。

逆水行舟，不进则退。未来的川金诺将继续遵循“科技兴企，诚信立业”的理念，做深磷化工产业链条、做强磷化工产业技术、做大磷化工产业规模，以领先的企业竞争力，创造良好的企业经营效益，为饲料行业发展贡献力量。

创新驱动发展　使命成就辉煌

——云南大北农饲料科技有限公司

自 1993 年创建以来，大北农集团始终秉承“报国兴农、争创第一、共同发展”的企业理念，致力于以科技创新推动中国现代农业的发展。

大北农集团创业涵盖养殖科技与服务，种植科技与服务，农业互联网三大领域，拥有员工 8 000 余人，1 500 多人的核心研发团队，140 多家生产基地和 240 多家分子公司，年产能达 1 000 万 t，旗下 42 家企业通过农业农村部《饲料质量安全管理规范》标杆示范企业验收。拥有饲用微生物工程国家重点实验室，致力于高科技饲料的研发。在全国拥有 100 000 多个基层科技推广服务网点，推广服务网络遍布全国，致力于为同行企业提供综合服务。2010 年，大北农集团在深圳证券交易所挂牌上市，成功登陆资本市场，成为中国农牧行业的上市公司。

云南大北农饲料科技有限公司是大北农集团在云南全资建设的基地工厂，是大北农集团的核心企业之一，总投资近 1 亿元，占地 25 000m^2，年生产能力 18 万 t，于 2013 年 9 月 30 日建成投产，公司现拥有 150 余员工，50 多人的核心研发团队，采用国际先进的现代化生产设备和生产工艺，生产过程实现自动化和智能化，致力于生产高档高端的饲料产品，并为同行饲料企业和养殖企业提供文化导入、原料采购、企业信息管理等综合服务。大北农牌猪饲料产品作为公司的主导产品，全面涵盖母猪、仔猪、生长育肥猪等各生长阶段，以其科学的配方设计、优质的产品质量及完善的技术服务，深受广大养殖户青睐。公司经过多年的发展，建立了产前预防、产中控制、产后追踪为主导的质量跟踪服务体系，从原料进厂到动物采食的每一步流程都可追溯，层层把关，人人负责，全力保障产品的品质与安全。2015 年公司顺利通过 ISO 9001 质量管理体系和 ISO 22000 食品安全管理体系认证。2016 年通过农业部《饲料质量安全管理规范》标杆示范企业验收，标志着公司质量及食品安全管理水平迈上一个新的台阶。

创新驱动发展，是大北农始终坚持的发展策略。公司拥有完善的企业创新机制，吸引着优秀的行业领军人才，与多个研发机构建立长期合作关系，形成强大的自主创新能力、成果转化能力和持续发展能力。公司目前配备企业技术中心及云南昌农农牧食品有限公司两大研发机构，企业技术中心是饲料产品研发、分析检测的重要科研平台；云南昌农农牧食品有限公司是饲料新产品、新配方及饲养模式研究的重要试验基地，为产品创新提供强大的科技动力。

同时，动保、疫苗、种猪、生物饲料、农信互联等产业协同发力，有效解决了养殖户的不同需求。动保产业，以高标准的 GMP 认证工厂为养殖行业提供优质、安全、高效的动物保健产品及全套解决方案。疫苗产业，以生物技术和工程革新为手段，立足生物疫苗研制和产业化发展，以强大的动物医学研究中心，提供持续创新动力。种猪产业，以核心纯种母猪场，培育独特、高效、最具综合竞争力和养殖效率的中国基因品种和配套系。生物饲料产业，依托饲用微生物工程国家重点实验室，推广兼具营养、免疫、生态功能的高科技产品，开创健康、安全、高效的养殖模式。农信互联全面部署大北农战略：智慧金融、智慧养猪、智慧交易，依托网络信息平台，改变服务格局，开创行业先河。遍布养殖过程的全产业，缩短服务半径；深入乡村的推广服务网络，直通农民需求。全产业链以市场需求为导向，以提升价值为核心，构建了以互联网为工具，培训为手段，服务为内容，产品为载体，服务人才为主体的无处不到、无时不在的全新的知识型服务网络体系。

大北农的事业是大家的事业，大北农文化是大北农人共同的价值观，大北农坚信：人是企业发展的唯一资源，通过培养、选拔、引进高素质人才和感召优秀事业伙伴，锻造了一支作风正、技能强、敢拼搏的大北农王者之师。首推“伙伴式”创业理念，营造一个充分信任、充分授权的创业氛围，通过期权、共同发展奖励、持股创业、扶持金创业等措施，完善共同发展机制，打造“百千万”工程，以前瞻的企业文化，引领时代发展。在企业文化的感召下，员工团队爱岗敬业，敢打敢拼；事业伙伴团队高度忠诚，充满激情，铸就行业创奇。

事业财富共同体，是大北农践行与事业伙伴共同发展理念的一大创举。以大北农为中心，以经销服务事业伙伴为核心，以养殖事业伙伴为核心，形成一个创业创富联盟，通过事业伙伴“2111”工程，重点培养两千个经销服务事业伙伴，一千个联营场，一万个核心示范场，十万个核心示范户，大北农提供文化、品牌、技术、产品、人才、管理、金融、信息等资源的全方位支撑，引领事业伙伴打造形象标准化，运营公司化，用户组织化，信息网络化，服务综合化的五星级服务中心，全力助推事业伙伴发展，携手事业伙伴共攀高峰。

奉献社会，强大国家，是大北农的企业观。大北农在创造财富的同时，积极担当社会责任：大北农科技奖，圆农业专家科研梦；大北农教育基金，圆青年教师事业梦；大北农奖助学金，圆贫困学子求学梦；大北农金榜题名奖励，圆大北农子女升学梦；大北农爱心基金，圆困难员工安家梦；中国农民大学，圆现代农民求知梦；大北农班，圆农业学子技能梦。财富有形，大爱无疆，大北农筑起广阔的公益桥梁，践行一个民族企业应有的社会责任。

未来，云南大北农将继续探索新的发展模式，加大科研创新力度，进一步优化产品结构，提升产品品质，提高服务水平，以国家农业产业化政策为指导，以安全、环保、高效为导向，依托集团强大的文化、品牌、人才和科技创新，研发和推广适用于云南高原特色的猪营养与养殖技术，持续推动云南饲料工业的稳步前行和云南畜牧产业的健康发展。

用“工匠精神”打造生猪产业链
确保舌尖上的安全

——云南神农农业产业集团股份有限公司

一、神农集团基本情况

云南神农农业产业集团股份有限公司（以下简称“神农集团”）创立于 1999 年，从饲料生产起家，经过 20 年的艰辛创业和不断开拓创新，现已发展为集饲料生产销售、种猪繁育、商品猪养殖、生猪屠宰加工销售为一体的现代化大型农牧产业集团，是农业产业化国家重点龙头企业，也是国内最早实现“从农场到餐桌”全生猪产业链建设的领先企业之一。

自公司成立之日起，一直把“改变农村传统生产模式，致力发展优质高效农牧业；用科技武装农民，造就现代神农——知识型农民”作为企业发展目标。截至 2018 年年底，集团共拥有下属全资子公司 22 个，员工 1 056 人（其中博士、研究生 20 多人）。2018 年实现销售收入 10.44 亿元。集团拥有饲料加工、生猪养殖、屠宰加工 3 个类别生产基地共 22 个，其中饲料生产基地 4 个，生猪养殖基地 15 个，屠宰加工基地 2 个；年产销饲料 20 万 t，年出栏生猪 40 万头，年屠宰生猪 150 万头。目前，是云南省最大的饲料生产加工企业、云南省最大的生猪养殖企业和西南地区规模最大、现代化程度最高的生猪屠宰加工企业。

二、神农集团下属饲料基地基本情况

云南神农集团下属饲料基地 5 个，分别为云南神农农业产业股份有限公司、云南神农集团农生饲料有限公司、云南神农集团大理大力生饲料有限公司和南宁东方红饲料有限公司。

企业先后通过国家饲料食品安全管理体系 HACCP

认证和 ISO 9001：2000 国际质量管理体系认证，饲料产品获得绿色饲料食品认证，旗下著名品牌包括东方红、优耐特、SNP 系列，福牌等。主要生产猪、禽配合饲料，猪、禽浓缩饲料和猪、禽复合预混合饲料，年生产能力 40 万 t。

公司从具有国际先进水平的江苏牧羊集团引进整套的先进生产设备及工艺技术，特点为：自动化程度高，粉碎均匀、混合均匀、称量准确，全自动先进配料系统，合理的除尘系统，并且还具备先进的膨化生产线。

公司非常注重产品技术研发且拥有雄厚的研发力量，技术研发中心共有博士、硕士 11 人，采用国际先进的 BRILL 配方软件，拥有越州和茨营两个试验基地。近年来，完成多项农业农村部和省研究课题，在国内核心期刊发表论文 20 多篇，共申请发明专利 3 项。公司常年与国内外优秀的院校和企业合作交流，确保公司产品研发处于国际领先水平。

质量是神农的人品体现，公司高度重视饲料质量安全管理规范示范企业创建活动，在软件、硬件上投资接近 40 万元，减少了产品质量安全隐患，改善了工作环境和产品质量安全。并于 2017 年通过了规范验收，成了云南省《饲料质量安全管理规范》示范企业。结合十余年的 ISO 9001 质量管理体系和 ISO 22000 食品安全管理体系的运行经验，公司在规范管理、技术改造和人才引进等方面取得了很好的改善和充实。

2018 年非洲猪瘟爆发以后，公司高度重视，密切部署，在云南省各地开展猪场非瘟防控培训会，培训人次累计 2 000 多人，并免费为广大养殖户提供猪场生物安全规划和管理建议，进一步加强技术服务。在云南区域，公司将农生基地升级为客户饲料产品专供基地，集中公司优势资源，依据客户需求提供定制化服务，全力为神农及农生公司区域客户生产安全、专业、高水准的猪饲料产品。

首先，进一步加强原料来源管理。精减原料品种，全面停止采购疫区原料和猪鸡源蛋白产品。不惜成本到宁夏、新疆、西内蒙古采购比市场价高出 20～50 元 /t 的烘干玉米；所有豆类产品均来自战略合作伙伴大海粮油；进口哈萨克斯坦制粒麦麸；其他小物料如乳清粉、超级蒸汽鱼粉也全部进口自非疫区国家。

其次，加强生产管理。提高制粒温度到 85℃以上，延长制粒时间。原料库、生产车间、成品库分区管理，防止交叉污染。生产工人配备专门工作服，上下班更换衣物。禁止非生产区人员进入车间。

再次，加强运输管理。饲料和原料全封闭运输，专人负责装卸，司机禁止下车。所有车辆在场区门口清洗、消毒，建立消毒台账。

最后，做好其他厂区消毒等省区安全举措。建立人员消毒通道；食堂物资集团统一配送；厂区内每周全面消毒、定期巡检；驱鸟逐鼠等。

本着“精益求精”的工匠精神，神农将持续不断为客户提供更多、更优质、安全可靠的饲料产品。

三、神农集团生猪产业链建设

2005 年，神农集团收购成立云南滇东联合食品有限公司；2007 年成立云南神农肉业食品有限公司，全套引入德国伴斯屠宰设备和韩国好烤克分割设备，聘请全国知名企业管理人才、按照国家行业标准进行规范管理。神农肉业为昆明市肉制品行业整合搬迁的标杆企业，是昆明市委市政府确定的现有 13 家屠宰企业中唯一不用关闭整合的企业。

基于生产效率的顶层设计，从 2013 年起公司按照国际先进的设计理念，推行标准化生猪生产的创新模式设计，以工业化的理念陆续建成了一批符合优良种猪、育肥猪生产环境条件要求的现代化、规模化养殖基地。至此，神农集团生猪全产业链布局完成。

截至今日公司在曲靖、大理地区已投资近 10 亿元建成投产了种猪扩繁场 3 个，母猪存栏 2 万头，育肥猪场 6 个，年出栏育肥猪 35 万头；正在筹建种猪场 2 个（年存栏 8 000 头母猪一个，6 000 头母猪一个），育肥猪场若干。神农猪场采用全自动化、现代化的生产设施设备，自动喂料、饮水、通风、温控……结合先进的生物安全管理措施，极大提高了生产效率，降低了生产成本。目前神农人均饲养母猪 300 头，人均年出栏肥猪 5 600 头，肥猪出栏成本每公斤不到 11 元。

2017 年，公司分两批次从美国最先进的核心种猪场引入曾祖代种猪 2 080 头，拥有了世界上最先进的种猪基因，其产生的后代具有背膘薄、瘦肉率高、肌间脂肪均匀、饲料利用率高等特点，深受广大消费者认可。目前神农猪场 PSY 长期保持 32 头以上，商品仔猪健康度高、全程育成率 95% 以上，为全国领先水平，吸引了众多如双胞胎、正大等行业知名企业前来引种。

近年来，公司大力推行“公司 + 农户”合作养殖，依托神农饲料基地生产的优质饲料、神农养猪学院（云南省最大的养猪人才培训基地）所提供的养猪人才、神农动物保健中心（目前为云南省最大的动物保健实验室）提供免疫服务和疾病防控，神农母猪场自产优质健康仔猪，以及神农自有屠宰基地回收肥猪，实现了“一条龙服务”，最大化保障了合作养殖户的收益。

积极发挥龙头企业带头作用，积极履行企业社会责任，神农集团贯彻落实党的十九大精神和国家十三五规划要求，根据《关于加快推进生态文明建设的意见》《关于进一步深化农村改改加快推进农业现代化的若干意见》《循环经济发展战略及近期行动计划》等规定，提出了“用‘工匠精神’打造生猪产业链，确保舌尖上的安全”发展目标，聚焦优质生猪产业链建设，聚焦云南市场，立志做最精致的生猪产业链企业，为客户提供全行业解决方案。

未来，神农集团将以生猪屠宰为核心，依托高品质饲料生产，前端继续高标准建设现代化生猪养殖基地、后端高起点配套肉食品深加工基地，充分发挥产业链优势，颠覆传统销售模式，打破生猪产业链各个环节各自为政的格局，夯实现有产业链根基，实现全程可追溯，最大化保障食品安全。

四、神农文化生生不息

资源总是会枯竭的，唯有文化才能生生不息。神农集团以“帮养殖户养好猪，让消费者吃好肉”为宗旨，坚持“以客户为中心，以奋斗者为本”的核心价值观，20年来扎根广阔农村，以科学养殖观念，武装农民头脑；用优质产品和全面服务，帮助农民养殖增收；致力于构建“从土地到餐桌”的绿色猪肉产业链，为终端消费者提供安全、营养、美味的肉食品，为产业链各环节的合作伙伴创造更多价值。

神农集团始终坚持一个成功企业对社会的高度责任感，情系民生，饮水思源，用善良和感恩的心回馈社会的厚爱。2018年年初，董事长何祖训向陆良县红十字会捐款400万元；积极投身“产业脱贫”，用优质仔猪、饲料带领农民致富，派遣技术人员下乡服务群众；支持国家“大众创业、万众创新”计划，向昆明青年创业促进会捐款30万元帮助青年创业；促进教育事业，捐资400万建幼儿园，在高校设立创新基因、助学基金等，前后投入超200万元；各地发生地震或其他自然灾害，神农集团也往往在第一时间向灾区捐款捐物，树立了企业良好的形象。

在集团董事长何祖训的领导下，依靠全体员工的共同努力，神农集团将继续保持稳健快速的发展势头，稳固云南省饲料行业领先地位，加大生猪产业链的拓展力度，推进绿色肉食品走进千家万户的餐桌，积极涉足肉食品深加工和出口贸易等领域，引领我省农业产业走向现代化。

使饲料更适应高原畜禽生长 使养殖业效益更大化

——西藏三鸣饲料有限责任公司

一、基本情况介绍

西藏三鸣饲料有限责任公司成立于2009年，注册资金为6 800万元，是区内最早专业生产研发于一体的饲料企业，填补了区内无专业生产饲料的空白。公司占地10余亩，配有35型饲料机组一套。

公司根据市场需求，于2018年扩大生产，公司在拉萨开发区B区购地30余亩，投资1.2亿元，建设二期工程，购买安装一体化生产设备，建成后年产量可达10万t。二期工程建成后，将大大满足区内饲料需求，进一步保障区内养殖业的饲料供给，促进区内养殖业的快速发展。

由于各级政府对农牧业的高度重视，以及区内养殖业的发展迅猛，再加上公司员工的不懈努力，从2009年的年产量5 000t发展到2018年年产量30 000余t，各项指标也取得了骄人成绩。

公司所生产产品，覆盖了牦牛、藏鸡、藏香猪、肉鸡、肉鸭等畜禽的各阶段饲料，共有二十余种品种，主要原料包括玉米、小麦、青稞等。公司还有多种饲草料品种，包括青草、稻草、玉米秸秆草等。同时，公司加大研发力度，独立研制了高原奶牛泌乳期饲料产品。利用两年时间在高原地区进行试喂，取得了良好的效果。

西藏三鸣饲料有限责任公司作为西藏本土具有一定知名度的西藏特色饲料加工企业，已经通过了ISO 9001国际质量体系认证。为了进一步提高商标知名度，增强市场竞争力，打造具有国内国际一定影响力的西藏本土知名品牌，公司已经向西藏自治区著名商标认定委员会申请西藏自治区著名商标。

“依法纳税”，是企业发展必须遵守的道德法则。公司在稳定发展的同时，不忘向国家做出自己的贡献。从公司成立之初至今，作为开发区免税企业，依然向税务局缴纳数百万元税额。

由于公司所生产饲料产品品类繁多，质优价廉，受到区内各级领导的信赖。销售区域涉及拉萨、山南、日喀则、那曲、昌都、林芝、阿里各个市县区。其公司生产的牛羊精补饲料和牛羊抗灾饲料更是受到农牧民的一致认可和好评。

二、吸纳区内农工就业

西藏三鸣饲料有限责任公司在区内受到区领导和农牧民的一致信赖，公司及时发布招聘信息，吸纳当地农牧民积极就业。截至目前，公司已与20余名当地农牧民签订了劳动合同。同时公司也积极招纳残疾人士就业，在10余名合同劳动者中，1名当地藏族员工有听力障碍，交流困难，有1名藏族员工视力较弱。对于本地员工，公司采取灵活用工、弹性工时、在岗培训等多种措施，稳定他们的就业岗位。

此外，2012年公司与西藏职业技术学院合作，成为“校企合作优秀企业”。截至2018年10月，西藏职业技术已安排共计50余名在校生来公司进行实习培训，让他们的实际操作能力有大幅度的提高，以更专业的能力应对社会、顺利就业。公司对学校安排的实习生也有一定的生活补贴，保障他们的生活质量。

三、精准扶贫、利国利民

公司响应党中央“精准扶贫”的号召，对贫困家庭及社会也伸出了援助之手。2013年，公司通过区宣传部驻村第四批工作队带头，向江孜加克西乡夏吾村无偿捐助了牦牛饲料；2016年，公司了解到尼玛江热乡有贫困学生，公司第一时间捐助学习用品及救助资金，并组织公司人员进行募捐，所筹得善款全部送到贫困学生手中；2017年，公司人员和那曲市班戈县相关部门联系，并积极与农牧民进行沟通，向他们无偿捐助了牦牛越冬饲料，受到了当地农牧民的热切好评。至今，公司向申扎县、聂荣县、墨竹工卡县等地累计捐助牦牛饲料达100t以上，向贫困家庭及学生累计捐款10余万元。

四、政府领导高度重视、颁发荣誉再接再厉

公司作为饲料生产型企业，在科技能力与社会贡献上追求更高的企业目标。自2011年至今，连续三届被评为“拉萨市农牧业产业化经营龙头企业”；2012年4月，被拉萨市人民政府评选为“拉萨市科技项目实施先进企业”；2013年10月，公司与拉萨市人力资源和社会保障局沟通合作，成为拉萨市高校毕业生就业见习基地，董事长张月鸣同志被评为首届“特色社会主义建设者”获得者；2014年6月，被西藏自治区科学技术厅评选为“西藏自治区科技型中小企业”；同年7月，公司董事长张月鸣同志被评选为“拉萨最具社会责任企业家”；2017年，公司积极与全国征信系统相关单位沟通交流，被评定为“立信单位”。此外，公司作为西藏自治区工商联合委员会会员企业，也积极地为工会发展贡献着自己的力量。

五、企业未来发展

公司产品已遍布全区各地，由于西藏地域广阔，养殖业发展迅猛，养殖群体大，每年抗灾饲料需求量较大，生产时间紧，自治区、各地市、县级单位进行分批采购。

公司取得如此骄人的成绩。离不开企业员工的辛勤付出，离不开区内农牧政策的稳定发展，更离不开政府部门及开发区领导的大力扶持。

在取得骄人成绩的同时，公司继续加大研发力度，不断研制和改进各种饲料产品，以达到所生产饲料更加适应高原畜禽生长，使养殖业效益更大化，让牧民群众放心饲喂，丰富高原人民的“菜篮子”，公司不添加任何有毒有害物质，使公司的禽、蛋、肉、奶更加健康化，更加绿色化，争取更大程度的做到让政府满意，让人民放心，让用户舒心。

求实奋进　诚实守信
服务三农　奉献社会

——西藏工布江达蕃腾农牧生态实业有限公司

一、企业介绍

西藏工布江达蕃腾农牧生态实业有限公司成立于2013年5月，是集饲料研发、生产、经营以及饲草种植为一体的龙头企业。公司位于西藏工布江达镇产业园，注册资本500万元，总投资1.2亿元，占地60亩。公司员工50人，大专以上学历人员12人。

公司秉持“求实奋进，诚实守信，服务三农，奉献社会”的发展理念，发展模式走“公司+政府平台+贫困户（农户）”，把发展高原特色的饲草种植、饲料、生产、加工和服务，作为企业发展的根本。公司依托雪域江南——林芝“绿色、环保、无污染”地理自然气候的资源优势，致力于生产和打造具有民族品牌的绿色饲料、饲草料等产品，带动贫困户在短期内实现脱贫，自己造血，真正实现终身脱贫，永不返贫。

二、发展模式

通过“公司+政府平台+贫困户（农户）”饲草种植精准脱贫模式，与贫困户建立长期稳定的利益联结机制，向贫困户提供种子、肥料、农药、种植技术、服务，统一回收等。让贫困户在短期内实现脱贫，自己造血，真正实现终身脱贫，永不返贫。

2017年度公司与当地农牧民种植签订种植回收协议，收购了1 000多亩的饲草，兑现资金达104.3万元。覆盖了当地甲热村、拉如村、帮久村、叮当村、增巴村等10多个行政村，带动农牧民家庭达60多户，350人，平均每户家庭年增收1.53万元，人均增收约2 670多元。种植饲草多的农户，收入达到3.75万元。

三、精准扶贫、公益活动

为响应党中央十九大报告提出“精准脱贫、乡村振兴、人民生活总体实现小康”的号召。公司在发展的同时，没有忘记社会责任，关键时刻积极奉献爱心，向社会捐款捐物、帮助贫困户脱贫致富。

2013年至今，向社会捐款捐物，累计达150万元。

2016年，带动当地农牧民，覆盖了当地10多个

行政村，通过种植饲草料 5 000 亩，每亩增收 300 万元，实现了 150 人脱贫致富。

2017 年，参与“百企帮百村”扶贫攻坚项目，公司采用一站式服务，向 21 户贫困户采用“一站式”服务，（提供种子、肥料、农药、技术、成品回收）等，当年实现每亩纯收入 1 300 元，年纯收入达 3 900 元。当年实现摘帽脱贫。

具体实施办法

公司不断优化精准扶贫模式，有效解决了农户面临的两方面问题。一是“四缺”（缺资金、缺技术、缺管理、缺品牌）。二是“两怕”（怕市场风险、怕病虫害风险）的难题。

四、社会效益

1. 计划 2018—2020 年，新建十万 t 以上藏猪颗粒饲料 2 条、青贮饲草料种植及加工生产线 2 条，总投资 1.8 亿元；

2. 带动贫困户 6 000 人，户均增收 7 000 元以上；

3. 提供就业岗位 50 个，月均工资 2 500 元以上。

五、三年发展规划

2018 年上半年以前已完成投资 1.2 亿元。下半年计划投资 8 000 万元。2018 年建成年生产 7 万 t 藏猪颗粒饲料生产线一条；年生产 5 万 t 牛、羊颗粒饲料生产线一条。青贮饲草料基地种植 5 000 亩、订单种植 10 000 亩，每亩产 3t 青贮饲料，青贮年加工量达 45 000t。

2019 年计划投资 4 000 万元。2019 年青贮饲草料基地种植 5 000 亩、订单种植 10 000 亩，每亩产 3t 青贮饲料，青贮年加工量达 45 000t。藏猪颗粒饲料年加工量 50 000t，牦牛、羊颗粒饲料年加工量 50 000t 以上。

2020 年计划投资 6 000 万元。建成年生产 3 万 t 藏猪颗粒饲料生产线一条。藏猪颗粒饲料年加工量 65 000t，牦牛、羊颗粒饲料年加工量 65 000t 以上。

精心管理加强创新
实现公司持续发展

——陕西石羊农业科技股份有限公司
蒲城猪饲料分公司

陕西石羊农业科技股份有限公司蒲城猪饲料分公司坐落在“将相故里”渭南市蒲城县农化工业园，成立于 2012 年，是陕西石羊农业科技股份有限公司旗下的核心企业，总投资 6 000 万元，占地 3 万 m^2，年生产能力 18 万 t，拥有两条国内一流的猪料生产线。目前公司在职人员 80 余人，其中本科以上专业人才 30 余人，核心技术岗位专业化人才配置率达到 100%，其中营养学博士 1 名。公司自建成以来，先后多次被获得“诚信农企”“精神文明建设先进单位”“陕西名牌产品”等荣誉，并于 2016 年顺利通过农业部《饲料质量安全管理规范示范企业》专家组验收，获得部级《规范》示范企业称号，在西北地区享有广泛的影响和声誉。

石羊猪料公司成立伊始，就秉承“爱心、诚信、匠心、创新、品质、效率”的核心价值观。围绕这一核心价值观，企业在运营管理的方方面面都构筑了丰富的内涵，形成了独特的石羊文化，成为公司在陕西发展壮大的原生力量。公司围绕员工素养工程，将 3 月定为爱心主题月，以人为本，激发了员工爱厂敬业的精神，公司上下一心，形成了提供绿色营养，共创美好生活的愿景。

作为一家专业猪饲料生产、销售企业，公司以诚信建设为主线，树立诚信关乎企业的命运的共识。为此，公司以宣传工作为先导，狠抓落实，通过开展形式多样的宣传活动，不断增强公司员工的质量意识，诚信意识，先后发放诚信建设宣传资料多份，开设诚信建设信息栏，组织员工开展多次诚信建设培训，通过学习培训提高了大家的诚信意识，让诚信意识深入广大员工的工作中去。公司提出了“客户满意才算合格”的服务客户观；制定了年“诚信建设”培训计划，并将每年 10 月定为“诚信建设”月，助推公司诚信建设活动的进一步开展。

公司自投产以来，外抓市场拓展，内练强化服务意识，狠抓企业内部各项管理，严格执行产品质量控制体系，保障内部质量运行控制的可靠性，为确保产品质量奠定稳固基础，力争努力实现将石羊猪料打造成西北地区猪料第一品牌的目标。石羊猪料从成立以来就视品质为生命，产品的稳定性、用户体验是质量管理部的不懈追求。玉米优选内蒙古、新疆、东北等产地的优质玉米，集中评估后方能采购，到货 100% 检测卫生指标合格后才能入仓。在生产过程中有公司质量管理部进行全程跟踪，对生产跟踪严格控制、层层把关保证产品质量安全。提出“不让一粒不合格原料入厂，不让一颗不合格产品出厂”的质量监管目标。

近年来，石羊猪料在陕西省饲料行业中一直保持稳健快速的发展态势，为促进陕西省饲料工业及养殖产业的快速发展做出了应有的贡献。公司秉承“爱心 、诚信、匠心、创新、品质、效率 ”的经营理念，专业服务于陕西、山西、河南、甘肃、青海、宁夏、四川等的广大客户，并协助猪场创建最佳的营养方案和养殖管理方法，满足客户的多样化需求。

细微之处彰显非凡品质，公司牢固树立“技术和产品精益求精的态度必不可少”的工作理念，在2016年的公司年会上董事长提出“匠心精神塑品质、执行文化”的号召，公司积极响应做了“大道与匠心”等多场主题报告，并组织全员学习写心得体会。品管技术线路、生产线路、财务线路还各自组织了多场职业技能比武，让员工把这种极致的专注，耐心、细心带到工作中去，收到了很好的效果。

创新是企业管理的一项重要内容。是决定公司发展方向、发展规模、发展速度的关键要素。企业要发展、产品要完善就要有科技为后盾。2011年企业技术中心应运而生，中心包括技术委员会、动物营养部、养殖技术部、食品科学部、中心实验室、质量检测管理部、产学研合作部等。中心主要负责原料新产品的参数化优化、饲料原料的深度开发、教保料和试验料的研究工作。取得了多项研究成果和发明专利。通过自主研发，掌握教保料、中大猪料、母猪料等全系列猪饲料产品的核心技术配方和工艺。

未来公司将严格按照国家新的食品安全法规，不断提升管理水平，严把产品质量关，与广大养殖朋友携手共做畜牧产业、食品产业、健康食品的提供者！

立足品质和服务 带领养猪人走上致富路

——陕西正能农牧科技有限责任公司

陕西正能农牧科技有限责任公司成立于2013年5月，是由北京大北农集团（股票代码：002385）和行业精英团队共同出资创办的科技型现代农牧企业。注册资金5 000万元，注册地址西安市泾河工业园北区泾诚路东段，是一家专业从事生猪养殖、销售、养殖技术咨询服务的现代化企业，公司业务范围还涉及饲料生产及销售、农牧业技术开发、农业信息技术开发与技术服务。正能农牧凭借自身过硬的科技创新能力、产品研发能力、全程可追溯的质量控制能力和高效全面的客户服务能力，赢得了市场的认可和广大养殖户的好评。

公司自建成投产以来，凭借强大的创业平台机制和文化引领，已成长为一家拥有上亿资产，员工300多人，年饲料产量过十万吨的专业化猪料生产公司。尤其是近年来，依托强大的产品科研能力和高价值的驻场服务水平，助推养殖效益倍增，已经形成高档猪料研发、生产和营销、以及生猪养殖的多元化发展模式。为开拓饲料销售市场，公司以项目带动企业发展，实施了农牧专业服务、专业养殖等项目投资。目前集团公司下辖5家分子公司，13个事业部、40余家养猪服务公司，多家饲料生产和代加工基地。通过合作、联营、注资、控股的规模猪场多达三十余家。业务覆盖陕西、甘肃、宁夏、山西、山东、河南、青海、内蒙古、新疆等地。五年来销量持续增长，正能品牌成为西北猪料市场家喻户晓的高档高端好产品。

企业文化是企业可持续发展的支柱力量。文化立企，文化治企，文化兴企，公司将文化作为公司管理的第一要素，始终秉承“传递正能，超越梦想”的文化理念，把“富国兴牧”“创建中国一流农牧科技企业”作为公司的企业使命和企业愿景，一切以用户为先、技术为先、品质为先。

为养殖户提供“高品质、高安全、高回报”的饲料产品是公司始终坚持的理念。公司以“用高科技型的产品和系统优质的服务”为中国农牧进步做贡献为目标，提倡科技创新，不断加大科技研发和创新。力求每款产品都能有效保证养殖事业伙伴的最大效益，帮助更多的农民养殖致富。为确保公司饲料产品的高品质，公司加大技术团队的组建和培养，把技术研发作为公司的重要工作，在公司上下的共同努力下，已经拥有一支技术实力雄厚，专注于高档高端动物饲料的研发机构。通过专业的技术研发平台，立足陕西养殖现状和饲料原料资源特性，不断创新产品迭代，把配方技术与当地养殖相结合，公司研发的公猪料、母猪料产品通过与国内猪营养研发机构合作，全面提升了产品效能，增强动物的疫病抵抗能力，充分发挥动物的生产潜能，技术研发全面建设。目前公司与众多农业院校开展技术合作，已取得实用新型专利6个，发明专利2个。

优质的饲料产品源自优质的饲料原料。公司在原料采购上拥有一套完整、科学的质量管理体系。为从源头上把好产品质量关，公司与众多知名原料商签订购销合同，加强原料产品的控制。在原料使用中，公司注重强化生物安全，防控原料风险，严控原料流入和产品流出等关键控制点，确保产品质量稳定，使广大养殖事业伙伴使用上优质的饲料产品。

服务创造价值，服务就是竞争力。集团面对畜牧行业巨大变革带来的新形势、新任务和新机遇，以确保养殖事业伙伴效益最大化为目标，强化售前、售中、售后一条龙服务，积极参与生猪养殖，为推动猪料生产和销售，2016年公司全面进军养猪行业，公司先后在省内大范围摸排闲置养殖场，进行洽谈，以租赁自己经营与合作经营相结合，逐步试行“饲料生产+销售+养殖+客户技术服务”等多项经营策略改革。在养殖环节上，实行“养殖生产分阶段、流程化，分散养殖、统一管理”的模式。通过猪饲料生产、猪场托管、养猪投资等多种形式，采用自建、合作等多种发展模式，促进养猪业蓬勃发展，带动了公司猪饲料生产的新高潮。

2017—2018年度，公司进一步全面加快养猪发展战略布局，加快核心母猪场建设，加大育肥猪合作放养规模，采用公司+基地+农户的产业扶贫模式，带动了众多农民通过专业化养殖，走上脱贫发展增收致富路。

5年来，公司秉承“专注研发，产品至上”的理念，先后荣获“农业农村部饲料质量安全管理规范示范企业”，“陕西省高新技术企业”“陕西省饲料行业之星”“2016年度陕西省饲料行业诚信农企”“西安市农业产业化重点龙头企业”“西安市十佳最美农业产业化龙头企业”“2018年度全省饲料行业”“诚信农企”等殊荣。公司成为西北农牧行业发展速度快，竞争力强的农业综合服务企业。

百舸争流，奋楫者先。肩负“富国兴牧”伟大使命的正能人，必将把高品质猪料系列产品推广到极致，引领养殖户走上养殖致富之路。正能以开放合作的心态，不断开拓进取，积极融入时代潮流，融入全球化竞争，融入我国猪产业的提升进步当中，肩负“富国兴牧”伟大使命的正能人必将全力以赴，做一流的饲料产品，做广大养殖户的忠实服务者，带领农牧行业创业者共同致富，共同发展！

做珍珠堆中的那颗玛瑙

——兴平康惠饲料有限公司

兴平康惠饲料有限公司创办于1997年。企业先后三次改扩建工厂、生产线，增加厂房面积、改善办公条件、提高生产能力。经过多次技术改造，现拥有生产车间及库房5 000m²、办公800m²、生产线两条，固定资产投资超过1 500万元，在硬件上全面提升。同时，与西北农林科技大学动科学院紧密合作，借智借专家科研优势，改进产品、打磨产品，精雕细琢确保产品科技领先、更具市场竞争力。现有畜禽、水产、反刍三大系列100余产品，力求每项都是精品、每项都经得住市场的验证、每项都是客户的挚爱，经市场锤炼，拳头产品更是达到5个品种。再者，深知人才是企业发展的核心动力。企业不仅唯才是举，更积极引进与挖掘人才，凡是德才兼备者，公司权授以能，给予施展才华的平台，给予丰厚的薪酬回报。并借助专家，对员工定期培训，提高其职业技能、专业知识、修为素养，让员工与企业共进步，让员工的进步推动企业进步。现有员工42人，分工明确、紧密协作，人人敢担当，个个负责任，是一支富有朝气，凝心聚力的高效团队。企业经过系统的提升，2018年销量超过17 000t，销售额超过5 000万元，市场拓展至陕西、甘肃、宁夏、四川等地，成为陕西一家管理规范的现代化民营饲料企业。

一、另辟蹊径

市场永远竞争激烈，要成为优胜者，就需要像田忌赛马一样，不按常规方案与其比赛对抗，需要重新审视公司的资源与强大对手资源的差异性，或许劣势也可转化为优势。与大企业相比，康惠创业初期营销队伍人少、专业化低，若按常规方案，市场开发寸步难行。但借助康惠厂在陕西、创业者刘总人脉在陕西并善于处理客情，通过关系营销迅速与一批有成熟销售网络的经销商深度合作。既利于销量快速提升，长久持续合作，又利于节约营销费用，增加企业盈利能力。营销模式的创新，成为企业一大竞争力。大企业的产品设计有专业队伍，质量又经过客户验证，市场口碑日臻完善，想要撕开一条口子，常规做法就是价格战，结局成了鸡肋，有了销量没了利润，食之无味弃之可惜。康惠针对此，采取避其锋芒的策略，开发市场较小众的产品，如三黄鸡、鹌鹑等大企业嫌弃量小的产品，并打造成局部第一品牌，找到了小企业新企业的发展之路。在设备更新上，康惠不是贪图高大上，而是结合本企业生产特点和生产工艺要求，尽可能降低投入资金，尽可能智能化少人化，力求实现产品成本最优化战略。诸如此类，就是要走一条与众不同的路，要以差异化战略求胜，不求独领风骚、不求特立独行，但求做有个性的自己！要像万绿丛中一点红，要做珍珠堆中的那颗玛瑙！那颗玛瑙不妨碍每粒珍珠的璀璨夺目，但有自己的质地与光泽！

二、义中取利

商亦有道，小胜靠智，大胜靠德。企业没有利润就没有生存和发展，但康惠坚持“君子爱财，取之有道”，义先于利，义中取利。公司服务的终端，是养殖者，或许他们要经得起市场、疫病、养殖技术等多项考验，靠天道酬勤获利微薄。要与其长期共存，必须要坚持商道，诚信经营、与人为善，爱客户与客户融为一体，在促进养殖者发展时获取适宜利润。

三、惠及百家

健康养殖，惠及百家，就是康惠。公司力求减少压缩无效中间环节，以成本最优化战略，降低养殖者的成本，提高养殖者的效益。公司产品设计的出发点、企业承担的社会责任，都旨在增加养殖者的利益。公司配套服务，以求提高终端养殖水平、增强风险抗御能力。公司提倡健康养殖，以绿色畜产品回馈社会。康惠的客户逐年增加，早已超过100家，但公司仍努力每年再增加100家有价格有潜力的客户，为他们提供优质产品，全方位协助他们发展，惠及百家！公司愿与客户唇齿相依、利益共享。公司设立公益资金，为公益事业投入，自创业来已捐赠100余万元用于慈善爱心。

经过23年的大浪淘沙，康惠更加成熟，更加稳健！

未来，康惠还将努力向上，研发生产好饲料，为养殖者助力！做珍珠堆中的那颗玛瑙，但求焕发更炫光彩！

为客户提供高品质的产品和完善的服务

——甘肃禾丰牧业有限公司

一、禾丰牧业简介

辽宁禾丰牧业股份有限公司是优秀国家级农业产业化重点龙头企业，是中国优秀民营科技企业和国家饲料免检企业，中国饲料工业协会副会长单位。公司创立于1995年4月，经过不懈的奋斗，已由一个白手起家的科技型创业公司成长为中国驰名、在全球饲料工业舞台上颇具影响的大型企业集团。作为目前东北最大、全国名列前茅的饲料企业，创业的十年，禾丰公司以超常的速度发展，堪称中国饲料行业近十年成长速度最快的企业之一。禾丰集团已成为令同行业刮目相看、同业公认的最有竞争力和最具发展潜力的农牧集团之一。业务范围以饲料复合预混料、浓缩料、配合料为主，并涉猎国际贸易、生物制药、饲料机械、牧草加工、肉制品加工等相关领域。

禾丰牧业在国内外已拥有87家全资或控股分（子）公司，产品覆盖25个省市，并出口到朝鲜、尼泊尔、越南、韩国、伊朗、俄罗斯等国家。集团现拥有一百余名博士、硕士、教授、专家组成的技术队伍，这相当于一所大学一个学院的科研力量。禾丰牧业是“民营企业博士后科研基地”。禾丰集团是中国最早通过ISO 9001国际质量管理体系和HACCP食品安全管理体系双认证的饲料企业之一。

禾丰事业蓬勃发展，禾丰人始终铭记回报社会，长期致力于公益事业，已捐资援建多所希望小学。禾丰牧业还为中国农业大学、沈阳农业大学、中国海洋大学、黑龙江八一农垦大学、东北农业大学、南京农业大学、西北农林科技大学、甘肃农业大学等不断提供各种形式的资助。

2006年10月，禾丰牧业与拥有百年历史的荷兰De Heus公司正式合资，成为行业首个中外合资，中方控股的集团公司。De Heus公司深厚的历史底蕴和强大的技术研发实力显著增强了禾丰集团的整体竞争力。

在执着追求和实现远大理想的进程中，禾丰牧业将始终为客户提供一贯高品质的产品和完善的服务，不遗余力地帮助和带动广大农民致富，与所有合作伙伴和畜牧饲料界同行一道，为中国饲料工业的发展壮大，为中华民族的伟大复兴做出自己应有的贡献。

2014年8月8日，禾丰牧业于上交所正式上市（股票代码603609)。锐意进取的禾丰团队向着“成为世界顶级农牧企业”的宏伟目标阔步前进。

二、甘肃禾丰简介

甘肃禾丰牧业有限公司成立于2012年2月，是禾丰集团独资8 000万元建设的现代化专业饲料企业，是禾丰集团在甘肃地区的旗舰型企业。

甘肃禾丰牧业有限公司位于甘肃省武威市凉州区武南工业园区，占地56亩，公司目前有年生产能力35万t的专业化生产线两条，分别为20万t的猪、禽料专业生产线，15万t的反刍饲料专业生产线，车间内配备了国内领先的纯进口的机器人自动码包设备，甘肃禾丰基础建设及生产产能为武威最大，甘肃省名列前茅。公司是集饲料的研发、生产、销售和服务为一体的现代化饲料企业，现有专业技术人员80余人，其中硕士学历5人，本科学历40人。有一流的营销团队，产品销售到甘肃的各个市区和宁夏、陕西、青海、新疆等地，获得了客户的一致好评。

甘肃禾丰牧业有限公司按照国家要求建设有标准的饲料化验中心，配备电子分析天平、紫外分光光度计、定氮仪、脂肪检测设备、纤维测定设备、pH酸度计等设备，能够满足常规指标的检测以及一些再分析项目的检测。于2015年又增加酶标仪，公司可以检测多种毒素，例如黄曲霉B_1毒素、呕吐毒素、玉米赤霉烯酮毒素等，为保证原料产品的卫生指标合格提供了检测设备。同年公司为了提高对化验指标的检测效率，又斥资40万元沟通了丹麦福斯的近红外检测仪，此设备在模型建立好的前提下，检测结果可以1分钟出结果，大大提升了效率，为了的产品质量起着重要的作用，还开通了为客户服务活动，用预混料的客户可以将使用的原料送到公司检测，确认是否合格，为广大客户提供了便利和服务。

甘肃禾丰牧业有限公司依托禾丰牧业（集团）的技术和研发团队来实现公司的产品研发和市场服务工作。公司将在总部的指导下建成标准化的集产品研发和检化验为一体的中心化验室和现代化的试验基地，配备一流的实验设备，届时，对产品研发和产品的质量保证起到重要作用。

甘肃禾丰牧业有限公司已经和荷兰最大的配合饲料生产企业 De Heus 公司建立了合作关系，引进了 De Heus 公司的技术，De Heus 公司有专门技术人员为甘肃禾丰牧业有限公司进行技术咨询和指导，开展养殖技术在中国西北生态环境下的试验和研制。

除此之外，甘肃禾丰牧业有限公司与甘肃农业大学动物科技学院、动物医学院长期合作。并出资赞助两个学院，以使其在饲料与养殖相关技术方面进行研究，并培养相关方面技术人才。公司也是两个学院的学生实习基地。

甘肃禾丰牧业有限公司已与甘肃地区多家大型养殖场签订了合作协议，并初步使用了公司产品和技术，目前已经完成了试验数据的收集整理工作。公司产品已获得更广泛的社会支持，技术研究和推广项目也能更顺利地实施。

公司于 2014 年通过 ISO 9001：2008 质量管理体系认证；于 2015 年通过农业部《饲料质量安全管理规范》验收工作，成为全国第三批、西北首批通过农业部《规范》的示范企业。在 2016 年 8 月 4 日，成立甘肃省“院士专家工作站”。

甘肃禾丰拥有强大的技术服务团队，三个事业部各自的技术服务团队都非常优秀，其中甘肃禾丰猪料技术服务团队有技术人员 11 人，有硕士 2 人，行情经验以 5～10 年为主，为客户猪场提供 B 超妊娠检测、母猪膘情 P2 检测、精液服务、抗体检测、猪场免疫程序制定等。依托集团专家服务团队和甘农等高校教授专家等，竭诚为客户猪场提供全方位的帮助。甘肃禾丰的禽料服务和反刍服务团队也全心全意地为广大养殖朋友提供全方位的服务！

坚持良心、真心、专心 做高稳定、高性价比产品

——青海华农恒青农牧有限公司

青海华农恒青农牧有限公司是由（江西）华农恒青科技股份有限公司（拟在 A 股上市）与青海江河源投资集团有限公司旗下的青海牧源农牧科技有限公司、青海泰和源农牧科技有限公司三方共同出资合作的饲料企业。青海华农恒青农牧有限公司于 2018 年 7 月成立，由华农恒青科技股份有限公司负责经营管理。

公司自成立以来，坚持以“成就客户”为宗旨，提出了“成就客户就是成就我们自己”，坚持“一三四六”的独特经营模式，坚持并践行差异化竞争，坚持用“良心、真心、专心”做高稳定、高性价比的产品。

始终坚持以“成就客户”为宗旨，坚持以“良心、真心、专心”做高稳定、高性价比饲料；通过经营管理模式创新、机制创新和文化创新，形成了一套独特的饲料经营模式，从营养配方、原料采购、生产管理到技术服务等六个方面做出了专业化，成了一家在产品稳定性、饲料营养均衡、饲料性价比、技术服务四个方面都实现差异化的猪饲料制造商和供应商。现代化的青海饲料生产基地，引进了先进的瑞士布勒公司饲料生产成套设备，填补了青海省乃至西北饲料工业的多项空白。

一、深入人心的企业文化

不是每一个企业都具有企业文化，但每一个优秀的企业，都具有其独特的企业文化。企业文化通俗来说就是其特有的文化形象，是企业在日常生活中所表现的方方面面。更可以说是一个企业的驱动，是推动企业发展不懈的动力。编写一本企业文化实在过于简单，但真正能够落地的寥寥无几。庆幸的是公司企业文化是落到实处的，是真正体现于每一个分子公司，甚至每一个员工身上的。

二、高标准、严要求的产品质量

坚持原料高标准，坚持不合格的原料不入库。坚持用“良心、真心、专心”做高稳定、高性价比的饲料。在华农恒青很多原料指标都要远高于国家通用标准，符合国家通用标准这只是最基本的评判标准，符合华农恒青的内控标准才是最终裁定的依据。对于不合格原料强制退货处理，永远进入不到华农恒青的仓库。像一些若夹杂一点瑕疵的原料，公司生产员工也会专门对此进行挑除作业，并且公司给予奖励，绝对保证入库原料的优质性。

三、成就客户我们在行动

对于成就客户，当然最有影响力的还是让客户自身的感受，在华农恒青公众号里有着一个专栏项目，里面是不同区域的客户专访及实证数据展示。公司的销售团队及其他员工更加专业化，更好地为公司的客户服务。从这一个个客户评价、一组组真实的数据及团队的优质服务，无不体现着我们成就客户的决心。

一直以来华农恒青靠口碑立足市场，坚持用事实说话，从开厂开始一直坚持赠送客户料槽、电子秤等物品，方便养户，让养户直接能更加直观的看见差异化，用数据说话。

以更好的产品质量和服务推进西北高原地区畜牧业发展

——青海乐都恒源饲料有限公司

一、基本信息

青海乐都恒源饲料有限公司创建于1997年，占地面积40余亩，地址位于海东市乐都区农业示范园，紧邻109国道，交通便利。公司注册资金6 000万元，总资产达8 000余万元，公司技术力量雄厚，本科及大中专学历占60%。企业先后获得“青海省产业化扶贫龙头企业”“青海省农牧业产业化省级重点龙头企业”“青海省科技型企业”“中国饲料工业协会理事单位”等一系列荣誉。

2013年10月公司完成第一期投资建设，投资2 980万元，建立了年产10万t级的全自动生产线，先进的生产设备和工艺流程为产品质量提高了保证，提升了企业额市场竞争力。2016年3月公司二期投资开始实施，于2017年10月顺利安装完成20万t的饲料生产线，总投资3 100万元，全套生产线采用瑞士布勒设备，并顺利通过省级饲料管理部门验收。

二、质量管理

公司以青海大学、甘肃农业大学等专业院校科研力量为技术依托，长期以来一直从事饲料生产、销售及养殖技术服务工作，致力于青海畜牧业的发展。公司产品质量稳定、市场占有率高。公司以ISO 9001:2015质量管理体系为指导，逐步建立了产品质量管理制度，完善了产品的质量检测体系和产品的追溯体系。公司建立了标准实验室，化验设备完善，确保从原料采购、产品加工和成品销售的过程全面进行质量监控，保证产品质量满足顾客需求。

三、生产经营状况

公司现以生产猪、鸡、牛羊等配合饲料、浓缩饲料、精料补充料、浓缩饲料等系类产品为主，并与美国康地集团、欧洲帝斯曼集团等开展技术合作，引进国内外领先的饲料生产设备和工艺流程，应用现代企业管理规范。产品除了满足青海省需要外，公司也努力开拓周边市场，产品主要销往青海省西宁市、海东市、海北州、海南州、海西州、果洛州、黄南州、玉树市等区市，并覆盖甘肃、西藏、四川等省区，逐步形成了产品的生产、销售、服务为一体的经营管理体系。

2014年起连续4年公司参与青海省农牧厅《重点农技推广牦牛、藏羊高效养殖示范与推广项目》《青海省青南牧区牲畜越冬饲料调运贮备项目》《青海省肉牛、肉羊调出大县奖励资金实施项目》。作为项目实施定点生产单位之一，公司承接了大多数的饲料订单任务，涉及果洛州、黄南州、海南州、海西州、海北州、玉树州等近20多个市县，顺利完成政府饲料采购工作，所生产的饲料经过农业农村部质量检测中心、青海省饲料兽药监察所的抽检化验，产品全部合格。此外，公司还参加了青海省西宁市、海东市、海南州等地区“精准扶贫”工作，为青海省“精准扶贫、精准脱贫”工作做了企业应尽的责任。

由于公司严格的质量管理和良好的市场信誉度，西藏拉萨市、那曲市、日喀则市等，四川甘孜州等地区经过专家对青海省饲料企业认真考察后，先后与公司签订饲料购销合同，经调查回访，对质量和服务都非常满意。

2014年起，公司与青海大学、青海省畜牧兽医科学院也有密切合作，作为科研单位的定点饲料生产单位，公司按照合同要求，保质保量地完成饲料供应任务，并获得好的评价。

以上项目实施中，公司以优质的产品质量和良好的服务获得用户的认可，得到一致好评。公司积极与各实施单位联系，做好产品生产、质量保证和运输等保障工作，及时解答、解决了饲料运输、使用、贮存当中产生的问题。在饲料配送的同时，公司也针对各州县的养殖合作社发放了养殖资料，并聘请了专家进行养殖、防疫等方面的免费培训，取得了明显的效果。未来，公司将以更好的产品质量和服务推进西北高原地区畜牧业发展。

四、下一步发展思路

1. 壮大发展规模

扩建规模化的饲料生产基地，以“绿色环保、高效畜牧”的理念为指导，引进国内一流的生产设备和最先进的生产工艺，生产绿色颗粒饲草料，进一步提高企业的竞争力，走向规模化经营之路。

2. 积极拓展市场

通过这几年的快速发展，企业在市场上形成较强的影响力，产品质量获得广大用户的认可，并且各级主管部门也对企业有较高的评价。企业将加大销售力度，在立足本省销售的同时，积极拓展外围市场，争取在周边省份也获得较大的市场份额，将企业做成现代化的饲料企业。

3. 大力发展饲草种植业

企业通过饲草料加工形成“种植－饲料加工－养殖业”产业链条，以“龙头企业＋基地＋农户”的开发模式，可带动地区农户进行饲料作物种植和加工，提高饲料作物种植经济效益和农民收入，有效保护草地生态环境。

4. 打造品牌

打造品牌是不可忽视的版块，它将在一定程度上直接影响市场份额。品牌是引领产业发展的无形动力，在未来市场竞争中，品牌力将成为产品销售的主要拉动力量，品牌建设势在必行。为此，我公司将通过积极参加政府部门组织的“青洽会”“西洽会”等，通过媒体、网络积极推介企业的产品，广泛宣传产品的优势，打造企业品牌，用品牌来推动企业长足发展。

打造一流农牧企业 制造绿色健康食品

——新疆泰昆集团股份有限公司

一、集团概况

新疆泰昆集团始建于1996年，于2010年整体变更为股份有限公司，是一家依托新疆特色农业资源、立足新疆、辐射中亚的农牧业企业集团。集团旗下拥有植物蛋白（高蛋白原料）、饲料、禽养殖、猪养殖等四条相互关联的产业线，分别在全疆各地州、市、县成立了29家全资或绝对控股子公司，各产业带动农民及农牧从业者8万人。

泰昆集团先后荣获“农业产业化国家重点龙头企业”、农发行总行黄金客户、全国“重合同守信用”企业、“国家级扶贫龙头企业”“国家级博士后科研工作站”“自治区企业院士工作站”“自治区饲料工程研发中心”、国务院颁发“全国民族团结进步模范集体”等荣誉。

截至2018年年底，集团总资产近16亿元，实现营业收入34亿元。集团长期以来一直发挥自身的产业优势带动全疆扶贫和农牧民增收，通过各种形式向全疆贫困村赠赠饲料和现金近千万元。以担保公司为基础，每年为养殖户担保贷款6 000万元以上。解决贷款难的问题。

未来，依托新疆的区位优势和战略定位及“一带一路”的规划，泰昆终将成为“最受尊重的农牧企业”。

二、植物蛋白事业部

集团植物蛋白产业依托新疆特色油料资源优势，在南北疆主要原料生产基地建有4家大型油脂加工厂，年产能可达到100万t。公司长期致力于深度挖掘棉蛋白产品价值，在全国率先突破工艺瓶颈，实现产业升级，提升油脂产业链的附加值。2018年年底成功研发并开始批量生产60%低酚棉蛋白产品，应用于高端水产，替代高成本蛋白原料，赢得了国内诸多大型饲料企业的青睐，产品供不应求，竞争优势显著，目前是全国最优的棉蛋白供应商。

三、饲料事业部

集团饲料产业在南疆喀什、阿克苏、库尔勒建有3个加工基地；北疆伊犁、石河子、五家渠、昌吉建有4个加工基地，并在湖南长沙建立了1个南方生产基地，总产能达到100万t，销售网络覆盖全疆、并远销西北地区，目前疆内市场占有率30%以上。其中，昌吉基地2014年被评为新疆工业企业创新百强企业，是国家农业部批准的农产品加工企业技术创新机构；2016年，又被农业部批准为饲料质量安全管理规范示范企业，是新疆第一家上榜企业；泰昆饲料2016年进入全国饲料30强。

四、禽养殖与食品产业

集团禽养殖与食品产业已投资建设了5个规模化种鸡场、1个孵化中心、11个现代化无公害养殖基地，一个屠宰加工基地，实现了从种鸡－孵化－养殖－加工到餐桌的可追溯完整的产业链，每年可为消费者提供2万吨安全放心的鸡肉制品。公司“帕戈郎鸡肉”和“泰昆冰鲜鸡”品牌均被自治区评为新疆名牌产品。公司结合新疆特有的消费习惯（大盘鸡、黄麻鸡等），开发了“冰鲜大盘鸡块产品”，实现黄麻鸡产业的转型与增值。目前已建立了200家品牌专营店，1 500多家终端零售专柜和专销点，销售网点遍布全疆各地州、县、乡镇，公司是乌鲁木齐唯一一家鸡肉储备企业。

五、猪产业

集团猪产业成立于2015年，是集祖代、父母代、商品猪养殖于一体的聚落化发展模式，通过“公司＋合作社＋农户”来提升产业发展。目前产业投资2亿元，新建2 200头祖代场（1个），7 200头父母代扩繁场（3个），可实现年出栏商品猪100万头，形成生猪育种、种猪扩繁、商品猪饲养为一体的完整封闭式生猪产业链。公司在南北疆分别尝试“果（枣）畜一体”和“瓜畜一体”种养结合循环经济发展模式，带动周边农民大力发展生态农业，努力探索农业现代化发展道路，实现社会、环境与经济的和谐发展。

公司将坚持“打造一流农牧企业，制造绿色健康食品”为使命，持续为客户创造价值，倡导“爱与支持，说事实，负责任、创值分享”的核心价值观，公司坚持廉政建设、坚守“四不准”的底线、建立健康、简单的经营文化，为经营保驾护航。

一直秉承“爱与支持，创值分享，说事实，负责任”的核心价值观，坚持走“农牧产业化发展”之路，积极履行“国家扶贫龙头企业”对贫困乡村、贫困户的帮扶义务。泰昆集团是民营企业，通过发挥自身产业优势，对南北疆60多个县、乡、村进行了扶贫鸡苗的捐赠，近三年，公司累计扶贫免费捐赠鸡苗100万羽，折合人民币200万元。同时，借助“一带一路”的东风和新疆区位优势，成为最受尊重的农牧企业！

品质第一　诚信立业

——青岛华信饲料有限公司

一、基本情况

青岛华信饲料有限公司于2011年8月投产，占地30亩，主要生产猪浓缩饲料和猪配合饲料，是山东大信集团的核心生产基地，年产值达2.5亿元，拥有博士团队3人，市场服务人员100余人，公司技术和生产员工80多人。公司自成立以来，始终秉持“为客户创造价值”己任，“帮助农民致富，推动食品安全”为使命，“对内员工价值，对外客户成长”为原点，“品质第一，诚信立业”为基本原则，连续多年实现产量、销量的高速增长，很快在市场上建立了良好的口碑。

二、把好质量生命线

为树立青岛华信饲料企业品牌；公司购置先进设备，严抓原料质量关，严控企业管理；加强售后服务工作三个方面；对内员工成长；对外为客户创造价值；邀请著名相声演员陈寒柏作为形象代言人，仍然坚持以猪料生产、销售为主，同时涉足养殖、贸易、动保等领域。饲料产品只有猪配合饲料、猪浓缩饲料。从源头把控，杜绝不同饲料品种之间交叉污染问题。公司永远为客户负责，替客户着想，坚决做到入场原料100%化验，出场产品100%合格，公司郑重承诺永远不使用不合格原料，小信诚则大信立，争取作为山东猪料行业的东方明珠。

第一，工欲善其事必先利其器。不计成本购置天地的全套先进生产设备，生产线采用国内先进的成套设备，产能12万t，制定严格的设备清理、维护保养计划，由专人负责监督执行。使用双轴、双层差速调制器，保证调质温度在85℃以上，提高了物料的熟化度，杀灭了部分有害菌，更有利于物料的消化吸收，提升了颗粒料的品质；混合机混合均匀度变异系数小于5%，保证微量元素等充分混合均匀，确保了饲料稳定性；为提高饲料转化率，粉碎粒度满足猪的需求，新上水滴式微粉碎机，增加了饲料粒子的表面积，使饲料在胃肠中可以充分与消化酶接触；中控自动配料控制系统偏差值在3‰以下，保证配方的准确度，使用宝佳全新日本技术机械手码垛，所生产的饲料技术参数均达到国内前沿水平。

第二，成立专业团队，严把质量关口。建立全面饲料管理小组，严抓企业原料、生产管控，成立一流、专业的企业团队，每周做质量分析会，分析改正现存的不足，后期跟踪改正效果评估，最终形成书面的制度。

《饲料质量安全管理规范》实行以来，公司积极响应号召，专门成立了饲料质量安全管理规范实施小组，由总经理任组长，各部门主管为组员，全员参与其中，积极主动参加省、市组织的各种培训，积极学习，不断讨论，与其他先进企业交流，最终形成了一套自己规范文件，然后严格按照规范要求执行，在“规范”施行过程中不断完善、改正，始终走在行业前列。

明确的质量方针——“品质第一原则”，严格监控产品质量形成的开发、设计、生产、销售、使用和服务等所有过程。同时成立中心化验室，采购液相色谱仪、酶标仪等高精密仪器，为产品、原料检测提供技术保障。原料品控进行“质量一票否决制”在饲料原料采购、原料存储、生产过程、成品储运等各个环节，严格遵守国家各项法规，按照“规范”要求执行。设立专业化配方设计团队，为公司做专业的指导，博士们专门从事猪饲料配方设计、研发、市场调研、养殖效果、环境保护等工作，拥有专门的试验猪场，所有新饲料，先在试验猪场试验，确认效果，没有问题后再投放市场，研发能力处于行业领先水平。公司始终致力于动物营养、环境保护、食品安全和养殖业的可持续发展的科学研究，开发研制出一流的产品。生产及出厂的饲料产品从未出现过重大质量事故，赢得了市场客户的广泛好评。

公司始终坚持“专心、专业、专注，只做好猪料”，不做其他品种饲料，有效避免交叉污染，控制药物残留，为食品安全负责，为老百姓的餐桌负责。

第三，树立全心全意为客户服务为中心的企业团队宗旨。公司注重于人才培养，与山东农业大学、青岛农业大学等优秀畜牧类高校合作，每年吸纳大批优秀毕业生，服务市场、服务客户，公司2015年开始，为更好地服务客户，公司建立专门的市场服务团队，开设技术讲座每年100多场，参会人员5 000多人次，对养殖户朋友的安全养殖进行细化指导。充分与集团知猪侠商城合作，及时推送技术服务指导知识和猪价市场区域信息，确保养殖户朋友养殖效益最大化，现已成为养殖户朋友养殖过程中的保驾护航员，深受养殖户朋友喜爱。

新起点，新华信，在荣誉的背后，华信人不断提升完善自身。2017年华信成功与广东海大集团合作，与海大集团的海内外采购团队、海大研究院等国内优秀团队紧密联系，精诚合作，更好地为我们的养殖户服务。依托海大集团研究院海大研究院（海大集团的科研开发机构，已被认定为“国家企业技术中心”“广东省农业科技创新中心”），在科研方面进一步紧密合作，成功研制出非洲猪瘟病检测试纸项目，能够更快的监控饲料原料以及养殖户相关用品的非洲猪瘟病毒的携带情况，更好、更快、更有效地避免非洲猪瘟的感染。极大提高华信猪料的安全性，增加华信养殖户的养殖信心；有效提高了使用华信猪料的成活率。

第四，采取有效措施把好饲料生产环节，做好非洲猪瘟防控。面对2018年的非洲猪瘟疫，华信没有退缩，迎难而上，成立专门的技术团队，专门服务于养殖户，让利于养殖户，并与海大合作推出线上非洲猪瘟防控课程，带领养殖户共同抗击非洲猪瘟，让养殖户了解，非洲猪瘟是什么，传播途径是什么，需要怎么做，通过如何消毒，如何引种，如何清粪，如何淘汰猪只，如何卖猪等一系列课程引导养殖户远离非洲猪瘟，让养殖户知道、明白非洲猪瘟并不可怕，是可以预防的。在整个猪饲料行业都掉量严重的情况下，与去年同期相比，青岛华信不降量，这就是一个专业做猪料的公司，坚决不使用猪源性产品的公司，厂区内不吃猪肉，人员进厂经过熏蒸消毒，洗手消毒，车辆经过洗车、消毒，驾驶室消毒，诚信诚意的为养殖户服务，不让任何一个点危害到饲料成品，真正地做到与养殖户共同发展，与行业共同发展，跟紧行业精神，健康稳定的向前发展。

三、成绩与展望

梅花香自苦寒来；经历风雨，方见彩虹。青岛华信凭借专业的研发团队、高效的原料采购体系、现代化的生产管理、严格的质量保障体系、全方位的市场服务模式以及优质过硬的产品质量，先后获得了“青岛市农业产业化龙头企业”“省级饲料质量安全管理规范示范企业”“山东饲料企业信用等级AAA级企业”“饲料工业协会先进企业”“山东省生猪饲料十强”等荣誉，并连续多年被评为“黄岛区突出贡献企业”得到广大养殖户朋友的认可和赞扬。产品畅销山东、江苏、安徽、河南、河北、东三省、新疆等地区。在短短的几年里，青岛华信饲料有限公司在胶东区域内猪料销量稳居第一，成为齐鲁大地上猪料企业中的佼佼者。

华信始终致力于做中国百姓最喜爱的品牌，并在发展壮大中勇于承担起带动农民致富的社会责任，为成为中国饲料行业最受人尊敬的企业和中国最注重食品安全的企业而奋斗！

降低养殖成本　为养殖户谋利

——平度六和饲料有限公司

平度六和饲料有限公司成立于2010年，公司位于平度市崔家集镇驻地东2km，总投资3 949.89万元，注册资金2 000万元，占地50.9亩，设计产能21万t，主要从事肉鸡、肉鸭、蛋鸡、猪配合饲料和猪浓缩饲料的生产和销售。

隶属于新希望六和青岛田润一体化，一体化产业是集饲料、养殖、屠宰、调理、熟食、出口贸易为一体的全闭环产业链。平度六和饲料有限公司和作为一体化运营中的一个主要构成单元，具有两大职能。首先满足田润一体化下属15个肉鸡、肉鸭自养基地和协议养殖场提供饲料供应；其二，面向周边养殖户销售基于各自养殖环境需求的本土化配方饲料。

饲料位于畜牧业的最前端，公司立足于日益激励的市场快速健康发展，以为畜牧业发展提供安全可靠的饲料为己任，紧紧围绕安全食品源头不放松，圆满完成上合青岛峰会禽肉安全供应任务，独家供应了宴会使用的100%鸭肉产品和70%的鸡肉产品，被国家食品安全工作组颁发“上海合作组织青岛峰会食材供应商”，青岛市畜牧兽医局授予“上海合作组织青岛峰会畜产品专供基地称号”，获青岛和平度市政府的高度赞赏。供应的鸡、鸭均使用本公司生产的无抗饲料，有效保障源头的安全。此外苦心科学运营，在技术创新、无抗饲料、养殖服务、信息化方面全方位升级，积极引领了饲料行业的发展。

一、科学运营

对标食品业依据ISO 9001质量管理体系要求，建立了超于行业的质量管理体系，并率先在行业内实现了质量管理规范运行的点检管理系统，每班次对全过程进行现场规范性运行情况进行点检检查，持续纠偏过程，实现了从终端到原料，从原料到供应商，从生产到产品，从产品到用户的全流程追溯体系，而质量的要求贯穿整个流程，环环相扣。落实“食品安全”管控，公司先后购入酶标仪等多台先进的霉菌毒素检测设备，全面用于原料进货检验和产品毒素安全检测，实行饲料卫生安全指标一票否决制度，切实保障饲料卫生安全。质量安全可靠，产品力才会更好的得以体现，产品力提高了，并被更多用户认可，公司产销量及市场影响力也得以持续提高。2017年产能利用率达到98%以上，销量突破213t，并稳定至今。秉着降低养殖成本，为养殖户谋利的宗旨，已获得养殖户广泛认可，为平度市第一饲料品牌。

二、技术创新

2018 年率先引入生物环保饲料技术，建立了发酵原料生产线。产品已涵盖了所有的畜禽品种和猪料。可改善饲料适口性，提高肉禽采食量及速度，缓解高温不爱采食等环境变化引起的应激反应，提高饲料利用率、减少饲料浪费、提高生产性能。并可提高动物对肠道疾病的免疫力，建立肠道微生态平衡，抑制病菌的繁殖，增加有益微生物繁殖。同时大大有益于环境保护，通过粪便检测证实，氮、磷和重金属大幅下降，甚至有一些微量元素可以降 50% 以上。粪便中的物质无论进入到土壤还是进入到水体，最终产生的污染会显著减少。

三、养殖服务

带动养殖业发展为养殖户提供配套服务，公司与多家种苗场、兽药厂、畜禽设备厂、金融机构、屠宰厂、运输车、防疫队、抓鸡鸭队、清洗队等交流合作，了解需求快速帮助联系厂家对应。公司并配有动保检验站，对畜禽进行免费检测抗体、水质、病菌等服务，真正实现从种苗选育、兽药选用、饲料供应、资金扶持、出栏服务等全程一条龙式服务，快速推动当地养殖市场畜牧业向更高目标发展。公司定期组织养殖户培训、交流、参观，并免费带领养殖户走出去交流学习更高端养殖技术、标准化棚舍建设与管理，提高养殖水平提高农民创收。

四、推进新旧动能转换发展信息化

自 2017 年开始导入 EBS 大数据管理系统和管报系统，实现了网络化和智能化的管理模式，为对日常经营大数据进行及时有效的智能分析，节省数据录入人员 30%，同时各级管理者随时随地利用网络调取分析过程大数据，掌握经营状况，便于快速决策，快速调整经营策略，促进经营目标的达成和实现。

企 业 简 介

北 京 市

北京大北农科技集团股份有限公司

北京大北农科技集团股份有限公司于1993年创建，秉承“报国兴农、争创第一、共同发展”的企业理念，致力于创建世界级农业高科技企业。2010年4月9日在深圳证券交易所上市（002385，大北农）。2020年目标为服务生猪2亿头，服务耕地2亿亩，服务农民或涉农人群2亿人。

大北农集团以畜牧科技产业（饲料、生物饲料、种猪、动保疫苗、水产等），作物科技产业（玉米、水稻、植保、肥料等），“互联网+农业”三大主要板块的研发、生产、推广服务为主业务。在北京怀柔建有的预混料生产基地，连续5年预混料销量全国领先，大北农种业为全国种业十强，2017年营业收入187.42亿，利润总额15.67亿元，科研投入达到5.26亿元。

集团在全国设立140多家生产基地，210多家子公司，10 000多家推广服务中心。现团队总人数19 030人，核心研发人员1 600多人，引进海外高端领军人才3名，3人入选“千人计划”，2人入选“海聚计划”，1人入选“高聚计划”。建有院士专家工作站在站院士12人，建有中关村科技园区海淀园博士后工作站分站在站博士后11人。拥有国家认定企业技术中心、饲用微生物工程国家重点实验室、作物生物育种国家地方联合工程实验室、农业农村部作物基因资源与生物技术育种重点实验室、国家兽用生物制品工程技术研究中心5个国家级研发机构，饲料安全生物调控北京市工程技术研究中心、动物基因工程疫苗北京市工程实验室、北京市畜禽生物制品工程技术研究中心、北京市作物分子育种工程技术研究中心、作物生物育种北京市工程实验室等8个省级认定研发机构，拥有国家农业科技创新与集成示范基地、10大研发中心和23家国家级高新技术企业。公司通过自主研发、技术引进、科技成果转化、产学研合作等途径，形成了国内一流的企业技术创新体系与核心竞争力。

大北农集团自1999年设立大北农科技奖，目前已举办十届，申报项目2 665项，覆盖全国高校院所160多家，奖励金额3 691万元，获奖项目394项。

中粮（北京）饲料科技有限公司

中粮（北京）饲料科技有限公司成立于2004年，注册资金9 000万元，是中粮集团旗下专业聚焦动物微营养、生物饲料技术研发，以添加剂预混合饲料的研发、生产、销售和服务为主营业务的国家高新技术企业。

经过多年发展，形成了比较完整的业务结构和战略布局：以复合预混料、维生素预混料、动物保健品为主营业务，以北京为中心，面向全国布局，建有北京、哈尔滨、黄石、徐州4个生产基地，均采用全套布勒设备，预混料单班产能11万t，2018年复合预混料销量达到10万t，2012—2018年复合增长率30%，在行业整体增速放缓的背景下，一直保持高速成长。

公司重视研发，致力于打造有竞争力的明星产品。“锐科”牌蛋鸡预混料“P-415A”连续6年荣获北京市饲料工业协会“首都饲料行业影响力品牌”；自主研发的“巴罗顿”是一种通过增强动物机体功能和免疫能力，减少抗生素使用的国家发明专利产品，在促进食品安全和环境安全方面有广阔的应用前景。

公司秉持“共和、共生、共享”的文化理念，以“专注动物成长，关爱人类健康”为使命，致力于成为“中国动物微营养+引领者”。

公司先后荣获中华全国总工会“工人先锋号”、农业农村部饲料质量安全管理规范示范企业、首都饲料行业发展腾飞奖、北京市诚信创建企业示范企业等多项荣誉称号。

北京昕大洋科技发展有限公司

北京昕大洋科技发展有限公司于1999年9月，由中国农科院饲料界、生物界的专家联手创建，注册于中关村国家级高科技园区的高新技术企业。公司集科学研究、产品研发、生产经营于一体；拥有一支以研究员、博士、硕士等，具有丰富实践经验的国内外著名专家、学者为核心的科技研发和技术服务队伍。公司成立十几年来，始终遵循以“体现价值，创造财富；造福于民，奉献社会”为使命，积极响应国家产业政策和行业发展方向。先后获得中国饲料工业协会、中国酶制剂行业协会、北京市饲料工业协会颁发的“全国饲料行业履行社会责任先进企业”“全国饲料添加剂科技创新优秀企业”“全国酶制剂十强企业”“北京市饲料行业标杆企业”等30多项荣誉。

坚持走专业化发展之路，努力创市场优秀品牌。公司现有生物发酵、化工合成和饲料三大研发生产业务版块，产品包含饲料添加剂、预混料两大系列。

积极响应国家、农业农村部禁抗、减抗行动，全力加强研发环保、替抗产品。通过植酸酶产品市场主导地位的确立，逐步扩展并形成了昕大洋公司在饲料添加剂发酵领域，较为完整的核心竞争优势。在产品结构上，继续保持现有产品在对行业的贡献和影响的基础上，不断扩大相关的、历经十多年积累的发酵系列产品的研发、推广和升级。尤其是注重打造以酶制剂、微生态制剂为代表的发酵型系列饲料添加剂产品。多年来完成了由单一的植酸酶生产，向木聚糖酶、纤维素酶、甘露聚糖酶、复合酶等多酶种及微生态产品生产共同发展的转变，生物预混料产品的市场份额也在不断增长。同时，在转变中不断开发新产品，补充丰富产品结构。

在研发、生产、服务方面不断有新的突破和提升。公司技术研发依托中国科学院、中国农业科学院等科研院所；与德国及国内多所大学、科研院所的专家、学者建立了广泛深入的技术交流与合作联盟，使产品技术紧跟国际国内先进水平。充分发挥两个研发、生产基地的作用，挖掘生产技术潜力，使研发工作能够服务生产，提升品质。产品注重顺应市场需求，强化产品定位，不断加强相关的产品定型、推广工作，不断进行产品的改进和升级换代，实现生产与销售的协调运行。

公司在饲料酶制剂、微生态制剂的研发和创新方面一直处于国内领先地位。拥有自主菌种专利、发酵后处理技术专利等多项专利技术；参与植酸酶国标修订；获得国家创新产品证书；获得多项国家研发资金支持项目。

公司已通过ISO 9001质量体系、HACCP食品安全体系认证和FAMI-QS体系认证，并不断随生产流程、产品工艺、组织结构变化调整，持续改进，完善体系。通过精细化管理，规范生产流程，优化生产工艺，完善品控体系，有力地保障了产品良好的品质。2011年公司在农业部组织的全国性饲料添加剂产品质量大检查中，68个检查项目一次性全部通过。

昕大洋以较强的社会责任感为己任，服从国家发展大局，在支持贫困地区发展、在服从首都产业规划、在行业无抗、减抗等重大事项中积极行动，不打折扣，克服多种困难。昕大洋的产品创新能力、产品结构和产业发展方向，得到了河北省的高度认可，作为北京外迁项目，一落地河北内丘，就被列为省重点项目。昕大洋不断创新企业发展模式，不断适应国家、行业、地区发展趋势，寻求新的增长点，使企业保持健康、持续、积极向上的发展势头。

天　津　市

天津九州大地饲料有限公司

天津九州大地饲料有限公司成立于2010年8月19日，是北京九州大地生物技术集团股份有限公司持股100%的全资子公司，注册资本2 000万元人民币，公司位于天津市蓟州区上仓酒业及绿色食品加工区，公司占地面积30亩，建设有原料库房、生产车间、成品库房、自动化原料筒仓、锅炉房、配电房、办公楼等基础设施；配备有2条独立的生产线，1条是由江苏牧羊集团购进的国内最新型的顶级自动化反刍饲料生产线，年生产能力9万t，1条是由江苏五洲集团购进的国内最新型的自动化畜禽饲料生产线，年生产能力6万t。公司目前拥有员工253人，大专以上学历员工占员工总人数的70%以上，设有技术部、生产部、质量部、财务部、采购部、销售部、行政部、化验室等职能部门。

公司主要从事猪、牛、羊浓缩饲料，猪配合饲料，牛、羊精料补充料的制造、批发和零售。所有产品均经过国家相关部门检验，取得了增值税免税资格，并通过了质量管理体系（GB/T 19001—2008 ISO 9001：2008）和食品安全管理体系（GB/T 22000—2006 ISO 22000：2005标准）认证。并在《饲料质量安全管理规范》（农业部令2014年 第1号）发布实施后，公司严格按照规范要求开展采购、生产过程控制、产品质量控制、贮存与运输、产品投诉与召回、培训、卫生和记录管理等各项活动，以控制组织活动中各环节的质量，精心打造每一个放心产品，最大化满足市场和动物营养的要求。

公司于2015年被认定为天津市农业产业化经营市

级重点龙头企业、天津市科技小巨人企业；2017 年 12 月，被认定为国家级高新技术企业；2018 年，被认定为安全生产先进单位；2018 年，被认定为 2018 创新好猪料品牌；2019 年 1 月，被认定为天津市农业产业化经营市级重点龙头企业。

公司践行“植根大地，共享成长”的发展理念，推崇对人和自然的尊重与和谐，对生命和生活的热爱，为社会创造价值。在未来的发展中，以总部科研成果和高技术人才为依托，凭借科学的经营，规范的管理，高品质的产品，诚实守信、平等互利的经商原则，实现合作各方的共赢，积极带动当地种植业和养殖业的发展，成为绿色健康畜牧业最具价值的饲料企业。

丰益油脂科技（天津）有限公司

丰益油脂科技（天津）有限公司隶属于“丰益国际”集团，于 2004 年 7 月在天津港保税区注册成立，属于独立法人外资企业，注册资本 2 400 万美元，占地面积约 5 万 m^2，旗下有“锐龙”“龙镖”“美加力”等品牌，其中饲料添加剂“美加力”可食脂肪酸钙盐获得天津市名牌产品，年生产能力 3 万 t，拥有供产一体化的运行模式、先进生产工艺、完备的质量管理、优质的售后服务等综合优势。

供产一体化：母公司益海嘉里是世界知名棕榈油生产和贸易商，原料供应可靠；车间产业链完整，保证终端供货的即时性和新鲜度。

先进生产技术：与国际反刍动物脂肪专家英国 VOLAC 公司长期合作，持续优化配方工艺，美加力产品荣获“天津市名牌产品”。

完备的质量管理：实验室配备先进仪器，如：原子吸收光谱仪、气相色谱、马弗炉等检测设备，并通过了 ISO 9001：2015 质量管理体系认证及伊利、蒙牛等一些客户严格的质量管理评审，满足客户要求并持续改善质量管理水平。

优质的售后服务：从原料到产品均可控、可追溯，集团研发中心和工厂均可为客户提供最优质的售后服务。

丰益油脂科技的发展目标是：通过集约化管理，不断优化、延伸和完善油脂产业链，从采购、运输、生产的每一个环节优化产业结构、控制成本、提升质量，让客户和合作伙伴与我们共同分享“丰益油脂科技”成本优势和质量优势的丰硕成果。同时，“丰益油脂科技”还不断加大对研发和技术服务的投入，积极引国际主流的油脂衍生品生产加工技术和绿色环保产品，努力寻求在中国新的投资机会和新业务增长点。

公司秉承母公司“丰益国际”对于环境保护和可持续发展的坚定承诺，“丰益油脂科技”将坚持“健康源自天然”的发展理念，以天然的、可再生的油脂资源为原料，加工过程力求使用绿色的生产工艺，生产出环境友好的健康产品，在提供优质产品和服务的同时，忠实履行企业社会责任，实现人与自然的和谐、可持续发展。

河 北 省

邢台市伊萨宠物食品有限公司

邢台市伊萨宠物食品有限公司成立于 2008 年，位于河北南和县，注册资金 5 000 万元，现有产能为 6t/h，拥有伊萨、欧圣、欧嘉、嘉露等 18 个系列的产品，是一家集宠物食品研发、生产、销售为一体的综合性企业。目前公司投资 1.7 亿元，占地 80 亩，年产值 5 亿元以上的二期项目正在筹备建设之中。公司先后被评为“河北省著名商标企业”“中国饲料协会宠物食品分会委员单位”“河北饲料行业十强企业”“河北省科技型中小企业”“河北省农村创业星创天地”“邢台市农业产业化龙头企业”。公司高度重视质量管理工作，通过了安全生产标准化认证、ISO 22000 国际食品安全管理体系认证、ISO 9001：2015 国际质量管理体系认证等多项体系认证，同时产品被评为“河北省优质产品”等。公司先后引进国内外先进仪器设备一百余台套，价值超过 400 万元；动物实验基地基础设施投资 200 万元，宠物活体投入 200 万元左右，涵盖了市场常见的名优犬猫品种；建立了食品级的万级微生物实验室，并参与了农业农村部生产许可标准的制定；通过从北欧引进福斯检测仪等设施，建立了快速反应、精确检测、环环相扣、质量可追溯的品控体系，并通过宠物实验基地大量实验，确保了产品的安全性和研发成果的科学性。

河北斐默特生物科技有限公司

河北斐默特生物科技有限公司是一家专业化研发、生产和销售生物饲料的高新技术企业。公司始建于 2005 年，占地面积 60 余亩，总投资 5 000 余万元，年生产能力达 5 万 t。公司重视技术研发，成立有独立的研发中心，同时长期与中国农业大学、河北农业大学、河北省发酵工程技术研究中心等高校、科研单位紧密合作，现拥有专心致力于微生物发酵工程与动物营养饲料生产研究的教授、高级工程师（其中博士 5 人，硕士 10 人）专家团队，经过 10 余年的发展，已成为华北地区最大的酿酒酵母培养物供应商之一。公司内部建立了全面的质量监控系统以及高水平的科研实验室，“双菌偶联分阶段培养模式”发酵工艺法，最大限度的实现酵母全营养组分开发与效果最大化。公司每年投入大量经费用于饲料新产品的研发和实证试验，为公司发展提供强劲科技动力。2014 年公司被评为“河北省科技型中小企业”，2016 年被评为“石家庄市农业产业化重点龙头企业”，公司是“酿酒酵母培养物”团体标准的起草单位。

中科康源生物技术有限公司

中科康源生物技术有限公司成立于 2018 年，位于河北省唐山市迁安市。公司在中科院研究员带领下，依托工业生物技术的深厚积淀，服务健康养殖，致力于畜禽抗生素替代。目前累计投资 2.8 亿元，拥有 2 000m^2 研发实验室、1 万 m^2 中式平台、100 亩产业基地、生物饲料大数据平台、健康养殖联合问诊平台等全产业链闭环生态体系。公司目前年产新型“功能性”发酵饲料、微生态菌剂、酵母培养物添加剂 2 万 t。拥有优秀的菌种资源和选育技术、先进的发酵工艺体系、领先的饲料检测平台，近于严苛的质量保证体系等四大核心优势，拥有近 20 项国家发明专利，牵头成立中国生物工程学会迁安协同创新中心，投资建设迁安中科生物健康创新孵化产业园，不断发掘上下游“黑科技”为企业所用。

另外，中科康源入选中国“2018 年创世技颠覆性创新 50 强”。

山　西　省

山西金粮饲料股份有限公司

山西金粮饲料股份有限公司（以下简称“金粮饲料”或“公司”）成立于 2012 年 5 月，是一家集饲料研发、生产、销售、原料购销为一体的大型饲料企业。

公司位于有“晋商故里”之称的晋中市，紧邻太旧高速、大运高速、榆祁高速、108 国道、石太铁路及太原武宿机场，交通极为便利，地理位置优越。公司占地 50 余亩，总建筑面积 16 000m^2。截至 2018 年年底，公司总资产 1.9 亿元，实现销售收入 1.4 亿元，纳税约 17 多万元。具备年产 56 万 t 鸡猪全价饲料的饲料加工能力，是华北地区最大的单厂畜禽饲料加工基地。2015 年 9 月，公司在“新三板”挂牌（股票代码 833562），现有员工 70 余人。

金粮饲料是金粮集团“从田间到餐桌”全产业链中的重要环节。公司采用成套布勒生产设备，先进的“双轴高效混合机”等各项生产指标都好与行业同类设备。公司在技术上不断学习、创新，对饲料原料进行科学的搭配，既满足动物的营养需要，又能降低配方各原料的使用成本，提高产品在市场中的竞争优势。拥有瑞士布勒原装进口玉米烘干塔全套设备，是国内首批拥有该设备的厂家。该设备日烘干能力可达 500 吨，烘干品质精良。

公司秉承“绿色、安全、清洁”的饲料加工理念，生产“适养源”牌猪、鸡全价配合和浓缩饲料。

2013 年 3 月，山西金粮饲料股份有限公司“56 万 t 全价鸡猪饲料项目”被评定为“2013 年山西省发改委农牧行业重点工程”。

2013 年当选山西省饲料工业协会副会长单位，并通过 ISO 9001、ISO 22000 质量管理 / 食品卫生安全管理体系。

2014 年，山西金粮饲料股份有限公司经市农业产业化领导组办公室审定，被评为“市级农业产业化龙头企业”。

2015 年 9 月，山西金粮饲料股份有限公司在全国中小企业股份转让系统成功挂牌上市。11 月通过晋中市中小企业局《规范化管理》。

2016 年，被评为山西本土饲料行业唯一一家国家级《饲料质量安全管理规范》示范企业。

2017 年，被评为晋中市《市级技术中心》示范企业。

山西碧云天生物科技股份有限公司

山西碧云天生物科技股份有限公司原称山西碧云天饲料有限公司，坐落在山西省临汾市襄汾县双龙湖河畔，占地 40 余亩。公司是 2012 年襄汾县重点招商引资项目，也是临商返临的代表性企业，总投资规模 1 亿元，一期投资 3 000 万元，设计生产高端幼畜料和配合饲料 10 万 t。

山西碧云天生物科技股份有限公司一期投入主要是猪饲料的研发、生产和销售，其核心产品是幼畜仔猪饲料，其在国内是最早杜绝添加猪同源性动物原料的企业之一（专利号为 ZL2009-1-0210881.0），也是国内最早拥有无抗教槽料专利的企业之一（专利号为 ZL2013-1-0322133.6），享受临汾市颁发的市长创新奖。公司通过优秀的产品，扎实的工作，获得山西省省级龙头企业资质，并为山西饲料加工业带起来产品升级的春风。

山西碧云天生物科技股份有限公司通过在山西 5 年多的发展，已经具备了良好的地方口碑，并且带动周边农户获得的良好收益，在扶贫攻坚的最后时刻，践行着企业服务社会的使命，于 2018 年荣获“山西省脱贫攻坚奉献奖”（备注：下属全资公司襄汾县碧云天农业发展有限公司）。

公司是山西省第一批响应关于农业企业走向资本市场的企业，2018 年完成了股份制改造，预计 2019 年在山西证券股权交易中心挂牌。此项工作的推进，有利于把更多的小型家庭农场，上下游产业公司，相关产业资源主体通过股权融合的方式联合起来，真正发挥山西省省级龙头企业的在扶贫攻坚、产业升级和经济发展中龙头作用。

山西长清生物科技有限公司

山西长清生物科技有限公司位于山西省长治市屯留县渔泽镇北岗村南。厂区总占地面积 900 亩，注册资本金 10 000 万元，公司总资产 12 亿元。是一家集研发、生产、销售、物流运输、生物技术服务等于一体的大型专业化玉米深加工企业。公司具备年深加工玉米 90 万 t，公司现拥有年产 60 万 t 玉米淀粉，年产 5 万 t 麦芽糖浆、年产 5 万 t 麦芽糊精、年产 15 万 t 食用葡萄糖、年产 8 万 t 饲料级赖氨酸生产线六条。2017 年 5 月至 2018 年 4 月，一整年对设备进行了检修，生产工艺技改，2018 年 5 月正式复产，5 月 28 日取得单一饲料生产许可证；10 月 31 日，取得饲料添加剂生产许可证。从投产开始到现在，公司生产总值为 3.8 亿元，销售总值为 2.74 亿元。截至 2018 年 12 月，共生产饲料添加剂 860t，生产单一饲料喷浆玉米皮 22 887.79t，生产玉米蛋白粉 11 565.05t，总产值 6 226.77 万元。

公司具有自主研发能力，公司在饲料添加剂生产车间设立专门的检验化验室，拥有完美的化验设备和严格检验流程，完全具有自我检验、自我查验、追溯能力，对产品质量要求做到高标准，严格要求，层层把关的管理流程。公司坚守“阳光、创新、自省、责任”的核心价值观，严抓企业管理，狠抓队伍建设，勇创优秀品牌，力求以过硬的产品质量和优秀的企业文化占领市场，全力为原料供应商提供便捷、高效的服务，真诚向客户提供稳定、优质的产品。

2018 年是过度的一年，企业逐渐步入正轨，围绕着公司的发展战略，以提高企业自主创新能力和企业竞争力为主要目标，以高新工艺和传统工艺改造相结合，以完善创新投入、运行和激励机制为重点，推动企业技术进步，实现经济可持续发展；形成有利用技术人才脱颖而出的机制，不惜投资强化全员培训，实施技术人员参与企业利润分配或奖励技术人员等重要措施，最大限度地吸引人才，激发和调动技术人员创新激情和活力。瞄准中国玉米深加工市场，重点进行研究开发，以技术革新来推动产品的升级换代，研究开发出能适应市场需求的产品，公司坚守“阳光、创新、自省、责任”的核心价值观，严抓企业管理，狠抓队伍建设，勇创优秀品牌，力求以过硬的产品质量和优秀的企业文化占领市场，为上游原料供应商提供便捷、高效的服务，真诚向下游客户提供稳定、优质的产品。

内蒙古自治区

内蒙古伊品生物科技有限公司

内蒙古伊品生物科技有限公司位于内蒙古自治区赤峰市资源型城市经济转型开发试验区，成立于 2011 年 4 月，注册资本 9 亿元，占地面积 3 000 亩，已完成规划投资 48 亿元，公司投资主体为宁夏伊品生物科技股份有限公司。公司是集赖氨酸、苏氨酸、谷氨酸钠、合成氨、蛋白饲料、有机肥料、玉米淀粉、玉米副产品等生产和销售为一体的大型生物发酵民营企业，现年销售收入近 50 亿元、员工总人数近 2 000 人。产品主要出口欧洲、美洲、东南亚等地区，出口国家达 46 个。

公司是内蒙古自治区的高新技术企业、农牧业产业化重点龙头企业、内蒙古民营百强企业、内蒙古优秀民营企业，赤峰市级农牧业产业化重点龙头企业、赤峰市市长产品质量荣誉奖企业、赤峰市 2018 年扶贫龙头企业、赤峰市 2018 年度节水型企业、赤峰市 2017 年度优秀非公企业等。

公司坚持以“文化引导行为、体系规范管理”的管理方针，以客户需求为导向，全面开展精益管理和质量管理，通过了 ISO 9001 国际质量体系认证、ISO 14001 环境管理体系认证、OHSAS18001 职业健康安全管理体系认证、HACCP 食品安全认证、FAMI-QS 欧洲饲料质量认证、HALAL 国际伊斯兰清真认证等；以“安全与环保我们的生存基础”为基本原则全面提升安全环保管理，保障绿色发展；公司在产能、装备水平、工艺技术、成本控制和市场份额等方面综合实力已位居行业前列。

一直以来，公司秉承“遵道敬德”的司训和“致力于绿色发展，持续创新，成就员工幸福生活，为社会进步做出贡献”的经营理念，积极践行“诚信、责任、进取”的企业核心价值观，在地方各级政府和社会的帮助下，全员为实现“全球领先的营养健康解决方案服务商”的企业愿景而努力奋斗！

包头市北辰饲料科技有限责任公司

包头市北辰饲料科技有限责任公司成立于 2000 年 4 月。下设包头市北辰生物技术有限公司、包头市欣禾农业开发有限责任公司和包头市宝利特牧业有限责任公司三个全资子公司。公司总资产 11 634 万元，其中固定资产 7 265 万元，占地面积 178 亩，员工 260 人。

公司与中国农业大学、内蒙古农业大学、内蒙古农牧业科学院中国肉羊技术体系首席科学家金海研究团队、包头市农科院、美国肯塔基大学结成产学研合作关系，与中国农业大学共同建立北辰饲料院士专家工作站。

目前，公司有饲料生产线4条，年生产能力36万t；蒸汽压片玉米生产线1条，年生产能力5万t；玉米联产加工生产线1条，年生产能力3万t。小米杂粮加工生产线1条，生产能力1万t。

公司建立了完善的产品质量保证体系，通过ISO 9001：2015国际质量管理体系认证和HACCP食品卫生安全管理体系认证。全面推行卓越绩效管理体系模式，荣获2017年包头市政府质量奖，并积极申报自治区主席质量奖。

目前，公司产品有羊、牛、猪、鸡、鱼9大系列，50余个品种。其中绿色饲料认证产品18个，有机饲料认证产品10个，有机绿色玉米认证产品4个。产品覆盖内蒙古大部分地区和陕西、山西、宁夏、河北等周边省区。蛋鸡及牛、羊饲料出口蒙古国。蛋鸡饲料、猪系列饲料、羔羊精补料等5个产品为自治区名牌产品。"北辰"商标为自治区著名商标，公司获国家发明专利2项。

公司在土右旗建成有机玉米种植基地4万亩，绿色玉米种植基地20万亩。带动一大批农户调整种植结构，增加经济收入。

公司荣誉。农业产业化国家重点龙头企业、国家高新技术企业、中国饲料工业协会理事单位、全国首批可溯源绿色食品试点企业、农业农村部饲料质量安全管理规范示范企业、内蒙古自治区扶贫龙头企业、内蒙古自治区质量信用A级企业、内蒙古自治区AAA级标准化良好行为企业、包头市政府质量奖、包头市文明单位等。

内蒙古蒙泰大地生物技术发展有限责任公司

内蒙古蒙泰大地生物技术发展有限责任公司是由北京九州大地生物技术集团股份有限公司与内蒙古农牧业科学院共同投资兴建的专业化生产和经营反刍动物、畜禽复合预混料及反刍动物精料补充料、浓缩饲料、配合饲料的现代化高科技企业。公司1996年注册成立，现建成6万t反刍动物精料补充料、浓缩饲料专业化生产线及1万t反刍动物复合预混料、畜禽复合预混料生产线各一条。

公司拥有专业化的管理、产品研发、生产、销售、技术服务团队、完善的管理流程及完备的饲料检测设备及手段，产品涉及反刍动物、猪、鸡复合预混料、反刍动物精料补充料、浓缩饲料、配合饲料六大系列近百个品种，畅销河北、山西、内蒙古、宁夏、陕西、甘肃、青海等省区。

内蒙古蒙泰大地生物技术发展有限责任公司是中国饲料工业协会团体会员、内蒙古自治区饲料工业协会常务理事单位、内蒙古自治区农牧业产业化重点龙头企业，通过了ISO 9001、ISO 22000体系认证。公司始终秉持"根植大地、共享成长"的企业理念，认真履行"振兴民族饲料工业，服务广大客户"的基本职能，努力实现"帮客户创造效益、让员工体现价值、使公司得到发展、为社会积累财富"的价值观，大力弘扬"滋育生命、厚德载物"的企业精神，探索和建构具有自身特色的经营管理模式，走出了一条独特的发展道路。

内蒙古四季春饲料有限公司

内蒙古四季春饲料有限公司隶属于大北农集团全资子公司。基地成立于2007年5月，公司占地面积6万m^2，总投资1.2亿元。公司采用牧羊集团全自动化年产30万吨的成套生产设备，是内蒙古自治区产能较大设备较先进的生产饲料企业之一。

大北农反刍集团现拥有员工600多人、核心研发团队50多人、技术服务专家50多人、10多家反刍生产基地、100多个销售分公司，在全国建有200多个基层科技推广服务网点。主要经营产品为奶牛、肉牛、肉羊等系列配合饲料和预混料，销售区域涵盖内蒙古、东北、华北、华东、西北等地，依托集团雄厚的实力及自身的优良发展机制，目前，公司与国内各大牧业集团及当地规模化养殖企业建立了良好的合作关系。反刍集团的成立为大北农反刍饲料布局全国、打造国内领先品牌注入了新的力量。

辽 宁 省

沈阳市康普利德生物科技有限公司

沈阳市康普利德生物科技有限公司是国家高新技术企业，中国工程院李德发院士技术协作单位，在饲料预消化技术领域处于全国领先水平，在饲料预消化方面拥有5项国家发明专利。

饲料预消化技术是国内动物饲料营养领域的最新加工技术之一，它是将饲料原料在动物体外进行模拟消化处理，使其中的大分子变成小分子，不易消化的物质变得容易消化，并将抗营养因子消除的新型生物饲料加工技术。这项技术的成功应用将会提高现有饲料的利用效率10%以上，降低饲料中的蛋白水平2%～5%，减少养殖过程中的粪便氮排放10%以上，对节粮减排、健康养殖、环境保护具有巨大的现实意义。

康普利德多年以来严把质量关，2011年全面通过ISO 9000质量管理体系认证，全部原料经过高温处理，为客户提供洁净、卫生、安全、有效的产品。公司采用自有专利技术对饲料原料采取酶解预消化处理，生产的预消化功能肽、K-蛋白等谷物和蛋白预消化饲料产品，多年以来得到客户的认可和应用，2018年实现销售收入1亿元，其中K-蛋白在2018年中国饲料科技与经济高层论坛中荣获“2018中国畜牧饲料行业十大饲料及添加剂爆品奖”。

辽宁波尔莱特农牧实业有限公司

辽宁波尔莱特农牧实业有限公司位于沈阳市农业产业开发区沈北新区，是辽宁省农业产业化重点龙头企业，是集饲料研发、生产、销售为一体的大型饲料生产企业。公司本着永远以质量为第一、重视技术创新、以人为本的经营理念，生产高品质“波尔莱特”饲料。主要产品有猪料系列、反刍动物料系列、禽料系列等3大系列，100多个品种。

公司组建了一支多名博士和硕士在内的核心研发团队，设立了肽制剂研发中心。该研发中心主要从微生物菌种的筛选、酶制剂的选择、发酵工艺的设计等方面进行研究。一是利用这些技术对饲料原料进行预消化处理，提高原料消化率，降低饲料配方中的蛋白等营养的添加量；二是利用这些技术可以生产大量的含有功能性小肽的原料和产品，这些小肽有的具有抑菌功能、有的具有促生长功能、有的具有提高免疫力功能，这样就可以利用这些技术制作无抗日粮。这些技术的应用使公司的产品实现了低蛋白化和无抗化。公司会致力于这个方向不断努力，不断生产出绿色、安全、高效的产品提供给广大养殖者。

“波尔莱特”是企业的，更是社会的。波尔莱特人将以树民族饲料工业为己任，实行绿色可持续发展战略，提高市场占有率，创建中国名企。

锦州晟元生物科技有限公司

锦州晟元生物科技有限公司，位于渤海湾畔，锦州大有经济产业园区，地理位置优越，南邻锦州港，北邻京哈高速，西邻锦州飞机场，货物运输、人员出行非常便利。

公司于2013年成立，总投资1.6亿元人民币，占地面积120亩，建筑面积约4万m^2，注册资金5 000万元，拥有员工200余人，各类专业人员50余人。公司现生产两大系列产品：一是DDGS和喷浆玉米皮，采用生物技术生产发酵玉米优质高蛋白饲料；二是牛羊终端饲料。公司现有设备生产能力30万t，生产产品主要用于饲料加工行业，主要销售广东、海南、广西、山东、山西、吉林、辽宁等地区，是一家蛋白饲料的生产企业。

公司具有先进的饲料成套设备的生产流水线和现代化检测仪器的化验室。吸收大批优秀的专业技术和管理人才，技术力量雄厚。公司实行现代化企业管理制度。视质量为生命，融入公司的整个生产经营活动过程中，产品质量得到广大用户的信赖。

公司的经营方针是企业与市场同步，管理与世界接轨。完善营销服务网络，不断发挥自身销售优势，占领市场。

展望未来，锦州晟元生物科技有限公司将继续响应国家产业和政策的号召，发挥自身的品牌、规模、研发、人才等优势，安全研发的理念，持续不断地为养殖业提供更营养、更健康、更安全的蛋白饲料产品。以实业报国，为推动中国饲料行业发展做贡献，公司愿竭诚为广大客户服务，提供优质的饲料为您的养殖事业保驾护航，与您共同发展同赢同荣。

锦州晟元生物科技有限公司愿与各界朋友携手合作，共创辉煌。

海城市盛利饲料有限公司

海城市盛利饲料有限公司始建于1995年，至今已有近25年的历史，占地5万m^2，是省内专业生产禽类饲料的技术创新型民营企业。

公司现拥有员工120人，其中硕士研究生10人，专业技术人员30人。其中以邱博士带领的技术研发团队，联合山东农业大学动物科技学院，基于盛利肉鸡研发场，建立核心研发平台，不断优化饲料营养配方，并利用生物发酵技术，提高饲料原料的利用效率，不断地发掘家禽品种潜能、提高养殖生产水平。

盛利饲料公司于2014年投资9 800万元，建设牧羊饲料生产线，配备4条配合饲料自动生产线和1条预混料自动生产线，年生产能力40万t。从原料入库、生产加工、成品包装、成品码垛与入库，全部实现机器人自动化操作。公司先后被辽宁省政府批准为“省级农业产业化重点龙头企业”“省综合实力三十强企业”。

公司拥有独立的蛋鸡、肉鸡养殖实验基地以及专业的技术研发团队，建立以提高养殖户效益为根本、以技术研发和科技创新为龙头、以销售服务为桥梁、以采购生产和品控为保障的“盛利管理体系”。产品辐射辽宁中部、西部和北部地区，并逐步向东北三省发展。

2018年，公司实现经营收入38 208万元。同比增长16%，完成全年任务指标的120%；实现利税178万元，比去年增长76%，完成全年预算指标的102%。

盛利公司定位专业化禽类饲料生产公司，2018年公司肉禽、蛋禽饲料产量较2017年涨幅5.8%。受2018年猪肉市场供给关系及非洲猪瘟等因素影响，肉禽、蛋禽产品终端价格较2017年有较大涨幅，且涨幅持续周期长，养殖经济效益处于历史高位，市场养殖量同比上升。

为了向消费者提供安全健康的家禽肉蛋食品，为了完善盛利公司的产业链，先后成立海城北方宇冠养殖场、鞍山市吉百信禽业有限公司和海城德信食品有限公司，向“肉蛋鸡养殖－饲料销售－回收鸡蛋－肉鸡屠宰－蛋品、肉品深加工”集团化发展，打造“公司＋基地＋农户＋安全食品”的经营模式。鞍山吉百信禽业有限公司第一期总投资达 2 800 万元，年出栏肉鸡 240 万羽，存栏蛋鸡 10 万羽；预计到 2023 年计划总投资 8 000 万元，年出栏肉鸡 600 万羽，存栏蛋鸡 40 万羽，每年为市场提供 1 万 t 冷鲜鸡肉和 1.2 亿枚无公害的新鲜鸡蛋。

公司秉承“用盛利、多赢利”“专业禽料，越专越能”“安全健康，放心食品”的经营理念，坚持科学的可持续发展的战略目标，推进管理体系再造，使质量、环境和职业健康安全管理体系进一步与实际工作接轨，竭诚为社会提供绿色的产品和高效优质的服务，实现了产品质量合格率 100%，客户零投诉的质量目标。

台安县九股河农业发展有限公司

台安县九股河农业发展有限公司成立于 1997 年 5 月，2009 年 11 月，与国家级农业产业化重点龙头企业、中国饲料工业协会副会长单位的辽宁禾丰牧业股份有限公司喜结连理、合资成功。

公司在台安区域已经形成从种鸡饲养、孵化、养殖、笼养设备加工安装、饲料生产、屠宰及深加工的全产业链模式，年孵化肉鸡 1.3 亿羽，年养殖肉鸡 6 000 万羽，年屠宰肉鸡 1.12 亿羽，年生产饲料 40 万 t。这种全产业链运作模式能够有效防控市场风险及养殖风险，而且可以充分保证白羽肉鸡无药残，做到绿色安全无害的优质鸡产品。

台安县九股河农业发展有限公司作为全产业链中至关重要的一个环节，承担着为养殖公司每月 500 万只白羽肉鸡及种鸡厂 30 万套种鸡提供安全、优质饲料的重担。公司坐落于鞍山市台安县工业园区，紧邻京沈高速台安出口，交通便利。隶属于禾丰牧业产业化板块，是一家专门生产白羽肉禽饲料的现代化饲料生产企业，年生产能力 40 万 t。2018 年，在全体员工的共同努力下，产销双双突破 28 万 t，同比增长 22.77%，工业总产值达 2.73 亿元。

为了保证饲料生产过程中关键原料的可控性，依托台安县九股河农业发展有限公司相继成立了宏源粮食经销公司、鞍山众润饲料有限公司、鞍山元亨饲料有限公司、鞍山九股河纸业包装有限公司、海城丰九编织袋有限公司等诸多附属配套工厂，配套工厂为饲料厂的玉米、油脂、袋皮的供应提供了优质的供应和保障。饲料厂选用的生产设备是国内先进的设备，中控室选用的是金鼎中控系统和牧羊中控系统，车间内的设备选用的均是国内顶尖的设备，江苏正昌，上海正宜，上海申德等。

公司秉承永远不采用不合格原料、永远不使用不正常设备、永远不允许不规范操作、永远不生产不达标产品、永远不忽视不满意顾客、永远不容忍不完善服务的六个“永远不”的质量方针，严格管控各个环节，以达到出厂产品合格率 100%、库存成品抽样合格率 100%、承诺服务项目的顾客满意率 100%。

公司将以先进的技术、完善的服务、优秀的产品，促进中国畜牧业的发展，节省资源，保护环境，实现食品安全，造福人类社会。

吉　林　省

吉林仟客莱科技股份有限公司

吉林仟客莱科技股份有限公司成立于 2012 年 7 月 18 日，公司注册资金 4 000 万元。公司下设唐山仟客莱生物科技有限公司、兰州仟客莱生物科技有限公司、哈尔滨仟客莱生态农业有限公司、内蒙古仟客莱农牧科技有限公司等四家全资子公司，并于 2016 年 11 月正式登陆新三板挂牌上市，踏足资本市场。2016—2018 年，公司总资产 9 123 万元，固定资产 4 000 万元，年均销售收入 1.7 亿元，年均上缴税金 420 万元，年均税后利润 1 000 万元，主营产品年均产量 4 万 t，服务中小规模母猪猪场百余家，年消化周边农户玉米 15 000 多 t，直接或间接带动农户上万户，带动农户增收 1 000 多万元，公司现有员工 110 人，其中科研人员 15 人，大专以上人员 70 余人。

公司高度重视产品质量，秉承“品质赢天下，诚信聚人心”的发展理念，“诚信是立企之本”，“品质”是企业发展的生命。公司一直把诚信和品质放在公司发展的首位，诚信经营示范单位、“质量信誉双保障示范单位”。通过“ISO　9001 质量管理体系认证”。严把内部质量关，重视产品全过程管理。将品控管理工作下放到车间，实施产品节点重点管理。对原料接收、成品包装严格品控制度，杜绝不合格原料的入库及不合格成品的出库，确保了产品质量的稳定。

四海宏达动物蛋白饲料有限公司

梅河口市四海宏达动物蛋白饲料有限公司成立于 2013 年 9 月，公司性质为有限责任公司。公司总资产 5 000 余万元，总占地面积 23 000m²，建筑面积 14 000m²。公司主营产品为喷雾干燥血浆蛋白粉和喷雾干燥血球蛋白粉。拥有国内先进加工动物原性蛋白及活性肽生产线三条，主要技术工艺包括抗凝保鲜、冷链运输、离心、反渗透纳滤、灭菌、高温干燥等。公司是在梅河口市投资建设的集研发、生产、销售为一体的核心骨干企业，为国家高新技术企业。致力于动物血制品自主知识产权成果的产业化，逐步发展成为动物源性蛋白领域的领航者。公司目前的动物血深加工工艺在国内处于领先地位，致力于为推动我国的饲料工业特别是饲料原料工业的发展贡献力量。

博瑞农牧集团

长春博瑞农牧集团股份有限公司（以下简称：博瑞农牧）是一家专业为牧场提供系统营养解决方案的集团化企业。目前形成了以科技研发、牧场咨询、饲料加工、贸易服务和生物技术为一体的事业布局。

博瑞农牧拥有23家公司，组建了以动物营养研究院为枢纽，饲料工程技术研究中心为平台，5个反刍动物营养检测中心为驱动的科研阵营，通过50余个奶牛精准营养服务站将服务遍及20多个省市自治区。目前，博瑞已成为中国奶业协会副会长单位、中国饲料经济专业委员会常务理事单位、中国饲料工业协会理事单位、吉林省饲料工业协会会长单位，并已成为国家“饲料质量安全管理规范示范企业”。企业还获得“农业产业化国家重点龙头企业”“中国畜牧饲料行业十大科技产业化进步奖”“全国饲料优秀创新企业”“中国奶业风云榜行业提升贡献奖”等荣誉。

面向未来，博瑞将继续凝铸“诚信、专业、创新、卓越”的企业价值观，秉承“成为世界一流农牧企业”的美好愿景，遵循“专注奶牛科技”的企业定位，通过实际行动践行“帮助员工实现梦想，帮助行业伙伴不断成长，促进社会和谐富强”的企业使命，为中国奶业发展贡献博瑞力量！

黑龙江省

正大饲料（哈尔滨）有限公司

正大饲料（哈尔滨）有限公司，其前身为葫芦岛正大畜牧有限公司哈尔滨分公司，成立于1994年11月，位于黑龙江省哈尔滨市利民经济技术开发区，占地约8万平方米，是由泰国正大集团独资兴建的。

公司集研究、开发、生产为一体，技术力量雄厚，专业配套设备齐全，生产工艺先进，具有完善的质量保障体系，生产优质的产品，提供全方位的服务，本着客户至上、服务第一的理念在行业内稳步发展，成长为行业领军企业。

公司一直秉承遵纪守法经营；严格执行落实《饲料和饲料添加剂管理条例》《饲料和饲料添加剂生产许可管理办法》和《饲料生产企业许可条件》等相关国家标准和规章管理制度。公司2012年即通过了GB/T 19001《质量管理体系 要求》、GB/T 24001《环境管理体系 要求及使用指南》、GB/T 28001《职业健康安全管理体系 规范》三大体系的认证，建立了完善的质量管理保障体系，确保所生产的饲料产品安全，提高产品质量，提高顾客满意度。

公司建有两条生产线，从美国豪孚公司引进的全套生产设备，采用电脑控制、自动化生产，生产工艺采用先粉碎后混合的生产方式，整个工艺流程具有配料精度高、混合均匀度好、有效避免交叉污染等特点。

目前，可提供饲料品种有：猪、鸡、鱼、奶牛、肉牛、狐貉、种鸡、三黄鸡、麻鸡等系列浓缩和全价饲料。年可生产“正大”牌配合饲料、浓缩饲料、精料补充料42万t，产品销往东北三省及内蒙古等地区，受到用户广泛好评。

公司采用的“公司＋农户”的经营理念和方式，不仅提供优质产品，负责回收成品，还提供饲养技术、指导农户生产管理，为农民创造更多就业机会和农副业收入，促进了中国农牧业的发展和经营方式的变革。

公司利用当地粮食资源的优势和开发区有利的地理位置及投资环境，采用世界上最先进的设备对粮食作物进行深加工，使其转变为高科技的饲料，进而促进农民发展养鸡，最后进行肉鸡屠宰和深加工，此项目及其产品填补了黑龙江暨哈尔滨市周边地区的多项空白，并带动了其他相关产业的迅猛发展。

公司被哈尔滨社会经济评价中心评为“三资企业客商投资额20强”之一；被哈尔滨市委、市政府授予“先进龙头企业”称号。

公司秉承着正大集团的企业理念，为中国农业发展贡献力量的脚步从未停歇，利国、利民、利企业的“三利原则”，始终扎根于每一位正大人的内心，就精准扶贫、现代农业4.0、全产业链解决农民就业等诸多方面，对地方乃至国家的发展贡献一份力量。

哈尔滨鹏程饲料科技有限公司

哈尔滨鹏程饲料科技有限公司是一家集科研、生产、销售、养殖、电商、服务于一体的现代化科技型股份制企业，现有三大业务板块，即饲料生产研发板块、生猪规模化养殖板块、原生态黑猪产品板块。

公司以中国农业大学为技术依托，十年来，始终秉承“大业同心，和衷共赢”的企业核心价值观，以“成就饲料行业一流企业，打造客户尊重信赖品牌”为愿景，致力于“为动物提供绿色安全的产品，为人类创造高品质生活”。

公司以先进的生产设备和制造工艺及严格规范的质量管理体系，监督着每一个生产环节，为客户提供安全、稳定的优质产品。先后荣获“黑龙江饲料行业优秀企业”“中国著名品牌”“国家权威检测质量达标，用户放心品牌”“重质量守诚信消费者信得过单位”“2015年诚信单位”“2016年农业产业化市级重点龙头企业”“2017年农业产业化省级重点龙头企业”“2018年黑龙江省饲料行业十大成长饲料企业”等荣誉。公司于2012年通过了ISO 9001质量管理体系认证，通过了ISO 22000食品安全管理体系认证。

公司销售范围覆盖黑龙江，吉林，辽宁，内蒙古自治区及河北等地，预期以每五年一家分厂的速度递增，以前沿的研发、强势的营销、全程的服务、卓越的品质，与业界朋友精诚合作，共谋发展，共创美好的明天。

黑龙江龙凤玉米开发有限公司

黑龙江龙凤玉米开发有限公司是由山东诸城兴贸玉米开发有限公司在1999年通过青冈县招商引资，收购其原制糖公司组建的以玉米淀粉为主导产品的玉米深加工企业。厂区占地面积131万 m^2，建筑面积19.62万 m^2，下设8个生产车间，9个办公科室，职工人数1 433人，其中管理人员75人，拥有总资产29.33亿元。2001年，公司被省政府确定为农业产业化龙头企业之后，2002年又被农业部、财政部、国家税务总局等九部委确定为农业产业化国家重点龙头企业。并且在2003年9月公司正式通过了ISO 9001国际质量体系认证，之后又通过了ISO 14001环境管理体系谁、ISO 22000食品安全管理体系认证、FSC 22000食品安全体系认证、中国绿色食品认证等。公司的“兴贸”牌系列产品于2010年10月被评为“中国驰名”商标。公司可带动农户30万户，带动基地种植面积218万亩，增加农民收入近亿元，增加当地运输量300万t以上，增加收入上亿元，同时带动包装、煤炭等相关产业的发展，提供就业岗位1 300多个，有效缓解社会就业压力。

公司自1999年5月组建以来，坚持高档次，高标准起步，奉行“以质量求生存，以科技求进步，以品种求发展，以管理求效益”的企业宗旨，奉行“以人为本，文化兴业”的企业理念，企业规模以滚动式不断扩大。2018年，形成年加工玉米130万t，生产玉米淀粉90万t，各种副产品36万t的生产能力，公司成为全国乃至亚洲单厂玉米淀粉生产能力最大的企业。

2018共加工玉米127.66万t，生产淀粉88.84万t，各种副产品34.06万t，实现产值28.30亿元，实现销售收入24.26亿元，实现利润12 226万元，上缴税金4 134万元。

公司自投产以来，按市场经济的要求，以市场为导向，全力构建种、加、销一体化产业格局，使企业生产经营步入一个良性发展轨道。产品远销日本、韩国、美国、菲律宾、马来西亚、危地马拉、俄罗斯、哥伦比亚等国家，国内市场为东北三省、西北地区、京津唐地区、东南沿海的广东福建两省，公司已通过一流的产品质量，合理市场销售价格，完善的售前、售中、售后服务体系，逐步与客户建立了牢固的供求关系，产品市场情况良好，完全可达产销平衡。

上 海 市

上海邦成生物工程有限公司

上海邦成生物工程有限公司成立于1996年5月，是一家集新型绿色饲料添加剂研发、生产、销售于一体的高新技术企业。经过多年的持续发展，拥有1个企业商标，3个产品商标，并于2014年建成上海市金山工业区邦成产业基地，占地近4万 m^2，包括固体防霉剂、液体防霉剂、抗氧化剂、抗菌肽、发酵肽蛋白、微生态制剂及制粒包被7条生产线，可实现年产近6万t添加剂产品，销售收入可达4亿元以上，实现利税近亿元。公司先后通过ISO 9001质量体系认证和ISO 22000食品安全管理体系认证。

公司拥有技术扎实、能力卓越的产品研发中心，下设精细化工研究所和微生物及发酵研究所，专注产品研发和创新，目前，拥有21项发明专利，先后获得“国家科技部创新基金项目”“上海市高新技术成果转化项目”“上海市火炬项目”“上海市星火项目”和“上海市金山区抗菌肽企业工程技术研究中心”等多项荣誉。

公司拥有一支专业的服务型营销团队，销售网络遍布全国，与国内众多集团企业，如海大、加大、正邦、恒兴等全国饲料前50强企业保持长期合作，防霉抗氧产品销量位居全国前三位。同时公司不断开拓海外市场，目前产品已销往俄罗斯、越南、欧洲等多个国家和地区。

邦成始终贯彻“以客户为中心、以奋斗者为本、以绩效为导向”的核心价值观，秉承“科技创新，通过核心技术及工艺，为客户提供经济、安全、高效的动物营养与保健产品及解决方案”的使命，以科技求发展，视质量为生命，为我国饲料工业的发展做出贡献。

上海派斯德生化有限公司

上海派斯德生化有限公司是海峡两岸开放以来于1993年就由爱国台商中国派斯德股份有限公司在嘉定投资设立，注册资本500万美元。公司现有员工109人，博硕士7人。厂区占地面积22 907m^2，建筑面积8 095.02m^2。

公司主要生产兽用消毒剂及添加剂预混合饲料二

大类产品。消毒剂产品“百毒杀”多次获奖，且获得畜禽产业一致认可的优秀消毒剂。公司预混料产品可分为畜用、禽用和宠物用三大类，产品约有30种。以复合维生素、功能性氨基酸和微量元素群的独特配方和特殊生产工艺，为动物促进血氧代谢、调节动物生理平衡达到最佳健康状态，使其具备最佳的抗病能力，并使动物繁殖生长机能达到最大效能，提高养殖效益。因此，产品受到了广东温氏、福建圣农、山东益生等大型上市公司的认可，维持至今也有20多年的合作。宠物类产品专注特殊营养的研究，提供给宠物更完整且专业的营养照护。近几年，来公司年营业收入约8 000万元，预混料占70%左右。

此外，公司在社会上不断帮助有需要的群体。在社会捐款中，仅山东省畜牧兽医职业学院和华南农业大学设立的奖学金和助学金就已达数百万元。

未来，公司会在动物保健产品领域持续发展，运用各项研发的专利成果，服务各畜牧类别的客户，协助产业卖入“无抗养殖，高效益生产”的时代。

上海百立生物科技有限公司

上海百立生物科技有限公司是从事添加剂预混合饲料和混合型饲料添加剂的研发、生产与销售的民营企业。2007年，公司建立了生产工厂，厂址位于奉贤区郚桥镇，厂区占地面积4 500m²，地理位置优越，交通便捷。公司拥有专业技术队伍，始终坚持“敬业、创新、诚信、服务”的经营理念，把握市场，强化管理，创新产品，注重品质，服务客户。

公司设立不同车间，配备了太湖粮机出品的添加剂预混合饲料生产线和混合型饲料添加剂生产线。添加剂预混合饲料生产线主要生产微量元素预混合饲料、复合预混合饲料；混合型饲料添加剂生产线主要生产酶制剂、微生物制剂。

公司自2013年上海市开展“饲料生产企业分级评定”工作开始，每年都被评为“A级饲料企业”；2014年公司获得ISO 9001、ISO 22000认证；2016年，公司被评为“市级饲料质量安全管理规范示范企业”。

公司严格遵守饲料法律法规，建立了全面的质量管理体系，实现从原料采购到产品销售的全程控制。公司拥有系统的管理制度、良好的人员组织机构、完善的记录与报告档案、实用的工艺规程，并且管理人员和操作人员都具有高度责任心，所有这些都为生产优质产品、为客户提供良好的服务奠定了坚实的基础。

上海新邦生物科技有限公司

上海新邦生物科技有限公司成立于2008年，是一家专业研发、生产和销售规模猪场饲料的高新技术企业，公司现有1个生产基地，3个产品试验基地，总占地面积200余亩。公司生产基地位于上海市松江区，拥有全价配合料、预混料和浓缩料三条全自动化生产线，公司试验基地分别位于江苏扬州和泰州。

2014年，公司通过ISO 9001质量体系认证和ISO 22000食品安全管理体系认证，生产猪场全程饲料产品，市场以长三角为中心，辐射全国规模化猪场。公司专业技术扎实、目前拥有硕博团队10余人，专业从事产品的开发、创新和验证。公司在行业率先提出125系统营养、“7030”、母仔一体化等营养方案，帮助客户猪场稳步实现1头母猪年出栏商品猪大于25头，不断推动规模猪场效益持续提升。

公司获得行业认可荣誉，2013年公司荣获上海市“诚信创建企业”荣誉称号；2014年获得行业饲料企业口碑30强和保育料口碑5强；2015年公司荣获“华东区优秀母猪料品牌”荣誉称号；2016年公司荣获规模化猪场信赖技术研发体系“产品标准化，方案定制化”奖及上海市高新技术成果转化项目；2017年公司荣获上海市高新技术企业；2019年公司荣获科技创新党员先锋团队。

江　苏　省

江苏立华牧业股份有限公司

江苏立华牧业股份有限公司（原江苏立华牧业有限公司）成立于1997年6月，是一家集科研、生产、贸易于一身、以优质草鸡养殖为主导产业的一体化农业企业，是江苏省农业产业化经营重点龙头企业、江苏省农业科技型企业、国家级农业标准化示范区。公司下设全资子公司22家，其中一体化养鸡公司16家、养猪公司3家，食品公司1家，育种公司1家，投资公司1家，分别位于江苏、安徽、浙江、山东、广东、河南、四川、湖南等地。公司现有员工约4 000人，其中大专文化以上技术人员1 000余人，含博士10余人、硕士80多人，中高级职称者40多人，长期从事研发的科技人员逾百人。公司与多家科研院所、高校合作，2004年共建江苏省优质禽工程技术研究中心，2007年成立江苏省农科院立华家禽研究所，2010年先后设立（扬州大学）研究生工作站和（吴常信）院士工作站，2012年获得江苏省博士后创新实践基地授牌。2011年与君联资本（联想控股旗下）合作，引进外资3 000万美元，开创公司发展新纪元；同年，公司新增养猪产业板块，并于2013年1月实现首批商品猪的顺利上市，未来将成为公司新的利润增长点。2013年年底，公司又获中国农业产业化基金的大力支持。2015年7月改制为江苏立华牧业股份有限公司，通过更进一步的规范管理与资本运作，促使企业更快更好地发展。2019 年 2 月 18 日，公司正式在深交所挂牌上市，股票简称“立华股份”，股票代码 300761，成为江苏省首家上市的畜禽养殖企业、常州市首家上市的农业企业。

公司自主培育的当代草鸡优良品种“雪山鸡”于 1999 年投放市场，先后通过了江苏省畜牧品种审定委员会和国家畜禽遗传资源委员会审定，成为畜禽新品种（配套系）中的一员，是畜牧业优良推广品种，农业农村部认证的“无公害农产品”“江苏名牌产品”。“雪山”牌商标被认定为“江苏省著名商标”。2018 年通过了“江南白鹅”新品种（配套系）的审定。

公司自创建以来，始终坚持“诚信、合作、创新、规范”的经营理念，倡导“精诚合作，共同富裕”的企业精神。从 2000 年开始实行“公司 + 农户”的运行模式，2002 年组建合作社，并异地创办子公司，大力推行“公司 + 合作社 + 农户”的发展模式，带动广大农民致富。

未来，公司将用现代农业、高科技农业的标准来要求自己，保持技术与管理的不断进步以适应社会发展需求，紧紧围绕养殖业这条主线，以食品安全为准则，逐步向上下游领域延伸，拓展产业链，发展成为一个涵盖家禽育种、孵化、生态养殖、饲料加工、肉食品加工、禽病技术研究等多业并举的国家级农业产业化龙头企业。

安佑生物科技集团股份有限公司

安佑品牌是 1992 年在台湾创立的。1999 年，安佑品牌开始进入大陆。安佑生物科技集团股份有限公司（以下简称“安佑集团”或“公司”）成立于 2009 年 5 月 6 日，注册资本 37 760 万元。发展至今，安佑集团已拥有 70 余家控股子公司，员工 4 000 余人。

公司主要以饲料业务为核心，从事饲料的研发、生产和销售。产品涵盖猪饲料、水产饲料和禽饲料，其中猪饲料为主营产品，包括乳猪系列、肉猪系列、种猪系列等饲料产品。同时，在发展核心业务的基础上，公司也逐步在绿色添加剂、生猪养殖、饲料原料、品牌肉、农业物联网以及生态循环农业等领域进行延伸。公司以“科技安佑、幸福中国、低碳地球”为使命，不断深耕低碳农牧事业。

公司自成立以来，始终坚持自主研发、不断创新的技术开发模式，并专门设立了研究院，负责公司新产品、新技术、新工艺的开发与应用研究，为公司产品的技术升级做后盾。在“高效、环保、健康”研发理念的引领下，公司掌握了高免疫及低抗原教槽料配方技术、低蛋白及高氨基酸环保料配方技术、系统分段及关键营养的高产母猪料配方技术和客制化精准饲养配方技术等四大核心技术，能够为客户提供全面、高效的产品与服务。

经过多年不懈的努力，公司获得了社会各界的认可与肯定。2012 年，安佑集团获得国家高新技术企业称号。2016 年，安佑集团成为国家级企业技术中心、江苏省饲料资源开发与高效利用工程技术研究中心、江苏省企业院士工作站和江苏省博士后创新实践基地。同年，集团中心实验室通过国家实验室（CNAS）认证。2017 年，公司获得江苏省农业产业化重点龙头企业称号。2018 年 12 月，公司获得两化融合管理体系评定证书。

2019 年恰逢安佑品牌进驻大陆 20 周年，站在新的历史起点上，安佑集团与所有安佑人将携手共进，为实现“成为全球幼畜饲料及低碳农牧产业领导品牌”的愿景而全力以赴，奋发向前！

江苏波杜农牧股份有限公司

江苏波杜农牧股份有限公司，成立于 2016 年，公司总部坐落于国家级农业科创中心——南京国家现代农业产业科技创新示范园内，公司专业从事反刍动物饲料营养的研究、开发与推广，目前已经在全国有十余家分、子公司，分布于江苏、河南、山东、山西、甘肃、内蒙古等地，年销售牛羊颗粒配合饲料 30 万 t 以上。

作为国内第一家生产反刍动物全价颗粒配合饲料的公司，成功开发牛羊颗粒饲料，牛羊养殖过程中实现全程无草饲喂的方式，颠覆了传统的养殖模式，引起了行业的轰动。公司在技术领域不断创新，不仅实现了肉羊短期育肥的全程颗粒饲料饲喂、肉牛全程的颗粒饲料育肥，而且奶山羊成功使用一年以上完成一个完整繁殖周期，泌乳性能表现随用料时间延长表现更好。累计超过 100 万 t 的市场销量从实践上完全证明了颗粒饲料在反刍动物上没有任何不良影响，这一创新技术的推广，不仅颠覆反刍动物的饲养模式，也推动了秸秆的饲料化应用、减少了放牧对草原的破坏，对提高牛羊的养殖效率，为牛羊集约化、工厂化、自动化饲养提供了可能。

“自古牧羊不离草，而今舍饲颗粒料”，借助技术的突破，公司这几年以非常超乎想象的速度发展，成为饲料行业一匹黑马，全体员工正满腔热情推动牛羊养殖颗粒饲料新技术的推广和应用。

江苏开启牧业有限公司

江苏开启牧业有限公司是一家集禽畜饲料研发、生产、销售为一体的大型农牧企业，位于交通便利的 104 国道 868km 处的江苏省睢宁县官山工业园区内。

公司占地面积 78 亩，总投资 8 000 余万元，主要生产鸭、鸡、鹅、猪禽畜配合饲料，年产能 50 余万 t。

产品畅销苏鲁豫皖等地区，深受市场和广大养殖户的青睐。

开启牧业成立8年来，本着“不坑人，不害人，不挣市场机会钱，做长期价值回报牧业行业的引领者！”的经营理念，坚持“团结和谐，诚信创新”的核心价值观，紧紧围绕“展示价值、传播价值和增加价值”三个环节开展工作。

公司先后荣获“江苏省明星企业家”“江苏省创新争先奖状”先进个人、“徐州市优秀民营企业家”等荣誉称号。公司先后被评为“全国科普惠农兴村先进单位”“江苏省农业产业化重点龙头企业”“江苏省科普惠农服务站”“江苏省农业科技型企业”“徐州市农业产业化重点龙头企业”等荣誉称号。

公司全力打造“大服务、大物流、大技术”的行业体系，整合优质养殖资源，提高养殖户生产效益，打造“互利共赢、资源共享”平台型客户。从关心终端养殖户出发，以“科普惠农”为平台不断输出养殖技术，提高终端养殖水平，降低养殖风险，达到养殖效益最大化为己任，有责任敢担当，与合作伙伴同发展共进步，为客户创造价值，开创农牧养殖新篇章！

确成硅化学股份有限公司

确成硅化学股份有限公司成立于2003年，总部位于江苏无锡，是亚洲第一位、全球第三位的二氧化硅专业制造商，也是国内首家全产业链制造二氧化硅产品的企业。确成公司是世界主要绿色轮胎专用低聚高分散二氧化硅制造商之一，也是世界重要的动物饲料载体用二氧化硅制造商。公司C系列产品专用于饲料添加剂，主要功能为载体、助流、抗结块。

公司拥有国际化的研发和管理团队，由全球著名行业专家担任首席科学家，致力于新产品的开发，提升企业的研发创新能力。公司多年深耕主业，在二氧化硅行业积累了强大的技术优势。公司核心产品高分散二氧化硅生产技术获得中国石油和化学工业联合会颁发的科技进步二等奖。截至目前，公司已获得110余项专利授权，其中包括27项发明专利授权。

公司是中国二氧化硅产品行业标准起草单位、中国硅化物（无锡）产业基地、江苏省高新技术企业、江苏省无机硅化物工程技术研究中心、江苏省博士后创新实践基地，并已通过REACH、FDA、FAMI-QS、ISO、CNAS等多项权威认证。公司荣获“中国石油和化工行业技术创新示范企业”“江苏省隐形企业冠军”等多项荣誉。

公司坚持“产品领先、效率驱动、全球化运作”的多元化发展战略，经过16年的成长，目前公司下属六个子公司和一个分支机构，分别位于江苏无锡、安徽凤阳、福建沙县、香港、上海以及在泰国的分公司。同时，公司位于法国马赛的欧洲研发中心和生产基地正在积极进行前期筹备，这一举措将有利于公司吸引行业顶尖人才，紧跟潮流技术发展，满足高端客户需求。

浙　江　省

金华傲农生物科技有限公司

金华傲农生物科技有限公司，是福建傲农生物科技集团股份有限公司的全资子公司，集团于2017年9月在沪市主板成功上市（股票代码：603363）。金华傲农是集配合料、浓缩饲料生产、研发为一体的现代农业科技型企业，公司成立于2011年6月，位于金华市婺城区经济技术开发区金西区块，注册资金1 800万元，固定资产5 068万元，占地56余亩，现有员工96人，2018年销售收入16 500万元，净利润1 150万元。先后荣获了金华市农业龙头企业、国家高新技术企业、《饲料质量安全管理规范》省级示范企业、金华市专利示范企业、金华市农业科技型企业、汤溪镇工业十强、金华市劳动关系和谐单位等诸多荣誉。

金华傲农总资产12 400万元，建有钢结构生产车间及仓库1.5万m^2，拥有江苏牧羊先进的成套生产设备，配备了粉料初清筛、永磁筒、锤片粉碎机、斗式提升机、配料秤、计算机自动化配料控制系统配料系统（静态误差 ±1‰ FS，动态误差 ±3‰ FS）、SJHS4A双层高效混合机混合量（2 000kg；混合均匀度CV ≤ 5%）、包装秤、缝包机、除尘设备等，采用国内先进的全自动饲料生产线，电脑控制工艺流程，年生产能力可达10万t。2017年，新增1 600t的筒仓建设项目，自动叠包机械手技改项目，目前均已投入使用。

金华傲农坚持傲农集团“以饲料为核心的服务企业，以食品为导向的养猪企业”的品牌定位，通过持续的技术创新、产品升级和品牌打造，竞争力不断增强，得到广大养殖户的信赖与赞扬，在省内市场中的占有率位居同行的前列。公司将扩大发展规模和产能，产品扩展到禽饲料和水产饲料，计划在未来3年内实现3亿元产值。同时，公司通过合作、并购等方式，拓展产业链条，建立1万头母猪存栏规模的现代化猪场，年出栏生猪20万头的养殖规模，为畜牧业转型升级作出积极贡献。

浙江金甲水产饲料有限公司

浙江金甲水产饲料有限公司（以下简称金甲公司）位于美丽的太湖之滨，著名的淡水鱼之都——浙江省湖州市。公司成立于2003年是一家专注于乌龟，甲鱼，鳗鱼等高端水产饲料生产和研究的饲料企业。

金甲公司的经营理念是："一群人，一辈子，一件事。"坚持走专业化发展之路，立志在高端水产饲料领域深耕细作。秉承"正知、正念、正行、专业、专注、专心"的管理理念，要求全体员工要有正直的道德品质，端正的言行举止，正确的服务意识，全方位服务客户，服务社会。

只有好的原料才能做出好的饲料。金甲公司对饲料原料的要求标准是选用人能吃的原料，做出人能吃的饲料。同时常年坚持为客户提供水产养殖技术培训，送技术，送服务下基层，推广"养鱼先养水""以防为主，防重于治"等绿色无公害养殖模式，培训养殖户通过微生态调水、中药防病等技术达到高产、稳产的目的。

金甲公司的未来发展之路将继续坚持立足于高端水产饲料领域，立志生产更加高效，更加健康，更加绿色的水产饲料，做一个有良心，受尊敬的饲料企业。

安 徽 省

中粮生物化学（安徽）股份有限公司

中粮生物化学（安徽）股份有限公司是中粮集团控股的A股上市企业（股票代码：000930）。中粮安徽生化成立于1998年8月28日，总部位于安徽省蚌埠市，是中国生化领域涉足农产品深加工的大型骨干企业、国家级农业产业化龙头企业。中粮安徽生化利用先进的生物化工技术，对玉米等农副产品进行精深加工，年加工能力近200万t/年，主营产品包括燃料乙醇、柠檬酸及其盐类、玉米蛋白饲料、生物发酵饲料及DDGS等系列产品。在为客户提供多样化产品的同时，发挥着改善能源消费结构、缓解石油资源短缺、保护大气环境、稳定农业生产、增加农民收入、实现可持续发展等重要的战略作用。

中粮安徽生化重视质量管理，建立并通过了ISO 9001：2015质量管理体系、FSSC22000食品安全管理体系、FAMI-QS欧洲饲料添加剂与预混合饲料质量体系的等认证。

中粮安徽生化在为中国农牧行业提供玉米淀粉渣、DDGS等优质饲料原料的同时，依托中粮营养健康研究院、中粮生化研发中心等专业研发机构的技术支持，研究开发了生物发酵饲料系列产品——聚酶肽、玉米可溶蛋白饲料原料，为饲料企业提供一站式的采购解决方案。

不忘初心，继续前进。中粮安徽生化秉承"营养、健康、低碳、环保"的理念，以"心"创新，回馈客户。未来，中粮生化将积极响应国家号召，不断延伸粮油饲料的产业链，推进产品应用上下游环节的进步，进一步加快产业结构调整和升级，发展战略性新兴产业，奉献清洁能源和营养健康元素，建立行业领导地位，成为环境和谐、人类健康的推动者，实现员工、客户、股东价值最大化。

安徽华卫集团

华卫集团成立于2000年，属农业产业化国家重点龙头企业、国家禽肉加工技术研发分中心、全国民族特需商品生产定点企业和全国守合同重信用企业，并担任中国畜牧业协会禽业分会会长单位。公司拥有自主知识产权的"皖江黄"鸡和"皖江麻"鸡通过了国家级新品种（配套系）的审定，获安徽省科学技术研究成果证书。

集团现有注册资本6 315万元，员工近1 000人，订单养鸡农户600户，签约帮扶贫困户661户，基本实现"从农场到餐桌"的肉鸡养殖、加工、销售一条龙的全产业链经营模式，2018年实现产值10.04亿元，综合实力跻身国内一流农牧企业行列。公司拥有饲料加工厂1座，年加工畜禽配合饲料12万t。"华卫"牌畜禽配合饲料采用国内最先进的饲料加工设备和工艺，配方设计参照国际流行的饲料营养标准，并聘请国内知名动物营养专家联手打造产品，深受市场客户和广大养殖农户的好评，被业界评为"华东地区第一品牌"。

华卫集团一直秉承"发展禽业产业，为社会提供健康安全的产品"的企业使命；树立"成为中国一流的、负有社会责任感的农业企业"的企业愿景，弘扬"团结、务实、诚信、创新"的企业价值观；为实现集团早日上市的宏伟蓝图，推动地方经济和家禽养殖行业可持续性发展，带动广大农民朋友增收致富而不懈努力。

安徽智新生化有限公司

安徽智新生化有限公司，成立于2007年，坐落于安徽省东至经济开发区，是一家专业从事类胡萝卜素饲料添加剂研究开发、生产销售的国家高新技术企业、安徽省创新型试点企业、安徽省民营科技企业。

公司以产品研发为先导，以为人类健康生活创造安全环保源生态营养精华为己任，汇聚化工、生物科学、动物营养、环境工程等高端技术人才，组建安徽省动物营养强化剂工程技术研中心、安徽省动物营养与生物科技研发中心等省市级研发平台。现已成功开发出安徽省新产品斑蝥黄、安徽省高新技术产品维生素A乙酸酯和β-胡萝卜素等类胡萝卜素系列产品。公司产品一举打破巴斯夫、罗氏等国外巨头对国内类胡萝卜素市场的垄断，为客户不断带来安全与价值，多年来畅销国内外市场，被众多知名饲料企业采用，如新希望集团、通威集团、温氏企业、海大饲料等已成为公司长期合作伙伴。

公司非常重视产品的科技含量，积极进行技术开发，目前已拥有授权发明专利7项，其中“一种十碳醛酯的合成方法”和“一种十碳缩醛醛的合成方法”被评为安徽省优秀专利；主导的“类胡萝卜素合成关键技术及产业化”获得安徽省科技进步三等奖。

公司创立至今，坚持“有智慧一切都有可能”的创业精神，立足于促进行业科学发展、保障人们食品安全的全球化视野，致力于源生态动物营养强化剂的研发与推广，不断增强新产品的开发力度。在未来的发展中，公司将在做好“类胡萝卜素营养专家”的同时，将为推进动物营养科技发展、为促进生命健康再立新功。

安徽皇佳生物工程技术有限公司

安徽皇佳生物工程技术有限公司位于阜阳市颍东经济开发区，是一家集畜禽产品研发、畜禽水产养殖、饲料生产与销售为一体的大型农牧企业。公司成立于2015年，总投资6 000万元，拥有国内先进的鱼、虾、蟹、畜禽水产饲料生产线，依托国际国内前沿畜禽水产饲料科研力量，向广大养殖户推荐和提供更实用、更科学、更经济、更安全的畜禽水产养殖模式和产品。

皇佳饲料秉承为客户创造价值的经营理念，不断提升产品质量。

注重产品质量控制体系的完善与投入，公司拥有酶标仪、近红外光谱仪、液相色谱等先进设备，实现对原料和成品的快速精确检测。

公司联合安徽农业大学、安徽科技学院等科研力量，系统开展研发试验，并且与广大养殖合作社、标准示范户开展对比实验，不断优化升级产品。

生产设备工艺先进。公司注重生产设备投入和生产技能培训，拥有全套牧羊设备、超微粉碎机、双螺杆膨化机等，全程全自动电脑配料。

在这全面竞争的时代，皇佳人将更加投入，更加专注，不断探索，不断超越，不断地为客户创造价值。同时公司衷心希望与广大农牧行业的同仁结为伙伴，携起手来，共同开创农牧行业的美好未来！

安徽广通生物科技有限公司

安徽广通生物科技有限公司始建于1995年，是一家专门从事动物营养研究和生物饲料、高效保健预混料研发、生产、销售服务于一体的专业化高科技农牧企业。公司建立了博士工作站、产品研发中心、肉牛产业发展研究中心、产融联合服务中心、电子商务中心、化验检测中心和草食动物研究院，公司技术力量雄厚，员工80%以上具有大专以上学历。公司是一家获得“出口食用动物饲用饲料生产企业”资格的企业，通过了“ISO 9001国际质量管理体系认证”“中国饲料产品认证”，荣获了“安徽省饲料行业标准化管理先进企业”“安徽省饲料行业先进科技企业”和“安徽名牌产品”等称号，并获得多项国家专利。

广通公司坚持企业发展“六字理念”，即精、专、特、合、和、久。以“精”为本，坚持“精品”战略，打造预混料行业“精品”企业；以“专”立足，以专业化精神和专心的态度做好预混料；以“特”发展，坚持打造“特色”产品，走产品差异化道路；以“合作”创共赢，积极与各养殖企业、饲料同行、各科研院所的深度合作；以“和谐”树文化，把企业打造成为一个“共建、共享、共荣”的命运共同体；以“长久”为追求，秉承“一切为了用户”和“把饲料当食品做”的经营思想，把“创造顾客价值”作为企业经营目的，实现企业可持续发展。公司以“追求完美质量，创造健康养殖”为质量方针，以“酶解发酵技术”作为产品的核心技术，以先进的工艺、优质的产品、高效的服务赢得了广大客户的信赖。公司立足于饲料行业，打造预混料行业“精品”企业，力争做中国专业化“酶解发酵型”预混料第一品牌。

现在已进入了伟大的新时代！新时代，新使命，在从全面建成小康社会到基本实现现代化、再到全面建成社会主义现代化强国的征程上，广通公司本着“绿色安全、优质高效、健康环保”产品设计理念，为实现人民日益增长的对美好生活向往和对优美生态环境需要作出新的更大的贡献。

福 建 省

福建新闽科生物科技开发有限公司

福建新闽科生物科技开发有限公司成立于1993年，主要从事预混合饲料、高档乳猪料、微生物添加剂和发酵产品的研发、生产、销售和服务。公司具备年产5万t饲料添加剂、12万t添加剂预混合饲料和10万t高档配合饲料的生产能力，预混料和高档配合饲料产销量居省内同行业前茅，产品畅销全国10多个省市自治区。

公司在2001年通过了ISO 9000国际质量管理体系认证；2003年成为福建省同行业首家通过省无公害农产品认证的饲料企业；2006年经国家人事部批准我司设立博士后科研工作站；2008年通过了HACCP体系认证；2009年被评为国家高新技术企业、福建省首批创新型企业和省农业产业化龙头企业；2015年被评为农业部安全生产质量管理规范示范企业。

公司现有研发人员80多人，其中博士4人，硕士15人，专家教授5人，近年来，先后承担了国家发改委、省科技厅、省发改委重点科研项目数项，获得福建省和福州市科技进步奖数项，并与四川农业大学、厦门大学、福州大学、华中农业大学以及福建省农科院等科研院校密切合作，形成了能加速科技成果转化和开展技术创新的开放型研发平台。

闽科企业致力于通过技术创新促进企业跨越式发展，为创建业内一流的农牧企业而奋斗。

福建恒兴饲料有限公司

福建恒兴饲料有限公司是广东恒兴饲料实业股份有限公司（简称恒兴股份）子公司，公司创建于2005年7月，总占地面积56 082m^2（84.2亩），员工180人，于2012年7月建成正式投产，2016年通过国家部级《饲料质量安全管理规范示范企业》的验收，连续获得县级、市级“龙头企业”称号等荣誉。公司隶属广东恒兴饲料实业股份有限公司的子公司，是一家集种苗繁育、饲料产销、微生态制剂、进出口贸易于一体的民营企业。旗下四个品牌（恒兴、珊瑚、福德龙、护海），其中“恒兴”商标于2007年8月20日荣获“中国驰名商标”称号。公司公司虾饲料销量连续多年位居全国前列，公司正式投产至今已生产出质量稳定合格的产品20多万t，产值15多亿元。

公司秉承“致力农业发展、创造客户价值、改善人类生活品质”的理念，立足饲料业务，积极拓展种苗业务，配套发展微生态制剂业务，坚持为用户提供健康、安全和高性价比的产品、技术和服务，协助用户实现养殖价值最大化。公司实行“公司+农户+标准”的运作模式，打造“饲料+种苗+制剂+养殖技术服务”一体化的养殖服务平台，致力成为技术领先、服务一流、符合保障国家农产品供给和食品安全政策的综合性养殖产品、技术与服务提供商。

近年来，为做强做大规模，增强行业龙头效应，大力推进公司产品研发、质量提升、技术改造及产业升级，加大公司自营出口力度，促进效益提升，增加建设投资扩大产能，积极对外合作伙伴关系，将先进的科学养殖技术同养殖户的养殖状况有机结合，总结归纳出高效的养殖模式和管理技术，并加以运用及推广，带动经销商和养殖户发财致富！（截至目前，已带动经销商300余户及养殖户15 000余名，开展技术培训1万多人次。）

三明傲农生物科技有限公司

三明傲农生物科技有限公司是福建傲农生物科技集团股份有限公司旗下的全资子公司。公司于2013年2月开工建设，2014年7月1日建成投产，项目总投资8 000万元，规划年产20万t高效生物饲料，占地面积40亩。目前，公司现有员工33人，年产饲料12万t，年产值1亿元。

三明傲农在集团的领导下，始终践行“为客户创造价值，为员工提供发展，为社会做出贡献”的核心价值观，利用集团强大研发团队和科研平台，专注猪前期饲料的研发、生产与销售。公司先后推出“前期营养三阶段”“母猪营养三阶段”“仔猪营养三阶段”等先进的产品模式，满足不断变化发展的养猪市场对饲料产品的需求。公司严格执行《饲料质量安全管理规范》标准，制定了完整的品质管理流程和管理制度，配备了先进的生产和检测设备，加强对原料、生产、成品等环节安全管理，确保饲料产品高效、安全、放心。

同时，公司引进一流的技术服务人才，坚持标准化、规范化管理，不断优化发展体制机制，倡导全员创新创业的理念，大力提升服务的附加值，为客户创造最大的价值。

公司还顺利通过农业农村部《饲料质量安全管理规范》、福建省《饲料安全管理规范》示范企业验收，获沙县（金沙园）先进单位和先进企业。

江　西　省

江西大佑农生物科技有限公司

江西大佑农生物科技有限公司是一家大型专业化预混料企业，主要从事生产销售人工乳、教槽料、保育料、猪、鸡、鱼系列预混料，由美国营养博士和台湾营养博士根据中国大陆实际共同研究开发新的产品和技术，并不断向生物工程领域发展。

采用全球领先欧洲安德里茨设备，国内技术最先进的教槽料粉+粒专利生产线（三条国内最先进的标准化生产线），实现全球领先科技，公司对设备工艺进行改造，荣获10多项专利

大佑农教槽料、保育料、中猪预混料相继获得了国家发明专利证书，荣获江西省科技进步奖三等奖，获得省科学技术厅颁发的科技成果证书，获得饲料创新品牌全国30强，保育料、种猪料口碑五强，公司坚持高产品定位、高性价比，产品质量深获广大规模猪场用户的一致好评！

江西大佑农公司将坚持“让养猪更快乐、更赚钱”的服务理念，积极推进绿色饲料、健康养殖，为食品安全保驾护航，为提高国民生活水平而不懈努力！

江西格力特生物科技有限公司

江西格力特生物科技有限公司（原为江西格力特实业有限公司，以下简称“江西格力特生物”），成立于1999年，是一家专业从事水产饲料研制、生产和销

售服务的现代化饲料生产加工企业。目前，公司现有人员 110 人，其中岗位专业技术人员 70 人，技术人员中 80% 以上拥有大专或以上学历。公司自建厂来秉承“品质第一，服务至上”的原则，着力打造江西本土水产第一品牌。通过近 20 年的持续创新发展，2018 公司水产饲料生产出库超 8 万 t，产品远销湖南、湖北、安徽、浙江、广东等地，江西格力特生物已经成为江西省最大、口碑最优良的本土化水产饲料企业。

企业发展，人才先行！自 2015 年起，每年公司从南昌大学、江西农大、江西生物科技学院招揽学子，组建格力特雏鹰培训营，聘请专家教授进行理论教学，实践指导。在市场中学习，掌握塘头服务技能，努力打造一支适应市场竞争的服务营销团队。

作为一家以创新为驱动力的公司，在新时代发展背景下，公司抓住机遇，在赣江新区重点城市：共青城，投资 2 亿元，购买国内外先进生产设备、化验仪器，打造占地 100 余亩，年产 18 万 t 生态水产饲料和特种水产饲料的现代化饲料企业。

2018 年 9 月 6 日，中国科学院院士、研究员桂建芳来共青城市考察调研并与江西格力特生物科技有限公司签约建设院士工作站。公司江西第一家水产饲料企业与中科院建立的院士工作站。公司将借此契机，一起打造一个科技创新平台，科技成果的孵化与转化平台，科技服务的支撑平台，让江西养殖户朋友享受最前沿的科研成果，为江西水产事业发展再贡献一份自己的力量。

“不忘初心，砥砺前行”，公司将始终以优质的产品、真诚的服务，赢得客户认可，赢得行业尊重！

宜春强微生物科技有限公司

宜春强微生物科技有限公司成立于 2009 年，注册资金 550 万元，目前年产值 5 000 万元，2019 年开始新建工厂扩大产能，强微公司是一家专业生产饲料用乳酸菌的高新技术企业，公司核心技术为乳酸菌的高活力、高密度固态发酵培养技术，以及后续微丸包衣处理技术，公司技术人员具有 29 年固态发酵饲料技术经验，拥有 9 项相关发明专利。

公司拥有生产粪肠球菌、屎肠球菌、丁酸梭菌、侧孢芽孢杆菌、地衣芽孢杆菌等添加剂及混合型饲料添加剂生产许可证。

粪肠球菌固态培养技术，于 2014 年获得国家科技部创新基金支持，获得 2014 年宜春市科技进步二等奖，2015 年重点新产品计划项目等；公司获得宜春市创新型企业、江西省级民营科技型企业称号。

公司的产品分为饲料单菌原粉，饲料发酵剂，混合型饲料添加剂。

公司业务板涉及畜牧家禽、水产养殖用菌、养殖场环保等三大板块。

其中“苞丁乳”系列产品为 2019 年新开发产品，为多层包衣产品。由“屎肠球菌 + 丁酸梭菌 + 地衣芽孢杆菌”复合组成的微丸包衣产品，包衣保护的活菌可有效通过胃酸和十二指肠胆汁酸的考验，并在小肠中后端定点释放起作用，从而显著提高用菌的效率，提高产品使用效益，降低使用成本。

山 东 省

山东众成饲料科技有限公司

山东众成饲料科技有限公司成立于 1999 年 2 月，公司主要从事蛋鸡和猪用高档饲料的研发、生产和服务。注册资金 3 000 万元，目前，公司肥城基地拥有两条饲料生产线，一条是国内先进的预混料专用生产线，年产量可达 10 万 t。另一条生产线是世界第一品牌的瑞士布勒全自动配合饲料生产线，蛋鸡育雏开口料年产能可达 20 万 t。先后获得“国家高新技术企业”“山东省农业产业化重点龙头企业”“山东省创新型企业”“饲料质量安全管理规范示范企业”等荣誉称号。

公司成立之初一直做蛋鸡饲料，2008 年众成决定开始研发生产猪饲料。公司于 2008 年起先后组建了一支有博士学位 8 人、硕士学位 12 人，高级职称 2 人、中级职称 8 人，覆盖动物营养、饲料加工、生物工程、生物发酵、临床兽医等多学科领域的年轻化、现代化的技术研发团队。成立了“山东省禽用饲料工程技术研究中心”“山东省蛋鸡产业技术创新战略联盟”和“泰安市现代畜禽健康养殖产业技术研究院”等研发平台，拥有饲料分析检测、ACV 疫病检测两个实验室。截至目前，共获得 9 项专利，其中 3 项发明专利、6 项实用新型专利；13 项研发课题分别获科技部、省科技厅和泰安市科技局立项。

众成于 2007 年起陆续通过了“ISO 22000 食品安全管理体系认证”“ISO 9001 国际质量管理体系认证”“环境管理体系认证”和“职业健康管理体系认证”，形成了采购部发现最新的技术和产品，品控部筛选最有竞争力的原材料，批批留样可追溯，生产车间人员彻底清理设备对产品质量负全责的完善体制，确保了饲料的品质与安全。

烟台中宠食品股份有限公司

烟台中宠食品股份有限公司成立于 1998 年，总部位于美丽的海滨城市——烟台，公司注册资本 1 亿元人民币，占地 40 万 m^2。经过 20 年的发展，中宠股份在全球建立了 10 间现代化的宠物食品加工厂，13 家子公司。公司于 2014 年、2016 年分别在美国和加拿大投资设厂，是中国宠物行业第一家在发达国家建厂，进行全球战略布局的企业。公司于 2017 年 8 月 21 日，在 A 股深证中小板成功上市，是目前宠物食品行业中小板第一股。

中宠股份致力于打造从产品研发、制造到营销渠道建设全产业链企业。公司高度重视新产品研发工作，拥有一批食品、兽医等方面的专业技术人才。并与中国知名的食品、兽医专家和重点院校进行产学研联合，培养专门的专业人才，以市场需求为创新方向，从营养、健康、科学的角度出发，不断研发新产品。产品涉及宠物零食、湿粮、干粮、饼干、洁齿骨等全线产品。主要有宠物零食系列、宠物干粮系列、宠物湿粮系列（含马口铁罐头、软包装罐头及铝餐盒罐头）、宠物饼干系列、宠物香肠系列、洁齿骨系列共 11 大类。目前，已有 45 种产品获得国内外发明专利和外观设计专利，取得了 120 余项国家专利，其中包含 14 项国家发明专利。公司是中国宠物行业唯一一家获得“中国高新技术企业”的企业。

宠物行业，是一个有爱心的产业，公司愿为全球宠物奉献安全、健康、美味的宠物食品。

“同线、同标、同质”是我们永远的追求。

推动中国宠物行业健康、快速、持续发展是我们的使命。

山东鲁莘饲料集团

山东鲁莘饲料集团追溯前身是莘县粮食局下属企业——莘县饲料厂，最早成立于 1984 年。经过多年努力拼搏，鲁莘集团拥有鲁莘饲料公司、鲁源饲料公司、鲁宇新能源科技公司、鲁莘生物蛋白公司、合力养猪专业合作社、马西林场养殖基地等多家企业，已发展成为集饲料生产、原料贸易、技术服务、畜禽养殖于一体的集团性企业。鲁莘集团总资产 3 亿元，注册资本 7 000 万元，占地 260 亩，员工 500 人，主要设备有 6 条全价颗粒饲料生产线，1 条浓缩饲料生产线，2 条复合预混料生产线，2 条生物蛋白饲料生产线，主要产品是“鲁莘”“鲁源”“金泰”“莘慧”四大品牌的肉鸡、肉鸭、蛋鸡和猪等种类饲料以及“鲁莘”牌羽毛粉等，产品销往山东、河南、河北、江苏、安徽、天津等地。

山东鲁莘饲料集团自建厂以来，一直在畜牧业范围内从事相关产品生产业务，发展至今，相继开发出蛋鸡、肉鸡、肉鸭、猪、鱼、兔等种类的饲料产品，饲料品种涵盖复合预混合饲料、浓缩饲料、配合饲料近百个，年饲料生产销售量从 20 世纪 80 年代后期 2000t 逐年增长，达到现在的 30 万 t，生产销售量增长扩大了 150 倍。在长期的市场开发中，鲁莘集团也培育出了“鲁莘”“鲁源”“金泰”和“莘慧”四大品牌，饲料产品市场拓展到山东、河南、河北、江苏、安徽、天津等地。鲁莘集团生物蛋白饲料年销售量 1 万 t，主要客户为山东、河南、河北、山西及我国东北地区等省地。集团合作社社员猪场的出栏生猪也南下北上，进京入沪，进入全国各大城市市场。山东鲁莘饲料集团各个产品质量卓越，建成诚信经营，与各地客户建立了稳定的业务关系，受到各地客户的较高评价。

35 年的发展历程，山东鲁莘集团始终以服务“三农”为产业导向，坚持“以工带农、以农促工、互惠互利、共同发展”的经营方针，以技术服务带动农民养殖致富，大力发展农村养殖业，让企业成长拥有了广阔的市场，集团规模不断成长，更有条件能力回报养殖业，走出了一条农业产业化发展的独特之路，为莘县广大农民和农村经济做出巨大贡献，也使鲁西地区发展成为闻名全国的畜牧养殖基地。

河南省

河南大华生物技术有限公司

河南大华生物技术有限公司是一家以创新求发展的现代化高新技术饲料添加剂生产企业，12 年来，专注饲料添加剂制造工艺的研究与创新，产品行销国内及东南亚地区、欧美地区。公司占地面积 50 多亩，现有员工 260 余人，学历均在大专以上，并且有一批专业认真的生产管理人员、质量管理人员和技术研发人员，其中教授 2 人，博士 1 人。拥有的技术有微囊技术、微晶技术、微乳技术、脂质体技术、包衣技术、固体分散技术、泡腾技术、制栓技术、制片技术、微生物发酵技术。主要产品：一是畜禽用产品，包括过胃氧化锌微囊、复合酸微囊、精油微囊、氨基酸微囊、氯化胆碱微囊、甜菜碱微囊、二氢吡啶微囊、金霉素微囊、吉他霉素微囊。二是牛羊用过瘤胃产品，包括过瘤胃蛋氨酸、过瘤胃赖氨酸、过瘤胃氯化胆碱、过瘤胃甜菜碱、过瘤胃葡萄糖、过瘤胃活菌（酵母菌、枯草芽孢杆菌）、过瘤胃维生素、过瘤胃复合酶、过瘤胃硫酸铜。三是水产用缓释产品，包括缓释蛋氨酸、缓释赖氨酸、缓释苏氨酸、缓释色氨酸、缓释氯化胆碱及缓释维生素等。四是复合水溶维生素与植物精油制剂。

湖北省

襄阳正大有限公司

襄阳正大有限公司是泰国正大集团在襄州区投资兴建的一家大型现代化农牧企业，公司成立于 1995 年，投资总额 2.7 亿元人民币，年产能 66 万 t。公司主要从事畜、禽、水产等高品质饲料的加工销售。

襄阳正大有限公司通过了“ISO 9001质量管理体系”、“ISO 22000食品安全管理体系”和“ISO 14000环境管理体系”国际认证，先后获得“饲料质量安全管理规范示范企业”“省级农业产业化重点龙头企业”“湖北省饲料工业先进单位”“消费者满意单位”“襄阳企业百强”“湖北省最受欢迎饲料产品企业”“改革开放40周年湖北省饲料行业卓越贡献企业”等荣誉称号。

2014年6月，正大集团为配套襄阳100万头生猪产业化项目，公司增资1亿元，在襄州区现代农业综合示范园内兴建襄阳正大有限公司饲料二厂，年产36万吨专业化饲料的大型现代化工厂。

2019年将再投资6亿元新建100万t饲料厂，该厂是300万头生猪产业链配套的饲料厂，占地180亩，真正实现饲料工业4.0。

公司将本着“利国、利民、利企业”的经营宗旨，秉承“顾客至上，服务第一”的经营理念，扎根农村、支持农业、服务农民，致力于“从农场到餐桌”安全可追溯农业产业化发展之路，利用正大集团在资金、技术、管理和市场上的资源优势，为产业链客户提供品质优良的饲料和系统的综合服务，为襄阳及周边地区养殖业向规模化、标准化、现代化方向发展做出更大的贡献。

荆门市五龙饲料有限公司

荆门市五龙饲料有限公司成立于2004年年底，是专门从事饲料研发、生产、销售、水产品养殖和水质改良剂生产的大型水产饲料企业，公司旗下拥有两个水产饲料生产基地、一家物流公司，一家生物科技公司。公司坐落在景色秀丽，素有“鱼米之乡”美誉的荆门市纪山经济开发区，地理位置优越，紧邻襄荆高速、沪渝高速、207国道，交通极为便利；五龙饲料工业园项目总投资1.68亿元，占地140亩，目前公司共拥有五条水产饲料生产线，其中，530颗粒饲料生产线三条、瑞士布勒专业虾蟹饲料生产线一条，特种水产膨化饲料生产线一条，主要生产销售池塘混养、虾蟹、泥鳅、黄颡鱼、青蛙等25个系列72个规格的淡水鱼配合饲料和膨化饲料，水产饲料年生产能力超过18万吨，产品销售网络辐射湖北、湖南、安徽、四川、河南、陕西等地。

五龙饲料历经近15年的发展，公司“舞龙®”饲料系列产品先后通过国家饲料质量CQC质量认证和ISO 9001：2008质量管理体系认证，该品牌现已荣获“湖北名牌”“湖北著名商标”和“湖北省最受欢迎投入产品”，五龙饲料先后被评为“湖北省饲料工作先进单位”“湖北省饲料工业协会常务理事单位”“十佳最具成长性企业”和“湖北省农业产业化重点龙头企业”等殊荣。

成绩与辉煌代表过去，展望未来，五龙饲料将顺应行业发展，专注于水产饲料行业的战略目标不动摇，持续加大资金投入，强化水产特种膨化饲料的研发与推广，持续提高市场占有率，持续引领广大客户在特种水产养殖中大获成功。

湖北嘉康生物科技有限公司

湖北嘉康生物科技有限公司创建于2012年，是一家研发、生产和销售特种鱼、虾蟹等各种水产膨化饲料的民营科技型企业。公司坐落于湖北省仙桃市郭河镇。注册资金1 000万元，占地面积100亩，建有专业厂房、仓库、标准化办公楼、宿舍及配套设施3万多m^2，总投资超过1.2亿元，已于2016年3月正式投入生产并于2017年被农业部批准为饲料质量安全管理规范示范企业，2018年10月，公司被评为湖北省2016—2017年度“守合同，重信用”企业。公司现有5条先进的各类水产配合饲料生产线，年生产能力达10多万t，公司严格实施质量管理工程，通过了ISO 9001：2000国际质量认证体系，公司主要生产嘉盛、嘉康、嘉发、汇嘉4个品牌的特种鱼、虾蟹及各种水产饲料，其旗下的嘉盛、嘉康、嘉发、汇嘉4个品牌全部荣获湖北省名牌产品称号，公司生产的黄鳝配合饲料从2007年至今品牌知名度和市场占有率有口皆碑，生产的高档乌龟料一直是高档珍稀龟类养殖市场的优质品牌。公司自2018年11月13日起，正式由仙桃嘉康生物科技有限公司更名为湖北嘉康生物科技有限公司。公司一直秉承质量第一、客户至上的经营理念。以人为本、和谐发展的企业文化，开发的各种高档特种水产饲料在水产养殖业均获得了良好口碑。公司注重人才的培养，先后分别与厦门集美大学、海洋大学及湖北省长江大学等名校签订了校企合作项目，人力资源和社会保障部门已批准公司建立“大学生就业基地”，公司极为重视新产品的开发，将依托科技力量，创新性地将最新技术和市场需求密切结合，致力于为社会提供安全、高效、优质的“绿色产品”为推进我国水产健康养殖做出了积极贡献。

湖北浩华生物技术有限公司

湖北浩华生物技术有限公司成立于2013年，是武汉泛华生物技术有限公司投资的全资子公司。公司位于湖北省咸宁市咸宁高新技术产业园区，占地面积50余亩。专业从事绿色饲料添加剂的生产、销售、开发、研制与技术服务。公司秉承“高技术、高质量、专业化”经营理念，致力于绿色饲料解决方案，关注动物肠道健康，倾力打造绿色饲料。

公司技术上依托院士专家工作站、咸宁市畜禽肠道健康工程技术研究中心、校企合作共建平台，进行技术研发、技术创新及技术改进。公司成立以来，在各级政府、领导及行业同仁的支持与帮助下，取得了较好的成绩。2015年成功申报院士专家工作站（与印遇龙院士合作），2016年被评定为高新技术企业，2017年荣获湖北省技术发明奖一等奖及湖北省创新型企业称号，2017年通过欧盟FMAI-QS质量认证体系，2018年通过ISO 9001、ISO 22000质量认证体系，并喜获全国100家模范院士专家工作站称号。

公司拥有一支高技术人才队伍，90%以上具有大学本科以上学历，其中博士2人，硕士10人。公司拥有"三丁酸甘油酯作为饲料添加剂的应用""一种复合型天然植物饲料添加剂与应用""一种抗菌饲料添加剂与应用"等发明专利七项，实用新型专利七项。拥有"速能""泛微素"等数个注册商标。

主营产品速能®（三丁酸甘油酯），幼康宝（儿茶粉、肉桂油），必添（儿茶粉、单宁酸）、泛微素®BC（凝结芽孢杆菌），金优康（包膜植物精油），喜食宁（γ-氨基丁酸）等。

湖北晨科农牧集团股份有限公司

晨科集团以蛋鸡养殖为核心，推行"配合饲料、蛋鸡养殖、鲜蛋贸易、农产品物流、装备技术服务"全产业链经营，集团旗下拥有十多家子公司，国家发明专利22项，总资产超过3亿元。

晨科集团"太鲲"饲料产业拥有浠水晨科、蕲春四方、团风开源、黄石晨科4个现代化生产基地，生产经营鸡料、猪料、水产料和水禽料四大系列的绿色饲料产品（产品全面实现无抗无药残），2018年产销量达到35万多t，同比增长11.3%。

2018年，"太鲲"饲料板块大力推进技术和产品创新：扩大了水产料、水禽料、猪料销售，推出了龙虾料等特水料新品，使公司的多品种经营取得重大突破；采用了膨化生产新工艺；积极推进"饲料散装化"，2018年散装料占比达到了32%；积极尝试"公司+农户"生猪放养，探索新的饲料增量模式等。

集团进一步加大了与华中农业大学、武汉轻工大学、湖北省农科院等科研单位的合作力度，质量管理体系进一步完善，饲料产品全面走向无抗化生产。

湖　南　省

湖南百宜饲料科技有限公司

湖南百宜饲料科技有限公司成立于2001年，位于湖南浏阳高新技术产业开发区永和路8号，注册资本3 600万元。公司主要从事饲料研发生产销售、生猪养殖服务工作。公司秉持"立足农业、服务农村、致富农民"的经营理念，通过落实环境保护、投入高科技研发、推行生产机械化、完善现代企业管理，创新"安全、绿色、低碳"的生态养殖，努力打造安全肉品供应链。

经过十余年的发展，湖南百宜饲料科技有限公司通过自建、联建等方式创建了一个初具规模的现代农业发展平台，现简称为湖南百宜集团，目前分为饲料与养殖两个版块，拥有湖南百宜饲料科技有限公司、湖南百宜牧业科技有限公司、湖南百宜云商科技有限公司、云南百宜饲料科技有限公司、衡阳百宜饲料科技有限公司等产业实体和20多个销售分公司，湖南百宜饲料科技有限公司作为湖南百宜总部，配套建有企业技术中心、饲料科研所和生猪检诊中心等研发服务机构。2017年产销饲料42万t，出栏生猪17万头，总产值17亿元，2018年投资1.2个亿元，建成高端布勒预混合饲料生产基地和原料预处理基地。在职员工450人，其中博士1人，硕士15人，具有大专以上学历的专业技术人员占到全员的50%。公司先后荣膺湖南省农业产业化经营龙头企业、高新技术企业、名牌产品、著名商标以及《饲料质量安全管理规范》示范企业。

湖南浏阳河饲料有限公司

湖南浏阳河饲料有限公司，是集饲料、种猪生产、销售、养殖技术服务、商品猪运销为一体的科技型股份制企业、湖南省农业产业化龙头企业、湖南省高新技术企业。下设饲料生产、农牧发展等十家子公司。

公司通过ISO 9001：2015质量体系认证，并荣获"中国驰名商标""湖南省著名商标""湖南名牌产品"、"饲料质量安全管理规范示范企业""安全生产标准化企业""质量信用等级AAA级""银行信用等级AAA级"等荣誉，旗下"名河"牌生猪被农业农村部认证为无公害农产品。

公司多年来专注于猪配合饲料的生产与中小型规模养猪户的全方位服务。有着20多年沉淀的高生产标准与严格的原料收集标准以及完善的加工工艺。特别是坚持十多年来的原料霉菌毒素检测和产品毒素控制，为养猪人防控着巨大的风险；近红外原料净能快速评估系统建设更能科学利用原料降低产品成本，稳定产品质量；容易落地的生物安全体系建设与精准猪群特定抗体抗原检测，让养猪人由被动治猪病转变为主动预防，将疫病损失和药费降低90%，更好、更轻松地赚钱。

公司的使命是发展与推广绿色无公害无抗生素饲料与养猪事业，全力打造无公害饲料生产基地，创建养猪产业化平台，带动农民转型致富，为社会提供健康安全无公害的猪肉食品。

湖南帝亿生物科技股份有限公司

湖南帝亿公司成立于2009年9月3日，为股份制企业。公司总投资5 000多万元，占地40亩，采用瑞士“布勒”整套全新设备。公司有畜禽配合饲料/浓缩饲料生产线，三台制粒机合计产能达50t/h，单班产能达500t，年产能预计能达40万t。公司专注于猪的营养需求，只做猪饲料，是华南地区单厂产能最大的猪饲料生产基地之一。

生产设备全套采用布勒设备，教乳料线与其他配合饲料线分开配料，确保精度，防止交叉污染，全自动配料系统配料精度误差只有2‰；制粒工艺，采用双回路调制制粒，确保物料充分调制熟化；教槽料采用两次制粒工艺，确保熟化及充分灭菌，有效减少产品在市场上的应激拉稀反应；公司拥有膨化线，生产膨化原料自己，确保高档原料的质量；七道除杂工艺，确保无杂物进入成品，确保无金属块损坏设备。

同时，公司通过ISO 9000、22000质量管理体系认证，更是成为农业农村部首批《饲料质量安全管理规范》示范企业之一；于此，在实际管理中应用了农业农村部的《饲料质量安全管理规范》，根据规范要求，做到了节点控制、流程记录、据点可查，多套表格记录正趋于完善。

大象是公司文化的象征，诚信、实力、感恩、敏锐、稳健、团队与和谐共生是公司的文化内涵。公司以“提供健康饲粮，倡导安全养殖，提升健康人生，提高生活品质”为神圣职责，以“服务社会、造福于民”为庄严承诺，以“以人为本，追求卓越，和谐共生，创造伟大”为核心价值，以“价值分享，合作共赢”为经营理念，以“传播养殖科学，创造更高价值”的市场理念，做上品，做珍品，为中国农业产业化而奋斗！

长沙兴嘉生物工程股份有限公司

长沙兴嘉生物工程股份有限公司10多年来持续专注于新型、安全、环保、高效的微量元素研发与推广，充分挖掘微量元素产业的自身规律及其价值，将金属化工、精细化工、检测技术及动物应用技术完美结合，渐次开发了氨基酸螯合物、羟基氯化物（碱式盐）、复合微量元素三大产品体系，经过多年在行业中的沉淀和发展，通过研究OMS微量元素最佳营养模型、新产品研发、持续不断的产品改进、检测技术开发和国家标准制定，以及连续举办微量元素与饲料安全国际论坛，引领行业对微量元素的使用习惯和观念的改变，促进行业的健康良性发展。

近年，公司通过上下游资源整合，拉通产业链，完成了从单一的技术创新型饲料添加剂制造企业向科技领先的多元化集团企业的转变，制定多个国家标准，拥有60多项国家发明专利，先后荣获“全国饲料添加剂科技创新优秀企业”“2016全国二十强饲料添加剂企业”“中国饲料行业十年持续成长综合创新企业”“中华全国工商业联合会科技进步一等奖”“湖南省科学技术发明一等奖”等荣誉，已成为微量元素饲料添加剂行业综合实力最强、最具影响力的企业之一。

湖南伟业动物营养集团股份有限公司

湖南伟业动物营养集团股份有限公司始创于1999年，总部坐落于湖南长沙国家高新技术开发区，现注册资本5 000万元人民币。

在“以支持中国农牧业发展为己任”的企业使命指引下，公司秉承“为客户创造价值，为员工创造机会，为社会创造财富”的经营理念，不断开拓创新，现已发展成为集智能大数据、饲料、动保、非常规饲料原料开发、食品与贸易五大产业为主体的综合性农牧企业集团。

集团始终坚持“技术驱动、品质先行、服务护航、创造价值”的经营宗旨，立足饲料产业，建成达年产教保料、预混料30万t以及全价料100万t的规模饲料生产基地5个；先后获得高新技术企业、湖南省著名商标、饲料质量安全规范示范企业、全国饲料优秀创新企业、省院士专家工作站等资质与荣誉。

集团顺应科技创新与行业发展态势，依托“云端”和“互联网+”技术，以大数据平台为依托，研发的“饲料配方及在线品控系统”为行业首发，为饲料行业“互联网+”时代及农牧行业转型升级带来深远影响。

现集团拥有员工近千人，五大产业各领域汇聚了海内外多层级、具特色的专家、骨干及中坚力量，核心研发团队、大数据科研团队、苎麻发酵农业部示范平台创新团队，集团广纳英才，让所有员工、合作伙伴能获得共赢的发展机会，实现事业常青的美好愿景。

集团计划投资近亿元，在长沙国家高新区建设一个设备现代智能、研发条件一流、环境优美的全新企业园区，采用全套布勒设备、中农联成精准营养云系统、产品全称可追溯系统，高标准、严要求的生产研发基地暨院士专家工作站将于2019年建成投产，为集团创立20周年献礼。同时，将持续进行科技创新，不断锐意进取，把高科技的科研成果转化为生产力，为中国农牧业发展作出积极贡献。

广 东 省

正大康地集团

2018年，正大康地围绕“提质增效”的发展主题，攻坚克难、积极进取，实现了相对平稳发展，为2019年“提速增量”奠定了坚实基础。

“六化”基本实现，厂/场花园化、仓储立体化、运输散装/吨袋化、生产机械化、控制自动化、管理信息化“六化”建设有序推动、成效显著。积极打造花园式工厂，改变了传统饲料厂的“刻板”印象，增进了工厂与社区的良好互动，进一步丰富了发展内涵、提升了品牌形象。

全面提升发展质量，为提速增量打基础——解决发展问题。“增收节支、开源节流、节能降耗、提高效率”，确保效率与效果、效益的协调统一，保持量、利良性增长，是正大康地实现持续高质量发展的目标导向。在2018年得到进一步推动落实。

激活组织效率和个人能力，你追我赶比业绩——解决持续稳定问题。组织结构调整有分有合，不断深入变革。全面融合后，“三合一”（预混料/全价料/动保）平台真正意义上打通，业务人员同台竞技，取长补短，互助共进，彻底了改变过去条块分割、各自为政、彼此抱怨的局面。打造高素质团队，不拘一格降人才，相互竞争、相互促进、相互学习、相互借鉴，形成你追我赶、创先争优的浓厚氛围。

播恩生物技术股份有限公司（播恩集团）

播恩集团是一家科技型企业集团。播恩，汇集世界领先科技，融合中国本土实践，努力为中国大农业服务。

专注成就专业，播恩集团首先在南方建立竞争优势，快速提升市场地位，在较短时间内成为中国农牧行业的领军企业之一。在“传播农业智慧，提升生命品质”使命驱动下，播恩在教槽料、预混料、母猪料和蛋鸡料等细分市场取得了令人瞩目的成绩，播恩主营业务收入和市场净增长多年居行业领先水平。播恩集团2016年评为中国饲料行业30强。

播恩是一家科技型企业，一直以来非常重视科技创新和人才培养，是最早在欧洲成立研究机构的企业，也是一个拥有农业农村部生物饲料重点实验室的企业。21世纪的第二个10年，绿色发展成为时代主题，“绿色、健康、高效、清洁”成为农牧方向。播恩顺应时代推出双酸清洁养殖模式，其中双酸生物发酵饲料于2017年进行市场饲喂实验，2018年在全国几十家千头母猪场进行示范，2019年产品全面投放市场，率先进入以生物技术为核心的播恩中国饲料4.0时代。

播恩人以“理想、行动、担当”的核心价值观为指引，围绕中国农业产业，踏实经营，积极探索出一条适合中国农业的可持续发展之路。

播恩，立志成为世界级农牧企业。

广东爱保农科技有限公司

广东爱保农科技有限公司是由资深博士、有雄厚实力企业背景和丰富经验的行业经营者共同发起的一家专业生产复合维生素的公司。公司致力于爱保农系列复合维生素的研发、生产、销售和服务。爱保农系列复合维生素自2003年4月推出以来，畅销全国，在东南亚也颇具影响力。

公司选用国外先进的全套生产设备，引进先进生产工艺，全程WINCOS追溯，实现生产全过程监控，确保生产环节准确无误。公司从原料采购、生产到成品及产品售后服务都严格贯彻执行ISO 9001和ISO 22000体系标准要求。销售团队拥有大学本科及以上学历，责任心强、忠诚度高且合作精神强。公司建立了广州市研发机构，拥有组织管理能力较强的研发技术团队，分别与国家饲料工程技术研究中心和中国农业大学合作，成立了维生素研究基地，并设立研发实验室，为产品创新提供技术平台。

公司编写了《维生素应用手册》及参与《饲料中维生素的检测标准》的制定，且获得“高新技术企业”“饲料质量安全规范示范企业”“广东省名牌产品”等荣誉。

始终把“稳定压倒一切”视为企业的宗旨。以“质量是生命，品牌为形象”的经营宗旨，“诚实，团结，务实，创新”的经营理念，稳健发展，不断壮大。预计将以每年20%～40%的高速增长，力争5年之内成为世界前三位。

金银卡（广州）生物科技股份有限公司

金银卡股份公司位于金三角之称的广州经济技术开发区内，是国家级高新技术企业、广州市农业龙头企业，是国内重要饲料原料的生产基地，是专业生产发酵酸奶、发酵饲料、金卡特效止痢素、金卡特效快大素、金卡泌乳王的大型专业化企业，是生产发酵伴侣的核心企业。

公司荣获“广东省100强饲料企业”“广东省产业升级转型20强企业”“全国饲料技术创新品牌30强企业”“省部产学研重大科技成果示范基地”，农业农村部饲料工程中心“匠心企业”等荣誉称号。公司全面实施ISO 9001：2000国际质量管理体系和HACCP安全饲料管理体系。

多年来，公司一直致力于“替代抗生素的无公害生物免疫技术”以及“高效节粮型技术”两大领域的研究，取得重大突破，先后获得了20多项专利技术。

公司还注重产学研融合。先后与华南农业大学、湛江海洋大学、佛山科技大学、美国普度大学、美国温洛克农业发展中心等国内外多所科研院所合作，先后获得国家科学技术二等奖，广东省科学技术一等奖、湛江市科学技术三等奖、广州市瞪羚企业、中国国际农业博览会名牌产品、广东省名牌产品、广州市农业名优产品、中国质量信用AAA级企业等荣誉奖项。

展望将来，公司将积极响应国家号召，坚持不懈地发展绿色产业，为中国畜牧业的健康发展而努力，为广大人民提供更多、更好、更安全的畜产品做出更大的贡献！

广西壮族自治区

广西百跃农牧发展有限公司

广西百跃农牧发展有限公司成立于2013年12月，是深交所上市公司百洋产业投资集团股份有限公司的全资子公司。公司位于南宁市江南区明阳工业园，占地100多亩，投资近2亿元，是一家以专业生产中、高端畜禽和水产饲料为主营业务的饲料加工企业。公司拥有3个独立的大型生产车间，采用瑞士布勒及美国CPM等国际和国内先进的生产设备，分别生产畜禽饲料、水产饲料、预混合饲料和教槽料，是目前广西最大的饲料和预混料生产基地之一，年总产能可达80万t。

公司一直以国际质量管理体系为标准，具有完善的产品质量管控流程。检测中心拥有近红外分析仪、原子吸收分光光度计、高效液相色谱仪等高精度的检测设备，并配备专业的品控人员对各环节实施严格管控，产品安全、稳定、可靠。“百洋”“百跃”“贝丰”牌系列畜禽和水产饲料产品获得了市场的广泛赞誉。

公司注重技术研发，技术中心拥有由博士、硕士、高级工程师等组成的研发团队，在动物营养和水产养殖等领域自主发明或引入多项专利技术，使企业的技术实力始终保持行业领先。与国内多所高校和科研机构建立了长期的技术合作关系；始终坚持“精准营养，质量为上”的理念为客户创造更多价值。

广西华港农牧发展有限公司

广西华港农牧发展有限公司成立于1995年，是中国饲料工业协会理事单位、广西饲料质量安全管理规范示范企业、广西农业产业化重点龙头企业、广西重合同守信用企业、广西十强饲料企业、南宁市诚信私营企业、南宁市优秀私营企业。公司产业范围涵盖畜禽和水产饲料工业、塑编包装工业、原料贸易、肉禽养殖等板块。公司生产的“华港”“万港”“华港龙”“富家龙”等品牌饲料在产品质量和安全方面保持了良好的市场口碑，在饲料工业和农牧行业领域得到了社会各界的认可，公司产品荣获“广西名牌产品”“广西优质产品”等称号，公司“华港”牌商标荣获“广西著名商标”称号。

自成立以来，公司一直奉行“客户成功、员工进步、企业发展”的经营理念和“精诚合作、学习创新、敬业奉献”的企业精神，不断加强产品质量控制，努力提升技术服务水平，实现了企业的跨越式发展。目前在广西南宁、贵港、北海、东盟工业区及四川眉山、贵州贵阳、海南海口等地成立或投资了多家分公司，实现年饲料产销能力超过50万t，年产值超10亿元；实现原材料贸易（豆粕、玉米等农副产品）销量达到60万t，贸易额超过15亿元；实现肉禽养殖年出栏超过500万羽。

严把产品质量关，做大、做强饲料品牌是公司的不懈地追求！广西华港将一如既往地坚持“安全、稳定、高效”的质量方针，不断提高公司综合竞争力，携手广大客商和养殖户，紧密合作，共赢发展，为促进当地水产和畜牧业的健康、绿色、安全和可持续发展做出努力！

广西南宁骏威饲料有限公司

广西南宁骏威饲料有限公司成立于1993年，是一家专业生产各种优质饲料级单项微量元素和复合微量元素预混料的企业，是国内同行业中最早拥有自主进出口权的企业之一。公司生产设备精良、工艺技术先进、质量控制严格、管理体系完善，于2005年通ISO 9001质量管理体系认证和IQnet认证，旗下全资子公司广西南宁益维饲料科技有限公司于2012年通过欧盟FAMI-QS认证和HACCP体系许可证。2004年公司荣获中国饲料工业协会授予“饲料行业信得过产品”称号企业。2008年至今，“骏威”商标被评为广西壮族自治区著名商标。

公司占地面积2万多m^2，厂房面积8 000多m^2，工艺先进，设施精良。现有员工100人，其中大学本科以上的专业技术人员有24人。目前公司拥有4条化工生产线，4条烘干生产线，1条超微粉碎生产线，7条混合工艺生产线和1条反渗透生产用纯净水生产线，每年可生产各种单项的无机微量元素添加剂5万t以上及微量元素预混料5 000t以上。公司自创办以来一直致力于畜禽微量元素的应用与研究，建立了规范的检化验室及样品留样观察室，配备了先进、齐全的检验设备和仪器，可检测公司生产的所有原料、产品的主元素含量、重金属含量及维生素等指标。质量技术人员均具有相应专业的专本科毕业证书及检化验员证书，公司同时与国内外多所高校及化工类研究院合作，为公司产品质量的保证提供了坚实的基础。公司拥有自主进出口权，公司的产品不仅畅销全国各地，还出口到美国、比利时、丹麦、智利、英国、日本、韩国、越南、巴基斯坦等20多个国家和地区。产品质量和服务得到了国内外用户的广泛认可。

广西商大科技股份有限公司

广西商大科技股份有限公司是一家从事畜禽预混合饲料、配合饲料、浓缩饲料、种猪功能性产品的研发、生产、销售和服务的创新型科技企业，公司长期专注于种猪营养的研究与技术推广，以“健康，从营养开始”的理念及差异化的产品，精心服务于中国集约化养殖企业。

2018年度公司主要大事记有：2018年6月，公司被认定为自治区知识产权优势企业培育单位；2018年7月，公司被授予首届广西－东盟经济技术开发区主任质量奖；2018年9月，公司荣获广西十大创新饲料企业；2018年12月，公司新产品奇纤素荣获中国畜牧饲料行业及添加剂十大爆品奖；2018年12月，公司被继续认定为南宁市农业产业化重点龙头企业。

公司一直致力于种猪系统营养的研究与应用，致力于打造“中国种猪营养第一品牌”。公司先后取得注册商标、专利、新产品、新技术等自主知识产权科技成果数十项，取得科技进步奖励5项。公司产品与服务方案推广到全国20个省市，超过3 000家集约化猪场、约500万头种猪在不同阶段使用了公司产品。

未来，公司将坚持以客户为中心，本着“以人为本、以客为尊”的经营理念，不断创新，推动我国从一个养猪大国升级为世界养猪强国，让养殖更轻松！让生活更精彩！

南宁市泽威尔饲料有限责任公司

公司始建于1995年，坐落于南宁市良庆区。通过了ISO 9001、FAMI-QS和知识产权体系认证；是富马酸亚铁、柠檬酸钙国家标准第一提出及制定单位，蛋氨酸锰、蛋氨酸锌国家标准制定单位之一。公司拥有自主发明专利8项，已受理17项；多年来荣获国家、区、市科技进步奖一、二、三等奖共11项；“泽威尔”是自治区著名商标；“富马酸亚铁”“柠檬酸钙”获广西名牌产品。公司产品富马酸亚铁、檬酸钙、复合有机包“猪之宝”“禽乐乐”等，具有高安全性和高附加值，长期与温氏、希望、通威、正邦、中粮等公司合作，并出口日本、韩国、美国、欧盟等10余个国家和地区。

公司是中国饲料工业协会理事单位，通过了“国家高新技术企业”和“南宁市龙头企业技术创新中心认定”，获“广西创新型企业”和“产学研用一体化企业”的称号，被评为“中国最具价值饲料添加剂品牌（有机微量元素）”和“饲料添加剂明星品牌有机微量元素类全国五强”，成立“南宁市有机微量元素螯合物工程技术研究中心”。2018年获中国畜牧业协会禽业分会和中国饲料工业协会先进工作者称号。2018年1月，被认定为“南宁市企业技术中心”。2018年6月，入围“第三届南宁市市长质量奖”前8名，并通过现场审核。

公司24年来，专注于螯合物的研发，努力打造成全国乃至全球高纯度、完全螯合的有机微量元素专业生产、研发基地，成为螯合纯度体系完全服务供应商。

海 南 省

海南远生渔业有限公司

海南远生渔业有限公司是海南翔泰渔业股份有限公司旗下的全资子公司，成立于2007年8月，坐落澄迈老城经济开发区玉堂路6号，注册资金10 200万元，占地面积2万m^2，生产设备使用先进原装配套生产线，采用全自动监控系统，生产线工艺居国内领先水平，装备五条饲料生产线，年生产能力20万t，主要产品有罗非鱼颗粒配合饲料、罗非鱼膨化配合饲料、海水鱼膨化配合饲料、虾配合饲料等，饲料配方由资深水产动物营养学博士及本公司的科技人员共同研制开发。

“保证产品质量，提升市场优势”是公司发展战略目标。没有质量就没有市场，面对市场的强烈竞争，不断从技术研发上、生产工艺上加以改进，“翔泰牌”饲料优点是料转化率高水质的污染少，鱼抗应激力强。同时，与广东德宁水产科技有限公司签订战略合作协议，利用德宁水产科研平台、技术研发等优势，进一步开发拓宽翔泰水产料市场，开发海水鱼饲料的市场。罗非鱼料在的海南的占有率有30%以上，一直保持着优先的地位。2018年海水鱼料增长到37.3%以上。随着市场的多变，海南翔泰渔业股份有限公司及时做调控，发展深海网箱养殖产业，目前，海水鱼料市场前景良好，未来饲料生产发展预期保持30%速度增长。

“发展不忘扶贫”。公司本着共同发展，共同富裕的原则，鼓励并带动海南中、西部地区农户养殖罗非鱼；在总部及子公司安排近3 000个就业岗位，其中吸纳建档立卡贫困户1 533人，员工人均年收入5万元以上；对上游4 527个养殖专业户实施养殖技术培训，实现了精准帮扶和融智扶贫；采取“公司＋农民入股”模式，从2017年年底开始，与澄迈县各乡镇合作，截至2018年年底，吸纳各乡镇贫困户入股资金共计 1 924 余万元，涉及 78 村委会。公司定期足额对贫困户进行年底分红，把帮扶工作落到实处。

翔泰渔业依靠规模化、产业化和完整的经营体系，依托全产业链的建立更有效的控制产品质量安全，推进全程控制和风险管理。相信，翔泰渔业的明天会更好。

通威（海南）水产食品有限公司饲料分公司

通威（海南）水产食品有限公司饲料分公司是上市企业、农业产业化国家重点龙头企业——通威股份有限公司的全资下属企业。公司前身为通威股份有限公司海南分公司，成立于 2004 年 1 月，位于海南省澄迈县老城开发区南一环路，占地近 70 亩，总投资 5 000 万元，2005 年 12 月 19 日正式建成投产。公司产品覆盖海南全省，年生产配合饲料 30 万 t，是海南省规模最大、环境最美、现代化程度最高的饲料生产企业之一。2016 年 12 月 10 日，通威股份有限公司海南分公司整体划转（投资）到通威股份有限公司的全资子公司——通威（海南）水产食品有限公司，公司名称变更为通威（海南）水产食品有限公司饲料分公司。

公司现有员工近 160 人，管理人员、技术人员全部具有大中专以上文化程度和丰富的管理经验。公司配备有高级水产、高级畜牧师，免费为用户提供优良的售后服务和技术咨询。

公司有两个独立的生产车间，生产工艺、设备一流，生产过程采用电脑自动控制。能生产颗粒饲料、膨化饲料、粉状饲料等多种类型的水产、畜禽配合饲料，充分满足养殖户的不同需求。

公司配备了国内一流的饲料检验设备，建立了完善的质量保证体系，实行规范严格的管理，产品按无公害要求设计，严格遵守国家药物和质量安全标准，确保最终产品的质量稳定、性能优越、安全无公害。

公司一直致力于标准化管理的探索和实践，于 2009 年通过了 ISO 9001 质量管理体系和 ISO 22000 食品安全管理体系认证。于 2015 年 12 月，通过了美国 Global Trust Certification Ltd《最佳水产养殖规范（BAP）》认证。2016 年 1 月，通过了农业部“饲料质量安全管理规范示范企业”审核。2016 年 4 月 28 日，被海南省质量技术监督局评为“标准化良好行为企业”。

公司始终坚持“追求卓越、奉献社会”的企业宗旨，秉承“诚、信、正、一”的经营理念，推行精益求精、事事一流的工作作风，以“科学的配方、优质的原料、先进的设备、一流的管理”生产出一流的产品，让用户获得最大的经济效益，促进当地经济的发展。

海口双胞胎饲料有限公司

海口双胞胎饲料有限公司位于海南省海口市永兴镇海榆路线 8km 处，公司成立于 2007 年，是一家集饲料研发、生产、销售、技术咨询服务为一体的大型饲料制造企业，荣获“高新技术企业”认证，是双胞胎集团下属子公司之一。公司主要产品有猪料、鸡料，产品主要销往省内各地市县、镇。公司秉承“质量是双胞胎人的品格和自尊”的理念，建立了各项严格的质量责任管理制度和质量控制体系，始终贯彻“以客户为中心”的经营理念，已成为深受广大养殖户青睐的名牌产品。

公司具有技术、采购、物流等三大优势，很好的保障了公司的销量、质量的稳定性。技术优势在于十多年一直专注于饲料，是海南专业的饲料生产商，拥有专业的研发团队及检测中心，每批饲料成品都要经过检测合格才能出厂。采购优势在于大规模、采取集团化采购，质量稳定，成本低，自有原料收储，拥有专业采购团队和平台。物流优势在于饲料送到养户处，就近提货，直接减少养户购饲料的物流成本。目前，海南拥有 1 000 多个饲料经销商店，分布在全省各个乡镇，高效便捷地解决养殖户提货和饲喂技术等问题，深得经销商和养殖户赞誉。

海南歌颂饲料有限公司

海南歌颂饲料有限公司的前身是文昌琼文歌颂饲料厂，是歌颂集团文昌市歌颂畜禽发展有限公司的下属企业。于 2008 年 5 月开始筹建，2011 年建成投产，占地面积近 38.4 亩，总投资 7 000 多万元，设计年生产能力 30 万 t。生产的饲料品种：文昌鸡系列、鸭系列、罗非鱼系列饲料，饲料品种达 28 个。2017 年 5 月 22 日为进一步加大品牌影响力及提高公司形象，进行产业升级后更名为“海南歌颂饲料有限公司”。

公司实行“质量为先，管理为本，信誉为重，服务为诚”的质量方针，按照 ISO 9001 质量管理体系和《饲料质量安全管理规范》建立质量安全管理体系，2014 年 1 月，通过了 ISO 9001 质量管理体系认证及 ISO 22000 食品安全管理体系认证（即 HACCP 认证），2014 年 4 月，被海南省人力资源和社会保障厅授予“海南省模范劳动关系和谐企业”称号。

公司始终坚持“诚信第一、质量第一”的宗旨，以生产无公害绿色产品为目标，组建研发团队，不断研究、开发与市场相适应的新品种，在公司养殖基地开展研发新产品试验，全面掌握各种数据，确保公司产品配方最优化。同时，利用“歌颂”的品牌资源，立足本地优势，服务本地养殖户，采用“公司 + 专业户 + 农户”的营销模式，节省流通成本，让利养殖户，提高养殖户效益，带动养殖户共同发展，牵引带动本地经济发展。目前，公司已有 13 个经济合作伙伴，50 多个经销商，带动 500 多个养殖户发展。

重庆市

重庆海大饲料有限公司

重庆海大饲料有限公司是广东海大集团股份有限公司投资新建的大型饲料生产经营型企业。公司坐落在重庆市荣昌区工业园区尚书路，占地面积45亩，总投资人民币1.2亿元，于2016年9月30日正式注册，已于2017年8月底正式投产，年生产饲料30万t。是西南地区高端配合饲料技术研发中心、高档膨化饲料的主要生产基地和饲料研发高层次人才的集聚地。

公司在生产设备上采用具有国际先进水平的大型膨化饲料生产线，在加工工艺上采用原料超微粉碎、油脂均匀喷涂，成品全熟化调制等行业内领先的生产工艺，自动化程度高。主要生产“海龙牌”系列鱼用膨化饲料和“海大牌”系列禽料。集团在国内18个省市以及越南、印度、马来西亚、新加坡等国家和地区共设有140余家分（子）公司，先后被农业农村部、科技部等认定为“农业产业化国家重点龙头企业”“国家火炬计划重点高新技术企业”“国家认定企业技术中心”“国家农产品加工技术研发专业分中心”“博士后科研工作站”等多项国家级荣誉。连续多年入选“中国500强”“中国民营企业500强”等排名。

重庆海大饲料有限公司拥有一支敬业、充满活力、富有创新精神的优秀员工队伍，其中60%拥有高、中级职称或大学、专科以上学历，尤其汇聚了水产、畜禽养殖方面的专家，以“科技兴农，改变中国农村现状”为神圣使命，向广大养户提供养殖全程的产品及技术服务，秉承“海纳百川，有容乃大”的精神，以服务为宗旨，帮助农民致富，为用户创造价值。

重庆通威饲料有限公司

重庆通威饲料有限公司系通威股份下属全资子公司，公司位于重庆市永川区一环路青峰路口168号。总投资近亿元，年饲料生产能力60万t，是西南地区规模最大、设备最先进的饲料厂之一。

重庆通威采用国内最先进的生产工艺，生产线的核心设备是从欧盟瑞士布勒公司进口的一流产品，专业化专线生产水产、畜禽饲料；生产控制系统采用美国的元器件和技术，代表当今世界最先进的水平；水产料膨化机选用丹麦安德里茨公司的产品，国内领先、国际一流的生产设备使公司生产的水产膨化、颗粒饲料的质量处于国内领先水平。公司研发生产的“通威”牌水产、畜、禽三大系列膨化、颗粒饲料畅销重庆、四川、贵州等西南地区市场，深受广大养殖户经销商的好评。

重庆通威于1997年，率先在西南地区通过ISO 9002国际质量体系认证和国家产品质量方圆认证的双认证，2006年又在行业率先通过了HACCP食品安全管理体系认证。双体系认证的通过，标志着公司产品质量控制水平和质量体系保证水平已达到国际标准，成为重庆乃至西南地区饲料行业的一面旗帜。

重庆通威将以实施通威“全国万户重点用户共同成长计划”，带动更多用户致富为契机，坚持以立足饲料研发，促进养殖事业持续、健康发展，满足消费者食品安全需求为己任，实现“通威为了生活更美好”的宏伟愿景，为行业健康发展及地方经济的繁荣做出更大努力！

重庆福斯特饲料股份有限公司

重庆福斯特饲料股份有限公司是集研发、生产、服务为一体的现代化农牧企业。公司成立于2008年4月，至今已走过6年的风雨历程，在这6年里，公司从一个默默无闻的小企业，发展成为在市场上具有较大影响力的股份制企业。公司坐落于享有国际盛誉的中国龙乡，也是邱少云烈士的故乡，国家级山水园林城市——重庆市铜梁区，位于工业园区核心区，交通便利，环境优美。

2014年3月28日，公司在重庆市股权交易中心成功挂牌上市（股票代号：800101），预计三年内将到新三板挂牌上市，借助资本市场的力量，公司将迎来新一轮快速发展。

公司在发展的过程中，十分重视产品质量和先进技术的研发应用，先后引进多套国际国内先进生产设备，吸引数位优秀的行业技术人才加入公司研发队伍。另外，公司还不断加强与国内外多位动物营养学专家合作，运用国际国内先进技术，对西南地区的畜禽养殖进行专项研究，结合西南地区的养殖习惯、饲养环境、气候等特点，专门设计新型配方，先后研制出了猪、鸡、鸭、鱼、兔、鹌鹑等全价配合饲料及浓缩饲料，很好地保证了西南地区畜禽不同生长阶段的营养需求。公司十分重视绿色无公害饲养技术的推广应用，成功申报了绿色无公害育肥猪饲料及无公害草鱼饲料发明专利。未来几年里公司将运用发明专利大力打造绿色无公害猪肉的产业链！

目前，公司年设计产能10万t，实现年销售额3亿～5亿元，2013年公司已实现销售收入1.9亿元。公司现有员工126人，其中动物营养学博士1人，研究生5人，本科、大专学历32人，初、高中学历88人。

公司建立健全了质量管理体系，从原材料进厂到产品出厂，每个环节都实施严格的质量管理制度，严格遵循中华人民共和国国家标准，做到不合格原料不进厂，不合格产品不出厂。产品经重庆市饲料检测所、重庆市技术监督局多次抽检，合格率均达 100%。

公司于 2013 年 4 月获得铜梁区农业产业化龙头企业称号，2014 年 2 月通过 ISO 9001 国际质量认证体系认证，2014 年 4 月获得铜梁区知名商标，2014 年 6 月获得重庆市农业产业化龙头企业称号。正在办理重庆市著名商标和重庆市名牌产品。

公司未来将形成年产 100 万 t 饲料的生产能力，100 家以上无公害猪肉直营门店，签约养殖户 1 000 户的全产业链规模。公司将在市场上推广绿色无公害理念，让广大养殖户在公司的发展中受益，让广大消费者在公司的发展中受益！

四 川 省

力信集团

力信集团（成都力信农牧科技有限责任公司）成立于 2014 年。是由农牧行业资深人士投资组建。

企业以“科技力信、生态力信、创享力信”为核心战略，奉行“义利合一、知行合一、创享合一”的核心价值观，坚持“以质铸信，以信聚人；让政府放心、让消费者信赖、让合作者共赢、让员工增值”的事业理念，奉行只有成就客户，才能成就力信集团，要想尽千方百计为客户创造价值的经营理念。使命是为人们创造更加幸福的生活，致力于成为老百姓最信赖的农牧企业。

力信集团目前投入运营的有德阳力信饲料有限公司、眉山力信饲料销售公司、四川力信生物技术有限公司、四川金安德投资有限公司等多家子公司和机构。短短 5 年已获得骄人的成绩，在逆势中产销量一直保持成倍增长，年产销量已达 7 万多 t，年销售收入近 3 亿元，目前，含扩建工程在内的生产能力已达到 20 万 t。获得的荣誉有“四川名牌产品”“四川匠心产品”称号和“四川十大成长型饲料企业”“四川省质量合格诚信无投诉企业”“四川省重点推荐优秀企业”“放心产品示范单位”“饲料质量安全管理规范示范企业”等荣誉称号，先后当选四川省饲料工业协会“常务理事单位”，德阳市饲料工业协会“副会长单位”，德阳市计量协会“常务理事单位”。

成都旺江饲料有限公司

成都旺江饲料有限公司成立于 2003 年，注册资金 1 050 万元，法人江腾涛。公司位于四川省邛崃临邛工业园区，环境优美，交通便利，是四川农业大学教学实践基地。2013 年，公司建成了工艺国内领先的年产 36 万 t 膨化线，专业生产猪饲料。公司本着“诚信经营，诚挚服务”的企业理念，坚持采用优质原料，引进国内外最先进的检测仪器和生产设备，确保公司产品始终处于同行业的领先地位。

公司是成都市级农业产业化龙头企业，十多年来带动养殖户科学养殖，劳动致富。据统计，自 2013 年公司技改以来，年产销猪饲料 5 万 t 以上，带动邛崃及周边养殖户养殖生猪 15 万头以上。2016 年，成立成都旺江农牧科技有限公司，投资 5 300 万元建成西南地区硬件标准最高、环境控制最严格、工艺流程领先的丹系猪养殖示范基地，通过参观、交流和培训，进一步提升养殖农户养殖水平，通过养殖增收致富。2018 年，为抗击非洲猪瘟，公司通过延长原料存储时间、高温制粒并保持、加强车辆和环境消毒等措施，截断病毒传播途径，并通过培训，增强养殖户生物安全意识，为避免非洲猪瘟疫病传播和爆发起到积极作用。

公司先后被评为四川十大创新型饲料企业、邛崃市“十强”农业产业化龙头企业、ISO 9001：2015 质量管理体系认证、安全生产工作先进企业。近年来，中国农业农村部、中国农业科学院、四川省农业农村厅、成都市农业农村局等专家组及领导多次到访成都旺江，对成都旺江的发展和创新给予高度评价和认可。

截至 2018 年年底，公司拥有员工 86 人，其中硕士 2 人，大专及以上文化学历 35 人，占员工总人数 43%，另聘 2 名四川农业大学教授为公司顾问。正在申请的专利和实用新型专利 3 项，已获得的实用新型专利 1 项。

贵 州 省

贵阳正大有限公司

贵阳正大有限公司是泰国正大集团下属正大（中国）投资有限公司设立的外商独资企业。于 2012 年 7 月，在贵阳市息烽县养龙生态工业园投资 8 000 余万元新建一座年产 12 万 t 的饲料加工厂，该项目占地 63 亩。公司从瑞士引进当前国际上先进的布勒成套饲料生产加工设备。每条生产线都配备有完整的除尘系统和电控系统。生产工艺全过程从投料、粉碎、配料、混合、调质、膨化、制粒、冷却和包装各环节均可实现远程操作，配有专职的中控员，全程生产由电脑控制的自动化操作、自动监控反馈、生产效率高、产品质量稳定、能耗低，无污染排放。公司于 2018 年 5 月，新上一条生产线，生产能力达 18 万 t，2019 年投资 1 400 万元计划新建 20 个方仓用于原料储存，进一步扩大产能。

公司 2018 年，主要生产和销售“贵阳正大牌”猪、鸡两大系列配合饲料及浓缩饲料。2018 年全年共生产销售饲料 10.9 万 t，其中猪配合饲料 6.5 万 t，猪浓缩饲料 1.6 万 t，鸡配合饲料 2.8 万 t。公司为了方便农村养殖户购买饲料，于 2017 年开始与“阿里巴巴”合作，进行网络销售，2018 年全年网络销售饲料 3 500t 左右。公司于 2017 年 8 月 17 日，成功通过 ISO 质量管理体系认证。目前就业人数 97 人，其中专业技术人员 77 人，吸纳当地就业人数 80 人左右。

公司配备一支由畜牧兽医专业人员组成的销售和技术服务队伍，集团配方博士定期亲自莅临养殖现场对技术、养殖进行培训。为客户提供优质的售前、售中、售后服务，并大力推广科学的养殖技术和经验。为适应行业新形势，公司制定了规模化发展的经营策略，持续优化产品结构，精减品种数量，大大提高了生产经营效率，突出规模效益。同时在传统销售的基础上大力推广会议促销、网络销售，稳定并提升销量。

企业的发展应该坚持以人为本的正确理念，因此，5 年来，公司始终认为人才是最宝贵的企业资源，积极贯彻正大集团倡导的“人才第一”的观点，坚持实行“三高”的人才策略（即高素质、高待遇、高绩效)，为各类人才的成长发展搭建充分施展才华的舞台。

2015 年 9 月起，每年公司与贵阳市人力资源和社会保障局合作，成立了高校毕业生见习基地，帮助高校毕业生提高职业技能，积累工作经验，增强就业能力。

贵阳正大在贵州地区的发展始终坚持正大集团“利国、利民、利企业”的三利原则，面对竞争激烈的市场环境，公司将一如既往地发扬“爱是正大无私的奉献”的精神，不断提高产品质量和服务质量，通过为养殖户提供优质饲料和服务，提高广大养殖户的养殖水平，给广大农民朋友们带来更多的实惠。不断有力地推动贵州地区养殖业的进步和发展。以养殖业的发展来带动当地的诸如种植业、运输业、加工业、餐饮业、服务行业、商业等其他行业的发展。从而为促进贵州农业产业化和地区经济的发展做出最大的贡献。

贵阳双胞胎饲料有限公司

贵阳双胞胎饲料有限公司是由双胞胎（集团）股份有限公司投资设立，坐落于贵州省贵阳市白云区粑粑坳，公司成立于 2008 年，注册资本 100 万元，是一家集饲料研发、生产、销售、技术咨询服务为一体的现代化大型饲料生产企业，设计年生产能力 36 万 t，具有配套的、先进的生产设备以及生产辅助设备，各工段均实现自动化，自动化程度高。

公司秉承双胞胎集团“以养户为中心，以奋斗者为本”的企业文化，致力于客户服务，以“服务养殖，共赢未来”作为使命，助力集团在当前严峻的背景下，仍保持着快速增长，取得了不错的成绩，2018 年实现饲料销量突破 1 000 万 t，销售收入超过 500 亿元，创历史新高，参与推动集团的发展。同时为推动贵州饲料工业的发展作出贡献。

2018 年，公司全年生产猪饲料产品 86 830t，全年工业总产值 32 772 万元，营业收入合计 34 244 万元。质量管理方面，公司秉承“质量是双胞胎人的品格与自尊”的理念，在当地区、市、省各级饲料管理部门以及双胞胎集团的指导与支持下，根据《饲料质量安全管理规范》等相关法律法规的要求，建立了各项严格的质量责任管理制度和质量控制体系。同时，安全生产管理方面也建立了严格的安全责任管理制度和安全控制体系。

目前，非洲猪瘟形势异常，公司在集团领导下，不计成本、不计代价，全力投入非洲猪瘟防控工作，设立制定了相关制度、成立防控组织等。通过隔离、消毒，在进行检测验证确保防控措施有效，誓与养户共同防控非洲猪瘟，做实生物安全防控工作。

目前，公司的主要产品有各阶段猪料以及鸡料等产品，包括双胞胎、金苹果等系列产品，公司产品主要销售到贵州省各乡镇。根据产品特点，推出特有的养猪模式，帮助养户提高饲料的利用率、降低养户成本，与养户实现互利共赢。

贵阳金满船饲料有限公司

贵阳金满船饲料有限公司成立于 2002 年，是原贵阳市农业局和粮食局斥资组建的国有股份制企业，于 2015 年整体划入贵阳市国资委下属的贵阳市农业投资发展（集团）有限公司管辖，公司位于白云区粑粑坳食品工业园内粮食仓库铁路专线旁，主营饲料生产销售及养殖产业化，公司拥有两条生产线，年生产能力 6 万 t。其中一条生产线为 600 机组，配备二次超微粉碎、三级调质，具备专业水产料生产能力；另一条生产线 35 机组生产线为专用反刍动物饲料生产线。公司产品有水产饲料、反刍饲料、禽料和猪料，饲料年销量达 5 万余 t，产值 1.7 亿元左。公司通过了 ISO 9001 质量管理体系和 ISO 22000 食品安全管理体系认证，先后被评为贵州省贵阳市农业产业化重点龙头企业、贵州省重点乡镇企业、贵州省“十强企业”和“合同重信用”单位。公司秉承“安全第一、质量第一”的方针，严格遵守国家和行业的法律法规和食品安全原则，国家建议不加药品坚决不加，国家禁止使用药品从源头控制，以提倡健康养殖、提高国民体质，创一流饲料品质、作世纪品牌是金满船人的目标和责任。

金满船创建的饲料品牌主要有“船”牌和“金满船”牌，涵盖畜禽、水产类，有配合饲料、浓缩饲料，反刍饲料。

“船”牌鱼饲料获得 2011—2014 年度和 2015—

2018 年度著名商标称号，公司产品曾获贵阳市人民政府“优秀新产品”称号、“名牌产品奖”和“产品质量奖”诸多荣誉，2018 年船牌水产饲料被评为贵州省名牌产品。

在上级领导部门的关心和支持下，通过市农投集团的带领，公司积极响应党中央、国务院、省委、市委关于脱贫攻坚产业政策，通过大扶贫带动大市场，大市场保障大扶贫，延伸饲料加工产业链，发展“公司 + 农户”合作模式的产业基地：有年出肉鸡 200 万羽的肉鸡养殖基地、存栏 30 万羽蛋鸡的蛋鸡养殖基地、年出栏 10 万头育肥猪基地和存栏种猪 4 800 头的种猪示范场及投资达 12.5 亿元的生态渔业项目。基地的全部投产将带动农户 5 000 余户，解决 10 000 余人就业，让人均实现 3 万～6 万元年收入。

为配套产业基地发展，现有的饲料生产线已不能满足养殖基地的饲料供应，为此，公司正在筹建年产 20 万 t 饲料的新饲料加工厂，位于修文县久长工业园，占地 56 亩，投资 1.0675 亿元。新饲料厂主要生产水产膨化饲料和高档乳猪膨化饲料，旨在解决贵州饲料生产企业膨化水产料的短缺，同时也是积极响应生态水产养殖、保证养殖与生态共存的关键技术。

贵阳正邦畜牧有限公司

贵阳正邦畜牧有限公司是正邦集团在贵州投资兴建的一家绿色无公害饲料生产企业，公司位于贵阳市花溪区小孟工业园。经营范围为饲料生产加工及销售。畜禽养殖、畜禽产品加工销售（凭相关许可证经营）。公司一期投资 2 000 万元，年产 30 万 t 饲料；二期投资，投资额 2 000 万元，年产量可达 20 万 t，是贵州 20 万 t 级饲料企业之一。现拥有贵州省最先进的膨化乳猪料生产线。2014 年 12 月，进行三期技改投资，投资总额 3 000 万元，建立了年产量可达到 18 万 t 级饲料生产线。为了响应国家相关政策，解决燃煤锅炉所造成的污染问题，2015 年 10 月，投入 80 万元将原有 4 t 燃煤锅炉更换成天然气锅炉。

公司设立了饲料研究开发的技术部，主要是针对贵州高原气候，水土环境、养殖结构和消费习惯，专业研制生产销售畜禽绿色安全饲料。公司开展全新的企业品质管理，并以不断开拓，勇于创新的精神，引进国外先进技术，不断研制开发高品质，高效益的科技创新产品。公司制定了《产品研发管理制度》《研发资金管理办法》《研发人员绩效考核管理办法》等一系列的制度，完善了企业项目研发的其他相关管理制度，并与大专院校开展产学研合作活动，双方建立了良好的合作关系，互通有无，积极学习，互相交流。2010 年 12 月 7 日，取得省科学技术厅颁发“高新技术企业证书”。2013 年通过贵州省安全生产标准化（三级）评审工作；2014 年顺利通过贵州省清洁生产的初审工作；2015 年 4 月，终审工作已全面完成。2014 年 4 月，获得“贵州省 A 级纳税信用企业”称号；2016 年，获得“农业产业化贵州省重点龙头企业”。

2018 年，生产工业饲料 9.2 万 t，其中：配合饲料 5.8 万 t，浓缩饲料 3.4 万吨，实现营业收入 4.06 亿元。

贵阳正邦与三都县人民政府、长顺县农业局、织金县人民政府、福泉市政府等单位共建养殖小区 2018 年出栏安全可溯源生猪 52 万头，带动当地养殖户 3 900 余户，当年为农民直接增收千万余元，为当地作出了杰出的贡献。

贵阳特驱希望农业科技有限公司

贵阳特驱希望农业科技有限公司成立于 2006 年 1 月 17 日，隶属于华西希望四川特驱集团公司旗下，是一家专业从事饲料生产、销售及研发的综合型现代企业。公司已通过 ISO 9001 质量体系认证，历年先后获得“贵州省高新技术企业”“贵阳市安全生产标准化轻工企业”“贵州省农业产业化经营重点龙头企业”“贵州省饲料行业十强”“贵州省优秀信用企业”等荣誉。公司同时还是贵州省饲料工业协会的理事单位。

公司生产销售的“特驱”牌、“万千”牌系列饲料，应用了国内外饲料行业的最新研究成果，结合贵州养殖环境，具有适口性好，生长速度快，饲料转化率高，肉质细嫩，是养殖致富最佳产品。公司于 2007 年 8 月正式投产至今，总体经营状况良好。产品市场辐射贵阳周边及安顺、遵义、六盘水、毕节等广大区域。

特驱集团技术部有科研人员百余名，聚集了众多动物营养学，畜牧兽医领域的专业人才，技术部构建了从实验室、研发基地到养殖场不同层次的研发体系，是集产品研发与应用于一体的核心部门，拥有仪器设备价值 3 000 多万元的饲料检测中心。并与中国农业大学、四川农业大学、西南大学等建立良好的校企合作，保证人才的不断输入及产学研运用；并定期邀请专家培训及研讨。

云　南　省

云南安佑饲料科技有限公司

安佑生物科技集团股份有限公司是一家集饲料产业、生猪养殖、农业互联网技术等于一体的综合性农牧企业。1999 年安佑进入大陆，目前，在大陆地区拥有 70 余家分支机构，饲料及添加剂产品销售覆盖全国养猪重点区域及东南亚地区，养猪事业部自主存栏母猪超过 6 万头。已通过国家高新技术企业、国家企业技术中心等权威认证。

云南安佑饲料科技有限公司是安佑生物科技集团股份有限公司在中国大陆地区兴建的全资子公司，位于云南省昆明市宜良县北古城镇工业园内，公司采用国内先进的全电脑自动配料系统，主要生产猪用浓缩饲料、配合饲料。公司全面秉承集团“品质、科技、服务——永远争先”的经营理念，务实履行集团CWQC（全公司品质管理体系）品管标准，持“爱与感恩”之心，为客户及员工播撒事业成功的种子。2015年4月，建成投产，现已实现单厂月销量突破15 000t，成为当地标杆企业。连续两年被评为“宜良县工业十强纳税企业”“宜良县三星级工业企业”“宜良县亩产英雄前三强工业企业”称号。

云南博仕奥生物技术有限公司

云南博仕奥生物技术有限公司成立于2014年3月，隶属于广州博仕奥集团；公司注册资金3 000万元。位于云南省昆明市宜良县工业园区，占地22亩，建筑面积10 000多m^2，设置综合楼、主车间、原料仓库、成品仓库及其他附属基础设施。企业已投资5 000余万元，所有资金均来自企业自筹，无银行贷款。科研投入近500万元，形成可年产4 000t酶制剂和微生态制剂的生产线。

企业所生产的酶制剂及微生态制剂，是一类高价值、纯绿色、多功能的新型生物产品。饲用酶制剂与微生态制剂作为一类高效、无毒副作用和环保的“绿色”饲料添加剂，在提高饲料原料利用率、预防动物疾病、改善健康状态、提高生产性能等方面发挥越来越重要的作用，尤其是协助动物提升蛋白质消化率的蛋白酶与调节动物肠道健康的乳酸菌等微生态制剂在养殖与饲料行业中得到越来越广泛的应用。目前，企业市场主要销售的产品有蛋白酶、奥尔硒、枯草芽孢杆菌等产品。

公司始终把技术创新当作企业发展的第一动力，先后与中国农业大学、华南理工大学、华南农业大学、云南农业大学及云南大学等高校建立了长期合作关系；企业先后获得2016年中国创新创业大赛云南区的“企业成长组二等奖”“国家高新技术企业”等荣誉。

云南大鲸科技有限公司

云南大鲸科技有限公司是中国饲料工业十强第5位、中国生猪养殖企业十强第3位、中国上市公司100强、农业产业化国家重点龙头企业——正邦集团旗下全资子公司，位于云南大理祥云财富工业园区内。公司投资8 000余万元，占地80余亩，员工110余人，目前拥有云南同行业最具现代化设计年生产能力24万t的3条饲料生产线。

公司坚持“以人为本，以正兴邦”的经营哲学和“把小公司做成大公司，把大公司做成大家的公司”的核心价值观，凭借集团“博士后科研工作站”为养殖户提供优质高效的“正邦”“华惠”“大鲸”系列安全无公害饲料。

经过全体员工的共同努力，2018年10月，月销量突破1万t，2019年1月，日销量突破1 000t。产品深受云南省大部分地区经销商和养殖户青睐，并远销四川、贵州、广西、缅甸、越南、老挝等周边国家。

展望未来，云南大鲸人将以“团队大鲸、情感大鲸、服务大鲸”为理念，致力于打造中国西部最具竞争力专业化猪饲料公司，与广大献身“三农”的仁人志士共同谱写现代化畜牧业发展的新篇章。

云南瑞宝生物科技股份有限公司

云南瑞宝生物科技股份有限公司（证券代码：835390），位于云南省昆明市嵩明县杨林经济技术开发区，隶属于云南省工业投资控股集团有限责任公司。公司成立于1997年3月12日，注册资本为1.2亿元，资产规模5.7亿元，拥有近几十万亩优质原料推广种植基地。现公司规模已覆盖云南各地市、新疆、山东、河北、内蒙古、贵州等地，目前，在全国已拥有多个子公司，分别是新疆瑞宝生物科技有限公司、建水瑞宝农产品经营有限公司、云南博浩生物科技集团股份有限公司。

瑞宝生物是中国最早一批专业从事以天然植物为原料，提取天然色素、工业辅料、饲料添加剂、原料药及功能性食品添加剂等植化产品，集研发、种植、生产、销售为一体的高科技综合型企业，是致力于发展绿色天然健康产品的国家级农业龙头企业，系中国植物提取物行业中产量及出口量较大的企业之一。

目前，具有年生产上千吨天然色素及相关植化产品的能力，年生产水溶色素1 500t、万寿菊叶黄素5 000t、辣椒油膏1 500t。饲料添加剂2 000t等，产品出口欧盟、美国、日本、韩国、英国、墨西哥、西班牙、印度等20多个亚欧国家和地区，“瑞宝”品牌已具备较高的业内知名度，出口创汇连年居全国植物提取物行业前10位。

公司信守“惟精惟诚”理念，以精行事，以诚立人；秉承“源自绿色天然，创造健康生活”的宗旨，为社会创造价值，做负责任的企业公民；追求“注重细节、谋求创新”的管理，创品牌、铸形象、荣基业；传承“勤学善思求精，厚德严纪立诚”的信念，修身修德，知行合一，严纪厉行，协作共赢。

云南双胞胎饲料有限公司

双胞胎集团是一家专业从事饲料生产与销售、生猪养殖、玉米种植及收储贸易的全国性大型农牧企业，现有投产分子公司100余家，分布在全国21个省、市、自治区，并在东南亚等国设置分公司，员工总人数近8 000人。2018年，年销量突破1 000万t，稳居全国前列。

双胞胎坚持以客户为中心、以奋斗者为本，全流程降低运营成本，为客户提供高性价比产品。双胞胎掌握核心科技，两次荣获国家科技进步二等奖，国家专利100多项。成立院士、博士工作站，在荷兰、法国等欧美国家成立研究所，储备大量的饲料研发技术，如无抗、PF生物发酵等核心技术，使双胞胎产品技术始终保持行业领先。

双胞胎集团是中国企业500强，中国民营企业500强，农业产业化国家重点龙头企业、国家级农产品加工示范企业、中国十大饲料领军企业。

云南双胞胎饲料有限公司为双胞胎集团旗下子公司之一，由双胞胎（集团）股份有限公司投资设立，坐落于云南省昆明市经济技术开发区东郊干海子，注册资金1 000万元，采用当今先进的饲料加工工艺和饲料设备是一家现代化的中型饲料生产企业，专业生产猪配合饲料和猪浓缩饲料系列15个品种，设计年生产能力15万t，年产值6亿元。自2007年建立以来，在公司逐渐发展壮大的12年里，始终为客户提供最好的产品、良好的技术支持、健全的售后服务，主要经营配合饲料、浓缩饲料生产，始终坚持“质量是双胞胎人的人格和自尊”。

陕 西 省

陕西和隆牧业有限公司

陕西和隆牧业有限公司成立于2011年11月，位于陕西省渭南市临渭区下邽镇。占地面积19 998m²，总投资1 000万元，可年产10万t饲料。是一家生产反刍配合饲料、浓缩饲料、精料补充料和添加剂预混合饲料的企业。

公司一直奉行“质量第一，诚信为本”的宗旨。并聘请省内畜牧专家教授加盟，公司先后派人深入陕西、甘肃、河北、内蒙古、山西等地牛场了解饲养状况，到欧洲、澳洲一些大型牛羊养殖场参观见学，吸取国内外的先进经验，研究更加适合关中当地奶牛的饲料配方。近年来，公司狠抓饲料质量安全工作，认真贯彻执行《饲料质量安全管理规范》，从原料采购到成品料出厂，严把三个关口。第一，严把原料采购进厂关，每一批原料进厂，必须先检验，对不符合标准的坚决退回，绝不采购四无原料；第二，严把生产控制关，要求各岗位员工全部按规程操作，对于重要控制点反复检查；第三，严把产品出厂关，坚持四个不准，即没经过检验的产品不准出厂，没按标准贴标签的产品不准出厂，净含量不准确的产品不准出厂，袋子有破损的不准出厂。多年来，饲料产品质量保持稳定。

在生产研发方面，公司积极想方设法为养殖企业解决实际困难，降低饲养成本，并采用全新的散装罐车直接与养殖场自动化投料设施对口投送，方便了用户，减少了人力，降低了成本，低碳环保，互惠双赢，受到一致好评。

2019年，面对陕西千亿级奶山羊全产业链项目，公司及时调结构、转促转型、堵漏洞，新扩建的一条添加剂预混料生产线为奶山羊养殖场提供全新产品，为陕西羊子生产的光明前景做出自己的贡献。

陕西康达尔农牧科技有限公司

陕西康达尔农牧科技有限公司成立于1992年，是由上市公司深圳市康达尔（集团）股份有限公司与西安罗曼实业有限公司合资联办的大型现代化农牧企业。占地100余亩，资产总额6 500多万元。系中国饲料工业百强企业、陕西省农业产业化重点龙头企业、ISO 9001国际质量体系认证企业。系列饲料产品曾获国家免检资格，并被列为陕西省名牌产品。

2017年公司将营销团队进行细分，成立大客户、禽料、猪料、预混料4个事业部，让营销团队聚焦产品。在2018年猪价低迷的情况下，公司猪料团队实现了10%的销量增长；针对规模化蛋鸡养殖场的差异化需求，公司研发出含发酵饲料的散装蛋鸡饲料系列产品，蛋鸡饲料月销量突破1 000t。2018年公司产销量突破8万t。公司着力于生物饲料的研发和销售，自主研发的“活的有益菌”发酵饲料年销量突破2 000t，畅销到西部地区的6个省份。

饲料企业未来的竞争是综合实力的竞争。为此，公司延长产业链，发展蛋鸡养殖业。通过自主新建、租赁和合作的形式，快速做大规模化养殖蛋鸡育成鸡，2018年出栏青年鸡180万羽，成为陕西地区最大的蛋鸡育成、鸡饲养企业。

展望未来，公司将以“客户至上、品质为王”的经营理念，积极投身于健康饲料，健康养殖的事业中，为建成西北地区首屈一指的集饲料生产、蛋鸡养殖为一体的现代化农牧企业而努力奋斗。

渭南东方希望动物营养有限公司

渭南东方希望动物营养有限公司成立于2012年7月，为东方希望集团独资的饲料企业。公司位于渭南市蒲城孙镇，占地面积40余亩，总建筑面积1万余m²，公司总投资5 000万元，其中固定资产4 000万元。专门从事水产饲料、畜禽配合饲料、浓缩饲料的生产与销售。

公司生产所有饲料的核心预混料均为上海东方希望包头分公司提供的商品预混料，公司无权再另外添加药物和其他添加剂。所有产品配方均为总部技术组配方师直接导入，公司无权修改，只能精准无误的执行。产品质量稳定的问题，饲料颜色变化、气味变化、分级、破碎大小不一、颗粒硬度、表面光洁度、粉碎细度、料头料尾等，老生常谈，却要认真面对。保障产品质量长期稳定比调整出一个优质配方更重要！

公司以诚信为本，坚持“不合格原料禁止入厂，不合格产品禁止出厂”，以产品质量为生命。2018 年，抽检产品合格率达到 100%，无质量事件，无市场投诉事件。帮养殖户称好猪、算好账，效益得到最大化，做到让每一个养殖户都放心使用公司产品，消费者吃到放心肉。

公司每年组织召开经销商年会，总部领导的提出“质量硬、供得上、效率高、消耗低、现场清、服务周、环境好”是对工作的总体要求，是对老百姓最好的服务。

甘 肃 省

甘肃大北农农牧科技有限责任公司

甘肃大北农农牧科技有限责任公司是大北农集团旗下全资子公司，成立于 2008 年 7 月 8 日，2015 年于兰州新区投资建厂，占地总面积 78.22 亩，注册资金 2 500 万元，投资资金 8 000 万余元，是甘肃地区一家集生产、销售、研发、服务于一体的大型农业高科技企业。建成具有国际领先水平的年产 18 万 t 猪饲料生产基地、主营产品为“大北农”品牌系列猪饲料产品。现有员工 220 人，其中博士 5 人，硕士 10 人，是一支大北农文化武装的勤奋敬业、高度专业化的生产与经营团队。团队中大部分人员均毕业于高等农业院校，具有较强的专业背景。产品源自科技，服务体现价值，成立专业的技术服务团队，甘肃大北农自成立之初就依托集团研发、动保、疫苗等相关产业技术服务优势建立专门的技术服务团队，目前，技术人员就 30 多人，拥有博士 1 人，硕士 2 人，有经验的猪场服务人员 20 人，有效地推动了养殖业抵御风险的能力，为养殖企业及农户增收提供了保障。在产品战略定位上，公司始终以“高档、高端、简单、组合、价值”战略定位，2015 年建厂以来公司始终坚持“第一品质、品质第一”的产品理念，严格遵照《饲料质量安全管理规范》（以下简称《规范》）。2017 年 11 月 29 日，农业部《规范》专家组在省农牧厅饲料办领导的陪同下对公司申请的《规范》示范企业创建工作开展现场审核验收，以 93.08 的高分顺利通过农业部验收。

“雄关漫道真如铁，而今迈步从头越”，大北农人始终坚信创业的路上事业没有终点，通过《规范》验收不是目的，更不是终点，而是企业崭新的起点，让甘肃大北农勇立行业潮头。

武威新正大饲料有限公司

武威新正大饲料有限公司是一家集预混料、浓缩料、水产料生产于一体的市级龙头企业。公司地处武威市城西工业区，成立于 2007 年，年生产能力达 10 万 t，固定资产 1 000 多万元，拥有先进的畜禽料生产设备、预混料生产设备和专业的反刍料生产设备。公司采用国内最先进的生产工艺，选择高精度电子配料称、高均匀度无残留混合机等先进设备，利用最优质的原料，生产全过程实现了电脑监控，公司有完善的检验设备先进的检测手段。

公司现有员工 50 余人，其中管理技术人员 10 人，大专以上学历员工 20 余人，拥有一支素质良好业务能力强的销售队伍。结合西北地区畜牧业的现状及发展趋势，以科技为先导，凭借雄厚的科研实力和人才优势，秉承“客户至上，质量第一”的经营理念，创新出一套完善的“产品质量保障体系”；以稳定高效的质量来保障产品的市场竞争力；以诚信换取客户对“新正大”的信任，为市场提供标准话的产品，应用“客户解决方案”和“技术管理体系”为用户提供功效价格比俱佳的产品。以发展优质、专业、高效的产品为市场定位，创立“一流企业，一流品质”的企业品牌形象，被武威市工商局评为“诚信单位”。被金融企业评为 AAA 级信用企业，公司已具备了较强的融资发展、资本运作及资源整合的能力，也为公司发展创造了宽松的环境。公司自投产以来，始终以提高农民养殖为目的，发挥产供销一条龙产业化经营的整体优势，以推进名牌战略为切入点，全心全意为养殖户服务，帮助养殖户获得更好的效益。

甘肃傲农饲料科技有限公司

甘肃傲农饲料科技有限公司是甘肃省武威市古浪县政府招商引资企业，是福建傲农集团在西北投资建设的一家高科技饲料生产企业。项目总投资 1.1 亿元，占地 80 亩，建成年产 24 万 t 畜禽饲料和牛羊饲料两条生产线。生产基地设备全部采用国际最先进的瑞士布勒成套饲料加工设备，配备了近红外色谱仪、酶标仪等行业一流的饲料检测仪器。同时，聘请了中国工程院院士、甘肃农业大学动物科学院专家组成顾问团队，联合甘肃农业大学成立了甘肃傲农动物营养研究院为企业产品质量保驾护航。

先后通过了质量、安全、环境等管理体系认证，同时，落户甘肃傲农古浪基地；先后荣获农业农村部

"饲料质量安全规范示范企业""甘肃省环境保护标准化A级企业""甘肃省农业产业化重点龙头企业""国家高新技术企业中心""国家知识产权优势企业""甘肃省知识产权优势企业""武威市猪禽饲料工程技术研究中心""武威市市级企业技术中心""古浪县农业产业化重点龙头企业、"古浪县文明单位"等荣誉称号。

甘肃傲农饲料科技有限公司生产的饲料产品种类包括猪饲料、奶牛饲料、肉牛饲料、肉羊饲料、蛋鸡饲料、肉鸡饲料等。公司立足甘肃，辐射宁夏、青海、内蒙古、陕西等邻近省份地区，为西北农牧行业发展做出自己的贡献。

宁夏回族自治区

宁夏紫光天化蛋氨酸有限责任公司

宁夏紫光天化蛋氨酸有限责任公司于2013年6月注册成立，注册资本6亿元，计划投资60亿元，分三期建设20万t/年饲料级DL-蛋氨酸及相关配套设施。公司分两期建成了2×5万t/年的蛋氨酸项目，已形成10万t/年饲料级DL-蛋氨酸的生产规模，产品投放市场以来，不但与国内多家知名龙头企业达成战略合作，还出口欧洲、美洲、东亚、东南亚等70多个国家和地区，得到国内和国际市场的普遍信赖和支持。2018年，对生产工艺进行了技术提升，目前，降本增效的171技改项目已投料运行，为国产蛋氨酸的发展提供了强劲动力。

作为全国首家饲料级DL-蛋氨酸工业化生产企业，公司以自主知识产权技术和绿色生产体系技术为核心竞争力，共申请百余核心技术专利，已拥有授权专利68项，连续3年获得"中国专利优秀奖"生产工艺处于国内行业领先水平，并获得中国石化联合会科技进步一等奖。公司注重管理体系建设及产品绿色化生产，已通过了ISO 9001认证、FAML-QS认证、HALAL认证、犹太认证、职业健康安全管理体系及环境管理体系认证，被评为全国二十强饲料添加剂企业、"一带一路"国际合作先进饲料企业、宁夏回族自治区知识产权试点单位。

公司将继续秉承"绿色发展、创新聚力、美丽紫光、美好生活"的发展理念，坚持"安全第一、环保优先、质量至上"的生产理念。建设社会认同、员工幸福、客户满意、股东信赖的和谐企业。

宁夏伊品生物科技股份有限公司

宁夏伊品生物科技股份有限公司设立于2003年，公司拥有6家子公司，分别为内蒙古伊品生物科技有限公司、黑龙江伊品生物科技有限公司、北京中科伊品生物科技有限公司、黑龙江伊品经贸有限公司、伊品生物（香港）有限公司和伊品亚洲（新加坡）有限公司，现有员工6 000余人，2018年年底企业资产规模约120亿元。

经过多年的发展，如今的伊品生物已由一个生产单一产品的小型企业，发展成为以氨基酸饲料添加剂、食品调味品、复混肥及玉米副产品等生产与销售为主营业务，集产学研为一体的、具有行业竞争优势的现代化生物制造企业。同时，在各级党委和政府的关怀下，伊品已成为全国农业产业化大型龙头企业，年加工玉米能力已达到330万t。公司产品市场覆盖全国30多个省、市、自治区，出口50多个国家和地区。2018年饲料添加剂总产量29.07万t，总产值17.54亿元，主要产品赖氨酸、缬氨酸市场占有率已成为全球第一位，苏氨酸位列全球第三位，公司出口额已连续多年全区第一，综合实力位居中国生物发酵行业前三位。

展望未来，宁夏伊品生物将以"推动产业进步，共创美好生活"为使命，立足前沿生物技术，持续创新，成为全球领先的营养健康解决方案服务商。

宁夏伊康元生物科技有限公司

宁夏伊康元生物科技有限公司是内蒙古优然牧业有限责任公司的全资子公司，位于宁夏回族自治区吴忠市金积工业园，占地面积45 334m²。成立于2016年7月22日，是一家自动化程度较高的饲料生产企业。公司设备采用瑞士布勒成套饲料加工设备年产反刍动物饲料12万t，压片玉米3万t。公司设有检验中心，具备对饲料常规项目、毒素含量及微生物检验的能力。从原料入厂、仓储、生产过程严格执行质量标准，保证质量安全。

企业秉承了环保、安全、质量稳定的理念，配套了天然气蒸汽锅炉、全套的消防设施（成品、原料库房配置了喷淋设施）、药品室、化验室（包括微生物实验室），生产线配置了5台配料秤（充分考虑了低于最大量程4%物料的称量准确性），以及投料防呆错设施等，共计投资1.2亿元，于2017年12月，具备了生产条件，并于2018年1月10日取得生产许可证，2月正式投产。2018年生产配合饲料7.98万t，总产值4.71亿元。

公司现有乳倍优、戴瑞特、喜乐特格、预混料、艾瑞特、大富6大系列41个产品品类。销售市场辐射宁夏、甘肃、青海、新疆等地。公司以"成为西北地区领先的反刍动物养殖系统化解决方案提供者"为企业愿景，以"建双安体系、夯基础管理、塑卓越团队、提服务质量、增营收利润"为经营发展方针。

公司现有员工128人，大专以上人员占比67.98%，公司现有技术服务经理4人，技术服务人员22人。为客户提供营养、繁殖、修蹄、奶厅脉动检测、犊牛管理、奶厅管理、牧场管理、财务管理辅导、机电管理辅导、牧场建设规划辅导等服务内容，最终达到通过服务带动产品销量提升。

公司自2018年2月起，正式运营投产以来，为了进一步规范产品实现全链条、全过程标准化管理，有效防控产品质量及食品安全风险，依据公司战略规划及分公司的长远发展，引入SQF食品质量安全管理体系，并以此为管理基础，提高公司食品安全及质量安全规范化管理水平。公司于2019年1月10日通过SQF三级Food Quality Code品质规范认证，且为国内饲料行业首家通过此体系认证的公司。

公司成立以来确立了“成品、原料贸易、奶牛超市”三大主营业务，为了确保产品品质，公司引进国内一流压片玉米生产线，生产线年设计产能3万t，产品投产后，可以满足宁夏、西安、临河等市场需求。2018年3月，压片玉米生产线正式投产，自有品牌“大富”应运而生。压片玉米“大富”自有品牌化的实现，迈出了公司自主品牌化的第一步，公司还将继续探索其他原料产品自有品牌生产的可能性，以扩大公司的品牌优势，提升公司的业务发展速度。

宁夏大北农科技实业有限公司

宁夏大北农科技实业有限公司（以下简称宁夏大北农）是中国饲料工业协会常务理事级会员单位，是大北农集团在西北地区规模最大、实力雄厚、管理规范、设备先进、技术一流的现代化农业高科技企业。占地面积170多亩，现拥有两个生产厂区，装备国际一流水平的布勒生产设备，实行专业化生产运营，同时建成西北地区服务于大型现代化养殖牧场的散装饲料配送系统。80多种优质品种，已经走向西北，产品覆盖西北五省区。2018年年底，产量16.56万t，实现产值56 746万元，比上年增长16.59%实现销售收入56 701万元，比上年增长18.85%；利润总额6 026万元，比上年增长23.43%；缴纳各种税费1 324万元，比上年增长35.24%。

1月，自治区科协党组成员副主席陈国顺出席了“全国示范院士专家工作站”授牌仪式暨李德发院士报告会。3月，宁夏大北农牵头举办的畜牧水产养殖业全产业链盛会，来自13个省市优秀生产厂家代表，400余人汇聚一堂。自治区党组织干部霍丽一行对宁夏大北农党建工作的活动开展给予充分肯定，鼓励企业加强党组织基础建设。4月，宁夏大北农新商业模式的运营载体宁夏大北农之家隆重开业。对鱼料生产车间原有的粉碎系统进行升级改造为超微粉碎技术。5月，由宁夏大北农牵头主导的“草畜产业技术创新战略联盟”筹备会议，在宁夏回族自治区科技厅顺利召开。12月，宁夏伊品生物科技股份有限公司与宁夏大北农科技实业有限公司在宁夏大北农牛羊料生产基地会议室，共同签署十年期战略合作协议。

青 岛 市

青岛凯立德生物科技有限公司

青岛凯立德生物科技有限公司成立于2013年，是一家集饲用功能性脂肪粉的科技研发、技术服务、生产销售于一体的高新技术企业，公司致力于为高效养殖提供精准脂肪粉及应用方案。

公司成立以来，始终坚持诚信、创新、共赢、健康的经营理念，持续完善“脂肪粉营养”系统理论，结合国内外最新研究成果，以创新创造价值，践行“运用脂肪粉让养殖更健康”神圣使命，先后开发出瘤胃脂肪酸，金马脂、禽用脂肪粉，凤凰脂、猪用脂肪粉，百利脂/兆能脂等系列畜禽牛羊专用脂肪粉，全面为客户提供饲用脂肪提供全面解决方案，力争成为具有国际竞争力的时代公司！

公司拥有先进的质量检测中心、技术研发中心，一支强大的专家顾问团队，致力于饲用脂肪粉的研发应用，目前，已获得了3项国家专利，继续申请中发明专利15项。

公司倡导“绿色安全、健康高效”的产品理念，严格执行ISO 9001等体系标准，研发生产绿色、高效、科技型饲用功能脂肪粉产品，助力行业健康发展。本着立德、立功、立言的原则，公司将通过不断提高企业核心竞争力和科技创新能力，以工匠精神管理和引导团队，为实现全人类的健康事业而努力进取，并愿与社会各界有志之士携手共进，共创辉煌。

青岛环山生物科技有限公司

青岛环山生物科技有限公司是环山集团股份有限公司的全资子公司，于2014年5月注册，2018年2月正式投入生产，总投资约1亿元，占地约60亩，位于山东省青岛市平度市同和街道办事处泽河三路西侧、泽河路南侧，东临219省道，南临青新高速，交通便利，产品可辐射平度、莱州、莱西、潍坊等地。设计年产能30万t，产量约10万t，总产值1.9亿元，营业收入约2.1亿元。公司主要饲料产品有猪配合料、猪浓缩料、蛋禽配合料、肉禽配合料、猪复合预混合饲料、蛋禽复合预混合饲料多个系列，100多个品种。“诚实、合作、创新、执着”是核心价值观，“没有挑剔的客户，只有不满意的服务”是公司的服务理念。公司凭着稳定的质量、卓越的品质、完善的服务、稳固的市场，荣获“山东十大饲料领军企业”称号，“生猪饲料企业十强”等称号。

公司将继续秉承环山集团丰厚的企业文化，先进的管理制度，为社会提供安全的农牧产品，为山东省畜牧业发展做出应有的贡献，担负起企业的社会责任。

青岛七好营养科技有限公司

青岛七好营养科技有限公司，是一家专业从事水产饲料研发、生产、销售与服务的国家高新技术企业，隶属于行业内技术领军企业天邦食品股份有限公司。公司自成立之初便提出了“七个好”，即原料好、配方好、工艺好、品质好、鱼虾好、服务好和信誉好的经营构想，以“打造水产饲料梦之队，做安全水产品领航者”为目标，为养殖户提供优质高档的水产饲料，帮助养殖户创造更高价值。

公司研发实力雄厚，聘请中国工程院教授为进站院士，建立了“山东省院士专家工作站”，并通过中国科协的认证。公司有 18 项水产饲料配方获国家发明专利授权，同时拥有授权实用新型专利 31 项。承担的课题有国家星火计划、国家海洋局能源专项、农业农村部“948”引种计划、农业科技成果转化资金项目、农业农村部公益性行业科研专项、青岛市财政资金渔业生产项目、青岛市技术改造贷款贴息项目、莱西市科技发展项目和青岛市“十三五”海洋经济发展计划项目。“优质高效环境友好型鲆鲽类配合饲料研制及产业化推广”获得山东省科技进步二等奖，于 2016 年被认定为国家高新技术企业。

公司生产的全熟化饲料涵盖不同生长阶段的苗种饲料及养成饲料，品种包括鲆鲽鳎类、石斑鱼、大黄鱼、黑鲷等高档海水鱼饲料，鲟鱼、鲑鳟鱼类、加州鲈、乌鳢、锦鲤、泥鳅等名优淡水鱼类饲料，草鱼、鲤鱼等大宗淡水鱼饲料，南美白对虾、小龙虾、河蟹、日本对虾等虾蟹饲料。饲料销售立足山东，辐射全国，得到了市场的广泛认可。

未来，公司还将不断努力，持续研发优质产品，帮助养殖者创造更高的经济价值，一起迎接更加美好的明天！

2019

中国饲料工业年鉴

统计资料

中国饲料工业统计资料

2018 年全国饲料工业总产值和营业收入情况

单位：万元

地区	饲料工业总产值	饲料工业总营业收入	饲料产品	
			总产值	营业收入
全国总计	88 719 861	86 894 286	78 690 845	77 530 886
北　京	1 062 546	1 076 277	998 359	1 012 429
天　津	1 014 686	1 029 101	987 400	1 001 293
河　北	4 424 714	4 384 475	4 251 292	4 221 056
山　西	1 019 795	934 822	1 013 844	934 352
内蒙古	1 453 740	1 410 285	967 247	964 621
辽　宁	3 931 242	3 684 841	3 735 940	3 531 554
吉　林	1 638 496	1 599 400	1 410 934	1 387 478
黑龙江	1 477 339	1 427 031	1 384 548	1 336 204
上　海	718 558	724 238	547 933	554 181
江　苏	5 820 333	5 735 203	4 644 128	4 594 792
浙　江	3 014 911	2 818 031	1 598 606	1 543 094
安　徽	2 054 837	1 947 545	1 950 030	1 844 680
福　建	3 145 334	3 113 799	2 976 397	2 969 517
江　西	3 170 163	3 430 691	2 944 564	3 168 225
山　东	13 526 949	13 322 973	10 618 257	10 671 946
河　南	3 825 491	3 500 597	3 733 901	3 426 776
湖　北	4 085 541	4 033 302	3 687 443	3 684 280
湖　南	4 796 528	4 606 360	4 628 690	4 454 431
广　东	11 866 151	11 600 371	11 649 370	11 356 810
广　西	5 102 882	5 031 534	4 993 845	4 930 108
海　南	1 084 697	1 021 622	1 084 017	1 020 939
重　庆	1 002 399	1 040 080	974 253	1 012 797
四　川	4 099 660	4 138 769	3 843 110	3 898 011
贵　州	694 841	702 059	570 292	581 035
云　南	1 915 730	1 896 101	1 388 803	1 403 575
陕　西	900 246	866 709	891 443	859 095
甘　肃	345 130	304 658	342 807	302 763
青　海	29 986	23 952	29 963	23 935
宁　夏	652 003	650 331	177 020	173 273
新　疆	844 935	839 126	666 411	667 635

（续）

地　区	饲料添加剂		饲料机械	
	总产值	营业收入	总产值	营业收入
全国总计	9 437 459	8 753 433	591 557	609 967
北　京	64 187	63 847	—	—
天　津	27 286	27 808	—	—
河　北	169 105	163 091	4 317	328
山　西	5 952	470	—	—
内蒙古	486 493	445 665	—	—
辽　宁	195 302	153 287	—	—
吉　林	227 562	211 922	—	—
黑龙江	92 791	90 827	—	—
上　海	170 624	170 058	—	—
江　苏	599 287	539 182	576 918	601 228
浙　江	1 416 305	1 274 937	—	—
安　徽	104 808	102 865	—	—
福　建	168 937	144 281	—	—
江　西	225 599	262 466	—	—
山　东	2 908 692	2 651 027	—	—
河　南	91 590	73 821	—	—
湖　北	398 098	349 022	—	—
湖　南	162 672	146 475	5 165	5 454
广　东	216 781	243 561	—	—
广　西	109 037	101 426	—	—
海　南	680	684	—	—
重　庆	28 146	27 283	—	—
四　川	251 393	237 802	5 157	2 957
贵　州	124 549	121 024	—	—
云　南	526 926	492 526	—	—
陕　西	8 803	7 614	—	—
甘　肃	2 323	1 894	—	—
青　海	23	17	—	—
宁　夏	474 983	477 058	—	—
新　疆	178 524	171 491	—	—

2018年全国饲料加工企业生产综合情况（总表）

单位：t

地区	总产量	配合饲料	浓缩饲料	添加剂预混合饲料
全国总计	227 881 954	205 288 410	16 058 934	6 534 611
北京	1 832 752	1 083 829	286 441	462 482
天津	2 155 097	1 438 479	475 222	241 396
河北	13 460 001	11 261 689	1 942 858	255 454
山西	3 052 680	2 750 199	242 901	59 580
内蒙古	3 508 856	2 897 654	580 096	31 106
辽宁	12 354 121	9 942 424	2 248 903	162 794
吉林	4 228 866	3 467 124	675 320	86 421
黑龙江	3 465 363	1 282 209	2 114 699	68 454
上海	1 326 965	1 016 953	100 638	209 374
江苏	13 449 332	12 543 322	486 788	419 223
浙江	4 071 366	3 897 500	68 727	105 140
安徽	6 140 213	5 715 642	276 812	147 759
福建	8 223 614	7 887 573	141 045	194 996
江西	10 143 768	9 436 267	132 575	574 926
山东	32 269 100	30 278 742	1 151 942	838 416
河南	10 699 204	9 262 302	804 021	632 880
湖北	10 691 251	10 164 946	340 280	186 025
湖南	12 669 624	11 857 860	336 454	475 311
广东	30 621 653	29 542 161	402 595	676 898
广西	15 329 709	14 917 050	202 010	210 649
海南	2 804 370	2 798 736	—	5 634
重庆	2 981 267	2 726 931	246 340	7 996
四川	10 856 203	10 031 557	542 315	282 331
贵州	1 671 057	1 266 038	405 019	—
云南	3 794 539	2 845 209	900 608	48 722
陕西	2 620 674	1 987 904	532 395	100 375
甘肃	951 459	739 283	202 580	9 596
青海	86 576	83 203	815	2 559
宁夏	497 094	381 011	103 633	12 451
新疆	1 925 179	1 784 614	114 902	25 664

2018 年全国饲料加工企业生产综合情况（分品种）

单位：t

地 区	总产量	猪饲料	蛋禽饲料	肉禽饲料	水产饲料	反刍饲料	其他饲料
全国总计	227 881 954	97 197 975	29 843 272	65 091 394	22 105 835	10 042 894	3 600 584
北 京	1 832 752	763 771	295 593	279 591	56 973	347 684	89 139
天 津	2 155 097	895 538	238 461	183 407	394 646	402 381	40 664
河 北	13 460 001	2 987 043	5 363 279	2 789 468	451 610	1 219 155	649 446
山 西	3 052 680	801 846	1 000 249	1 108 785	—	120 167	21 634
内蒙古	3 508 856	670 696	238 914	265 701	9 681	2 270 022	53 841
辽 宁	12 354 121	3 381 217	2 163 315	5 067 857	446 204	1 061 926	233 602
吉 林	4 228 866	1 499 045	1 373 644	831 706	10 526	480 700	33 246
黑龙江	3 465 363	1 498 083	313 408	573 812	49 223	863 677	167 159
上 海	1 326 965	409 240	386 842	206 599	32 739	183 921	107 623
江 苏	13 449 332	4 356 886	1 749 273	3 377 755	3 529 122	372 611	63 686
浙 江	4 071 366	1 467 980	480 354	858 251	1 076 933	84 778	103 071
安 徽	6 140 213	2 046 620	932 798	2 680 578	299 638	59 233	121 347
福 建	8 223 614	3 222 813	874 456	2 546 943	1 567 323	98	11 981
江 西	10 143 768	7 502 239	800 467	1 213 456	593 278	362	33 966
山 东	32 269 100	7 865 334	3 017 178	19 272 490	519 701	668 286	926 110
河 南	10 699 204	5 971 115	1 386 768	2 191 995	442 254	233 652	473 419
湖 北	10 691 251	4 553 432	2 530 752	804 176	2 776 149	14 356	12 386
湖 南	12 669 624	8 858 284	1 071 075	1 121 749	1 578 698	4 130	35 688
广 东	30 621 653	14 106 299	1 733 185	8 545 578	5 986 297	47 539	202 754
广 西	15 329 709	8 230 520	683 195	5 805 004	597 625	13 191	174
海 南	2 804 370	1 188 343	164 302	1 101 622	350 103	—	—
重 庆	2 981 267	1 881 601	305 388	546 917	185 641	21 853	39 866
四 川	10 856 203	7 448 070	926 381	1 611 277	626 241	114 534	129 701
贵 州	1 671 057	1 135 266	187 583	226 403	23 425	79 542	18 838
云 南	3 794 539	2 075 014	334 189	1 039 805	307 305	35 725	2 501
陕 西	2 620 674	1 377 606	680 683	313 189	39 497	204 895	4 804
甘 肃	951 459	429 409	100 560	94 400	10 714	311 619	4 757
青 海	86 576	9 360	11	—	—	77 205	—
宁 夏	497 094	106 960	61 593	45 600	33 599	245 170	4 172
新 疆	1 925 179	458 345	449 377	387 282	110 686	504 483	15 006

2018年全国配合饲料加工企业生产情况

单位：t、%

地区	猪饲料	比重	蛋禽饲料	比重	肉禽饲料	比重	水产饲料	比重	精料补充料	比重	其他饲料	比重
全国总计	83 281 619	40.6	25 902 265	12.6	63 194 454	30.8	21 769 835	10.6	7 794 755	3.8	3 345 483	1.6
北京	335 743	31.0	133 432	12.3	268 971	24.8	43 938	4.1	223 099	20.6	78 646	7.3
天津	390 020	27.1	143 151	10.0	178 191	12.4	390 593	27.2	301 428	21.0	35 097	2.4
河北	2 191 749	19.5	4 400 578	39.1	2 708 012	24.0	448 821	4.0	897 964	8.0	614 564	5.5
山西	657 508	23.9	871 123	31.7	1 101 034	40.0	—	0.0	99 686	3.6	20 848	0.8
内蒙古	548 790	18.9	197 565	6.8	237 089	8.2	9 614	0.3	1 854 070	64.0	50 525	1.7
辽宁	2 315 445	23.3	1 522 058	15.3	4 638 016	46.6	437 487	4.4	844 927	8.5	184 491	1.9
吉林	1 135 585	32.8	1 238 931	35.7	681 007	19.6	9 021	0.3	371 733	10.7	30 847	0.9
黑龙江	518 341	40.4	74 832	5.8	31 407	2.4	40 597	3.2	451 186	35.2	165 846	12.9
上海	182 379	17.9	335 972	33.0	200 819	19.7	30 475	3.0	161 163	15.8	106 145	10.4
江苏	3 715 802	29.6	1 581 997	12.6	3 341 640	26.6	3 513 993	28.0	327 282	2.6	62 609	0.5
浙江	1 318 586	33.8	471 555	12.1	847 249	21.7	1 072 498	27.5	84 558	2.2	103 054	2.6
安徽	1 720 412	30.1	896 504	15.7	2 640 296	46.2	295 270	5.2	53 580	0.9	109 580	1.9
福建	2 927 784	37.1	863 859	11.0	2 530 134	32.1	1 553 773	19.7	98	0.0	11 925	0.2
江西	6 823 188	72.3	794 871	8.4	1 205 048	12.8	592 118	6.3	221	0.0	20 821	0.2
山东	6 645 448	21.9	2 604 046	8.6	19 133 934	63.2	513 271	1.7	510 828	1.7	871 215	2.9
河南	4 803 885	51.9	1 177 412	12.7	2 162 174	23.3	439 784	4.7	210 770	2.3	468 278	5.1
湖北	4 128 677	40.6	2 452 666	24.1	798 275	7.9	2 761 367	27.2	13 151	0.1	10 810	0.1
湖南	8 127 277	68.5	1 019 874	8.6	1 101 681	9.3	1 572 097	13.3	1 364	0.0	35 567	0.3
广东	13 316 029	45.1	1 697 752	5.7	8 503 662	28.8	5 817 486	19.7	45 719	0.2	161 513	0.5
广西	7 960 123	53.4	675 513	4.5	5 676 306	38.1	591 743	4.0	13 191	0.1	174	0.0
海南	1 183 158	42.3	164 302	5.9	1 101 622	39.4	349 654	12.5	—	0.0	—	0.0
重庆	1 654 469	60.7	282 325	10.4	545 229	20.0	185 583	6.8	19 464	0.7	39 861	1.5
四川	6 776 472	67.6	870 239	8.7	1 589 734	15.8	581 684	5.8	86 581	0.9	126 847	1.3
贵州	754 801	59.6	185 584	14.7	220 514	17.4	23 425	1.9	70 831	5.6	10 884	0.9
云南	1 202 177	42.3	297 495	10.5	1 013 417	35.6	304 423	10.7	25 200	0.9	2 497	0.1
陕西	1 135 590	57.1	406 224	20.4	254 698	12.8	38 100	1.9	148 772	7.5	4 520	0.2
甘肃	344 367	46.6	77 747	10.5	78 852	10.7	10 714	1.4	223 534	30.2	4 068	0.6
青海	9 082	10.9	10	0.0	—	0.0	—	0.0	74 110	89.1	—	0.0
宁夏	61 125	16.0	51 947	13.6	32 489	8.5	33 599	8.8	199 299	52.3	2 552	0.7
新疆	397 608	22.3	412 699	23.1	372 953	20.9	108 706	6.1	480 948	26.9	11 701	0.7

2018年全国浓缩饲料加工企业生产情况

单位：t、%

地 区	猪饲料	比重	蛋禽饲料	比重	肉禽饲料	比重	水产饲料	比重	反刍动物饲料	比重	其他饲料	比重
全国总计	10 017 607	62.4	2 521 089	15.7	1 565 343	9.7	35 401	0.2	1 791 983	11.2	127 511	0.8
北 京	246 972	86.2	9 195	3.2	2 598	0.9	—	—	26 473	9.2	1 204	0.4
天 津	400 924	84.4	11 060	2.3	287	0.1	—	—	60 239	12.7	2 711	0.6
河 北	711 473	36.6	869 496	44.8	72 402	3.7	—	—	264 102	13.6	25 386	1.3
山 西	105 045	43.2	116 856	48.1	1 531	0.6	—	—	19 114	7.9	355	0.1
内蒙古	112 029	19.3	40 180	6.9	28 382	4.9	—	—	399 469	68.9	36	0.01
辽 宁	1 011 165	45.0	590 533	26.3	391 940	17.4	5 385	0.2	207 579	9.2	42 301	1.9
吉 林	340 928	50.5	112 668	16.7	139 747	20.7	—	—	79 627	11.8	2 351	0.3
黑龙江	960 290	45.4	213 935	10.1	541 497	25.6	8 592	0.4	389 739	18.4	647	0.03
上 海	98 168	97.5	265	0.3	354	0.4	—	—	1 851	1.8	—	—
江 苏	426 362	87.6	19 140	3.9	10 441	2.1	183	0.04	30 661	6.3	—	—
浙 江	68 209	99.2	241	0.4	277	0.4	—	—	—	—	—	—
安 徽	218 457	78.9	15 442	5.6	29 760	10.8	2 512	0.9	3 286	1.2	7 355	2.7
福 建	133 906	94.9	1 442	1.0	5 615	4.0	82	0.1	—	—	—	—
江 西	121 372	91.5	169	0.1	438	0.3	181	0.1	—	—	10 415	7.9
山 东	934 229	81.1	43 398	3.8	87 621	7.6	482	0.04	78 409	6.8	7 803	0.7
河 南	646 504	80.4	111 838	13.9	25 384	3.2	—	—	17 125	2.1	3 171	0.4
湖 北	332 928	97.8	3 746	1.1	—	—	2 401	0.7	1 206	0.4	—	—
湖 南	311 195	92.5	15 083	4.5	10 133	3.0	—	—	43	0.01	—	—
广 东	365 750	90.8	2 048	0.5	8 294	2.1	12 285	3.1	—	—	14 218	3.5
广 西	124 718	61.7	39	0.02	77 253	38.2	—	—	—	—	—	—
海 南	—	—	—	—	—	—	—	—	—	—	—	—
重 庆	219 810	89.2	22 587	9.2	1 673	0.7	—	—	2 269	0.9	—	—
四 川	509 040	93.9	18 329	3.4	1 234	0.2	—	—	13 711	2.5	—	—
贵 州	380 465	93.9	2 000	0.5	5 889	1.5	—	—	8 711	2.2	7 954	2.0
云 南	856 455	95.1	7 996	0.9	25 145	2.8	1 854	0.2	9 154	1.0	4	0.0004
陕 西	204 747	38.5	232 664	43.7	56 215	10.6	—	—	38 770	7.3	—	—
甘 肃	83 634	41.3	21 139	10.4	15 223	7.5	—	—	81 895	40.4	690	0.3
青 海	—	—	—	—	—	—	—	—	815	100.0	—	—
宁 夏	41 678	40.2	8 274	8.0	12 913	12.5	—	—	39 858	38.5	910	0.9
新 疆	51 156	44.5	31 326	27.3	13 096	11.4	1 446	1.3	17 878	15.6	—	—

2018年全国添加剂预混合饲料加工企业生产情况

单位：t、%

地区	猪饲料	比重	蛋禽饲料	比重	肉禽饲料	比重	水产饲料	比重	反刍动物饲料	比重	其他饲料	比重
全国总计	3 898 750	59.7	1 419 918	21.7	331 598	5.1	300 599	4.6	456 156	7.0	127 590	2.0
北京	181 057	39.1	152 966	33.1	8 022	1.7	13 035	2.8	98 113	21.2	9 289	2.0
天津	104 594	43.3	84 250	34.9	4 928	2.0	4 053	1.7	40 714	16.9	2 856	1.2
河北	83 821	32.8	93 204	36.5	9 055	3.5	2 789	1.1	57 088	22.3	9 496	3.7
山西	39 293	65.9	12 270	20.6	6 219	10.4	—	—	1 367	2.3	432	0.7
内蒙古	9 878	31.8	1 169	3.8	229	0.7	67	0.2	16 483	53.0	3 280	10.5
辽宁	54 607	33.5	50 725	31.2	37 901	23.3	3 332	2.0	9 420	5.8	6 809	4.2
吉林	22 531	26.1	22 046	25.5	10 952	12.7	1 505	1.7	29 340	34.0	48	0.1
黑龙江	19 453	28.4	24 641	36.0	907	1.3	35	0.1	22 752	33.2	667	1.0
上海	128 694	61.5	50 605	24.2	5 426	2.6	2 264	1.1	20 907	10.0	1 478	0.7
江苏	214 721	51.2	148 136	35.3	25 674	6.1	14 947	3.6	14 668	3.5	1 077	0.3
浙江	81 185	77.2	8 558	8.1	10 725	10.2	4 435	4.2	220	0.2	17	0.02
安徽	107 751	72.9	20 853	14.1	10 522	7.1	1 855	1.3	2 366	1.6	4 411	3.0
福建	161 123	82.6	9 155	4.7	11 193	5.7	13 469	6.9	—	—	56	0.03
江西	557 679	97.0	5 426	0.9	7 971	1.4	979	0.2	140	0.02	2 730	0.5
山东	285 657	34.1	369 734	44.1	50 935	6.1	5 949	0.7	79 049	9.4	47 092	5.6
河南	520 727	82.3	97 518	15.4	4 437	0.7	2 471	0.4	5 757	0.9	1 971	0.3
湖北	91 827	49.4	74 340	40.0	5 901	3.2	12 382	6.7	—	—	1 575	0.8
湖南	419 812	88.3	36 118	7.6	9 935	2.1	6 601	1.4	2 723	0.6	121	0.03
广东	424 521	62.7	33 384	4.9	33 622	5.0	156 527	23.1	1 820	0.3	27 023	4.0
广西	145 679	69.2	7 643	3.6	51 445	24.4	5 882	2.8	—	—	—	—
海南	5 185	92.0	—	—	—	—	449	8.0	—	—	—	—
重庆	7 322	91.6	475	5.9	15	0.2	58	0.7	120	1.5	5	0.1
四川	162 558	57.6	37 812	13.4	20 309	7.2	44 557	15.8	14 241	5.0	2 854	1.0
贵州	—	—	—	—	—	—	—	—	—	—	—	—
云南	16 381	33.6	28 698	58.9	1 243	2.6	1 029	2.1	1 371	2.8	—	—
陕西	37 269	37.1	41 795	41.6	2 276	2.3	1 397	1.4	17 353	17.3	285	0.3
甘肃	1 408	14.7	1 674	17.4	324	3.4	—	—	6 190	64.5	—	—
青海	278	10.9	1	0.05	—	—	—	—	2 280	89.1	—	—
宁夏	4 157	33.4	1 371	11.0	198	1.6	—	—	6 013	48.3	710	5.7
新疆	9 582	37.3	5 352	20.9	1 233	4.8	535	2.1	5 657	22.0	3 306	12.9

2018 年全国饲料添加剂产量情况表（一）

单位：t

地　区	饲料添加剂产品总量	饲料添加剂	混合型饲料添加剂
全国总计	10 945 291	10 353 371	591 920
北　京	26 211	5 451	20 761
天　津	37 124	33 509	3 615
河　北	237 575	213 053	24 522
山　西	21 533	18 000	3 532
内蒙古	780 798	731 338	49 460
辽　宁	204 920	160 570	44 350
吉　林	325 470	323 714	1 756
黑龙江	364 974	360 169	4 805
上　海	50 619	10 726	39 893
江　苏	541 585	467 292	74 293
浙　江	201 549	195 761	5 788
安　徽	150 240	143 913	6 327
福　建	63 099	58 422	4 677
江　西	163 952	142 430	21 522
山　东	1 852 134	1 760 954	91 179
河　南	107 553	93 755	13 798
湖　北	746 367	716 583	29 784
湖　南	382 576	371 441	11 135
广　东	145 058	60 175	84 883
广　西	297 661	291 091	6 569
海　南	807	411	395
重　庆	23 907	11 039	12 869
四　川	906 337	874 991	31 346
贵　州	513 354	513 354	—
云　南	2 016 569	2 015 476	1 093
陕　西	21 467	18 146	3 321
甘　肃	988	973	15
青　海	99	—	99
宁　夏	377 709	377 709	—
新　疆	383 058	382 926	132

2018 年全国饲料添加剂产量情况表（二）

单位：t

地区	氨基酸		维生素		矿物元素及其络合物		酶制剂	
	饲料添加剂	混合型饲料添加剂	饲料添加剂	混合型饲料添加剂	饲料添加剂	混合型饲料添加剂	饲料添加剂	混合型饲料添加剂
全国总计	2 834 871	18 263	1 032 670	76 797	5 614 042	58 635	119 761	46 897
北　京	20	—	2 341	4 129	—	87	—	3 606
天　津	—	4	67	29	697	1 147	5 036	55
河　北	3 605	41	79 521	5 906	105 763	1 539	10 023	255
山　西	860	14	—	27	16 804	3	105	—
内蒙古	683 124	17 194	1 708	131	17 357	35	1 674	8 886
辽　宁	77 785	1	5 527	39 420	67 000	973	650	191
吉　林	304 211	—	9 878	5	9 601	—	—	—
黑龙江	354 049	3	—	126	353	71	2 955	129
上　海	105	—	7 845	2 718	—	125	40	1 416
江　苏	153 261	276	65 853	163	109 838	306	60 669	437
浙　江	21 168	7	143 520	202	15 121	112	890	83
安　徽	87 512	—	9 264	20	12 968	224	—	4
福　建	54	15	2 885	106	58	—	1 096	137
江　西	433	5	14 003	21	113 481	522	122	21
山　东	408 436	46	622 161	18 234	435 599	10 799	21 737	5 893
河　南	7 769	128	3 382	567	30 898	23	3 183	470
湖　北	17 393	2	25 867	197	642 379	496	1 416	18 243
湖　南	13	62	9 568	41	309 207	3 023	4 627	3 161
广　东	7	445	6 353	4 551	36 538	18 586	14	2 816
广　西	—	14	—	—	251 330	3 655	1 067	46
海　南	—	1	—	—	—	—	—	—
重　庆	—	—	1 107	50	9 931	120	—	—
四　川	1 217	3	4 208	8	861 709	15 675	2 172	488
贵　州	—	—	—	—	513 338	—	—	—
云　南	52	—	1 067	—	2 010 457	61	812	533
陕　西	—	2	—	147	18 064	868	—	11
甘　肃	—	—	—	—	—	—	650	15
青　海	—	—	—	—	—	53	—	—
宁　夏	342 290	—	16 547	—	17 966	—	775	—
新　疆	371 505	—	—	—	7 584	131	51	—

2018 年全国饲料添加剂产量情况表（三）

单位：t

地区	抗氧化剂		防腐剂、防霉剂		微生物		其他	
	饲料添加剂	混合型饲料添加剂	饲料添加剂	混合型饲料添加剂	饲料添加剂	混合型饲料添加剂	饲料添加剂	混合型饲料添加剂
全国总计	20 874	52 170	424 674	117 490	50 076	96 034	256 403	125 634
北　京	—	151	—	1 493	3 090	1 611	—	9 684
天　津	—	80	6 929	449	—	703	20 778	1 149
河　北	—	23	1 262	494	9 263	6 816	3 616	9 448
山　西	—	—	18	21	38	3 410	176	57
内蒙古	—	—	27 275	146	171	9 969	29	13 098
辽　宁	—	—	—	551	558	1 581	9 050	1 634
吉　林	—	—	—	—	12	1 249	12	503
黑龙江	—	—	—	259	1 624	1 751	1 189	2 464
上　海	2 736	10 678	—	17 014	—	1 619	—	6 322
江　苏	16 975	34 202	16 138	20 207	870	1 585	43 689	17 116
浙　江	—	727	1 965	709	945	2 714	12 151	1 235
安　徽	1	52	28 820	3 855	42	939	5 305	1 232
福　建	—	569	4 400	765	249	867	49 681	2 218
江　西	—	384	12 456	17 316	319	1 893	1 616	1 360
山　东	—	684	251 282	3 857	17 861	35 080	3 879	16 586
河　南	—	—	44 785	281	3 606	5 998	132	6 330
湖　北	843	—	16 801	1 509	7 946	4 173	3 939	5 163
湖　南	230	366	3 631	480	311	3 081	43 853	921
广　东	29	3 403	1 125	30 610	572	6 394	15 535	18 078
广　西	—	60	6 886	2 525	1 203	250	30 605	20
海　南	—	—	—	—	72	383	339	11
重　庆	—	677	—	8 772	—	229	—	3 021
四　川	23	51	899	6 029	277	1 301	4 488	7 792
贵　州	16	—	—	—	—	—	—	—
云　南	22	—	2	—	208	499	2 857	—
陕　西	—	63	—	110	81	1 938	—	183
甘　肃	—	—	—	—	323	—	—	—
青　海	—	—	—	38	—	—	—	9
宁　夏	—	—	—	—	—	—	132	—
新　疆	—	—	—	—	434	2	3 352	—

2018 年全国饲料添加剂单项产品生产情况（四）

单位：t

地　区	赖氨酸	蛋氨酸	苏氨酸	色氨酸
全国总计	1 218 578	261 718	630 386	17 445
北　京	—	8	—	—
天　津	—	—	—	—
河　北	—	210	331	—
山　西	—	—	—	—
内蒙古	37 330	—	346 149	2 443
辽　宁	34 259	—	18 538	—
吉　林	281 176	—	23 035	—
黑龙江	38 200	—	112 056	—
上　海	—	—	—	—
江　苏	4 360	146 000	—	—
浙　江	—	127	2 883	2 978
安　徽	—	—	288	—
福　建	—	—	54	—
江　西	—	—	—	—
山　东	293 789	63 747	—	3
河　南	—	—	—	7 143
湖　北	—	—	—	—
湖　南	—	12	—	—
广　东	7	—	—	—
广　西	—	—	—	—
海　南	—	—	—	—
重　庆	—	—	—	—
四　川	—	2	—	—
贵　州	—	—	—	—
云　南	4	2	2	22
陕　西	—	—	—	—
甘　肃	—	—	—	—
青　海	—	—	—	—
宁　夏	236 528	51 609	53 591	562
新　疆	292 925	—	73 460	4 295

2018年全国饲料添加剂单项产品生产情况（五）

单位：t

地 区	氯化胆碱	维生素A	维生素E	维生素B_{12}	维生素B_2	维生素C
全国总计	577 301	4 867	86 890	605	6 113	34 849
北 京	9	—	—	—	—	2 261
天 津	—	—	—	—	—	—
河 北	59 166	—	—	150	131	2 093
山 西	—	—	—	—	—	—
内蒙古	—	—	—	—	1 281	127
辽 宁	1 977	—	—	—	—	—
吉 林	—	—	7 979	—	—	—
黑龙江	—	—	—	—	—	—
上 海	—	—	—	—	—	—
江 苏	24 535	—	69	—	—	3 402
浙 江	648	4 865	54 524	—	27	6 456
安 徽	—	—	—	—	—	—
福 建	—	—	548	—	—	—
江 西	—	—	—	—	1	—
山 东	490 951	—	—	6	2 310	3 286
河 南	—	—	—	—	2 262	1 120
湖 北	—	—	23 768	—	97	—
湖 南	12	—	—	—	—	—
广 东	—	—	—	—	—	—
广 西	—	—	—	—	—	—
海 南	—	—	—	—	—	—
重 庆	—	—	—	—	2	—
四 川	—	—	—	—	—	1
贵 州	—	—	—	—	—	—
云 南	2	2	2	2	2	2
陕 西	—	—	—	—	—	—
甘 肃	—	—	—	—	—	—
青 海	—	—	—	—	—	—
宁 夏	—	—	—	447	—	16 100
新 疆	—	—	—	—	—	—

2018年全国饲料添加剂单项产品生产情况（六）

单位：t

地区	硫酸铜	硫酸亚铁	硫酸锌	硫酸锰	磷酸氢钙
全国总计	20 729	114 036	62 041	143 708	3 580 261
北京	—	—	—	—	—
天津	—	—	—	—	—
河北	—	—	—	880	21 200
山西	—	—	—	—	—
内蒙古	—	—	—	297	11 700
辽宁	1 174	—	—	1 164	—
吉林	—	—	—	—	9 601
黑龙江	—	—	—	—	—
上海	—	—	—	—	—
江苏	150	—	—	—	67
浙江	—	—	—	—	—
安徽	—	—	—	—	—
福建	—	—	—	58	—
江西	1 110	—	25 698	1 125	—
山东	161	—	—	81	68 694
河南	—	—	—	—	—
湖北	—	—	—	—	355 480
湖南	4 411	—	—	40 147	—
广东	12 742	—	—	484	—
广西	335	37 814	29 100	84 222	96 980
海南	—	—	—	—	—
重庆	—	—	—	—	—
四川	389	76 220	2 082	14 505	616 406
贵州	—	—	—	680	430 462
云南	257	2	2	66	1 969 670
陕西	—	—	—	—	—
甘肃	—	—	—	—	—
青海	—	—	—	—	—
宁夏	—	—	5 159	—	—
新疆	—	—	—	—	—

2018 年全国饲料企业年末职工人数情况

单位：人

地区	职工总数	其中职工学历构成					其中技术工种人员构成		
		博士	硕士	大学本科	大学专科	其他	小计	检验员、化验员	维修工
全国总计	802 885	4 489	16 036	111 473	177 885	493 002	72 441	37 201	35 240
北　京	8 608	117	451	1 954	2 099	3 987	592	372	220
天　津	12 337	66	361	3 175	3 360	5 375	1 299	562	737
河　北	42 165	279	720	5 297	10 034	25 835	5 068	2 719	2 349
山　西	11 024	32	113	1 147	2 261	7 471	1 117	589	528
内蒙古	33 982	81	331	4 309	9 540	19 721	3 036	1 566	1 470
辽　宁	29 800	626	448	3 744	6 217	18 765	3 176	1 737	1 439
吉　林	23 160	59	286	3 032	4 506	15 277	3 212	1 447	1 765
黑龙江	21 547	76	291	2 861	4 673	13 646	2 403	1 126	1 277
上　海	5 342	68	439	1 379	1 101	2 355	484	299	185
江　苏	52 640	202	1 110	8 569	13 074	29 685	5 089	2 544	2 545
浙　江	32 626	145	1 133	6 290	7 835	17 223	3 085	1 993	1 092
安　徽	20 028	76	264	2 435	4 358	12 895	2 095	974	1 121
福　建	21 185	101	400	2 995	3 730	13 959	1 889	1 016	873
江　西	23 049	88	358	3 273	5 334	13 996	1 664	915	749
山　东	112 332	437	2 263	14 015	26 242	69 375	9 729	5 383	4 346
河　南	38 947	233	704	5 066	10 373	22 571	3 543	1 901	1 642
湖　北	44 497	137	865	6 846	9 088	27 561	3 067	1 433	1 634
湖　南	26 657	166	544	4 525	6 071	15 351	2 462	1 227	1 235
广　东	59 191	308	1 452	9 031	11 308	37 092	4 866	2 465	2 401
广　西	26 399	34	214	3 129	5 181	17 841	2 511	1 105	1 406
海　南	2 784	3	29	390	487	1 875	258	119	139
重　庆	8 234	52	133	1 166	1 563	5 320	791	397	394
四　川	36 450	123	428	3 617	6 149	26 133	3 184	1 572	1 612
贵　州	4 579	20	59	685	1 070	2 745	430	191	239
云　南	64 639	859	2 179	6 843	11 320	43 438	3 383	1 523	1 860
陕　西	10 710	40	175	1 402	3 119	5 974	891	515	376
甘　肃	3 648	24	70	746	921	1 887	325	165	160
青　海	439	3	10	59	89	278	69	35	34
宁　夏	8 171	22	100	1 302	2 620	4 127	928	497	431
新　疆	17 715	12	106	2 191	4 162	11 244	1 795	814	981

（陆泳霖　陈亚楠　刘芊麟）

主要饲料原料进出口情况

2018年主要饲料原料进出口情况

饲料原料	出口数量（t）	同比（%）	进口数量（t）	同比（%）
玉米	12 191.7	-85.8	3 524 200.3	24.7
大豆	136 096.6	19.5	88 064 446.3	-7.8
豆粕	1 134 261.6	16.6	22 810.4	-62.7
饲料用鱼粉	127.3	-67.5	1 458 500.8	-7.4
赖氨酸	405 402.6	8.7	1 335.9	-36.4

饲料原料	出口金额（万美元）	同比（%）	进口金额（万美元）	同比（%）
玉米	599.2	-83.5	78 883.8	89.1
大豆	10 220.2	-3.5	3 814 024.7	17.8
豆粕	54 873.0	41.6	1 418.9	-61.1
饲料用鱼粉	14.7	-89.4	221 893.2	15.8
赖氨酸	45 057.2	23.7	370.2	-5.9

2018 年各月玉米进出口情况

月份	出口数量（t）	同比（%）	进口数量（t）	同比（%）
1 月	491.5	9 921.6	392 234.5	146.7
2 月	233.1	−42.1	102 552.5	−28.1
3 月	46.4	−95.5	63 000.5	1 078.9
4 月	408.4	−93.2	379 168.0	12 090.8
5 月	1 423.2	−92.1	755 453.7	1 683.3
6 月	3 307.6	−70.8	515 333.7	34.5
7 月	961.9	−95.8	331 832.3	−63.7
8 月	1 461.6	−89.9	326 799.2	−13.5
9 月	798.6	−51.3	41 408.6	−83.4
10 月	816.0	−66.2	80 920.1	9.9
11 月	553.9	−69.7	118 404.5	438.7
12 月	1 689.4	−71.7	417 092.7	−8.2

月份	出口金额（万美元）	同比（%）	进口金额（万美元）	同比（%）
1 月	25.9	6 764.6	8 028.0	142.9
2 月	6.9	−41.2	2 135.7	−32.2
3 月	2.9	−88.8	1 552.9	396.6
4 月	12.1	−91.4	8 324.1	2973.7
5 月	45.9	−88.8	16 145.4	1627.2
6 月	98.2	−64.4	11 249.2	42.5
7 月	28.6	−94.5	7 509.6	−59.6
8 月	59.1	−81.4	7 776.9	0.6
9 月	23.9	−43.8	1 195.8	−77.3
10 月	62.5	−46.6	2 280.7	22.8
11 月	137.7	4.1	3 109.0	300.3
12 月	95.5	−57.7	9 576.4	−6.6

2018年各月大豆进出口情况

月份	出口数量（t）	同比（%）	进口数量（t）	同比（%）
1月	8 573.0	−31.6	8 480 835.9	10.8
2月	9 145.2	18.7	5 424 234.7	−2.1
3月	13 099.7	6.8	5 661 752.0	−10.5
4月	17 796.1	32.6	6 919 800.0	−13.7
5月	16 466.6	51.9	9 686 634.6	1.0
6月	18 317.1	191.7	8 699 112.0	13.2
7月	8 487.4	34.2	8 005 478.9	−20.6
8月	5 322.3	−10.4	9 149 879.6	8.3
9月	5 447.8	5.1	8 011 597.1	−1.2
10月	6 103.0	−10.1	6 920 116.8	18.2
11月	11 088.4	−14.5	5 384 245.9	−38.0
12月	16 250.0	18.9	5 720 758.8	−40.1

月份	出口金额（万美元）	同比（%）	进口金额（万美元）	同比（%）
1月	701.2	−31.3	356 831.1	7.3
2月	688.1	11.2	225 608.7	−6.0
3月	995.1	4.8	239 178.6	−12.2
4月	1 422.7	10.8	297 205.1	−12.9
5月	1 229.4	28.7	421 642.6	5.8
6月	1 263.8	141.5	388 498.7	25.1
7月	615.9	25.8	356 264.4	−12.0
8月	389.7	−8.8	395 848.6	15.7
9月	394.4	−4.1	342 923.2	4.1
10月	461.6	−11.0	300 884.2	24.9
11月	987.9	−1.4	234 438.1	−35.2
12月	1 070.3	−1.7	254 701.3	−36.2

2018 年各月豆粕进出口情况

月份	出口数量（t）	同比（%）	进口数量（t）	同比（%）
1 月	48 545.4	-16.1	706.8	-88.3
2 月	58 415.2	52.1	22.5	-99.8
3 月	54 214.5	-4.8	1 323.2	-85.2
4 月	107 622.7	14.4	2 143.3	-71.5
5 月	134 593.3	48.6	2 727.0	-56.7
6 月	144 644.3	12.5	3 003.7	-47.3
7 月	149 339.8	26.8	484.0	-79.5
8 月	125 978.3	3.9	1 275.6	-44.3
9 月	149 963.9	132.7	1 765.7	-13.8
10 月	97 404.6	83.4	5 216.0	202.2
11 月	30 588.5	-59.9	4 040.0	4.7
12 月	32 951.0	-55.2	102.5	-94.0
月份	出口金额（万美元）	同比（%）	进口金额（万美元）	同比（%）
1 月	2 730.0	-3.4	50.7	-85.3
2 月	2 942.3	47.4	1.5	-99.8
3 月	2 628.2	-3.4	88.5	-81.6
4 月	5 349.7	23.7	150.2	-63.4
5 月	6 377.4	59.1	181.6	-45.3
6 月	7 050.6	29.9	215.4	-36.9
7 月	7 039.9	47.7	25.3	-82.4
8 月	5 793.3	16.0	69.9	-58.2
9 月	6 820.0	129.9	92.6	-32.2
10 月	4 607.7	82.1	266.7	127.6
11 月	1 667.0	-52.5	271.7	-8.5
12 月	1 866.9	-46.6	4.9	-96.3

2018年各月饲料用鱼粉进出口情况

月份	出口数量（t）	同比（%）	进口数量（t）	同比（%）
1月	25.0	–58.3	63 225.6	22.6
2月	25.0	—	35 033.8	–66.3
3月	0.0	–100.0	77 501.7	–57.5
4月	10.0	—	149 003.6	–6.1
5月	23.0	–48.3	104 158.0	–14.2
6月	3.0	–85.0	144 694.0	16.4
7月	24.0	–63.1	219 011.3	0.0
8月	0.0	—	230 616.1	–4.2
9月	0.0	–100.0	187 810.3	19.8
10月	0.0	—	124 261.1	16.1
11月	0.0	–100.0	77 294.4	35.3
12月	17.3	–54.5	45 890.9	–12.3

月份	出口金额（万美元）	同比（%）	进口金额（万美元）	同比（%）
1月	2.8	–68.4	8 686.1	18.6
2月	2.8	—	5 199.7	–66.1
3月	0.0	–100.0	11 558.9	–56.4
4月	1.6	—	22 681.3	–2.3
5月	2.5	–50.7	16 422.2	–6.2
6月	0.5	–82.6	23 046.1	30.6
7月	2.6	–70.5	34 868.5	14.1
8月	0.0	—	35 282.5	6.2
9月	0.0	–100.0	28 128.2	31.2
10月	0.0	—	18 824.9	28.2
11月	0.0	–100.0	11 172.6	43.1
12月	1.9	–68.3	6 022.3	–11.9

2018 年各月赖氨酸进出口情况

月份	出口数量（吨）	同比（%）	进口数量（吨）	同比（%）
1月	24 503.3	–12.8	186.5	–67.7
2月	20 787.2	–27.0	180.4	–24.6
3月	40 085.7	20.7	228.2	–5.6
4月	27 429.3	–15.7	0.5	2 683.3
5月	35 833.0	29.3	165.3	0.7
6月	36 998.6	2.2	106.7	54 638.5
7月	35 800.6	12.3	201.5	–19.6
8月	35 984.6	0.6	171.5	–44.1
9月	36 129.5	19.2	0.5	–99.7
10月	33 740.9	26.1	20.3	–86.1
11月	34 983.4	15.7	74.5	3 280.0
12月	43 126.6	35.9	0.0	–99.3

月份	出口金额（万美元）	同比（%）	进口金额（万美元）	同比（%）
1月	2 936.3	6.3	55.7	–44.6
2月	2 399.7	–20.2	38.6	–13.5
3月	4 765.2	34.0	79.2	64.3
4月	3 211.0	–5.5	3.5	511.9
5月	4 198.6	38.5	49.3	31.2
6月	4 284.6	13.1	29.9	2 208.9
7月	3 967.1	20.3	38.3	4.8
8月	3 849.2	1.0	42.1	–49.2
9月	3 858.0	19.3	0.8	–98.3
10月	3 534.6	23.9	5.3	–83.9
11月	3 683.0	9.7	27.3	519.3
12月	4 370.1	20.4	0.2	–60.7

（陆泳霖　陈亚楠　刘芊麟）

大事记

农业农村部畜牧兽医局饲料饲草处

2018年1月11日　农业部发布公告第2638号，停止在食品动物中使用喹乙醇、氨苯胂酸、洛克沙胂3种兽药。

2018年1月11日　农业部制定了《畜禽规模养殖场粪污资源化利用设施建设规范（试行）》。规范指出，畜禽规模养殖场粪污资源化利用应坚持农牧结合、种养平衡，按照资源化、减量化、无害化的原则，对源头减量、过程控制和末端利用各环节进行全程管理，提高粪污综合利用率和设施装备配套率。

2018年1月15日　农业部部长韩长赋主持召开部常务会议，安排部署大力实施乡村振兴战略、加快推进农业转型升级、扎实做好2018年农业农村经济等工作。会议指出，2018年和今后一个时期农业农村经济工作，按照高质量发展的要求，推进农业尽快由总量扩张向质量提升转变，加快推进农业转型升级。

2018年1月22日　农业部印发《2018年国家农产品质量安全例行监测（风险监测）计划》，作为2018年农业部“农业质量年”活动的重要措施启动实施。

2018年1月30日　农业部发布《2018年畜牧业工作要点》，全面落实全国农业工作会议和农业部1号文件部署，切实做好2018年畜牧业各项工作，明确重点抓好七个方面的工作。

2018年2月3日　农业部印发《2018年动物源细菌耐药性监测计划》，进一步加强动物源细菌耐药性监测工作，促进养殖环节科学合理用药，保障动物源性食品安全和公共卫生安全。

2018年2月3日　农业部研究制定了《2018年兽药质量监督抽检和风险监测计划》。要求各地要加大跨区域假劣兽药案件查处配合力度，畅通信息共享、案件移交和问题通报渠道，及时准确将案件查处有关证据材料提供给相关兽医行政管理部门，形成监管合力。

2018年3月14日　农业部在成都举办饲料及生鲜乳质量安全监测培训班和饲料质量安全监测培训班，来自全国各省饲料监察机构及第三方检测机构100多名代表参加了培训。

2018年3月28日　农业部办公厅印发《关于开展动物卫生监督执法规范年活动的通知》，要求强化信息手段，力争实现所有畜禽屠宰企业、病死畜禽专业无害化处理场、公路动物卫生监督检查站远程视频监控。

2018年4月3日　新组建的农业农村部正式挂牌。2019年3月，原“中华人民共和国农业部”网站更名为“中华人民共和国农业农村部”。更新后的“部领导”栏目中，韩长赋任部长、党组书记。根据十三届全国人大一次会议批准的国务院机构改革方案，将中央农村工作领导小组办公室的职责，农业部的职责，以及国家发展和改革委员会的农业投资项目等管理职责整合，组建农业农村部，作为国务院组成部门。

2018年4月17日　畜牧业现代化暨畜禽粪污资源化利用论坛在湖南省长沙市举办，农业农村部副部长于康震出席论坛时强调，粪污资源化利用是实施乡村振兴战略的重要举措，是一项重要政治任务，要以实施乡村振兴战略和建设美丽中国为契机，把绿色发展摆在更加突出的位置，举全行业之力破解粪污难题，实现粪污“变废为宝”，推进畜牧业转型升级。

2018年4月18日　2018中国饲料工业展览会在湖南省长沙市举办。展会聚焦饲料工业高质量发展，以“转型升级　绿色发展”为主题，来自20多个国家及地区的600多家农牧企业参展。农业农村部副部长于康震出席展会开幕式。

2018年4月18日　农业农村部在湖南长沙召开南方水网地区养殖业绿色发展工作会议，农业农村部副部长于康震强调，各级畜牧水产部门要深入学习贯彻习近平总书记“三农”思想，坚持优供给、强安全、保生态的总体思路，切实抓好畜禽养殖废弃物资源化利用和畜禽水产健康养殖，以提质增效为导向，加快推进养殖业绿色发展。

2018年4月20日　农业农村部印发《兽用抗菌药使用减量化行动试点工作方案（2018—2021年）》，确定了各地2018年兽用抗菌药使用减量化行动试点养殖场数量。力争通过3年时间，实施养殖环节兽用抗菌药使用减量化行动试点工作，推广兽用抗菌药使用减量化模式，减少使用抗菌药类药物饲料添加剂，兽用抗菌药使用量实现“零增长”，兽药残留和动物细菌耐药问题得到有效控制。

2018年4月27日　农业农村部发布第20号公告，公布《宠物饲料管理办法》《宠物饲料生产企业许可条件》《宠物饲料标签规定》《宠物饲料卫生规定》《宠物配合饲料生产许可申报材料要求》《宠物添加剂预混合饲料生产许可申报材料要求》等规范性文件。

2018年4月28日　农业农村部畜牧业司在北京召开粮改饲绩效评价工作总结会。会议听取了2017年度粮改饲试点省级绩效评价情况，交流了试点实施经验和存在问题，研究部署了2018年粮改饲工作计划。

2018年5月15日　农业农村部发布《农业农村部　财政部关于做好2018年畜禽粪污资源化利用项目实施工作的通知》，明确通过政策实施，整县推进地区畜禽粪污综合利用率达到90%以上，规模养殖场粪污处理设施装备配套率达到100%；开展整省、整市推进的地区畜禽粪污综合利用率达到75%以上，规模养殖场粪污处理设施装备配套率达到95%以上。

2018年5月19日　在第十六届（2018）中国畜

牧业博览会暨2018中国国际畜牧业博览会上，农业农村部副部长于康震宣布全国兽用抗菌药使用减量化行动正式启动实施。

2018年6月4日　农业农村部印发《全国生猪屠宰标准化创建实施方案》，提出2018—2020年在全国创建100家左右生猪屠宰标准化示范厂的目标，以进一步带动各地屠宰厂标准化建设，提升标准化水平。

2018年6月21日　农业农村部畜牧业司在上海市举办宠物饲料管理培训班。重点解读宠物饲料管理规范性文件内容，开展相关问题解答与互动交流。

2018年6月21日　经党中央批准、国务院批复，自2018年起将每年农历秋分设立为“中国农民丰收节”。

2018年6月27日　养殖场直联直报信息平台建设项目验收会在北京召开，评审专家组听取了开发单位汇报、观看了系统操作演示，审阅了相关文档资料并进行了现场质询。按照国务院要求，农业农村部畜牧业司会同全国畜牧总站组织开发了养殖场直联直报信息平台，该平台实现了对畜禽粪污资源化利用工作的管理和考核，将有力推动畜禽粪污资源化利用工作进展。

2018年7月10日　农业农村部副部长于康震主持召开落实《国务院办公厅关于推进奶业振兴保障乳品质量安全的意见》部门分工会议，各部门交流推进奶业振兴重点工作和下一步安排，审议并原则通过部门分工方案。

2018年7月16日　农业农村部畜牧业司马有祥司长一行到广东调研饲料高效利用和养殖废弃物资源化利用情况。调研组召开了有关饲料专家、饲料企业代表和养殖场代表参加的座谈会，听取了饲料精准配方技术研发应用情况和有关意见建议。

2018年7月24日　农业农村部副部长于康震主持召开畜禽养殖废弃物资源化利用考核实地检查汇报会，听取农业农村部和生态环境部共同组织的畜禽养殖废弃物资源化利用工作考核实地检查情况汇报，部署下一步安排。

2018年8月7日　农业农村部召开全国非洲猪瘟防治工作紧急视频会议。会议明确，今后一段时间，对突发非洲猪瘟疫情的防治策略是：贯彻“加强领导、密切配合，依靠科学、依法防治，群防群控、果断处置”的24字防控方针，加强边境防堵，严守第一道防线；广排查，早发现，快反应，严处置，全根除，迅速恢复并保持全国无疫状态。

2018年8月31日　农业农村部组织召开全国非洲猪瘟等动物疫病防控工作视频会议。中央农办主任、农业农村部部长韩长赋在会上强调，各地各有关部门要坚决贯彻落实党中央、国务院决策部署，进一步提高思想认识，狠抓措施落实，明确地方责任，完善多部门联防联控机制，共同努力打好打赢非洲猪瘟歼灭战，全力保障养殖业生产安全、肉品供给和社会稳定。

2018年9月19日　全国粮改饲工作推进现场会在山东省德州禹城市召开，连续推广四年的粮改饲工作在调整产业结构、增加农户和畜牧养殖效益等方面均取得了良好成效。

2018年11月1日　农业农村部发布第79号公告，就非洲猪瘟应急响应期间的生猪运输车辆监管提出要求。

2018年11月8日　经国务院同意，生态环境部、农业农村部联合印发《农业农村污染治理攻坚战行动计划》，明确了农业农村污染治理的总体要求、行动目标、主要任务和保障措施，着力解决养殖业污染。

2018年11月14日　农业农村部办公厅联合交通运输局、公安局三部门联合发布《关于切实加强生猪调运监管工作的通知》。切实加强生猪调运监管，严管严控生猪运输车辆，全力做好非洲猪瘟防控工作。

2018年11月23日　农业农村部与北京、天津、上海、江苏、浙江、福建、山东7个省（市）人民政府签署《畜禽粪污资源化利用整省推进合作协议》，通过部省（市）联动，探索整省推进畜禽粪污资源化利用的有效机制和模式，把7个省（市）打造成畜禽粪污资源化利用的标杆样板，带动各地加快推进畜禽粪污资源化利用。

2018年11月26日　农业农村部举行规模生猪养殖企业座谈会，围绕非洲猪瘟防控、产业发展、市场保供进行交流探讨。农业农村部副部长于康震在会上强调，当前我国非洲猪瘟防控进入关键阶段，养殖企业要正视困难、把握机遇，凝聚共识，齐心协力，共同努力走出当前困境，共谋产业更好发展。

2018年12月18日　农业农村部发布《农业农村部办公厅　公安部办公厅　市场监管总局办公厅关于开展打击私屠滥宰防控非洲猪瘟保证生猪产品质量安全专项治理行动的通知》。通知指出，有效防控非洲猪瘟，保障生猪产品质量安全，农业农村部、公安部、市场监管总局决定从2018年12月到2019年5月，在全国开展打击私屠滥宰，防控非洲猪瘟，保证生猪产品质量安全专项治理行动。

2018年12月25日　农业农村部公布2018年畜禽养殖标准化示范场名单。按照《农业农村部办公厅关于开展畜禽养殖标准化示范创建活动的通知》（农办牧〔2018〕27号）要求，在企业自愿申请的基础上，经省级畜牧行政主管部门遴选推荐，农业农村部组织专家评审并报部领导审定同意，2018年共有105家畜禽养殖标准化示范场达到标准。

2018年12月26日　农业农村部发布《农业农村部　发展改革委　科技部　工业和信息化部　财政部　商务

部 卫生健康委 市场监管总局 银保监会关于进一步促进奶业振兴的若干意见》。要求以实现奶业全面振兴为目标，优化奶业生产布局，创新奶业发展方式，建立完善以奶农规模化养殖为基础的生产经营体系，密切产业链各环节利益联结，提振乳制品消费信心，力争到2025年全国奶类产量达到4500万t，切实提升我国奶业发展质量、效益和竞争力。

2018年12月27日 农业农村部发布《关于规范生猪及生猪产品调运活动的通知》。指出，疫区所在的县（含县级市、区，下同）暂停生猪及生猪产品调出本县，疫区所在的省（含自治区、直辖市，下同）暂停生猪调出本省。疫区所在县内的生猪养殖企业符合条件的，可在本省范围内与屠宰企业实施出栏肥猪“点对点”调运，具体办法由各省规定。

2018年12月28日 农业农村部发布《中华人民共和国农业农村部公告 第91号》，要求进一步强化以猪血为原料的饲用血液制品生产过程管控。

2018年12月29日 农业农村部印发《关于抓好生猪生产发展稳定市场供给的通知》，要求各地各部门要坚持疫情防控和猪肉供应两手抓，切实保障生猪产业健康发展和猪肉市场供应。

中国饲料工业协会

2018年4月15～20日 2018中国饲料工业展览会在长沙召开。本届展会以“转型升级、绿色发展”为主题，适逢中国改革开放40周年、畜牧饲料业转型升级的关键时期。农业农村部副部长于康震亲临大会并在论坛上做重要讲话；农业部原副部长、中国饲料工业协会高鸿宾顾问到会指导，中国工程院院士、中国饲料工业协会李德发会长，以及畜牧业司等有关领导莅临大会。本届展览会吸引了20多个国家和地区的594家企业参展，展位数达2 577个，双创历史新高。

2018年10月26日 中国饲料工业协会批准发布《仔猪、生长育肥猪配合饲料》《蛋鸡、肉鸡配合饲料》两项团体标准，这是我国饲料和养殖业贯彻落实绿色发展理念，立足国情，大力推进节本降耗和源头减排所采取的重要举措，也是进一步提升产业竞争力的有效措施。团体标准聚焦在降低配合饲料蛋白含量上，倡导高效低蛋白日粮体系应用具有前瞻性和指导性，在我国饲料行业内有里程碑式意义，并将对绿色发展产生深远影响。

2018年12月18日 全国饲料工业协会秘书长工作座谈会在北京召开。中国工程院院士、中国饲料工业协会会长李德发，中国饲料工业协会秘书长杨振海，农业农村部巡视组组长刘连贵，来自全国各省（市、区）饲料工业（行业）协会秘书长，受邀的企业代表参加了会议。与会人员深入学习贯彻了十九大会议精神，研讨了新时代如何充分发挥协会桥梁纽带作用，针对大力推进畜牧业绿色发展和饲料工业可持续发展，加快推进饲料工业转型升级，总结交流了各地协会的工作经验和做法。

2018年 全年组织召开6次新饲料和新饲料添加剂评审会，对15个产品进行评审，2个产品通过材料评审进入质量复核程序，2个产品通过扩大适用范围评审。

河 北 省

2018年4月10日至12月10日 全省范围内开展了饲料和饲料添加剂专项治理行动。共出动执法人员22 527人次，检查生产企业2 429个次，经营单位2 507个次、养殖场户6 811个次，查处问题企业45个，取缔非法企业9个，抽取样品3 617批次，检出不合格样品2批，查处违法饲料产品6t，立案调查违规企业7个，涉案金额7.15万元，处罚金额9.3万元。较大程度的净化了饲料市场，对饲料行业不法生产经营使用行为起到了较大的震慑作用。

2018年5月28日至6月1日、9月5～9日，开展了2018年度饲料质量安全监管工作。共检查342家饲料和饲料添加剂生产企业，抽取样品366批次。

2018年9月3～4日 举办了饲料法规、统计、安全生产培训班。对《宠物饲料管理办法》《饲料卫生标准》《饲料添加剂安全使用规范》进行了宣传贯彻；对新的饲料统计报表制度和统计系统运行中存在的突出问题进行了研讨；同时，对饲料安全生产相关知识进行了培训。各市饲料办主任，负责统计、安全生产的人员，重点饲料和饲料添加剂生产企业负责人等共160余人参加了培训。

2018年10月18日 由中共辛集市委、市政府主办的院士工作站签约仪式在辛集市举行，李德发院士与辛集市新安海维农牧科技有限公司签署共建院士工作站合作协议，重点围绕绿色无抗饲料添加剂、种养一体化生态养殖模式研究等方面进行战略合作。

2018年11月30日至12月1日 河北省饲料工业协会第六届会员代表大会在石家庄召开。会议审议通过了《河北省饲料工业协会章程》。选举产生了监事会、理事会以及会长、常务会长等人选，顺利完成了饲料工业协会的换届与改制工作。

内蒙古自治区

2018年4月16日 为认真落实内蒙古自治区农牧业厅高质量发展“十大行动计划”，全面提升饲料行业管理水平，进一步加强饲料质量安全监管、“瘦肉精”专项整治工作，严厉打击违法违规行为，保障畜产品质量安全。下发了《关于对全区饲料质量安全监管和

"瘦肉精"专项整治工作进行巡查的通知》(内农牧饲发〔2018〕97号),内蒙古自治区农牧业厅组织3个巡查组,于4月20日至5月15日对12个盟市进行饲料质量安全监管、"瘦肉精"专项整治、饲料安全生产三项工作开展情况进行巡查。

2018年7月13日　下发了《关于对全区饲料质量安全和"瘦肉精"专项整治工作巡查情况通报》(内农牧饲发〔2018〕238号)。对全区饲料质量安全监管、"瘦肉精"专项整治、饲料安全生产等工作开展情况的巡查结果进行了通报。

2018年7月23日　下发了《关于进一步做好2018年"瘦肉精"专项整治行动的通知》(内农牧办发〔2018〕259号),按照农业农村部关于"瘦肉精"专项整治行动要求,为进一步强化区域、部门联动机制,突出重点,督促落实责任主体,检打联动做好"瘦肉精"整治工作。

2018年9月14日　为做好非洲猪瘟疫情防控工作,按照内蒙古自治区农牧业厅9月13日厅务会议的部署,下发了《关于加强猪用饲料监管做好非洲猪瘟疫情防控工作的通知》(内农牧饲发〔2018〕334号),要求全区各级畜牧兽医部门要紧急行动起来,加强猪用饲料监管工作,要深入饲料生产企业、经营门店、养殖场户进行排查,严格按照公告要求,做好非洲猪瘟疫情防控工作。

2018年10月30日　为更好地贯彻落实《饲料和饲料添加剂管理条例》及其配套规章,加强饲料企业生产标准制定的管理,全面提升饲料生产企业科学规范地制定企业标准的能力,内蒙古自治区农牧业厅下发了《关于举办饲料生产企业标准制定培训班的通知》(农牧办发〔2018〕64号),分别在呼和浩特市、通辽市和赤峰市举办饲料生产企业标准制定培训班。

辽　宁　省

2018年3月4日　对2016年配合饲料产量达到5万t以上饲料生产企业(企业集团)名单进行公示。

2018年8月8日　下发关于暂停泔水和餐余垃圾饲喂生猪的紧急通知,要求全省养猪企业暂停泔水和餐余垃圾饲喂生猪。

2018年10月9日　下发进一步加强对泔水和含猪血制品猪用饲料监管工作的通知,暂停泔水和含猪血制品猪用饲料饲喂生猪。

2018年10月29日　下发关于督促猪用饲料生产企业做好消毒管理有关工作的通知,要求饲料生产企业做好消毒管理工作。

2018年10月17～18日　中国动物卫生与流行病学中心副主任黄保续一行调研饲料生产企业动物源性饲料使用情况。

上　海　市

2018年1月　与上海市所有饲料生产企业签订质量安全承诺书,要求企业作为质量安全的第一责任人,自觉遵守国家的相关法规要求。

组织召开全市饲料统计培训班,落实农业农村部关于中国饲料工业统计信息系统要求,并在全国率先实现行业内新老统计系统的顺利更替和全面运行。

继续实行饲料生产监督检查"双随机一公开"抽查工作机制,不断完善饲料执法程序,并将相关监管事项与上海市的事中、事后综合监管平台和一网通办系统等进行对接。

2018年2月　印发了《2018年上海市地产生猪出栏前"瘦肉精"及其替代品监测计划》,全年布置了"瘦肉精"等违禁药物出栏前监测18 240批任务;制订了2018年度上海市饲料质量安全监测计划,全年计划完成饲料质量安全监测总数1 100批次、项目批次。

按照《国务院关于上海市进一步推进"证照分离"改革试点工作方案的批复》要求,紧紧围绕深化简政放权、放管结合、优化服务改革,全年在上海浦东率先推进"设立饲料添加剂、添加剂预混合饲料生产企业审批"告知承诺行政审批制度试点改革,并采取措施落实好《上海市行政审批告知承诺办法》的各项具体要求。

2018年4月　组织上海市饲料企业参加2018年中国饲料工业展览会暨畜牧业科技成果推介会,上海市参展企业40余家,展位165个,展位数名列前茅。

2018年5月　根据《关于编纂〈中国饲料工业年鉴〉(2017)有关事宜的函》,完成了上海市3家优秀企业、5家重点企业的推荐和《2018中国饲料工业年鉴》地方篇和大事记的编写工作。

根据农业农村部《2018年全国饲料质量安全监管工作方案》要求,印发了《关于印发上海市饲料质量安全监管工作方案的通知》,通过饲料企业监督检查和产品抽样检测联动、省际见证监督抽样、引入第三方配合协同检测等创新模式,分上下半年实施两轮饲料监督抽检行动。

2018年6月　全国宠物饲料管理培训班在上海奉贤举行,农业农村部畜牧业司孔亮副司长出席了会议并讲话,着力推进宠物饲料管理办法等规范性文件的实施,全国畜牧总站、国家饲料质检中心相关领导以及各省及重点市饲料监管许可负责同志共120人参加了会议。

2018年9月　为确保饲料行业各项新政在上海市的顺利实施,举办了全市饲料生产企业法规培训班,各区饲料行政执法部门和饲料生产企业负责同志共150人参加了培训。

印发《关于转发农业农村部畜牧兽医局〈关于做好以猪血为原料的血液制品非洲猪瘟检测工作的通知〉的通知》，组织开展了上海市以猪血为原料的血液制品生产企业的抽样检测工作。

2018年10月　根据市审改办《关于贯彻落实国发〔2018〕35号精神进一步做好上海市行政审批等事项清理工作的通知》要求，对“设立饲料、饲料添加剂生产企业审批事项”按照优化服务的新改革方式制定实行了具体改革措施。

2018年12月　由中国畜牧兽医学会主办的“2018中国维生素产业发展高层论坛”在上海举行，中国畜牧兽医学会理事长阎汗平、农业农村部畜牧兽医局孔亮副局长，以及来自政府机构、行业协会、维生素生产贸易企业、饲料和养殖企业、媒体等800多位代表参加了本次论坛。

江　苏　省

2018年4月26～27日　江苏省饲料工业协会举办2018年年会和第八次会员代表大会，选举产生了新一届理事会，并召开第八届理事会第一次全体会议，选举产生了新一届会长、副会长、秘书长以及新一届常务理事会。

2018年6月1日　江苏省农业委员会举办全省饲料、生鲜乳和“瘦肉精”管理工作培训班，全省各市、县（区）相关管理部门230余人参会，会议邀请农业农村部畜牧兽医局饲料饲草处黄庆生处长宣传贯彻饲料管理新法规，解读行业监管新思路，还对全年饲料、生鲜乳和瘦肉精监管工作任务进行部署，对监督抽样、饲料统计等业务工作进行培训。

2018年10月17～18日　江苏正昌集团有限公司隆重举行建厂100周年庆典并主办2018中国农牧饲料发展高峰论坛，中国饲料工业协会秘书长杨振海代表中国饲料工业协会到场祝贺并作题为《建设现代畜牧业，推进乡村产业振兴》的主题报告。

2018年11月27日　江苏省农业农村厅召开全省饲料、生鲜乳和“瘦肉精”管理工作会议，总结交流饲料、生鲜乳和“瘦肉精”管理工作，分析生产、发展、监管工作形势，研究部署下一阶段重点工作。

2018年12月20日　江苏省农业农村厅组织有关厅局召开座谈会，研究加强饲料用粮供应保障促进饲料产业持续健康发展的相关工作。

福　建　省

2018年3月28日　全省饲料管理暨行业统计培训班在福州举办。各市、县（区）负责饲料统计工作人员80多人参加培训。培训班特邀中国饲料工业协会高级项目数据分析师陆泳霖莅临授课。

2018年8月24日　全省饲料兽药法规暨安全生产培训班在福州举办。各市、县（区）饲料管理人员近140参加培训。培训班特邀农业农村部畜牧兽医局李大鹏调研员莅临授课。

2018年10月26日　全国饲料工业统计培训班在厦门隆重召开。农业农村部畜牧兽医局辛国昌处长出席会议并作重要讲话，中国饲料工业协会杜伟副处长、高级项目数据分析师陆泳霖分别进行授课。福建省农业农村厅饲料兽药管理处陈贵英处长致欢迎词。各省（市、区）饲料统计管理人员和全国饲料产量排名前十位的集团企业统计人员共90余人参加培训。

为深入贯彻落实党中央、国务院关于安全生产工作的决策部署，福建省农业农村厅根据《福建省实施遏制重特大事故构建双重预防机制方案》要求，组织专家在全国率先编制印发《福建省饲料生产企业安全风险分级管控和隐患排查治理规范》（以下简称《规范》），并扎实做好《规范》业务指导培训，通过标杆和试点企业引领，以点带面，推进《规范》在全省饲料生产企业全面实施，确保行业生产安全持续向好。

江　西　省

2018年7月18日　农业农村部马有祥司长就中美贸易战对饲料行业的发展影响在信丰温氏公司进行调研。

2018年9月18日　江西省饲料质量安全管理规范及法律法规培训班在南昌举办。各设区市、省直管试点县畜牧兽医（畜牧水产）局或饲料办分管领导、饲料工业统计系统填报人员，饲料生产企业管理人员、饲料工业统计系统填报员等共330余人参加了培训班。

河　南　省

2018年2月23日　河南省饲料工业协会在河南省畜牧局举办共享“饲路”签约仪式。河南广安生物科技股份有限公司和河南后羿实业集团现场签约，两个公司实现了饲料板块的有效合作。

2018年3月5～14日　全省开展饲料质量安全春季监督巡查。对18个省辖市和10个直管县（市）的饲料质量管理工作开展情况和饲料生产企业《饲料质量安全管理规范》落实情况、药物饲料添加剂使用情况、饲料法律法规落实情况等进行了检查，并对被检查企业生产的饲料产品进行了现场抽样。全省共抽查饲料生产企业148个，抽检饲料样品335批次。

2018年4月1日、7月7日、10月14日　分别召开全省饲料原料行情形势分析研讨会。全省部分饲料生产企业总经理及采购负责人参加了会议。

2018年4月18～20日　组织全省饲料企业参加

2018 中国饲料工业展览会。河南亿万中元生物技术有限公司、林州中农颖泰生物肽有限公司等 11 家饲料企业参加了产品展示，饲料行业共 300 多人参加了展览会。

2018 年 4 月 28 日　河南省畜牧局召开应对中美贸易摩擦形势分析座谈会。河南省饲料工业协会、河南省饲料商会、全省花生油脂生产商、大豆油脂生产商、DDGS（干全酒精糟）生产商、饲料原料期货贸易商等方面相关负责人和动物营养专家参加的形势分析座谈会。

2018 年 6 月 4～11 日和 9 月 16～21 日　分次开展全省饲料质量安全监督检查。按照农业农村部《2018 年全国饲料质量安全监管工作方案》要求，对全省饲料质量安全开展了监督检查。共检查饲料生产企业 287 家，抽检饲料产品 629 批。

2018 年 5 月 16～17 日　河南省饲料工业协会在郑州桃李园大酒店举办 2018 中原饲料科技论坛。北京博亚和讯农牧技术有限公司饲料原料高级分析师、《博亚和讯》杂志主编谢长城，武汉轻工业大学教授丁斌鹰等应邀作了演讲。全省部分饲料生产企业负责人、技术总监等共 200 多人参加了论坛。

2018 年 5 月 29 日　河南省畜牧局下发《关于对 2018 年春季监督巡查抽检不合格饲料产品查处的通知》（豫牧饲〔2018〕5 号）。对 2018 年春季监督巡查抽检不合格的 18 个产品进行了通报，责令所在省辖市饲料管理部门对不合格产品所涉及的 15 个饲料生产企业给予依法查处。

2018 年 6 月　河南省畜牧局畜牧兽医执法总队长周辰良调研饲料行业监管执法工作。

2018 年 6 月 22～24 日　河南省饲料工业协会组织部分会员单位赴北京开展交流考察活动。先后参观了农信集团“猪联网”“蛋联网”“田联网”和“企联网”等大数据共享平台，深入了解了农信金融和农信保险等。饲料企业与北京九州大地、北京挑战集团等公司还进行了对接座谈。

2018 年 6 月 13～15 日　河南省畜牧局在河南省周口市淮阳县举办饲料产品质量检测技术暨助推产业扶贫培训班。河南省畜牧局副局长周辰良、周口市政协副主席杨珺、市政府副秘书长杨峰、市畜牧局局长张华，淮阳县政府县长王毅及省市县领导出席了开班仪式。

2018 年 7 月 18～20 日　河南省饲料工业协会组织部分会员单位赴福建省开展交流考察活动。

2018 年 8～9 月　河南省畜牧局饲料处分组开展饲料行业调研。先后开展了全省主要原料供需情况和全省饲料工业发展情况调研、企业发展情况调研、饲料企业扶贫带贫情况调研、饲料中兽用抗菌药使用情况调研、饲料中重金属添加情况调研、低氮饲料产品情况调研等。

2018 年 9 月 15 日　河南省畜牧局下发了《关于加强猪用饲料监管工作的通知》（豫牧饲〔2018〕9 号）。按照《中华人民共和国农业农村部公告第 64 号》的要求，对全省猪用饲料监管工作提出明确要求。

2018 年 9 月 27 日　省政府重大动物疫情应急指挥部下发《关于禁止使用餐厨剩余物（泔水）饲喂生猪的通知》（豫政防〔2018〕4 号）。明确要求禁止养殖场（户）使用餐厨剩余物（泔水）饲喂生猪，加强对餐厨剩余物（泔水）的收集、运输、储存、处理等环节的监管，严防餐厨剩余物（泔水）流入生猪养殖环节。

2018 年 9 月 19～25 日　全省开展生产猪血制品的排查检测。按照农业农村部第 64 号公告和农业农村畜牧兽医局《关于做好以猪血为原料的血液制品非洲猪瘟检测工作的通知》要求，对全省所有以猪血为原料的血液制品企业进行了摸底排查，全省共有 7 家于 2018 年 4 月前已停止以猪血为原料的产品生产，其中有 4 家生产企业因环保及转产等原因。对焦作、新乡和漯河的 3 家企业生产的猪血制品进行了抽检，共抽检样品 134 批，其中抽检库存产品样品 93 批，抽检留样产品样品 37 批。经检测确诊有 2 批次猪血球蛋白粉为核酸阳性。联合屠宰办赴焦作和新乡进行追根溯源，根据追溯情况责令焦作和新乡进行了处置，并及按程序做了报告。

2018 年 9 月 26 日　全省开展饲料生产企业猪血制品使用情况排查。经全省排查使用猪血制品生产饲料的企业共 19 家，其中生产猪饲料的有 7 家，已全部停止使用，并对库存的产品进行了封存。

2018 年 11 月 24～25 日　河南省饲料工业协会在河南省黄河迎宾馆召开 2018 年度峰会暨第五届理事会第三次会议。国家质量标准与认证处王黎文处长，农业农村部饲料工业中心副主任、中国农业大学谯仕彦教授，河南省畜牧局方旭副局长，河南省畜牧局饲料处蔡文军处长等领导参加了会议。会议收到论文文献 30 篇，建立合作单位 28 家。

2018 年 12 月 23 日　河南省饲料添加剂协会成立。同日，筹备组在河南省农业科学院会议室召开河南省饲料添加剂协会第一次会员代表大会，选举产生了协会会长、副会长和秘书长、副秘书长。

湖　北　省

2018 年 4 月 25 日　湖北省饲料工业协会第五届第五次会员代表大会在襄阳召开，会议表彰了最受欢迎饲料产品企业和创新型企业，同时，宣读了 2017 年度获得农业部“饲料质量安全管理规范示范企业”名单。

2018 年 4 月 26 日　全省饲料监管培训会议在襄

阳召开，会上宣传贯彻了《农业部关于修改和废止部分规章、规范性文件的决定》（农业部令2017年第8号），进一步保障和落实简政放权、放管结合和优化服务改革措施。

2018年5月29日　全面开展全省饲料质量安全监管工作，认真完成统筹检查、抽样、检测等工作的衔接。

2018年11月14日　召开全省饲料工作会议，分析2018年前三个季度饲料生产形势和监管工作中存在的问题，通报全省质量安全监管工作情况；座谈讨论湖北省落实国办发〔2018〕100号文件的具体实施意见；部署非洲猪瘟防控工作。

2018年12月14日　开展饲料质量安全典型案例警示教育活动。

湖南省

2018年4月18日　由中国饲料工业协会、全国畜牧总站主办的“2018中国饲料工业展览会”在湖南成功举办。

2018年4月18日　2018中国饲料发展论坛专题论坛——首届畜牧业现代化暨畜禽粪污资源化利用论坛在长沙成功召开。

2018年6月　正虹集团参与研发的“高效环保型饲用酶制剂产业化关键技术创新及应用”项目通过评审荣获湖南省科学技术进步奖二等奖，并获湖南省人民政府颁发的获奖证书。正虹集团自主研发的“正虹高效乳猪教槽料系列产品研制与应用”项目，经湖南省科技厅审查获批“湖南省科学技术研究成果”。

2018年8月　九鼎集团荣获中国民营企业500强湖南民营企业百强荣誉称号。

2018年10月17日　湖南省科学技术厅向兴嘉生物颁发授牌，标志着兴嘉生物将在国家的协助下共同组建湖南省矿物元素营养工程技术研究中心。

广东省

2018年3月　根据《广东省人民政府关于将一批省级行政职权事项调整由各地级以上市实施的决定》（广东省人民政府令第248号），将饲料生产许可证核发和饲料产品批准文号核准两项行政许可事项，委托各地级以上市农牧行政主管部门实施。

2018年6月　调整全省饲料和饲料添加剂生产许可专家审核委员会成员，公开遴选100名生产许可现场审核专家，制定《饲料和饲料添加剂生产许可现场审核专家管理办法（试行）》，规范生产许可现场审核工作，确保现场审核工作公平、公正。

2018年8月　委托3家第三方检测机构承担行政审批所需的相关检测任务，大幅缩短企业样品送检时间，提高行政许可效率。

2018年9月　编印《饲料法规文件汇编》，免费发放给各地饲料管理部门及每个饲料和饲料添加剂生产企业，优化行政管理服务。

2018年10月　落实《国务院关于在全国推开“证照分离”改革的通知》（国发〔2018〕35号），制定饲料生产许可优化准入服务实施方案，推行网上办理，精简申请材料，缩短办理时限，明确有关办理事项，不再要求申请人到现场办理。

2018年12月7～8日　广东省饲料行业协会在清远市举办2018年广东省饲料行业年会。举办了第二届东东论坛暨2018年饲料无抗技术峰会、第七届广东饲料业发展战略高层论坛、第四届“大饲粮”采购经理人论坛等系列活动。来自全国各地的行业领导、饲料产学研经营和骨干饲料企业代表1 300余人参加了会议。

广西壮族自治区

2018年2月2日　上报2017年度饲料工业统计年度报表，发布2017年全省饲料生产形势分析信息。

2018年3月23日　印发《关于下达2018年广西饲料和饲料添加剂质量安全监测计划的通知》（桂农业发〔2018〕50号），在全区组织开展饲料和饲料添加剂质量安全监测工作。

2018年5月21日　印发《2018年广西饲料质量安全监管工作实施方案的通知》（桂农业发〔2018〕88号），在全区分上下半年配合江西省兽医监察所完成91家饲料和饲料添加剂生产企业的现场检查及204批次样品抽样检测。

2018年7月6日　积极应对中美贸易摩擦，组织饲料企业参加金融机构召开的中美贸易战-饲料行业应对研讨会，撰写广西饲料工业积极应对中美贸易战的相关稿件，并报区政府信息处。

2018年7月6～8日　协助农业农村部畜牧业司一行到广西壮族自治区开展生态养殖、饲料质量安全监管和粮改饲工作调研。

2018年8月　开展饲料和饲料添加剂生产企业防范粉尘爆炸安全专项整治工作，继续在全区深入开展涉粉尘爆炸企业安全生产专项整治活动，努力防范和遏制重特大生产安全事故发生。

2018年9月20日　召开2018年全区饲料行业形势分析座谈会，培训人员80余人。

2018年9月21～22日　召开2018年广西饲料工业展览会暨广西动物营养学术年会，首次采用学术论坛与产品展览相结合的形式举办，近500位代表参会，18万网络直播点击观看，超过1 000人次参观现场展示、体验与交流。

2018年9月　开展以猪血为原料的血液制品监管检测工作。抽检3家以猪血为原料的血液制品生产企业共130批血液制品样品，检测结果均为阴性。组织人员对三家血液制品生产企业的猪血来源、血液制品的生产、销售、库存情况进行检查，掌握血液制品使用情况，确保全区养猪业健康发展。

2018年9月25日　印发《关于加强猪用饲料监管工作的紧急通知》，结合国内当前非洲猪瘟疫情防控工作的严峻形势，切实做好非洲猪瘟疫情防控工作，严防非洲猪瘟病毒经饲料传播，确保全区养殖业健康发展。

2018年9月28日　下发了《关于加强以猪血为饲料原料的血液制品监管的通知》（甘兽医函〔2018〕148号），开展非洲猪瘟疫情防控工作，强化以猪血为原料的血液制品监管，严防非洲猪瘟病毒经饲料传播。

2018年11月26～27日　协助中国饲料工业协会举办饲料法规与技术评审培训班。

2018年11月28～29日　协助中国饲料工业协会举办饲料工业标准培训班暨2018年全国饲料工业标准化技术委员会年会。

海　南　省

2018年3月23日　在海口举办全省饲料统计工作培训班，邀请全国畜牧总站（中国饲料工业协会）信息中心陆泳霖老师授课，为参加培训人员讲授《中国饲料工作统计报表新制度》及统计信息操作系统等内容，进一步提高全省饲料统计人员业务能力。全省饲料统计管理人员50多人参加培训。

2018年5月10日　为有效防范和遏制重特大事故发生，确保饲料行业安全生产，制定印发了《海南省农业厅关于印发持续深入开展全省饲料行业粉尘防爆专项治理工作实施方案的通知》（琼农字〔2018〕66号），并按要求适时对重点市县开展督查工作，着力检查饲料企业除尘设施性能、粉尘控制等方面情况，排查隐患，督促整改，确保饲料企业生产安全。

2018年8月16～17日　在海口举办全省饲料行业安全生产管理培训班，邀请国家安全生产专家组成员、国家安全生产应急专家组成员孟宪卫专家进行授课培训，专题讲解饲料加工系统粉尘防爆重点问题和防爆措施；同时，组织参培人员观摩海南恒兴饲料实业有限公司消防应急演练，提高全省饲料企业应急管理水平。全省饲料生产企业安全管理负责人和管理员共100多人参加培训。

2018年8月30日　组织召开饲草利用机械设备推介会。会议邀请安徽安凯金达机械制造有限公司、泰安意美特机械有限公司、海口利旺养殖设备有限公司3家草畜机械设备供应商，海口、三亚、万宁、东方、文昌、澄迈6个市县畜牧部门负责人、中国热带农业科学院等科研机构及三亚雪古丽现代生态农业综合开发有限公司等12家牛羊养殖龙头企业负责人共有30多人参加推介会。

四　川　省

2018年9月　按照农业农村部公告第64号和农业农村部畜牧兽医局《关于做好以猪血为原料的血液制品非洲猪瘟检测工作的通知》要求，对全省生产猪血液制品及使用猪血液制品生产猪用饲料情况开展统计和排查，对全省所有猪血液制品生产企业开展“全覆盖”监督检查。

2018年9月　组织对猪血液制品生产企业产品进行“全覆盖”监督抽样，共抽取样品180批次，送省动物疫病预防控制中心检测，检测结果全部为阴性。

2018年11月　四川省饲料工业协会在眉山成功举办2018年四川省饲料行业年会，展示发展成果，推动饲料行业健康发展。

2018年11月　四川省饲料工业协会组织评选出了成都市饲料工业协会、德阳市饲料工业协会、新希望六和股份有限公司、通威股份有限公司、四川铁骑力士实业有限公司、四川巨星企业集团有限公司、四川驰阳农业开发有限公司、四川傲农生物科技有限公司、四川省畜科饲料有限公司、四川省旺达饲料有限公司、华侨凤凰集团股份有限公司、四川大北农农牧科技有限责任公司12个“扶贫先进集体”。

贵　州　省

2018年7月12～14日　由贵州省饲料工业协会主办，省畜牧兽医学会、肉类行业协会、郑州市千裕展览有限公司等行业协会共同协办，在贵阳国际会议展览中心举办2018中国（贵阳）国际畜牧业交易会，搭建畜牧业产销对接平台，深入推进农业供给侧结构性改革的当下，推动贵州农牧旅一体化发展。展会共吸引国内外300多家知名企业参展。展会同期举办了中国·贵州生态畜牧高峰论坛、畜牧美食嘉年华等精彩主题活动。

云　南　省

2018年1月18日　云南省饲料工业协会第七届第一次理事会暨新春茶话会在昆明莲花宾馆召开。省农业厅草山饲料处张存焕副处长，协会会长、副会长、理事、监事及协会专家咨询工作委员会部分同志等60多人出席了会议。

2018年3月31日　云南省饲料工业协会在昆明举办了2018年云南省饲料业统计培训班。来自全省饲料和饲料添加剂生产企业的统计人员130多人参加了培训。省农业厅草山饲料处张存焕副处长出席了本次培训班并做了重要讲话。通过培训，为全省饲料工业统计报表及时、准确、规范填报奠定了良好基础。

2018 年 6 月 25 日　云南省饲料工业协会联合云南优万农业科技有限公司等单位在昆明举办了 2018 年云南新标准形势下饲料企业产品升级战略研讨会，来自全省饲料及饲料添加剂企业代表 160 多人参加了此次研讨会。本次研讨会的举办，为云南省的饲料生产企业在新形势下如何高效利用饲料添加剂，促进企业产品升级，以及如何正确遵循政策法规，提高自身产品品质和服务质量提供了依据。

陕西省

2018 年 1 月 25 日　省饲料工业办公室在西安举办了 2018 年全省饲料工业新统计制度专题辅导讲座培训班，邀请中国饲料工业协会信息中心高级项目数据分析师陆泳霖主任为与会同志解读讲授了全国饲料工业新统计制度的改革背景和主要内容。

2018 年 1 月 28 日至 2 月 11 日　省饲料工业办公室组织省、市、县三级饲料行业管理技术骨干，畜牧技术推广骨干和大专院校教学骨干等组团赴德国开展为期 10 天的无抗生素饲料技术推广与应用培训。

2018 年 3 月 23 日　全省饲料工业工作暨新修订法规培训会在西安召开。

2018 年 5 月 1 日　按照放管服要求，在全省饲料行业推行“互联网 +”行政审批新机制。

2018 年 5 月 26～27 日　全国畜牧总站副站长、中国饲料工业协会副会长刘连贵带领胡广东处长等一行，在西安部分饲料企业调研畜禽发酵饲料的研发和生产情况。

2018 年 6 月与 8 月　按照农业农村部安排，在云南省兽药饲料检测所的现场监督下，对陕西省西安、咸阳、宝鸡、汉中及杨凌示范区 5 市区，125 家饲料和饲料添加剂生产企业，开展饲料质量安全监管并抽取样品。

2018 年 8 月 13 日　陕西省饲料工业办公室更名为陕西省饲料工作总站。

2018 年 9 月 27 日　省饲料总站组织全省饲料行业第三季度生产形势分析暨落实全国饲料质量安全监管工作情况通报会在西安召开。

2018 年 9 月 28～30 日　省饲料总站首次实施全省饲料企业“双随机、一公开”检查。

2018 年 10 月 11～12 日　省饲料总站组织，全省饲料行业通讯员培训会在汉中市西乡县召开。

2018 年 11 月 14～16 日　省饲料总站主办，杨凌金石牧业有限公司承办的全省饲料行业（金石牧业杯）羽毛球比赛在杨凌成功举办。

2018 年 11 月 29 日　陕西省饲料工作总站在西安召开了全省饲料行业推进千亿级奶山羊全产业链项目暨非洲猪瘟防控工作座谈会。

甘肃省

2018 年 1 月 5 日　下发《关于印发 2018 年饲料经营使用专项整治行动实施方案的通知》（甘兽医〔2018〕1 号），继续在全省范围内组织开展饲料经营、使用环节专项整治行动。

2018 年 2 月 6 日　上报 2017 年度饲料工业统计年度报表，发布 2017 年全省饲料生产形势分析信息。

2018 年 4 月 30 日　下发《关于印发甘肃省饲料生产企业粉尘防爆安全专项整治方案的通知》（甘兽医〔2018〕28 号），对全省饲料生产企业涉粉尘爆炸进行专项整治，完善粉尘防爆安全设施和防范措施，有效防范和遏制粉尘爆炸事故的发生。

2018 年 5 月 23～25 日　在金昌市举办了全省饲料行政许可专家和“双随机”抽查执法培训班，培训人员 150 余人。

2018 年 5 月 29 日　印发《甘肃省 2018 年饲料质量安全监管监测工作方案》和《2018 年全省饲料生产企业“双随机”抽查工作实施方案》的通知（甘兽医〔2018〕39、40 号），在全省饲料生产、经营和使用环节开展饲料质量安全监测和检查工作。

2018 年 6 月 4～10 日　河北省兽药监察所派员赴武威市，检查饲料生产企业 31 家，抽取饲料样品 79 批。

2018 年 9 月 10～20 日　河北省兽药监察所派员在张掖、白银和兰州市检查饲料生产企业 18 家，抽取饲料样品 22 批。

2018 年 9 月 28 日　下发了《关于加强以猪血为饲料原料的血液制品监管的通知》（甘兽医函〔2018〕148 号），开展非洲猪瘟疫情防控工作，强化以猪血为原料的血液制品监管，严防非洲猪瘟病毒经饲料传播。

宁夏回族自治区

2018 年 12 月　农业农村厅代起草《宁夏回族自治区加强饲料用粮供应保障促进饲料产业持续健康发展实施意见》，为贯彻落实国办发〔2018〕100 号，按照自治区政府分管领导批示要求，为做好宁夏各项政策的落实工作，制定了宁夏《实施意见》，向自治区发展改革委、粮食和物资储备局、财政厅、市场监管厅等 17 个部门征求意见，报自治区人民政府办公厅审定印发。

图书在版编目（CIP）数据

2019 中国饲料工业年鉴／农业农村部畜牧兽医局，全国畜牧总站，中国饲料工业协会编．—北京：中国农业出版社，2019.12

ISBN 978-7-109-26000-9

Ⅰ．①2… Ⅱ．①农… ②全… ③中… Ⅲ．①饲料工业－中国－2019－年鉴 Ⅳ．①F326.3-54

中国版本图书馆 CIP 数据核字（2019）第 216387 号

2019 中国饲料工业年鉴

2019 ZHONGGUO SILIAO GONGYE NIANJIAN

中国农业出版社

地址：北京市朝阳区麦子店街 18 号楼

邮编：100125

责任编辑：程　燕

责任校对：刘飏雨

印刷：北京通州皇家印刷厂

版次：2019 年 12 月第 1 版

印次：2019 年 12 月第 1 次印刷

发行：新华书店北京发行所发行

开本：787mm × 1092mm　1/16

印张：33.5　插页：16

字数：865 千字

定价：180.00 元